KARL MATTHÄUS WOSCHITZ
AMOR AETERNUS

FORSCHUNGEN ZUR EUROPÄISCHEN GEISTESGESCHICHTE

Band 17
Karl Matthäus Woschitz
Amor aeternus

KARL MATTHÄUS WOSCHITZ

AMOR AETERNUS

Transfigurationen der Liebe

FREIBURG · BASEL · WIEN

© Verlag Herder GmbH, Freiburg im Breisgau 2017
Alle Rechte vorbehalten
www.herder.de
Umschlaggestaltung: Finken & Bumiller, Stuttgart
Satz: SatzWeise GmbH, Trier
Gesetzt in der Sabon
Herstellung: Difo-Druck, Bamberg
ISBN 978-3-451-38053-2

Inhaltsverzeichnis

Deutung des Gedeuteten 1

PROLOG
Konfigurationen der Liebe in Mythos und Philosophie von Hellas . 8
1. Mythisches Verstehen und mythische Poetik 8
   a. Exposition 8
   b. Mythos und Wort 10
2. Exemplum: Homer und die erzählte Liebessehnsucht
   (Penelope und Odysseus) 11
3. Liebe als kosmogonisches Prinzip (Hesiod) 15
   a. Chaos als gestaltlose Seele 19
   b. Gaia als Urpotenz 20
   c. Eros als weltbildende Kraft 21
4. Aphrodite pandemos, »die allem Volk gehörende Aphrodite« . . 24
   a. Ecce deus, ecce Aphrodite! 24
   b. Aphrodite die »Schaumgeborene« 25
   c. Aphrodite, Rächerin des Verächters der Liebe
      (Hippolytos-Tragödie) 29
   d. Das Potiphar-Motiv in Thomas Manns Romanzyklus
      »Josef und seine Brüder« 36

I EROS: AUF DEM WEG ZUR ERKENNTNIS 39
   a. Exposition 39
   b. »Bußezahlung« durch Vergänglichkeit (Anaximandros) . . . 41
   c. Der Logos als das die wahre Erkenntnis begründende Prinzip
      (Heraklit) 43
   d. »Was ist, das ist«: das Reich der Unveränderlichkeit
      (Parmenides) 45
   e. »Liebe« und »Streit« als kosmogonische Mächte in der
      »Kontrastphilosophie« des Empedokles 48
   f. Friedrich Hölderlins Epopoie auf Empedokles 52

Eros in der orphischen Kosmo-Theogonie 55
   a. Exposition 55
   b. Der kosmogonische Eros: Eros als Kind des Welten-Eies 56

II LIEBE ALS EINHEITSSTIFTENDE MACHT 60
1. Eros als der große Dämon (daimon megas) 60
   a. Exposition: Der platonische Sokrates 60
   b. Die Preisreden auf Eros: die mythische und philosophische
      Personifizierung der Liebe im »Symposion« Platons 63
   c. Zur Situation 65
   Nachklang: Liebe zum Schönen 76
2. »Phaidros« oder der Wahnsinn (mania) der Liebe 77
   a. Mantik als göttliche Inspiration 80
   b. Der »heilende« Wahnsinn 80
   c. »Eingeistung« und »Wahnsinnigkeit« des Dichters und seine
      ästhetische Schaulust 81
   d. Der Wahnsinn der Weisheit-Liebenden 83

III DAS TRAGISCHE CHORSPIEL DER HELLENEN UND IHRE IMAGINATIONEN VON LIEBE 86
1. Liebe in der tragischen Vision der Hellenen: »Durch Leiden
   lernen« (»páthei máthos«: Aichylos, Agamemnon, V. 177) . . . 86
2. Antigone, Urbild und Mythographie einer Bruder-Liebe:
   »Nicht mitzuhassen, mitzulieben bin ich geboren« (Ant. 523) . . 94
3. Der Liebestod der Alkestis: Meta-Tragödie der Liebe 100
   a. Hinführung und Exposition 101
   b. Alkestis: Der tragische Triumph des Liebesopfertodes 103
4. Erotische Magie: Die »Trachinierinnen« des Sophokles 110
5. Liebe und das dramatische Gegenobjekt, der Hass: »Elektra« des
   Sophokles und die Variationen des Tragischen 120
   a. Die Rachehandlung 121
   b. Der Elektra Komplex 125
   c. »Trauer muss Elektra tragen« (O'Neill) 126
   d. »Ich bin meine Freiheit« (Sartre) 127
6. Travestie des Themas »Abgrund Mensch«: Oidipus, Hamlet . . 130
   a. Der »Fall« Oidipus (Subjekt und Objekt) 130
   b. Problem Hamlet 132

IV NARKISSOS – DIE UNSTILLBARE SELBSTLIEBE UND DAS SPIEGELMOTIV 137
   a. Der Mythos 137
   b. Allegorisierung des Mythos (Plotin) 140
   c. Das Motiv des Spiegels 142
   d. »Narzissmus« als Selbstliebe und Selbstrepräsentanz 143
   e. Die »narzisstische Kränkung« 144
   f. Narziss und Narzissmus im Spiegel der Kunst 146
   g. Liebe und ihre Wandlung auf dem »Weltenrad« der Bühne: »Die Frau ohne Schatten« (Hugo von Hofmannsthal/Richard Strauss) 151

V GNOSIS ALS ERLÖSENDE ERKENNTNIS DER LIEBE 156
   a. Selbsterkenntnis vom Anfänglichen zum Anfänglichen 156
   b. »Das Lied von der Perle« als Vorgang der Selbstauslegung . . . 160
   c. Die Individuation des gnostischen Menschen als göttliches Selbst und die Rückwendung zum Anfang 163
   d. Illustrationen: Liebe zum Anfänglichen und einende Liebe in apokryphen Texten 164
      aa. »Kindheitserzählung des Thomas« 164
      bb. »Thomasevangelium«, »Philippusevangelium«, »Naassener-Lied« 166
   e. Die Vorstellungen vom »Urmenschen«, von »Adam«, von der Androgynität als ontologische Liebe und vom Hermaphroditos 174

VI LIEBE IN DER KONTEMPLATIVEN METAPHYSIK PLOTINS 182
  1. Plotin 182
   a. Exposition 182
   b. Kontemplative Liebe zum »Einen« (»Tu Alles weg!«, »áphele pánta«) 185
  2. Die Liebe des unruhigen Herzens (Augustinus) 194
   a. Exposition und Analyse 194
   b. Die kontemplative Ekstase: Die Ostia-Szene: Augustinus und Monika (Conf. IX, 10) 209

VII DAS EINE UND DAS VIELE 213
  A. Zur Spiritualität Alt-Indiens: Liebe zum Einen in und hinter der Vielheit der Phänomene 213
  1. Brahman-Atman-Mystik 213

2. OM: Das umfassendste und erhabenste Symbol der
hinduistischen spirituellen und liebenden Erkenntnis 218
3. Bhakti-Spiritualität als Hingabe und Liebe 221
4. »Shakuntala«: »Unteilbar wie der Himmel ist die Liebe« 223
5. Govinda-Gita: Glühende Bhakti-Liebe der Seele 227

B. Ratio, Mystik, Kontemplation im Alten China: Liebe (ai) und
Variationen zum »Tao« (»Dao«) 231
1. Konfuzius: »Jen« als Begriff der Menschlichkeit 231
2. Laotse: Mystische Vereinigung mit dem Tao 235
3. Mengtse: Im Dienst der Menschenliebe 240

C. Abendländische Einheitsmystik. Synthese von Platonismus und
Christentum 242
1. Ps.-Dionysius Areopagita und seine Mystische Theologie 242
2. Liebe zum versiegelten Quell: »Erkenntnis wird zu Liebe« . . . 246
3. »Negative Theologie«: Liebe aus der Seinsüberfülle 249
4. Lichtmetaphysik der Gotik und ihr Baugedanke
(»Die Schule von Chartres«) 252
5. Lichttrunkenheit nach dem Göttlichen – Theophanie des Lichts
(Scotus Eriugena) 254

VIII KONTEMPLATION UND LIEBE: DAS MYSTERIUM SACRUM . . . 257

1. Meditation und Kontemplation 257
   a. Hinführung 257
   b. Das »Heilige« meditieren 258
   c. Kontemplation als Sehnsucht und Liebe 262
2. Gott-Denken und Gott-Lieben in der christlichen Kontemplation
   und Mystik 266
   a. Anselm von Canterbury (»sola cogitatione«) 266
   b. Bernhard von Clairvaux (»commori corde«) 267

IX LIEBE IN DER SCHOLASTIK UND RENAISSANCE: EIN PHILISOPHISCHER, MYSTISCHER UND LEBENS-WELTLICHER BEGRIFF . . . 271

Exposition 271
1. Thomas von Aquin 273
2. Die Entfaltung des Liebesbegriffs 276
3. Liebe in der Konzeption der Renaissancephilosophie:
   »filosofia dell'amore« 280
   a. Marsilio Ficino: Das Säkulare als das Heilige 280

    b. Ekstatische Liebe 287
    c. Das »orphische« Liebesparadox: Die Blindheit höchster Liebe
       (»Cur amor caecus?«) 290
4. Liebesleidenschaft zum Göttlichen (Giordano Bruno) 292

X SENSORISCHES UND IMAGINATIVES – WEISEN DER VERGEISTIGUNG DER LIEBE 298

1. »Amor Fin«: Die Troubadour-Lyrik 298
    a. Exposition 298
    b. »Vollkommene Liebe« 301
2. Gestaltgewordene und gestalthafte Liebe: Franz von Assisi . . . 302
3. Bonaventura: Theologie als Liebesmystik (cognitio et amor) . . . 306
4. Der »siebenförmige« Weg der Gottesliebe (Rudolph von
   Biberach) 309
5. »Tanzende Liebe«: Mechtild von Magdeburg 310
6. Dante Aligheri und Beatrice: Der Weg der Vergeistigung der
   Liebe 313
    a. Dante und die Liebessprache der Seele 313
    b. Dantes Seelenliebe zu Beatrice und ihre Wandlung
       (La Divina Commedia) 318
7. Die schmerzvoll-beseligende Liebe: Francesco (Pietro) Petrarca . 325

XI MYSTISCHE LIEBE: GOTT-LEIDEN UND GOTT-LIEBEN IN DER »RHEINISCHEN MYSTIK« (ECKHART, TAULER, SEUSE, RUUSBROEC) 329

1. Liebe als Einssein in dem »geminnten« Einen: Meister Eckharts
   Erkenntnismystik und intellektuelle Seligkeit 330
    a. Liebe als »Gelassenheit« 337
    b. Liebe und das »ohne Warum« 340
2. Mystik gelebter Liebe: Johannes Tauler 342
3. Liebe als erfülltes »minnekosen«: Heinrich Seuse 347
4. Affektion und Liebesberührung im Herzen: Jan van Ruusbroec
   und seine Mystik als Bewusstseinsprozess und als Gemeinschaft
   der Liebe 353
5. »Feuriger Liebewille« und finsterer »Zornwille«: Jakob Böhmes
   voluntaristische Mystik 359

XII FIGURATIONEN DER LIEBE AUF DEN BRETTERN, DIE »DIE WELT BEDEUTEN« (Wissen, Macht, Liebe, Tod) . . . 361

A. Das Faustdrama Goethes und die Gretchen-Tragödie 361
    a. Exposition 361

    b. Das »Faustische« als Lebensform 365
    c. Faust, die »Gelehrtentragödie« und die »Liebestragödie« . . . 368
    d. Die Gretchen-Tragödie 372

B. Richard Wagner: »Der Ring der Nibelungen« – das tödliche Spiel
   um Macht und Liebe 377
    a. Phänomenologie und Analyse des Mystischen 378
    b. Das musikdramatische Philosophicum 380
    c. »Das Rheingold«: Alberichs Schicksalsfluch auf die Liebe . . . 382
    d. Die Liebestragödie der »Heiligen Hochzeit« (»Die Walküre«) . 386
    e. Im »Vor-schein« des Rettenden (»Siegfried«) 387
    f. Finale tragicum (»Götterdämmerung«) 388
    g. Mythendämmerung: das im Urelement Gold verankerte
       metaphysische Geheimnis und die Philosophie der Mythologie . 391

C. Fragmente einer Sprache der Liebe 394
1. »Tristan und Isolde« (Richard Wagner): Leidens- und Todes-
   metaphysik der Minne 394
    a. Exposition: Gottfried von Straßburg und Eilhart von Oberg . . 394
    b. Das Motiv des »Liebestranks«: Fatalität des Unausweichlichen. 399
    c. Richard Wagners »Tristan und Isolde«: »Eins sein in der
       Zweiheit« 401
    d. Das Mysterium von Tod und Liebe, das tiefste Irrationale des
       menschlichen Lebens (»Tristan«, 3. Aufzug) 406
    e. Der »Blick« als das Ganze der Seele 408
2. »Parsifal« (Richard Wagner): Die Sehnsucht nach Erlösung aus
   »schuldbefleckten Händen« 411
    a. Parzival und die erlösende Mitleidsfrage
       (Wolfram von Eschenbach) 411
    b. Wagners »Bühnenweihfestspiel« als drama sacrum 415
    c. »… des Mitleids höchste Kraft«: Die Selbstbezeugung der Liebe
       im Mitleid 422
    d. Mitleid in der frühchristlichen Reflexion
       (Lactantius: um 250–325) 426
3. »Der fliegende Holländer« (Richard Wagner): Die Traumwelt-
   Ballade der Sehnsucht und Treue bis zum Tod 429
    a. Treue bis zum Tod 429
    b. Exkurs 431
4. »Tannhäuser« (Richard Wagner): Liebe im Widerstreit von Venus
   und Elisabeth 433

XIII AMOR FATI – DIE LIEBE ZUM SCHICKSAL 437

1. Amor fati in der Antike 437
   - a. Hinführung 437
   - b. »Fatum« (Schicksal): das »Herzwort« der Aeneis des Vergil . . 440
   - c. Dido, Tragödie der verlassenen Liebe 442
   - d. »Sunt lacrimae rerum«, »Tränen rinnen dem Leid« (Aen. I, 462) 445
   - e. »Omnia vincit Amor«, »Alles besiegt die Liebe« (Ecl. X, 69) . 447
2. Amor fati – Liebe zum Schicksal (Friedrich Nietzsche) 449
   - a. Der Unzeitgemäße und sein Schicksalsbegriff 449
   - b. Nietzsches schicksalhaftes Muss 451

XIV DIE LIEBE AUF DER BÜHNE DES THEATRUM MUNDI . . 463

1. »Rusalka« (Antonín Dvořák): Die elementare Sehnsucht nach Liebe 464
   - a. Imaginationen 465
   - b. Die Konstellation der Protagonisten 466
2. »Turandot« (Giacomo Puccini): Der tödliche Wettbewerb um die Liebe und die Metamorphose zur Liebe 468
   - a. Exposition und Inversion der Handlung: Dialektik von Leben und Tod, von Liebe und Tod 468
   - b. Schicksalswandlung der Liebe 472
3. »Die Zauberflöte« (Wolfgang Amadeus Mozart): Erkenntnis und Liebe. Der Ineinsfall zweier Seelenbilder 473
4. »Salome« (Richard Strauss): Die »Blutige« Liebe 479
   - a. Eros und Thanatos 479
   - b. Der »Abgrund Mensch« (Gedanken zu Oscar Wilde) 481
   - c. Das Eros-Spiel und seine tödliche Caprice 483
   - d. Das Liebesdrama einer »femme fatale« 486
5. Morphologie und Sublimation von Seelenregungen (Salome, Judith, Delila) 487
   - a. Phänomen Salome 488
   - b. Phänomen Judith 489
6. Liebe und Charisma (Simson und Delila: Verratene Liebe) 491
7. Liebe in den Märchen als Erlösungsmotiv 495
8. Das antike Märchen »Amor und Psyche«: Das reine Schöne und das Göttliche im Menschen 496
   - a. Giovanni Boccaccio 500
   - b. Pedro Calderón de la Barca 500
   - c. Der Amor-Psyche-Mythos 501

9. Die Unbedingtheit der Liebe: Romeo und Julia – ein Theatermärchen 501
   a. William Shakespeare 501
   b. Metamorphosen und Variationen des Romeo-Julia-Stoffes (Lope de Vega; Gottfried Keller) 506

XV REFLEXIONEN UND MYTHOPOETIK DER LIEBE: PHILOSOPHISCH, THEOLOGISCH, POETISCH 509

1. Liebe in der universalpoetischen Reflexion der Romantik 509
   a. Exposition 509
   b. Aesthetika in nuce (Hamann) 510
   c. Die welterschließende Kraft der Poesie: archaische Verborgenheit 515
2. Novalis: Liebe als rückwärtsgewandte Utopie und als Todestrunkenheit 519
   a. Poetische Hermeneutik von Natur und Menschenwelt 519
   b. Mythische Naturanschauung 522
   c. Todestrunkene Liebe: Unio amoris (Novalis: »Hymnen an die Nacht«) 524
3. Ich und Du, Ich und der Andere – als tema con variazioni der Liebe 528
   a. Friedrich Heinrich Jacobi 528
   b. Sören Kierkegaard: Lieben als unmittelbares Pathos und leidenschaftliche Interessiertheit 530
      aa. Der »Einzelne« 530
      bb. »Erinnerung« und »Wiederholung« 532
   c. Hermann Cohen 536
   d. Ferdinand Ebner 537
   e. Franz Rosenzweig 537
   f. Martin Buber 539
   g. Gabriel Marcel: Mysterium »Liebe« 541
   h. Maurice Blondel 544
   i. Josiah Royce und Henri Bergson 545
   j. Hans Jonas: Verantwortete Liebe 545
   k. Pierre Teilhard de Chardin: Amorisation – Liebe als energetische Kraft 547
   l. Hans Urs von Balthasar: Liebe als »offene Weltformel« 551

XVI LIEBE IN DER THEOLOGIE DES ALTEN BUNDES 557

1. Das Offenbarungs-Mysterium 557
   a. Exposition 557
   b. Liebe im Bund des Glaubens 558
   c. Die dem »Hören« anvertraute Liebe Gottes 559
2. Liebe als Hochzeits-Existenz 564
3. Hosea und die Passion der Gottesliebe: Heilige Brautschaft als Liebesgemeinschaft 567
   a. Exposition 567
   b. Das prophetische Totalzeugnis 568
   c. Die »Ballade« von der großen Liebe Gottes (Hos 11,1–11) .. 569
4. Jesaja, der Prophet der leidenschaftlichen Liebe Gottes 572
   a. Exposition 572
   b. »Das Weinberglied« und die enttäuschte Liebe des Brautwerbers 574
   c. Die Utopie der Entfeindung 578
5. Jeremia: Die Torheit der Liebe 579
   a. Exposition 579
   b. Gestaltwerdung der Liebe: Intimität des Innewerdens der Gotteserkenntnis 581
6. Das Hohelied: Seliges Liebesspiel im Zeichen von Braut und Bräutigam 584
   a. Feuer der Liebe (»Lied der Lieder«) 584
   b. Der Garten der Liebe 587
   c. Das Liebes-Spiel 588

XVII LIEBE IN DER THEOLOGIE DES NEUEN BUNDES 591

A. Paulus und seine Theologie der Liebe (Aussage, Typus, Zeugnis). 591
1. Die Ars epistolandi des Apostels 591
2. Die paulinische Variante der »Liebe zum Schicksal« (amor fati) . 593
3. Die rettende Macht des Evangeliums 596
4. Ereignishafte Liebe: Die paulinische Charismenlehre 597
5. Das Hohelied der Liebe (1 Kor 13): Eine Großinventur 601
   a. Exposition 601
   b. Die Frage nach dem besten Ding 602
   c. Das »Beste« bei Paulus: »Der andere Weg weit darüber hinaus ...« (1 Kor 12,31b) als der »Überweg« der Liebe 604
   d. Die höhere Gnadengabe – das Hohelied der Liebe: Analyse und Synthese 605
      aa. Die Exponiertheit der »Ich«-Form 606
      bb. Der formale Duktus 607

   cc. Sprache der Menschen und Engel und die Liebe 607
   dd. Prophetie und Liebe: »Und wenn ich prophetisch reden
     könnte ...« (1 Kor 13,2a) 611
   ee. Mysterien, Gnosis, Glaube, Liebe: »... und wenn ich alle
     Geheimnisse (Mysterien) wüsste und alle Erkenntnis
     (Gnosis) hätte« ... »und allen Glauben« (13,2b.c) 612
   ff. »Liebe« ohne Liebe (13,3) 615
  e. Das Tun und Walten der Liebe (13,4–7) 617
  f. Die »Langmütigkeit« und »Freundlichkeit« der Liebe (13,4) . 618
  g. Die Liebe ereifert sich nicht (13,4b) 621
  h. »Die Liebe handelt nicht ungehörig« (13,5a) 625
  i. Die Liebe »sucht nicht das Ihre« (13,5b) 626
  j. Die Liebe »rechnet das Böse nicht an« (V. 5d) 627
  k. Die Liebe »freut sich nicht am Unrecht, sie freut sich an der
   Wahrheit« (13,6) 628
  l. Die Unerschrockenheit der Liebe (13,7) 629
  m. »Sie glaubt alles« (13,7b) 629
  n. Die Liebe, »die alles hofft« (13,7c) 630
  o. Die Liebe, »sie duldet alles« (13,7a) 631
  p. Die Liebe als das bleibend Unvergängliche (13,8a) 631
  q. Die sich wandelnde Welt und der sich wandelnde Mensch
   (13,8–11) 632
  Nachklang 636
6. Das hymnische Bekenntnis von der unzerstörbaren Macht der
 Liebe Gottes (Röm 8,31–39) 638
7. Das urvordenkliche und erwählende Voraus der Liebe im
 Epheserbrief 643
  a. Exposition: Entfaltung der anamnetischen Differenz 643
  b. Der Heilsplan der erwählenden Liebe: Das urvordenkliche
   »Voraus« (Eph 1,3–14) 645
  c. Die Liebe als Gottes-Mimesis und ihre humane Gegenseitigkeit
   und Bewahrung 649
  d. Exkurs: Die Leiblichkeit der Liebe 652
  e. Das Phänomen »Leib« ist sinnkonstituierendes Mittel bei
   Maurice Merleau-Ponty 655

B. Die Liebe als Leben aus dem Glauben 657
1. Synoptische Evangelien 657
  a. Exposition 657
  b. Der Diskurs um die wichtigste Lebensweise
   (Mk 12,28–34; Mt 22,34–40; Lk 10,25–28) 658

  c. Das Erleiden der Liebe: Die Inversion der Frage vom Objekt der
    Liebe zum Subjekt der Liebe 661
  d. Horizont und Radikalität der Liebe in der »Bergpredigt« . . . 665
    aa. Exposition: Seligpreisungen und das Salz- und Lichtwort . 665
    bb. Die sechste Antithese oder von der Liebe zu den Feinden
      (Mt 5, 43–48) 667
  e. Die »goldene Regel« und ihr normativer Anspruch. Das Selbst
    und seine Eigenerwartung 668
  f. Irritationen und Befragungen (Bert Brecht) 670
2. Eine Theologie der Liebe im 1. Johannesbrief und im Johannesevangelium 674
  a. Die Hermeneutik des »Anderen« 674
    aa. Exposition 674
    bb. Begegnung von Zeit und Ewigkeit 676
    cc. Liebe als Wirklichkeit und Gestalt des Glaubens 678
    dd. Vollendung des Glaubens in der Liebe (1 Joh 4,7–5,8) . . . 681
  b. Eingefasst in das Unfassbare: Johanneische Theologie der Liebe 683
    aa. Die Welt als Ziel (Objekt) der Liebe Gottes (Joh 3,16) . . . 684
    bb. Neubegründung der Liebe: Jesu ultima vox (Joh 13) 688

Verhallendes Echo: »Im Anschaun ewiger Liebe«
(Veronese, Goethe, Destojewski, Mahler) 692

1. Das Spiel der Liebe (Veronese) 693
2. Die Bajadere (Johann Wolfgang von Goethe) 694
3. »Der West-östliche Divan« (Johann Wolfgang von Goethe) . . . 697
4. »Suleika« (Johann Wolfgang von Goethe) 701
5. »Reinheit des Herzens« (Fjodor M. Dostojewski) 702
6. »Was mir die Liebe erzählt« (Gustav Mahler) 704

Deutung des Gedeuteten

In Ingeborg Bachmanns (1926–1973) Gedichtzyklus »Anrufung des Großen Bären« (1956), ist eines ihrer berühmtesten Gedichte mit »Erklär mir, Liebe« übertitelt und durch die Beistrichsetzung ins Doppeldeutige verschlüsselt: die Dichterin will, dass ihr die Liebe das Geheimnis der Liebe entschlüssle. Litaneienhaft wird die Bitte, die Frage, der Bettelwunsch wiederholt, um ins Reine zu kommen, was es mit dem größten aller menschlichen Gefühle und der Essenz des Lebens auf sich hat. Ihr lyrisches Ich, das sie als »Ich in der Geschichte« und die »Geschichte im Ich« begreift, will von der Ursache wissen von »Liebe, was ich nicht erklären kann …«. Die Liebe als Seelenkraft im Menschen, macht aus diesem ein dem Anderen zugewandtes Wesen, das sein Selbst zur Hingabe drängt, und dazu, ein Wagnis einzugehen, »Ein Stein weiß einen anderen zu erweichen!« (in: »Erklär mir Liebe«), zu fühlen, dazusein, zueinander und miteinander zu sein, jemanden oder etwas lieb zu gewinnen, aber auch verletzlich zu sein und zu weinen und oft mit Schmerz zu bezahlen. Die Liebe umgreift das Leben, vom Geburtsschrei bis zum Aushauchen des Lebens als ein Gutheißen und ist das Grundwort schlechthin, das den umfassendsten Lebensvollzug des Menschen benennt, als Mit-sein und Sein-für, aber auch als »Antwort auf das Problem der menschlichen Existenz« (Erich Fromm).[1] Die Liebe ist ein Urwort, das ein ursprunghaft Ganzes und Umfassendes meint und zum Ganzen der menschlichen Lebenswirklichkeit gehört, ein Begriff, der in vielen Ausformungen innerhalb der Lebenswirklichkeit des Menschen begegnet, anschaulich und vieldeutig zugleich, bedeutungsvoll und rätselhaft, lebensstiftend und abgründig. Als die lebendigste Erscheinung des fühlenden Menschen und die drängendste seelische Bewegung, lebt die Liebe aus sich selbst, mächtig und überschäumend. Sie ist jene Kraft, die Gefühle und Stimmungen eingibt, in denen der Mensch – zusammen mit seinem Verstand – sein Wesen ausprägt. Sie kann die schrecklichsten und zartesten Empfindungen, die dem psychischen Innen, dem Ich, der Seele zugrunde liegen, umfassen und nach außen, auf die personale Mitwelt, die Welt des Anderen, aber auch

---

[1] E. Fromm, Die Kunst des Liebens, 1956, 23.

das Außen der Naturwelt wirken. Als psychisch-subjektive Kraft hat sie eine intentionale Grundstruktur, ist Geben und Empfangen; ist ein »Aus-Sein«, ein strebendes Ausgerichtet-Sein auf ein Ziel, im Singular oder Plural, auf ein »Worumwillen«, ein Anstreben oder Vermeiden, appetitiv oder aversiv. Als ein Grundphänomen gehört Liebe zur erlebten und orientierenden Daseinsgewissheit des Menschen und wird in der Weise begegnender Wirklichkeit erfahren. Personales Sein existiert immer in der Verschränkung von Natur-Sein, Gemüt und Freiheit, Leiblichkeit und Innesein, Sinnlichkeit der Körperlichkeit, so dass man von einer »Somatisierung« der Liebe sprechen kann, vom Erleben des sozialen »In-der-Welt-Seins« mit all den Möglichkeiten und Grenzen. Sie entsteht, wächst, vergeht und indiziert abhängige Freiheit, aber auch Notwendigkeit.

Als freier Wesensvollzug des Menschen ist Liebe ein Beziehungsbegriff, der Gefühle der Zuneigung, Zärtlichkeit, Intimität, Selbstlosigkeit, Hingabe, emotionalen Zuneigung, Wohlwollen, Mitleid, Mitgefühl, Verantwortung einbegreift. Als Grundakt im Zusammenleben der Menschen ist sie auch ein bleibendes Beziehungsideal und hat einen sinnstiftenden Charakter. Sie umfasst die Welt vielfältiger Beziehungserfahrungen. Als Grundgesetz des Lebens umgreift das Phänomen Liebe das weite Motivfeld von Barmherzigkeit, Mildtätigkeit, Gutmütigkeit, Billigkeit, samt Hingabe und Aufopferung, womit der Mensch sich etwas »vergibt«. »Wo die Liebe erwacht, stirbt das Ich, der dunkle Despot«, schreibt der mystische Dichter Persiens aus dem 13. Jh., Dschelaleddin Rumi.

Am Ende der »Lieder auf der Flucht« von Ingeborg Bachmann stehen aber auch die resignativen Zeilen:

»Die Liebe hat einen Triumph und der Tod hat einen,
die Zeit und die Zeit danach.
Wir haben keinen.
Nur Sinken um uns von Gestirnen. Abglanz und Schweigen.
Doch das Lied überm Staub danach
wird uns übersteigen.«

Die abstrakte Frage nach ihrem Was, ihrem Wesen, verwandelt sich letztlich in die personale Frage des Wer: »Wer ist ein Liebender?«, »… Denn liebend gibt der Sterbliche vom Besten« (Fr. Hölderlin). Die antreibende Frage nach ihrem Wesen ist auch der Schlüssel für die Frage nach dem Menschen selbst. Sie ist einerseits grundlegend für die Personwerdung des Menschen in der Selbstannahme und Selbstliebe, andererseits aber auch Ausdruck der Selbstüberwindung in der Liebe zum Anderen, zum Nächsten, und zum Mehr-als-Menschlichen.

Der Psychologe und Psychoanalytiker Robert Gordon sieht in der Liebesfähigkeit, Liebe zu geben oder die empfangen, auch die Möglichkeiten einzigartiger Reifung, denn die Liebe kann den Menschen stark und groß machen, während er sich gleichzeitig bedürftig, ungetröstet und schwach fühlen dürfe. Gordon zeichnet es so: »Liebesbeziehungen bieten uns die Gelegenheit, die Vergangenheit unbewusst zu wiederholen oder an ihr zu wachsen. Wir alle können lernen, durch persönliches Wachstum besser zu lieben.« Dazu bedarf es der Arbeit an sich selbst, der Fähigkeit zur Anteilnahme und zur Reue sowie das Gefühl der Verantwortung für das eigene Tun mit dem »Fang immer wieder neu an«, um die Liebe als Frage, in die Liebe als Antwort zu verwandeln, die oft auch mit Tränen geschrieben wird. Liebe als personaler Beziehungsbegriff weiß auch um die Erfahrung des Scheiterns, die Erfahrung, über die die Wiener Dichterin Christine Busta in einem Gedicht sinniert, ob sich menschliche Schuld gegeneinander aufwiegen und so relativieren lasse. Sie schreibt:

»Deine Schuld wird nicht kleiner,
weil andere auch schuldig werden an dir.
Schwerer wiegt sie, je tiefer
du selbst Leiden erfährst.

Nicht Freispruch wird dir gewährt,
nur die bittere Gnade der Einsicht,
auch im Bösen Brüder und Schwestern zu haben«.[2]

Die Erfahrung, dass andere an einem schuldig geworden sind, lässt eine leiderfahrene Erkenntnis reifen, sensibler für eigenes Schuldigwerden zu werden und für die Verantwortung eigener Schuld. Gewährt wird in solchen Wechselspiel von Schuldigwerden und Schulderfahren »die bittere Gnade der Einsicht, auch im Bösen Brüder und Schwestern zu haben«.

Die vorliegende Studie »Amor aeternus« richtet das Augenmerk auf die Liebe als Weise der bewussten und totalen Selbsterfahrung des Menschen, wie er sich als personales Wesen vorgegeben und zugleich aufgegeben erfährt, Liebe auszuzeitigen. Welche Daseinserfahrungen sind in diesem Wort »Liebe« gebündelt und welche Grundverständnisse gelebten Lebens entsprechen ihr oder sind an ihr gescheitert. Der Blick richtet sich aspekthaft auf die weite Bühne der menschlichen Akteure im langen Fluss der Zeit. Travestiert man die altchinesische Parabel vom »Mond der Wahrheit«, der sich in verschiedenen Wassern spiegelt, auf den »Mond der Liebe« als Grunderfahrung menschlichen Lebens, so spiegelt auch dieser sich in tiefen und seichten Gewässern, in ruhigen und stürmisch bewegten, in klaren und trüben, lieblichen und dramatisch aufgerührten, in mondbeschienenen und nachtverdunkelten, und immer ist es der eine »Mond der Liebe«. Als Bezie-

---

[2] Christine Busta, Wenn du das Wappen der Liebe malst ... in: Gedichte, 1983, 86.

hungsbegriff hat er ein weites semantisches Feld mit all seinen anthropologischen, kulturellen, philosophischen, theologischen und sozialen Kontexten, Verwebungen, im Glück und Gelingen, wie in der Brüchigkeit des Lebensweltlichen.

Der junge Raffael malte das kleine Bild »Traum des Scipio« (National Gallery, London), in welchem der unter einem Lorbeerbaum und offensichtlich von seinem Ruhm sich ausruhende junge Held von zwei Frauen besucht wird. Die erste von beiden reicht ihm ein Buch und ein Schwert, die anmutigere aber bietet ihm eine Blume dar. Diese drei Attribute – Buch, Schwert und Blume – symbolisieren die drei Seelenvermögen des Menschen, Intelligenz, Kraft und Gefühl, wobei alle drei in ihren verschiedenen Verhältnissen die verschiedenen Charaktere und Anlagen bedingen. Im Anschluss daran spricht Fulgentius von der dreigeteilten menschlichen Natur, der theoretischen, der praktischen und der sinnlichen (contemplativa, activa und voluptaria).[3]

Das Thema »Liebe« kann von verschiedenen Fragestellungen aus betrachtet werden und meint in einem umfassenden Sinn all die menschlichen Äußerungen von Vorstellungen über dieses vielgestaltige Phänomen, das ein Sammelname ist für eine Grundweise menschlicher Existenz. Sie ist der umfassende Aspekt der Frage »Wer bin ich?«, als Rätselfrage der conditio humana, ihrer Bezogenheit auf ein personales Wer und ein apersonales Was. Die Frage begleitet das Menschsein unabweislich wie Schlehmichels Schatten, ethisch, ästhetisch, anthropologisch, theologisch, religiös, existenzphilosophisch. In all dem erschließt sich uns etwas von der wirklichkeitserschließenden Dimension dieses Phänomens und seiner normativen Verbindlichkeit. Das dargebotene Panorama »Texte« der Liebe zeigt ihre »grammatikalische« Ausdrucksform, ihre »semantische« Bedeutungsform, und ihre pragmatische »Rollenform« mit dem Zusammenhang von Bedeutung und Handeln. So wird auch die praktische Relevanz des vorgestellten Begriffs in seiner zeitlichen Tiefe und in seinem Wirkhorizont[4] aufscheinen.

Dieser Blick in die »Liebes«-Geschichte der Menschen und die Tradierung ihrer existentiellen Momente macht eine »eigentümliche Dialektik« des Hörens dieser Texte deutlich. Hans Georg Gadamer reflektiert in einem anderen Zusammenhang dazu: »Nicht nur, dass, wer hört, sozusagen angeredet wird«, vielmehr liege »darin auch dies, dass, wer angeredet wird, hören muss, ob er will oder nicht. Er kann nicht in der gleichen Weise weghören, wie man im Sehen dadurch von anderem wegsieht, dass man in eine

---

[3] Fulgentius, Mythologiae II, 1: »De iudicio Paridis«; vgl. Plutarch, De liberis educandis 10 (Moralia 8A; Platon, Politeia 441; 580 D ff.
[4] Vgl. Ch. S. Peirce, How to Make Our Ideas Clear (dt., Über die Klarheit unserer Gedanken, ³1985.

bestimmte Richtung blickt.«⁵ Der ansprechbare und angesprochene Mensch kann unter einen unausweichlichen Anspruch der Betroffenheit und eines geweiteten Verstehens geraten, dass sich ihm neue Verstehenshorizonte erschließen und neue Dimensionen des Umgangs mit der begegnenden Wirklichkeit. Wer »in der Überlieferung stehen will«, fährt H.-G. Gadamer fort, muss »auf das hören, was ihn von da erreicht«. Vor allem gelte es, »auf die Sage, den Mythos, die Wahrheit der Alten zu hören«. Das im Strom der Zeit Gedachte und Gesagte findet in den Texten ja seine Verschriftlichung und Vermittlung, damit aber auch die textgewordene Abständigkeit. Nur im lesenden Hin-hören und Wahrnehmen hebt sich die Distanz auf und wird die Wahrheit des Tradierten offenkundig. Und: »Die hermeneutische Erfahrung muss sich als echte Erfahrung alles, was ihr gegenwärtig wird, zumuten. Sie hat nicht die Freiheit, vorgängig auszuwählen und zu verwerfen«.⁶ Das Anteilhaben an tradierten Erfahrungen kann Identität und Zugehörigkeit wecken, aber auch eine Preisgabe seiner selbst.

Die Studie will – ganz allgemein gesagt – das Sprachfeld der Liebe, wie es in Texten, Symbolen, Gesten, Bildern Ausdruck fand und tradiert wurde, aufweisen. Texte als dynamische Anschauungsformen haben ihr Schicksal und ihre Geschichte und stehen im hermeneutischen Fragehorizont von Was und Wie, Wo und Warum, Wann und Wohin. Sie sind lebensgebunden, sprachliche Äußerungen in all der Verschiedenheit des Sagens als Medium des Sinns. Die Untersuchung wendet sich dem anthropologischen Grundphänomen »Liebe« zu, wie sie als die den Menschen bestimmende Lebenswirklichkeit in all ihrer beglückenden und tragischen Vielfalt erfahren und zum eigentlichen Geschehen menschlicher Sprachäußerungen wurde. Der Begriff »Liebe« in all seiner oszillierenden Vielfalt, findet seine Form der Darstellung und Anschauung in Texten, die selbst Ausdruck eines Ausdrucks sind, so dass es immer auch um eine Deutung von Deutungen geht. Die Materialität der Texturen der Liebe hat eine Doppelnatur, die komplexe Vermittlung des Verfassers auf der einen Seite, und die Lesbarkeit des Textes, die der Interpret in seiner realen und fiktiven Deutung heraufzurufen und zu erkennen sucht, in einer allegory of reading, ästhetisch, lebensweltlich, Latentes freilegend, auf der anderen Seite. Texte sind imaginäre Quellen, die sich nicht einfach als Mimesis von Sachverhalten preisgeben, sondern eine imaginäre Potenzialität in sich bergen, ein Sichzeigen und Verbergen. Jeder Text hat seine eigene Lesbarkeit. Symbolische Formen legen sich oft wie ein bunter Schleier über die Textur des Textes mit seinen stimulierenden Bildern, imaginären Supplementen, figurativem Wissen, ganz im Sinne des

---

⁵ H.-G. Gadamer, Wahrheit und Methode. Grundzüge einer philosophischen Hermeneutik, in: Ders., Gesammelte Werke Bd. I, 1986, 466.
⁶ Ders., a.a.O.,467 u. 469.

enigmatischen Wortes Heraklits: »Die Natur liebt es, sich zu verbergen« (VS 22m B 123). Texte sind ein dialektisches Feld des Sichzeigens und Sichverhüllens, sprachliche Äußerungen bild- und zeichenhaft codierten Sprechens und Teil kultureller Selbstvergewisserung. Da sich im Text Interpretament und Interpretierender scheiden, geht es immer auch um das Greifbarmachen kultureller Querverweise und die kontextuelle Qualität der Texte, um den für den Subtext wichtigen Kon-Text und die Vergegenwärtigung seiner Sinndimension. Jeder Text hat seine eigene Imagination und ästhetische Realisierung, Reflexion und Maskierung, Konfession sowie Weisen der Wahrnehmung mit seinen Chiffren, seiner bildlichen Gestik und Symbolik, Poesie und den geistigen Spielräumen, der mythischen Stilisierung und Diaphanie, der Bildsequenzen und der Kopräsenz von Traditionen und ihrer »dissémination« und Kohärenz. Ralf Konersmann weist auf eine bei Plinius und Cicero erzählte Semantik des Imaginären hin, die berichtet, wie der griechische Maler Timanthes sich die Opferung der Iphigenie zum Thema gemacht hatte und merkte, er könne dabei nie die Trauer ihres Vaters ins Bild setzen. Er behilft sich damit, dass er dessen Antlitz mit einem Schleier verhüllt und mit einer elementaren Metapher vordemonstriert und vergegenwärtigt. Mit dieser Substitution setzt er »(...) auf die Unterstützung eines Betrachters, der bereit sein würde, das Sichtbare nicht als es selbst, sondern als verweisendes Zeichen aufzunehmen und zu deuten«.[7] Das nicht Darstellbare wird in einer hypothetischen Szene durch das Schleier-Zeichen sinnfällig ersetzt und zugleich verhüllt. Auch in einer Interpretation von Interpretationen geht es immer wieder um das offene Dahinter, die andere Seite der Wirklichkeit, von der Pascal sagt: »Lache über die Philosophen und du bist ein wahrer Philosoph«; oder Montaigen: »Que sais-je? ich weiß, wie wenig mein Wissen ist«; und Nicolai Hartmann: »Die Ratio (Vernunft) selbst ist nicht rational«. Von einer Inzucht der Begriffe weiß auch Albert Camus, wenn er in sein Tagebuch schreibt: »Die allgemeinen Begriffe haben mir am meisten geschadet.« Eine hintergründige Erzählung fernöstlicher Weisheit macht auf diesen Sachverhalt aufmerksam.

Ein Mönchsschüler fragte seinen geistlichen Lehrmeister: »Habe ich recht, wenn ich deine Lehre dahin verstehe, dass alles Reden, so gewöhnlich es auch sei, ein Teil der höchsten Wahrheit ist?« Der Meister sprach: »Ja, du hast recht«. Dann fuhr der Schüler fort: »Darf ich euch dann einen Esel heißen?« Darauf schlug ihn der Lehrmeister mit dem Stock. Der Stock hatte zunächst den Sinn, dass der Schüler die Lehre missverstanden hat und die Sache noch einmal bedenken muss. Dann hat der Schlag den Sinn, die Wahrheit nicht anderswo, sondern nur anders zu suchen, denn der Schüler wird

---

[7] R. Kornemann, Der Schleier des Timanthes. Perspektiven der historischen Semantik, ²2006, 13 f.

gleichsam nach innen geschlagen, um das Gesagte innerlich zu verstehen, welches Innerliche aber nicht mit bloßen Reden und äußeren Worten zu fassen ist; es ist erfahrbar nur als das verschwiegene und doch deutliche Gesetz eines Weges, zu dem man sich aufmachen und unterwegs ist. Aber der Schlag mit dem Stock sollte nicht beugen, sondern aufrichten als ein Schlag der Wahrheit, der sie im Schüler gleichsam aus dem Dunkel ans Licht hochschlägt. Doch auch die Weisheit des Lehrers war nur Weisheit im Hinblick auf die Unwissenheit des Schülers und so selber nur der andere Teil der eigenen Unwissenheit. Insofern kann der Schüler den Lehrer mit Recht einen Esel nennen. Aber der Schüler hat anders recht, als er selbstsicher meinte und glaubte, und so musste er zugleich korrigiert werden, dass ihm das Eigentliche »mit einem Schlag« klar werde auf ein inneres Vernehmen, Hellwerden, Erleuchtetwerden hin.

Auch zum Wesen der mystischen Liebe gehört die Umkehrung der Aktrichtung des Schauens, wo das Schauen primär ein Angeschautwerden, das Sehen ein Gesehensein, ist. Nikolaus von Kues schreibt in »De visione Dei« (fol. 100v): »Niemand vermag dich zu sehen, es sei denn, dass du dich ihm zu sehen gibst, und nicht anderes heißt dich sehen, als dass du den dich sehenden anblickst«.[8]

---

[8] Nikolaus von Kues, Ausgabe Bohnenstaedt, 1944, I 64.

Prolog
Konfigurationen der Liebe
in Mythos und Philosophie von Hellas

1. Mythisches Verstehen und mythische Poetik

a. Exposition

Zu den Alltagserfahrungen des Menschen gehören die Erfahrungen mit der ihn umgebenden Natur, das Phänomen des Lebendigen und Vergehenden, die Erfahrungen des Zeitenlaufes, aber auch die der Bedrohungen seines natürlichen Lebensraumes durch Chaos und Tod. Vieles erscheint dem Menschen erklärungsbedürftig, weil seine Lebens- und Wahrnehmungswelt ambivalent ist. Wie kann er sich diese vorstellen und deuten, sich ein Bild von ihr machen, sich diese »vor sich« stellen, um über sie »im Bilde« zu sein. Für den Menschen der griechischen Antike stellte sich der »Kosmos« als geordnetes Ganzes sowie als Summe und Grenze dessen dar, was zu entschlüsseln war-, und darin die Götter, das Schicksal und die Menschen. Mythisch-poetische Traditionen und philosophische Reflexionen säumen den Weg der Fragen nach der prima causa, dem Urprinzip in der Fülle der Erscheinungen, der Frage nach der Vielfalt und der Einheit, des Mythos und Logos, des Trugs, des Scheins und der Wahrheit, des Sichtbaren und des Unsichtbaren, des Bildes und der Abstraktion, – zusammengefasst in dem Schlüsselwort der griechischen Literatur: »Opsis adêlôn ta phainomena«: »Sicht des Undeutlichen: das Erscheinende«.

Im Mythos[1] als einer achaischen Grundform des Menschen, sich seine erfahrene Wirklichkeit zu erschließen und zu deuten, versinnbildet er darin sich vielfältige Sinngestalten in all der ihn betreffenden Lebendigkeit, wobei das Wort ein zentrales Element des Mythos selbst ist, der erzählt und kommuniziert sein will. Im Iôn, einem der frühesten Dialoge Platons, sagt Sokrates zum gefeierten Rhapsoden und Homer-Interpreten Iôn: »Ihr seid also Sprecher der Sprecher?« Und Iôn antwortet: »Allerdings« (Iôn 535).

---

[1] Vgl. C. Lévi-Strauss, Myth and Meaning, 1978; Mit seiner strukturalen Anthropologie und mit seinen Mythenanalysen wird er zum Mentor einer strukturalistisch orientierten Literaturwissenschaft; R. A. Segal, Theorizing about Myth, 1999.

Mythisches Verstehen und mythische Poetik

Zu den frühen Wahrnehmungskategorien menschlichen Denkens gehört das mythische Verstehen, mit welchem der Mensch sich seine Fragen und Antworten ins Bild setzt. Zu den mythischen Wurzeln gehört auch die staunende Frage des »Warum?« Sie geriert sich als Benennungs- und Erklärungssystem und sucht, indem sie den Menschen in ein Sinngefüge numinoser Kräfte und Mächte einbezieht, das Menschliche, Außermenschliche und Mehr-als-Menschliche zu ergründen.

Die frühen und eigenständigen Traditionen des Erzählens und Besprechens der erfahrenen und andrängenden Wirklichkeit sind nach einem Wort G. W. F. Hegels »Taten des Denkens«, Weisen früher Sinnstiftung. Das mythische Wissen als Vorwissen will erzählen und begründen, vorstellen und deuten, gliedern und entfalten. Es spiegeln sich darin frühe Wirklichkeitsbilder und Sehnsuchtsbilder als frühes auto-biografisches Memorial des Menschen. Sein mythisches Denken bedient sich der Erzählung, die in der Art des »gleichsam«, gleichnishaft auf ein Anderes, ihn Betreffendes zielt, d. h. »tua res agitur«.

Die vorliegende Studie wendet sich in einem ersten explikatorischen Sinn der griechischen Welt zu, wie diese das unauslotbare Phänomen »Liebe« in all seiner Komplexität, seinen Konfigurationen und Transfigurationen in den Blick nahm. Der Strom nährt sich aus vielen Quellen, – und die »besprochene« Welt ist eine erzählte Welt. Das Erzählen ist ein menschliches Urbedürfnis, Signum und Ausdruck des »mündlichen« Menschen.[2] Der Husserl-Schüler W. Schapp sucht das Wesen des Menschen von seiner Narrativität her zu bestimmen. Dieser sei ein Wesen, das in allen seinen Vollzügen der Wahrnehmung und seinen Handlungen »in Geschichten verstrickt« ist.[3] Diese sind das Medium, mit welchem der Mensch seine Erfahrungen bespricht und sich Sinnhaftes aneignet. So bringt er seine Erfahrungen in narrative Muster und verarbeitet sie, um in und mit den erzählten Geschichten seine Identität auszudrücken. Sie sind das Medium des Zugangs zu seinen Sinnstiftungen.

---

[2] Vgl. P. Radin, Primitive Man as Philosopher, ²1957; M. Eliade, Myth and Reality, 1963. G. Prince, Narratology. The Form and Functioning of Narrative, 1982; Th. R. Sarbin (Hg.), Narrative Psychologie. The Storied Nature of Human Conduct, 1986.
[3] J. Vogt, Aspekte erzählender Prosa. Eine Einführung in Erzähltechnik und Romantheorie, 1990.
Ferner: F. K. Stanzel, Theorie des Erzählens, 1990: Er unterscheidet verschiedene »Erzählsituationen« mit verschiedener Erzählhaltung, -distanz und spezifischem Wirkungspotential: Erzähler/Stimme, Erzählerperspektive (point of view) mit der Außen- und Innenperspektive, Erzählformen und Erzählweisen als »berichtendes Erzählen« (telling) oder »szenisches Darstellen« (showing). W. Schapp, In Geschichten verstrickt. Zum Sein von Mensch und Ding, ³1985; Ders., Philosophie der Geschichten, ²1981.

b. Mythos und Wort

In seinem Opus magnum, »Temps et récit« (»Zeit und Erzählung«), greift der französische Philosoph Paul Ricœur (1913–2005) das Thema der philosophischen Poetik und Narrativität auf,[4] den Prozess des Erzählens der Mythen und Metaphern. In der Exposition geht er von der These aus, dass die Zeit erst durch Erzählungen zur menschlichen Zeit, und umgekehrt, die Erzählung erst durch die Zeit bedeutsam wird. Er greift dabei auf den aristotelischen Mimesis-Begriff der Poetik zurück, den Grundbegriff szenischer Darstellung der Akteure und ihrer Handlungen durch Sprache, Rhythmus und Melodie. Die Darstellung und die Erzählung sind zwei verschiedene Weisen der mimetischen, darstellenden Nachahmung (Poet. 1448 a 20). In der Folge treten neben die inhaltlichen Klassifikationen wie Mythen, Märchen, Sagen, narrative Strukturen in den Blick wie Träger- und Rezipientenkreise, Reflexionsniveau, Wirklichkeitsverständnis und Anspruch u. v. m.[5]

In seiner Theorie der Narrativität unterscheidet P. Ricœur drei Mimesis-Formen:

Mimesis 1 besteht in einem Vorverständnis von Zeit, von dem die Erzählung anhebt, denn die Lebens- und Erfahrungswelt des Menschen ist »pränarrativ« strukturiert. Er kann seine Handlungen nur verstehen, wenn er sie in einen Erzählkontext einordnet.

Mimesis 2 besteht in der »Konfiguration« der Zeit, d. h. diese ist durch die Erzählung strukturiert. Durch das Erzählen der bereits vorstrukturierten Handlungen und Erfahrungen erhalten sie eine stabile Stillstellung und Identität. Durch das Erzählen werden sie in explizite Geschichten transformiert. So beschreibt Ricœur in Anschluss an Kant diesen Prozess als eine innovative »Synthese des Heterogenen«, wobei durch Selektion und Integration der vorstrukturierten Handlungen und Ereignisse eine sinnvolle Geschichte entsteht.

Mimesis 3 besteht in der »Refiguration« der Zeit, d. h. ihrer Auffassung in der rezipierten Erzählung. So entsteht eine sinnvolle Geschichte, die zum

---

[4] P. Ricœur, I. Temps et récit. II. La configuration du temps dans le récit de fiction. III. Le temps raconté (Zeit und Erzählung. I. Zeit und historische Erzählung. II. Zeit und literarische Erzählung. III. Die erzählte Zeit), EA Paris 1983–1985; dt. München 1988–1991. Ders., Le conflit des interprétation (frz.; Der Konflikt der Interpretation, 1969; dt. 1973/74) ist ein Sammelband zu Psychologie, Strukturalismus und Religionsphilosophie.
[5] E. Lämmert, Bauformen des Erzählens, 1955; Vgl. M. Fuhrmann, Dichtungstheorie in der Antike, ²1992; H. Koller, Die Mimesis in der Antike, 1954; B. F. Scholz (Hg.), Mimesis. Studien zur literarischen Repräsentation, 1997; M. Spariosu (Hg.), Mimesis in Contemporary Theory. The Literary and Philosophical Debate, 1984; J. Kocka/Th. Nipperdey (Hg.), Theorie der Erzählung in der Geschichte, 1979; R. Kosseleck, Vergangene Zukunft. Zu Semantik geschichtlicher Zeiten, 1979.

lebensweltlichen Fundus einer Volksgruppe wird, in der sich Erfahrungen spiegeln und die auch die Kraft einer Orientierung bergen.[6]

In dieser Zirkularität der drei Formen vollzieht sich nach Ricœur Kultur, aber auch personale Identität als narrative Einheit[7] einer erzählten oder erzählbaren Lebensgeschichte.

Ricœurs Motiv-Satz »Le symbole donne à penser« – »Das Symbol stellt die Aufgabe des Nachdenkens« – will zu der Aufgabe anleiten, zwischen Reflexion und Erfahrung zu vermitteln und das Subjekt zu seiner Selbstwahrnehmung zu führen. Als ihm 1985 der Hegelpreis verliehen wurde, sprach er über die Einschätzung der Philosophie und resümierte: »Ich glaube nicht, dass Philosophie alles im Leben ist. Man muß auch lieben können.«[8] Das Symbol in seiner Zweigliedrigkeit als »Ding« und »Bild« schöpft den Dingcharakter aus den Urverhältnissen des Seins und den Bildcharakter aus Urbildern der Seele. Beides zusammen genommen ist auf ein Ganzes hingeordnet und steht im Spannungsverhältnis von Verbergung und Manifestation unter dem Aspekt der Entsprechung oder Übereinstimmung.

2. Exemplum: Homer und die erzählte Liebessehnsucht (Penelope und Odysseus)

Homer, der Schöpfer des ältesten abendländischen Epos »Ilias« und »Odyssee«, Rhapsode aus dem 8. Jh. v. Chr., besingt im ersten Epos den Krieg der Griechen gegen die Stadt Ilion-Troia und im zweiten, die Irrfahrten des Odysseus nach dem Fall Troias, dessen Heimkehr nach Ithaka und seinen siegreichen Kampf mit den Freiern seiner Frau Penelope. In dem großen Themenbogen der Ilias[9], in dem der »Zorn des Achill« (Il. 1,1),[10] Anfang und Ende zusammenhält, geht es um dramatisch bewegte Heldenehre, Kampf- und Redeszenen und um die menschlichen Tugenden wie Freundschaft, Ritterlichkeit, Götter-Ehrfurcht und um die Bewahrung des inneren

---

[6] Vgl. S. Bonzon, Paul Ricœur, »Temps et récit«: Une intrigue philosophique, in: Revue de Théologie et de Philosophie 119 (1987) 341–367; S. Strasser, Zeit und Erzählung bei Paul Ricœur, in: PhRu 34 (1987) 1–14; H. J. Görtz, »Erzählen« und »Erzählung«. Zu Paul Ricœurs Gedanke von »Temps et récit«, in: PhJ 97 (1990) 105–117.
[7] Vgl. N. Meuter, Narrative Identität. Zum Problem der personalen Identität im Anschluss an Ernst Tugendhat, Niklas Luhmann und Paul Ricœur, 1995.
[8] Vgl. J. Evans, Paul Ricœur's Hermeneutics. The imagination as creative Element of Religious Literacy, 1994.
[9] Vgl. W. Schadewaldt, Von Homers Welt und Werk, 1966; K. Reinhardt, Die Ilias und ihr Dichter, 1961.
[10] Vgl. J. Latacz, Homer. Der erste Dichter des Abendlandes, 1989, 155–158.

Maßes als beste menschliche Verhaltensform. Voller Anschauungskraft schildert der Dichter, wie z. B. Achills Rosse an der Leiche des Patroklos weinen, oder wie das Streitross Xanthos Achill seinen Tod weissagt: »Dessen sind wir nicht schuldig, sondern der mächtige Gott und das harte Verhängnis«.

Für Homer ist die Einheit des Erzähl-Ganzen eine Einheit des Vielgestaltigen, scheinbar Widersprüchlichen von Überirdischem und Irdischem, Geistigem und Leiblichem, von Freud und Leid, Tag und Nacht, oft erzählend sichtbar gemacht durch den Vergleichspunkt des sog. »ähnlichen Dritten« oder Tertium comparationis. So bedeutet für den homerischen Menschen Leben, im Licht der Sonne leben und ihr Licht schauen.[11] Und von der Geburt des Herakles, des Zeus und der Alkmene Sohn, sagt der »Vater der Götter und Menschen« als der Inbegriff des olympischen Lichtreiches, dass das Kind durch die Geburt »zum Licht heraus und zum Vorschein« komme. Die Griechen glorifizierten das Licht, die Sichtbarkeit und die den Tag eröffnende »rosa gefingerte Morgendämmerung« als Mark des Lebens. Und als Aias, der König von Salamis, mit Odysseus wegen der Waffen des Achilleus in Streit gerät und ein Schiedsgericht diese ihm verweigert, wählt er den Freitod. Davor richtet er ein Gebet an Zeus – tiefste Imagination griechischen Wesens – ihn in der Sonne sterben zu lassen:

»*Mach den Himmel klar und gib,*
dass wir mit unseren Augen sehen können.
Licht soll sein, auch wenn du mich töten musst!«
(Sophokles, Aias)

Dem Menschen als »Tagwesen« (ep-hêméros) ist die Tageszeit zwischen Sonnenaufgang und Sonnenuntergang Teil, als »Zeit zu leben« und des täglichen wiederkehrenden Sehenkönnens der Tageshelle, mit dem Auge als Sitz dieses Lichtes, das alles »durchschaut«[12] und ihn als »Augenzeugen« (histor), das im Licht sich Zeigende erkennen lässt. Als Volk des Auges ist für die Griechen die Schau ein wesentlicher Zug ihrer religiösen und philosophischen Welt, dabei kommt dem »Auge der Seele« eine besondere Bedeutung zu. Und die Schau der Ideen bei Platon ist eine geistige Erkenntnis des Mehr-als-Sinnlichen.

Stand in der homerischen »Ilias« vor allem das Geschehen des Krieges um Troia in der Perspektive des Erzählens, so geht es in der »Odyssee« um die Figur des Odysseus, des ewigen Wanderers, den seine Einsamkeit begleitet wie ein nicht von ihm weichender Schatten. Der »allwissende« Erzähler erzählt aus der olympischen Perspektive als ein alles Überschauender, mit der Technik der Rückblendung und Vorausdeutung des Erzählten und schafft

---

[11] Homer. Il. 5,120; 18,61.442; 24,558.
[12] Vgl. Auge als Licht: Ilias 1,200; 13,7; 14,344–345; Odyssee 6,131 f.; 16,16; 17,39 u. ö.

Exemplum: Homer und die erzählte Liebessehnsucht (Penelope und Odysseus)

sich so eine poetische Welt, indem er Erzählen und Erzähltes in ein dialektisches Zueinander setzt und so eine persönliche Abenteuer- und Heimkehr-Geschichte dramatisch vergegenwärtigt. Dabei greift er »unvermittelt« auf erlebte, subjektive Erfahrungen des Akteurs zurück. Thomas Mann apostrophiert den Erzähler solchen Erzählens als »raunenden Beschwörer des Imperfekts« (»Zauberberg«).Die persönliche Geschichte des Seefahrers und Heimkehrers Odysseus ist perspektivisch auf seine Heimkehr nach Ithaka, die Wiedererkennung durch die zwanzig Jahre auf ihn wartende liebende Gattin Penelope und die Überwindung der um sie werbenden Freier bezogen. Das ständige Grundmotiv der »Odyssee« ist die Sehnsucht, die allem Geschehen inhärent ist: in der Liebe Penelopes zu ihrem Gatten Osysseus, der vor zwanzig Jahren den gemeinsamen heimatlichen Herd verlassen hatte, um in den Krieg gegen Troia zu ziehen. In diesem tief auf ihrer Seele lastenden Schwebezustand schickt sie ihren Sohn Telemachos auf seine Suchwanderung – und beinahe in Todesgefahr. Auch des Odysseus Sehnsucht wird im 5. Gesang in starker Bildkraft geschildert, wie er am Meeresgestade sitzt: »… es wurden ihm die Augen vor Tränen nicht mehr trocken; da verrann sein liebes Leben im Jammern nach der Heimkehr …« (5,151–153), und: »Die Tage über saß er immer auf den Uferklippen und blickte ohne Unterlaß aufs Meer hinaus, das unfruchtbare, Tränen weinend …« (5,156f.).Und Penelope legt der Dichter die Worte sehnsüchtiger Liebe in den Mund: »Möchte so milden Tod mir die keusche Artemis schicken, Jetzt gleich, dass ich nicht länger mit Weinen mein Leben verzehre um den lieben Gemahl.« (Od. 18, 202 ff.)

Die Handlung der Odyssee aber wird vor allem durch zwei Bedrohungsszenarien in Spannung gehalten: Auf der einen Seite ist es die bedrohte Welt der treuen Penelope, der Gattin des Odysseus, durch 88 werbende Freier, die im Palast hausen und das Gut verprassen, mit dem Anspruch auf die königliche Herrschaft auf Ithaka, und auf der anderen Seite ist es die ruhelose und abenteuerliche Heimfahrt es Odysseus, Opfer des unbesänftigten Grolls des Meeresgottes Poseidon gegen ihn und seine Begleiter. Als Herr des Meeres ist der Gott das feindliche Element der bewegten Ereignisse der Heimkehr des »Bettlers« Odysseus, totgeglaubt und von den Freiern missachtet, verhöhnt und geschmäht, die er als »göttlicher Dulder« (polytlas dios) erträgt.

In der letzten Großszene ist es Odysseus, der den großen Bogen, den Penelope zur Auswahl der Bewerber bringt, als einziger zu spannen vermag, um durch die zwölf Schlaufenlöcher aneinandergereihter Äxte zu treffen. Dann vollbringt er sein blutigstes Abenteuer in der Ermordung der Freier und vollzieht das Strafgericht der Götter an ihrem frevelhaften Übermut. Denn das Strafgericht trifft den, der Unrecht tut und dafür auch seine Verantwortung trägt. Zeus werden zu Beginn des Werkes die Worte in den Mund gelegt: »*Welche Klagen erheben die Sterblichen wider die Götter!*

Nur von uns, so schrei'n sie, käm alles Unglück, und dennoch schaffen die Toren sich selbst, dem Schicksal entgegen, ihr Elend.« Zwei Tage lebt Odysseus schon als Bettler mit Penelope im gleichen Haus, ohne dass sie ihn erkennt. Sie will ihn fragen, ob er vielleicht etwas über Odysseus wisse. In einer fingierten Erzählung berichtet er, wie er einst »Odysseus« auf Kreta gastlich bewirtet habe, als diesen der Sturm dorthin verschlagen hatte (19,185 f.).Penelope: »Als sie das hörte, strömten ihr die Tränen, und die Haut zerschmolz ihr – so wie der Schnee dahinschmilzt auf den hohen Bergen, den der Südostwind aufgetaut (gebracht hat ihn der Westwind), und wie vom Schmelzschnee reißend sich die Flüsse füllen – so schmolzen ihr die schönen Wangen, tränenübergossen, weinend um ihren Mann, der vor ihr saß. –« (19,204–209) »... Indes Odysseus – im Innern zwar, da litt er mit der Frau, wie sie da schluchzte, die Augen aber standen ihm – so fest wie Horn, wie Eisen – ohne Bewegung in den Höhlen: hielt die Tränen klug verborgen ...« (19,210–212). In diesen Gleichnisbildern sind Natur und menschliches Gefühl ganz in eins gefügt und Beseeltes und Unbeseeltes zusammengedacht. In herzzerreißender Selbstbeherrschung will Odysseus die Wiedererkennung noch hinausschieben, denn zuvor muss er die Freier besiegen, um erst wieder Herr im eigenen Hause zu werden. Als ihm seine alte Amme auf Geheiß Penelopes die Füße wäscht, erkennt sie Odysseus an seiner ihm einst von einem Eber zugefügten Narbe wieder. Er greift an ihre Kehle und verhindert so die vorzeitige Entdeckung. Als er als einziger seinen alten Pfeilbogen zu spannen vermag und die Freier vernichtet, gibt er sich seiner treuen Gattin und seinem alten Vater zu erkennen (Od. 23,153–296; 24,205–348): »Da lösten sich ihr auf der Stelle die Knie und das Herz: die Zeichen hatte sie erkannt, die da Odysseus aufgewiesen hatte, unumstößlich. In Tränen brach sie aus, lief ihm entgegen, schlug die Arme Odysseus um den Hals, küsste das Haupt ihm ...« (23,205–207). Dann spricht sie ihn als »den verständigsten unter den Menschen« an: »... Die Götter gaben uns Trübsal, weil sie es uns missgönnten, uns ungetrennt beieinander unserer Jugend zu freuen und so gemeinsam zu altern« (23,210–212). Dann bittet sie ihn, sie nicht zu schelten, weil sie ihn beim ersten Anblick *»nicht voll Liebe«* begrüßt habe, denn es schauderte sie immer, *»es könnte irgendein Fremder einst kommen und mich mit Reden betrügen; O, so viele Menschen ersinnen ja listige Tücke«* (23,216f.). Auf diese eine große Szene liebender Begegnung hat der Odysseedichter mit all den Vorbereitungen und ritardandi hingearbeitet. Immer war Odysseus als Liebling der Göttin Athene von ihrer Schutzengel-Allmacht behütet und aufgerichtet, die für ihn den allwärts vom Meer anbrandenden Zorn des Meeresgottes Poseidon abgewehrt hatte.

3. Liebe als kosmogonisches Prinzip (Hesiod)

Das mythische Verstehen als eine frühe allgemein menschliche Kategorie des Wahrnehmens, sucht die begegnende und erfahrene Wirklichkeit bildhaft und in der benennenden Form der Personifikationen zu erzählen und zu deuten. Das »narrare necesse est« wendet sich dem Anfang von allem zu, was ist und was die Ordnung ermöglicht hat. Dies unternimmt der altgriechische Bauerndichter und Vater des Lehrgedichts Hesiodos aus Askra (um 700 v. Chr.). An Stelle des im Raum der Mythe lebenden homerischen Heros, preist Hesiodos den Landmann, der dem kargen fruchtspendenden Ackerboden Leben abgewinnt, denn »vor die Trefflichkeit setzten die unsterblichen Götter den Schweiß«. Im epischen Versmaß des Hexameters und in der rhapsodischen Tradition Homers stehend, schildert Hesiodos in seinem Epos »Theogonia« (griech.: Göttergeburt) mythenreich das Werden der Welt und der griechischen Götter. Dieser erste und einzige griechische »Schöpfungsbericht« wird in der »Was ist der-Anfang«-Frage (ti hê archê) der Physisdenker Milets ihre rational philosophische Fortsetzung finden. Hesiod wird in das Göttergewoge der homerischen Welt eine Denkform und ein Ordnungssystem einzeichnen und in einem genealogischen Sukzessionsmythos (griech.: genealogein = die Herkunft erzählen) zeigen, wie in der Abfolge der Götter Uranos und Kronos, Zeus durch Gewalt zur Weltmitte und zum Herrscher im Lichtreich der Olympier geworden ist. Herodot (um 485–425 v. Chr.) rühmt Hesiods dichterisch-theologisches Vermächtnis mit den Worten: »Woher sie aber, jeder einzelne der Götter, stammten, oder ob sie immer alle waren und wie ihr Aussehen sei, wussten sie (die Griechen) nicht bis gestern und heute, um es mit einem Wort zu sagen. Hesiod nämlich und Homer ... sind es, die einen Götterstammbaum der Griechen geschaffen, den Göttern ihre Beinamen gegeben, Ehren und Künste verteilt und ihre Gestalten kenntlich gemacht haben«.[13]

Ist die Welt des Epos die Welt des schönen Scheins, »Trug, auch wenn es wie Wahrheit klänge«, so haben die Musen dem Dichter die »lautere Wahrheit« verkündet (27 f.). Durch sie selbst zum Lehrer berufen, will Hesiod von der Wirklichkeit und Wahrheit sprechen. Will er von der Herkunft der Götter sachgerecht künden, so bedarf er der göttlichen Offenbarung durch die Musen, die wissen, was er selbst niemals wissen kann, und die ihm sagen, was er zu sagen hat. Im »theologischen« Lehrgedicht der »Theogonia«[14] wird er

---

[13] Herodot, II,53; Ü.: E. Richtsteig.
[14] Vgl. F. Schwenn, Die Theologie des Hesiod, 1934; M. L. West, Hesiod, Theogony, 1966; W. Blümer, Interpretation archaischer Dichtung, 2 Bde., 2001; A. Kambylis, Die Dichterweihe und ihre Symbolik, 1965; H. Blumenberg, Arbeit am Mythos, 1979, ²2001; H. R. Jauss, Mythen des Anfangs, in: P. Kemper (Hg.), Macht des Mythos – Ohnmacht der

nicht nur davon künden, wie das System der herrschenden Götter genealogisch zustande kam, sondern auch, wie aus einer Urwelt wilder agonaler Gesetzlosigkeit eine Welt hervorging, in der sich die gerechte Zeusordnung durchgesetzt hatte.[15] Hesiod geht es um den großen Zusammenhang der gesamten Lebenswirklichkeit (Theog. 84 ff.), wie diese sich differenziert und auf Zeus, den Garanten einer neuen, guten und auf Recht gegründeten Ordnung hin zielt. Seine Töchter sind die für die Gemeinschaft so wichtigen Potenzen Themis, die Verkörperung des Zeuswillens und der gottgesetzten Ordnung, Eunomia (die gute Ordnung), Dike (das Recht) und Eirene (der Friede) (Theog. 901 ff.).Das Götter- und Weltwerden wird als ein In-Ordnung-Kommen begriffen mit dem logisch-genealogischen Pathos der olympischen Ordnung, dem Rückfall in das Dunkle und Amorphe zu wehren (Hesiod, Theog. 123–127).[16] In seiner rezeptiven Reflexionskraft sucht Hesiod die drei Begriffe Chaos, Gaia, Eros zusammenzuschauen und in eine Verbindung zu bringen. Hesiod[17] schreibt in seiner »Theogonie« eine dynamische Anschauungsform des Werdens von »Himmel« und »Erde« nieder und zwar in der fiktional verhüllenden Darstellung des Mythos mit all seinem figurativen Wissen. Es ist dies ein in die Sprache eingesenkte theologische Einbildungskraft der Bilder und Metaphern mit ihren (eidetischen, semantischen und epistemologischen) Verweisungen und all ihrer Opazität und Evidenz der Anschauung.[18] Bilder illustrieren nicht nur, sondern geben dem Gesagten eine schöpferische und aufschließende Gestalt. Sie haben ihre eigene »Rationalität«, weil sie selbst bereits terminologisch sind, ein »effet de réell« (R. Barthes). Hesiod sucht in der monographischen Darstellung des »Anfangs« seiner griechischen Genesis, sich einen Reim zu machen auf das Werden des Mehr-als-Menschlichen, auf die Welt der Götter und auf die Ordnung der Dinge, die er beschwört. Erzählend spielt er das Potential des Werde-Mythos aus und gibt den Gedanken eine sichtbare und greifbare »Körperlichkeit«. Weltverstehen wird so sprachlich induziert und »lesbar« gemacht. Weitergedacht ließe sich sagen, dass Bilder und Metaphern Klein-

---

Vernunft?, 1989, 53–77. H. Fränkel, Wege und Formen frühgriechischen Denkens, ³1968, 316–334; Ders., Dichtung und Philosophie des frühen Griechentums, ³1969,104–146.
[15] Vgl. E. Heitsch (Hg.), Hesiod, 1966; P. Walcot, Hesiod and the Near East, 1966.
[16] Zeus, der oberste griechische Himmelsgott und »Vater der Götter und Menschen« (Homer, Il. 1,544) bedeutet in seiner etymologischen indogermanischen Namensform »der Leuchtende« (dieu- »leuchten«; vgl. eudia = »strahlender Himmel« und lateinisch »dies« = »Tageshelle«).
[17] Der Name »Hesiodos« – gleichsam nomen est omen – setzt sich aus »hesi« = von hedomai (»sich freuen«) und »hodos« (= »Weg«) zusammen: er ist der, welcher sich über Wege (Reisen) freut. Vgl. M. Meier-Brügger, Zu Hesiods Namen, in: Glotta 68 (1990) 62–67.
[18] Vgl. J. Pépin, Mythe et allégorie, 1958; W. Theiler, Der Mythos und die Götter Griechenlands, in: Untersuchung zur antiken Literatur, 1970, 130–147.

erzählungen sind, die sich als Einzelwort maskieren. Paul Valéry weist zu Beginn seiner Leonardo-Studien darauf hin, dass wer sich einen Baum vorstellen will, sich auch einen Himmel vorstellen müsse und einen Grund, in dem er den Baum verwurzelt sehe. Bei Hesiod werden alte und neue Mythen über den Ursprung der Götter und der physikalischen Welt zu einem Wechselspiel von Licht und Schatten verwoben, von den Musen belehrt, »die Wahrheit wahr zu verkünden«. Als privilegiert Wissender soll er darüber Auskunft geben, was »im Anfang« war. Damit eröffnet er die temporale Frage nach dem zeitlich Ur-Anfänglichen und die ontologische Frage nach dem Neu-Entstehenden und noch Nie-Dagewesenen. So entwirft er ein Bild des Werdens und zeigt den Abdruck des Gestalthaften sowohl nach innen wie nach außen. Das religionsgeschichtliche »mysterium tremendum et fascinans« wird in der Denkweise des Mythos als ganzheitliche Gründung und Entfaltung von »Himmel und Erde« dargestellt, als Frage nach dem Anfang, die jenseits des Anfangs und auch im Anfang und Allem ist. Dem Mythos fällt die Aufgabe zu, Elementargedanken zu fassen und ihnen in mythopoetischen Personifikationen erfahrender Wirklichkeit Gestalt zu geben. Es ist die ehrfurchtgebietende Frage, die in ein letztes Geheimnis hineinragt, das jenseits von Allem als auch in Allem und allen Dingen ist:

»*Wovor Sprache und Verstand versagen,*
ohne hinzugelangen«,

wie es im Taittirîya-Upanishad (2,9) heißt, jenem Werk des »Schwarzen Yajurveda«, wo vom Atman und seiner Unfassbarkeit für den Verstand die Rede ist sowie vom Brahman, der höchsten, nicht-dualen Wirklichkeit, dem ewigen und unvergänglichen Absoluten.

Das Handlungsgerüst der »Theogonie«[19] kreist um die »biotischen« Operatoren Zeugung und Geburt sowie um die vorgezeichneten Verhaltensmuster des Kampfes und der Sexualität, um zu sagen, wie überhaupt etwas entsteht. Damit wird die Dynamik der Handlung in allgemein menschlichen Erfahrungsweisen verwurzelt und das Werden des mythischen Seins als Ursprung und Herkunft erzählt. Mit Zeus, der »an Stärke der Größte« genannt wird, ist für die Menschen eine Gestalt des Weltvertrauens gesetzt, die diese mit »aidôs« und »dikê«, mit Rücksicht und Rechtsempfinden begabt und so ein gemeinschaftliches und ein »politisches« Leben ermöglicht. Hesiod, der rhapsodische Sänger, der als erster Dichter des Abendlandes »namentlich«

---

[19] Vgl. F. Schwenn, Die Theogonie des Hesiod, 1934; Hesiod, Sämtliche Gedichte, übers. und erläutert von W. Marg, ²1984; F. Solmsen, Hesiod und Aeschylus, 1949; P. Walcot, Hesiod and the Near East, 1966; M. L. West, (Hg.) Hesiod, Theogony, 1966; G. Steiner, Der Sukzessionsmythos in Hesiods »Theogonie« und ihren orientalischen Parallelen, 1959; O. Schönberger (Hg.), Hesiod: Theogonie, 1999; S. Köthen-Welpot, Theogonie und Genealogie im Pantheon der Pyramidentexte, 2003.

(V. 22) vor seine Leser tritt, stellt mit seinem mythischen »Lehrgedicht« die alten Mythen still, nennt die Namen der vielen Akteure und bindet diese Namen »onomathetisch« an Geschichten. Platon schreibt in seinem »Kratylos«: »*Es scheint, dass die, welche als erste den Dingen Namen gegeben haben, keine geringen Leute waren*« (Krat. 401 b). Es sind erzählte Antworten auf die Warum-Fragen, die die Menschen an erfragte und befragte Mythen richten, als Warum-Frage nach der Ursache wie auch nach dem Sinn und Zweck einer Sache oder eines Geschehens[20].

Mit der Anrufung an die Musen, »die dunkel wie Veilchen um die Quelle tanzen«, bittet Hesiod diese, ihn zu lehren, »*die Sippe der ewigen, seligen Götter zu preisen*« (Theog. 33). Als nächtlich verhüllt Einhertanzende offenbaren sie ihm, dem am Talabhang des Helikon die Schafe Weidenden, in einer Art Dichterweihe einen Weltmythos, indem sie ihm »Einsicht in das Wesen der Götter« einhauchen. Sie stimmen einen Lobpreis an auf »das ehrwürdige Geschlecht der Götter (theôn génos aionion), die zu Beginn die Erde gebar und der weite Himmel« (V. 44), um dann, »zum zweiten, Zeus, den Vater der Götter und Menschen« zu preisen (V. 47). Dazwischen aber liegt die genealogische Reihe des Werdens der Götter und der Welt, ihrer Kämpfe und ihrer dunklen Schatten, ihrer Namen, Beiworte und Wesensbeschreibungen. In dieser sakral-mythischen Weltschau werden auch die sichtbaren Naturerscheinungen zu den in der Kategorie des Göttlichen »angeschauten« Weltaspekten, dynamischen Kräften (Eros) und normativen Mächten (Themis, Nemesis, Dike). In einem blutigen Ringen um die Macht als agonale Paratragödie der Götterwesen obsiegt Zeus und die mit ihm gesetzte gerechte Ordnung (dikê), seine und der Themis Tochter, als Garantin der Satzung (Th. 902). Hesiod wird auch die Fabel vom Falken und der Nachtigall (Th. 202 ff.) erzählen, um die Misshandlung des personifizierten Rechts zu demonstrieren.[21]

Der die »Theogonie« leitende Anspruch, eine allgemein gültige Wahrheit zu sagen, ist für Hesiod die offenbarte Wahrheit (Theog. 27 f.). Er selbst aber soll seiner Dichter-Berufung getreu den Preis anstimmen:

»*Besingt das heilige Geschlecht der unsterblichen, ewigen Götter,*
die der Erde und dem gestirnten Himmel entstammen,
der dunklen Nacht und dem salzigen Meer, –
und die Götter, die von diesen abstammen, die Geber des Guten;
und kündet, wie sie den Reichtum teilten und wie sie Ehren untereinander vergaben
und wie sie zuerst den schluchtenreichen Olymp besetzten.«
(Theog. 105–107.111–114)

---

[20] Vgl. Herodot, Hist. II,24.
[21] F. Geschnitzer, Zur Terminologie von »Gesetz« und »Recht« im frühen Griechisch, in: G. Thür / Vélissaropoulos-Karakostas (Hg.), Symposion 1995, 1997, 3–10.

Und auf die Bitte Hesiods an die Musen: »*was wurde als erste (prôton) von ihnen*« (Theog. 115), fällt die feierliche Antwort, mit der die Genalogie beginnen kann:

»*Wahrlich ja zuerst (prôtista) wurde Chaos,*
... aber darauf dann Gaia, breitbrüstig (eurýsternos)
der dauernde feste Sitz der Unsterblichen insgesamt, und Eros,
den man unter allen Unsterblichen bemerkt.«
(Theog. 116–117.120)

Mit diesem erzählten »Werden« von Göttern und Welt, reiht sich der Dichter in die Suche nach »Sinn« ein und schafft mit seiner »Theogonie« ein frühes mnemisches Werk, ein theologisches Engramm dessen, was es heißt, zu sein (ti estin einai), und zugleich mit der späteren »Warum«-Frage ((to) dia ti (dihoti)). Es steht im Vorschein des späteren aristotelischen Hinweises, dass das »Warum« (dihoti) erst dann erkannt werden könne, wenn das »Dass« (hoti) bereits erfasst sei[22], das sich durch Wahrnehmung erweist.[23]

a. Chaos als gestaltlose Seele

Auf dieser ersten Stufe des Weltmythos stehen zwei »elterliche« Urpotenzen, »Chaos« und »Gaia« (Erde). Mit dem Begriff »Chaos«, »klaffende Öffnung« oder »leerer Raum«[24], das nicht weiter Ableitbare aber gleichwohl Da-Seiende, leitet Hesiod den Anfang der Welt ein (Theog. 116; 123). Für das »a mundo condito« gibt es keine Chronologie, sondern nur eine Sequenz des Urzuständlichen, Gestaltlosen und tödlich Dunklen. Chaos ist ein kosmisches Irrationale, das mit Gaia (Erde) eine polare Totalität bildet und zum Ausdruck bringt. Dieser metaphorische Zustand des Gähnens und Klaffens eines Abgrunds als deskriptiver Anfangsbefund bedarf einer Schließung durch Gaia, den Himmel und Erde umfassenden Bereich.

Nietzsche affirmiert den Chaosbegriff als dynamisches Prinzip und radikalisiert ihn in dem Satz: »*Man muß noch Chaos in sich haben, um einen tanzenden Stern gebären zu können*«[25]. Chaos, ein Begriff für den Ur-

---

[22] Aristoteles, APo II,1 89 b 29
[23] Ders., Metaph. I,1 981 b 11.
[24] Im babylonischen Weltschöpfungsepos »Enuma eli« (Anfangswort von »Als droben (die Himmel) noch nicht benannt waren«), wird der Kampf Marduks gegen die das Urchaos verkörpernde Tiamat (das Meer) geschildert. Aus dem Leib der Getöteten formt Marduk Himmel und Erde und richtet die Ordnung der bestehenden Welt ein. In dieser Theomachie tötet Marduk das urzeitlich-primordiale göttliche Mutterwesen (Matrizid), um so die beiden Bereiche Erde und Himmel zu schaffen. Vgl. F. A. M. Wiggerman, Mythological Foundation of Nature, in: W. Meijer (Hg.), Natural Phenomena, 1992, 279–306.
[25] F. Nietzsche, Also sprach Zarathustra, Vorrede 5.

zustand des Universums (von chaínô – gähnen, aufklaffen) in seiner unbestimmten Formlosigkeit[26], ist ein negatives Etwas, eine gähnende Leere, ein »mê ón«, nicht schlechthin Nichts (ein »ou«, eine sich aufhebende Negation), sondern eine setzende Negation (ein »mê«), wie auch ein Verbot nicht ein Gebot aufhebt, sondern der Befehl einer Negation ist.[27]

Chaos[28] und Gaia[29] sind unabhängige Wirklichkeiten, die in keinerlei genealogischer Verbindung miteinander stehen, uranfängliche Wirklichkeiten des Unbestimmtseins, potentielle Gelegenheiten eines Werdens und Vorstufen des Sein-könnens. Im Gegensatz zu Chaos steht die breitbrüstige »Gaia« (Erde), als der feste Boden der Himmlischen (V. 117), mit dem gestirnten Himmel um sich herum (V. 126) als Raum und Grenze. In dieser religiösphilosophischen Lehrdichtung der griechischen Frühe der Weltschau und des Lebensgefühls kommen ein zweifacher Ursprung, zwei polare Bereiche in den Blick und Gegensätzlichkeiten, Unform und Form, gestaltloser Abgrund und klare, feste Begrenzung und Ordnung, Todesdunkelheit und Licht. Die polare Denkform sucht Gegensätzlichkeiten von der Gesamtheit der Phänomene her zu begreifen als gestaltlose Leere und gegensinniges Urwort zur Erde als dem festen Boden aller Götter (Theog. 117). Gaia schafft als umfassender und begrenzender Raum den sie überwölbenden Himmel (Theog. 126f.). Damit wird das altbabylonische dualistische Mythem des Urzustands, in welchem das Meer (Tiamat) vom unterirdischen Süßwassermeer (Apsu) noch ungeschieden ist, ersetzt.

b. Gaia als Urpotenz

Gaia, die Erde, als zweite Urpotenz, bildet die Grundlage jeder Existenz. Im Zusammenwirken mit Eros gebiert sie den Himmel (Uranos) und dann das Meer (Pontos), die Schauplätze menschlichen Geschehens (Theog. 45 f. 106. 116–120). Als »Gebärerin« ist sie Mutter sowohl der folgenden Göttergenerationen, und als Widerpart zu ihnen, auch Mutter einer Reihe von Un-

---

[26] Vgl. M. Meier-Brügger, Zu griechischen gê und gaîa, in: Münchner Stud. zur Sprachwissenschaft 53 (1992) 113–116.
[27] Vgl. R. Mondi, Chaos and the Hesiodic Cosmogony, in: HSPh 92 (1989) 1–4.
[28] Vgl. F. Bortzel, Zu den antiken Chaos-Kosmogonien, in: Arch.Rel.-Wiss. 28 (1930) 253–268. F. Solmsen, Chaos und ›Apeiron‹, in: Stud. Filol. class. 24 (1950) 235.
[29] Die indogermanische Wurzel ghii-â (althochdeutsch gien) bildet den menschlichen Gähnlaut nach und ist gleichen Ursprungs und Sinnes wie das altnordische »ginungagap«, »das Gähnende«. Es drückt den Urzustand der Welt in seiner Begrenzung aus. Infolge der dualistischen Begriffsbildungen bei Anaxagoras (Diels B. 1,12), Plato (Tim. 30aff) und Ovid (Metam. I, 7, II, 292f.) ist Chaos der ungestaltete Urstoff, der erst durch den Geist in Ordnung gebracht werden muss. Vgl. G. S. Kirk und J. E. Raven, The presocratic philosophers, ²1960, 24–34.

geheuern, so der riesenhaften und ungeschlachten Giganten/Titanen, die die Zeusordnung bedrohen werden. Ihrer Entfaltung verdanken sich die drei prägenden Elemente der griechischen Landschaft: der Himmel, die Berge und das Meer, mit ihren Stammbäumen, gleichsam als großgeschautes Universum und Panoptikum göttlicher Wesenheiten mit all den Abstufungen ihres Wirkens und Waltens. Es ist dies eine elementare kosmische Seinswelt in ihrer Seinsfülle (katà physin) und partizipativen Totalität kraft des Eros. Die Theogonie als Verwandlung der Woher-Frage von allem in einen erzählten Mythos, greift griechische, vorgriechische und altorientalische Mythen auf und muss so »vom großen Orient aus mitgesehen werden«[30]. In einem langen Prozess werden diese kunstreich anverwandelt und neu gestaltet.

c. Eros als weltbildende Kraft

Das dritte Prinzip ist der elternlose Eros[31], jenes anthropomorph gestaltete Bild des »gliederlösenden« Bezwingers der Götter und Menschen (Theog. 121 f.), den man sich in der Sequenz aller folgenden Geburten wirksam denken muss. Als kosmogonische, weltbildende Kraft, der selbst keine Nachkommenschaft zeugt und so außerhalb der eigentlichen Genealogie steht, treibt er als kreative und alles bezwingende Macht die beiden Urpotenzen Chaos und Gaiao, sich in einer breiten Nachkommenschaft zu entfalten. Als »der schönste unter den Göttern, der die Glieder löst und aller Götter, aller Menschen Sinn bändigt in der Brust und überwältigt verständigen Ratschlag (nóon kaì epíphrona boulên)« (Theog. 122), ist er die mythische Personifizierung der zeugenden Liebe. Als Urprinzip der Götter und der Welt führt er Chaos und Erde zur Lebensentfaltung in ihrer pluralen Nachkommenschaft mit all ihrem Neben- und Nacheinander und vereinigt so die Vielfalt der Genealogien zu dem einen kosmischen Genos der Götter und Menschen[32]. Archilochos, einer der frühesten elegischen und iambischer Dichter, die in der ersten Person dichten, schreibt: »*Daher ist derjenige, der Mythen liebt, auf seine Weise ein Philosoph. Denn Mythen werden aus Wundern geboren*«. Damit hat der Dichter der »Theogonie« die vielen Gottheiten (»alles

---

[30] Es ist davon auszugehen, dass der hesiodischen Theogonie alte Mythen und Göttergesänge der kretisch-minoischen Religion, der Hethiter sowie Vorderasiens vorausliegen, wie z. B. das »Lied von Ullikumi« oder der Sukzessionsmythos von Alalu, Anu, Kumarbi und dem Wettergott Teschub. Bei ihnen handelt es sich auch um einander abzulösende Genealogien, die im Sieg und im Königtum des Himmels- und Weltherrschers gipfelt.
Vgl. F. Schwenn, Die »Theogonie« des Hesiodos, 1934; H. Schwabl, Hesiods »Theogonie«. Eine unitarische Analyse (SWAW, 250/5), 1966.
[31] Vgl. G. Reale, Eros, 1997.
[32] Vgl. F. Lassere, La figure d'Eros dans poésie grecque, 1946; A. Bonnafé, Eros et Eris. Mariages divins et mythe de succession chez Hésiode, 1985.

ist voll von Göttern«) zur Einheit des Göttlichen zusammengefügt, um all das, was den Menschen lebendig und geheimnisvoll in der Natur begegnet, mit Götternamen benannt und in einen genealogischen Zusammenhang gerückt, um das Existierende, das Bedeutsame, das Lebendige und Bedrohliche »handgreiflich« zu machen. Neben den Sukzessionsmythen der Götter-Werdung mit ihren katalogartigen, genealogischen Strukturen, die durch erzählende Exkurse aufgelockert werden, richtete sich sein Augenmerk auch auf den jetzigen Zustand der Welt und die kosmogonische Entfaltung der Natur, die in den Naturkräften manifest wird, sowie auf die das Leben der Menschen bestimmenden Mächte wie Eros und Eris, Liebe und Streit, Armut und Hunger. Ganz im Sinne des prädikativen Gottesbegriffs sind sie Mächte, die auch in ein genealogisches System eingezeichnet sind, hilfreiche Mächte als Kinder der Erde, und die das Leben beschattende Mächte als Kinder der Nacht benannt, wobei sich im Einzelnen diese Ordnungsprinzipien immer wieder überschneiden. Eros als erstes männliches Wesen, der Liebesgott, ist der, der in alle Bewegung und Werden bringt. Seine vielfältigen Preisungen reichen bis zum späten Chor der Sirenen in der Klassischen Walpurgisnacht von Goethes »Faust«:

»So herrsche denn Eros,
der alles begonnen!«

Das Werden beginnt durch Eros als dem zeugenden Prinzip: Aus dem Chaos entstehen durch Urzeugung Erebos, der Gott der Finsternis, und Nyx, die Göttin der Nacht. Die Nacht[33] gehört zusammen mit den Lichterscheinungen der ersten Göttergeneration an (Theog. 123 ff.; 211; 744 ff.) und entstammt dem Chaos. Mit Erebos (Unterwelt) zeugt sie Aither, den leuchtend klaren Himmel als den reinsten, himmlischen Teil des Kosmos sowie den »Tag« (hemera). Auch ist sie Mutter – z. T. in Parthenogenese – von »Schlaf« (hypnos), den »Träumen« (oneiroi), »Tod« (thanatos) und »Liebe« (philotês), aber auch von der der Nacht entstammenden Negativa und Übel mit ihren Personifikationen wie »Verhängnis« (moros), »Verderben« (ker), »Schande« (momos), »Jammer« (oizys), »Vergeltung« (nemesis), »Trug« (apatê), »Alter« (geras) und »Streit« (eris). Oft trägt sie die Epitheta »Unheimlichkeit« und »Verderben« (Theog. 224). Sie gebiert schmerzliche Mühe, Todes-Vergessenheit (lêthê), Hunger, machtlose Unordnung, tränenschaffende Taten (erga) und Schmerzen, Streit, Totschlag, Lügen- und Trugreden, Kriege, Morde, Widergesetzlichkeit, Verblendung (atê), Meineid u.a.m. (Theog. 211–232).

---

[33] Vgl. H. von Einem/A. J. Carstens, Die Nacht, 1938; G. Ramnoux, La Nuit et les Enfants de la Nuit dans la tradition grecque, 1959; H. Fränkel, Dichtung und Philosophie des frühen Griechentums, ²1962, 395–397.

Hesiod suchte in seiner epischen Erzählung eine mythische Innensicht der erklärungsbedürftigen und vielgestaltigen Wirklichkeit zu geben. Er verstand es als eine Musenbotschaft, als Theo-logie von der immanenten Gegenwart des Göttlichen. Indem er vom tradierten Mythos berichtete, vermittelte er einen Einblick in das Jenseits der sichtbaren Wirklichkeit und ihr Werden. In einer Art panoramatischen Form der Darstellung erschließt der erzählte Mythos die Antwort auf die Frage nach dem Woher der Welt und ihrer Ordnung, als auch nach dem »Woher des Bösen« Diese Götter-Werdung und Welt-Werdung mit ihrem Licht und ihren Schatten, ist erzählend strukturiert und zwar additiv reihend, korrelativ in Bezug setzend, und konsekutiv-kausal in ihrem Prozess. Alles ist auf den Hervorgang der Zeus-Ordnung und auf »Zeus, den Vater der Götter und Menschen«, bezogen. Die Götterwerdung wird figural aus der Perspektive der Vorgänge geschildert, bis die eine Wirklichkeit in ihrem heilkräftigen und unheilkräftigen Zustand erzählt ist. Prä-Existentes wurde entdeckt und gedacht, wie es zur Existenz drängte – auch im Zeichen des blutigen Wettstreits und der agonalen Paratragödien der Götterwesen, bis Zeus und seine Rechtsordnung obsiegte. Die »Theogonie« fand ihr Ziel in der Weltherrschaft des Kroniden Zeus, des Himmelsgottes, der eine neue Rechts- und Rang-Ordnung unter den Göttern herstellte und seine Geltung als Hort und Inbegriff der gerechten Ordnung erlangt hatte:

»*Gut hat er ein jedes den Unsterblichen*
in gleichmäßiger Weise zugeteilt
und ihnen ihre Ehre bestimmt.« (Theog. 73–74)

Diese gerechte Ordnung ist das Ziel der Macht des Zeus, der in seinem Wesen die höchsten physischen und geistigen Kräfte vereinigt (Hesiod, Erga 256 ff.).[34] Ziel war die Zeusordnung, die den Mythos in einen Logos der Ordnung überführt hatte. Die erste Gattin des Zeus ist Metis, die Göttin der Klugheit (Theog. 886 ff.), die zweite Themis, die Göttin der rechten Ordnung, deren Töchter die »Jahreszeiten« (Hôrai) sind: Thallo, die Göttin der Blüte; Auxo, die Göttin des Wachstums, und Karpo, die Göttin der reifen Frucht als die große Auffächerung der Lebensordnung auf Erden, dann die »Moirai«, die Verteilungen der Lebenssphären: Klotho spinnt den Lebensfaden, Lachesis teilt das zufällige Lebenslos zu und Atropos, die Unabwendbare, durchschneidet ihn. In dieser Genealogie in mythischer Form ist der »goldengeflügelte Eros« (Aristophanes, Av, 1738 ff.) als das zur Vereinigung bewegende Prinzip im Sinne von Verlangen und Begehren. Bei Platon wird er dann als Kind der »Armut« (penia) und des zielstrebigen »Weges« (poros)

---

[34] Vgl. A. B. Cook, Zeus. A Study in ancient Religion. I (1914); II (1925); III (1940); H. Oppermann, Zeus Panamoros, 1924.

fungieren und die Philosophie als höchste Form der »Erotik« zum Ausdruck bringen. Hatte die Psychoanalyse Sigmund Freuds den Eros als Lebenstrieb an die Sexualität gebunden und dem Todestrieb (Thanatos) entgegengesetzt, so symbolisierte Eros bei den Griechen nicht die Sexualität, sondern die Liebesleidenschaft und Zuneigung. Eros ist Liebe unter dem Aspekt eines Strebens nach Liebe, ist Liebesleidenschaft.

4. Aphrodite pandemos, »die allem Volk gehörende Aphrodite«

a. Ecce deus, ecce Aphrodite!

Die bezwingende Gestalt des Eros als Gedanken- und Bildfigur ist im antiken Hellas vielgestaltig entworfen[35] und hat ihren Ort im antiken Mythos, der Dichtung, Philosophie und Kunst. Als »goldgeflügelte« Liebesgottheit (Aristophanes, Aves 1738ff.) ist Eros die Verkörperung von Verlangen und Begehren und steht so für das zur Vereinigung bewegende Prinzip. Schillernd wie der Opal, dessen Schönheit entzückt, aber auch Tränen bedeutet, changiert seine mythologische Gestaltung zwischen Personifikation und Allegorie und assimiliert sich als Gedankenfigur das Streben und Begehren. Bei Hesiod als »schönster«, d.h. verführerischster der Götter genannt, schlägt er die Irdischen wie die Himmlischen in seinen Bann. Er tut dies mit einer Macht, die die ihm Erlegenen um Sinn und Verstand bringen kann. Für Hesiod ist Eros die treibende, schaffende Kraft, das Prinzip, und der unsichtbare Mittelpunkt, aus dem alles hervorgeht.

Die leiblich sinnliche Beziehung zwischen Mann und Frau, die Dimension der Sexualität wird durch Aphrodite, die Göttin der geschlechtlichen, »dem ganzen Volk gehörenden« Liebe (Aphrodite mit dem Beinamen »pandemos«) in all ihrer Sinnlichkeit und Schönheit vorgestellt. Im griechischen Pantheon steht sie für das gesamte Spektrum weiblicher Ambiguität von verführerischem Liebreiz bis zur Notwendigkeit der Weitergabe des Lebens. Sie ist wie eine Spiegelung des Pandora-Mythos bei Hesiod (Erg. 60–68), Pandora, der »Allgeberin« mit all dem betörenden Täuschungspotential, denn als sie ihre Büchse öffnet, entfliehen ihr alle Übel und »tausend« Leiden, um die Menschen heimzusuchen. Nur die Hoffnung bleibt ihnen als Illusion in dem Gefäß zurück.[36]

---

[35] Vgl. A. Lesky, Vom Eros der Hellenen, 1976; F. Lasserre, La figure d'Eros dans la poésie grecque, 1946.
[36] Vgl. dazu K. M. Woschitz, Elpis – Hoffnung. Geschichte, Philosophie, Exegese, Theologie eines Schlüsselbegriffs, 1979, 81–84.

Aphrodite pandemos, »die allem Volk gehörende Aphrodite«

U. von Wilamowitz-Moellendorf (1848–1931), klassischer Philologe und der herausragendste und einflussreichste Gräzist der Neuzeit, hat die Beobachtung gemacht, dass das Spezifische des griechischen Gottesbegriffs »theós« seine prädikative Grund-Aussage ist. Von einem großen Ereignis kann gesagt werden: »Es ist theós!«. So ruft Helena in der gleichnamigen Tragödie des Euripides aus: »O Götter! Denn es ist Gott, wenn man die Liebenden erkennt.« Das Ergebnis des Erkennens der Liebe ist »theós«. Oder bei dem Komödiendichter Menander (342–290 v. Chr.): »Es ist Gott dem Menschen, wenn man dem anderen hilft«. In dieser Sublimierung des Gottesbegriffes wird ein göttliches Ereignis mit »Ecce deus! Theós!« im Nominativ begrüßt, aber nicht im Vokativ angeredet.[37] Es geht um das Ereignis des »Göttlichen«, des »theion«: »theós« geschieht in Zeit und Raum und ist ganz in diesem Geschehen, im Akt des Handelns.

b. Aphrodite, die »Schaumgeborene«

Die große Liebesgöttin der Griechen, die Göttin, die ihren Weg auf den Olymp fand, ist Aphrodite, die Liebe in ihrem Ereignen. Hesiod erzählt in der Theogonie (168–198) das Mythologem ihrer Geburt voll drastischer Anschaulichkeit. Aus der Hochzeit Himmels und der Erde, des Uranos mit der Gaia, entstand das Titanengeschlecht. Uranos ließ aber seine Kinder nicht aus dem Inneren der Erde hervorkommen, bis Kronos, der jüngste der Titanen, mit dem Wissen der Mutter, seinem Vater mit einer Sichel das zeugende Glied abschnitt und es ins Meer warf. Aus dem Genitale entstand Aphrodite und tauchte aus den schäumenden Meereswogen auf. Daher trägt sie den Beinamen »Anadyomene«, »die aus dem Meer Auftauchende«. Unsägliches sucht hier ein Gedanke seinen mythischen Ausdruck, wonach der Anfangs- und der Endpunkt des Entstehens ineinsfallen. Zeugung und Geburt sind identisch, wie auch der Zeugende und das Gezeugte. Das abgetrennte Glied ist das Kind und das Kind »Aphrodite« ist der »pandemische« ewige menschliche Reiz, diese Urzeugung fortzusetzen und zu perpetuieren. Ein gestalthaft Göttliches wird epiphan. Das Bild ihrer Geburt ist Ausdruck alles Entstehens selbst, mythologischer Ausdruck einer zeitlosen Erzeugung und eines Uranfangs.[38] Zeugung und Geburt werden zum Symbol des »Urkindes«, um darin etwas Unsagbares zu chiffrieren. In ihrem Wesen sind die orientalischen Göttinnen Astare und Ischtar enthalten und mit dem hellsten Stern, dem Venusstern, identifiziert. Aufgerufen als »Urania« und Pán-

---

[37] Vgl. K. Kerényi, Antike Religion, 1978, 211 ff.; A. B. Lloyd (Hg.), What is a God?, 1997; H. J. Rose u. a., La notion du divin depuis Homère jusqu'à Platon, (EnAC 1), 1954.
[38] Vgl. K. Kerényi, Humanistische Seelenforschung, 1966, 103.

dêmos (= »dem ganzen Volk gehörend«), steht sie den menschlichen Verbindungen in all ihren Formen und Ambiguitäten vor und gewährleistet als Gottheit sinnlicher Liebe und der Zeugung, die Kontinuität menschlichen Lebens. Ihre enge Bindung zwischen Fruchtbarkeit und Weitergabe des Lebens bringt Euripides in seinem »Hippolytos« (443–450) zum Ausdruck.[39]

Das Bild der Geburt der Aphrodite wandert auch variantenreich durch die Welt der Poesie und Malerei. R. M. Rilke, der große Lyriker der Erfühlung, besingt in seinem Gedicht »Geburt der Venus« (1907) das sinnfrohe Ereignis als Beginn eines ewigen Themas und setzt ihr ein Denkmal:

»... So wie ein junges grünes Blatt sich rührt,
sich reckt und Eingerolltes langsam aufschlägt,
entfaltet ihr Leib sich in die Kühle
hinein und in den unberührten Frühwind«.

Und fährt fort:

»Und in dem Kelch des Beckens lag der Leib
wie eine junge Frucht in eines Kindes Hand.
In seines Nabels engem Becher war
das ganze Dunkel dieses hellen Lebens«.

Und als die Schaumgeborene

»dahinschritt durch die jungen Ufer,
erhoben sich den ganzen Vormittag
die Blumen und die Halme, warm, verwirrt,
wie aus Umarmung. Und sie ging und lief.«

Der Leser wird nicht nur Zeuge des Geburtsvorgangs, sondern auch ihrer betörenden Anmut, wie sie durch die belebte Natur schreitet und »Blumen« und »Halme« sich zu liebestrunkenen Gefühlswesen wandeln lässt.

Auch Paul Valéry, der große französische Lyriker des 20. Jh.s, der das »Wesen der Dinge« zu »poésie pure« zu vergeistigen sucht, schildert in seinem Gedicht »Geburt der Venus«, (1920) ihre ersten Schritte auf der Erde und ihre liebestrunken machende Macht:

»Der frische Kies, den ihr gewandter Lauf besprengt und flieht,
Stürzt sinkend ein, vertieft den Lärm der Gier-
Der Sand trank ihrer Knabensprünge Küsse ganz;
Jedoch mit tausend Blicken, vag wie auch perfid,
Mischt Blitze der Gefahr, des Wassers Lachen ihr
Bewegtes Auge in der Wellen untreun Tanz.«[40]

---
[39] Vgl. E. Simon, Die Geburt der Aphrodite, 1959; D. Boedeker Dickmann, Aphrodite's Entry into Greek Epic, 1947.
[40] »Le frais gravier, qu'arrose et fuit sa course agile, Croule, creuse rumeur de soif, et le facile Sable a bu les baisers de ses bonds puérils; Mais de mille regards ou perfides ou

Aphrodite pandemos, »die allem Volk gehörende Aphrodite«

Diotima verbindet in der von Sokrates erzählten Rede im Symposion Eros als mythologische Idee mit Aphrodite dadurch, dass sie Eros, den »großen Daimon«, am Geburtsfest der Göttin gezeugt sein lässt (Platon, Symposion). Die Bettlerin »Penia«, mit der Fähigkeit, den erhaltenen Reichtum gleich zu verschleudern, empfängt am Geburtsfest der Aphrodite, vom trunkenen »Poros«, der Fülle des Wissens um alle Wege und Auswege, das Eros-Kind.

Nach einem anderen, dem homerischen Geburtsmythos, ist sie die Tochter des Zeus und der Dione (Il 5,370–417) und stellt im griechischen Pantheon die schillernde Ambiguität der Weiblichkeit dar, der Schönheit und des Liebeslebens, des verführerischen Charmes wie der geschlechtlichen Weitergabe des Lebens. Die »goldene« Aphrodite (Homer Il. 3,64), die »das Lächeln liebt« (philommeidês Homer, Il, 3,424), ist in voller Anmut, Schönheit und Verführung (peithô).[41] Zu ihrer marinen Geburtssphäre gehören Delphin und Muschel. Ihre elternlose Geburt aus dem Element des Wassers bei Hesiod verbindet sie urtümlich mit dem Weltwerden und Weltschicksal. Für die Griechen galt sie vor allem als Göttin der Schönheit, der sinnlichen Liebe und der Zeugung, die die Kontinuität des Lebensstromes gewährleistet.

In dem Schönheitswettbewerb der drei Göttinnen erhält Aphrodite vor Hera und Athene von Paris den goldenen Apfel mit der Aufschrift »Der Schönsten!«, den Eris, die Göttin der Zwietracht, unter die Hochzeitsgäste der Hochzeit des Peleus und der Thetits geworfen hatte, an der alle Götter anwesend waren. Den Streit zwischen den drei Göttinnen soll Paris als Schiedsrichter entscheiden: Hera verspricht ihm Macht, Athene Kriegsruhm, Aphrodite aber die schönste Frau[42] Mit der Hilfe der Göttin entführt er dann Helena, die Gattin des Menelaos aus Sparta nach Troia und verursacht so den zehn Jahre dauernden Kampf der Griechen gegen Troia. Der Kult der Aphrodite ist vorgriechisch und orientalischen Ursprungs, wohl der Fruchtbarkeitsgöttin Astarte der Phoiniker nachgebildet. Sie erscheint zur Hochzeitsfeier auf dem Berg Ida in Kreta, gefolgt von einer Schar wilder Tiere, die sich auf ihr Geheiß paaren.[43]

Zahlreich sind die Mythen, die sie umranken: In dem berühmten Fragment des Tragoden Aischylos (Fr.44 N) aus den »Danaiden«, das die Umarmung des Himmels und der Erde schildert, bezeichnet sich Aphrodite selbst als Urheberin fruchtbaren Lebens. Aus einer Etymologie ihres Namens

---

vagues, Son œil mobile mêle aux éclairs de perils, L'eau riante, et la danse infidèle des vagues.«
[41] Homer, Il. 3,396 f.; 9, 389; vgl. Th. D. Seymour, Life in the Homeric Age, 1907, 434.
[42] Vgl. Homer, Il. 24, 25 ff.; Euripides, Andr. 274 ff.; Troad. 924 ff.
[43] Homer, Hymn. Aphrod. 69 ff.

Aphrodite (»aphros = Schaum), leiteten die Griechen die Vorstellung ab, sie sei die aus dem Schaum des Meeres Geborene, gebildet aus den Blutstropfen des entmannten Uranos.

Im 8. Buch der Odyssee ist Aphrodite die untreue Gattin des hinkenden Schmiedegottes Hephaistos, der einst lahm geboren wurde. Diese seltsame Verbindung beruht möglicherweise auf der Verknüpfung des Begriffs körperlicher Schönheit mit der Schönheit der vom kunstreichen Schmied angefertigten Kunstwerke. Ihr Liebesabenteuer mit dem Kriegsgott Ares, von Hephaistos ertappt und in einem kunstvollen Netz gefangen, wurde zur Götterburleske (Homer, Ilias). Aus der Verbindung mit Ares gehen eine Reihe von Kindern hervor: Nach dem Simonides-Fragment (24 D) ist Eros eines ihrer Kinder, aber auch die Tochter Harmonia. Allegorisch verstanden kann die sanfte und liebende Frau den wilden Krieger Ares zähmen und auch edle Harmonie »gebären«, aus der sich die menschliche Kultur entwickeln kann.

Aus der Verbindung der Aphrodite mit dem troianischen Helden Anchises[44] entstammt der troische Held Aineias, neben Hektor der stärkste der Troer. Aus dem brennenden Troia trägt Aineias seinen greisen Vater Anchises auf den Schultern heraus und die Penaten, die Hausgötter. Er verliert seine Gattin Kreusa in den Flammen, kann aber seinen Sohn Ascanius retten. Die Handlung der »Aeneis« Vergils entfaltet sich letztlich aber aus einer Verheißung, der sog. Aineias-Prophetie der homerischen Ilias (20,293–308), in der der Meeresgott Poseidon dem Aineias und seinen Nachfahren das Überleben verheißt, wenn Troia in Schutt und Asche gesunken ist so wie ewige Herrschaft. Juppiter wiederholt diesen Götterspruch (fatum) und verankert ihn im unabänderlichen Weltenplan der »Fata«, der Geschicke, die aus dem Untergang Troias den Anfang Roms bestimmt haben, Sinnbild für die historische Mission Roms, sowie die Verquickung menschlichen Daseins in Schuld und Schicksal. Venus, die altitalische Göttin des Frühlings und der Gärten[45], wird durch die Hellenisierung mit der griechischen Aphrodite auch die aus dem griechischen Mythos geläufigen Eigenschaften übernehmen und wird zur Göttin der Liebe. Gaius Julius Caesar leitet sein Geschlecht, die gens Iulia, von Aeneas, dem Sohn des Anchises und der Venus ab und lässt 46 v. Chr. auf dem Forum Julium den Tempel der Venus Genetrix erbauen.

---

[44] Homer, Il. O, 208 ff.; Homerische Hymn., Aphrod. 192 ff.
[45] Varro, De re rust. 1,1,6; Vgl. J. Debecq. Le culte de Vénus en Occident à partir du IVe siècle de notre ère. 1935/36.

c. Aphrodite, Rächerin des Verächters der Liebe (Hippolytos-Tragödie)

Die beseligenden, oft aber auch zerstörerischen Kräfte der Liebesgöttin, finden ihre Darstellung und ihren Lobpreis in der griechischen Literatur. So liebt Aphrodite den schönen Jüngling Adonis, der auf der Jagd von einem Eber getötet wurde. Untröstlich über diesen Verlust, erbittet sie von Persephone, der Gemahlin des Gottes der Unterwelt, dass Adonis alljährlich sechs Monate auf der Oberwelt verbringen darf.[46] Eine ähnliche Versinnbildlichung des Sterbens und Wiedererwachens der Natur erzählt auch der Attis-Kybele-Mythos.[47]

Aphrodites Schutz gilt den Liebenden, ihre Strafe aber trifft unerbittlich die Verächter der Liebe, so z. B. in der Tragödie »Der gekrönte Hippolytos« (Hippolytos stephanêphoros) des dritten großen attischen Tragikers Euripides (480–405 v. Chr.). Es handelt sich um die Liebesverweigerung und Liebesfeindlichkeit eines Sterblichen, der der Göttin die schuldige Verehrung verweigert und dafür eine tödliche Strafe auf sich lädt.

Von der mehrere hundert Dramen umfassenden tragischen Dichtung des antiken Hellas sind der Nachwelt nur zweiunddreißig davon vollständig überliefert. Eine frühe archaische Schicht der Hippolytos-Tragödie des Euripides dürfte sich in der Gestalt des jungen Begleiters der »Magna Mater«, der Göttin der Geschlechtlichkeit, Fruchtbarkeit und Hochzeit spiegeln, der ihr beigestellten und untergeordneten Kraft des Lebens, die jedes Jahr stirbt, um jedes Jahr im frischen vegetativen Leben wieder aufzuerstehen. In der Euripideischen Tragödie erscheint sie in der Gestalt des Hippolytos individualisiert.[48]

Euripides ist für Aristoteles der tragischste der Tragiker, der den menschlichen Schmerz verkündet, der das ganze Feld menschlichen Leides mit seinem Tränengrund umgreift. In seiner 428 v. Chr. aufgeführten Tragödie »Der bekränzte Hippolytos« stellt er zwei Menschen auf die Bühne, die wie Schachfiguren im göttlichen Spiel ihr tödliches Schicksal erleiden werden. Phaidra ist krank vor Liebe zu ihrem Stiefsohn Hippolytos, dem Sohn des Theseus und der Amazonenkönigin. Ihre Liebe ist hoffnungslos. Aber die Amme drängt Phaidra, sie möge »Mut für ihre Liebe« haben: »Tolma d'erosa!« und sich ihr hingeben, denn alle Menschenkinder seien Geschöpfe der Aphrodite, und die Göttin zurückzuweisen hieße, hybrishaftes Verhalten und anmaßenden Stolz zeigen. Hier verdichtet sich in einer großen Szene die Tragik des Mysteriums schicksalhafter Liebe. Prometheus hatte das

---
[46] Schol. Theokr. 3,48; vgl. Apollodorus, Bibl. 3,14,4.
[47] Vgl. J. G. Frazer, Adonis, Attis, Osiris, 1906; E. Reiner, Die rituelle Totenklage bei den Griechen, 1938.
[48] Vgl. Ch. Segal, Griechische Tragödie und Gesellschaft, in: Die Welt der Antike, 1988, 207f.

Schicksal herausgefordert und auch Ödipus, denn beide waren mutig in ihrer Liebe und beide waren an ihr zugrunde gegangen, ohne das Warum der ungeheuerlichen strafenden »Folter« zu kennen.

Der griechischen Sage, die Euripides in ein tödliches Drama fasst, liegt das verbreitete Motiv der Liebe der (älteren) verheirateten Frau – oft ist es die Stiefmutter – zu einem jüngeren Mann zugrunde. Da sie keine Gegenliebe findet, rechtfertigt sie sich selbst durch Verleumdung und stürzt so den Geliebten in den Abgrund des Verderbens. Dieses sog. »Potiphar-Motiv« – als Paradigma des ägyptischen Joseph der Bibel und der Frau des Potiphar (Gen 39,6–20) – steht auch im Zentrum des Hippolytos-Dramas. Die kretische Prinzessin Phaidra und Gemahlin des Königs Theseus von Athen, liebt ihren Stiefsohn Hippolytos mit verhohlener Leidenschaft. Der keusche Hippolytos kennt als begeisterter Jäger nur den Dienst der jungfräulichen Göttin und Zwillingsschwester Apollons, Artemis, Schützerin der Jugend und Jungfräulichkeit. Er missachtet Aphrodite, die Göttin der Liebe und verweigert ihr die schuldige Verehrung. Er weist voller Entrüstung das Ansinnen seiner Stiefmutter zurück. Durch seine strenge Reinheit sieht sich Aphrodite verletzt und macht ihn zum Opfer ihrer Rache. Phaidra ist ihr Mittel und Werkzeug dazu, aber beiden wird der Tod bestimmt sein, wie dies die Göttin bereits im Prolog (V. 1–57) ankündigt.[49] Die Hippolytos-Tragödie ist göttlich gerahmt: Im Prolog verkündet Aphrodite, Hippolytos müsse sterben, weil er sich der Liebe verweigert und Aphrodite Verachtung entgegengebracht hatte. Im Exodus (1283 ff.) erscheint die keusche Göttin Artemis, die Hippolytos zeitlebens verehrt hatte als »dea ex machina« und enthüllt die Wahrheit. Der sterbende Hippolytos versöhnt sich mit seinem Vater. Artemis will aber ihre verletzte Ehre (timê) wieder herstellen und sich rächen. Sie wird Adonis, dem Liebhaber Aphrodites, den Tod bringen (V. 1420–1422).[50]

In der Vorszene des Hippolytos-Stückes[51] tritt die Liebesgöttin Aphrodite auf, die sich rühmt, auf dem Erdenrund wie im Himmel die Hochgefeierte zu sein (V. 1–2). Ihr unerbittliches Gesetz, das sie wahrmacht, aber lautet Lohn und Strafe für Liebe und Nicht-Liebe: »Wer es wagt, mich zu verachten, fällt« (V. 5). Ihr Opfer ist Hippolytos, der »die Ehe flieht und der Liebe Werk haßt« (V. 14). Das Instrument dieses »Falles« ist Hippolytos Stiefmutter Phaidra, die Gemahlin des Theseus, die die Göttin durch ihre Macht in

---

[49] Vgl. W. Fauth, Hippolytos und Phaidra, 1959; H. Erbse, Studien zum Prolog der Euripideischen Tragödie, 1984; R. E. Harder, Die Frauenrollen bei Euripides, 1993; H. M. Roisman, The Veiled Hippolytus and Phaedra, in: Hermes 127 (1999).
[50] Vgl. W. Burkert, Structure and History in Greek Mythology and Ritual, 1979, 108 ff.
[51] Euripides Hippolytus, edited with introduction and commentary by W. S. Barrett, 1964: Euripides. Sämtliche Tragödien und Fragmente, Bd. I, Übersetzt von Ernst Buschor, Hg. G. A. Seeck, 1972.

»wilder Leidenschaft« zum Jüngling entbrennen lässt (V. 27),[52] deren »Qual kein Ende nimmt, die sich in aller Stille in Seufzern verzehrt« (V. 35 f.). Beide, der Jüngling und die Stiefmutter, werden nach Aphrodites Racheplan untergehen müssen: »... zahlen muß der Feind die Buße, die den Durst mir völlig stillt« (V. 49 f.).

Hippolytos ist der glühende Verehrer der Artemis, »der Keuschheit Göttin«. Eine Szene zeigt den keuschen Artemis-Diener Hippolytos, der der Göttin der Liebe Missachtung entgegenbringt. In einem Einzugslied (V. 122–169) singt der Chor von den Liebesqualen Phaidras, die ihr Inneres wie ein Sturm durchwehen und sucht nach Wegen der Heilung. Hinein in den tragischen Konflikt webt Euripides besinnliche lyrische Momente ein, wenn er in V. 121–134 kurz innehält und über die Schönheit der Natur sinniert: den Vogelflug über den blühenden Wiesen und die blauen Schatten, die die Berge einhüllen sowie das Mädchen, das seine roten Kleider im Flusse wäscht. Es erscheint der Chor und singt, weil er vom Liebeskummer Phaidras Kunde vernommen hat, das Lied:

»Träufelnd von heil'gen Gewässern lässet ein ragender Fels
In die Krüge den Quell sprudeln über die steile Wand.
Meinen Freundinnen eine wusch
Manch Purpurgewand im Quellwasser dort.
Und breitet's dann über den warmen Rücken hin
Sonnenbeschienenen Felsengrunds.
Da erfuhr ich zuerst die Not Phaidras.«

Und die erste Gegenstrophe:

»Leidend gestreckt auf das Krankenlager, gefangen im Haus,
Hüllt in feinen Gewebs Tücher ein sie das blonde Haupt.«

Die tragische Liebe erscheint wie in die Helle eines Sonnentages getaucht, bevor sich die dunklen Gewitterwolken zusammenballen werden.

Dann tritt Phaidra mit ihrer Amme auf, wo in Rede und Widerrede die Ursache der Krankheit ans Licht kommt, ihre verbotene Liebe. Als Konsequenz dieser Enthüllung will Phaidra den Tod wählen, um ihren Gatten und die Kinder vor der Schande zu bewahren (V. 419–421). In einer großen Analyse ihres Seelenzustandes spricht Phaidra ihren inneren Kampf aus, wie sie Vernunft über ihren »dumpfen Trieb« habe siegen lassen wollen (V. 398 f.) und nun den Tod wählen will:

»Zuletzt beschloß ich, da der Sterbliche
Nicht über Kypris triumphieren kann, den Tod,
Das sicherste der Mittel!« (V. 400–402)

---

[52] Vgl. F. I. Zeitlin, The Power of Aphrodite, in: Dies. (Hg.), Playing the Other, 1996, 219–284; P. Ghiron-Bistagne, Phèdre ou l'amour interdit, in: Klio 64 (1982) 29–49.

Die Amme will ihr davon abraten und zeichnet ihr das Bild der mächtig in den Menschen wirkenden Aphrodite vor Augen:

> *»Ein starker, wilder Strom kann Kypris sein;*
> *Wer sich ihr schmiegt, den trägt sie ruhig fort,*
> *Doch wen sie stolz und überheblich findet,*
> *Den fasst sie, wirbelt jählings ihn hinab.*
> *Sie wandelt durch die Lüfte; in der Meeresflut*
> *Ist sie zugegen; jedes Wesen stammt aus ihr.*
> *Sie ist die Zeugung, wirkt den Liebestrieb (eros),*
> *Dem jedes Leben dieser Welt entspringt.«* (V. 443–450)

Phaidra solle sich in diesen Lauf der Welt fügen, »denn du bist ein Mensch« (anthrôpos ousa: V. 472).

Vor Phaidra, die auf der Bühne verweilt, besingt nun der Chor in einem ersten gewaltigen Standlied (V. 525–564) den Eros als mächtige, Zerstörung über die Menschen bringende Kraft:

> *»Eros, Eros, der auf die Augen*
> *Sehnsucht träufelt, du bringst die süßen*
> *Freuden der Seele deinen Opfern.*
> *O erscheine mir immer im Guten!*
> *Nahe stets im Frieden!*
> *Nicht des Feuers Glutstrahl*
> *Und nicht der Gestirne*
> *Brennt so mit Macht*
> *Wie der Pfeil der Aphrodite,*
> *Den aus seiner Hand entsendet*
> *Eros, der Sohn des Zeus.«* (V. 525–534)

Und in der Gegenstrophe singt der Chor:

> *»Eros, Beherrscher der Menschen,*
> *Der zu Aphrodites*
> *Lieblichsten Gemächern*
> *Den Schlüssel verwaltet.«* (V. 537–541)

Und am Schluss über Aphrodite:

> *»Mächtig weht ihr Hauch durch die Lande,*
> *Wie eine Biene sucht rings sie die Opfer.«* (V. 564 f.)

Dann vernimmt Phaidra in einem Gespräch hinter der Szene zwischen der Amme und Hippolytos, wie dieser den Antrag der Amme als Mittlerin Phaidras, schroff zurückweist und auf der Bühne seiner Entrüstung über die frevlerische Liebe freien Lauf lässt. In solcher Bloßstellung ihrer Liebe bleibt Phaidra, die »aller Frauen Unseligste« (V. 659), als einziger Ausweg der Tod. Sie erhängt sich in ihrem ehemalige Brautgemach, um sich ihres »herben Liebeswahnsinns« (algeinòn phrenôn érôta: V. 775) für immer zu entledigen. Theseus, der nun auftritt, erfährt, was geschehen ist und in einem lyrisch-zarten Wechselgesang mit dem Chor, beklagt er sein Unglück und bitteres Leid, das ihn heimgesucht hat. Dann entdeckt er in der Hand seiner toten Gattin einen Brief, in dem sie Hippolytos bezichtigt, er sei »gewaltsam ihrem Bett genaht« (V. 885). Er verflucht mit bitteren Verwünschungen seinen Sohn, und an Poseidon gerichtet, der ihm einst drei Wünsche freigestellt hatte, erbittet er, seinen Sohn zu töten. Die Erfüllung meldet ein Bote, der auf die Bühne stürzt und berichtet, als Hippolytos mit seinem Pferdegespann am Strande bei Troizen dahinfährt, lässt Poseidon aus dem Meer einen heiligen Stier auftauchen, sodass die Pferde scheuen und Hippolytos zu Tode schleifen. Mit einem Hymnos auf Aphrodite beschließt der Chor die Szene. Im vierten Standlied besingt er die Liebesgöttin Aphrodite und ihre Macht über die Menschen:

»Herrin Kypris!
Der Götter unbeugsamen Sinn und der Menschen,
Du bezwingst ihn,
Denn dich umflattert
Buntbeschwingter Knabe,
Der mit schnellem Geschoß
Sie überschüttet.
Festes Land überfliegt er,
Rauschende Salzflut des Meeres,
Eros im Goldglanz.
Wem er sich naht,
Der geflügelte Knabe,
Dem berückt er das Herz,
Füllt sie mit süßem,
Rasendem Wahnsinn.
Tiere der Berge,
Tiere des Meeres,
Tiere der Lüfte,
Alle betört er, welche die Erde ernährt
Unter des Helios flammendem Blick;
Tier und Mensch: ihrer aller Herrschaft
Ruht, Königin Kypris, allein
In deinen Händen!« (V. 1269–1281)

Ging es im Prolog des Stückes in dramatischer Exposition um die Anerkennung der Macht der Liebe, so schließt das Chorlied, die Szene rahmend, mit einem Hymnos auf ihre Allgewalt. Artemis tritt auf und zerreißt den Schleier des im Irrtum befangenen Theseus, indem sie sein frevlerisches Handeln an Hippolytos anklagt, doch seine Tat ist zugleich das schuldstiftende Wirken Aphrodites.

*»Denn Kypris führte alles dies herbei,
Den Groll zu stillen.«* (V. 1327f.)

Der durch den Hass der Aphrodite gestürzte und zu Fall gebrachte Heros erhält von Artemis die »höchsten Ehren«. Sie spricht zum sterbenden Jüngling:

*»Die Mädchen schneiden vor der Hochzeit
Sich Locken ab und feiern fort und fort
Im Klagelied dein ungeheures Leid.
Nie wird ihr Sang verstummen, der dich ehrt,
Und Phaidras Liebeswahn, der dich umwarb,
Sinkt niemals klanglos in die stumme Nacht.«* (V. 1425–1430)

Dieses rituelle Gedächtnis spiegelt jenen Punkt wider, an dem sich die Gegensätze von Liebe und Tod, Schande und Ehre kreuzen.

Mit dem Tode des Helden, der sterbend auf die Bühne getragen wird, als Opfer des »grausamen Werks« Aphrodites (V. 1461), endet das Drama mit den Worten des abziehenden Chores:

*»Wo Große sterben,
Da greift die Botschaft
Tief in die Herzen,
Weit in die Zeiten.«* (V. 1464–1466)

Dargestellt ist das individuelle Seelentum der beiden Protagonisten, das des der keuschen Göttin Artemis geweihten Jünglings und das der Phaidra in der Qual ihrer Liebesleidenschaft, ihrem Schweigen, ihrer Opferbereitschaft und ihrem Tod.

Zum sog. »Potiphar-Thema« tritt als zweites Thema das von Trug, Verleumdung und Wahrheit. Hippolytos, den Phaidra nach ihrem Liebesgeständnis eidlich zum Schweigen verpflichtet hatte, darf den wahren Sachverhalt nicht sagen. Durch ein Brechen seines Eides würde er die Reinheit seines Wesens zerstören. So steht er als betrogener Betrüger vor dem getäuschten Theseus, bis am Schluss Artemis die Wahrheit kündet. Die Worte des sterbenden Hippolytos und die des tief erschütterten Vaters gehören zu den großen überragenden Texten der Tragödien von Hellas (V. 1440–1461). Die Tragödie reicht hinein in die Frage der Wahrheit und der Täuschung, des Recht- und Unrechttuns.[53]

---

[53] Vgl. H. Herter, Phaidra in griechischer und römischer Gestalt, in: RhM 114 (1971) 44–77; H. J. Tschiedel, Phaedra und Hippolytus: Variationen eines tragischen Konflikts, 1969; V. Pirenne-Delforge, L'Aphrodite grecque, 1994, 40–46; W. S. Barrett, Euripides: Hippolytos, 1964. Und zur Nachgeschichte: vgl. Seneca, Pheadra, (um 55 n. Chr.), der die zerstörende Gewalt der Liebesleidenschaft darstellt. Jean Racine, Phèdre, 1677; D'Annunzio, Fedra. Alle sind Abwandlungen dieses Potiphar-Themas: vgl. A. Lesky, Die tragische

Aphrodite pandemos, »die allem Volk gehörende Aphrodite«

Als Symbol und Brennpunkt der emotional-irrationalen begehrenden Liebe, bringt Euripides seinem Drama deren potentielle Zerstörungskraft auf die Bühne. Heros und ihr Opfer ist Hippolytos, in einer tödlich tragischen Form, aber auch Phaidra. Als der sterbende Hippolytos sein Leidens- und Todesschicksal seiner Schutzgöttin Artemis anbefiehlt (»Und siehst du, Herrin, was ich leiden muss? V. 1395), antwortet diese:
»Ich sehs. Der Tränen Strom ist mir verwehrt« (V. 1396). Sie könne das Schicksal ihres Schützlings Hippolytos nicht beweinen, weil das göttliche Recht (thémis) den Himmlischen Tränen verbietet.

Sowohl im Charakter des Hippolytos als auch des Ion,[54] wird eine Frömmigkeit offenbar, in der der Reine sich wünscht, in die Aura der Heiligkeit der Gottheit zu treten: Hippolytos bekränzte einst das Bild der keuschen Göttin Artemis mit den Worten:

»... Nur wer im allertiefsten Herzen rein, darf
Hier ernten – andre haben hier kein Recht.
Nimm liebste Herrin, für dein goldnes Haar
Hier diesen Kranz aus frommer Hand!
Nur mir allein verliehst du dieses Recht:
Dir nahe sein, mit dir die Rede tauschen.« (V. 79–84)

Hippolytos steht an jenem Punkt, wo zwei gegensätzliche Kräfte, die keusche Liebe und die sinnliche Liebe (Phaidra), aneinanderstoßen, seine Liebe zur jungfräulichen Göttin Artemis und die der Aphrodite, der Göttin der sinnlichen Liebe, verweigerte Devotion. Euripides stellt ihn auf die Bühne als einen, der sich einem jenseitigen Ideal weiht, symbolisiert durch die jungfräuliche Apollonschwester Artemis. Er ist ehelos und Jäger, Verehrer der Göttin der Jagd und ein ihr Geweihter. Damit stellt er sich außerhalb die Naturform der zweigeschlechtlichen Liebe und der Ehe als der Zivilisationsform der Polis und ihrer gewohnten Normen. Mit seiner Willenskraft zur Reinheit ist er Paradigma des tragischen Versuchs des Menschen, dem biologischen Sexualtrieb zu widerstehen, eine geistige Freiheit gegen die Triebe, Instinkte und Zwänge der Leibnatur zu leben. Mit solcher Haltung völliger Enthaltsamkeit tritt er an den Rand der Polis und spricht sein apolitisches Credo:

»Lockt Herrschaft überhaupt den Klugen an?
Doch einzig den, dem schon der Sinn verwirrt,
Der auf die Macht im Staat versessen ist.« (V. 1012–1014)

Dichtung der Hellenen, ²1964, 165–168. U. v. Wilamowitz-Möllendorf, Euripides' Hippolytos, 1891; B. Zimmermann; Die griechische Tragödie, ²1992, 94–138.
[54] Euripides, Ion, 112 ff., Sohn des Apollon, ist der mythische Stammvater der Ionier, der in Delphi als Tempeldiener des Gottes des Lichtes aufwächst und später König von Athen wird. Er hält als Jüngling die Pforten des Phoibos-Tempels rein im »heiligsten Dienen« (V. 134).

Sein gewählter Standpunkt aber wird tragische Konsequenzen zeitigen für sein individuelles heroisches Leben. Dieses hatte er der Göttin Artemis geweiht. Artemis, Apollons Zwillingsschwester und Göttin der Jagd, lebte in der freien Natur unter wilden Tieren. Sie hält sich von Männern fern und verlangt dies auch von denen, die sie verehren. Sie spielt in drei Tragödien des Euripides eine besondere und schicksalhafte Rolle, und zwar in »Hippolytos«, in »Iphigenie auf Tauris« und in »Iphigenie in Aulis«. Viele Sterbliche trifft ihre rächende Strafe, die sie beleidigt oder ihre Riten versäumt hatten. Als Agamemnon eine ihr heilige Hirschkuh erlegt hatte, verlangte die gekränkte Göttin die Opferung seiner Tochter Iphigenie zur Besänftigung. Diese entrückt sie aber zu den Taurern und macht sie zu ihrer Priesterin, wo sie verantwortlich ist für das heilige Artemiskultbild. Jahre später steht sie ihrem Orest zur Seite, der zur Sühne für die Ermordung seiner Mutter die berühmte Kultstatue der Artemis aus Tauris holen muss.

d. Das Potiphar-Motiv in Thomas Manns Romanzyklus »Josef und seine Brüder«

Die Frau, die in einer zeremoniell aufrechterhaltenen Ehe mit einem der höchsten Hofbeamten Ägyptens lebt, wirft ein Auge auf den biblischen Joseph der Genesiserzählung. Ganz im Sinne der Freud'schen Trieblehre, wie dessen Theorie der Bewusstseinsschichtung in »Das Ich und das Es« (1923) und »Totem und Tabu« (1913), schildert Thomas Mann in seinem Roman »Joseph und seine Brüder«[55], wie Potiphars Frau Mut sich elementar ihrer Leidenschaft zum hebräischen Sklaven bewusst wird. Ihre verdrängte Sexualität entzündet sich an dessen männlicher Schönheit. Ganz der psychoanalytischen Deutungsmethode verpflichtet, schildert Thomas Mann die Triebhaftigkeit der Liebe, um das Geheimnis der menschlichen Natur in ihrem Natur-Zwang zu veranschaulichen. Es handelt sich um eine Szenerie, die ihren Widerhall bereits in der berühmten Joseph-Sure des Koran hat. Hier wird erzählt, dass Potiphars Frau ihre Freundinnen zu einem Gastmahl lud, die sie einst mit der Lauge des Spottes bedacht hatten, um sich nun vor ihnen zu rechtfertigen. Sie lässt jeder ein Messer aushändigen und dann den schönen Joseph in die Runde treten. »Und als sie ihn sahen«, berichtet die Quelle, »priesen sie ihn und schnitten sich in ihre Hände«. Thomas Mann, der diese vielsagende Geschichte mit groteskem Humor ausgestaltet hatte, lässt »Blutströme« auf die weißen Gewänder der Frauen fließen, so dass sie sich beflecken. Mit dieser Szene sucht er den verdrängten Sexualtrieb Muts zu erhellen und das Geschlechtliche als Ursache ihrer eigenen Zerstörung

---

[55] Vgl. K Hamburger, Thomas Manns biblisches Werk, 1984, 55–61.

aufzudecken. Der »ägyptische Joseph«, in seiner Treue zu seinem irdischen Herrn, dem Potiphar, vermag der Verführung der Frau zu widerstehen und wird darin geradezu identisch mit der Treue zu Jahwe, seinem Gott. Auf der anderen Seite steht die Sinnlichkeit der Liebe Muts in ihrer Leidenschaftlichkeit, die aber nicht eine Liebe ist, die den ganzen Menschen meint und ihn als solchen liebt. Das Geschlecht und der Tod, die Prinzipien des Fleisches und Prinzipien der »im Fruchtbarkeitsdunkel hausenden Unvernunft«, sind Ausdruck des Gegen-Geistigen und so dem Gott zuwider, dem Joseph anhing. In seiner Geistigkeit erkennt sich Joseph in seiner Andersheit dem Prinzip hinfälligen Fleisches, der Natur gegenüber. Dies sucht nun Thomas Mann (1875–1955) in seinem vierteiligen Romanzyklus als Rettung und Aktualisierung des Mythos darzustellen. »Was uns beschäftigt«, schreibt er, »ist nicht die bezifferbare Zeit. Es ist vielmehr ihre Aufhebung im Geheimnis von Überlieferung und Prophezeiung, welche dem Wort ›Einst‹ seinen Doppelsinn von Vergangenheit und Zukunft und damit seine Ladung potentieller Gegenwart verleiht«.[56] Seine Darstellung bezeichnet Thomas Mann selbst als »verschämte Menschheitsdichtung«, in der er die biblische Josephgestalt des Patriarchensohnes Jakob in das mythische Spiel des Himmlischen und Irdischen stellt, im Sinne »des Menschwerdens, dessen Geheimnis das A und O all unseres Redens und Fragens bildet«. Den Ausgangspunkt bildet die Josephsgeschichte im Buch Genesis (Kap. 37–50) als der eigentliche, aber lapidar verkürzte Urtext mit Einbezug außerbiblischer Quellen und ihres reichen Mythen- und Bilderschatzes. Für Thomas Mann ist der in der Vergangenheitsform erzählte Mythos Geschichte der ewig gleichen und immer gegenwärtigen Geschichte der conditio humana, des Menschenwesens. »Das Vergangene ist«, schreibt er, »es ist, ist immer, möge des Volkes Redeweise auch lauten: es war. So spricht der Mythos, der nur das Kleid des Geheimnisses ist«.[57] So webt er als der spätimpressionistische Dichter das »Gerücht und Gedicht« über Jakobs Sohn Joseph, der, wie seine Brüder sagen, ein »tâm« war, zweideutig, doppelgesichtig, und ein Mann des Zugleich ...«. So stellt er jene urphänomenale Doppeldeutigkeit dar, die der Mensch ist. Thomas Mann will mit seinem Stoff, nicht nur die biblischen, sondern auch die ägyptischen, babylonischen, phönizischen und hellenischen Stoffe, mit einem Wort, den »tiefen Brunnen der Vergangenheit«, perspektivisch vergegenwärtigen. In schematischer Verkürzung wird Josephs Sklavendienst im Hause Penteprês (Potiphars), eines Groß-Eunuchen des Pharao, zu dessen Hausverwalter er avnaciert, erzählt. Hier ist auch die Szene der Sinnlichkeit der Liebe angesiedelt, die Versuchung Josephs durch Penteprês (Potiphars) Gattin Mut-em-enet, Frau aus ägyp-

---

[56] Th. Mann, Joseph und seine Brüder, 1936, Vorspiel »Höllenfahrt«
[57] IV, 54

tischem Hochadel und »keusche und elegante Mondnonne« des ägyptischen Staatsgottes Amun-Ré. Die zurückgewiesene und verletzte Mut verleumdet Joseph. Es folgen seine Bestrafung und erneute »Fahrt in die Grube«, d.h. das Inselgefängnis Zawi-Ré, dann seine Erhöhung zum Traumdeuter Pharaos, dessen Gunst er mit seiner Deutung der fetten und sieben mageren Kühe als Zeiten des Überflusses und des Hungers gewinnt. Für Thomas Mann vollzieht sich Josephs Bewusstwerdung von der mythischen Rollenidentifikation hin zur Erdung und zur konkreten Menschengeschichte, in der sich im zeitlosen Mythos Oben und Unten durchdringen und ein »gesittetes Leben« ermöglichen. Im Joseph-Mythos sieht Mann das Allgemein-Menschliche und Immer-Menschliche,[58] ein zeitloses Schema und »fromme Formel« der »Lebensgründung«, »in die das Leben eingeht, indem es aus dem Unbewussten seine Züge reproduziert«. Und die biblische und hundertfach variierte Formel Manns über den Protagonisten des Romans lautet: »Denn das musterhaft Überlieferte kommt aus der Tiefe, die unten liegt, und ist, was uns bindet. Aber das Ich ist von Gott und ist des Geistes, der ist frei«.

---

[58] Vgl. B. Richter, Der Mythos-Begriff Thomas Manns und das Menschenbild der Thomasromane, in: Euph. 54 (1960) 411–433; W. R. Berger, Die mythologischen Motive in Thomas Manns Roman »Joseph und seine Brüder«, 1971; J. Fink, Thomas Mann und die Psychoanalyse, 1973, 153–319; D. Mieth, Epik und Ethik. Eine theologisch-ethische Interpretation der Josephromane Thomas Manns, 1976.

I
Eros: Auf dem Weg zur Erkenntnis

a. Exposition

Hesiod ging es um die Erkenntnis des Seins des Ganzen als Hervorgang aus einem Ursprünglichen und Anfänglichen, so dass sich rückblickend sagen lässt, das aus seiner »Theogonie« das naturphilosophische Fragen hervorgegangen ist. Noch ohne die späteren philosophischen Begriffe wie »physis«, die »Natur« und »hólon«, das »Ganze«, hatte er die Natur als ein Gefüge interaktiver göttlicher und normativer Naturkräfte in den Blick genommen. In solcher Affirmation sind Götter und Menschen Teile dieses einen Ganzen. Götter haben eine numinose Bedeutung als göttliche Wirkmächte und Wesen. In den in der Natur wahrnehmbaren Kräften wird göttliches Walten erfahrbar. Hesiod suchte so in seiner epischen Dichtung das Werden der Wirklichkeit im Blick auf ein Davor und Danach zu erzählen. Göttliche Wirkmächte erscheinen als personifizierte Gestalten und werden damit der menschlichen Wahrnehmung der Wirklichkeit anschaulich gemacht und nähergerückt. Der Prozess des Werdens der irdisch-natürlichen und der menschlichen Welt ist ein komplexer Vorgang der Hervorbringungen. All die Vorstellungen des Ursprungs als Zeugung, Genese, Genealogie und als Eros sind von einer anthropologischen Evidenz her konzipiert, wobei der Eros von der Aura des Faszinierenden und Geheimnisvollen umgeben, unangefochten für den Ursprung und die Hervorbringung selbst steht. Er ist als anthropologisches Konzept schöpferisches Moment und so auch Deuteelement für das enigmatische Dunkel des Woher. Hesiod begriff das Götter- und Weltwerden als Ausdifferenzierung eines Erosgeschehens, aber inmitten einer Handlungssphäre der Auseinandersetzung und des Streites. All die erzählten Vorstellungen und Bilder sowie Ereignisabfolgen wird dann die griechische Philosophie als Denken eines »Grundes«, der »archê«, und als Anblicken von Ur-Bildern, als »idea«, »eidos«, denken.

Anders als der Mythos lebt die Philosophie vom »rastlosen Nachfragen«, wie Hans Blumenberg bemerkt,[1] das diese in die Welt gebracht hat und so

---

[1] H. Blumenberg, Arbeit am Mythos, 1979, 286f.: »Der Mythos lässt das Nachfragen auf

I Eros: Auf dem Weg zur Erkenntnis

den Mythos »auflaufen« lässt: »Wer Warum? fragt, ist selber schuld, wenn er durch die Antwort geärgert wird«.

Der radikale Neuansatz kosmogonischer Spekulationen, weg von der Entfaltung der Wirklichkeit durch den Eros der archaischen Mythenwelt, vollzieht sich in der ionischen Naturphilosophie eines Anaxiamndros von Milet und seiner »vorsokratischen« Nachfolger. Sie suchen die Wirklichkeit des Kosmos aus einem »Anfang« (archê) heraus zu »denken« und zum Ausdruck zu bringen. Dabei fügen sie diesem »Incipit« das Axiom des Ungewordenen, Unvergänglichen und Seinserhaltenden hinzu. Die mythischen Eros-Kosmogonien werden damit in philosophische Hypothesenbildungen travestiert, wobei die Sprache noch stark im Nachklang mythischer Redeweise steht: z. B. Eines »zeugt« das Andere und aus dem Einen entsteht Gegensätzliches, das sich als »männliche« und »weibliche« Potenz »mischt«, bis etwas »die Oberhand gewinnt« und so sich die kosmische Ordnung stabilisiert.

Anaxiamndros wird auf die mythische Erzählweise in Geschichten verzichten und formuliert sein programmatisches Axiom, indem er an den Anfang das Unbegrenzte (tò ápeiron) setzt als ein qualitativ nicht festlegbares und quantitativ nicht eingegrenztes Etwas, das der Grund der Bedingung des Wechsels ist im Entstehen und Vergehen. Damit formuliert er ansatzweise schon das Kausalprinzip. Diesen Prozess mythischer Prägung und Kommunikation wird auch Empedokles aufgreifen und den Mythos in Logos und Theorie übersetzen. Das Fragen nach dem Anfang wird zum Denken der Theorie des Anfangs und ihres Systems. Hesiod, der die Metapher des schöpferischen Eros in der Theogonie ins Überdimensionale des Werdens ausgefaltet hatte, ließ seine Darstellung des Anfangs mit einer Konstellation beginnen: und zwar in ihrem Wo, Wie und Womit. Dabei war Eros für ihn die Kraft, die sich im Handeln und als Handeln realisiert und den weiteren, sich entfaltenden Fortgang generiert hatte, effektiv, als gestalthafte, artikuliertes In-Gang-Setzen, außer sich und sich selbst innerlich. Dieser Eros-Anfang als dynamisches Anfangen ist das allem Zugrundeliegende, auf ein Ziel hin Bewegende, gegenwärtig Universale.

Die milesische Naturphilosophie, aus der hesiodischen Dichtung hervorgegangen, wird das Sein des Ganzen als das Aufgegangensein eines unvordenklich Ursprünglichen und der an ihr partizipierenden Vielheit zu begreifen suchen.[2]

---

den Wall seiner Bilder und Geschichten auflaufen: nach der nächsten Geschichte kann gefragt werden, danach also, wie es weitergeht, wenn es weitergeht. Sonst fängt es wieder von vorn an.«
[2] Vgl. F. Krafft, Geschichte der Naturwissenschaften 1, 1971, 65 ff.

I Eros: Auf dem Weg zur Erkenntnis

b. »Bußezahlung« durch Vergänglichkeit (Anaximandros)

Auf dem Weg zur Erkenntnis und am Anfang der abendländischen literarischen Überlieferung der griechischen Philosophie steht Anaximandros von Milet (610–546 v. Chr.), der den Tod als der Übel Schlimmstes und jede Vergänglichkeit von einem vorausgegangenen Unrecht (adikía) her zu denken versucht (DK 12 B 1). Er beschreibt die Vergänglichkeit der Dinge als Interaktion zwischen den konstitutiven Stoffen des Kosmos als das Wechselspiel von »Unrecht« und entsprechender »Bußezahlung« (tisis), durch die das Recht (dikê) wiederhergestellt wird. Das hier gemeinte Unrecht besteht darin, dass das, was entsteht, etwas an sich reißt und nimmt. Jedes Ding bedarf für sein Entstehen eines Stoffes, den es von anderswo und anderen Dingen wegnehmen muss. Die Buße dafür, dieses »Einander büßen«, wird durch Vergänglichkeit bezahlt. Jedes Ding muss seinen Daseinsstoff an Anderes abgeben, damit dieses sein könne. Der Tod und das Vergehen, die drängendste und berührendste der Fragen, wird als Naturnotwendigkeit gedeutet, und nicht als Vergeltung subjektiver Schuld. Jedes Entstehen ist ein Übergriff und hat die Vergänglichkeit als Wiedergutmachung zur Folge. In diesem seinem einzigen überlieferten Fragment und ältestem Stück griechischer philosophischer Prosa, gibt Anaximandos eine entmythologisierte Weltdeutung.[3] Die Frage nach dem »Anfang« beantwortet er mit dem grenzen- und bestimmungslosen, quantitativ wie qualitativ unbestimmten »ápeiron« (Unbegrenztes)[4] als dem Ursprung aller Dinge als eine göttliche, unerschöpfliche Zeugungskraft von unergründlicher Tiefe, Quelle des Ursprungs, wie Hesiods Chaos, aber funktional gedacht mit einem rational erfassbaren Gesetz, das alles bestimmt im Entstehen und Vergehen, »gemäß der Notwendigkeit; denn sie zahlen einander Recht und Ausgleich für ihr Unrecht, gemäß der Festsetzung der Zeit« (kata tên tu chronu taxin). Polare Kräfte in ständigem Streit konstituieren die Wirklichkeit der Welt: jedes Werden ist Ergreifung einer Raumdimension, Sieg der einen Kraft über die andere und so Stiftung eines »Unrechts«-Verhältnisses. Dieses »Unrecht« mach die dominante Kraft wieder gut im (systemimmanenten) Einander-Bu-

---

[3] Vgl. H. Schmitz, Anaximander und die Anfänge der griechischen Philosophie, 1988; J. P. Vernant, Die Entstehung des griechischen Denkens, 1982, 103–131; Ch. H. Kahn, Anaximender and the Origins of Greek Cosmology, 1960.

[4] »Apeiron« ist das, »was keine Grenze hat« und hat in »peras« (= Grenze, Furt) seinen Gegenbegriff. »peras«, von der indogermanischen Wurzel »per«, die semantisch für »Durchdringendes«, »Durchgang«, »Furt« steht und daher »Grenze«, »Ende« bedeuten kann. Platon folgend (Parm. 137d) impliziert es für Aristoteles Anfang, Ende und Mitte, denn jedes Ding hat in seinem Anfang und Ende seine Grenze und zwar in Ermangelung seines »apeiron« (Phys. 264 b 27). Ferner ist es das Äußerste, außerhalb dessen es nichts gibt, und das Ende, worauf sich jede Bewegung (kinêsis) als ihr Woraufhin bezieht. Daher ist jeder »Anfang« (archê) eine Art von »Ende« (»peras«: Met. IV 17).

ße-Zahlen, im »Ausgleich«-schaffenden Prozess. Kommt die vorher unterlegene Kraft zu ihrer Dominanz, so begeht auch sie ihrerseits Unrecht. Die Zeit als Distanz wiederum bestimmt die Dauer der »Zahlung«, in welcher mit gleichem Maß Recht, das Unrecht bezahlt wird. Anaximander orientiert sich an dem formativen zyklischen Ausgleich der Natur,[5] wenn z. B. auf die Nacht der Tag folgt und auf das Erblühen das Verwelken. Diese »Notwendigkeit« des »Werdens« und »Vergehens« steht unter der Ordnung eines »ius naturale«. Damit leitet er das größte aller Übel, den Tod, das Zunichtewerden, von einer Naturnotwendigkeit ab. Weil jedes Ding für sein Entstehen Stoff braucht, den es sich von andersher nehmen oder rauben muss, schafft es Unrecht (adikía). Um das Recht (dikê) wieder herzustellen, muss es »Buße zahlen« um den hohen Preis des »Todes«, der Vergänglichkeit (Anaximander VS I,2,9). Das »einander Büßen« wird durch die Hinfälligkeit bezahlt, indem jedes vergeht und das für sein Entstehen Angemaßte wieder abgeben muss. Es ist eine notwendige transsubjektive Wiedergutmachung, die sich jedes Seiende »verdient« hat. Müssen alle seienden Dinge auch wieder vergehen, so ist das Apeiron als das Bleibende ohne »Tod« und »Verderben«.[6]

Hatte Goethe einmal bemerkt, dass aus dem Axiom »Individuum est ineffabile«, »das Individuum ist unaussagbar«, eine ganze Philosophie entfaltet werden könnte, so könnte dies auch für den Satz Anaximandros gelten, und zwar hinsichtlich einer Metaphysik und Ethik der Seinsordnungen. Der Satz reicht in die Ur- und Abgründe schuldhafter Individuation, d. h. des Dranges nach Sonderung aus der Einheit und des Strebens nach Besonderheit. Der Satz formuliert – wie im indischen Denken – die leidvolle, ja sündhafte Trennung einer jeden Kreatur vom Prinzip der ursprünglichen Einheit. Kraft der »Ordnung der Zeit« stellt die Welt kein statisches, sondern ein dynamisch sich wandelndes Gleichgewicht dar (12 A 1 DK). »Das Unbegrenzte« (ápeiron), schreibt Anaximandros, »beinhaltet alles Seiende und lenkt alle Dinge« (DK 12 B 1). Ein materiales Prinzip bildet so für ihn den Anfang, aus dem alles entsteht und in das alles vergeht.[7] Dabei verwendet er das Wort »lenken«, im Griechischen »kybernán«, wovon sich das lateinische »gubernare« und das englische »govern« ableiten. Anaximandros

---

[5] Vgl. U. Hölscher, Anaximander und der Anfang der Philosophie, in: Ders., Anfängliches Fragen. Studien zur frühen griechischen Philosophie, 1968,9–89.
[6] Vgl. P. Steligmann, The Apeiron of Anaximander. A Study in the Origin and Function of Metaphysical Ideas. 1962. Alle »Dinge«, d. h. alles Seiende entstammt dem »alterslosen«, »todlosen und unzerstörbaren« Apeiron als seinem Woher und kehrt – als Neuzufügung des Wohin – in dieses zurück. Dabei bewirkt die Zeit den das Werden und Vergehen umfassenden Ausgleich. Martin Heidegger schreibt diesem Fragment eine große philosophische Bedeutung zu.
[7] Aristoteles gibt ihm die Epitheta wie »unsterblich«, »unvergänglich«, »ewig«, »alterslos« (Phys. III,4; 203 b 7), um damit auf einen unerschöpflichen Stoffvorrat hinzuweisen.

wollte das leitende Prinzip des Alls ergründen und seine Geheimnisse in eine Tageshelle rücken. Viele Jahre später bringt es Aristophanes in einer seiner Komödien auf den Punkt: »Sie habe Zeus entthront und Vortex (der Wirbel) ist König«. Nun bildet das Apeiron den Ursprung und Erklärungsgrund für das All der Dinge und nicht mehr die im Mythos erzählte Genealogie von Göttergeschlechtern. Das »Unbestimmt-Unbegrenzte« (apeiron) wird Begriff einer Reflexion.[8]

c. Der Logos als das die wahre Erkenntnis begründende Prinzip (Heraklit)

Heraklit (Herakleitos) von Ephesus,[9] um 540–480 v. Chr., ist einer der bekanntesten Vertreter der »ionischen«, vorsokratischen Philosophie, und schon in der Antike der »Dunkle« (skoteinos) genannt, der in seinen verrätselten und paradoxen Sprüchen kunstvoll-aphoristischen Stils, wie der Herr des delphischen Orakels spricht: »Der Herr, dem das Orakel in Delphi gehört, sagt weder noch verbirgt er – er zeigt« (B 93).[10]

Heraklit sieht die Dinge in einem steten Wechsel, die von einem ewigen göttlichen Logos durchwaltet sind, so dass er diese seine, aus seinen Fragmenten zu erschließende Weltsicht, in dem suggestiven »Alles fließt« (pánta rhei) zusammenfasst.[11] Homer, der Dichter der griechischen Frühe, »solle aus den Listen gestrichen und gepeitscht werden«, weil er gesagt hatte: »Die Zwietracht unter Göttern und Menschen möge ein Ende finden!«. Gerade der Streit ist für Heraklit das Salz der Welt und der die Handlungen der Menschen antreibende Stachel. Mit seinen Paradoxien zwingt er die Menschen in seine Logos-Vorstellung hinein, jene Struktur und Gesetzmäßigkeit des Weltprozesses, die das Geschehen in der Welt auf einsehbare Weise durchwaltet. Auf den Logos sollen die Menschen hören, damit sie die Welt begreifen (DK 22 B 1). Jeder Mensch kann von sich aus den Zugang zu dieser »gemeinsamen« Ordnung des Kosmos finden, denn »der Seele ist der Logos zu eigen, der sich selbst mehrt«. Ihm erschließt sich das Sein als Einheit im Widersprüchlichen, so dass das Göttlich-Eine, All-Weise, sich als allumfassende Macht des Ursprungs erweist: »Gott: Tag, Nacht, Winter,

---

[8] Vgl. B. Münz, Die Keime der Erkenntnis-Theorie in der vorsophistischen Periode der griechischen Philosophie, 1880; W. Feytag, Die Entwicklung der griechischen Erkenntnis-Theorie bis Aristoteles, 1905; F. v. Kutschera, Grundfragen der Erkenntnistheorie, 1982; H. Schnädelbach, Erkenntnistheorie zur Einführung, 2002.
[9] M. Marcovich (Hg.), Heraclitus. Greek Text with a Short Commentary, 1967.
[10] B. Snell, Die Sprache Heraklits, in: Herm 61 (1926) 353–381.
[11] Ch. Kahn, Rhe Art and Thought of Heraclitus, 1979; H. Fränkel, Eine heraklitische Denkform, in: Ders., Wege und Formen, 1955, 253–283; U. Hölscher, Heraklit zwischen Tradition und Aufklärung, in: Ders., Das nächste Fremde, 1994, 149–174; R. Dilcher, Studies in Heraclitus, 1995.

Sommer, Krieg, Frieden, Sattheit, Hunger. Er wandelt sich wie das Feuer, das, wenn es mit Räucherwerk vermengt wird, nach dem Duft eines jeglichen heißt.«[12] In drei Grundsymbolen illustriert Heraklit dieses Rätselverhältnis, und zwar im Feuer, das lebt, indem es sich zerstört, Umwandlungsmoment des Weltprozesses, dann im »Fluß«, dem Inbegriff des Immer-Gleichen und Immer-Sichwandelnden (Goethe »Dauer im Wechsel«) und zuletzt im Bild des »Krieges«, des »aller Wesen Vater« (Frg. 53). Alles kosmische Geschehen ist ein immerwährendes Spiel, das kein Ende kennt und das Heraklit mit dem Bild eines Kindes deutet, welches Brettsteine hin und her schiebt: »einem Kind gehört die königliche Gewalt« (B 52). Der Logos bestimmt alles Geschehen (B 1) und ist das allen gemeinsame und alles einende Prinzip (B 2; B 50). Zugleich begründet er als das der menschlichen Seele zueigene Prinzip auch die wahre Erkenntnis (B 72; B 115) und gibt der Seele ihre Tiefe (B 45). So ermöglicht er ihr jenes Denken, das im Durchgang durch das Viele das eine harmonische Gesetz der Kosmosordnung finden und artikulieren kann. Als onto-logisches Prinzip ist er für alle Wesen ihr selbiges Seinsgesetz mit dem ständigen Ausgleich von Werden und Vergehen, Hinauf und Hinab, von Anwesenheit und Abwesenheit. Alles Geschehen wird in Gegensätzen gedacht als Auseinanderstrebendes und zugleich sich wieder schön Fügendes (B 8), im Bild des Pfeil-Bogens als Attribut der Leto-Zwillinge Apollon und Artemis, der zugleich Leben ist und den Tod bringt; die Einheit als »gegenstrebige Vereinigung wie die des Bogens und der Leier« (B 51).

Zusammenfassend lässt sich sagen: Heraklit, der Philosoph des Logos, führt die vielheitliche Struktur der seienden oder geschehenden Dinge auf eine sinngebende, ordnende und einigende Gesetzlichkeit, den Logos, zurück,[13] und vermerkt kritisch: »Sie verstehen nicht, wie das Unstimmige mit sich übereinstimmt: widerstrebige Fügung, wie beim Bogen die Leier«.[14] Die seienden Dinge in ihrem Auf und Ab sind nur durch gegensätzliche Fügungen (syllapseis): »Ganzes und Nicht-Ganzes, Einträchtig-Zweiträchtiges, Einstimmend-Mißstimmendes, und aus allem Eins und aus Einem Alles«.[15] Alles in sich Gegensätzliche ist Eines vom einigenden Grund, dem Logos her, so dass das Einzelne nicht abstrakt ist, sonder ein und dasselbe Geschehen oder ein Sein, das in das Andere umschlägt[16] und nicht ohne das Andere sein kann: »Wachen-Schlafen, Leben-Tod, Tag-Nacht, Winter-Som-

---

[12] »Wendungen« des Feuers sind Meer, Erde, Glutwind (DK 28 B 30. B 31). K. Reinhardt, Heraklits Lehre vom Feuer, in: Herm 77 (1942) 1–27; 225–248; jetzt in: K. R., Vermächtnis der Antike, 1960, 41–71; 72–97.
[13] Heraklit, VS B 1.114; B 8,54.
[14] B 51
[15] B 10
[16] B 88

mer«, der »Weg hinauf und hinab«. Nur im ihrem »Zusammen« sind sie das Ganze, wie es die Metapher vom »Fluss« auf das universale Ineins von Dauer und Bewegung verweist: der ganze Fluss bleibt im zeitmäßig sich Vollziehenden er selbst und sich identisch.[17]

Bei Heraklit bahnt sich ein Wandel im Verhältnis der Menschen zu den Göttern an, jener Schritt von der archaischen Frömmigkeit, die die Gottheit mit seiner Darstellung identifizierte, hin zu einem bildlichen »Weihegeschenk« (agalma), zu dem die Menschen beten, das aber nicht die Gottheit selbst ist, so dass in solcher neuen Auffassung analogisches Denken seinen Grund hat.[18]

d. »Was ist, das ist«: das Reich der Unveränderlichkeit (Parmenides)

Wie eine antike »cartesianische« Frage fragt Parmenides von Elea (um 515/510 – nach 450 v. Chr.) nach einem unumstößlichen fundamentalen und unleugbaren Ausgangspunkt und gibt die Antwort: »etwas ist«: das Sein ist, es ist schlechthin, ésti gàr eînai. Daraus zieht er die Konsequenz, dass das Urteil der wahrnehmenden Sinne fraglich ist und allein die Vernunft Zuverlässiges bietet.[19] Damit eröffnet er den Weg zu jenem Idealismus, der in Platon seinen sprachgewaltigen Dichterphilosophen finden wird. Goethe charakterisiert Platons Bedeutung für die abendländische Geisteskultur mit den Worten: »Platon verhält sich zur Welt wie ein seliger Geist, dem es beliebt, einige Zeit auf ihr zu herbergen. Es ist ihm nicht sowohl darum zu tun, sie kennenzulernen, weil er sie schon voraussetzt, als ihr dasjenige, was er mitbringt und was ihr so nottut, freundlich mitzuteilen. Er dringt in die Tiefen, mehr um sie mit seinem Wesen auszufüllen, als um sie zu erforschen. Er bewegt sich nach der Höhe, mit Sehnsucht, seines Ursprungs wieder teilhaftig zu werden. Alles, was er äußert, bezieht sich auf ein ewig Ganzes, Gutes, Wahres, Schönes, dessen Förderung er in jedem Busen aufzuregen strebt«. So hat ihn auch Raffael in seiner »Schule von Athen« gemalt mit einer zum Himmel weisenden Hand. Der aus dem kleinasiatischen Kolophon nach Elea in Unteritalien übersiedelte Xenophanes (um 565–470 v. Chr.) mit seinem bekannten Vorbehalt gegenüber jeder menschlichen Erkenntnis (»Das Genaue freilich erblickt kein Mensch ... Scheinmeinen haftet an allem«; Frg.

---

[17] B 12.49a. 91; vgl. G. S. Kirk, The cosmic fragments, ³1970, 376 ff.
[18] Vgl. E. Jüngel, Zum Ursprung der Analogie bei Parmenides und Heraklit, 1962.
[19] Vgl. E. Heitsch, Parmenides. Die Fragmente, ²1991; A. H. Coxon, The fragments of Parmenides, 1986; U. Hölscher, Parmenides. Vom Wesen des Seienden, 1969; H. Fränkel, Parmenidesstudien, in: Ders., Wege und Formen frühgriechischen Denkens, 1968, 157–197; K. Held, Heraklit, Parmenides und der Anfang der Philosophie und Wissenschaft, 1980.

B. 34 D.-K.) ist der Begründer, Parmenides der Vollender der eleatischen Philosophie.[20]

Der Weg des Parmenides ist der Weg zum »es ist« als Wirklichkeit des Ganzen. Dieses sein »Was ist, ist«, begründet Parmenides näher, indem er das Woher als unbeantwortbar fasst, denn es könne nicht aus dem Nichtseienden entstehen. Zum Wie des sich Entfaltenden aber müsse ein Prinzip der Entfaltung hinzutreten, ein »Bedürfnis«. Sein »Lehrgedicht«: »Über die Natur« (Peri physeôs), in 150 Hexametern enthalten, macht zum ersten Mal in der Geschichte der Philosophie die Frage nach der wahren Erkenntnis zum Thema und handelt von dem Weg des Denkens, der dahin führt.[21] Die Reflexion, die mit einer visionären Anrufung der Töchter der Sonne einsetzt, die den Denker aus der Dunkelheit zum Licht der Erkenntnis führen sollen, wird an einen die Menschenwelt transzendierenden Ort geführt, d. h. außerhalb der üblichen Denkweise der Menschen. Eine Göttin enthüllt das »Herz« der Wahrheit, d. h. die Wahrheit über die Wahrheit und Unwahrheit mit den Worten: »Nun sollst du alles erfahren, sowohl der wohlgerundeten Wahrheit (alêtheiê) unerschütterlich Herz wie auch der Sterblichen Schein-Meinungen (doxai), denen nicht innewohnt wahre Gewissheit« (B 1,28 ff.). Diese Wahrheit besteht darin, dass das Denken sich auf eine Bejahung bezieht, nämlich, dass nur »Sein« »ist« (B 8,2; b 6,1), oder auf eine transzendentale Verneinung (B 4,5), »Nichtsein« aber und »Sowohl Sein als auch Nichtsein« »nicht ist«; denn das »Sein«, das als einziges »ist«, ist »ungeworden und unvergänglich, ganzleibig, unerschütterlich, unbegrenzt, ohne ›war‹ und ›wird sein‹, nur als ›ist jetzt‹ allzugleich, eins, zusammenhängend« (B 8,3 ff., Ü. Fränkel). Menschliche Arten der Erkenntnis sind Schein-Meinungen, die sich auf eine Mischung beider Prinzipien gründen, die Parmeni-

---

[20] In seinem um 500 v. Chr. in Hexameterversen verfassten philosophischen »Lehrgedichte« mit dem nichtauthentischen Titel »Über die Natur« (Peri physeôs) stellt er philosophisches Denken in das kühle Licht der Morgendämmerung. Hegel sieht in diesem Markstein des Denkens den eigentlichen Anfang der Philosophie mit all den logischen, ontologischen und kosmologischen Aussagen über Ruhe und Bewegung, Einheit und Mannigfaltigkeit, Grenze und Raum, Licht und Dunkel samt dem moralisch-ethischen Angelpunkt der »Dike«, des Rechts und Gesetzes.
[21] Vgl. K. Bormann, Parmenides, 1971, 1–21.90 ff.; E. Heitsch, Parmenides und die Anfänge der Erkenntniskritik und Logik, 1979, 90 ff.; H. Kahn, The Greek verb ›to be‹ and the concept of being, in: Found. Language 2 (1966) 245–265; N.-L Cordeo, Les deux chemins de Parménide, 1984, 73 ff.; O. Gigon, Der Ursprung der griechischen Philosophie. Von Hesiod bis Parmenides, 1945, 244–289; W. Jaeger, Die Theologie der frühen griechischen Denker, ²1964; H. Schwabl, Sein und Doxa bei Parmenides, in: Um die Begriffswelt der Vorsokratiker (Hg. H.-G. Gadamer), 1968, 391–422; K. Deichgräber, Parmenides' Auffahrt zur Göttin des Rechts, in: Abh. d. Ak. d. Wiss. u. Lit., Mainz 1958, Nr. 11; J. Mansfeld, die Offenbarung des Parmenides und die menschliche Welt, 1964; K. Reinhardt, Parmenides und die Geschichte der griechischen Philosophie, ³1977; V. Songe-Möller, Zwiefältige Wahrheit und zeitliches Sein. Eine Interpretation des parmenidischen Gedichts, 1980.

des »Licht« und »Nacht« nennt (B 8,53–60). Sofern das Erkennen Wahrheit enthält, gründet es auf der apriorischen Bejahung des »ist«. Diese ist getragen von dem transzendentalen Bezug auf das unveränderliche und notwendige »ist«. Sind die Dinge (ta eónta) vielfältig, veränderbar entstanden und vergänglich, so ist das, was »ist«, notwendig unentstanden und unvergänglich, Eines und in sich nicht Unterschiedenes (B 2; B 8). Parmenides geht es um das vertrauensvolle, dem Sein zugehörende und dem Sein entsprechende denkende Vernehmen (noein) mit der Überzeugung: »Denn dasselbe ist Denken und Sein« (B 3). Alles steht in einem homogenen Zusammenhang. Das Sein in seiner Präsenzweise enthüllt sich dem vernehmenden »nus«.[22]

In der zweiten Hälfte seines Lehrgedichts zeigt Parmenides, dass die Menschen sich mit ihren Wahrnehmungen eine Scheinwelt schaffen, indem sie die beiden Urpotenzen »Licht« und »Nacht« als einander ausschließende und sich negierende Polaritäten begreifen und nicht als die beiden Seiten der einen Wirklichkeit. Sie »benennen« das Seiende in seiner polaren Entgegensetzung und schaffen sich so eine Pseudowirklichkeit, die Zweiheit des Scheins. Die Abwägung der Wahrheit-Schein-Problematik führt den Dichterphilosophen in die Frage sprachlicher Äußerung mit den Benennungen und den Begriffen, die Akte der Setzung der Sterblichen sind und demgemäß auch der Veränderung unterworfen. Damit reichen sie wesentlich in die Sphäre der Relativität des Doxa-Scheins. Diesem Dilemma sucht Parmenides zu entgehen, dass er seine Philosophie in einer göttlichen Kundgabe verankert und so seine Lehre in einen theologischen Horizont stellt, denn von »oben« belehrt, wird seine Wahrheit zur »wahren« Wahrheit. Weil alles »Sprache« und so Aufsplitterung der Einheit ist, so auch die Vermehrung der Vielzahl durch die Zweiheit der Geschlechter, die »todgeweihte Geburt und Mischung« des Männlichen mit dem Weiblichen (B 12), bedingt durch den Eros, den Gott der Liebe und des Todes, der alle Formen der Vergänglichkeit mitbewirkt. Cicero zählt sie in seiner Schrift »De natura deorum« (I, 11,28) auf als Krieg, Zwietracht, Begehren, Krankheit, Schlaf, Vergessen und Alter.

Dachte Anaximandros von Milet von einem »unvergänglichen« Urgrund als Ursache alles Seienden her, »Apeiron« genannt, dem alles einzeln Seiende seinen Ursprung verdankt, so denkt Empedokles zu diesem ein dynamisch-antreibendes Moment hinzu, »Liebe« und »Streit«. Sie sind für ihn zentrale Wirkkräfte, die sich wechselseitig bedingen und ihre Herrschaft ausüben. Zwei der menschlichen Lebenserfahrung entlehnten Begriffe werden der

---

[22] Vgl. »Das Geheimnis der goldenen Blume«. Das höchste Prinzip der Wirklichkeit ist TAO, das Eine, das keinerlei Formen wie Namen hat. Es ist Ursprung von zwei untergeordneten Prinzipien, Licht und Dunkelheit, Yang und Yin, die nur in der Erscheinungswelt wirken.

spekulativen Phantasie dienstbar gemacht und als aufbauende und zerstörende Potenzen in den Weltprozess eingezeichnet

e. »Liebe« und »Streit« als kosmogonische Mächte in der »Kontrastphilosophie« des Empedokles

Empedokles aus Akragas (um 490–430 v. Chr.) in Sizilien, Philosoph, Dichter, Arzt und eine mystisch-dunkle Prophetengestalt, war bereits zu Lebzeiten eine Legende, die in selbstbewusster Religiosität sich selbst als Herdgenosse und Tischgefährte der Himmlischen verstand (Frg. 146–147). Als er lehrend und heilend durch die Peloponnes wanderte, schreibt er in seinem Poem »Reinigungen« (Katharmoi) von sich, dass alle ihn ehren und ihm »Pänien ums Haupt und grünende Kränze« flechten:

»… Sie ziehen mit mir, unzählige, fragend,
wo doch ein Pfad zu Heil und Gewinn den Menschen geleite.
Sehersprüche bedürfen die einen, die anderen begehren,
heilungbringendes Wort in mancherlei Krankheit zu hören,
lange bereits von schlimmen Schmerzen durchbohrt in der Seele.« (Frg. 112)

Diese Verse am Anfang seiner »Katharmoi« sind in einen Zeithorizont hineingeschrieben, als Aischylos, der Begründer der attischen Tragödie, bereits tot war, und der zweite große Tragiker, Sophokles, im Theater seine Erfolge feierte, und Athen, nach dem Salamis-Sieg über die Perser, sich im heimatlich-vaterländischen Geiste sonnte. Empedokles verkündete in prophetischer Manier, was die Menschen glauben sollen und wie ihr Leben herabgesunken sei, da sie »Anderen Leben … rauben und edle Glieder … essen« (Frg. 128), ohne um ihren Essensfrevel zu wissen, wenn sie Tiere schlachten zu Opfer und Verzehr – in denen nach der Seelenwanderungslehre doch das göttliche Wesen eines anderen Menschen verborgen sein kann. Diogenes Laertios hatte in seinem Kompendium über das Leben und die Meinung der frühen griechischen Philosophen dem Empedokles ein Denkmal gesetzt und dessen Tod mit dem Sturz in den feuerspeienden Ätna umrätselt, als er von einer mächtigen Stimme in den Würdebereich des Göttlichen gerufen wurde. Mit der Entrückungssage, seinem Sprung in den Krater des Vulkans, sollte er als Heros legitimiert werden[23]. Für Empedokles hänge alles mit allem zusammen und stehe in Beziehung zueinander, umfangen von der Zoogonie der Liebe. Diesen priesterlich auftretenden Philosophen aus Akragas, der großen griechischen Gründung an der Südküste Siziliens, umhüllte immer schon die Aura einer enthusiastischen Mystik und eines propheti-

---

[23] Diogenes Laertios 8, 69; Lukian, dial. mort. 20,4.

schen Sendungsbewusstseins, mit dem er seine Zeitgenossen zur Umkehr und zur Sühne rief. Mit seinem Anspruch auf Göttlichkeit ahmte er die Selbstoffenbarung des Hermes gegenüber Priamos nach, wie dies Homer im 24. Gesang der Ilias (V. 460) schildert und wie den Verstorbenen der in die Mysterienkulte Eingeweihten auf den »Goldblättchen von Thurioi« Persephones Gruß gilt: »Du gesegneter und glücklich zu preisender! Anstelle eines Sterblichen wirst du ein Gott sein!«[24] In seinem »Reinigungslied« sagt er von sich: »Heilige Binden und blühende Kränze umgeben das Haupt mir«.[25]

Empedokles, der zwischen zwei Denkweisen, der des Heraklit und der des Parmenides zu vermitteln sucht, stellt sich mit seinem kosmologisch-physikalischem Lehrgedicht »Über die Natur« (Peri physeôs), zwischen 460 und 450 v. Chr. entstanden, an den Anfang einer neuen Phase der Entfaltung griechischen Denkens. Dieses sein in daktylischen Hexametern verfasste Werk ist nur fragmentarisch überliefert. Geht der älteste Pythagoreismus von der göttlichen Zahl »Eins« noch aus und durchkreuzt so den dualistischen Ansatz, so statuiert der sizilianische und »abtrünnige« Pythagoreer Empedokles von Akragas ein duales System. Für ihn sind die zentralen Wirkkräfte in ihrer wechselseitigen und sich bedingenden Herrschaft »Liebe« (philotês, philia) und »Streit« (neikos). Diese beiden, der Erfahrung des menschlichen Lebens entlehnten Begriffe, macht er seiner spekulativen Phantasie dienstbar und zeichnet sie als aufbauende und zerstörende Potenzen, als ein Außen und ein Innen, in den Weltprozess ein. Der Liebe als das alles aufbauende Prinzip und als eine die dynamische Harmonie schaffende Kraft hat den zerstörenden Streit zur Seite. Ist Liebe das generative und die Dinge zusammenbringende Kraft, so der Streit die trennende und zerstörende. Alles steht im Wirbel der Mischung und Wechselwirkung, woraus sich die qualitativen Unterschiede ergeben. Empedokles transformiert so die numinose mythische Erfahrung der Wirklichkeit in die nominale Bestimmtheit durch die beiden Begriffe »Liebe und Streit« und sucht so Wirklichkeit deutend verstehbar zu machen. Ein Weltgeschehen wird in ein Geschehen der Moralität übergeführt und Naturursachen sittlich bestimmt. Beide Begriffe dienen der Selbstexplikation und zwar als treibende elementare Kräfte, die »Liebe« als Impuls der Verbindung alles Geschiedenen, und der »Streit« als trennendes Element. Sie sind die seinsstiftenden Wirkkräfte im »Sphairos«, dem »göttlichen Ball« der Welt. Mit diesen ins kosmische Spiel gewendeten ethischen Gedanken der Liebe und des Streits, der Anziehung und der Abstoßung, greift Empedokles einen dualistischen Keim auf[26] und das mythi-

---

[24] Inscriptiones Graecae² XIV, 641, 1 (Zeile 10), DK 1 B 18 (= A1 Zuntz).
[25] Frg. 112, Diog. Laert. VIII, 62, Zeile 5.
[26] Aristoteles, Metaphysik I, 4, 985a 1–10; vgl. Physik, VIII, 1, 252a.

sche Lehrgedicht Hesiods zurück und mit diesem auf die Herkunftsfrage der Welt, die »ti hê archê«-Frage, aber so, dass er das mythische Gewand abstreift. In der »imitatio« der Theogonie schafft er mit seinem Lehrgedicht, das mit dem Allerweltstitel »Über die Natur« (Peri physeôs) übertitelt ist, ein philosophisches Weltgedicht.[27] Der im hesiodischen Mythos präformierte Eros als konstitutives genealogisches Prinzip und Erfassen der Wirklichkeit aus dem Agens- und Agon-Motiv der handelnden Götter, kommt bei Empedokles durch die beiden konstituierenden Prinzipien »Liebe« (philia) und »Streit« (neikos) zur Geltung. Bei der Frage nach der Realität der Seinssetzung wird nach dem Bleibenden in aller Veränderung und Bewegung gefragt. Zu den vier Urelementen »Erde, Wasser, Luft, Feuer« als der materialen Seinsbasis der Kosmosordnung, Empedokles nennt sie »Wurzeln von Allem« (pantôn rhizômata)[28], tritt mit »Liebe und Streit« das »kinetische« Moment hinzu. Diese beiden Grundkräfte in ihrem sich ergänzenden Widerspiel konstituieren das Sein, wobei die »Liebe« die Dinge zusammenbringt und vereint, der »Streit« aber sie trennt und zerstört (Frg. B 6; B 23; B 38; B 71; B 109; B 20; B 35; B 36; B 109). Durch sie, die immer schon seienden und unvergänglichen[29] ist Seiendes »von Anfang an« als Plural gedacht, d. h. vielheitlich strukturiert. Zwei Grundprinzipien sind es, die diese vier Urgegensätze immerfort »mischen« (krêsis, mixis)[30] und »trennen« (diatémnein)[31], damit sich Neues bildet. Dabei wird Mischung nicht als Anhäufung und Vermengung von bloß Materiellem verstanden, sondern als Verschmelzung von Keimkräften, aus denen ein Neues wird. In diesem kreishaften Wechsel hebt »Liebe« immer wieder durch Verbindung das Organische und Unorganische »in eine Geordnetheit« (eis hena kósmon)[32] auf.

Empedokles denkt das Werden und Sein der Welt agonal, und macht dieses Erfahrungsmuster und den Grundtatbestand menschlichen Daseins zur Grundlage seines Weltmodells, wonach sich der Kosmos organisiert. Beide anthropologischen Begriffe gewinnen so eine philosophische Relevanz und Ontologisierung. Die Streitmetapher war schon in der Ilias Homers unter der mythologischen Personifikation der Eris, der Göttin des Streits, gegen-

---

[27] Vgl. F. Solmsen, Love and Strife in Empedokles' Cosmology, in: Studies in Presocratic Philosophy, Hg. R. E. Allen/D. J. Fruley, Bd. 2, 1975, 221–264; J. C. Lüth, Die Struktur der Wirklichkeit im Empedokleischen System »Über die Natur«, 1970; B. Inwood, The poem of Empedocles, 1992; G. Zuntz, Persephone, 1971, 181–274; J. Bollack, Empédocle, 4 Bde., 1965–1969.
[28] Empedokles, VS B 6,1.
[29] Ders., B 12.
[30] Ders., B 21,14.
[31] Ders., B 20,4.
[32] Ders., B 26,5; vgl. G. Martano, Contrarietà e dialettica nel pensiero antico, 1972, 137 ff.

I Eros: Auf dem Weg zur Erkenntnis

wärtig, der Schwester und Gefährtin des »männermordenden Ares«. Von ihr singt der Dichter:

»*Noch klein und erhebt sich kaum, doch in Bälde*
Stemmt sie gegen den Himmel das Haupt und geht auf die Erde.
Jetzt auch säte sie leidigen Streit (neikos) inmitten der Scharen.
Schritt durchs Schlachtengewühl und mehrte das Ächzen der Männer.«[33]

Die beiden treibenden Kräfte des menschlichen Daseins werden bei Empedokles zu Fundamentalkategorien des kosmischen Prozesses, wie schon Heraklit den Krieg (polemos) zum »Vater aller Dinge« erklärt (VS 22 B 53). Die beiden funktional verstandenen Begriffe, die das Weltgeschehen als Streit- und Liebesgeschehen zu begreifen suchen, sind im Sinne Hans Blumenbergs als »absolute Metaphern« zu sehen.[34] So sind dem Werdeprozess zwei Potenzen eingezeichnet, wodurch das Ganze neben seiner Außendimension eine Innendimension erhält. Beide üben ihre wechselseitige Herrschaft aus in Aufbau und Aufhebung, Anziehung und Abstoßung, Werden und Vergehen, Bewegung und Transformation.

Das Prinzip »Liebe« – zu einer demiurgischen Ätiologie gesteigert (»demiurgêsthes«) – ist eine schöpferisch dynamische und teleologische Kraft, – nach dem Strassburger Empedoklespapyrus (P. Sterassb. Gr. 1665–1666) expansiv und zyklisch (vgl. DK 31 B 35,3–5), – wonach in den Zeitphasen Lebewesen entstehen, und in einer Art biologischer Anthropologie, auch das Zusammenleben der Menschen in Harmonie und zu Kultdiensten getragen wird.

Der gegensätzliche Pol ist der »Streit«, die destruktive Macht, die trennende Potenz und so die in das Geschehen eingezeichnete Negation, die zugleich ihre Überwindung in der Liebe erfährt zu neuem Entstehen. Immer wieder mischen sich die vier Elemente zu allen nur erdenklichen Formen und Verhältnissen, so dass sich der Dichterphilosoph schwelgerisch diesem Lebendigen hin wendet, umfangen von dem Einen, das reiner Geist ist, ungeboren und unsterblich, aber alles mit seinem eigenen Gedanken umfassend, dieses Eine, das Empedokles nicht er-findet, sondern als das Prä-Existente ent-deckt. In seinem Weltmodell ist der Mensch nichts weiteres als ein »Spezialfall des Universums« (H. Munding) innerhalb der als Gott »Sphairos« gedachten Welt, zur Empfindung des thaumázein berufen, zur Achtung und zum Staunen.

---

[33] Homer, Ilias 4,441–445; siehe auch 5,518 und 20,48.
[34] Vgl. H. Blumenberg, Paradigmen zu einer Metaphorologie, 1999; erst. 1960, 12 f. Plutarch, De Iside et Osiride, 48.

f. Friedrich Hölderlins Epopoie auf Empedokles

Friedrich Hölderlin (1770–1843), neben Goethe und Schiller der dritte große Bewahrer des klassischen Urbilds, der an seiner unbedingten Forderung des »Reinen« zerbrach, schreibt in seinem Briefroman »Hyperion« die Spiegelung seiner inneren Sehnsucht nieder, »eins zu sein mit allem, was lebt« und erschüttert zu sein vom »ungeheuren Streben, alles zu sein«. Im ersten Teil des zweiten Buchs erhält er von Diotima den Auftrag: »Du musst erleuchten, wie Apoll, sonst bist du deines Himmels nicht wert!«, und: »Du wirst Erzieher unseres Volkes«. Dem priesterlich auftretenden Philosophen aus Akragas hat er in seinem Tragödienfragment »Der Tod des Empedokles« – zwischen 1797–1800 entstanden – ein Denkmal gesetzt und ihn als »Todfeind aller einseitigen Existenz« konzipiert, der durch seinen Sprung in das Feuer des Ätna die Götter durch den »reinigenden Tod« versöhnen will.[35]

Mit den drei Fassungen seiner Empedokles-Dichtung betritt Hölderlin die tragische Bühne und sieht in dem sizilianischen Dichterphilosophen und dessen Opfertod, sein eigenes Schicksal spiegeln. Dem harmonisch mit der höheren Ordnung der »großen Natur« lebenden Empedokles steht das unmündige Volk von Agrigent mit all seiner »menschlichen Dürftigkeit« gegenüber. Er sucht ihnen »die Augen auf zur göttlichen Natur« zu heben »wie Neugeborenen«, um ihnen das Bewusstsein jenes harmonischen Zusammenhangs mit allem Seienden zu geben, das er in das Bild des »Gott in uns« oder der »göttlichen Natur« fasst. Der Konflikt der Erstfassung wird aus einem Frevel heraus entwickelt: Empedokles, ein Gott-ähnlicher Mensch, ein »furchtbar-allwandelnd Wesen!« nennt sich selbst Gott: »ich allein war Gott und sprachs im frechen Stolz heraus«. Mit dieser frevelhaften Hybris hat er sich seiner göttlichen Einfalt beraubt. Es trifft ihn der Bannspruch des Priesters und er entschließt sich zum »reinigenden Tod«. Zugleich aber will er auch die zwischen ihm und dem Volk zerstörte göttliche Einheit wieder herstellen als »Gegenwart des Reinen«.

Mit den Schlussworten zweier Schüler wird der sühnende Opfertod des Empedokles ins Unendliche geweitet:

Panthea: »*Denn einmal bedurften*
Wir Blinden des Wunders.«
Pausanias: »*Groß ist die Gottheit*
und der Geopferte groß.«

In dieser Selbsthingabe in den Tod als Reinigung und als Wiederherstellung der Trennung zwischen Lehrer und Volk, wird die göttliche Harmonie und

---

[35] Vgl. W. Kranz, Euripides. Antike Gestalt und romantische Neuschöpfung, 1949; J. Hoffmeister, Hölderlins Empedokles, 1963.

I Eros: Auf dem Weg zur Erkenntnis

Einheit wieder gestiftet. Die dritte Fassung Hölderlins ergänzt die erste und führt sie zur tragischen Größe des Selbstopfers. Der Neuansatz der dritten Fassung »Empedokles auf dem Ätna« ist bestimmt vom Todesbeschluss des Verbannten, aber innerlich Freigewordenen:

»Es sprechen, wenn ich ferne bin, statt meiner
Des Himmels Blumen, blühendes Gestirn
Und die der Erde tausendfach entkeimen,
Die göttlich gegenwärtige Natur
Bedarf der Rede nicht ...«

Und so soll sein Tod Zeichen für ein Neues sein:

»Oft schläft, wie edles Samenkorn,
Das Herz der Sterblichen in todter Schale,
Bis ihre Zeit gekommen ist,
Bis sie des engen Treibens müde sind,
Und sich die Brust, in ihrer kalten Fremde,
Wie Niobe, gefangen, und der Geist
Sich kräftiger denn alle Sage fühlt,
Und seines Ursprungs eingedenk das Leben,
Lebendge Schöne, sucht, und gerne sich
Entfaltet an der Gegenwart des Reinen ...«
... sie sind's!
Die langentbehrten, die lebendigen,
Die guten Götter.«

Die als »Götter« chiffrierte Wirklichkeit ist das Bewusstsein um jenes Göttliche im Menschen, dem »Gott in uns!«, oder die Teilhabe an der »göttlichen Natur«, jene ursprunghafte Anteilhabe an dem »Einen, in sich Unterschiedenen«, das der Dichterphilosoph vermitteln will.

»Denn wo ein Land ersterben soll, da wählt
Der Geist noch einen sich am End, durch den
Sein Schwanengesang, das letzte Leben tönet«.

Es gilt für den Dichterphilosophen:

»Es muß beizeiten weg, durch den der Geist geredet«.

Und vor dem Sturz in den Ätna beschreibt Hölderlin sein Anliegen, die liebende Verwandlung der Welt:

»... denn ich
Geselle das Fremde,
Das Unbekannte nennet mein Wort,
Und die Liebe der Lebenden trag'
Ich auf und nieder; was einem gebricht
Ich bring es vom andren und binde
Beseelend und wandle

I Eros: Auf dem Weg zur Erkenntnis

Verjüngt die zögernde Welt
Und gleiche keinem und Allen«.

Auf dem Weg zu seinem Opfer tritt der greise Ägypter Manes, sein früherer Lehrer, Empedokles entgegen, um seine Seele auf die Waage der Prüfung zu legen und ihn vor der »schwarzen Sünde«, der Todeslust, zu warnen. So ziemt es nur einem, »der Götter und Menschen aussöhnt« und sich dem Feuerelement zurückgibt, »damit durch seine eigene Hand dem Reinen das Notwendige geschehe«. Der Geprüfte aber rechtfertigt sich mit seiner Berufung durch den Zeitgeist, »zu enden in freiem Tod, nach göttlichem Gesetz«, um für alle zu sühnen und so als der, der das Reine erfahren, das Göttlich-Eine wieder herzustellen.[36] Sein Schwanenlied vor dem Sprung ist in die Worte gefasst:

»... O Ende meiner Zeit.
O Geist, der uns erzog, der du geheim
Am hellen Tag und in der Wolke waltest,
Und du, o Licht! Und du, du Mutter Erde!
Hier bin ich ruhig, denn es wartet mein
Die längstbereitete, die neue Stunde
Nur nicht im Bilde mehr, und nicht, wie sonst,
Bei Sterblichen, im kurzen Glück, ich find,
Im Tod find ich den Lebendigen ...«
(Hölderlin, Empedokles auf dem Ätna, 1. Akt, 3. Szene)

Der Ägyptische Manes nennt ihn zuletzt »den Berufenen, der tötet und belebt«, und durch den »eine neue Welt sich in sich auflöse und erneuere«.[37] Diese dritte Fassung zeichnet Hölderlins Weg zu seinem Spätwerk mit den angedachten Sinndeutungen des Lebens und seinen Widersprüchen, seinen Bedrohungen durch Sinnentleerung und die Zerreißung der lebendigen Bezüge:

»Ein Zeichen sind wir, deutungslos,
Schmerzlos sind wir und haben fast
Die Sprache in der Fremde verloren.« (in: Mnemosyne, 2. Fassung)

Und dagegen setzt er die Hoffnung in der Patmos-Hymne:

»Wo die Gefahr ist, wächst
das Rettende auch«.

---

[36] Vgl. B. von Wiese, Deutsche Tragödien von Lessing bis Hebbel, II, 1948, 103 ff.
[37] Vgl. A. Meetz, Zu Hölderlins Quellen für den »Empedokles«. Empedokles, Porphyrios, Muhammed ash Scharastani, in: Euph. 50 (1956) 388–404; E. Staiger, Der Opfertod von Hölderlins Empedokles, in: Hölderlin-Jahrbuch 13 (1963) 1–20; Ch. Prignitz, Hölderlins »Empedokles«. Die Vision einer erneuerten Gesellschaft und ihre zeitgeschichtlichen Hintergründe, 1985.

Eros in der orphischen Kosmo-Theogonie

a. Exposition

Die religiöse Bewegung der Orphik bildete zum frühgriechischen Weltgefühl als kurzem, im Tatenruhm sich verewigenden Leben, eine religiöse Alternative postmortaler Existenz. Sie borgte sich den Namen des mythischen Sängers Orpheus als Identitätsfigur, der in die Todeswelt des Hades steigt, um seine an einem Schlangenbiss verstorbene Gattin Eurydike durch die psychagogische Macht seines Leierspiels wieder zu gewinnen.[38] Als gottbegnadeter Kitharaspieler und Sänger vermochte er mit seinem Saitenspiel und Gesang Pflanzen und Tiere in Zauberbann zu schlagen, so dass Bäume auf ihn zuwandern[39], Vögel, Waldtiere und Fische sich sammeln[40], um seinem Spiel und Gesang zu lauschen, wilde Tiere zahm werden und neben dem Herdenvieh lagern.[41] Er erweckt eine paradiesische Idylle, kann Stürme sänftigen[42] und Steine in Bewegung setzen.[43] Kraft seiner Musik gelang es ihm auch die unerbittlichen Götter der Hadeswelt umzustimmen, ihm seine geliebte Gattin aus dem Reich ohne Wiederkehr, der sinn- und freudlosen Unterwelt, freizugeben, nachdem er all seinen Liebesschmerz ob der Zerreißung seiner Liebe durch den Tod, in seine Lieder gelegt hatte.[44] Sein Eindringen in das Hadesreich sucht er mit den Worten zu rechtfertigen:

»Tragen wollt ich's und will's nicht leugnen,
dass ich's versucht, doch siegte die Liebe.« (Ovid, Metam. X,25)

Seine Bitte, ihm Eurydike noch einmal ins Leben zurückzugeben, sonst wolle er selbst im Tode bleiben, wird ihm von den Hadesgöttern gewährt, aber unter der Bedingung, auf dem Weg hinauf zum Licht der Erde, sich nicht nach ihr umzuschauen. Um sich aber seiner Geliebten zu versichern, wendet er sich ihr doch aus voller Sehnsucht zu und verliert sie ein zweitesmal und für immer. In seiner Gebrochenheit über die tragische Trennung, entfremdet Orpheus sich seiner Mitwelt immer mehr, und als sich die Mänaden von ihm verschmäht fühlen, töten sie ihn und reißen seinen Körper in Stücke. Damit erleidet er dasselbe Schicksal wie der Gott Dionysos-Zagreus.

---

[38] Vgl. C. M. Bowra, Orpheus and Eurydice, in: The Classical Quaterly 46 (1952) 113–126.
[39] Vgl. Seneca, Herc. Oet. 1052f.
[40] Apollodorus Rhod. 1, 569ff.
[41] Horaz, Carm. 3,11,13; Ovid, Met. 10,143f.
[42] Horaz, Carm. 1,12,10; Seneca, Med. 627; Anth. Pal. 7,8,3.
[43] Euripides, Iph. Aul. 1212; Apollodorus Rhod. 1,26.
[44] Vgl. F. Graf, A poet among Men, in: J. N. Bremmer (Hg.), Interpretations of Greek Mythology, 1988, 80–106.

b. Der kosmogonische Eros: Eros als Kind des Welten-Eies

Die »Orphika«, die zusammenfassende Bezeichnung der Orphischen Literatur und unter dem Namen des mythischen Sängers Orpheus überliefert, sind eine in Hexametern verfasste Dichtung, in denen Weltentstehungslehren und Anthropologien eine zentrale Rolle spielen. In den »Heiligen Reden« (Hieroi lógoi: Frg. 60–235 Kern)[45] in 24 Büchern geht es um »Rhapsodische Theogonie«.[46] Diese sucht, im Wettstreit mit Hesiods »Theogonie«, durch die Aufnahme des phantastischen Ur-Ei-Motivs sie zu übertrumpfen. Hesiods »Theogonie« als Erzählung von der Geburt und Abstammung der Götter, kennt keinen Schöpfer oder Schöpfungsakt. Als Poeta Vates verfasste Hesiod das erste bewusst religiöse literarische Werk der griechischen Literatur. Als göttlich Inspirierter und Wissender verkündet er höchste Wahrheit. Herodot schreibt, er habe neben Homer den Griechen von ihren Göttern und deren Werden und Handeln erzählt.[47] Die »Rhapsodische Theogonie« der Orphik orientiert sich zwar an Hesiod, entwirft aber ihr eigenes charakteristisches Modell, wonach der Urgott der Liebe und des Lichtes (Eros-Phanes) aus einem Ur-Ei entsteht, dem mythisches Hauptsymbol für das Geheimnis des Werdens,[48] für die Entstehung des Lebens, Sinnbild eines geheimnisvollen Vorgangs des Brütens und Aufsprengens der Eierschale durch ein neues junges Leben. Das Bild vom Ei spielt in vielen Kosmogonien eine bedeutende Rolle. Für den orphischen Glauben steht am Anfang aller Dinge nicht das hesiodische »Chaos«, sondern die »Nacht«, die ein Ei gebiert, aus dem ein geflügelter Eros hervorgeht. Eros heißt bei Proklos auch »Phanes«, und wird mit dem kosmogonischen Prinzip des Hesiod gleichgesetzt,[49] und nach Aristophanes (Av. 695 f.) »gebar die dunkel-

---

[45] O. Kern (Hg.), Orphicorum Fragmenta, 1922; Nachdr. 1963; M. P. Nilsson, Opuscula 2 (Lund 1952) 628–683; L. Mounier, Orphèe et l'Orphisme à L'époque classique, 1955.

[46] Ein Bericht über die drei Fasungen der orphischen Theogonie findet sich bei Damaskios aus Damaskus, dem letzten Leiter der Platonischen Akademie in Athen bis zu ihrer Schließung 529 n. Chr., in dessen Schrift »Fragen und Antworten hinsichtlich der ersten Ursachen« (I, 316, 18–319, 11: Ruelle). Vgl. E. R. Dodds, Die Griechen und das Irrationale, 1970, bes. 72–91; W. K. C. Guthrie, Orpheus and Greek Religion, ²1952.

[47] Nach Herodot (II, 53) »empfingen die Griechen die Namen ihrer Götter von den Pelasgern. Ob aber jeder dieser Götter erzeugt war, oder ob sie alle immer gewesen waren oder welche Gestalt sie hatten, das wussten die Griechen nicht bis (sozusagen) ganz vor kurzem; denn die Zeit von Hesiod und Homer liegt nicht mehr als 400 Jahre zurück, und sie sind es, die den Griechen die Abstammung der Götter lehrten, ihnen die Namen gaben, ihnen Ehrungen und Wirkungsbereich zuwiesen und ihre Gestalt beschrieben«. Vgl. F. Schwenn, Die Theogonie Hesiods, 1934.

[48] Vgl. F. Lukas, Das Ei als kosmogonische Vorstellung, in: Zs. d. Vereins f. Volkskunde 4 (1894) 227–243; Im ägyptischen Mythos schwingt sich Re in Vogelgestalt aus dem großen Ei Gebs und Nuts empor und im indischen Mythos kommt Prajâpati aus einem goldenen Ei hervor.

[49] Vgl. Kern, Frg. 74 u. 82, nach Proclus in Plat. Tim. 31a.33d.

beflügelte Nacht (nyx) ein Windei (hypênémion ôon), aus dem ... der ersehnte Eros hervorsprosste«. Das orphische Urei trägt als Beiwort »erstgeboren«[50]: »Phanes geht aus dem erstgeborenen Ei hervor, in dem samenartig das Lebewesen ist, welches Platon Selbstwesen (autozôon) nannte«. Der Neuplatoniker und Haupt der Platonischen Akademie, Proklos (412–485), identifiziert das orphische Ei sogar mit dem platonischen Seienden.[51] Ebenso wie das Weltei trägt auch Phanes-Eros das Beiwort »erstgeboren« (prôtógonos), das dann sein Eigenname wurde.[52] Eros ist die Kraft, die die anfänglichen Elemente beseelt, um daraus Himmel, Okeonos, das Meer, die Erde und dann das Geschlecht der Götter entstehen zu lassen, ein Prozess, der kosmisch-theogonischen Schöpfung, der sich über sechs Generationen erstreckt. Auch Plutarch (45–125 n. Chr.) schreibt nach dem orphischen »hieros logos« dem Ei die Erstgeburt von allem zu und das Ei sei in der Dionysos-Welt Abbild des alles erzeugenden und in sich fassenden Wesens. Die Vorstellung vom orphischen Weltei begegnet in verschiedenen Brechungen in der philosophischen Reflexion, so bei Empedokles, für den der Kosmos einem Ei ähnlich ist. Das orphische »silberne Weltei« wird als befruchtet und den Eros in sich tragend vorgestellt, dem vielfassenden Herzen vergleichbar.[53] In den orphisch-pythagoreischen Lehren war der Verzehr eines Eies ob seiner mythischen Heiligkeit verboten.[54]

Zur orphischen Kosmo-Theogonie gehört die orphische Sicht der Entstehung des Menschen mit seiner tragischen Gebrochenheit, seine Anthropogonie: der Körper (sôma) als Grab (sêma) der Seele und Gefängnis, in dem die Seele ihre Vergehen und Verfehlungen büßt.[55] Daraus wird eine besondere Lebensweise, der »bios orphikós«, gefolgert mit dem Ziel, jegliche Befleckung zu vermeiden. Die bakchischen Mysterien legen den Dionysos- oder Orpheus-Mythos als Referenzmodell zugrunde in performativer Präsentation, um durch Nachahmung (Mimesis) Rettung zu bewirken. Im Mythos von der Zerreißung und Verschlingung des Dionysos durch die Titanen, einem orphischen Zentralmythos, wird die zwiespältige Natur des Menschen erklärt (Frg. 34, Kern). Zeus schleudert einen Blitz uns verbrennt die Titanen zu Asche, um daraus den Menschen zu schaffen, der das Dionysisch-Göttliche und das Titanisch-Erdhaft-Böse in sich trägt.

So enthält auch der 1982 entdeckte Papyrus von Derveni (Mazedonien)

---

[50] Procl. A. a. O. 30c–d = Kern Frg. 79.
[51] Procl. 1, 428,8 (Diehl).
[52] Nach Damasc. princ. 111 = Kern, Frg. 64. Er erhielt das Epitheton »eigeboren« (ôogenês: Orph. hymn. 6,1 f. Qu. = Kern, Frg. 87.
[53] Kern, Frg. 56.
[54] Plutarch, qu.conv. 2,3 (635 e) = Kern Frg. 291. Diog. Laert. 8,33 = Kern, test. 214.
[55] Vgl. Platon, Krat. 400c (00F 8); ferner Empedokles; vgl. dazu R. Parker, Early Orphism, in: A. Powel (Hg.), The Greek World, 1995 498–500. 483–510.

aus der ersten Hälfte des 4. Jh. v. Chr. einen orphischen theogonischen Mythos, der mit der Nacht (nyx) einsetzt und dem »nacht-geborenen Himmel« (10,6), wie auch Aristophanes in seiner »Vogel«-Komödie (V. 693–697) von der Geburt des orphischen »Eies der Nacht« spricht. Thema der am Fest der Dionysien des Jahres 414 v. Chr. aufgeführten Komödie war die Suche nach einer besseren Welt außerhalb der Welt.

Die Neufunde der sog. »Goldblättchen« unterstreichen das soteriologische Motiv der Reinigung samt dem Schlüsselbegriff der Rettung. So hat man in Olbia am Schwarzen Meer Knochenblättchen aus dem 5. Jh. v. Chr. entdeckt, die die orphische Bewegung in einen dionysischen Kult-Zusammenhang rücken.[56] Wegen der Nähe zur pythagoräischen Gedanken- und Frömmigkeitswelt sowie der zum dionysischen Kult, identifizierte schon Herodot (2,81) orphische und bakchische Riten. Und in der Hippolytos-Tragödie des Euripides verwendet Theseus das Verb »bakcheuein«, um von der Durchführung orphischer Riten zu sprechen. Er schilt seinen vermeintlich schuldigen Sohn mit den Worten:

*»Nun tue groß mit Pflanzenkost und frommem Schein,
Spiele den Eingeweihten, der in Orpheus' Dienst
bakchisch den blauen Dunst der geheimen Bücher ehrt.«* (Hipp. 952–955)

Der Vater tadelt seinen Sohn und nennt ihn schwärmerischen Anhänger der orphischen Lehre und Leser ihrer Schriften. Hippolytos ist der der Artemis geweihte Jäger und Verächter der Frauen. Als einer, der das »orphische Leben« (vgl. Platon, Leg. 782c) lebt, ist ihm als Sorge um seine Reinheit diätetisch untersagt, vom Fleisch zu essen. Daher »Nun tue groß mit Pflanzenkost und frommen Schein« (Hipp. 952). Als Orphiker darf der Jäger das erlegte Wild nicht essen und soll für Wildbret Speisen aus Mehl tauschen.

Der Eros der Orphiker hat Flügel, wie alle Seelenwesen und ist der eigentlich Befruchtende vor jeder körperlichen Befruchtung, und auch das geflügelte Urtier, das in jeder Leibesfrucht wieder zum Leben kommt. Aristophanes schilderte ihn als »goldbeflügelten« und er sei, wie die Vögel, einem Ei entschlüpft, dem Ur-Ei der schwarzgeflügelten Nacht und der Winde. Flügel und Winde gehören wesenhaft zusammen und imaginieren etwas, was von allem Anfang ist, ein anfanglos Offenes. Seinswerdung ist ein mythisch-mystischer Vorgang, anfanglos wie die Lehre der Erinnerung dem Wissen, Erinnerung an die transzendente Welt des Ursprungs. Als der »große Daimon«

---

[56] Vgl. R. Seaford, Dionysiac Drama and the Dinysiac Myteries, in: CQ 31 (1981) 252–275; L. Zhmud', Orphism and Graffiti from Olbia, in: Hermes 120 (1992) 159–168; W. Burkert, Orpism and Bacchic mysteries: new evidence and old problems of interpretation, 1977, 1–8; A. Laks / G. Most, Studies on Derveni Papyrus, 1997; Ch. Riedweg, Initiation-Tod-Unterwelt, in: F. Graf (Hg.), Ansichten griechischer Rituale, 1998, 389–498 (Edition der Totenpässe); J. N. Bremmer, The Rise and Fall of the Afterlife, 2002, 11–26.

des Symposions bewirkt Eros sowohl das leibliche wie geistige Entstehen von einem anfanglosen Anfang her. »Der Zeugende gebiert«, schreibt Karl Kerényi[57] »und wer Höheres gebiert, wird durch den gleichen Akt als höheres Wesen wie neu geboren – dank Eros nach Diotima«.

---

[57] K. Kerényi, Humanistische Seelenforschung, 1966, 310.

II
Liebe als einheitsstiftende Macht

1. Eros als der große Dämon (daimon megas)

a. Exposition: Der platonische Sokrates

Von den Versuchen der altgriechischen Philosophie, sich die Wirklichkeit zu deuten, hat es Pythagoras mit dem Modell der Zahlen versucht, Demokrit mit seinem Atommodell und Platon mit seinem Ideenmodell. Diese drei Grundmodelle beeinflussen bis in die europäische Neuzeit hinein die Grundzüge der westlichen Philosophie. So findet das demokritsche Atommodell seine Travestie ins Gegenteil, in die materialistische Wirklichkeitsauffassung, das Zahlenmodell des Pythagoras seine Nachgeschichte im Positivismus, verbunden mit Empirie und Analyse sowie der Evolutionstheorie, und Platons Ideenmodell führt mit seiner Zweiweltenlehre (chorismós) und der Depotenzierung der raumzeitlichen Wirklichkeit gegenüber der transzendenten der Ideen, zum Platonismus verschiedenster philosophischer Strömungen. In dieser platonischen Diastase sind Vernunft und Wirklichkeit auseinandergerissen und die eigentliche Wahrheit von der sinnfälligen realen Welt getrennt.[1] Der ganze Kosmos ist zur sinnlichen Wahrnehmbarkeit des Göttlichen geworden als Abbild eines ewigen Paradigmas und so Manifestation des Göttlichen (Tim29b.92c). In Resp. 509a erfährt das Bild der Sonne als Abbild der ewigen »Idee des Guten« eine Übertragung vom Sinnlichen ins Geistige. Damit wird die sinnliche Welt von der unsinnlichen Welt der Ideen abgehoben und im Sinnlichen Unsinnliches vergegenwärtigt. In dieser gestaltlosen Berührung des Unzugänglichen erfährt die Seele ihre eigene Göttlichkeit und ihr göttliches Woher, denn als dem Göttlichen Nächstverwandte und Ähnliche, ist sie selbst ein Göttliches (Phaid. 80a; Resp. 10, 611e; Leg. 899d). Kraft der am Göttlichen partizipierenden Vernunft vermag sie unmittelbar denkend das ewige Sein zu berühren, was in der Metapher des sonnenhaften Auges zum Ausdruck gebracht wird (helioeidéstaton tou peri tàs aisthêseis organon Rep 6, 508b). Durch Vernunfterkenntnis und

---

[1] Vgl. Platon, Parm. 159b – 160b; Soph. 253 d; H. Meinhardt, Teilhabe bei Platon, 1968.

Umfassung des Bleibend-Ewigen, einem »Ähnlich-Werden dem Gott nach Maßgabe« (Theait. 176b; homoiousthai theô Rep. 613a), vollzieht sich der philosophische Heilsweg der »Reinigung« und so das »reif sein um Sterben« (Phaid. 64aff; 67e) in dieser Zeitlichkeit, auf das unbedingte, wahre und bleibende, von der Vernunft zu ergreifende Gut hin. Alle Formen des Schönen – das kállos in der sinnlichen Erscheinungswelt oder der Welt des Geistig-Ethischen – von der Doppelgestalt des Auges, der äußeren und der inneren ergriffen, ruft das einst vorgeburtlich Geschaute erinnernd hervor (Phaidr. 250b; 250dff.), wobei die Wahrnehmung des Schönen sich selbst auf das Schöne der reinen Formen hin transzendiert und den Blick von den Schattenbildern an der Höhlenwand umwendet, zum Blick zu der Sonne des Ewigen selbst. Der philosophische Katharsis-Weg soll sich als »Abscheiden« (chôrizein: Phaid. 67c) vollziehen, ein Begriff, der in der deutschen Mystik Meister Eckharts als »Abgeschiedenheit« des Menschen neue Bedeutung erhält, der Gott schauen will. Der philosophische »Erotiker« will im Rettungsvorgang aus Raum und Zeit aus seiner »Genesis« ausscheiden um des Bleibend-Ewigen willen.

Sokrates (470/469–399 v. Chr.), der eine neue Art begründet hatte, das Leben zu leben und zu kontemplieren, ist das Paradigma einer Philosophengestalt, die selbst von Fragezeichen umstellt, für die Vergeistigung seiner Mitbürger lebte. Er verkörpert den Dialogcharakter des Denkens. Er wanderte durch die Straße Athens und suchte die Menschen mit sich selbst unzufrieden zu machen, damit sie sich selbst prüfen und fänden, was ihnen fehle. Immer wieder verwickelte er sie mit seinen Fragen: Was ist Tugend? Was ist Gerechtigkeit? Wie sollen Menschen das Leben leben? – in einen geistigen Ringkampf, spielte in scharfsinnigen Diskussionen mit ihnen Katz und Maus und weiß sich als Geburtshelfer für menschliche Gedanken, die auf ihre Stimmigkeit hin einer Prüfung unterzogen werden und sich in ihrer fragenden Verbindlichkeit erweisen müssen. Er stellte sich in den Dienst der an einer Säule im Apollontempel in Delphi angebrachte Forderung: »gnothi sauton« (lateinisch: nosce te ipsum), »Erkenne dich selbst«.[2] Es ist die Aufforderung zur Selbstprüfung, Selbsterkenntnis, richtigen Selbsteinschätzung im Horizont der menschlichen Hinfälligkeit und Allfälligkeit sowie der Grenzen menschlichen Wissens, des Wissens um das Nichtwissen (vgl. Apol. 23b).

Der dunkelhäutige Sokratesschüler Chärophon war einst nach Delphi gepilgert mit der Frage an das Orakel, ob es jemanden gäbe, der weiser sei als Sokrates und kam mit dem entschiedenen »Nein« zurück: Seine Weisheit sei das Wissen um sein Nichtwissen. Als Zuschauer und Prüfer aller Zeiten und

---

[2] Dieser Spruch, der erstmals bei Heraklit (DK 22 B 116; vgl. B 112) belegt ist, wird auf die »lakonische« Spruchweisheit der sog. »Sieben Weisen« zurückgeführt.

aller Existenzen hatte Sokrates einmal von sich selbst gesagt: »Ich bin ein armes Geschöpf mit nur einem Talent: ich kann sofort den Liebenden und den Geliebten erkennen.«

Platon, sein einflussreichster Schüler, zeichnete in seinen Schriften ein Porträt dieses hellen Geistes und seines Charakters und legte auch etwas von sich selbst in dieses Gemälde hinein. Und Cicero sagt in seinen »Tusculanen« (Tusc. disp. V, 4,10), Sokrates habe im Unterschied zur »antiqua philosophia« eines Pythagoras u. a., die Philosophie vom Himmel auf die Erde herabgerufen und sie in den Stuben der Menschen angesiedelt. Die Aufforderung zur Selbstprüfung, zugleich eine Entdeckung des Selbstbewusstseins des Menschen (syneidêsis), steht im Rahmen der »Sorge um die Seele« (epimeleia tês psychês) mit der Frage nach der richtigen Lebensführung und dem guten Leben.[3] So bedeutet Besonnenheit (sophrosyne) für Sokrates »sich selbst erkennen« mit dem Aspekt, »das Seine tun« (Charmides 164d). Das »Seine tun« aber bedeutet »das Gute tun«. »Das Gute tun« aber bedarf einer vernünftigen Rechenschaft. In seiner Apologie stellte Sokrates, wie er dort ausführt, sein Denken »in den Dienst für den Gott« (Apol. 23c); ein Philosophieren, das sich letztlich als Theo-logie erweist. Die Erfahrung der Grenzen begrifflichen Denkens war für ihn zugleich der grundgebende Grund der Ermöglichung des Denkens. So kultivierte er den Primat der Frage, den fragend-sich-entwickelnden Dialog, sowie den Gesprächscharakter des Denkens und der ständigen Prüfung der Gedanken in ihrer Stimmigkeit und Verbindlichkeit. Platon, der vielbegabte athenische Aristokrat, vertauschte, als er zum Schüler des Sokrates wurde, seine Dichtkunst gegen die Philosophie, aber im sublimen Gestaltwandel der nun philosophischen Erscheinungsform des antiken »Dramas« in der Form der Dialoge. Sie spiegeln die Gestalt seines Lehrers Sokrates, der in eine schicksalhafte und kritische Beziehung zum Geiste seiner Zeit getreten ist. Karl Popper sieht in der Elenktik des Sokrates, seiner Prüf- und Widerlegungskunst, das Paradigma einer kritischen Rationalität, die in Gesprächen allem ein Fragezeichen unterlegt, selbst ein Wissender seines Nichtwissens und doch Sieger über seine Mitunterredner. Karl Jaspers fasst es in den Satz: »Sokrates vor Augen zu haben, ist eine der unerlässlichen Voraussetzungen unseres Philosophierens«, und für Friedrich Nietzsche ist er das »Wappenschild ... über dem Eingangstor der Wissenschaft«. Sein philosophisches Wirken sah Sokrates als einen Hilfsdienst, den er dem Gott von Delphi leiste, von Apollon beauftragt, (Apol 20 dff.), den Menschen, die sich in ihrem Dünkel für weise hielten, zu sagen, wie sehr sie sich darin täuschen. Damit setzte er die

---

[3] Vgl. P. Hadot, Exercises spirituels et philosophie antique, 1981, dt. Philosophie als Lebensform, 1991; A. Patzer (Hg.), Der historische Sokrates, 1987; G. Vlastos, Socrate. Ironist and Philosopher, 1991; G. Figal, Sokrates, 1995.

»Sache« (prágma) Gottes, dem er gehorchte, »über alles andere«. Sein Leben und Philosophieren gewinnt so eine religiöse Dimension als Wissen und Tun des Guten. Es ist praxisrelevant und wirkt kraft der Einsicht auf das menschliche Handeln zurück. Der Mensch müsse sich um sich selbst (heautou), um seine Seele (psychê) kümmern, dass diese so gut wie möglich sei. Weil das wahre Wissen des Guten dem Gott (theós) vorbehalten sei, ein Gedanke, der die prinzipielle Begrenztheit alles menschlichen Wissens und Könnens zum Ausdruck bringt, geht es beim Menschen um ein Gut- und Einsichtig-sein im Maße menschlicher Möglichkeiten (Apol. 37a–b; 25e–26a; 23a). Bei der Bestimmung dessen, was Philo-sophie sei, setzt der platonische Sokrates den Nachdruck nicht auf die nur näherungsweise vom Menschen zu erreichende Weisheit, sondern auf das liebende Verlangen, nach ihr zu streben (vgl. Phaid. 61 a; Goorg. 484 c). So ist das überweltlich Gute, an dem sich das Leben und Denken samt dem Wahren und Schönen orientieren soll, der einheitliche Grund von allem, und da er schwer in der gesicherten Deutlichkeit (tò saphés) des »Logos« zu fassen sei, bemerkt Sokrates, er könne in seiner Reflexion nur die »Zinsen«, nicht aber das »Kapital« auszahlen (Politeia 506–507), denn es ist nur »so oder ähnlich« (Phaidon 114d).

b. Die Preisreden auf Eros: die mythische und philosophische
   Personifizierung der Liebe im »Symposion« Platons

Innerhalb der zu literarischen Kunstwerken geformten sokratischen Dialoge Platons, genial in ihrem szenischen Gefüge und in seinem Denken als »Rede der Seele mit sich selbst«[4], wird der »goldengeflügelte« Eros, wie ihn Aristophanes (um 445–385 v. Chr.) in seiner »Vögel«-Komödie als den Sucher nach einer besseren Welt außerhalb dieser Welt preist (Av. 1738 ff.), zum philosophischen Thema. In einem Triumphlied gesteigerter Lyrismen kontrastiert der Komödiendichter den bedauernswerten Menschlein die vom Eros beseelte Natur.

Platon (427–347 v. Chr.) aber widmet seiner Preisung das ganze »Symposion«, um das Wesen des Eros in sechs einander wechselseitig bedingenden und ergänzenden Lobreden zu entfalten. Als Träger aller vier platonischen Tugenden wird Eros zu einer Quasi-Erlösergestalt und verkörpert die Liebe zum Schönen in ihrer Höchstform. Als ursprünglich zu Einheit und Vereinigung bewegendes Prinzip, ist Eros Ausdruck des Strebens nach der

---

[4] Vgl. H.-J. Newiger, Metapher und Allegorie. Studien zu Aristophanes 1957, 80–103. Die enkomiastischen Exposés der Preisredner auf den Eros sind dionysische Masken, die nach und nach gewechselt werden.

ursprünglichen Einheit und Ganzheit. Die vereinende Kraft der Liebe will, dass sie nicht mehr zwei, sondern (wieder) eins sind, so der von Aristophanes erzählte »Kugelmythos«. Darum ist der Eros das universale liebende Prinzip einer unauslöschlichen Sehnsucht des Menschen, sich mit der einst verlorenen Hälfte wieder zu verbinden, um die uranfängliche Einheit zu gewinnen.

Platon, Sokratesschüler und Schöpfer des sog. »Platonischen Weltbilds«, sowie philosophisches wie dichterisches Urbild aller idealistischen Konzepte des Abendlandes, hat in seinem »Symposion«, dem zwischen 385 und 375 v. Chr. entstandenen Werk, den Grundtext der Philosophie der Liebe unter dem Aspekt des Eros geschaffen. Dieser sein Dialog bietet nicht nur eine Hermeneutik des Eros, sondern lässt auch sein ganzes philosophisches Denken als »erotisches« Unterfangen verstehen. In ihm kulminiert die enthusiastische Reflexion über die Liebe. Er legt die Reflexion in seinem »Gastmahl«, den Mitunterrednern des Symposions tiefsinnig-heitere Mythosreden über den Eros in den Mund. Dabei lässt er den Mimus in sechs Preisreden auf der Gastmahlbühne präsent werden und zwar in feinster Durchbildung seiner vergeistigten Sprache, lebendig und anschaulich. Die Gespräche des »Gastmahls« erscheinen wie eine sublime vergeistigte Erscheinungsform des antiken Dramas als philosophisches Kunstwerk und agonaler Diskurs. Der Redeagon beginnt in dramatischer Steigerung, bei dem jeder der Preisredner einen Aspekt geltend macht, emphatisch oder anekdotisch und in unterschiedlicher Gewichtung. Für viele spätere Leser ist das »Symposion« einer der schönsten Diskurse über die Liebe, der lange unerreichte Grundtext der Philosophie der Liebe mit Erzähl-, Vortrags- und Gesprächsmomenten. Friedrich Nietzsche, der große Gegner des »Moralisten« Platon, sieht in ihm sein »neidisch geschautes Vorbild«.[5] Er vergleicht Platons Werk mit dem »Kahn, auf dem sich die schiffbrüchige ältere Poesie samt allen ihren Kindern rettete«:[6] in Aufnahme und Widerspruch wird das abendländische Denken die »platonische« Prägung tragen. Im platonischen »Symposion« vereint ein festliches Gelage die Gesprächsrunde um Sokrates im Haus des jugendlichen Tragödiendichters Agathon. In dieser Gelage-Unterhaltung über den Eros verflechten sich Ernst und Scherz. Seit achaischer Zeit waren festliche Gastmähler der Ort für Rezitationen von Dichtungen und gesanglichen und poetischen Darbietungen. War den Symposien seit jeher ein erotisches Element zueigen, so wird im platonischen Symposion Eros selbst zum Thema, der »vernachlässigte Gott«, um in einer Reihe von Prosa-Enkomien gepriesen zu werden. Das sympotische Thema des »Gast-

---

[5] K. Hildebrandt, Nietzsches Wettkampf mit Sokrates und Platon, ²1926.
[6] Ders., Die Geburt der Tragödie, Krit. Studien aus., Hg. G. Colli / M. Montinar, Bd. 1, ²1988, 93.

mahls« aber ist der Eros und seine Aspekte, siebenfach dargelegt von den Teilnehmern.[7]

c. Zur Situation

Wenige Wochen, bevor die athenische Flotte zu ihrer unheilvollen kriegerischen Expedition gegen die Rivalin Syrakus auf Sizilien ausfährt, wir schreiben das Jahr 416 v. Chr. –, findet im Hause des Dichters Agathon am Tag nach seinem ersten Tragödiensieg ein Gelage, das »Symposion«, statt. Zu Tisch liegend und vor kredenzten Bechern wird die für das Fest bestellte Flötenspielerin von den Symposiasten wieder weggeschickt, denn die Gäste selbst wollen ihre Gedanken über den Eros ins Spiel bringen und ihn preisen. Dem Wunder des Eros, das schon Homer an der leidenschaftlichen Freundschaft Achills mit Patroklos dargestellt hatte, widmet Platon im »Gastmahl« die umfassendste und begrifflich gliedernde Analyse über den Eros. Es ist ein geistiger Agon, in welchem die Becher kreisen und der gemeinschaftliche Geist der platonischen Akademie sich spiegelt. Nun schlägt Phaidros, der jugendliche Ephebe und Inbild der attischen Jugend, den Symposiasten vor, auf den bisher »vernachlässigten Gott« Lobreden zu halten. Niemand habe es »bis auf diesen Tag« in Angriff genommen, dies auf eine »würdige Weise« (axiôs) zu tun, um den »vernachlässigten Gott« (Symp. 177 c) zu Ehren zu bringen (Symp. 177a–e). Damit ist das Thema des abendlichen Rundgesprächs und seiner wetteifernden Stimmen der Gott Eros, die Liebe, in all ihren facettenreichen Aspekten, angeschlagen und Platon wird es entfalten.[8] In diesem seinem Meisterwerk reichen sich Sinnenfreude und reflexives Gedankenspiel, abstrakte Begriffsbestimmung mit ihrer geistigen Zucht und ethusiastische Daseinsfreude und Unbeschwertheit die Hand. Es präsentiert sich wie eine sucherische Gespaltenheit des hellenischen Charakters. Die Wahrheit des über den Eros Gesagten – eingeleitet als Augenzeugenbericht durch einen verklausulierten Beginn –, wird aspekthaft und in vielfacher Brechung fassbar.[9]
Als erster ergreift Phaidros, der Urheber des Themas, das Wort und preist

---

[7] Vgl. J. Martin, Symposion. Die Geschichte einer literarischen Form, 1931; Ders., s. v. Deiponoliteratur, in: RAC 3 (1957) 658–666; G. Vlastos, The Individual as an Object of Love, in: Ders., Platonic Studies, 1981, 3–42.

[8] Vgl. F. M. Cornford, The Doctrine of Eros in Plato's Symposium, in: The Unwritten Philosophy, 1960, 68–80; G. Krüger, Einsicht und Leidenschaft. Das Wesen des platonischen Denkens, 1973; L. Robin, La théorie platonicienne de l'amour, ²1933.

[9] In einer zweiten Einleitung schildert ein gewisser Aristodem, wie er Sokrates unterwegs getroffen habe, und dieser plötzlich stehengeblieben sei, von jenen seltsamen Trance-Zuständen befallen, sprachlos und erstarrt, vollkommen in sich versunken. Er trifft erst ein, als das Gastmahl schon bald vorbei war.

Eros voller Pathos als einen »großen Gott«, als den »ältesten« unter den Göttern und als den Urheber der größten Güter für die Liebenden und die Geliebten. Er ist es, der es den Menschen möglich macht, schön zu leben, »die Scham vor dem Schändlichen und den Wetteifer im Schönen«, sich vom Edeltum begeistern zu lassen, ja sogar füreinander sich hinzugeben und zu sterben. Für diesen heroischen Aspekt der Liebe nennt er als Beispiel Alkestis, die kraft des Eros ihr Leben für ihren Gatten hingab und »in der Liebe durch ihren Eros« Admets Eltern, die sich weigern, übertraf (179a). Auch die »heilige Schar« der kämpfenden Thebaner wird genannt, jenes Heer der Liebenden, die ruhmreich für die Freiheit Thebens kämpften. Zuvor aber hatte Phaidros ganz in der Tradition des Hesiod und Parmenides, den uranfänglichen Akkord »Chaos-Gaia-Eros« intoniert als den großen Anfang der Welt. Er preist die Größe und kosmische Macht des Eros, indem er zitathaft auf den theogonischen Mythos zurückgreift. Orpheus aber, der »nicht das Herz hatte, für die Liebe zu sterben wie Alkestis«, erhält nur einen Schatten seiner Eurydike und wird zur Strafe von den Mänaden zerrissen. Phaidros fasst zusammen, dass Eros »zum Erwerb der Tugend (aretê) und Glückseligkeit bestimmt sei im Leben und nach dem Tod« (179d).

Die beiden nächsten Redner, Pausanias und Eryximachos, bringen den Eros mit dem Tugendthema in Verbindung. Pausanias, der ältere Freund Agathons, preist den Eros unter dem Aspekt der freundschaftlichen Bindung. Im Blick auf das Thema des Guten trifft er eine ethische Unterscheidung, zwischen einer himmlisch-geistigen Liebe, einer »Aphrodite Urania«, die für die Treue zwischen Freunden steht und sie symbolisiert, und einer »Aphrodite Pandemos«, der irdisch-sinnlichen, bürgerlichen Liebe, die mehr dem Äußeren Leiblich-Sinnlichen als am Inneren-Seelischen anhangt. Der »himmlische Eros« (Eros uranios) liebt das Geistige, Sittliche, die Weisheit und große Gesinnung (181a–b) und strebt nach der Tugend und der Vervollkommnung (184e). Er bewirkt große, freundschaftliche Gesinnung und Gemeinschaft. So vernichteten »Aristogeitons Liebe und Hermodios' unwandelbare Freundschaft« die Tyrannenherrschaft des Hipparch von Athen (182a). Gegenüber dem der Lust frönenden »Allerweltseros« (Eros pandemos) sieht der »himmlische Eros« tiefer und liebt am geliebten Anderen mehr dessen inneres, seelisches Wesen, als die äußere Körperhülle. Liebender und Geliebter streben so im »Agon amoris« nach immer größerer Vervollkommnung im Menschlichen und im Streben nach Erkennen. Für Pausanias führe Eros den Menschen von der Sinnlichkeit hin zur seelischen Tugend. Mit der Seele als dem eigentlichen Subjekt der Verantwortung kommt es zu einer Verinnerlichung menschlichen Strebens und menschlicher Selbstbesinnung. Alles Bemühen solle der Vervollkommnung der eigenen Seele gelten (epimeleisthai tês psychês, Apol. 20d–e; 36c). Was Tugend sei, suchte Sokrates immer wieder in seiner Ethik des Gesprächs intellektualisierend und moralisierend herauszufinden. Im Rahmen der traditionellen Göttereteologien der Vortrefflichkeit zu ihrem gemäßen Werk und zu Weisheit preist Pausanias die Größe und Macht des Eros.

Der gelehrte Arzt Eryximachos weitet in seiner Rede den »zweifachen« Eros als Weltkraft in das Naturhafte, Kosmische und in die Menschenwelt aus als Ordnung und Harmonie schaffende Kraft, während der »hässliche« Eros Chaos und Unordnung hervorbringt. Der Eros wirkt in allen Wesen, ob Mensch, Tier oder Pflanzen: »er umspannt alles im menschlichen und göttlichen Geschehen« (185d). Immer müsse der Mensch auf diesen doppelten Eros Acht geben, den »edlen« und den »hässlichen«. Der Eros der Besonnenheit und Gerechtigkeit im Guten »gewährt uns die Erfüllung jeden Glückes, dass wir verkehren und Freund sein können untereinander und auch mit denen, die größer sind als wir: den Göttern« (188 d). Damit bringt Eryxiamchos einen neuen, naturphilosophischen Aspekt in die Gesprächsrunde ein: Eros als universales Prinzip der Natur, das in allem und nicht nur im Menschen waltet. Der gute Eros hält alle Dinge im rechten Gleichgewicht und in Harmonie und ist ein lebensgestaltendes Prinzip. Es geht um das Streben nach Harmonie, nach jener gelungenen und ausgeglichenen Mitte zwischen den Extremen, wie sie im Wechsel der Jahreszeiten, in der Musik und im ländlichen Werk anschaulich werden. Alles Streben gelte der »harmonia«, der Zusammenführung und dem Einklang, der »Übereinstimmung« (symphonia, 182b).

Auf Eryximachos folgt das dichterische Rednerpaar, der Komödiendichter Aristophanes und der Tragode Agathon, der Gastgeber. Aristophanes[10] führt den Redner-Agon in eine mythologische Tiefe und erzählt von der Urschuld der einstmals kugelgestaltigen Menschen. Auch bringt Aristophanes die unwiderstehliche Gewalt des Eros ins Spiel, denn würden die Menschen sie erfassen, würden sie ihm die höchste kultische Devotion zollen, »ihm die größten Heiligtümer und Altäre bereiten und die größten Opfer bringen« (189 d): »Ist er doch den Menschen der Freundlichste von den Göttern, denn er ist ihr Helfer (epikuros) und Arzt (iatros) dafür, worin geheilt zu werden dem Menschengeschlechte das höchste Glück wäre«. Dann richtete er den Blick auf die ur-menschliche Natur und ihre Leiden, indem er von einem Urmythos erzählt. Die Urgestalt des Menschen war eins-

---

[10] Dem Aristophanes (um 445–388 v. Chr.), dem bedeutendsten Dichter der attischen Alten Komödie, legt Platon eine tiefsinnig-heitere Mythosrede in den Mund. In der Sequenz der Rede ist es die erste Rede, die in ihrer Brillanz herausragt, die zweite wird die des Sokrates sein. In seiner Verskomödie, »Die Wolken«, hatte Aristophanes sich über Sokrates lustig gemacht. Der Dichter bekämpft darin die neumodischen Erziehungsideale der sophistischen Aufklärung im Verein mit den Tricks der dialektischen Philosophie und der sophistischen Rhetorik, »die schwächere Sache zur stärkeren zu machen«. Sein Witz und Kampfgeist kommt aus der Haltung der Opposition.

tens rund mit zwei Gesichtern, vier Händen und vier Beinen, gewaltig an Kraft und Stärke. In titanischem Übermut (hybris – ein Grundbegriff der griechischen Ethik, die man nach Heraklit eher »löschen solle als ein Großfeuer«) suchen sie frevelnd den Olymp zu stürmen und Hand an die Götter zu legen (190a). Ursprünglich waren die Menschen doppelt wie »siamesische« Zwillinge verbunden. In Aufnahme des Stichworts »Natur des Menschen« aus dem vorangegangenen Lobpreis erzählt er den phantasmagorisch großartigen »Kugelmenschmythos« von der kugelförmigen Urgestalt des Menschen.[11] Zur Strafe dafür zerschneidet Zeus sie in zwei Hälften, um sie zu schwächen. Die entzweigeschnittene Hälfte, die nun jeder Mensch ist, sehnt sich nach der verlorenen Ganzheit: »So lange schon ist die Liebe zueinander den Menschen eingepflanzt, vereinend die ursprüngliche Natur, strebend aus zweien Eins zu machen und die Natur zu heilen, die menschliche« (191 b). Der mannweibliche Doppelmensch der Urzeit und durch ein tragisches Geschick zu Mann und Frau ent-zweit, erfährt sich als »Spittling« ganz aufeinander »zugeschnitten«. Aus der anfänglichen Einheit genommen, streben die beiden Hälften zu dieser Einheit wieder zurück. Der Mythos erzählt so auch die Geschichte über den Ursprung der Liebe, die das Fragmentarische des Menschen in der Liebe eint. Zusammen ergeben sie (wieder) ein Ganzes, ganz im Sinne des autobiographischen Titels von Carl Zuckmayer: »Als wär's ein Stück von mir«. Das Band der Liebe eint und führt Zusammengehöriges zueinander. Jeder sucht nun sein Gegenstück und will kraft des Eros, der Liebe, mit der fehlenden Hälfte, dem Gegenstück, eigentlich »Symbol, Zusammenfügung«, sich vereinen. Für diese ewige Wunde gibt es nur einen Heiler, Eros, den großen Arzt, der das ursprünglich Zusammengehörige wieder in Liebe zu einen vermag. Es heißt:

»Seit so langer Zeit ist demnach die Liebe (Eros) zueinander den Menschen eingeboren und sucht die alte Natur zurückzuführen und aus zweien e i n s zu machen und die menschliche Schwäche zu heilen. Jeder von uns ist demnach nur eine Halbmarke von einem Menschen, weil wir zerschnitten, wie die Schollen, z w e i aus e i n e m geworden sind. Daher sucht denn jeder beständig seine andere Hälfte« (Übers.: F. Susemihl 192e).

Eros ist die Suche des Einzelnen nach seiner anderen verlorenen Hälfte, der männlichen oder weiblichen Entsprechung. Damit sucht das mythische Modell die Macht des erotischen Triebs und das Leben in Zweiheit zu erklären. Die durch die menschliche Schuld verlorene Einheit – der griechische

---

[11] Der Kreis als Sinnbild des In-sich-Geschlossenen und Vollkommenen wird in der Kugel ins Dreidimensionale übertragen und findet im kugelbezogenen Mythos der Urmenschen seinen Ausdruck. Die zirkuläre Form symbolisiert im Mythos, den Aristophanes erzählt, Ganzheit und Vollkommenheit. Im Mythos, der auf ein Anfängliches und der historischen Zeit Vorausgehendes verweist, wird in der Eros-Rede des Aristophanes die fundamentalste Lebensgegebenheit vergegenwärtigt.

Sündenfall – findet im Einswerden seine Seligkeit und Freude (189d – 191d). Mit diesem kosmischen Mythos deutet Aristophanes auf der einen Seite das Nebeneinander des verschiedengeschlechtlichen und des gleichgeschlechtlichen Eros und löst auf der anderen Seite vor allem den Widerspruch zwischen Eros als sorgende Liebe und Eros als begehrende Liebe: im Einswerden von Mensch und Mensch kommt die Sehsucht des Menschen zur vollkommenen Ruhe.[12] In Aristophanes' Rede wurde ein konstitutives Moment der Liebe in die Diskussion eingebracht: Liebe als Überwindung egoistischen Selbstseins durch das Zueinander mit dem Anderen, der nun ein wesentlicher Teil des eigenen Selbst wird und umgekehrt. Er ist die ergänzende Hälfte des Fragments Mensch, angelegt auf die verlorene, vorbestimmte und zum Selbst passende Hälfte. Diese strafende Urspaltung des »als wir ganz waren« (192e) verdoppelte die Zahl der menschlichen Wesen, halbierte aber ihre Kraft und zerstörte die Vollständigkeit eines Urzustandes. Dieser erzählte Mythos, eine geschichtslose Geschichte, die in einer Zeit vor der Zeit spielt, ist die Geschichte der aus der Einheit geteilten Zweiheit, der Zerreißung der Vollkommenheit in die Unvollkommenheit. Nun sucht jede der beiden getrennten Hälften diese verstümmelnde Zerreißung aufzuheben und die verlorene Ureinheit, »unsere ursprüngliche Natur wieder herzustellen« (191d). Jeder besitzt eine fehlende Hälfte und sucht nach seiner – umgangssprachlich gesprochen – »besseren Hälfte«, die »wahre eigene Hälfte« (191 und 192b) und »soviel wie möglich zusammen zu sein«, dass sie sich »Tag und Nacht nicht verlassen« (192d-e), sowie mit dem Wunsch, »in eins ... zusammenzuschmelzen ..., so dass (sie) statt zweier einer« (192e) sind. Die trennende Zweiheit und Einsamkeit soll auf die Ureinheit, auf das eine Ganze (192e) hin überwunden zu werden. Nachdem der Vorredner den Eros als kosmische Macht und lebensgestaltendes Ziel des Zueinander gepriesen hatte, ist mit der Rede des Lustspieldichters der erste Höhepunkt erreicht: der Mensch als tragisches Defizit, zerrissen, entfremdet, unabgegolten, ein Wesen der Sehnsucht. Der selige Urzustand kann sich erneuern, wenn kraft des Eros alles Getrennte wieder zusammenfindet.

Nach dem Komödiendichter Aristophanes nimmt nun der junge, gefeierte Tragödiendichter und Gastgeber des Abends, Agathon, selbst das Wort. Er tut es blumenreich und wird von den Gästen bejubelt ob der Preisung des Eros. Er schickt sich an, das Wesen des Gottes selbst darzustellen und ihn zu preisen, »wie er ist und was er wirkt«. Als der Glückseligste der Götter ist er auch der Schönste und Beste, der Schönste, weil »der jüngste der Götter« ... »Flüchtig das Alter fliehend«, nicht uralt, wie Phaidros, der erste der Redner

---

[12] Vgl. G. Binder / B. Effe (Hrsg.), Liebe und Leidenschaft. Historische Aspekte von Eros und Sexualität, 1992; C. Osborne, Eros Unveiled: Plato and the God of Love, 1994; J. J. Winkler, The Constraints of Desire, 1990.

des Gastmahls ihn schilderte, sondern »ewig jung« und »zart« und »geschmeidig«, denn er nimmt in zarten und schönen Seelen der Götter und Menschen Wohnung (195c). Agathon richtet seinen Lobpreis auf die Zartheit (haplótêma) und die Zärtlichkeit als Elemente der Liebe. Sie leite den Menschen zum Schönen hin und mache ihn »weich«. Der Eros berührt auch nur »das Weichste der Weichsten«, die Seele, das Innere also der Götter wie der Menschen, sofern sie nicht »hartsinnig« sind (skleròn êthos: 195c – 196a). Auch »tut er weder Unrecht noch leidet er Unrecht«, hat Teil an Gerechtigkeit und an Besonnenheit, mit der er die Begierden beherrscht. Und dann heißt es: »Ein Dichter ist der Gott und so weise, dass er auch andere zu Dichtern macht« (196d), von ihm berührt und angefasst und so musisch gemacht. Es ist seine Weisheit, »durch die alle Kreaturen werden und wachsen« (196d). Auch Apollon ist sein Schüler und all die anderen Götter, »von Begierde und Liebe geführt«, »denn aus der Liebe zum Schönen entstanden alle Güter für Götter und Menschen«. Als der Schönste verleiht er Gleiches auch den anderen, indem er »bei Festen, bei Tänzen, bei Opferfeiern« Regie führt. Hymnisch feiert Agathon den Eros: »gewonnen von Glücklichen, der Fülle, der Feinheit, der Wonne, der Anmut, des Reizes, der Sehsucht Vater, sorgend um Gute, sorglos um Schlechte, in Plagen und Zagen, in Sehnen und Sinnen der beste Lenkende und Leitende, Helfende und Heilende, der Götter und Menschen Zier, schönster und bester Führer, dem jeglicher Mann folgen muss, schön lobsingend in den schönen Hymnos einstimmend, den singend er bezaubert aller Götter und Menschen Sinn« (197c). In diesem seinem Exposé als Gastgeber und poeta laureatus des Sieges bei den Lenäen, pries Agathon in einem rhetorisch vollendeten Prosahymnos das Wesen und die Gabe des Eros. Seine Schönheit bewirkt alles Gute bei Menschen und Göttern. Für diese Muster- und Meisterrede erntete Agathon tosenden Applaus. Damit brachte er aber Sokrates, der nach ihm das Wort ergreifen will, in eine doppelte Verlegenheit: zum einen, dass er die Schönheit der Rede des Vorredners nicht wird erreichen können, zum anderen aber, er sei der Meinung, es komme nicht auf die Schönheit einer Preisrede an, sondern auf die Wahrheit, die es über den Gegenstand zu sagen gilt. Als der »Unwissende« nimmt er das Wort und will nun die »Wahrheit« nach seiner Art sagen. Er verstrickt Agathon in ein Zwiegespräch, der seine Rede damit begann, er wolle über das Wesen des Eros reden. Gegen Agathon gerichtet wendet Sokrates ein, er habe das bereits von Phaidros richtig Gesagte vergessen: Die Liebe ist mehr im Liebenden als im Geliebten und Agathon habe in Wirklichkeit nicht die Liebe gepriesen, sondern das Geliebte verherrlicht. Die Liebe richtet sich auf das noch nicht Bereitete und das Nichtvorhandene und das Bedürftige. Eros »ist Liebe zu etwas und dann zu dem, woran er ermangelt« (200b); man liebt, wessen man bedarf und was man nicht hat. »Wenn also Eros des Schönen bedürftig und das Gute schön ist, so wäre er auch des Guten bedürftig«, fragt ihn Sokrates. Nach den paar »kleinen Fragen an Agathon« beginnt Sokrates von einem Gespräch mit der weisen Seherin und Priesterin Diotima aus Mantineia zu berichten. Als junger Mensch sei er von ihr mit den gleichen Fragen umstellt gewesen, wie jetzt Agathon von ihm. Über dem bisher Gesagten der Preisredner liegt aber der Nebel des Scheins und damit der Makel defizitärer Versuche. Eros ist weder schön noch gut, da er das Schöne liebt und Liebe immer ein Verlangen ausdrückt.

Sokrates, der Weiseste unter den Menschen, tritt nun in der Rolle eines Schülers auf, belehrt von der noch weiseren Priesterin Diotima von Mantineia, um wiederzugeben, was er von ihr über Macht, Herkunft und Wesen des Eros vernommen hatte. Er stellt der gleisenden Rede des Agathon seine an Diotima orientierte Wahrheitsrede entgegen und verbindet in seinen Worten kathartische Elenktik mit Belehrung.[13] Ein ungeprüfter Standpunkt wird in einen geprüften überführt (vgl. Apol. 39c) und damit ein vermeintes Wissen in eine Aporie, in eine Ausweg- und Ratlosigkeit geführt. In den »Nomoi« vergleicht Platon einen solchen Zustand mit dem unschlüssigen Stillstehen an einer Wegkreuzung. Der dort Stehende fängt an, sich selbst und die Vorübergehenden so lang zu befragen, bis er den rechten Weg in Erfahrung gebracht habe (Leg. VII 799c-d). Alle Vorredner werden von Sokrates durch »Diotima« korrigiert, weil sie das Wesen des Eros mit den begehrten Zielen gleichgesetzt haben (Symp. 199dff.). Daher wird die vorbereitende Aporetik in eine Belehrung übergeführt.[14] Für Diotima ist Eros etwas zwischen schön und hässlich. Auch ist er kein Gott, sondern »ein großer Daimon« (202b), ein Wesen des Dazwischen (202b-c), zwischen Mensch und Gott und so ein Mittler zwischen Göttlichem und Menschlichem, zwischen Ideal und Erscheinung, zwischen Wissen und Meinung. Er vermittelt zwischen Göttern und Menschen Gebete und Opfer, Aufträge und Antworten. Als Mittler schließt er »das All in sich selbst zusammen« (202b), und es heißt: »Durch dies Dämonische geht auch alle Weissagung und Kunst der Priester in den Opfern und den Weihen und den Gesängen und in aller Wahrsagung und Bezauberung. Ein Gott verkehrt nicht mit Menschen, sondern durch dies ist der ganze Umgang und das Gespräch von Göttern mit Menschen im Wachen und im Schlafe. Und der in diesen Dingen Weise ist ein dämonischer Mann« (202e). Der Sage nach ist Eros an Aphrodites Geburtstag von seinen Eltern Poros (Findigkeit) und Penia (Mangel) gezeugt, immer bedürftig, »barfuss und heimatlos«, stellt er als »gewaltiger Jäger« dem Schönen und Guten nach, »nach Erkenntnis begierig und erfinderisch, Weis-

---

[13] Vgl. J. Wippern, Eros und Unsterblichkeit in der Diotima-Rede des Symposions, in: Synusia. FS für W. Schadewaldt, 1965, 123–159.
[14] Vgl. M. Erler, Der Sinn der Aporien in den Dialogen Platons, 1987.

II Liebe als einheitsstiftende Macht

heit suchend sein ganzes Leben« (203d), ein »gewaltiger Zauberer«, in der »Mitte von Weisheit und Torheit«, Sohn des weisen und gabenreichen Vaters und der unweisen und unbegabten Mutter. Eros ist das Liebende, nicht das Geliebte. So ist er selbst ein »Philosoph« und so Paradigma für all die Fragenden, die zwischen Wissen und Unwissenheit stehen und auf dem Weg zur höheren Einsicht unterwegs sind (204aff.). Als fragende Mitte zwischen »wissend« und »unwissend«, aus dieser seiner Eigenschaft sind auch seine Wirkweisen zu verstehen. Er ist nicht wie ein festes Gut handzuhaben, sondern ist der Stachel, es durch »Zeugung im Schönen« hervorzubringen (206bff.). Aus seiner Begabung entspringt sein Helfen, denn er gibt den Menschen durch die Liebeskraft zum Schönen die Möglichkeit, am ewig Schönen teilzubekommen. Zweimal wird Eros »gewaltig« (deinós) genannt: »gewaltiger Jäger«, »gewaltiger Zauberer, Hexenmeister, Sophist«; es klingt wie ein Echo des Sophoklesliedes »nichts gewaltiger als der Mensch« (oudè anthrôpu deinóteron) in seiner Antigone (333). Eros spiegelt hier den Menschen, der sich durch Liebe zur Weisheit (philo-sophia) zu seiner höchsten Möglichkeit entfaltet (Symp. 203e – 204c; Resp. 474c – 478a). In einer Stufenleiter der Liebe, der »scala amoris«, wird der Erkennende wie in einer Myterieninitiation über mehrere Stufen immer näher an das Bleibend-Unvergängliche herangeführt. Damit wird auch eine grundlegende Änderung der Selbstdefinition des Menschen bewirkt. Der Stufenweg führt von der Liebe zur Wohlgestalt körperlicher Schönheit (mit der Weitergabe im zeugenden Leben) über die Liebe zur »schönen Seele« (mit ihrer Tugendhaftigkeit und ihren Anlagen sowie dem Einsatz für das Polis-Wohl) hin zum Blick auf das gestalthaft Schöne, dann über die Liebe zum geistig Schönen, den Erkenntnissen der Wissenschaften und den Bestand ihrer Erkenntnisse, um in einer »mystischen Erkenntnisschau« des reinen Schönen an sich zu münden, der »Idee des Schönen«, die plötzlich (exaiphnês) aufleuchtet und beglückt. Diese »Plötzlichkeit« einer letzten Einsicht (vgl. Ep. VII 341c) ist der Umschlag des Stufenweges in den Augenblick der Ruhe »als in keiner Zeit seiend«, in der und aus der noch ein Übergang sich ereignen müsste. »Wunderlich« (aopon) ist dieser Augenblick, weil er zwischen Bewegung und Ruhe seiend, keiner Zeit mehr angehört (vgl. Platon, Parm. 155e – 157b). Dieser »Stufenweg nach oben« ist in einer quasi-mystischen Einweihung und Erkenntnisschau an sein Ziel gelangt.[15] So ist Eros als ewiger Sucher nach

---

[15] Diotima fragt: »Was eigentlich will der, welcher liebt, was ihm gut ist? – Dass es ihm zuteil werde. – Und was widerfährt dem, welchem es zuteil wird? – Er wird glücklich« (Symp. 204 e). In diesem Frage-Antwort-Text wird deutlich, dass Liebe von Natur aus zwei Grundakte aufweist, den des sehnenden, begehrenden Verlangens nach dem Gegenstand der Liebe (»motus ad finem«) und der zweite, der sich in Freude und Glücklichsein erfüllende Grundakt der Teilhabe (»fruitio«, »delectatio«), des Zuteilbekommens im Erkennen.

dem Wahren, Schönen und Guten die Verkörperung der ewig wirksamen Zeugungskraft auf das Geistige hin, die ihre Vollendung im beseligenden Anblick des Ansichschönen findet.[16]

Das eigentliche Werk (érgon) des Eros heißt »Zeugen und Gebären im Schönen« (206 e). In der Seele des geliebten Wesens werden Erkenntnis und Tugend, Besonnenheit (phrónêsis) und Gerechtigkeit erzeugt sowie die Ordnung der Polis und Haushaltungen, politische Ordnung durch Gesetz und die Werke der Dichtung (208c). Dem »Zeugen in der Seele« entspricht auf niederer Stufe die leibliche Zeugung, auch sie als Teilhabe »an Unsterblichkeit und Andenken und Glückseligkeit« verstanden (208c), denn durch den Akt hat Sterbliches an der Unsterblichkeit teil, und sichert als hinfälliges Lebewesen die Dauer der Gattung. Damit wird der Lebensprozess des Individuums in Analogie gesetzt zum immer wiederkehrenden Werden und Vergehen im Bereich des Sinnlichen, aber auch des Seelischen im bleibenden Nachruhm und im »unsterblichen Gedenken ihrer Tugend« (208c). Im Eros wird die Art und Weise offenbar, »wie alles Sterbliche sich erhält« (toúto gàr tô trópô pàn tò thnêtòn sôzetai: 208a). Alles Sinnlich-Anschaubare ist mit der Formenwelt der »Ideen« (eidê) durch das Band der Teilhabe verbunden, und Liebe ist die vergegenwärtigte Teilhabe. Eros will nicht nur das Gute besitzen, weil es fehlt, sondern sein Streben richtet sich darauf, »das Gute ewig zu haben« (207a), ist Hoffnung der »Liebe auch auf Unsterblichkeit« (206a – 207a) und ihre ewige Dauer, trotz menschlicher Hinfälligkeit und Sterblichkeit. Wie aber ist das möglich? Ihrem tiefsten Wesen nach ist Liebe ein schöpferisches Mysterium, eine »Ausgeburt« (206b), eine gebärende Niederkunft in »dem Schönen, sowohl dem Leibe als der Seele nach« (206b), »Erzeugung und Ausgeburt im Schönen« (206e).

Auf solchem Weg nach oben berührt man am Ziel des Weges das Urschöne selbst: »Und hier, wenn irgendwo, o lieber Sokrates, ist das Leben dem Menschen lebenswert, wo er das Schöne selbst schaut« (211c). Es ist »das Göttliche Schöne in seiner Eingestalt«. Dies gibt dem Schauenden und vom Schönen Berührten einen besonderen Wert und eine besondere Verpflichtung, »nicht Schattenbilder der Tugend zu gebären, weil er nur ein Schattenbild umarmt, sondern wahre Tugend, weil er das Wahre umarmt« (211c). Die Rede des Sokrates wollte »Wahres sagen«. Neben der Schönheit der schönen Seele (psychologische Schönheit in ihrer Innerlichkeit) und der moralischen Schönheit mit ihren Werten, eine Schönheit, »die in den Bestrebungen und den Sitten (210c) liegt, ging es ihm um die Schönheit der Kenntnis oder Erkenntnis der Wahrheit und ihren Glanz.[17]

---

[16] Vgl. K. S. Katsimanis, Étude sur le rapport entre le beau et bien chez Platon, 1977; A. Schmitt, Das Schöne, Gegenstand von Anschauung oder Erkenntnis? Zur Theorie des Schönen im 18. Jh. und bei Platon, in: Philosophia 17/18 (1987/88) 272–296.
[17] Vgl. den Titel der Enzyklika Papst Johannes Paul II: Splendor veritatis.

II Liebe als einheitsstiftende Macht

Unmittelbar nach dem Höhenflug der durch Sokrates vorgetragenen Gedanken der Seherin Diotima, stürmt der schon zu Beginn des Dialogs als Gast angekündigte Alkibiades, unversehens von einem anderen Gelage kommend, chaotisch und in trunkener Polterei mit seinem lärmenden Gefolge in das symposiastische Rundgespräch mit seiner anspruchsvollen Logoswelt ein. Er ist mit Efeu, Veilchen und Bändern bekränzt. Wer war Alkibiades, dieser vielleicht seltsamste und stolze aristokratische Sokrates-Jünger, der manchmal von einem einzigen Satz seines Lehrers Sokrates zu Tränen gerührt wurde? Reich, intelligent, großzügig und verschwenderisch, ein guter Tänzer, und Lauten-Harfenspieler, der sich über die Flötenspieler mokierte, »denn die Flöte blockiere den Mund und ersticke die Stimme«. Sokrates schätzte – wie Plutarch es später schildert – »die edlen Eigenschaften und die einzigartige Veranlagung unter der Maske jugendlicher Schönheit« und bemühte sich um ihn, »um zu vermeiden, dass die Knospe verdorre, ehe die Blüte eine Frucht getragen«. In das Gastmahl, das wenige Wochen vor der unheilvollen kriegerischen Expedition der Athener gegen Sizilien stattfand, und Alkibiades der Oberbefehlshaber der Schiffe, tritt dieser nun schwankend in die Runde, gestützt von seinen Begleitern, »berauscht von Hochmut und Wein«. Er will von seinem efeubekränzten Haupte »das Haupt des Weisesten und Schönsten ... mit Bändern schmücken« (212e).[18] Auch er muss sich in die Sequenz der Preisredner auf den Eros einreihen und nimmt in großer leidenschaftlicher Aufwallung das Wort. Hatten die Symposiasten die ganze Zeit über den Eros geredet, ohne zu merken, dass er in der Gestalt des Sokrates leibhaftig unter ihnen weilt, als Verkörperung des philosophischen Eros, denn Sokrates selbst ist jenes Daimonion, jenes Mittelwesen, das zwischen der Transzendenz und der Immanenz vermittelt, ja selbst die leibliche Illustration zur Diotima-Rede.[19] Seine innere Schönheit ist verborgen in der äußeren Hülle eines Waldschratts, maskenhaft verborgen wie jene geschnitzten satyrhaften Figuren des Silen, die im Inneren ein kleines Götterbild bergen. Das Schöne in Person hat hier seinen existentiellen Charakter und Ausweis. Sokrates selbst ist das philosophische Urbild, der die Menschen mit seiner unwiderstehlichen Liebe in sei-

---

[18] So vergleicht der junge Goethe in einem Brief aus dem Jahre 1771 seinen Enthusiasmus für Herder mit dem Eros des Alkibiades, und Hölderlin feiert im Kurzgedicht »Sokrates und Alkibiades« den »heiligen Sokrates« um dieser Liebe willen, wie auch C. F. Meyer den Zusammenklang dieser beiden Welten besingt und der Maler Anselm Feuerbach diese Epiphanie des Dionysischen in zwei monumentalen Gemälden verewigt hatte.
[19] W. Kranz, Diotima, in: Hermes 61 (1926) 437–447; L. Robin, La théorie platonicienne de l'amour, ²1933; J. Wippern. Eros und Unsterblichkeit in der Diotima-Rede des Symposions, in: Synusia. Festgabe für Wolfgang Schadewaldt, 1965, 123–159; F. M. Cornford, The Doctrine of Eros in Plato's »Symposium«, in: Ders., The Unwritten Philosophy and other Essays, (Hg.) W. K. C. Guthrie, ²1967, 68–80; E. Schmalzriedt, Platon. Der Schriftsteller und die Wahrheit, 1969, 32–67; 225–270; 304–307; 362–366.

nen Bannkreis zieht, um sie mit seinen Reden über das Vordergründige hinaus zu etwas ganz Anderem zu führen, hin zum philosophischen Horizont des Schönen, Wahren und Guten. Auch vergleicht Alkibiades ihn mit dem flötenblasenden Marsyas, der die Menschen »mit der Gewalt seines Mundes« bezaubert und erschüttert und überwältigend in den Bann zieht, mit pochendem Herzen wie korybantische Tänzer und zu Tränen rührend (215c). Und Alkibiades erinnert daran, wie er einst gebissen wurde vom Biss des Sokrates, »gebissen von den Worten der Philosophie, welche wilder als Nattern festhalten« seine junge Seele.

Der Blick des Alkibiades in das Innere des Sokrates aber wollte dessen ungeahnte Schönheit ans Licht bringen und zwar als höchste Tugend (arete), die eine menschliche Seele ziert. Der Dialog schließt mit einer Schlussbemerkung des Sokrates, die im eigentlichen Sinne auf den Autor des Symposions gemünzt ist, nämlich, dass der wahre Dichter zugleich Tragödien- und Komödiendichter sein müsse – wie das Symposion mit seiner sprachlich-stilistischen Mischung von Ernst und Heiterkeit, philosophischem Theorem und poetisch-bildhaftem Farbenglanz, transzendentem Aufblick und irdischer Sinnenfreude.

All die Gespräche während des Banketts waren Spiegelungen des Eros, die er facettenhaft wie ein geschliffener Edelstein wirft. Unterschiedlich von den Symposiasten erörtert und von Sokrates relativiert: Eros ist nicht die Vollendung, sondern der Mittler zur Vollendung (Symp. 204d, 202b), und damit zur Sinnerfüllung. Er führt die Liebenden »hinaus auf das weite Meer des Schönen« (210d) und wer sich von ihm leiten lässt, erblickt »am Ziel dieses Liebesweges« ... »ein Schönes von wunderbarer Art« (210d), so dass »auf dieser Stufe des Lebens ..., wenn irgendwo, das Leben für den Menschen erst lebenswert« ist (211d). Sokrates sagt noch der Runde, dass »der Blick unseres Verstandes beginnt erst scharf zu sehen, wenn der unserer Augen an Schärfe nachzulassen anfängt« (218d). Und der Eindruck, den er hinterlässt: »er ist keinem der Menschen ähnlich« (221c), allen ein Rätsel, seine Reden und Worte bergen Geist in sich und sind göttlich und umspannen alles, »was dem zu suchen ziemt, der schön und gut werden will« (221c). Er gibt sich als der Liebende und ist selbst der Geliebte.[20]

---

[20] Vgl. M. Nussbaum, The Speech of Alkibiades. A Reading of Plato's »Symposium«, in: Dies., The Fragility of Goodness, 1985, 165–199; R. Salomon, About Love, 1988; R. Salomon / K. Higgins (Hg.), The Philosophy of (Erotic) Love, 1991; D. Thomä (Hg.) Analytische Philosophie der Liebe, 2000; K. Buchholz (Hg.), Liebe. Ein philosophisches Lesebuch, 2007; K,-D. Eichler, (Hg.) Philosophie der Freundschaft, 1999; H. Frankfurt, Gründe der Liebe, 2005; H. Schmitz, Die Liebe, 1993.

II Liebe als einheitsstiftende Macht

Nachklang: Liebe zum Schönen

Platon band die Idee des Schönen an die Idee des Guten, denn beiden ist das Merkmal der Ordnung und Harmonie sowie des rechten Maßes inhärent (vgl. Philebos 64c). Die Liebe als menschliches Streben ist in all ihren Formen auf das Schöne als das Hervorleuchtendste (ekphainéstaton) und Liebreizendste (erosmiôtaton) hin ausgerichtet, auf ihren sinnfälligen Glanz (Phaidr. 250 d), der sie von all den anderen Ideen heraushebt und auf die Seele wie ein wohltuender Balsam zu wirken vermag (Phaidr. 251a–c). Dem Schönen wohnt ferner eine wirklichkeitsstiftende Kraft inne, wenn es zum Medium einer körperlichen wie geistig-intellektuellen Zeugung wird (Symp. 206e), fruchtbarer Ausgangspunkt der Bildung eines Neuen. Der Vollzug des Liebesstrebens nach Schönheit vollzog sich in der Rede der weisen Priesterin Diotima als Aufstiegsweg von den Stufen sinnlichen und übersinnlichen Entzückens hin zur Schau »des Schönen selbst« in seiner erhöhten Präsenz. Die Idee als Anschauung (idein, eidenai) wird damit in den visuellen Erfahrungsbereich gerückt mit all dem nuancierten Wortbestand der verba videndi. Im Mythos wurde der semantische Aspekt dahin übersteigert, dass in der Unendlichkeit des Blindseins es Blinde sind, die am tiefsten blicken, so der blinde Homer oder der blinde seherische Augur Teiresias. Die kontemplative Grundierung in der »griechischen« Prädominanz des Auges und dem damit verbundenen »Adel des Sehens« (H. Jonas) ereignet sich primär in der Einsicht. Die Aufschlusskraft des Augensinnes und seines Anblickens des Schönen im Umschluss der »Lesbarkeit der Welt« (H. Blumenberg) vollendet sich in der noetischen Schau des Schönen, die Hinweis ist auf das ewig Schöne. Dieser enthusiastische Aufschwung der »Ekstasis« kann in einem, der sinnlichen Wahrnehmung unerreichbaren bakchantischen »Plötzlich« (exaiphnês: 210e), auf einmal und unmittelbar sich ereignen, im Hinweggerissenwerden zum ewig Schönen, das für einen Augenblick aufleuchtet und epiphan wird. Auf vielfache Weise feierten die dem Schönen verfallenen Griechen die bestrickende Macht, die der Redner Isokrates »das Ehrwürdigste, das Verehrteste und das Göttlichste von Allem« nennt (orat. 10,54). Das Phänomen des Schönen fand seine vielfältige Spiegelung z.B. im Mythos der Helena, dem Parisurteil, dem Ganymed-Thema, ferner in der griechischen Religion mit ihren Götterstandbildern, den Festfeiern, der Tempelarchitektur, den Weihestatuen, dann in der epischen Literatur mit der Findung des Hexameters, des Ewigkeitsverses der Erzählung, in Lyrik, Elegie oder in der dramatischen Gestaltung der conditio humana, ferner im politischen Programm des Schön-Guten (kalon kagathon) sowie in der geistigen Pflege der Symposien. Der Eros aber als »großer Dämon« und Sucher nach dem Schönen, nach »Phaidon« einer jeden Seele im Leben zugeteilt (Phaid. 107d–e), ist Ausdruck der Macht des eigenen Wesens des Menschen, die das wesenhaft eigene Selbst im Menschen wecken will zum diskursiven Diskurs des Logos, der unvertretbaren Selbständigkeit des Denkens, aber auch im Wissen um seine Begrenztheit und so zum Mut des schönen »Wagnisses« über die Macht der Vernünftigkeit hinaus zur Kindlichkeit des mythischen Denkens. »Vielleicht steckt wirklich noch ein Kind in uns«, sagt Kebes im »Phaidon« (77e), und der vor seinem Tod stehende Sokrates empfielt, dieses Kind »täglich zu beschwören« (epádein). Er selbst verstand sich als »guter Beschwörer« (Phaid. 78a), denn zum »Beschwören« gehören untrennbar Logos und Mythos zusammen. Sokrates gibt den Rat, in dem ganzen »großen Hellas« und bei allen Barbaren, mit einem Beschwörer gleich ihm, das Schöne und Wahre zu suchen und dabei keine Mühewaltung noch Geld zu scheuen. Dann wendet er sich in einer ironischen Apostrophe an den Kreis der Freunde, die ihn im Kerker besuchen: »Ihr müsst aber auch selbst miteinander forschen (zêtein); denn ihr findet am Ende nicht leicht jemand, der dies besser zu tun vermag als ihr« (ebd. 78a). Eros war im Symposion der Mittler, die das Denken leitende Macht, hinter der das Göttliche wirkt, und seine Gewalt vermag das selbständige Fragen im Ganzen und im Menschen zu wecken. Durch ihn, den »großen Dämon« und »Philosophen« ist Philosophie die den Menschen »dämonisch« ergreifende Leidenschaft auf dem Weg zur »Einsicht«. Über den eigentlichen und »göttlichen« »Ernst« der Philosophie (peri hôn egô spudazô) schreibt Plato in seinem »Siebten Brief«: »Von mir jedenfalls gibt es darüber keine Schrift und soll es nie eine geben; denn sagbar ist es auf keine Weise wie andere lernbare Dinge ... (rhetón gàr oudamôs estin hôs álla mathémata ...« (341c). In den »Gesetzen«, seinem letzten Werk, merkt Platon an, man müsse »gewisse Spiele zum eigentlichen Inhalt seines Lebens machen« und meint damit den Götterkult (803e), weil das Nahe und Denkbare, d.h. »die menschlichen Dinge« »keines schweren Ernstes«, dagegen »seinem Wesen nach Gott alles seligen Ernstes würdig« sei (803b–c).

2. »Phaidros« oder der Wahnsinn (mania) der Liebe

»Phaidros« der vielfältig und kunstvoll gestaltete Dialog Platons[21], beschwört, wie in den Werken »Lysis« und »Symposion«, das Thema von der Macht der Liebe, personifiziert im Gott Eros. Dieser in den fünfziger Jahren des vierten vorchristlichen Jahrhunderts entstandene psychagogische Spätdialog mit seiner Eroslehre ist ein Markstein der europäischen Geistes-

---

[21] Vgl. G. J. de Vries, A Commentary of Platon's Phaidrus, 1969; E. Heitsch, Phaidros, 1993.

geschichte. Er führt den Leser in eine sommerliche Szenerie, unter den Schatten eines Baumes am Illissosbach in Athen, und an sein kleines Nymphenheiligtum, ein locus amoenus. In drei Reden wird der Eros zum zentralen Thema. Am Stadtrand von Athen, und an einem attischen Sommertag will Sokrates seinen jungen Freund Phaidros den Fängen der falschen Rhetorikbegeisterung und der bewunderten Virtuosität ihrer Wortkaskaden entreißen. In einer dialektischen Besinnung auf das Wesen des sachgemäßen »Logos« der Rede will er ihm die Augen öffnen für die Erkenntnisbedeutung und Wahrheitsfähigkeit der Rede in der Unterscheidung von Überredung und Überzeugung. Er entlarvt sie als unehrliches Denken und als beliebiges Spiel von Meinungen und erkenntnisverhindernder Schmeichelkunst[22] sowie des Modischen und des schönen Scheins. Gegenüber dieser Engführung und Verfälschung geistigen Lebens führt Sokrates seinen Mitunterredner in die Welt der ekstatischen Liebe, die das Erkennen öffnet und weitet. Im »Symposion« wird es Phaidros sein, der das Thema »Eros« vorschlägt, den »vernachlässigten Gott« (Symp. 177c), um ihn auf »würdige Weise« (axiôs) zu ehren (Symp. 177a–e). Auch bei Euripides im »Hippolytos« (535–541) wird der Chor die Vernachlässigung des Eros beklagen:

»Torheit, Torheit!
Opfert das Volk der Hellenen
zwar in Olympias Hain Hekatomben
und in den pythischen Gründen Apolls:
doch dem Tyrannen der Sterblichen, Eros,
opfern wir nicht (ou sebízomen)« (U. Wilamowitz)

Durch die Betrachtung der Liebe, des Eros, wird der Weg gebahnt zum Verstehen der Welt, des Menschlichen und des Mehr-als-Menschlichen. In der »poetischen Fiktion« der Liebe ist Eros ein »Gott«, jene Gewalt, in der eine zentral erfahrene Wirklichkeit den Menschen ergreift und in Bann schlägt. Die griechischen Götter sind der Plural von Möglichkeiten. Der von Liebe »erfüllte«, der »erastês«, als ein »erôtikôs diakeímenos« (ein um die Liebe sich Bemühender) (vgl. Symp. 216d), ist in einen Zustand des Ergriffen- und In-Beschlag-genommen-Seins »versetzt«, als ganzer Mensch mit Leib und Seele. Er »verzehrt« sich, ist »krank« gemacht, trunken, bezaubert, der »Unvernunft« preisgegeben und dem »Wahnsinn« (manía) leidenschaftlichen Begehrens. »Nun aber werden uns die größten aller Güter durch Wahnsinn zuteil, allerdings durch einen solchen, der göttlicher Schenkung (theía dôsis) entstammt« (Phaidr. 244a; vgl. 245b).

Ein bunter Gedankenstrauß ist hier zusammengebunden über die tote Schriftlichkeit und lebendige Mündlichkeit der Rede, über das Verhältnis

---

[22] Vgl. H. Schanze/J. Kopperschmidt (Hg.), Rhetorik und Philosophie, 1989.

von Teil und Ganzem und der Redekunst, die erst dann ihrem Namen gerecht wird, wenn sie sich mit der Philosophie und dem Streben nach Wahrheit verbindet. Echte Beredsamkeit müsse auf der Kenntnis von der Natur der menschlichen Seele basieren und der als Mythos vorgetragenen Lehre ihrer himmlischen Heimat und Unsterblichkeit, einer der berühmtesten und eindrucksvollsten Texte des Platonismus aller Zeiten. Gegenüber der in rhetorischer Modekunst vom Rhetor Lysias ausgearbeiteten Liebesrede, richtet Sokrates den sondierenden Blick in die Tiefe der menschlichen Wirklichkeit und erzählt in der Mitte des Dialogs einen Mythos der Gestirnsmystik, die Lehre von der himmlischen Heimat der unsterblichen Seele.[23]

Sokrates begründet die Liebe, die zum gemeinsamen Philosophieren bewegt, mit der Selbstbewegung der unsterblichen Seele im Bilde des geflügelten Seelengespanns, das zum transzendenten, überirdischen Reich der Ideen strebt. Diese, in der Körperwelt in Hüllung verborgen und nur schwer erkennbar, strahlen im sinnlich Schönen hervor und wecken das Verlangen, sich näherungsweise auf sie hin zu bewegen. Die Seele aber gleicht einem geflügelten Zweigespann, wobei eines der Pferde ihre schöne, gute Seite symbolisiert, das andere aber die entgegengesetzte, beschattete Seite der Eigenschaften. Der Wagenlenker hat alle Mühe, das Gespann zu lenken (246a–b). Mit diesem dreiteiligen, geflügelten Seelengespann illustriert Sokrates die drei Grundaspekte der menschlichen Seele, im Wagenlenker den reinen göttlichen Vernunftteil (lógos, nûs), das »Göttliche in uns« (theion en hêmin), der »Führer der Seele« (psychês kybernétês), im edlen Pferd den Eifer und Mut (thymós) und im unedlen die niedere Begierde (epithymía). Von den vier Formen des »göttlichen Wahnsinns«[24] im Menschen (die manía mantikê, telestikê, poietikê und erôtikê), ist in der Palinodie des Sokrates die Liebe zur Weisheit die edelste und höchste. Für Marsilio Ficino (1433–1499), den Florentiner Humanisten, der im Auftrag Cosimo Medicis Platon und Plotin ins Lateinische übersetzte und in seiner »Theologia Platonica« Platonismus und Christentum zu verbinden versuchte, war die oben genannte Rede des Sokrates ein geistesgeschichtlicher Höhepunkt.[25]

---

[23] Nach Phaidr. 245c–246a ist für Platon die archê agen(n) êtos (ungeworden, ungeboren, nicht des Werdens fähig, weil ihr Werden wiederum eine archê voraussetzen müsste. Vgl. J. Lebreton, AGENNETOS, in: Rev. SR 16 (1926) 431–443; E. Schmalzriedt, Der Umfahrtsmythos des Phaidros, in: Der altsprachliche Unterricht 9 (1966) 60–99; Th. A. Szelzák, Dialogform und Esoterik. Zur Deutung des platonischen Dialogs Phaidros, in: Museum Helveticum 35 (1978) 18–32; D. Thiel, Platons Hypomnemata. Die Genese des Platonismus aus dem Gedächtnis der Schrift, 1993; H. J. Krämer, Der Ursprung der Geistmetaphysik, ²1967; A. B. Lloyd (Hg.), What is a God? 1997; H. J. Rose u. a., La notion du divin depuis Homère jusqu'à Platon, 1960.
[24] J. Pieper, Begeisterung und göttlicher Wahnsinn, 1962.
[25] Vgl. W. Dreß, Mystik des Ficino, 1929.

II Liebe als einheitsstiftende Macht

Für Sokrates ist »Eros ein Gott und die Liebe etwas Göttliches« (242e). Damit will er die Gleichsetzung von Liebe und Wahnsinn in einer Art Palinodie unter den vier Aspekten des Wahnsinns darlegen und sie in ihren edelsten und obersten Formen preisen. Die vier Arten des göttlichen Wahnsinns (theia manía 244a – 245a; 265b) werden vier griechischen Gottheiten zugeordnet, dem Apollon die Mantik, dem Dionysos die Mysterien, den Musen die Dichtung und Aphrodite und ihrem Begleiter Eros die Liebe.

a. Mantik als göttliche Inspiration

Viel Großes geschieht aus dem durch göttliche Gunst verliehenen Wahnsinn, so in Delphi, wenn die pythische Prophetin spricht, oder in Dodona durch die Priesterinnen des Zeus oder durch die Sibylle. Der göttliche Wahnsinn ergreift den Wahrsager und seine Wahrsagekunst, die als »intuitive«, göttliche Inspiration auf den Menschen einwirkt und Ekstasen und Träume umfasst, während die »technische« Wahrsagung sich an auffälligen Phänomenen, Zeichen und Opfervorgängen orientiert.[26] So basierten die bekannten Apolloorakel in Delphi und in Kleinasien auf ekstatischen Zuständen[27], durch seherische Menschen vermittelt zwischen den Fragenden und der transzendenten, göttergewirkten Antwort. Die Mantik als göttliche Inspiration und Intuition unterscheidet sich von der Mantik der Zeichen und ihrer Ausdeutung. Die von einer Gottheit inspirierte Mantik, »empneustos« oder »theolêptos« genannt, geschieht, wie Cicero sagt, auf »göttliche Weisung« (divino instinctu div. I, 6,18). Das antike Beispiel schlechthin ist die Apollonpriesterin Pythia in Delphi, die vom göttlichen Geist« (»theion pneuma«) ergriffen, ihre Weissagung von sich gibt.

b. Der »heilende« Wahnsinn

Auch die Gabe der Heilung, die »mania telestikê«, verdankt sich dem göttlichen Wahnsinn und ist eine Gabe des Dionysos (epípnoia Dionýsiou). Der von ihr Ergriffene und Erfüllte vermag durch Reinigungs- und Weihehandlungen (katharmoì kaì teletaí) die vom natürlichen Wahnsinn Betroffenen heilen (244d).Der göttliche Wahnsinn ergreift die Weihepriester, die ihre

---

[26] Vgl. F. Pfeffer, Studien zur Mantik in der Philosophie der Antike, 1976. Vgl. Heraklit, DK 22 B 92; Cicero, De divinitiatione, 44/45 v.Chr. Vgl. M. Schofield, Cicero for and against Divination, in: Journal of Roman Studies 76 (1986) 47–65.
[27] Vgl. H. W. Parke, The Oracles of Apollo in Asia Minor, 1987. Vgl. Iamblichos, myst. p. 126; Pollux I, 15 ff.

Reinigungen an denen vollziehen, die durch Schicksalsfluch von Leiden heimgesucht werden, auch »die aus alter Schuld irgendwoher einigen Geschlechtern waren« (244d). Es geht um rettende Heilung für den, »welcher zu Gebeten und Verehrungen der Götter fliehend und dadurch reinigende Gebräuche und Geheimnisse erlangend« (244e) Lösung erlangt. So suchen nach Platon (Leg. 790e – 791b) auch korybantische Tänzer in den dionysischen Kulturen den an der Seele Kranken Heilung zu bringen (vgl. Euripides, Bacch. 298–305). Dionysos ist neben Demeter die wichtigste Mysteriengottheit der griechischen Welt, und bei Platon mit dem ihn charakterisierenden Wahnsinn (mania als telestikê), als »zu den Einweihungen gehörig« identifiziert (Phaidr. 265b4). Seine Mysterien vermittelten einerseits die Hoffnung auf ein seliges, nachtodliches Los, andererseits aber sogar Wiedergeburt und Gottwerdung. Und vom Liebenden heißt es, indem er »aus dem Ernst des menschlichen Strebens heraustritt und mit dem Göttlichen umgeht, wird er von den Vielen zurechtgewiesen, weil er verdreht sei; dass er aber des Gottes voll ist, das ist den Vielen verborgen geblieben« (Phaidr. 249cd). In dem so sistierten Normalzustand des Menschen (Phaidr. 265a) wird das geistige Selbst des Menschen im »Wahnsinn der Liebe« auf den Gipfel seiner Möglichkeiten gehoben, z. B. zur enthusiastischen Rede entflammt (Phaidr. 236–237; 244a), am »göttlichen Orte«, »von Nymphen ergriffen« und daher »nicht mehr fern von Dithyramben« (238cd), und von der Liebe zu »poetischer Sprache« mit Gewalt hingerissen (Phaidr. 257). Nach dem Dialog »Phaidon« (66e) sei wahre Erkenntnis erst möglich, wenn die Seele ihren körperlichen Erdenrest abgestreift habe, jedoch sei dies erst schlussendlich im Tode möglich; im irdischen Leben aber bedarf es immer wieder des erneuten kathartischen Mühens. Auch im »Ion« (534b), wo sich Platon zum erstenmal äußert, wie er über die Dichtung denkt, heißt es vom gottbegeisterten Dichter: »und nicht eher vermöge er zu dichten, bis er begeistert worden ist und außer sich geraten ist, und die klare Vernunft nicht mehr in ihm wohnt«; (entheos gignetai kai ekphrôn kai ho nous ouketi en autô enestin). Im Ekstatischen vernimmt man aus dem Gotterfülltsein die Stimme der Gottheit und: »Der Gott aber zieht durch die Rhapsoden die Seele des Menschen, wohin er will«.

c. »Eingeistung« und »Wahnsinnigkeit« des Dichters und seine ästhetische Schaulust

Wie der Seher und Orakelspender ist auch der von den Musen »getriebene« Dichter und Künstler (Ion 543 e9) »gotterfüllt und besessen« (Ion 533a). Die Gottheit redet durch ihn, denn er ist »nichts als Dolmetscher der Götter« (hermês tôn theôn: Ion 534e). Und wie die Biene den Honig »im Fluge«

II Liebe als einheitsstiftende Macht

sammelt,[28] so erntet auch der Dichter »von honigströmenden Quellen aus den Gärten und Hainen der Musen«, taumelnd vom Begegnenden angezogen. Ist Ion »göttlicher Lobredner Homers« (542 b), so entzünden die Musen bei Dichtern und Rhapsoden sowie den Zuhörern den Ethusiasmus und lassen ihn fortwirken (533de). Auch die Dichter »ahmen nach«, (vgl. 535e), »als Sprecher der Götter[29], besessen jeder von dem, der ihn eben besitzt« (Ion 535e).[30] Dichtung ist eine Gabe der »manía«, die die Musen schenken. So erzählen Dichter und Sänger von ihrer Dichterweihe und -berufung durch die Musen, die ihnen den göttlichen Sang einhauchen und in einen ekstatischen Zustand versetzen (245a; 265b).[31] So ergreift der durch die Musen verursachte Wahnsinn der Liebe die Dichter. Ihre »Eingeistung« und »Wahnsinnigkeit« befeuert sie, so dass sie »in festlichen Gesängen« und anderen Werken der Dichtkunst tausend Taten der Urväter ausschmücken (Phaidr. 245a). Es ist ein ekstatisches Eingeweihtsein in den Wahnsinn der Liebe und der von Wahnsinn Erfüllte ist ein »entheos«, ein »in Gott« Seiender. Die Menschen schelten ihn, da er mit dem »Göttlichen umgeht«, als »einen Verwirrten, dass er aber begeistert ist, merken die Leute nicht« (249 d). Der vom Wahnsinn Erfüllte »entheos« ist ein »kekinêmenos«. Er wird als »verrückt« (parakinôn) angesehen, und im Dialog »Ion« wird von einem solchen gesagt: theía dynamis kineî se (533d).[32] Es ist die Vorstellung vom besonderen Wirken einer göttlichen Liebes-Kraft im Menschen, die ihn verändert. Demokrit spricht als erster von der göttlichen Begeisterung der Dichter, ihrem »enthousiasmós«.[33] Dichtung als nachahmender Abglanz hat einen religiösen Sinn und macht den Leser/Hörer, wie der Liebende den Geliebten, einer göttlichen Macht ähnlich. Nachahmung ist Außersich-Sein und eine poetische Ansicht der Welt, wie diese sich von sich aus zeigt und der Dichter sie wiedergibt. Sie ist gottbeseelter Ausdruck, der die Wirklichkeit, wie sie sich von sich aus darstellt, wiedergibt. So gewinnt sie einen religiösen Weisheitsanspruch und die sinnliche Nachahmung einen quasi religiösen Charakter. Platon vergleicht den Dichter mit dem Maler (Resp. 603b; 605ab) in seiner bildenden Handgreiflichkeit. Das Ganze des Menschseins, dessen »Sinn« und letzter »Zweck«, steht so unter einem im Menschen wirkenden und übermächtigen Drang, den er als seinen ureigensten erfährt, sein eigenes Wesen zu erfüllen. Im »Wahnsinn« des Eros über-

---

[28] Vgl. J. H. Waszink, Biene und Honig als Symbol des Dichters und der Dichtung in der griechisch-römischen Antike, 1974.
[29] Von hier aus führt ein Weg zu Symposion 202 ff., wo der Begriff des »Vermittlers«, »Dolmetschers« (hermêneús) im Zentrum steht.
[30] Vgl. H. Flashar, Der Dialog Ion, 1958, bes. 54 ff.
[31] Vgl. H. Gundert, Enthusiasmos und Logos bei Platon, in: Lexis 2 (1949) 25 ff.
[32] Siehe auch Aristoteles, an. 406 a 12; 406 b 13.
[33] DK 68B 17.B 18.B 21.

steigt er die Sphäre der »menschlichen Ernsthaftigkeit« und das sich scheinbar selbst überlassene Dasein hin zur Schau der »unversehrten, unverfälschten, unwankenden und seligen Gesichte«, die die Frucht einer religiösen Einweihung (telê) ist (Phaidr. 250bc; Symp. 210a). Eros wird dann im großen »Symposion«-Gespräch als eine in sich selbständige, göttliche Macht angesprochen, als »megas daimon«, der die menschliche Besinnung weckt und vom Begehrten geschieden ist.

d. Der Wahnsinn der Weisheit-Liebenden

Die vierte Art des Wahnsinns ist die, die sich durch das Wiedererinnertwerden an die ewige Schönheit vollzieht. Sie ist die edelste, denn diejenigen, die in den hiesigen Dingen »ein Ebenbild der Dortigen sehen, werden entzückt und sind nicht mehr ihrer selbst mächtig, was ihnen aber eigentlich begegnet, wissen sie nicht, weil sie es nicht genug durchschauen« (250a). Die Schönheit, »das Hervorleuchtendste und das Liebreizendste«, weckt beim Anblick der hiesigen Schönheit die Erinnerung an die unvergängliche Schönheit. Dieser aus dem Anblick der ewigen Schönheit, d. i. der aus dem Denken des Göttlichen entspringende Wahnsinn (249de; Symp. 218b), ist nicht geistferne Irrationalität, sondern intuitive Unmittelbarkeit, eine emotional getragene suprarationale Erkenntniskraft des »Göttlichen in uns« (theion en hêmin) im Unterschied zur dianoia, dem Verstand. So ist der Eros der Philosophen »unter allen Begeisterungen die edelste«, der beste »enthousiasmos« (249e1), der vom körperlich und seelisch Schönen seinen Ausgang nimmt, um auf methodisch kontrollierte Weise das Schöne der Intelligibilia und das Schöne selbst zu erfassen (249c – 256b; Symp. 209e – 212c), »rein und unbelastet von diesem unserm Leibe, wie wir ihn nennen, den wir jetzt eingekerkert wie ein Schaltier mit uns herumtragen« (250c). Platon sieht in der Liebes- und Erkenntnisgabe die höchste Form der Liebe, des Eros, der in einer »theia manía«, seinem göttlichen Wahnsinn, nach der Schau der Ideen strebt. Es ist dies der philosophisch-dionysische Wahnsinn, (he philosophou mania kai bakcheia, Symp. 218). Der von ihr ergriffene Philosoph will sie auch seinen Schülern vermitteln, um die Ideenschau und damit die Erkenntnis der Wahrheit zu suchen. Das wahrhaft seiende Wesen (anaphès ousia óntôs oúsa) der Dinge ist »beschaubar allein (mónô theaté) für den Führer der Seele (psychês kybernêtês), die Einsicht (Phaidr. 247c8–9).Diesen philosophischen Enthusiasmus hält die Menge für verrückt (249 ce), ohne zu ahnen, dass er der beste aller Arten des Enthusiasmos sei und zur wahren Erkenntnis führt. Die höchste Form des Wahnsinns ist auch höchste Auszeichnung und höchstes Glück, das die Götter verleihen können (245b.249e). Liebe gewinnt ihre Gestalt in den Weisen ihrer Zuwendung und ihres Wirkens (252cd), sowie in der gelebten Lebensweise (trópos). Solch ein Zustand des Philosophen ist mit dem Zustand des Mysten in den Mysterien vergleichbar (248cd.250c; Phaid. 69bc; Symp. 210a), eine Ekstase die zur beseligenden Schau und Erkenntnis führt und den Menschen mit der Gottheit verbindet.[34] Kraft des Enthusiasmos führt der Weg zur Schau der Ideen, den der vom Eros Besessene beschreitet. Dieser Weg enthusiastischer Liebe ist ein Aufstiegsweg »synoptischer Dialektik« (ho gar synoptikôs dialektikós: Rep. 7, 537c; Phaidr. 265d; 249b), ein stufenweises fortschreitendes Aufwärtsstreben und »Zusammenschauen« von Begriff zu Begriff auf das ewig Bleibende und Einheitliche der Idee hin. In solchem Trachten nach dem vollen Sein der »Idee des Guten« im Enthusiasmos der Liebe, ist deren Erkenntnis höchstes Wissen selbst, das sich in einer »Umwendung« (periagôgê) vom farbigen Abglanz der Schattenbilder hin zur Sonne als der höchsten Idee und göttlichen Lichtquelle alles Seins und alles Erkennens vollzieht. Diese Idee ist mehr als alle anderen Ideen, erster Grund und wirkende Ursache alles Seins und Wissens und das Göttliche selbst (Rep. 517bc). So steht der Liebende immer schon im Gefolge eines Gottes. Dieser lässt ihn dann auch in seinem Licht und Glanz stehen, wenn es von den Verehrern des Zeus heißt, »dass der von ihnen Geliebte in seiner Seele ein Zeus sei« (Phaidr. 252e), denn sie »sehen darauf, ob er zu Weisheitsliebe und Führung veranlagt ist« (ebd.). Auch die Verehrer des Apollon und der anderen Götter suchen bei den Objekten ihrer Liebe je eine bestimmte Anlage, »indem sie nach dem Gott gehen« (Phaidr. 253b). In den Charakteren der verschiedenen Götter spiegelt sich so das Spektrum der Möglichkeiten der Liebesaspekte. Was an den Göttern verehrt wird, soll im geliebten Menschen seinen Widerschein finden. »Die Liebe zu den Schönen wählt sich ein jeder gemäß seiner Lebensart aus, und als wäre jeder selbst für ihn ein Gott, modelliert und schmückt er ihn wie ein heiliges Bild, als wollte er ihm Verehrung und orgiastische Feste widmen« (Phaidr. 252d).

An seine große Palinodie fügt Sokrates ein Gebet an den Eros an, er möge ihm »günstig und gnädig die Kunst der verliehenen Liebe im Zorn weder nehmen noch schmälern« (257a). Dann spricht er die Bitte aus: »Verleihe mir vielmehr, noch mehr als jetzt, von der Schönheit geehrt zu sein«, und Lysias möge »der Liebe mit philosophischen Reden sein Leben widmen« (257b). Phaidros stimmt in das Gebet ein, dass es so geschehen möge (257c).

Auch in Platons letzter und umfangreichster aber unvollendeter Schrift, den »Nomoi« (lat. Leges), vor 347 v. Chr. entstanden, geht es um den Eros,

---

[34] Vgl. die Schau (epópteia) der eleusinischen Mysterien und die damit verbundene Seligpreisung der Epotpten (Pindar, Frg. 137; Sophokles, Frg. 753. Vgl. E. R. Dodds, The Greeks and the Irrational, 1951; G. R. F. Ferrari, Listening to the Cicados. A Study of Plato's Phaedrus, 1987; E. Heitsch, Phaidros, 1993.

aber in seinem praktischen Bezug.³⁵ Nach der digressiven Aneinanderreihung vieler Themen, die ein namenloser Athener, ein Spartaner und ein Kreter auf ihrem Weg zur Geburtsgrotte des Zeus auf dem kretischen Ida diskutieren, kommen Fragen der Philosophie und Theologie zur Sprache. Bezugspunkt der Wanderung ist eine Höhle, wo einst der Kreterkönig Minos von Zeus selbst die Gesetze über Staatsform und Gesetzgebung erhalten hatte. Im Proömium zum 4. Buch wird Gott als das Maß aller Dinge genannt, der Mäßigung liebt und Verehrung der göttlichen Mächte Oben und die Achtung der Eltern Unten, sowie die rechte Einstellung dem menschlichen Leib und der Seele gegenüber, die das Göttlichste und Eigentlichste des Menschen ausmacht. In den praxisbezogenen Büchern 4–12 kommt dann Eros zur Sprache und die Erziehung der Menschen, indem sie vom Sinn und Zweck der Gesetze überzeugt werden.

---

³⁵ Vgl. R. F. Stalley, An Introduction to Plato's Laws, 1983; P. M. Steiner, Platons Nomoi X, 1992.

III
Das tragische Chorspiel der Hellenen und ihre Imagination von Liebe

1. Liebe in der tragischen Vision der Hellenen:
»Durch Leiden lernen«
(»páthei máthos«: Aischylos, Agamemnon V. 177)

Zerfällt die mythische Religion von Althellas in Theorie und Tragödie und sucht die Theorie auf den überzeitlichen Kosmos der Ideen zu blicken, die das Unwesentliche als das überzeitlich Wesentliche überstrahlen, so blickt die Tragödie in die Welt der Tragik, der Schuld und des lebensweltlich unvermeidlichen Todes. Sie handelt von deren kathartischer Linderung und Abfindung des tragischen Fatalismus. Zwei Aspekte jedoch bestimmen den Weg der Philosophie, die Platon zusammendenkt: der theoretische Aspekt als Streben nach dem Wissen des immer Seienden, und ein zweiter, praktischer Aspekt, nämlich das zu betrachten, was »wahr« ist und auf welche Weise es »wahr« ist, um so mit dem rechten »Logos«, sich um die »Seele« zu sorgen. Die Philosophie ist für Platon »wahr«, insofern sie systematisch »zum Sein führt« und »die Seele umlenkt aus dem Dunkel zum Wahren«.[1] Die Tragödie aber führt den Menschen in den Sinnhorizont der Katharsis, der »Reinigung«, wie sie im Bereich des Kultes, der Musik, der Philosophie und der Medizin bekannt war.[2] Durch die Mittel der Handlungsführung soll sie von »Schrecken und Furcht« reinigen.[3] Goethe sieht in der Katharsis ein »Versöhnungs«-Geschehen, wenn er schreibt: »Er (Aristoteles) versteht unter Katharsis die aussöhnende Abrundung«, die in der Tragödie »durch eine Art Menschenopfer« geschieht;[4] Aristoteles habe also »in seiner jederzeit auf den Gegenstand weisenden Art« gar nicht »an die entfernte Wirkung«

---

[1] Platon, Resp. 529a; 535c; 536c; 540d. Vgl. A.-H. Chroust, Philosophy: Its essence and meaning in the ancient world, in: Philos. Review 27 (1947) 19–58.
[2] Vgl. L. Moulinier, Le pur et l'impur dans la pensée des Grecs d'Homère à Aristote, 1952.
[3] G. E. Lessing deutet die Katharsis als Umwandlung des zu starken Mitleidsaffektes in die milde Form der philanthropen Regung: »Die Verwandlung der Leidenschaften in tugendhafte Fertigkeiten«, in: Hamburgische Dramaturgie 74.–78. Stück; dazu M. Kommerell, Lessing und Aristoteles (1940), ³1960, 63 ff.
[4] J. W. Goethe, Nachlese zu Aristoteles' Poetik, in: Sophien-Ausgabe I, 41/42, 247–251; = E. Grumach, Goethe und die Antike 2 (1947) 776–778.

gedacht,[5] »welche eine Tragödie auf den Zuschauer vielleicht machen würde«.

Im »Agamemnon«, dem ersten Stück der »Orestie« des Aischylos (525–456 v. Chr.), dem Archegeten der attischen Tragödie, der in die Chordichtung der Feier des in einem Blitz gezeugten Dionysos den dramatischen Keim einbrachte, lässt den Chor singen:

»*Zeus, der uns der Weisheit Weg*
Leitet, der dem Satz »›*Durch Leid*
Lernen!‹« (*páthei máthos*) *vollste Geltung leiht.*
Klopft anstatt des Schlummers an das Herz
Reugemut Mühsal an: selbst sich Sträu-
benden kommt Besonnenheit (*sôphronein*).«
(Aischylos, Agam. 176–181)

Das erste Chorlied der Atridentragödie, das auf die Ereignisse der Opferung Iphigenies in Aulis zurückblickt, nennt in diesen Versen die zentralen Leitmotive des Dramas – der von außen verhängte Schicksalszwang und die innere Schuld, verblendetes Überschreiten göttlicher Satzungen, und die dem Menschen geboten Notwendigkeit, sich dem Recht (*dikê*) der Himmlischen zu beugen. Ihr unerbittliches Gesetz lautet: »Durch Leiden lernen«, – und deren höchster Wahrer dieser Rechtsnorm Zeus ist: »Gerechtigkeit (*dika*) dem, der Leid duldet, Lernen wägt sie zu« (*toi men pathousin mathein*) (249f.). Der Mensch wird so zur Selbstbesinnung und Katharsis gerufen. Der Chor bringt das immer gültige Gesetz der göttlichen Dike zum Ausdruck. Pindar stellte die Frage: »Ist's Gerechtigkeit, ist's schnöder Betrug, wodurch das Erdengeschlecht auf den höchsten Turm sich schwang?« (Frg. 213). Für Aischylos und sein religiöses Denken meint Gerechtigkeit die Einfügung der Polisgemeinschaft in die Ordnung des Kosmos, die allein aus »unserer Schuld« (*prôtarchos átê*, Agam. 1192) herauszuführen vermag. Der Mensch ist »schreckenerregend« (*deinós*: vgl. Aischylos, »Choephoren«, 588ff.) durch die Maßlosigkeit seines Wollens (V. 594f.) und muss »durch Leid« Weisheit erwerben (Agam. 177), d.h. die »gnädige Gewalt der Götter« (*cháris bíaios*) hinzunehmen lernen, welche die Menschen mit Schicksalsschlägen heimsuchen, damit diese »wider Wunsch« nicht dem wahnwitzigen Übermaß der Hybris verfallen, deren Urheber und Opfer sie sind.[6]

---

[5] Ders., Sophien-Ausgabe I, 41/42, 248.
[6] Vgl. B. Zimmermann, Europa und die griechische Tragödie, 2000, 17–178; E. Hoessly, Katharsis: Reinigung als Heilverfahren, 2001; W. Burkert, Griechische Tragödie und Opferritual, in: Ders., Wilder Ursprung, 1990, 13–39; W. Schadewaldt, Furcht und Mitleid?, in: Hermes 83 (1955) 129–171; E. Bartsch, Tragödie und Christentum, 2000; Dies., Geschichte und Fiktion, 2004.

III Das tragische Chorspiel der Hellenen und ihre Imagination von Liebe

Das zur »Frage-geworden-Sein« des Menschen und sein fragloses Todesschicksal hat die tragische »Tradition« Griechenlands auf der Bühne etabliert. Schon Pindaros aus Kynoskephalai (um 522/518 – 446 v. Chr.), der große panhellenisch hymnische Lyriker, spricht mit seinem »Viergespann der Musen« und »Mischkrug der Gesänge« (Olymp. 6,91) hinein in die Weite von Raum und Zeit und an das Ohr des »Eintagswesens« (ephámeros) Mensch:

»*Doch wer den frischesten Kranz gepflückt,*
Bebt im Jubel, und Hoffen beschwingt
Ihn, dass zum Gipfel er strebt
Des Mannestums; Höheres denkt er
Als nur Gewinn. Doch uns wurde nur eine schmale Frist,
Da sich der Segen vermehrt;
Bald sinkt er niederwärts,
Durch Wahn erschüttert und ein widrig Los.

Wir Flüchtigen! Was sind wir,
schon sind wir's nicht mehr. Ein Traum
Des Schattens, das ist der Mensch.
Aber kommt nur ein Strahl von
Gott her, gleich ist es hell, und das
Leben dünket uns freundlich.«
(Pyth. 8, 88–97)

Wenn er auch die Siege seiner Helden im sportlichen Agon als Gabe göttlicher Gunst (charis) preist und in den Glanz strahlenden Lichtes rückt, so weiß er auch um die düsteren, auf den Menschen fallenden Schatten und um die Schrecken des Todes. Dem Wissen um das Lichtvolle inhäriert das Wissen um das Dunkle.

Zu den Siegesfeiern der panhellenischen Agone gehörte das Preislied, denn echter Ruhm war nur im Rahmen der Erfüllung einer göttlichen Ordnung zu erringen, des apollinisch verwirklichten Zeusgesetzes. Über den Weihefesten aber lag auch die Erkenntnis von den Leiden, die allem Dasein verhängt sind.

Die griechische Tragödie greift dabei auf die große Vielfalt mythischer Stoffe zurück und macht sie im Theaterrund präsent. Sie verdichtet den Mythos auf seinen eigentlichen Kern, das »páthei máthos«, »durch Leiden lernen«, als Ausgleich und Versöhnung und als amor fati, die Liebe zum Schicksal. Diachronisches »aus dem tiefen Brunnen der Vergangenheit« (Th. Mann) wird in einem quasikultischen Vorgang, zu Ehren des Dionysos, einer »synchronen« Zuhörerschaft aktualisiert. Im Zuhören und der verstehenden Einstimmung in das Gehörte, soll sich eine »Übertragung« ereignen, im Wissen um das fatalistische Walten eines unentrinnbaren Schicksals. Damit soll »Furcht und Mitleid«, »Jammer« (éleos) und »Schauder« (phóbos) erweckt werden, das zur »Reinigung« (kátharsis) dieser Grundaffekte oder von diesen Affekten führen.[7] Diese »kathartische Kur« erscheint wie ein ferner Vorschein eines therapeutischen Gesprächs an den Affektkonstellationen, die primär negativ die Innerlichkeit des Menschen mitbestimmen. Es geht um eine totale Seelenerschütterung in der Fülle widersprüchlichster Tiefenkräfte und Gefühle des Menschen. Da die dramatische Handlung ihren Ursprung in der kultischen Feier mit dem Schema sakral-profan, Übergang (rîtes de passage) und Integration hat, ist in der Tragödie die religiöse Dimension durch die mitagierenden Götter und das Schicksal präsent. Die Zeit wird durch das Dionysische verändert und wird Festzeit, alternative Zeit der Katharsis und der Erneuerung des Menschen. Das Ganze hat eine liminale Dimension durch die Konfiguration des Konfliktes der Akteure, der auf die Bühne gestellt wird. Antagonistische Kräfte sind auf ihr wirksam, die zwei oder drei Sprecher, die Poliswirklichkeit als soziale Gemeinschaft (Chor), der Kosmos mit der transzendenten Götterwelt sowie das unbefragt und unbefragbare Schicksal. Sie alle werden dialogisch in eine neue Beziehung gesetzt, die conditio humana in dramatischen Kategorien als Ringen der endlichen Freiheit mit dem Mehr-als-Menschlichen zu erfassen. Der Mensch wird zum rätselhaften Code und scheitert an einer nicht überschreitbaren Grenze und Macht, dem rätselhaften »fatum« mit seiner unaufhebbaren Wendung. Der Heros hat so teil an der tragischen Beschaffenheit seines Lebensweges als eines Schicksalsweges, dem »Total« seiner Natur und Verfallenheit an das Verhängnis, so dass Max Scheler das Tragische als »ein Element im Universum selbst« nennt,[8] das als unheimliche Macht eingreift und den Menschen mit Schauer überstürzt. Die Leiden der tragischen Helden, die im Theater und Bühne agieren, stehen in einem tiefen analogen Bezug zum Leidens-Gott Dionysos. Der Satyrchor, der einst das Dionysische verbildlichte und das schmerzbedeckte Dasein des Menschen spiegelte, lässt die Festteilnehmer an diesem Leitbild teilhaben, wie auch Oedipus an sich die Tragik der dionysischen Leidensweisheit erleiden musste. Und in seinem Erstlingswerk, »Die Geburt der Tragödie aus dem Geiste der Musik«, stellt F. Nietzsche die Frage nach dem »ungeheuren Phänomen des Dionysischen«[9], aus dem die Tragödie geboren wurde. Es ist für ihn die Grundfrage nach dem Verhältnis der Griechen zum Schmerz und zu den Leiden.[10] Sie kannten die alte Sage von König Midas, der lange nach dem weisen Silen

---

[7] Vgl. A. Zierl, Affekte in der Tragödie: Orestie, Oidipus Tyrannos, und die Poetik des Aristoteles, 1994; L. Wisse, Ethos and Pathos from Aristotle to Cicero, 1989.
[8] M. Weber, Abhandlungen und Aufsätze, 1915, 32. Vgl. G. v. Lukacs, Metaphysik der Tragödie, 1910.
[9] F. Nietzsche, Die Geburt der Tragödie aus dem Geiste der Musik, EA 1872, in: Werke I, 1969,10.
[10] Ders., a.a.O. 12.

III Das tragische Chorspiel der Hellenen und ihre Imagination von Liebe

und Begleiter des Dionysos im Walde gejagt hatte, ohne ihn zu fangen und als er endlich seiner habhaft wurde, fragte er, was für den Menschen das Allerbeste und Allervorzüglichste sei: »Starr und unbeweglich schweigt der Dämon, bis er, durch den König gezwungen, endlich unter grellem Lachen in die Worte ausbricht: ›Elendes Eintagsgeschlecht, des Zufalls Kinder und der Mühsal, was zwingst du mich dir zu sagen, was nicht zu hören für dich das Ersprießlichste ist? Das Allerbeste ist für dich gänzlich unerreichbar: nicht geboren zu sein, nicht zu sein, nichts zu sein. Das Zweitbeste aber ist für dich – bald zu sterben.‹«[11]

Die Tragödie spricht die Erfahrung von Schuld an und die Frage der kosmischen Ordnung, das »verhängnisvolle« Scheitern der Menschen und ihre Lebenskonflikte, Grenzsituationen, Zwiespältigkeiten und die transmoralischen Schicksalsschläge sowie die tragische Katharsis, die Reinigung. Im kultischen Bereich trennt Katharsis den Bereich des Sakralen, Heiligen sowie des höheren Seins von dem Bereich des Profanen, Weltlich-Alltäglichen.[12] Als Heilgott fungierte Apollon als Gott der Reinigungen und Sühnungen, und im »Phaidon« Platons ist die Philosophie ein »Sterbenlernen« und die Trennung der Seele vom Körper ein Reinigungsvorgang (Phaid. 64a–65a). Der Philosophie geht es um die Erkenntnis des wahrhaft Seienden: »dass, wenn wir etwas rein (katharôs) erkennen wollen, wir uns von ihm (d.h. dem Körper) trennen und die Dinge mit der Seele selbst betrachten müssen« (Phaid. 66de). Will die philosophische Katharsis eine Wirklichkeit des Mehr-als-Sinnenhaften erschließen, so die kultische Katharsis die Dimension des Sakralen.[13] Bei den Dionysosfesten in Athen wurden – als Trilogie – drei Tragödien in dreitaktiger Einheit und als Höhepunkt der Götterehrung aufgeführt, sowie ein Satyrspiel angeschlossen, das mit der komischen Figur des Dionysosbegleiters, des Silen, arbeitete. Die griechische Tragödie hat einen musikalischen Ursprung im Chorgesang und dem kultischen Reigen, griechisch »chorós« genannt, der eine gottesdienstliche Funktion innehatte. Im Wechselgesang von Chor und Einzelstimme, dem späteren Schauspieler im Theaterrund, dem »hypokrités« (= Antworter), der auf die Frage des Chors reagiert, war der erste Schritt zum »Drama« getan. Im Versfuß des Chorjambus, zusammengesetzt aus einem Choreus (= Trochäus) und einem Jambus (z. B. ›wónneberaúscht‹), spiegelt sich die griechische Imagination

---

[11] Ders. a. a. O. 29 f.
[12] Vgl. M. Eliade, Das Heilige und das Profane. Vom Wesen des Religiösen, 1957. Es ist eine religiös-metaphysische Seinsordnung, in der neben den Menschen die Götter und das Schicksal die eigentlichen Mitakteure sind. Ein Schicksal kann jedermann treffen und so seinen »Fall« und sein Schuldigwerden unter das »Gesetz der Fallhöhe« (A. Schopenhauer) stellen.
[13] Vgl. M. Krüger, Wandlung des Tragischen. Drama und Initiation, 1973, 40 f.; K. Albert, Platons Lehre der Katharsis. Vom Kult zum Logos, 1982, 33–45.

des Weltgleichgewichts und findet in der hinzugefügten Senkungssilbe den Ausdruck im sog. »Adonischen Vers«. Das Mysterium der griechischen Tragödie war das dionysische Erleben, die ekstatisch-religiöse Orgiastik der dionysischen Rituale mit ihrer Wirkung des »Aus-sich-Herausgehens« mit dem Phänomen der Verwandlung. In seiner »Poetik« reflektiert Aristoteles (6, 1449 b 24–28) das Wesen der Dichtkunst und sieht in der Nachahmung (mimêsis) ihr oberstes Prinzip und ihre Ermöglichung. Unter den sechs Aspekten der Tragödie – »Mythos, Charakter, Rede, Absicht, Szenerie und Musik« – sieht Aristoteles im Mythos, d. h. in der »Nachahmung der Handlung«, den charakteristischen Bestandteil, zusammen mit dem entscheidenden dramaturgischen Konstituentien wie Umschwung, Peripetie, »Wiedererkennung« (anagnorisis) als ihre herausragenden Momente. Die Läuterung soll zur Einsicht in die conditio humana und ihre Grenzen und Gefährdungen führen, ähnlich den kathartischen Initiationsriten der griechischen Myterienkulte, zu einem »Allgemeinen« (kathólon) des Maßgeblichen und Gültigen,[14] Paradigma menschlichen Erlebens und Erleidens. Stofflich kreisen die Tragödien um die Urphänomene des Wesens Mensch wie Liebe und Tod, Opfer und Selbstopfer, Erlösung und Sehnsucht, Sinnlichkeit und Ruhm, Haß und Neid, Eifersucht und Rachedurst, Unerfüllbarkeit der Liebe und Liebeserfüllung im Tod, verschmähte Liebe und Verführung. Dabei ist der menschliche »Oberbegriff« Liebe in all seiner Vielfalt und Vieldeutigkeit relevant für die Geschichtlichkeit des Menschen mit seinen Höhen und Tiefen, seinem Gelingen und Scheitern.

Von den drei großen gebundenen Formgattungen der griechischen Antike, dem Epos und der Lyrik, ist Dionysos die dritte Form geweiht, die Tragödie. Aus den dithyrambischen Kultliedern und Chorgesängen zu seinen Ehren, ist die Tragödie entstanden, mit ihren maskenhaft stilisierten, das Persönliche tilgenden Akteuren, die an der dionysischen Verwandlung teilhaben. Im »Drama« als »Handlung« mit ihrem mythisch-heroischen Gehalt enthüllt sich das Tragische, erfüllt vom Grauen, von Heimsuchungen, Schrecknissen, Schauerlichem und Zusammenbrüchen. Darin offenbaren sich die Leiden des Dionysos, seine Zerreißung durch die Titanen, und es wiederholen sich die uralten blutigen Opfer der magisch-rituellen Vorzeit als Identität mit dem Opfer, aber auch das heilende Antlitz des leuchtenden Geistgottes Apollon, des Widerparts des Dionysos, Darstellung des Tragischen um seiner heilenden Läuterung willen. Es geht um das »Lernen durch Leiden«, das páthei máthos, jenes Lernen an der »Tiefe des Blutbrunnens« (G. Haupt-

---

[14] Vgl. M. Fuhrmann, Einführung in die antike Dichtungstheorie, 1973; S. Halliwell, Aristoteles' Poetics, 1986; R. Kannicht, Handlung als Grundbegriff der aristotelischen Theorie des Dramas, in: Poetica 8 (1976) 326–336; H.-D. Gelfert, Die Tragödie. Theorie und Geschichte, 1995; M. Pohlenz, Die griechische Tragödie 2 Bde., 1930 = ²1954.

III DAS TRAGISCHE CHORSPIEL DER HELLENEN UND IHRE IMAGINATION VON LIEBE

mann) und an dem allem Menschlichen eine Grenze setzenden Geheimnisses des Göttlichen. Die ekstatische Passion und der »Fall« des heroischen Menschen rühren an das Mysterium des Todes, seine Majestät und elementare Seinsgewalt, die den mythisch-sittlichen Kosmos trägt.

Alle Dramendichtungen des tragischen Zeitalters der Griechen sind um die eine, von Orest im aischyleischen Drama gestellte Frage »ti drasô? – »Was soll ich tun?«, gebaut und auf die Bühne gestellt. Das gesprochene Wort auf ihr mit den aus eigener Entscheidung agierenden Personen bleibt sowohl in das Mit-Handeln der Götter sowie in die über den beiden Akteuren zugreifende und eingreifende Schicksalswelt eingezeichnet. Der mythische Grund und unsichtbare Horizont des Spiels ist die Dialektik von Freiheit und Notwendigkeit, Charakter und Schicksal, Verblendung und Fall, hybrishafte Höhe und Fallhöhe.[15] Das durch alle Handlungen sich ziehende Urgefühl, »Was soll ich tun?«, bringt die Ganzheit eines Welt- und Menschenbildes der abendländischen Frühe in den Blick, Liebe und Leid, Ehrfurcht und tragische Schuld, Seelenerschütterung und unverschuldeter menschlicher Schmerz, Leidenschaft und schicksalsbedingter Untergang, das Leben als Aufgabe und Last, als Zweideutigkeit menschlicher Existenz und als Widerstreit zwischen Wert und Entscheidung, tragische Schuld und Unheil, Wahrheit und Schein. Friedrich Nietzsche aber sieht in der »dionysischen« Weltbejahung die Funktion und Struktur der Ästhetik und wiederholt mehrfach seinen Gedanken über die Kunst, »dass nur als ästhetisches Phänomen das Dasein der Welt gerechtfertigt ist«.[16] Für Nietzsche ist alles lebensweltliche Geschehen durch die Duplizität zweier Natur-Kunst-Gewalten bestimmt, durch das Apollinische als der Kunst des Bildnerischen, der maßvollen Begrenzung, des schönen Scheins der Traumwelt, der Vollkommenheit, und durch das Dionysische, die rauschvolle Wirklichkeit, die wilde Regung des »verlorenen Sohnes«, der das Versöhnungsfest mit der entfremdeten Natur feiern will, und das Individuum »durch seine mystische Einheitsempfindung zu erlösen sucht«.[17] Die attische Tragödie ist für Nietzsche ein Kind und höchste Synthese dieser beiden künstlerischen Urtriebe: Das Dionysische bringt die Schrecknisse, Leiden und Leidenschaften des Menschen zu Bewusstsein sowie die quasi-mystische Einheit alles Lebendigen, hingegen das Apollonische die Welt der Formen und den lebensermöglichenden schönen Schein.[18] Diese beiden in Apollon und Dionysos personifizier-

---

[15] Vgl. K. Jaspers, Über das Tragische, ²1954; W. Kaufmann, Tragedy and Philosophie, 1969; M. Scheler, Zum Phänomen des Tragischen (1915), in: Ges-Werke, Bd. 3, 1955; S. Söring, Tragödie. Notwendigkeit und Zufall im Spannungsfeld tragischer Prozesse, 1983; K. P. Szondi, Versuch über das Tragische, 1961.
[16] F. Nietzsche, Die Geburt der Tragödie, a. a. O. 14.
[17] Ders., a. a. O. 25.
[18] Vgl. K. Gründer (Hg.), Der Streit um Nietzsches ›Geburt der Tragödie‹, 1969; F. Decher,

ten »Urtriebe« des Weltgrundes – das in Raum und Zeit gestaltende, Maß setzende Prinzip des apollinischen Triebes und das immer neu zeugende und die Grenzen sistierende und auf den einigenden Weltgrund zurückführende dionysische Prinzip, wirken nach Nietzsche im Menschen fort und sind für ihn ästhetische Leitbegriffe: Apollinisch sind der visionäre Traum, die harmonische Ordnung und weisheitliche Begrenzung, ferner das Apollinische der Maske, die »notwendige Erzeugung eines Blickes ins Innere und Schreckliche der Natur, gleichsam leuchtende Flecken zur Heilung des von grausiger Nacht versehrten Blickes«;[19] Dionysisch hingegen ist alles leidenschaftlich Bewegte, der Rausch, die Ekstase, das Chorische der Tragödie als musikalischer Untergrund sowie die Doppelnatur des Wilden und Sanften, die geschlechtliche Allgewalt der Natur und die Preisgabe an das Leiden. »Wir sind«, schreibt Nietzsche, »wirklich in kurzen Augenblicken das Urwesen selbst und fühlen dessen unbändige Daseinsgier und Daseinslust; der Kampf, die Qual der Vernichtung der Erscheinungen dünkt uns jetzt wie notwendig …; wir werden von dem wütenden Stachel dieser Qualen in demselben Augenblick durchbohrt, wo wir gleichsam mit der unermesslichen Urlust am Dasein eins geworden sind und wo wir die Unzerstörbarkeit und Ewigkeit dieser Lust in dionysischer Entzückung ahnen«.[20]

Nietzsche sieht in der attischen Tragödie die beiden Urtriebe zu einer Synthese gebracht und zu einer Aussage vereint, so dass die tragische Kunst darin ihre höchste Entfaltung gefunden hat.[21] Anders als die Macht der Rationalität haben sie einen mystischen Bezug zu den Abgründen menschlichen Lebens aufgetan.

Nietzsches Metaphysik in der ›Geburt der Tragödie‹ im Verhältnis zur Philosophie Schopenhauers, 1985.
[19] a.a.O. 55.
[20] a.a.O. 117.
[21] C. A. Bernouill, Nietzsches Dionysos, in: Wissen und Leben 14 (1921) 689–697; O. Klein, Das Apollinische und Dionysische bei Nietzsche und Schelling, 1935; E. Fink, Nietzsches Philosophie, 1960, 14–42; V. Gerhardt, Artisten-Metaphysik. Zu Nietzsches frühem Programm einer ästhetischen Rechtfertigung der Welt, in: Ders., Pathos und Distanz, Studien zur Philosophie Nietzsches, 1988, 44–71; M. Kohlenbach, Die »immer neuen Geburten«. Beobachtungen am Text und zur Genese von Nietzsches Erstlingswerk »Die Geburt der Tragödie aus dem Geiste der Musik«, in: Centauren-Geburten, Hg. T. Borsche u.a., 1994, 351–382.

2. Antigone, Urbild und Mythographie einer Bruder-Liebe: »Nicht mitzuhassen, mitzulieben bin ich geboren« (Ant. 523)

Die Tragödie »Antigone« des attischen Tragikers Sophokles (495–406 v. Chr.), ein Triumph des Tragischen, zählt zum leuchtendsten Stern im Sternbild seiner erhaltenen Tragödien, ein wahrer Gipfel. Die Unbedingtheit der Hingabe der Titelheldin Antigone an die göttliche Satzung und die Menschlichkeit ihres Liebesdienstes macht sie zu einer sinnbildlichen Gestalt und zum Ausdruck einer inhärenten Widersprüchlichkeit des Daseins zwischen dem Stadtstaat, der Polis, und dem Individuum, dem Öffentlichen und Privaten, dem Gemeinschaftlichen und dem Familiären. Die literarische Höhe seines Schaffens – von seinen 130 Dramen sind nur sieben erhalten – fällt mit der Höhe Athens unter Perikles[22] zusammen. Thornton Wilder schreibt in seinem Roman »Die Iden des März« (1947): »Wer hat je so beständig die äußerste Tragweite von Ja und Nein heraufbeschworen – wenn nicht Sophokles ... der glücklichste Mensch Griechenlands ..., dem doch kein dunkles Geheimnis verborgen blieb«.

Der Mythos: Antigone, die Tochter aus der inzestuösen Ehe des Oidipus mit seiner Mutter Jokaste, hat Eteokles und Polyneikes sowie Ismene zu ihren Geschwistern. Ihre beiden Brüder kämpfen um die Herrschaft ihrer Heimatstadt Theben und töten dabei einander im Kampf. Beide sind »an einem Tag durch doppeltes Schicksal gefallen« (V. 170 f.). Kreon, Jokastes Bruder und so Oheim der Oidipus-Kinder, weiß sich als legitimer Erbe der Herrschaft und erlässt ein strenges Bestattungsverbot der Leichen der gefallenen Feinde (vgl. Aischylos, »Sieben gegen Theben«), darunter auch der des Polyneikes. Sie sollen den Geiern und Hunden zum Fraß dienen, Eteokles aber, den Verteidiger der Stadt, lässt er ehrenvoll bestatten. Antigone widersetzt sich dem Bestattungsverbot und bestreut ihren toten Bruder mit Erde. Kreon verurteilt sie, bei lebendigem Leib in einem Felsengrab eingeschlossen zu werden, wo sie sich erhängt. Ihr Verlobter Haimon, Kreons Sohn, folgt ihr nach ins »Brautgemach« (nympheíon: V. 891), indem er sich bei ihrer Leiche tötet. Dem Sohn folgt auch Kreons Gattin in den Tod. Kreon, das Menetekel menschlicher Nichtigkeit, steht vor drei Toten. Als Träger des Labdakidenfluches und mit zu später Reue, »Führt mich hinweg« (V. 1339), bricht als Schrei aus ihn heraus, »... es wankt, alles wankt. Was mir zu Händen, was über dem Haupte mir; auch auf mich brach das Schicksal grauenvoll herein!« (V. 1344–1346). Gegen Kreons Edikt, dass der Leichnam des

---

[22] Vgl. W. Schadewaldt, Sophokles und das Leid. 1944; V. Ehrenberg, Sophokles und Pericles, 1956; P. Riemer, Sophokles, Antigone – Götterwille und menschliche Freiheit, in: Abh. der Akad. d. Wiss. u. Lit., Mainz 1991; N. Zink. Sophokles, Antigone. Grundlagen und Gedanken zum Verständnis des Dramas, 1974.

Polyneikes unbestattet, – ehrlos und grablos den Vögeln als Fraß diene und den Hunden zur Äsung – und wer dawiderhandele, sollte mit dem Tode bestraft werden – fasste Antigone den Entschluss, sich dem Verbot zu widersetzen und sagt zu ihrer Schwester Ismene:

»den Bruder werd' ich selbst
begraben. Schön ist mir nach solcher Tat der Tod.
Von ihm geliebt, lieg' ich bei ihm, dem Lieben, dann,
die fromm gefrevelt hat ...« (V. 72–74)

Zwei Antagonisten sind auf die Bühne gestellt, der legitime Herrscher Kreon, der Vertreter der Polisgesetze und ihrer Ordnung samt der Rechtfertigung der Staatsräson mit seinen plausiblen Argumenten, und Antigone mit ihrer unbedingten Hingabe an ihre Liebe zu ihrem Bruder und dem absoluten Recht der Familie. Ein »próblêma« liegt vor, eine schwer zu lösende Fragestellung (vgl. Platon, Theait. 180c ff.). Zwei mögliche Optionen, ob etwas der Fall ist oder nicht, stehen zur Beurteilung und wie sie sich zueinander verhalten.[23] Die Kollision ist radikal: Kreon:

»Ins Grab bekommt ihr diesen Toten nicht!
Auch nicht, wenn ihn Zeus' Adler sich als Fraß aufpackten!« (V. 1039 f.)

Und Antigones Wille: »lieb (...) beim Lieben« (Polyneikes) zu sein (V. 73) mit der Maxime: »Nicht mitzuhassen, mitzulieben bin ich da« (V. 523: Ü. A. Böckh). Zwei Maximen finden ihre personifizierte Gestalt: Antigone gibt sich den »ungeschriebenen gültigen« (ágrapta ka(i) (a)sphalē) »Gesetzen« (nómima), welche »Sache der Götter« seien (V. 454 f.), hin, und Kreon, Hüter der Polisordnung mit den politisch-immanenten Gesetzen. Seine Haltung ist transzendentalphilosophisch oder »sophistisch« begründete immanent-legalistische Ordnung – nach dem Maß des Menschlichen (vgl. V. 1027.1023–34. 944–987).

Der Chor singt:

» Wer seines Lands Satzung ehrt
und Götterrecht schwurgeweiht,
gilt im Staate; doch nichtig ist, wem das Unrecht sich
gesellt hat zu frevlem Tun.« (V. 368–370)

Ein Wächter bringt Antigone als Täterin herbei, die beim Bestellen des Grabes ihres Bruders ertappt wurde:

»Mit ihren Händen bringt sie trocknen Staub sogleich,
hebt einen schönen, erzgetriebenen Krug empor
und ehrt den Toten, spendend mit dreifachem Guss.« (V. 429–431)

---

[23] Vgl. Aristoteles, Top. 104b 1 ff.).

III Das tragische Chorspiel der Hellenen und ihre Imagination von Liebe

Nachdem sie es gewagt hatte, Erde auf den verfemten Leichnam ihres geliebten Bruders zu streuen, erscheint sie mit gebeugtem Haupte, aber ohne Reue. Sie bekennt sich zur Tat und begründet ihre Werke der Liebe mit den Worten:

»Es war ja Zeus nicht, der es mir verkündet hat,
noch hat die Gottheit, die den Toten Recht erteilt,
je für die Menschen solche Satzungen bestimmt.
Auch glaubte ich, soviel vermöchte kein Befehl
von dir, um ungeschriebne, ewige, göttliche
Gesetze zu überrennen als ein Sterblicher
(ágrapta k'asphalê theôn nómima).
Denn nicht von heut und gestern, sondern immerdar
bestehn sie: niemand weiß, woher sie kommen sind.« (V. 450–457)

Es stehen sich das göttliche Recht (díkê), das eidbeschworene Recht der Götter in der hohen Polis (V. 367–369), die transzendente Ewigkeit, und die Polis-Gesetze (nomoi) und ihre Immanenz einander gegenüber, das göttlich-transzendente Recht (díkê) Antigones und die politisch-immanenten Gesetze (nómoi) Kreons. Im Verlauf der Handlung mit Rede und Widerrede artikulieren und steigern sich die beiden Standpunkte in symbolischer Dualität. Beruft sich Kreon als Herrscher auf seine temporäre legitime Macht, so Antigone auf die »ungeschrieben gültigen Gesetze« der Pietät und Liebe (V. 454f.) als die transzendente Ewigkeit ihrer Geltung.[24] Ihre Liebe zum toten Bruder – »im Kalten hast du ein heißes Herz« (Ant. 88) sagt Kreon – ist maßlos, denn sie will im Tod »lieb ... beim Lieben (Polyneikes) liegen« (Ant. 73). Ihre Herzensmaxime lautet: Liebe.

Dike, bei Hesiod Tochter des Zeus, wahrscheinlich von der indogermanischen Wurzel »dik« (vgl. lat. dicere), bedeutete ursprünglich als Verbalabstraktum »Zeige, Weisung« und wird zur personifizierten »Gerechtigkeit« (Vgl. dike theôn Homer, Od. 19,43). Heraklit sieht in den Erinyen, den Rachegeistern ihre Helferinnen, die nicht zulassen, dass die Sonne aus der ihr zugewiesenen Bahn trete (DK B 94). Er sieht die kosmische Ordnung und die Rechtsgedanken in einer Korrelation.[25] Die beiden Antagonisten, Kreon und Antigone handeln nach zwei Formen von Gerechtigkeit, der König nach einer immanent-legalistischen und ihrer Logik, sein Festhalten daran ist Hybris, und Antigone, nach einer transzendent-ewigen Gerechtigkeit der Pietät und Liebe als Ordnung des Herzens.

»Vieles ist ungeheuerlich (pollá ta deiná), doch nichts ist ungeheuerlicher als der Mensch«, ist der Eingangsvers des ersten Standliedes (Stasimon

---

[24] Vgl. U. Heuner, Tragisches Handeln in Raum und Zeit. Raumzeitliche Tragik und Ästhetik in der sophokleischen Tragödie und im griechischen Theater, 2001, 9–34.
[25] Vgl. F. Geschnitzer, Zur Terminologie von »Gesetz« und »Recht« im frühen Griechisch, in: G. Thür/J. Velissaropoulos-Karakostas (Hg.), Symposion 1995, 1997, 3–10.

V. 332 f.), um das Preislied auf die Handfertigkeiten des Menschen zu singen, jener Schritt über die naturgesetzten Schranken in die menschliche Freiheit. Der Chor, der den Wagemut des Menschen preist, scheint ihre Tat gutzuheißen und vergleicht das Bestreuen des Leichnams mit Erde mit dem Besäen des Ackers mit Samen und mit der Zähmung der wilden Tiere, beides Handlungen, die die Ordnungen der Dinge verletzen, aber dem Überleben der Menschen dienlich sind. Kann man den die Erde vergewaltigenden Ungehorsam der Menschen und ihre Versklavung der Tiere des Verbrechens zeihen? In einem langen Chorlied stellt Sophokles das griechische Ethos und die Rechte der Menschen gegenüber den Himmlischen dar. Begeistert preist der Chor im ersten Teil die Würde und Kunstfertigkeit der Menschen, gottähnlich, vom Hauch des Göttlichen berührt. In der Beschreibung der Anthropogonie legte Platon dem Protagoras die Worte in den Mund: »Da die Menschen am Göttlichen teilhaben und in einer besonderen Beziehung zur Gottheit stehen, waren sie die ersten, die an Götter glaubten und ihnen Altäre und Statuen errichteten«.

In diesem Chorlied, ein Grundtext des abendländischen Denkens und Dichtens, ist der Mensch ein Wesen, das »allerfahren« (panóporos) »mit allen Mitteln begabt«, aber auch ein Wesen, dem der Tod eine Grenze setzt. Der Mensch ist mit seinen staunenerregenden Begabungen nicht nur zum Guten, sondern auch zum Bösen fähig. Aber nur wer das Recht achtet, ist »hoch in der Stadt« (hypsípolis V. 369).

»Vieles Gewalt'ge lebt, doch nichts
Ist gewaltiger als der Mensch,
Denn selbst über die düstere
Meerflut zieht er, vom Süd umstürmt,
Hinwandelnd zwischen den Wogen
Die ringsumtoste Bahn.
Die höchste Göttin auch, die Erde,
Zwingt er, die ewige, nie sich erschöpfende,
Während die Pflüge sich wenden von Jahr zu Jahr,
Wühl sie durch der Rosse Kraft um.
...
Flüchtiger Vögel leichte Schar
Und wildschwärmendes Volk im Wald,
Auch die wimmelnde Brut der See
Fängt er, listig umstellend sie
Mit netzgeflochtenen Garnen,
Der vielbegabte Mensch.
Er zwingt mit schlauer Kunst des Landes
Bergdurchwandelndes Wild, und den mähnigen
Nacken umschirrt er dem Roß mit dem Joche rings,
Wie dem freien Stier der Berghöh'n.
...

III Das tragische Chorspiel der Hellenen und ihre Imagination von Liebe

Und das Wort und den luftigen Flug
Des Gedenkens erfand er, ersann
Staatsordnende Satzungen, weiß dem ungastlichen
Frost des Reifes und
Zeus' Regenpfeilen zu entfliehen.
Überall weiß er Rat;
Ratlos trifft ihn nichts
Zukünft'ges; vor dem Tode nur
Späht er kein Entrinnen aus.
Doch für der Seuchen schwerste Not
Fand er Heilung.
...
In Erfindung listiger Kunst
Weit über Verhoffen gewandt,
Neigt bald zu Bösem, zu Gutem bald, achtet doch
Der Heimat Gesetz, Der Götter Schwurheilig Recht,
Hebt die Stadt. Ihr ein Fluch,
Lebt, wer, frech gesellt
Dem Laster, voll Trotz sich bläht.
Mög' er nicht an meinen Herd
Gelangen noch in meinen Rat,
Solch ein Frevler.«
(Ant. 332–375: Übers. Christian Donner)

Wie auf zwei Waagschalen sind die gewichtigen Worte des Chors verteilt, der die Handlung kommentiert und das ritardando in der unvermeidlichen Tragödie bildet, warnend, bittend, fordernd, die göttlichen Gesetze einmahnend, aber auch mit dem Vorwurf an Antigone, sie würde »die äußersten Grenzen der Kühnheit überschreiten und gegen die festgelegten Gesetze verstoßen« (V. 853 f.). 15 Choreuten vertreten als »Greise« das traditionellkultische Element, die alte Ordnung und den Glauben an das gegenwärtige göttlich-schicksalhafte Wirken. Die Tragödie war ja im Hauptfest der Polis verankert und in den Dionysoskult eingebettet. Der Chor, ein Urelement und bestimmende Macht des antiken Dramas, kommentiert den Handlungsverlauf als reflektierende Stimme, indem er zunächst das Bestattungsverbot Kreons anerkennt (V. 211–220.681 f.), um dann in der Übertretung der Antigone göttliches Wirken zu sehen (V. 278 f.). Trotz erneuter Verurteilung der Tat Antigones (V. 471 f.) sucht er dann diese zu retten (V. 574–576). Wieder wird Kreons Rechtsspruch anerkannt (V. 681 f.) und die Haltung Haimons bejaht, aber Kreon gewarnt, samt dem Versuch einer erneuten Rettung Antigones (V. 766–772). Dann findet Antigones Hybris eine wiederholte kritische Apostrophe (V. 806–875), um Kreon von der Notwendigkeit eines Gesinnungswandels und des Einlenkens zu überzeugen (V. 1091–1107), die er aber zu spät vollzieht – angesichts dreier Toter. Der Chor, der die Reflexion von der Handlung trennt, mahnt auf der einen Seite den Gehorsam den Gesetzen gegenüber ein, preist aber auf der anderen Seite die grenzenlose Macht der Liebe im menschlichen Herzen, wenn er den großen Hymnus auf den Eros anstimmt:

»*O Eros, Unbezwinglicher!*
Du, der erstürmt, was dir verfallen,
Der heimlich versteckt auf der Jungfrau
Zartblühenden Wangen lauert:
Hin übers Meer schweifst du, besuchst
Ländliche Wohnstätten;
Und kein ewiger Gott kann dir entrinnen,
Kein sterblicher Mensch, des Tages Sohn,
Und ergriffen rast er.
Du lockst auch unschuldigen Sinn
Dahin in Schuld, die ihn verderben.
Du hast auch eben die Zwietracht
Des Vaters und Sohnes entzündet.
Im Blick der holdseligen Braut
Leuchtet der Sehnsucht Macht.
Siegreich, thronend im Rat hoher Gesetze,
Denn nimmer bezwingbar, übt ihr Spiel
Aphrodites Gottheit.« (V. 781–800 Übers. Christian Donner)

In der hochpoetischen Schilderung des Eros wird seine Unbesiegbarkeit, aber auch seine grausame und zerstörerische Macht benannt: Er kann den von ihm Befallenen zur Raserei führen, ja, »zum Streit der blutsverwandten Männer« (V. 793 f.).[26] Als Kreons Sohn Haimon, Antigones Verlobter, zu ihr steht, wirft Kreon ihm vor, er denke wie Antigone »größer, als es einem Menschen gemäß ist« (V. 768). In Umkehrung ist es Kreons Schuld, allein nach dem Maß des Menschlichen zu denken, wie dieser es tut (V. 1097; 1023–32). Kreon will Antigone mit ihrer Schwester Ismene dem Tod überantworten und als Haimon, für Antigone, seine Braut, um Erbarmen fleht, ruft er ihm schroff das Todesurteil über sie entgegen (V. 639 ff.). Haimon rühmt ihre Tat und will den Vater zur Besonnenheit mahnen: »Nicht heilig hältst du's, wenn du Götterrecht zertrittst« (V. 745). Dann eröffnet er ihm, er sei bereit, mit Antigone in den Tod zu gehen. Und zu Antigone, der nun der Tod bevorsteht und der nie ein Brautlied erklang, singt der Chor:

»*Du lebtest nach eignem Gesetz (autónomos), drum allein*
zum Lande der Toten gehst du.« (V. 821 f.)

Und Antigone:

---

[26] Vgl. H. Flashar, Rezension zu: Sophokles, Antigone, erläutert und mit einer Einleitung versehen von G. Müller, in: Poetica 2 (1968) 558–566.

»*Seht, was ich dulden muß und von wem,*
weil ich Heiliges heilig gehalten!« (V. 934 f.: tên eusébeian sebísasa)

Der Chor aber spricht von der fatalen Macht des Schicksals mit den Worten:

»*Doch des Schicksals Gewalt ist*
unentrinnbar streng:
ihr kann kein Reichtum und kein Kampf,
kein fester Turm und, meergepeitscht,
kein dunkles Seeschiff sich entziehen.« (V. 951–955)

Haimon aber stößt über der Leiche Antigones, sie umarmend sich das Schwert in seinen Leib, um »tot bei der Toten zu liegen« und um die »bräutliche Weihe« mit ihr im Todesreich des Hades zu finden. Am Ende der Tragödie tritt der alte Seher Teiresias, der in einem direkt-Bezug zur Schicksalsmacht steht, in die Handlung ein, um Kreon von seiner Hybris weg zum Einlenken und zur Einsicht in den göttlichen Ratschluss zu bringen. Der Chor setzt dann den Schlusspunkt und spricht von der erkennenden Einsicht (to phronein), die sich darin ausweist, dass sich niemand durch Festhalten am Eigenen, an dem, was der Götter ist, versündigen dürfe. Solche Pietät sei Quelle höchsten Glücks (eudaimonia):

»*Besinnung (phronein) ist von den Gütern des Glücks*
bei weitem das höchste: man frevle nicht
gegen Göttergebot! Je größer der Stolz
der Vermessenen ist, um so tiefer der Sturz,
der die Untat sühnt
und lehrt sie im Alter Besinnung.« (V. 1348–1353)

3. Der Liebestod der Alkestis: Meta-Tragödie der Liebe

Das Motiv des Liebesopfertodes zieht sich durch manche europäische und asiatische Volksmärchen, in denen ein Gatte für den anderen den Tod auf sich nimmt, um diesen vor dem frühen Todesverhängnis zu bewahren. Es ist die Hochform einer Liebe, die stärker sein will als der Tod. Manchmal wird in der Erzählung noch ein Ringkampf mit dem Todesdämon eingezeichnet, aber in der Urform des Märchenstoffes[27] behält der Tod das Opfer in seiner Gewalt.

---

[27] Vgl. G. Megas, Die Sage von Alkestis, in: Archiv f. Rel.wiss. 30 (1933) 1–33.

Der Liebestod der Alkestis: Meta-Tragödie der Liebe

a. Hinführung und Exposition

Euripides (um 480–406 v. Chr.), der dritte große attische Tragiker, ein Altersgenosse des Protagoras und des Sokrates, der in der veränderten Zeit der »Sinneskrise« ein erstes Wertezwielicht in die tragische Dichtung einbringt, weiß um die (hoffnungslose) Verfallenheit des Menschen an seine Leidenschaften, und gegen Sokrates gewandt, dass moralisches Verhalten nicht eine Frucht der Vernunft sei. Es ist die Zeit eines »modernen« Relativismus, der Skepsis und des Zweifels an den überkommenen Wertvorstellungen im Sinne der sophistischen Aufklärung und ihrer Götter- und Mythenkritik.[28] Aristoteles nennt Euripides in seiner »Poetik« den »tragischsten« der Dichter, weil seine Tragödien am meisten dem eigentlichen Ziel der Totalerschütterung durch das Tragische entsprechen, das der Untergang des Helden im Zuschauer hervorruft, Schauder und tränenreiches Mitleid. In dieser theologia fabulosa als Götterrede der Dichter mit der Dreieckskonstellation: Götter-Mensch-Schicksal, vollzieht sich in der Handlungsführung (mythos) eines tragischen Helden ein schicksalhafter Umschlag (metabolé) zum »Fall« hin und zwar auf dem Hintergrund einer Verfehlung (hamartía) eines Schuldigen oder nichtwissend schuldlos Schuldigen. Eine Verfehlung und Irrung wird festgemacht und in den schicksalhaften Horizont mit seinem unlösbaren »Warum« hineingehoben. Dieser Umschlag emporgehobener, menschlicher Größe im Schicksalskampf und das Zu-Boden-Geschleudertwerden erregen im Zuschauer »Furcht und Mitleid« bzw. »Schauer und Jammer« (phóbos kai éleos) und bewirken so eine Reinigung (katharsis) von diesen Affekten bzw. dieser Affekte.[29] In diesem Zusammenprall des Menschlichen und der übermächtigen Gewalt des Schicksalshaften leuchtet ein übergreifendes Absolutes auf, das als Geschick und Schickung kommuniziert wird. So steht am Beginn der griechischen Tragödie das mysterium sacrum: Im kultischen Gesang zu Ehren des Dionysos wird in der Weise dithyrambischer Chorlyrik seine Epiphanie für die Gegenwart beschworen. In einem Ineins vom Chor-Gesang und gesprochenem Wort, Mythospräsentation und Hermeneutik im Dialog, wird auf der Ebene des Sakralen die Problemwelt der conditio humana erschlossen, gedeutet und mitgeteilt. Diese erregte und erregende Darbietung zu Ehren des Gottes der Ekstase, des Aus-sich-Heraustretens, soll existentielle Betroffenheit bewirken. In dem Zusammen von Mythos und Logos vollzieht sich therapeutisch und rei-

---

[28] Vgl. K. Reinhardt, Die Sinnkrise bei Euripides, in: Ders., Tradition und Geist, 1960, 222–256; E. R. Dodds, Die Griechen und das Irrationale, 1970, 98–101; A. Lesky, Die tragische Dichtung der Hellenen, ²1972, 275–522.
[29] Vgl. dazu W. Schadewaldt, Die griechische Tragödie, in: Ders., Tübinger Vorlesungen, Bd. 4, 1991, 48. Vergl. Ders., Furcht und Mitleid? Zur Deutung des Aristotelischen Tragödienansatzes, in: Ders. Hellas und Hesperien, Bd. 1, 194–236.

III Das tragische Chorspiel der Hellenen und ihre Imagination von Liebe

nigend am theatralischen »Mit-Liturgen«, dem Zuschauer, »Jammer« und »Schauder«. Bedrängende Emotionen der Akteure auf der Bühne werden objektiviert und so anschaulich und handhabbar gemacht.

In der Darstellung der Leiden der Akteure auf der Bühne, die die Fremdheit der Wirklichkeit heimsucht, exponiert die mythische Darstellung die Frage nach dem Grund und der Bedeutsamkeit dieser Passion mit der Differenz menschlichen Handelns und seiner Verantwortlichkeit sowie dem Walten numinoser und schicksalhafter Mächte. So statuiert schon zu Beginn der homerischen Odyssee Zeus die Differenz: »Nein! Wie die Sterblichen doch die Götter beschuldigen! Von uns her, sagen sie, sei das Schlimme: Und schaffen doch auch selbst durch eigenen Freveltaten, über ihr Teil hinaus, sich Schmerzen« (álgea: Od. I, 32 f.). Diese Spannung greift die antike Tragödie auf als Spannung zwischen der neidvollen Eifersucht (phtónos) der Götter und der maßlosen Überheblichkeit (hýbris) der Menschen, die Zeus auf dem Weg der Leiden, mit Hilfe der Göttin der Gerechtigkeit (Dike), seiner Tochter, zur Einsicht führt[30] (pathousin mathein: Aischylos, Agam. 249 f.).

Auch die Psychoanalyse wird sich in ihren Anfängen das Schlagwort der »kathartischen Kur« aneignen. Franz Brentano (1838–1917), der Begründer der deskriptiven Psychologie, lehrte ab 1874 an der Wiener Universität und übte durch die Beschreibung der menschlichen Gefühlsakte des Liebens und Hassens, die ihn zur Ursprungsfrage sittlicher Erkenntnis führten (1889), einen weitreichenden Einfluss auf die Überwindung des Psychologismus seiner Zeit, aus.[31] Als ausgezeichneter Aristoteleskenner animierte er seinen Schüler Sigmund Freud, sich mit Aristoteles und seiner Katharsis-Lehre zu beschäftigen. In Verbindung mit der positivistischen Psychologie, Pädagogik und Didaktik J. F. Herbarts (1776–1841) und W. Wundts (1832–1920), den Begründern der Völkerpsychologie und Wegbereitern der experimentellen Psychologie, wonach seelische Vorgänge auf der Grundlage physiologischer Veränderungen erklärt werden, sucht auch S. Freud seinen psychoanalytischen Weg. Man könnte, so Freud und sein Mitautor Josef Breuer,[32] zurückliegende seelische Zustände, die sich in krankhaften Affektzuständen und Körpersymptomen äußern, dingfest machen und therapieren.[33] Durch das emotionale Wiedererleben und Durch-

---

[30] Vgl. H. Dörrie, Leid und Erfahrung. Die Wort- und Sinn-Verbindung pathein-mathein im griechischen Denken, 1956, 5 ff.
[31] F. Brentano, Psychologie vom empirischen Standpunkt, hg. v. O. Kraus, 3 Bde., 1924–1928. Vgl. J. M. Werle, Franz Brentano und die Zukunft der Philosophie, 1989; F. Mayer-Hillebrand, Franz Brentanos Einfluss auf die Philosophie seiner Zeit und Gegenwart.
[32] J. Breuer / S. Freud, Studien über Hysterie, mit einer Einleitung von S. Mentzos, 1991.
[33] Vgl. dazu die Seelsorgstheorie des pastoralen therapeutischen Gesprächs und die Beichtpraxis der katholischen Kirche bei J. Scharfenberg, Einführung in die Pastoralpsychologie, ²1990, und M. Ohst, Pflichtbeichte, 1995.

arbeiten verdrängter Motivkonflikte mit ihren Ängsten, Zwangsgedanken/-handlungen und Wahnvorstellungen sollen diese aufgearbeitet werden.[34] Mit seiner Entdeckung des verdrängten Unbewussten initiiert Freud eine neue Phase der analytischen Literatur.[35] Der Mensch mit seinen Verdrängungen in das Unbewusste befinde sich in einer krankhaften Dauerschwebe zwischen narzisstischem Lebenstrieb,[36] den Entwicklungsstufen, Frustrationen und Kränkungen des Selbstwertgefühls auf der einen Seite und dem sublimierenden Destruktionstrieb als einem dem Eros entgegengesetzten Aggressionstrieb auf der anderen Seite.

b. Alkestis: Der tragische Triumph des Liebesopfertodes

Euripides, eineinhalb Jahrzehnte jünger als Sophokles, findet als Fünfzigjähriger seinen unverwechselbaren Ton mit »Medeia« (431 v. Chr.), der Dämonin aus Kolchis mit dem Pathos flammender Leidenschaft, die Jason zum Goldenen Flies verhilft und als von ihm Verlassene, furchtbare Rache nimmt. Die Höhe seines Schaffens aber liegt in der Zeit des tragischen Peloponnesischen Krieges und dem Niedergang Athens. Von seinen rund 90 Chordramen sind achtzehn erhalten geblieben, allen voran »Alkestis« aus dem Jahre 438 v. Chr. Mit dem mythischen Götterhintergrund und der hohen, idealistischen Auffassung der Gattenliebe voll inniger Zartheit.[37] Aus den Wandermotiv des Liebesopfers macht Euripides ein Seelendrama, um darin menschliche Leiderfahrung, Trennungen, das Hervortreten der Gefühle, den Schmerz und die Verwundungen des Herzens, sowie das Leid und seine Hilflosigkeit auf der Bühne den Zuschauern vorzuführen.

»Alkestis«, das älteste erhaltene Drama des Euripides (438 v. Chr.),[38]

---

[34] Vgl. S. Freud, Psychoanalyse und Libidotheorie, in: Ges. Werke XIII; Vorlesungen zur Einführung in die Psychoanalyse, in: Ges. Werke XI.
[35] Das Freudsche Weltbild mit der Ambivalenz der agierenden Typen und deren Aufspaltung in Bewußt-Unbewußt, liegt wie ein Schatten über den analytischen Romanen eines James Joyce (»Ulysses«), eines Marcel Proust (»Auf der Suche nach der verlorenen Zeit«), über Franz Kafkas Romanwelt, William Faulkners Negerromanen oder Thomas Manns Spätwerk und »Doktor Faustus«.
[36] S. Freud, Ges. Werke, Bd. X, Zur Einführung des Narzissmus, 1914; Vgl. H. Kohut, Narzissmus, 1968.
[37] Vgl. H. Strohm, Zur dramatischen Form, 1957; G. Murray, Euripides und seine Zeit, 1957; W. Kullmann, Zum Sinngehalt der euripideischen Alkestis, in: Antike und Abendland 13 (1967) 127 ff.; J. Latacz, Einführung in die griechische Tragödie, 1994, 304–310; G. A. Seeck, Unaristotelische Untersuchungen zu Euripides. Ein motivanalytischer Kommentar zu Alkestis, 1985.
[38] Vgl. A. Lesky, Alkestis, der Mythos und das Drama, in: SWAW, phil.-hist. Kl. 203 (1925) 2. Abh. Ders., Die tragische Dichtung der Hellenen, ²1964, 157–161 (m. Bibliogr.); C. R. Beye, Alcestis and Her Critics, in: Greek, Roman and Byzantine Studies 2 (1959)

greift auf eine alte Märchenerzählung mit dem Motiv des Opfertodes eines Menschen für den anderen zurück. Es rückt aber das Geschehen psychischer Situationen der Zerreißung der Liebe, den Augenblick der Trennung der Alkestis von Admet, ihrem Gatten und ihren Kindern und die Situationen nach vollendeter Trennung in den Blick. Es entsteht so ein seelenzartes Gemälde von hoher idealistischer Auffassung der Gattenliebe. Der dritte athenische Dramatiker wird diesem großen Mythos seine weltliterarische Gestalt geben. Dieser Grundzug wird auch in der Polyxena der »Hekabe« (um 425 v. Chr.) fortgeführt, deren Opferbereitschaft, um dem unwürdigen Leben in der Sklaverei zu entgehen. Hekabe, einst Königin von Troia, will für ihre Tochter sterben oder wenigstens zusammen mit ihr. Die Achaier lehnen dies ab und eine tiefbewegende Abschiedsszene zwischen Mutter und Tochter beschließt das Epeisodion (V. 229–333). Sie spricht zu Odysseus:

»... *O reiße nicht dies Kind aus meinem Arm!*
Bringt sie nicht um! Des Blutes floß genug.
Sie ist die Freude, sie vertreibt das Leid;
Für alles, was ich ließ, ist sie mein Trost,
Ist Heimat, Amme, Führerin und Stab.
Der Mächtige missbraucht nicht die Macht,
Im Glück vergiß nicht die Vergänglichkeit.« (V. 277–283)

Euripides wird in seiner »Alkestis« diesen Stoff der Gattenliebe aufgreifen und ihn als viertes Stück nach der tragischen Trilogie, also an die Stelle eines Satyrspiels, setzen. Dabei greift er auf ein althellenisches Märchen zurück. A. Lesky hatte in seiner 1925 verfassten Studie gezeigt,[39] dass der Stoff aus einem alten Volksmärchen stammt und sich das Motiv des Liebesopfertodes in vielen eurasischen Märchen des nördlichen Europas, in Russland, im Pontus und Armenien bis in den Sudan hinein finde. Ein Erzählzug, der sich dem Stoff ankristallisiert, ist manchmal noch der Kampf mit dem Todesdämon, d. h. mit dem Tod als der unerbittlichen Konstante der conditio humana. Schon das »Erkenne dich selbst« des delphischen Apollon forderte bei den Menschen die Erkenntnis der eigenen Sterblichkeit ein und der daraus folgenden Hinfälligkeit und Ohnmacht: »Erkenne dich selbst, dass du ein sterbliches Wesen (thnéton ónta) bist«. Das Alkestis-Märchen fand in Hellas seine Anbindung an den Sagenkreis um Apollon, an Koronis, die Mutter des Asklepios und ihren Sohn, den Apollon aus dem Leib der toten Mutter rettete und ihn zum Kentauren Cheiron zur Unterweisung in der Heilkunst brachte.

109–127; K. v. Fritz, Euripides' »Alkestis« und ihre modernen Nachahmer und Kritiker, in: Ders. Antikes und modernes Drama, 1962, 256–321.
[39] A. Lesky, Alkestis, der Mythos und das Drama, 1925.

Dem großen Mythos von der Gattenliebe hat Euripides seine weltliterarische Gestalt gegeben. Apollon, der Schutzgott der Lebensschwellen, der Reinigung und Initiation, muss für die Tötung der Kyklopen (Alk. 3 ff.) zur Strafe dafür ein Jahr lang bei König Admetos von Pherai als Viehhirte dienen. Durch diesen Sühnedienst wird er selbst ein Gereinigter und Gott der Reinigung (Katharsis). Nach einer anderen Mythenvariante tötet Apollon die Ausgeburt der Erdmutter Gaia, die Pythonschlange, mit Pfeilen, eine Filiation der Erdgöttin und deren Nabelschnur, die die Reste des Titanengeschlechts verkörpert.[40] Zur Strafe dafür muss er von Delphi nach Thessalien zu König Admetos, »dem Unbezwingbaren«, in einen achtjährigen Frondienst gehen, um danach als »der Reine« (Phoibos) wieder heimkehren zu dürfen.[41] Bei Admetos freundet er sich mit dem König an, segnet seine Herden mit doppelter Fruchtbarkeit und lässt seine Rinderherden prächtig gedeihen. Auch hilft er ihm, die vielumworbene Alkestis zu freien. In seinem Liebesglück unterlässt der König aber das vorhochzeitliche Opfer für Artemis, die Schützerin der Jugend und der Jungfräulichkeit, die zur Strafe dafür ihm Schlangen ins Brautgemach sendet.

Um weiteren Rachehandlungen der Göttin zu begegnen, – sie gilt als Todbringerin der Frauen (Homer, Il. 21,483) – nimmt Apollon den drei Moiren, »Schicksalsgöttinnen«, die den Lebensfaden spinnen, das Lebenslos zuteilen, um ihn schließlich »unabwendbar« (vgl. Atrope) durchzuschneiden,[42] das Versprechen ab, Admetos in seiner Todesstunde vom Tode zu befreien, falls jemand freiwillig für ihn aus dem Leben scheidet.[43] Es handelt sich um ein Ersatzopfer, den stellvertretenden Tod eines anderen Menschen als eine lebengewährende Opferleistung. Euripides schiebt zwischen die Todesforderung und die Stunde der zu erfüllenden Heimsuchung durch den Tod, einen Zeitraum glücklicher Ehejahre ein. Als dann die Stunde »schlägt« und der todgeweihte Admentos bittend nach Ersatz sucht, ob jemand freiwillig an seiner Statt aus dem Leben scheiden wolle, lehnen seine alten Eltern dieses Ansinnen ab, weil sie ihre verbleibende Lebensspanne mehr lieben als den eigenen Sohn. Nur seine jugendliche Gattin Alkestis und Mutter zweier Kinder, findet sich für dieses Ersatzopfer bereit, um aus Liebe zu ihrem Gatten für ihn »aus dem Licht des Tages« zu scheiden. In vollem Wissen um all das,

---

[40] Vgl. J. Fontenrose, Python. A Study of Delphic Myth and Ist Origins, 1959, 239–247.
[41] Spätere Mythenvarianten nennen als Grund für die Strafe das Rachemotiv. Als der erzürnte Zeus mit seinem Blitz Asklepios, den Schützling Apolls erschlagen hatte, weil dieser Tote ins Leben zurückholte, rächt sich Apollon und tötet die einäugigen Kyklopen (Euripides, Alk. 3 ff.; Pindar, Pyth. 3,57 ff.; Diodorus 4, 71, 1–3. Nach Pherekydes, Schol. Eurip., Alk. 1 ff. tötet er nicht die Kyklopen, sondern ihre Söhne.
[42] Klotho spinnt auf ihrer Spindel den Lebensfaden der Menschen, Lachesis teilt ihm sein Lebenslos zu und Atropos aber legt seine Länge fest.
[43] Apollodorus, Bibl. 1,9,15; Hyginus, Fab. 51.

III Das tragische Chorspiel der Hellenen und ihre Imagination von Liebe

was sie preiszugeben bereit ist in ihrer Liebe, bringt sie das Liebesopfer ihres Lebens.

Das Drama setzt mit einer Vorszene und dem kontrastiven Gegenüber von Apollon, den Gott des Lichtes, und Thanatos, den die Lebensbeute holenden Gott es Todes ein (V. 1–76). Dabei wird eine Vorgeschichte rekapituliert, die in die Tiefe der Zeit führt. Konnte Apollon dem Tod das Leben für eine Spanne Zeit ablisten, so erscheint der unerbittliche, schwarzgewandete und geflügelte Hadesgott, den Schicksalsspruch einzulösen. In diesem Widerstreit zweier göttlicher Mächte steht der sterbliche Mensch als Spielball und Thema eines Wort- und Streitgefechts, der »dissoi logoi«. Zu Apollon sagt der Tod:

So viel du sprichst, so wenig hilft es dir,
Die Frau zieht in des Hades Reich hinab!« (V. 72 f.)

Alkestis wird mit dem Abschneiden einer Haarlocke dem Tod geweiht.

Das Einzugslied der Greise aus Pherai, das den heiligen Paian zur Epiphanie ruft, den »Wender des Unheils« (metakýmios atas V. 91), erhebt am Tag der Bestimmung (kýrios êmar 105) sorgenvolle Klage über das Übel, das außerhalb jeglicher Heilung steht (Vgl. V. 155). Eine Dienerin schildert in einem »Botenbericht« vom Abschied, den Alkestis, die »edle« Frau, nimmt und fragt:

»Kann eine Frau vollkommner sein als sie,
die ihren Gatten ehrt mit ihrem Tod?« (V. 154 f.)

Und wieder ruft der Chor der Greise den Paian an, den Abwehrer von Übel und Krankheit:

»Sei wieder Erlöser vom Tode (lyterios ek thanátou),
o hemme das Morden des Hades!« (V. 224 f.)

Nach dem Chorlied, das den schicksalhaften Verlust der »liebsten Gattin« (philtáta) (V. 331) ins Lied hebt, betreten in einer zweiten Hauptszene die Gatten die Bühne. Die Zuschauer werden Zeugen der letzten Worte und Klagen der Alkestis über die »bittre Ruderfahrt« in das »Lager der Toten« (V. 261). In dem Zwiegespräch mit Admetos, ihrem Gatten, vertraut sie ihm die Fürsorge ihrer beiden Kinder an und beschwört ihn, den Kindern keine Stiefmutter zu geben. Dann spricht sie ihren Abschiedsgruß:

»Lebt froh und glücklich! Rühme dich, mein Mann,
Dass du die beste (ariste) Frau ins Haus geführt,
Ihr Kinder, dass sie eure Mutter war.« (V. 324–326)

Daran schließt sich die Totenklage Admets über den Verlust seiner Liebsten, um sich ein Ebenbild von ihr anfertigen zu lassen:

»Wie ehr ich sie,
Die ganz allein für mich (›ant' emou‹) gestorben ist!« (V. 433 f.)

Und der Chor, der das Geleit- und Segenslied für Alkestis anstimmt (V. 435–475):

»Denn du allein, o liebste Frau,
Gabst kühn deine eigene Seele
Für den Gatten in Kauf.« (V. 460–462)

In der folgenden dritten Hauptszene tritt der von Apollon angekündigte Herakles auf, der Kämpfer gegen den Tod und Retter, der nun die Szene beherrschend wird: er, der große Nothelfer (alexikakos) und Heros, ist auf dem Weg zu seiner achten, ihm aufgetragenen Arbeit. Er solle die menschenfressenden Rosse des Diomedes zähmen. Er kommt in die Todestrauer des Admetos-Hauses und erfährt dort überschwängliche Gastfreundschaft. Dabei verschweigt ihm Admetos den bitteren Schicksalsschlag (V. 476–567), um den Gast nicht wieder ziehen zu lassen. Während Herakles sich dem Genuss des Mahles hingibt, ordnet sich der Leichenzug und es entbrennt ein erbitterter Streit, ein ethischer Agon, zwischen Admet und seinem Vater Pheres. In diesem Vers-Wechselspiel kreuzen sich Schlag auf Schlag Argument und Gegenargument, denn das Leid, das in dieser Trennung zu tragen ist, hat einen Inhalt:
Der Vater:

»Ihr Leichnam muß in hohen Ehren stehn.
Sie starb für dich, mein Sohn, und wollte nicht,
Dass ich den Rest der Tage kinderlos
Im Schmerz um deinen Tod verkümmern muß.
So hat sie allen Frauen höchsten Ruhm
Verliehn durch den edelsten Entschluß.«

Und zur Toten:

»Die du den Mann gerettet und vom Fall
Uns aufhobst, lebe wohl und selbst im Reich
Des Hades glücklich! Solche Ehen sind
Zum Heil, die andren haben keinen Wert.« (V. 619–628)

Admet wirft aber dem greisen Vater dessen Lebensgier (V. 715) vor, denn er habe, als ihn, seinen jungen Sohn am Hochzeitstag der Tod rief, kein Mitleid gezeigt. Vom Mitleidlosen aus gesehen wäre er nicht mehr unter den Lebenden. Dieser wiederum entgegnet ihm:

»Dein Glück und Unglück ist dein eignes Los (V. 685)
...
Stirb nicht für mich, ich sterbe nicht für dich (V. 690)
...

III Das tragische Chorspiel der Hellenen und ihre Imagination von Liebe

Du selbst hast schamlos deinen Tod verjagt
Und lebst noch über die bestimmte Frist
Auf ihre Kosten!« (V. 694–696)

Und in einem vierten Standlied schließt sich in einem Lobpreis des Liebesopfers der Chor an:

»O sei gegrüßt, gegrüßt,
Die das Kühnste beschloß.
Edelste, Beste,
Zum letztenmal!
Freundlich geleite dich Hermes,
Empfange dich Hades!
Wenn man dort unten
Die edlen Seelen belohnt,
So thronst du zur Seite
Der bräutlichen Gattin
Des Königs der Toten!« (V. 741–746)

Wirft der Sohn dem Vater Lebensgier und Lebenshunger vor, so repliziert dieser, dass er in bedenkenloser Selbstsucht seine eigene Gattin habe sterben lassen. Der vom Haus mit Kranz und Becher heraustretende Herakles begegnet einem Diener des Hauses, dessen Stirn gefurcht und dessen Antlitz verdüstert ist. Dieser wird von Herakles in einem kleinen Lehrstück über das Schicksalslos der Menschen belehrt und auf Freude und bejahtes Leben gestimmt:

»Hör zu.
Auf allen Menschen wartet gleicher Tod,
Und keinen gibt es, der an diesem Tag
Schon weiß, ob er den nächsten noch erlebt.
Der Weg des Schicksals liegt in Finsternis.
Kein Kunstgriff, keine Rechnung hellt sie auf.
Hast solche Weisheit du von mir gelernt,
Sei heiter, trinke, rechne mit dem Tag,
Stell alles andre dem Geschick anheim.
Der schönste Dienst der Götter bleibt uns stets
Das Werk der Kypris, unsres besten Freunds.
Laß alles andre stehn und folge mir ...
So mäßige den Schmerz,
Besieg dein Los, bekränze dir das Haupt
Und trink mit mir! Ich weiß, es wird dir bald
Des Bechers Kreisen deinen trüben Sinn
Erlösen und die schwere Bürde weicht.
Wer sterblich ist, der denke Sterbliches!
(óntas dè thnetoùs thnêtà kaì phronein chreôn.)«
(V. 781–799)

Der Liebestod der Alkestis: Meta-Tragödie der Liebe

Erst von diesem Diener erfährt Herakles den wahren Grund der Trauer und des fassungslosen Geschehens. Daraufhin beschließt Herakles, zum Dank für Admets hohen Sinn und die gastfreundliche Bewirtung die verstorbene Alkestis dem Tode zu entreissen (V. 747–860). Inzwischen kehrt Admetos von der Bestattung zurück und klagt über seine Blindheit, aus der heraus er das Leben gewählt und das Lebensopfer seiner Gattin angenommen hatte. Ein Leben ohne sie aber ist für ihn glücklos und hat keinen Wert mehr (901–961):

»*Ich sollte sterben, ich verriet mein Los
Und weiß jetzt, dass ich nie mehr glücklich bin.*« (V. 939 f.)

Sich selbst bezichtigend rückt er seine Feigheit ins Licht, er, der seinen Eltern ihr eigenes Versäumnis vorgeworfen (siehe V. 955 ff.), und alle ihm Missliebigen könnten sein eigenes Verhalten als feige brandmarken.[44] Der fremde Wanderer solle seine Schritte zum Grabe dieser Ikone der Liebe lenken, sie grüßen und sagen:

»*Diese starb für ihren Mann,
Wurde nun ein selger Geist.
O schenk uns, Hohe, den Segen!*« (V. 1002–04)

Dieser innere Wandel im lebenssüchtigen Admetos bereitet die Schlussszene vor. Mit der Einsicht des gewandelten Liebenden erhält die Szene eine innere Dimension. Nun bringt der mit Admetos' Leid mitfühlende Herakles eine, zur Unkenntlichkeit verschleierte Frau. Es ist gleichsam ein vorinszeniertes Intrigenspiel, das die Echtheit der Liebe des Admetos zu seiner toten Gattin auf die Probe stellen soll. Herakles bietet sie als Ersatz »zum Dienst« in seinem Hause an (V. 1024). Er solle sie behalten, denn er habe sie in Thrakien in einem Faust- und Ringkampf als Preis errungen. Aber für Admetos kann sie kein Ersatz sein, und Herakles muss erfahren, dass »die Träne der Liebe Schritt hält« (V. 1081). Dem Admetos bereitet sein Leben keine Freude mehr. Er sagt: »Die Zeit, die mich heilt, ist nur der Tod« (V. 1086). Als Herakles ihn nötigt, das vermeintliche Schattenbild der Unterwelt anzufassen, ergreift er in enthüllter Hüllung seine liebste Gattin, die Herakles dem Todesgott abgerungen und ans Licht heraufgebracht hatte. Admetos will nun Opfer darbringen und Dankgebete und weiß sich zu einem neuen Leben mit Glück beschenkt. Im Abziehen von der Bühne singt der Chor:

»*In vielen Gestalten erscheint
Das Werk der Unsterblichen.
Vieles, was nie wir gehofft,
Führen die Götter zu Ende!*«

---

[44] Vgl. O. Vicenzi, Alkestis und Admetos, in: Gymn. 67 (1960) 517 ff.

III Das tragische Chorspiel der Hellenen und ihre Imagination von Liebe

Vieles Gehoffte
Ward nicht vollzogen,
Für das niemals Geahnte
Bahnten die Götter den Weg.
So fand auch dieses Geschehen
Sein Ende und Ziel.« (V. 1159–1163)

4. Erotische Magie: Die »Trachinierinnen« des Sophokles

Die griechische Tragödie, Spiegelung humaner Urphänomene aus der mythisch heroischen Welt, hatte einen kultischen Sinn und verkündete ihre Religiosität musisch, als Literatur. Aus den Chorgesängen zu Ehren des Wein-Gottes, den Dionysos-Dithyramben, entwickelte sich das »Drama« (drómenon), die Handlung als tragische Weise, mit den maskentragenden Schauspielern, die an der dionysischen Verwandlung teilnehmen und in sie eingegangen sind, um durch die »persona«, durch die Maske zu sprechen und im Gespräch die dramatische Konfrontation hervorzutreiben. Ihnen beigestellt war in diesem griechischen »Oratorium« der Chor, der ideale Zuschauer und (theologische) Deuter, kollektive Verkörperung der außerzeitlichen dionysischen Welt und des jenseits aller Erklärbarkeit stehenden Tragischen, der Heimsuchungen, Ängste, Unglücksschläge, die wie ein Wellensog das Individuelle in Beschlag nehmen und wie ein ansteckendes Miasma über allem brüten. Die kosmisch-sittliche Zeusreligiosität weiß eine kosmische Gerechtigkeit walten, in der Einer leidet, weil ein Anderer Frevel begangen, und sieht einen Anderen geschont, weil irgendwo eine Gerechtigkeit geschah. Im Halbkreis um die Orchestra waren amphitheatralisch ansteigende Sitzreihen angeordnet, um in zeremonienhafter Liturgie ein Mysterium zu zelebrieren, das tragische »ecce homo« des Menschen.[45]

Der berühmte Satz von André Malraux, wonach der Tod das Leben in Schicksal verwandle, lässt sich auch über die Verstragödie »Die Trachinierinnen« des Sophokles schreiben. Herakles, Sohn des Zeus und einer sterblichen Mutter, der Alkmene, der Gemahlin des Amphitryon, ist nicht nur der beliebteste Nationalheros der Hellenen, sondern auch der Stärkste unter den Sterblichen. Aber sein Leben endet mit einer tödlichen Niederlage. Die Tragödie des Sophokles zeigt ihn nach der Vollendung seiner zwölf Arbeiten (Dodekathlos), die er im Auftrag des Eurystheus verrichtet hatte. Herakles befindet sich auf dem Gipfel seines Ruhmes. Der mythische Stoff der Heldensage, in der der Held scheinbar unlösbare Aufgaben gemeistert hatte,

---

[45] Vgl. S. Melchinger, Die Welt als Tragödie, I 1979; II 1980; B. Zimmermann, Die griechische Tragödie, ²1992; M. S. Silk (Hg.), Tragedy and the Tragic, 1996.

erhält im sophokleischen »Ehedrama« und der unausweichlichen Tragik von Liebe und Tod, seine Gestalt: ein Mann, eine um den Mann ringende Frau, ein Mädchen. Sophokles stellt in seinen Tragödien den Menschen in den Mittelpunkt mit all seinen Extremsituationen, seinem alternativen Denken, seinen Konflikten, seiner Liebe und seinem Hass, seinem Erkennen und seiner Unfähigkeit dazu.[46] Ein dunkler, tiefer und grauenvoller Schatten liegt über den beiden Hauptakteuren wie über dem Chor. Die ekstatische Passion der Heroen als Gehalt der Tragödie rührt an das Geheimnis des Todes, das der Vergänglichkeit und an das »Warum« des »Falles« und Leides. Auch diese Herakles-Deianeira-Tragödie stellt sich der unbezweifelbaren Majestät des Todes, um von dieser elementaren Macht her den Menschen als Frage in seiner dreifachen Weise ins Spiel zu bringen: mit seinem Willen, der ihn zum Handeln antreibt, dann dem Willen der Götter als Mitakteure und über beiden das fraglose Rätsel des Schicksals. Die Tragödie bietet keine intellektuelle Antwort an, sondern verwandelt, ähnlich wie das Buch Ijjob, das Ganze in eine verwandelnde Ergriffenheit. Nicht ein Wille zum Opfer waltet hier, sondern es geht um die Identifizierung des Menschen als Frage, als Opfer und Geopferter. Die Leiden, die Zerreißung des Lebensgottes Dionysos, das Opfer der archaischen Frühe, wird in »phóbos kai drómos«, in »Furcht und Zittern« travestiert. Gerhard Hauptmann (1862–1946), einer der bedeutendsten Söhne Schlesiens und genial in der Mitleidenschaft kreatürlicher Not seiner Dramen, weist in seinem »Griechischen Frühling« auf diese Grundschicht der attischen Tragödie mit ihrem blutigen Abgrund hin, wenn er schreibt: »... *Aus der Tiefe des Blutbrunnens unter mir stieg dumpfe, betäubender Wahnsinn auf. Indem man die grausame Forderung des sonst wohltätigen Gottes im Bocksopfer sinnbildlich darstellte, und im darauffolgenden, höheren Sinnbild gotterfüllter dramatischer Kunst, gaben die Felsen den furchtbaren Schrei des Menschenopfers unter der Hand des Rächers, den dumpfen Fall der rächenden Axt, die Chorklänge der Angst, der Drohung, der schrecklichen Bangigkeit, der wilden Verzweiflung und des jubelnden Bluttriumphes zurück ... Eine wahre Tragödie sehen, hieß, beinahe zu Stein erstarren, das Angesicht der Medusa erblicken, es hieß, das Entsetzen vorwegnehmen, wie das Leben heimlich immer, selbst für den Günstling des Glücks, in Bereitschaft hat.*«[47]

---

[46] Vgl. E. Lefèvre, Die Unfähigkeit sich zu erkennen. Sophokles' Trachiniai, in: Würzburger Jahrbücher für die Altertumswissenschaft N.F. 16 (1990) 43–62; B. Zimmermann, Europa und die griechische Tragödie, 2000; W. Schadewaldt, Sophokles und das Leid, in: Hellas und Hesperien I, ²1970, 385–401; H. D. F. Kitto, Sophokles, Dramatist and Philosopher, 1958; H. D. Diller, (Hg.), Sophokles, 1967; A. v. Blumenthal, Sophokles. Entstehung und Vollendung der griechischen Tragödie, 1936.
[47] G. Hauptmann, Die Kunst des Dramas, (Hg.) M. Machatzke, 1963, 20; vgl. K. S. Guthke u. H. Wolff, Das Leid im Werk Hauptmanns, 1960.

III   Das tragische Chorspiel der Hellenen und ihre Imagination von Liebe

In solcher Allsinnlichkeit und Allgeistigkeit der Handlung hatte Sophokles (495–406 v. Chr.) um 435 v. Chr. In den »Trachiniai« (»Die Trachinierinnen«) den innermenschlichen Konflikt zwischen Deianeira (der Name bedeutet »den Mann vernichtend«) und Herakles, der sie zu seiner Frau gefreit hatte, zu einer Lebens-Metapher, einem abgekürzten »Vergleich« gestaltet. Die Tragödie »Die Trachinierinnen«, benannt nach dem Chor der Mädchen von Trachis, die den Gang des Geschehens begleiten, ist doppelszenisch und als Diptychon angelegt. Sie zerfällt inhaltlich in zwei Bild-Gruppen, in deren erster es um den tragischen Irrtum Deianeiras geht, die, um die Liebe ihres über alles geliebten Gatten Herakles zu bewahren, zu einem vermeintlichen Liebeszauber greift, der sich als Gift mit tödlicher Wirkung erweisen wird. Der zweite Teil schildert dann die unsäglichen Qualen und Hilfeschreie des Herakles sowie die tragische Unschuld der Frau, die den Tod ihres Gatten verursacht hatte. Herakles wird in den Kontext seiner menschlichen Beziehungen gestellt und als »bester aller Männer« entzaubert.[48]

Zu dem Hinterszenischen der mythologischen Erzählung gehört die Vorgeschichte des dramatischen Geschehens, wie Herakles in der Unterwelt durch den Schattengeist des verstorbenen Bruders Deianeiras, des Meleagros, von deren Schönheit erfährt, und dieser ihn bittet, seine Schwester zu ehelichen. Allerdings hat Herakles einen Mitfreier in dem Flussgott Acheloos, der ebenso um die Hand Deianeiras anhält. Die beiden Rivalen vereinbaren einen Ringkampf, um den Streit um Deianeira zu entscheiden. Dem Acheloos, der sich beim Kampf in einen Stier verwandelt hatte (vgl. den Ringkampf-Mythos von der Wandelbarkeit des Wasserwesens), bricht Herakles eines der Hörner ab und erringt so den Sieg. Mit Deianeira begibt er sich nach Trachis, wo den beiden der Hochwasser führende Fluss Euenos den Weg versperrt. Während Herakles durch den Fluss watet, erbietet sich der Kentaur Nessos, der am Fluss Fährmannsdienste tut, Deianeira über den Strom zu tragen. Als er sich an ihr zu vergreifen sucht, ruft sie um Hilfe und Herakles tötet den Kentaur mit einem seiner Pfeile, die mit dem Blut der Hydra vergiftet waren. Herakles hatte sie durch Eintauchen in die Galle der Hydra, zu unfehlbar todbringenden gemacht (2. Tat im Dodekathlos).[49]

---

[48] Vgl. B. Effe, Held und Literatur, in: Poetica 12 (1980) 145–166; K. Galinsky, The Heracles Theme, 1972; L. Bregson, Herakles, Deianeira und Jole, in: Rhein.Mus. 136 (1993) 102–115; B. Effe, Das Bild der Frau in Sophokles' Trachinierinnen, in: G. Binder / K. Ehlich (Hg.), Kommunikation durch Zeichen und Wort, 1995, 229–246; H.-G. Nesselrath, Herakles als tragischer Held in und seit der Antike, in: H. Flashar (Hg.), Tragödie – Idee und Transformation, 1997, 307–331; H. Flashar, Sophokles, Die Frauen von Trachis, 2000.
[49] Vgl. K. Kerényi, Die Heroen der Griechen, 1959, 158 ff.; R. v. Ranke-Graves, Griechische Mythologie II, 1960, 102 ff. Herakles' zweite Tat ist die Tötung der neunköpfigen Hydra von Lerna, der Landplage in Argolis die Menschen und Vieh bedroht. Er verbrennt

In erheuchelter Reue verrät der sterbende Kentaur, das »monstergleiche Wesen von undenklichem Alter«, der Deianeira, wenn sie das Blut aus seiner Wunde sammle, so werde es zu einem Zaubermittel. Sollte jemals Herakles' Liebe zu ihr schwinden und er eine andere Frau lieben, dann müsse sie ein Hemd in sein, des Kentauren, Blut tauchen und es Herakles zu tragen geben, dies würde ihn in Liebe wieder an sie binden. Sorgfältig bewahrt sie das Blut in einem bronzenen Gefäß auf, um es vor Wasser und Feuer zu schützen und so seine magische Kraft zu erhalten. Soweit der Hintergrund als tragische Prämisse.

Die Handlung:[50] Gleich zu Beginn tritt Deianeira ins Theaterrund voller Bangnis um ihren seit fünfzehn Monaten nicht heimgekehrten Gemahl Herakles. Vorwurfsvoll sagt sie:

»*Wir zeugten ja auch Kinder, die er dann und wann*
so wie ein Landmann ein entlegenes Ackerfeld
beim Säen und beim Ernten einmal nur gesehn.« (V. 31–33)

Sie weiß, dass ein Sterblicher erst mit dem Tod der Erfahrung teilhaft wird, ob sein Leben »glücklich war oder schlimm« (V. 3). Dann fügt sie hinzu:

»*Ich aber weiß schon jetzt, eh ich zur Totenwelt*
gelange, dass das meinige glücklos ist und schwer.« (V. 4 f.)

Sie kommemoriert die mythische Vorgeschichte, und im Einzugslied, dem ersten Stasimon, stimmt der Chor in ihre Sorge ein:

»*Kein Los ohne Leid*
beschied des Alls Walter und Herr
Kronion für uns sterblich Geschlecht.
Sondern es kreisen Leid und Lust
über uns allen wie Kreis-
läufe des Großen Bären.« (V. 126–131)

»Von Sorgen und Angst gequält« (V. 37), schickt sie einen ihrer beiden Söhne aus, um etwas von ihrem in der Fremde weilenden Gatten zu erfahren. Ihr Leben wird zu einem angstbesetzten Bangen und Sorgen um Herakles, der nur selten am gemeinsamen Herde weilt. Sie vertraut sich dem Chor an, den jungfräulichen Mädchen von Trachis, und lässt in ihren Worten eine der Zeit inhärente Grundsituation des liebenden Menschen spiegeln:

---

ihre abgeschlagenen Köpfe und bestreicht mit der Galle des erlegten Untiers seine Pfeile, die fortab unheilbare tödliche Wunden schlagen. Vgl. Euripides, Herakles, 419–424; Apollodorus, Bibl. 2,4,12. Schol.; Pindar, ol. 6,68. Vgl. J. Schoo, Der Kampf mit der Hydra, in: Mnemosyne 7 (1939) 281–317.
[50] Vgl. E. R. Schwinge, Die Stellung der »Trachinierinnen« im Werk des Sophokles, 1962 (mit Bibliogr.); A. Lesky, Die tragische Dichtung der Hellenen, [3]1971, 323–325.

III DAS TRAGISCHE CHORSPIEL DER HELLENEN UND IHRE IMAGINATION VON LIEBE

»*Weil du, so scheint es mir, von meinem Kummer weißt,
bist du gekommen. Wie es mir am Herzen nagt,
nie mögest du's erleben, denn noch kennst du's nicht.
Die Jugend nämlich tummelt sich auf solcher Flur,
wo weder Kälte sie noch Glut des Sonnengotts
und auch kein Regen oder Sturm sie bedrängen kann.
In Freuden führt ein müh'los Leben sie empor
so weit, bis eine, nicht mehr Jungfrau sondern Frau
genannt, allmählich ihren Teil an Sorgen trägt
und um den Gatten oder um die Kinder bangt.
Dann kann sie wohl, wenn sie das eigne Los erwägt,
erkennen, welche Last von Übeln mich beschwert.*« (V. 141–152)

Es ist die opalschillernde Angst der Frau um einen Mann, den Gefahren und Abenteuer umstellen und die ihre Zeit in die Zeit des Lebensherbstes reichen sieht. Düstere Nachtträume schrecken sie auf:

»*Darum, ihr Lieben, fahr' aus sanftem Schlummer ich
empor, vor Angst erbebend, ob ich nun beraubt
des allerbesten Mannes immer bleiben muß.*« (V. 175–177).

Ein Bote tritt auf und berichtet über den Sieg und die bevorstehende Heimkehr des Helden, so dass ihr Kummer in Freude umschlägt (V. 141–204). Als ihr aber der Bote erzählt, Herakles habe um des Mädchens Iole[51] willen die Hochburg Oichalia erobert (»Eros nur von allen Göttern hat ihn zu dem Kampf verführt« V. 354 f.), bricht tiefes Leid und Unheil in ihr Leben ein. Sie sagt:

»*Wehe, welch ein Leid! Wie tief im Unglück bin ich schon!
Was für ein Unheil hab' ich unverseh'ns ins Haus
genommen! Ich Unselige (dystênos).*« (V. 375–377)

In der Stunde der Enthüllung wird fast unbemerkt aus der innig liebenden Ehefrau die Enttäuschte und aus der Mitleidigen mit Iole, der gefangenen Geliebten des Herakles, die Verstörte und Eifersüchtige. In ihrem Kummer der aufgedeckten Wahrheit weiß sich Deianeira mit der unentrinnbaren Macht des Eros konfrontiert:

»*Und wer nun gar dem Eros entgegentritt,
ihm in den Arm fällt wie beim Faustkampf, ist ein Narr.
Denn er befiehlt selbst Göttern, wie es ihm beliebt.*« (V. 441–443)

Und der Chor singt:

»*Mit gewaltiger Macht trägt die Liebe doch stets
den Sieg davon!*« (V. 497 f.)

---

[51] Vgl. A. Beck, Der Empfang Ioles, in: Herm 81 (1953) 10–21.

Und besitzt jetzt die schöne Iole, wie der Bote Lichas es gerade mitteilte, das Herz des Herakles, so erinnert der Chor daran, dass einst auch die schöne Deianeira dieses Glück innegehabt hatte (V. 497–530). Und der Chor:

»*Sie, holdselig, reizvoll,*
auf weit sichtbar'n Hügel
saß sie, harrend ihres künft'gen Gatten.
Doch ich will kundtun, wie es ausging:
So hart umkämpft, harrte aus das Auge
der Jungfrau bis zuletzt.
Dann entfloh sie der Mutter rasch,
ein verlornes Kälblein.« (V. 523–530)

In spiegelbildlicher Travestie schlägt Deianeiras Jubel über die Heimkehr des Gatten in tiefe Bestürzung um, als dieser die »erbeutete« Königstochter Iole als neue Geliebte mitbringt und sie zu seiner Nebenfrau auserkoren hatte. Die zu ihr entbrannte Leidenschaft des Heros stellt sich als der wahre Grund seines Kriegszuges gegen Oichalia heraus.[52] Um ihren Mann Herakles an sich zu binden, erinnert sich Deianeira ihres Liebeselixiers, des Nessos-Blutes. Verhängnisvoll taucht sie das Opferfestgewand in das Blut des Kentauren. Als vermeintlichen Liebeszauber lässt sie es durch einen Boten dem Herakles überbringen in dem Glauben, sich so ihr Liebesglück erhalten zu können. Ihr Griff zur Kraft der Magie ist Ausdruck äußerster seelischer Not. Ein Liebesbann soll ihr Helfer sein (vgl. 582–588). Herakles, der für den Sieg ein großes Dankopfer für die Götter vorbereitet, legt die überbrachte und von Nessos Blut getränkte Opfertunika an, die sich wie eine zehrende Flamme in seinen Körper hineinfrisst und ihn mit brennenden Schmerzen peinigt. Der Liebeszauber erweist sich als Todesgift. Hyllos, einer ihrer beiden Söhne, kommt vom Opferfest zurück und berichtet der Mutter von der Wirkung des tödlichen Gewandes bei der Weihehandlung, wie es in des Vaters Körper eindringt »wie einer mörderisch feindseligen Schlange Gift« (V. 771). Zu spät kommt Deianeira die Erkenntnis, dass das Gift des Untiers das wunde Fleisch des Gatten durchdringen und ihn töten werde (V. 706 ff.). In einer tiefempfundenen Schilderung malt Sophokles in expressiver Sprache die wilden Schmerzen des Helden aus, wie sein Körper »durchschüttelt und durchkrampft« (V. 778) zerfällt und er nach Lichas, dem Überbringer des Gewandes ruft, ihn packt und ihn zum meerumspülten Felsen schleudert, dass der »Schädel mittendurch zerbirst« (V. 782). Als Schmerzensmann rast und brüllt der gepeinigte Herakles, dass die Felsen widerhallen und »verflucht den unseligen Ehebund, den er geschlossen habe, seinem Le-

---

[52] In Oichalia verspricht einst König Eurytos demjenigen die Hand seiner schönen Tochter Iole, der ihn und seine Söhne im Bogenschießen übertreffe. Als dies Herakles gelingt, verweigert ihm der König die Hand seiner Tochter. Herakles rächt sich, erobert die Stadt, wobei der König und seine Söhne fallen. Er nimmt sich Iole als »Beutefrau«.

ben zum Verderb« (V. 791 f.). Das tragische Ende war bereits durch den Orakelspruch vorweggenommen, dem Fatum-Wort der Glaubenshaltung eines universalen, Welt, Menschen und göttliche Wesen umgreifenden Zusammenhangs. Unter dieser Prämisse erscheint die liebende Deianeira mehr als Leidende denn als Handelnde. Auch ihr Gegenpart, Herakles, wiederholt in seinem Sterben in geraffter Form die Dramaturgie ihres Lebens, das Befallensein durch Blindheit. Auch er sieht zunächst seinen Tod als Intrige, die er grausam rächen will. Er bäumt sich mit ungestümer Klage und mit Flüchen gegen seinen ruhmlosen Tod auf. Erst als er vom vermeintlichen Liebeszauber des einst von ihm getöteten Kentauren Nessos erfährt, wird er einsichtig. Ein Orakelspruch hatte ihm den Tod durch Nessos geweissagt, jene mit dem Schicksal und dem Göttlichen verbundene sanktionierte Kommunikation.[53] Die beiden letzten »Ecce«-Epeisodien der Tragödie zeigen die Folgen dieser in ihre eigene Irrtumstat verstrickten unschuldigen Frau (V. 871–946), die den Tod ihres geliebten Gatten und sterbenden Helden in seinen Schmerzens- und Klageausbrüchen verursacht hatte (V. 971–1278). Die letzte große Szene ist der Tod des Herakles, der im ersten Teil im Bangen von Deianeiras Liebe um ihn und den Gefühlen für ihn ständig präsent war. Herakles wird auf einer Bahre auf die Bühne getragen, ein Zug, der von einem Alten angeführt wird und den Weg des Herakles-Sohnes Hyllos kreuzt. Als Herakles darauf erwacht, wendet er sich an Zeus mit Vorwürfen und Klagen: Er weiß sich gefoltert von endlosen Schmerzen und Qualen und entehrt:

»*O Elender, hätt' ich dich nie erblickt mit Augen,*
ich, um dies unheilbare Blühn
des Wahnsinns nimmer mitanzusehn!« (V. 997–799)

Die Schreie, die Herakles ausstößt, gehören zu den gewaltigsten Klagen der griechischen Tragödie: Zeus möge seine Qual durch Blitze verkürzen, (V. 1086 f.), oder Hades, der leibliche Bruder des Olympiers mit seinem Wiegenlied ihn in den ewigen Schlaf singen; oder fände sich doch ein Sterblicher, der ihm, dem Schmerzensmann, den Kopf vom gepeinigten Leibe trennte (V. 994–1043). Sein Rufen verhallt unter dem furchtbaren Schweigen von Himmel, Hades und Erde: »Seht an den Armen: wie beklagenswert ich bin!« (V. 1080), »kraftlos an Gliedern, mit zerfetztem Fleisch« V. 1103). Und hier sein »Unheilsbild« (V. 1079), das »Ecce homo« des Beklagenswerten mit der »mörderisch fressenden Krankheit« (V. 1083). Dann erinnert er sich in seinen unsäglichen Qualen kontrastiv seiner einstigen großen Heldentaten, dass er mit dem Nemeischen Löwen gerungen, dass er die hundertköpfige Hydra, den dreiköpfigen Höllenhund und den Erymanthischen Eber er-

---

[53] Vgl. A. Langer / A. Lutz (Hg.), Orakel. Der Blick in die Zukunft, 1999; H. V. Stoessl, Der Tod des Herakles, 1945.

schlagen sowie den himmelstützenden Atlas auf seinen Schultern getragen hatte. Als man ihm sagt, die verzweifelte Gattin Deianeira habe Hand an sich gelegt und ihrem Leben ein Ende bereitet,[54] rast er in seinen Verfluchungen unversöhnlich weiter. Sein Sohn Hyllos aber entgegenet ihm, sie habe »in guter Absicht gefehlt« und meinte, ihm »einen Liebesbann anzutun« (V. 1136; 1138), »da sie das Mädchen drinnen sah, – und täuschte sich« (V. 1140). Dann fällt das Stichwort »Nessos«, der Deianeira sterbend »beschwatzte«, und das Toben des Sterbenden fällt in sich zusammen. Der Gedanke an den sicheren Tod tritt in die Mitte. Er weiß jetzt, dass seine Wunden tödlich sind. Es ward ihm geweissagt worden, er würde durch die Hand eines Lebewesens sterben, das »die Grenze zwischen Leben und Tod überschritten hat«. Nun erkennt er, dass über dem Geschehen ein undurchdringliches Schicksal waltet und dass sich darin alte Orakelsprüche erfüllen. Die Unschuld seiner Gattin hat Grausiges in Gang gesetzt. Er erinnert sich an eine alte Prophezeiung, die ihm sein Vater gesagt hatte, er werde durch keinen Lebenden, sondern durch einen Toten, der im Hades wohnt, gemordet werden.[55] Nun erfüllt sich an ihm dieser alte Götterspruch, der als missgedeutetes Orakel jetzt seinen wahren Sinn offenbart. Damit vollzieht sich mitten in der Szene eine plötzliche Wende von der Verblendung hin zur Erkenntnis. Auch erinnert er sich noch eines jüngeren Orakels aus dem »Hain der Sellen«. Es sind dies die Priester des Zeusorakels von Dodona, wo der Wille des Gottes aus dem Rauschen der Eiche, später aus dem Klang der Erzbecken, die der Wind hervorrief, oder aus den Stimmen der Tauben hergeleitet wurde. Zu ihren besonderen rituellen Vorschriften gehörte, dass sie ihre Füße nicht wuschen und auf blankem Boden schliefen, wie es bei Homer heißt: »Die Sellen, deine Ausdeuter, mit ungewaschenen Füßen, am Boden lagernd« (Ilias XVI, 235). Dieses zweite Orakel weissagte Herakles, dass er zur »jetzigen Zeit« (nyn) von aller ihm aufgebürdeten Mühsal Erlösung finden werde (V. 1170f.). Seinem Sohn aber verlangt er den Eid ab,

---

[54] Die Amme aber berichtet, wie Deianeira sich am gemeinsamen Ehebett im Brautgemach das zweischneidige Schwert ins Herz gebohrt (V. 930f.) habe und dass sie so gehandelt, »verleitet durch des Untiers (d.h. Nessos') Rat« (V. 935). »In Schande zu leben: das trägt keine Frau, die vom Gemeinen sich geschieden hält« (V. 721 f.). Solches Leben hat für sein unausweichliches Gesetz, dass sie Hand an sich legt, wie bei Aias: »Der Edle lebt in Ehren oder geht in Ehren ab« (Sophokles, Aias, V. 480f.). Wie schon das Drama gnomisch im ersten Teil begonnen und geendet hatte, so endet auch der zweite Teil und bindet Herakles wieder hin zu Deianeira, denn in der ganzen tragischen Handlung stand alles unter einem Götterspruch und Willen.
[55] »Mir ward von meinem Vater einst vorausgesagt:
durch keinen, der noch atmet, litt' ich je den Tod,
sondern durch einen Toten, der im Hades wohnt.
Drum mordet der Kentaur, das tote Untier, mich,
den Lebenden, wie der Gottesspruch«
(hôs tò theîon ên próphanton) (V. 1159–1163)

dass dieser, sein »Arzt« und »einziger Retter aus der Krankheit Pein« (V. 1209 f.), ihn auf Oitas Höhen verbrenne.

Der Mythos des Herakles, exemplarisches Residuum der heroischen Zeit, wird bei Sophokles in all seiner Ambivalenz entfaltet. Der omnipräsente Held mit seinen inhärenten Kontrasten wird in dem Ineinander von Macht und Ohnmacht, Stärke und Scheitern auf die Bühne gestellt, samt der impliziten Frage nach der Schuldfähigkeit des Menschen, seiner »hamartia«, seiner falschen Einschätzung der Dinge, aus Unwissenheit oder Mangel an Wissen. Die Eingangsverse der Tragödie lauten:

»Ein altes Wort ist allen Menschen kund:
Dass keiner vor dem Tod sein Leben kennt.
Ob es ein gutes oder schlechtes war.« (1 ff.)

Dieser Gedanke wird in der ersten Schlussszene gnomisch beschlossen:

»... Drum, wenn einer zwei,
ja mehrere Tage gar voraus berechnen will,
der muß ein Narr sein. Denn ein Morgen gibt es nicht,
eh man den heutigen Tag nicht glücklich übersteht.« (943–946)

Das Verfehlen eines Zieles aus Irrtum, sei es aus Schuld oder schuldigem Irrtum, wird mit Nichtwissen und Verblendung zusammengedacht. Irrendes Nichtwissen bestimmt den tragischen Charakter eines Handelns und lässt so den Menschen schuldig werden. Der Begriff des »Nichtwissens« (ágnoia) erhält in der griechischen Tragödie für das Daseinsverständnis seine letzte Tiefe und generiert Schuld, die aber an die Begrenztheit der menschlichen Existenz als tragische Begrenztheit menschlichen Wissens und an das daraus entspringende Handeln gebunden ist. Schuldigwerden und, in Folge davon, Leidenmüssen ist für die antike Tragödie Einweisung in ein Lernen und tieferes Verstehen der Welt (vgl. Aischylos, Agam. 176 f.: »Durch Leiden lernen!«) und so Ausdruck der griechischen Pietät.

Aus dem mit dem tragischen Daseinsverständnis gegebenen schuldvollen Handelnmüssen entsteht die Möglichkeit der freiwilligen und selbst verantworteten Schuld. Aichylos lässt in seinem Stück »Der gefesselte Prometheus« den Protagonisten auf die Frage der Chorführerin:

»Siehst du nicht, dass du
Gefehlt hast? Wie gefehlt hast, das zu sagen bringt
Nicht Freude mir, dir Schmerz bloß« (V. 259–61), antworten:

»Freiwillig, freiwillig ja fehlt ich, leugne es keineswegs:
Den Menschen half ich, zog es selbst mir Qualen zu.« (V. 266 f.)

Der Gedanke der tragischen Existentialschuld schicksalhafter Notwendigkeit, in der das Stückwerk-Wissen des Menschen die Tragik setzt, kreuzt sich mit der Subjektfreiheit des Einzelnen, aber unter dem Schatten der möglichen Verfehlung (hamartia) durch Unwissenheit oder Verblendung. Das Wort selbst gehört der intellektuellen Sphäre an und kann mit Versehen, Irrung, Verkehrtheit, Torheit u. ä. wiedergegeben werden. Aristoteles bezeichnet mit dem Begriff »hamartia« in seiner Poetik (1453a 7–14) die mangelnde Einsicht oder falsche Einschätzung einer Gegebenheit. Sokrates aber bindet den Schuldbegriff und den Begriff des Bösen ganz an die Unwissenheit, und wer wirklich versteht und weiß, handelt auch recht. Damit statuiert er nach Kierkegaard »einen intellektuellen kategorischen Imperativ«,[56] einen Rationalismus, der alle Schuld im Nichtwissen begründet sieht und diese durch Erziehung des Menschen zu beheben trachtet, damit der für gut gehaltene Mensch auch das Gute verwirkliche.

Aber lang und tief sind die Schatten der Schicksalsmächte, die auf die Handlung der Akteure fallen. Das Schicksal des Menschen scheint ein unlösbarer Knoten zu sein. Herakles, der sich durch seine Liebe zunächst als Retter Deianeiras erwies, wird durch ihre Liebe den Tod erleiden. Aber auch seine Liebe zu Iole lässt den Stein des Verhängnisses in den Abgrund rollen, durch den Eros und der Liebeszauber als Gift wirken. Von Eros Pfeil war einst Herakles und Nessos getroffen, als sie um die schöne Deianeira warben. Und als an Herakles die zersetzende Wirkung des giftgetränkten Gewandes schmerzhaft spürbar wird, singt der Mädchenchor:

»Doch die geschäftige Aphrodite
hat sich lautlos offenbart
als Anstifterin dieser Dinge.« (V. 860–861)

An Eros, der unbändigen Macht und dem verseuchenden Gift vollzieht sich die tragische Infektion. Herakles hatte die Hydra getötet, um die Grausamkeit des Prinzips »Schicksal« leiblich an sich zu erfahren und es durch die eigene Agonie bekräftigen zu müssen. Er wird auf den Berg zum Scheiterhaufen gebracht, während sein Sohn die Anklage gegen den Götterhimmel richtet:

»So hebt ihn, Gefährten, und legt für mich
dereinst ein mächtiges Zeugnis ab
vor den Göttern von all dem, was geschah!
Sie lassen als Väter, als Stifter laut
Sich preisen und sehn solch Leid mit an!
Was künftig geschieht, kann keiner erschaun.
Was vor uns steht, ist ein Jammer für uns,
Schmach ist es ihnen,
doch am schwersten von allen Menschen für ihn,
der dieses Verhängnis erduldet.« (V. 1264–1274)

---

[56] S. Kierkegaard, Die Krankheit zum Tode, 1924, 85.

Das Gift der chthonischen Hydra war infektuös, ansteckend und verbreitete sich in den Blutbahnen der Infizierten und der Infizierenden. Es schaffte so eine transitive Sequenz der Zirkulation des Giftes, die die ganze Heraklestragödie strukturierte. Herakles hatte Deianeira durch einen mit Hydragift bestrichenen Pfeil gerettet, mit dem er dann den Nessos tötete. Aber er wird mit dem vermeintlichen »Liebeszauber« später selbst mit dem vergifteten Blut versehrt, das zerstörerisch in seinen Blutbahnen kreisen wird. Durch die Blutmagie wollte Deianeira ihren Mann durch das symbolische Zeichen der imitativen Identifikation von Blut zu Blut an sich binden. Deianeira schöpfte es aus der infizierten Wunde, um damit das Opferhemd des Herakles zu tränken. Herakles streifte es auf seine nackte Haut und der durch seine Pfeile Infizierende wird selbst zum Infizierten. Das Gift wirkte in seiner Zirkulation und riss den Kentaur Nessos, dann Deianeira mit ihrer Magie der Übertragung, dann Lichas, den Überbringer des Gewandes und schließlich Herakles selbst in den Tod. Jan Kott spricht von einer »kosmischen Bakteriologie«,[57] wo ein Toter (so das Orakel), einen Lebendigen töten wird, Eros seine zerstörerische Seite offenbart und der Tötende zum Arzt und der Tod zur Erlösung wird. Und enigmatisch tritt der Chor mit den Worten von der Bühne:

»Bleib, Mädchen, auch du nicht zurück. Du sahst
Den Tod in gewaltiger, neuer Gestalt,
Sahst Leiden mannigfach, niegekannt,
Und Zeus ist wirkend in allem.« (V. 1275–1278)

5. Liebe und das dramatische Gegenobjekt, der Hass: »Elektra« des Sophokles und die Variationen des Tragischen

Der mythische Elektra-Stoff wird von den drei großen Tragikern gestaltet, von Aischylos[58] in seinen »Choephoren« als dem Kernstück seiner Orestie

---

[57] J. Kott, Gott-Essen. Interpretationen griechischer Tragödien, 1975, 112: vgl. H. Musurillo, The Light and the Darkness: Studies in the Dramatic Poetry of Sophocles, 1967, 72 ff.; G. Méautis, Sophocle: Essai sur le héros tragique, 1957, 283 ff.
[58] Kern des Elektradramas ist der blutige Rachemord am ehebrecherischen Usurpator Aigisthos und der treulosen Gattin Klytaimnestra. Schon die Odyssee berichtet von den Ereignissen im Atridenhaus von der Ermordung Agamemnons, des siegreichen Heimkehrers vom Krieg gegen Troia (Homer, Od. 1, 35–43; 3, 303–310; 11, 405–439; 3, 265.272; 3, 234 f.; 4,91 f.; 11, 409 f.) durch Aigisthos und Klytaimnestra im Bade: Sophokles, Elektra 95 ff.; Euripides, Elektra 8 ff.; Apollodoros, Epit. 6,23. In der Aischylos Trilogie der »Orestie« schreitet der siegreiche Heimkehrer über einen Purpurteppich in den Palast, über das blutrote Tuch, zu seiner schicksalsverhängten Schlachtung, er, der »Fluchgeist« der Tantaliden. Vgl. K. Reinhardt, Aischylos als Regisseur und Theologe, 1949, 79–162; W. H.

mit dem Sühnemord des Orestes an seiner Mutter Klytaimnestra und ihrem Buhlen Aigisthos, dann von Sophokles und von Euripides, wo Elektras Leid, Schmerz, Scheinbefangenheit und Racheplan in der Mitte stehen als tragischer Konflikt, den die Figuren auszukämpfen haben. Das Geschehen wird auf eine psychologische Ebene gehoben. Alles vollzieht sich im Bannkreis des rächenden Muttermordes und ihres Buhlen, zu dem der delphische Gott gerufen, der aber auch den Täter der göttlichen Rache aussetzt. Zwei Weltaspekte streiten miteinander, die objektive Ordnung und die subjektive, seelisch autonome Freiheit mit dem »Racheanschlag«. Liebe erhält dabei eine kosmische Valenz und Sinngebung mit ihrem dramatischen Gegenobjekt, dem Hass. Ihm gilt ihr unbedingtes inneres Wollen, der den Mord am Vater, dem ihre große Liebe und Hingabe galt, rächen will, aber auch dem Gehorsam gegen den delphischen Gott in all seiner Unbedingtheit. So findet die heilende, humane Kraft der Liebe im zerstörenden Hass ihren Kontrapart. Er ist zu einem verselbständigten, fast ins Metaphysische gesteigerten Affekt stilisiert, zu einer ins Pathologische gesteigerten Emotion und destruktiven Unerbittlichkeit. Sophokles hat den mythischen Stoff der Agamemnonkinder, die den Vatermord an der Mutter und ihrem Buhlen zu rächen haben, in die Weltliteratur erhoben. Mord fordert Sühne, und die beiden Kinder stehen im Zwiespalt von Rachepflicht und Mutterfrevel. Die Urkeimzelle dieser »revenge tragedy« liegt aber in der Opferung Iphigeneias. Eine Windstille hält die Griechenflotte vor der Ausfahrt gegen Troia fest. Der berühmte griechische Vogelschauer und Seher Kalchas kündet, dass die von Agamemnon, dem Führer der Griechen, beleidigte Zwillingsschwester des Apollon und auch glückliche Überfahrt verleihende »Herrin der Meere«, fordere die Opferung der Iphigeneia.[59] Kalchas vollzieht die Opferhandlung, aber Artemis entrückt Iphigeneia als Priesterin in ihr Heiligtum im Taurerland, auf der Krim und legt an ihre Stelle auf den Altar eine Hirschkuh als Opfer.[60]

a. Die Rachehandlung

Mit »Elektra« schafft Sophokles die bedeutendste Tragödie seiner späten Jahre in der Zeit des untergehenden Athen mit dem äußeren Höhepunkt der Wiedererkennung der beiden Geschwister (V. 1176–1170) nach sechsfachen ritardandi, einem dynamisch auf diesen Punkt hin gebündeltem Spiel

---

Friedrich, Schuld, Reue und Sühne der Klytämnestra, in: Ders., Vorbild und Neugestaltung. Sechs Kapitel zur Geschichte der Tragödie, 1967, 14–187.
[59] Euripides, Iph.Aul. 98 ff.; 128 ff.; 691 ff.; 884 f.; Iph. Taur. 15 ff.
[60] Euripides, Iph. Taur. 34 ff.; Herodot, 4,103.

III Das tragische Chorspiel der Hellenen und ihre Imagination von Liebe

von Schein und Wirklichkeit, um dann die befohlene Sühnetat zu vollziehen (V. 1398–1510). Das innere Schwergewicht der sophokleischen Tragödie aber ist auf das Seelendrama der Titelheldin gelegt und die Destruktion ihrer tragischen Größe. Die Tochter wird zur Stimme und zum Medium des Sühne fordernden ermordeten Vaters. Zur Vorgeschichte der Tragödie und des Seelendramas aber gehört das Stück »Iphigenie in Aulis«, das Euripides als Siebziger (407–6 v. Chr.) gestaltet hatte: ihr Vater Agamemnon soll in einem primordialen Atavismus der Opferpriesterschaft seine Tochter opfern, um wieder den günstigen Fahrtwind für die von ihm angeführte Flotte gegen Troia von den Göttern zu erhalten. Sophokles stellt Elektra in die Mitte und macht sie zur Protagonistin des Handelns, um nach der Weisung des Gottes von Delphi die Rache zu vollziehen. Der Dichter gibt ihren Klagen, die wie eine Sklavin in ihrem ehemaligen Elternhaus, dem Atridenhof, gehalten wird, breiten Raum:

»*Wie die Nachtigall, ihrer Jungen beraubt,
wehklagt, so lass' ich ertönen vorm Tor
des Vaters den Wehruf für alle hier.*« (V. 107–109)

Und:

»*... ohne Kinder
und vermählt, wandl' ich leidvoll allzeit,
immer in Tränen gebadet die endlose
Plage der Übel ertragend.*« (V. 164–168)

Unablässig gibt sie ihrer Trauer und Klage öffentlichen Ausdruck, die in ein unbeugsames Wollen übergeht, den ermordeten Vater zu rächen. Isoliert und verhärtet ist sie auf ein Unmaß und Übermaß des erlösenden Rachegefühls fixiert (V. 86–250). Schon im Prolog (V. 1–85) schmieden Orestes und sein alter Erzieher den Intrigen-Plan, im Auftrag des Apollon, des Heil- und Sühnegottes, an den Mördern Agamemnons Rache zu nehmen. Elektra erhebt jeden Morgen die Klage über ihr Los und wirft ihrer Schwester Chrysothemis vor, sich fügsam und anpassungswillig der Situation ergeben zu haben (V. 251–471). Ihr Leid findet eine bittere Steigerung in dem Streitgespräch mit ihrer Mutter Klytaimnestra zu Beginn des zweiten Epeisodions (V. 516–659), ein sich gegenseitig bedrohender Redeagon von Mutter und Tochter, in dem die Mutter nach dem alten Talionsgesetz Blut für Blut, ihre Taten für die Opferung ihrer Tochter Iphigenie durch Agamemnon rechtfertigt. Es ist eine Abrechnung einer zutiefst Betroffenen mit der an ihrem Unglück schuldigen Mutter.

In der nächsten Szenenfolge wird in einem ausführlichen Botenbericht (V. 680–763), der zu den eindrucksvollsten der griechischen Tragödie zählt, vom angeblichen Tod des Orest, der beim delphischen Wagenrennen vom Wagen gestürzt sei (V. 745–756), erzählt. Klytaimnestra jubelt auf, während

Elektra in den Abgrund tiefsten Schmerzes und der Verzweiflung fällt (V. 660–882). Aber zu dieser Intrigenlist habe Apollon selber geraten. In ihre Klagen stimmt der Chor ein (V. 804–870), wenn sie sagt:

»*Denn Glück ist's, wenn ich sterben muß,*
Qual, wenn ich lebe; nichts mehr hält im Dasein mich.« (V. 821 f.)

und der Chor die Frage an die Himmlischen richtet:

»*Wo bleibt denn nun Zeus' Blitz oder wo,*
flammenumsprüht, Helios, wenn solches sie sehn
aber ruhig verschweigen?« (V. 823–825)

Chrysothemis kommt mit der freudigen Botschaft herbeigeeilt, sie habe an Agamemnons Grab ein Lockenopfer, eine Spur von Orestes entdeckt, doch Elektra will es in diesem Spiel von Trug und Wahrheit nicht glauben. In ihrer Verzweiflung will sie auch ohne Hilfe der widerstrebenden Schwester, das Rachewerk und den Sühnemord selbst vollbringen (871–1057). Der Chor stimmt ein Preislied auf sie an ob ihrer Liebe zum Vater und ob ihres Mutes, das Sühnewerk zu vollziehen:

»*... Aber verlassen und einsam schwebt ja*
in Gefahren Elektra, die
jammert um das Geschehene stets,
wie die Nachtigall klagend.
Nicht um das Sterben sorgt sie sich,
gern auf das Licht verzichtet sie,
wenn sie vertilgt das Mörderpaar.
Wer ist wohl so eines Adels würdig?« (V. 1074–1081)

Nun erscheint unerkannt ihr Bruder Orest, die Urne in den Händen, die angeblich seine eigene Asche enthält. Jetzt erst und nach mehrfacher Verzögerung erfolgt das Wiedererkennen der Geschwister, nachdem sie die Trugwelt durchschritten und ihre innere Wandlung erfahren haben. Elektra bricht in einen lauten Freudenjubel aus:

»*Doch nun hab' ich dich! Ganz sicher*
hab ich den geliebten Anblick,
den ich selbst tief in Leiden nicht vergäße!« (V. 1285–1287)

Nach der Rekapitulation des Intrigenplans durch Orestes, Elektra und den alten Erzieher (V. 1288–1383), richten sie ein Gebet an den »Wolfstöter Apollon« (V. 1379), er möge ihnen beistehen:

»*als Helfer der geplanten schweren Tat*
und laß die Menschen die Vergeltung sehn, mit der
die Hand der Götter frevelhaftes Tun belohnt!« (V. 1381–1383)

III Das tragische Chorspiel der Hellenen und ihre Imagination von Liebe

Der Chor reflektiert die schauervolle Absicht (V. 1384–1397), dann vollzieht Orestes reuelos die Tat, zuerst an der Mutter, dann an Aigisthos (V. 1398–1510), wobei Elektra wie ein Schattenwurf des Orest ihm mit den Worten sekundiert:

»Schlag zu, wenn du die Kraft hast, zum zweiten Mal!« (V. 1415),

wie auch Agamemnon durch zwei Schläge fiel. Der Chor aber singt vom ius talionis:

»Es wirkt der Fluch: die das
Grab drunten hielt, leben auf.
Denn Blut um Blut in Strömen saugen heimlich aus
Den Mördern die schon lange Verstorbenen.« (V. 1418–1421)

Die Travestie des Geschehens von dem die Rache ausführenden Orest hin zur Elektra als Namensträgerin der Tragödie bei Sophokles, wird die seelische Not und Einsamkeit der Protagonistin auf die Bühne gestellt. Die letzten Worte des abziehenden Chores von der Bühne sind an sie gerichtet, die so »viel gelitten« und nun »zur Freiheit gelangt« ist, nachdem sie im elterlichen Palast wie eine Sklavin gehalten wurde (V. 189; 814; 1192), dienstbar ihren Verhassten:

»O Same des Atreus, wie littest du schwer,
wie mühevoll drangst du zur Freiheit durch:
im Sturm ist's heut dir gelungen!« (V. 1508–1510)

Durch die sublimierte Form des Truges ist die Wahrheit ans Licht gekommen.

Vielfältig ist die Nachwirkung der sophokleischen Elektra-Tragödie und ihrer mythischen Tradition in den späteren Nachdichtungen, Travestien und Gestaltungen in Literatur, Tiefenpsychologie, Musik und Film. Beliebt ist dabei die weiterentwickelnde Transposition des Stoffes in ein neues Ambiente und die Auseinandersetzung mit ihm. Das Ganze spielt sich auf dem Hintergrund eines dunklen Schicksalsverhängnisses ab, das auf dem Atridengeschlecht lastete. Zugleich aber wurde das Abgründige des menschlichen Lebens sichtbar, sein Verfügtsein in das Rätselhaft-Geheimnisvolle sowie die Ineinssetzung von Handeln und Erleiden, samt dem Rätsel der Selbstzerstörung des Lebens. Liebe, Hass, Leben, Angst, Rache, Todestrieb und Eros sowie Schuld und Streit wurden mit den Mitteln des Dramas gestaltet, aber im Wissen um die dionysische Maskengestalt des Lebens. Gegenüber dem Vergessen-Machen der Mordtat hält Elektra in der unbedingten Form der Selbstbehauptung das sie isolierende und verhärtende Rachemotiv wach, unbeugsam bis zu wilden Taumel der vollzogenen Rache. Das Hell-Dunkel der szenischen Atmosphäre mit den chthonisch-elementaren Kräften der Blutrache wird von Sophokles als elementarer Triebzwang psychologisiert und dem Schicksalsverhängnis als Verstehensmedium beigesellt. Elektra, die unnachgiebig Hassende und gepeinigte Tochter ist in den Mittelpunkt gerückt und steht in der unaufhebbaren Spannung zweier Wirkkräfte, dem Fluch, der über den Atriden-Geschlecht waltet, und ihrem Willen, den Vatermord zu rächen. Sie weiß sich in einer übersteigerten Liebe an den Vater gebunden und aus dieser Liebesleidenschaft als Triebfeder der Handlung, will sie den ermordeten Vater rächen. Die Dynamik ihres Hasses und ihrer Selbstüberredung ist der unhinterfragte und unhinterfragbare Gerechtigkeitssinn der Blutrache. Sie hasst ihre Mutter Klythaimnestra und ihren Stiefvater Aigisth und will rächend göttliche Gerechtigkeit (dikê) vollziehen.

b. Der Elektra-Komplex

Mit der Entdeckung der anatomischen Geschlechtsunterschiede durch Jungen und Mädchen in ihrer frühen genitalen Phase, beginne nach Freud die analoge Rivalisierung um die Gunst der Mutter oder des Vaters. Es handle sich um eine libidinöse Bindung an die Mutter, der die Rivalität zum Vater korreliert. Freud sieht darin jene Triebenergien, »welche mit all dem zu tun haben, was man als Liebe zusammenfassen kann«, d. h. »Liebe« umfasst die ganze Skala liebender Beziehungen, von der »Geschlechtsliebe« bis zur »Hingabe an konkrete Gegenstände und abstrakte Ideen«.[61] In einer allgemeinen psychologischen Beziehungslehre[62] aber werden neben Liebe und Hass auch die Neugier und die Suche nach der Wahrheit als Glieder eines Bedingungszusammenhanges gesehen: »Kein Element, etwa das sexuelle Element, kann für sich, vielmehr nur aus seiner Beziehung mit anderen Elementen begriffen werden.[63]

Im Elektra Komplex wende sich nach Freud das Mädchen vom primären Objekt ihrer Liebe, der Mutter, ab und dem sekundären Liebesobjekt, dem Vater, zu, wobei es in der Mutter eine Rivalin um die väterliche Zuneigung sieht. Elektra, die sich total mit dem primären Objekt ihrer Liebe, dem Vater, identifiziert, wird von der Mutter »wie ein Hund« behandelt. Ihre Kränkung lädt sie aggressiv zum Tötungsimpuls auf, die Mutter auszuschalten. Dieses persekutorische Motiv annuliert auf psychotische Weise mit Indienst-

---

[61] S. Freud, Massenpsychologie und Ich-Analyse (1921), in: Werke XIII, 98; C. G. Jung differenziert die Libido durch Progression und Regression und sieht die Umsetzung der Lebensenergie durch Extraversion und Regression gesteuert. Vgl. C. G. Jung, Symbole der Wandlung, 1952, 56 ff.; 71 ff.
[62] Vgl. J. Rickman, Number and the human sciences, 1951, in: Select. Contrib. to psychoanalysis, 1957, 218 ff.; dazu M. Balint, Die drei psychischen Bereiche, in: Psyche 11 (1957/58) 321–344, bes. 342.
[63] W. R. Brion, Elements of psychoanalysis, 1963, 45.

und Zuhilfename Orests die matrilineare Form hin zur patrilinearen. Der Elektra-Komplex sei nach C. G. Jung ein neurotisch-psychotischer Kernkomplex, der auf das »paternale« Über-Ich-Objekt bezogen ist, wobei die Mutter als störende Mitbewerberin in der Triebgratifikation figuriert. Das Meta-Zeitliche der Mythen mit ihren Konfliktfügungen ist ihre außerzeitliche, universelle Gültigkeit und Wahrheit. Das Schicksal, schrieb Georg Lukács (1885–1971) in »Zur Soziologie des modernen Dramas«, ist das, »was von außenher dem Helden entgegentritt«.[64] Der antike Elektra-Mythos als Urkonflikt seelischer Triebkräfte findet eine breite reflexive Nachgeschichte in der modernen Literatur. Es geht um die literarische Darstellung der Beziehungen menschlicher »Passionen« als Ausdruck bewusster oder unbewusster Antriebe, um ihre symbolische Logik, das wiederkehrende Archetypische, die schöpferischen Motivationen und Reflexionen über menschliche Sehnsüchte und Defizite, psychische Mechanismen u. a. m. Die Anspielung im Satz von James Joyce »He was jung and she was freudened«, findet ihre vielfachen Spiegelungen. Und in memoriam Sigmund Freud schreibt Wystan Hugh Auden (1907–1973), der Antipode Eliots in der nihilistischen Lyrik:

»*Eine rationale Stimme ist stumm; über einem Grab*
Der Haushalt der Anregung trauert um eine teure Liebe.«
(In memory of Sigmund Freud)

c. »Trauer muss Elektra tragen« (O'Neill)

Der amerikanische Dramatiker Eugene O'Neill (1888–1953), ein vitaler psychoanalytischer Experimentator auf der transatlantischen Bühne,[65] überträgt die Atridentragödie ins Bürgerlich-Amerikanische der Sezessionszeit. In seinem Stück »Mourning becomes Elektra« (= »Trauer muss Elektra tragen«, 1931), eine Trilogie von 14 Akten, regiert Familienhass von Anbeginn an sowie der Bruderzwist um eine Frau.

Die innere Seelengeschichte und Motivation der Handlung folgt den freudschen »Gesetzmäßigkeiten« des Elektrakomplexes und des Ödipuskomplexes, wobei die Charaktere der Handelnden das Schicksalhafte selbst aus sich heraus ans Tageslicht bringt, indem sie in ihrer Triebhaftigkeit gefangen ihr folgen, und so sie ihre eigene Schuld und eigene Strafe generieren.

---

[64] G. Lukács, in: Archiv für Sozialwissenschaft und Sozialpolitik, Nr. 38, 1914, 338.
[65] Vgl. D. M. Alexander, Psychological Fate in »Elektra«, in: PMLA 68 (1953) 923–934; H. Klüber, Elektra von Aischylos zu O'Neill, 1965; H. Borchers, Zur Rezeption psychoanalytischer Konzepte in O'Neills Dramen »Strange Interlude« und »Mourning Becomes Electra«, in: E. O'Neill, (Hg.) U. Halfmann, 1990, 87–108.

O'Neill will den antiken Elektra-Stoff auf unmythische Weise in ein modernes psychologisches Drama umgestalten, um, wie er in einem Werktagebuch im Frühjahr 1926 notiert, »annähernd eine moderne psychologische Entsprechung zur griechischen Schicksalsauffassung zu finden, die ein verständiges Publikum von heute, das weder an Götter noch übernatürliche Vergeltung glaubt, akzeptieren könnte und von der es sich ergreifen ließe«.

Die Handlung setzt mit dem Ende des amerikanischen Bürgerkrieges im April 1865 ein, als »Heimkehr« (1. Teil): Ezra Mannon (Agamemnon), der puritanisch strenge General der Armee der Nordstaaten und sein Sohn Orin (Orest), werden von Christine Mannon (Klytämnestra), der jungen Gattin, die wachsende Hassgefühle gegen ihren Mann hegt, von ihrer Tochter Lavinia (Elektra), vom Kriegsschauplatz in den Südstaaten zurückerwartet. Ort der Handlung ist der Wohnsitz der Familie, ein weiträumiges Haus, das Ezras Vater einst als Tempel des Hasses hatte errichten lassen und zwar anstelle jenes Hauses, in dem er mit leidenschaftlicher Liebe die frankokanadische Angestellte an sich fesselte, die ihn dann aber aus Liebe zu seinem Bruder verließ. Lavinia macht die Entdeckung, dass ihre Mutter den ungeliebten Gatten mit Kapitän Adam Brant, dem Sohn jener Kanadierin, betrügt. Als Lavinia außer sich vor Hass und Eifersucht, der Mutter den Ehebruch vorhält, fasst diese den Entschluss, ihren herzkranken Mann umzubringen. Die »Medizin«, die sie ihm verabreicht, ist das Gift, das Brant auf ihr Drängen besorgt hat. Im zweiten Teil (»Die Gehetzten«) wird der zurückgekehrte Sohn Oris (= Orest) von seiner Schwester Lavinia (= Elektra), die zugleich auch Brant liebt, zum Mord angestachelt. Der von Furien gehetzte Bruder kann es nicht länger ertragen, unter dem Fluch seiner Bluttat und unter dem Diktat seiner Schwester zu leben. Er ist dem Wahnsinn nahe und sieht in ihr nur noch die Spiegelung der Mutter:

»*Ich knie nieder und bitte dich um Vergebung ... Ich sage, ich freue mich, dass du Liebe gefunden hast, Mutter! ... Du wartest darauf, mich heim zu holen ... niemand kann der Vergeltung entgehen.*«

Dann nimmt er sich im Arbeitszimmer des Vaters das Leben. Lavinia, verbittert, will weiterleben: »Es ist Mannonsche Art, sich dafür zu strafen, dass man lebt«, denn es geziemt Elektra, Trauer zu tragen.

d. »Ich bin meine Freiheit« (Sartre)

Auch Jean-Paul Sartre (1905–1980), Existentialist des Atheismus, für den Existenz Freiheitsentscheidung ohne Gott ins Nichts hinein ist, greift das Elektra-Thema in seinem ersten Drama, »Die Fliegen« (Les mouches, 1943), auf und parodiert die Atridentragödie. Dabei arbeitet er den Atriden-Mythos zu einer politisch-aktuellen Parabel um, in der er gegen das dumpfe Verharren der 1940 von den Deutschen besiegten Franzosen anschreibt und diese aus ihrer Resignation zum bewusst freien und verantwortungsvollen Handeln erwecken will.[66] Dabei will er den Weg zeigen, wie dieser allein durch einen Freiheitswillen aus der Unterdrückung und nationalen »Selbstverleugnung« herausführen könne. Es ist ein »Résistance-Drama«, in welchem Sartre seinen Freiheitsbegriff, den er bereits im philosophischen Hauptwerk »Das Sein und das Nichts« (L'être et le néant, 1943) entwickelt hatte, travestiert. Sein Grundaxiom lautet: »Ich bin meine Freiheit«, »Moi-je suis ma liberté«. Dies soll an Orest illustriert werden, der im Gespräch mit Elektra zur Einsicht kommt: »Wer bin ich ...? Ich existiere ja kaum! Von allen Phantomen, die heute durch die Stadt schleichen, ist keines so sehr Phantom wie ich«.[67] Er steht im Mittelpunkt, der Mörder Ägisths und der Mutter, mit welcher Tat er sich ins trotzige Nichts hinein befreit.[68] Es ist eine Freiheit weg von Angst, Reue und den Gewissensbissen, imaginiert im umsurrenden Schwarm der »Fliegen«, die als Emissäre des Gottes Jupiter (hier Chiffre für den Christengott) die Menschen in Bann halten.[69] Sartre projiziert die existentialistische Position des sich selbst setzenden und sich zu seiner Tat bekennenden Menschen in den Atriden-Mythos hinein. Zugleich wertet er die Gewissensqual – symbolisiert in den verfolgenden Erinyen – zum Fliegengeschmeiß ab. Elektra, mit Orest verbündet, hasserfüllte Mittäterin und Gefangene eines Vernichtungsrausches, kennt keine selbstberuhigende und den Menschen gefügig und anonym machende Reue. Wie aber ist der Schritt zu sich selbst, zur rechten Existenz möglich? Nur durch das Bewusstsein der eigenen Existenz als Wesen der Freiheit – und in dieser Freiheit autonom sein, ganz und gar auf sich selbst gestellt sein und daraus handeln.

Orest: »*Ich bin frei, Elektra! Die Freiheit hat mich
getroffen wie ein Blitz*«.
Elektra: »*Frei? Ich, ich fühle mich nicht frei. Kannst du
machen, dass alles nicht gewesen ist?
Etwas ist geschehen, und wir sind nicht mehr frei, es ungeschehen
zu machen. Kannst du es verhindern, dass wir die Mörder
unserer Mutter sind?*«

---

[66] J.-P. Sartre, Die Fliegen, Zitate nach: »Dramen«, Hamburg 1949. Vorwort zur deutschen Ausgabe, Seite 9.
[67] a.a.O. 38
[68] Darin zeigt er auf, dass das Sein in der Diastase von zwei Seinsweisen existiere, und zwar im Modus des außermenschlichen An-sich-seins, das einfach mit sich identisch nur da ist, und des menschlichen Seins in der Weise des Für-sich-seins, das nicht mit sich identisch ist, und so offen für das Nicht-sein (néant).
[69] Vgl. E. Vietta, Theologie ohne Gott, 1945.

Orest: »*Glaubst du, ich wollte es verhindern?*
Ich habe meine Tat getan, Elektra und diese Tat war gut. Ich werde
sie auf meinen Schultern tragen, wie ein Fährmann die Reisenden
durchs Wasser trägt ... Und je schwerer sie zu tragen ist, um so mehr
werde ich mich freuen, denn meine Freiheit, das ist meine Tat«.[70]
Und: »*Komm, wir werden weggehen*«. Elektra: »*Wohin?*« Orest: »*Ich weiß*
nicht, zu uns selbst!«[71]

Orest sieht das Volk seiner Heimatstadt in Unfreiheit leben. Der Usurpator Ägisth wölbe über sie den Jupiterhimmel des Schuldbewusstseins, der »Reue«, der Repression, für die der »Fliegen«-Schwarm stehe, der alles umsummt. Der Mensch als eine in sich geschlossene und autonome Wirklichkeit bedürfe keines transzendenten Gegenübers, keiner Götter, keiner Opfer, die nur in die Angst hineinziehen. Sartre fasst den Freiheitsbegriff als etwas der menschlichen »Natur« Voraufgehendes. Freiheit ist für ihn mit der Existenz des Menschen als deren grundlegendes Merkmal mitgesetzt. Darum kann sie nicht als eine Eigenschaft des Willens verstanden werden, sondern das Ganze der Freiheit ist Grund ihrer Ermöglichung. Er schreibt: »Die fundamentale Wahl, in der ich über mein Sein entscheide, geht allen Willensakten voraus. Sie ist eins mit dem Bewusstsein, das ich von mir selbst habe.«[72] Und: »Freiheit, Wahl, Nichtung und Zeitigung sind so ein und dasselbe«.[73] Ihr Akt ist nicht weltlos, sondern einerseits hineingestellt in eine Weltwirklichkeit, in der sie sich selbst jene Grenzen setzt, der sie in der Folge je neu begegnet. Der autonome, sich selbst genügende und freie Mensch habe Reue und Angst und die Götter hinter sich gelassen. In der großen Dialogszene (3. Akt, 2. Szene) zwischen Jupiter, Orest und Elektra – sie erinnert von ferne an Hiob 38, als Gott dem Hiob im Sturm erscheint – lässt Jupiter in seinen Worten die kosmische Herrlichkeit der Schöpfung aufleuchten –, aber ihm entgegnet Orest: »Ich bin dazu verurteilt, kein anderes Gesetz zu haben als mein eigenes ... ich kann nur meinem Weg folgen. Denn ich bin ein Mensch, Jupiter, und jeder Mensch muss seinen Weg erfinden«.[74] Es ist ein Alleinsein, in welchem jeder seinen Weg »erfinden«, seine Freiheit im Entwerfen seines Lebens realisieren müsse. Und Orest zieht das Fazit: »Ich bin ganz allein. – Bis zum Tode werde ich allein sein. Nachher ...« hier bricht er ab in der Ahnung, dass er das einsame Experiment der Freiheit und

---

[70] Sartre, a. a. O., 51
[71] Sartre, a. a. O., 62.
[72] J. P. Sartre, L'être et le néant, 1943; dtsch. J. Streller, 1952, 591.
[73] Sartre, a. a. O., 616.
[74] J. P. Sartre, a. a. O., 60. Vgl. A. De Lattre, Destin et liberté dans 1 »Orestie«, in: Annales d'esthétique 11/12 (1972/73) 40–62; Th. Lambertz, »Les Mouches«, 1985.

zu ihr »verurteilt«, leben wird,[75] wie der Mensch Nietzsches »In azurner Einsamkeit«, »6000 Fuß jenseits von Mensch und Zeit«. Hans Blumberg hat gezeigt, dass die Identität von Selbstsetzung und Selbstgesetzlichkeit sich schon bei Descartes vollzieht, der die autonome Haltung des Menschen von der Theonomie, der Transzendenz des Gottesbegriffes, löst. Aus philosophischer Sicht erläutert H. Blumenberg den notwendigen Konnex von Autonomie und Theonomie, von der menschlichen Freiheit als der notwendigen Voraussetzung ethischen Handelns: »Autonomie ist also notwendige Bedingung für die Möglichkeit der Theonomie. Jede theologische Bestimmung des göttlichen Anspruchs auf Unterwerfung findet dort ihre Grenze, wo der freie Akt in den kausalen Vorgang umschlägt. ... Wahrhafte Erfüllung der Theonomie kann nur ein Gehorsam propter mandatum, d. h. ein autonomer Gehorsam sein.«[76] Den existentialistischen Befund von der »Geworfenheit des Menschen« – ein ursprünglich gnostischer Terminus, der das leidvolle Fernsein von Gott bezeichnet –,[77] travestiert Sartre zu dem »zur Freiheit verurteilten Menschen« um. Seine Tat ist eine Tat zu seiner Selbstermächtigung und bestätigt so seine Freiheit. Diese Freiheitserklärung des atheistischen Existentialismus kann aber nicht die aushöhlende Lebensangst des »frei« gestellten Individuums zudecken, die aus einem Abgrund emporsteigt, den gerade die Psychoanalyse und der Relativismus offengelegt haben.[78]

6. Travestien des Themas »Abgrund Mensch«: (Oidipus, Hamlet)

a. Der »Fall« Oidipus (Subjekt und Objekt)

Die suggestive Eindringlichkeit der Analyse im Ödipus-Drama des Sophokles vergegenwärtigt einen Prozess allmählich aufdämmernder Ahnung, dass Oidipus der unwissentliche Mörder seines eigenen Vaters ist. Der Enträtsler des Lebensgeheimnisses der Sphinx entzieht sich als ein vom unfassbaren Schicksal Geschlagener seiner Mitwelt und straft sich selbst. In seiner

---

[75] M. Merleau-Ponty, Aventures de la dialectique, 1955; L. Richter, Philosophie des Zwiespalts, 1949; W. F. Haug, Sartre und die Konstruktion des Absurden, 1967.
[76] H. Blumenberg, Autonomie und Theonomie, in: RGG, ³1957, 791.
[77] Vgl. Clemens Alexandrinus, Excerpta ex Theodoto 78, 2. MPG 9, 696; M. Heidegger, Sein und Zeit, 1960, 134–137. 284: »Die Geworfenheit ist nicht nur nicht eine ›fertige Tatsache‹, sondern auch nicht ein abgeschlossenes Faktum. Zu dessen Faktizität gehört, dass das Dasein, solange es ist, was es ist, im Wurf bleibt und in die Uneigentlichkeit des Man hineingewirbelt wird«.
[78] Vgl. G. Marcel, L'homme problématique, 1955; W. F. Haug, Sartre und die Konstruktion des Absurden, 1967 (sucht sie ad absurdum zu führen).

berühmtesten Tragödie gestaltet Sophokles diese mythische Erzählung des Königssohnes, der unabsichtlich einen Vatermord begeht und in Blutschande seine Mutter ehelicht. Das Tragische und Dramatische werden in ein unabwendbar Schicksalhaftes gerückt und an einem, aus der Geschichte herausgehobenen und in die Vereinzelung gestellten Heros, exemplifiziert. In Theben erscheint nach dem Tode des Königs die rätselhaft Sphinx, die jedem Vorbeikommenden das Rätsel auf Leben und Tod aufgibt, bis Ödipus es löst und sie in den Abgrund stürzt. Theben ist befreit (Oid. Tyr. 391 ff.). Das Miasma der Pest wird nun die Stadt unter dem neuen König heimsuchen, Ausdruck der tiefen Störung zwischen den Irdischen und Himmlischen, und den Helden drängen, in einem Prozess der der Suche nach der Wahrheit diese ans Licht zu bringen.[79] Alle Grundlagen seiner Existenz sind von Anfang an vergiftet: die dramatische Überlieferung der Situation geht der Tragödie voraus: Das Motiv der Aussetzung des Oidipus (Vater-Sohn-Feindschaft); unbeabsichtigte Tötung des Vaters; Blutschuld und ungesühnter Mord; Inzestehe mit seiner Mutter; seine Herrschaft über Theben. Der »Code« der Wahrheit über Oidipus wird von ihm selbst zur schrittweisen Lösung vorangetrieben. »Alles zu tun bin ich bereit«, antwortet er dem Chor, der die Leiden des Volkes in all ihren Schrecken benennt. In einer »tragischen Analysis«, wie Friedrich Schiller es sagt, ist Oidipus Subjekt und Objekt der Untersuchung, um damit die Verantwortung für die gestörte kosmische Ordnung zu übernehmen. In sechs Schritten wird er durch unablässiges Fragen, ungewollt im Doppelspiel von Schein und Sein, die Wahrheit ans Licht bringen, die alles umstürzen wird: die Macht in Hilflosigkeit, das Wissen zu Unwissenheit, seine göttliche Ehre (Vgl. die Preisung im Prolog V. 31–54) in animalische Beflecktung: »im wilden Bergland umherirrend, der Stier in den Felsen« (Oid. Tyr. 477 ff.). Dieser horizontale »Code« seiner Lebensbahn, sein »Fall« in seiner Doppelbedeutung als Schritt vom Palast zur Wildnis, vom König und zum Ausgestoßenen, kreuzt sich mit der vertikalen, polaren Linie, vom Höchsten zum Niedrigsten, vom König zum Sündenbock. Es ist der Augenblick der tragischen »Peripetie«, für die der Chor die Schauerworte für das unwissend Geschehene findet. Und ein Bote berichtet, Jokaste, Mutter und Ehefrau, habe sich das Leben genommen. Oidipus ergreift die Spange ihres Gewandes, um sich beide trügerischen Augen auszustoßen, um sich zu richten und zu sühnen für die »unhochzeitliche Hochzeit« (V. 1214; vgl. 1256). Erst die Widerspiegelung eines Scheiterns, das wahre »Rätsel« des Oi-dipus, »wehe Zweifuß«, »wehe Mensch« zu lösen, das Rätsel vom

---

[79] Vgl. V. Hösle, Die Vollendung der Tragödie im Spätwerk des Sophokles. Ästhetisch-historische Bemerkungen zur Struktur der attischen Tragödie, 1984; H. Flashar, Inszenierung der Antike. Das griechische Drama auf der Bühne der Neuzeit, 1991; A. Zierl, Affekte in der Tragödie, 1994.

III Das tragische Chorspiel der Hellenen und ihre Imagination von Liebe

Sinn des Lebens, hingestellt auf das Theaterrund der Orchestra der Welt mit den unabwendbaren Schicksalsfügungen, den Unbegreiflichkeiten und Zufällen und Göttern als Mitakteure der Handlung sowie des Menschen mit seinen Strebungen, ist eine Welt im Widerstreit von Chaos und Logos. In seinem Werk »La violence et le sacré« (»Das Heilige und die Gewalt«, dt. 1972/1987) untersucht René Girard die Tragödie unter dem Gesichtspunkt der Gewalt, wobei die tragische Handlung diese durch die Auswahl eines willkürlichen Opfers, eines »pharmakos« oder »Sündenbocks«[80], heiligt. Dessen Tod und Leiden sollen aus der menschlichen Gemeinschaft Leiden und Tod entfernen und sie den Himmlischen zurückerstatten. In der Opferhandlung der Tragödie verdoppelt sich der Held um die Gestalt als Opfertier. Das Konfliktpotential, die Gewaltbereitschaft in der menschlichen Gemeinschaft entlädt sich in einem willkürlich ausgewählten Sündenbock, der als Opfer ausgestoßen oder getötet wird. Als der für die Krise Verantwortliche, wird durch seine Ausstoßung oder Tötung die Krise beendet und die friedliche Ordnung wieder restituiert.

b. Problem Hamlet

In der Vorweimarer Zeit geriet J. W. v. Goethe in Straßburg in den Einflussbereich Johann Gottfried Herders, der ihn unter anderem das »Originalgenie« Shakespeare zu begreifen wies. Nach einem heute gängigen Wort ist dessen »Hamlet« eine »existentielle« Tragödie mit der konkreten Welt- und Selbsterfahrung des Subjekts, in dem sich die Schwermut der Vereinzelung zur »Not des Existierenden« steigert, die der einzig unbestreitbaren und unwiderleglichen Macht des Todes unterzogen wird. Wie die großen Tragödiengestalten der Antike, aber auch wie Don Quijote, Faust und einige andere, ist Hamlet mit seiner Gefühls- und Bewusstseinslage zu einem eigenen Mythos geworden.

William Shakespeare (1564–1616) hat mit der Gestalt des sagenhaften Prinzen Amlett von Dänemark aus dem 5. Jahrhundert, der die Ermordung seines Vaters an dessen Bruder rächen soll, in seiner Hamlet-Tragödie eine literarische Weltfigur geschaffen.[81] Der Vater Hamlets ist tückisch vergiftet worden und erscheint dem Sohn als Geist, den Mord aufzuklären, aber mit der Forderung: »Befleck dein Herz nicht, ersinne nichts gegen deine Mutter«, die ja seit langem dem Mörder verfallen war. Der junge Prinz gelobt,

---

[80] Vgl. R. Girard, Der Sündenbock, 1988; E. Waldschütz, Kritische Überlegungen zum Verständnis der Mimesis, in: Dramatische Erlösungslehre, (Hg.) J. Niewiadomski / W. Palaver, 1992, 307–316.
[81] Vgl. U. Baumann, Shakespeare und seine Zeit, 1998; W. Grochol, Shakespeare –Weltbild und Wirklichkeit, 1998.

die Rache sofort zu vollstrecken, bleibt aber lange zögernd und untätig. Wohl lässt er seinem Onkel über dem Umweg von Schauspielern eine Pantomime des Giftmords vorspielen, die der Ermordung seines Vaters gleicht, bis den Mörderkönig sein Erschrecken verrät. Im Theater auf dem Theater wird durch die Reaktion des Königs dessen Schuld evident (II, 2). Als Hamlet aber den König beim Gebet trifft, verschiebt er seine Rache auf eine andere Gelegenheit und ersticht im Verlauf einer Unterredung mit seiner Mutter den hinter einem Vorhang lauschenden Polonius in der Annahme, es sei der König. Seit Goethe in »Wilhelm Meisters Lehrjahre« (1775) das Hamlet-Thema analysierte, gibt es das sog. »Hamlet-Problem«. Warum ist der grübelnde Zauderer unfähig, den Vatermord zu rächen? Was ist der Grund seiner entschlusslosen Gedanklichkeit? Goethe sucht Gründe und schreibt: »... eine große Tat auf eine Seele gelegt, die der Tat nicht gewachsen ist ... Ein schönes, reines, edles, höchst moralisches Wesen, ohne die sinnliche Stärke, die den Helden macht, geht unter einer Last zugrunde, die es weder tragen noch abwerfen kann; jede Pflicht ist ihm heilig, diese zu schwer. Das Unmögliche wird von ihm gefordert, nicht das Unmögliche an sich, sondern das, was ihm unmöglich ist«. Das Hamlet-Problem besteht in der im Drama selbst gestellten Frage nach dem unbegreiflichen Zögern, die Sohnespflicht als Rächer des gemordeten Vaters zu erfüllen.[82] Nun will Polonius' Sohn Laertes den Tod seines Vaters rächen, den Hamlet irrtümlich getötet hatte. Ophelia, seine Schwester, die Hamlet liebte, ist dem Wahnsinn verfallen und ertrinkt. In einem Duell mit Laertes verwunden sich die beiden gegenseitig zu Tode. Vorher noch ersticht Hamlet seinen Onkel-König. Gleichzeitig stirbt Hamlets Mutter an einem Gift, das ihr der König für Hamlets Tod gegeben hatte.

Gerhart Hauptmann (1826–1946), Schlesiens großer Sohn und genial in der Mitleidenskraft der kreatürlichen Not des Menschen, äußert sich in seinem Alterswerk über die entscheidende Thematik des Elektra-Dramas und vergleicht sie mit »Hamlet«:

»Vielleicht gehört das ganze Stück unter den Begriff ›Totenkult‹. Dieser ist älter als Homer. Statt Totenkult setze ich lieber gleich Heroenkult. Die Seele eines großen Toten muss, besonders wenn dieser durch Mord oder Meuchelmord ums Leben gekommen ist, versöhnt werden, da sein Zorn und die Macht, ihn durchzusetzen, sonst verheerend sind. Der Heros hat sofort nach dem Tode einen ähnlichen Rang- und Machtbereich wie die unterirdischen Götter. Wo sie gern sind, wo sie versöhnt sind, durch immerwährende Opfer

---

[82] Vgl. H. Hammerschmidt-Hummel, Die verborgene Existenz des William Shakespeare – Dichter und Rebell im katholischen Untergrund, 2001; Ders., William Shakespeare – Seine Zeit, sein Leben, sein Werk, 2003.

III Das tragische Chorspiel der Hellenen und ihre Imagination von Liebe

befriedigt, dort bedeuten sie einem ganzen menschenreichen Gemeinwesen unüberwindlichen Schutz und Schirm.

In diesem Shakespearschen ›Hamlet‹ steckt unbewusst entstanden, seelenkultisch sozusagen entstanden, ein antik-heroisches Leichenspiel. Der furchtbare Geist des ermordeten Königs, zum Heros geworden, fordert Sühne und Rache an seinem Feinde. Was ihn einzig und allein versöhnt, ist Blut. Von einem solchen Blickpunkt aus gesehen, wird der Heros, wenn unbefriedigt, zu einem grässlichen, furchtbaren, unversöhnlichen, racheglühenden Geist, der Gute und Böse, Schuld und Unschuld in wahlloser Raserei vernichtet. Und so gesehen, gewinnt das Blutbad – am Schluss der Tragödie – ein neues Aussehen. Der beleidigte Dämon zerstört sein eigenes Haus. Und so wird er im Stück, in der Ökonomie dieses Leichenspiels, zur unterirdischen, schicksalsbestimmenden Hauptsache.«

In dieser »existentiellen« Tragödie der Neuzeit melden sich die Fragezeichen der Vereinzelung und Vereinsamung zu Wort und die Frage nach dem »Abgrund Mensch«, die Hamlet-Frage, die das Drama selbst stellt und unbeantwortet lässt.[83]

Friedrich Hebbel (1813–1863), der große deutsche Dramatiker des 19. Jh.s, der das Tragische als Selbstzerspaltung Gottes in seinen Geschöpfen und als Kampf der Geschlechter sieht, schreibt in einer seiner Tagebuchnotizen: »Der erste Akt der Kunst ist die vollständige Negation der realen Welt in dem Sinne nämlich, dass sie sich von der jetzt zufällig vorhandenen Erscheinungsreihe trennt und auf den Urgrund, aus dem sich eine ganz andere Kette hervorspinnen kann, zurückgeht«.[84] Dieser Gedanke liest sich wie ein Deutung des literarischen Werkes Fjodor Dostojewskijs, der in einer psychologischen Analytik die Tiefen und Abgründe der Menschenseele ausleuchtet. In »Die Brüder Karamasow« sagt Starez Sossima: »Das Geschaffene lebt nur durch das Gefühl der Berührung mit anderen geheimnisvollen Welten«. Der Mensch ist für Dostojewskij nicht mit klar umrissenen Linien figuriert, sondern eine fließende und schillernde Einheit in all seinen Gegensätzen. Der menschliche Lebenswille in seiner elementaren Gewalt ist einerseits getragen von der zeitlosen Disharmonie zwischen dem Bewussten und Unbewussten, sowie der Gewissens- und Kontrollinstanz des Überbewussten, Göttlichen andererseits. In einem seiner Jugendbriefe schreibt Dostojewskij an seinen Bruder Michail, der Mensch sei für ihn das zu enträtselnde Geheimnis: »Und wenn du es ein ganzes Leben lang enträtseln wirst, so sage nicht, Du hättest die Zeit verloren. Ich beschäftige mich mit diesem Geheimnis ...« Ein ganzer seelischer Kosmos liegt vor ihm ausgebreitet, unüber-

---

[83] Vgl. A. Müller, Shakespeare verstehen – das Geheimnis seiner späten Tragödie, 2004; C. Pleinen, Das Übernatürliche bei Shakespeare, 2009.
[84] F. Dostojewskij, Briefe (16. 8. 1839) 24.

sichtlich und unbegrenzt, voller Träume, Visionen, Leiden und Sehnsüchte der Menschen.

Hofmannsthal schreibt zu seinem Elektra-Libretto, das Richard Strauss vertont hatte: »In Elektra steht die Tat und das Verhältnis zur Tat im Mittelpunkt: eine Untat wird durch eine Untat gesühnt – und diese Sühne ist einem Wesen auferlegt, das darüber doppelt zugrunde gehen muss: weil es als Individuum sich fähig hält und schon als Geschlecht unfähig ist, die Tat zu tun«. Der dramatische Kern der Handlung ist der Elektra-Komplex, das weibliche Kind. Stärker noch als Hamlet liegt Elektras eigene Vaterbindung im Unbewussten, wie dies in ihrem ersten Monolog zum Ausdruck kommt.[85] Nachdem Orest Ägisth und seine Mutter nach dem dämonischen Schrei Elektras »Triff noch einmal!« ermordet hatte, läuft sie mit einer Fackel dem eintretenden Ägisth entgegen und führt Orest zum rächenden Todesstreich. Darauf beginnt sie wie eine Mänade zu tanzen, entrückt von Ekstase ergriffen. Ihr tödlicher Freudentanz wird auf dem Höhepunkt durch ihren plötzlichen Tod abgebrochen: Ihr Leben hat sich durch die Rache vollendet. In einem »namelosen Tanz« bricht sie ekstatisch-trunken tot zusammen.[86] Elektra tanzte ihren Sieges- und Triumphtanz, Tanz und Hymne einer Mänade, der zugleich ihr Todestanz ist im höchsten Augenblick des Lebens. Die ekstatische Szene scheint Salomes Kuss des Johanaan-Hauptes und dessen Tod zu spiegeln. Es ähnelt sich Elektra-Musik und Salome-Musik in ihrer tausendfarbigen Palette und psychologischen Vertiefung der Instrumentierung. R. Strauss hat den von Hugo von Hofmannsthal geformten Text zu einer klanggewaltigen und tonmalerischen Literaturoper gestaltet, voller musikdramaturgischer Momente. Im Mittelpunkt steht der »blutige«, wilde, rauschhaft exaltierte Rachegedanke Elektras, der seit Jahr und Tag in ihrer Seele brennt, um den Meuchelmord an ihrem Vater durch Blut zu sühnen. Ihre Mutter weiß sich von dunklen ruhelosen Träumen heimgesucht, die sie mit Blutopfern verscheuchen will, erhält aber in der großen Begegnungsszene Mutter-Tochter von Elektra das Rätselwort entgegengeschleudert: »Wenn das rechte Blutopfer unterm Beile fällt, dann träumst du nicht länger«. Die Mutter selbst wird zum Opfer ausersehen sein, das mit dem vergrabenen Beil vollzogen werden soll, mit dem ihr Vater fiel. Die ganze Hoff-

---

[85] Vgl. H. Meyer-Benfey, Die »Elektra« des Sophokles und ihre Erneuerung durch Hofmannsthal, Welt der Dichtung, 1962, 339–352.
[86] Vgl. L. Dieckmann, The Dancing Elektra, in: Texas Studies in Literature and Language 2 (1960); H. Poltzer, Hugo von Oofmannsthals »Elektra«. Die Geburt der Tragödie aus dem Geiste der Psychopathologie, in: Ders., Hatte Ödipus einen Ödipus-Komplex?, 1974, 78–105; R. Robertson, »Ich habe ihm das Beil nicht geben können.« The Heroine's Failure in Hofmannsthals »Elektra«, in: OL 41 (1986) 312–331; L. Martens, The Theme of the Repressed Memory in Hofmannsthals »Elektra«, in: GQ 60 (1987) 38–51; W. H. Rey, Weltentzweiung und Weltversöhnung in Hofmannsthals griechischen Dramen, 1962; W. Jens, Hofmannsthal und die Griechen, 1955.

nung Elektras richtete sich auf ihren Bruder Orest, der die Tat vollbringen soll, für welche sie allein gelebt hatte: In der Wiedererkennungsszene der beiden Geschwister und dem langen Orchesterzwischenspiel ruft sie: »O laß deine Augen mich sehn, Traumbild, mir geschenktes Traumbild, schöner als alle Träume«. Dann ruft die Stunde zur Tat, die Orest vollzieht. »Ich war ein schwarzer Leichnam unter Lebenden, und diese Stunde bin ich das Feuer des Leben und meine Flamme verbrennt die Finsternis der Welt«. In diesem Augenblick seligen Todes rafft sich ihre dämonische Leidenschaft für die Tat, dass sie getan wird und für die sie gelebt hat und die zugleich ihr eigenes Lebensende in sich trägt. Tanzte Salome den orientalisch-orgiastischen Tanz sexueller Ekstatik für den Tetrarchen, um das Todesurteil gegen den homo religiosus, Johanaan, den Täufer, zu erwirken, so Elektra den Tanz ihres hymnischen Rache-Finales.

IV
Narkissos –
die unstillbare Selbstliebe und das Spiegelmotiv

a. Der Mythos

Der aus der griechischen Landschaft Boötien stammende Mythos von Narkissos, dem Sohn des Flussgottes Kephisos und der Naiade Leiriope, gehört in die Sagengruppe der Pflanzenverwandlungen. Es ist der Mythos vom schönen Jüngling, der die Liebe der Nymphe Echo verschmäht und von Aphrodite (oder Nemesis) mit unstillbarer Selbstliebe bestraft wird. Ovid erzählt mythographisch seine Geschichte in den »Metamorphosen« (3, 339–510).

Wie bei Oidipus liegen auch auf Nakissos die dunklen Schatten des Teiresias-Orakels. Auf die Frage der Mutter, ob ihrem neugeborenen Sohn ein langes Leben beschieden sein werde, erhält sie vom Seher die Antwort: »Wenn er sich nicht selbst erkennt« (»si se non noverit«, Ovid met. 3, 348). Im Wasserspiel erkennt Narkissos sein eigenes, ihn faszinierendes Bild und erfährt sich darum wie in einen Zauberbann geschlagen. Die Spiegelung, aus dem lebendigen Fluss herausgelöst, ist Oberfläche, Reflex nur der äußeren vergänglichen Schönheit und zum Tode hin.[1]

Die immense Motivvielfalt des Narziss-Mythos wurde von Literaten, Philosophen, Theologen, Psychologen beschrieben, gestaltet, umgestaltet, ideologisiert, analysiert und entmythologisiert als Spiegelbild und Ich-Identität, als verschmähte Liebe, als maßlose Selbstliebe, als Täuschung und Trugbild, als Erkenntnis und Tod sowie als Verhältnis zum Anderen mit all den philosophischen und religiösen Überblendungen bis hin zur neuzeitlichen gesellschaftlichen Metapher und dem Sozialisationstypus des neuen Narzissmus.[2] Des geflügelten Wort aus Adornos und Horkheimers »Dialektik der Aufklärung« lautet: »Aufklärung schlägt in Mythologie zurück«.

---

[1] Konon, Frg. 24: Narkissos; Pausanias, Beschreibung von Griechenland, Buch IX, 31, 7–9; Philostrat, Die Bilder I, 23: Narkissos; Epigramme aus dem Codex Salmasianus, 259: Pentadius: »… Still steht er, stutzt, stockt verliebt, bittet, winkt, wirft glühende Blicke, schmeichelt, jammert und klagt, still steht er, stutzt, stockt verliebt. Und was er liebt, macht er selbst durch Mienenspiel, Bitten und Weinen; Küsse gibt er dem Quell, und was er liebt, mach er selbst. (Oscula dat fonti, quodque amat ipse facit)«.
[2] Vgl. Ch. Lasch, Das Zeitalter des Narzissmus, 1980; H. Häsing/H. Stubenrauch/Th.

IV Narkissos – die unstillbare Selbstliebe und das Spiegelmotiv

In den »Dionysiaká (»Geschichten von Dionysos«) des Nonnos aus Panopolis[3] in Ägypten, einer Gesamtdarstellung des Dionysos-Mythos und dem längsten erhaltenen griechischen Gedicht der Antike, bestehend aus 21 Tausend daktylischen Hexametern, mit buntgereihten, revueartigen Bildern, erscheint Narkissos im Zusammenhang mit dem Dionysos/Bacchus-Kult. Bei Nonnos wird er als Sohn des Endymion, des schönen Hirten[4] und der Mondgöttin Selene genannt. Er gilt als die goldene Frucht einer traumhaft-visionären Liebesbeziehung. Nonnos lässt sein Dionysos-Epos damit ausklingen, dass der Weingott aus einem Felsen den berauschenden Trank inmitten eines Narzissenfeldes entspringen lässt, um an dieser »tückischen Liebesquelle« die Nymphe Aura zu betäuben und mit ihr eine »Hochzeit im Schlafe« zu vollziehen. Er zeugt den Knaben Iakchos, der im Grunde die Personifikation des »Iakche«-Rufes der Athener Gläubigen beim eleusinischen Festzug bildet.[5] Die größte dichterische Gestaltung der Mythe des schönen Jünglings aber bietet Ovid in seinen »Metamorphosen« (III, 341–510), wie Narziss heranwächst und zum Objekt der Liebe wird. Viele Männer und Frauen verlieben sich in ihn, doch er weist alle Liebeswerbungen stolz und schroff zurück, auch die schöne Bergnymphe Echo, die sich in den jungen Narkissos verliebt. Auch ihre Liebe wird verschmäht. Sie konnte nur die jeweils letzten Silben der Worte ihrer Gesprächspartner wiederholen, da Hera ihr zur Strafe für ihre Schwatzhaftigkeit die Stimme genommen hatte. Vor Schmerz über die unerwiderte und verschmähte Liebe wird sie zum leblosen Stein. Nur ihre Stimme überlebt. Narkissos aber wird von Aphrodite, der Göttin der Liebe und Schönheit, oder nach einer andren Version, von Nemesis, der griechischen Göttin, die menschliche Überheblichkeit (Hybris) ahndet und das Gebührende zuteilt, mit unstillbarer Selbstliebe bestraft. Beim Trinken an einer Quelle erblickt er auf dem Wasser sein Antlitz spiegeln und verliebt sich in sein eigenes Bild. Er will es umarmen, aber vergeblich greift er nach dem unerreichbaren Objekt seiner Begierde, dem eigenen Schein- und Spiegelbild seiner Selbst, glutverzehrt vom Dämon der Selbstliebe ergriffen. Er kann sich nicht von seinem Selbstbild lösen. Vom leeren Widerhall des Echos wie verhöhnt, das seine unglückliche Liebe zu-

---

Ziele (Hg.), Narziß, ein neuer Sozialisationstypus?, 1979; AM. J. M. Herman van de Spijker, Narzißtische Kompetenz- Selbstliebe – Nächstenliebe. Sigmund Freuds Herausforderung der Theologie und Pastoral, 1993; V. D. Volkan, Spektrum des Narzißmus, 1994.
[3] Vgl. R. Keydell, Mythendeutung in den Dionysiaka des Nonnos, in: Gedenkschrift Georg Rohde, Aparchai 4 (1961) 105 ff.; A. Wifstrand, Von Kallimachos zu Nonnos, 1933; W. Fauth, Eidos poikilon, 1981.
[4] Zusammen mit Adonis und Ganymedes gilt er als einer der schönsten sterblichen Jünglinge (Apuleius, met. 1,1; Hypinus, fab. 271): Selene; die sich in ihn verliebt, lässt ihn in einer Grotte in ewigen Schlaf fallen und steigt auf ihrem Weg jede Nacht zu ihm nieder (Vgl. Lukian, dial. deor. 11).
[5] Vgl. Aristophanes, Frösche, 324 ff.; O. Kern, Die Religion der Griechen, II, 1935, 203.

IV Narkissos – die unstillbare Selbstliebe und das Spiegelmotiv

rückwirft, stirbt er in sich hinein: »Er schaute sich noch in stygischer Flut« und fährt noch im Hades fort, sein Spiegelbild im Wasser des Todesflusses zu betrachten. Die Nymphen aber, die den toten Jüngling bestatten wollen, finden an seiner Stelle eine gelb-weiße Blume, die Narzisse, vor. In den antiken Traumbüchern bedeutete »Sich-spiegeln« den Tod. Als Blume der Persephone wird die Narzisse eng mit dem Totenreich assoziiert.

Otto-Hubert Kost[6] hat in seiner religionsgeschichtlichen Studie zum Narziss-Mythos dessen mythologische Tiefe und dessen Gestaltungen aufzuzeigen versucht. Der ursprüngliche Kern des Mythos sei die gewaltsame inzestuöse Liebe des Bruders zu seiner namenlosen Zwillingsschwester. Nach einem Anfangsstadium des gemeinsamen Zusammenlebens, Handelns und in gleicher Gestalt, Haartracht und Kleidung, schlägt das anfängliche Geschwisterverhältnis um in eine erotische Polarität. Das Verhalten des Bruders gegenüber der Schwester erhält die Form einer aggressiven, inzestuösen Liebe, die für sie tödlich endet. Nach deren Tod beugt sich Narziss über eine Quelle, die am Ort des Geschehens aus der Erde quillt und wähnt, in dem auf dem Wasser sich spiegelnden Bild, das Gesicht seiner Schwester zu erblicken. Eine unerfüllte und unerfüllbare Sehnsucht nach dem Bilde erfasst ihn so stark, dass er in das Bild hineinstirbt. Aus dem an Liebe Verstorbenen sprießt eine Narzisse auf, jene im Frühjahr blühende Blume, die sich als Zwiebelgewächs nach der Blüte zurückzieht, um im nächsten Jahr wieder zu »erwachen«. Sie wurde symbolisch mit dem Schlaf in Verbindung gebracht. Für den Narkissos-Mythos aber ist dies eine sekundäre Literarisierung.

Der geistige Ursprung des Narkissos-Mythos aber reicht nach Kos zurück in die phönizische Weltentstehungslehre und die des Menschen, samt ihren Umformungen. Der Kirchenvater Eusebius von Cäsarea (vor 265–339/340) gibt in seiner Schrift »Praeparatio evangelica«[7] Texte des Prophyrius[8] und Philo Byblius[9] wieder, die sich auf den phönizischen Priester Sanchunjaton aus der Zeit vor dem troianischen Krieg berufen. Der Kern des Mythos bringe die Umsetzung von Wind und Luft in das Geschwisterpaar und ihre

---

[6] O.-H. Kost, Narziss. Anfragen zur Herkunft und zu den Gestaltungen seines Mythos, 2012.
[7] Eusebius, praep. I, 9,20f. 24–29; X, 9,12–16. Werke: CPG 2,3465–3507.
[8] Vgl. P. Hadot, Poryphyrius et Victorinus, 2 Bde., mit Ausgabe und Übersetzung des »Parmenideskommentars«; H. Dörrie, Platonica Minora, 1976; H. Beierwaltes, Identität und Differenz, 1980; J. Dochhorn, Porphyrius über Sanchuniaton, in: WO 32 (2002) 121–145.
[9] Philo von Byblos (um 70–160 n. Chr.) der Verfasser einer phönikischen Geschichte: »Phoinikika« (um 100 n. Chr.), in der er Themen der Kosmogonie, Anthropogonie, Kulturentstehung und Theogonie behandelt. Philo gibt an, das Werk des Sanchunjaton übersetzt zu haben. Vgl. J. Ebach, Weltentstehung und Kulturentwicklung bei Philo von Byblos, 1979.

»Liebe« zum Ausdruck. Die Selbstliebe des Narkissos wäre demnach eine Sekundärbildung, wobei die Nymphe Echo eine Travestie der Schwester des Narkissos bedeute. Kos zeigt, wie sich in einer ersten Stufe der Lufthauch energetisch zum Wind verdichtet und damit zu seiner Kreativität findet sowie zum Liebesbegehren zu seinen »eigenen Anfängen«, samt der Vollzugsweise der Selbstdurchdringung (synkrasis) und »Selbstumarmung«, aus der dann Himmel, Erde und die Lebewesen entstehen. Kraft des Entbrennens seiner Liebe »zu seinen eigenen Anfängen« (= zu seinen Luftwurzeln im Gefüge (plokê) eines Wirbelsturms) bewirkt der Wind seine Schöpfung (ktisis).[10]

Der Narziss-Mythos, mit dem Motiv der exzessiven Eigenliebe, dem Problem der Ich-Identität, der Selbsterkenntnis und den damit zusammenhängenden Fragen von Erkenntnis, Illusion und Fiktionalität, ferner der Spiegelung und Verdoppelung, eröffnet ein breites Spektrum von Deutungen, die von epistemologischen, poetologischen bzw. kunsttheoretischen bis hin zu den psychologischen und ethischen Fragen reichen.

b. Allegorisierung des Mythos (Plotin)

Plotin allegorisiert den Mythos im Rahmen seiner neuplatonischen Philosophie. In seinen Reflexionen »Über das Schöne« in den »Enneaden« wird Narkissos zum Inbegriff einer im Vorschein verharrenden Gestalt: er ist derjenige, der beim »Abbild« (eidôlon), bei der sinnlichen (körperlichen) Schönheit stehen bleibt und sich mit dem hinfällig Defizienten begnügt, mit dem bloßen Schatten oder Schein, statt weiterzuschreiten zur wahren geistigen Schönheit, ihrer »Idee« (eidos): »(...) der wollte ein schönes Abbild, das auf dem Wasser schwebte, greifen, stürzte aber in die Tiefe der Flut und ward nicht mehr gesehen: ganz ebenso wird auch, wer sich an die schönen Leiber klammert und nicht von ihnen lässt, hinabsinken, nicht leiblich aber mit der Seele in dunkle Tiefen, die dem Geist zuwider sind; so bleibt er als Blinder im Dunkel und lebt schon hier wie einst dort nur mit Schatten zusammen« (Plotin, I, 6,8). Die äußere Schönheit müsse auf etwas Grundsätzlicheres, auf die geistige Idee zurückbezogen werden, die aus der sinnlichen Mannigfaltigkeit Einheit stiftet.[11] Auf diesem Rückzug zum Einen ist Eros die treibende Kraft[12] in diesem überwältigenden, beunruhigenden ja sogar

---

[10] O.-H. Kost, a.a.O. 64–94: ferner die Einführung zur literarischen Überlieferung des Narziss-Mythos und der Narziss-Thematik, 131 ff.
[11] Plotin, Enn. I,6: »Über das Schöne«; V,8: »Über die geistige Schönheit«.
[12] Ders., Enn. I,6,2.6; V,9,9; VI, 6,1; 7,33; Vgl. W. Beierwaltes, Die Metaphysik des Lichtes in der Philosophie Plotins, in: Z. philos. Forsch. 15 (1961) 334–362; Ders., Enn. III, 5,1.9; V, 5,12; VI, 9,4.

IV Narkissos – die unstillbare Selbstliebe und das Spiegelmotiv

schmerzhaften Weg des Schönen über das Natur-Schöne und Kunst-Schöne hin zu dem Einen und Guten, »dem Quell und Ursprung des Schönen«, »einer Schönheit über aller Schönheit«[13]. Für Plotin liegt der Irrtum des Narziss darin, nicht zu wissen, dass das Abbild nur ein Selbstverweis ist und damit ist er im Grunde schuldig, weil er sich nicht als Ursprung des Abbildes erkannte, es liebte und nicht wusste, dass es sein Schatten war. Damit weiß er im Grunde nicht, wer er ist: »Es soll also nicht genug daran sein, das Abbild zu tragen, mit dem die Natur uns umkleidet hat«, sagt Plotin zu seinem Schüler Amelius, der von ihm ein Bild verfertigen lassen wollte. »Nein, ihr fordert, ich soll freiwillig zugeben, dass ein Abbild des Abbildes von mir nachbleibt, ein dauerhafteres, als sei dies Abbild etwas Sehenswertes!«[14] Erst das »innerlich« gewordene »innere Auge« richte sich nicht mehr auf »die glänzenden Gegenstände«, sondern auf die innere Schönheit, die »Schönheit der guten Seele«. Der Weg dahin heißt: »Kehre ein zu dir selbst und sieh dich an; und wenn du siehst, dass du noch nicht schön bist, so tu wie der Bildhauer, der von einer Büste, welche schön werden soll, hier etwas fortmeißelt, hier etwas ebnet, dies glättet, das klärt, bis er das schöne Antlitz an der Büste vollbracht hat: so meißle auch du fort was unnütz und richte was krumm ist, das Dunkle säubere und mach es hell und lass nicht ab an deinem Bild zu handwerken bis dir hervorstrahlt der göttliche Glanz der Tugend ... Bist du das geworden und hast es erschaut, bist du rein und allein mit dir selbst zusammen, und nichts hemmt dich auf diesem Wege eins zu werden, und keine fremde Beimischung hast du mehr in deinem Innern ... wenn du so geworden dich selbst erblickst, dann bist du selber Sehkraft, ... denn allein ein solches Auge schaut die große Schönheit (...) Man muss nämlich das Sehende dem Gesehenen verwandt und ähnlich machen, wenn man sich auf die Schau richtet; kein Auge könnte je die Sonne sehen, wäre es nicht sonnenhaft«.[15] Der platonische Eros-Weg zur Schönheit und die Inwendung zum eigenen wahren Bild als das Innere des Selbst sind damit zur Synthese gebracht. Der mythische Narziss wird überstiegen auf die im Innenraum Gestalt gewordene Schönheit, der die Liebe gilt: »Er ist gleichsam ein anderer geworden, nicht mehr er selbst«.[16] Der gereinigte, liebesbewegte Blick schaut das Unsichtbare und die Seele bestimmt sich als eine im Ideal liebende,[17] so dass Plotin schreiben kann: »Und wenn ihr euch selbst erblickt in eurer eigenen Schönheit, was empfindet ihr, warum seid ihr dabei in Schwärmerei und Erregung und sehnt euch nach dem Zusammen-

---

[13] Ders., Enn. I,6,6 f.; VI, 2,18; 7, 32–34; 9,11.
[14] Porphyrios, Über Plotins Leben, in: Enneaden V, 167.
[15] Plotin, Enn. I,6,9,7 ff.
[16] Ebd. VI, 9,10,15.
[17] Er sagt von der Liebe: »Auch gegen das nicht sichtbare kann man sie erleben, es erleben sie eigentlich alle Seelen, aber stärker die liebebewegten unter ihnen« (Enn. I.6,4, 15 ff.).

sein mit eurem Selbst, dem Selbst, das ihr aus den Leibern versammelt? Das nämlich sind die Empfindungen dieser echten Liebebewegten. (...), in euch selbst wahrzunehmen ... Großherzigkeit, gerechten Sinn, lautere Selbstzucht ...«.[18] Die autarke Liebe des Einen, die an sich und für sich strahlt und so spiegelnde Reflexion des Einen ist, ist zugleich »das Liebeerweckende und das Liebesverlangen, er ist Liebe zu sich selber; er kann schön ja nur aus sich selber und in sich selber sein« (kai erasmion kai eros ho autos kai autu eros).[19]

c. Das Motiv des Spiegels

In Anlehnung an die delphische Maxime »Erkenne dich selbst« und an Platons »Alkibiades«, der in der Platonischen Akademie jahrhundertelang als Einführung in die Philosophie Platons benutzt wurde, geht es um die Introspektion. In dem »Alkibiades meizon« (»Der größere Alkibiades«)[20] wird von der ersten Begegnung zwischen Sokrates und dem jungen Alkibiades erzählt, vom prüfenden Gespräch mit der Notwendigkeit einer »Pflege seiner selbst« in Bildung und Erziehung. Diese wird im letzten Teil des Gesprächs (124b–135e) als »Selbsterkenntnis« thematisiert, wobei das »Selbst«, die Seele des Menschen ist und es letztlich um die Entdeckung des Göttlichen im Menschen selbst gehe (132b–133c): »Wenn wir also auf Gott schauen und im Bereich des Menschlichen auf die Tugend der Seele, dann gebrauchen wir jenen ausgezeichneten Spiegel, in dem wir uns selbst erkennen« (133c). Dies ist auch die Voraussetzung für richtiges Handeln. Die »Sorge für sich selber« aber führt zur ungelösten Aporie über die Polisstruktur mit dem Konflikt zwischen den beiden in ihr wirkenden Bestrebungen, dem des zentripetalen Gemeinsinnes auf der einen Seite, und des zentrifugalen Strebens, dass »jeder das Seinige tue«, auf der anderen Seite.

Indem Narkissos in den Spiegel blickt, verdoppelt er introspektiv sein Wesen und erlebt dabei in einer Art Selbstschöpfung fiktiv die Identität von Subjekt und Objekt. Es ist die Imagination eines liebenden Selbstbezugs. Parallelfiguren sind der träumende Endymion, der sich von Zeus ewigen Schlaf und ewige Jugend erbittet,[21] und Ixion,[22] der Zeus durch das Trugbild

---

[18] Enn. I, 6, 5, 5 ff.
[19] Enn. VI, 8,15.
[20] Vgl. P. Frieländer, Platon, Bd. 2, ³1964, 214–226; A. Lesky, Geschichte der griechischen Literatur, ³1971, 575 f.
[21] Apollodoros, Bibl. 1,7,6. Der Schlaf des Endymion war sprichwörtlich: Platon, Phaid. 72c; Aristoteles, Eth. Nik. 1178b.
[22] Aus der Verbindung des Ixion mit der Wolke entstehen die Kentauren. Als Ixion sich seines Triumphes über Hera rühmt, wird er von Zeus in den Tartaros geworfen, wo er auf ein sich immer drehendes Rad gebunden wird und büßen muss: vgl. Pindar, Pyth. 2,

IV Narkissos – die unstillbare Selbstliebe und das Spiegelmotiv

einer Wolke vom Aussehen seiner Gattin Hera täuscht, in welche sich Ixion verliebt. Ixion galt als erster Mörder. Er ist ein Sohn des Phlegyas (= Brandstifter) und ermordet seinen Schwiegervater Deioneus, indem er ihn in einer mit glühenden Kohlen gefüllten Grube verbrennt. Möglicherweise personifiziert er das Feuer in seiner alles verzehrenden Kraft. In enger Verbindung zu Narkissos steht auch die Imagination der von Ovid (Met. 4, 285 ff.) erzählten Sage von Hermaphróditos, dem göttlichen Zwitter, einem Sohn des Hermes und der Aphrodite, der von der Quellennymphe Salmakis leidenschaftlich geliebt wird, ihre Liebe aber nicht erwidert. Auf ihre Bitte verschmelzen die Götter ihre beiden Körper.[23]

d. »Narzissmus« als Selbstliebe und Selbstrepräsentanz

»Narzissmus«, mit diesem Begriff suchte die Psychoanalyse eine Tendenz des menschlichen Ich zu bezeichnen, auf seine Taten und seine körperlichen Attribute einen unverhältnismäßig gesteigerten Wert zu legen. Der Begriff Narzissmus wird im ausgehenden 19. Jahrhundert erstmals von P. Näcke in die psychologische Literatur als die »schwerste Form des Auto-Erotismus«[24] eingeführt und erhält in der Psychoanalyse Sigmund Freuds eine begriffliche Erweiterung und theoretische Neubestimmung. Ausgangspunkt für Freud sind die Beobachtungen, dass »einzelne Züge des narzisstischen Verhaltens bei vielen mit anderen Störungen behafteten Personen gefunden werden«. Daraus zieht er die folgende Hypothese, »dass eine als Narzissmus zu bezeichnende Unterbringung der Libido in viel weiterem Umfang in Betracht kommen und eine Stelle in der regulären Sexualentwicklung des Menschen beanspruchen könnte«.[25] Es handelt sich um Vorstellungen des Größenwahns, um den exzessiven Rückzug des Interesses von der Außenwelt auf das eigene Ich, die Wahl des Liebesobjekts nach Maßgabe der Ähnlichkeit mit dem Bild von sich selbst. Halluzinatorische Allmachtsphantasien und magischen Kräfte[26] legen Freud die Annahme einer »ursprüngliche(n) Libi-

---

21–48. Das feurige als Sonnenrad mit der Regenwolke lässt im Ixion-Mythos einen Wetterzauber spiegeln. Vgl. M. P. Nilsson, Geschichte der griechischen Religion, ³1967, 389.
[23] Vgl. M. Delcourt, Hermaphrodite. Mythes et rites de la bisexualite dans antiquwegi classique, 1958; K. Kerényi, Hermes, der Seelenführer, 1944, 97. Kerényi deutet den Heramaphroditos im Hausinneren als Ausdruck des in der Ehe wiederhergestellten und vor der geschlechtlichen Differenzierung vorhandenen Urzustandes als gemeinsame Lebens- und Seelenquelle der Familie.
[24] P. Näcke, Die sexuellen Perversitäten in der Irrenanstalt, 1899, 122–149.
[25] S. Freud, Zur Einführung des Narzissmus. Gesammelte Werke 10 (1914), 138–170, zit. 138.
[26] S. Freud, Totem und Tabu. Ges. Werke 9 (1913) 93–121; Vgl. M. Kanzer, Freud's uses of the terms »autoerotism« and »narcissm«, in: J. Amer. Psychoanal. Ass. 12 (1964) 529–539.

dobesetzung des Ichs« nahe, »von der später an die Objekte abgegeben wird«. Er nennt dies »primärer Narzissmus«,[27] die ursprüngliche Besetzung des Ich mit Libido, ein reguläres Stadium in der Sexualentwicklung des Menschen. Kommt es zu Enttäuschungen und Frustrationen, kann die Libido als »sekundärer Narzissmus« wieder regressiv auf das eigene Ich zurückgenommen werden.[28]

e. Die »narzisstische Kränkung«

Für die Beeinträchtigungen des menschlichen Selbstgefühls verwendet S. Freud den Begriff der »narzisstischen Kränkung« mit all seinen Motiven und Symptomen, aber auch den pathologischen Reaktionen. Er spricht von drei »narzisstischen Kränkungen« der Menschheit, der kosmologischen, der biologischen und der psychologischen Kränkung. Die Erkenntnis, »dass das Ich nicht Herr sei in seinem eigenen Haus«,[29] habe »starke Gefühle der Menschheit verletzt«.[30] Und bei der Frage nach der reinen narzisstischen Ich-Kränkung äußert er die pathogenetische Vermutung, »ob nicht Ichverlust ohne Rücksicht auf das Objekt ausreicht, das Bild der Melancholie zu erzeugen …«;[31] ferner sei die »narzisstische Kränkung« einer der Bestandteile, aus denen sich die »konkurrierende oder normale ›Eifersucht‹ zusammensetzt!«.[32] Schlussendlich sei »eine schwere Kränkung des natürlichen Narzissmus« der Erfahrungszustand, in welchem der Mensch ständig in Angst lebt, von irgendeinem Schicksalsschlag getroffen zu werden.[33]

Den Gedanken der narzisstischen Kränkungen der Menschheit greift Alexander Mitscherlich (1908–1982) in seinem Werk »Auf dem Weg der vaterlosen Gesellschaft« (1963) wieder auf. Die »pathologischen Symptome« des sich ausbreitenden »Wert-Vakuums«[34] in der Zeit nach dem Zweiten Weltkrieg beschreibt er als regressive Abwehrform bei Teilen der heranwachsenden Jugend: Er nennt sie »Apathie«, Verweigerungsverhalten, Rückzug ins

---

[27] Vgl. M. Balint, Primärer Narzissmus und primäre Liebe, in: Jahrb. Der Psychoanal. 1 (1960) 3–34.
[28] S. Freud, a.a.O. 141; E. Jones berichtet, Freud habe den Begriff »Narzissmus« erstmals bei einer Sitzung der Wiener Psychoanalytischen Gesellschaft am 10. November 1909 verwendet, um ein Stadium der Sexualentwicklung zu benennen. H. Nunberg / E. Federn (Hg.), Protokolle der Wiener Psychoanalytischen Vereinigung, Bd. II 1908–1910 (1977), 282; E. Jones, Das Leben und Werk von Sigmund Freud 2 (1962) 322.
[29] S. Freud, Ges. Werke 12 (^{3}1966) 11.
[30] a.a.O. 14, 109.
[31] a.a.O. 5 (^{3}1963) 440.
[32] a.a.O. 13 (^{3}1967) 195.
[33] a.a.O. 14, 337.
[34] A. Mitscherlich, Auf dem Weg zur vaterlosen Gesellschaft, 1963, 392.

IV Narkissos – die unstillbare Selbstliebe und das Spiegelmotiv

Private, »Identifikationsscheu«, adoleszente Identifikationsprobleme, »Labilität des Selbstwertgefühls«[35] und narzisstische Störungen. Er diagnostiziert das Fehlen von Gestalten und Persönlichkeiten, die einen Anreiz bilden könnten für eine Idealbildung und eine Identifikation. Dieser »vaterlosen Gesellschaft« wird prospektiv eine Gesellschaft entgegengesetzt, die die erfahrenen »narzisstischen Kränkungen« ins Positive wendet und verarbeitet, indem sie »den Vater besitzt, aber in der die Väter eine Identität mit sich selbst erreicht haben, die ihnen die Lösung vom Vatervorbild und vom ausschließlichen Denken in Kategorien der Vaterherrschaft ermöglicht«.[36] Narzissmus und »narzisstische Kränkung« finden dann auch Anwendung auf das kollektive Bewusstsein von ganzen Gesellschaften und ganzen Epochen. A. Hauser begreift das späte 16. Jahrhundert als eine Zeit der Entfremdung[37] »im Sinne einer Krise der zwischenmenschlichen Beziehungen und des Verlustes der Verwurzelung im sozialen Boden«. Er sieht sie durch die moderne Geldwirtschaft induziert und in der Kunst den Manierismus als künstlerischen Ausdruck des in der »Krise der Renaissance« geschaffenen kollektiven Narzissmus. Zu den so erzeugten narzisstischen Typen zählt Hauser den Don Juan, den Faust, den Hamlet. Syndrome dieser Typologie sind Bindungsunfähigkeit, die Ambivalenz in der Beziehung zu sich und gegenüber der Mitwelt, aber auch Formen des Sadomasochismus und die sich vorschiebende innere Leere, Ambivalenz gegenüber sich selbst und seiner sozialen Mitwelt sowie Instabilität. Zu den charakteristischen »narzisstischen Defizits« der modernen Gesellschaft zählen auch die Gefühle der Langeweile, Sinnlosigkeit, Ohnmacht, Wertlosigkeit, gesellschaftliche Zersetzung,[38] aber auch Idealisierung samt den grandiosen Gefühlen der eigenen Bedeutung und überwertige Phantasien eigener Einzigartigkeit und eigener Qualitäten sowie auf der anderen Seite Entwertungen wie ausbeuterisches Verhalten, Mangel an Empathie, Arroganz und Übermaß an Neid.[39]

---

[35] A. und M. Mitscherlich, Die Unfähigkeit zu Trauern, 1967, 259.262. Es geht um die »Ich-Verarmung« des erinnerungslosen »falschen Bewusstseins« in Bezug auf die Vergangenheit als »Unfähigkeit zu trauern« und in Bezug auf die Gegenwart als Unfähigkeit, die ambivalente Gegenwart einfühlend und kritisch zu erkennen und selbstkritisch zu bewältigen. Vgl. dazu J. Habermas, Bemerkungen zu Alexander Mitscherlichs analytischer Sozialpsychologie, in: Psyche 4 (1983) 1029–1039.
[36] Mitscherlich, Auf dem Weg …, 392.
[37] A. Hauser, Der Manierismus. Die Krise der Renaissance und der Ursprung der modernen Kunst, 1964, 114–129.
[38] Vgl. C. Lasch, Das Zeitalter des Narzissmus, 1980; J. Wunderli, Vom tragischen zum positiven Narzissmus, 1983; H. Kohut, Narzissmus 1968. Ders., Die Heilung des Selbst, 1978.
[39] Vgl. O. Kernberg, Borderline-Störungen und pathologischer Narzissmus, 1978; S. E. Pulver, Narcissm, the term and the concept; in: J. of the American Psychoanalytic Association 18 (1970) 319–341; H. Henseler, Religion-Illusion? Eine psychoanalytische Deutung, 1995.

f. Narziss und Narzissmus im Spiegel der Kunst

A. Alciati intellektualisiert in seinen »Emblemata« (1549) und B. Arneau in seiner »Picta poesis« (1552) die sich um die eigenen Phantasmagorien drehende Eigenliebe, die den homo doctus zugrunde zu richten vermag.
Es ist die exzessive Eigenliebe, die »philautia«.

»... *Eigen Liebe ist Gelehrter Leucht seucht*
Verdernuß abnemmen on deucht
Dadurch jr vil seind gangen zu grundt
Vnd gehn darzu auch noch all stundt
Welche der alten weiß vnd lehr
Verwerfen vnd nemmen neuw her
Vnd lehrnen nur jr fantasey
Sonst ist nichts hinder jn dans gschrey.«[40]

Und:

»*Ingenii est marcor cladesque filautia*
Quae pessum plures datque deditque viros:
Qui veterum abiecta methodo nova dogmata quaerunt,
Nilque suas praeter tradere fantasias.«[41]

In Oper und Theater, sicherlich die beiden lebendigsten Kunstformen der Gegenwart, werden Fragen des Menschen szenisch auf die Bühne gebracht. Die Anschauung der Spätrenaissance über Musik als Gesamtkunstwerk mit Sprache, Bewegung und Kulisse, wie auf der altgriechischen Bühne, suchte dies zu realisieren. Die Sequenz ihrer mythologischen Sujets reicht bis in die Gegenwart. So z. B. übersetzt R. Wagner die germanische Göttermythologie in den Neomythos des »Rings« mit der Thematik Macht und Liebe. Die Oper – wie auch das Theater – erschien als Nachfolgerin und Erbin der antike Tragödienbühne und schöpfte ihre Dramatik aus verschiedenen Quellen, den griechischen Mythen, den mittelalterlichen Sagen und Mysterienspielen sowie den Stoffen, wie sie »das Leben schreibt«.
Einige Beispiele:
Der Spanier Pedro Calderón de la Barca (1600–1681), aus altadeliger asturischer Familie, ist der symbolistische Vollender des spanischen Barock mit einer stupenden literarischen Hinterlassenschaft: »Nur wer Hafis liebt und kennt, weiß, was Calderon gesungen«, sagte Goethe. Calderons Drama »Das Leben ein Traum« (La vida es suêno«) (1640),[42] gestaltet zwei Einstel-

---

[40] In: A. Henkel / A. Schöne, Emblemata, 1967, 1627.
[41] A. Alciati, Emblemata cum commentariis Claudii Minois, 1621, 1976 (Nachdruck, 306).
[42] Vgl. A. Farinelli, La vita è un sogno, 1916; F. G. Olmedo, Las fuentes de »La vida es sueno«, 1928; M. Barrio, Die Begriffe »Leben« und »Tod«, in: »Das Leben ein Traum«

IV Narkissos – die unstillbare Selbstliebe und das Spiegelmotiv

lungen menschlichen Schauspiels auf der Bühne der Welt, die falsche und die richtige, eine geniale Barock-Moralität um den Vater-Sohn-Konflikt. Es handelt sich narzisshaft um Schein und Sein. Basilius, König von Polen, lässt seinen Sohn aus Schicksalsfurcht von der Geburt an im Kerker leben. Durch einen Trunk aber lässt er ihn später als Königssohn erwachen. Der so lang Unterdrückte wendet all seine aufgestaute Wut gegen den Vater und wird wieder durch einen Trunk eingeschläfert und in den Kerker geworfen. All das ihm Geschehene erscheint ihm als Traum:

»Wen kann Herrschaft lüstern machen,
der da weiß, dass im Erwachen
ihm des Todes Traume droht?«

Vom Volk aus dem Kerker befreit und auf den Thron erhoben, will er »mit Bedacht und Vorsicht« träumen. Er vollzieht die Wandlung. Er will der Verführung durch Macht widerstehen und der Versuchung zu Hartherzigkeit, Rache und Wut trotzen. Auch will er nicht das ihm angetane Leid und Unrecht durch neues Unrecht befriedigen. Seine bisherige Zorneshaltung will er durch Ehrfurcht, Demut und großherziges Verzeihen sistieren. In seiner Blickwendung vom Ewigen her reift er in seinem Inneren zur Einsicht, dass alles irdische Streben, alle Anmaßung und Selbstsucht sich als Schein entlarven gegenüber der wahrhaften Wirklichkeit, die gelebte Demut und Tugend ist. Manche Motive sind mit dem Sophokles-Drama »König Ödipus« verwandt, aber die Möglichkeit des menschlichen Lebens durch die Willensfreiheit, als das die Handlung durchwaltende dramatische Agens, ist dem antiken Schicksalsglauben kontrastiert.

1661 entstand Calderons dreiaktiges Drama »Eco y Narciso« (»Echo und Narcissus«), dessen Stoff der Dichter Ovids »Metamorphosen« (III, 341–510) entnahm und in manchen Einzelheiten verändert hatte. Schauplatz der Handlung sind die Wälder der arkadischen Landschaft mit den singenden, tanzenden Hirten und Eco, die »himmlisch schöne Göttin der Wälder« (»divina y hermosa deidad de las selvas«). Dieses scheinbar dramatische Pastorale, dem Calderon einen göttlichen Heilsplan zugrunde legt, rückt sein Stück in die Nähe zum Oidipus-Mythos mit dem dort waltenden unabwendbaren Schicksal, das sich Schritt für Schritt enthüllen wird. Auch der Mutter des Narkissos, der Nymphe Liriope, hatte Teiresias in einem Orakelspruch prophezeit, die Schönheit ihres Sohnes und eine Stimme könnten ihm den Tod bringen. Sie will es verhindern und zieht ihren Sohn in der Bergwildnis, in Einsamkeit und Unwissenheit auf, um so sein Leben zu schützen. Als Narkissos eines Tages aus Ecos Mund die schönklingenden Lieder ver-

---

von Calderon, in: Salzburger Romanistische Schriften, 1984, 85–99; M. Franzbach, »La vida es sueno«, in: Ders., Untersuchungen zum Theater Calderons, 1974, 10–73.

IV Narkissos – die unstillbare Selbstliebe und das Spiegelmotiv

nimmt und sich von der Stimme verzaubern lässt, verlangt Narciso in einem Monolog, reich an Bildern und Vergleichen, von seiner Mutter die Freiheit, diese »Gabe, die selbst ein Vogel oder ein Raubtier seinen Jungen gewährt, das Vermächtnis des Himmels an jeden Erdenbürger«. Er begegnet nun Eco und entbrennt in Liebe zu ihr. Als er sich an die warnende Stimme seiner Mutter erinnert, weist Narciso das Liebesgeständnis der Eco barsch zurück und flieht in den Wald, wo er im kristallklaren Wasser eines Baches sein Spiegelbild erblickt. Leidenschaftlich entbrennt er in Liebe zu sich selbst. Mit einem Hexenzauber sucht Liriope Eco ihrer schönen Stimme zu berauben und flößt der Nymphe ein Gift ein, das ihre Zunge lähmt. Nun kann sie nur echohaft die letzten Silben der Wörter wiederholen, die sie von anderen hört. Aber die Mutter kann ihren Sohn nicht retten, denn er ist in seine eigene Schönheit und den Klang seiner Stimme verliebt. Unter dem Getöse eines Erdbebens stürzt Narciso tot zu Boden und eine Narzisse sprießt aus der Erde. Schon die Vers-Enden der Hirtenlieder zu Beginn hallten in Echos Stimme wider, um das tragische Schicksal des Narciso vorzubedeuten: »Mueras – Enamorado – De te«: »In dich selbst verliebt wirst du sterben« (Eco y Narciso, Jornada 3).[43]

Narziss hätte des Durchblicks in die Tiefen seiner Seele bedurft, der Innenschau, des Eintauchens in die Wasser des Tiefenbewusstseins und des Unbewussten, das das Selbst in all seiner Dynamik zum Ausdruck bringt. Es ist die Sorge für sich selbst, die Erhaltung seiner selbst, wie die Beherrschung sowie auch die Erkenntnis seiner selbst (vgl. der pseudo-platonische Dialog Alkibiades I mit der Frage, was das Selbst ist: Alc I, 130d).

Im »Gesang der Geister über den Wassern« schreibt Goethe:

»Des Menschen Seele gleicht dem Wasser:
Vom Himmel kommt es, zum Himmel steigt es,
und wieder nieder zur Erde muß es,
ewig wechselnd.«

Und der Mensch als Ebenbild und Gleichnis Gottes (imago et similitudo Dei) (Gen 1,26 f.) kann das Erkennen seiner eigenen Hoheit in ein Bekennen überführen:

»Mit diesem Hinfluten, mit diesem Münden
in breiten Armen ins offene Meer,

---

[43] Vgl. S. Neumeister, Mythos und Repräsentation. Die mythologischen Festspiele Calderons, 1978; E. Lorenz, Narziss – menschlich und göttlich: Der Narziss-Stoff bei Pedro Calderon de la Barca und Juan Inés de la Cruz, in: RJb 30 (1979) 283–297; E. W. Hesse, Calderon's »Eco y Narciso« and the Split Personality, in: Ders., Theology and the Comedia, 1982, 53–61; Ders., El fenómeno del doble en la comedia de Calderon, in: Sigismundo 16 (1982) 79–94; D. Dipuccio, Ambigous Voices and Beauties in Calderon's »Eco y Narciso« and Their Tragic Consequences, in: Bull. of the Comediantes 37 (1985) 129–144; A.-B. Renger (Hrsg.), Mythos Narziß: Texte von Ovid bis Jacques Lacan, 1999.

IV Narkissos – die unstillbare Selbstliebe und das Spiegelmotiv

mit dieser wachsenden Wiederkehr
will ich dich bekennen, will ich dich verkünden
wie keiner vorher.«
  (Rainer Maria Rilke, »Stundenbuch«)

Hugo von Hofmannsthal verwandte in seinen Tagebuchaufzeichnungen von 1895 das Narziss-Bild als Ausdruck für den Zauber der Dichtung, wenn er schreibt:

»... das eigene in einem geheimnisvollen Spiegel anschauen ...
Narcissmus-motiv, endlich ertrinken in dem
spiegelnden Dasein die Seele hergeben, die Welt
dafür empfangen, welch ein Gastmahl des Lebens,
welche Grotten des lebensbeherrschenden Traumes,
welch ein Garten der Erkenntnis.«

Und Rainer Maria Rilke beschäftigt sich mit dem Narziss-Thema und dichtet auf »Narziß« das Poem (1913):

»Narziß verging. Von seiner Schönheit hob
sich unaufhörlich seines Wesens Nähe,
verdichtet wie der Duft vom Heliotrop.
Ihm aber war gesetzt, dass er sich sähe.

Er liebte, was ihm ausging, wieder ein
und war nicht mehr im offnen Wind enthalten
und schloß entzückt den Umkreis der Gestalten
und hob sich auf und konnte nicht mehr sein.«

In seinem Todesjahr 1926 schreibt Rilke »Fragmente zum Narziß« und sieht im menschlichen Leib einen »Siedler im Abgrund«, einen »höchst zweifelhaften Gast des Himmels, der aus den Himmeln fiel mit Himmelslast«, und ruft dann aus:

»Ich liebe ... liebe! ... Wer hat jemals andre Dinge
geliebt als sich? ...
Nur dir, mein Leib, gehör ich zu;
denn vor den Toten, Liebster, schützt mich nichts als du!«

Der Dichter weiß sich darin leben, aber die Seele scheint ihm in ihren eignen Wald zu fliehen. Und dann der tiefbeschattete Ausklang:

»Der Seele schwarzes Aug stößt an die Dunkelheiten,
sie dehnt sich riesig aus und findet nirgends nichts ...
Zwischen dem Tod und ihr, die Tiefe des Gesichts!
Götter! Des hohen Tags verblasste Niederlage
verliert sich in dem Los vorher verbrauchter Tage,
stürzt in die Unterwelt, wo du, Erinnrung weinst.
Elender Leib, weh dir, Zeit ist, dass du dich einst ...
Nun neige dich ... küsse dich. Erbeb in deinem Wesen!

IV Narkissos – die unstillbare Selbstliebe und das Spiegelmotiv

Das scheue Lebensziel, das du dir auserlesen,
zieht wie ein Schauer hin und bricht Narziß und flieht ...«

Michelangelos Caravaggio hat in seinem Leinwandbild »Narciso« (kurz vor 1600) den sich im Wasserquell spiegelnden Narkissos gemalt, wobei in einem Kreisumschwung Figur und Spiegelung, Wirklichkeit und Abbild sich selbst genügend entsprechen, selbstreflexiv im »Cogito, ergo sum«. Es handelt sich um die »nosce te ipsum«-Deutung, das »Erkenne dich selbst!« Die Metamorphose des Narkissos ist unwiderrufliche Strafe und Selbstbestrafung für den, der sein Leben an sich hielt und es verlor. Die Narzisse, die jedes Jahr im Frühling erblüht, ist Ermahnung seiner Selbstsucht und Erinnerung an seine Schönheit. Leszek Kolakowski schreibt: »Im ganzen Universum kann der Mensch keinen hinreichend tiefen Brunnen finden, auf dessen Grunde er, beugt er sich über ihn, nicht sein eigenes Gesicht entdecken würde.« (1956) Und die Psychoanalyse wird die Welt als einen großen Narziss sehen, der sich selbst empfindet und denkt.[44] In seinem 1937 in Öl auf Leinwand gemalten Bild »Die Metamorphose des Narziss« hat Salvador Dali (1904–1989), der bedeutende Vertreter des Surrealismus und seiner Methode mit dem freien Assoziationsspiel des Unterbewussten, sich ganz auf das Schicksal des Narziss konzentriert und das Bild des »Narzissmus« gemalt.[45] Antike Mythen sind für ihn Spiegelungen der verborgenen Schatten der menschlichen Psyche, ihrer Triebe und Konflikte im Unterbewusstsein. Dali versetzt Narziss in eine sterile, dramatisch vom Licht bespielte Felslandschaft, wie dieser, in sich versunken, am Rand einer Quelle sitzt, die seine Gestalt spiegelt. Der geneigte Kopf verbirgt das Antlitz und macht so Narziss identitätslos. Durch ein Licht-Dunkelspiel gleiten Teile des Körpers in eine unbestimmte Schattenzone, um auch den Körper substanzlos zu machen. Es ist ein Dahinwelken des Selbstverliebten. Im Vordergrund des Bildes reckt sich dem Betrachter eine verknöcherte, wie Stein gewordene Hand entgegen, die mit drei Fingern ein Ei emporhält, aus dem eine Narzisse hervorbricht. Im Hintergrund tummeln sich nackte Mädchen und Jünglinge, die vergeblich um die Liebe des Narziss warben, der ihnen gegenüber wie eine lebende Statue auf einem Postament steht, selbstverliebt seinen Körper betrachtend. In die düster-öde Landschaft ist ein Schachbrettmuster einge-

---

[44] Vgl. H. Damisch, D'un Narcisse l'autre, in: NRP 13 (1976) 109–146; R. Derche, Quatre mythes poétiques (Oedipe – Narcisse – Psyché – Lorelei), 1962; H.-J. Fuchs, Entfremdung und Narzißmus. Semantische Untersuchungen zur Geschichte der ›Selbstbezogenheit‹ als Vorgeschichte von französischem ›amour propre‹. 1977; U. Orlowsky (Hg.), Narziß und Narzissmus im Spiegel von Literatur, bildender Kunst und Psychoanalyse. Vom Mythos zur leeren Selbstinszenierung, 1992; A.-B. Renger (Hg.), Narcissus. Ein Mythos von der Antike bis zum Cyberspace, 2002; L. Vinge, The Narcissus, Theme in Western European Literature up the Early 19th Century, 1967.
[45] S. Dali, Metamorphose des Narziss, 1937, London, The Tate Gallery.

fügt, um die dem Narziss umgebende Leere und Einsamkeit zu imaginieren, wie auch die zu Stein werdende Hand die Sterilität des Narzissmus unterstreicht. In seiner spontanen Methode irrationaler und assoziativer Vorstellungen, die das Unterbewusste ausloten, weiß Dali sich unter dem Einfluss der Psychoanalyse Sigmund Freuds, den er persönlich kennengelernt hatte und sein Malen als Traumarbeit verstand. Ähnlich suchte auch Ernst Fuchs (1930–2015) biblische und mythologische Themen durch Rückgriffe auf Bosch, den Manierismus und den Jugendstil, zu einem archetypischen Urgrund vorzudringen, der über dem zeitlich Verwehenden steht.

g. Liebe und ihre Wandlung auf dem »Weltenrad« der Bühne: »Die Frau ohne Schatten« (Hugo von Hofmannsthal/Richard Strauss)

Die Fabel erzählt von Liebesleidenschaft und Tod, von Eigenliebe, Selbsterkenntnis, Ich-Identität und der Erkenntnis schlechthin, von Spiegelung und Verdoppelung eines Bildes, von der auf sich rückbezogenen Einsamkeit und Spiegelung des Widerscheins. In diesem phantastischen Zaubermärchen stehen zwei männliche und zwei weibliche Personen gegenüber: Die Kaiserin bedarf der »Mensch«-Werdung, um das Los der Menschen kennenzulernen und Schatten werfen zu können; auch der Kaiser muss sich wandeln von der besitzergreifenden Liebe hin zur mitfühlenden, altruistischen Liebe. Auch der ganz die Natur verkörpernde Färber muss sich zu seelischem Feingefühl und zur Herzensinnerlichkeit läutern; auch seine Frau muss die Liebe als Akt der Hingabe erfahren. Die geisterhafte Amme, der die Kaiserin begleitende dunkle Schatten, aber verharrt in ihrer exklusiv und solipsistisch auf die Kaiserin bezogenen Liebe.

In der Philosophie Platons ist die Antithetik von schattenhaftem Abbild und wesenhaftem Urbild zentral, wie die von Schein und Sein, Sichtbarem und Unsichtbarem. Der Schatten ist aber auch Bild der Vergänglichkeit des vom Tode bedrohten Menschen, der im »Todesschatten« lebt. Die Literatur verbindet mit Schatten unterschiedliche Vorstellungen, wobei die des verlorenen oder verkauften Schattens und seine Variante des verlorenen Spiegelbildes, weite Verbreitung gefunden hat. In der Hofmannsthal-Strausssschen Märchenoper aber ist der Schatten Symbol für weibliche Fruchtbarkeit. Zur Vorgeschichte gehört der innige Wunsch der Tochter des Geisterkönigs Keikobad, eine menschliche Gestalt anzunehmen. Sie trägt diesen Drang von ihrer Menschenmutter in sich. In Gestalt einer weißen Gazelle hat sie der jagende Kaiser mit dem Pfeil am Hals verwundet und sie verwandelte sich in die Gestalt eines Mädchens. Der Kaiser nimmt sie zur Frau, verstößt aber seinen roten Falken, der ihn auf die Fährte der weißen Gazelle geführt hatte. Damit verliert die Kaiserin ihren magischen Talismann, und damit die Kraft

IV Narkissos – Die unstillbare Selbstliebe und das Spiegelmotiv

der Wandlung. Ebenso vergisst sie das Gebot ihres Geistervaters: Wird sie nicht innerhalb eines Jahres Mutter und erlangt damit einen menschlichen Schatten, muss der Kaiser zu Stein werden. Ist sie auch aus dem Bannkreis ihrer Geisterwelt herausgetreten, so hat sich der Kreis der menschlichen Liebe um sie noch nicht geschlossen. Sie wirft keinen Schatten und ist zweier Welten Kind, der Geisterwelt, an die sie noch rückgebunden erscheint, und der Menschenwelt, in der sie sich noch nicht beheimatet hat. Ihre Amme, eine Variante des faustschen Mephistopheles, weiß und rät ihr, wie man den Schatten von den wankelmütigen Menschen erhandeln könne mit Reden, Gebärden, Speisen. Barak, der Färber, ist ein Arbeitsmensch, und sorgt für seine junge, schöne Frau und drei verkrüppelte Brüder. Er aber erfährt sich lieblos entzwei getrennt und allein, sehnt sich nach Kindersegen. Seine Frau aber gibt ihren Schatten hin und mit dem Schatten die ungeborenen Kinder, denn Schatten und Mutterschaft gehören zusammen wie Zeichen und Bezeichnetes.

Der 1919 in Wien uraufgeführten Oper von Richard Straus »Die Frau ohne Schatten« mit der Dichtung von Hugo v. Hofmannsthal liegt ein Märchen für Erwachsene zugrunde. Es ist die Geschichte einer Kaiserin, die Geschichte von Verschuldung, Prüfung zur Erlösung, und das ist Menschwerdung und Wandlung der Kaiserin als einer fühlenden und liebenden Person. Es ist ein Mysterienspiel in symbolhafter, hermetischer Verschlüsselung, an dem die Geisterwelt (Kaiser-Kaiserin)und die Menschenwelt (Färber-Färberin) teilnehmen. Hofmannsthal, angeregt vom französischen Symbolismus mit der Melancholie des Fin de siècle und »im Nachgenuß aller je gewesenen Schönheit«, Zeuge und Nachfahre, stellt darin zwei Verwandlungen, zwei Metamorphosen auf die Bühne, die eines Geistwesens zum Menschenwesen und die eines lebenden Menschen zum versteinerten, leblosen Stein. Die metaphorische Sprache schöpft aus dem reichen Bilderschatz des immateriellen, wesenlosen »Schattens«, ein Wort, das sich aus dem mittelhochdeutschen »scoto« herleitet und in sich noch das griechische Wort für »Dunkelheit« (= skótos) birgt. Hier im Stück ist der Schatten das zentrale Symbol,[46] der Schatten, den ein Mensch wirft und der Menschlichkeit und Fruchtbarkeit ausdrückt, aber auch Sterblichkeit und Schuld, Leiden und Tränen. Ihm entgeht keiner, der »einen Fuß vor den anderen setzt«. Zudem ist der Schatten eine unveräußerliche Charakteristik aller Objekte im Licht, die ihn werfen – auch der menschliche Körper – ganz ähnlich wie der Doppelgänger, in der literarischen Darstellung unbewusster innerer Zustände oder individu-

---

[46] Vgl. M. L. Franz, Shadow and Evil in Fairy Tales, 1974; G. v. Wilpert, Der verlorene Schatten. Varianten eines literarischen Motivs, 1978; P. Coates, The Double and the Other, 1988; E. Crook (Hg.), Fearful Symmetry: Doubles and Doubling in Literature and Film, 1982.

IV Narkissos – die unstillbare Selbstliebe und das Spiegelmotiv

eller Vorstellungen. Die Handlung[47] spielt im u-topischen Märchenland und in der u-topischen Märchenzeit. Sie ist ein Gleichnis für den Lebenswillen der Menschen. Die junge Kaiserin ist vor Jahresfrist vom Kaiser als weiße Gazelle im Walde erjagt worden und von seinem Pfeil am Hals Getroffene, hatte sie sich in eine schöne junge Frau verwandelt. In Liebe entbrannt, nahm er sie zu seiner Frau. Aber nach den Gesetzen des Geisterreiches könne das Glück der Liebenden nicht mehr lange dauern, denn wenn die Kaiserin keinen Schatten werfe, das heißt sich nicht als Mutter fühle, müsse sie nach der Frist wieder zurück in ihres Vaters Reich, den jungen Kaiser aber treffe das Schicksal des Versteinerns. Die Kaiserin erblickte den Lieblingsfalken des Kaisers, der diesem die weiße Gazelle erjagen half und vernimmt seinen Klageschrei: »Die Frau wirft keinen Schatten, der Kaiser muss versteinern«. Sie ist nun tief entschlossen, aus der Sphäre des Geisterreiches in die Sphäre des Irdisch-Menschlichen zu treten, um einen solchen Schatten zu erlangen, und bereit, in die »Todesluft« der Menschen abzusteigen, um ihren geliebten Mann vor dem Fluch zu retten. Auch möchte sie sich in ihrer Weiblichkeit[48] als Mutter fühlen, denn »dies ist ein und dasselbe, Zeichen und Bezeichnetes«. Der Fluch aber ist der Fluch des seiner Tochter beraubten Geisterkönigs. Keikobads Tochter, »von der Mutter her« sich den Menschen verbunden fühlend, gelangt mit ihrer Amme in das Haus eines Färbers Barak. Die Amme sucht der Färbersfrau, die sich dem Kinderwunsch ihres ungeliebten Mannes verschließt, nach neuer Liebe sehnt und Reichtum erträumt, den Schatten abzuhandeln. Sie willigt ein. Der von seiner Arbeit heimgekehrte Barak wird auf sein einsames Lager verwiesen. Vom Stadtturm her erklingt der Ruf des Nachtwächters:

»Ihr Gatten, die ihr liebend euch in den Armen liegt,
ihr seid die Brücke, überm Abgrund ausgespannt,
auf der die Toten wiederum ins Leben gehn!
Geheiliget sei eurer Liebe Werk.«

Als die Färberin ihrem Mann gesteht, sie habe ihren Schatten verkauft, will er sie töten, wird aber durch Eingreifen der Geister daran gehindert: »Übermächte sind im Spiel.« Beim Anblick der Verzweiflung Baraks von Reue ergriffen, weigert sich die Kaiserin, nach dem mit Menschenblut befleckten Schatten zu greifen. Damit verzichtet sie auf Eheglück und Mutterschaft. Die Kaiserin wird in das Innere des Geistertempels geführt, um dort ihre

---
[47] H. v. Hofmannsthal, Gesammelte Werke, Dramen 5: Oper, 1979, 12; H. Mayer, Hugo von Hofmannsthal und Richard Strauss, in: Ders., Ansichten, 1962, 9–32; J. Knaus, Hofmannsthals Weg zur Oper »Die Frau ohne Schatten«. Rücksichten und Einflüsse auf die Musik, 1971; J. G. Ascher, »Die Zauberflöte« und die »Frau ohne Schatten«. Ein Vergleich zwischen zwei Operndichtungen der Humanität, 1972.
[48] Vgl. M. Janz, Marmorbilder. Weiblichkeit und Tod bei Brentano und Hofmannsthal, 1986, 179–195.

IV NARKISSOS – DIE UNSTILLBARE SELBSTLIEBE UND DAS SPIEGELMOTIV

schwerste Prüfung zu erfahren. Sie gewahrt einen Springquell, dem goldenes Wasser entsprudelt und vernimmt den Ruf einer Stimme: »Trink, und der Schatten, der des Weibes war, wird deiner sein«. Sie fühlt ihre Schuld und nimmt sie auf sich. Auf steinernem Throne sitzt der schon versteinerte Kaiser, während lockende Rufe erneut die Kaiserin locken, den Schatten der Färbersfrau zu nehmen. Dem Mund der Kaiserin entringt sich das entscheidende »Ich will nicht!«. Sie widersteht dem Ansinnen und will nicht ihr Glück durch das Unglück anderer erkaufen. Sie siegt durch Liebe geläutert und durch Entsagen. In diesem Augenblick des Verzichtes auf den Schatten einer Anderen und das Wasser des Lebens, besteht sie die Liebesprobe. Sie rettet und erlöst den schon zu Stein erstarrten Kaiser. Der Kaiser erwacht zu neuem Leben. Beide Frauen werfen Schatten, und die Stimmen der ungeborenen Kinder heben die düstere Gegenwart des Dramas auf:

»*Vater, dir drohet nichts,*
Siehe, es schwindet schon,
Mutter, das Ängstliche,
Das euch beirrte!
Wäre denn je ein Fest,
Wären nicht insgeheim
Wir die Geladenen,
Wir auch die Wirte?«

Als die Färberin ihren Gatten erblickte, fällt ihr Schatten über die trennende Kluft und verwandelt sich in eine goldene Brücke, auf der sich beide in Liebe umarmen. Nicht die sich selbst genießende Liebe der Kaiserin vermag die Wandlung herbeizuführen und dem Kaiser sein Menschsein zu geben, sondern der Wille zum Opfer, zum freiwilligen und sich seiner Schuld vor dem Färber bewusste Verzicht, sich den Schatten der Färberin zueigen zu machen. Die Annahme der beschatteten Bedingtheit der conditio humana, anders als die Färbersfrau, die ursprünglich ihren »Schatten« loswerden, ja über ihren »eigenen Schatten springen« wollte, lässt am Lebenswasser teilhaben und die Todesversteinerung abwenden. Aus den Orchesterklang der vereinten Liebenden (Quartett) ertönen die jubelnden Stimmen der ungeborenen Kinder. Der Kaiser vermochte der Kaiserin nicht den »Knoten ihres Herzens« zu lösen und erfährt in der Höhle der ungeborenen Kinder die Botschaft, dass »viel Schlimmes geschehen (muss), ehe die gesegnete Speise bereitet ist«: »Die Verwirrungen sind nötig und die Scham und die Beschmutzung«. Zu dieser Negativerfahrung steht schuldbewusst die Kaiserin. Da das Geisterreich »der Erde mit dem Schatten ihr Geschick« abkaufen wollte, wird dem vermeintlichen Schatten-Handel als Lösung die Selbstüberwindung gegenübergestellt und die in ihr liegende rettende Kraft. Diesen existentiellen Punkt kommentiert H. v. Hofmannsthal in »Ad me ipsum« als ein Symbol für »das ewige Geheimnis der Verkettung alles

Irdischen: Nichts verdankt sich selbst und existiert aus sich selbst (automáte), sondern das wundervolle Geheimnis ist, dass man seine Existenz von einem anderen empfangen kann.«[49] In seinem Selbstkommentar bezeichnet H. v. Hofmannsthal »Die Frau ohne Schatten« als »Triumph des Allomatischen«, (vom griechischen Wort »allos« = »der Andere«) und schreibt: »Dass alles was an den Menschen ist, durch Geburt bedingt ist«, wird vielmehr zur »Allegorie des Sozialen«.

---

[49] H. v. Hofmannsthal, GW »Die Erzählung«, Hg. H. Steiner.

V
Gnosis als erlösende Erkenntnis und Liebe

a. Selbsterkenntnis vom Anfänglichen zum Anfänglichen

Die Antike Geistesströmung der sog. »Gnosis« oder des »Gnostizismus« als zusammenfassende Bezeichnung der spekultativ-mystischen Denkweise der Spätantike hat die bedrängend existentielle Frage »Mensch« zum Thema, bewegt von seinem Woher, seinem entfremdeten Jetzt und seinem Wohin, also seinem Ursprung, seinem Dasein und seinem Ziel. Sie begegnet in verschiedenartigen Lehren und Systementwürfen, kristallisiert sich in verschiedenen Gemeinschaftsbildungen aus und kreist bei aller Verschiedenheit um den einen Satz als tema con variazioni, den Hippolyt[1], der frühchristliche Schriftsteller am Anfang des 3. Jh.s und der letzte griechisch schreibende Theologe in Rom, in seiner »Refutatio« aus der sog. Naasener-Predigt zweimal zitiert: »Anfang der Vollendung ist die Gnosis des Menschen, des Gottes Gnosis aber ist ihr Ende« (Ref. V,7,38; V,8,24). Ziel ist die durch die heilwirksame Erkenntnis gewonnene Vollendung, die sich als Gnosis des Menschen vollzieht und in die Gnosis des Gottes, die der Mensch ist, mündet. Es handelt sich um die zum Heil führende Selbsterkenntnis des Menschen als des »Gottes«. Kraft der Gnosis als Heilswissen erlangt der Mensch seine Vollendung (teleiôsis). Dieser religiöse Erkenntnisweg findet seine Objektivierung und Entfaltung in Pseudomythen, Metaphern, illustrierenden Gleichnissen, Axiomen und polemischen Referaten. Die Gnosis expliziert sich narrativ in einer breiten Symbolik und in allegorischen Mythen, die auf verschiedenen Ebenen und Stufen den Vorgang der erlösenden Erkenntnis situativ und geschickhaft zum Ausdruck bringen wollen. Im Mythos soll der Gnostiker sich erkennen und das darin zu seiner Selbsterlösung Dargebotene als Erscheinenlassen des Erkannten begreifen. Dies wird mit der Methode der Allegorese ausgelegt. Das Wesen der Gnosis findet ihren reinsten Ausdruck in der Richtung der Valentinianer, von denen Irenäus von Lyon (um 135–200)[2] folgendes schreibt: »Die bloße Erkenntnis der unsag-

---

[1] Vgl. E. Lengling, Das Heilswerk des Logos-Chistos beim h. Hippolyt von Rom, 1947.
[2] Werke: CPG 1, 1306–1317; N. Brox (Hg.), Fontes christiani 8/1, 1993; 8/2, 1993; 8/3,

V Gnosis als erlösende Erkenntnis und Liebe

baren Größe sei die vollkommene Erlösung (teléia apolytrôsis). Durch Unwissenheit seien der Fehl (tò hysterêma) und das Leiden entstanden, durch die Gnosis werde der ganze Bestand der Unwissenheit wieder aufgelöst. Daher ist die Gnosis die Erlösung des inwendigen Menschen ... Durch die Gnosis werde der inwendige Mensch, der pneumatikós, erlöst, und so genügt ihnen die Erkenntnis des Alls, und dies sei die wahre Erlösung« (Adv. haer. I,24,4). In seinem Hauptwerk »Adversus haereses« setzt Irenäus sich mit der valentinianischen Gnosis auseinander, die er als Inbegriff sämtlicher gnostischer Häresien empfindet und sucht sie in ihrer inneren Widersprüchlichkeit zu widerlegen. Eine verwirrende Fülle von Überlieferungen antiker, christlicher oder heidnischer, gnostischer Traditionen veranlasst ihn zu der Klage: »Betrachten wir nur die Unbeständigkeit ihrer Lehre!« ... »Nicht zwei oder drei kannst du finden, die über denselben Gegenstand dasselbe sagen« (I,11,1). Irenäus referiert das Konzept der sog. »Valentinianischen Gnosis« über Gott als Urvater, über die Erschaffung und Gestaltung der Äonen und der Sophia sowie das Dasein des Menschen als Fall und Geworfenheit, Zerstreuung und Raub, Niederlage und Wesenssturz in die Chaostiefe und in das tönerne Gebilde seines verweslichen Leibes (Adv. haer. I,2,5; vgl. Hippolyt, Refut. V,7 f.). Es geht um die Selbsterkenntnis als Bewegung vom Anfänglichen zum Anfänglichen, die das Geheimnis des Menschen und seiner solipsistischen Liebe ausmacht sowie um die Rückkehr zu seiner ursprünglichen Wesensidentität. In dieser Form der Selbsterinnerung beschreite der Mensch den erlösenden Erkenntnis- und Heilsweg zu sich selbst als dem Gott, der er ist. In diesem fundamentalen Schema der heilseröffnenden Selbsterkenntnis vollziehe und objektiviere sich die Schicksalshaftigkeit des Menschen, das eine bewegende und bewegte Thema, das er selbst ist. Es ist sein Lebensdrama als ein Erkenntnisgeschehen des Transzendierens und des Überstiegs in sein Ursprüngliches. Und in »Poimandres«, dem ersten Traktat des Corpus Hermeticum, heißt es: »Lernen will ich das, was ist, und erfassen seine Natur und erkennten den Gott« (kai gnônai tòn theón: Corp. Herm. I,3), um dann den Leser aufzufordern: »... Es erkenne der Geistesmensch (ho ennous anthrôpos) sich selbst als unsterblich, den Eros, der die Ursache des Todes ist, und alles, was da ist« (Corp. Herm. I,18). Das griechische Allerweltswort »gnôsis«, »Erkenntnis«, »Wissen«, wird in der »Gnosis« als offenbartes, erlösungsbringendes Wissen göttlicher Geheimnisse und so als eine höhere, sinnstiftende Erkenntnisweise verstanden.[3] Als ein Phäno-

---
1995; 8/4 1997; Lit.: Vgl. A. Bengsch, Heilsgeschichte und Heilswissen in Adversus haereses, (Erfurter Theol. Studien), 1957.
[3] Lit.: Vgl. H. Jonas, Gnosis und spätantiker Geist, Bd. 1 u. 2; ³1964 u. 1993; U. Bianci (Hg.), Le origini dello gnosticismo (Coll. Messina), 1970; K. Rudolph (Hg.), Gnosis und Gnostizismus, 1975; Ders., Die Gnosis, 1990; B. Layton (Hg.), The rediscovery of gnosticism, Bd. 1: The school of Valentinus, Bd. 2: Sethian gnosticism, 1980–81; H. Strutwolf,

V GNOSIS ALS ERLÖSENDE ERKENNTNIS UND LIEBE

men der spätantiken Geistes- und Religionsgeschichte sucht sie zwischen der göttlichen und der irdischen Welt zu vermitteln und ist in ihrem Ansatz idealistisch. Platonisches Denken übte seinen Einfluss auf die gesamte Mittelmeerwelt und die vorderasiatischen Gebiete aus und verband sich mit orientalischen Gedanken und Vorstellungen. Für die platonische Philosophie war »erkennen« ein perzeptiver Identifikationsvorgang einer ursprünglich vorgeburtlich geschauten, aber vergessenen Erkenntnis und wurde als Wiedererinnern verstanden mit der Differenz von Idee und Erscheinung. Gegenstand der wahren Erkenntnis sind die Ideen, so dass erkennen »die Seele umwenden« bedeutet, von den wahrnehmbaren Einzeldingen hin zu der nur denkend zu erfassenden »Idee« als dem wahrhaft Seienden.[4] Die höchste und Grund gebende Wahrheit ist für ihn die Idee des Guten. Wie die Erkenntnis wird auch die »Wahrheit« (aletheia) von der Idee des Guten bestimmt (Resp. VI, 508). Das Unverwechselbare des wahren Philosophen aber ist die »Gott-Ähnlichkeit«, die »Angleichung an Gott« (homoiôsis theô) »soweit es möglich ist« (Resp. VI, 500d1). Sein geistiges Sein richtet sich sowohl auf die geordnete Harmonie der kosmischen Bewegungen (Tim. 90c 7) als auch auf das Seiende (ón) als das Geordnete aus, bzw. auf die intelligible, geistig wahrnehmbare Welt (kosmos noêtos), das unveränderliche Sein der Ideen, als das urbildliche Göttliche. Darauf nachahmend ausgerichtet soll er deshalb sich verähnlichend, nach Möglichkeit selbst göttlich werden. Damit findet die ursprünglich rein geistig gedachte und mithin göttliche Natur des Menschen (Tim. 90c7–d7) ihre restitutive Wiedereinsetzung ins Ursprüngliche.[5] In der Gnosis werden Worte der Philosophie und philosophische Gedanken in das System implementiert.

Die Gnosis will dem Menschen eine neue Lebensbegründung und Lebensdeutung geben, aber mit einem breiten Strom mythologischer, die Gedanken objektivierender Bilder als gedankliches Erfassen und Streben nach dem ursprünglichen Einswerden und Aufhebung des »Falls« des Menschen. Es geht um eine »Neugründung« des Menschen, eine »Begründung« als Inhalt eines Aktes und um die Erzählung seines Inhalts, die vom Ursprung und vom »Grund«. Weil »Erkennen« über das rein gedankliche Erfassen hinaus auch

---

Gnosis als System, 1993; S. Pétrement, Le Dieu séparé, 1984; Ch. Markschies, Valentinus Gnosticus, 1992; G. Quispel, Gnosis als Weltreligion 1951; K. Rudolph, Gnosis und Gnostizismus. Ein Forschungsbericht, in: Theol. Rdsch. NF 34 (1969) 12, 121–231.
[4] Platon, Resp. V, 476; Apol. 27; Phaidr. 116.
[5] Dem so Gottähnlich-Gewordenen werden die ihm ähnlichen Götter das für ihn Beste zuteil werden lassen (Resp. X, 612e 8–613b 3), denn von dem Gott als den Guten schlechthin und dem Maß aller Dinge wird der ihm Ähnlichste am meisten geliebt (Leg. 716c–d 4). Mit dieser Angleichung an das Gute selbst vollendet sich das menschliche Gottähnlichwerden. Vgl. D. L. Baldás, METOUSIA THEOU, 1966; H. Merki, HOMOIOSIS THEOI, 1952; D. Roloff, Gottähnlichkeit, Vergöttlichung und Erhöhung zu seligem Leben, 1970.

V Gnosis als erlösende Erkenntnis und Liebe

ein Schauen, Innewerden oder Einswerden mit dem Gegenstand bedeuten kann, reicht es auch in den Bereich der Liebe als einheitsstiftende Beziehung, als eine auf Verbindung hinwirkende und stiftende Kraft, verwandt mit dem Erstreben, Suchen, Verlangen, Begehren, das auch das »Erkennen« und »Lieben« in sich aufnehmen kann. In der Gnosis wird die »Selbst«-Liebe, die dem Prinzip der Teilnahme des Seelenfunkens oder des Selbst am Göttlichen entspringt, zum Thema. Für diese religiöse Esoterik bedurfte es einer besonderen Disposition, eines sich öffnenden Gehörs des Hinhörens: »Wer sich als Quelle ergießt, den erkennt die Erkennung«. Es geht um eine Ein-Sicht, eine Introspektion in den Menschen und um einen erweckenden Ruf von »Außen«. Dieser unvordenkliche und urzeitliche Ruf schafft eine neue Unmittelbarkeit des Subjekts zum Objekt-Subjekt. Zahlreich sind die religiösen Aspekte und Impulse, die verwendet werden, um die Grundfrage der conditio humana und das Weltbild zu remythisieren und die Urwahrheit von Mensch und Welt zu denken und zu erkennen. Dabei wird eine üppige spekulative Phantasie ins Spiel gebracht, um das eigentliche Wesen des Menschen und sein kosmisches Geschick in einer Symbolsprache auszudrücken, bildlich als Lichtfunke, als Kern oder Selbst oder Samen. Es geht um das religiöse Erkennen des menschlichen Selbst in seiner Eigentlichkeit, wie dies ein Satz der östlichen Valentinianer zum Ausdruck bringt:

»Es ist nicht das Bad allein, was uns befreit,
sondern auch die Gnosis, wer wir waren,
was wir geworden,
wo wir waren,
wohin wir geworfen,
wohin wir eilen,
woraus wir erlöst werden,
was Geburt, was Wiedergeburt.«
(Clemens von Alexandrien, Exzerpt. ex Theod. 78)

Thema und Ziel der erlösenden Gnosis ist der ins Dasein geworfene, entfremdete Mensch, dessen Selbst wieder zu seiner Eigentlichkeit, zu seinem Ursprung heimkehren will, kraft des zur Gnosis-Gekommen-Seins. Die Selbsterkenntnis führt auch zur Erkenntnis, dass das Dasein des Menschen, wie er sich vorfindet und erfährt, ein Scheitern, eine Niederlage, ein Sturz ist in die chaotische Tiefe einer fremden Welt. Die ganze Dramaturgie seines Lebens ist ausgespannt zwischen den Ursprung seines heilen Wesens hin zum Fall und zur Rückkehr auf dem heiligen »Weg der Gnosis«, wieder zum Ursprung hin. Worauf sich solche Selbsterkenntnis bezieht, sagt z.B. der Ginzâ: »Dir sage und erkläre ich, einem jeden, der in seinem Inneren wahrhaft und gläubig ist: Du warst nicht von hier, und deine Wurzel war nicht von der Welt. Das Haus, in dem du wohnst, dieses Haus hat nicht das Leben gebaut ... Du, verehre und preise den Ort, aus dem du gekommen bist«.⁶ Und: der gnostische Text der Mandäer: »Die Stimme des Manda d'Haijê (gnôsis tês zôês/Erkenntnis des Lebens) ist es, der als Richter in die Welt kommt ... Heil dem, der sich selbst versteht. Ein Mann, der sich selbst versteht, hat nicht seinesgleichen in der Welt ... Ein jeder gebe auf sich selbst acht. Heil dem, der sich selbst kennt«.⁷ Dem Menschen wird die Identität seines »Selbst« mit seinem jenseitigen göttlichen Teil geoffenbart. Als lichtes Selbst ist es in der Materialität der finsteren Welt anheimgefallen und gefangen. Nur der Lichtstoff des Selbst gehört der oberen Lichtwelt an und soll in die himmlische Lichtwelt zurückgerettet werden. Der Mythos ist ein Laboratorium salutis. Gnosis, Erkenntnis, Wissen, verlange nach Richard Reitzenstein, wenn nicht ein Kontext den Beziehungszusammenhang verdeutliche, einen Genitiv, um den Gegenstand zu benennen, nämlich »gnôsis theou«, »Erkenntnis Gottes«,⁸ eine Erkenntnis, die aber die intellektuelle Errungenschaft übersteigt.⁹ Im hermetischen Traktat des »Poimandres« (griech. »Menschenhirt«) mit dem Thema des Falls des Urmenschen in die Natur heißt es: »Das ist das erreichte gute Ziel derer, die Gnosis besitzen, zum Gotte zu werden (thôthênai: Corp. Herm. I,26). Die Seele soll auf einem astralen Stufenweg der Erhebung aus der weltlichen zur überweltlichen Sphäre gelangen. Neben der »Erkenntnis Gottes« ist Gnosis zugleich »Wissen vom Wege« (gnôsis hodou: Hippolytos V,10,2), aber den Anfang des »Wissens vom Wege« bildet die »Erkenntnis des Menschen« (gnôsis anthrôpou). Der zentrale religiöse Impuls der Erkenntnis, was den Menschen in seinem eigentlichen Wesen begründet, ist sein oberster Seelenteil, das »Selbst«, das Pneumatische in ihm, und in der Symbolsprache des »Perlenliedes« die »Perle«, der Lichtfunke, der Same, der Urmensch.¹⁰

b. »Das Lied von der Perle« als Vorgang der Selbstauslegung

Ein sprechendes Beispiel für den Vorgang der Selbstauslegung des gnostischen Erkennens und seines Heilsvorgangs ist das »Lied von der Perle« in den »Thomasakten« (ActThom). Der sich der Indienmission widersetzende Apostel Thomas wird von seinem »Zwillingsbruder« Jesus an einen indischen Händler in die Sklaverei verkauft und singt an einem Königshof

---

[6] Johannesbuch, hg. M. Lidzbarski, 179.
[7] Ders. a.a.O. 169 ff.
[8] R. Reitzenstein, Die hellenistischen Mysterienreligionen nach ihren Grundgedanken und Wirkungen, 1927, 285.
[9] Vgl. E. Norden, Agnosthos Theos. Untersuchungen zur Formgeschichte der religiösen Rede, 1913, 87.
[10] Vgl. W. Foerster, Das Wesen der Gnosis. Die Welt als Geschichte 15 (1955) 100–114. Anthropomorph wird an den Anfang eine göttliche Gestalt, der »Urmensch« als Urzeitliches Wesen gesetzt.

V Gnosis als erlösende Erkenntnis und Liebe

diesen Perlenhymnus (Kap. 108–113). Das berühmte syrische »Lied von der Perle«, eine große kosmische und soteriologische Allegorie.[11] setzt das gnostische Grunderlebnis narrativ um: Ein Königssohn, Symbol des gesamtmenschlichen Urmenschen, bricht nach »Ägypten«, dem Symbol des ganz ins Irdische entfremdeten Menschseins, auf, um die »Perle«, sein verlorenes Selbst, wieder zu finden und zu gewinnen. Aber er isst von den Speisen des Landes und verstrickt sich so in das Irdische, dass er seinen Auftrag vergisst, bis ihm die Eltern und die Großen Parthiens einen Brief schreiben, der ihn an seinen Auftrag wieder erinnern soll:

»... Erwache und stehe auf von deinem Schlaf und vernimm die Worte unseres Briefes. Erinnere dich, dass du ein Königssohn bist. Siehe, wem du in Knechtschaft gedient hast. Gedenke der Perle, deretwegen du dich nach Ägypten aufgemacht hast. Erinnere dich deines Prunkkleides (= des himmlischen Gewandes, der himmlischen Seinsweise), gedenke deiner herrlichen Stola, damit du sie anlegst und dich damit schmückest und dein Name im Buche der Helden gelesen werde und du mit deinem Bruder Erbe in unserem Reiche werdest.«

Der Brief war »wie ein Gesandter« und flog »in Gestalt eines Adlers« (Sonnenvogel) zu dem Königssohn »und wurde ganz Rede«. Dann schildert der Königssohn den rettenden Vorgang:

»... Bei seiner Stimme erwachte ich aus der Trunkenheit ... Ganz wie in meinem Herzen geschrieben stand, waren die Worte meines Briefes zu lesen. Sogleich gedachte ich, dass ich ein Königssohn sei und meine freie Abkunft nach ihrer Art verlange. Ich dachte der Perle ..., erhaschte die Perle und wendete mich, um zu meinem Vater heimzukehren. Das schmutzige und unreine Kleid zog ich aus und ließ es zurück in ihrem Lande und richtete meinen Gang, dass ich käme zum Licht unserer Heimat, dem Osten.«

Auf dem vom Brief geleiteten Weg schicken ihm die Eltern das himmlische Gewand und die himmlische Stola entgegen.

Er spricht: »Seinen Glanz hatte ich vergessen ... Da ich nun des Kleides ansichtig wurde, erschien es mir plötzlich gleich einem Spiegelbild meiner selbst zu werden: Ich sah es ganz in mir selbst und hatte mich zugleich ganz in ihm gegenüber, dass wir Zwei wären in Geschiedenheit und wieder Eins in gleicher Gestalt ... Ich sah ferner ganz über es hin die Bewegungen der Gnosis zucken ... Ich streckte mich, nahm es und schmückte mich mit der Schönheit seiner Farben. Und die königliche Stola zog ich vollständig über mich ... Damit bekleidet stieg ich empor ... und betete an den Glanz des Vaters ...«

In dieser gnostischen Selbstexplikation weist sich das sich durchhaltende Grundschema aus, das nur in ihren prototypischen Trägern der Fallbewe-

---

[11] Vgl. G. Bornkamm, Mythos und Legende in den apokryphen Thomas-Akten (FRLANT 49), 1933; J. N. Bremmer (Hg.), The Apocryphal Acts of Thomas, 2001; A. J. F. Klijn, The Acts of Thomas (NTS 5, 108), ²2003.

gung differiert, ob dieser männlicher (so bei Satornil, im Baruchbuch des Justin, bei den Naasenern, Peraten, Thomasakten, Poimandres u. a.) oder weiblicher Natur ist (so bei Simon Magus, bei den Barbelognostikern, Valentinianern, Pistis Sophia). Da im erzählten Mythos sich das Geschick des Erlösungsweges der Gnosis expliziert in der Form einer mythologischen oder spekulativen Selbstdarstellung der Situation und des Geschicks, erkennt sich der Leser und Hörer des Mythos in diesem paradigmatisch selbst wieder. Um sein Geschick zu deuten, kann er sich philosophischer, astrologischer, dichterischer und biblischer Schriften des AT und NT bedienen als Hermeneut des eigenen Woher, Warum, Wie und Wohin. Die Gnosis schöpft aus der eigenen gnostischen Quelle und deutet ihr eigenes Wesen mit folgendem Porträtbild, das Irenäus überliefert hat:

> »*Wieder andere verwerfen diese Gebräuche all (d.h. libertinistische oder aszetische Lebenshaltungen) und sagen, man dürfe das Geheimnis der unsagbaren und unsichtbaren Macht nicht durch sichtbare und vergängliche Geschöpfe noch das der unausdenkbaren und körperlichen Wesen durch sinnliche und materielle Dinge darstellen wollen. Die bloße Erkenntnis der unsagbaren Größe sei die vollkommene Erlösung. Durch Unwissenheit seien der Fehl und das Leid entstanden, durch die Gnosis werde der ganze Bestand der Unwissenheit wieder aufgelöst. Daher ist die Gnosis die Erlösung des inwendigen Menschen ... Durch die Gnosis werde der inwendige Mensch, der pneumatikós, erlöst, und so genügt ihnen die Erkenntnis des Alls, und dies ist die wahre Erlösung.*« (Adv. haer. I,21,4)

Innerhalb aller kontingenten Erfahrungen der Fremde und des Ausgesetztseins stellt die göttliche Substanz eine dieser Welt transzendente Sinn- und Orientierungskategorie dar, um das Innere des Menschen mit der Lichtwelt zu verbinden. Der in die Finsternis gefallene Mensch wird wieder in die Lichtwelt zurückgerufen. Die verschiedenen typologischen Entwürfe mit ihren divergierenden Ansätzen treffen sich hier in der Grundstruktur der Modellbildung, dem Konzept der erlösenden Erkenntnis als Selbsterlösung. Die drei Begriffe, Gott, Mensch und Welt stehen in einer polaren Konfiguration und werden genetisch im Mythos entfaltet. Die entscheidende Episode in diesem Drama war die Bildung des Menschen und seine interne Krise der Entfremdung durch Unwissenheit, die ihn hindert, sich seiner selbst bewusst zu werden und damit die Wahrheit über sich selbst und von sich aus zu entdecken. Ein ganzer Umschluss von Bildern umreißt diesen Zustand wie Schlaf, Trunkenheit, Selbstvergessenheit, Fremde u.a.m. Er bedurfte des göttlichen »Rufes«, der die Unwissenheit bannt und selbst schon Teil der erlösenden Erkenntnis ist. Der Mythos weiß von einer Serie von »Rufern«, die kraft der Gnosis die Selbsterlösung wachrufen. Neben dem Ruf an den Menschen, zu seinem Selbst und seiner Ursprünglichkeit zurückzukehren, erhält er in einem auch Kunde über seine Stellung im Kosmos und über sein Geschick. Die Gnosis als rettendes Wissen wurde in das Welt- und Daseinsverständnis der Geschichte des Menschen eingezeichnet mit dem Drama-Geschehen eines mystischen »Einst« der menschlichen Seele, ihrem Ursprung, ihrem tragischen Fall, ihrer doppelten Gefangenschaft in ihrem Körper und der Welt, sowie ihrem befreienden Aufstieg in die Lichtwelt, deren Teil einer himmlischen Lichtgestalt sie ja ist. Dieser in unzähligen Variationen erzählte Mythos vom Fall der Seele in die negative Dinghaftigkeit des Kosmischen fand seine Kulmination in einer Introspektion, wo alles mythische und spekulative Umfeld sich um diesen einen Angelpunkt dreht und ihn thematisch durchgespielt hatte, das Geschick des Selbst des Menschen als das unum necessarium. Die ursprüngliche Einheit des Anfangs im Göttlichen wurde als Tragödie der Entzweiung von Mensch und Welt narrativ entfaltet und auf das versöhnende Ende hin aufgetan, ein Ende, in welchem Gnosis Erlösung bedeutet. Der erzählte Mythos vom menschlichen Selbst als Teil der göttlichen Substanz und so transmundanen Natur, verwandelte das mythologische Bewusstsein kraft der Erkenntnis in eine affirmative Anthropologie.

c. Die Individuation des gnostischen Menschen als göttliches Selbst und die Rückwendung zum Anfang

Hans Blumenberg (1920–1996), der sich in seiner »Arbeit am Mythos«[12] einer »historischen Phänomenologie« den Leistungen des »Unbegrifflichen« zuwendet, wie es sich in der Vielfalt der Metaphern, der eigenen Rationalität der Mythen, in den Fabeln, den Gleichnissen, den Anekdoten als Selbst- und Weltverständnis des Menschen ausdrückt, sucht darin zu zeigen, wie der Mensch narrativ sich existentiell Sinn, Geborgenheit und Bedeutsamkeit zu vermitteln sucht. Bei all den damit verbundenen Transformationen und Abwandlungen will er auf solche Weise sich und die Welt lesbar machen.[13] Er sucht in seiner Deutung der Wirklichkeit der Welt, dass sie sinnhaltig sei und er eine Sinnorientierung finde. In seiner Abhandlung »Höhlenausgänge«, eine Fortsetzung seiner Studien zum Begriff des Metaphorischen, steht für Blumenberg die Höhlenmetapher als »absolute Metapher« im Mittelpunkt menschlicher Sehnsüchte und Enttäuschungen. So kehre für ihn im Geburtstrauma des Menschen die ganze Problematik aller traumatischen Trennungen in radikalisierter Form wieder, so dass Blumenberg den ersten Teil: »Die Höhlen des Lebens«, mit der Tagebuchnotiz Franz Kafkas vom 24. Januar

---

[12] H. Blumenberg, Arbeit am Mythos, 1979.
[13] Vgl. K.-M. Kodalle, Arbeit am Mythos als Strategie der Entängstigung, in: Ders., Die Eroberung des Nutzlosen. Kritik des Wunschdenkens und der Zweckrationalität im Anschluss an Kierkegaard, 1988, 29–36; F. J. Wetz, Hans Blumenberg. Zur Einführung, 1993.

1922 übertitelt: »Mein Leben ist das Zögern vor der Geburt«. Der lebensgeschichtliche Anfang des Menschen ist ein Heraustreten aus der Höhle, aus dem »Dunkel des Mutterschoßes« (H,20) und seiner Geborgenheit, ein Vorgang, der sich in abgewandelter Form menschheitsgeschichtlich in der Vertreibung aus dem Paradiese wiederholt und evolutionsgeschichtlich betrachtet aus den Fluten des Meeres. In der Höhlenmetapher veranschaulicht sich der Mensch nach einem »Umhüllenden, Umgebenden, Hegenden« (H,22), nach »Geborgenheit vor der riskanten Einlassung auf die Welt« (H,36) und dem Absolutismus der Wirklichkeit. In diesem »Bedürfnis nach Traulichkeit« (H,45) meldet sich die Sehnsucht nach Gewissheit in der Ungewissheit, nach Sicherheit in allem Lebensbedrohlichen sowie einem »Schutzort« (H,41), der Bergung schenkt in der Weltfremde. Ist für H. Blumenberg der menschliche »Bedarf an Realismus begrenzt« (H,53), so lebt im Menschen in tiefer Weise eine Sehnsucht, gleichsam die Höhle in sich zu finden, um in sie wieder zurückzukehren. Das Trauma der Trennung weckt die Sehnsucht nach Regression[14], nach Wiederherstellung des »Anfangs«.

d. Illustrationen: Liebe zum Anfänglichen und einende Liebe in apokryphen Texten

In den neutestamentlichen Kindheitsevangelien, apokryphe Sammlungen von Erzählungen aus der frühesten Jugend Jesu, wird das wunderbare Wissen des göttlichen Kindes märchenhaft vordemonstriert.[15] Die Schriften suchen auf volkstümliche Weise die kanonischen Berichte der Evangelien zu erweitern und mit Anekdoten anzureichern.

aa. »Kindheitserzählung des Thomas«

In der »Kindheitserzählung des Thomas« (Thom) werden Momentaufnahmen aus dem Leben des fünfjährigen bis zwölfjährigen Jesus erzählt, wie das Vollbringen von Wundern oder der Disput mit seinen drei Lehrern. Eine davon ist die Erzählung vom »belehrten« Lehrer Zachäus (Kap. 5), zu dem das Jesuskind gebracht wurde, dass dieser ihm das Alphabet lehre. In der

---

[14] Die Psychoanalyse unterscheidet zwischen einer beschreibenden und einer erklärenden Regression und meint im ersten Fall den Rückgang der Erinnerung der traumatisch wirkenden Szenen und Ereignisse, die die Neurose auslösen. Vgl. S. Freud, Zur Geschichte der psychoanalytischen Bewegung (1914), in: Ges. Werke 10, 47; M. Balint, Angstlust und Regression, 1959; B. Jejung, Regression im Verhalten des Menschen, 1967; W. Toman, Dynamik des Motivs, 1954; Ders., Motivation, Persönlichkeit, Umwelt, 1958.
[15] Vgl. O. Cullmann, Kindheitsgeschichten, in: Neutestamentliche Apokryphen, Bd. 1, 1990, 330–372; S. Voicu, Verso il testo primitivo di paidika tou kyriou Iesou, in: Apocrypha 9 (1998) 7–95; W. Radl, Der Ursprung Jesu, 1996.

V Gnosis als erlösende Erkenntnis und Liebe

Manier des Unterrichts sagt dieser zu Jesus: »Sag alpha« (oder hebräisch alef), den ersten Buchstaben des Alphabets. Jesus antwortete mit »alpha«. Als dann der Lehrer weiterfährt mit »Sage beta« (hebräisch beth), um den zweiten Buchstaben anzufügen, antwortet das Kind: »Sage mir zuerst, was alef ist, und ich werde dir sagen, was beth ist.« Auf dessen Schweigen beginnt Jesus dem Lehrer Zachäus den Aufbau und die Bedeutung des Anfangbuchstabens »Alef« zu erklären. Es folgt eine tiefsinnige spekulative Deutung vor einem größeren Hörerkreis:

»Höre, Lehrer, die Anordnung des ersten Schriftzeichens, und achte hier darauf, wie es Geraden hat und einen Mittelstrich, der durch die zusammengehörenden Geraden, die du siehst, hindurchgeht, (wie die Linien) zusammenlaufen, sich erheben, im Reigen schlingen, drei Zeichen gleicher Art, sich unterordnend und tragend, gleichen Maßes. Da hast du die Linie des A.«
Und nach der slawischen Version, sagt Jesus: *»Ich schwöre dir, Lehrer, ich existierte schon, ehe du geboren wurdest«*, und *»als die Welt erschaffen wurde, da existierte ich schon mit dem, der mich zu euch gesandt hat.«*

Die auseinanderlaufenden Linien des Buchstabens zeigen die Beziehungen zwischen den oberen und unteren Bereichen; der lange mittlere Strich weist auf den Körper des Menschen hin, der kurze Abstrich ähnelt einem nach unten weisenden Arm des Menschen, der nach oben gezogene dritte Strich einem erhobenen Arm. Damit erscheint der Mensch als zweier Welten Kind. Der ganze Schwung der Striche des Buchstaben Alef mit seinen zusammenlaufenden Linien bringt die Spannung und das harmonische Gleichgewicht des ganzen Zeichens zum Ausdruck. Tief beeindruckt von der Allegorese des ersten Buchstabens durch das Jesuskind, ruft der Lehrer beschämt und voller Staunen aus: »Wehe mir Erbärmlichem. Ich habe Schande über mich gebracht, indem ich einwilligte, diesen jungen Mann zu lehren. Führt ihn weg von mir. Er hat meine Sinne verwirrt. Ich kann seinen Worten nicht folgen. In meinem hohen Alter wurde ich von einem Kind gedemütigt. Ich will ohnmächtig werden und in meiner Schande sterben. Ich kann diese Stunde nicht ertragen, denn ein Grünschnabel hat mich beschämt.« Zachäus weiß sich überfordert und gibt den Jesusknaben wieder an Joseph zurück mit seiner Deutung: »Dieses Kind ist nicht erdgeboren ... Vielleicht ist es sogar vor Erschaffung der Welt gezeugt worden« (7,2); es »ist etwas Großes, ein Gott, ein Engel oder ich weiß nicht was« (7,4; wiederholt in 17,2). Und Jesus stimmt ihm lachend zu, dass er »von oben her anwesend ist« um die dafür Bestimmten »nach oben« zu rufen.[16] Groß war der thematische Einfluss auf die christliche Kunst für Malereien und Mosaiken.

---

[16] Vgl. R. Hock, Infancy Gospels of James and Thomas, 1995; J. Elliott, The Apocryphan New Testament, 1993, 46–122.

V Gnosis als erlösende Erkenntnis und Liebe

bb. »Thomasevangelium«, »Philippusevangelium«, »Naassener-Lied«

Das apokryphe Evangelium nach Thomas (Nag Hammadi-Codex II,2)[17] ist eine Sammlung von 114 Logia, »geheimen Worten, die Jesus, der Lebendige, sprach und die Didymus Judas Thomas aufgeschrieben hat« (Log. 1). Das Nebeneinander von in Form und Inhalt sehr divergierenden Sprüchen, wobei die Hälfte Parallelen in den synoptischen Evangelien hat, verdankt sich einem fortschreitenden Entwicklungsprozess bis hin zu gnostisierenden Tendenzen.

Schon das griechische Denken hat zwei grundlegende Existenzweisen unterschieden, eine höhere, geistige, reine, die ihren Brennpunkt in der transzendenten Welt hatte, und eine niedrigere, sinnenhafte und in der Welt verankerte. Diese Gegensätzlichkeit zwischen Geist einerseits und den Gesetzmäßigkeiten der materiellen Welt und der Materie andererseits, begegnet auch bei Immanuel Kant, von dem der deutsche Idealismus seinen Ausgang nahm und zugleich eine epochale Zäsur in der abendländischen Geistesgeschichte bildete. Diese Diastase fand in der Gnosis eine auf die Spitze getriebene Radikalität. Ein schon bei Platon zentrales Motiv ist die Abfolge von anfänglicher Einheit, Spaltung in zwei Gegensätze und die Wiedervereinigung des Getrennten zur Einheit. So heißt es im platonischen »Symposion«: »Seit so alter Zeit also ist das Liebesverlangen zueinander den Menschen angeboren; es will die Urwesen wiedervereinigen und versucht, aus zweien eins zu machen um die menschliche Natur zu heilen« (Symp. 189c–293d).

Auch in der Gnosis ist das zentrale Sinngebungsprinzip die Einheit als der transzendentale »Grund« einer Ursprungsbeziehung. Das gnostische Wissen wird als sein wesentlicher Inhalt entfaltet und ist eine zu einem Mythologem entfaltete Liebe der einigenden Sinnganzheit. Beispielhaft bringen es verschiedene Logien des »Thomasevangeliums« im christlichen Sinne »zu Worte«. Gegenüber der griechischen Beheimatung im Kosmos, gestützt und gesichert von der platonischen Ideenphilosophie als das Gültige und Bleibende am Bestand dieses Kosmos und der liebend-enthusiastischen Hinwendung zu den vorbildlichen Formen, geht es der Gnosis um Weltabkehr, um das Sich-selbst-Sammeln. In dem Fragment des gnostischen »Evangeliums der Eva«, das Epiphanius in seinem »Panarion« (26,3) überliefert, heißt es: »Ich bin du und du bist ich, und wo du bist, bin ich, und in alle bin ich zerstreut.

---

[17] Vgl. W. Schrager, Das Verhältnis des Thomas-Evangeliums zur synoptischen Tradition und zu den koptischen Evangelienübersetzungen (BZNW 29), 1964; H.-C. Puech, Enquête de la gnose, 2. Sur l'Évangile selon Thomas, 1978; H. Koester, Ancient Christian Gospels 1990, 75–128; J. Schröter, Erinnerungen an Jesu Worte. Studien zur Rezeption der Logienüberlieferung in Markus, Q und Thomas (WMANT 76), 1997; M. Fieger, Das Thomasevangelium. Einleitung, Kommentar, Systematik (NTA NF 21), 1991; R. Nordsieck, Das Thomas-Evangelium, 2004.

V GNOSIS ALS ERLÖSENDE ERKENNTNIS UND LIEBE

Und woher du nur willst, sammelst du mich; indem du aber mich sammelst, sammelst du dich selbst«. Und der Text fährt fort: »Wer aber zu dieser Gnosis gelangt und sich selbst aus dem Kosmos sammelt, ... der wird nicht mehr hier festgehalten, sondern übersteigt die Archonten ...«. Und im »Philippus-Evangelium«[18] heißt es: »Ich habe mich selbst erkannt und habe mich selbst von allen Orten gesammelt und habe dem Archon keine Kinder gezeugt, sondern seine Wurzeln entwurzelt und die zerstreuten Glieder gesammelt« (PhilEv.26,13). In Log. 22 des Thomasevangeliums[19] (EvThom) geht es auch um den Schritt der Regression zum Einen. Er lautet:

»Jesus sah Kleine, die Milch bekamen. Er sprach zu seinen Jüngern: Diese Kleinen, die Milch bekommen, gleichen denen, die ins Königreich eingehen. Sie sprachen zu ihm: Wenn wir klein sind, werden wir ins Königreich eingehen? Jesus sprach zu ihnen: Wenn ihr die zwei zu einem macht und wenn ihr die Innenseite wie die Außenseite macht und die Außenseite wie die Innenseite und Oberseite wie die Unterseite und dass ihr den Mann und die Frau zu einem Einzigen machen werdet, damit der Mann nicht Mann sei und die Frau nicht Frau – wenn ihr Augen anstelle eines Auges macht und eine Hand anstelle einer Hand und einen Fuß anstelle eines Fußes und ein Bild anstelle eines Bildes, dann werdet ihr (ins Königreich) eingehen.«

Das Zu-Eins-Werden der trennenden Zwei und des Dualen ist die Bedingung des Eingangs »in das Königreich«. Das Kind als vorsexuelle Metapher des noch Unentschiedenen zwischen männlich und weiblich ist Bild für die Aufhebung der Zwei in die Eins. Das »Martyrium Petri« beginnt mit den Worten: »Wenn ihr nicht das Rechte wie das Linke macht und das Obere wie das Untere, werdet das Königreich nicht erkennen«. Das Männliche und Weibliche in Leib und Seele ist im selbst-erwachten Geiste zum Einssein regrediert, zum inneren Reich, das als Thema mit vielen Variationen im »Thomasevangelium« begegnet: Es ist das innere »Königreich«: »es ist inwendig in euch und außerhalb von euch« (Log. 3), es ist in der individuellen Innenschau, und es ist überindividuell, (»außerhalb von euch«), es ist Anteilgabe einer zeitlosen Größe des Wissen für die Suchenden und Findenden, wem aber Gnosis fehlt, ist »arm dran« (Log. 6). Ein weiteres Leitmotiv ist der »Einzig-Einzelne« und in der »Eins« Geborene, wenn sich Greis und Säugling, Letzter und Erster gleichsam im Anfänglichen treffen, und der Kreis sich schließt. »Jesus sprach: Der Greis wird in seinen Tagen nicht zö-

---

[18] Vgl. B. Layton / W. W. Isenberg, in: B. Layton (Hg.), Nag Hammadi Codex II, 2–7, in: MHS 20 (1989) 129–217; M. L. Turner, The Gospel According to Philipp (NHMS 38) 1996; H.-M. Schenke, Das Philippus-Evangelium (TU 143) 1997.
[19] Vgl. J.-D. Kaestli, L'utilisation de l'Évangile de Thomas dans la recherche actuelle sur les paroles de Jésus, in: D. Marguerat (Hg.), Jésus de Nazareth. Nouvelles apporches d'une énigme, 1998, 373–395.

gern, ein kleines Kind von sieben Tagen nach dem Ort des Lebens zu fragen; und er wird leben. Denn viele Erste werden Letzte sein. Und sie werden ein Einziger (monachos) sein« (Log. 4). Der dem Tod nahe Greis erfährt im Bild des Kindes sein gnostisches Lebensgeheimnis. Hippolyt (um 160-240, Philos. V,7) bringt das Zitat: »Wer mich sucht, wird mich finden in Kindern; denn dort werde ich offenbar sein«. Es geht um den unentzweiten Anfang, das Stehen am Anfang (Lg. 18 und 19,1: »Selig ist, wer war, bevor er wurde«), als »Einziger« oder »Einzelner«, von denen es heißt: »Viele stehen vor der Tür, aber die Einzelnen sind es, die in den Hochzeitssaal hineingehen werden« (Log. 75). Und von einer Art mystischer Hochzeit spricht Logion 106: »Wenn ihr die zwei zu einem macht, werdet ihr Söhne des Menschen werden. Und wenn er sagt: ›Berg, drehe dich um‹, wird er sich umdrehen«. Von dem Geheimnis des Einsseins spricht auch Log. 85 und greift dabei auf den ersten Menschen zurück, auf Adam. »Jesus sprach: Adam entstand aus großer Macht und großem Reichtum. Und er wurde ihrer nicht würdig; denn würdig geworden, hätte er den Tod nicht geschmeckt«. Der uranfängliche, aus Gott hervorgegangene Adam, war mit dem lichten Selbst des Gottesgeistes behaucht und als solcher im Eins von männlich und weiblich, Innen und Außen. Seine Verstrickung in das Irdisch-Materielle bewirkte die Trennung von Innen und Außen sowie die Aufspaltung in die Bipolarität von Mann und Frau, samt der damit verbundenen Sehnsucht nach der ursprünglichen verlorenen Einheit. »Adam«-Sein bedeutet jetzt Betäubung, Schlaf, Selbstvergessen, Trunkenheit im irdischen Dasein samt Angst, Irren, Flucht und Sehnsucht. Auch Paulus stellt den neuen Menschen dem alten Adam entgegen (Röm 5,12 ff.) wie Typ und Antityp und führt dies im 1. Korintherbrief (15,47) dahin aus: »Der erste Mensch ist von der Erde, irdisch. Der zweite Mensch ist vom Himmel«. Carl Gustav Jung ließ das auf seinen Grabstein schreiben:

»primus homo de terra terrenus
secundus homo de caelo caelestis.«

Im Überstieg des äußerlich Abbildhaften gleicht sich das Ebenbild seinem göttlichen Urbild an. In Log 18 begegnet eine Seligpreisung des am Anfang Stehenden: »Die Jünger sprachen zu Jesus: Sage uns: Wie wird unser Ende sein? Jesus sprach: Habt ihr denn enthüllt den Anfang, dass ihr sucht nach dem Ende? Denn der Ort, an dem der Anfang ist, dort wird auch das Ende sein. Selig ist, wer stehen wird am Anfang, und er wird das Ende erkennen und nicht schmecken den Tod«. Ist das Geheimnis des Anfangs begriffen, ist auch das darin erlösend Enthaltene und das Ziel begriffen, das den Tod überwindet. Die Jünger fragen nach ihrem vollendenden Ende, das der Tod setzt. Will man das Leben verstehen, muss man sein Ende einbeziehen, wie es Martin Heidegger existentialphilosophisch in »Sein und Zeit« im »Vorlauf zum Tode« reflektiert[20] und die Lebensfrage an die Todesfrage bindet: »Der Tod als Ende des Daseins ist die eigenste, unbezügliche, gewisse und als solche unbestimmte, unüberholbare Möglichkeit des Daseins«.[21] Wenn die Jünger nach dem Ziel und Ende fragen, müssen sie sich ihres Ursprungs bewusst werden. Als Lohn der Erkenntnis, die das Irdische transzendiert, ist ein Leben, das die Todverfallenheit übersteigt und als Unzerstörbares die Hinfälligkeit in der Zeit überdauert. Der Frage nach dem Ende muss die Frage nach dem Anfang inhärent sein.

Zu den hintergründigsten Logien des Thomasevangeliums zählt Log 13 vom Geheimnis des In-Seins und der Erfahrung des Eins-Seins. Auf die Frage Jesu an seine Jünger, mit wem sie ihn vergleichen, antwortet als dritter und letzter Thomas: »Meister, mein Mund ist unvermögend zu sagen, wem du gleichst. Jesus antwortet: Ich bin nicht dein Meister, da du getrunken und dich an der sprudelnden Quelle berauscht hast, die ich dir dargeboten habe« (Log. 13a). Thomas wird elitär aus dem Jüngerkreis ausgeschlossen, um seine besondere Offenbarung zu erhalten, denn im Trinken aus der von Jesus dargereichten sprudelnden Quelle hat er diesen im Trinken in sich aufgenommen. So heißt es in Log. 108: »Jesus spricht: Wer von meinem Munde trinken wird, wird werden wie ich. Und ich werde werden, was er ist. Und das Verborgene wird ihm offenbar werden.«[22] Es ist ein Beispiel tiefer Christus-Mystik, der Gegenwart Christi im Menschen, dem Einssein mit ihm. Diese christophorische Theologie der Jünger als Christusträger begegnete auch in der paulinischen Liebes-Mystik: »Ich lebe – doch nun nicht ich, sondern Christus lebt in mir« (Gal 2,20). Und Gal 4,19 der Wunsch des Apostels, »dass Christus in euch Gestalt gewinne«.[23] Dann folgt die Szene, in der Jesus Thomas beiseite nimmt und ihm drei Worte sagt. Als Thomas zu seinen Gefährten zurückkommt, fragen sie ihn: »Was hat Jesus zu dir gesagt? Thomas antwortete ihnen: Wenn ich euch eines von den Worten sage, die er mir gesagt hat, werdet ihr Steine aufheben und nach mir werfen; Feuer wird aus den Steinen kommen und euch verzehren« (ThEv 13b). Diese drei geheimen Worte wollen die Decke des Nichtwissens auf die Erfahrung des Einsseins hin heben und bilden die Schicksalsworte »Ich bin du«, Widerspiegelung der neuen Wirklichkeit des Einsseins mit dem göttlichen Selbst, so dass auch die Umkehrung gilt: »Du bist ich« als das dir zugeeignete göttliche

---

[20] M. Heidegger, Sein und Zeit, 1960, 267
[21] Ders., a.a.O. 258f.
[22] Vgl. A. D. De Conick, Seek to see Him. Ascent and Vision Myticism in the Gospel of Thomas (SVigChr. 33), 1996; T. Zöckler, Jesu Lehren im Thomasevangelium (NHS 47), 1999.
[23] Vgl. Eph 3,16f. den Apostelwunsch, dass sie »stark werden durch seinen Geist im inwendigen Menschen, dass Christus in ihren Herzen wohne und ihnen die ganze Fülle Gottes zuteil werden lasse«; und 2 Petr 1,4, dass er sie »der göttlichen Natur teilhaftig werden lässt«.

V Gnosis als erlösende Erkenntnis und Liebe

Selbst. Dieses »tat twam asi«, »das bist du«, des Logions will das Bewusstsein der Einheit mit dem Göttlichen zum Ausdruck bringen, denn der vom transzendenten Lebensquell Trinkende ist mit dem göttlichen Ich eins.

Eine äußere Szene des Thomaslogions 13 wird zu einem Geschehen der inneren Wirklichkeit und Gegenwart der Einheit mit dem göttlichen Selbst. Es ist ein dunkles Rätselwort. Andere Kommentatoren aber leiten die drei Geheimworte aus dem kryptischen Jesajawort (Jes 28,10) her: »Gebot an Gebot (hebr. tsav la-tsav), Satz an Satz (hebr. kav la kav), hier ein wenig (hebr. seher sham)«. In seinen Worten gegen Priester und falsche Propheten fragt sich der Prophet, wer denn Erkenntnis lehren könne und sagt, jenes Lippengestammel mit fremder Sprache an das Volk, »damit sie auf ihrem Weg rücklings straucheln, zerschellen, sich verstricken und gefangen werden« (Jes 28,11.13). Hippolyt von Rom verweist in seiner »Widerlegung« auf die Deutung dieser Stelle durch die »Naassener« und meint, dass manche sogar der Ansicht sind, dass das Bestehen der Welt von diesen drei Worten abhänge: das erste bezeichne das Gesetz des Mose auf Erden, das zweite das Kreuz, das oben ist, und das dritte den aufwärtsströmenden Jordan, zurück zur Quelle.

In einem Evangelium der Naassener, dem sog. »Evangelium der Eva«, wird von einer Vision auf dem Berge berichtet, in der sich eine Parallele zum Thomas-Logion findet. Dort heißt es: »Ich stand auf einem hohen Berge und sah einen Riesen und einen Zwerg. Und ich hörte eine Stimme, dem Donner gleich; und trat näher, um zu hören. Sie sprach zu mir: Ich bin du und du bist ich. Und wo du auch säest, da bin auch ich. Ich bin in alles gesät; und wo immer du einsammelst, sammelst du mich ein, und wenn du mich einsammelst, sammelst du dich selbst ein«. Der Riese ist Chiffre für das göttliche Selbst, den Christus in uns, während der Zwerg das vergängliche Erden-Ich meint, den äußeren hinfälligen und allfälligen Menschen, so dass es gilt, sich auf den verborgen und in den Acker der Seele gesäten Riesen hin zu sammeln. In dieser Hinwendung zur inneren göttlichen Saat, dem Christus in uns, sammelt der christliche Gnostiker mit der Christus-Saat sich selbst als göttliche Ernte ein. Das »zwerghafte« Ich wird im Inneren der Seele mit dem göttlichen Riesen eins und so Einer. Hier wird die Stammmutter Eva aufgeboten, den gnostischen Jesus zu bezeugen. Epiphanius bringt daraus die Zitate.[24] Zum Thema wird auch die Frage, wie sich die erfahrbare Wahrheit zu ihrer Beschreibung in irdischen und damit irreführenden Worten verhalte im sog. Philippus-Evangelium.[25] Darin heißt es: »Wahrheit hat die

---

[24] Epiphanius, »Arzneikasten«, XXVI, 3,1; XXVI 5,1: Epiphanius schreibt die Abfassung des »Evangeliums der Eva« einem gnostischen Verfasser zu (XXVI 2,6). Vgl. O. Ehlen, Leitbilder und romanhafte Züge in apokryphen Evangelientexten. Untersuchungen zur Motivik und Erzählstruktur, 2004.
[25] Vgl. H. H. Schenke, Das Philippus-Evangelium (Nag-Hammadi-Codex II,3) (TU 143),

V Gnosis als erlösende Erkenntnis und Liebe

Namen ins Dasein in der Welt gebracht, weil man sie ohne Namen nicht lehren kann« (EvPhil 54,13–15). Sie kam in der Symbolsprache zu den Menschen: »Wahrheit kam nicht nackt in die Welt, sondern in Formen und Bildern. Man kann die Wahrheit in anderer Weise nicht empfangen« (EvPhil 61,24–26). Aber sie darf nicht dinghaft und wörtlich verstanden werden, denn in der verwendeten Alltagssprache ist ein Wort Hinweiszeichen auf ein äußeres Phänomen; jemand »sieht die Sonne, ohne eine Sonne zu sein, und er sieht den Himmel und die Erde und alles übrige, aber er ist nicht diese Dinge« (EvPhil 61,24–26). Nach dem Sprachverständnis des Gnostikers ist seine religiöse Sprache eine Sprache, die den Menschen performativ innerlich verwandelt und umgestaltet. Wer das Göttliche wahrnimmt, »wird zu dem, was er sieht«. Und: »... Ihr habt den Geist gesehen, ihr wurdet Geist. Ihr habt Christus gesehen, ihr wurdet Christus. Ihr habt (den Vater) gesehen, ihr werdet der Vater werden ... Ihr seht euch selbst und was ihr seht, das werdet ihr werden« (EvPhil 61,24–26). Der Gnosisempfänger wird nicht mehr nur ein »Christ«, sondern ein »Christus« (67,26–27). In dieser »Blütenlese« aus dem Übergang vom 2. ins 3. Jahrhundert nimmt auch das Thema des »Brautgemachs« eine Schlüsselfunktion ein und wird in den gnostischen Rahmen eingezeichnet. Im »Sakrament« des »Brautgemachs« geht es um die coincidentia oppositorum, den Ineinsfall der Gegensätze, hin zur uranfänglichen Einheit im androgynen Zustand der mann-weiblichen Einheit. Auch im Ägypterevangelium sagt Jesus: »Wenn ihr das Gewand der Scham ablegt, wenn die Zwei Eins werden und der Mann mit der Frau weder männlich noch weiblich ist.«[26] Schon auf Erden vollziehen die Gnostiker im Ritus das mythische Geschehen nach als Vorschein der Vereinigung mit dem himmlischen Vorbild. Es wird in der Vorstellung der »Syzygie« gedacht, des mythischen Paares, des (männlichen) Erlösers und des (weiblichen) Geistes, um die ersehnte Vereinigung der (himmlischen) Engel mit den gläubigen Menschen als ihren (irdischen) Abbildern zum Ausdruck zu bringen: »Er sagt an jenem Tage in der Danksagung: Der du den vollkommenen Erleuchter mit dem Heiligen Geist vereinigt hast, vereinige die Engel auch mit uns als den Abbildern!« (§ 26b).

Auch im Philippusevangelium wird die Trennung der Geschlechter als Aufhebung der ursprünglichen Einheit und der Todverfallenheit gesehen: Es heißt: »Als Eva in Adam war, gab es keinen Tod. Aber als sie von ihm getrennt wurde, trat der Tod auf.« Geschlechtlichkeit ist trennende Dis-

---

1997; M. L. Turner, The Gospel According to Philip: The Sources and Coherence of an Early Christian Collection (NHMS 38), 1996.
[26] Vgl. A. Böhling, Das Ägypterevangelium als ein Dokument der mythologischen Gnosis, in: Ders., Gnosis und Synkretismus (WUNT 47), 1989, 341–370.

harmonie, Widerstreit, Gegensatz und Aufhebung der Ganzheit zur Einheit. Es ist der Zustand des Sarkischen.[27]

In seinen »Teppichen« (Stromateis III,45,3) zitiert Clemens einen Gnostiker: »Als Salome fragte: Wie lange wird der Tod noch Macht haben?«, antwortete der Herr: »Solange ihr Frauen gebärt«, und fügt hinzu, dass mit dem Entstehen immer auch das Vergehen mitgesetzt wird. Dann bringt er in Auseinandersetzung mit den Enkratiten und ihrer Lehre der dualistischen Weltverneinung die Worte: »Darum also erzählt Cassian«, das Gegenüber seines Gesprächs: Als Salome fragte, wann man das erkennen werde, wonach sie gefragt habe, sprach der Herr: »Wenn ihr das Kleid der Scham mit Füßen tretet, und wenn die zwei eins werden und das Männliche mit dem Weiblichen (eins wird), (so dass es) weder männlich noch weiblich mehr gibt« (Strom. III,92,2–93,1).[28] Auch soll die obere göttliche Welt des Makrokosmos mit der unteren menschlichen Welt des Mikrokosmos, des Menschen, zur Einheit gefügt werden. Es ist wie ein Reflex des zweiten Prinzips in dem hermetischen Text der »Tabula smaragdina« des Corpus Hermeticum: »Was oben ist, ist gleich dem, was unten ist, und was unten ist, ist gleich dem, was oben ist – fähig, die Wunder des Einen auszuführen«.

In seiner um 200 entstandenen »Prozesseinrede gegen die Häretiker« (De praescriptione haereticorum, 7) weist der frühchristliche Theologe und Hauptvertreter der lateinischen Apologetik Quintus Septimius Florens Tertullian (um 155 – nach 220) darauf hin, dass die Philosophen und die Gnostiker auf dieselben Fragen »Unde malum, unde homo unde deus?« (»woher das Übel, woher der Mensch, woher Gott?«) eine Antwort suchen. Die Frage nach dem Woher, dem Was und der Überwindung des Übels gehört zu den zentralen Problemen der gnostischen Systeme und ihres Dualismus-Konzepts, in welchem die beschattete Welt und der welttranszendente Gott radikal getrennt sind. Die Bezeichnung des Kosmos als »Fülle des Übels« (plêroma tês kakias: Corp. Herm. VI,4) verankert das Übel ontisch im Kosmos und verlegt den Zwang des Werdens (anankê geneseôs) in den Kosmos selbst, den der Gnostiker als Zwangssystem[29], Gefängnis, Tyrannei, und Labyrinth[30] erlebt, und sich festgehalten und dämonisch bestimmt erfährt, das ihn von der transzendenten göttlichen Welt trennt, zu der hin er auf der Flucht ist.

Gnosis als eine radikale Form religiöser Erkenntnis versteht sich als Heils-

---

[27] Vgl. S. Petersen, »Zerstört die Werke der Weiblichkeit!«: Maria Magdalena, Salome und andere Jüngerinnen Jesu in christlich-gnostischen Schriften (NHS 48), 1999.
[28] Vgl. Paulus, Gal 3,28 und die Überwindung widerstreitender Unterscheidungen, denn »es gilt nicht mehr Mann und Frau, denn alle seid ihr eins in Jesus Christus«.
[29] Hippolyt, Refut. V,16,1; 17,6.
[30] Ders., a.a.O. V,10,2; Vgl. K. Rudolph, Die Gnosis. Wesen und Geschichte einer spätantiken Religion, 1978; Ders. (Hg.), Gnosis und Gnostizismus, 1975.

lehre, die die Erkenntnis der verborgenen Geheimnisse der göttlichen Welt zum Inhalt hat und per se Rettung des Menschen sein will. Es handelt sich um die tragische Geschichte einer Trennung des empirischen Ich von seinem heilen Ursprung, um das Verfallensein an die Welt und um die Wiederherstellung der verlorenen Einheit kraft der »Gnosis«. Es geht um eine Mystik der Identität[31] mit der Dominanz des kognitiven Elements als Mittel der Erlösung. Sie entstand an geistigen Berührungsflächen und verbindet das spekulative Erbe der Antike mit dem Mysterienglauben und den mystischen orientalischen Kulten. Grundlegend ist für sie die Erfahrung einer Trennung und des Verlustes der Einheit zwischen dem »Selbst« des Menschen und dem göttlichen Bereich, um diese Zerreißung durch »Gnosis« wieder rückgängig zu machen. So war schon für die alten Ägypter zentral die Bedeutung der asomatischen oder nichtphysischen Elemente, die den Menschen bestimmen: der ätherische Doppelgänger (ägypt. khai bit), der Astralleib (ägypt. ka und die Seele (ägypt. ba). In den zoroastrischen Vorstellungen Altirans begegnete die Gestalt des Gayomart, ein riesenhafter Ur-Adam und Prototyp des gnostischen Anthropos. In den gnostischen Kreisen wird der Ursprung aller Dinge auf ein erstes, reines und vollkommenes Prinzip zurückgeführt, einen Urbeginn, der allen Anfängen und Ereignissen voraus ist.

So steht die Gnosis der »Ophiten« (ophis = griech. Schlange) oder »Naassener« (nahaš = hebr. Schlange) für den kreisförmigen Werde- und Erlösungsprozess. Nach dem »Naassener-Lied« ist der Erstgeborene der männliche Geist, aus dem das weibliche Chaos, die Materie ausgegossen wurde. Zwischen beiden irrt als Drittes die menschliche Seele und sucht nach dem Licht, verstrickt sich in die Welt und fällt, bis Jesus sich ihrer erbarmt, auf die Erde herabkommt und ihr »den verborgenen, heiligen Weg der Gnosis« weist und sie aus der irdischen Verstrickung befreit. Im Naassener-Hymnus werden Jesus die Worte in den Mund gelegt: »Die Geheimnisse des heiligen Weges, dem ich den Namen ›Gnosis‹ gegeben habe, will ich lehren« (Hippolytos, refut. 5,10,2; GCS, 3,104,2f.). Im Beschreiten dieses Weges vollzieht sich auch die Wandlung des Menschen. Ist im »Naassener-Lied« die »Seele« das weibliche Prinzip, so im »Poimandres« (83 ff.: Hippolyt V, 7 ff.) der Urmensch mit dem Axiom charakterisiert: »Anfang der Vorstellung ist Erkenntnis des Menschen; Gottes Erkenntnis aber beendete Vollendung« (6,6; 8,38). Das höchste Wesen trägt selber den Namen »Mensch« als vollen Begriff der Gottheit. Hier ist das innerste Wesen der Gnosis greifbar und

---

[31] Barbelo (= in der Vier ist Gott)-Gnosis geht aus dem Urvater Barbelo als Urmutter im 8. Himmel hervor. Im »Apokryphon des Johannes« ist Barbelo auch eine Frau, der erste himmlische Mensch und gleichzeitig androgyner Äon und jungfräulicher Geist (Berol. gnost. 27,18 ff.). Auch im Eugnostos-Brief ist der Mensch mannweiblich, wobei sein männlicher Name verlorenging. Der weibliche Name aber ist Sophia Pansophos (Cair. gnost. III,77).

V GNOSIS ALS ERLÖSENDE ERKENNTNIS UND LIEBE

anschaulich als Gnosis des Menschen im Anfänglichen und im Sichvollendenden, der Mensch als Frage und Geheimnis und als Voranfang von allem und als die Mitte des gnostischen Systems. Das gebrochene »Selbst« des Menschen ist fremd in der irdischen Welt und im menschlichen Leibe, klagt um die verlorene Heimat, irrt umher und lebt in Vergessenheit; andererseits aber ist es Bestandteil der den Kosmos transzendierenden Lichtwelt, in die es aus der Welt der Unwissenheit und des Irrtums zurückkehren will. Es muss erweckt, zu sich selbst gebracht und an seine himmlische und eigentliche Heimat erinnert werden.[32]

Das »Seelenlied« lautet:

»Darum dem Hirsche gleich an Gestalt
Quält sie sich mühvoll in Todes Gewalt.
Bald in Königsherrschaft schaut sie das Licht,
Bald in Elend verstoßen weint sie und klagt.
...
Ausweglos der Pein Labyrinth,
In das die Unselige irrend geriet.
Es sprach aber Jesus: Vater, sieh,
Als Beute der Übel irret dahin
Auf Erden, die deinem Geiste entsprang.
Zu entrinnen sucht sie dem bitteren Chaos
Und weiß nicht, wie sie hindurchkommen soll.
Um deswillen, Vater, sende mich!
Die Siegel in Händen steig ich hinab,
Alle Äonen will ich durchfahren,
Alle Mysterien offenbaren,
Der Götter Gestalten zeigen,
Und das Verborgne des heiligen Weges,
Erkenntnis (Gnosis) ihn heißend, tue ich kund.«

e. Die Vorstellungen vom »Urmenschen«, von »Adam«, von der
   Androgynität als ontologisierte Liebe und vom Hermaphroditos

In vielen gnostischen Schulen ist die höchste Vorstellung von der Gottheit oder des Menschen die der Androgynität, die der Einheit des Zweigeschlechtlichen und Differenzierten. Der Anthropos oder Urmensch wird hermaphroditisch vorgestellt. Der sog. »Urmensch- oder Anthropos-Mythos« stellt ein Wesensverhältnis zwischen dem göttlichen Kern des Menschen, seinem Selbst, und dem höchsten Gott dar. Diese Lehre vom »Gott-

---

[32] Damit kommt es zu einer Aufhebung der religiösen Unwissenheit (Agnoia) und ihr Thema wird in den Oxymoren, Schlafen-Wachen, Trunkenheit-Nüchternheit dargestellt. Vgl. H. Lewy, Sobria ebrietas, 1929, 73–103.

Mensch« wird in Anknüpfung an die Aussage der Gottebenbildlichkeit des Menschen in Gen 1,26, dem Abbild des göttlichen Urbildes, entfaltet. Er trägt gleichfalls oft den Namen »Mensch«,[33] so NHC VII 2.53,3–5: »der Vater der Wahrheit, der Mensch der Größe«. Dieses höchste, erste und Urmensch (anthropos) genannte Wesen bringt einen ihm wesensgleichen himmlischen Menschen (häufig »Sohn des Menschen« bezeichnet) hervor, der dann das unmittelbare Urbild eines dritten Menschen abgibt, des irdisch-körperlichen Menschen. In manchen Systemen ist der Gedanke ankristallisiert, dass der zweite, himmlische Urmensch, aufgrund der Verführung als »innerer« Mensch, dem irdischen Menschen einwohnt und sein göttliches »Selbst«, das Pneuma in ihm ausmacht. Die gnostische Lehre vom Urmenschen integriert iranische und jüdische Traditionen, vor allem die Spekulationen über Gen 1,26f. In der Gnosis findet sich in weiter Verbreitung und inhaltlicher Differenzierung der Mythos vom Urmenschen, der sog. »Anthroposmythos« vom »ersten Menschen«, dem »Lichtmenschen«, dem »vollkommenen Menschen«, der der höchste Gott ist. Urmenschmythen begegnen im Erzählgut vieler Völker und sind Teil der Frage, wie der Mensch zu seinem eigentlichen Wesen, Ursprung und Ziel gelangen könne. Das menschliche Urerlebnis des Mythos versteht sich hier nicht von einem urzeitlichen Götterdrama her, sondern von sich selbst als den Ursprung. So imaginiert sich im »Urmenschen« das eigentliche Urerlebnis seiner Selbstentdeckung. Im Unterschied zum »äußeren« Menschen mit seiner physischen vergänglichen Seite, spricht Platon vom »inneren« Menschen (Resp IX 589a; vgl. IV 439d) mit dem ihn auszeichnenden Denkvermögen, das er mit dessen sittlicher Verantwortung gleichsetzt. In gnostischen Systemen wird dies meist an der Gestalt Adams illustriert als wesensmäßige Verbundenheit des himmlischen mit dem irdischen Adam. Dieser Kerngedanke der Gnosis, des Falles des Himmlischen in das Irdische und dessen Verstrickung an das Irdische, bildet die Grundvoraussetzung für eine erlösende Rückkehr, die Sehnsucht und Liebe des göttlichen Menschen nach dem Ursprünglichen. In ihm sind das heile Oben und das defiziente Unten aufeinander bezogen. Damit erhält in der Spätantike die (gnostische) Anthropologie ein neues Konzept. Es ist die Inthronisation des Menschen zu einem transzendenten »Gott«-sein auf Grund seiner wesensmäßigen Herkunft. Adam, Urmensch und archetypischer Ahnherr der Menschheit wird als androgyne, vollkommene Gestalt gefasst, voller Schönheit. Er wird auch »Adamas« genannt, der »Unbesiegbare«, oder Adamel, oder Adam Kadmon. In der rab-

---

[33] E. Benz, Adam. Der Mythos vom Urmenschen, 1955; K. Rudolph, Ein Grundzug gnostischer Urmensch-Adam-Spekulation, in: ZRGG 9 (1957) 1–20; J. Jervell, Imago Dei, 1960; H. M. Schenke, Der Gott »Mensch« in der Gnosis, 1962; E. Brandenburger, Adam und Christus, 1962.

binischen Literatur, der Weisheit, der jüdischen Apokalyptik und im Legendenkranz um Adam[34] wird die herrliche Gestalt des »irdischen« ausgemalt und erweitert zum Riesenleib, der die Erde erfüllt[35]. Als unsterbliche und weisheitsvolle Lichtgestalt ist er Stammvater und Urbild der Menschheit, die in seinem Leib eingeschlossen ist, sie schicksalhaft bestimmt[36] und Ausdruck ihrer selbst ist.[37] Als der gefallene Adam wird er durch die Weisheit gerettet und erhält seine himmlische Doxa-Herrlichkeit (Weish 10,1 f.). Philon von Alexandrien unterscheidet zwischen einem »himmlischen Adam« und einem »irdischen Adam«. Der »himmlische Adam« ist nach dem Bild Gottes geschaffen und als der engelgleiche »erste« und »eine« (heis anthropos) Mensch.[38] Er ist auch der unvergängliche Logos. Sein Abbild ist der mit dem irdischen Gewand bekleidete Adam der Erde und des Körpers, mit dem Nous mit Gott verwandt[39] und »Anfänger« (Archeget) der Menschen[40], der ihr Geschick und das der Geschöpfe bestimmt.[41]

Die Auslegung Gottes als androgynes Wesen begegnet in der Denkschule der jüdischen Kabbala und ihrer Kreise. Sie entfaltet sich seit dem späten 12. Jahrhundert als esoterische und mystische Tradition unter Einbezug theosophischer, ethischer, spiritualistischer und hermeneutischer Elemente. Ihr Ziel ist das »anhangen« (devequt) am göttlichen Mysterium und der Gemeinschaft mit ihm. Adam kadmon, hebr. der Urmensch, als Bezeichnung Gottes, dient als mystischer Name dazu, den Ensoph-Begriff der Gottheit, das abstrakte Unbegrenzte, anschaulich zu machen. Mit ihrem Makro-Anthropos-Bild für Gott können die Kabbalisten die vielen Anthropomorphismen der Bibel als Symbole für das Gottesgeheimnis deuten und rechtfertigen. Als inhomogene Überlieferung esoterischen Wissens über die »Geheimnisse der Schrift« (rasin de oraita; sifre tora) und des Talmud mit ihrer mystischen Theologie und philosophischen Esoterik, verstehen sie sich als »Empfänger« verborgenen Wissens der »göttlichen Maße« (shi'ur qoma) und des Konzepts der »Sefirot«.[42] Die »Sefirot« begründen die göttliche Einheit, wobei jede Sefira, die aus Gott ausströmt, individuelle Merkmale und Funktionen innehat. Als Gegenstück zu den neun »männlichen« Sefirot ist die zehnte eine weibliche göttliche Macht, die den Namen »Königreich« (malkhut) oder »göttliche Gegenwart« (shekina) trägt.[43] Die Vorstellung von der she-

---

[34] Gr. Hen 80, 8 ff.; Jub. 3; VitAd.; ApkMos; syr. Schatzhöhle.
[35] b. Chag, 12a; bSanh. 38b; GenR 8,1; 12,6 u. ö.
[36] z. B. Ex 40,3.
[37] ApkAbr. 23,8.
[38] Philon, Conf.ling. 41,62 ff.; Op.m. 136 ff. 146.
[39] Ders., Quaest. In Gen. 1,21.32.53 u. ö.
[40] Ders., Op.m.136.
[41] Ders., Quaest. In Gen. 2,9.
[42] Vgl. G. Scholem, Die jüdische Mystik in ihren Hauptströmungen, 1957.
[43] Vgl. G. Scholem, Kabbalah, 1974, 213–243; Y. Liebes, Studies in the Zohar, 1993.

V Gnosis als erlösende Erkenntnis und Liebe

kina als einer weiblichen göttlichen Macht findet sich erstmals im sog. »Buch des Glanzes« (sefer ha-bahir) aus dem letzten Drittel des 12. Jahrhunderts. Es ist das Werk eines Anonymus, in Nordspanien oder in der Provence entstanden, das die zehn göttlichen Mächte in übereinander gelagerten Schichten darstellt mit der shekina als göttlich-weibliche »Fülle« (male; griech. plerôma). Der Shekina-Gedanke als weibliche göttliche Macht wird von den Kabbalisten weiter entwickelt und im »sefer Zohar«, dem »Buch des Glanzes«, zu einem esoterisch-erotischen Mythos ausgeschmückt. Von Rabbi Moses De Leon zwischen 1270 und 1291 in Nordspanien verfasst, ist es das bedeutendste Buch der Kabbala und ein Grundwerk der mittelalterlichen Mystik. Es zählt mit der Bibel und dem Talmud zu den heiligsten Büchern des Judentums. Midraschartig abgefasst, bietet es eine homiletische und hermeneutische Auslegung der biblischen Weisungen. Auch die späteren Kabbalisten wie Isaac Luria (mit dem Akronym ha-ari, »der Löwe«, 1634–1672) in Safed, der die Kabbala ganz in sich aufnahm, sucht die Beziehung zwischen der weiblichen Shekina und dem gläubigen Beter und Verehrer Gottes in erotisch gefärbten Bildern zu schildern. Ihre höchste Form findet die menschliche Gottesverehrung in der Vereinigung der männlichen Seite mit der weiblichen Seite des Göttlichen und darin das Geheimnis der Erlösung.[44] Sein Schüler Rabbi Chaijim Vital führt Lurias Gebetsmystik fort sowie die Gedanken eines dynamischen Prozesses im Göttlichen.

Im Mythos der Androgynie, der Vorstellung von einem zweigeschlechtlichen Mischwesen des Männlichen und Weiblichen, der sich in vielen Kulturen und Epochen findet, bringt die Sehnsucht nach einer uranfänglichen Einheit der beiden Geschlechter zum Ausdruck. Die Androgynie wird zum Symbol für das erstrebte Einssein und für die Erfahrung des Zweigeschlechtlichen der menschlichen Natur und ihrem Getrenntseins. Der Mythos gibt einer Sehnsucht und Ahnung nach einer psychisch-physischen Ganzheit Ausdruck, sei es im Motiv einer idealen Ganzheitserfahrung, sei es im Wunschbild, den einst unschuldigen, aber verlorenen Naturzustand wieder zu erlangen. Das Androgynie-Motiv beggnete in der berühmten Eros-Rede des Aristophanes im platonischen »Symposion«, dem Mythos vom vollkommenen Selbstsein der Menschen als Kugelwesen (Symp. 189e–191c). Kreis und Kugelgestalt sind von alters her Ausdruck des Vollkommenen, wenn vom Mittelpunkt des Kreises eine Kraft ausgeht, die dem Ganzen erst Sinn gibt, oder sich die Kugel als die in sich geschlossene und deshalb als vollkommen geltende Figur vorstellt. Mit ihr wird eine heile und vollkommene Grundbefindlichkeit des Menschen als Mikrokosmos vergegenwärtigt. So vergleicht schon Parmenides das Seiende mit einer »wohlgerundeten Kugel, vollendet nach allen Seiten … von der Mitte her überall gleichwertig«

---

[44] Vgl. J. Dam, The Heart and the Fountain: Jewish Mystical Experiences, 2001.

(DK 28 B 8,43), also jene ideal begrenzte Form, die dann in einer gedanklichen Travestie Empedokles auf den Weltkörper, den »Sphairos«, bezieht (DK 31 B 27, B 28; vgl. Platon, Tim 44d) als unter der größtmöglichen Herrschaft der Liebe, als »von überall her gleich und durchaus ohne Ende«. In frevlerischem Übermut (hybris) drängten im Kugelmythos die Menschen über ihr menschliches Maß hinaus, im Ansturm gegen den Himmel, und wurden von Zeus bitter bestraft. Er zerriss ihre vollkommene Einheit in zwei Hälften und überließ die so Getrennten und Vereinzelten ihrem Schicksal. Die nun ihrer Geschichte inhärente Entfremdung und Vereinzelung der getrennten Hälften erfüllte sie mit tiefer gegenseitiger Sehnsucht, zur ursprünglichen Einheit zurückzukehren.

In der mythischen Gestalt des Hermaphroditos, Sohn des Hermes und der Aphrodite, tritt uns die Gestalt einer somatischen Doppelgeschlechtlichkeit entgegen. Ovid erzählt in seinen »Metamorphosen« (4, 274–388) die tragische Geschichte einer sich verweigernden Liebe. Es ist ein Aition, eine Ursprungsgeschichte der Androgynie des Hermaphroditos, eine Verwandlungssage, die die Entstehung des Zwitters erklären soll. Der sehr schöne Jüngling Hermaphroditos, in Phrygien aufgewachsen, wandert nach Karien, wo sich die Quellnymphe Salmakis leidenschaftlich in ihn verliebt. Er erwidert diese Liebe nicht und stößt sie zurück. Sie aber bittet die Götter, ihre beiden Körper für immer zu verschmelzen, dass sie so vereint bleiben. Als er später einmal aus Versehen in ihrer Quelle badet, umarmt sie ihn und zieht ihn mit sich auf den Grund. Die vereinigende Verwandlung findet statt. Hermaphroditos aber bittet seine Eltern, dass alle, die in dieser Quelle baden, verweichlicht werden (Aition der der Quelle zugeschriebenen Eigenschaft). Der doppelgeschlechtliche Hermaphroditos wird bei Theophrast erwähnt[45] und lässt auf die Verehrung eines alten Hochzeitsgottes schließen, den K. Kerényi[46] als Ausdruck des in der Ehe wiederhergestellten Urzustandes deutet und als eine gemeinsame Lebens- und Seelenquelle der Familie versteht, als tragendes Voraus und Zusammen vor jeder geschlechtlichen Differenzierung. Dem Hermaphroditos als androgynem Wesen ist das Prinzip physischer Vollkommenheit inhärent und so eine mythologische Ausdrucksform der erotisch-sinnlichen Wunschvorstellung. Religionsgeschichtlich reichen die Vorstellungen in die Frühe maternaler Religionen, in denen der Großen Göttin und Magna Mater männliche Attribute, bzw. eine mit ihr

---

[45] Theophrast, Char. 16,10. Vgl. dazu H. Bolkestein, Theophrastos' Charakter der Deisidaimonia als religionsgeschichtliche Urkunde, in: Religionsgesch. Versuche und Vorarb. 21/2 (1929) 45 ff. O. Kern, Die Religion der Griechen, III, 1938,71.
[46] K. Kerényi, Hermes als Seelenführer, 1944, 97; M. Delcourt, Hermaphroditea. Recherches sur l'être double promoteur de fertilité dans le monde classique, 1966; Dies., Hermaphrodite. Mythes et rites de la Bisexualité dans Antiquité classique, 1958.

identische maskulin kultische Ergänzung zugewiesen werden.[47] Ihr androgynes Wesen ist so eine mythologische Ausdrucksform ihrer anfänglich-undifferenzierten Göttlichkeit. Hier wird ein ontologischer Status der Gottheit in den Blick gerückt und Aristophanes erzählt im Symposion Platons den komplexen Mythos von der ursprünglichen Androgynie der Menschen (189e – 191c). Mit der Zerreißung der ursprünglichen Einheit, des androgynen Wesens, wird die gegenseitige Sehnsucht und Liebe nach einer Vereinigung gedeutet. Carl Gustav Jung (1875–1961), gemeinsam mit S. Freud und A. Adler, Hauptvertreter der Tiefenpsychologie und Begründer der analytischen Psychologie, richtet sein Hauptaugenmerk auf das »kollektive Unbewusste«, dessen »Archetypen« die gesamten menschlichen Erfahrungen in symbolischer Form wie in einer Schatzkammer aufbewahren und weitervererben als »die gewaltige geistige Erbmasse der Menschheitsentwicklung, wiedergeboren in jeder individuellen … Struktur«.[48] Sie sind für ihn genetische Engramme, Einschreibungen, »stets sich wiederholende Erfahrungen der Menschheit«[49] in das kollektive Unbewusste. Dieses zeigt sich in Vorstellungen, Märchen und Mythen der Menschheit, ihren Träumen und Visionen, Phantasien und Wahnideen. Die am stärksten das bewusste Seelenleben beeindruckenden Archetypen sind für C. G. Jung das »Selbst« des Menschen als Archetyp der Vollkommenheit und Ganzheit, dann der als der Andere, der Fremde, in der Erscheinung des »ich bin mir selbst fremd«, dann der alte Weise als der Archetyp des Sinnes, dann die Mutter, das Kind und der Archetyp der Vereinigung, der Coniunctio[50], sowie Animus und Anima.

In seiner 1944 erschienenen Abhandlung »Psychologie und Alchemie« entwickelt C. G. Jung den Gedanken, dass die innerste Sphäre des Unbewussten androgyn sei, Animus und Anima. Ist Anima das archetypische Bild und Prinzip der weiblichen Natur im Unbewussten des Mannes, so der Animus das Bild und Prinzip der männlichen Natur im Unbewussten der Frau. Er schreibt: »Jeder Mann trägt das Bild der Frau von jeher in sich, nicht das Bild *dieser* bestimmten Frau, sondern einer bestimmten Frau. Dieses Bild ist im Grunde genommen eine unbewusste, von Urzeiten herkommende und dem lebenden System eingegrabene Erbmasse, ein ›Typus‹ (›Archetypus‹) von allen Erfahrungen der Ahnenreihe am weiblichen Wesen, ein Niederschlag aller Eindrücke vom Weibe, ein vererbtes psychisches Anpassungs-

---

[47] Vgl. J. Przyluski, in: Eranos.Jb. 6, 1938, 25 ff. Ders., La Grande Déesse, 1950; M. Delcourt, Hermaphrodite, 1961 (Lit.); H. Baumann, Das doppelte Geschlecht, 1955; M. Eliade, The Two and the One, 1965; W. Doninger O'Flaherty, Women, Androgynes, and Other Mythical Beasts.
[48] C. G. Jung, Seelenprobleme der Gegenwart. Psycholog. Abh. 3, 1931.
[49] Ders., Über die Psychologie des Unbewussten, 1948, 1125.
[50] Ders., a.a.O. 197.

V GNOSIS ALS ERLÖSENDE ERKENNTNIS UND LIEBE

system ... Dasselbe gilt auch von der Frau; auch sie hat ein ihr angeborenes Bild vom Manne ... Da dieses Bild unbewusst ist, so ist es immer unbewusst projiziert in die geliebte Figur und ist einer der wesentlichsten Gründe für leidenschaftliche Anziehung und ihr Gegenteil«.[51] Animus und Anima finden ihre Personifizierung zu Gestalten in vielen Mythen und Märchen der Völker, tragen Rationales und Irrationales an sich, Tragisches und Fatales, Schicksalhaftes und Beglückendes, z. B. die Logos-Natur des Hermes und die Eros-Natur der Aphrodite.[52] Er schreibt: »Beide Archetypen haben, wie die praktische Erfahrung zeigt, eine gegebenenfalls im tragischen Ausmaß wirkende Fatalität. Sie sind recht eigentlich Vater und Mutter aller heillosen Schicksalsverknäuelungen und als solche schon längst aller Welt bekannt: es ist ein Götterpaar, von denen der eine vermöge seiner ›Logos‹-Natur durch Pneuma und Nous etwa wie der vielfach schillernde Hermes charakterisiert ist, und die andere vermöge ihrer ›Eros‹-Natur die Merkmale von Aphrodite, Helena, Persephone und Hekate trägt. Sie sind unbewusste Mächte, eben Götter, wie sie die Vorzeit ganz richtig als solche auffasse«.[53] Da das Unbewusste ununterschieden ist, geht das Selbst aus einem Differenzierungsprozess, der sich vom Unbewussten zum Bewussten vollzieht, hervor. Im »Mysterium Coniunctionis« (1955–1957, 3 Bde.), »Untersuchungen über die Trennung und Zusammensetzung der seelischen Gegensätze in der Alchemie«, sieht C. G. Jung einen engen Parallelismus zwischen den Symbolen, der Sprache und den Vorstellungen der Alchemie mit dem Unbewussten des Menschen, der Dissoziation der Persönlichkeit und der korrespondierenden therapeutischen Verbindung der Gegensätze wie Körper und Geist, Gut und Böse usw. Der alchemistischen Prozedur der Vereinigung der Substanzen und der Aufhebung der Negativität entspricht der Gedanke der Wiederherstellung der ursprünglichen Einheit der Welt (unus mundus) und des Seins, um die uranfängliche Unbewusstheit zu erlangen, die sog. gnostische »agnosia«. Das »Mysterium coniunctionis« vollzieht sich nach Jung in drei Stufen: In der Stufe der Synchronizität, in der sich ein psychisches Ereignis mit einem äußeren Tatbestand verbindet. Die erste Stufe

---

[51] C. G. Jung, Seelenprobleme der Gegenwart, 1950, 245 f.
[52] Ders., Aion. Untersuchungen zur Symbolgeschichte, 1951, 2 Bde., ab 1976 mit dem Untertitel: Beiträge zur Symbolik des Selbst, 36 und 41. Einleitend legt C. G. Jung die Hauptelemente seiner analytischen Psychologie dar: das Ich, Subjekt aller persönlichen Bewusstseinsakte; der Schatten als die negative Persönlichkeitsseite; die Syzygie als Konjunktion und Opposition von anima und animus. Ihre natürliche Funktion besteht in der Verbindung zwischen individuellem Bewußtsein und kollektivem Unbewussten; und schließlich das Selbst als Summe und Ergebnis der Vorgänge der Assimilierung des Unbewussten durch das Ich. Vgl. G. Quispel, The Self: Psychological and Philosophical Issues, 1977.
[53] C. G. Jung, Aion. Untersuchungen zur Symbolgeschichte, 1951, 41.

ist die Einheit von Geist und Seele, die unio mentalis; die zweite Stufe ist die Verbindung von Geist und Seele mit dem Körper als chymische Hochzeit, die dritte Stufe ist das Eingehen in die völlige Vereinigung mit der einen Welt, dem unus mundus.

VI
Liebe in der kontemplativen Metaphysik Plotins

1. Plotin

a. Exposition

Plotin (204/5–270), der geniale Begründer des Neuplatonismus, krönt mit seinem Namen die größte und wirkungsmächtigste Trias der philosophischen Antike, Platon und Aristoteles. Nach seinem Selbstverständnis weiß er sich als »Platon-Exeget« und Deuter der platonischen Dialogphilosophie, aber auch dessen innerakademischer, »ungeschriebener« Lehrtradition. Porphyrios (um 233–301/4), der aus Athen nach Rom kam und im Jahre 263 in den Schulkreis Plotins eintrat, verfasste nicht nur die »Vita Plotini«, sondern edierte auch dessen Gedanken und Abhandlungen einer mündlichen Disputá über das oberste Seinsprinzip des mit dem Guten und Schönen identischen, aber alle Vorstellungen der Menschen transzendierenden »Einen«. Diese formal an die Diatriben-Literatur erinnernden Schulvorträge[1] ordnet Prophyrios unter einem »pseudosystematischen« Aspekt in sechs Bücher zu je neun Abhandlungen, »Enneades/Neunheiten« und versieht die Kapitel mit eigenen Überschriften.

Plotins Leben fällt in die späthellenisch-römische Epoche der Geistesgeschichte und politisch in die Zeit der römischen Soldatenkaiser. Von den vierzehn, die Plotins Zeitgenossen waren, starben zwölf eines gewaltsamen Todes. Im Osten bedrohten die persischen Sassaniden, im Norden die germanischen Stämme die römischen Grenzen. Plotin, griechischer Ägypter und Schüler des Ammonios »Sakkas«, nimmt 243 an dem Feldzug Kaiser Gordians III. gegen die Perser teil, um nach den Worten seines Schülers und Biographen Porphyrios, die Philosophie der Inder und Perser kennenzulernen.[2] Ein Jahr darauf eröffnet Plotin seinen Schulbetrieb, seinen »Thiasos«,

---

[1] Ausgaben: Opera, Hg. P. Henry / H. R. Schwyzer, 3 Bde., 1951–73; Plotins Schriften (griech./deutsch), Übersetzung mit griechischem Lesetext und Anmerkungen von R. Harder, fortgeführt von R. Beutler / W. Theiler, 6 Bde. 1956–1971; Vgl. dazu: Die Philosophie des Neuplatonismus, Hg. C. Zintzen, 1977; W. Beierwaltes, Denken des Einen, 1985.
[2] Porphyrios, Plot. 3, 15–17.

in der Frage-Antwort-Form in Rom, wo er beinahe ein Jahrzehnt lang sein philosophisch-mystisches Weltbild, getragen vom religiösen Impuls seines Denkens und mit dem Drang zur mystischen Verinnerlichung, darbot, ein mit der philosophischen Lebensform sich verbindender Diskurs. Es ist aber auch die Zeit des werdenden Christentums und der sich ausfächernden gnostischen Systeme. In seiner Lebensbeschreibung Plotins (»Peri Plotinu biu kai tes taxeôs tôn biblion autu« = »Über das Leben Plotins und die Ordnung seiner Schriften«)[3], die im Zusammenhang mit der Edition der plotinischen Schriften entstand, zitiert Porphyrius ein Delphisches Orakel über die Apotheose seines verehrten Lehrers: Apollon selbst habe den Lobpreis über Plotin angestimmt mit den Worten: »Zu unsterblichen Liedes Getön um den sanften Freund stimme ich die Leier (...). Schon ehedem schnelltest du hoch, zu entrinnen der beißenden Woge des blutig mordenden Erdenlebens und seiner widrigen Wirbel; (...) oft schon haben deines Geistes Strahlen, welche auf schrägem Pfade nach ihrem eigenen Willen zu eilen trachteten, geradewegs hinaufgelenkt die Unsterblichen auf die Bahnen des Götterpfades, und gewährten dir in deiner dunklen Finsternis mit Augen zu schauen strahlende Fülle des Lichts« (Vigiliae christianae 51 f.). Porphyrius spricht von seinem verehrten Lehrer als einer Art Wesen, das sich schämte, im Leib zu sein (Vc,3), »jedoch während er sprach, trat sein Geist sichtbar zutage und bestrahlte mit seinem Glanz selbst noch sein Antlitz« (Vc, 3 ff.).

Plotin war in Alexandria zwölf Jahre (von 232–242) Schüler des Ammonios Sakkas (Prophyrios vita Plotini, 3,24 ff.), jenem kulturellen städtischen Zentrum vielfältig zusammenströmender religiöser und philosophischer Richtungen sowie dem Schnittpunkt des Ostens und Westens. In diesem geistig-religiösen Schmelztiegel begegnen sich hellenistische Kultur, jüdische Diaspora, christliche Gemeinden, persischer Manichäismus, babylonisches und ägyptisches Gedankengut, stoische Ethik, platonische Philosophie und östlicher Mystizismus. Der platonische Philosoph Ammonios Sakkas war der Impulsgeber neuplatonischen Denkens, dessen eigentlicher Schöpfer des Systems aber Plotin ist.[4] Diese seine neuplatonische »Mystik des Einen« wird die platonische Tradition der Identifizierung des Einen mit dem Guten zum Abschluss bringen. Schon im Todesdialog des Sokrates, im »Phaidon«, wird die Seele zur Sammlung gerufen, um sich zu vereinheitlichen (Phaid. 83a). Plotin aber will in potentieller Kreativität die platonische Gedankenwelt beleben und neu deuten, indem er sie auf ihre metaphysischen Prinzi-

---

[3] M. J. Boyd The Chronology in Porphyrius' Vita Plotini, in: CPh 32 (1937) 241–257; J.-L. Brisson, Plotin: une biographie, in: L. Brisson u. a., Prophyre, La vie de Plotin, Bd. 2, 1992, 2; A. Drews, Plotin und der Untergang der antiken Weltanschauung, 1907; H. Fischer, Aktualität Plotins, 1956.
[4] Vgl. H.-R. Schwyzer, Ammonios Sakkas, der Lehrer Plotins, in: Rheinisch-Westfälische Akad. der Wiss., Vorträge G 260, 1983.

VI Liebe in der kontemplativen Metaphysik Plotins

pien bezieht und den platonischen Einheitsgedanken systematisch erschließt. Platons Begriff eines »voraussetzungsfreien Anfangs« (arché anhypothetos)[5], der alle übrigen Ideen ermöglicht und bestimmt, wird in der Konzeption des »Einen« (hen) selbst zu dem universalen Prinzip, und zentrales Motiv neuplatonischen Philosophierens.

Postulierte Paul Wittgenstein gegenüber dem Unsagbaren das negative Gebot des Schweigens, so suchte Plotin im vollen Bewusstsein der Paradoxie seines denkerischen Bemühens, dem Unsagbaren eine Stimme zu geben und das Undenkbare in seinem »Sein« und Wirken in Gedanken zu fassen. Das Eine selbst ist die radikalste und in sich differenzlose Einheit, absolut unteilbar, die jede Vielfalt vereinigt. Es ist ein Unendliches an Vermögen (Enn.VI, 9,6,1–12), das als begrenzendes Unendliches paradoxerweise gerade als Unendliches Maß ist (Enn. VI,7,17,15–20).

Grundlegend ist für Plotin die platonische Philosophie und der Ansatz, der von dem unsinnlichen, rein denkbaren Bereich der Ideen als dem wahren Wesen der Dinge ausgeht, um von da aus die beiden Grundfragen des Menschen, die Frage nach dem Grund und die Frage nach dem Sinn-Ziel des Ganzen, die nach dem Woher und dem Wohin, in Angriff zu nehmen. Ausgangspunkt muss daher etwas Überzeitlich-Ewiges, mit sich Identisches und nicht ständigem Wechsel Unterworfenes sein.[6]

Mit den Metaphern von Quelle, Licht, Sonne und Baum[7] sucht Plotin die Vorstellung und das Denkmittel der Emanation (apórroia, lat. emanatio) zu fassen, schränkt sie aber durch hoion (wie), homoion (ähnlich)[8] oder durch den Teilhabegedanken (metéchon)[9] und den Abbildgedanken[10] ein. »Da es (das Eine) vollkommen ist, ist es gleichsam übergeflossen, und seine Überfülle hat ein anderes hervorgebracht«[11], nämlich den Nus; aus diesem wiederum emaniert die Seelenwelt und daraus die sichtbare Körperwelt.[12] Das göttliche Prinzip der Emanation erfährt dabei weder eine Minderung seiner Substanz[13] noch eine Mehrung oder Seinserhöhung durch die Rückkehr des Prinzipiats[14], noch strebt es danach.[15] Dieses absolute »Eine« verharrt in

---

[5] Platon, Politeia 510 b 7. 511 b 6. 533 c 8. In der Politeia ist die Idee des Guten der transzendente Ursprung von allem.
[6] Vgl. K. H. Volkmann-Schluck, Plotin als Interpret der Ontologie Platons, ³1966; F.-P. Hager, Der Geist und das Eine, 1970.
[7] Plotin, Enn. I,7,1; III,1,4; III,3,7; III, 8,10; V,1,6; V,3,12; VII,8,18.
[8] V,1,7,3; V,3,7,22 f.28.
[9] II,9,16,25; IV,8,6,17,27; V,1,7,45; V,5,10,3 f.
[10] V,1,6,33.36; V,2,1,15.19.21; V,5,5,22; VI,8,18, 15.23.27.35 f.
[11] V,2,1,7 ff.
[12] III,2,2,17; III,4,3,25; V,1,6,7; V,2,1,814.16; V,3,12,40.43; V,5,5,22 f.; VI,8,18,20.
[13] III,8,8,46; vgl. III,4,3,26 f.;III,8,10,6 f. 11.19; V,1,3, 10–12; VI,9,9, 1–7.
[14] I,6,7,26.
[15] V,1,4,13; vgl. III,8, 9–11; V,5,12, 40–43; Vgl. T. P. Roeser, Emanatism and creation, in: New Scholasticism 19 (1945) 85–116; K. Kremer, Das »Warum« der Schöpfung: »quia

absoluter Selbstidentität und Einfachheit und ist bar jeder Bedürftigkeit und Veränderung. Als die Vollkommenheit und Güte selbst, begründet es aus seiner Freiheit heraus voluntativ[16] das Viele und Andere als Teilhabe des ihm Ähnlichen.[17] Aufgrund der schöpferischen Prinzipien gibt es ein stufenweises und daher mittelbares Hervorgehen der Dinge aus Gott, eine Abstiegsmetaphysik der unähnlichen Ähnlichkeit durch Teilhabe. Ontologisch gesehen ist es das individuell Unterscheidbare und Differenzierte, Besondere und Verschieden-Seiende, das aber in seiner Verschiedenheit Eines ist. Auf die Frage, wie man Seiendes als Nicht-eins-Sein verstehen könne, antwortet Plotin: »Nun, wir nennen es zugleich Eines und Vieles, es ist ein Eines, welches vielgestaltig ist und das Viele zur Einheit in sich versammelt hat« (IV,179). Es geht um die Entfaltung des in der Einheit des Grundes (komplikativ) Eingefalteten. In solcher komplikativen Einheit bleibend, entfaltet sich das Viele und Mannigfaltige aus, und wird in der Neuzeit zum Kernstück der Philosophie des Nikolaus von Kues. In dem Versuch einer metaphysischen Grundlegung der Wirklichkeit fragt Plotin in aller Radikalität nach dem absoluten und letzten Grund allen Seins und sucht das Wesen des Menschen und seine erfahrbare Wirklichkeit der Welt, von diesem grundgebenden Grund her zu begreifen.

Die Grundtendenz plotinischen Denkens ist religiös und kontemplativ mit dem Drang zur Verinnerlichung und zur mystischen Schau des »Einen«. Philosophie wird Religion.

b. Kontemplative Liebe zum »Einen« (»Tu Alles weg!«, »áphele pánta«)

War für Platon das Eine-Gute im ontologisch-metaphysischen Sinne der absolut vollkommene letzte Ursprung und höchstes Prinzip des Ideenkosmos, so ist für Plotin das vollkommene »Eine« und Gute und absolut Einfache über alles ideenhafte Sein erhaben[18] und allem »was nach ihm kommt«,

---

bonus« vel / et »quia voluit«? in: Parusia. Festgabe Hirschberger, 1965, 243–254; Ders., Die neuplatonische Seinsphilosophie und ihre Wirkung auf Thomas von Aquin, in: Stud. zur Problemgeschichte der antiken und mittelalterlichen Philosophie I (1966) bes. 4–7.9–13.303–308.321–324.343 f. 419–424.

[16] III, 8, 11,10 f.; V,1.6,42; V,2,1,7 f.; VI,9,6, 16–39.
[17] In den Büchern I–III seiner Enneaden geht es Plotin um naturphilosophische und kosmologische Spekulationen, um sich in Buch IV–VI den drei ursprünglich geistigen Wesenheiten (Hypostasen) zuzuwenden, in Buch IV der »Seele«, in Buch V dem Geist (Nous) und in Buch VI dem »Einen«. Das »Eine« ist im irdischen Konzept Plotins unbeschreibbar, weil größer als das Sein. Jede Benennung würde nur Äußeres und damit Begrenztes an es herantragen und es verfälschen. Trotz seiner Unbestimmbarkeit, seinem sich der Mitteilung Verschließens, ist es allpräsent.
[18] VI,7,17, 16–18. 40: 32,6; 43, 1–2.

seinsmäßig und erkenntnismäßig radikal transzendent.[19] In einer Art »negativer Theologie« werden alle positiven Attribute und Wesensbestimmungen verneint, samt der Negation dieser Negierungen. Das in sich ruhende göttliche Höchste, das mit dem Guten und Schönen identische »Eine«, transzendiert jedes menschliche Vorstellungsvermögen. Es ist das jedem Seienden und jedem Denken vorausgesetzte Prinzip, das grundlegende und grundgebende Apriori der Wirklichkeit sowie das Woraufhin jeder Erkenntnis, ja sogar der Grund, das Negative »zum Heil wenden zu können« (V,5 5). »Alles Seiende ist durch das Eine seiend«, denn das Viele kann nur durch Teilhabe am ursprünglichen Einheitsgrund als geeinte Vielheit real und wesenhaft sein. Diese Einheit löst sich nicht in Vielheit auf, sondern bleibt ihr gegenüber als ihr transzendenter Grund. Dieses »Eine« als Prämisse der Vielheit ist das absolut Einfache und Freie und in sich selbst nichts als das »Eine« selbst. Ist jede Idee in ihrem einheitlichen Aspekt mehrhaft bestimmbar und vielseitig, so transzendiert das absolute »Eine« den Kosmos der Ideen samt der Ganzheit alles Seienden. Als solches ist es weder sagbar noch bestimmbar noch denkbar, denn jede Charakterisierung würde es der Vielheit preisgeben. Als »Nichts von allem«, weil »jenseits von allem«, ist es sowohl »jenseits des Geistes« und »jenseits der Erkenntnis« und so jenseits aller bestimmenden Aussagen.[20]

---

[19] Die darunter stehende Hypostase ist der nach Art eines Spiegelbildes aus dem »Einen« hervorgegangene Geist (Nous), der in sich zugleich den ganzen Ideenkosmos umfasst. Der göttliche Geist, Nous, erkennt die Idee und zugleich sich selber und durch sich selber alles Andere so, dass es mit ihm identisch ist. Sich selber denkend denkt er integrativ das Sein der Ideen, den ganzen intelligiblen Kosmos (kosmos noetós). Die nächste Abstufung vom Geist bildet die (Welt-)Seele (psyche), die eine Mittlerfunktion ausübt zwischen den geistig bestimmten Formen des wahren Seins und dem körperlich-materiellen Bereich, der »hylê« als dem Inbegriff des Defizienten und Depravierten sowie dem Bereich der Finsternis und des Bösen. Die Einzelseele, die Seele des Menschen als Emanantion aus der dem wahren Sein zugehörigen Weltseele, ist durch ihre Einkörperung in den materiellen Leib in das Negative verstrickt und sucht sich nach Möglichkeit daraus zu lösen, um sich der Welt des reinen Geistes zuzuwenden, an der sie essentiell partizipiert. In der Zuwendung zu dem ihr Eigenen und dem ihr Gemäßen übersteigt sie das »Irdische« auf die Geisteswelt des Nous hin, mit dem sie sich verbindet. In der mystischen Ekstase, in der alle Formen des reinen Erkennens überschritten werden, kann sich die Einung mit dem »Einen« vollziehen, das ident ist mit dem Guten und Schönen (Enn. VI,7,35; V,9,10).
[20] Vgl. J. Trouillard, Un et être. Et. philos. (1960) 185–196; J. M. Rist, Theos and the One in some texts of Plotinus, in: Mediaeval Stud. 24 (1962) 169–180; Ders., Mysticism and transcendence in later Neoplatonism, in: Hermes 92 (1964) 213–226; Ders., Plotinus. The road to reality, 1967; K.-H. Volkmann-Schluck, Plotin als Interpret der Ontologie Platons, ²1957; W. Himmerich, Eudaimonia. Die Lehre des Plotin von der Selbstverwirklichung des Menschen, in: Forschung zur neueren Philosophie und ihrer Geschichte, 13 (1959); E. R. Dodds, W. Theiler u. a. Les sources de Plotin. Dix exposés et discussions, 1960: Entretiens sur l'antiquité classique 5; Fondation Hardt; E. Bréhier, La philosophie de Plotin, ²1961; H. J. Krämer, Der Ursprung der Geistmetaphysik, 1964, ²1967; C. Zintzen, (Hg.) Die Philosophie des Neuplatonismus, 1977; W. Beierwaltes, Das Denken des Einen, 1985;

Dieses »Eine« entfaltet sich (»emaniert«) als »Seins«-Struktur und bezieht das Entfaltete auf sich zurück. In diesem seinem metaphysischen Konzept der Seinsstufen ist die Einzelseele des Menschen als emanatives Produkt mit einem geistigen Kern in die materielle Welt eingekörpert. In ihrem unvernünftigen Teil ist sie das Belebungsinstrument des Körpers mit all den erfahrbaren Irritationen von Lust und Leid, Leidenschaft und Not, während in ihrem vernünftigen Teil, der inneren Wirklichkeit des Selbst, des Ich, sucht sie den Aufstiegsweg (anabásis), vom irdisch Sinnlichen sich läuternd, sich auf die Ebene der Weltseele (psychê tou pantós) zu erheben und sich des Intellekts bewusst zu werden. In solcher Anheimgabe an den Intellekt beginnt sie ahnend das »Eine« zu berühren. Es ist ein Weg liebenden Verstehens, in welchem der Weg der inneren »Hierarchisierung« existentiell begangen wird. Die mystische Erfahrung des »Einen« vollzieht sich durch eine »Flucht des Einsamen zum Einsamen« (Enn VI,9,11), als Introspektion und Liebespassion zum eigenen Selbst. Appellativ wird der Mensch an die zentrale Frage herangeführt: »Und wenn ihr euch selbst erblickt in eurer eigenen inneren Schönheit, was empfindet ihr, warum seid ihr dabei in Schwärmerei und Erregung und sehnt euch nach dem Zusammensein mit eurem Selbst, dem Selbst, das ihr aus den Leibern versammelt?« (Enn. I,6,5). Und: »Das ist das Leben der Götter und göttlicher, seliger Menschen, Abscheiden von allem anderen was hienieden ist, ein Leben das nicht nach dem Irdischen lüstet« (Enn. I,107). In diesem Einfachwerden des Denkens im Blick auf das »Eine« hin vollzieht sich der denkerische Aufstiegsweg, die »anagogé« (I, 3,1,2.5) hin zur »Ruhe« (hesychía 4,16 f.) im »Einen«, dem Ursprung und Ziel der denkenden Bewegung. Auf diesem Aufstiegsweg zum »Einen« als Prozess der Abstraktion und Reflexion, spielt die als Eros benannte Liebe eine bestimmende und bewegende Funktion. Es ist ein von der sinnlichen Erfahrung des Einzelschönen über die nicht-materielle Wirklichkeit der Sitten oder Gesetze, der Wissensformen und der Tugenden, führender Weg der geistig durchlichteten Schönheit, die die Liebe (Eros als »Auge der Sehnsucht«: III,5,2,40) im Blick auf das »Eine« in seiner »Über-Schönheit« (hypérkalon) wahrnimmt. Die Erfahrung des Einzelschönen »hebt« sich ins Universal-Schöne auf. Plotin illustriert dies an der sinnlichen Erfahrung der schönen Töne, Harmonien, Rhythmen, Figuren, die zugleich auf das Transzendente als das Universale verweisen. Der so vom Eros mit seiner Erfahrung des Schönen Bestimmte und Bewegte, wird auch mit dem Akt der Erinnerung des Schönen konfrontiert (mnêmikòs kállous: I,3,2,2 f.). Dieser anamnetische Schritt führt zum Rückgang der Seele in sich selbst, zum »redi in te ipsum« als einem Akt der Selbstvergewisserung des »eigenen Geist-

---

M. Fattal (Hg.), Études sur Plotin, 2000; J. Halfwassen, Plotin und der Neuplatonismus, 2004.

grundes«, und so zu seiner eigenen Schönheit. Es ist das »Eine in uns« als unser eigentliches Selbst. In dieser seiner Erinnerung an seinen Ursprung wird der »liebende Geist« »leichtgemacht« und selbst »Eros« (VI 7,21–22), der in »den Taumel der Leidenschaft gerissen«, »von Stacheln erfüllt«, »erwärmt«, »erweckt«, »gestärkt«, »wahrhaft beflügelt«, sich in solchem Übersteig, mit dem Einen oder Guten selbst ekstatisch zu einen vermag (VI,7,35,24 ff.,; VI,9,11,23). Zur Einung mit dem »Einen« als dem »wahrhaft Geliebten« schreibt Plotin: »Die Seele sehnt sich (erâ), solange sie sich in ihrem wesensmäßigen Zustand befindet, nach Gott, will mit ihm geeint werden – in einem edlen Verlangen, wie ein junges Mädchen seinen Vater liebt« (VI,9,33–35). Das »Eine«, als das über dem Schönen seiende Gute, ist als teilgebende Wesenheit selbst Eros, Liebe. Als »Liebe zu sich selbst« (eautou erôs: VI,8,15,1; heautòn agapêsas: VI,8,16,13) ist sie in sich selbst auf sich selbst hin und »stärkt« und »erfüllt« (V,5,8,1 ff.; VI,7,31,30 ff.) den »Liebhaber des Einen« (VI,5,10,7), dessen Einung mit dem »Einen« sich in einer »Selbsthingabe« vollzieht als »Aufhebung« oder »Erhebung« in das Identischsein, in die Einheit mit sich und dem Ursprung. Der »liebende Geist« übersteigt in seinem Eros als seinem innerlich bewegenden Moment die diskursiven Formen seines Denkens in eine intuitive Form, die sich selbst hingebend, in Eins »Gedrängte« (1,19), zur unmittelbaren Einheit des Denkenden mit dem Gedachten tendiert. Dabei ist das zu-denkende Viele zugleich das Ganze der Gedanken und des Gedachten. Das anschaubare »Bild des Schönen« (eikôn kalou) in der Welt ist abbildhafte Nachahmung seines Ur-Bildes in der Vielfalt seiner Aspekte und zugleich Beweggrund und »Anspruch«. Der in seiner Schönheit und Geordnetheit »nach außen erschienene« (exephánê eìs tò exô: V,8,12,9) erste und universale Ursprung ist zugleich Ermöglichungsgrund seiner Erkenntnis für den Rückgang des menschlichen Geistes in sich selbst und für seinen Erkenntnisaufstieg zum Intelligiblen. Das sinnlich Erfahrene wird zu einem Mimesis-Akt, zu einem Akt der Erinnerung an das Ur-Bild des Erfahrenen, an den intelligiblen Grund. Der so geweckte Eros zum Erkennen des Grundes des Gegründeten liest sich wie eine späte Paraphrase eines Anaxagoras-Fragments: »Das Sehen des Verborgenen sind die Phänomene (Erscheinungen) selbst« (ópsis tôn adêlôn tà phainómena: »Sicht des Nichtsichtbaren: das Sichtbare« (Frg. B 21 a). Auf dem Denkweg bildet der Eros den ständigen Impuls in der Dynamik des Übersteigens des Denkens über sich selbst hinaus als das intuitive und ekstatische Sich-hin-Geben an das angezielte Geliebte als Aufhebung der Zweiheit und Trennung. Da Vieles nur von dem »Einen« her fassbar erscheint und dieses »Eine« Ziel aller Denkbewegung ist, geht es Plotin um eine letzte Abkehr von der Sinnlichkeit und damit um eine grundlegende »Differenz« (V,8,11,10 ff.17) im Denken. Im Vorgriff auf das »Eine« schlechthin steht es unter dem radikalen Imperativ: »Tu Alles weg« (áphele pánta) im Äußerlichen wie im Inneren. Der Denkweg richtet sich auf den einen und eigenen Grund hin aus, getragen von der Maxime des »alles ist innen!« (eisô pánta: VI,8,18,1 f.3). In dem Vollzug des Sich-selbst-innerlich-Werdens wandelt sich das diskursive Denken der Seele in ein intuitiv-geistiges Denken, das das Gedachte in das Denken, und durch dieses seiend, in den Denkakt selbst integriert, wobei das denkende »Subjekt« sich selbst als Objekt in den Blick nimmt und anschaut. Das Denken (noêsis) und das Gedachte (noetón) werden eins. In solcher Abkehr vom Äußeren (aphairesis) und Hinkehr zur Erkenntnis des wahren und eigentlichen Selbst des »inneren Menschen«, führt die Liebe, der Eros, in den intelligiblen und eigentlichen Grund der Wirklichkeit. Zugleich vermag es sich von der täuschenden und fehlgeleiteten Selbstreflexion und ihrem narzisstischen Selbstbezug zu lösen.

Plotin illustriert seinen Gedanken an zwei mythischen Gestalten, Narziss und Odysseus. Narziss ist für ihn eine tragische Figur, weil er sein auf dem Quellwasser sich spiegelnde Bild für die Wirklichkeit hielt, es umfangen wollte und in der Tiefe ertrank.[21] Um aus Odysseus eine Gegenfigur und einen metaphysischen Typus der Heimkehr zu machen, travestiert er den Zuruf Agamemnons mit einem Ilias-Zitat und legt ihn in den Mund des Odysseus: »So laßt uns fliehen in die geliebte Heimat«. Damit will der Schiffbrüchige aus den Banden Kirkes und Kalypsos, der zweiten großen Zauberin des griechischen Mythos und Allegorie des schönen Scheins, sowie der buhlerischen Kalypso, der Nymphe auf der Insel Ogygia, der »verhüllenden« Todesgöttin, entfliehen. In Enneade I schreibt Plotin: »Er war nicht zufrieden zu bleiben, obgleich er die Lust hatte, die man mit Augen sieht, und der Fülle wahrnehmbarer Schönheit genoss. Dort nämlich ist unser Vaterland, von wo wir gekommen sind, und dort ist unser Vater«.[22] Heimat hat die Valenz der eigentlichen Identität. In Anlehnung an den platonischen Mythos von der Herkunft des Eros im »Symposion« (203bff.) aus der Verbindung seiner Eltern »Armut« (Penia) und »Reichtum« (Poros) liefert Plotin in der Enneade III,5 eine breite Allegorese und interpretiert den im Mythos »verborgenen Sinn« auf seinen philosophischen »neuplatonischen« Kern hin, ganz im Sinn des späteren Diktums des Sallustios[23], dass das so erzählte mythische Geschehen »niemals war«, »niemals wirklich geschah« (egéneto mèn oudépote), sondern »immer ist« (ésti dè aeí): Eros ist in der Sicht Plotins einerseits das transzendente, den Kosmos leitende Prinzip, und andererseits, mit diesem ursächlich verbunden, die den Menschen bestimmende und

---

[21] Vgl. P. Hadot, Le Mythe de Narcisse et son interprétation par Plotin, in: Nouvelle Revue de Psychoanalyse 13 (1976) 81–108.
[22] Plotin, Enneaden I 6,8 (dt. v. R. Harder).
[23] Sallustios, De diis et mundo IV,9.

leitende individuale Lebensform, um auf dem Weg der Reinigung, Selbsterhellung und meditativen Konzentration sich mit dem »Einen« zu einigen. Kraft seiner Geburt ist Eros zugleich »Auge der Sehnsucht« und »erfülltes Auge« in einem (III,5,3,13.2,40), sich selbst übersteigendes begreifendes Denken und sich wieder zurücknehmende intuitive Kontemplation.[24] Da das rationale Denken durch zeitlich-disparate und sinnliche Wahrnehmungen bestimmt ist, muss sich das wahre »Selbst« des Menschen in der geistigen Übung der »aphairesis«, der Wegnahme und Negation der zeitlichen und räumlichen Trennungen und Abgrenzungen, darüber hinaus weiten, um eine Vorstellung zu gewinnen, in der alles eins und doch voneinander unterschieden ist. Dieses Einswerden mit dem geistigen Sein als Ganzem muss sich unter der vollen Wahrung des eigenen Selbst vollziehen.[25] Plotin schreibt: »In den anderen sehen sie sich selbst. Es ist ja alles transparent, es gibt nichts Dunkles oder Widerständiges, sondern alles und jeder ist für jeden deutlich sichtbar bis ins Innerste; Licht ist es ja für Licht. Jeder enthält nämlich alles in sich selbst, und in dem anderen sieht er auch wieder alles ...« (V,8,4,4–7). Geisteserkenntnis aber ist nur durch Selbst-Geistwerdung möglich, wobei das Gute oder »Eine« unfassbar jenseits des Geistes ist. Es kann nur durch eine Über-Erkenntnis (hyper) im Einswerden mit dem Guten erahnt werden. Der Erkennende sistiert sein trennendes Selbst und identifiziert sich in einem mystischen Akt mit dem Erkannten.[26] Dieses Selbst (autós im Unterschied zur Seele) als Bewusstsein des Menschen in allem Affiziertsein der Leiden, Leidenschaften und Mängel, hat in sich den Drang, nach dem Guten auszusein und den inneren, erlösenden Aufstieg zu suchen, um sich mit Hilfe der »kathartischen« Tugenden[27], von Begierden und Ängsten zu lösen. Plotin als Neuinterpret platonischer Gedanken der Wahrheitssuche und der »Sorge um die Seele« ist in seinem Grundbemühen Mystiker. Er will die Möglichkeitsbedingungen denken, wie die mystische Einung mit dem »Einen«, Göttlichen, möglich sei und in einer »Lehre« zum Ausdruck gebracht werden könne. Dieses tritt nicht erkennend in Erscheinung, sondern kann nur als Erscheinendes kontempliert werden, um sich dabei seiner Präsenz in einem Prozess der »Reinigung« (katharsis) zu

---

[24] Vgl. W. Beierwaltes, Marsilio Ficinos Theorie des Schönen im Kontext des Platonismus. Sitzungsbereicht der Heidelberger Akademie der Wissenschaft, Phil.-hist.-Klasse, 1980, 11 Abgdlg., S. 27.
[25] Vgl. R. Arnou, Le désir de Dieu dans la philosophie de Plotin, 1921; H. J. Krämer, Der Ursprung der Geistmetaphysik, ²1967; W. Beierwaltes, Plotin. Über Ewigkeit und Zeit, 1995; Ders., Selbsterkenntnis und Erfahrung der Einheit, 1991; J. Halfwassen, Der Aufstieg zum Einen, 1992; Ders., Geist und Selbstbewusstsein, 1994; W. Beierwaltes, Das wahre Selbst, 2001.
[26] Vgl. VI, 7,36,1–10; V, 8,11,13–19; V, 5,6,21; VI, 9,4,11–16.
[27] I,6,6,1–16.

öffnen. J. Trouillard hat gezeigt,[28] dass der ganze »Hervorgang« aus dem »Einen« in seinem stufenhaften Ablauf keimhaft schon in der mystischen Vereinigung enthalten ist und hat eine abgründigere Spontaneität zum Ursprung, als es die des freien Willensentscheids wäre. Mit einem eigenen »Muss« setzt er sich seine eigene Möglichkeit voraus. Dieser »Hervorgang« ist dialektisch zugleich die Umkehr und der Weg der Stufen und entsteht nur in Einheit mit seinem erzeugenden Prinzip, wobei die Stufen von Hervorgang und Umkehr den einen Lebensvollzug auf verschiedenen Ebenen bedeuten: im Bereich des Empirischen sind die Seienden äußerlich verbunden; im Bereich des Intelligiblen sind sie bei aller Verschiedenheit innerlich, und im mystisch-intelligiblen Bereich sind alle zugleich verschieden und eins.

In liebender Ganz-Hingabe (epibolê und epidôsis hautou) an das zueigen gewordene Andere, wird dieses als das An-sich-Unmittelbare unvermittelt im mystischen Schauen angeeignet, in welchem der Schauende in das Geschaute eingeht, in das »Ein-Sein« oder »Selbig-Sein«, ohne dabei sein individuelles oder personales Selbst zu verlieren. Am Ende der mystischen Enneade VI,9 notiert Plotin: »Denn die Natur der Seele wird nicht in das schlechthin Nicht-Seiende übergehen« …, »sondern nur in sich selbst«[29], »in ihr eigenes und wahres Selbst im Urbild« (archétypon, autó)[30]. Auf diesem Aufstiegsweg verwandelt sich das Selbst von der Erkenntnis des Selbst zur Schau des Selbst, »zugleich Schauer und Beschautes, er selbst von sich selbst geworden« (homou theatês te kai théama autò autou)[31]: »Er ist gleichsam ein Anderer geworden und nicht er selbst und nicht sein eigen … Jenem Einen zugehörig geworden«.[32] Das Überwältigt-, »Ergriffen«-, Hingerissen- oder Entzückt-Sein[33] sowie in Besitz-genommen-Werden vom »Einen«, führt zum Zusammensein (synousia)[34] und der Einung (Henosis) mit ihm. Dies ist die »Flucht des Einen (oder Einsamen) zum Einen« (phygê mónou pròs mónon: VI 11,51; VI 7,34,7 f.). Und nur durch den Ursprung, der im Menschen angelegt ist, kann der menschliche Geist sich mit dem »Einen« einen, denn »nur mit dem Ursprung sieht er den Ursprung und kommt mit ihm zusammen, das ist nur mit dem Ähnlichen das Ähnliche« (VI,11,31 f.). Diese Einung ist das »Heil« (to eu) und das »wahrhafte Leben« (alethôs zên: VI,9,12.15 f.), coram uno praesente, das absolute Woher des Menschen, uns immer gegenwärtig (V,5,12,11 ff.; VI,9,9,7,5), denn »wir atmen und werden

---

[28] J. Trouillard, The Logic of Attribution in Platonius: Intern. Philos. Quat. 1 (1961) 125–138; Ders., Valeur critique de la mystique plotinienne, in: RPhL 59 (1961) 431–444.
[29] VI 9,11,38–40.
[30] VI 9,11,45 und 21.
[31] VI 9,10,19.
[32] VI VI 9,10,15 f. 11,11 f.
[33] VI 7,36,17; VI 9,11,12 f.
[34] VI 9,11, 20 f.; vgl. Augustinus, Conf. IX 10,25 (»Ostia-Gespräch«).

erhalten nur, indem Jenes nicht nur einmal darreicht (gibt) und sich dann abgewendet hat, sondern immerdar spendet, solange es ist, was es ist« (VI,9,9,9–11). Durch die Henosis ist die Kreis-Bewegung an ihr Ziel gelangt und die Reflexion in das Voraus der Reflexion »aufgehoben«, im Sinn des plotinschen Satzes; »Das Eine ist Alles«,[35] ontologische Prämisse der Welt sowie deren Ziel.

Plotin hatte den Begriff der »Theorie« als Kontemplation ausgeweitet, weil er in seiner Emanationslehre alle Stufen des Seins als Ausfluss und schwächere Ausprägungen des »Einen« ansieht. Alles Sein, die Natur, »alles verlangt nach der »Betrachtung« (pánta theôrias ephiésthai)[36] und bestimmt sie auf folgende Weise: »Die Betrachtung und das Betrachtete hat ... keine Grenze; sie ist deshalb überall«.[37] Und in der Fortführung des Gedankens ist die Natur »aber Betrachtung und Betrachtetes zugleich, denn sie ist rationale Form ... und insofern sie dies alles ist, schafft sie ... und das Schaffen hat sich als Betrachtung erwiesen«.[38] Alles schaffende Tun zielt auf Betrachtung und motiviert diese Kontemplation, aus Liebe nach der Einheit zu streben mit dem in sich verharrenden und alles tragenden Urgrund des Einen selbst.[39] Theoria als geistige Schau des Unsagbaren – und Grundgedanke der mystischen Theologie, endet nach Proklos (412–485), dem bedeutendsten Neuplatoniker nach Plotin, im Schweigen: »Silentio autem conclusit eamque de ipso theoriam«.[40]

Abschließend wäre zur plotinischen Asymmetrie der Liebe noch anzumerken, wenn Liebende ein und dasselbe Objekt der Liebe lieben, so wirkt die Schönheit des geliebten Objektes reziprok auf die Liebenden zurück, doch

---

[35] Plotin, Enn. VI, 9,1,1–17; 2, 24–47; VI 7,3,9–22; 13,51–57. Alles, was ist, ist Eines, und zugleich ein differenziert Vieles aus Elementen, Teilen, Aspekten. Aber das Sein als Ganzes hat noch dieses Eine selbst zur Voraussetzung, das Selbst nicht Sein ist, sondern jeweils von allem, was ist, als ein Ganzes ist. Plotin verarbeitet und denkt Platons oberstes Prinzip weiter und zu Ende, wenn dieser in seiner »Politeia« vom obersten Prinzip sagt: »Es ist nicht Sein, sondern noch jenseits des Sein an Würde und Kraft« (Resp. 6, 509b).
[36] Plotin, Enn. III, 8 (30) 1,2.
[37] Ders. a.a.O. 5,30 f.
[38] Ders. a.a.O. 3,18 ff.; Vgl. W. Jaeger, Seinsgewissheit und bios theoretikos. Die Griechen und das philosophische Lebensideal, in: R. Wisser (Hg.), Sinn und Sein, 1960, 1.19.
[39] Plotin, a.a.O. 7,17 f.
[40] Proklos, in Parm. Plat. VII. Comm. Comm. sur le Parm. de Platon 2, Hg. C. Steel, 1985, 521,69; vgl. Ps. –Dionysius-Areop., De theol. myst. 1,1. MPG 3, 997 B. Proklos als der Vollender des antiken Platonismus und »Hegel der Antike« bezeichnet, übte direkt oder indirekt einen großen Einfluß auf eine ganze Sequenz der Philosophen und Theologen, so z. B. auf Ps. –Dionysius Areopagites, auf Avicenna, Albertus Magnus, Dietrich von Freiberg, Meister Eckhart, Nikolaus von Kues, Kepler und Hegel. Die Biographie seines Schülers Marinos über Proklos als Haupt der Platonischen Akademie stilisiert diesen zu einem göttlich inspirierten Weisen. Vgl. W. Beierwaltes, Proklos. Grundzüge seiner Metaphysik, 1965; ²1979.

so, ohne sich ganz einem Einzelnen ganz zu schenken.[41] Ereignet sich aber diese Übereignung in Ausnahmemomenten doch, so ist es eine letzte Erfüllung der Liebessehnsucht. Die letzte Erfüllung der Liebe zum Guten hat eine Asymmetrie bei sich, denn sie sistiert für Momente die ganze Seinsordnung. In diesem Ineins des Liebenden mit dem Geliebten wird die Differenz der Subjekt-Objekt-Beziehung »aufgehoben«, so dass Streben und Ziel, liebende Liebe und liebens-werte Liebe ineins fallen:[42] »und er, einer und derselbe, ist Geliebtes und Liebe, er ist Liebe zu sich selbst«.[43] Dies ist der Gipfelpunkt der mystischen Liebeserfüllung.[44] Solche Liebe trägt dafür den Grund in sich als elementares Aus-sich- und Zu-sich-Sein. Platons Wirkung mit der Seins- und Geisttranszendenz des »Einen« hat aspekthafte Nachwirkungen, so auf die Trinitätsspekulationen der Kirchenväter als Muster von Hervorgang und Rückwendung, dann der Einfluss auf die Mystik des Gregor von Nyssa durch seine Seelenlehre, ferner auf Augustinus, dessen Weg zur Erkenntnis Gottes ins eigene Innere führt (noverim me, noverim te), aber auch auf das Werk des Pseudo-Dionysios Areopagita, einer Art christianisierter Version des Proklos, ferner auf Nikolaus Cusanus und die Akademie von Florenz unter Marsilio Ficino, dann auf Shaftesbury, Leibniz, Novalis, Goethe u. v. a. Hegel und Schelling lesen Plotin und Proklos und Wittgenstein formuliert das resignative Schweigegebot gegenüber dem Unsagbaren. Von Nachwirkung ist auch das Prinzip der Äquivalenz, Gleiches zum Gleichen, das auf den Menschen und sein Erkenntnisprinzip angewandt, bedeutet: um die göttlichen Dinge zu erkennen muss die menschliche Seele von göttlicher Herkunft sein. Goethe notiert sich am 4. September 1784 die Verse des Stoikers Manilius in das Brocken-Buch:

Quis coelum possit nisi coeli munere nosse
Et reperire deum, nisi qui pars ipse deorum est?

Nach der Plotin Lektüre schreibt er in seiner »Farbenlehre« im Herbst 1805 das berühmte Gedicht:

» Wär' nicht das Auge sonnenhaft,
Wie könnten wir das Licht erblicken?
Lebt' nicht in uns des Gottes eigne Kraft,
Wie könnt' uns Göttliches entzücken?«

Der Text ist beinahe wörtlich Plotins erster Enneade entnommen.

---

[41] VI, 5,10,1–11; vgl. VI, 7,31,11–18.
[42] VI, 9,9,38–41.
[43] VI, 8,15,1.
[44] I,6,9; VI, 9,9–11; VI,7,34–36.

2. Die Liebe des unruhigen Herzens (Augustinus)

a. Exposition und Analyse

Aurelius Augustinus (354–430), der »Genius des Abendlandes«,[45] versteht das Denken überhaupt und die Philosophie im Besonderen – ganz im Geiste der neuplatonischen Spekulationen und ihrer Mystik des »Einen« – als die Frage danach. Sie stellt sich ihm in der doppelten Gestalt: »Gott« und die »Seele«: »Deum et animam scire volo«.[46] Er weist darauf hin, dass das »Universum« seinen Namen nach dem »unum« trage, und es gehöre zum Wesen des menschlichen Geistes, das »unum«, das »Eine« zu suchen. Es ist der unbedingte Weg der Suche nach der absoluten Wahrheit, ob sie sei, wie sie zu erreichen sei und was sie in ihrem tiefsten Wesen sei. Bei der Frage, ob es überhaupt Wahrheit gäbe, sucht Augustinus zunächst die Antwort nicht beim platonischen Ansatz der transzendenten Wahrheit, sondern – ganz modern – bei der eigenen Subjektivität und bei der unmittelbar einsichtigen Tatsache des »ich bin« – wie es später – Descartes mit seinem »cogito ergo sum« tun wird. Mag man das Bewusstseinsjenseitige in Zweifel ziehen können, so nicht die unmittelbare Bewusstseingegebenheit. Er fragt ad hominem: »Wird jemand darüber zweifeln, dass er lebt, sich erinnert, Einsichten hat, will, denkt, weiß und urteilt? Eben wenn er zweifelt, lebt er ... wenn er zweifelt, weiß er, dass er nichts Sicheres weiß; wenn er zweifelt, weiß er, dass er nicht grundlos seine Zustimmung geben darf. Mag also einer auch sonst zweifeln, über was er will, über dieses Zweifeln selbst kann er nicht zweifeln« (De trin. X,10). Oder prägnant axiomatisch in De civ. Dei XI, 26 zum Ausdruck gebracht: »Wenn ich irre, weiß ich, dass ich es bin« (Si enim fallor, sum). Neben der aristotelischen logischen Wahrheit als Übereinstimmung einer Aussage mit dem gegenständlichen Sachverhalt sieht er ihr eigentliches Wesen in den Urbildern, den ewigen Ideen im Geiste Gottes, so dass er sagen kann: Gott ist die Wahrheit und sie »ist das, was ist« (verum est id, quod est), wobei das »was ist«, die Urteilseigenschaft der Wahrheit, als Übereinstimmung ins Ontologische, uns Urbildhafte, »in Wahrheit Seiende« transzendiert. Damit bindet er die Frage nach der Wahrheit an die Frage nach Gott, die absolute Wahrheit. Wie sich der Blick des Auges zum Licht der Sonne wendet, »so richtet sich der starke und lebenskräftige Blick des menschlichen Geistes, nachdem er viele unveränderliche Wahrheiten mit sicherer Erkenntnis geschaut hat, empor zur Wahrheit selbst, durch welche

---

[45] Vgl. J. Ritter, Mundus intelligibilis. Eine Untersuchung zur Aufnahme und Umwandlung der neuplatonischen Ontologie bei Augustinus, 1937; K. Elasch, Augustinus. Einführung in sein Denken, 1980; G. Madec, Saint Augustin et la philosophie, 1992.
[46] Augustinus, De ord. II, 17, nn. 42–48; MPL32, 1017.

alle Wahrheiten uns gezeigt werden. Indem unser Geist dieser Wahrheit anhängt, vergisst der gleichsam die andere Wahrheit und erfreut sich in der höchsten göttlichen Wahrheit zugleich des Genusses und Besitzes der anderen Wahrheiten.« (De lib. arb. II,13,36). Ganz im Geiste des platonischen Symposions formuliert er den noologischen Gottesbeweis, wonach Gott als das Vollkommene, Urgute, Urwahre, Urgrund aller Wahrheiten und Werte sowie deren Grundlegung (hypóthesis) erkannt wird, ohne das das Unvollkommene nicht gedacht werden kann. In jeder Einzelwahrheit und in jedem Einzelguten ergreift der Mensch etwas von der absoluten Wahrheit und dem schlechthin Guten. In dieser Teilhabe der seelischen Akte an der unwandelbaren Wahrheit Gottes lässt ihn das Bekenntnis zu Gott sprechen: »Du aber warst mir innerlicher als mein eigenes Inneres« (Conf. III,6,11). Oder: »Spät habe ich dich geliebt; o Schönheit, o alte und neue Schönheit, spät habe ich dich geliebt; und siehe, du warst in meinem Inneren, ich aber war draußen und suchte dich dort« (Conf. X,27–38). Auch nennt er Gott das Leben unseres Lebens: Deus autem tuus etiam tibi vitae vita est (Conf. X,6–10). Gemäß der platonisierenden Art des Denkens, dass hinter dem Uneigentlichen ein Eigentliches sein muss, und hinter den Teilwahrheiten die Wahrheit schlechthin. Auch ist der Geist nicht auf sich selbst, sondern in Relation zu einer höheren Wirklichkeit gestellt: »Was immer der Verstand Wahres festhält, ist nicht ihm zu verdanken« (De serm. Domini in monte II,9,32). Damit ist der Appell zur Suche nach der Quelle der Wahrheit im Geiste des Menschen angedeutet: »Suche nicht draußen! Kehre in dich selbst zurück! Im Innern des Menschen wohnt die Wahrheit. Und solltest du finden, dass auch deine eigene Natur noch veränderlich ist, dann transzendiere dich selbst« (De vera rel. cap. 39, n. 72). Bei Augustinus ist der Weg der Selbsterkenntnis des Menschen in der vollständigen Hinwendung zu Gott gesehen, der eigentlichen Wahrheit (veritas), von der her er der Wahrheit über sich selbst inne wird. Im »noverim me« vollzieht sich das »noverim te«. Das Selbstverständnis des Menschen und das Verständnis der Wahrheit und die Gotteserfahrung sind reziprok. Und in Conf. X,1,1 sagt er: »Ich möchte dich erkennen, der du mich erkannt hast« (»Cognoscam te, cognitor meus, cognoscam, sicut et cognitus sum«).

Mit seinen »Soliloquia«, den »Gesprächen mit sich selbst«, in denen schon Töne der »Confessiones« anklingen, in denen beiden das literarische Ich vor Gott und die Welt tritt, eröffnet Augustinus die Reihe der Selbstschilderungen und der psychologischen Selbstdurchdringung. Für manche ist es das erste moderne Buch, in welchem eine drangvolle, irrende, empörte, rebellierende, zerrüttete, streitende, suchende und endlich findende und einsichtige, gläubige Seele im enthusiastischen Lobpreis Gottes sich ausformuliert. Der Autor tut dies erzählerisch, spekulativ, lyrisch und hymnisch und hinterlässt der europäischen Geistesgeschichte ein einmaliges und unübertroffenes Dokument der Verinnerlichung und spannungsvollen Selbsterfahrung im Spiegel seines Glaubens.

Die um 400 verfassten »Confessiones« (»Bekenntnisse«)[47] fallen wie ein Meteorit in die literarische Landschaft der Spätantike und sind ein Dokument sui generis. Sie halten die Spannung und die Beziehung der menschlichen Seele zu Gott, dem transzendenten Gegenüber, fest in schonungsloser psychologischer Selbstanalyse und Exemplarität. Hier erhebt ein »Subjektivismus« sein Haupt, der der menschlichen Seele in ihrem Suchen und Irren, ihrem Drängen und ihrer Empörung, ihrer Zerrüttung und Rebellion, ihrem Streit und ihrer Einsicht den Spiegel vorhält. Es ist eine vor Gott abgelegte Lebensbeichte. Ihr Bekenntnis der Reue ist als dankender Lobpreis auf Gott hin gesprochen: »Sacrificem tibi famulatum cogitationis et linguae meae« (»Lass mich den Dienst meines Denkens und meiner Zunge dir opfern« Conf. XI,2). Es ist ein Blick in die Abgründe und Tiefen der Seele:

»Welch schauerlich Geheimnis, mein Gott, welch tiefe, uferlose Fülle! Und das ist die Seele, und das bin ich selbst! Was bin ich also, mein Gott? Was bin ich für ein Wesen? Ein Leben, so mannigfach und vielgestaltig und völlig unermesslich! Mein Gedächtnis, siehe, das sind Felder, Höhlen, Buchten ohne Zahl, unzählig angefüllt von unzählbaren Dingen jeder Art, seien es Bilder, wie insgesamt von den Körpern, seien es die Sachen selbst, wie bei den Wissenschaften, seien es irgendwelche Begriffe oder Zeichen, wie bei den Bewegungen des Gemüts, die sich, wenn die Seele auch schon nicht mehr leidet, im Gedächtnis erhalten und also mit diesem in der Seele sind: durch alles dieses laufe ich hin und her, fliege hierhin, dorthin, dringe vor, soweit ich kann, und nirgends ist Ende: von solcher Gewaltigkeit ist das Gedächtnis, von solcher Gewaltigkeit ist das Leben im Menschen, der da sterblich lebt.« (Conf. X,17)

Gleich an den Anfang setzt er sein zentrales Thema: »Du hast uns geschaffen zu Dir (hin), und ruhelos ist unser Herz, bis es Ruhe hat in Dir« (Conf. I,1). Es ist das »Herz« (cor) im Menschen, die voluntaristisch-affektive Kraft und innerster Antrieb, der in der Liebe seine »Schwerkraft« hat: Amor pondus meum (Conf. XIII,9,10). Diese im Menschen wirkende Kraft (vgl. En. in Ps. 31,2,5) hat ein Wesensziel, auf das es ausgerichtet ist, die Glückseligkeit des Menschen, die vita beata (Conf. X,20,29), und damit zugleich auf Gott: »Cum enim te, Deum meum quaero, vitam beatam quaero« (Conf. X,20). Diese Seligkeit ist Freude an der Wahrheit und Freude in Gott. Gott aber ist für Augustinus der Spätgefundene:

»Spät hab ich Dich geliebt, Du Schönheit, ewig alt und ewig jung, spät hab ich Dich geliebt. Und siehe, Du warst innen und ich war draußen, und da suchte ich nach dir,

---

[47] J. Bernhart, Augustinus, Bekenntnisse und Gottesstaat, 1947; M. Grabmann, Die Grundgedanken des hl. Augustinus über Seele und Gott in ihrer Gegenwartsbedeutung dargestellt, 1916; E. Przywara, Die Gestalt als Gefüge, 1934, 17–112; J. Ratzinger, Originalität und Überlieferung in Augustins Begriff confessio, in: REA 3, 1957, 375–392; P. Courcelle, Les »confessions« de St. Augustin dans la tradition littéraire, 1963.

und auf das Schöngestalte, das Du geschaffen, warf ich mich, selber eine Missgestalt. Du warst bei mir, ich war nicht bei Dir. Was doch nicht wäre, wäre es nicht in Dir: das eben zog mich weit von Dir. Du hast gerufen und geschrien und meine Taubheit zerrissen; Du hast geblitzt, geleuchtet und meine Blindheit verscheucht; Du hast Duft verbreitet, und ich sog den Hauch und schnaubte jetzt nach Dir; ich habe gekostet, nun hungere ich und dürste; Du hast mich berührt, und ich brenne nach dem Frieden in Dir.« (Conf. X, 27)

Die Liebe (amor) als die den Menschen bewegende Grundkraft ist eine voluntative Kraft (voluntas), denn was einer zutiefst will, liebt er auch, und was einer liebt, will er auch. Aber Augustinus spricht von einer Stufenordnung der Liebe (ordo amoris) und sieht in ihr einen dreidimensionalen Vollzug: als Liebe Gottes zu seiner geschaffenen Welt und dem menschlichen Wir; dann als die antwortende Liebe des von Gott geliebten Menschen auf dieses Voraus der Liebe Gottes, die Liebe der menschlichen Person zum göttlichen Du; und dann die Liebe des menschlichen Ich zum mitmenschlichen Du, die caritas der Nächstenliebe.

Das Voraus der Liebe Gottes zur Kreatur und dem menschlichen Wir verankert Augustinus in der Tiefe des trinitarischen Gottesmysteriums als der Einheit des innergöttlichen Schenkens und Empfangens. Diese Liebe Gottes aber wird in der Doppelheit einer ur-sprünglichen Bewegung gesehen, und zwar im Akt der Schöpfung, dem Liebesakt des »fecit«, und im Drama der Erlösung, der Wiederherstellung des sündenverursachten Abfalls und der Trennung von Gott, in seiner heilstiftenden Wiederherstellung, dem »refecit«. Die sich aus ihrem Ursprung entfaltende Liebe Gottes findet für Augustinus ihre Entfaltung in der Kosmologie und in der Soteriologie. Zur Frage der Ferne oder Nähe Gottes antwortet Augustinus in Sermo 21,2, dies liege in des Menschen »Hand«:

»Liebe, so wird er sich nähern; liebe, so wird er in dir wohnen. Menschliche Vorstellungen und Gedanken können ihn nicht umfassen und einfange.« Und Augustinus fährt fort: *»Und doch, damit du einen Vorgeschmack habest: ›Gott ist die Liebe‹. Du fragst mich: Was ist denn die Liebe? Die Liebe ist das, wodurch wir lieben. Und was lieben wir? Ein unaussprechliches Gut, ein gutspendendes Gut, ein allen Gütern ursprunggebendes Gut. Er soll dich ergötzen, von dem du hast, was immer dich freut.«* (Serm. MPL 38–39)

Von diesem Voraus der Liebe Gottes spricht Augustinus im »Tractatus in Johannem« und greift auf Joh 16,27 zurück: »Denn der Vater liebt euch, weil ihr mich geliebt habt«. Dazu bemerkt er:

»Liebt er wirklich darum, weil wir geliebt haben; oder lieben wir nicht vielmehr, weil er geliebt hat? Der Apostel gebe selbst Antwort aus seinem Briefe: ›wir lieben, weil er selbst uns zuerst geliebt hat‹ (1 Joh 4,10). So also kam unsere Liebe zustande, dass uns selbst Liebe zuteil wurde. Reines Geschenk Gottes ist die Liebe zu Gott. Er gab, geliebt zu werden, der ungeliebt liebte. Als ungefällig wurden wir geliebt, damit in

VI LIEBE IN DER KONTEMPLATIVEN METAPHYSIK PLOTINS

uns sei, wodurch wir gefielen. Denn nicht liebten wir den Sohn, wenn wir nicht auch den Vater liebten. Der Vater liebt uns, weil wir den Sohn lieben; obwohl wir vom Vater und Sohn erhielten, dass wir Vater und Sohn lieben: denn beider Geist verströmt in unsern Herzen die Liebe (Röm 5,5), durch welchen Geist wir den Vater sowohl wie den Sohn lieben, und welchen Geist wir mit Vater und Sohn zugleich lieben. Die kindliche Liebe, mit der wir Gott ehren, stammt also von Gott, ›und er sah, dass es gut war‹, darum liebte er ja, was er schuf. Er würde aber nicht in uns schaffen, was er liebt, wenn er uns nicht schon liebte, bevor er es schuf.«

Aus dem Prolog mit der »Fleischwerdung« des Logos meditiert Augustinus den Abstieg des Logos als »wunderbaren Tausch« (»admirabile commercium«) und Handel mit der conditio humana. Im Sermo Mor. I,3 lässt er den Logos, das fleischgewordene Wort, über das menschliche hinfällige Fleisch sagen:

»Denn nicht besaß es in sich, woraus es hätte sterben können für uns, hätte es nicht sterbliches Fleisch angenommen aus uns. So konnte der Unsterbliche sterben, so wollte er den Sterblichen das Leben vererben: der nachher die seine teilhaft machte, deren er selbst vorher teilhaft wurde. Denn weder hatten wir aus dem Unsern, woraus wir leben, noch er aus dem Seinen, woran sterben. So ging er durch gegenseitige Teilnahme einen wunderbaren Handel (commercium) mit uns ein: unser war, woran er starb – sein wird sein, woraus wir leben werden. Freilich das Fleisch, das er von uns, um sterben zu können, empfing, auch diese Habe war, weil er Schöpfer ist, seine Gabe; das Leben aber, von dem wir in ihm und mit ihm leben sollen, hat er nicht als unsere Gabe ... So ist er auch an der eigenen Habe gestorben, weil er auch das Fleisch erschuf, in dem er gestorben.«

Und Sermo Den. 5:

»... Ich hatte nicht, woran sterben, Mensch, du hattest nicht, wovon leben. Ich nahm auf von dir, woran sterben für dich: nimm auf von mir, woran leben mit mir. Feiern wir einen Tausch: ich gebe dir, gib du mir. Von dir empfange ich den Tod: empfange von mir das Leben. Erwache vom Schlaf: schau, was ich gebe, was ich bekomme. Erhaben im Himmel, empfing ich von dir auf Erden Niedrigkeit: dein Herr, empfing ich von dir Sklavengestalt: dein Heil, empfing ich Wunden von dir: dein Leben, empfing ich den Tod von dir. Wort, bin ich Fleisch geworden, um sterben zu können. Fleisch hatte ich nicht beim Vater, von deiner Masse nahm ich, um für dich zahlen zu können ... Und letztlich starb ich am Deinigen: lebe vom Meinigen.«

Die Radikalität der Fleischwerdung des menschgewordenen Wortes travestiert Augustinus dann noch in die Theologie des »mystischen Leibes« der Kirche, der unio catholica als dem Band der Liebe, der Bruderliebe als Gottesliebe in Jesus Christus durch den hl. Geist. Es ist das Teilnehmenlassen der Glieder des »mystischen Leibes« am Werk des Hauptes und der Liebe als dem Maß seiner Werke. Im Traktat zum 1. Johannesbrief (Tract. 1 Joh 7,7–8) schreibt er:

»... die Taten der Menschen lassen sich nur von der Wurzel der Liebe her werten. Denn vieles kann man tun, was guten Anschein hat, aber nicht aus der Wurzel der Liebe hervorgeht. Denn auch der Dornstrauch blüht; vieles aber scheint hart und finster, und doch gebeut es um der Zucht willen die Liebe. Einmal für alle wird dir also ein kurzes Gebot aufgestellt: Liebe, und tu, was du willst! Schweigst du, so schweige aus Liebe; sprichst du, so sprich aus Liebe; rügst du, so rüge aus Liebe; schonst du, so schone aus Liebe; innen sei die Wurzel der Liebe, nur Gutes kann dieser Wurzel entsprießen.«

Als das größte Kennwort des christlichen Daseins analysiert Augustinus die existentielle und selbstlose Seite der Liebe:

»Ursprünglicher liebst du einen glücklichen Menschen, dem du nichts zu geben vermagst; reiner wird diese Liebe sein und um vieles lauterer. Denn solange du einem Bedürftigen schenkst, hast du vielleicht den Drang, dich über ihn zu erheben, du willst den unter dir sehen, der doch der Urheber deiner Wohltat ist. Jener war bedürftig, du aber hast ihm gegeben; du kommst dir aber als der Geber gleichsam überlegen vor über dem Empfangenden. Wünsche, dass er dir gleich ist, auf dass ihr beide unter dem Einen seid, dem nichts zu schenken ist ...« (Tract. 1 Joh 8,6–8)

Die Liebe hat ein Wesensziel, das für die menschliche Existenz grundlegend und ihr inhärent ist, den Wunsch nach Glückseligkeit (vita beata). Ihr liegt eine triadische Struktur zugrunde, mit dem »ich bin« (sum), dem »ich weiß« (scio) und dem »ich will« (volo). Darin spiegelt sich analogiehaft die dreiartige triadische Struktur der menschlichen Seele als Geist (mens), Kenntnis (notitia) und Liebe (amor).

Augustinus entfaltet den zweiten Aspekt der Liebe, die Liebe des Menschen zu Gott. »Pondus meum amor meus; eo feror quocumque feror«: »Mein Gewicht ist meine Liebe. Sie ist's, die mich treibt, wohin es mich auch treiben mag. Deine Gabe setzt uns in Brand und treibt uns empor«.[48] Wie das Feuer emporstrebt und der Stein hinab, so hat auch die Liebe ihre Gewichtung und bewegende Kraft, antwortend auf das Voraus der Liebe Gottes, als Liebe zu Gott. Die zum Menschen absteigende Liebe Gottes in ihrer Entäußerung (kenôsis) als Mysterium der Offenbarung ist ihrer Gestalt nach Rückkehr in den Ausgang, denn sie überwindet die Doppeltheit der Ferne von Gott, die der Geschöpflichkeit und die der Sünde.

Im Aufstiegsweg der Liebe zu Gott (ascensus) orientiert sich Augustinus formal an Platons »Symposion« und seinem Weg-Paradigma, dem Dialog, in dem sich das griechische Wesen in seinem Zusammen von Sinnenfreude und Gedankenspiel, von Abstraktion und Enthusiasmus spiegelt. Es ist ein »Stufenweg des Eros nach oben«, der zunächst durch die Außenwelt des Schönen hin zur Innenwelt führt: zur Liebe der »schönen Seele«, die mit ihren guten Anlagen aktiv am Gemeinwohl mitwirkt, und über die Liebe zu

---

[48] Conf. XIII, 9,10: MPL 32,849.

den schönen Wissenschaften und ihren bleibenden Erkenntnissen bis hin schließlich zur Transzendenz, zur »mystischen Erkenntnisschau«, dem reinen Schönen an sich, dessen Wahrheitsgehalt von göttlicher Natur ist.[49] So hat für Augustinus der Aufstiegsweg der Liebe seine Rangordnung (ordo amoris) in mehrfacher Abstufung entsprechend dem Maß der Liebe, die einem Wesen oder Ding nach seinem Wert und Rang entgegengebracht wird. Er unterscheidet dabei radikal zwischen dem »Gebrauchen« (uti) der Dinge und dem »Genießen« (frui), dem befriedeten und beharrenden Genießen, das allein Gott zukommt, denn alles Geliebte wird letztlich nur um seinetwillen geliebt. Die falsche Liebe in ihrer menschlichen Verirrung ist die maßlose, sich selbst als Maß setzende Selbst-Liebe, die sich im Hochmut (superbia) ausdrückt. In ihrer Anmaßung gegenüber der Gott allein zustehenden Mächtigkeit ist sie nach Augustinus eine »perversa imitatio Dei« (Conf. II,6). Augustinus, der dem Bösen die Substanzhaftigkeit abspricht, wie dies in der manichäischen Lehre zentral war, verlegt es ganz in den Willen. Ursache des Bösen ist also eine Willensentscheidung (liberum arbitrium) und also Sünde. Schon in der neuplatonischen Ontologie wurde das Böse innerhalb der einen Seinshierarchie als Seinsminderung angesehen.

Die dritte Form der Liebe ist die Liebe des menschlichen Ich zum menschlichen Du, zum Mitmenschen, eine Liebe, die Augustinus von der Gottesliebe und Gottesebenbildlichkeit des Menschen ableitet. Im Streben zum Ziel aller Dinge, Gott, ist der Nächste Partner und Teil der Aufwärtsbewegung im Dienste des »rapere ad Deum«, des zu Gott »Hingerissenseins«. Den natürlichen Beziehungen der mitmenschlichen Liebe, der Elternliebe zu den Kindern, der Geschwisterliebe, dem Mit- und Untereinander der Mitmenschen wohnt eine gestaltende und tragende Dynamik inne, die ein inniges Band knüpft und sich in Freud und Not mitteilt (Conf. VIII,4). Sie hat ferner den Test in ihrer Langmut, die ihr Maß an der Langmut Gottes nimmt: »Gottes Langmut mahnt uns zu solchen Tun, dass wir in uns und unserem Wandel, was schlecht war, verbessern, und dass wir das Bessere erwählen, solange es noch Zeit ist« (Serm. Den 24). Sie ist auch eine tragende Liebe der gegenseitigen Lasten, so dass es gilt: »... und weil ihr gegenseitig eure Lasten tragt, erfüllt ihr das hochheilige Gesetz der Liebe. Denn das ist Christi Gesetz ...«: Der Irrende soll im Geiste der Sanftmut belehrt werden vom »Geistigen«, aber ohne Überheblichkeit und Selbstüberschätzung, denn er selbst bleibt der Versuchliche (S Fgp 5). Die Liebe ist eine vergebende Liebe. Im Anschluss an das Jesusgleichnis Mt 18,15.21 f. und Lk 17,4 von der Pflicht der Vergebung, stellt uns die ad hominem-Frage: »Denn was verlierst du, wenn du vergibst? Du schenkst Vergebung, nicht Geld ...« (S Fgp 9). Die selige Vollendung aber wird als ein Leben in inniger Liebes-

---

[49] Platon, Symp. 199c–212a; Augustinus, Conf. X, 6–29: MPL 32, 782–796.

Gemeinschaft vorgestellt als ein Zusammen von Liebe und Gerechtigkeit (vgl. in Joh. Ev. Tr. 67,2). Damit transzendiert Augustinus Plotin und die neuplatonische Tradition, in der die beseligende Schau individualistisch als einsamer Akt gedacht ist. Den augustinischen Liebes- und Gemeinschaftsgedanken wird Thomas von Aquin in seinem Sentenzenkommentar aufnehmen und Dante ihn visionär im Paradiso seiner »Göttlichen Komödie« ausgestalten:

»*Denn je nachdem die Gnade will verschönen*
Ein Haupt mit Blondhaar oder dem des Raben,
Wird sie das höchste Licht auch würdig krönen.
Drum, ohne eigenen Tuns Verdienst zu haben,
Sind sie gestuft hier nach verschiedenen Seiten,
Verschieden nur nach ersten Sehkraftgaben.« (XXXII, 70–75)

»*Però, secondo il color dei capelli*
di cotal grazia, l'altissimo lume
degnamente convien che s'incapelli.
Dunque, senza mercè di lor costume,
locati son per gradi differenti,
sol differendo nel primiero acume.«

Augustinus zeichnet noch eine geschichtsphilosophische Erscheinungsform der Liebe in seinem Werk »De cvitate dei libri viginti duo«, dem »Gottesstaat«, entstanden zwischen 414 bis 426. Das aus zwei Teilen bestehende und von Augustinus selbst »grande opus« genannte Werk verdankt seine Entstehung den Vorhaltungen der altrömischen Partei, die Einnahme Roms durch die Westgoten im Jahre 410 stehe in einem ursächlichen Zusammenhang mit der Verdrängung der römischen Religion und ihrer alten Götter durch die Expansion des Christentums. Dieses trage Schuld an der Erosion und dem Verfall des römischen Staates. In dieser, seiner umfassendsten christlichen Apologie der Spätantike, sucht Augustinus in einem »destruktiven« Schritt (B. I–X) nachzuweisen, dass die heidnischen Götterkulte und die mit ihr verbundenen Theologie sowie die Romidee ein zu überwindendes ideologisches Konstrukt seien. Die gesamte römische Geschichte sei eine Sequenz von Unglücksfällen und Katastrophen, gegründet auf einem Brudermord des Romulus. Der heidnische Götterkult habe weder zum Gedeihen menschlicher Bedürfnisse und Angelegenheiten beigetragen (B I.V), denn der willkürlichen Auffächerung seiner Kompetenzen ist oft auf groteske Weise der gegenseitige Konflikt inhärent, noch könne er zum finalen Aspekt der Vollendung etwas beitragen (B. VI–X). In seiner Darlegung unterscheidet Augustinus in Anklang an Terentius Varro (116–27 v. Chr.) »De lingua Latina« (»Über die lateinische Sprache«) eine poetische (religio fabulosa), eine politische (religio civilis) und eine natürliche Religion (religio naturalis). Hatte Platon am reinsten den Gottesbegriff geprägt, so hatten die (Neu-)

Platoniker aus dem Bedürfnis der Seele nach einer Vermittlerinstanz an einen dämonischen Zwischenwesen festgehalten, wobei der einzige und wahre Mittler zwischen Gott und Mensch uns in dem menschgewordenen Logos begegnet ist, dessen opus maximum die Stiftung der »civitas Dei«, des Gottesreiches auf Erden ist. Im zweiten »konstruktiven« Teil (B. XI–XXII) des Gottesstaates entfaltet Augustinus das Thema des Gottesreiches im Horizont einer Weltgeschichte und unter der polaren Spannung von »Gottesstaat« und der Liebe zu Gott (amor dei) und »Weltstaat« und seiner Perversion der diabolischen Selbstliebe (amor sui). Was formal als Apologie des Christentums begann, wird zu einer Philosophie und Theologie der Geschichte ausgeweitet. Zur biblischen Hermeneutik treten Deutekategorien aus der Ontologie und Metaphysik hinzu, um die ambivalente Geschichte der conditio humana deutend zu klären. Die beiden Herrschaftsbereiche unterscheiden sich durch zwei unterschiedliche organisierende Prinzipien, die Liebe zu Gott als das Prinzip des Gottesstaates, und die Selbst- und Eigenliebe (amor sui) als Prinzip des Weltstaates. Letzterem ist die »Hoffart« (superbia) als grundlegende Haltung zugeordnet, dem Gottesstaat die »Demut« (humilitas). Beide Haltungen strukturieren auf je eigene Weise den Lauf der Menschheitsgeschichte als deren geheime Triebkräfte. Die beiden unsichtbaren Reiche bestehen bis zu ihrer endgültigen Scheidung nebeneinander und ineinander verstrickt. Beide haben die sich wandelnde Zeit und die Begrenztheit und Veränderlichkeit des Raumes zur Prämisse und stehen im Horizont des unveränderlichen und unbegrenzten Seins des transzendenten Gottes. Die Geschichte der Menschen verläuft von ihren Anfängen an kraft der Willensfreiheit im Ja und Nein zu Gott. Augustinus illustriert dies am Sündenfall des ersten Menschenpaares theologisch als Stolz (superbia) und onthologisch-ethisch als Abkehr (aversio) bzw. als Selbstliebe (amor sui). Als Paradigma dafür sieht er den Engelfall. Im Augenblick ihrer Schöpfung habe sich ein Teil vom Schöpfergott abgewandt und damit habe sich die geistbegabte Schöpfung antagonistisch in zwei Staaten bzw. Gesellschaften (civitates) aufgespalten. In dieser seiner linearen Geschichtskonzeption in der Sequenz der Vorgeschichte (excursus), dem Geschichtsverlauf (procursus) und der Nachgeschichte (debiti fines) ist dies bereits Theo-logie, d. h. Augustinus denkt sie radikal von Gott her. So ist im Sechstagewerk Gottes (Genesis Kap. 1) der periodische Verlauf der Geschichte bereits vorgebildet. In Kain und Abel sind schon die beiden Staaten typologisch vorausbedeutet. Die beiden Weisen des Liebens und Hassens schlagen den deutenden Bogen von der Vorgeschichte bis hin zur Nachgeschichte. Am Ende der Zeit wird sich die endgültige Scheidung jenes unsichtbaren Ineinanders und Risses vollziehen, der sich durch die sichtbaren Gemeinschaften von Kirche und Staat hindurchzieht. Die sechste Periode der Weltzeit, sie hat in der Menschwerdung Christi ihren Mittel- und Höhepunkt, reicht bis zum Finale des Endgerichts, aber auch zur verbürgten Hoffnung, »der Siebente Tag werden wir selber sein«: dies septimus nos ipsi erimus«).

Das theologische Vermächtnis, das Augustinus als »Bibliothek« hinterließ, ist aus seiner Auseinandersetzung mit den geistesgeschichtlichen Strömungen seiner Zeit erwachsen.[50] Er hatte sich an Cicero, dem Großmeister der lateinischen Prosa, geschult, den Jean Paul den »Cicerone der Antike« nennt und der als erster philosophierender Schriftsteller der Römer die griechische und römische Bildung zur abendländischen Synthese verband. Ciceros verlorene Schrift »Hortensius«, die nach dem Selbstzeugnis des Augustinus umstürzend sich auf sein Weltbild ausgewirkt hatte, entnimmt Augustinus den Gedanken, dass alle Menschen glücklich sein wollen.[51] In der Seele findet er ein unstillbares Verlangen nach Glück, das nichts Irdisch-Vergängliches zu stillen vermag (Conf. I,1; De beata vita passim). So sucht er die biblische »Seligpreisung« (Makarismos: vgl. Mt. 5,3 ff. und die Makarismusreihe der Apokalyptik), die Gegenwart und Zukunft aufeinander bezieht, mit der griechischen Glücks-Lehre (eudaimonía) als Lebensglück oder gelingendes Leben zu verbinden.[52]

In einer Zeit, da das römische Reich auseinander zu brechen drohte, sucht er in einer monumentalen geschichtstheologischen Apologie »De civitate Dei« (in 22 Büchern von 412 bis 426/7), die ambivalente Geschichte der Menschheit zu deuten und deren Sinn zu klären und in seinen »Soliloquia«, den »Selbstgesprächen«, zwischen 386–387 n. Chr. In der Form eines Dialogs mit seiner Ratio (Vernunft) gestaltet, macht Augustinus das Verhältnis der menschlichen Seele zu Gott zu seinem Lebensthema. Beide Begriffe, »Gott« und die »Seele«, will er als das schlechthin Bedeutende erkennen, wenn er sagt: deum et animam scire cupio (1,2,7). Dieses Grundaxiom der conditio humana, dass alle Menschen glücklich sein wollen, bindet er an den Weg des Glaubens und des Verstehens, die schauende Klarheit der Gottes-

---

[50] Vgl. R. A. Markus, Saeculum. History and Society in the Theology of St. Augustin, 1970; K. Flasch, Augustinus. Einführung in sein Denken, ²1994; C. Andresen (Hg.), Augustinus-Gespräch der Gegenwart, Bd. 1, 1962, Bd. 2, 1981; P. Brown, Augustinus von Hippo. Eine Biographie, 1973.
[51] Vgl. E. Feldmann, Der Einfluß des Hortensius und des Manichäismus auf das Denken des jungen Augustinus von 373, 1975.
[52] Der Ausdruck »eudaimonia« – Glück, Glückseligkeit; lateinisch: vita beata, beatitudo, leitet sich vom Adjektiv »eudaimôn« = »glücklich« her und verbindet die beiden Bestandteile »eu« (= »gut«, »wohl«) und »daimôn« (»Gottheit, göttliches oder dämonisches Wesen, »Geschick«), eine Vorstellung, dass einem der »daimôn« wohlgesinnt sei: z. B. Aischylos, Pers. 768; vgl. Euripides: hotan ho daimôn eu didô »wem schon sein Daimon hilft« (Orest. 667); oder Pindar: »So bringe dem Menschen ein lang andauerndes, blühendes Glück (thálloisan eudaimonían) den Umschwung wohl mit sich« (Pindar, Pyth. 7,20). Das Leben des »eudaimôn« ist ein »gesegnetes«. Vgl. C. de Heer, Mákar-eudaimon-ólbios-eutyches, 1968; Ch. Horn, Antike Lebenskunst, 1998; M. Seel, Versuche über die Formen des Glücks, 1995.

erkenntnis. In seiner Erkenntnisleidenschaft begibt er sich auf die Suche nach einer alles umfassenden und alles begründenden Wahrheit, ganz im Sinne der philosophischen Anregung des ciceronischen »Hortensius«, eine Aufforderung (Protreptikos) zum Studium der Philosophie in der Form des Dialogs, die in der Villa Tusculana des Lucullus spielt. Darin preist Cicero die Philosophie als die einzige Wegleitung zu einem erfüllten Leben, denn sie allein verhelfe zu einer richtigen Einstellung zu den Dingen und zu einer authentischen Lebensform. In seiner Trauer über den Tod seiner Tochter Tullia suchte Cicero Trost (consolatio) in der Philosophie und widmete sich der reinen Kontemplation und der Versenkung in die jenseitige Lebenswelt. Im Hortensius begegnet Augustinus erstmals der Philosophie (Conf. III,4,7) durch das Buch »eines gewissen Cicero«, das seinem Gemütsleben eine andere Richtung gab, die auf Gott hin (vgl. VIII,7,17). Auch sucht er die Elemente des philosophischen Liebesbegriffs mit dem biblisch-christlichen zu verbinden und zusammenzudenken. Der Liebende liebt das Geliebte im Blick auf das Schöne, mit dem unabtrennbar das Gute verbunden ist, und wer das Gute liebt, will, dass es ihm bleibend zuteil werde. So durchzieht im Gefolge der platonisch-neuplatonischen Metaphysik Augustins philosophisches Denken das Fragen nach dem Einen (unum), in der Form der beiden Hauptfragen: »Gott und die Seele« als Teilfragen der Frage nach dem Einen.[53]

Für Augustinus ist das Fragen (quaerere) wesentlich und letztlich ein Gottsuchen: »Dass man ihn suche, um ihn zu finden, ist er verborgen; dass man ihn suche, da man ihn fand, unermesslich« (in Joh 63,1). Der wahre Philosoph ist für ihn der wahre Gottliebende: »verus philosophus amator Dei«.[54] Er schreibt:

> »Daher möge jeder, der dies liest, wo er meine sichere Überzeugung teilt, mit mir weitergehen, wo er mit mir schwankt, mit mir suchen ... So wollen wir gemeinsam auf dem Wege der Liebe einhergehen, uns nach dem ausstrecken, von dem es heißt: ›Sein Antlitz suchet beständig‹ (Ps 106,4)«.[55]

Und für ihn gilt: »Was man gar nicht kennt, liebt man nicht. Aber wenn man liebt, was man nur einigermaßen kennt, so bewirkt eben diese Liebe, dass man es besser und vollkommener kennenlernt.«[56] Das Organ der menschlichen Liebe ist das Herz (cor),[57] der Inbegriff der menschlichen Innerlich-

---

[53] Augustinus, De ord. II, 17, nn. 42–48; MPL 32, 1017.
[54] Ders., De civ. Dei 8,1, MPL 41,225.
[55] Ders., De trin. I, 3, 5.
[56] Tract. In Jo 96,4; vgl. Enarr. XVIII in Ps 118,3; Vgl. H. Arendt, Der Liebesbegriff bei Augustin, 1929; G. Hultgren, Le commandement d'amour chez S. Augustin, 1939.
[57] Vgl. Cassiodor in seinem Psalmenkommentar: »Cor pro mente positum est, unde sapere dicimur, unde et intelligere bona malaque sentimur.« »Herz« wird für »Geist« gesetzt und heißt von uns, dass wir wissen, und man von uns sagt, dass wir Gutes und Schlechtes

keit. Er spricht vom unruhigen Herzen (cor inquietum), das sich nach der Ruhe in Gott sehnt (Conf. I,1) und von dem ins Herz geschriebenen Gesetz Gottes (lex tua, domine, et lex scripta in cordibus hominum« Conf. II,4) Ist das Herz das Synonym für die menschliche Personalität, so ist die Liebe die »Schwerkraft« (pondus) im Menschen (Conf. 13,9,10): amor pondus meum. Diese Liebe ist eine antreibende Kraft, die sich auf Gott und zugleich auf die Glückseligkeit des Menschen richtet: »cum enim te, Deum meum, quaero, vitam beatem quaero« (Conf. X,20). Für Augustinus ist die Seele, das zentrale Prinzip des Lebens, in ihrer Fähigkeit und Funktion gestuft,[58] wobei sie in ihrer höchsten Stufe sich der intelligiblen Welt[59] zuwendet und darin ihre eigentliche Bestimmung erfüllt, indem sie sich von den sinnlichen Dingen hinwendet zur geistigen Welt und zu Gott (»conversio«). Das Ziel des Menschen sieht Augustinus im Glücklichsein (beatitudo), das als Glaube und Verstehen auf die Gotteserkenntnis hin angelegt ist. In »De vita beata« (4,34) beschreibt er es als »mit dem Geist Gott haben, d. h. Gott (genießen)«: »animo deum habere, id est deo frui«, der als einzig würdiges Objekt dieses »Genießens« ist (De doctr. I,33,37) und zugleich die alles überbietende Freude (delectatio). Auch die Liebe des Menschen zu sich und die Nächstenliebe sollen in dieser Gottesbeziehung stehen (referre) und bereiten so im Blick auf Gott Freude (De doctr. I,23,36 f.). Und je größer die Liebe zu Gott ist, desto mehr wächst die Gotteserkenntnis, und je mehr er erkannt wird, desto reiner wird die Liebe zu Gott. Für Augustinus setzt jedes Wollen ein Erkennen voraus und jedes Wollen als Erstreben ist wesentlicher Teil der menschlichen Natur, denn der Mensch liebt, solange er lebt (En. 2 in Ps. 31,5). In seinem vielzitierten Axiom »Liebe und tu was du willst! Dilige et, quod vis, fac! (Tr. in ep. Joh. 7,8 MPL 35, 2033; vgl. En. 2 in Ps. 31,5) fasst Augustinus seine Ethik zusammen, überlässt die Liebe aber nicht menschlicher Beliebigkeit, sondern bindet sie an das konkrete, Nutzen oder Schaden stiftende Handeln des Menschen gemäß den Weisungen Gottes und der im uti-frui-Schema in den Blick genommenen Werte.[60] Ist die Liebe auf ihr Wesensziel gerichtet, den »Deus meus«, und damit auf das »glückselige Leben« (vita beata) (Conf. X,20), so steht diese im Raum der Freiheit der Kinder Gottes. Der Mensch in seinem Denken und Wollen ist Subjekt der Liebe zu Gott, des »amor Dei«, aber in den beiden, voneinander nicht trennbaren Aspekten einer Liebe, die als fragende, suchende, von der Unruhe

---

erkennen (In psalmos 103,15, MPL 71, 932). Ähnlich Isidor von Sevilla: »In eo enim omnis sollicitudo et scientiae causa manet (in ihm nämlich beruht alle Unruhe und die Ursache der Wissenschaft«: Etym. XI, 118).
[58] Augustinus, De quant. an. 33,70–76. MPL 32, 1073–1077.
[59] Ders., Contra Acad. III, 17,37.
[60] Vgl. J. Burnaby, Amor in St. Augustine: The Philosophy and Theology of Anders Nygren, 1970, 174–186.

umgetriebene Liebe lebt (quaestio amoris), und einer Liebe, die in einer Ordnung (ordo amoris) steht, aber sich in ihrem strebenden Bemühen ständig auch bedroht weiß, denn zum menschlichen Wesen gehört wie ein ständig begleitender Schatten das Irren. Zur »quaestio amoris« gehört die Unruhe des liebenden Suchens nach Gott, das Fragen als ständige Bewegung und als Aufstiegsweg (ascensus), ganz im Nachklang des Stufenweges im platonischen Symposion, durch die Außenwelt hindurch zur Innenwelt und über diese hinaus zum Mehr-als-Menschlichen, Gott, dem Ziel aller Wege (Conf. X,6–29)[61] zu gelangen. Diese aufsteigende Liebe ist für Augustinus zugleich eine geordnete Liebe (amor ordinatus), die jedem Ding oder Wesen das seinem Rang entsprechende Maß von Liebe zuteil werden lässt. In dieser Rangordnung der Abstufungen trifft Augustinus die radikale Unterscheidung zwischen »genießen« (fruit), das allein auf Gott angewandt wird und Ausdruck einer Liebe ist, die um der Liebe willen nur ihm gilt, und dem »gebrauchen« (uti) einer Liebe, die alles andere letztlich ob seiner Bezogenheit auf Gott hin liebt. Es ist ein Lieben, das alles andere in diesen Aufstiegsweg mit-hineinreißt (rapere ad deum), aber unter dem Vorbehalt, den Menschen menschlich zu lieben, d. h. ihn nicht vergötzen.[62] Die Frage nach einem gelungenen und glücklichen Leben (vita beata) ist eine Grundfrage und ein Zielbegriff, den Augustinus von Cicero her als Telosformel der Popular-Philosophie kennt und im Erreichen des höchsten Gutes besteht (frui summo bono).[63] Und da für ihn Gott dieses Gut ist, geht es ihm um das »frui Deo«,[64] das Haben, Schauen, Einsichtigwerden, die Evidenz des Ewigen, sowie Erkennen, Liebe Gottes (amor Dei). Diesen intellektualistisch-kontemplativen Aspekt verbindet Augustinus mit einem willentlich-affektiven, der Liebe Gottes. Dieses Lieben Gottes, als willentliche Liebe, mit dem platonischen Eros verwandt, spiegelt das Seinsgesetz der menschlichen Natur, mit der allem Seienden inhärenten Selbstbehauptung, dem Drang der Selbstvollendung auf der einen Seite, und dem Drang der unausreißbaren Sehnsucht nach Gott auf der anderen Seite, dem Verlangen nach dem »frui Deo«, der »Lust am Herrn« (delectari in Domino Ps 36,4: En.). Er schreibt dazu: »Als ›Pfeile‹ wirken Gottes Worte Liebe, nicht Schmerz. Oder ist's, weil Liebe selber nicht ohne Leid sein kann? ... Darum in der Rolle der Kirche die Braut Christi im Hohenlied: ›Ich bin liebeswund‹ (Hld 5,8) ... Aber diese Wunde riß sie hin zur wahren Gesundheit ...« Die wahre Glückseligkeit kann nur der bleibende Besitz und Genuß (fruitio) des höchsten Gutes (summum bonum) sein, nämlich Gottes, wobei wir leichter sagen, was er nicht ist, als was

---

[61] Vgl. A. Solignac, La conception augustinienne de l'amour, in: Œuvres de Saint Augustin 14 (1962) 617–622.
[62] Vgl. Conf. IV, 4–7. MPL 32,698.
[63] Cicero, fin. 2,88; Tusc. 3,40.
[64] Vgl. R. Lorenz, Fruitio dei bei Augustin, in: ZKG 63 (1950/51) 75–132.

er ist (En. in Ps. 85,12), denn nur die eine Aussage hat volle Gültigkeit, dass er ist (Soliloq. I,4,4).

Ps.-Dionysius Areopagita wird Proklos' negative Dialektik des Sehens durch Nicht-Sehen der christlichen Mystik und der negativen Theologie weiter vermitteln, als »augenloses« Sehen im Dunkel des göttlichen Lichts. Es ist ein Erblicken des »mystischen Dunkels« der Unsichtbarkeit des göttlich Gedachten,[65] ein Sehen der heiligen Dunkelheit durch Nicht-Sehen.

Ziel der Liebe zu Gott ist die »selige Anschauung«, die visio beatifica als Vollendung des menschlichen Geistes. In der antiken Philosophie war die »Theorie« Ausdruck der Erkenntnis und philosophischen Wissens. Es dominierte vor allem bei Platons Erkenntnislehre die visuelle Metaphorik als »Schauen« der Objekte des Wissens.[66] »Theorie« als geistige Emphase[67] bezeichnet den Blick für das Ganze und Umfassende des unveränderlichen Göttlichen (Resp. 486a), der Idee des Guten. In seinem »Höhlengleichnis« spricht Platon von der »göttlichen Schau« (theia theôria)[68] der Idee des Guten, die für alles Andere das Prinzip des Seins und des Erkennens ist. Zu ihr führt ein Aufstiegsweg. Neben der politisch-praktischen Lebensform und der des Genusses, ist das »theoretische« Leben (bíos theôretikos) das höchste, zur Weisheit (sophia) führende Vermögen des Lebendigen. Der Vollzug des »theoretischen« Lebens gewährt höchstes Glück, und wird nach Aristoteles von der Gottheit am meisten geliebt.[69] Augustinus deutet die »Gott-Schau« (videns deum) im Sinne von 1 Kor 13,12 als ein gegenwendiges Erblicken: »Wir sehen die Dinge, weil sie sind, sie aber sind, weil Gott sie sieht« – und: »Die Kraft des in ihnen wirkenden Geistes Gottes sehen, in denen ist Gott es, der sieht.«[70] Nur das reine »Auge des Herzens« vermag Gott zu schauen;[71] aber es ist ein Sehen, das im Gesehenwerden Gottes seinen Grund hat (»videre et cognoscere dicitur, quod videri et cognosci facit«).[72] Im Bick auf 2 Kor 12,2–4 unterscheidet Augustinus verschiedene Stufen des »Schauens«, eine sinnliche, eine geistige und eine intellektuelle. Letztere gelangt kraft des schlussfolgernden Verstandes in einem Akt der Selbsteinsicht zum Augen-Blick der Sehkraft des Geistes, der, »was im Blitz eines erzitternden Blicks« ist, Augustinus »liebende und begehrende Erinnerung«[73] nennt. Die erinnerte Schau des glücklichen Augenblicks aber steht

---

[65] Ps-Dionysius Areopagita, De myst. Theol. I, 1–3 MPG 007A–1001A.
[66] Platon, Resp. 529b; vgl. Phaidr. 248b; Resp. 525a 1.
[67] Platon, Phaidr. 247 a4–e4; d4.
[68] Platon, Resp. 517d; Vgl. H. Koller, Theoros und Theoria, in: Glotta 36 (1958) 273–286), 284: theo-ôros »den Gott wahrend«.
[69] Aristoteles, Eth. Nic. X, 9. 1179a 30.
[70] Augustinus, Conf. XIII, 31, 46ff.; vgl. Enarr. in Ps. 97,3.
[71] Ep. 147 (»De videndo deo«), CSEL 44, 274–331.311.
[72] De civ. Dei XVI, 5. CCSL 48, 506.
[73] Conf. VII, 17.23.

schon im Vorschein des Glücks der Vollendung.[74] Er stellt sich unter das Leitmotiv eines Psalmverses (Ps 45,11), in dem es heißt: »Vacate et videte quoniam ego sum deus«): »Werdet leer und seht, dass ich Gott bin«.[75] So wird in dem Begriff der seligen Schau beides zusammengedacht, ein erinnertes und erinnerndes Sehen sowie ein Leerwerden auch von all den Vorstellungen der Innenschau. Das platonische System war aus der Prämissen-Welt der Ideen konzipiert und stand am Anfang der philosophischen Reflexion von Hellas der Thales-Satz, alles sei voll von Göttern, so schließt die späthellenistische Philosophie mit dem Plotin-Axiom, alles sei voll von Zeichen (En. II,3,7, p. 169, 11–13). Man suchte ein alles umfassendes Weltprinzip in der Formel »Alles in Einem«, oder »Gleiches durch Gleiches«, oder »das Eine durch das Andere« (alla allois). Daher war das Ziel des kontemplativen Lebens für Plotin die »Einung« (henosis) mit Gott in der Rückwendung der Seele auf ihren höchsten Teil, sich in den Nus hinein transzendierend und weiter zu Gott hin »Flucht des Einsamen zum Einsamen« (phygê monou pros monon) (En. –VI,9,11,51), um zur Einung zu gelangen. Das Voraus aber der menschlichen Liebe zu Gott ist nach Augustinus die Liebe Gottes zur Kreatur, amor Dei als gen. subiectivus. Die in ihrer Natur auf das Gute ausgerichtete Bewegung der Liebe findet ihren Inhalt in der schöpferischen und erlösenden Liebe Gottes. Für Augustinus ist diese Liebe das tiefste Geheimnis der dreieinigen Gottes als vollendete Einheit des Schenkens und Empfangens, die in einem ersten Liebesakt der Schöpfung (Kosmogonie) nach außen tritt (fecit), und in einem zweiten Liebesakt des Erlösungsdramas (Soteriologie) die fallende Welt wieder herstellt (refecit). Die Ursache der Schöpfung ist für Augustinus allein die Fülle der Güte und Liebe Gottes (plenitudo bonitatis). Das Voraus der Liebe Gottes zu den Menschen beschreibt Augustinus mit den Worten:

»›Denn der Vater liebt euch weil ihr mich geliebt habt‹ (Joh 16,27). Liebt er wirklich darum, weil wir geliebt haben; oder lieben wir nicht vielmehr, weil er geliebt hat? Der Apostel gebe selbst die Antwort aus seinem Briefe: ›Wir lieben, weil er selbst uns zuerst geliebt hat‹ (1 Joh 4,11). So also kam unsere Liebe zustande, dass uns selbst Liebe zuteil wurde. Reines Geschenk Gottes ist die Liebe zu Gott. Er gab, geliebt zu werden, der ungeliebt liebte. Als ungefällig wurden wir geliebt, damit in uns sei, wodurch wir gefielen.«[76]

---

[74] Conf. IX, 10,24 f.
[75] De civ. Die XXII, 30. Vgl. Enarr. in Ps. 45,11: »Die Seele gehorcht dem in ihr thronenden Gott und sie selbst befiehlt den Gliedern ... wie ihren Dienern; sie selbst aber gehorcht ihrem Herrn, der innen in ihr thront. Nicht vermag sie ihrem Untergebenen gut zu befehlen, wenn sie sich nicht zum Dienste dessen, der über ihr ist, entschließt ...« Und vom Centurio in Kapharnaum, der sich für nicht würdig hält, Jesus zu beherbergen, sagt Augustinus: »Er zitterte davor, Christus in seine Mauern einzulassen, und schon war Er innen in seinem Herzen; schon war seine Seele Sein Sitz«.
[76] Augustinus, Tract., in: Joh. 102,5, MPL 35.

Die drei Brennpunkte seines Weltbildes und seiner Liebe sind Gott, Christus, die Kirche als untrennbares Eins. Durch die Menschwerdung des Logos »Wurde er zum Mittler und zum Haupt der Kirche, durch den wir mit Gott versöhnt werden« (Serm. 341,1–13). Gott erschließt sich den Menschen in Christus und macht sich ihnen in der Kirche zugänglich, eine Heilsordnung, die im Abstieg des ewigen Wortes in die endgültige Existenz im Fleische ihre innerste und unverrückbarste Form gefunden hat. In seiner Reflexion über diesen »wunderbaren Austausch« (admirabile commercium) und »Handel« schreibt Augustinus:

> »Das ›Wort Gottes‹ ›ward Fleisch und wohnte unter uns‹. Denn nicht besaß es in sich, woraus es hätte sterben können für uns, hätte es nicht sterbliches Fleisch angenommen aus uns. So konnte der Unsterbliche sterben, so wollte er den Sterblichen das Leben vererben: der nachher die seiner teilhaft machte, deren er selbst vorher teihaft wurde. Denn weder hatten wir aus dem Unsern, woraus leben, noch er aus dem Seinen, woran sterben. So ging er durch gegenseitige Teilnahme einen wundersamen Handel mit uns ein: unser war woran er starb – sein wird sein, woraus wir leben werden. Freilich das Fleisch, das er von uns, um sterben zu können, empfing, auch diese Habe war, weil er Schöpfer ist, seine Gabe; das Leben aber, von dem wir in ihm und mit ihm leben sollten, hat er nicht als unsere Gabe ... So ist er auch an der eigenen Habe gestorben, weil er auch das Fleisch erschuf, in dem er gestorben.«[77]

b. Die kontemplative Ekstasis:
Die Ostia-Szene: Augustinus und Monika (Conf. IX, 10)

In seinem selbstbiographischen Bekenntnisbuch, den »Confessiones«, dem schonungslosen Geständnis in foro mundi und »Beichte« und Gebet vor Gott, behandelt er das Haupt- und Grundthema »Mensch«, das er selbst ist. Er tut es psychologisch, tiefenpsychologisch und existentialistisch. Mit diesem dramatischen Lebensabriss seiner Vita, ganz im Nachklang des paulinischen Umbruchs stehend, eröffnet er einen Weg, auf dem ein Pascal, ein Kierkegaard, ein Newman, ein Dostojewski zu finden sein werden. Augustinus, ein früherer Solitaire in der abendländischen Geschichte christlicher Subjektivität mit all den bohrenden Fragen, Abgründen und Sehnsüchten, Tiefen und Untiefen der condition humaine mit all ihren Irrungen und Wirrungen, Zerrüttungen und Empörungen, Streitfällen und Sehnsüchten nach Ruhe und Frieden, schreibt freimütig das Auf und Ab seines »ruhelosen Herzens« nieder und stimmt den Lobpreis, der sein Leben verändernden göttlichen Liebe und Gnade an. Sein Buch ist Confessio und Anbetung. Der afrikanische Berber spricht darin von der Chaosgeschichte seiner Jugend

---

[77] Sermones. Germanus Morin: Sancti Augustini Sermones post Maurinos reperti. Misc. August. I, 1930, I, 3.

und der Verfallenheit an die sinnliche Begierde, von den zehn Jahren seines Stehens im Bann des Babyloniers Mani, umfangen vom radikaltragischen Dualismus von Licht und Finsternis, Geist und Fleisch, und wie er diesem durch den Gegenbann des Ägypters Plotin entkommen ist in einem ekstatischen Spiritualismus und geistigen Monismus, um in dieser seiner großen Lebenswende die Befriedung zu finden im Ideal demütiger Gottes- und Nächstenliebe: der entschiedenen Entscheidung Gottes für die Menschen in Jesus Christus und der bindenden Gesamtform der Kirche. Afrikanischer Romanismus und alexandrinischer Hellenismus finden ihre höhere Mitte im Christlichen. In seinen Soliloquia mit der Ratio als der erkenntnistheoretisch ersterfahrenen Gewissheit – für ihn immer schon ein »Hinschauen« (adspectus) unter dem erleuchtenden transzendenten Licht – setzt er beim Subjekt an und nimmt auf seine Weise das cartesische »Cogito ergo sum« vorweg. Vanitas foris, veritas intus: sie ist der Seele »innerlicher« als diese sich selbst (interior animae quam ipsa sibi). Dieses Innerste kennt nur Gott, der es geschaffen hat: tu autem, Domine, scis eius (spiritus hominis) omnia, qui fecisti eum (Conf. X,5,7). In dem von Plotin übernommenen Apell schreibt Augustinus in (De ver. rel.72): »Wende dich nicht nach außen. Kehre ein bei dir selbst, im inneren Menschen wohnt die Wahrheit.«[78] (Noli foras ire, in te ipsum redi, in interiore homine habitat veritas). Um Gott unmittelbar zu erfassen bedarf es der Erleuchtung, der eine Reinigung vorausgehen müsse. Um zu Gott zu gelangen, müsse der Mensch nach Plotin in einem ersten Schritt bei sich selbst einkehren (anage epì sauton). In seinem Aufstieg zu Gott weiß er sich durch Platons Hilfe begleitet und befreit, indem er das Unwandelbare dem Wandelbaren vorzuziehen sich anschickt, um in »raschem, zitterndem Augenaufschlag« zu dem zu gelangen, was ist. »Damals also hab' ich dein ›unsichtbares Wesen durch das, was erschaffen ward, erkannt und ersehn‹, aber ich vermochte es nicht, meinen Blick daran zu heften.« (VII,19) Er ist sich gewiss, dass alles, was ist, »aus dem einen unerschütterlichen Grund ist, weil es ist«. Für ihn bezeugt das relativ Seiende durch sein Dasein das absolut Seiende, nicht mittels des ursächlichen Blickes von dem einen auf ein anderes, sondern in der ahnenden Schauung des Relativen auf das Andere, Eine, Wahre, Absolute als seinen Ursprung.

Das zu Beginn der »Bekenntnisse« formulierte Hauptthema: »Du hast uns geschaffen zu Dir (hin), und ruhelos ist unser Herz, bis es Ruhe hat in Dir«, fragt nach der letzten Sinnerfüllung, nach der »göttlichen Ruhe« (quies). Es ist die Frage des Geschöpfes angesichts des Schöpfers und der Schöpfung in der Perspektive der Zeit und ihrer Vollendung. Die Lebensbeschreibung Augustins in seinen »Confessiones« von seiner Geburt an bis zu seinem Nekrolog auf die verstorbene Mutter Monika gipfelt in der mystischen »Anschau-

---

[78] Vgl. H. Blumenberg, Licht als Metapher der Wahrheit, in: Stud. gen. 10 (1957) 433 ff.

ungs«-Szene (contemplatio) in Ostia, dem an einen Fenster geführten »herzerquickenden« Gespräch zwischen Mutter und Sohn, »fern vom Menschenschwarm« und »Aug in Aug«. Er schreibt: »Wir fragen uns vor Dir, der du die Wahrheit bist, wie wohl das Leben der Heiligen sein werde« (futura vita aeterna sactorum). Diese Frage richtet sich nach vorne auf das vollendende Heilsgut. Mit dem Bild des Durstes nach der »Quelle des Lebens« suchen die beiden Fragenden dieses letzte »hohe Ziel mit sinnenden Gedanken« zu erreichen. Es geht um ein der Sinnenwelt Unvergleichliches, getragen vom Verlangen »zu ihm selbst« (idipsum) zu gelangen, das hier anstelle des Einen Plotins steht (Conf. IV,11). Das, was nun folgt, wird gleichsam als Spiegelung des von Plotin vorgezeichneten Aufstiegs- und Höhenwegs dargestellt, ganz im Sinne der Gedankenwelt »Über das Schöne« der Enneaden (I,6 und V,1). Sohn und Mutter durchmessen aufsteigend und bewundernd die irdische und himmlische Körperwelt bis hin zum geistig-seelischen Bereich der Schönheit,[79] um so über das Weltliche hinaus »in das Reich der unerschöpflichen Fruchtbarkeit« (regio ubertatis indeficientis) zu gelangen, die »Aue der ewigen Wahrheit«. Und es folgt die Beschreibung: »Da ist Leben Weisheit, jene Weisheit, durch die alles wird, auch was einst war und künftig sein wird; aber sie selbst wird nicht, sondern sie ist so, wie sie war, und wird immer so sein.« Und dieser Kontemplation über das, wo Leben und Weisheit eins sind, begibt sich eine mystische Erfahrung, ausgedrückt durch eine Berührungsmetaphorik mit der absoluten Evidenz des Erlebnisses: »Und da wir von ihr sprachen und nach ihr seufzten, berührten wir sie für einen ganzen Herzschlag lang (attingimus eam modice toto ictu cordis), um sogleich aufzuseufzen und ließen dort angeheftet ›die Erstlinge unseres Geistes‹. Dann kehrten wir zurück zum tönenden Laut unserer Sprache, wo die Worte Anfang und Ende haben. Denn was ist deinem Worte gleich, das über uns herrscht und, nie alternd, alles erneuernd, in sich selbst verharrt?« (IX, 10). Aus diesem augenblickhaften Berührtsein des gegenwärtig Absoluten wird das gegenwärtig und zukünftig Unverlierbare erfahren und gewiss. Beide spüren in einem Augenblick eine Erhebung zu dem, was sie von allem Sinnlichen und Geistigen ablöst und sie in einer Art Verzückung zur Einung erhebt mit dem, was über aller Erkenntnis ist und alle sinnlichen Worte versagen. Und es ist wie eine Travestie der platonischen Lehre von der göttlichen Liebes-Beigeisterung, wenn Marsilio Ficino im Anschluss an die Sokrates-Rede im »Symposion« schreibt: »Bei diesem Wiedererlangen der Flügel werde durch deren Kraft die Seele vom Körper fortgezogen: sie

---

[79] Vgl. W. Beierwaltes, Visio facialis, 1988; H. T. Mette, »Schauen« und »Staunen«, in: Glotta 39 (1961) 24–42; J. Kreuzer, Pulchritudo. Vom Erkennen Gottes bei Augustin, 1995; Ders., Der Raum des Sehens, in: Gestalten mittelalterlicher Philosophie, 2000, 169–205.

schwebt und strebt dann des Gottes voll mit Macht empor zum Überirdischen. Dieses Fortgerissenwerden nun und dieses Streben nennt Platon die göttliche Begeisterung ...« Und zu Beginn des Briefes an Pellegrino Aglio schreibt er: »Ich schreibe es aber nicht nur Deiner dichterischen Begabung und Deinem Fleiße zu, als vielmehr jener göttlichen Begeisterung, ohne die, nach Platon und Demokrit, es niemals einen großen Mann gegeben hat, dass du von dieser inspiriert (inspirato) und völlig hingerissen bist ...«[80] Und Nietzsche, der tragische Philosoph, notiert in seinem »Ecce homo«, dass er am 15. Oktober 1888, seinem 44. Geburtstag, begonnen hat, seinen »Also sprach Zarathustra« zu schreiben, mit der »amor fati«-Formel als inspirativem Erlebnis:

»Man hört, man sucht nicht, man nimmt, man fragt nicht, wer da gibt, wie ein Blitz leuchtet ein Gedanke auf, ohne Zögern ... Alles geschieht im höchsten Maße unfreiwillig, aber in einem Sturme von Freiheitsgefühl ...«. Und er schließt mit Blick auf die Tradition der griechischen Tragödie: »Das ist meine Erfahrung von Inspiration, ich zweifle nicht, dass man Jahrtausende zurück gehen muss, um jemanden zu finden, der sagen darf, ›es ist auch die meine‹.«[81]

---

[80] Vgl. Platon, Phaidr. 249a; F. Ficino, Lettere (1548), 7. Dtsch. K. Markgraf von Montoriola, in: Briefe des Mediceerkreises, 1926. 248. Ders. a.a.O. 249.
[81] F. Nietzsche, Werke, hg. Schlechta 3, 1131f.

VII
Das Eine und das Viele

A. Zur Spiritualität Alt-Indiens:
Liebe zum Einen in und hinter der Vielheit der Phänomene

1. Die Brahman-Atman-Mystik

Die mythologisch gewachsene Religion der Hindus, von ihnen Sanâtana-Dharma genannt, weil darin durch die Jahrhunderte hindurch alle spirituellen Erkenntnisse und Aspekte der Wahrheit wie in einem Sammelbecken zusammengeflossen sind, wurden in den heiligen Schriften der Veden (Shrutis) niedergelegt. Ihr ewiger heiliger Klang wurde von den sieben großen Sehern (Rishis) »gehört« und dem Leben der Hindus als spirituelle Grundlage und Lebens-Inhalt weitergereicht.[1] Der Anthropologe Adolf Bastian hat darauf hingewiesen, dass in Mythen und Religionen der Welt immer wieder dieselben oder ähnliche Bilder und Themen begegnen. Er nennt sie Elementargedanken, und weil sie je verschiedene Ausprägungen finden, Völkergedanken. Eine im Mythos eingefangene Frage ist die nach dem Einen und dem Vielen. Kräfte werden erfahren, werden personifiziert, werden angerufen und herbeigerufen, beginnen zu »sprechen« und werden zum »gehörten« Wort (Shruti), deren ewiger, heiliger Klang von den Rishis, den Sehern, »gehört« wurde.

Diese in Sanskrit verfasste religiöse Literatur des Hinduismus umfasst das Hundertfache an Texten als in Griechisch und Latein zusammengenommen, und ist besonders vielfältig, eine complexio oppositorum vieler divergierender Religionsformen. Zu den fünf großen Errungenschaften des späten 18. und des frühen 19. Jh.s, die zu einer grundlegenden geistigen Umorientierung geführt hatten, zählt die Entzifferung des Sanskrit im Jahr 1785, die des Pahlavi im Jahr 1793, die der Keilschrift im Jahr 1803, die der Hierogly-

---

[1] Vgl. F. Hardy, The Religious Tradition of India: Power, Love, Wisdom, 1994; S. Neill, Bhakti. Hindu and Christian, 1974; K.-P. Aleaz, Dimensions of Indian Religion, 1995; L. D. Shinn, The Dark Lord, 1986.

phen im Jahr 1822, die der Sprache des Avesta im Jahr 1832, mit denen die lang währende und unüberwindbar scheinende kulturelle Sprachmauer durchbrochen wurde.

Im klassischen Hinduismus und dessen religiöser Praxis sind vor allem vier gleichwertige Heilswege (mârga = sanskr. »Weg«) zur Erlösung (moksha) bzw. Selbstbefreiung in Geltung, und zwar ein ritualistischer Weg der Tat und des Opfers[2], das sog. »karmamârga«, dann ein intellektualistischer, gnostischer Weg des Wissens (jnânamârga), und ein Weg liebender Hingabe (bhaktimârga)[3], vor allem in der Form der Bhakti-Religiosität sowie seiner tendenziell monotheistischen Religionsform. Eine weitere Form ist der sog. heroische Weg mit seinem ausgeprägten Heldenethos oder Asketentum.[4]

Eine der frühen Quellen der indischen Mytik bilden die Upanischaden: Upanishad, wörtlich upa: »nahe bei«; ni: »nieder«, sad: »sitzen«, d.h. »sich nahe zu jemanden niedersetzen«, um die vertrauliche, geheime Lehre zu empfangen. Sie bilden den Schlussteil der Veden[5], deren Schriftencorpus auch Vedânta, »am Ende des Veda stehend« heißt, und im übertragenen Sinne, »Endziel des Veda«. Grundlage der Schlussbetrachtungen der Veden, die sich mit den Fragen um Brahman, dem ewigen, unvergänglichen Absoluten als der höchsten, nicht-dualen Wirklichkeit, und Atman, dem wirklichen unsterblichen Selbst des Menschen beschäftigen, in welchem Verhältnis die beiden zueinander stehen, und um die Erkenntnis ihrer Identität sowie die Bedeutung der heiligen Silbe OM. Der upanishadischen Philosophie geht es darum, hinter der bunten Vielfalt der Erscheinungsformen die Einheit ihres Wesens zu fassen. Die Spekulation gipfelt in der Gleichsetzung von Mikrokosmos (Mensch) und Makrokosmos (Universum) und führt da-

---

[2] Mit dem Opferfeuer will der Opfernde seine eigene Schuldsubstanz tilgen und jenseitiges Heil erlangen bzw. den Wiedertod im Jenseits vermeiden. Indem der Opferveranstalter mit Reibstöcken das Opferfeuer entzündete, holte er auf rituelle Weise das Opfer aus sich selbst, d.h. seinem Selbst, seinem Atman heraus, so dass sein Selbst das Opfer ist. Es ist Altar (agni) und Gott Agni. Vgl. M. Biardeau / Ch. Malamoud, Le sacrifice dans l'Índie ancienne, 1976; J. Heesterman, The Broken World of Sacrifice: An Essay in Ancient Indian Ritual, 1993.
[3] Diese Religionsform mit einer einweisenden, spirituellen Lehre begegnet in ausgeprägter Weise in meditativen und spirituellen Praktiken im Vedânta, der Ergründung des brâhman als Ursache der Welt sowie des Weges zur endgültigen Erlösung aus dem Daseinswandel (samsâra). So auch im Shivaismus.
[4] Die inspirierenden Quellen dazu sind die beiden monumentalen Heldenepen des Mahâbhârata, dessen bedeutendster philosophischer Teil im 6. Buch die Bhagavad-Gita ist und das Râmyâna, des ältesten Epos der Sanskrit-Literatur. Beide bilden das wichtigste Stoffreservoir der indischen Literatur.
[5] Vgl. L. Renou, Le destin du Véda dans l'Inde (Études védiques et paninéennes 6), 1960; J. Gonda, Vedic Literature (Samhitas and Brahmanas), 1975; M. Witzel, The Development of the Vedic Canon and ist Schools, in: Ders. (Hg.), Inside the Texts, Beyond the Texts: New Approaches to the Study of Vedas, 2 Bde., 1998/99; M. Witzel, Das alte Indien, 2003.

mit zur Identifizierung des »Selbst« (atman = Atem, Seele, Ich) mit dem schöpferischen Prinzip des Kosmos (brahman).[6] Trotz der unendlichen Fülle religiöser Anschauungen und kultischer Praktiken kreist das religiöse Fragen um das Verhältnis von Einheit und Vielheit mit der Frage nach dem Einen hinter und in der Vielheit der Phänomene, ob sie die Götter- oder die Menschenwelt betreffen oder die sonstigen Wesen.[7] Daraus werden philosophisch-soteriologische Systeme entwickelt, so im »Vedânta«, um das Brahman als Ursache von allem zu ergründen sowie die endgültige Erlösung aus dem Daseinswandel (samsâra). Von Bedeutung ist die bis heute nachwirkende monistische Advaitavedântalehre des Shankara aus dem 7./8. Jahrhundert, der die Welt und das individuelle Dasein als wesenidentische Scheinmodifikationen des allumfassenden und eigenschaftslosen Brahman deutet.[8] Ad-vaita, Nicht-Dualität, Nichtzweiheit von Atman und Brahman, ist die zentrale Lehre und transzendiert das Verstehen, weil das ego-gebundene Denken des Wachzustandes aus der Dualität der Subjekt-Objekt-Relation nicht herauszutreten vermag. Shankara lehrt, dass die gesamte Welt der Erscheinungen, Seele und Gott, identisch sind und veranschaulicht dies an seinem bekanntesten Beispiel, der Schlange, die man in der Dunkelheit für ein Stück Tau hält. Angst, Bestürzung, Herzklopfen werden ausgelöst durch eine Schlange, die nie geboren wurde und nie stirbt, sondern nur im menschlichen Denken ihren Platz hat. Bescheint aber das Licht der Sonne das Tau und wird dieses als solches erkannt, kann es nicht wieder zur Imagination der Schlange werden. Hier handelt es sich nicht nur um die Nicht-Erkenntnis von Vorhandenem, sondern um etwas Wirkliches; Unveränderliches wird vom Denken überdeckt (Vikshepa)[9] mit der Vorstellung einer sich stän-

---

[6] Die Upanishaden sind den Veden als »Endziel« angefügt als drei zeitlich trennbare Gruppen, mit dem Ziel, das All-Eine zu denken. Arthur Schopenhauer bezeichnet sie als den »Trost seines Lebens«: »Der Allwirkende, der Allwünschende, der Allduftende, der Allschmeckende, der dieses All Umfassende, ohne Worte, ohne Rücksicht, dieser ist mein Selbst im innern Herzen, das ist das Brahma, mit ihm werde ich mich verbinden, wenn ich von ihr geschieden.« Vgl. auch C. Formichi, The Upanishads as the land-mark in the history of Indian thought, in: Journal of the Department of Letters (Calcutta Univ. 15 (1927) 83–130; P. Thieme, Upanishaden, 1966.
[7] Vgl. H. v. Glasenapp, Die Religionen Indiens, 1943, ³1955; Ders., Indische Geisteswelt, Bd. I, Glaube und Weisheit der Hindus, 1986; Bd. II, Dichtung, Wissenschaft und Staatskunst der Hindus, 1986; G. Flood, An Introduction to Hinduism, 1996.
[8] Vgl. K. Rüping, Studien zur Frühgeschichte der Vedanta-Philosophie, 1977; A. W. Thrasher, The Advaita-Vedânta of Brahma-Siddhi, 1993.
[9] Vikshepa bedeutet im Sanskrit wörtlich »Ausbreitung« und ist einer der beiden Vorgänge, in die sich Avidya, das Nicht-Erkennen, hinsichtlich der Unfähigkeit, Brahman zu erkennen, differenziert. Ist Avidya die Unfähigkeit, zwischen Wirklichem und Unwirklichem, Unvergänglichem und Vergänglichem zu unterscheiden, so bedeutet das Nicht-Erkennen Brahmans nicht nur das Nicht-Erkennen seines Wesens, sondern das nicht Erkannte wird dadurch so verhüllt (Avarana), dass etwas anderes auf fälschliche Weise darüber ausgebreitet wird.

dig verändernden Erscheinungswelt aus Namen und Formen (Nâmarûpa)[10], die mit dem Vorhandenen nichts zu tun hat. Der Advaita ist eine Lehre, die sagt, dass wir in unserer Nicht-Erkenntnis das »Tau« (Brahman) ständig mit der Vorstellung »Schlange« (Erscheinungswelt) camouflieren und überdecken. Shankara sagt in einem Sanskrit-Vers: »In einem Satz sei es verkündet, was man in tausend Büchern findet: nur Brahman ist wirklich, die Welt ist Schein, das Selbst ist nichts als Brahman allein«.

Die Upanishaden entwickeln die Lehre von der Gleichheit der Einzelseele (Atman) mit der Weltseele (Brahman: Brhadâanyaka-Upanishad 3,7.3 ff.), eine Vorstellung, die in der Advaita-Vedânta-Philosophie zu einem unfassbaren Nicht-Dualismus entfaltet wird. Als unsterblich ist Atman je nach Schule erfahrbar im traumlosen Tiefschlaf, durch bloße gedankliche Erkenntnis oder durch spirituelle Praxis. Atman ist etymologisch mit dem Lebensatem verbunden, wie dies in Rigveda 7,87,2 zum Ausdruck kommt: »Dein Atem (o Varuna) brüllt heftig als Wind im Zwischenraum«, wandelt sich aber zur allgemeineren Bedeutung als »das Wesentliche« des Menschen, als immaterielle Seele und als den Tod überdauernder Träger menschlicher Identität und wird als Mikrokosmos verstanden, als Selbst, Seele, wahres Ich[11]. Er ist auch der unbeteiligte Zuschauer des »Jiva« (von jîv = »leben«), ein im Körper Lebender, das verkörperte Selbst, das sich mit Körper und Denken identifiziert und als Ego die Vorstellung von Dualität und Kausalität hervorbringt. Damit ist es an den Kreislauf von Geburt und Tod gefesselt. Als Jîvatman, als verkörpertes Selbst, benutzt er den Körper als Instrument, aber im Wissen, dass er in Wirklichkeit Atman ist. Der Atman als das Eigentliche des Menschen, sein reines Beisichsein, wird mit Brahman, dem eigentlichen Wesen des Seins identifiziert[12] und ist somit in allen Lebewesen ein und dasselbe.

Brahman ist nach der upanishadischen Konzeption die alles durchdringende und einende Essenz der Welt, ihr eigentliches Wesen, und zugleich

---

[10] Nâmarûpa (im Sanskrit Name und Form) ist eine Bezeichnung für die Welt der Erscheinungen (Mâyâ, wörtlich: Täuschung, Illusion, Schein), in der alles Namen und Form besitzt. Mâyâ verschleiert dem Menschen die Sicht dahin, dass er nur die Vielfalt des Universums und des Phänomenalen erblicken kann, nicht aber die eine Wirklichkeit dahinter. Mâyâ aber erhält in sich zwei Aspekte, den die Leidenschaft und Gier generierenden Aspekt des Nicht-Wissens, der Nicht-Erkenntnis, und den Aspekt der Erkenntnis (vidya), der den Menschen zur Verwirklichung des Absoluten führt und in einer Spiritualität Ausdruck findet, die über Zeit, Raum und Kausalität hinausführt.

[11] Vgl. P. Hacker, Die Idee der Person im Denken von Vedanta-Philosophen, in: StMiss 13 (1963) 30–52; L. Schmitthausen, Ich und Erlösung im Buddhismus, in: ZMR 53 (1969) 157–170; T. W. Organ, The self in Indian philosophy, 1964; G. Tucci, Storia della filosofia indiana, 1957, 334 ff.; J. Gonda, Die Religionen Indiens I, 1960, 200 ff.

[12] Vgl. E. Frauwallner, Geschichte der indischen Philosophie, Bd. 1, 1953, 70 ff.; P. Hacker, Untersuchungen über Texte des frühen Advaitâvâda, 1. Die Schüler Sankaras. Akad.Wiss. Lit.Mainz, 1950, 35.47 f. 137.

identisch mit dem Selbst oder dem eigentlichen Wesen des Menschen, dem Atman.[13] Brahman, Chiffre für das Absolute, ist so der Seinsgrund und die alles durchdringende und tragende Macht, aus der alles hervorgeht und zu dem das Atman, in der Weise in Beziehung steht, dass die Erkenntnis von Brahman erlösend ist.[14] In den Brhadâranyaka-Upanishad (1.4.10) heißt es von dieser absoluten Kraft zum Urgrund: »Fürwahr, Brahman war dies alles am Anfang«, und dieses Absolutum wird auch mit Wahrheit, Unendlichkeit, dem Sein identifiziert. Die Explikation seines Wesens und seines Verhältnisses zur Welt bieten die verschiedenen Vedânta-Schulen, so bei Shankara als das »Satchidânanda«, es ist absolutes, ewiges unwandelbares Sein (Sat), als Chit ist es absolutes Bewusstsein, und als Ananda, absolute Freude. Dabei umfasst Chit vier Bewusstseinszustände wie Wachen, Träumen, Tiefschlaf und Samadhi (wörtlich »Festmachen«), ein Bewusstseinszustand, in welchem das Denken des Menschen an sein Ende kommt. Es ist ein völliges Aufgehen im Gegenstand der Meditation, beim Absoluten als Vereinigung mit ihm. Dieses ewige, unveränderliche Absolute als die höchste nicht-duale Wirklichkeit kann vom Denken und der Sprache nicht erfasst werden, so dass Shrî Râmakrishna (1836–1886) pointiert sagt: »Keine Zunge hat Brahman je befleckt«.[15] Näherungsweise wird es als »das Eine ohne ein Zweites« benannt, als das absolute Sein, absolute Bewusstsein und als absolute Seligkeit, denn es ermöglicht das Dasein und die Wahrnehmung des Seins und der Seligkeit. Das vedische Axiom »Kham Brahm«, »Alles ist Brahman«, ein Advaita-Ausspruch, besagt, dass nichts anderes existiert als Brahman, weil alles nur Brahman ist und der Mensch darauf seine Vorstellungswelt des Denkens projiziert wie eine Schlange auf ein Tau. Philosophisch betrachtet ist es Brahman, das sich durch seine Shakti, seine energetische Kraft, als individuelles Selbst manifestiert. Svami Vivekânananda (1863–1902), der bedeutendste Schüler Râmakrishnas, sagt: »Ishvara ist die höchstmögliche Lesart des Absoluten (Brahman) durch das menschliche Denken«, ein Denken, in dem das Göttliche eins ist mit aller Existenz, aber als Ishvara (= »Herr des Universums«), als Vorstellung eines persönlichen Gottes, der alle Existenz übersteigt. Die ganze Kraft der Liebe im gläubigen Menschen wendet sich der Seligkeit (ananda) zu, einem Zustand jenseits aller Dualität und aller Gegensatzpaare. Es ist die Auffassung des Vedanta, dass es um einen Bewusstseinszustand geht, der frei ist vom Denken und reine Seligkeit ist und ohne die dunklen Projektionen wie Krankheit, Alter, Tod, Angst, Sorgen, Leid und Kummer. In solcher Spiritualität spielt der Mantra, das

---

[13] Vgl. Châundogya-Upanischad III. 14,4.
[14] Vgl. J. Gonda, Notes on Brahman, 1950; P. Thieme, Brahman, in: ZDMG 102 (1952) 91–129; E. Frauwallner, Geschichte der indischen Philosophie, 2 Bde., 1953–56.
[15] Sh. Râmakrishna, Das Vermächtnis, 1981, 37; vgl. A. Mookerjee / M. Khanna, Die Welt des Tantra in Bild und Deutung, 1978.

heilige Wort, eine große Rolle in der Kontemplation. Besonders die heilige Silbe OM als Lautgestalt des Absoluten, die mit anderen Silben oder Worten kombiniert, innerlich wiederholt wird (japa), dient dazu. Mantra, eine kraftgeladene Silbe, die in ständiger Wiederholung zur Beruhigung und Läuterung des Denkens führen soll, hat in der Silbe OM, eine »paranava«, eine heilige Silbe aus den fernsten vedischen Zeiten, das zentrale Mantra Indiens, einen heiligen Laut und ein Symbol des Absoluten in der Form eines Lautes, einen Ausdruck des »Urlautes«, der unaussprechlich und zeitlos ist.

»Brahma ist das Ziel, das es zu erlangen gilt,
auf das man hinstreben muß, ohne sich ablenken zu lassen;
der Pfeil ist der âtman, das eigene Ich ...
der Bogen ist OM.«
(Mândûka-Upan. 2,2,4)

Und:

»All dies ist die Silbe OM:
alles, was war, was ist, was sein wird,
alles auch, was jenseits der drei Zeiten besteht.«
(Mândûka-Upan. 1)

2. OM: Das unfassendste und erhabenste Symbol der hinduistischen spirituellen und liebenden Erkenntnis

OM, in ihm hat alles, was ins Dasein gerufen wurde, seinen Ursprung. Es existiert jenseits der drei Zeiten und wird aus drei Elementen bestehend gedacht: A+U+M, klanglich verdunkelt und in nasalem Nachklang endend. Gerade weil es an der äußersten Grenze eines hörbaren Lautes liegt und gleich ins Schweigen, in die Stille versinkt, schien es geeignet, das unsagbare Geheimnis des göttlichen Einen mit dem Ins-Nichts-Versinken des Wortes und des Denkens auszudrücken. Es ist der letzte Anhaltspunkt des nachsinnenden menschlichen Geistes, ehe er sich im Schweigen verliert.

Und:

»Das ist die beste, die höchste Stütze.
Wenn man sie erkannt hat,
erreicht man die Herrlichkeit in der Welt Brahmans ...
Diese Silbe OM ist das brahman,
diese Silbe OM reicht über alles hinaus ...
OM ist das Wort, das alle Veden verkünden,
das Wort, auf das alle Askese hinweist ...«
(Katha-Upan. I, 2, 15–17)

Und die Ausdeutung:

»A ist das erste Maß (mâtra) und entspricht dem Zustand des Wachens.
U ist das zweite, das dem Zustand des Traumes entspricht,

und

M, das dritte, entspricht dem Zustand des tiefen Schlafes.
Das vierte Maß sodann das ohne Maß (a-mâtra). Das ist der
Zustand jenseits aller Zustände, die der Mensch erfassen
oder von denen er Bewusstsein haben kann; keine Beschreibung lässt sich
von ihm geben. Dies ist der turya (der ›vierte‹), Friede, Freude,
Nicht-Zweiheit.«
(Mândko-Upan. 1, 9–12, 7).
»Die ersten drei Maße sind Brahman in seiner Kundgebung. Das letzte,
schweigende, ist Brahman in seinem eigenen Geheimnis.«
(Maitri-Upan. 6,6 und 22–23).

Weil sich in OM alles Sagbare-Unsagbare zusammenfasst, was der Mensch meint, von Gott aussagen zu können, endete jeder vedische Gesang mit OM, wie er auch mit OM begann. Da es Denkbewusstsein nur im Wachen und Träumen gibt, ist dieses »Vierte« (Turîya) der überbewusste Zustand der Erleuchtung, jenseits von Denken, Kausalität und Körperidentität, und daher unbeschreibbar. Es wird in den Mândûkyâ-Upanischad negativ als »weder subjektive noch objektive Erfahrung, weder Bewusstsein noch Unbewusstsein, weder Erkenntnis der Sinne, noch relative Erkenntnis noch abgeleitete Erkenntnis« umschrieben, positiv aber als »reines, einheitliches Bewusstsein, unaussprechlicher Friede« und als »das Wesen des Atman«. Als jenseits von Körper und Denken und als absolutes Bewusstsein ist es identisch mit Brahman und den Merkmalen (âtmakara) wie ewiges, absolutes Sein, absolutes Bewusstsein und absolute Seligkeit. Dieses Turîya genannte Brahman-Bewusstsein (Brahma-Chaitanya) ist der überbewusste Zustand, der nur im Samadhi erfahren wird, wo es keine Identifizierung mehr gibt mit Körper und Denken. Dieser über das Wachen, Träumen und der Tiefschlaf hinausgehende Zustand sistiert alles Denken und geht völlig im Objekt auf, über das meditiert wird. Dabei gibt es wie auf einer Stufenleiter verschiedene Stufen, deren höchste die Nirvikalpa-Samâdhi ist (wörtlich: »wandelloser Samâdhi«) als Ausdruck für den höchsten, transzendenten Bewusstseinszustand. Es ist die Verwirklichung der vorher nur vorgestellten Denkform »Ich bin Brahman«.[16] In diesem höchsten Zustand aber sind Denken und Dualität, Subjekt und Objekt-Beziehung sistiert und aufgehoben.

---

[16] Vgl. L. Renou u. L. Silburn, Sur la notion de Brahman, in: Journ. Asiatique 237 (1949) 7–46.

VII Das Eine und das Viele

Nach der Auffassung des Advaita-Vedânta, dessen wichtigste Vertreter Shankara (788–820), einer der größten Philosophen und Mystiker Indiens, kann es weder wirkliche Atheisten noch Gottesleugner geben, denn wer an Gott zweifelt, kann nicht zweifeln, dass er zweifelt; zum Zweifeln bedarf er Chit, Bewusstsein, also gerade das, was er bezweifeln möchte, denn Chit ist identisch mit Gott oder Brahman. Die Kalligraphie des OM-Symbols ist Ausdruck der geschauten Wahrheit. Die wahre Kontemplation (bhavana) besteht darin, sich ständig die transzendente Wirklichkeit zu vergegenwärtigen. Im Buchstaben OM wird die Welt des Körperlichen, des Geistigen und des Unbewussten durch drei halbkreisförmige Kurven dargestellt und das höchste Bewusstsein durch den Punkt außerhalb und darüber gesetzt. Dieser erleuchtet die drei genannten und enthüllt sie, so dass OM zu einem Ausdruck der konkret geschauten Wahrheit ist. Das OM-Symbol mit seinen drei miteinander verbundenen Kurven, wo eine aus der anderen hervorgeht, bildet zusammen mit dem einen Punkt, der das Ganze beherrscht, ein geschlossenes Universum. Zugleich weist das Symbol auf die drei Bewusstseinszustände hin, das Wachen, das Träumen und den Tiefschlaf sowie auf das höchste Bewusstsein, das Selbst, das sie alle drei durchdringt. Der Kreis unter dem Punkt ist offen und steht für die Unendlichkeit. Damit wird angedeutet, dass das begrenzte menschliche Denken nicht die Abgründigkeit, die Tiefe und Höhe des Punktes zu erfassen vermag. Die größere untere Kurve steht für das Wachbewusstsein mit der materiellen Ebene und seinem Tun und Lassen. Die zweite kleine Kurve als Ausdruck der Ebene der Traumzustände symbolisiert das Denken. Die dritte obere Kurve symbolisiert als Tiefschlaf das Unbewusste. Diese steht in unmittelbarer Nähe zum Punkt des absoluten Bewusstseins wie eine Brücke, denn das absolute Bewusstsein ist Quelle der Erleuchtung der drei anderen Zustände und deren dominantes Ziel. Im Zustand des Wachbewusstseins (Jâgrat) denkt und handelt der Mensch nach seinem Wachwerden. Es ist ein Bewusstsein, in dem sich die Sinne und das Denken nach außen wenden. Im Traumzustand (svapna) arbeitet das Denken unabhängig vom Körper und der Außenwelt, wird aber vom Wachbewusstsein für unwirklich und für eine Täuschung gehalten. Im Tiefschlaf (sushupti) setzt das Denken aus. Es existiert weder das Denken noch das menschliche Ich noch die Bewusstheit des Körperseins und des Universums. Der Tiefschlaf, das Unbewusste, liegt dem absoluten Bewusstsein am nächsten und ist verbindendes Glied zur Erleuchtung. Erst der vierte Punkt, Turîya, wirft das Licht auf die drei ersten Zustände. Dieser überbewusste Zustand der Erleuchtung strahlt durch sein eigenes Licht und ist der Zustand des absoluten Bewusstseins jenseits von Denken, Ursächlichkeit und Körperlichkeit. Er entzieht sich jeder Beschreibung und trägt den psychologischen Namen Turîya und den philosophischen Namen Brahman. Er ist erfahrbar, wenn man über die drei Zustände hinausgelangt ist, um sich mit ihm zu verbinden als Eingehen in das absolute Bewusstsein, als Punkt hinter der Körperlichkeit und dem Denken, oder als Punkt der Lösung von den Fesseln der Welt der Erscheinungen. Mayâ mit Brahman untrennbar verbunden, ist dessen Kraft und Energie (shakti), seine personifizierte Ur-Energie, der dynamische Aspekt Brahmans, durch den er schafft, erhält und auflöst.

Die verschiedenen religiösen Übungen der Meditation und Kontemplation haben zum Ziel, das Bewusstsein des Übenden zur Erfahrung des »Erwachens«, der »Befreiung« und der »Erleuchtung« zu führen. Zu dieser Erfahrung wurden verschiedene »Wege« und Praktiken der Führung entwickelt, die wiederum von unterschiedlichen historischen und geographischen Gegebenheiten mitbedingt sind. Ziel ist es, einen »unheilsamen« Bewusstseinszustand zu »heilen« mit Hilfe eines meditativ-kontemplativen »Heilmittels«. Den Meditationsformen ist gemeinsam, dass die Übung den Geist des Übenden sammelt, ruhig werden lässt, ihn klärt, wie sich ein aufgewühltes trübes Wasser beruhigen und klären muss, dass man auf seinen Grund schauen kann. Sehr unterschiedlich sind die Meditationshilfen dazu wie Körper- oder Atemübungen (Yoga), Sammlung auf symbolische Formen (Mandala) oder Klänge (Mantra), so im indischen Tantra und im tantrischen Buddhismus, oder Empfindungen wie »Liebe«, »Erbarmen« oder bildhafte Vorstellungen sowie die inhaltlose Wachheit im Zen. Die Unterscheidung von Subjekt und Objekt soll verschwinden, damit der Übende zur Einheit mit »Gott« oder dem »Absoluten« gelangen könne.

3. Bhakti-Spiritualität als Hingabe und Liebe

In der Bhagavad-Gîtâ (wörtlich: »Gesang des Erhabenen«),[17] ein philosophisches Lehrgedicht und Teil des indischen Nationalepos Mahâbhârata (6. Buch), empfängt der Kriegsheld Arjuna von Krishna auf einem Schlachtfeld eine Belehrung. Wie kaum ein anderes Werk hat es auf die indische Spiritualität eingewirkt und wurde von den Lehrern und Philosophen der verschiedenen Vedânta-Schulen als heiliger Text verehrt und gedeutet. A. W. v. Schlegel hatte es 1823 ins Lateinische übersetzt. W. v. Humboldt

---

[17] G. von Simson, Zur Einschaltung der Bhagavadgîtâ im Bîshmaparva des Mahâbhârata (II), 11, 1968/69, 159–174; S. Radhakrishnan, Die Bhagavadgita, 1958; M. Ježic, Textual layers of the Bhagavad-Gita as traces of Indian cultural history, in: K. Morgenroth (Hg.), Sanskrit and World Culture, 1979, 628–638; P. Schreiner, Die Bhagavadgita, 1991 (dtsch.); P. Flamm / H. v. Stietencron (Hg.), Epic and Puranic Bibliography, 1992; A. Malinar, Râjavidyâ, 1997 (Lit.).

schwärmte, dass »diese Episode des Mahâbhârata das Schönste ist, das alle uns bekannten Literaturen aufzuweisen haben«.

Das Schlachtfeld ist ein Symbol für die immerwährenden Kämpfe im Inneren des Menschen zwischen Gut und Böse, zwischen seinem Ego und seiner höchsten Natur. Krishna zeigt Arjuna den Weg von Erkenntnis, der durch intellektuelles Unterscheidungsvermögen (Viveka) zu Gott führt. Die Erscheinungswelt wird als hinfällig und unwirklich durchschaut im Blick auf die unvergängliche, ewige Wirklichkeit: Brahman. Dieser Weg verlangt Bindungslosigkeit, Entsagung und Läuterung des Denkens. Der zweite Weg ist der Bhakti-Weg der Liebe zu Gott und die Hingabe an ihn. Der dritte Weg ist der Weg selbstlosen Tuns, bei dem der spirituell Strebende sein Tun und die Früchte seines Tuns als Opfer Gott anheimgibt. Im 3. Kapitel der Bhagavad-Gîtâ sagt Krishna zu Arjuna:

> *»Für den Besinnlichen gibt es den Pfad der Erkenntnis, für den Weg der selbstlosen Tat. Niemand wird vollkommen dadurch, dass er der Arbeit entsagt. Niemand kann dem Tun entsagen, jeden zwingen dazu unausweichlich die Gunas.*[18] *Deshalb musst du jede Tat vollziehen als eine Darbringung an Gott und frei sein von aller Bindung an die Ergebnisse. Auf diese Weise erreicht der Mensch die letzte Wahrheit durch Arbeit, ohne sich um ihre Früchte zu sorgen. Der Nichtweise wirkt für die Früchte des Handelns. Der Weise wirkt gleichfalls, doch ohne Verlangen nach Lohn.«*

Die Einstellung des danach Strebenden ist nicht die des Handelnden, sondern die des Betrachtenden, der weiß, dass er der Atman ist von den Gunas, die alle Handlungen auslösen.[19] Der vierte Weg ist der der Meditation (Râja Yoga), »der königliche Yoga«, der moralische und ethische Übungen umfasst, ferner Körperhaltungen und Atemübungen, das Abziehen der Sinne von den äußeren Objekten, dann die Konzentration auf einen Punkt, ferner Ablassen von der Projektion eigener Vorstellungen auf den Gegenstand, um ihn mit sich zu vereinigen, um schließlich zu dem unbewussten Zustand zu gelangen, in dem die Dualität und die Erscheinungswelt inexistent sind.[20]

Auf dem Weg liebender Hingabe, dem bhakti-mârga wird die Gottheit mystisch verehrt. Die Bhakti-Mystik kennt verschiedene Stufen. Im Râga-Bhakti geht es um einen Zustand, in welchem der Bhakta, der durch Liebe und die Hingabe zu Gott Gewandte, nur an ihn denkt. Alles erinnert ihn an Gott und alles bezieht er in intensiver Liebe auf ihn. Der Bhakta braucht seine Gefühle nicht zu unterdrücken, sondern richtet sie mit aller Eindringlichkeit auf das Objekt seiner Liebe. In dieser Stufe des Bhakti-Yoga kann

---

[18] »Gunas« sind alle Objekte der Erscheinungswelt und Eigenschaften der Mâyâ.
[19] Vgl. S. Vivekananda, Karma-Yoga und Bhakti-Yoga, 1983.
[20] Vgl. S. Mishra, Vollendung durch Yoga, 1985. Als Weg der Gotteserkenntnis ist Yoga in seinem allgemeinsten Sinn keine indische Besonderheit sondern eine allgemeine mystische Erfahrungsweise.

der Bhakta sich auf fünf verschiedene Weisen auf sein »Erwähltes Ideal«, den »Ishta-Deva« (ishta = Geliebter; der Wunsch; deva = Gott) beziehen. Dazu bedarf er für seine Hingabe und Anbetung eines konkreten Ideals, auf das er all seine Aufmerksamkeit richtet. Die erste der fünf verschiedenen Einstellungen des Gottliebenden ist der »innere Friede« (shânta), eine friedliche und fröhliche Stimmung, in der er sich Gott nahe fühlt, ohne noch eine bestimmte Beziehung zu ihm aufgebaut zu haben. Die zweite Einstellung ist die Einstellung (dâsya = Knecht) des Gottesverehrers als eines Dieners seinem Herrn und eines Kindes zu seinen Eltern und Beschützern gegenüber. Die dritte Einstellung (sâkhya) ist die eines Freundes zu seinem Freund. Die vierte Einstellung des Gottliebenden (Vâtsalya: skrt. = Zärtlichkeit) ist die zärtliche Liebe der Eltern zu ihrem Kind und als madhura die innige Haltung des Liebenden dem Geliebten gegenüber. Der höchste Zustand der Liebe zu Gott ist Para-Bhakti (skrt. Para = »höchst«), in der nichts existiert außer ihm und dem Bewusstsein, mit ihm eins zu sein, es ist eine ekstatische uneingeschränkte Höchstform der Gottesliebe (prema-bhakti), in der der Liebende nach Gott verlangt wie ein Ertrinkender nach Luft.

4. »Shakuntala«: »Unteilbar wie der Himmel ist die Liebe«

In der Zeit der Gupta-Dynastie, einer der erfolgreichsten indischen Herrscherfamilien zwischen 320–550 n. Chr., auch als die »goldenen Jahre« bezeichnet, schuf Kâlidâsa das Sanskrit-Drama »Shakuntalâ«. Kâlidâsa, sein Name bedeutet »Diener der Göttin Kali«, war vermutlich ein Brahmane und gilt als der berühmteste aller irdischen Dichter. Er lebte um die Mitte des ersten Jahrtausends am Hof des Königs Vikramâdita in Ujjayinî, einer der sieben heiligen (Pilger-)Städte (nagara), in denen die Hindus »Seligkeit« (ananda) und absolute Freude zu erlangen hofften. Am königlichen Hofe, an dem die Dichtkunst eine blühende Pflegestätte fand, versammelte der König neun erlauchte Dichter und Gelehrte, die »Neun Edelsteine« um sich, zu denen auch Kâlidâsa gehörte. Kâlidâsas Werke waren die ersten, die aus dem Sanskrit in die westlichen Sprachen übersetzt wurden und die indische Literatur in Europa bekannt machten. Sein siebenaktiges Schauspiel »Shakuntala« fand nicht nur größte Beliebtheit, sondern errang auch größten Ruhm in der Geschichte der Weltliteratur. Kâlidâsa greift in seinem Drama die Themen »Liebe« (aham) und »Krieg« (puran) auf sowie die Gefühlsgewalt menschlicher Triebe (rati), und blickt dabei auf die Tradition der »erinnerten« Schriften (smrti) zurück. Die Gefühle des Menschen, die traditionell in die beiden Bereiche wie Liebe und Zorn, Mut und Abscheu auf der einen Seite und in Heiterkeit, Mitleid, Verwunderung und Schrecken auf der anderen Seite geschieden werden, bestimmen den Menschen in all seiner Wankelmütigkeit. Als Meister der lyrischen, epischen und dramatischen Sprachkunst erhielt er von seinen Zeitgenossen den Titel »Großer Dichter« (mahâkavi) und von den späten europäischen Bewunderern das Epitheton »indischer Shakespeare«. Von großer nachhaltiger Wirkung war nicht nur die englische Übertragung der Bhagavad-Gita durch Wilkins im Jahre 1784, sondern auch die englische Übersetzung von Kâlidâsas Shakutala im Jahre 1789. Raymond Schwab notiert zur Bedeutung dieses Drama: »Es ist allgemein bekannt, dass Herder die Romantiker zu der Idee animiert hatte, die göttliche Wiege der Menschheit nach Indien zu versetzen, weil es ihm gelungen war, für das entschlüsselte Indien ebenso begeistertes Interesse zu wecken wie es für das imaginierte Indien geherrscht hatte«.[21] Im ersten Jahrzehnt des 19. Jahrhunderts erschienen dann auch die deutschen Übersetzungen der Bhagavad Gita und Gita Govinda und übten einen gewaltigen Einfluss aus auf Friedrich Schleiermacher, Friedrich Wilhelm Schelling, August Schlegel, Friedrich Schiller, Novalis, auf Goethe und Schopenhauer ein. Als Goethe in einer Übertragung Kâlidâsas Drama kennenlernte und sich von diesem »großen Wunder« verzaubern ließ, fasste er seine Begeisterung in den berühmten Vierzeiler:

»*Will ich die Blumen des frühen, die Früchte des späteren Jahres,*
Will ich, was reizt und entzückt, will ich was sättigt und nährt.
Will ich den Himmel, die Erde mit einem Namen begreifen,
Nenn ich, Sakuntala, dich, und so ist alles gesagt.«

Das der Shakuntala-Handlung vorausgehende Vorspiel auf dem Theater wird Goethe für sein Vorspiel des »Faust« inspirieren. Kâlidâsas Drama (nataka) in sieben Akten, »Sakuntala oder das Erkennungszeichen«, ist in mehreren Rezensionen überliefert, einer längeren Bengali-Rezension, die Georg Forster 1791 ins Deutsche übersetzte, und einer kürzeren, zentralindischen oder Devanâgarî-Rezension, die H. C. Kellner 1980 übertrug.[22] Die märchenhafte Liebesgeschichte der Shakuntala-Handlung basiert auf einer Episode aus dem monumentalen und zugleich umfangreichsten Heldenepos der indischen Literatur, dem Mahabhâratâ. In seinem literarischen Werden wurde es zu einem großen Sammelbecken des indischen Volksgutes an Göttersagen, Fabeln und märchenhaften Erzählungen. Das Schlusswort Shakuntalas, »Wenn Ewiges ins Leben bricht, beginnt die Finsternis zu loben«, resümiert

---

[21] R. Schwab, The Oriental Renaissance: Europe's Rediscovery of India S 59 and the East, 1680–1880, 1984. 59. »Erst 1771 wurde die Welt wirklich rund, nur war nicht mehr die halbe geistige Landkarte leer« – in: La Renaissance Orientale, 1950.
[22] W. Jones, Sakontola, 1789 (engl.); G. Forster, Sakontala oder: Der entscheidende Ring, 1791 (aus d. Engl.); Ders., Sakontala, 1803 mit einer Vorrede von J. G. Herder; F. Rückert, Sakuntala, 1876, Neuauflage H. Losch, 1960 (RUB).

die Mythe, die sich gegen die Dämonien des Unbewussten behaupten musste. Es ist die Geschichte des Königs Dusyanta, der auf der Jagd zum Waldhain des Asketen Kanva kommt, einem Büßerwald, wo er dessen Pflegetochter und Büßermädchen Shakuntala erblickt. Beide werden von großer Liebe zueinander entflammt. Der König zögert seine Rückkehr ins Schloss hinaus und als er seinen Aufbruch nicht mehr hinausschieben kann, schließen beide heimlich die Ehe. Als Unterpfand seiner Liebe schenkt der König Shakuntala seinen Ring und enteilt. In diesem Liebestraumglück versäumt Shakuntala einem wandernden Asketen und Weisen den gebührenden Gruß zu entbieten, der sie darauf verflucht. Wie ein tiefer Schatten liegt nun der Fluch auf ihr, in dessen Folge sie der König vergisst. Freundinnen können den Fluch dahin mildern, dass wenn der König seinen Ring erblickt, auch das Vergessen Shakuntalas von ihm weichen werde. Als sie ein Kind von ihm erwartet und zum Königshof wandert, verliert sie unterwegs den Ring und erleidet vor dem König die Schmach des Nichterkanntwerdens. In ihrer Verzweiflung flieht Shakuntala zu ihrer Mutter, einer Apsara-Nymphe. Aber es vollzieht sich die rettende Wendung durch einen transzendenten Eingriff durch die Götter. Fischer bringen dem König einen Fisch, in dessen Bauch sich der verlorene Ring findet. Der König beginnt nun sich an alles wieder zu erinnern und wird von tiefer Reue über das Getane und Versäumte gepackt. Eine tiefe Schwermut befällt ihn. Ein Priester in der Maske des Gottes Matali löst den an sich Gefesselten aus seiner Selbstbefangenheit und Selbstliebe, so dass der König zu ihm sagt: »Du hast mich von mir selbst befreit«. Ein Bote des Götterkönigs Indra ruft ihn nun zum Kampf gegen die Dämonen. Auf seinem Rückweg in den Wald kommt er zu einer Einsiedelei, wo ein Knabe mit einem jungen Tiger spielt. Am furchtlosen Adel des Jungen erkennt er sein eigenes inneres Selbst: es ist sein Sohn. Voller Freude führt er ihn zu seiner Mutter (Genoveva-Motiv) und trifft wieder auf seine Shakuntala.

Die episch-dramatischen Szenen sind auf sieben Akte verteilt, wobei mit den Zeitzäsuren sehr frei umgegangen wird: nach dem 3. Akt erfolgt ein Einschnitt von sieben Monaten, in denen Shakuntala ihr Kind unter dem Herzen trägt; nach dem 5. Akt folgt ein Einschnitt von sieben Jahren, bis es zur Wiederbegegnung mit dem König kommt (6.–7. Akt). Der religiöse Horizont des Dramas ist indisch. Shakuntalas Pflegevater ist der fromme Rishi und Heilige Kanva, der sie großgezogen und der später zum großem Büßer Maritscha erhöht, die beiden sich wieder findenden Liebenden unter seinen Segen stellt. Die im Spiel agierenden Nebenfiguren sind die beiden Büßermädchen Anasuya, die strengläubig Fromme, und Priyamvada, die dem Leben zugewandte Fromme. Zwischen den beiden Mädchen steht Shakuntala, Tochter eines Heiligen, der sie in Sünde gezeugt hatte: »Wo Heilige erstehen, mehren sich die Sünder«. Ein schicksalhafter Fluch hatte die Lie-

VII Das Eine und das Viele

bende verhängnisvoll vom Geliebten getrennt. Im Umkreis des Königs aber stehen sein Hoherpriester Saradvata, sein Lebensberater, und sein Hofnarr und Lebensfreund Mathavya, der ihm schonungslos den Spiegel der Wahrheit vorhält und die Sentimentalitäten der Liebesidylle hinterfragt. Priyamvada und Mathaviya sind im Aufbau des Stückes korrespondierende lebensfrohe Aspekte in der Darstellung. Ins dramatisch-verklärte Licht der Darstellung ist Shakuntala gestellt, die reine Seele und im Geiste des weisen Büßers Kanvas erzogene, der alles in den Strom des ewigen Dharma lenkt, die Grundlage aller Moral und Ethik, Basis der Religion und der Pflichten, gesetzliche Ordnung des Universums mit den Gesetzen, denen sich alle beugen müssen. Er spricht Shakutalas Wesenswort aus: »Solange du dem Urgrund eingewurzelt bleibst, bist du daheim und niemals in der Fremde.« Der fünfte Akt zeigt ihren Zusammenbruch, als sie von ihrem geliebten König fluchbedingt nicht erkannt wird. Und als der Priester ihren Gemahl verfluchen will, zürnt sie dennoch diesem. Um des gemeinsamen Kindes willen erinnert sie den König an die Stunde, da er ihr seinen Ring gegeben, den sie aber im Fluss verloren hatte. Auch wahrt sie ihren Seelenstolz, als der König sie ihrer »honigsüßen Lügen« bezichtigt: »Mein Gatte ist gerecht und fromm, kein Larvenmensch wie ihr«. Und doch kann sie nicht im »Urgrund« zwiefältig aufgespalten werden: »Unteilbar wie der Himmel ist die Liebe«. Der Berater aber schleudert dem König die Worte entgegen: »Wenn Leidenschaften blind und hemmungslos das Tor der Seele wütend überfluten, dass Liebe weit dem Liebenden aufgetan, versinkt mit reinstem Glück auch die Erinnerung, und einsam stehen wir in Eiseskälte«. Drei Vorspiele, zum 4., 5. und 7. Akt gliedern den breit ausgeschriebenen Ablauf der Handlung: es ist die Stimme des fluchenden Büßers, es ist die Szene des Wiederfindens des Ringes im Bauch eines Fisches, und es ist die Liebesszene Narr und Priyamvada. Die Haupthandlung aber ist über dem Schlusswort des weisen und heiligen Büßers Maritscha aufgebaut:

»*Wer dem Urgrund Treue wahrt,*
lebt des Lebens Leben.«

Alles zwiegespalten Scheinende findet seine Schlichtung im Heiter-Verklärten und spiegelt so den einen tragenden Seinsgrund. Dieses ursprüngliche, naturverwandte Dasein sucht die Einheit von Ich und All. Es ist die ontologische Einsicht »Ich bin das Brahman«: »Ich bin das All«, mit dem Erlösungssinn: »tat tvam asi«, »das bist du«, d. h. »das Absolute ist mit dir wesenseins«. In diesem bekannten und bedeutendsten Lehrsatz der Vedânta-Philosophie[23], in der Chândogya-Upanishad enthalten, wird das Wesen des

---

[23] Radhakrishnan schreibt in seinem Werk »Indische Philosophie«, 1955, in der Einleitung des Kapitels über das Vedânta-Sûtra: »Die Vedânta-Philosophie ist von allen Hindu-

»wirklichen Selbst des Menschen« (Atman) erörtert. Es soll eine letzte Wahrheit übermittelt werden, wobei mit »Das« nur Brahman, das Absolute, Ewige, Unwandelbare gemeint ist, und mit »Du« das mit dem Brahman identische Atman.

5. Govinda-Gita: Glühende Bhakti-Liebe der Seele

Jayadeva, der Hofpoet des bengalischen Königs Lakshmanasena Anfang des 12. Jh., ist der Dichter des schönsten lyrischen Liebesgedichts Indiens »Gitagovinda«. Er besingt darin die Liebe zwischen Krishna[24] als Kuhhirte Govinda und dem Hirtenmädchen Râdhâ. Mit »Govinda« wird Krishna häufig angeredet, um damit zum Ausdruck zu bringen, dass er der Kenner der Erde und der Sinne ist sowie der Beschützer der Kühe (go: sowohl »Kuh« als auch »Erde«), den von den Hindus hochverehrten Lebensspenderinnen. Dieser Mythos fand seine Darstellung auf zahlreichen Gemälden sowie in Liedern, die von den glühenden Krischnaverehrern gesungen wurden. All die Liebe der Frauen zu Krishna verdichtet sich in der Sehnsucht Radhas zu ihm, die als Lied in der angemessenen »Raga«-»Stimmung«[25] ihre musikalische Begleitung fanden, jener als Gottheit personifizierten Tonart-Melodie.

Diese im wunderbaren Hindi verfassten zwölf Gedichte[26] fanden ihre Illustration in subtilen farbigen Miniaturen, als feinsinnige Spiegelungen der jeweils möglichen Gefühle. Es wird das Mädchen gezeigt, wie es am Abend aus dem Hause eilt, um im Wald ihren Geliebten zu treffen, aber es braut sich am Himmel ein Gewittersturm zusammen mit zuckenden Blitzen, die ihre Emotionen (Leidenschaft) und Ängste symbolisieren. Als sich die beiden Liebenden treffen, beginnt der Regen zu fallen (Symbol der Fruchtbarkeit) und über dem Himmel ziehen zwei Schwäne ihre Bahn, die heiligen

---

Gedankensystemen am engsten mit der indischen Religion verknüpft und beeinflusst in der einen oder anderen Form die Weltanschauung jedes Hindu-Denkers heute.
[24] Krishna, im Sanskrit wörtlich »schwarz« oder »dunkelblau«, war ursprünglich Symbol für den unendlichen Raum des Universums. Später im religiösen Denken der Rigveda, dem ältesten Zeugnis der indischen Literatur, als Gottheit genannt, wird er zum gefeiertsten Helden der indischen Mythologie und eine der bekanntesten Gottheiten. Er belehrt seinen Freund und Schüler Arjuna, der das Paradigma eines spirituell Strebenden ist. Durch den Gott wird die ganze Menschheit in ihr belehrt, eine Unterweisung, die in der Bhagavad-Gîtâ enthalten ist.
[25] »Râga«, wörtlich »Leidenschaft, Grundmelodie«, ist eine Tonart, die bestimmte Stimmungen ausdrückt und an genaue Tageszeiten gebunden ist.
[26] Vgl. E. Arnold, The Light of Asia. The Indian Song of Songs, 1949; P. Thomas, Epics, Myths and Legends of India, 1973; H. v. Glasenapp, Der Stufenweg zum Göttlichen, 1948. Das Werk findet noch heute seine melodramatische Aufführung und 1837 hat Friedrich Rückert einzelne Gedichte der Liebespoesie ins Deutsche übersetzt.

Tiere des Brahma, des Schöpfergottes und des ersten, aus dem goldenen Ei (Hiranyagarbha) entstandenen Bewusstseins im Universum, sowie der Sarasvati, der Göttin der Künste, der Beredsamkeit, Gelehrsamkeit, Intuition sowie des göttlichen Wortes. Krishna als Liebhaber wird in blauer Haut und mit der Königskrone dargestellt, der Gott, der die Frau in hingebungsvoller Verehrung sucht. Sie symbolisiert die menschliche Seele, die sich in Sehnsucht nach dem Göttlichen, der spirituellen Wirklichkeit der transzendenten Welt ständig sehnt, um in sie einzugehen. Der Dichter besingt Krishnas Jugend als Hirtenknabe »Govinda« im heiligen Wald von Vrindâvana, am Fluss Yamunâ in der Nähe von Mathurâ, wo Krishna geboren wurde. In Vrindâvana verbrachte er seine Jugend, dort spielte er als Hirtenknabe »Govinda« mit den Gopîs, den Hirtenmädchen, seinen Gespielinnen und Verehrerinnen, den Vorbildern und Symbolen für intensive Gottesliebe, allen voran Râdhâ. Unter den Kuhhirten lebend, wird er Gopâla (»Kuhhirte«) genannt, Vorbild für den nach Vergeistigung strebenden Menschen. Er strebt die vierte der fünf Beziehungen (Bhâva)[27] eines Bhakta, der Liebe zu Gott und die Hingabe an ihn, an. Krishna spielt in einer Mondnacht im Herbst auf einer mystischen Flöte und zieht die Gopîs, die Hirtenmädchen unwiderstehlich in seinen Bannkreis und zum Tanz mit ihm, so dass jede ihn als ihren alleinigen Liebenden erfährt. Ihre Liebe zum jungendlichen Krishna symbolisiert jene Liebe, welche die Seele zu Gott hin zieht in selbstvergessener Hingabe an das Göttliche. Der Zustand des »Râga-Bhakti« ist ein Zustand, in welchem alles den Bhakta, den Gott-Liebenden, an Gott erinnert und er alles auf ihn bezieht bis hin zum »Para-Bhakti«, der höchsten Liebe zu Gott, in der nichts existiert außer ihm und dem Bewusstsein der Einheit mit ihm und der ekstatischen Liebe zu ihm, wie sie durch Râdhâ verkörpert wird. Kâma ist eine der Charakteristika des Daseins in der untersten Sphäre der hinduistischen Kosmologie. Râdhâ wartet die halbe Nacht auf ihren Geliebten, hört ihn kommen und eilt mit ihm in den Wald – zu scheu noch, um ihn anzublicken, den sie liebend preist und verehrt. Für die Gläubigen wird Râdhâ zum Sinnbild der Erfüllung ihrer eigenen »Maya«[28], der Überzeugung, dass das mit den Augen Wahrgenommene

---

[27] Das Sanskritwort »Bhâvâ« bedeutet Gefühl, Empfindung, Ekstase und dient als Bezeichnung für die fünf verschiedenen Haltungen, die ein Bhakta, ein Gott Liebender und sich ihm Hingebender seinem »Erwählten Ideal« (ishta-Deva) entgegenbringt: 1. Shânta, das friedliche Sich-Gott-nahe-Fühlen; 2. Dâsya, die dienende Haltung einem Höhergestellten oder eines Kindes zu seinen Eltern; 3. Sâkhya, die Beziehung der Freundschaft; 4. Vâtsalya, die schenkende Liebe; 5. Madhura, gegenseitige Liebe.
[28] Mâyâ, im Sanskrit wörtlich »Täuschung, Illusion, Schein«, ein universales Prinzip der Vedânta-Philosophie und Basis von Denken und Materie bedeutet die Verschleierung der Sicht des Menschen, so dass er nur die Vielfalt des Universums in den Blick nimmt und nicht die eine Wirklichkeit. Ihr Nicht-Erkennen (avidyâ) führt den Menschen von Gott fort zu größerer Verstrickung ins Weltliche mit der Gier und den Leidenschaften.

noch nicht die Wirklichkeit ist, sondern das trügerische Äußere. Für die indische wie für die platonische Philosophie bedeutet die eigentliche Wirklichkeit die Existenz geistiger Begriffe, für Platon der Bereich der unveränderlichen Ideen gegenüber der realen veränderlichen Welt, die den »Schatten eines fernen Feuers« gleicht, wie er es in seinem Höhlengleichnis beschreibt.

Für die bloß sinnlich Denkenden aber ist Râdhâ das bezaubernd schöne Mädchen, das nackt im Fluss badet und von dem im Baum verborgenen Krishna beobachtet wird. Er stiehlt ihr ihren Sari und als sie ihn bittet, ihn ihr zurückzugeben, steht sie vor der Frage, ob sie bereit sei, ihre Sittsamkeit für ihre Kleidung einzusetzen. Als Preis dafür schenkt ihr der Gott seine Liebe. Krishna nimmt Râdhâ den Schmuck aus ihrem Haar, so dass die glänzenden Locken ihre Schultern bedecken. In ihrem tändelnden Spiel wirft sie ihm vor, er habe sie so lange warten lassen und sie wende sich enttäuscht von ihm ab, während sie sich innerlich nach seiner Umarmung sehne. Diese Episode wird »Lîlâ«[29] (wörtlich »Spiel«) genannt, das göttliche Spiel in der Erscheinungswelt, das die Schöpfung der Welt bewirkt mit all den Freuden und Leiden, Schicksalen und Verhängnissen, Natur und Schönheit. Dieses »Spiel« ist im Grunde die liebevolle Umarmung (shakti = »Kraft«) eines göttlichen Paares, das die Menschenwelt hervorbringt. Die Liebesgeschichte von Krishna und Râdhâ ist die sinnbildliche Darstellung dieses Gedankens. Die Dinge haben nur so lange ihren Bestand, als sie »umarmt« sind, und Kâma[30], »das Begehren« (identisch mit dem griechischen »Eros«) anhält.

---

[29] Lila ist das göttliche Spiel in der Erscheinungswelt, das Relative im Gegensatz zu Nitya (wörtlich: »stetig, ewig«), der letzten Wirklichkeit, des ewigen Absoluten. Wer mit dieser letzten Wirklichkeit eins geworden ist, ist ein Nitya-Mukta, ein für immer Befreiter und Erlöster.
[30] Kâma bezeichnet das Begehren nach Objekten sinnlicher Befriedigung und die Freude an diesen Dingen und ist eine der drei Arten nach Durst, die durch spirituelle Übungen überwunden werden. Schon in den Veden wird Kâma als die Ursache des Lebens gesehen. Der geheimnisvolle Ursprung von Kâma und seine leidenschaftliche Wirkweise haben ihn zum Träger vieler Namen und Attribute gemacht.
Im Rigveda wird Liebes-Verlangen als erste Regung des Absoluten, sich zu manifestieren, angesehen: »Verlangen entstand in ihm, der die Quelle des Bewusstseins ist, den die Heiligen durch ihre Ergründungen in ihren Herzen gefunden haben und der das absolute Sein mit der Erscheinungswelt verbindet«. Ein weiterer Aspekt Kamâs ist der Drang, Gutes zu tun. Eine Hymne des Atharvaveda feiert ihn als Gott und Schöpfer. »Kamâ wurde zuerst geboren. Weder Götter noch Väter, noch Menschen kommen ihm gleich«. Der Atharvaveda, der vierte der Veden als »Wissen vor den Zaubersprüchen« und seinen 731 Hymnen, hat viele Überlieferungen des Volksglaubens bewahrt mit Sühnezeremonien, Verfluchungen, Hochzeits- und Begräbnisgesängen. In einem anderen Teil ist Kâma das erste Verlangen und auch die Kraft, Wünsche in Erfüllung gehen zu lassen. Als Kâma-Deva ist Kâma der Gott der Liebe, wie im Westen Eros und Cupido. Im Aittirîya-Brâhmana ist Kâma der Sohn Dharmas (Skrt., wörtlich »ragen, halten«) des Gottes des kosmischen Gesetzes, der »Großen Ordnung«, der die Welt unterliegt mit den Gesetz der karmisch gesteuerten Wiedergeburt, und der Shraddhâs, der heiligen Schriften lehren und als innere Haltung des Vertrauens, des Glaubens an das, dass sie die Wahrheit verkünden. Dies ist eine Grund-

VII   Das Eine und das Viele

Im Bhâgavata-Purâna, dem »Purana der Anhänger des Erhabenen (Vishnu)«, vermutlich im 10. Jh. verfasst, wird die religiöse Wahrheit narrativ mit dem Leben Krishnas illustriert. Die vielen Geschichten, aus dem Sanskrit ins Hindi übersetzt, tragen den Titel »Ozean der Liebe«. Jedes einzelne Lebensstadium Krishnas dient dazu, seine Verehrung einzuweisen in eine umfassende Spiritualität der Liebe: in das göttliche Liebesverhältnis. Als göttliches Kind manifestiert er den Instinkt der Mutterliebe, als Jüngling wird er zum Geliebten der Seele, als junger Krieger ist er der vertrauenswürdige Begleiter und Gefährte, der einem stets die Treue hält, als reifer Mann symbolisiert er die väterliche Liebe zur Menschheit. Gerade seine Liebe zu dem Hirtenmädchen und ihre Gegenliebe ist Grund und Symbol der Liebe Gottes zur Seele und der Liebe der Seele zu Gott. In diesem göttlichen Liebesverhältnis setzt der Gott den Anfang der Liebe, welcher die menschliche Seele passiv empfangend und sehnsüchtig entgegenharrt. Als der Liebende zieht er auf seiner mystischen Flöte die Seele in seinen Bann.

In einer Miniatur des großen Reigentanzes Krishnas mit den Hirtinnen aus dem Bhâgavata-Purâna ist er in der Mitte des Reigens als ein Rechteck dargestellt. Vorausgegangen ist sein scheinbares Sich-entfernt-Haben mit der Zuwendung zu einem anderen Mädchen, denn es erfährt jedes Mädchen des Reigens ihn neu als ihren einzigen Geliebten. Die abstrakt unbildliche Gestalt des Rechtecks will seine sublime Gegenwart zum Ausdruck bringen, die sich dann in der Einzelseele des Menschen zum Bild seiner Gegenwart formt. Dieses Selbst der Welt ist beim Selbst des Menschen und zugleich außerhalb des Selbst, die Mitte von Allem und zugleich in der Zuteilung zum Einzelnen als Ek-stasis der Einheit von Dasein und göttlichem Grund.[31] Ein anderer Name für Krishna ist Rhâdâkânta, »Rhadas Geliebter« und in vielen Tempeln Indiens sind die Bildnisse und Figuren der beiden Liebenden aufgestellt.

---

voraussetzung für das Suchen nach Gott, das in der Vereinigung mit der Gottheit ans Ziel kommt. In Rûpaloka, der Sphäre der begierdelosen Körperlichkeit, ist Kâma die Praxis der vier Versenkungen, in der das Denken in der Dhyâna-Meditation zum Schweigen gebracht wird, um einen höheren Bewusstseinszustand zu erreichen, um in der Sphäre der Körperlosigkeit, dem Arûpaloka, zu einem rein geistigen Kontinuum zu gelangen. Es ist »die Welt der Formlosen«, einer der zehn transzendenten Welten, in denen nur die Arhats weilten, die sich von der Rückkehr in die körperliche Welt befreit haben.

[31] Vgl. D. R. Kinsley, Flöte und Schwert, 1979, 23 f. 31.

B. Ratio, Mystik, Kontemplation im Alten China: Liebe (ai) und Variationen zum »Tao« (»Dao«)

Im breiten Spektrum der unterschiedlichen chinesischen religiösen Traditionen stehen die beiden großen Strömungen des Konfuzianismus und des Taoismus nebeneinander sowie der später hinzugekommene Buddhismus als die »drei Lehren« (san jiao).[32] Für die chinesische Geistesgeschichte von besonderer Bedeutung sind vor allem zwei Gestalten, die herausragen: Konfuzius (Kung Fu Tse: 551–479 v. Chr.) und Laotse (Lao zi – Laotse, ältere Schreibweise: Lao-tzu), der legendäre Verfasser des Dao De Jing (Tao-te-ching). Die beiden Hauptrichtungen bilden die Lebensmitte der alten chinesischen Religion und stehen in dauernder Spannung zueinander wie zwischen Realismus und Idealismus, Handeln und Weltflucht, sachliche Empirie und Intuition, Ehrfurcht und Vertrauen.

Zentral für die beiden Richtungen ist das Wort »TAO« (DAO), das ganz konkret »Weg« bedeutet; und da der Weg immer auf ein Ziel bezogen ist, hat es die Bedeutung, »Weg zu etwas«. Damit präfiguriert es schon die Methode und die Sicht: in der kunfuzianischen Überhöhung des Begriffes als »Weg schlechthin« oder als »der Rechte Weg«, bei Laotse aber als Chiffre für das letzte, metaphysische Weltprinzip. Beide Strömungen sehen im Tao ein allgemeines Ordnungsprinzip: Konfuzius im Sinne menschlichen Wohlverhaltens in allen Bereichen des Lebens (yu tao), das ist den »Rechten Weg haben und auf dem Rechten Weg sein« und mit dem Sinn der Verwirklichung, und bei Laotse aber im Sinne der welterhaltenden Ordnung, als omnipräsentes und überall wirksames Prinzip, sogar im Kleinsten, wie z. B. in der Ameise. Diesem Tao gilt die ganze Liebe (ai) und positive und emotionale Zuwendung des Menschen mit all den Formen der Zuneigung.

1. Konfuzius: »Jen« als Begriff der Menschlichkeit

Konfuzius, Meister Kung Fu Tse (551–479 v. Chr.), Grundtypus des »nordchinesischen Kulturkreises« um den Gelben Fluss, gilt als Begründer der chinesischen Kultur und als Verkörperung des chinesischen Wesens, der nicht wie Laotse, der ältere Zeitgenosse des Meisters Kung, die Versenkung

---

[32] Vgl. J. J. De Groot, The Religious System of China, 6 Bde., 1892–1910; L. G. Thompson, Chinese Religion, 1993; W. Eichhorn, Die alte chinesische Religion und das Staatskultwesen, 1976; K. Schipper, Le corps taoiste, 1982; I. Robinet, Geschichte des Taoismus, 1995; D. C. Au., Guide to Chinese Religion, 1985 (Lit.); J. Ching, Mysticism and Kingship in China, 1997.

lehrte, jene Mystik, die man Taoismus nennt, und die zum Versinken ins Nichts führt, sondern die innere Konzentration, die die himmlische Ordnung, den Gotteswillen, in sich aufnimmt und in die Wirklichkeit tätig aktiv zurückleitet. Er gilt als der Prototyp des personalen und sozialen Ethos Chinas.[33] Er kontempliert die aller chinesischen Religion zugrunde liegende Intuition des »Universismus« (ein Ausdruck von De Groot), wonach die drei Grundelemente Himmel, Erde, Mensch eine in intimer Wechselwirkung stehende kosmische Einheit bilden. Der Mensch vereint in sich das männliche Prinzip Yang, das seine Entsprechung im lichten schöpferischen Himmelselement hat, und das weibliche Prinzip Yin, das dunkle, passive Element Erde. In diese umfassende Harmonie des Alls muss sich der Mensch einfügen, indem er sich in die Sittenordnung (Li) einfügt.

Konfuzius, Begründer der ersten Weisheitsschule Chinas, der sog. ethico-politischen Lehre des Konfuzianismus, wirkt mit seiner Lebensphilosophie bis heute noch stark in China, Japan, Korea nach. Er selbst lebte in einer Wendezeit der Wertkrisen, in der sich die Ideale der Gesellschaft der Alten aufzulösen drohte und suchte sie zu retten. Es ist dies die Zeit des Zerfalls des »Reichs der Mitte« in viele Teilstaaten. Gegen die chaotischen politischen und gesellschaftlichen Zustände konzipierte er eine Art Sitten-Therapie zur inneren genesenden Heilung. Im Zentrum seiner Tugend-Philosophie stehen drei »therapeutische« Begriffe, der Begriff der Menschlichkeit (Jen), der Begriff der Sittlichkeit und der Begriff der Riten (Li). Damit alles wieder in Ordnung komme, müssen zuerst die »Namen richtiggestellt werden« (cheng-ming), so dass die Dinge mit den, ihnen von ihren Namen verliehenen Qualitäten, übereinstimmen. Es geht um eine Sprachreinigung auf das eigentlich Gemeinte hin. Die Dinge müssen mit ihrer idealen Essenz korrespondieren. Von seinem Bewusstsein her weiß sich Konfuzius als ein vom Himmel (T'ien) Berufener, mit einem himmlischen Mandat versehen, dem er sich unterordnet. Seine Lehren sind in den »Gesprächen« (Lun-yü), den ursprünglich von Schülern aufgeschriebenen Worten des Meisters, überliefert. Seine kultische Verehrung, die auch politischen Stabilitätsinteressen diente, wuchs immer stärker, so dass eine Inschrift aus der Ming-Zeit lautet: »Ohne die Lehre des Konfuzius kann das Reich auch nicht einen Tag bestehen«. Er galt als der »großvollendete, höchstheilige König, der Kultur und Bildung verkündet«.[34] Im Zentrum seiner Philosophie, die religiöse, sozialpolitische und lebensanschauliche Aspekte verbindet, stehen die Begriffe Menschlichkeit (Jen) und Sittlichkeit. Jen, »Menschenliebe«, ist die wich-

---

[33] Vgl. G. S. Paul, Aspects of Confucianism, 1990; H. Fingarette, Confucius. The Secular as Sacred, 1972; R. L. Taylor, The Confucian Way of Contemplation, 1988; Ders., The Religious Dimension of Confucianism, 1990.
[34] H. Stumpfeldt, Das Leben des Konfuzius. Bilder zu den Taten des Weisen, 1991; H. Roetz, Konfuzius, 1995; R. Moritz, Konfuzius Gespräche, 1998.

tigste Charaktereigenschaft des idealen Menschen und Ausdruck seiner unverfälschten Natur in ihrem Einklang mit den Normen der Sittlichkeit (Li). Der Begriff meint die Verhaltensregeln, die die zwischenmenschlichen Beziehungen sowie das zeremonielle Leben bestimmen. Sie sind Ausdruck der inneren Haltung der Menschenliebe und Menschlichkeit und finden ihre »klassische« Darstellung im »Li-chi« (deutsch Li Gi, übersetzt von R. Wilhelm, Neuausgabe 1981). In Li-Gi, dem »Buch der Sitte« wird dieser Grundgedanke in späterer Bearbeitung durch Schüler folgendermaßen zum Ausdruck gebracht: »Die Kraft der Sitte ist es, durch die Himmel und Erde zusammenwirken, durch die die vier Jahreszeiten in Harmonie kommen, durch die Sonne und Mond scheinen, durch die die Sterne ihre Bahn ziehen, durch die die Ströme fließen, durch die alle Dinge gedeihen, durch die Gut und Böse geschieden wird, durch die Freude und Zorn den rechten Ausdruck finden, durch die die Unteren gehorchen, durch die die Oberen erleuchtet sind, durch die alle Dinge trotz ihrer Veränderung nicht in Verwirrung kommen.[35]« In dieses Gefüge der organischen Ordnung eingezeichnet kann der Mensch mit seinen Grundpotenzen auf das Geschehen in der Welt und in seinem eigenen Leben Einfluss nehmen: »Der Mensch vereint in sich die Geisteskräfte von Himmel und Erde, in ihm gleichen sich die Prinzipien des Lichten und Schattigen aus, in ihm treffen sich die Geister und Götter, in ihm finden sich die feinsten Kräfte der fünf Wandelzustände (Elemente). Darum ist der Mensch das Herz von Himmel und Erde und der Keim der fünf Wandelzustände. Wenn man Himmel und Erde zur Grundlage nimmt, so kann man alle Dinge erreichen.[36]« Die Schönheit des Verhaltens verwirklicht sich im gesitteten Umgang und liebenden Empfinden, wie es sich auch in der richtigen Ausübung der Musik kundtut. Aus den Belehrungen des Meisters und den Gesprächen mit seinen ca. 3000 Schülern wurde das »Lun Yü«, »Das Buch der Gespräche« kopiliert, Spiegel seiner Persönlichkeit und Philosophie. Im Mittelpunkt steht die Haltung des »Jen«, die in der sympathischen Liebe für die Mitmenschen gründet und ihren Ausdruck in der Haltung der Gegenseitigkeit (shu) und Loyalität (chung) findet. In den »Gesprächen« (Lun-yü, 28) sagt der Meister zu den Schülern: »Die eigenen Wünsche als Maßstab für das Verhalten anderer gegenüber zu verwenden, das ist die Methode des Jen«. Und auf die Frage, was das Wesen von Jen sei, antwortet er: »Die Menschen zu lieben«.[37] Die Verwirklichung von Gegenseitigkeit und Loyalität ist gelebte Menschenliebe. Sie findet ihren anschaulichen Ausdruck im chinesischen Schriftzeichen, das aus dem Zeichen für »Mensch« und dem Zeichen für »zwei« besteht. Die Wurzel von Jen sind

---

[35] Li-Gi, Das Buch der Sitte, Übers. R. Wilhelm, 1981, 173.
[36] Li-Gi, Übers. R. Wilhelm, 38.
[37] Zit. n. »Gespräche«, a.a.O. 1982.

Pietät (hsiao), die die Kinder ihren Eltern im Leben und nach dem Tod entgegenbringen und brüderliche Solidarität. »Der Edle pflegt die Wurzel; steht die Wurzel fest, so wächst der Weg. Pietät und Gehorsam: das sind die Wurzeln von Jen«. Und in den »Gesprächen« (VIII,2) heißt es: »Ehrerbietung ohne Form (Li) wird Kriecherei. Vorsicht ohne Form wird Furchtsamkeit. Mut ohne Form wird Auflehnung, Aufrichtigkeit ohne Form wird Grobheit« (Übers. v. R. Wilhelm).[38] Und als ein Schüler fragte: »Gibt es ein Wort, nach dem man sich sein ganzes Leben lang richten kann?«, antwortete der Meister: »Wäre das nicht Gegenseitigkeit? Was du nicht willst, das man dir tu', das füg auch keinem andern zu«. Dieser hier als die sogenannte »Goldene Regel« bekannte Grundsatz begegnet auch im alttestamentlichen Tobias-Buch (4,15) in der Negativfassung und im Neuen Testament in der positiven Form: »Alles, was ihr wollt, dass euch die Menschen tun, das tut ihnen auch« (Mt 7,12; Lk 6,3). Konfuzius fasste den zentralen Gedanken der Menschlichkeit in der Negativform in dem Satz zusammen: »Was du selbst nicht wünscht, das füge auch den anderen Menschen nicht zu« (»Gespräche«, XV, 23), und fügt die sittliche Norm hinzu: »Sich selbst überwinden und sich Li zuwenden, das ist Menschlichkeit« (»Gespräche« XII,1) samt den Tugenden der Gewissenhaftigkeit (Chung) und der Gegenseitigkeit (Shu).

Fünf »Beziehungen« (Wu-lun) als Ausdruck und Ratifikation von Liebe bestimmen das soziale Zusammenleben und sittliche Verhalten der Menschen untereinander, wo jeder Einzelne seinen ihm zugewiesenen Platz einnimmt.[39] Sie regeln das Verhalten der Eltern zu den Kindern, des Ehemannes und Ehefrau, des älteren zum jüngeren Bruder, des Herrschers zu den Untertanen, des Freundes zum Freund. Ihnen entsprechen die »fünf Konstanten« (Wu-ch'ang) als die fünf Kardinaltugenden und zwar: Menschlichkeit (Jen), Rechtlichkeit (I), Riten und Sitten(Li), Weisheit und Einsicht (Chih) sowie Vertrauen (Hsin). Und als Konfuzius einen Schüler über die Menschenliebe befragte, antwortete dieser: »Wer imstande ist, in der Welt fünf Dinge zu betätigen, der dürfte voll Menschenliebe sein.« Und was diese fünf Dinge seien, antwortete der Meister: »Ehrerbietung, Weitherzigkeit, Aufrichtigkeit, Fleiß, Güte. Ist man ehrerbietig, so wird man nicht geringschätzig behandelt, ist man weitherzig, so gewinnt man die Menge, ist man aufrichtig, so genießt man das Vertrauen der Menschen, ist man fleißig, so hat man Erfolg, ist man gütig, so genügt das, um die Menschen zu verwenden.«[40]

---

[38] Vgl. W. De Bary, The Trouble with Confucianism, 1991.
[39] Vgl. P. J. Opitz (Hg.), Chinesisches Altertum und konfuzianische Klassik, 1968.
[40] Lun-Yü 1,2; vgl. XVII,6; IV, 6; XIII, 18; I,8 (2–4); XV, 23; XIV, 36.

2. Laotse: Mystische Vereinigung mit dem Tao

Laotse (Lao Zi, chinesisch »Alter Meister«), seine historische Gestalt gilt als vielduskutierte Frage und ist von der chinesischen Tradition zur Überfigur hochstilisiert und mit der Autorschaft des »Dao De Jing« in Verbindung gebracht worden. Seine Gestalt steht in Sfumatonebel legendäre Traditionen. Er gilt als etwa dreißig Jahre älter als Konfuzius, mit dem er 518 v. Chr. zusammentraf und gilt als Schöpfer des Taoismus.[41] Er ist der chinesische Denker des Südens um den Jangtse-Fluß und lebt fort in seinem Werk von 81 Aphorismen mit den 5000 Wörtern, dem »Taoteking«, »Buch vom Sinn und Leben«, das in prägnanter Kürze die Mystik des Taoismus lehrt.[42] Das Laotse zugeschriebene Werk »Tao-te ching« (wörtlich: »Das Buch vom Weg und seiner Kraft«), auch als »Text der 5000 Zeichen« genannt, ist mit seinen 81 Aphorismen das Grundtext des philosophischen Taoismus mit dem Ziel der mystischen Vereinigung mit den Tao durch Meditation und Nachahmung seines Wesens in Denken und Handeln. Te wird darin mit den gleichen Attributen wie das Tao selbst als tief, geheimnisvoll und als jedem Ding inhärente Gesetzmäßigkeit beschrieben, die den Menschen befähigt zur Schlichtheit (P'u) und kindlichen Unschuld zurückzufinden. In Spruch Kap. 51 heißt es über das Tao und das Te:

»Das Tao erzeugt, das Te nährt,
lässt wachsen, pflegt,
vollendet, hält,
bedeckt und schirmt.«

Durch reine Versenkung könne man sich der Weisheit des Tao annähern – ein Grundgedanke, der mit der abendländischen Mystik korrespondiert. Diese Verbindung mit dem Tao, dem Ursprung, ist aber nach Laotse verlorengegangen, so dass durch diese Trennung der Wesen vom Ur-Einen schuld ist für das Vordringen des Negativen, Bösen, der Übel und des kulturellen Verfalls. Um diesen Verfall wieder rückgängig zu machen, im öffentlichen wie im persönlichen Leben, müsse die Verbindung mit dem Tao in mystischer Vereinigung gesucht und wieder gefunden werden und nicht, wie Meister Kung meint, durch die Erfüllung der Unzahl moralischer Einzeltaten. Der Begriff »Tao« ist begrifflich nicht fassbar und bestimmbar und streng genommen nicht nennbar. Andeutend meint er das »Eine«, das gött-

---

[41] Vgl. M. Kaltenmark, Lao Tseu et le taoisre, 1965, dt. 1981; A. Seidel, La divinisation des Lao Tseu dans le taoisre des Han, 1969.
[42] Vgl. L. Yutand, Lao-tse; G. Beky, Die Welt des tao, 1972; H. Küng / J. Ching, Christentum und chinesische Religion, 1988; I. Robinet, Les comentaires du Tao-tö king jusqu'au VIIe siècle, 1977; Dies., Lao Tseu et le Tao, 1996; S. Bokenkamp, Early Daoist Scriptures, 1997; L. Kohn / M. Lafargue (Hg.), Lao-tzu and the Tao-te-ching, 2000; R. G. Wagner, The Craft of a Chinese Commentator. Wang Bi on the Laozi, 2000.

liche Prinzip, oder Urwesen der gesamten Wirklichkeit und des gesamten Geschehens, und numinoser Ursprung aller Erscheinungen. Es ist das Ewige, Unvergängliche, das Absolute und Unbedingte, von sich aus Seiende und Allgegenwärtige, Prinzip und »Mutter aller Dinge«.

»*Ich gebe ihm die Bezeichnung: ›der Sinn‹.*
Mühsam ihm einen Namen gebend, nenne ich es: groß,
groß, das heißt: immer bewegt.
Immer bewegt, das heißt: unendlich.
Unendlich, das heißt: in sich zurückkehrend.« (Spruch 25)

Das Tao wird häufig ex negativo mit dem chinesischen Wort »Wu« (= »Nicht-haben«, »Nicht-Vorhandensein«) und so zum Synonym für Leere (hsü). Es zieht aber auch sein Gegenteil, das Vorhandensein (yu) an. Zur taoistischen Auffassung vom spirituellen Wesen eines Menschen dient die Begriffsverbindung von Hsing-ming, »Wesen und Leben«. Ming stellt die Substanz von Leben und Tod dar und wird als Ursprung des lebenspendenden Atems, als vitale Energie (Ch'i) angesehen,[43] während Hsing die Wurzel des spirituellen Bewusstseins als Ursprung des Geistes (Shen) zum Ausdruck bringt. Wie der Mensch reine Luft einatmet und verbrauchte Luft ausatmet, so auch Himmel und Erde, die den Tag in zwei Abschnitte teilen. Beim Menschen wird das »Kreisen-Lassen des Atems« durch die Kraft der Gedanken gelenkt, in einer Art »Innerer Alchemie« (Nei-tan).[44] Die Lebenskräfte werden im Inneren meditativ gesammelt, geläutert, um so unabhängig zu werden von der Sinnenwelt. Es geht um die Erlangung der Erleuchtung, des inneren Elixiers als der Vereinigung mit den Tao durch den Ausgleich der Unausgewogenheit von Yin und Yang. Ein wichtiger Text ist »Das Geheimnis der goldenen Blüte«, in welchem es über das »Innere Elixier« heißt, es müsse sich im meditativen Atemprozess die Essenz der Lebenskraft läutern und in Ch'i umwandeln, und dann Ch'i sich läutern und in Shen (die dritte Lebenskraft als der persönliche Geist) transformieren: »Die letzte Stufe des Weges besteht darin, den Geist zu läutern und ins Nichts zurückzukehren (lien-shen-fu-hsü), um die Integration des Selbst mit dem Tao zu erreichen.[45]

---

[43] In einem taoistischen Text heißt es: »Als Himmel und Erde noch nicht getrennt waren, war nichts als ein nicht unterschiedenes Eines. Dieses Eine wurde geteilt und es entstanden Yin und Yang. Was Yang-ch'i empfing, stieg hell und klar empor und ward Himmel. Was Yin-ch'i empfing, sank schwer und trüb zur Tiefe und ward Erde. Und was gerecht und ausgewogen sowohl Yin-ch'i als Yang-ch'i empfing, das war der Mensch«. Zit. n. M. Miyuki (Übers.), Die Erfahrung der goldenen Blüte. Basistext taoistischer Meditation, 1984, 185.
[44] Vgl. St. Pálos, Atem und Meditation, 1980; J. Zöller, Der Tao der Selbstheilung.
[45] Vgl. Chang Chung-yuan, Tao, Zen und schöferische Kraft, 1981; M. Miyuki, Die Erfahrung der Goldenen Blüte, 1984; J. C. Cooper, Chinese Alchery, 1984; Ders., Der Weg des Tao, 1977; L. Legeza, Tao Magic, 1975.

Für die taoistische Schule »Tao-kia« ist Tao die metaphysische Zentralinstanz, die in allen Dingen, den höchsten und den niedrigsten, vermöge der ihr eigenen Kraft, dem »Têh«, wirksam ist. Zu seinem Bedeutungsspektrum gehört auch »Güte« und »Liebe«. Im »Lao tsi« (Spruch 63) heißt es: »Man vergelte Hass, Feindschaft mit Güte, Liebe«. Der Taoismus aber verwendet das Wort »Têh« im Sinne seiner älteren Bedeutung als »Kraft«, die unmittelbar aus dem Tao erwächst und alles Leben trägt. Dieses allumfassende Erste Prinzip liegt allen Erscheinungen zugrunde:

»Still, unsichtbar,
Unveränderlich als eines feststehend,
Unaufhörlich immer kreisend,
Vermag es die Mutter der Welt zu sein.
Ich kenne seinen Namen nicht, benenne es mit Tao.«[46]

Dieser abstrakte Grundbegriff ist weder von der Zeit noch vom Raum her zu verstehen und wird als Urprinzip der phänomenalen Welt gedeutet, als die »Mutter«, die die »Zehntausend Wesen« (Wan-wu, Ausdruck für Gesamtheit der Erscheinungsformen im Universum) gebiert, sie ernährt und wieder zu sich, zur Wurzel, zurückkehren lässt (Fu, wörtlich »Rückkehr«). Diese Rückkehr ist aber auch das Grundgesetz des Tao selbst: »Rückkehr ist die Bewegung des Tao« (Tao-te-ching, Spruch 40), das alle Dinge wieder in ihren Ursprung zurücknimmt. Diese Rückkehrbewegung zum Wurzelgrund bedeutet in der taoistischen Meditationsübung Erlangen der Erleuchtung und findet in Spruch 16 des »Tao-te-ching«[47] seinen Ausdruck:

»Schaffe Leere bis zum Höchsten
Wahre die Stille bis zum Völligsten!
Alle Dinge mögen sich dann zugleich erheben.
Ich schaue, wie sie sich wenden.
Die Dinge in all ihrer Menge,
ein jedes kehrt zurück zu seiner Wurzel.
Rückkehr zur Wurzel heißt Stille.
Stille heißt Wendung zum Schicksal.
Wendung zum Schicksal heißt Ewigkeit.
Erkenntnis der Ewigkeit heißt Klarheit.
Erkennt man das Ewige nicht,
so kommt man in Wirrnis und Sünde.
Erkennt man das Ewige,
so wird man duldsam.
Duldsamkeit führt zur Gerechtigkeit.

---

[46] Zit. n. Chang Chung-yuan, Tao, Zen und schöpferische Kraft, 1981, 33; Vgl. M. Granet, Das chinesische Denken, 1963; F. C. Reiter, Leben und Wirken Lao-Tzu's in Schrift und Bild, 1990.
[47] Laotse, Tao te king. Das Buch vom Sinn und Leben. Übers. und mit Kommentar von R. Wilhelm, 1986, 56.

VII Das Eine und das Viele

Gerechtigkeit führt zur Herrschaft.
Herrschaft führt zum Himmel.
Himmel führt zum SINN.
SINN führt zur Dauer.«

Und:

»Die Rückkehr zum Urzustand ist das allgemeine Gesetz.
Das allgemeine Gesetz kennen heißt erleuchtet sein.
Es verkennen, heißt vergeblich wirken
und das Unglück auf sich ziehen.«

Spruch 14 gibt eine Beschreibung des unbeschreiblichen Tao als das große Eine, in dem alle Gegensätze aufgehoben sind:

»Du schaust danach und siehst es nicht, man nennt's dann Unsichtbare.
Du hörst darauf und hörst doch nichts, man nennt's das Unhörbare.
Du greifst danach und fasst doch nichts, man nennt's das Unergründliche.
Jedes der drei entzieht sich aller Nachforschung,
Darum verschmelzen sie in Eins.
Oben macht kein Licht es lichter,
Unten macht keine Dunkelheit es dunkler.
Unaufhörlich dauert es fort,
Doch ist's unmöglich, es zu definieren.
Wieder kehrt es ins Nichts zurück.
Darum beschreibt man es als Form des Formlosen,
Das Bild des Abbildlosen.
Und nennt es das Unfassbare.
Man trifft's, doch niemand sieht sein Angesicht,
Man folgt ihm nach, doch kehrt es niemandem den Rücken.
Der Alten Tao zu bewahren,
Der Forderung des Augenblicks nachzukommen,
Um so die Uranfänge zu begreifen,
Das nennt man die Befolgung des Tao.«[48]

Das Tao wirkt in seiner geheimnisvollen Präsenz durch seine Kraft der Selbstentfaltung in der phänomenalen Welt als Harmonie mit sich selbst, und dies ist, was die Dinge vom Tao als ihre Selbstidentität empfangen. Ziel aber soll sein, mit dem Tao eins zu werden durch die Verwirklichung der Einheit in sich selbst, durch Einfachheit (P'u) und durch Leerheit. Das chinesische Wort »P'u«, wörtlich »Rohholz, der unbehauene Klotz«, ist das verwendete Symbol für Endziel der Rückkehr (Fu) und zeigt sich in der Begierdelosigkeit und dem absichtslosen Handeln, das nicht in den natürlichen Lauf der Dinge eingreifen will. Nur kraft intuitiver Erkenntnis vermag man sich Tao zu nähern, durch Verweilen in der Stille und in der Weise des Verlierens. Spruch 48 beschreibt es mit den Worten:

---

[48] Zit. n. Chang, a.a.O. 30. Vgl. R. Wilhelm, a.a.O., 54.

»Wer sich dem Studium widmet, wächst jeden Tag (hinsichtlich seiner Anstrengungen, seiner Ansprüche).
Wer sich dem Tao widmet, nimmt jeden Tag ab (hinsichtlich seiner Aktivitäten, seiner Begierden).
Indem er von Stufe zu Stufe abnimmt, gelangt er zum ›Nicht (mehr) Handeln‹.
Indem er nicht mehr handelt, gibt es nichts, das er nicht bewirkt.«[49]

Es ist dies eine Nachahmung des Tao selbst, von dem es heißt: »Das Tao ist beständig ohne Aktion (Wu-wei), wodurch es nichts gibt, was nicht geschieht« (Spruch 37). In der Stille vollziehen sich das Zurückkehren zum Ursprung und das Zur-Ruhe-Kommen des inneren und äußeren Geschehens, in welchem Begrenzungen und Bedingungen sistiert werden. Dieses Eintauchen in die Stille wurde in Spruch 16 als inbrünstiges sich Versenken in Stille und äußerste Leere beschrieben, denn dies bedeute Rückkehr zum Ursprung.

Die Philosophie des Taoismus ist in Spruch 11 bildlich verdichtet:

»Dreißig Speichen sind vereint in einer Nabe. –
An ihren leeren Stellen liegt es,
dass Wagen zu gebrauchen sind.
Ton wird gebrannt und es entsteht ein Krug daraus. –
An ihren leeren Stellen liegt es,
dass Krüge zu gebrauchen sind.
Türen und Fenster werden ausgemeißelt. –
An ihren leeren Stellen liegt es,
dass Zimmer zu gebrauchen sind.
Also
Hat man die Fülle für jeden Zweck,
und hat für den Gebrauch die Leere.«[50]

Drei Bilder sollen auf Tao in seinem Geschehen verweisen. Die »leere Mitte« ist das Zentrale, Beherrschende, und hat um sich herum die beherrschte Fülle. Das Bild des Rades als geordnetes Gebilde und geschlossenes Ganzes wird durch die Nabe, die »leere Mitte«, zusammengehalten, die von innen heraus das sichtbare Geschehen in seinem Ablauf bestimmt, wie es sich bewegt und wendet. Das Rad als Bild für das einheitliche Ganze des Geschehens wird so von einer unbestimmbaren Macht geleitet und beherrscht. Zwei Aspekte kommen in den Blick, die beherrschende Macht, diese selbst als das regulatives Prinzip, und das durch sie bewirkte Geschehensganze. Tao ist die leere Mitte der Nabe, das weltimmanente Absolute und das ganze Rad, das sich dreht, d.h. alle Dinge in ihrer Bestimmtheit. Als Ganzes sind sie einander zugeordnet und haben von der leeren Mitte her ihren Sinn und

---

[49] Zit. n. M. Kaltenmark, Lao-tzu und der Taoismus, 1981, 94; vgl. R. Wilhelm, a.a.O. 91.
[50] Vgl. dazu R. Wilhelm, a.a.O. 51.

ihre Funktion im Gesamtgeschehen. Alle Fülle ist auf die leere Mitte bezogen und hat in ihr Bestand. Und Spruch 34 spricht von der Mühe des Vollendens:

»Das Tao-
Wie es fließt!
Links und rechts kann es sein.
Vollbracht wird der Auftrag.
Der Pflicht wird gefolgt –
Und doch bleibt es namenlos.
Die zehntausend Dinge kehren sich ihm zu.
Und doch übt es nicht das Herrscheramt aus.
So ist es stetig und ohne Bestreben.«[51]

Im Bild des fließenden Wassers geht es um den Strom, der von einer ruhigen, verborgenen Mitte ausgeht und alles auf sich bezieht. Der Weg zur unio mystica mit dem Ureinen steht unter der appellativen Frage des Laotse:

»Wer aber ist imstande, ein quirlend Wasser
durch Behutsamkeit der Stille zu klären?
Wer aber ist imstande, die Ruhe
durch die Behutsamkeit dauernder Bewegung zu erzeugen?
Der bewahre diesen Weg
und wünsche sich nichts Überflüssiges.« (Spruch 15)

3. Mengtse: Im Dienst der Menschenliebe

Einer, der die Lehre des Konfuzius idealistisch fortsetzt, ist der Philosoph Meng-tzu (372–289 v. Chr.) auch Meng K'o, latinisiert Mencius. Nach ihm verfügt der von Natur aus gute Mensch über die Gefühle des Mitleids, der Scham und Bescheidenheit, sowie über einen Sinn für Recht und Unrecht. Diese stellen die »Samen« dar für Menschlichkeit (Jen), für Rechtschaffenheit (I), Pflicht sowie für Sittlichkeit (Li) und Weisheit. In den »Gesprächen« (IV,16) heißt es: »Der Edle ist bewandert in der Pflicht, der Gemeine ist bewandert im Gewinn«. Diese »Samen« bedürfen der ständigen Pflege und Förderung. Der konfuzianische Optimismus gegenüber der menschlichen Natur findet seinen Ausdruck in dem Text von Meng-tse: »Das Gefühl des Mitleids und Erbarmens ist allen Menschen eigen, und das Gefühl der Scham und des Abscheus ist allen Menschen eigen, das Gefühl der Achtung und Ehrerbietung ist allen Menschen eigen, das Gefühl der Billigung und Missbilligung ist allen Menschen eigen. Das Gefühl des Mitleids und des

---

[51] Ders., a.a.O. 74; Vgl. A. Watts, Der Lauf des Wassers. Eine Einführung in den Taoismus, 1976.

Erbarmens ist Menschenliebe, das Gefühl der Scham und des Abscheus ist Gerechtigkeit, das Gefühl der Achtung und Ehrerbietung ist Anstand, das Gefühl der Billigung und Missbilligung ist Weisheit.« Menschenliebe, Gerechtigkeit, Anstand und Weisheit sind nicht von außen her in uns hineingegossen, sie sind vielmehr unser fester Besitz, – nur denken wir nicht daran. Daher heißt es: »Wer sie sucht, bekommt sie, wer sie beiseite lässt, verliert sie. Wenn die Menschen so sehr voneinander hierin sich unterscheiden, dass die einen doppelt, fünffach, ja unendlich mehr davon besitzen als andere, so liegt das nur daran, dass sie nicht imstande sind, ihre Fähigkeiten zu erschöpfen«.[52] Mengtse reflektiert über die Natur des Menschen,[53] um die in ihm schlummernden Keime, das »angeborene Wissen« (liang zhi) und die »angeborene Fähigkeit« (liang neng) zum rechten Tun zur Entfaltung zu bringen, denn seine sittliche Natur ist Reflex des quasi-sittlichen Himmels, der ein quasi-sittliches Wesen ist und seinen Ausdruck in der Ordnung und im integrativen Kreislauf der Dinge findet. Es gilt: »Die Natur des Menschen verstehen – das heißt den Himmel verstehen«. In dieser introspektiven Sicht, dass das Wesen der äußeren Welt im Inneren des Menschen liegt, schafft ein Identitätsverständnis, das sich im Axiom ausdrückt: »Alle Dinge – sie sind vollständig in mir.« In allen Dingen wirkt die ordnende Essenz des Himmels, der der Inbegriff und Ordnungsimpuls aller Dinge ist. Um das Äußere zu verstehen, müsse sich der Mensch seinem die Normen spiegelnden inneren Wesen zuwenden und diese in sich wecken. Und im »Buch der Lieder« (III,3; VI,1),[54] heißt es:

»*Der Himmel schafft das viele Volk,*
Gibt's etwas, gibt's Gesetz dafür,
Und was das Volk als Ew'ges hält,
Dies lieben, das ist Tugendzier.«

Konfuzius sagt: »Wer dies Lied gemacht hat, der kannte fürwahr das Tao. Wo immer eine Fähigkeit und eine Beziehung im Menschen ist, hat sie ihr festes Gesetz, und weil es unabänderliche Gesetze für alle zu halten gilt, darum lieben sie jene hehre Tugend.«

---

[52] Übers. R. Wilhelm, Mong Dsi. Die Lehrgespräche des Meisters Meng K'o, 1982.
[53] Vgl. R. Wilhelm, Mongdsi. Die Lehrgespräche des Meng K'o (Übers. u. Neuausgabe 1994; R. Moritz / Lee Ming Huei (Hg.), Der Konfuzianismus: Ursprünge-Entwicklungen-Perspektiven, 1998; Fung Yu-Lan, A History of Chinese Philosophy, 2 Bde., 1952/53; J. R. Levenson, Confucian China and Ist Modern Fate, 1968.
[54] P. Weber-Schäfer, (Übers.), Das Buch der Lieder, 1967.

C. Abendländische Einheitsmystik – Synthese von Platonismus und Christentum

1. Ps.-Dionysius Areopagita und seine Mystische Theologie

Dionysius Areopagita ist das Pseudonym eines Unbekannten, der gegen Ende des 5., Anfang des 6. Jahrhunderts seine im sog. »Corpus Dionysiacum« niedergelegten Abhandlungen schrieb.[55] Er borgte sich seinen Namen von einem von Paulus bekehrten Dionysius, eines Mitglieds des Athener Gerichtshofes (Apg. 17,34). Seine mystische Lehre kreist um zwei Pole, um das Gottesgeheimnis und die liebende »Einigung« mit Gott im mystischen Erlebnis, sowie um die hierarchische Ordnung allen Seins. Gott ist für den Areopagiten jenseits des Seins (hyperousios), der in überlichtem Dunkel (hyperphôtos gnophos) thront und wesensmäßig das menschliche Wissen zum Nichtwissen in die überlichte Dunkelheit übersteigt. Der zweite Pol ist die Entfaltung der hierarchischen Ordnung allen Seins sowie die sich entäußernden Schritte des menschlichen Geistes, um über die Sphäre des Sichtbaren, Erkennbaren, Begrifflich-Fassbaren und Denkbaren in das mystische Dunkel einzutreten, und durch die Stufen der Reinigung und Erleuchtung zur Einigung mit dem Gottesgeheimnis zu gelangen. Seine Schriften wurden zum Grundbuch der östlichen Theologie und Mystik sowie der abendländischen mittelalterlichen Mystik[56], bis hin zum »gelehrten Nichtwissen« (docta ignorantia) des Nikolaus von Kues. Der byzantinische Kaiser Michael II. schenkte 827 Kaiser Ludwig dem Frommen ein griechisches Exemplar, das Abt Hilduin von St. Denis verwahren durfte. Die areopagitischen Schriften wurden in der Folge übersetzt und kommentiert und so zu einer Brunnstube mittelalterlichen Denkens und mystischer Spiritualität. Das

---

[55] Es sind dies die vier Abhandlungen: De caelesti hierarchia; De divinis nominibus« (über die göttlichen Normen und Attribute), »De ecclesiastica hierachia« (Ämterstruktur und Sakramente), »De mystica theologia« (über das göttliche ›Dunkel‹ und der Weg zur mystischen Einigung des Menschen mit dem Göttlichen) sowie 11 Briefe. Vgl. R. Roques, L'univers dionysien. Structure hiérarchique du monde selon le Pseudo-Denys, 1954.

[56] Die Schriften des Dionysius Areopagita fanden Kommentatoren in Johannes von Scythopolis (im 6. Jh.) und Maximus Confessor (im 7. Jh.), immer neue Übersetzungen ins Lateinische durch Hilduin von St. Denis und Scotus Eriugena (im 9. Jh.), durch Johannes Sarracenus im 12. Jh., durch Robert Lincoln im 13. Jh., durch Ambrogio Traversari und Marsilius Ficinus im 15. Jh. Kommentare schrieben Hugo von St. Viktor, Albertus Magnus, Thomas Aquinas. Letzterer untermauert wesentliche Gedanken seiner Theologie mit Zitaten aus Dionysius: z.B. Omnibus est pulchrum et bonum amabile (S. Theol. Ia, IIae q 26 a1). Eadem sunt similia Deo et dissimilia (S. Theol. I q 4, a3). Negationes de Deo sunt verae, affirmations autem inconvenientes (S. Theol. I q 13 a12). Nihil est existentium non participans uno (S. Theol. I q 11 a 1). Amor est virtus unitiva (S. Theol. IIa IIae q 25 a 4; q 26 a 2).

»überweltliche« Eine (hen) der neuplatonischen Tradition wird mit dem biblischen Gott der Offenbarung identifiziert und eine Synthese zwischen der neuplatonischen Philosophie und dem christlichen Glauben versucht. Der philosophiegeschichtliche Begriff des Neuplatonismus als spätantike Geistesströmung begann mit Amonius Sakkas († um 242 n. Chr.) und erreichte seinen Höhepunkt in Plotin (um 205–270 n. Chr.), Jamblichos († um 330) und Proklos († 485), um schließlich durch Augustinus (354–430) und Ps.-Dionysius Areopagita seine christliche Travestie finden samt seinem Nachklang im Hochmittelalter und der Renaissance.[57] Neuplatonische Mystik wird in die christliche Mystik heimgeholt und durch Expansion und Vertiefung nach Innen verändert. Auch für Platon war Erkennen nur letztlich ein unzureichender Widerschein eines höheren »Erkennens«, in dem die eigentliche und ganze Wahrheit, die Idee des »Guten« selbst geschaut wird, die noch jenseits des Seins (epekeina tês ousias) ihren Bestand hat (Platon, Resp. 509b.516c) als Urquell alles Seienden, die nicht mehr in Begriffen denkend und logisch folgernd zu erfassen, sondern als das oberste Sein nur zu schauen ist. Die Seele müsse sich zum »Guten selbst«, zum Ewigen, hinwenden, um es schauend und in ihm alles Seiende zu erkennen (Resp. 518c–e). Von dem unbegreiflichen Gottesgeheimnis ist für den Areopagiten auch das menschliche Reden darüber betroffen, das dieses bejahend bewahrt (z. B. Gott ist Licht), oder in der Sprache des Verneinens (Gott ist Dunkelheit) es ihm abspricht, in der Supereminenz aber übersteigt und vollendet (Gott ist überlichte Dunkelheit). Gott als der überlichte Abgrund ist für das menschliche Erkennen das »heilige, überlichte Dunkel«, in das die Seele in bewusstloser Ekstase eintritt, um sich mit dem bildlos Ewigen zu einen. Als »einfach« Gewordene, »allein zum Alleinigen fliehend«, will sie »eins« mit dem »Einen« werden. Ihr Aufstieg zum Einen vollzieht sich durch Reinigung (katharsis) als Abwendung vom Irdisch-Materiellen hin zur Erleuchtung durch Geistiges und durch »überweltliche« Erkenntnisse, um nach dem Übersteigen alles Denkbar-Begrifflichen zur vollendenden Einigung mit dem Einen als Vollendung (teleiôsis) zu gelangen. Schon Platon behandelte den Gedanken der Seinstranszendenz oder »Überseiendheit« (hyperousia) des absoluten Prinzips in der Idee des Guten als Ursprung des Seins.[58] Das Gute selbst ist »noch jenseits des Seins, an Ursprünglichkeit und Mächtigkeit über das Sein hinaus« (eti epekeina tês ousiás presbéia kai dynamei hyperéchontos: Resp. VI, 509b). Es ist Platons Ausfaltung seines henologischen Gedankens: das seinsbegründende Gute ist das Eine selbst (auto

---

[57] Vgl. E. von Ivánka, Plato Christianus. Übernahme und Umgestaltung des Platonismus durch die Väter, 1964; Platonismus in der Philosophie des Mittelalters, (Hg.) W. Beierwaltes, 1972; W. Beierwaltes, Platonismus und Idealismus, 1972; H. Meinhardt, Das Eine vor den Gegensätzen, in: Arch. Begriffsgesch. 22 (1978) 133–153.
[58] Vgl. H. J. Krämer, Epekeina tes ousias, in: AGPh 51 (1969) 1–30.

to hén). Seine absolute Einfachheit schließt jede prädikative Bestimmung von ihm aus, denn wäre es seiend, so wäre es als Eines und Seiendes (hen on) bereits eine Zweiheit (Vgl. Platon, Parm. 141e mit 142bff.; Test. Plat. 50). Plotin macht den Gedanken Platons von der Seinstranszendenz zum Grundgedanken seines gesamten philosophischen Denkens und zieht daraus eine mystische Konsequenz, wonach das Denken dieses absolut transzendenten Einen sich nur durch Aufhebung aller Denkbarkeit zu nähern vermag. Zuletzt muss es sich selbst in der »ekstasis« übersteigen, um kraft der Intuition und liebenden Preisgabe in die innerste »Abgeschiedenheit« des Einen einzukehren, eine Einkehr, die selbst nichts sieht, aber aus der zurück ihr inneres Auge sehend geworden ist für anderes. In solcher Selbsttranszendenz vollzieht sich die differenzlose Einswerdung mit dem Einen.[59] Geht es Dionysius in seiner Schrift »Über die göttlichen Namen« (Perì theiôn onomátōn) um die Namen und Attribute Gottes, um Einheit und Dreieinigkeit, um das Gute, um Licht, Schönheit, Liebe, sowie um Sein und Leben, Erkenntnis und Wahrheit, Heil und Erlösung, Identität und Andersheit, Zeit und Ewigkeit, so stehen die alle unter der Frage, in welchem Sinne sie auf Gott als Ursache anwendbar sind oder nicht, der als absolute Transzendenz jenseits von allem ist. Die auf Gott bezogenen Adjektive werden oft durch die Vorsilbe »über« (hyper) kataphatisch übersteigert (vgl. De mystica theologia I,1) als »Übersein« der in Gott verborgenen Eigenschaften:

»Das Geeinte in der ganzen Gottheit ist ... das Übergute, das Übergöttliche, das Überseiende, das Überlebendige, das Überweise, und was zu der (über alle Bestimmtheit) hinausliegenden Verneinung gehört. Und dazu gehört auch alles Unsachhafte, das Gute, das Schöne, das Seiende, das Lebensspendende, das Weise, und wie sonst noch die Ursache alles Guten genannt wird.«

In seinem weiteren Werk »Über die Mystische Theologie« (Perì mystikês theologías) wird er das Gottesgeheimnis als unsichtbare Finsternis in den Blick rücken, die weder eine auf dem affirmativen oder negativen Weg gewonnene Erkenntnis zu erhellen vermag, sondern nur eine durch vollendetes Nichtwissen erreichter Leere des Selbst.[60] In seinem denkerischen System ist der Areopagite mit dem Neuplatonismus durch gemeinsame philosophische Themen verbunden, so durch die der Schönheit und der Liebe. Die Schönheit wird im Sinne des platonischen Symposions (Symp. 211ab) konzipiert als Quelle der Harmonie und Eintracht.[61] Dabei spielt er etymologisch mit

---

[59] Plotin, Enn. VI, 9 (9) 10–11; VI 7 (38) 35; Vgl. J. Halfwassen, Der Aufstieg zum Einen, 1992.
[60] Vgl. W. Beierwaltes, Das wahre Selbst, 2001, 53–70.
[61] Vgl. H. Koch, Proklus als Quelle des Ps.-Dionysius Areopagita in der Lehre vom Bösen, in: Philol. 54 (1895) 438–454; Ders., PsD. Areopagita in seinen Beziehungen zum Neuplatonismus und Mysterienwesen, in: Forsch. zur christl. Lit. u. Dogmengesch. 1,2/3, 1900, 63 f.

»kállos« – »kalein«, »Schönheit« und »rufen«.⁶² Gott als der Urquell aller Dinge, ist in sich selbst über jedes begriffliche Erfassen des Menschen hinaus erhaben. Menschliche Versuche, sein ewiges und einfachstes Sein in Worte zu fassen und zu denken, lassen alle Bejahung und Verneinung scheitern und übersteigen. Das innertrinitarische Leben Gottes, (die »theologîa diakekriménê) wird in bildersprachlichen Vergleichen wie Blüten, Sprossen, Licht gefasst, um sie auf die zweite und dritte göttliche Person zu applizieren. Das dreieinige trinitarische Wirken nach außen, allen drei Personen gemeinsam (theologìa henôménê), ist Ausdruck des Drangs der Liebe und Güte, den geschöpflichen Wesen außer sich ein Dasein in tausendfältigen Abstufungen zu geben und sie auf innigste und wechselseitigste Weise zu verbinden. Eine Bilderfülle soll es veranschaulichen: Es ist ein Hervorgang (próodos) aus der Überfülle des Seins in Gott, ein Hervorsprudeln und Überwallen, ein Herausblitzen aus dem Lichtreich der Sonne der Gottheit, ein riesiger Wurzelstock aus dem eine Lebenswelt hervorkeimt. Aber alles ist gehalten und ordnend sowie fürsorgend getragen und umfasst (prónoia) von dem Bild des Kreises, der alle Speichen wie Radien in seinem Mittelpunkt konvex bündelt, um sie zugleich wieder in aufsteigender Bewegung zu sich zurück zu wenden (epistrophê; kýklos).⁶³ Bei der Erörterung der einzelnen Namen, die Gott als den Einen und Selben bezeichnen, genügt kein einzelner. Dabei ist die Liebe, Eros, die allerfüllende Kraft der Bewegung, in welcher alles aus ihrem Ursprung hervorgeht, ihm verbunden bleibt und sich auf ihn als ihr Ziel wieder hinbewegt. Der geistige Gehalt ist bildlich und sinnfällig als Ähnliches im Unähnlichen und in Analogie des Höheren symbolisch kamoufliert. Gott ist jenseits des Seins (hyperousios) und so auch unsagbar, während die göttlichen Attribute oder »Namen« Ausweis seiner Erkennbarkeit sind.⁶⁴ Im Brief »An den Mönch Gaius« (Brief I) schreibt der Areopagite: »Die völlige Nichterkenntnis im höheren Sinne ist die wahre Erkenntnis, (denn sie ist Erkenntnis) dessen, der über allem Erkennbaren ist«.⁶⁵ Und im Brief »An den Diakon Dorotheos« (ep. 5) heißt es: »Das heilige Dunkel ist das unzugängliche Licht, in dem, wie die Schrift sagt (1 Tim 6,16), Gott seine Wohnung hat. Unsichtbar wegen seiner überstrahlenden Helle, unzugänglich wegen der Überfülle des aus ihm strahlenden überwesentlichen Lichtes; wer Gott zu erkennen und zu sehen gewürdigt

---

⁶² Für Plotin ist das Ziel des Aufstiegswegs von der Schönheit der Körper nicht mehr die Idee des Schönen, sondern die des »Einen und Guten«, eine unkörperliche »Schönheit über alle Schönheit« (hyperkalon: Enn. VI,7,38; V,8,31,8) als noch ungeformter Ursprung des schon geformten und so sekundären Schönen (Enn. I,6,1; V, 8, 31).
⁶³ Ps.-Dionysius, div. nom. IV, 10; eccl. hier. IV,1.
⁶⁴ Ders., a.a.O. VI, 40f. Vgl. V. Lossky, La notion des »analogies« chez Denys le Pseudo-Aréopagite, in: AHDL 5 (1930) 279–309; Ders., La théologie negative dans la doctrine de Denys l'Aréopagite, in: RSPhTh 28 (1939) 204–221.207.
⁶⁵ v. Ivánka, ep.1, a.a.O. 101.

wird, tritt in dieses (Dunkel) ein, durch das Nicht-sehen und Nicht-erkennen wahrhaft in das über allem Sehen und Erkennen Stehende eingehend«.[66] Und das platonische »Plötzlich« (exaiphnês) wird aufgegriffen als das »Unerwartete«, und wird auf die Menschwerdung des Logos bezogen: »Bei der (aus) Liebe zu den Menschen (geschehenen Menschwerdung) Christi scheint mir die Theologie damit anzudeuten, dass der Überwesentliche, als er menschliche Wesenheit annahm, aus der Verborgenheit in die Offenbarkeit unserer Welt hervortrat«.[67]

2. Liebe zum versiegelten Quell: »Erkenntnis wird zu Liebe«

Der Aufstiegsweg über die begriffliche Erkenntnis zu der »schon nicht mehr« begrifflichen Erkenntnis ist eine Art Selbstaufhebung, ein Schritt von der intellektuellen Ebene hin zur affektiven Liebe, d. i. vom denkenden Erkennen zur erkennenden Liebe, die sich dem Unsichtbaren und Undenkbaren anheim gibt, denn das Wesen des geliebten »Einen« (hen) entzieht sich jedem rationalen Zugriff. Gregor von Nyssa wird es so zum Ausdruck bringen: »allein im Nichterkennen dessen, was er ist, kann erkannt werden, dass er ist« (PG 44,893B). Die Seele bewahrt »das Geheimis dieses Unbegreiflichen unausgesprochen im Innersten des Bewusstseins« (PG 44,732A), »wie Abraham, der auszog, Gott zu suchen, und das allein zum Kennzeichen des Gesuchten machte, dass es über allem Begreifen und Erkennen liege und nichts, was sich noch begreifen lässt, zutreffender Ausdruck seines Wesens sein könne« (PG 44,948A). So »wird die Erkenntnis zur Liebe« (PG 46,96C). Der sog. erkenntnishafte Weg auf den Ursprung von allem hin, ist Sehnsucht nach dem überbegrifflich Unfassbaren und Unbegreiflichen und wird zur überrationalen Erkenntnis im mystischen Erleben des Absoluten (Div. Nom. XIII, 2) als intellektuell-mystisches Gotterleben. In seiner »mystischen Theologie« sagt der Areopagite: »Erhebe dich, so sehr du nur kannst, im Nichtwissen (agnôstôs), bis zur Vereinigung mit dem, der über aller Wesenheit und aller Erkenntnis ist; denn indem du in einem unabhängigen, freien und reinen Aufschwung aus dir selbst und aus allen Dingen heraustrittst, wirst du dich zum überwesentlichen Strahl der göttlichen Finsternis erheben, nachdem du alles hinter dir gelassen und dich von allem gelöst hast«.[68] Dieses Eintreten in die mystische Dunkelheit des Nichtwissens ist ein Verschließen der Augen aller Wahrnehmungen der Erkenntnis

---

[66] v. Ivánka, a.a.O. 102, V. Brief.
[67] III. Brief an Mönch Gaius, a.a.O. 101.
[68] Myst. Theol. 997b–1000A.

gegenüber, um »im absolut Ungreifbaren und Unsichtbaren« ganz dem zu gehören, der über allem ist. Ein solcher gehört nicht anderem mehr an, weder sich selbst noch sonst jemandem. Er ist jetzt, in der stärksten Verbindung, dem Absolut-Unerkennbaren vereint dadurch, dass jegliche Erkenntnis bei ihm aufgehört hat. Und jetzt, in diesem völligen Nichterkennen, erkennt er mit einer Erkenntnis, die höher ist als der »Geist« (hyper noun).[69] Ekstatische Liebe entäußert sich und entfremdet sich in Gott hinein, um in der Vereinigung mit ihm, ihm ganz anzugehören. Es ist ein Überbewusstsein der Liebe, die auf die göttliche Liebe bezogen ist und die Vergöttlichung bedingt (Div. Nom. 713A).

Es ist zugleich die Konvergenz von Denken und Anbetung, Anbetung und Dasein, das in der dynamisch-hierarchischen Ordnung teilnimmt an dem sich verströmenden göttlichen Urquell, der als überwesentliches, anbetungswürdiges Geheimnis des Ursprungs ist. Das plotinische Bild des Einen als kosmische Quelle (Enn. V,2 (11). 1,7 ff.), omnipräsent in allen Wesen und Ordnungen, dient der Veranschaulichung. Sie offenbaren es, indem sie es verbergen, verweisen darauf, ohne es selber zu sein, und bleiben auf es bezogen, wie der »Strahl aus der Sonne, Wasser aus der Quelle«, wie Ignatius von Loyola in der Schlussbetrachtung seiner Exerzitien »zur Erlangung der Liebe« es im Sinne des Areopagiten ausdrückt. Dessen geistiger Denkvollzug wandelt sich in einen Vollzug der Anbetung in reflektierender Ergriffenheit. So ist der Areopagite »der große Lehrer der Proskynese des Geistes vor Gott und des anbetenden Denkens«, wie es Endre von Ivánka ausdrückt.[70] Auch die himmlischen Hierarchien in ihren Ordnungen und Rangstufen wirken mit und stimmen in unwandelbarer Liebe zu Gott und zu allem Göttlichen den Lobpreis als Ausdruck der Liebe an und wollen diese fördern.[71] In der »Güte« (agathotês) Gottes sieht der Areopagite die angemessenste Aussage über dessen Wesen[72], Urprinzip des Guten als grundgebender Grund für die gesamte Schöpfung[73], die sich der Güte und Liebe Gottes verdankt, weil er sie seinen Geschöpfen mitteilen will[74] in den »guten Hervorgängen« (agathoi próodoi), wie Dionysius sie nennt.[75] Sie erstrecken sich bis zu den untersten Dingen herab[76], wobei der Grad der Teilhabe an der Güte sich stufenweise mindert.[77] Auch das Gutsein des Menschen ist Ausfluss des

---

[69] Myst. Theol. 1001A.
[70] Dionysius Areopagita. Von den Namen zum Unnennbaren, Hg. E. von Ivánka, 2002, 27.
[71] Ders., Eccl. hier. I,3; vgl. Eccl. hier. II,1.
[72] Ps.-Dionysius Areopagita, De div. nom. 4,1; 13,3.
[73] Ders., a.a.O. 5,8.
[74] Ders., De cael hier. 4,1.
[75] Ders., De div. nom. 5,2; 9,9.
[76] a.a.O. 4,4.
[77] a.a.O. 4,20.

göttlichen Gutseins[78] und seiner Vorsehung (prónoia)[79] sowie des Schönen (kalón), das mit dem Guten gleichgesetzt wird.[80] Auch der göttliche Eros steht mit dem Guten in Verbindung, denn »er geht aus ihm (dem Guten) hervor und wendet sich wieder zu ihm zurück«.[81] Dieselbe Rückwendung vollzieht auch die Güte (agothês) Gottes: »Sie wendet alles auf sich«.[82] Dann resümiert der Areopagite den Kern seiner Liebestheologie:

*»Liebenswertheit und Liebe gehören zum Schönen und
Guten, und hat im Schönen und Guten seinen Sitz,
und ist und entsteht durch das Schöne und Gute.«*[83]

Gott selbst ist die Liebe und Zuneigung und auch deren Ausstrahlung, sowie Offenbarung seiner selbst durch sich selbst, so dass er als Liebend-Geliebter, als das schöne und gute Ziel der Liebe und Zuneigung ist, und als Liebender die bewegende Kraft und liebende Bewegung von allem, »aus dem Guten zu den seienden Dingen hervorquellend und wieder zum Guten sich zurückwendend. So zeigt die göttliche Liebe auf besondere Weise ihre Anfangs- und Endlosigkeit, wie ein ewiger Kreislauf durch das Gute vom Guten im Guten zum Guten in unabänderlicher Drehung ...«.[84]

Und weiters schreibt er: »Und die wahre Rede muss die Kühnheit haben, auszusprechen, dass selbst Er (Gott), der Verursacher des Alls, aus dem Überfluss seiner Güte heraus alles liebt, alles tut, alles vollkommen macht, alles im Sein erhält, alles zu sich wendet, und dass die göttliche Liebe selbst gut ist durch das Gute, weil sie Liebe zum Guten ist. Denn die Gutes bewirkende Liebe zum Seienden, die im Guten in Überfülle vor (allem Sein) bestand, ließ ihn nicht ohne Geschöpfe in sich ruhen, sondern bewegte ihn aus seiner alles erzeugenden Seinsüberfülle heraus zur Tat und Wirken«.[85] Diese Liebe Gottes ist eine ekstatische Liebe, die den Liebenden nicht mehr sich selbst angehören lässt, wie auch Gott ein von Liebe und Güte Ergriffener und Überwältigter ist. Er schreibt: »Die göttliche Liebe ist aber auch eks-

---

[78] Ep. 2.
[79] De div. nom. 1,5; 1,7; 12,2; De cael. hier. 7,4; vgl. V. Lossky, La théologie négative dans la doctrine de Denys l'Aréopagite, in: Rev. Sci. philos. et théol. 28 (1939) 204–221.
[80] De. div. nom. 4,7.
[81] a.a.O. 4,13 f.
[82] a.a.O. 4,4; vgl. 4,35. Vgl. W. Völker, Kontemplation und Ekstase bei Pseudo-Dionysius Areopagita, 1958, 141–169.
[83] v. Ivánka, 65 Abschn. 14; Dionysius sucht eine Synthese von Platonismus und Christentum, kosmischer Emanationslehre bzw. Retroversionslehre und dem christlichen Gottesbegriff, zwischen ontologischer Seinsdeutung und biblischer Heilsgeschichte. Vgl. A. Nygren, Eros und Agape, 1937; A. Dempf, Der Platonismus des Eusebius, Victorinus und Pseudo-Dionysius, 1962; P. Rorem, Pseudo-Dionysius. A Commentary on the Texts and an Introduction to their Influence, 1993; F. Mali, Eine erste Summa theologiae, 1997.
[84] v. Ivánka, 65, Abschn. 14.
[85] v. Ivánka, a.a.O. 63,10.

tatisch, da sie den Liebenden nicht mehr sich selbst angehören lässt, sondern dem Geliebten«.[86] Als Gewährsmann zitiert er den »großen Paulus« als einen »von Liebe Besessenen«, der an der ekstatischen Macht der Liebe teilhat und mit »gottbegeistertem Munde« sagt: »Ich lebe, aber nicht mehr ich, sondern es lebt in mir Christus« (Gal 2,20). Und fährt fort: »So spricht er als ein wahrhaft Liebender, der, wie er selber sagt, aus sich heraus zu Gott getreten ist und nicht mehr sein eigenes Leben, sondern das des Liebenden als ein überaus geliebtes lebt. Es muss aber auch das gewagt werden zu sagen, um der Wahrheit die Ehre zu geben, dass auch selbst der Verursacher des Alls infolge der schönen und guten Liebe zum All in der Überfülle seiner liebenden Güte aus sich heraustritt (Ps 115,11) durch die Fürsorge für das All der seienden Dinge, und selbst gleichsam bezaubert wird durch die Güte und Zuneigung und die Liebe, und aus dem Über-allem-sein und Allem-entrückt-sein herabgeführt wird zu dem In-allem-sein durch die überwesenhaftekstatische Macht der Liebe«.[87]

3. »Negative Theologie«: Liebe aus der Seinsüberfülle

Die negative Begrifflichkeit bildet die sogenannte »Negative Theologie«, die überall in der Mystik angewandt wird, um das Unaussagbare mit andeutenden Umschreibungen oder durch Verneinung und Absprechung (apophatisch) auszudrücken. So hat schon der Neuplatoniker Proklos (412–485), Haupt der platonischen Akademie und als »Hegel der Antike« bezeichnet, der den Neuplatonismus zu seinem höchsten systematischen Gipfel geführt hatte, dies getan. In seiner Deutung des platonischen Dialogs »Parmenides« konstatiert er, dass es, um »das erhabene Übermaß des Einen zu zeigen«, es besser sei, »bei den Negationen zu bleiben«[88], da auf diese Weise der »eine theologische Hymnus auf das Eine durch die Negationen emporgesandt«[89] werden könne. Dionysius Areopagita gibt in seiner »Mystischen Theologie« der negativen Theologie (theologia apophatikê) die paradigmatische Gestalt für die weitere abendländische Tradition.[90] Die Rede von Gott auf der Ebene

---

[86] Ps.-Dionysius, Div. nom. IV, 13. MPG 3, 776.
[87] v. Ivánka, a.a.O., 64f., Abschn. 13. Dir. nom. 712A.
[88] Proklos, In Parm. 8, 19–22.
[89] Ders., a.a.O. 8,35f.; vgl. H. Theil-Wunder, Die archaische Verborgenheit. Wurzel der negativen Theologie, 1970; W. Beierwaltes, Das Denken des Einen, 1985; Ders., Proklos. Grundzüge seiner Metaphysik, 1965.
[90] Biblische Anknüpfungspunkte sind das 1. und 2. Gebot des Dekalogs (Ex 20; Dtn 5), der Aufstieg des Moses auf den Berg Sinai (Ex 33); Joh 1,18; die Areopagrede des Apostels Paulus (Apg 17); 1 Tim 6,16.

eines Erkenntnisgegenstandes hebt sich auf, weil sie zu einer Unmöglichkeit und Paradoxie wird. Sie lässt sich trotz aller vertretbaren, richtigen und bejahenden Aussagen nicht in ein Begriffsnetz einfangen. Deshalb verneint sie diese Zusprechungen, aber nicht, um sie zu leugnen, sondern sie als Ausdruck irdischer Denk- und Sprachkategorien zu transzendieren. So muss als Ziel des Erkennens auch die Negation der Negation negiert werden, um im Nichtwissen und Nichterkennen in Hinsicht auf Gott, in einem transintellektuellen Akt an die Schwelle der ekstatischen und liebenden Einung, jenseits von allem Denken und Erkennen, zu führen. Bei Dionysius ist die Analogie wesentlich Prinzip der partizipativen Seinsausteilung gemäß den »Hierarchien« und so auch Prinzip des Wiederaufstiegs zu Gott. Im 20. Jh. entwirft Erich Przywara SJ (1889–1972), der theologische Wegbereiter des 2. Vatikanischen Konzils in Aufnahme der Analogieformel des IV. Laterankonzils (1215), wonach zwischen Schöpfer und Geschöpf keine noch so große Ähnlichkeit zur Aussage gebracht werden kann, dass nicht zwischen ihnen eine je größere Unähnlichkeit angemerkt werden muss (DS 806), sein Konzept der »analogia entis«:[91] Das Sein der Geschöpfe weist eine dynamische Ähnlichkeit zum unendlichen Sein Gottes auf, aber diese Ähnlichkeit wird von der immer noch größeren Unähnlichkeit zwischen Gott, dem Deus semper maior, und seinen Geschöpfen, umgriffen. Inhaltlich sind Gemeinsames und Verschiedenes, Ähnliches und Unähnliches des Gemeinten zusammengedacht.[92] Als Formprinzip vereint das analogische Denken disparate Elemente im Denken und Sein. Gleichzeitig wahrt es ihre Unterschiedenheit, so dass sie als solche dialektisch der »analogia fidei« (vgl. Röm 12,6) ähneln kann, die die verschiedenen Offenbarungsgedanken zusammendenkt: In der Menschwerdung des Logos begreift der Glaube die größtmögliche Ähnlichkeit von Gott und Mensch, um gerade diese jedoch umgriffen zu sehen von einer immer noch größeren Unähnlichkeit.[93] Für E. Przywaras Gottesbegriff ist die Zusammenschau der Transzendenz Gottes und seiner Immanenz zentral: Gott in uns und Gott über uns.[94] Um das Verhältnis zu bestimmen, greift er auf den Analogie-Begriff zurück und den neuplatonischen Partizi-

---

[91] E. Przywara, Analogia entis, 1962: DS 806: »Zwischen Schöpfer und Geschöpf kann keine noch so große Ähnlichkeit erkannt werden, dass zwischen ihnen nicht eine je größere Unähnlichkeit festzustellen ist.« Vgl. E. Mechels, Analogie bei Erich Przywara und Karl Barth, 1974; J. Reikerstorfer, Analogia entis: Variationen zur Schöpfung der Welt, in: FS R. Schulte, 1995, 184–199; M. Zechmeister, Gottes-Nacht. Erich Przywaras Wege negativer Theologie, 1997, (Lit.).
[92] Vgl. W. Oelmüller, Negative Theologie heute. Die Lage des Menschen vor Gott, 1999; R. Stolina, Niemand hat Gott je gesehen. Traktat über die negative Theologie, 2000.
[93] Vgl. dazu G. Söhngen, »Analogia entis oder analogia fidei?«, 1952, 235–247; J. F. Ross, Portraying Analogy, 1981.
[94] E. Przywara, Ringen der Gegenwart, 2 Bde., II, 543–578.

pationsgedanken sowie auf den von Thomas von Aquin[95] als Akt des Seins verstandenen analogia-entis-Begriff. Das Geschöpf ist auf radikale Weise als von Gott abhängig gesehen und gerade als solches in seine Geschöpflichkeit hinein verwiesen. Przywara schreibt: »Durch alle noch so große ›Gott-Gleichheit‹ der Kreatur, von der natürlichen ›Gott-Gleichheit‹ des Menschen als ›geschaffen nach Gottes Gleichnis‹ bis zur übernatürlichen ›Teilnahme an der göttlichen Natur‹, bis zum ›Gleichgestaltetsein mit Christo‹, dem Sohn Gottes, durch all das geht hindurch die ›größere Ungleichheit‹ zu Gott.«[96] Es ist die Ehrfurchtshaltung des Menschen vor der maiestas divina und dem »Deus semper maior«, dessen Offenbarung alle menschlichen Vorstellungen durchkreuzt in dem Paradox: »Gegen das entrückte Leuchten der ›Idee‹ trat das blutige Kreuz«. So behandelt Przywara »Im Schema Mensch wie sonst« (Phil 2,7), der Menschwerdung Gottes um der Gottwerdung des Menschen willen, das Tausch-Motiv (admirabile comercium) als Hochzeits-Motiv, als immer tiefere Annahme des Abgrunds Mensch im Zeichen des Kreuzes.

Ps.-Dionysios Areopagita vollzog in seinem Denken die Gleichsetzung des göttlichen Guten (agathon) mit dem Ur-schönen (kalon) als dem berückend Bezaubernden, an dem sich der menschliche Geist ekstatisch an den ansteigenden und absteigenden Ordnungen des Weltlich-Geschaffenen entflammt. Das Ziel aber ist das Ablegen aller Sinnlichkeit, ja sogar der Begrifflichkeit, um »leer« dem unbegreiflichen Urgeheimnis zu begegnen. In der Hinwendung zu den schönen Formen begegnet der Mensch dem Urgeheimnis in seinen »heiligen Schleiern«, ein Erschauen, in welchem sich Ästhetik und Theologie vereinen. Es ist das Preisen der vielen Namen, die das Sichtbare, Erkennbare, Begrifflich-Fassbare benennen bis hin zur mystischen Schönheit schlechthin, die kein Name mehr zu nennen vermag.

---

[95] Für Thomas ist das Sein des Seienden analog, weil die realen Modalitäten wie Akt, Potenz, Substanz zu ihm gehören. Weil das Sein nur im Seienden erscheint, enthüllt es einerseits seinen Grund und verhüllt ihn zugleich. Wo der Mensch aber das Seiende vom Sein her begreift, wird der Seinsakt zum verweisenden Gleichnis auf Gott, aber nur als Geheimnis (tamquam ignotum: S. th. I, 12,4), denn das Wesen Gottes kann nur in einem Selbstbezug auf die Welt hin gedacht werden, selbstrelational als trinitarisches Geheimnis. Vgl. G. Siewerth, Das Sein als Gleichnis Gottes, in: Ges. Werke 1, 1975, 651–685.
[96] E. Przywara, Katholische Krise, Hg. B. Gertz, 1967,52; vgl. E. Faber, Skandal und Torheit. Die katholische Kreuzestheologie Erich Przywaras, in: GuL 69 (1996) 338–353; B. Gertz, Glaubenswelt als Analogie. Die theologische Analogie-Lehre Erich Przywaras und ihr Ort in der Auseinandersetzung um die analogia fidei, 1969; Ders., Kreuz-Struktur. Zur theologischen Methode Erich Przywaras, in: ThPh 45 (1970) 555–561; K. Rahner, Laudatio auf Erich Przywara, in: Gnade als Freiheit, 1968, 266–273; M. Zechmeister, Gottes-Nacht. Erich Przywaras Weg negativer Theologie, 1997.

4. Lichtmetaphysik der Gotik und ihr Baugedanke (»Die Schule von Chartres«)

Groß war die ideelle Nachwirkung dieses Schönheitsverständnisses in seinem anagogischen Sinn und seiner reduktiven Perspektive auf die mittelalterliche Kunst, so konstitutiv für den Stil der Gotik, die wachsende Höhenerstreckung und die Durchlichtung im »strahlenden Stil« (style rayonnant). Prototyp des gotischen Baugedankens ist die Kirche von St.-Denis in Paris, die unter Leitung von Abt Suger zwischen 1132 und 1144 ihre Gestaltung fand, »durchströmt von einem neuen Licht«[97], das »anagogico more«[98] den spirituellen Aufstieg von der sinnlich-materiellen Welt zur immateriellen weise. Diese platonisch-neuplatonische Schönheitsauffassung erlebte im 12. Jahrhundert ihren Höhepunkt in der »Schule von Chartres«, in der der Schöpfungsbericht der Genesis seine philosophische Travestie fand mit dem Schöpfergott als »Architekten«, der alles nach mathematischen Prinzipien ins Leben rief. Nach Thierry von Chartres (gest. 1156), dessen Denken von der neuplatonischen Frage nach dem Verhältnis von Einem und Vielem geprägt ist, prägte das Axiom: »Schöpfung der Zahlen, Schöpfung der Dinge«: »creatio numerorum, rerum est creatio«.[99] Und Bernardus Silvestris sagt, dass der nach Schönheit verlangende Stoff, »kunstvolle Zahlen und musikalische Bindemittel« (artifices numeros et musica vincla) erfordere. Diese mathematische Ästhetik findet ihre weisheitliche Affirmation in der biblischen Stelle im Buch der Weisheit: »Du hast alles nach Maß, Zahl und Gewicht geordnet« (Weish 11,20). Die gotische Kathedrale wird zum Inbild einer Epoche, in der sich wie in einem Spiegel der Glaube und der Geist dieser Zeit und ihrer Menschen in deutenden Sinnbildern als Bild und Idee spiegelt. Abt Suger schildert, wie die Anschauung der Schönheit materieller Dinge emporführt zum Göttlichen und anregt, sie mystisch zu deuten: »Dann kommt es mir vor, als weilte ich gleichsam in irgendeiner seltsamen Region des Universums, die weder ganz in Schlamm der Erde noch ganz in der Reinheit des Himmels angesiedelt ist, und könnte dank der Gnade Gottes in anagogischer Art und Weise von diesem niederen zu jenem höheren Reich emporgetragen werden.« Und in den Glasfenstern sah Abt Suger eine doppelte Symbolik, die des erzählten Inhalts und die der Verklärung durch die »lux nova«, das »neue Licht« der »geheiligten Fenster«, die das Heil des Evangeliums spirituell und erleuchtend aufscheinen lassen. Die juwelengleichen

---

[97] Suger, De administr. 28, in: E. Panofsky, Abbot Suger on the abbey church of St.-Denis and its art treasures, ²1979, 50.
[98] Suger, De adm. 33, a.a.O. 64.
[99] Thierry von Chartres, Tractatus de sex dierum operibus 36, Hg. N. Häring, Arch. Hist. doctr. litt. MA 22 (1955), 196; Vgl. E. Jeauneau, Lectio philosophorum. Recherches sur l'Ecole de Chartres, 1973.

Lichtmetaphysik der Gotik und ihr Baugedanke (»Die Schule von Chartres«)

Fenster geben dem Licht eine mystische Bedeutung. Die arithmetische Ordnung bestimmt die Beziehungen in Raum und Zeit und konstruiert so Sinn. Eine komplexe Hermeneutik verbirgt sich hinter der Architektur der Kathedrale von Chartres und ihren Proportionen als Reflex des Universums, um die Metaphysik von »Maß, Zahl und Gewicht« als Liebe zum Schönen in Stein-Gestalt umzusetzen.[100] Hugo von St. Viktor, einer der Kommentatoren des Areopagiten, sieht in der sichtbaren Schönheit der Geschöpfe das »Abbild der unsichtbaren Schönheit«[101] und in ihr den evidentesten Hinweis auf Gott. In seinem »Didascalion«, von De Bruyne »der erste Ästhetiktraktat des Mittelalters« genannt[102], analysiert er die geschöpfliche Schönheit. Ihre vier Aspekte sind Lage (situs), deren Ordnung in sich selbst und in Beziehung zueinander; dann Bewegung (motus), die die Aktivitäten der Sinne und des Geistes einschließt[103]; ferner Bild (species), die Form, ob Farben oder Körperfiguren; und Beschaffenheit (qualitas), wie Klänge einer Melodie, Gerüche, Geschmack als Aktivitäten der anderen Sinne, so dass es Schönheit in jeder Form von Wahrnehmung gibt.[104] Schönheit hat schon nach Ps.-Dionysius eine universale Ausweitung, denn »es gibt nichts, das nicht an dem Schönen und dem Guten teilhat«.[105]

Neben der Romanik war die Gotik die zweite große Stilstufe der mittelalterlichen Kunst mit einem eigenen struktiven Architekturcharakter des Strebe-, Wand und Gewölbesystems. Sie gilt als die mathematischste aller Künste. Kennzeichnend ferner für ihre Kirchenarchitektur und ihre Raumgestaltung ist die »diaphane Wand«, die das Rauminnere begrenzt (H. Jantzen),[106] und das »Baldachin«-System (H. Sedlmayr)[107] mit seinem Vertikalismus als Raumsystem und der Transformation des Steins zum Lebensbaum. Diese metaphysisch-kosmologische Theologie mit dem Gedanken der Abbildlichkeit, des Arithmentisch-Musikalischen und den selbstleuchtenden Fenstern mit ihrer Farbenglut, einer Synthese von Stein, Glas und Licht, fand

---

[100] Vgl. O. von Simson, Die gotische Kathedrale. Beiträge zu ihrer Entstehung und Bedeutung, ²1972; G. Duby, Die Zeit der Kathedralen. Kunst und Gesellschaft, 980–1420, 1992: Er bietet darin eine historische Soziologie einer künstlerischen Epoche, die von gesellschaftlichen Kräften mitbestimmt wird.
[101] Hugo von St. Viktor, Com. in hier. coel. II, MPL 175, 949B; Didasc. VII, 16. MPL 176, 824A.
[102] E. de Bruyne, Ét. D'esthétique, 1–2, 1946, 2, 238.
[103] Hugo, Didasc. VII, 16, a.a.O. 824C.
[104] Ders. Did. VII, 1, a.a.O. 812C.
[105] Ps.-Dionysius Areop., Div nom. 4,7. MPG 3, 704B. Vgl. R. Assunto, Die Theorie des Schönen im Mittelalter, 1963; J. S. Aertsen, Beauty in the MA: A forgotten transcendental? Medieval Philos. Theol. I (1991) 68–97.
[106] Vgl. H. Jantzen, Die Gotik des Abendlandes. Idee und Wandel, 1962; Ders. Über den gotischen Kirchenraum, 1951.
[107] Vgl. H. Sedlmayr, Die Entstehung der Kathedrale, 1950; O. v. Simson, Die gotische Kathedrale, 1968.

ihre ins Reale umgesetzte Schöpfung unter Abt Suger (1081–1151)[108] in St. Denis (1140) in der Île de France, ein Stil, der sich zum abendländischen Universalstil entfalten wird. Den Neubau der Abteilkirche beschreibt Abt Suger in seinen Schriften »De consecratione« und »De ordinatione«. Getragen ist das Ganze von einer mystischen Philosophie und Theologie, die in wesentlichen Gedanken auf das areopagitische Schrifttum zurückgeht, das für die abendländische mystische Tradition von besonderer Bedeutung geworden ist.

5. Lichttrunkenheit nach dem Göttlichen – Theophanie des Lichts (Scotus Eriugena)

Diese pseudo-dyonisischen Gedanken hat Johannes Scotus Eriugena (um 810–877) aufgegriffen, der Übersetzer und Kommentator des Areopagiten, der sich selbst den Beinamen »Eriugena«, der »in Irland Geborene« gab. Er war Lehrer an der fränkischen Hofschule Kaiser Karls des Kahlen. Seine Bedeutung für die Geschichte der abendländischen Mystik liegt aber in seiner Vermittlerrolle der »negativen Theologie« mit der Via negationis, der Formulierung des jenseits aller Formulierungen wesenden Gottes, wenn er schreibt: »Gott, der besser durch Nichtwissen gewusst wird, Gott, dessen Unkenntnis wahre Weisheit ist«.[109]

In seinem Werk »De divisione naturae libri quinque«, auch »Periphyseon« genannt (lat.: Von der Einteilung der Natur, fünf Bücher, zwischen 862–866 entstanden), sucht er die Schöpfungs-Wirklichkeit als ein in sich geordnetes Ganzes begrifflich zu erfassen.[110] Weil Gott aber als Gott begriff-

---

[108] O. Cartellieri, Abt Suger von St.-Denis. 1081–1151. HS 11,1898; M. Bur, Suger, 1991; Ch. Markschies, Gibt es eine »Theologie der gotischen Kathedrale?«, in: AHAW, PH. 1, 1995; L. Grant, Abbot Suger of St-Denis, 1998.

[109] Johannes Scotus Eriugena, Periphyseon I, 65, 190.

[110] Er unterteilt die Wirklichkeit in vier Aspekte: Die Wirklichkeit, die erschafft und nicht erschaffen wird; die erschaffen wird und erschafft; die erschaffen wird und nicht erschafft; die weder erschafft noch erschaffen wird: (quae creat et non creatur; quae et creatur et creat; quae creatur et non creat; quae nec creat nec creatur). Gemeint sind Gott als der Ursprung von allem; die Idee, die physische Welt und Gott als Ziel aller Dinge. Damit schafft Eriugena jene Synthese vom christlichen Schöpfungsbegriff und der neuplatonischen Emanationslehre, bei der Gott als der Anfang und das Ende aller Dinge konzipiert ist. Vgl. H. Dörie, Zur Geschichte der Mystik. Eriugena und der Neuplatonismus, 1925; M. Dal Pra, Scoto Eriugena ed il neoplatonismo medievale, 1951; A. Haas, Eriugena und die Mystik, in: Eriugena redivivus (Hg.), W. Beierwaltes, 1987, 254–278; W. Beierwaltes, Eriugena, Aspekte seiner Philosophie, in: H. Löwe (Hg.), Die Iren und Europa im frühen Mittelalter, 1982, 799–818; Ders., Negati Affirmatio: Welt als Metapher. Zur Grundlegung einer mittelalterlichen Ästhetik durch Johannes Scotus Eriugena, in: PhJ 83 (1976) 237–265.

lich nicht als ein bestimmtes Etwas ausgesagt werden könne, da er all die Aussagen transzendiert, könne er als Schöpfer als das ausgesagt werden, was ein Erschaffenes jeweils ist, ganz im Sinne des Areopagiten, nach dem jedes Erschaffene ein individuelles In-Erscheinung-Treten Gottes bedeute. Auch Johannes Scotus Eriugena versteht jedes Geschöpf als »Theophanie« Gottes, als ein geschaffenes In-Erscheinung-Treten Gottes,[111] deren wichtigste Manifestation das Licht ist;[112] lichthaft weise es auf diesen, ihren Ursprung, zurück. Jedes Erscheinende wird so zum Reflex und zum Symbol der absoluten Schönheit. »Die sichtbaren Formen sind Bilder der unsichtbaren Schönheit, durch die die göttliche Vorsehung den menschlichen Geist in die reine und unsichtbare Schönheit der Wahrheit selbst zurückruft«.[113] Schon Plato setzte in seinem »Sonnengleichnis« (Resp. 507bff.) die Idee des Guten sowohl dem Sein als auch seinem Wirken nach in Analogie zum Licht der Sonne, der Ursache für das sinnenfällige Seiende, dass es ist und vom Auge erfasst werden könne (Resp. 508c 1 f.). Die Idee der Ideen, die Idee des Guten, aber ist Grund und Ursprung für das Sein und die Erkennbarkeit des Kosmos der Ideen. Diese selbst ist »jenseits« der Ideen (Resp. 509b9) und doch in ihnen gegenwärtig als das Gute, als das »Leuchtendste des Seienden«[114], was »Allem Licht gewährt«[115]. Als in sich selbst Licht und zugleich Licht der Ideen, vereinzelt sie die Dinge durch Abgrenzung und verbindet sie zugleich, selbst im Grunde unfassbar bleibend. Sie alle stehen so im Licht des Guten, das zugleich ihre Wahrheit (alêtheia), ihre Unverborgenheit ist, die sich so im Akt des Verstehens dem selbst lichthaften »Auge der Seele« erkennend vermittle: als das In-Erscheinung-Treten (Manifestation) des an sich Nicht-Erscheinenden oder sich als »Dunkelheit« Abschattenden in der Entfaltung des Überhellen, absoluten Lichts göttlichen Ursprungs. Dieses ist der Grund jeglicher Lichtheit in Sein und Denken: »omnia quae sunt, lumina sunt«[116] und sind so für Scotus Eriugena der Rückverweis des Lichthaften auf seinen Ursprung.

Die abendländische mystische und philosophische Tradition wird die Gedanken des Iren aufgreifen und weiterführen. So ist für Eriugena der Evangelist Johannes eine mystische Idealgestalt, wenn er schreibt: »Johannes, der das Innerste der Wahrheit schaute, hörte jenseits aller Himmel im Paradies der Paradiese, d.h. in der Ursache von allem das eine Wort, durch das alles

---

[111] Johannes Scotus Eriugena, De div. nat.: III, 19. MPL 122, 681A.
[112] Ders., Expos. sup.hierariam cael. 1,1.: MPL 122, 128C.129D.
[113] Ders., Expos. 1,3, a.a.O. 138C.
[114] Platon, Resp. 518c9.
[115] Ders., 540a8.
[116] Joh. Scotus Eriugena, Expos. sup. hierarchiam cael. I.1: MPL 122.128c; Vgl. W. Beierwaltes, Eriugena. Grundzüge seines Denkens, 1994; D. Ansorge, Wahrheit als Prozess. Eine theologische Interpretation von »Periphyseon«, 1996.

geworden ist ... Er war mehr als ein Mensch: nicht anders konnte er zu Gott hinaufsteigen, als dass er zuerst ›Gott‹ wurde« (Prol.). Zugleich vermittelt Eriugena auch das Vokabular für den dreistufigen Aufstiegsweg: purgatio (Reinigung), illuminatio (Erleuchtung) und perfectio (Vollendung) und sieht in der kontemplativen liebenden Zuwendung des Menschen, die höchste Seligkeit und Erkenntnis der Wahrheit, die Christus ist. Damit aber vollzieht sich auch eine Einwohnung des Sohnes Gottes in den Herzen derer, die ihn lieben.

Johannes Scotus Eriugena ist auch der, der die erste, von Abt Hilduin von St. Denis veranlasste Übersetzung des areopagitischen Schrifttums ins Lateinisch, überarbeitet und das Buch über die »Himmlische Hierarchie« kommentiert hatte. In diesem spirituellen Hintergrund spielte das Licht, das in den Kirchenraum geführt und im heiligen Raum wie »ein Spiegel des Jenseits« epiphan gemacht, eine zentrale Rolle. Figural wurde in den Glasfenstern der Gotik der Heilsplan Gottes und die von seinem Licht beschienene Welt vergegenwärtigt und lichtmetaphorisch ausgedeutet. Das Licht als »göttliche Materie« dient dazu, die physische Welt und die Welt des Heiligen zu verbinden. Diese gotische Architektur- und Licht-Vision nahm auch großen Einfluss auf das symbolisierende Denken der folgenden Zeit, wenn z. B. Albrecht von Scharfenberg (um 1270) in seinem Epos den Gralstempel Titurels als gotischen Zentralbau schildert, der im übernatürlichen Lichte Gottes erstrahlt. Das durchscheinende Licht der gotischen Glasfenster ließ die Wandfolien farbig aufglühen,[117] so dass Durandus um 1280 in seinem »Rationale Divinorum Officiorum« schreibt: »Die gläsernen Kirchenfenster sind Gottes Wort, welches das reine Licht der wahren Sonne, nämlich Gottes, in die Kirche und damit in die Herzen der Gläubigen ausgießt und die Anwesenden erleuchtet«. Als selbstleuchtende Wände spielten sie illusionistisch auf die Edelsteinwände des Himmlischen Jerusalem der Geheimen Offenbarung des Johannes (Offb 21,18 ff.) an, um im anagogischen Sinne »Per lumina vera ad verum Lumen«, um »von den wirklichen Lichtern zum wahren Licht«, zu führen.

---

[117] Vgl. E. Castelnuovo, Die Welt der Glasfenster, 1977; J. Lafond, Le vitrail, 1978; R. Sowers, Farbiges Glas als Element der Architektur, 1965; H. Wentzel, Meisterwerke der Glasmalerei, 1954.

VIII
Kontemplation und Liebe: Das mysterium sacrum

1. Meditation und Kontemplation

a. Hinführung

Der Begriff Meditation (und Kontemplation) fand im indischen Kulturraum zweifellos eine seiner ältesten und ungebrochenen Traditionen und zwar in den altindischen mystischen Traktaten der »Upanishaden« aus dem ersten vorchristlichen Jahrtausend.[1] Hier begegnet uns eine der ältesten Beschreibungen der kontemplativen Meditation: »Wer dieses weiß, ist im Frieden beruhigt, losgelöst, geduldig, gesammelt, er sieht den Atman (das Selbst) in sich selbst, er sieht alles als den Atman« (IV,4,23). Dann beschreibt der Text die Meditation über den innersten Raum im Herzen, in welchem der weite kosmische Raum enthalten ist (VIII,1,1-5). Im Gegensatz zu der Extrovertiertheit der Sinne wird die Meditation als Stufenweg beschrieben, der von einer Innenschau ausgeht: sie besteht darin, »das Reden im Denken, das Denken im Erkennen, das Erkennen im großen Selbst und dieses im Friedens-Atman zu sammeln« (vgl. III,10-11,13). Wesentlich gehört dazu ferner die Kontrolle der Sinne und die Achtsamkeit auf den Atem (vgl. V,5), um so das Leid zu überwinden und die höchste, göttliche Wirklichkeit, das Brahman zu erfahren, was auch Gnade voraussetzt: »Wer den geheimnisvollen, tief verborgenen Ur-Ewigen, der Wohnung nahm im Herzen, als Gott erkennt, sich in sich selbst versenkend, der ist erhaben über Freud und Schmerzen«.

Die »Meditation« und die damit verbundene Haltung ist ein Sammelbegriff für eine Vielzahl von religiösen und philosophischen Übungen: Sie haben ein Gemeinsames, den Geist des Meditierenden zu sammeln, ihn zu beruhigen und zu klären wie die Oberfläche eines aufgewühlten unruhigen Gewässers, auf dessen Grund hin sich das innere Auge nun richten kann,

---

[1] Prabhavananda / F. Dospeker (Übers.), Die schönsten Upanischaden, 1951; A. Hillebrandt (Übers.), Upanischaden. Die Geheimlehre der Inder, 1983.

wenn die Oberfläche still und das Wasser klar und ungetrübt ist.² Das Bewusstsein soll in den Zustand des »Erwachens«, der »Befreiung« und der »Erleuchtung« gebracht werden. Diverse Praktiken dazu bieten unterschiedliche »Wege« an, – denn der Weg ist das Ziel –, um aus einem »unheilsamen« Zustand den Menschen in einen »heilen« zu führen.³

In der griechischen Frühe erhielt der Begriff »Meditation« als Betrachten, Erwägen, Nachdenken eine philosophische Färbung und geistige Vertiefung durch den Gedanken der Umkehr. Für Platon vollzieht sich der Schritt der Umkehr vom Nichtwissen hin zur Entdeckung der absoluten Norm in der Idee des Guten, die den Lebenswandel bestimmen soll und sich im Handeln nach dem Guten ausrichtet. Das ganze Streben des wahren Philosophen solle sich als »meditatio mortis«⁴, als Nachdenken über den Tod, vollziehen, der der menschlichen Lebenszeit ein Ende setzt und sie so dringlich macht. Es soll ein Hindenken auf den Tod sein.

Auch im Psalm 19, der Jahwes Herrlichkeit in der Schöpfung und in der Offenbarung preist, lenkt das meditierende Nachdenken auf Gott hin: »Meditatio cordis mei in conspectu tuo semper«. Der Psalmist bittet Gott, er möge ihn selbst am Lichtglanz seiner Schöpfung teilhaben und so sein Leben licht und lauter werden lassen. Augustinus verbindet es mit dem Gedanken der Umkehr und deutet es aus: »In dieser Wanderschaft, unserem Leben, sollen wir nichts anderes bedenken denn dies, dass wir hier nicht immer sein werden ...«.⁵ Es ist auch ein denkendes Erwägen und Betrachten des Ewigen, ein »aeterna meditari«⁶, ein Hindenken auf Gott (»in Deum meditari«)⁷, der uns innerlicher ist als wir uns selbst.⁸

b. Das »Heilige« meditieren

Phänomenologisch gesehen wird »Religion« häufig als »Umgang mit dem Heiligen« umschrieben, wobei das Wort »Umgang« eine große Variations-

---

² Eine reichhaltige Begriffswelt umschreibt die Thematik wie z.B. der Sanskrit-Terminus dhyâna = nachdenken; bhâvanâ = Entfaltung geistiger Zustände durch Kontemplation; sati = Achtsamkeit; samâdhi = Versenkung als Teil des achtgliedrigen Yoga-Weges; purusa = objektloses Bewusstsein. Vgl. S. Lindquist, Die Methoden des Yoga, 1932; G. Oberhammer, Strukturen yogischer Meditation, 1977; ferner opâsanâ = Zuwendung als Prozess der Verinnerlichung.
³ Vgl. H. H. Bömfield u.a., Transcendental Meditation. Discovering inner energy and overcoming stress, 1975.
⁴ Platon, Phaid. 64a4–6.
⁵ Augustinus, in Joh. 32,9: Nihil aliud in hac vitae nostrae peregrinatione meditemur, nisi quia et hic non semper erimus ...«.
⁶ Augustinus, In Psalm. 136, 11.
⁷ Ders., In Psalm. 62,15.
⁸ Vgl. Augustinus, Conf. III,6,11.

breite wie theoretische, ästhetische, ethische und religiöse Akte umfassen kann.

Ganz allgemein betrachtet und äußerlich beschreibend erscheint als Thema und Kern einer Religion die »Begegnung«, der »Umgang« des Menschen mit dem »Heiligen«, dem »ganz Anderen«, mit den in jedwedem Lebensbereich auf irgendeine Weise zutage tretenden Mächten. Rudolf Otto (1869–1937) entfaltete dies in seinem Werk »Das Heilige. Über das Irrationale in der Idee des Göttlichen und sein Verhältnis zum Rationalen« (1917) als eine Phänomenologie der nicht weiter ableitbaren apriorischen Kategorie des Numinosen. Der lateinische Begriff des »numen«, der Wink einer wirkenden Macht, das Waltens einer gottheitlichen Kraft, erscheint für R. Otto einerseits als übermächtiges, schauervoll-kraftvolles Geheimnis (»mysterium tremendum«) des »ganz Anderen«, der göttlichen Majestät, andererseits aber als beeindruckend-anziehungsvolles Phänomen des Faszinosen (mysterium fascinans). Für ihn liegt im gleichzeitigen Erfühlen des Schauervollen und des Wundervollen der Doppelinhalt des unsagbaren Geheimnisses, das als das Ungeheuer-Unheimliche (griech. »deinós«) die Grenzen menschlicher Fassungskraft übersteigt und sich im Entzug kundtun kann als Schweigen, als Leere, als Verhülltes, als Dunkelheit, als Nichtsgefühl[9] oder als »schlechthinnige Abhängigkeit« (Fr. Schleiermacher).[10] Diese menschliche Ur- und Grunderfahrung des Ganz-Anderen und Übermächtigen (in Hierophanien und Kratophanien) in all ihrer irritierenden Vieldeutigkeit des Sich-Verhüllens und der Zweideutigkeit des sich Zeigens, hat einen anzeigenden Charakter für den Menschen, dessen Dasein im Prinzip auf einen unbedingten Sinn hin gerichtet erscheint. Das Heilige als das Heilende und gleichzeitig Notwendige könne allein den Sinn des Daseins und der Welt überhaupt garantieren. Es ist nicht einforderbar, sondern hat einen ereignishaft sich erschließenden Charakter. Die andere Seite dieser religiösen Erfahrung aber ist die Antwort des Menschen auf dieses Begegnungsgeschehen: wie weiß sich der Mensch von diesem Phänomen des Heiligen her bestimmt und wie sucht er sein Leben zu »heiligen«, zu gestalten? Heiligung der Lebenswirklichkeit im umfassenden Sinn bedeutet – da Heiligung immer abgeleitete Heiligkeit ist – Aspekte und ausgegrenzte Momente des Raums in heilige Stätten, sowie Momente der Zeit, in heiligen Festen zu integrieren, samt den ausgesonderten Personen, den Priestern, den Dingen

---

[9] Vgl. Die Diskussion über das »Heilige«, Hg. C. Colpe, 1977 Abschnitt 4: Die Auseinandersetzung um R. Ottos Theorie des Heiligen. C. Colpe, Über das Heilige, 1990; A. Paus, Religiöser Erkenntnisgrund. Herkunft und Wesen der Aprioritheorie Rudolf Ottos, 1966; R. Schinzer, Das religiöse Apriori in Rudolf Ottos Werk, in: NZf. Syst. Theol. 11 (1969) 187–207.
[10] Vgl. F. Schleiermacher, Über die Religion. Reden an die Gebildeten unter ihren Verächtern, 1799, 1831 mit Veränderungen. Vgl. E. Brunner, Die Mystik und das Wort, 1924.

und den Kultgegenständen. Diesen Ereignischarakter des Heiligen fasst ein altes Bild aus dem Zen-Buddhismus, vom »Mond der Wahrheit«, als Spiegelung des Ewigen im Endlichen, in die Worte: Der Silberglanz des einen Mondes reflektiert seinen Schein in seichten und tiefen Gewässern, in trüben und klaren, in stürmisch bewegten und stillen, in ruhenden und strömenden, aber es ist immer der eine Mond. Das will sagen: Das eine heilige Geheimnis wird fassbar in verschiedenen geschichtlichen Gestaltungen und Religionen der Welt, samt ihren spezifischen Möglichkeiten, ihren unverwechselbaren Eigenarten des Lebens und Erlebens sowie ihren Gestalt gewordenen Vorstellungen. G. Mensching spricht von der jeweiligen »Lebensmitte« einer Religion, das ist der Urkunde ihres religiösen Glaubens mit ihrer überzeitlichen Geltung, ihren charakteristischen Werten und ihrem über die Zeitläufe hin vernehmbaren Wort.[11]

In seinen »Reden über die Religion« (1799) sucht F. Schleiermacher eine Wesenserfassung des Göttlichen in der Religion aufzuzeigen. Als »Gefühl absoluter Abhängigkeit« eröffne sie dem Menschen auch »das zum Gottesbewusstsein werdende unmittelbare Selbstbewusstsein derselben«.[12] Heiligkeit aber sei »diejenige göttliche Ursächlichkeit, kraft deren in jedem menschlichen Gesamtleben mit dem Zustande der Erlösungsbedürftigkeit zugleich das Gewissen gesetzt ist.«[13]

Das Eigenschaftswort »heilig« wird in der deutschen Dichtung zu einem Lieblingswort, vor allem bei Friedrich Hölderlin.[14] Auch Johann Wolfgang von Goethe versuchte sich an der Begriffsbestimmung des Heiligen und kleidete es in die Frage:

> »Was ist heilig? Das ist's, was viele Seelen zusammen
> Bindet, bänd es auch nur leicht, wie die Binse den Kranz.
> Was ist das Heiligste? Das, was heut und ewig die Geister
> Tiefer und tiefer gefühlt, immer nur einiger macht«.[15]

Und G. W. F. Hegel greift zitierend auf diesen Text zurück[16] und bestimmt in gleicher Weise das Heilige als das Einende: »Gott ist, nach den Momenten seines Wesens, ... absolut heilig, insofern er das schlechthin in sich allgemeine Wesen ist«.[17]

---

[11] G. Mensching, Vergleichende Religionswissenschaft, ²1994.
[12] F. Schleiermacher, Der christliche Glaube, ²1830/31 § 4.
[13] Ders., a.a.O. § 83.
[14] Vgl. J. Papmehl-Rüttenauer, Das Wort ›heilig‹ in der deutschen Dichtersprache von Pyra bis zum jungen Herder, 1937.
[15] J. W. v. Goethe, Jahreszeiten, Distichon 76/77.
[16] G. W. F. Hegel, Grundlinien der Philosophie des Rechts, Hg. J. Hoffmeister, 1955, 398; Randbemerkungen zu § 132. 414; § 142.
[17] G. W. F. Hegel, Philosophische Propädeutik § 77, in: Werke (Hg.) Glockner, 3,98. Vgl. H. Delehaye, Sanctus, 1927.

Meditation und Kontemplation

Der nach Edmund Husserl bekannteste Vertreter der phänomenologischen Bewegung, der Sozialwissenschaftler Max Scheler (1874–1928), unterscheidet drei oberste Wissensarten des Menschen und zwar das Leistungs- oder Machtwissen mit dem Ziel des homo faber, der praktischen Beherrschung und Umbildung der raumzeitlichen Welt für seine leiblich-vitalen Lebensinteressen; Erkenntnisquelle seiner »wissenschaftlichen Vernunft« ist die »Welt« und das »Leben«.[18] In der zweiten Form, im »Bildungswissen«[19], geht es Scheler um die freie geistige Entfaltung der menschlichen Person mit all ihren Kräften als Wissen um ihre Werte und die das Leben leitende Humanität. Das höchste Wissensideal aber ist für ihn das »Erlösungswissen«, auch Heils- und Heiligkeitswissen genannt. Da für ihn Wissen als liebendes Seinsverhältnis gilt und so einen finalen Sinn hat, ziele es auf die drei wesentlichen obersten Ziele und diene so den drei obersten Werten, und zwar in folgender Rangordnung: den Vitalwerten, den Geisteswerten und den Heiligkeitswerten. Denn dem menschlichen Geist seien drei gleichursprüngliche, essentielle Formen des Wissens gegeben, das positive, das metaphysische und das religiöse Wissen, die zusammengenommen erst die volle Idee seines Wissens ausmachten. Das Erlösungs- oder Heiligkeitswissen bringt Scheler auf die Kurzformel: »Wissen um der Gottheit willen«[20], das in dem unausreißbaren Verlangen des Menschen gründe, seine Frageunruhe und sein Schicksal in einer letzten Wirklichkeit, einem höchsten Gut, dem summum bonum, zu bergen, das alles Fragmentarische und Unabgegoltene der conditio humana aufhebt. Dieses Heilende und Rettende, und die Liebe zum Heilenden, sind intentionale Urkategorien der Religion. Friedrich Nietzsches »toller Mensch« aber zieht die Konsequenz aus der »Gott-ist-tot«-Proklamation. In Paragraph 125 aus »Die fröhliche Wissenschaft«[21] Nietzsches springt er mitten unter die Marktleute, durchbohrt sie mit seinen Blicken und will ihnen die Antwort auf die Frage »Wohin ist Gott« sagen: »Wir haben ihn getötet – ihr und ich! Wir alle sind seine Mörder! Aber wie haben wir dies gemacht? Wie vermochten wir das Meer auszutrinken? Wer gab uns den Schwamm, um den ganzen Horizont wegzuwischen? Was taten wir, als wir diese Erde von ihrer Sonne losketteten? Wohin bewegt sie sich nun? Wohin bewegen wir uns? Fort von allen Sonnen? Stürzen wir nicht fortwährend? Und rückwärts, seitwärts, vorwärts, nach allen

---

[18] M. Scheler, Versuche zu einer Soziologie des Wissens, 1924; Zweitfassung zusammen mit »Erkenntnis und Arbeit«, in: Die Wissensformen und die Gesellschaft, 1926. Ges. Werke 8 (1960).
[19] Ders., Die Wissensformen, a.a.O. ²1960, 200–211.
[20] M. Scheler, Ges. Werke 8, 1960, 205 ff. Ders., Die Stellung des Menschen im Kosmos. 1962, 91 ff.
[21] Fr. Nietzsches, Die fröhliche Wissenschaft, III, § 125, in: Werke II (Hg.) K. Schlechta, 1972, 401.

Seiten? Gibt es noch ein Oben und ein Unten? Irren wir nicht wie durch ein unendliches Nichts? Haucht uns nicht der leere Raum an? Ist es nicht kälter geworden? Kommt nicht immerfort die Nacht und mehr Nacht? Müssen nicht Laternen am Vormittag angezündet werden? Hören wir noch nichts von dem Lärm der Totengräber, welche Gott begraben? Riechen wir noch nichts von der göttlichen Verwesung? – auch Götter verwesen! Gott ist tot! Gott bleibt tot! Und wir haben ihn getötet! Wie trösten wir uns, die Mörder aller Mörder? Das Heiligste und Mächtigste, was die Welt bisher besaß, es ist unter unsern Messern verblutet – wer wischt dies Blut von uns ab? Mit welchem Wasser können wir uns reinigen? Welche Sühnefeiern, welche heiligen Spiele werden wir erfinden müssen? Ist nicht die Größe dieser Tat zu groß für uns? Müssen wir nicht selber zu Göttern werden, um nur ihrer würdig zu erscheinen ...« Dann wirft der »tolle Mensch« seine Laterne auf den Boden, dass sie zerschellt.

In der Maskenfigur des »tollen Menschen« wurden in einer dionysischen Sprachekstase die Folgen des Gottesmordes reflektiert. Zu diesem Zerstörungsweg Nietzsches schreibt Eugen Biser: »Die Negation nimmt Formen an, welche die Intention des Verneiners überwachsen, sodass sie letzten Endes auf ihn zurückfällt. Das aber ist gleichbedeutend mit der Einsicht, dass in dieser Schlusspassage (im »Antichristen«) geübte Kritik den Kritiker in sich verschlingt und sich so, zumindest grundsätzlich, in Selbstkritik verwandelt.«[22]

c. Kontemplation als Sehnsucht und Liebe

Ein wesentliches Element in den antiken Religionen war das kontemplative Schauen der Götterzeichen. Auch Sören Kierkegaard wird auf die Bedeutung des »Zeigens« des Sich-Zeigenden, für die menschliche Erkenntnis und für die Erfassung von Sinn hinweisen. Er sagt: »Eine Rede verstehen ist eines, das Hinweisende darin verstehen ist ein anderes«. In der Kontemplation eines Textes geht es um Vermittlung einer Wahrheit, die mich betrifft, mich an-geht.

Der Begriff der Kontemplation selbst, ein aus dem Lateinischen genommenes Lehnwort, hatte schon früh neben seinem Wahrnehmungsaspekt der Dinge eine religiöse Komponente bei sich, so die Befragung der himmlischen Phänomene durch die Auguren, um den Willen und die Schicksalsfügungen der Überirdischen zu ergründen und darauf adäquat antworten zu können.[23] Denn alle Belange und Erscheinungsformen des menschlichen Lebens

---

[22] E. Biser, Nietzsche. Zerstörer oder Erneuerer des Christentums? 2002, 121.
[23] Vgl. Die Bronzeleber von Piacenza; dazu die libri haruspicini, libri fulgurales, libri ri-

waren in einen sakralen Horizont eingebettet und vom Willen der Götter abhängig, der in einer Vielzahl arbiträr sich manifestierender Zeichen zu lesen, zu deuten und zu erfüllen war. Er offenbarte sich im Himmel wie auf der Erde, in der Art der Blitze und des Donners (ars fulguratoria), in der Weise des Vogelflugs (auspicium und auspicatio) und in der Eingeweideschau (haruspicinia).

Hatte sich in den griechischen Göttern der Hellene selbst gespiegelt (Schiller: »In seinen Göttern malet sich der Mensch«) und traten die Römer zu ihren Göttern in ein Vertragsverhältnis, so suchten die Etrusker die Unbedingtheit des Götterwillens bis hin zur Selbstaufgabe zu erfüllen. Die gesamte Himmelsfläche war für sie ein in Zonen eingeteilter heiliger Bezirk (templum) für die Erkundung und Befragung des transzendenten Willens und der sakralen Ordnung, die alles bestimmte. Mit ihrer Selbstbezeichnung »rasna«, es bedeutet das »Volk« schlechthin, waren sie die letzten Vertreter der altmediterranen Welt und ihrer archaischen Lebensform, in der die Religion alle Daseinsäußerungen des Menschen durchdringt.

Die ursprünglich religiöse Komponente des Begriffs »contemplatio«, die schauende Ergründung der göttlichen Weisung, fand in der Folge eine Erweiterung auf das geistliche Schauen hin. Cicero[24] verwendete contemplare für die Wiedergabe des griechischen Wortes »theorein« (= betrachten), das neben der ursprünglichen Bedeutung des Wahrnehmens einer Schau (théa), z. B. der verborgenen Anwesenheit der Götter an einem ihnen zu Ehren gefeierten Feste, hin zur geistigen und durch Denken erfassbaren Schau der Wahrheit oder eines praktischen Zieles und Werkes erweitert wurde.

Der Begriff »contemplatio« selbst geht auf den etruskisch-römischen Sakralbereich zurück und enthält das Wort »templum« (griechisch témenos, temnein = ausschneiden, umgrenzen), was jenen abgegrenzten viereckigen und mit dem Augurenstab gezeichneten Bezirk bedeutet, in den sich der Augur stellen musste, um die Götterzeichen am himmlischen »templum«, ob Blitze, Donner oder Vogelflug zu beobachten und zu deuten. Bei den Griechen aber war es vor allem das aus dem innersten Heiligtum sprechende Orakel, das zum Befrager, dem theorós, der mit seiner Frage in eine Beziehung zum Göttlichen trat, ein göttlich Wißbares vermittelte, das dann der Deutung bedurfte. So sagt Heraklit: »Der Herr, dem das Orakel in Delphi gehört, sagt nichts und birgt nichts, sondern er bedeutet«, d. h. »gibt ein

---

tuales, libri fatales als Ausdruck der »etrusca disciplina«. Es galt, die »auspicia« zu erstellen. Vgl. Cicero, De divinatione 1,72. In einem eigenen »brontoskopischen Kalender« war die Bedeutung des Donners für alle Tage des Jahres aufgezeichnet. Wenn es z. B. am 3. Dezember gedonnert hatte, werden die Menschen aus Mangel an Fischfang das Fleisch ihrer eigenen Herden aufzehren.
[24] Cicero, De natura deorum II, 14,32.

Zeichen« (sêmainein).²⁵ Und von Sibylle sagt er, sie künde den Menschen »mit rasendem Mund Ungelachtes (agélasta), Ungeschminktes (akallôpista) und Ungesalbtes (amyýrista)«.

Diente das Fest den Menschen als »heilige Zeit« (chrónos hierós: Platon, Leg. 415a10) zum Umgang mit dem göttlich Sakralen, so war es auch, dem zur Mühe geborenen Menschengeschlecht (epíponon pephykòs génos) zur Erquickung (anápaula) gegeben. In der Begehung des Festes wird das Göttliche Ereignis und wandelt profane Zeit in eine heilige, gottepiphane Zeit, die zugleich den Ort und die Menschen festlich macht. Das Göttliche wurde z. B. in den agonalen Wettspielen und Kämpfen gestalthaft geschaut. In der griechischen »Religion der Schau«²⁶ war das Festerlebnis ein »Schauen«, ein theorein, ein Erfahren des Nicht-Alltäglichen, qualitativ Höheren, Eigentlichen und Wesentlichen, Göttlichen. Auch das théatron war der Ort der Schau für die Zuschauer des Mehr-als-Menschlichen, ein »theâsthai«, ein Schauen des Menschen unter der Schicksalsführung der Götter und seines unfassbaren Schicksals (moira). »Schauen« als Weise liebender Zuwendung bestimmte den »bíos theoretikós« des Menschen und Platon sagt im »Timaios«, die Götter haben aus dem »Schauen« des gestirnten Himmels den Menschen die Philosophie übereignet (Tim. 47a1–b3). Im Phaidros spricht er von der vorgeburtlichen Schau (theoria) der Seele. Dieses Schauen sei der unmittelbare Kontakt mit dem ursprünglichen Sein und Ausdruck ihrer apriorischen und transzendenten Natur. Was sie schaut, sind die ursprünglichen Gestalten jenseits des Werdens und Vergehens, die seinsvollkommenen, unveränderlichen und selbstreflexiven Ideen, der sog. »kosmos noêtos«. Das Wesen der Erkenntnis war so in seiner höchsten Form das Schauen, das sich auf das Sein selbst als das Ursprüngliche richtete, auf seine ewige Präsenz jenseits des Werdens und der Geschichtlichkeit. Im Gewande eines mystischen Gleichnisses von der Seele als einem geflügelten Gespann, ihrer himmlischen Heimat und ihrer Unsterblichkeit – einer der berühmtesten Texte des Platonismus aller Zeiten – ist die Schau der Ideen, ein lebensmächtiges Geschehen, das zu den Wurzeln der Wirklichkeit blicken lässt. Der Tiefe des Schauens korrespondiert das Sich-Zeigen des Ursprünglichen von schicksalhafter Mächtigkeit (Phaidr. 248c–e). Im Schauen wird die höchste Wirklichkeit gegenwärtig und der schauenden Seele zuteil, denn es ist ein Anschauen dessen, was man liebt und dem man sich freudig zuwendet (agapâ kaì eupatheî). Dies drückt sich in vier bekannten menschlichen Bestrebungen aus und zwar in der Liebe zur Weisheit, in der Liebe zur Schön-

---

[25] Heraklit, Diels Frg. 93: oúte légei, oúte krýptei, allà sêmainei. Vgl. zum Amt des Deuters: Platon, Leg. VI, 759d; Tim 71f.; Plutarch, De def. orac. 15.
[26] Vgl. K. Kerényi, Die antike Religion, 1940, 60.119, auch G. Redlow, Theoria, 1966 und H. Rausch, Theoria. Von ihrer sakralen zur philosophischen Bedeutung, 1982, 27ff.

heit, im Dienst der Musen und im Dienst des Eros. Nous, das »Göttliche in uns« (theion en hêmin), ist der »Führer der Seele« (psychês kybernétês) – im Unterschied zur dianoia bzw. ratio. Und die archai aber, die wahrhaft seienden Wesen (anaphès ousia óntôs oúsa) sind »beschaubar« allein (mónô theaté) für den Führer der Seele (psychês kybernétês), durch die Einsicht (nô, Phaidr. 247c8–9).[27]

Mit dem Neuplatonismus Plotins trat der Erleuchtungsbegriff in einen mystischen Kontext. War die Idee für Platon ontologisch in sich selbst licht, um so dem Denken einleuchten zu können, so ging es Plotin in seiner Alleinheitsmystik um einen Dreischritt, der mit der Abkehr von der äußeren Sinnenwelt hin zur denkenden Wendung nach innen führt, um dann den Schritt über das Denken hinaus auf das Eine hin, zum Ursprung aller Lichtheit, zu tun. Es ist ein intellektuell-mystisches System von der einen Gottheit, aus der alle Dinge in die »schlechte Vielfalt« ausfließen, und in sie zurückzukehren durch Reinigung und Einung als in die ewig ruhende gestaltlose Einheit. Dieses plotinische Erbgut fand seinen Nachklang im christlichen Neuplatonismus eines Dionysius Areopagita mit dem Dreischritt von Läuterung, Erleuchtung und Vollendung, aber vor ihm schon in der Illuminationslehre Augustins und später im christlichen Neuplatonismus der Schule von Chartres sowie in der Denkmystik Meister Eckharts, der sich bewusst auf den »großen Pfaffen« Platon beruft. Plotins kontemplatives Denken war religiöses Denken und seine Philosophie wurde Religion. Auf dem Hintergrund der späthellenistisch-römischen Epoche des dritten nachchristlichen Jahrhunderts suchte er zur »theoria«, zur Wesensschau des »Einen« über all die Vielzahl des Vergänglichen zu gelangen, unter dem Drang zur Verinnerlichung und der mystischen Schau.

Das unterscheidend Christliche aller Religionen aber ist, nach christlichem Offenbarungsverständnis, dass Gott sich selbst in seinem Logos in das Nichtgöttliche hinein ausgesagt und sich selbst, erlösend und vergöttlichend, der conditio humana mitgeteilt hat. Mögen die verschiedenen Wissenschaften viel Bestimmtes, Exaktes und so auch Begrenztes vom Menschen aussagen, so sagt der biblische Glaube ein Umfassendes, Unbegrenztes und so alle Anthropologien Aufsprengendes aus: Er weiß sich als das offene, unbegreifliche und von dem einen Geheimnis, das wir Gott nennen, umgriffene Geschöpf Gottes, herkünftig von ihm her und radikal auf ihn bezogen. Das dem Glaubenden zukommende und in Jesus Christus begründete neue Gottesverhältnis steht im Johannesevangelium unter dem Vermächtnis der Heiligung: »Heilige sie in der Wahrheit; dein Wort ist Wahrheit (Joh 17,17).

---

[27] H. J. Krämer, Der Ursprung der Geistmetaphysik, ²1967 A. B. Lloyd (Hg.), What is a God? 1997; H. J. Rose u. a., La notion du divin depuis Homère jusqu'à Platon, 1954.

»Und ich heilige mich für sie, damit auch sie in der Wahrheit geheiligt sind« (Joh 17,19).

2. Gott-Denken und Gott-Lieben in der christlichen Kontemplation und Mystik

a. Anselm von Canterbury (»sola cogitatione«)

Anselm von Canterbury (1033–1109), Mönch, Erzbischof, Autor philosophischer und theologischer Abhandlungen, verfasste auch 19 Gebete und drei Meditationen.[28] Er sieht die Meditation unter einem Doppelaspekt: der eine Aspekt drückt sich im Gebet aus als Ausdruck liebender Zuwendung des Menschen zu Gott, als »dialogischer« Vorgang vor einem Gegenüber, als »personhafte« liebende Hinwendung, die innige Weisheit und Erkenntnis vorweist und den Beter anregt, Gott zu lieben oder zu fürchten. Der Beter bringt Erfahrung ins Spiel, aber auch Reflexion und Einbildungskraft und das Verlangen, Gott zu lieben. Solch affektive Aneignung eines Textes sei selbst schon Gebet und führe als Grundhaltung[29] zu einer meta-intellektualen gefühlsmäßigen Einsicht, dass sich Gott in Jesus Christus selbst mitgeteilt hat als der absolute Grund des Glaubens. Er schreibt: »Ich will durch den Affekt fühlen, was ich durch den Verstand wahrnehme« (»Sentiam per affectum quod sentio per intellectum«).[30]

Der zweite Aspekt der Meditation stützt sich auf die denkende Vernunft (»sola cogitatione«; »sola ratione«),[31] aber sich im Kontext der hl. Schrift und Tradition wissend. Im »Monologion« (»Selbstgespräch«), seinem ersten, 1076 verfassten systematischen Werk, gibt er im ursprünglichen Titel sein philosophisches Programm an: »Exemplum meditandi de ratione fidei«: »Ein Beispiel, wie man sich denkend (meditierend) über den Grund des Glaubens Rechenschaft gibt«. Er sucht sich in strenger Argumentation das höchste Wesen, Gott, das durch sich selbst ist und von dem aus alles andere ist, zu denken. Und in seinem darauffolgenden »Proslogion« (»Anrede«), um 1077/78 entstanden, geht es Anselm – wie der ursprüngliche Titel es ausdrückte, – um das »fides, quaerens intellectum«[32], einen rational verantworteten Glauben. Im Gebet des unruhigen Herzens – im Anklang an

---

[28] Orationes sive Meditationes (Gebete und Betrachtungen), Op. omnia III, 191; dt. Übers. (Auswahl): Anselm von Canterbury, Gebete. Übers. u. eingel. v. L. Helbling, 1965.
[29] Anselm von Canterbury, Orationes sive meditationes. Opera 2,5.
[30] Ders., a.a.O. 2,91, 197; vgl. 2,4.
[31] Ders., Monologion, Prol. = 1,8,18; c.1,13,11.
[32] Anselm v. Canterbury, Proslogion, Prooem. 1,94,7.

die Confessiones des Augustinus – weiß er sich hineinverstrickt in die Wirrnisse und Fragen, dem aber nur die Erinnerung an die Gottebenbildlichkeit des Menschen hilft, die er in sich trägt (Kap. 1). Es folgt Anselms Einsicht in ein absolutes Letztprinzip, nämlich dass Gott die Wahrheit ist (Kap. 2): »Etwas, über das hinaus Größeres nicht gedacht werden kann« (»aliquid quo nihil maius cogitari possit«).[33] Über den erfahrungsgebundenen, linear-reflexiven Glaubensakt hinaus kann nicht einmal gedacht werden, dieses sei nicht (Kap. 3 f.). So muss das Denken durch notwendige Vernunftgründe (rationes necessariae) sich selbst aufklären lassen: es gäbe sonst etwas, was größer ist als das, worüber hinaus Größeres nicht gedacht werden kann – eine contradictio in se. Mit diesem Argument resümiert Anselm in einem einzigen Gedanken die Darlegung des »Monologion«. Das dem rationalen Kalkül entzogene Geheimnis Gottes bringt Anselm in einer genealogischen Metaphorik zur Sprache, dem Geborenwerden des menschgewordenen Logos in der Liebe (vgl. Kap. 38–63). Da kategoriale Aussageweisen das höchste Wesen nicht aussagen können, spricht Gott sich selbst aus im Logos und die Welt im schöpferischen Wort. Anselm reflektiert zum Abschluss seines »Monologions«, wie er über das Unaussprechliche gesprochen und nicht gesprochen habe (Kap. 65) und wie sich im Spiegel des menschlichen Geistes ein radikaler Blickwechsel vollzieht, ein Hinein-gerissen-Werde in die Liebe Gottes und in ihr Voraus (Kap. 68 ff.): wie sich das Wort nicht von seiner Bildhaftigkeit trennen lässt, so auch der Denkakt nicht von der liebenden Zuwendung des Menschen zu Gott, in der Hoffen und Glauben sich vollenden.[34] Am Schluss nennt Anselm das höchste Wesen seiner Meditation »Gott« und setzt auch im »Proslogion« an den Schluss ein Gebet (Kap. 26) und spricht von der vollkommenen Freude, die die erfasst, die Gott lieben.

Ein weiterer Höhepunkt der christlichen Kontemplations-Spiritualität liegt im 12. Jahrhundert.

b. Bernhard von Clairvaux (»commori corde«)

Bernhard von Clairvaux (1090–1153) sucht die Kontemplation als »wahre und gewisse Geistesschau eines beliebigen Dinges oder unzweifelhafte Erfassung des Wahren« zu umschreiben (verus certusque intuitus animi de quacumque re sive apprehensio veri sine dubio«). Bernhard, der bedeutende

---

[33] Ders., a.a.O. cap. 2 = 1,101,5.
[34] Vgl. P. Gilbert, Dire l'ineffable. Lecture du »Monologion« de S. Anselm 1984; I. Sciuto, La ragione della fede. II »Monologion« Anselm, e il programma filosofico di Anselmo d'Aosta, 1991.

VIII Kontemplation und Liebe: Das mysterium sacrum

Mystiker und theologische Führer im 12. Jh. sowie Antipode Abälards, erhält seinen höchsten Ruhm in Dantes »Paradiso«: »Die Himmelskönigin, die ganz in Feuer der Liebe mich erfüllt, wird gnädig sein, weil ich Bernardus bin, ihr vielgetreuer.« Als Künder der Marienfrömmigkeit und Prediger der mystischen Kontemplation trägt er den Titel »Doctor mellifluus«, »honigfließender Gelehrter«. Seine Hymne »Salve caput cruentatum« diente für Paul Gerhardt als Vorlage seines Liedes »O Haupt voll Blut und Wunden«.

Bernhard, aus burgundischem Adel, trat 1113 zusammen mit 30 adligen Gefährten in das 1098 gegründete Reformkloster Cîteaux ein. 1115 wurde er zur Gründung des Zisterzienserklosters Clairvaux ausgesandt, dessen Abt er vom Anfang bis zu seinem Tode war und dem er mit seinem nach innen und außen sich entfaltenden Wirken nahezu 170 Tochterklöster zugeführt hatte. Erhalten sind mehr als 500 Briefe, darunter Brief 11, theologische Abhandlungen »de diligendo Deo« (»über die Liebe zu Gott«) (1126/41)[35] sowie zahlreiche Predigten, ferner die 86 Sermones über das Hohelied 1,1–3,11 (1135–1153). Hinreißend in Wort und Schrift nennt ihn A. Harnack »das religiöse Genie des 12. Jahrhunderts« und J. Leclercq, einer der bedeutendsten theologischen Mediävisten der 2. Hälfte des 20. Jh.s, sieht in ihm den Höhepunkt der monastischen Theologie, die zu einer wohldurchdachten Askese und zur Kontemplation anleiten will.[36] Seine Theologie der Mystik entfaltete Bernhard vor allem in der Kommentierung des »Hohenliedes«, in der er sich an Origenes orientiert hatte. Es ist die liebende Zwiesprache zwischen Braut und Bräutigam mit Hilfe von Bildern der Brautmystik, der liebenden Seele mit dem liebenden Christus. Zugleich kontempliert er auch den Passionsgedanken Christi, das »commori corde«, »das Mitsterben dem Herzen nach« in der Kreuzesbetrachtung. Von Benedikt von Nursia (480–547) übernimmt er die zwölf Grade der Demut und illustriert im Kommentar zum Hohenlied Salomons[37] seine Gottes- und Christusmystik als individuelles, visionär-ekstatisches Erlebnis. In der reinen Wahrheit der gefühlten Liebe, wie sie im Zwiegespräch zweier Liebenden, der Braut und des Bräutigams, in all der Ursprungsmächtigkeit einer glühend jungen Liebe zum Ausdruck kommt, wie sie knospenhaft aufbricht, wie sie im Auf und Ab

---

[35] J. Leclerq, L'amour des lettres et le désir de Dieu, 1957; dt. Wissen und Gottverlangen, 1963.
[36] Vgl. U. Köpf, Monastische und scholastische Theologie, in: Bernhard von Clairvaux und der Beginn der Moderne, (Hg.) D. R. Bauer / G. Fuchs, 1996, 96–135.
[37] Die älteste deutsche Paraphrase des Hohenliedes Salomons stammt von dem aus mittelrheinischen Adel stammenden Abt Williram von Ebersberg aus dem 11. Jh. Seiner »Exposition in Cantica Canticorum« fügt er eine Paraphrase in deutscher Prosa bei, eine deutsch-lateinische Mischprosa, die er Kaiser Heinrich IV. widmete. Der biblische Text wird als Dialog zwischen Christus und der Kirche sowie der Synagoge dargestellt. Ekstatisch heißt es: »Er küsst mich mit der Süße seines Evangeliums«. Und: »Dein Name ist eine ausgeschüttete Salbe ... vor Dir, Christus, heißen wir Christiani«.

des suchenden Findens wächst und reift und in der Liebeshingabe mit dem gewaltigen Vers umschrieben wird: »Denn die Liebe ist stark wie der Tod, und ihr Eifer ist fest wie die Höllenglut. Ihre Glut sind Gottesgluten, ihre Lohe ist Lohe Jahwes«. Ganz in der Liebessprache des Hohenliedes entfaltet Bernhard die persönliche kontemplative Gotteserfahrung mit ihrer Einigungs- oder Vergottungs-Mystik als Christus-Mystik, als des »Mitsterbens dem Herzen nach« (commori corde). Es ist ein Stufenweg, der über die Reinigung (purificatio) und über die Betrachtung (consideratio) zur Anschauung (contemplatio) als ihrem ekstatischen Höhepunkt führt (excessus, raptus). Ziel des Gott-gleichförmig-Werdens, ist die Einigung mit ihm im Geiste und im liebenden Wollen. Eingezeichnet in diesen Aufstiegsweg ist der Blick und Bezug zum menschgewordenen und gekreuzigten Christus.[38] Es ist ein liebender Weg innigster Hingabe, die ihren Ausdruck findet im dreifachen Kuss für den Bräutigam Christus, im »Kuss seiner Füße«, d. h. der reuevollen Erfahrung vergebender Liebe, dann im »Kuss seiner Hände«, d. h. in der Betrachtung und Nachahmung (imitatio) seiner wirkmächtigen Liebe, und im »Kuss seines Mundes«, jenem exzessiven Hingerissenwerden (excessus, raptus) zum Entbrennen im Feuer der Liebe, die die menschliche Seele überwältigt und in Beschlag nimmt. Als der erhöht-lebendige Christus gibt er Anteil an seinem Leben, ist im Glaubenden mächtig und nimmt ihn in seine Lebensgestalt, in sein Sterben und Auferstehen hinein für Gott. Der »Christus für uns« ist auch der »Christus in uns«, der uns einwohnt.

Bernhards psychologische Sensibilität zeigt sich darin, das Ideal anzustreben, aber auch um die Schwächen der conditio humana zu wissen, denn der Mensch steht als widersprüchliches Wesen im ständigen Zwiespalt zwischen Ideal und Versagen. Liebe, der Grundbegriff, der zum Gottesverständnis führt, begründet für ihn die monastische Lebensform (De diligendo Deo) und ist so das tragende Fundament der monastischen Gemeinschaft (»Carta caritatis« von 1119). Bei Bernhard steht die ekstatische Liebe im Mittelpunkt, wenn dem Gott-Liebenden gesagt wird: »Du musst dich in gewisser Weise verlieren, als existiertest du nicht mehr, gar nicht mehr selbst dich wahrnehmen, deiner selbst ledig werden, dich nahezu zunichte machen«. Und der Mensch als Bild Gottes wird umso mehr er selbst, je mehr er seinem göttlichen Urbild ähnlicher wird. Die reine Liebe des Menschen in ihrer Eindringlichkeit und Glut liebt Gott uneigennützig und kennt keinerlei Anflug von Begehrlichkeit (cupiditas) oder Furcht. Sie ist mystische Erfahrung (In Cant. serm. 23,11–16) und weiß sich zur liebenden Erkenntnis Gottes befähigt (In Cant. serm. 31,2), denn der Mensch kommt zur Gotteserkenntnis nicht auf dem Wege der Einsicht, sondern auf dem Weg der Liebe: »die Liebe selbst ist Einsicht« (»amor ipse intellectus est«, schreibt Wilhelm von St.

---

[38] Vgl. A. Löschhorn, Christus in uns. Die Lehre von der Einwohnung Christi, 1954.

VIII Kontemplation und Liebe: Das mysterium sacrum

Thierry (um 1075–1148), ein Freund Bernhards, in seiner »Epistola aurea«, dem »Goldenen Brief« (173). Auch er hat einen »Hohelied«-Kommentar verfasst und beschreibt darin eindringlich das Einssein des kontemplativen Menschen mit seinem Schöpfer: »Das Blütenbett (der Kontemplation) ist der Ort einer wundervollen Vereinigung, eines hinreißenden wechselseitigen Genießens, einer Freude, die auch für den, dem das alles geschenkt wird, alle Vorstellung übertrifft. Wir meinen die Vereinigung zwischen Gott und dem Menschen auf dem Weg zu Gott, zwischen dem geschaffenen Geist und dem ungeschaffenen Geist. Wir sprechen von der Braut und dem Bräutigam, weil wir nach Worten suchen, die in menschlicher Sprache einigermaßen die Süße und Zärtlichkeit der Begegnung beschreiben«.[39] Der Mensch beginnt in solch liebevoller Begegnung weder rational noch diskursiv zu erkennen, sondern liebend, wie er selbst von Gott liebend erkannt wird. Denn Liebe ist selbst eine Weise von Erkenntnis. In dieser seiner Trennung von Erkenntnis (intellectus) und Liebe (amor) dient die Erkenntnis anfänglich dazu, unsere Liebe und unser Empfinden anzuleiten und zu bewegen, denn sie ist die eingehendste Bekundung der menschlichen Natur und auch der einzige wahre Weg zur Gotteserkenntnis als einigende Kraft, d.h. Liebe als Kraft der Empfindung (affectus): »so angerührt zu werden bedeutet, vergöttlicht werden« (sic affici, deificari est: in: De diligendo Deo X,27). Es ist ein zur Weisheit (sapientia) Kommen als Schmecken des Guten (sapor boni; In Cant. 85). Bernhard legte das ganze »Hohelied« als ein mystisches Liebeslied aus im Zueinander der menschlichen Seele und Christus, der die Seele liebt und für sie am Kreuz gestorben ist. In liebender Kontemplation vergegenwärtigt er sich das Leben Jesu von der Kindheit bis zur Passion mit all den Nöten bis hin zur tiefsten Einsicht, Christus als den Gekreuzigten zu kennen (S. Cant. 43,3 f.; 45,3), der sich zu unserem Heile hingegeben (pro nobis, propter nos). So tritt das Leiden und Sterben Christi in der Frömmigkeit neben das Bild des Überwinders.

---

[39] Wilhelm von Saint-Thierry, PL 180,506,39. Vgl. K. Ruh, Amor deficiens und Amor desiderii in der Hoheliedauslegung Wilhelms von St.-Thierry, in: OGE 64 (1990) 70–88; K. G. Sander, Amplexus. Die Begegnung des Menschen mit dem dreieinen Gott in der Lehre des sel. Wilhelm v. St. Thierry, 1998 (Quellen und Studien zur Zisterzienserliteratur 2).

IX
Liebe in der Scholastik und Renaissance: ein philospophischer, theologischer, mystischer und lebensweltlicher Begriff

Exposition

Der englische Historiker Richard W. S. Southern[1] ging der Frage nach, inwieweit die Vertreter der Scholastik in ihrer Rolle als »übernationale Instanz« und ihrer gemeinsamen Gelehrtensprache des Lateins, zur Vereinigung Europas beigetragen haben. Er verweist dabei auf den beispiellosen Lernvorgang mit der Vereinheitlichung der Denkweise und der Disputationsregeln hin, die zu einer rational begründeten Wirksamkeit im Diskurs und in der Auseinandersetzung anleiten sollten, sowie auf Lehre und Widerlegung falscher Lehre und die Kriterien zur Beurteilung konkreter Sachverhalte und Anwendung von Normen auf Einzelfälle. Theologie, Recht und die freien Künste (Artes), vor allem das Trivium, waren nach Southern die drei vornehmlichen geistigen Requisiten in der Zeit der sog. Hochscholastik, jener von 1200 bis ins 2. Viertel des 14. Jh.s reichenden Periode, in der sich die Scholastik an den Universitäten formierte, um Europa eine Struktur zu verleihen und zivilisatorisch zu formen. Die Kohärenz und Einflussmacht der drei Requisiten wurde von Schulen von europaweiter Bedeutung getragen wie z.B. Bologna, Montpellier, Paris, Salamanca, Oxford, Padua u.a. Auf drei herausragende Gestalten sei verwiesen.

Neben dem Kamaldulensermönch Gratian aus Bologna, der in seinem Traktat »Concordia (Concordantia) discordantium canonum« (»Ausgleichende Zusammenstellung der nicht übereinstimmenden Canones«), 1140 unter dem Titel »Decretum Gratiani« erschienen[2], das Recht dem Test der Vernunft unterzog, stand Robert Grosseteste (um 1186–1253), der Kanzler

---

[1] R. W. S. Southern, Scholastic Humanism and the Unification of Europe, Bd. I, 1995, 4 ff.; Vgl. R. Schönberger, Was ist Scholastik?, 1991; U. G. Leinsle, Einführung in die scholastische Theologie, 1995.

[2] Vgl. S. Chodorow, Christian Political Theorie and Church Politics in the Mid-twelfth Century. The Ecclesiology of Gratian's Decretum, 1972. Vgl. A. van Hove, Quae Gratianus contulerit methodo scientae canonicae, in: Apoll. 21 (1948) 12–24. Darin wird gezeigt, wie Gratian die Widersprüche der Kanones in dialektischer Argumentation sistiert und ein in sich harmonisches Rechtssystem zu entwickeln sucht. Das »Sic et non« bei Abälard haben ihn beeinflusst.

IX LIEBE IN DER SCHOLASTIK UND RENAISSANCE

der Universität Oxford, der große Übersetzer der klassischen Literatur und Vertreter der experimentellen Methode, um das auf Aristoteles fußende Modell der »induktiven Methode« und systematischen Überprüfung von Hypothesen zu installieren.[3] Der dritte in dieser Schwellenzeit und deren Kulminationspunkt aber ist Thomas von Aquin (um 1225–1274), der Verfasser des Grundwerks der mittelalterlichen Gottes- und Seinslehre, der »Summa theologiae«, Klassiker der Scholastik und der gewaltigste Systematiker seit Aristoteles bis hin zu Hegel.

Sein geistiger Lehrer war der gebürtige Schwabe Graf Albert von Bollstedt (1193–1280), der »Doctor universalis« und Mitglied des Dominikanerordens, der den ihn auszeichnenden Namen »Albertus Magnus« erhielt,[4] und in Paris und Köln lehrte. Dieser hatte sich zum Ziel gesetzt, das neue Corpus der peripatetischen Lehren des Aristoteles »den Lateinern verständlich zu machen«.[5] Derjenige sei der Größte in der Philosophie, der die beiden Philosophien, die platonische und die aristotelische, zu verbinden vermag, d. h. die weltliche Wirklichkeit mit Vernunft zu durchdringen. Sah das neuplatonisch-augustinisch verstandene Christentum die Welt vor allem in ihrer symbolischen und allegorischen Bedeutung als Spur und Bild Gottes und als Teilhabe des Schönen an der ursprungshaften Schönheit Gottes mit dem Aufstiegsweg der Seele dorthin, so tritt jetzt die Weltwirklichkeit selbst in ihren Strukturen, Verhältnissen, Wesenheiten und in ihrem eigenen Sein in den Blick. Albertus Magnus wird Thomas auf einen vertiefenden Weg zu Aristoteles und zur naturwissenschaftlichen Literatur der arabischen Philosophen führen. Es ist dies die aristotelische »Wende« der »philosophischen« Scholastik und ihrer intellektuellen Theologie mit der Erkenntniskraft der »natürlichen Vernunft« und der methodisch-wissenschaftlichen Rationalität sowie ihrer diskursiven Argumentation. In dieser intellektuellen Auseinandersetzung über die Frage der Kompatibilität von Philosophie

---

[3] Vgl. D. A. Callus (Hg.), Robert Grosseteste, 1955, 98, weist darauf hin, dass Roger Bacon in seinem »Compendium studii theologiae« Grosseteste als den ansieht, der der erste gewesen sei, der überhaupt Wissenschaft geschrieben habe. Wohl hatten auch die alexandrinischen Empiriker und Gelehrte der chinesischen Han-Epoche experimentiert, ihre Erkenntnisse jedoch nie zu einem wissenschaftlichen Ansatz fokussiert.

[4] Wie sehr sich die Größe und die ins fast magische reichende Bedeutung und Hochschätzung Alberts ins Gedächtnis der Zeit eingeschrieben hatte, erzählt eine Volkslegende. Als Graf Wilhelm von Holland zu Beginn der sog. Kaiserlosen Zeit 1247 zu Köln von den geistlichen Fürsten zum deutschen König gewählt wurde, habe Albert diesem »Schein-König« und künftigen »Schein-Kaiser« ein »seltsames Gastmahl«, ein Schein-Gastmahl bereitet. Er habe die im winterlichen Klostergarten stattfindende Festtafel im Schnee in eine Frühlings- und Sommertafel verwandelt. Der böhmische Biedermeier-Dichter Karl Egon Ebert besingt dieses magische Ereignis in seiner vielstrophigen Ballade »Das seltsame Gastmahl«.

[5] Vgl. Die Belege bei B. Nardi, La posizione di Alberto Magno di fronte all'averroismo, in: Studi di filos. medievale, 1960, 119–127.

und christlicher Theologie, Vernunfteinsicht und Offenbarung, sowie der Harmonie aller Wahrheiten mit dem christlichen Glauben, sieht Max Weber den Beginn der »okzidentalen Rationalisierung«. Die diskursive Argumentation im Betrieb »der Schule« (schola), woraus der Name für die gesamte Epoche als »Scholastik« genommen ist, setzt bei der Sachfrage (quaestio) ein und wählt spezifische Teilaspekte oder Artikel (articuli) aus, um die sich daran anschließende Untersuchung mit den Regeln der logischen Beweisführung, ihrem »Pro-« und »Contra«-Argumenten zu strukturieren. Über der »Universitäts«-»Schule« als einem Ort der »Dauerreflexion« und niemals endenden Disputation in der Suche nach der Wahrheit stand die zentrale Maxime und Aufforderung des »Sapere aude!«, »Wage es, deinen eigenen Verstand zu gebrauchen!«, ein Motto, das damit die platonisch-aristotelische Wissenschaftslehre aufgreift. Die menschliche Natur ist in all ihrem endlichen Denken und Tun »reflexiv« mit der primären Zielrichtung auf sich selbst, wie dies bei Platon und Aristoteles in der Rede vom »Wissen des Wissens« zum Ausdruck kommt, wenn der Mensch sein Wahrnehmen »wahrnimmt« und sein Denken »denkt«.[6] Diese Rückwendung des Geistes auf sich selbst – bei Proklos »epistrophê« genannt[7] und bei Thomas als »reditio in seipsum«[8] oder »conversio«, zeigt die natürliche Selbstbezogenheit des Menschen auf sein eigenes Gut, das ihm und für ihn Gute.[9]

1. Thomas von Aquin

Thomas von Aquin (um 1225–1274), Verfasser der »Summa theologiae«, wurde schon von seiner Zeit als »Doctor angelicus«, als »engelgleicher Lehrer«, gepriesen. Er krönt die geistige Tradition eines Jahrtausends und ragt nach und neben Augustinus als geistiger Lehrer der abendländischen Christenheit hervor. Ausgezeichnet durch den Scharfsinn seiner logischen Beweisführung, verbunden mit einer inbrünstigen Spiritualität und Kraft der mystischen Schau, baut er seine theologischen Kompendien auf, um als Letztes das alttestamentliche »Hohelied« zu kommentieren. Dante begegnet ihm im zehnten Gesang des »Paradieses« seiner »Göttlichen Komödie« und rühmt sein »glorreiches Leben«, seine »glühende Verehrungskraft« sowie seine »kluge Sprache«. Das ganze Leben des Aquinaten war in den Dienst an der

---

[6] Platon, Charm. 171c; Aristoteles, Eth.Nic. IX, 9,70 a 32; De anima 425 I 12ff.; Met. 1074b 35f.
[7] Proklos, Elem.theol., prop.15,42f.; 83; hg. E. R. Dodds, 1963, 16f.44ff.76f. Vgl. dazu W. Beierwaltes, Proklos, ²1979, 123ff.
[8] Thomas von Aquin, Liber de causis, § 14, hg. O. Bardenhewer, 1882.
[9] Vgl. Albertus Magnus, S.theol. II, tr. IV.q.14,a.2.

Theologie und an dem Glauben hinein verobjektiviert, voll rationaler Kraft und sachlicher Innigkeit. Vier Monate vor seinem Tode hatte Thomas ein tiefinneres Erleben, das ihm all seine theologischen Arbeiten sistieren hieß und er notierte dazu: »Mit meinem Schreiben hat es ein Ende, denn mir ist solches geoffenbart worden, dass mir das, was ich geschrieben und gelehrt habe, wie ein Stück Stroh erscheint.« Der Grundzug seines theologischen Denkens aber war bestimmt von einer Grundeinsicht, die Welt, Mensch und Seele in die Kreisbewegung einer liebenden Auskehr aus Gott gestellt sah, die je schon ihre Ein- und Rückbezogenheit zu Gott ist, eine »Kehre« (conversio), die letztlich die Dynamik und den Horizont menschlichen Erkennens und Liebens ausmacht. In die lebendige Mitte seines so logisch und kristallin wirkenden System führt uns die erste Strophe seiner Hymne: »Adoro te devote, latens deitas«:

»Ich bete an und beuge,
Gottheit mich vor Dir:
Du, der Tiefgeheime,
Bist in Zeichen hier.
All mein Wesen neigt sich,
gibt sich ganz dahin,
weil ich, Dich betrachtend (Te contemplans),
nichts als Armut bin.«

Der große Erkenntnistheoretiker verbindet Verstandeskraft und Herzensinnigkeit, Ratio und Poesie. Er schafft so die maßgebliche Synthese von christlicher Lehre und dem System des Aristoteles, und prägt damit die Scholastik mit ihrer systematischen Aufnahme der (aristotelischen) Philosophie, um die Glaubenswahrheiten begrifflich zu fassen. In seiner Kontemplationslehre aber verbindet er die Komponente des philosophischen, theologischen und irdisch-wissenschaftlichen Erkenntnisbemühens mit der mystischen Komponente. Vollkommene Kontemplation kann sich erst in der postmortalen Schau Gottes, der visio beatifica, ereignen und zwar im Zustand ekstatischer Entrückung, »in raptu«.[10] Aber alles wissenschaftliche, diskursive Denken und Suchen, die sog. »cognitio specularis«, ist ein Betrachten der geschaffenen Dinge auf Gott hin[11] und zwar unter dem Aspekt der cognitio, intellectus, scientia, der Erkenntnis, der Vernunft und Spekulation. Das reine Schauen hingegen als contemplatio und Besitz der Wahrheit, wird zu einem einfachen Hinblicken (simplex intuitus)[12] im Akt des sich Gott Angleichens im Vollzug der unio.[13] Bleibende Voraussetzung

---

[10] Thomas v. A., I Sent.prol 1,1c; S.th. IIa / IIae 180.4c; 180,5c.
[11] Ders., S.th. IIa /IIae 180,3c; 180,4c.
[12] Ders., III Sent. 35,1,2,3c; S.th. IIa / IIae, 180,3 ad 2.
[13] Ders., S.th. I/II 3,5 ad 1.

dafür ist die liebende Hinwendung, die die Freude über Gottes Gegenwart einschließt[14] und die die Substanz der Glückseligkeit ausmacht.

In seiner »Summa theologiae« (korrekt: »Summa de theologia«), in der augustinische Theologie und aristotelische Philosophie zu einem System von bezwingender Logik verbunden sind, greift Thomas wiederholt auch das Thema Liebe auf und zwar im Rahmen der drei theologischen Tugenden Glaube, Hoffnung und Liebe (IIa/IIae, q. 23–46). Er fragt, wie schon die Kirchenväter, nach dem Ort der Liebe im christlichen Lebensvollzug[15] und entfaltet sie dahin, dass sich an der Liebe die Vollkommenheit eines Menschen bemisst. Sie ist für Thomas die gewichtigste aller Tugenden, ja der Grund gebende Grund aller anderen Tugenden, und der, der sie besitzt, besitzt auch alle anderen. Der ganze sittliche Lebensvollzug des Menschen wird als fortschreitende Ausformung der Liebe verstanden. Ihrem Wesen nach vereinigt sie in sich alle konstitutiven Elemente einer Freundschaftsbeziehung, jene liebende Zuneigung, die in einer bestimmten Form des Mitteilens (communicatio) gründet.[16] In der Liebe des Menschen zu Gott aber liegt der Formalgrund der Liebe (die »ratio diligendi«). Es ist die Güte und Liebe Gottes selbst, ihr unfassbares Voraus. Daher ist sie eine »theologische« Tugend und schließt auch die Nächstenliebe ein: »Der Grund, den Nächsten zu lieben, ist Gott« (S.th. IIa/IIae, q. 25a.1). Sie ist zugleich eine allumfassende Liebe, die die Sünder und Feinde einbezieht und zu lieben vermag ob des sich in ihnen findenden göttlichen Guts. Letztes Ziel aller Menschen aber ist die Glückseligkeit (beatitudo), denn bereits durch die Geburt ist jedem der Drang zum Sich-Vollenden aus dem Urbild mitgegeben und damit die Sehnsucht nach dem Licht, das dann vom Gotteswort als dem Glaubenslicht beschienen wird. Mit Hilfe der Gnade Gottes als einer Ausstattung der Seele und ihrer Anlagen, kann sich der Mensch auf sein übernatürliches Ziel hin (finis supernaturalis) ausrichten.[17] Der Mensch, sich in seinem Wesen vorgegeben und zugleich aufgegeben, kann sein Wesen nur erwirken, wenn er sich als Geist in Welt und als Teilhaber an Gottes Sein, Erkennen und Lieben vernimmt, die zugleich das selige Ziel seiner Wege, seiner »Seligkeit« (beatitudo) sind. Selbst-, Nächsten-, Welt- und Gottesliebe vollziehen sich im Horizont dieses Kreislaufs miteinander, in welchen dynamischen Kosmos sich die Gnade Gottes einfügt, um die wahren Pro-

---

[14] Ders., S.th. I/II 3.5c; IIa IIae 180,1c. Vgl. L. Kerstiens, Die Lehre von der theoretischen Erkenntnis in der lateinischen Tradition, in: Philos. Jb. 67 (1959) 375–424; J. Pieper, Glück und Kontemplation, ³1962.
[15] Thomas von Aquin, S.th. Ia / IIae, q. 65–66.
[16] Vgl. M. Grabmann, Einführung in die »summa theologiae« des hl. Thomas von Aquin, ²1928; Ders., Die Werke des Hl. Thomas von Aquin, ²1931; K. Rahner, Geist in Welt, 1939 = Ders. SW, Bd. 2, 1996; U. Kühn, Via Caritatis, 1965; W. Metz, Die Architektonik der Theologischen Summe, 1998; J. Ringleben (Hg.), Denker des Christentums, 2004.
[17] Thomas von Aquin, S.th. Ia/2q. 109a.2ff.

portionen des Seins und Liebens erscheinen zu lassen. Die von der göttlichen Gnade getragene Liebe als inneres Handlungsprinzip (Ia/IIae 68; IIa/IIae 45) erfüllt sich in der göttlichen Schau (contemplatio), »jenem einfachen Wahrwerden der Wahrheit« (simplex intuitus veritatis), der alles im Licht der Liebwertheit Gottes erscheinen lässt (IIa/IIae, 180f.).[18]

2. Die Entfaltung des Liebesbegriffs

Thomas' Reflexion über den Menschen steht in enger Beziehung zu seiner Metaphysik, dem Sein als dem für den Menschen Erstbekannten, das sich ihm in der Welt in der sinnlichen Erfahrung des Seienden erschließt und ihn zugleich über alles Seiende ins Unbegrenzte transzendieren lässt. Den Liebesbegriff entfaltet Thomas dann unter drei grundlegenden Aspekten: und zwar unter dem ontologisch-anthropologischen, der allgemein erfassten menschlichen Liebe; dann theologisch, innertrinitarisch als Liebe Gottes zur Kreatur, und als Letztes unter dem heilstheologischen Aspekt, der rettenden Liebe Gottes und antwortenden Liebe des Menschen zu Gott.

Zum Ersten: Auf dem Hintergrund der aristotelischen Lehre von der passiven Materie und der Form als dem aktiv-wirkenden Prinzip, ist die menschliche vernünftige Seele das Prinzip der Denktätigkeit und die Wesensform des menschlichen Leibes (forma corporis). Weil die Materie und Form das Wesen eines Naturdings konstituieren, ist mit dem Namen »Natur« (natura) dessen Wesen ausgedrückt, das so die immanente Idee als Zweck und Ziel in sich birgt. So kann sich auch der Mensch als vernunftbegabtes Seiendes in seinem Tun und Denken kraft seiner Freiheit immer auf ein vorgegebenes Ziel ausrichten. Ein solches Ziel wird immer angestrebt und gesucht und zwar unter der Hinsicht eines Guten (sub ratione boni, in: ScG III,3). In jedem Menschen ist eine »Neigung«, eine Strebekraft zu dem ihm eigenen Guten hin wirksam (amor naturalis), so dass diese als ein Aufbauprinzip der Gesamtwirklichkeit erscheint und zugleich über sich hinaus verweist auf ihren göttlichen Schöpfer. Für die durch die Vernunftseele bedingte und bestimmte Natur ist alles Vernunftwidrige auch das Naturwidrige, mag es auch aus der Neigung der sensitiven Natur des Menschen kommen (S.th. Ia/IIae, 71, 2c, ad 1,3). Willentlich ist das, was gemäß der Neigung des Willens geschieht, gemäß seiner Wahlfreiheit (liberum arbitrium) zwischen den kontingenten Gütern (S.th. I, 83, 1c), einer Freiheit, die

---

[18] Vgl. F. D. Joret, Die mystische Beschauung nach dem hl. Thomas von Aquin, 1931; L. Roy, Lumière et Sagesse. La grâce mystique dans la théologie de S. Thomas d'Aquin, 1948; M. Seckler, Das Heil in der Geschichte, 1964.

sowohl im Subjekt des Willens als auch in der Vernunft gründet (Ia/IIae, 17,1 ad 2). Mit Notwendigkeit aber strebt der Wille über die Einzelziele auf ein letztes Ziel hin (S.th. I,82,1c). Resümierend kann gesagt werden: In jedem geschaffenen Wesen sah Thomas ein dreigestaltiges Aufbauprinzip walten: und zwar den Daseinsakt, durch den ein Wesen ist; dann seine Wesensgestalt auf das ihn entsprechende Gute (bonum) hin als den aktualisierenden Vollzug, die »Neigung« oder die »inclinatio ad formam«, und dann jene »natürliche Liebe« (amor naturalis), die auf das ihm eigene Gute hin strebt.[19] Die »natürliche Liebe« ist relational, immer auf ein Gegenüber als Objekt bezogen, personal auf die geliebte Person, auch in der Selbst-Liebe, apersonal auf eine geliebte Sache. Dieses der Natur inhärente Zweiheits-Prinzip, wonach dem Liebenden stets der Geliebte oder das Geliebte gegenübersteht, sucht die Liebe als »Vereinigungskraft« (vis unitiva) die Zweiheit durch Einung aufzuheben und zwar in der ganzen Skala vom Körperlichen bis zum geistigen Einswerden. Der Richtungssinn der Liebe kann sich dabei auf das Gute selbst richten, das jemand für sich oder für einen anderen will, oder sie kann sich auf die Person richten, für die man das Gute will.[20] Jemanden lieben heißt, ihm Gutes wollen, und zwar um seiner selbst willen (simpliciter / schlechthin) als amor amicitiae, als Freundesliebe. Es ist ein »unum velle«, das Eine wollen, das Personen miteinander verbindet. Oder die Liebe richtet sich auf das Gute selbst, auf Dinge und Wesen, um sie zu genießen (delectatio). Diese Liebe nennt Thomas die »Begehrens-Liebe« (amor concupiscentiae).[21]

Ein Zweites: Die Liebe Gottes als innertrinitarische Liebe: Als schöpferische Liebe tritt sie gleichsam nach außen und schafft sich ein Gleichnis ihrer selbst. Sie steht in einem kosmologisch-anthropologischen Konnex. Sie hat einen ek-statischen Charakter als liebende Selbstentäußerung der Liebe als des Schöpfers von Himmel und Erde.[22] Innertrinitarisch ist sie das einigende Prinzip des göttlichen Lebens der drei göttlichen Personen.

Ein Drittes: Die menschliche Gottes-Liebe ist Liebe zu Gott (caritas) und steht im Kreisumschwung des Voraus der Liebe des Schöpfers und Erlösers. Für Thomas ist alles, was am gottgeschaffenen Sein teilhat, von einer Dyna-

---

[19] Vgl. L. Oeing-Hanhoff, Mensch und Natur bei Thomas von Aquin, in: ZkTh 101 (1979) 300–315.
[20] Vgl. Ps. Dionysius Areopagita, De divinis nominibus IV, 15 (MPG 3,713). Thomas kommentierte die Schrift des Pseudo-Dionysius und griff darin Gedanken in der Methode der negativen Theologie, in der Lehre vom Schönen und von der Liebe auf. Vgl. A. Feder, Des Aquinaten Kommentar zu Ps.-Dionysius »De divinis nominibus«, in: Schol. 1 (1926) 321–351.
[21] Thomas von Aquin, S.th. IIa / IIae, q. 23–46.
[22] S.th. Ia, q. 37,a. 2 ad 3. Vgl. Ps.-Dionysius Areopagita, De div. nomin. IV, 15. MPG 3,713; S.th. Ia, q. 26, a. 3c. Vgl. H. M. Christmann, Thomas von Aquin als Theologe der Liebe, 1958; G. Kranz, Liebe und Erkenntnis. Ein Versuch. 1972, 73–97.

mik und innenwirkenden Kraft bewegt, die das Begrenzte und Unvollendete auf seine Vollendung hin drängt. Wenn alles materielle Sein »an sich, mit sich und in sich« in dieser finalen Bewegung steht, so kann der Mensch durch die Freiheit seiner Willensentscheidung »aus sich« heraus in Erkenntnis, Streben und Vollzug sich auf Gott hin bewegen. Thomas entfaltet diese Bewegung dahin, dass er von der Wirklichkeit der intelligiblen (vernünftigen) Wesen ausgeht und sie in ihrer Bewegung auf Gott hin begreift.[23] Dem (aristotelischen) Strebeziel des Menschen auf das diesseitige Glück, die immanente Glückseligkeit im tugendhaften Leben nach dem Maßstab der Vernunft, zeichnet Thomas eine auf Gott hin transzendierende Bewegung als dem Ziel aller Wege und der Weihe aller Taten ein. Nur in Gott – das heißt jenseits der Grenze dieser Welt – liegt die erfüllende Ruhe (so die augustinische »quies«/»Ruhe«) und Seligkeit (beatitudo)[24], denn jede zeitliche Erfüllung menschlichen Strebens sei unbefriedigend und hinfällig. Die den Willen regierende Vernunft in ihrer Ausrichtung auf das transzendente Ziel aber bedarf des hoffenden Glaubens[25] sowie der ihn auf das übernatürliche Ziel (finis supernaturalis) hin bewegenden göttlichen Gnade. Die Tugend der Liebe, die den liebenden Menschen auf Gott als das übernatürliche Gut um seiner selbst willen hin ausrichtet[26], gehört zu den eingegossenen »theologischen« Tugenden (virtutes infusae). Sie vervollkommnen die durch Gewohnheit erworbenen menschlichen Tugenden (virtutes acquisitae) durch die Einströmung der Gnade (infusio gratiae)[27]. Es ist die Tugend der Liebe, die sich auf Gott hin um seiner selbst willen ausgerichtet weiß.[28] Der Heilsakt ist nach Thomas daher von der Dreiheit der »theologischen Tugenden«, Glaube, Hoffnung und Liebe getragen:[29] der Glaube als Erkenntnisakt sui generis, Akt der Zustimmung des durch die Gnade bewegten Willens zur Ersten Wahrheit (actus assentiendi primae veritati, imperatus a voluntate mota per gratiam: IIa/IIae 2,9; vgl. 6,1) begründet auch die im Glauben an Gott bejahte Verheißung[30], die Hoffnung, und ist vom Vollzug der Liebe umfangen, die im Doppelgebot Jesu, der Gottes- und Nächstenliebe, gefasst ist. Sie umgreift die gesamte christliche Existenz. Sie ratifiziert sie sich als personale Freundschaft (amicitia) mit Gott, nicht im Sinne einer naturhaften Gleichheit, sondern ist grundgelegt in der Mitteilung der Gnade.[31] Als Got-

---

[23] S.th. I, q. 2 prooemium; 1–2 q. 1–5.
[24] S. th. I, 1–2 q. 2 a. 8.
[25] Ia / IIae q. 62a.ef,; q. 109 a. 1 r; 2–2 q. 2 u. 17.
[26] IIa / IIae 2-2 q. 23a. 7r u. ö.
[27] IIa / IIae 2-2 q. 23 a. 7; 1–2 q. 65 a 3r.
[28] S. th. IIa / IIae q. 23a.7r. u. ö.
[29] Thomas von Aquin, S.th. IIa / IIae qq. 1–46.
[30] Ders., a.a.O., 16,18.
[31] Ders., Ia/IIae, 65, 5c; IIa / IIae, 23,1.

tesfreundschaft ist sie die Form aller anderen Tugenden[32] und entfaltet sich in den Weisen der Liebe.

Die Liebe zu Gott als »amor Dei, quo diligitur ut beatitudinis obiectum«[33] muss sich zu einer Liebe wandeln, die Gott über alles, auch über das eigene Ich hinaus, liebt. Thomas begründet es damit, dass Gott das »allumfassende Gut«, das »bonum commune omnium« sei[34]. Diese Liebe zu Gott um seinetwillen[35] vollzieht bei der Einung (unio) eine Wandlung (immutatio)[36], ja eine extasis.[37] In solcher Liebe (amor) als passio, ab ipso Deo attractus, wird diese als »divinius ... quam dilectio« bezeichnet (ad 4).

Thomas sah im Erweis der Liebe Gottes zu den Menschen einen der Gründe für die Menschwerdung des Logos, denn zum Wesen des Guten gehört es sich mitzuteilen (bonum est diffusivum sui)[38]. Die franziskanische Theologie wird dies noch dahin vertiefen, dass alles Handeln Gottes in Bezug auf die Welt als Liebeswerk zu verstehen sei.[39] Thomas sieht zwischen der Gottesliebe und der auf sich bezogenen Liebe des Menschen eine subkutane grundlegende Identität als Doppelausdruck des ein- und desselben Strebens der menschlichen Natur in ihrem tiefsten Wesen, denn die Einheit ist der Seinsgrund und so Ziel und Ideal der Liebe. Der Mensch kann Gott mehr lieben als sich selbst, denn »es ist natürlich, dass jede Seite das Ganze mehr liebt als sich selbst ... Also ist offenkundig, dass Gott das gemeinsame Gute des ganzen Universums und aller seiner Teile ist; auch jedes Geschöpf liebt von Natur aus Gott mehr als sich selbst, die Tiere in sinnlicher Weise, die vernünftige Schöpfung mit der geistigen Liebe, die man dilectio nennt« (Thomas, Quodl. 1a.8). So erscheint die auf sich bezogene Liebe des Menschen im Grunde als eine Gestalt der Gottesliebe.[40]

Der vieldimensionale Liebes-Begriff in seinem antithetischen Miteinander rationaler Reflexion und mystischer Ekstatik, scholastisch-thomanischer Tradition und mystischer Versenkung, wird durch Theresia von Avila (1515–1582) und Johannes vom Kreuz (1542–1591) seine letzte Vertiefung finden.

Auch Francisco Suárez (1548–1617) setzte in seinem Werk »De triplici virtute theologica, fide, spe et caritate« der scholastischen Theologie der

---

[32] Ders., IIa / IIae 23, 1–8.
[33] S. th. Ia / IIae 65, 5 ad 1.
[34] S. th. IIa / IIae 26, 3c.
[35] S. th. IIa / IIae 27, 3c.
[36] S. th. Ia / IIae 26, 2c.
[37] S. th. Ia / IIae 26,3.
[38] S. th. III, q. 1, ad 1.
[39] Duns Scotus, Opus Paris. III, dist. 7,11.3.
[40] L.-B. Geiger, Le problème de l'amour chez S. Thomas d'Aquin, 1952; R. Völkl, Die Selbstliebe in der Heiligen Schrift und bei Thomas von Aquin, 1956.

Liebe ein bleibendes Denkmal.[41] Als Verfasser der »Metaphysischen Disputationen« wurde er mit wertschätzenden Titeln überhäuft als »doctor eximius«, als »tantae subtilitatis theologus atque philosophus« (H. Grotius), ja als der »Papst und Fürst aller Metaphysiker« (A. Heereboord) und beeinflusste formell wie inhaltlich die Problemstellung der neuzeitlichen Metaphysik von Descartes, über Leibnitz und Wolff, bis Kant.

3. Liebe in der Konzeption der Renaissancephilosophie: »filosofia dell'amore«

Der Renaissancebegriff als organische Metapher für das geistige Wiederaustreiben alter Triebe, ist zu einem Periodisierungsbegriff eines Teils der abendländischen Kultur- und Geistesgeschichte, vor allem Mittel- und Oberitaliens, geworden, zum Begriff einer Bildungsbewegung, die vor allem in Florenz mit der besonderen Pflege des Platonismus eines ihrer Hauptzentren fand, während in Padua ein ausgeprägter Aristotelismus seine Heimstatt hatte.[42] Hinzu kommen das Interesse an der antiken Skepsis, dem bisher verpönten Epikureismus, sowie das Interesse an Astrologie und Magie. Eine ihrer anschaulichsten Formulierungen schafft sich die Epoche in der Malerei mit ihrer zentralperspektivischen Bildkonstruktion, dann in der Skulptur- und Reliefkunst sowie der Architektur und Baukunst.[43]

a. Marsilio Ficino: Das Säkulare und das Heilige

Ficino (1433–1499), dessen Name mit der Gründung der »Platonischen Akademie« in Florenz verbunden ist, fand in Cosimo, dem Neffen und Nachfolger Lorenzos, dem »Il Veccio«, und in Lorenzo, dem »Il Magnifico« von Medici, seine Gönner und Promotoren mit dem Willen, Florenz zum »Athen Italiens« erblühen zu lassen. Ficino, dem Freund der Medici, fiel so die innovative Aufgabe zu, als neuer »Orpheus«, wie der Zeitgenosse Angelo Poliziano anmerkt, die wahre Eurydike, nämlich die platonische Philosophie, aus dem Schatten des Hades wieder ans Licht zu führen. Ficino, der sich als zweiter Platon verstand, ahmte diesen bis in dessen Art zu leben

---

[41] Vgl. H. Seigfried, Wahrheit und Metaphysik bei Suárez, 1967.
[42] Vgl. R. Burke, Die Renaissance in Italien, 1984.
[43] Vgl. E. Gombrich, Die Kunst der Renaissance, 4 Bde., 1985–1988; G. Previtali / E. Zeri (Hg.), Italienische Kunst, 2 Bde., k987; H. Klotz, Die europäische Renaissance, 1997; J. Traeger, Renaissance und Religion. Die Kunst des Glaubens im Zeitalter Raphaels, 1997.

nach mit dem symposiastischen Rundgesprächen des Freundseins durch Philosophie sowie die Briefkultur. In seiner 1474 entstandenen »Theologia platonica«, ein »revival« platonischer und plotinischer Philosophie, entwirft Ficino eine Ontologie auf der Basis der neuplatonischen Stufenlehre, eine Anthropologie sowie eine (mystische) Theologie. Dem Medici-Fürst aber gelang es sogar, das Konzil von Ferrara, das den Osten und den Westen angesichts der drohenden Türkengefahr zu einen suchte, im Jahre 1438 nach Florenz zu holen und damit auch das Gefolge der größten Gelehrten und Philosophen aus Byzanz, den Erben griechischer Zivilisation. Unter ihnen befand sich der (Neu-)Platoniker und letzte byzantinische Philosoph Georgios Gemisthos Plethon und sein Schüler Bessarion (1403–1472), unter deren Mitarbeit das Unionsdekret der Kirchen, »Laetentur coeli«, entstand. Nur fünfzehn Jahre später, am Abend des 28. Mai 1453, wurde die letzte griechische Liturgie in der Hagia Sophia in Konstantinopel gefeiert, bevor in den Morgenstunden des folgenden Tages der letzte byzantinische Kaiser Konstantin XI. im Kampf gegen die Osmanen und im Kampf für seine Stadt fiel. Cosimo Medici aber setzte alles daran, der Glut griechischer Tradition in Florenz eine neue Heimstatt geben. Er schenkte Ficino ein Landhaus in Coreggio bei Florenz, das als sog. »Platonische Akademie« die platonische Idee vom Universalismus und »ästhetischem« Denken pflegen sollte, unter Einbeziehung der klassischen Allegorie in den Wissenschaftshorizont, denn schon die alten Mythen bargen in ihrer allegorischen Hülle verborgenes Wissen, das es zu heben gilt. Im »göttlichen Platon« sieht Ficino[44] den Vollender uralter philosophisch-theologischer Überlieferungen, und zwar jener Liste, die den »obersten Magier« Zarathustra, dann den »dreimal größten Hermes« der ägyptischen Priesterschaft, den Hermes Trismegistos, dann Orpheus, ferner Aglaophanus, den Mystagogen, der Pythagoras in die Mysterien einweihte, und zuoberst Platon umfasste, den wiederum Pythagoras in sein Vertrauen einbezog. Jährlich veranstaltete die Akademie am Geburtstag Platons ein ihn ehrendes Fest, jenem Träger der neben der christlichen Wahrheit stehenden Wahrheit. Philosophie und christliche Offenbarung wurden in Gestalt einer »philosophischen Religion« zusammengeschaut, denn die erfahrbare Wirklichkeit der Welt und die geoffenbarte Wirklichkeit der Glaubenswelt sind von einer zugrundeliegenden, vertikal von oben nach unten gedachten Einheit, umfangen.

1469 schrieb Ficino seinen berühmten lateinischen Kommentar zu Platons »Symposion« mit dem Titel: »De amore sive In convivium Platonis«, (»Über die Liebe oder Platons Gastmahl«). Um Platon an seinem Geburtstag

---

[44] Vgl. P. O. Kristeller, Marsilio Ficino and His Work after Five Hundred Years, 1987; Ders., Die Philosophie des Marsilio Ficino, 1972; R. Narcel, Marsile Ficino (1433–1499), 1958.

denkend zu ehren, nehmen neun Mitunterredner beim Festbankett in Ficinos Haus das Wort und kommentieren in Paraphrasen und in innovativer Perspektive die platonische Vorlage mit dem Zentralbegiff »Amor«/»caritas«. Der »Eros«, das Grundkonzept des Platonismus, wird in den Horizont der Erkenntnislehre, der Kosmologie, der Naturphilosophie, der Ethik und der christlichen Theologie eingeblendet, aber in der Doppeltheit der neuplatonischen Differenz von sinnlicher und himmlischer Liebe – jedoch in christlicher Erweiterung und Dynamisierung. Ist die Bewegungsrichtung des platonischen »Eros« der Weg über das Sinnlich-Schöne »nach oben« hin zum »Ewig-Schönen«, so ist die christliche, die Umwendung des »Höheren« zum »Niederen« als erotisches Eingehen des Göttlichen in das körperlich Materielle. In diesem seinem Platon-Kommentar »De amore« geht Ficino von dem pythagoreisch-platonischen Gedanken aus, dass die Gottheit die Dinge mittels der Dreizahl lenke und die Dinge selbst durch die Dreizahl bestimmt seien, gemäß dem vergilischen Diktum aus der 8. Ekloge: »numero deus impare gaudet« (Ekl. VIII, 75), Gottes Freude ist die ungleiche Zahl. Der höchste Schöpfergott erschaffte zuerst die einzelnen Dinge, ergreift und lenkt sie und bringt sie in einem dritten Schritt zur Vollendung: »primo singula creat, secundo rapit,[45] tertio perficit«. Sie entströmen dem ewigen Quellgrund, sind in ihrem Dahinfließen an ihren Ursprung rückgebunden, um in ihrer Rückkehr zum Anfang hin sich zu vollenden. Bei der Erörterung der Lenkung der Dinge durch Gott mittels der Dreizahl, führt Ficino die Triade »Schönheit, Liebe, Begehren« (Pulchritudo – Amor – Voluptas) ein (De amore II,ii) als dreiphasigen Kreislauf der göttlichen Liebe, demzufolge in einer ersten Phase eine Art Leuchten von Gott ausgeht, dann in einer zweiten Phase diese ekstatisch erhellt, um in einer dritten Phase sie wonniglich zu seinem Schöpfer zurückkehren zu lassen: »Circulus ... prout in Deo incipit et allicit, pulchritudo: prout in mundum transiens ipsum rapit, amor, prout in auctorem remanens ipsi suum opus coniungit, voluptas. Amor igitur in voluptatem a pulchritudine desinit« (»Die Liebe geht von der Schönheit aus und endet in der Freude/Lust«). Die Wohltat des Schönen kommt aus der Welt Gottes und entzündet die Liebe, um sich der Freude der Erfüllung zuzuwenden. Im Sinne der Mittlerfunktion des platonischen Eros ist für Ficinio und alle Platoniker die »Liebe das durch Schönheit erweckte Begehren« (vgl. Platon, Symp. 200aff.): »Cum amorem dicimus, pulchritudinis desiderium intelligite. Haec enim apud omnes philosophos amoris definitio est« (Ficino, De amore I,IV). Ein ohne Schönheit erwecktes Begehren (voluptas) währe bloß sinnliche Leidenschaft und ohne Liebe, während blo-

---

[45] M. Ficino, Theologia Platonica III, 1 (Opera, 117). Agrippa von Nettesheim definiert es in seiner Schrift »De occulta philosophia« 1533, 316 mit den Worten: »Raptus est abstractio et alienatio et illustratio rursus ab inferis retrahit ad supera«.

ße Schönheit, die kein Begehren weckt, ein Abstraktum wäre ohne einen erweckten Liebesfunken. Die Liebe (amor) in ihrer belebenden Entrückung vermag die beiden Gegensätze »Schönheit« (pulchritudo) und »Begehren« (voluptas) zu verbinden, so dass der Ficino-Schüler Pico della Mirandola es in das Axiom fasste: »Contradictoria coincidunt in natura uniali«[46], »Gegensätzliches fällt in der einigenden Natur ineins«. Da aber in einer bloß dem sinnlich-irdischen verhafteten Liebe Leidenschaft und Schönheit beständig im Widerstreit liegen, muss die Liebe ihren Blick ins Transzendente richten, in die Dimension der göttlichen Liebe, denn nur dort kommen die Gegensätze zu einem endgültigen Ausgleich, ganz im Sinne der »Docta ignorantia« des Nikolaus Cusanus, für den Kreis und Gerade im Endlichen unvereinbar seien, im Unendlichen aber ineinsfallen.[47] In der Gleichsetzung von »voluntas« (Wille) und »voluptas« (Begehren) schreibt Ficino: »Appetitus atque laetitia« duo quidem in nobis sunt ... circa finitum bonum, sed penes bonum infinitum voluntas omnis est ipsa voluptas«.[48] Strebt die Liebe auf die Freude als ihr Ziel hin, so ist sie in ihrer Mittlerfunktion das die beiden Extreme Schönheit und Freude verbindende Glied. Als »copula mundi« verbindet sie alles. Schon Platon sah jegliche Gemeinschaft zwischen den sterblichen Menschen und den unsterblichen Göttern durch die Liebe vermittelt. Allegorisierend greift Ficino auf Venus, die altitalische Göttin des Frühlings und der Gärten zurück. Er sieht in der Allegorisierung der Göttin und dem sie umgebenden Pantheon Teile eines großartigen Mechanismus (machinae membra), »die durch eine Art wechselseitige Liebe miteinander verbunden sind, so dass man mit Recht sagen kann, Liebe sei das unauflösliche Band des Universums: »amor nodus perpetuum et copula mundi« (De amore III,iii). Venus, Symbol für die in Umlauf gesetzten göttlichen Gaben und das System des allumfassenden Austauschs, findet eine weitere Imagination in den bei Horaz durch das Band wechselseitiger Liebe verbundenen drei Grazien (senesque nodum solvere Gratiae: Carmina III,XXI,22), ein ideales Symbol, um sich den dialektischen Rhythmus des Universums als Gesetz von Ausgang, Entrückung und Rückkehr zu imaginieren. Sie stehen gleichsam archetypisch für Ficinos triadisches Denken: er nennt sie »Quasi Gratiae tres se invicem complectentes«, oder »quasi Gratiae tres inter se concordes atque conjunctae«, oder »tamquam Venus tribus stripata Gratiis«.[49] Für Ficino, der mit vierzig Jahren die Priesterweihe empfing, war die Lebensmaxime der »Heiterkeit« (euthymía) wichtig. In seiner Arbeitsstube

---

[46] Pico, Conclusiones paradoxae numero LXXI, Nr. 15.
[47] N. Cusanus, De docta ignorantia I, 13: De passionibus lineae maximae et infinitae 1932, 25 f.
[48] Ficino, Opera, 881.
[49] Ficino, Opera, pp. 1561, 536, 1559. Und: »Sola illa gratia non senescit quae a rebus non senescentibus oritur« (Opera, p. 828). Vgl. W. Dress, Die Mystik des Marsilio Ficino,

hing ein Bild des lächelnden Demokrit, der die Tränen des dunklen Heraklit missbilligt. In seinen Reflexionen über die göttliche Liebe wollte er den Menschen die Affinität zu Gott, aber auch die Distanz zu ihm nahebringen: das Gefühl ihrer Verwandtschaft mit Gott mit dem Bewusstsein ihrer hohen Würde und Zentrierung in der Welt auf der einen Seite, ihnen aber auch das Mehr-als-Menschliche, die Transzendenz als integrierende Kraft und Quelle eines glücklichen Lebens auf der anderen Seite weisen. Die irdische Ek-statik des Menschen hat ihr Ziel in der Transzendenz, dem Woraufhin des Lebens, das diesem seine Balance finden lässt. Ficinos Leben war geprägt von Toleranz und Güte zu den Menschen, denn das Wissen des Liebenden schenkt Lust und Freude.[50] Im Wettstreit zwischen Erkenntnis und Freude gibt er letzterer als summum bonum, in seiner »Epistola de felicitate«, die er an Lorenzo de' Medici adressiert, den Vorrang: »Amanti convenit, ut re amata fruatur et gaudeat, is enim est finis amoris; inquirenti autem ut videat. Gaudium igitur in homine felice superat visionem«:[51] »Dem Liebenden gebührt es, Genuss und Freude im Geliebten zu finden, denn das ist das Ziel der Liebe; Anschauung hingegen gebührt dem Forschenden. Bei einem glücklichen Menschen wird daher Anschauung von Freude besiegt«.

Alle scheinbaren Dualismen stehen für Ficino in einer gegenseitigen Anziehung durch Liebe, so wie die Liebe vom Gleichen zum Gleichen. Das Zusammen der Welt, ihr Sy-stema, wird für ihn durch ein dreifaches Liebesgefüge vereint und zusammengehalten. Im Bild des Kreises imaginierte er sich, dass Gott als der grundlegende und grundgebende Grund den Mittelpunkt und die einende und tragende Mitte bildet. Als intelligible Einheit umgreift er alle ontologischen und gedanklichen Gegensätze und bildet mit dem durch Seinsstufen geordneten Universum ein Kontinuum, das alles durch Zu-neigung bindet. Gottes Liebe ist kosmogonisch. An der Welt liebt er die von ihm ausgeströmte Schönheit in all ihren Varianten und Abstufungen. Die geistige Dimension aber findet ihre Spiegelung in der pluralen Wirklichkeit der Engel- und Menschengeister. Die menschliche Geistseele wird im Anschauen der körperlichen und sinnenhaften Schönheit zur Schönheit im geistigen Sinne weitergeführt, die sich sowohl in Tugend als auch in Weisheit ausdrückt. In solcher Spiritualisierung des Schönen eröffnet sich Ficino eine weitere Schönheit, die der Ideenordnung, der englischen Welt, um sich im Ansehen der Schönheit Gottes zu vollenden. Ein solcher Erkenntnisweg ist wesenhaft ein Weg der Liebe, denn er lässt den Erkennenden mit

---

1929; P. O. Kristeller, Die Philosophie des Marsilio Ficino, 1972; I. Pusion, Ficinos und Picos religions-philosophische Anschauungen, in: ZKG 44 (1925) 504–542.
[50] Vgl. A. B.-Collins, Love and Natural Desire in Ficino's »Platonic Theology«, in: J. Hist. Philos. 8 (1971); Ders., The Secular is Sacred. Platonism and Thomism in M. Ficino's Platonic Theology, 1974.
[51] Ficino, Opera, p. 663: Quid est felicitas.

dem Erkannten in eine »communio« und »unio« treten, bei aller Wahrung der einenden Differenz. Erkenntnis ist Einswerdung mit dem Gegenüber in bleibender Differenz. Gottes schöpferische Liebe (amor) hat in seinen Merkmalen von Licht und Schönheit den Charakter der Theophanie als Epiphanie. In seinem Symposion-Kommentar sah Ficino die Menschenliebe im Vorschein der Gottesliebe, die sich wechselseitig vermitteln. Gottes Schöpfung ist der menschlichen Erkenntnis offen und zwar in pointierter Weise, so dass die menschliche Einsicht einen göttlichen Schöpfungsakt en miniature darstelle, weil der Mensch mit Gott durch den göttlichen Verstandesfunken verbunden sei. Darum ist für Ficino Philosophie stets »pia philosophia« und so eine wissende Religion, doctrina pietatis, so dass er in seinem Hauptwerk »Theologia Platonica« (ediert im Jahre 1482), die verborgene Konvergenz christlicher Gedanken mit dem Platonismus und der hermetischen Tradition sieht und christlicher Glaube und Intellektualität sich die Hand reichen. Die mystische Haltung Plotins spiegelt sich in den zentralen Gedanken seiner »Enneaden« im 6. Buch, die Ficino paraphrasierend wiedergibt: »Man kann daher sagen, dass der Geist über zwei Kräfte verfügt … Die eine ist das Sehen des nüchternen Geistes (sanae mentis visio), die andere ist der Geist im Zustand der Liebe (ipsa mens amans): denn wenn er trunken von Nektar den Verstand verliert (quando enim insani nectare penitus ebria), gerät er in einen Zustand der Liebe und zerfließt gänzlich in Wonne (se ipsam in affectionem suavitatemque beatam[52] saturitate diffundens): »und es ist besser für ihn, so zu rasen als sich von dieser Trunkenheit fernzuhalten« (Enneaden VII,35). Plotins »Trunkenheit vom Nektar« wird mit dem »göttlichen Wahnsinn« im »Phaidros« Platons identifiziert, wonach dieser »dem gesunden Verstand überlegen, denn der eine ist nur menschlichen, der andere hingegen göttlichen Ursprungs« (Phaidr. 244d). Diese göttliche Ekstase vergleicht Plotin mit den »Leidenschaften Liebender« (amantium passiones), denn »solange sie noch von einem sichtbaren Bild eingenommen sind (circa figuram oculis manifestam), lieben sie nicht. Doch wenn ihre Seele … von einer unsichtbaren Kraft im Innersten ergriffen wird, beginnen sie zu lieben (amor protinus oritur)« (Enn. VI,7,33). Ficino fasst es in seinem Plotin-Kommentar in die Worte: »Da das Gute dem Verstand weit überlegen und sein Genuss daher mit Intelligenz nicht richtig bezeichnet ist, sollte es auch nicht Erkenntnis genannt werden, denn es ist natürlicher und wünschenswerter als Erkenntnis«. Im Sinne neuplatonischer Vorstellung ist für Ficino das »Begehren« (»voluptas«) eine edle Leidenschaft, die er in die christli-

---

[52] Ficino gibt das Wort »eupátheia« durch das überbordende Kompositum »affectio suavitasque beata« wieder. Bei den vernunftgemäßen Affektionen unterscheiden die Stoiker drei Arten: Freude (chára), Achtsamkeit (eulábeia) und (gutes) Wünschen (boulésis) mit ihren jeweiligen Unterarten (Vgl. SVF III, 431).

chen Moralvorstellungen als Lust, als passio amatoria, einzeichnet. Bei ihm wird die voluntas (der Wille) zur voluptas (Begehren = quies voluntatis in bono), wenn diese das Endliche auf das Unendliche hin übersteige (penes bonum infinitum voluntas omnis est ipsa voluptas« (Opera, p. 881). Er folgt damit Plotin, der die mystische Ekstase als die Leidenschaft des Liebenden umschreibt (Enn. VI, 7,34) und kommentiert diese mit den Worten: »Id enim apud nos imitare solent amantes et amanti mutuo redamantes, qui conflari nituntur in unum«. Derselbe Vergleich begegnet uns in der hermetischen Schrift »Asclepius« (21).[53] Die Zügellosigkeit der voluptas wird zu einer edlen Leidenschaft. Ihr griechisches Pendant war die »hêdonê« (vgl. die Wortwurzel: hêdus = süß, angenehm, erfreulich) und bedeutete ursprünglich ganz allgemein die Freude an sinnlichen Wahrnehmungen, und daran anschließend generell das Vergnügen und die Freude. Zu den vieldiskutierten Fragen der Philosophie gehört ihre Bewertung und ihre Integration in eine menschliche Lebensform. Im IX. Buch der Politeia zeigte Platon, dass ein gerechtes, an der Vernunft orientiertes Leben lust- und freudvoller sei als ein ungerechtes (Resp. 583c3 – 585a8). Platon verstand die Lusterfahrung als Bewegung von einem jeweils unteren Zustand (z. B. Schmerz) zu einem jeweils oberen (z. B. schmerzlosen Zustand), aber auch von einem schmerzlosen Zustand in einen oberen der »wahren« Lust, die er als Füllung eines Mangels sah, wenn z. B. die Leere des Verstandes durch Wissen aufgefüllt wird. Weil das zum Verstand Gehörende wertvoller ist als das zum Körper Gehörende, schließt Platon, dass Menschen, die der Vernunft folgen, die bessere Lust haben als Menschen, die der Begierde folgen (Resp. 586a1 – 588a11). Die Bestimmung der Lustformen orientierten sich bei Platon am jeweiligen Mangel. Dabei unterschied er formal zwischen wahrer und falscher Lust, der Lust an falschen Dingen und ihrer quantitativen Fehleinschätzung (vgl. Phileb. 36c3 – 44a12). Der Wert der Lust richtete sich stets nach dem begehrten Objekt und war so letztlich ein Werden zu einem Sein hin (Philebos 53c4 – 55c4). Ficino schreibt: »Cum bonum sit longius superius intellectu, et idcirco fruitio eius non recte dicatur intelligentia, videtur neque cognitio nominanda. Est enim naturaliter et optibilior quam cognitio«.[54] In Anlehnung an Plotin bittet er um die Inspiration durch bacchische Ekstase, aber im trinitarischen Sinne christlichen Glaubens: »Der Geist des Gottes Dionysos«, sagt Ficino, »wurde von den antiken Theologen und Platonikern für die hemmungslose Ekstase befreiter Seelen gehalten, wenn diese, teils als eingeborener Liebe, teils auf Betreiben des Gottes, die natür-

---

[53] Corpus Hermeticum (ed. Nock-Fetsugière II, 321 ff.). Den Kommentar dazu schrieb Ficino, Opera, p. 1864 f. (»In Mercurii Trismegisti Asclepium« VIII); F. Ricken, Der Lustbegriff in der Nikomachischen Ethik, 1976.
[54] Ficino, Opera, p. 103. Vgl. Pico, Heptaplus III,5 (ed. Garin, p. 260: »Vide quam haec Dionysiacis (id. Areopagitae) maysteriis apte conveniant«).

lichen Grenzen der Intelligenz überschreiten und auf wunderbare Weise in den geliebten Gott selbst verwandelt werden, wo sie, durch einen erneuten Schluck Nektar und durch unermessliche Freude berauscht, sozusagen in bacchischer Begeisterung rasen (ut ita dixerim, debacchantur). Trunken von diesem dionysischen Wein, bringt unser Dionysios seine Verzückung zum Ausdruck. Er ergeht sich in Rätseln, er singt in Dithyramben ... Um den tiefen Sinn des von ihm Bedeuteten zu ergründen ..., um seine quasi-orphische Redeweise nachzuahmen (quasi Orphicum dicendi characterem) ..., bedürfen auch wir der göttlichen Raserei. Um in demselben Gebet wollen wir die Trinität darum bitten (eadem prorsus oratione trinitas obsecranda), dass das Licht, das Gott dem Dionysios – und zwar auf dessen frommen Wunsch hin, die Mysterien der Propheten und Apostel ergründen zu dürfen – eingab, auch uns eingegeben werde, die wir ebenso demütig flehen ...«.[55]

b. Ekstatische Liebe

Giovanni Pico della Mirandola (1463–1494) zählte zu den bedeutendsten Philosophen des italienischen Humanismus. Universal gebildet in der platonischen, aristotelischen, arabischen und jüdischen Philosophie, suchte er eine Synthese zu schaffen zu einem christianisierten Platonismus. Er trug den Titel »Princeps Concordiae«. In Florenz war er mit Ficino, A. Poliziano und Lorenzo de Medici freundschaftlich verbunden, lernte in Perugia Hebräisch und Arabisch und fand so neben seiner starken Beeinflussung durch das neuplatonische Denken Zugang zur mystischen und spekulativen Tradition der jüdischen Kabbala. In seinem berühmt gewordenen Briefwechsel mit dem venezianischen Humanisten Ermolao Barbaros (1485) vertrat er das Postulat, dass alle bekannten Philosophen und Theologen wahre allgemeingültige Wahrheiten als Teile einer umfassenden Wahrheit vertreten, die systematisierbar und harmonisierbar seien (so in seinen »Conclusiones philosophicae, cabalisticae, et theologicae« 1486: 900 Thesen).[56] In dieser philosophisch-enzyklopädischen Schrift suchte Pico seine Thesen für den für Januar 1487 in Rom geplanten, wohl ersten philosophischen Weltkongress, vorzutragen mit den philosophischen und theologischen Hauptlehren des Altertums und Mittelalters, um diese als miteinander konvergent darzulegen und sie mit-

---

[55] Ficino, Opera, p. 103. Vgl. Pico, Heptaplus III,5 (ed. Garin, p. 260: »Vide quam haec Dionysiacis [id. Areopagitae] mysteriis apte conveniant«).
[56] Vgl. R. Heinrich, Freiheit zu Gott. Der Grundgedanke des Systematikers Pico della Mirandola (1463–1494), 1989; P. O. Kristeller, Acht Philosophen der italienischen Renaissance, 1980; E. Cassirer, Individuum und Kosmos in der Philosophie der Renaissance, 1927.

einander in versöhnenden Einklang zu bringen. Dabei ist der Kern dieser universalen Konkordanz ein christianisierter Platonismus, dessen Grundsatz lautet: »Die Philosophie sucht nach der Wahrheit, die Theologie findet sie, die Religion hat sie« (»Philosophia veritatem quaerit, theologia invenit, religio possidet«). Von großer Resonanz auf die Anthropologie des italienischen Humanismus aber war seine für den Kongress vorgesehene programmatische Rede »De hominis dignitate« (»Über die Würde des Menschen«), eine »oratio quaedam elegantissima«, in der er seine 900 Conclusiones zur Diskussion stellen wollte; aber wegen der kirchlichen Verurteilung wurden einige seiner Thesen nicht vorgetragen und posthum nach seinem frühen Tod im Alter von 31 Jahren ediert, vermutlich von seinem Sekretär vergiftet.

In seinem »Heptaplus, de septiformi sex dierum geneseos enarratio«[57] (lat.; Heptaplus, siebenfache Erzählung des Sechstagewerks) aus dem Jahre 1489 kommentiert Pico auf allegorische Weise den biblischen Schöpfungsbericht in christlich-neuplatonischem Sinne, und zwar Gott und die Engel, dann die Himmelswelt mit den zehn Himmelssphären, die sublunare oder elementare Welt, und der Mensch, der eine »vierte« Welt bildet, die potenziell alle drei Welten in sich einschließt. Das 6. Kapitel der Schrift zeigt die »gegenstrebige Fügung« (concordia discors) der vier Welten auf, um schließlich (7. Kapitel) von der Rückkehr der Geschöpfe zu Gott und deren himmlischer Glückseligkeit zu handeln. Dem Menschen in seiner Sonderstellung im Kosmos stehen alle Möglichkeiten offen kraft seines freien Willens. Er kann Gottes Ebenbildlichkeit zur Darstellung bringen und Gott in der sublunaren Welt vertreten. Pico unterscheidet in seinem »Heptaplus« zwei Formen von Glückseligkeit, die »natürliche« Glückseligkeit (naturalis felicitas), die darin besteht, dass der Mensch Gottes Spuren in sich selbst entdeckt, und die höchste Glückseligkeit (summa felicitas), die der Mensch im Sich-in-Gott-hinein-Verlieren« erlangt. Dabei sieht Pico in der ersteren mehr ihre Mangelhaftigkeit, denn sie ist »eher ein Schatten von Glückseligkeit als Glückseligkeit selbst« (umbra potius felicitatis quam vera felicitas« Heptaplus VII, p. 332): »Ad hanc felicitatem (i. e. summae felicitatis gradum) religio nos promovet ... quemadmodum ad naturalem duce utimur philosophia« (p. 338). In Picos »Commento« symbolisieren die drei Grazien den neuplatonischen Zyklus »Pulchritudo-Intellectus-Voluntas«, d.h. Ausgang – Wandlung und Rückkehr. Die Schönheit geht von der transzendenten Welt aus, während der amor intellectualis, die intellektuelle Liebe, die Liebe zum Wissen, und der Wille (voluntas als inclinatio mentis ad bonum) dorthin zurückkehrt. In seiner posthum erschienenen Schrift »De hominis dignitate« (»Über die Würde des Menschen«) zeichnet Pico in vollendeter Form das

---

[57] Vgl. R. B. Waddington, The Sun at the Center. Structure as Meaning in Pico de Mirandola's »Heptaplus«, in: Journ. Of Medieval and Renaissance Studies 3 (1973) 69–83.

Menschenbild der Renaissance, einem Zentraldokument dieser Epoche. Der Mensch ist in der kosmologischen Stufung freigesetzt zur autonomen Entscheidung, hinsichtlich seiner Natur und Stellung im Weltganzen. In einem Primärakt freier Entscheidung konstituiert er sein Bild. Der Mensch als das »große Wunder und ein zu bewunderndes Lebewesen« (»magnum miraculum et admirandum animal«) ist dazu bestimmt, Gottes Schöpfung zu beschauen und zu bewundern. Er steht in der Freiheit, sich der Begierde hinzugeben oder aber sich zur Gottähnlichkeit emporzulieben. Als das mit der Freiheit ausgestattetes »Chamäleon« der Schöpfung in all seiner Wandlungsfähigkeit kann er durch eine vita activa oder eine vita contemplativa zu Gott gelangen, wobei letztere den Vorrang hat. Mit der Metapher der »Jakobsleiter« veranschaulicht Pico den Prozess der Reinigung mittels des Tugendstrebens und der Philosophie. Dabei versinnbildlicht ihm die Fußwaschung die Reinigung des begehrenden Seelenteils, das Händewaschen die Reinigung der Regungen des Gemüts. Ziel des Aufstiegs aber ist die beschauende Vision des Göttlichen, die »epopteia« der Mysterien (rerum divinarum inspectio), die Schau Gottes.[58] Er rechtfertigt seine Liebe und Hingabe zur Philosophie auch durch die Zahlenmetaphysik nach der Art des Pythagoras und Platons als höheres theurgisches Wissen und als Ausblick auf das Mehr-als-Menschliche. Auch die himmlischen Hierarchien des Dionysios Areopagita, die Seraphim, die Gott am nächsten sind, sind in einer Liebe zu ihm entbrannt, die über allem Wissen steht.[59] Und in Plutarchs »De E apud Delphos« entdeckt Pico die Erfüllung der Ekstase, die die Kabbalisten »binsica (mors oculi)« nannten.[60] Eine tiefe Freundschaft verbindet ihn mit Ficino. Es ist die Art der poetischen »Sternenfreundschaft«, die dem Kult der Synastrie gleicht, wonach die Harmonie oder »Identität« zweier Freunde auf einem ihnen gemeinsamen Stern beruhe[61] (so Ficino in seinem

---

[58] Den zur seligen Gottesschau führenden Weg findet Pico vorgezeichnet bei den großen Traditionen wie Mose, Zoroaster, Pythagoras, Platon, Aristoteles sowie in der mystischen Orakelliteratur und ihren Lehren, auch im Delphischen Orakel, in den Chaldäischen Rätselsprüchen und in den Schriften der Kabbala. Vgl. A. Buck, Die Rangstellung des Menschen in der Renaissance. Dignitas et miseria hominis, in: Archiv für Kirchengesch. 42 (1960) 61–75; H. Baker, The Image of Man. A Study of the Idea of Human Dignity in Classical Antiquity, the Middle Ages and the Renaissance, 1961; C. Trinkhaus, In Our Image and Likeness: Humanity and Divinity in Italian Humanist Thought, 2 Bde., 1970; R. I. Guidi, Il dibattito sull'uomo nel Quatrocento, ²1999.
[59] G. Pico della Mirandola, De hominis dignitate, 1486, dt. 1905, in: Ausgewählte Schriften (Hg.) A. Liebert ed. Garin, 110 ff. Siehe auch Ficino, In Dionysium Areopagitam: »Bonum est super essentiam et intellectum«, Opera, S. 1015; »quomodo fruamur bono perfectius quam simpliciter intelligendo«, S. 1016; »quomodo fruamur Deo per modum quendam inellectu praestantiorem«, S. 1019.1025.
[60] Pico, De hominis dignitate (ed. Garin, S 114); Commento sopra una Canzone d'amore, ibid. 558.
[61] Vgl. F. Boll und C. Bezold, Sternglaube und Sterndeutung, 1926, 113.

»Epistolarium«). In seiner Schrift »De amore«, mit dem Abschnitt »Quomodo Deus amandus«, geht Ficino von der narzisstischen Eigenliebe aus als Weg zur Selbstvollendung, denn der Mensch solle »die Dinge in Gott so zu verehren scheinen, dass wir uns vor anderen selbst umarmen und in der Liebe zu Gott uns selbst geliebt zu haben scheinen« (De amore VII, p. 332).

c. Das »orphische« Liebesparadox: Die Blindheit höchster Liebe
(»Cur amor caecus?«)

Die Liebe ist in ihrer höchsten Form blind. Für Ficino ist es eine Blindheit der Freude (gaudium), für Pico und seinen Liebes-Enthusiasmus aber eine Form mystischer Selbstaufhebung im Aufstieg zu »der Wolke, in der Gott wohnt« (»caligo quam Deus inhabitat«).[62] Pico schreibt: »Und ein guter Beweis hierfür ist die Tatsache, dass viele, die in der Schau geistiger Schönheit entrückt waren, aus eben diesem Grund in ihren körperlichen Augen blind wurden« (»accecati«).[63] Und Proklos (412–485) schreibt: »dass wir uns dem göttlichen Licht hingeben und die Augen der Seele schließen, um auf diese Weise in die unbekannte und verborgene Einheit des Seins einzugehen«.[64] In seinem Kommentar zu Dionysius Areopagita betont Ficino: »Lumen namque divinum, re qualibet cognoscenda superius, attingi non potest nisi per actum cognitione quavis excelsiorem, ideoque oculos non habentem« (Opera, p. 1066). Das Wort »Eingeweiht-sein« (myoúmenoi) aus Phaidros 250C wird von mýein = »die Augen schließen«, abgeleitet, und Hermeias schreibt in seinem Phaidros-Kommentar, dies bedeute, »jene göttlichen Mysterien nicht mehr mit den Sinnen zu empfangen, sondern mit der reinen Seele selbst«.[65] Der Begriff des »Begehrens« (»voluptas«) ist ambivalent und kann sowohl die Sinnenlust als auch die erhabenste Lust und geistige Wonne in den Freuden mystischer Ekstase bezeichnen. Schon Plotin wies seine Schüler an: »Jene aber, denen die Himmelsleidenschaft unbekannt ist, mögen über sie anhand der irdischen Leidenschaften Vermutungen anstellen. Darum wissend, was es heißt, das zu gewinnen, was man am meisten liebt, mögen sie bedenken, dass unsere Liebe hier ... ein Werben um Schatten ist, die vergehen und sich wandeln, denn ... unsere Liebe ist anderswo, und deren wollen wir uns erfreuen ... durch wahren Besitz« (Enn. VI,9,9). Mag der Verstand die Verwirrungen der Sinnenlust relativieren und klären, so tut er dies

---

[62] Pico, De ente et uno V (ed. Garin, p. 412).
[63] Pico, Commento (ed. Garin) S 529.
[64] Proklus, In Platonis Theologiam I, XXV (ed. Portus, p. 61).
[65] Hermeias, In Platonis Phaedrum (ed. Couvreur) 1901, 178 (unter 250 B); Vgl. Platon Symp. 219a von den Augen des Geistes.

durch Ziehen von Grenzen, die aber in einer neuen und länger währenden Verwirrung zu überschreiten sind, die uns die Blindheit der Liebe gewährt. Die Blindheit der Liebe als Zustand, der die Grenzen des Verstandes und der Einbildungskraft transzendiert, umschreibt Pico auf affektive Weise und appellativ: »Lasst uns in das Licht des Nichtwissens eintreten und, geblendet vom Dunkel des göttlichen Glanzes, mit dem Propheten ausrufen: Mir schwanden die Sinne in deinen Hallen, oh Herr!«[66]. Pico bringt den Zustand höchster Liebesekstase mit einem Psalmzitat (XXXIII,3: Vulgata) in Verbindung mit dem Verweis, dass er »seine Wohnstätte im Dunkeln nahm« (Ps 17,12: et posuit tenebras latibulum suum). Das Mysterium der »blinden Liebe« als orphisches Geheimnis wurde von den Renaissance-Humanisten tradiert und Agrippa von Nettesheim wiederholt Picos Gedanken in seinem Buch »De occulta philosophia« unter der Frage: »Cur Amor caecus?« – »Warum ist Amor blind?« in wörtlicher Wiederholung: »Ideoque amorem Orpheus sine oculis describit, quia est supra intellectum« (»Deshalb beschreibt Orpheus die Liebe als augenlos, weil sie über dem Verstand steht«)[67]. Im Timaios-Kommentar des Proklos (33C) wird die Weltentstehung dahin gedeutet, dass ein allumfassender Körper weder Augen noch Ohren benötige um zu sehen und hören, da alles in ihm sei und nichts außerhalb seiner. Proklos folgert daraus, die höchsten Mysterien müssten ohne Augen gesehen und ohne Ohren gehört werden. Darauf habe Orpheus hingewiesen, der die Liebe »augenlos« nannte (Eros anómmatos) und zitiert dabei den einschlägigen orphischen Vers: poimaínôn prapídessin anómmaton ôkýn érôta (Kern, Orphicorum fragmenta, Fr. 82, p. 155).[68] Pico folgert: »... Er (amor) vereinigt den verstandesmäßig fassbaren Intellekt (intelligibilen intellectum) mit der ersten und geheimen Schönheit durch ein Leben, das besser ist als Intelligenz (per vitam quandam intelligentia meliorem). Der Theologe der Griechen selbst (Orpheus), nennt daher diesen Amor blind (itaque Graecorum ipse Theologus caecum illum appellat amorem) ... Und auch Platon scheint diesen Gott bei Orpheus gefunden zu haben, wo er sowohl Liebe als auch großer Dämon genannt wird«.[69] Amor warnt Psyche in Apuleius V,11: »quos (vultus), ut tibi saepe praedixi, non videbis, si videris«: »du wirst nicht sehen, wenn du sehen wirst«. Psyche will Amor mit ihren Augen sehen und bewirkt damit, dass er ihr entschwindet. Als Büßerin für ihre Neugierde muss sie aus dem Totenreich das Gefäß der Schönheit holen, um sich mit dem transzendenten Amor wieder vereinigen zu können, von

---

[66] Pico, De ente et uno V, 414 (ed. Gabin); Vgl. P. O. Kristeller, The Philosophy of Marsilio Ficino, 1940, 269–276.
[67] Agrippa, De occulta philosophia (1533) III, XIIX, 316.
[68] Proklos, in Plat. Tim. 33c (II 85, 23 Diehl).
[69] Pico, Opera, pp. 1911 f.

dem sie eine Tochter empfängt, »die wir Voluptas nennen« (Quam Voluptatem nominamus« Apuleius VI, 24).[70]

4. Liebesleidenschaft zum Göttlichen (Giordano Bruno)

Wie Marcilio Ficino, so betont auch Giordano Bruno (1548–1600), der erste Märtyrer und Verkünder des modernen Geistes, dass die höchste Form der neuplatonischen Liebe blind sei. Dominikanermönch, Naturphilosoph und Literat und als Ketzer zum Tod durch das Feuer verurteilt, bestieg am 17. Februar 1600 auf dem Campo dei fiori in Rom den Scheiterhaufen. Berühmt sind seine Worte bei der Verkündigung des Todesurteils: »Mit größerer Furcht verkündigt ihr vielleicht das Urteil gegen mich, als ich es entgegennehme«, letzte Worte eines Mannes an der Schwelle zur Neuzeit.[71] In seinem Bemühen der gegen den Aristotelismus gerichteten Reform der Philosophie, greift er Impulse des Hermetismus und Neupythagoräismus sowie Gedanken von Lullus, Cusanus, Ficino, Kopernikus und Lukrez auf und wird nach einem ruhelosen Emigrantenleben nach achtjähriger Kerkerstrafe als Ketzer verbrannt.

In diesem seinem erkenntnistheoretischen und metaphysischen Text von 1585, »Degl'Eroici furori« (italienisch verfasst: »Von den heroischen Leidenschaften«),[72] stehen die Zwiegespräche eines Helden und Schwärmers im Mittelpunkt, samt der Beschreibung eines Enthusiasmus einer universalen Welterkenntnis, der Erkenntnis der prinzipiellen Einheit des Seins, des Guten und des Wahren. Der Mensch wird von einer unbändigen Leidenschaft der Liebe zum (neuplatonisch aufgefassten) Universum erfasst, an dem alles Einzelne partizipiert, und das die kreatürliche Wesenheit Gottes abbildet. Die dialogisch verfasste Schrift trägt das Kleid einer mystisch-kabbalistischen Hohelied-Allegorese und einer Art Emblematik mit Erläuterungen.[73] In I,1–4 bilden Sonette den Ausgangspunkt, um das Liebesleiden und allegorisch den Enthusiasmus der heroischen Liebesleidenschaft zum Göttlichen zu besingen. Es ist ein Seelenkampf, der im Inneren des Menschen zwischen den Leidenschaften tobt. In I,5 und II,1–2 geht es um die Schilderung des Begehrens und wie der »leidenschaftliche Heros« unter die Macht der Liebe gerät. II,3 wird ein allegorischer Klagedialog gebracht,

---

[70] Vgl. E. Panofsky, »Blind Cupid«, in: Studies in Iconology, 1939, 95–128.
[71] Vgl. S. Ricci. Giordano Bruno. Gli anni napoletani e la peregrinatio europea, (Hg.), E. Canone, 1992; Giordano Bruno. Tragik eines Unzeitgemäßen (Hg.) W. Hirdt, 1993.
[72] H.-U. Schmidt, Zum Problem des Heros bei Giordano Bruno, 1968.
[73] Vgl. P. M. Memmo jr., Giordano Brunos »De gli Eroici Furori« and the Emblematic Tradition in: Romanic Review 55 (1964) 3–15.

Liebesleidenschaft zum Göttlichen (Giordano Bruno)

der zwischen Herz und Auge schwingt. In diesem Prozess zur Vergöttlichung der menschlichen Seele aber vollzieht sich die Erkenntnis des Göttlichen auf dem Weg sinnlicher Erfahrung. I,4 markiert den Höhepunkt der Schrift mit der Deutung des griechischen Aktaion-Mythos.[74] Die »Hunde«, die im Mythos Aktaion zerfleischen, hier Allegorie für Verstand und Wille, wenden sich nach dem Anschauen der Götter gegen den »Jäger« der Wahrheit selbst. Er wird »zerfleischt« für ein nachtodliches höheres Leben. In II,4 wird mit der Metapher der »Blindheit« zum Ausdruck gebracht, dass in Hinsicht auf die Anschauung des Göttlichen menschliches Begreifen letztlich nur eine höhere Unwissenheit (docta ignorantia) bedeute. Dieses könne nur in Spuren und schattenhaften Figurationen ertastet werden. Im abschließenden Dialog II,5 symbolisieren die neun Stufen unterhalb der absoluten Einheit die neun Intelligenz-Sphären in ihrem immerwährend wechselnden Kreislauf und Kreisumschwung des Auf- und Abstiegs. Für Bruno ist Circe, die Göttin dieser Verwandlungen, die Allegorie der Metempsychose und der schöpferischen Materie. In seinen Sonetten »Eroici furori« unterscheidet Bruno neun Arten von Liebesblindheit. »La ragione de' nove ciechi, li quali apportano nove principi e cause particolari di sua cecità, ben che tutti convengano in una causa generale d'un comun furore«. Die höchste Form der Blindheit ist die neunte, die heilige Blindheit, die durch die unmittelbare Gottesgegenwart hervorgerufen wird:

»Die tiefsinnigsten und begnadetsten Theologen sagen, dass man Gott besser durch Schweigen als durch Worte ehre und liebe und ihn besser sehe, wenn man die Augen vor Blindheit schließe, als wenn man sie geöffnet habe. Daher wird die negative Theologie des Pythagoras und des Dionysios auch so gerühmt und über die demonstrative Theologie des Aristoteles und der Scholastik gestellt.« (Eroici furori II, IV)[75]

Für die Neuplatoniker war das pythagoreische Schweigen, wie Iamblichos berichtet[76], die Weisheit der Weisheit, da die höchste Wahrheit nicht mehr in Worte zu fassen sei. Pythagoras, der die Urgründe des Wissens und die Ur-

---

[74] Aktaion wird von dem Kentauren Cheiron erzogen und zu einem tüchtigen Jäger ausgebildet. Während der Jagd belauscht er eines Tages die Göttin Artemis und ihre Nymphen im Bad und wird von der erzürnten Göttin in einen Hirsch verwandelt. Die eigenen Hunde, die ihn nicht erkennen, zerreißen den jungen Jäger (vgl. Ovid, Met. 3, 138 ff.). Im Hintergrund dürfte die althellenische Vorstellung stehen, dass der Mensch, der einen Gott erblickt, sterben müsse. Vgl. L. Rademacher, Mythos und Sage bei den Griechen, 1938, 57 f. Vgl. W. Beierwaltes, Actaeon. Zum einen mythologischen Symbol Giordano Brunos, in: ZphF 32 (1978) 345–354.
[75] Die Sonette (40) verdeutscht durch Matthias Koch 1870 (Gymn. Programm Stolp). Das philosophische Hauptwerk »Della causa, prinzipio et uno« (»Von der Ursache, dem Anfangsgrund und dem Einen«, dt. von Lasson, PhilBibl, 21, 1923; L. Kulenbeck, Einfluss auf Goethe und Schiller, 1907; Vgl. E. Drewermann, Giordano Bruno oder der Spiegel des Unendlichen, 1992; J. Kirchhoff, Giordano Bruno, 1980; P. O. Kristeller, Acht Philosophen der italienischen Renaissance, 1986.
[76] Iamblichos, De vita pythagorica XXXII, 226 f.

sprünge der Kräfte zu ergründen suchte, stand im Ruf als der »Meister des Schweigens« (echemythia) zu sein.[77] Weil die höchsten Mysterien das Verstehen übersteigen, ist die Liebe mit Blindheit geschlagen, weil sie über dem Intellekt stehe. Die großen Geheimnisse müssen in einem Zustand der Dunkelheit, die sich über die logischen Differenzierungen legt, ertastet werden. Diesen Gedanken hatte die sog. »apophatische«[78] oder »negative Theologie« des Dionysius Areopagita (um 500 n. Chr.) zum Ausdruck gebracht und in ekstatischer Sprache entfaltet. Nikolaus Cosanus (1401–1464) aber hatte ihn in seiner Dialektik als die »ungeheure Macht des Negativen« zu einer »docta ignorantia« verfeinert.[79] Da Gott die Ursache aller Dinge sei, könne er zwar mit all den positiven Aussagen, die der Mensch in Bezug auf das Seiende verwendet, ausgesagt werden, aber da er alles Sein transzendiert, sei es angemessener, alle diese zu verneinen. Die »negative Theologie« versucht daher sowohl das Sinnliche als auch das Intelligible auf eine mystische Erfahrung hin zu transzendieren. Schon für Plotin war das unsagbare, unerkennbare Eine jenseits aller Denkvollzüge. In seinem Werk »De coelesti hierarchia« schreibt Dionysius Areopagita: »Da Negationen (apopháseis) in Bezug auf das Göttliche wahr, positive Aussagen (katapháseis) dagegen mit dessen Wesen unvereinbar sind, ist es der Dunkelheit der Arkana angemessen, sie mit widersprüchlichen Begriffen zu erläutern« (II, v).

Ansätze zu einer apophatischen Theologie begegnen bereits in Platons »Parmenides« (142a), wonach »das Eine jenseits des Seins« ist,[80] dann in der Gnosis und Hermetik sowie bei Clemens von Alexandrien. Die wichtigste Quelle aber ist Plotin, für den das »Eine« Grund und Ziel seines Philosophierens bedeutet. Auch Dionysios Areopagita weiß sich zutiefst den Ge-

---

[77] Pico, Heptaplus, prooemium: »ab eis edoctus Pythagoras silentii factus est magister.« Die zwei Epigramme aus der »Griechischen Anthologie XVI, 325f., in denen Pythagoras in der Haltung des Schweigens dargestellt wird, fasst G. E. Lessing in einem Einzeiler zusammen: »Warum dies Bild nicht spricht? Es ist Pythagoras« (in: Anmerkungen über das Epigramm: Sämtliche Schriften, (Hg.) Lachmann-Muncker, XI, 1895, 230ff.

[78] Dionysius Areopagita stellt in seiner »Mystischen Theologie« zwei theologische Methoden einander gegenüber, und zwar die »apophasis« oder Verneinung (griechisch apó und phánai = »absprechen«) und die »kataphasis« oder »Bejahung«. Vgl. V. Lossky, Mystical Theology of Eastern Church, 1957; R. Mortley, From Word to Silence, 2 Bde., 1986; M. A. Sells, Mystical Languages of Unsaying, 1994; R. Gawronski, Word and Silence, 1995.

[79] Von Papst Eugen IV 1437 nach Konstantinopel entsandt, um die Vereinigung mit der Orthodoxie in die Wege zu leiten, kam ihm auf dem gefahrvollen Rückweg der Seereise die Einsicht in den seine Theologie bestimmenden Gedanken: »Je besser jemand weiß, dass man dies nicht wissen kann, um so wissender wird er sein«. Dieser Satz wird als methodischer Grundgedanke in seiner Schrift »De docta ignorantia« (1440): (»Von der wissenden Unwissenheit«) entfaltet.

[80] Vgl. Klibansky, »Platon's Parmenides in the Middle Ages and the Renaissance«, in: Mediaeval and Renaissance Studies 1 (1943) 281–330; Plato latinus III, 1953: »Parmenides usque ad primae hypothesis ... Procli commentarium in Parmenidem, pars ultima«.

danken des Proklos Diadochos (412–485) verpflichtet, dem späten Leiter und »Nachfolger« (diadochos) Platons in der Platonischen Akademie in Athen, der den plotinischen Neuplatonismus sachlich und geschichtlich zur Höhe führte. Durch seine theurgische Neigung und Verbundenheit mit den verschiedenen religiösen Vorstellungen und Religionen seiner Zeit, verstand Proklos sich als den »Hierophanten der ganzen Welt«. Das Eine als der universale Grund und allumfassende Ursprung der in sich differenzierten pluralen Wirklichkeit und der sie gestaltenden Prinzipien, ist nicht mit dem aus ihm Hervorgegangenen in einem pantheistischen Sinne identisch, sondern bleibt als absolute Transzendenz vor Allem in sich selbst als das in seinem Wesen Andere und Unsagbare. Als die vor jedem kategorial fassbaren Ding wesende Differenz und Trennung entfaltet sich dieser gründende Ursprung alles Seienden als das ihm inhärente Gute, das sich selbst teilgibt und so erst Anderes als es selbst hervorruft. In seiner Transzendenz über Allem, es selbst bleibend, ist es zugleich in Allem, im Vielen, im Differenten als dessen begründender Grund und zwar in der Weise eines Vermittlungsgeschehens, in welchem sich das absolute Erste in das viele der Wirklichkeit mitteilt und es miteinander verbindet zu einer in sich differenzierten Einheit des Ganzen und der dynamisch-korrelativen Viel-Einheit. Die Struktur der Wirklichkeit ist eine triadisch bedingte, kreishafte Bewegung, die Proklos mit den Begriffen Verharren-Hervorgang-Rückkehr fasst und teleologisch auf das universale Prinzip, das absolute Eine und begründende Erste, rückbindet. Dieses ontologische Prinzip aber findet seinen anthropologischen Nachvollzug in der conditio humana, die die auf das Eine gerichtete Bewegtheit nachvollzieht: im reflexiven »Rückgang« des Sich-selbst-Denkens wird die Sphäre des Sinnlichen gleichsam in einem radikalen Abstraktionsprozess auf den eigenen Einheits-Grund des Selbst, seinen transzendenten Ursprung hin überstiegen. Dieses »Eine in uns« als die »Blüte und Spitze des Geistes«, vereint sich mit dem Einen an sich in einer unio mystica (henosis), was in einem zeit-freien Akt der Ekstase des Inne-Seins sich ereignen kann.[81] In seinem »systematischen Werk« mit dem Titel »Zu Platons Theologie« (Eis tèn Plátonos theologían) in sechs Büchern, zeigt Prokos dessen neuplatonische Konsequenzen auf und gibt seinem eigenen Denkweg einen integrierenden Ausdruck. Er stellt darin den neuplatonischen Seinsaufbau und die Beziehungen innerhalb einer hierarchischen Struktur dar: Aller Vielheit gehe das Eine als das Urwesen, allem Guten das Urgute, und allem Seienden die erste Ursache voraus. Das Urwesen, das alles hervorbringt, ist »Ursache ohne Ursache«. Dieses denkt Proklos in seiner »Theologischen Elementar-

---

[81] Vgl. H. Theill-Wunder, Die archaische Verborgenheit. Die philosophischen Wurzeln der negativen Theologie, 1970.

lehre« (Stoicheíosis theologiké:[82] Elementatio theologica) in einer metaphysischen Kausalität und analogisierenden Teilhabe des Einzelnen am Einen, denn jede Vielheit hat teil an der Einheit und diese zur Voraussetzung (Kap. 1; 5; 11; 21). Aufgrund der Vollkommenheit des Hervorbringenden bringt jede Einheit eine Vielheit hervor (Kap. 21) die als das Hervorgebrachte von dem Hervorbringenden zwar verschieden, aber mit ihm verbunden und ihm ähnlich ist (Kap. 20 f.). Aufgrund des Kausalzusammenhangs bleibt das Hervorbringende des Hervorgebrachten, das aus ihm heraustritt, zwar in sich, aber aufgrund der Ähnlichkeit vollzieht sich eine In-eins-Fügung: das Hervorbringende bleibt in dem Hervorgebrachten (Kap. 30) und das Hervorgebrachte im Hervorbringenden. Als Ursache ist es dem Verursachten überall inhärent, in seiner Verschiedenheit aber ist es nirgends (Kap. 98). Alles Verursachte strebt wieder in einem Kreislauf des Ausgangs und der Rückkehr zu seiner Ursache und will sich mit ihr vereinigen (Kap. 33). Proklos hat einen großen wirkungsgeschichtlichen Einfluss ausgeübt auf Pseudo-Dionysios Areopagita und die mittelalterliche Philosophie und Theologie, nicht nur im Blick auf den Stufungsgedanken der Wirklichkeit und den metaphysischen Kausalitätsgedanken, sondern auch auf die Theologie der Gottesprädikate und die mystische Theologie.[83] Der Begriff des Proklos von dem »Einen in uns« wird Johannes Tauler in seiner Lehre vom Seelengrund aufgreifen; Nikolaus Cusanus wird sich in seinem Konzept des göttlichen Einen und des Nicht-Anderen an der proklischen Metaphysik des Einen orientieren, und Hegels Begriff der konkreten Totalität und der dialektischen Vermittlung der Wirklichkeit rückt ihn an die Seite der Konzeption von der Triadik des Seins bei Proklos.

Im Blick auf die Unangemessenheit sämtlicher menschlich-mundaner Denk- und Sprachkategorien in der »negativen Theologie« muss dann auch noch deren Vereinigung verneint werden in Hinsicht auf Gott, eine Negation der Negation, um gerade im Nichtwissen und Nichterkennen jede Selbstreflexivität zu suspendieren, um an die Schwelle ekstatischer Einung zu treten und in den transintellektuellen Akt der die menschlichen Bedingungen und Kräfte sprengenden Ekstase, um sich so einem neuen Erkennen im Nichterkennen zu öffnen.[84] Sprachlich führt der Weg über die Sistierung

---

[82] Vgl. J. M. P. Lowry, The Logical Principles of Proclus' ›Stoicheiosis theologike‹ as Systematic Ground of the Cosmos, 1980; E. R. Dodds, The Elements of Theology, ²1963; L. G. Westerink, Théologie platonicienne. Coll. des Univ. de France, 1968; W. Beierwaltes, Porklos. Grundzüge einer Metaphysik, ²1979; H. D. Saffrey, Sur la tradition manuscrite de la Théologie platonicienne de Proclus, in: Autor d'Aristote, 1955, 384–430.
[83] Vgl. G. Boss/G. Seel (Hg.), Proclus et son influence, 1987; J. Pepin/H. D. Saffrey (Hg.), Proclus. Lecteur et interprète des anciens, 1987; J. Trouillard, L'Un et l'Ame selon Procle, 1972; W. Beierwaltes, Proklos. Grundzüge seiner Metaphysik, ²1979.
[84] Vgl. G. Galitis, Apophatismus als Prinzip der Schriftauslegung bei den griechischen Kirchenvätern, in: EvTh 40 (1980) 25–40; W. Oelmüller, Negative Theologie heute. Die Lage

der Gottesattribute zu einem wortlosen Nichtwissen und wortlosen Schweigen in Bezug auf das unsagbare Geheimnis Gottes, das nicht ein beziehungsloses Verstummen ist, sondern ein »sprechendes« Schweigen, eine sprachlich vermittelte Sistierung des Wortgeklingels auf Gott hin in schweigender Doxologie. In wissender Entleerung höchster Liebe leert sich die Seele in die nichtwissende Blindheit des göttlichen Mysteriums aus.

Ein karikierendes Echos dieser mystischen Axiomatik findet sich in Shakespeares »Sommernachtstraum«:

»*Love looks not with the eyes, but with the mind;*
And therefore is wing'd Cupid painted blind.«
(A Midsummer Night's Dream I,1)

»*Liebe sieht nicht mit den Augen, sondern mit dem Geist,*
Weshalb der geflügelte Cupido blind dargestellt wird.«

Und der englische Lyriker Samuel Taylor Coleridge (1772–1834) schreibt in seinem Gedicht mit dem Titel »Reason for Love's Blindness«:

»*I have heard of reasons manifold*
Why Love must needs be blind,
But this the best of all I hold
His eyes are in his mind.«

»*Ich habe viele Gründe gehört,*
Warum Liebe blind sein müsse;
Für den besten halte ich jedoch,
Daß ihre Augen in ihrem Geist sind.«

---

des Menschen vor Gott, 1999; R. Stolina, Niemand hat Gott je gesehen. Traktat über die negative Theologie, 2000.

X
Sensorisches und Imaginatives – Weisen der Vergeistigung der Liebe

1. »Amor fin«: Die Troubadour-Lyrik

a. Exposition

Aquitanien, das alte »Seeland«, wie die Römer ihre Provinz Aquitanica I und II sowie das Gebiet von Novempopulana nannten, wurde im Spätmittelalter zu einer europäischen Kunstlandschaft und zum Inbegriff einer hochgestimmten Lebensform. Mit seinen Zentren romanischer Kunst und der Theologie seiner skulptierten Kapitelle, mit seinem Aufblühen der höfischen Gesittung und der Kultivierung des »fin' amor« an den sog. Musenhöfen, mit der höfischen Lieddichtung als Lob der Frau und der Liebe, als Möglichkeit der Befreiung und Emanzipation des Dichter-Ich, das die Impulse lieferte zur Entstehung der neuzeitlichen lyrischen Poesie, beginnt das Land eine exemplarische Rolle innerhalb des ausgehenden Mittelalters für Europa zu spielen. Es wird zur Wiege der Troubadourdichtung und verkörpert einen neuen Handlungsraum, eine Mentalität des Denkens und Fühlens sowie des Bildens, die unter dem Begriff der »cortezia« fassbar wird, jenem möglichen höheren Dasein, das von einigen anmutvollen Frauen, wie z.B. der Aliénor d'Aquitaine und anderen, mit den Festen ihrer »höfischen« Salons zelebriert wurde.

Die Blüte der Kultur der »cortezia« im spätmittelalterlichen Horizont der sog. »Liebeshöfe« mit ihrer neuen Lebensanschauung, ihrer inneren Intensität und Geistesschärfe, gehört zu den entscheidenden neu aufbrechenden Impulsen der abendländischen Zivilisation. Der spanische Kulturphilosoph und Kulturkritiker José Ortega y Gasset (1883–1955)[1] sieht im Nachhall und im Hervorgang dieser Haltung der »cortezia« einen hl. Franz von Assisi, einen Dante Aligheri, oder den päpstlichen Hof von Avignon als einen sozialen Organismus kultivierter Lebensart, ferner die Teilnahme von gebildeten Frauen am Hof, ausgedrückt in der Wortprägung »Courtisane«, wie

---

[1] J. Ortega y Gasset, El hobre y la gente, 1957; J. Ferrater Mora, Ortega y Gasset, Etapas de una filosofia, 1973.

»Amor fin«: Die Troubadour-Lyrik

Laura de Noves, Petrarcas Freundin. Es scheint, als würde diese geschichtsbildende Epoche aus zwei geistigen Brunnstuben schöpfen: die eine ist die Hochblüte der Pilgerschaft nach Santiago de Compostela, ins ferne Galicia, mit der Suche nach der Wesensmitte und dem Sinn des Daseins des Menschen, die andere ist die okzitanische Lyrik des »Fin' amor« der höfischen Liebe, mit ihrem ethischen, ja fast metaphysischen Grundzug der Sehnsucht, sowie der Unmöglichkeit, das brennende Sehnen zu stillen. Die Pilgerschaft nach Santiago, zum ältesten Gefolgsmann der Jünger Jesu, dem Apostel Jakobus Major, Bruder des Johannes und engem Freund des Petrus und Andreas, hatte etwas von der Art eines geistlichen Exerzitiums als Wanderschaft zum Unbedingten. Für Dante Alighieri war der Santiago-Pilger der »Pilger« schlechthin, so dass er im Kommentar zu seinem 41. Sonett schreibt: »Pilger kann man in zweierlei Sinne verstehen: in einem weiteren und einem engeren ... Im engeren versteht man unter Pilger nur den, der zum Hause des heiligen Jakob zieht oder heimkehrt ... Sie heißen Pilger, sofern sie nach dem Haus in Galicia (a la casa di Galicia) wallfahren«. Zwei Tore zur inneren Welt des Menschen sind aufgetan, das Tor der Pilgerschaft, der wochenlange Weg mit dem tausendfachen Fuß vor Fuß, vorbei an den in Stein gemeißelten Bildern der Heilslehre, der conditio humana mit ihren Tugenden und Lastern, vorbei an den törichten und klugen Jungfrauen und ihrer gelungenen oder verpassten Teilnahme an der Hochzeit »um Mitternacht«, Menschen, beladen mit ihrer ganzen Schicksalsfracht und ihrem unheilen, aber heilbaren Dasein, aber auch vorbei an den Darstellungen des »Jüngsten Gerichts«.

Das andere Tor aber ist das Tor zum liebenden Herzen, zu jenem »edlen Herzen«, das Dantes Wort »l'amor e gentil cor son' una cosa«, »Liebe und ein edles Herz sind Eines nur« anruft.

Zu den Schöpfungen der Troubadours und den ursprünglichen Versdichtungen in der okzitanischen Koiné (troubadour vom Provenzalischen trobar = »finden«, »erfinden«) begegnet ein metrischer und melodischer Erfindungsreichtum, der in der mittelalterlichen Lyrik einzigartig ist. Ihre Wiege stand am Hof der aquitanischen Herzöge und ihr erster, uns bekannter Sänger ist der Dichtersänger und Herzog Guillaume IX. (Wilhelm IX.). In seinen dichterisch hochstehenden Liedern schwankt er als »trovatore bifronte« (P. Rajna)[2] widersprüchlich zwischen der derb-sinnlichen Liebe und der sich

---

[2] Vgl. P. Rajna, Guglielmo, conte di Poitiers, trovatore bifronte, in: FS A. Jeanroy, 1928, 349–360. Traditionell werden drei große Epochen der Troubadourdichtung unterschieden: von den Anfängen bis 1150, zu denen Wilhelm IX. v. Aquitanien, Jaufre Rudel, Cercamon und Marcabru gehören. In der bis 1250 angesetzten 2. Periode mit dem »grand chant courtois« wirken Peire d'Alvernhe, Bernart de Ventadour, Raimbaut d'Aurenga, Guiraut de Bornelh, Gaucelm Faidit, Arnaut de Maruelh mit seinen in Achtsilbern verfassten »saluts d'amor«, den Liebesbriefen, ferner Bertran de Born, Arnaut Daniel, Raimon de

langsam herausbildenden troubadorischen Liebeskonzeption hin und her. In einem berühmten Rätselgedicht deutet er die Liebe auf seine nie gesehene »amiga« auf die Fernliebe voraus, die dann Jaufre Rudel kultivieren wird. Prinz Jaufre Rudel von Blaja verliebte sich in die Gräfin von Tripolis, ohne sie je gesehen zu haben, und nur auf die Erzählungen der Pilger hin, die aus Antiochien kamen und die deren Schönheit und Liebreiz priesen; er dichtete auf sie viele Lieder mit schönen Weisen und schlichten Worten. Aus sehnsüchtiger Liebe, sie zu sehen, nahm er das Pilgerkreuz auf sich und stach in die See, wurde aber auf dem Schiffe schwer krank, so dass man ihn halbtot nach Tripolis in eine Herberge brachte. Die Gräfin bekam davon Kunde und kam an sein Krankenlager und schloss ihn in ihre Arme. Als er erkannte, dass es die Gräfin war, kehrten ihm Gehör und Empfindung wieder und er dankte Gott, dass dieser ihm das Leben erhalten habe, bis er die ferne Geliebte erblickt hatte. So starb er in ihren Armen. Sie ließ ihn ehrenvoll bestatten und nahm aus Schmerz über seinen Tod noch am selben Tag den Schleier.

Zu der Troubadour-Dichtung gehören zum »motz«, dem »Wort«, grundlegend auch der »son«, der instrumental begleitete »Ton«, so dass das Lied in der »oralité« des Vortrags hörbar und so zu neuer Lebendigkeit erweckt wird. So finden sich in den skulpturalen Darstellungen der romanischen Kunst Könige mit den »rebecs«. Der Troubadour Bernhard de Ventadour feiert im melodischen Wechsel seiner Lieder immer nur die eine Liebe:

»Mein Herz ist voll Blüten,
Verwandelt scheint die Welt:
Ein Blumenregen fällt.
Dass noch in Winters Wüten

Dass noch in Sturm und Meeren
Mir wächst der Liebe Mut –
Vergessne Lieder kehren
Mir wie zum Strand die Flut.

Mein Herz ist so voll Gluten,
Voll Freud und süßem Weh,
Dass Rosen mir erblühten
Hervor aus Eis und Schnee.«

Eleonore (Aliénor) von Aquitanien (1122–1204), Erbtochter des 1137 auf der Pilgerfahrt nach Santiago de Compostela verstorbenen Wilhelm X., Her-

---

Miraval, Peire Vidal, Raimbaut de Vaqueiras. Die dritte Periode endet mit der letzten Dichtung des Guiraut Riquier 1292 mit moralischen Tendenzen. Ihr Hauptvertreter ist Peire Cardenal mit dem Italiener Sordello und dem Katalanen Cerveri de Girona. Vgl. P. Bec, Ecrits sur les troubadours, 1992; L. M. Paterson, The World of the Troubadours, 1993.

zog von Aquitanien, aus dem Hause Poitou, heiratete 1132 Ludwig VII., König von Frankreich. Die Ehe wurde wegen zu naher Verwandtschaft 1152 geschieden. Noch im selben Jahr heiratet sie Heinrich Platagenêt, Graf von Anjou, Herzog von der Normandie und späteren König Heinrich II. von England. Ihr gemeinsamer Sohn ist Richard I. Löwenherz († 1199). Der englische Benediktiner und Chronist Gervasius von Canterbury (um 1145 – um 1210)[3] fasst das Urteil über Eleonore, die Enkelin des »ersten Troubadours« Wilhelm IX., mit ihrem Interesse an der neuaufblühenden höfischen Literatur in die Worte: »erat prudens femina valde, nobilibus orta natalibus, sed instabilis«. Gast am Hofe der Königin Aliénors war aller Wahrscheinlichkeit nach Chrestien de Troyes, der vertraut war mit dem bretonischen Sagenkreis, der sog. »Matière de Bretagne« des Artus-Sagenkreises, des Parzival-Stoffes und des Tristan-und-Isolde Themas. So veranstaltete Aliénor sog. »Cours d'amour«, Liebeshöfe mit ihren Cercles, geistvollen Seancen und wetteifernden Gesprächen. Als sie 1204 als 82jährige stirbt, tritt von der Bühne einer der bemerkenswertesten Epochen der europäischen Geschichte, eine ebenso bemerkenswerte Frau. Und ihr Sohn Richard war eines der großen Idole abendländischer Ritterschaft und ihre Tochter Mathilde heiratete 1156 Heinrich den Löwen.

b. »Vollkommene Liebe«

Fin' amor,[4] die »vollkommene Liebe«, begegnet als Wendung in den Chansons der provenzialischen Troubadoure des 12. und 13. Jh. und ist der Zentralgedanke ihrer höfischen Liebeslyrik, Archetypus der neuzeitlichen Liebesdichtungen. Die »vollkommene Liebe« ist zutiefst Sehnsucht, die sich nicht im Konkreten erfüllt, sonder ausgespannt bleibt in einem selbstlosen Bezug der Liebe, deren einziger Lohn in der Fortdauer dieser selbstaufopfernden Passion besteht. Sie richtet sich auf eine sozial höherstehende und so gut wie unerreichbare Frau. Jeder Gedanke einer ehelichen Verbindung ist dabei ausgeschlossen. Der Gegenstand der Liebe ist die distanzierende Ferne, der »amor de lonh«. In solcher Sublimierung des begehrenden

---

[3] The Historical Works of Gervasius of Canterbury, hg. W. Stubbs (RS, 2 Bde.) 1879–80; A. Gansden, Realistic Observations in twelth Century England, in: Speculum 47 (1972) 39f.; Dies., Historical Writing in England, 1974, 253 ff. (Lit.).
[4] Vgl. R. Schnell, »Causa Amoris«. Liebeskonzeption und Liebesdarstellung in der mittelalterlichen Literatur, 1985, bes. c. III: Die höfische Liebe, 77–184; mit Bibliogr.; C. S. Jaegere, The Origins of Courtliness. Civilizing Trends and the Formation of Courtly Ideals (939–1210), 1985; J. Larmat, La conception de la fin' amor chez quelques troubadours, in: Studia Occitanica in memoriam P. Remy, I, 1986, 109–119; H. A. Kelly, The Varieties of Love in Medieval Literature According to Gaston Paris, in: RP XL (1987) 301–327.

Verlangens wird der Anblick der Geliebten und die von ihr gewährte Zuneigung zum Lohn der Erfüllung.

Mehrfach sind Versuche unternommen worden, den Gedanken der »vollkommenen Liebe«, des »fin' amor«, in einen geistigen Traditionszusammenhang zu stellen. Einen wesentlichen Aspekt liefert der Augustinismus des Mittelalters und der Zentralbegiff der augustinischen »caritas«, verbunden mit der wachsenden mittelalterlichen Mystik, vor allem dem Einfluss der Schule von St. Viktor. Hinzu kommt die stark anwachsende Marienfrömmigkeit und Verehrung der Jungfrau Maria, der Notre Dame sowie die sog. Brautmystik des »Hohen Liedes«.

2. Gestaltgewordene und gestalthafte Liebe: Franz von Assisi

Um die Wende des 13. Jh. vollzog sich im Abendland eine große spirituell-religiöse Erneuerung in der Kirche, die von zwei Ordensgründern ausging, dem hl. Dominikus, mit dem seltenen Gleichgewicht von Gefühl, Verstand und Tatkraft, und dem hl. Franz von Assisi (1182–1226), der die Botschaft des Evangeliums in schlichter Einfalt, in Darlebung universaler Brüderlichkeit, in geschwisterlicher Verbundenheit mit aller Kreatur und mit dem gestalthaften Lebenszeugnis eine neue innerliche Freiheit der Christusnachfolge lebte, im Geist der Hingabe und gläubiger Inbrunst, des Kindseins, der Liebe und der Freude.

Als Geburtsstunde seines Ordens der Minderbrüder kann der 24. Februar des Jahres 1209 gelten, in welcher er die Worte der Aussendungsrede Jesu Mt 10,5 ff. in der Kirche von San Damiano vernahm. Sie trafen ihn inmitten seiner Existenzkrise wie ein Lebensauftrag, um in den Dienst am Glauben zu treten und die Botschaft Jesu weiterzutragen: Es ist die Umkehr zur neuen Lebensform, ganz nach dem Evangelium zu leben, die Bindung an die irdischen Güter preiszugeben, sich um eine Selbstheiligung zu bemühen und am Seeleheil des Nächsten zu arbeiten.[5] Auch weihte er sich dem »Ritterdienst für Frau Armut«, der »donna povertá« und integrierte so die hochmittelalterlichen Armutsbewegungen in die Kirche.[6] Zwei weitere tiefpersönliche Erfahrungen prägen seinem Leben das Siegel auf, die mystische

---

[5] Vgl. H. Feldern, Die Ideale des hl. Franz, 1924; R. Koper, Das Weltverständnis des hl. Franz von Assisi, 1959; A. Rotzetter, W. Ch. van Dijk, Th. Matura, Franz von Assisi. Ein Anfang und was davon bleibt, 1982; J. Baldelli u. A. M. Romanieri (Hg.), Il Francescanesimo e la cultura della nuova Europa, 1986; I. W. Frank, Franz von Assisi, Frage auf eine Antwort, 1982; R. Manselli, Franziskus. Der solidarische Bruder, ²1989; H. Feld, Franz von Assisi und seine Bewegung, 1994.

[6] O. Schmucki, Das Leiden Christi im Leben des hl. Franz von Assisi, 1960.

Erfahrung des Geheimnisses der Menschwerdung des fleischgewordenen Wortes während der Mitternachtsmette im Jahre 1223 und das Sich öffnen der Wundmale Christi am Fest der Kreuzerhöhung 1224 am Alvernerberg, die leibhafte Stigmatisierung seiner Christusnachfolge zum »anderen Christus«, zum »alter Christus[7] des sechsten Siegels«. Franziskus suchte die Stiftung Jesu Christi gestalthaft fortwähren zu lassen als Entsprechung von Innen und Außen und als gelebte Wahrheit, die durch Handlungen und das Beispiel zur Botschaft wird. Dante Aligheri preist ihn im Elften Gesang des »Paradieses« seiner »Göttlichen Komödie«:

»Von jenem Berg, dort wo er sanft wird,
trat eine Sonne in die Welt, so warm,
wie diese manchmal aus dem Ganges steigt.
Drum soll, wer diesen Ort erwähnt, nicht mehr
Assisi sagen, denn das wäre zuwenig,
und richtig muß es heißen: Orient.« (XI, 49–54).

In seinem Werk »Franz von Assisi und die Anfänge der Kunst der Renaissance« (1926) feiert Henry Thode den Heiligen als einen Bahnbrecher der Renaissance, jener organischen Metapher des Wiederausschlagens und der Wiederbelebung einer neuen Zeit. Er sieht in ihm ein Aufgipfeln der Humanität und Subjektivität des Gefühls in Natur und Religion, eine wachsende persönliche Freiheit im Denken und eine neue geistige Poesie, individuell und subjektiv. Im »Stundenbuch« deutet Rainer Maria Rilke das auratische Persönlichkeitsbild des Heiligen mit den Worten:

»Der Innigste und Liebendste von allen,
der kam und lebte wie ein junges Jahr;
der braune Bruder deiner Nachtigallen,
in dem ein Wundern und ein Wohlgefallen
und ein Entzücken an der Erde war ...

Mit kleinen Blumen wie mit kleinen Brüdern
ging er den Wiesenrand entlang und sprach ...

Und seines hellen Herzens war kein Ende ...
und seine Zelle stand in Heiterkeit,
das Lächeln wuchs auf seinem Angesichte ...«[8]

Auch seine Jünger, so will es Franz von Assisi, sollen Heiterkeit und Herzensfreude ausstrahlen. »Die Brüder« – sagt er – »sollen sich davor hüten, sich äußerlich traurig zu zeigen und sich als Finsterlinge aufzuspielen, sondern sie sollen sich zeigen voll Freude im Herrn, fröhlich und geziemend

---

[7] K. Esser, Das Testament des hl. Franz, 1949; O. Schmucki, The Stigmata of St. Francis of Assisi, 1991.
[8] R. M. Rilke, Das Stundenbuch: »Von der Armut und vom Tode«, in: Sämtliche Werke 1, 1975, 364 f.

dankbar«. Und fügt hinzu: »Wenn der Diener Gottes sich bemüht, innerlich und äußerlich die geistige Freude zu besitzen und zu bewahren, die aus Herzensreinheit hervorgeht und durch andächtiges Gebet erworben wird, so können ihm die bösen Geister nicht schaden«. Franz gibt seiner innigen Liebe zur gottgeschaffenen Natur Ausdruck in dem berühmten Hymnus, dem »Cantico di frate Sole«, einer gebethaften Sprechhaltung der beschreibenden Preisung.[9] In diesem seinem geistlichen Troubadourlied »Il cantico delle creature«, »Der Gesang der Geschöpfe« bzw. »Sonnengesang« stimmt er, aus der Liebeskraft eines weiten Herzens, den Lobpreis an Gottes Schöpfung an und besingt das Einssein mit ihr als Ausdruck einer »Liebe über alles menschliche Begreifen hinaus«, die ihn, – wie sein Biograph Tommaso da Celano berichtet – ergriff, wenn er den Namen Gottes in den Mund nahm (Vita prima, 29).[10] Er intoniert seine Strophen »Laudato si mi signore« (»Gelobt sei du, mein Herr«) ganz in der liturgischen Tradition, um dann im Abschlussvers der ersten Strophe, kontrastiv in der Demutshaltung des »E nullu homo ene dignu te mentovare« (»Kein Mensch mag, dich zu nennen, würdig sein«) zu bezeugen. Dann preist er Gott in den Werken seiner Schöpfung, ihn, das unfassbare und unsagbare Geheimnis im Konkreten der geschaffenen Dinge, die dem Sänger im Gottessohn Jesus Christus und dem Bruder aller Dinge, »auf Erden und im Himmel« Bruder und Schwester werden. In 33 Versen seiner rhythmischen Prosa, die Anzahl mag auf das Lebensalter Christi hinweisen, stimmt er sein lobpreisendes Lied der Liebe zu Gottes Schöpfung an:

»*Von dir, o Höchster bringt sie Kunde.*
Gelobt seist Du, mein Herr, für Bruder Mond und Sterne!
Am Himmel hast du sie geformt, klar, köstlich und hell ...!«

Und dann lobsingt er weiter den brüderlich-schwesterlichen Kräften der Natur, Sonne, Wind, Luft Wolken, Wetter, Wasser, Feuer, Erde und schließlich den »Leibestod«. Mitten hinein in den in seiner Zeit geübten Minnedienst, macht Franz von Assisi die Gottesliebe zur Herzmitte des zart-innigen Hymnus der All-Liebe. An all diese Lobpreisungen (laudes) fügt er in V. 23–26 und 30f. die »Seligpreisung« für die an, die im bedingungslosen und liebenden Leben nach dem Evangelium Christi darin den Schöpfer verherrlichen, um im Schlussvers sein religiöses Fazit zu ziehen, das auch seine Identität

---

[9] Vgl. V. Branca, I: »Cantico di frate sole«, 1950; E. W. Platzek, Das Sonnenlied des hl. Franziskus von Assisi, 1957, ²1984 (überarb.); A. Bernardini, »Il cantico delle creature«, 1982; D. Sorrentini, »Il cantico di frate Sole« o delle creature nella fortuna critico-lettararia, 1982.
[10] Schriften: Thomas von Celano, Leben und Wunder des hl. Franz von Assisi (übers. von E. Grau), 1955, 1988 (29–72 quellenkritischer Überblick); Die Schriften des hl. Franz von Assisi, hg, von L. Hardick u. E. Grau 1984 (dt. Übers.).

ausmacht und die er in seiner beispiellosen Art vorgelebt hat: »... et serviteli cum grande humilitate« (»... und dienet ihm mit großer Demut«).

Das Gebet als Lobpreis Gottes und als vollkommene Hingabe an Gottes Willen war ihm so zum zentralen Lebensinhalt geworden und führte ihn manchmal zur ekstatischen Verzückung. Er spricht: »Herr, ich habe und liebe und will nichts anderes außer dir: gib uns Armseligen, dass wir um deinetwillen das tun, von dem wir wissen, dass du es willst, und dass wir immer wollen, was dir gefällt.[11]

In Franz, in dem die bernhardinische Mystik so eindrucksvoll Gestalt gewann, brachte im Sonnengesang das für die Mystik bestimmende Einheitserlebnis zum Ausdruck, das ihm in plötzlicher Inspiration am Ende seines Lebens zuteil wurde, und legte Zeugnis ab von der Weite seiner allumfassenden Liebe zu Gott und zur Kreatur.

Die Gestalt des Poverello von Assisi stand am Beginn mancher Bekehrung, so von Oscar Wilde (1854–1900), des aus freidenkerischer Tradition zum christlichen Glauben findenden Friedrich Wilhelm Foerster[12] (1869–1966), Philosoph und Pädagoge und seinem kompromisslosen und leidenschaftlichen Ethos, mit dem er viele Atheisten zu christlichen Grundsätzen zurückführte. Eine wichtige Rolle spielte Franz von Assisi bei der Konversion des dänischen Dichters und Nobelpreisträgers Johannes Jörgensen (1866–1956), der ein berühmtes Werk über Franziskus schrieb, das selbst wieder viele Konversionen hervorrief.[13]

Als Mittelgestalt der Legenden »Blümlein des hl. Franz« hat seine Naturliebe, seine Demut und Inbrunst, seine tiefe Seelenheiterkeit und innige Frömmigkeit einen großen Nachhall gefunden, so z. B. in dem religiös erweckten Umbrien im sog. »Halleluja-Jahr« von 1233. Auch seine religiöse Minnedichtung wirkte vielfältig in den volksliedhaften Lauden der Passionslieder und Canzonen nach. Ferner fanden Dante, Francesco Petrarca ihre Inspiration, aber auch die Renaissance-Dichtung und die große rhapsodische Naturdichtung der folgenden Jahrhunderte bis hin zur lyrischen Ur-

---

[11] Vgl. L. Lehmann, Tiefe und Weite. Der universale Grundzug in den Gebeten des Franz von Assisi, 1984.
[12] Vgl. F. W. Förster, Christus und das menschliche Leben, 1923.
[13] H. Bölling, Johannes Jörgensen, in: Jahrbuch des Ansgarius-Werkes, 1957, 58–66. So berichtet Ida Friederike Görres, welchen Eindruck Jörgensens Franziskus-Buch auf sie als vierzehn Jährige ausgeübt und welche religiöse Lebenswende es in ihr bewirkt hatte: »Hier war ein Mensch wie ich, und sein Leben handelte eigentlich nicht von ihm, sondern von jemand anderem, auf den er ganz und leidenschaftlich bezogen war ... Wie ein Berggipfel, während die Sonne noch unterm Horizont steht, glühte seine Gestalt in meiner zwielichtigen Welt auf, bestrahlt von Gott. Gott? Eine vage, am Bewusstsein abgleitende Formel; Christus: eine fromme Redewendung, nie als Begriff bezweifelt, nie erfahren: im Antlitz des Heiligen erkannte man ihn plötzlich als die stärkste, die einzige Wirklichkeit.«, in: I. F. Görres, Aus der Welt der Heiligen, 1955, 18.

stimme Amerikas, Walt Whitman (1819–1892) und seinen »Leaves of Grass« (»Grashalme«).[14]

An Franziskus, dem große Inbild der Liebe, dem »Christussymbol« des Mittelalters, dem Dichter, dem Friedensstifter und Prototyp des alternativen wie neuen Menschenbildes samt dem Erlebniswert einer persönlichen religiösen Kultur, haben sich immer wieder im Laufe der Zeit die großen Themen der franziskanischen Spiritualität und Theologie entzündet.[15] Ging es Franz um das Eins- und Christus-Gleichförmig-Werden (conformitas Christi), so haben geistig-geistliche Nachfolger den spirituellen Ertrag seines Lebens, seine vita mystica der Liebe, in literarischer Weite entfaltet.

3. Bonaventura: Theologie als Liebesmystik (cognitio et amor)

Zu den herausragenden Gestalten in diesem Zusammenhang zählt Bonaventura, der seine theologische Wissenschaft ganz in den Dienst des mystischen Wegs der Seele zu Gott gestellt hat. Sein Werk »Itinerarium mentis in Deum« (»Pilgerbuch der Seele zu Gott«) hatte er auf dem Alverna-Berg konzipiert, jenem Berg der Christusschau und des Empfangs der Stigmatisation, der Leidensmale des Gekreuzigten, deren Franz von Assisi gewürdigt wurde.

Bonaventura (d. i. Giovanni di Fidanza: 1217–1274)[16] suchte eine überhöhende Synthese zwischen der Liebe als natürlicher Grundkraft und ihrem ekstatischen Charakter herzustellen. Ist für ihn der Hinnahme- und Hingabe –Charakter der Liebe in ihrer Selbstvergessenheit das Primäre, so schließt diese ihre Strebekraft den Aspekt der Freundschaft bzw. des Wohlwollens integrativ ein.[17] Bonaventura, neben Thomas von Aquin die zweite herausragende Gestalt der Scholastik und Archeget der älteren Franziskanerschule, suchte die geistesgeschichtliche Spannung seiner Zeit zwischen dem Augustinismus[18] und dem Aristotelismus in eine Synthese zu bringen und Glaube

---

[14] »Grashalme«, dt.: Johannes Schlaf, 1906; vgl. G. W. Allen, »The Solidary Singer«, 1955. In dem »Prayer of Columbus« (»Das Gebet des Columbus«) weitet Whitman das eigene geschlagene, unbeirrbar gläubige Selbst aus der Columbusgestalt, die die Ausfahrt gewagt hatte, und weitet seine Gedanken aus zu einer Gebetshymne an den Gott des Lichts, der alles bescheint.
[15] Vgl. J Baldelli-A. M. Romanieri (Hg.), Il Francescanesimo e la cultura della nuova Europa, 1986.
[16] Vgl. J. Ratzinger, Die Geschichtstheologie des hl. Bonaventura, 1958; E. Gilson, Die Philosophie des hl. Bonaventura, 1960; A. Gerken, Theologie des Wortes. Das Verhältnis von Schöpfung und Inkarnation bei Bonaventura, 1963; K.-H. Hoefs, Erfahrung Gottes bei Bonaventura, in: EThSt 57 (1989); M. Schlosser, Cognitio et amor (VGI. NS 35), 1990; P. Maranesi, Verbum inspiratum, 1996.
[17] Bonaventura, in Sent. III, d. 27,a. 1,q.2ad 6.
[18] Die Grundzüge des Augustinismus sind, dass jede menschliche Erkenntnis auf unmittel-

und Vernunft zu versöhnen.[19] Die Liebe zur Wissenschaft müsse in Gott den Konvexpunkt haben und wäre leere Neugier ohne diese Orientierung zu diesem Ziel hin. Eine Philosophie, die sich vom Offenbarungsglauben trennt, entwurzelt sich von ihrem absoluten Wahrheitsgrund, an dem die Einzelwahrheiten partizipieren. In der menschlichen Seele als der Adressatin der göttlichen Erkenntnis der Wahrheit bezeugt sich Gott selbst in seiner Präsenz. Der Aufstiegsweg führt ganz im platonisch-augustinischen Sinne durch die drei Bereiche, die Welt außer sich, die Welt in uns und die Welt über uns, um nach den sechs aufeinanderfolgenden Erleuchtungsstufen zur Ruhe der Glückseligkeit in Gott zu gelangen. Über die Betrachtung der Körperwelt und ihrer göttlichen Spuren, als Spiegel Gottes, führt der Weg zur Einsicht in die innere gottgewirkte Ordnung hin zum Einblick in die Seele selbst, mit ihren drei geistigen Potenzen, dem Gedächtnis, dem Verstand, dem Willen, um sich so als Abbild des dreieinen Gottes wahrzunehmen. Steht auf dieser dritten Stufe der Selbsterkenntnis der Seele die Philosophie zur Seite, so auf der vierten Stufe das Studium der heiligen Schriften mit der von Christus bewirkten Begnadung, die sie zur Heimstätte der göttlichen Weisheit werden lässt. Auf der fünften Stufe jedoch steigt die Seele über sich hinaus um Gott als Ziel aller Dinge, um das Sein selbst zu erfassen, die Ursache des Seins und den Grund aller Erkenntnis, sein absolutes Gutsein und seine vollkommene Liebe, die sich mitteilen will. In der liebebewegten einenden Schau erlangt die Seele ihre Vollendung und kann alles rationale Bemühen sistieren.[20] Die Seele ist zur höchsten mystischen Einheit mit Gott gelangt und hat den Eingang in seinen Frieden gefunden. Bonaventuras mystische Schriften zeigen dessen hohe theologische Reflexionskraft, und Papst Leo XIII nennt ihn »den Fürsten unter den Mystikern«.

In seiner »Ansprache über das Sechstagewerk« (1273 entstanden), sucht

---

barer göttlicher Erleuchtung basiere, denn in die Materie wurden bei der Schöpfung entwicklungsfähige Formprinzipien eingeschaffen (rationes seminales) und dem Menschen liege eine Mehrzahl von Wesensformen vor, wobei dem Willen (der Liebe) der Vorrang vor dem Verstand gebühre (so Wilhelm von Auvergne (um 1180–1249); Alexander von Hales (um 1185–1245) u. a.

[19] Bonaventura steht in der Tradition Anselms von Canterbury, der Viktoriner und seines verehrten Lehrers Alexander von Hales und seiner sich eng an Augustinus anlehnenden Gedankenführung und Argumentation. In seiner Lichtmetaphysik folgt er Grosseteste und Wilhelm von Auvergne. In seiner Erkenntnislehre aber stellt er eine Synthese zwischen der Illuminationslehre des Augustinus und dessen Exemplarismus und der Abstraktionstheorie des Aristoteles her. Vgl. E. Gilson, Die Philosophie des hl. Bonaventura, ²1960; N. Bizotto, Erkenntnis und Existenz. Eine Untersuchung über die Erkenntnislehre Bonaventuras, 1972.

[20] Vgl. W. Beierwaltes, Aufstieg und Einung in Bonaventuras Itinerarium in Deum, in: Ders., Denken des Einen. Studien zur neuplatonischen Philosophie und ihrer Wirkungsgeschichte, 1985, 385–423; G. Teichtweier, Die aszetisch-mystische Methode im »Itinerarium mentis in deum«, in: ThQ.Schr. 136 (1956).

Bonaventura im neuplatonisch-mystischen Sinne, das Beziehungsgefüge zwischen Welt und Mensch, zwischen Makrokosmos und Mikrokosmos zusammenzudenken, um Sinn-Einsicht zu gewinnen in den stufenförmig voranschreitenden Prozess der Verähnlichung der erkennenden Seele mit dem Urgrund der Erkenntnis, dem in der Welt bildgewordenen ungeschaffenen göttlichen Logos. Die natürliche Erkenntnis mit ihrem dreifachen Lichtstrahl, den der Wahrheit der Dinge, den der Worte und den des rechten Wandels, getragen vom göttlichen Urlicht, gelangt die Seele durch das dankbar-staunende Betrachten der göttlichen Schöpfung und durch die göttliche Gnadenhilfe, d. h. durch die »Tür« des Sohnes Jesu Christi, zur ekstatischen Vereinigung mit Gott in Liebe. Der Aufstieg der menschlichen Seele zur mystischen Vereinigung aber ist durch die Satisfaktion des Christus am Kreuz für die in der Gottferne lebenden Menschheit erschlossen und zwar im Zusammenwirken der göttlichen Gnade mit dem menschlichen Willen.[21] Ganz im Sinne des Augustinus gehören für ihn erfahrungsbedingte Erkenntnis, theologische Spekulation und Meditation zusammen, wie bei Hugo von St. Viktor und Bernhard von Clairvaux.[22] Im Nachklang seines Einflusses werden Heinrich Seuse, die »devotio moderna«, Johannes Gerson und Franz von Sales stehen.

Immer wieder kreisten Bonaventuras Gedanken um den Weg dieser mystischen Aszese, wenn er in seinem »Alleingespräch über die vier geistlichen Übungen« (»Soliloquium de quattuor mentalibus exercitiis«, entstanden nach 1257) vom »Licht der Beschauung« spricht, um zunächst das eigene Innere selbstreflexiv hell werden zu lassen auf das eigenen Schuldigwerden und die durch die Gnade erneuerte Natur. Dann soll der Lichtschein auf die äußeren Dinge fallen, um die Unbeständigkeit und Hinfälligkeit alles Irdischen und seiner Schönheit sich bewusst zu machen; in einer dritten Übung soll das »Licht der Beschauung« die Unerbittlichkeit des Todes und die Lebensbilanz des Menschen vor das innere Auge rücken, mit dem Blick auf Lohn und Strafe, um auf der vierten Stufe das »Licht der Beschauung« auf die himmlischen Dinge und die Freuden der Vollendung zu erheben.

---

[21] Vgl. W. Dettlhoff, Christus tenens medium in omnibus, in: WiWei 20 (1957), 28–42.
[22] D. Hattrup, Ekstatik der Geschichte. Die Entwicklung der christologischen Erkenntnistheorie Bonaventuras, 1993; M. Schlosser, Cognitio et amor. Zu kognitiven und voluntativen Grund der Gotteserfahrung nach Bonaventura, 1990; Z. Alszeghy, Grundformen der Liebe, 89.

4. Der »siebenförmige« Weg der Gottesliebe (Rudolph von Biberach)

Ganz im Geiste Bonaventuras verfasste der Franziskaner und mystische Schriftsteller Rudolph von Biberach (vor 1270 – nach 1326), Lektor am Studium generale in Straßburg, ein Sieben-Wege-Buch: »De septem itineribus aeternitatis«.[23] Sieben Wege führen in das Gottesgeheimnis hinein, wie der Autor einführend anmerkt und schildert dann den siebenfältigen Weg nach innen und nach oben, indem er theologische Gedanken mit mystischen verbindet. Die göttliche Ebenbildlichkeit des Menschen ist versehrt und soll wieder hergestellt werden kraft des göttlichen »Auges der Seele« im vernunftmäßigen Erforschen des Gottesmysteriums, so weit wie möglich.

»Der erste Weg ist die richtige Absicht (nach ewigen Dingen),
Der zweite ist das aufmerksame Betrachten ewiger Dinge.
Der dritte Weg ist das klare Schauen ewiger Dinge.
Der vierte Weg ist das liebende Erfaßtsein und Empfinden ewiger Dinge.
Der fünfte ist die verborgene Offenbarung ewiger Dinge.
Der sechste ist das erfahrungsmäßige Verkosten Gottes.
Der siebente ist das gottähnliche Wirken.«[24]

Es ist der Christusweg, den es zu beschreiten gilt, der Weg, der zur Wahrheit führt und im Leben Weile bietet (Joh 14,6). Dann weist der Autor seine Leser in die »inneren Wohnungen« des kontemplierenden Innehaltens und wirbt mit einem Ruf aus dem »Hohenlied«: »Erhebe dich, eile, meine Freundin, meine Taube, meine Schöne, und komm doch, meine Freundin!« (Hld 2,10). Auratisch verweist er auf die Zeit des Lenzes, der erblühenden Blumen und des wonnevollen Lichtes der göttlichen Sonne Christi, in der der menschliche Geist frei wird von allen unnützen und eitlen Dingen. Auf diesem siebenförmigen Weg soll sich die Liebe entfalten, die im göttlichen Wort den spirituellen Führer und Begleiter hat. Das innen Empfangene steht unter einem Test der Bewährung, wenn Rudolf folgert: »Wenn ein Mensch in geistlichen Dingen geschult ist, wird er mit der rechten Absicht zu ewigen Dingen hinführen; dann wird er auf den Wegen der Ewigkeit durch häufiges Betrachten erfahren und behende; dann wird er zum Ewigen in lauterer und klarer Schau belehrt und geleitet; dann neigt er sich in brennender Liebe zum Ewigen und erfährt darnach in verschiedenartiger Offenbarung Ewiges …«.[25] Es ist eine Verbindung der via meditativa und via activa, so dass

---

[23] Ed. M. Schmidt, MyGG 1/1, 1985; Vgl. M. Schmidt, Zur Bedeutung der Weisheit bei Rudolph von Biberach: J.-B. Freyer (Hg.), Mystik in den franziskanischen Orden, 1993, 96–116.
[24] M. Schmidt (Hg.), Rudolf von Biberbach – Die siben strassen zu got. 1985, XV (Mystik in Geschichte und Gegenwart I,2), 35.
[25] Rudolf von Biberach, a.a.O., 323.

es heißt: »Obgleich das schauende und tätige Leben einen ungleichen Weg nehmen, gehen sie doch zu dem gleichen Vaterland.«[26]

5. »Tanzende Liebe«: Mechtild von Magdeburg

Als Franz von Assisi im Jahre 1226 starb, war Mechtild von Magdeburg (um 1207–1282) vierzehn Jahre alt und nach ihrem eigenen Zeugnis schon seit ihrem 12. Lebensjahr vom »Sturm des heiligen Geistes« überkommen und »ungestüm gegrüßt« worden, ihrem ersten mystischen Erlebnis. Charakteristisch für ihre Mystik ist das Motiv der mystischen, inbrünstigen Gottes- und Christusliebe, die ihr Herz erfüllte. Um 1230 trat sie einer Beginengemeinschaft in Magdeburg bei und begann ab 1250 auf Veranlassung ihres Seelenführers Heinrich von Halle ihre Visionen niederzuschreiben. Er hieß sie, »aus dem Herzen und Mund Gottes dieses Buch zu schreiben. Also ist dieses Buch der Liebe von Gott gekommen, und es ist nicht eines menschlichen Herzens Traum«.[27] Seit 1270 ist sie Zisterzienserin im Kloster Helfta bei Eisleben. Sie steht in der Nachfolge Hildegards von Bingen, und ihr Werk gilt als das älteste erhaltene Zeugnis deutscher Frauenmystik. Die Motive Mechtilds mystischer Liebe sind oft in die Ausdrucksformen der mittelalterlich-weltlichen Frauenminne gekleidet, wie z. B. das Motiv der Trunkenheit als Bild für die beseligenden Erlebnisse der Einung mit Gott, aber auch das Motiv des Tanzes der Seele, das Dionysius Areopagita aus der neuplatonischen Gedankenwelt in die christliche Mystik überführt hatte. Mechtild verbindet das Bild mit dem Frühlingstanz des höfischen Lebens. Die tanzende Bewegung versinnbildet die Lebensfreude und präfiguriert den göttlichen Vortänzer, den himmlischen Bräutigam des »Hohenliedes« (2,8): »Horch! Mein Geliebter! Siehe, da kommt er, springt über die Berge, hüpft über die Hügel!« Der göttliche Logos, Christus, gilt als »Vortänzer im mythischen Reigen, wenn der tanzende Chor der Erde zu Gott heimkehrt« (Hippolyt von Rom). Und in den apokryphen »Johannes-Akten« (94–96) wird die Bewegung der Liebe Gottes in Christus als Tanz imaginiert, den Christus mit seinen Jüngern tanzt. Der Tanz als initiatorischer Reigen, der der mystischen Vereinigung (unio mystica) dient, ist ein Symbol für die Rückkehr zum göttlichen Ursprung und Teilhabe des Menschen am himmlischen Chor (chorus angelorum) sowie dem engelischem Reigen. Bei Mechtild tanzt Christus als schöner Jüngling mit der menschlichen, tugenderfüllten Seele

---

[26] a.a.O. 341.
[27] Mechtild von Magdeburg: Das fließende Licht der Gottheit IV, 2, in: Deutsche Mystiker (Hg,) G. Gieraths, 1977, 93.

in die Vollendung. Der Weg zur Seligkeit der Einung mit Gott aber kann durch die »Wüsteneien« zur mystischen Entwerdung führen. Sie schreibt:

»Du sollst minnen das Nicht
Du sollst fliehen das Icht.
Du sollst allein stehn
Und zu niemand gehn.
Du sollst sehr unmüßig sein
Und von allen Dingen frei sein.
Du sollst die Gefangenen entbinden
Und die Freien zwingen.
Du sollst die Siechen laben
Und sollst doch selbst nichts haben.
Du sollst das Wasser der Pein trinken
Und das Feuer der Minne mit dem Holz der Tugend entzünden.
So wohnst du in der wahren Wüstenei.«

War die Mystik Indiens auf die Vernichtung der Personalität gerichtet, so richtet sich die christliche Mystik auf die vollkommene Menschwerdung im Üben der Tugenden und der Liebe. Sie schreibt:

»In dem Maß, als wir Barmherzigkeit üben, gleichen wir dem himmlischen Vater, der diese Dinge ohne Unterlass an uns übt. So viel wir hier Armut, Schmach, Verachtung und Schmerz leiden, gleichen wir dem Sohn Gottes. So viel wir hier unser Herz von Milde erweichen und durchströmen lassen, um unser Gut den Armen, unsern Leib dem Dienst der Kranken zu widmen, um so viel gleichen wird dem Heiligen Geiste, der ein milder Ausfluss des Vaters und des Sohnes ist.«

Und: *»So viel wir von allen Tugenden an uns haben, so viel gleichen wir Gott und allen seinen Heiligen, die mit aller Freude ihm nachgefolgt sind.«*

Ihre mystischen Tagebuchtexte, »Das fließende Licht der Gottheit«, spiegeln die Urkraft der Erfahrungen des Göttlichen, im Nacheinander der verschiedensten visionären und mystischen Erlebnisse niedergeschrieben. Visionen vom Himmel, von der himmlischen Opfermesse, von der hl. Dreieinigkeit, vom Antichrist, von den Toten u. a. m. Stark ist der Einfluss des »Hohenliedes« auf ihre »Brautmystik«, die mystische Vereinigung mit Christus, im Ausklang an den Minnesang: »Frau Minne, du hast mich gejagt, gebunden, und so tief verwundet, dass ich nimmer werde gesund«. Ihr religiöses lyrisches Ich spricht dialogisch den Geliebten an, den Bräutigam und himmlischen Hochzeiter Christus.

»Ich bin in dir und du bist in mir. wir mögen nit naher sin.
wan wir zwei sint in ein gevlossen
und sin in ein forme gegossen,
als soln wir bliben eweklich unverdrossen.«

X Sensorisches und Imaginatives – Weisen der Vergeistigung der Liebe

Auch besingt sie die innige Zweisamkeit von Gott und der menschlichen Seele in den Zeilen:

»Da Gott in sich allein nicht bleiben mochte,
schuf er die Seele und ergab sich ihr
in großer Liebe ganz zu eigen.
Wovon bist du gemacht, o Seele,
dass du so hoch steigst über alle Kreaturen
und senkst dich in die heilige Dreifaltigkeit,
und bleibst doch gänzlich in dir selbst?«

Und Mechtild antwortet:

»Er hat sie gebildet nach sich selbst,
hat sie gepflanzt gar in sich selbst,
hat sich am innigsten mit ihr vereint
vor allen anderen Kreaturen.
Er hat sie in sich geschlossen
Und hat von seiner göttlichen Natur
so viel in sie gegossen,
dass sie nicht anders kann denn sagen,
er sei in aller Einung mehr noch als ihr Vater.«[28]

Und im Lobpreis der Schöpfung Gottes setzt sie ihre Seelenbeglückung ineins:

»...
O Weisheit ohne Grund, o Milde ohne Minderung,
o Stärke ohne Widerstand, o Krone aller Ehren:
Dich lobt der Kleinste, den du je geschaffen hast!
O du gießender Gott an deiner Gabe,
o du fließender Gott an deiner Minne,
o du brennender Gott an deiner Sehnsucht,
o du inniger Gott an deiner Einung,
o du ruhender Gott an meiner Liebe,
ohne dich ich nicht am Leibe bliebe.
...
Dem Lieben hab ich mich gesellt,
wie Morgentau auf Blumen fällt.
...
Eia, Herr minne mich sehr,
und minne mich oft und lang!
Je öfter du mich minnest desto reiner,
je länger, desto heiliger
wird meine Seele schon auf Erden sein.«[29]

---

[28] Mechtild von Magdeburg, in: O. Karrer (Hg.), Die große Glut, ²1978, 194 f.
[29] Die große Glut, a. a. O. 200 f.

6. Dante Aligheri und Beatrice: Der Weg der Vergeistigung der Liebe

Dante Aligheri, 1265 in Florenz geboren, trug den zu »Aligheri« italienisierten Sippennamen seiner Mutter »Aldiger«, vermutlich ein langobardischer Name. Die Bronzebüste zu Neapel oder Raffaels Freskenporträts zeigen ihn, wie ihn die Mit- und Nachwelt empfand und wie ihn der Wortführer des deutschen Idealismus in England, Thomas Carlyle (1795–1881),[30] in seinen Vorträgen »Über Helden und Heldenverehrung in der Geschichte« porträtiert hatte:

»Einsam, wie ins Leere gemalt ..., todlosen Kummer und Leid im Ausdruck und wohlbewussten, todlosen Sieg. Ein tragisches, herzbewegendes Gesicht, eine Sanftheit, Zärtlichkeit und liebevolle Hingebung gleich eines Kindes, und all dies wie eingefroren zu scharfem Widerspruch, zu Entsagung, Vereinsamung und stolzem, hoffnungslosem Schmerz. Eine sanfte, ätherische Seele, die doch so ernst, so versöhnlich, so schneidend hervorschaut wie aus einem Gefängnis von Eisblöcken ... Liebe ganz und gar in Entrüstung verwandelt, eine unversöhnliche Entrüstung, langsam, gerecht und schweigend wie die eines Gottes«.[31]

Andere haben ihn milder erschaut als Beter, Resignierten und Feierlichen mit einer welthaltigen Seele. Hineingezogen in das Spannungsfeld und die gewaltigen Auseinandersetzungen der beiden großen »ökumenischen« Mächte, das Papsttum und das Kaisertum, mit all den damit verbundenen Filiationen der privaten Interessen einzelner Adelssippen und bürgerlicher Ständegruppen, erlitt er das Schicksal der politischen Verfemung und eines unruhigen Wanderlebens, aber ohne seine italienische Sprachheimat zu verlassen.

a. Dante und die Liebessprache der Seele

In seinem 1283–93/95 entstandenen Jugendwerk »La Vita Nuova«,[32] dem ersten durchgestalteten Dichtwerk der italienischen Literatur, reflektiert der junge Dante in einem autobiographischen Rückblick die Erfahrung der ersten Liebe zu einem jungen Mädchen aus der florentinischen Familie der Po-

---

[30] Vgl. K. Lotter, Carlyle und die deutsche Romantik, 1931.
[31] Die Geschichtsphilosophische Schrift von Thomas Carlyle erschien 1841 unter dem Titel: »On Heroes, Hero-Worship, and the Heroic in History. Six lectures Reported with Emendations and Addition.« Darin entwirft er eine Typologie von Heldengestalten, so Dante als Held der Dichter im Sinne seiner These: »Die Weltgeschichte ist nichts als die Biographie großer Männer«, wo sich in ihrem Wirken die »wesentliche Wirklichkeit« ausformt. Vgl. F. Brie, Helden und Heldenverehrung bei Carlyle, 1948; E. Bloch, Das Prinzip Hoffnung, Bd. 1, 1959, 718–720.
[32] Dante, Das neue Leben, (Hg.) E. Laaths, 1960, 3–60.

tinari, Beatrice. Bei seinem ersten Anblick des in ein rotes Gewand gekleideten Mädchens verkündet ihm eine Stimme in Latein: »Dir ist deine Seligkeit (beatitudo) erschienen«, gleichsam als Namens-Hermeneutik und Ausdeutung ihres Namens »Beatrice«, »Bringerin der Seligkeit«. Mit dem »Apparuit iam beatitudo vestra«, beginnt Liebe seine Seele zu beherrschen und wird Anlass seiner Dichtung sein, mit welcher er »jede verliebte Seele und jedes Herz, das rein ist« in »Amors Namen« grüßen will (Kap. 1). Schon der Titel »Vita nuova«, »das erneuerte Leben«, signalisiert einerseits ein neues Stilempfinden und den Blick auf einen neuen Themenhorizont, den »süßen neuen Stil« (»dolce stil nuovo«)[33] auf der einen Seite, und ein Geschehen der Wandlung, die biblisch-christliche und gnadenhafte Erneuerung durch die Liebe auf der anderen Seite. Eine neue Auffassung in der Sprache der Liebe findet ihren Niederschlag. Guido Cavalcanti pflegte die Gattung des Sonetts und der Canzone als die höchste Form des modernen Liebesgedichts, die man dem Kanzler Kaiser Friedrichs II., Petrus de Vinea, zuschreibt.[34] Es ist jene Kunstform aus vierzehn Zeilen, aus je zwei vierzeiligen Quartetten und zwei dreizeiligen Terzetten, die den Impuls eines großen Gefühls bewusst auffängt und in einem Höchstmass klarer Symmetrie bändigt. Die innerseelische Dramatik eines Zwiespalts, des Erlebens zwischen sinnlicher Liebe in ihrer Leidenschaftlichkeit und passionierter Tragik einerseits sowie ihrer vergeistigten Travestierung andererseits, die eine Unzahl von Variationen zulässt. Dantes persönliche Liebeserfahrung findet darin einen gültigen lyrischen Ausdruck: epigrammhaft, leidenschaftlich, reflektierend.

Beatrice, »die Bringerin der Seligkeit«, erscheint Dante neun Jahre später zur neunten Stunde, weiß gekleidet und von zwei Frauen begleitet. Er ist Empfänger eines Grußes (saluto), der für ihn zugleich Heil (salute) bedeutet.[35] In sein Heim zurückgekehrt sucht ihn im nächtlichen Schlaf ein Angsttraum heim: Amor hält in seinen Fängen eine rotgewandete menschliche Gestalt, und als diese aus ihrem Schlaf erwacht, reicht Amor ihr Dantes brennendes Herz zum Mahl. Dante erkennt in dieser Traumszene seine »donna della salute« und hält diesen Traum in einem Sonett fest (Kap. 3).

---

[33] In Kap. 3 ergeht eine Widmung an den Hauptvertreter des »dolce stil nuovo«, Guido Cavalcanti (1250/55–1300). In der »Divina commedia« (Purgatorio XI, 94 ff.) ehrt er ihn dadurch, dass er ihn analog zum Vergleich zwischen den Malern Cimabue und Giotto, als Nachfolger des Stilnovisten aus Bologna Guido Guinizelli (1230–1274) charakterisiert, den dieser aber zugleich überbietet. Vgl. G. Padoan, Introduzione a Dante, 1875.
[34] Vgl. W. Mönch, Das Sonett. Gestalt und Geschichte, 1955. E. Auerbach, Gesammelte Aufsätze zur romanischen Philologie, 1967.
[35] D. De Robertis, Il libro della »Vita Nuova«, 1961; A. Marigo, Mistica e scienza nella »Vita nuova«, 1914; C-S. Singleton, Journey to Beatrice, 1958; C. Stange, Beatrice in Dantes Jugenddichtungen, 1959; F. Friedrich, Epoche der italienischen Lyrik, 1964, 92–125; R. Hollander, »Vita nuova«. Dante's Perception of Beatrice, in: Dante-Studies 92 (1974) 1–17; M. Corti, La felicità mentale, 1983.

Dante Aligheri und Beatrice: Der Weg der Vergeistigung der Liebe

In einer weiteren Begegnung in der Kirche schiebt sich in den Liebesblick des Dichters auf seine Geliebte der Blick einer fremden Frau ein, der er dichterische Liebesbeweise bringt, um seine wahre Liebe (schermo dell veritade) zu verschleiern. Insgeheim ist aber Beatrice die Adressatin seiner Liebesbezeugungen und Liebesklagen. Auf Geheiß Amors soll er beim Verlassen der Stadt sich eine neue Schutzherrin für seine verborgene Liebe suchen (Kap. 9), wovon Beatrice erfährt und ihm ihren Gruß verweigert (Kap. 10). Amor heißt ihm nun das Versteckspiel zu lassen und seine Geliebte indirekt und nahezu unpersönlich in Gedichten zu feiern – als Sehnsucht und als innere Not. Indem er die Anwesende preist, vergeistigt sich mehr und mehr seine Liebe zu ihr. Die Geliebte aber wird ihm durch den Tod entrissen und er schaut in einer Vision ihre von Engeln getragene Himmels-Reise zur beseligenden Schau Gottes, der visio beatifica. Beim Tod Beatrices erhebt er die Klage des Propheten Jeremias: »Wie einsam sitzt die volkreiche Stadt, zur Witwe ist die Herrin der Völker geworden« (Kgl 1,1) und stimmt sein eigenes Klagelied an:

»Ita n'è Beatrice in l'alto cielo
nel reame ove li angeli hanno pace
e sta con loro ...«

»Ja Beatrice schied zum sel'gen Reiche,
Den Höhen, wo die Engel friedlich wohnen,
Und weilet dort ...«[36]

Dante muss einen neuen Weg beschreiten, der ihn zur völligen Vergeistigung der Liebe führt. Gemäß der mittelalterlichen Geisteshaltung ist Liebe nur in einem universalen Zusammenhang verstehbar und ein Ideal im Zeichen des »süßen neuen Stils« mit den individuellen Erfahrungen, die ins Geistige gehoben, läuternd auf das liebende Ich des Dichters wirken. Dieses wird als liebendes Ich auf die beseligende Wirkung der Liebe der Geliebten bezogen, die ihm durch ihr Lächeln oder im Sinne des Realismus, Glück und Heil schenkt.

»So lieblich und so wundersittsam zeigt
Sich meine Herrin, wenn sie lieblich grüßet,
(la donna mia quand'ella altrui saluta)
Dass jede rasche Zunge zitternd schweigt,
Dass jedes Auge sich befangen schließet.
...
So hold erscheint sie dem, der sie erblickt,
Dass sel'ge Wonne ihm das Herz entzückt;
Wer sie noch nicht erfahren, fasst sie nicht.
Von ihren Lippen aber hebt sich leise

---
[36] La vita nuova, a.a.O. 46.

Ein Geisterhauch in sanfter Liebesweise,
Der zu der Seele seufze! seufze! spricht!«[37]

Eine Verweigerung des Grußes als Ausdruck liebender Zuwendung stürzt den Liebenden in leidvolle Verzweiflung und Not. Auf indirekte Weise will der Dichter die wahre Geliebte in sehnsüchtigem Verlangen preisen, das eine Erfüllung übersteigt und ihn im Lobpreis beseligt: so in Kap. 19. in der Canzone: »Donne ch'avete intelletto d'amore«.

»O Frauen, die ihr wisst, was Liebe sei,
Ich will mit euch von meiner Frauen sprechen,
Nicht dass ich würdig sei zu loben wüsste,
Ich singe nur, der Seele Bann zu brechen.
Allein, sobald ich an sie denken soll,
Wird meine Brust so süßer Liebe voll.«[38]

Der Tod von Beatrices Vater und die neun Tage dauernde Krankheit, die Dante befällt, stehen schon im Vorschein des Abschieds von Beatrice, ihrem Tod. In einer Traumvision schaut er, wie Engel die tote Beatrice zur seligen Anschauung Gottes (visio beatifica) in den Himmel tragen. Ihr Tod weckt in ihm den »Stil ihres Lobes« (stilo de la sua loda), aber auch Lieder des Schmerzes und der Tränen. Sie erscheint Dante zur neunten Stunde, wie anfänglich im roten Gewand (Kap. 35) und bindet ihn so an sich, dass er keine andere Liebe mehr sucht. Der Wunsch, sie in der himmlischen Seligkeit schauen zu dürfen und ihr den Lobpreis zu singen, spannt den Bogen hin zum Bild der Beatrice in der »Divina Commedia«.[39]

Vorher aber hatte er sie noch, gefangen von ihrer Liebe, in Sonetten und Canzonen besungen:

»Es herrscht die Liebe, in mir, mit Macht umkrönet,
Dass meine Stimme laut in Seufzern tönet,
Die nach der Herrin mein verlangen,
Von der allein ich könnte Heil empfangen,
Und dies geschieht mir, wo sie mich erblickt,
Und niemand glaubt, wie wonnig sie geschmückt!«

»poi prende Amore in me tanta vertute,
che fa li miei spiriti gir parlando,
ed escon for chiamando
la donna mia, per darmi più salute.
Questo m'avvene ovunque ella mi vede,
e sì è cosa umil, che noì si crede.«

---

[37] Dante, Das neue Leben (La vita nuova), Hg. E. Laaths, 1960, 41.
[38] Dante, a.a.O. 24f.
[39] Vgl. K. W. Hempfer, Allegorie und Erzählstuktur in Dantes »Vita nuova«, in: Deutsches Dante.Jahrbuch, 1982, 7–39

In das noch nicht vollendete Schreiben dieser Canzone erfuhr er vom Hinscheiden seiner Beatrice, deren Tod er nur kurz erwähnt (Kap. 28) und verschlüsselt ihren Todestag astronomisch auf den 9. Juni 1290 (Kap. 29), jenem Jahr des Herrn, »mit welchem die vollkommene Zahl neunmal in dem Jahrhundert vollendet ward, in welchem sie in diese Welt gesandt worden«. Dann erklärt er den Wert der Neun von den neun Himmeln her, die ihren Einfluss auf die Welt ausüben und zueinander in Einklang stehen. Beatrice selbst gilt ihm gleichnishaft als Zahl Neun mit der Zahl Drei als ihrer Wurzel oder Vervielfältigung. In der Zahlenspekulation sieht der Dichter die Drei als Faktor der Neun, wie die göttliche Trinität, »die da Drei und Eins sind«, die Wundermacht der Schöpfung bedeutet. So hat die Zahl »Neun« auch Beatrice begleitet und sich in ihr verlebendigt.[40]

Die Liebe, die sich in einer vielfältigen Symbolik widerspiegelt, wird immer mehr ins Transzendente entrückt. Im Tod steigt Beatrice zum Himmel auf und nimmt den Platz ihrer Vollendung bei den Seligen ein. Diese Travestierung besingt der Dichter zum Lob Beatrices, um »etwas zu verkünden, was noch von keiner verkündet worden war«. Nach dem frühen Tod der holdseligen Geliebten schließt der Autor sein Jungendwerk mit der Liebesthematik, den Sonetten, den Prosaeinschüben, mit dem alles überragenden Sonett »Tanto gentile« ab. Das »erneuerte Leben« steht unter den monumentalen Worten: »Nach diesem Sonett hatte ich eine wunderbare Vision, in der ich die Dinge sah, die mich zu dem Ratschluss brachten, nichts weiter von dieser Benedeiten zu sagen, bis ich es in einer würdigeren Weise tun könnte. Und dahin zu gelangen, strebte ich mit all meinen Kräften, wie sie es auch wahrhaft weiß. So daß, wenn es der Wille Dessen ist, durch den alle Wesen leben, dass mein Leben noch einige Jahre währe, ich sodann hoffe, von ihr zu sagen, was noch von keiner jemals gesagt worden ist. Und dann möge es Dem, der da Herr der Gnaden ist, gefallen, daß meine Seele dahin gehen könne, die Herrlichkeit ihrer Gebieterin zu schauen, nämlich jener benedeiten Beatrice, die verklärt in das Angesicht schaut dessen, qui est per omnia saecula benedictus. Amen.«[41]

Damit kündigt Dante zugleich sein Meisterwerk, die »Göttliche Komödie«, an, und verbindet seine Absicht, die Menschen durch sein theologisch-kosmologisches Lehrgedicht aus der Elendsnacht in das Tageslicht himmlischer Glückseligkeit zu führen samt der Verherrlichung seiner Ju-

---

[40] R. Hollander, »Vita Nuova«: Dante's Perception of Beatrice, in: Dante-Studies 92 (1974) 1–18; P. Guiberteau, Dante, et son itinéraire spirituel selon la »Vita Nova«, 1983; R. Warning, Imitatio und Intertextualität. Zur Geschichte lyrischer Dekonstruktion der Amortheologie …, in: Interpretation. Festschrift A. Noyer-Weidner, (Hg.) K. W. Hempler und G. Regn, 1983, 288–317; M. Hardt, Zur Zahlenpoetik Dantes, in: Dante Aligheri. Hg. R. Baum u. W. Hirdt, 1985, 149–167.
[41] Dante, a.a.O., 60.

gendliebe Beatrice. Die Funktion, die Amor in dieser Dichtung spielt, ist eine zweigesichtig-doppelte, die einerseits im Nachklang der höfisch-profanen Liebesvorstellung der provenzalischen Dichtungen, aber auch der Scuola Siciliana steht, und andererseits in einer Vergeistigung und mystischen Verklärung, wie dies durch die Anklänge an die christliche Symbolik deutlich wird. In Beatrice ist beides zu einer Einheit verbunden: einerseits ist sie Trägerin eines von Amor inspirierten Seelenadels, der höfischen gentilezza (vgl. das Sonett: »Amor e cor gentil sono una cosa«, Kap. 20), andererseits ist sie durch die Trinitätssymbolik der Zahl Neun (3 mal 3) sakralisiert und in die Dimension des Heiligen gehoben. Ein durch das Ereignis der Liebe – durch die Liebe Betroffener – verarbeitet der Dichter die Liebeskonzeptionen seiner Mitwelt und Zeit mit ihren höfischen, philosophischen und theologischen Vorstellungen. Es ist die Zeit der Scholastik mit ihren Kontroversen zwischen den Schulen der Franziskaner und Dominikaner.[42] In dem Canzone »Lieb' und ein edles Herz« (Amore e l cor gentil sono una cosa) heißt es:

»*Lieb' und ein edles Herz sind Eines ganz.*
Es sagt's der Weise, wie ich es erzähle,
So wenig wie ein Mensch ist ohne Seele,
So kann nicht eins ohne das andre sein.
Es legt Natur in solcher Herzen Schrei
Amor als Herrn, der darin schlafend ruht,
Bald kurze Zeit, bald lang' in stiller Glut,
Bis ihn erweckt der Frauenschönheit Glanz.«[43]

b. Dantes Seelenliebe zu Beatrice und ihre Wandlung
   (La Divina Commedia)

Dante Aligheris »La Divina Commedia« (»Die göttliche Komödie«) steht am Anfang der volkssprachigen Literatur Europas, dem veredelten »volgare illustre« der italienischen Volkssprache und gilt neben der »Summa theologiae« Thomas' von Aquin als das größte Werk des Abendlandes. Zwischen 1307–1321 entstanden und im danteschen Dreireim verfasst, stellt sie ein episches, lyrisches und dramatisches Wort-Kunstwerk dar, vergleichbar einem dichterischen Kathedralbauwerk, um Dantes Wanderung durch die drei Jenseitsreiche – Hölle, Fegefeuer und Paradies – darzustellen. Auf ihr begegnet er den Seelen Verstorbener, den vielen Trägern berühmter Na-

---

[42] Vgl. D. De Robertis, Il libro della »Vira Nuova«, 1961; Auch habe sich Dante, wie Bocaccio berichtet, in der Frühzeit seines Exils, in Paris aufgehalten, dem Schmelztigel der Konfrontation von Neo-Augustinismus, Aristotelismus und Averroismus. E. Gilson, Dante et la philosophie, 1939; dt. 1953.
[43] Das neue Leben, a.a.O. 26f.

men, um sie in das symbolische Netz des christlichen Ethos einzuordnen, eine Art moralisches Panoptikum, in dem jede sündhafte Verfehlung und jede ahndende Strafe ihren Platz hatte. Das Ganze gleicht einem Erinnerungssystem, denn die Jenseitsreise führt an Orte, an denen man den Figuren mit ihren exemplarischen und »zitathaften« Lebensgeschichten begegnete. Die zugemessene Strafe – von Dante »contrapasso« bezeichnet – orientiert sich am (aristotelischen) Gesetz der physisch-symbolischen Entsprechung von Vergehen und Strafmaß. Ferner kann das Weltgedicht der »Commedia« mit ihrer universellen Thematik und ihrer geistigen Tiefe nur im Horizont der scholastischen Philosophie und Theologie sowie des astronomischen Wissens des ptolemäischen Weltsystems verstanden werden.[44]

In diesem seinem um 1307 bis 1321 entstandenen epischen »poema sacro«, »auf halbem Weg der Lebensreise«, in der Mitte seines Lebens zur Wanderung durch die drei Reiche des Jenseits gerufen, macht Dante sich auf, um in der Begegnung mit den Seelen der Verstorbenen, den Trägern kleiner und großer Namen, den ewigen Sinn des Lebens zu ergründen. Die früh in seinem Herzen entflammte Liebe zu Beatrice, der jung Verstorbenen, die er in seiner »Vita nuova« mit dem Idealismus und der Sprachkunst eines von Liebe Versehrten besungen hatte, ist für ihn von großer Darstellungs- und Einbildungskraft. Er durchwandert die drei Reiche jenseits ihres Grabes, Hölle (Inferno), Läuterung (Purgatorio) und Paradies (Paradiso) und hat zwei Begleiter, den schlechthinnigen poeta, Vergil, den Sänger vom Ursprung und der Sendung Roms, sowie Beatrice, die selige liebende Geliebte. In diese poetische »Summa« des christlichen Weltbildes mit der Korrelation von Welt und Religion und der kosmologischen Dreiteilung (Himmelssphäre – Erde – Unterwelt) sowie dem theologischen Konzept vom gerechten Tatenausgleich, sind neben dem theologischen und philosophischen Wissen, umfangreiche historische, astronomische und physikalische Elemente einge-

---

[44] Vgl. R. Palgen, Werden und Wesen der Jenseitsreise Dantes, 1985; O. Kagercrantz, Von der Hölle zum Paradies. Dante und die »Göttliche Komödie«, 1965. Die Vision der drei Jenseitsbereiche ist gedanklich durch eine großartig durchdachte Architektonik gestaltet. Die trichterförmig in 9 konzentrischen Kreisen angelegte Hölle ist nach den Vorstellungen seiner Zeit aufgebaut. Ihr liegt das ptolemäische Weltbild zugrunde sowie ethische Maßstäbe einer Sittlichkeit, in der Mensch sich in seinem Lebensvollzug als Wollender erfährt und dieses sein Wollen »willig«, frei-willig, auf Gut und Böse hin verfügt. Die Hölle hat ihren Tiefpunkt in der Erdmitte und ist durch das die Sünde bestimmte Gesetz der Schwere charakterisiert. Die Höllenstufen als Stationen der Verdammung, nehmen das Maß an der Schwere ihrer Schuld. Dem differenzierten System der Bestrafung liegt das Prinzip der angemessenen Strafe mit der wirklichen und symbolischen Vergeltung des Gleichen mit Gleichem zugrunde. Das individuelle konkrete Verhalten wird so in Raum und Zeit veranschaulicht und vergegenwärtigt. Tugenden und Laster, Schuld und Sühne finden ihre imaginative Darstellung. Der Leser durchmisst das breite Feld sinnfälligen Miterlebens zwischen Mitleid, Abscheu und dem gerechten göttlichen Urteil. Alles wird in den Zusammenhang der Vollendung, der Geschichte der Welt und des Gerichts gestellt.

zeichnet. Aus dem Glauben heraus gestaltet, spiegelt sich in der »Göttlichen Komödie« und in der Anverwandlung der Stoffe eine neue »Weltwerdung« der geistigen und poetischen Persönlichkeit des Dichters sowie eine »Personwerdung« der Welt in ihren Akteuren, mit deren Handlungen und deren resultativen Ergebnissen im Gelingen und Misslingen. Der jenseitige Weg mit den Stationen der Hölle, Läuterungsberg und himmlisches Paradies hin zur Gottesschau, gipfelt in dem Erlebnis der einheitsstiftenden Liebe der göttlichen Dreifaltigkeit, in der die ganze Ordnung des Universums »aufgehoben« ist. Die Dichtung mit ihrem human-metaphysischen Bezug ist eine Biographie der menschlichen Seele, des wandernden Ichs des Dichters, der persönlich und personhaft den Stoff der Geschichte coram Deo erfährt – in extremer Individualisierung des Bösen und des Guten, dargestellt und scharf konturiert an den Verdammten der Hölle, den Büßern des Läuterungsberges und den Seligen des Paradieses. Diese visionäre Wanderung des Dichters durch die drei Jenseitsbereiche spiegelt zugleich eine Art politischen Humanismus mit dem den Dingen innewohnenden duplex ordo, der doppelten Ordnung: die Geschichte als komplexe Allegorie mit ihren inneren und äußeren Bedeutungsebenen menschlicher Ereignisse und Lebensgeschichten. Es ist eine ins Christliche transponierte große »Herzenswägung« der Akteure auf der Bühne der Geschichte, die aus ihrem zeitlichen Konnex herausgelöst, nun unter das eine göttliche Kriterium gestellt wird: den Konnex von menschlichem Handeln und göttlicher Gerechtigkeit. Menschliche Laster oder Tugenden finden ihre Veranschaulichung an biografischen Notizen aus allen Zeiten der Geschichte. Diese bildet eine Ganzheit und wird im Sinne der augustinischen Konzeption[45] dargestellt, wenn Augustinus darin sein Darstellungsprinzip benennt: »In unserem Fach fragen wir nicht, ob eine fromme Seele zornig ist, sondern warum: nicht ob sie traurig ist, sondern aus welchem Grunde« (De civ. Dei IX,5). Das Wie steht vor dem Was.

Dante, der große Visionär der »Divina Commedia« erschaut die »Form des Alls« und die ganze Dimension der Geschichte und travestiert sie ins Bild. Sein Jenseits ist mehr als der »andere Bezug« R. M. Rilkes und die andere Seite des Daseins, die »mit der unsern zusammen die Welt ausmacht«. Das ganze irdische Geschehene in Raum und Zeit, seinen Höhen und Tiefen, wird in den transzendenten Horizont gerückt und der Lebens-

---

[45] Im gewaltigen Werk »De civitate Dei« des Augustinus ist Geschichte die zeitliche Brücke zwischen Weltschöpfung und dem Gericht Gottes, und innerhalb der Zeit ein Drama in der Spannung zweier Reiche, dem Reich der Gläubigen (civitas Dei) und dem Reich der Ungläubigen (civitas terrena oder diaboli), die in ständiger Spannung und Auseinandersetzung stehen. Ziel der Geschichte aber ist die Heimholung in den göttlichen Sabbat: »Der siebente Tag werden wir selbst sein« (De civ. Dei XXII, 30). Vgl. H.-J. Marrou. L'ambivalence du temps de l'histoire chez St. Augustin, 1950; H. Scholz, Glaube und Unglaube in der Weltgeschichte, 1911.

begriff nicht an einer Partizipation am abstrakten All-Leben orientiert, sondern als Geborgenheit und Bestand in Gottes heiligem Leben.

Das von Dante schlicht »Comedia« genannte Werk – das Italienisch der Moderne sagt »Commedia« – erhielt von einem venezianischen Drucker in einem folgenreichen Einfall des Augenblicks, das verdiente Beiwort »Divina«, die »Göttliche«. Dante gab mit ihr seinem vielverwirrten Leben Sinn und seiner Seele die Hoffnung auf Vollendung. Er hatte sich – ganz im Sinne der Troubadour-Dichtung – eine Dame erkoren, Beatrice, die er besingt und die er mit seinen Gesängen umwirbt. Das Seelische, das »berühmte Gefühl« Liebe (R. M. Rilke), tritt in die Liebesgeschichte ein, wird mit dem Übersinnlichen und Göttlichen in Verbindung gebracht und dadurch vergöttlicht.[46] Die visionär erlebte Wanderung des Dichters – ganz im Sinne der mittelalterlichen Tradition der »visiones«, führt ihn zunächst an der Hand Vergils durch die neun Kreise des Höllentrichters hinab zum Mittelpunkt der Erde, dem eisigen Sitz Luzifers, dann hinauf auf den Läuterungsberg, der in neun Stufen aus dem Meer aufragt, und schließlich zum irdischen Paradies als dessen Krönung, das in neun konzentrisch kreisenden Himmeln sich aufwölbt, umschlossen vom Epyreum, dem göttlichen Bereich, dem Ursprung von Sein, Bewegung und Liebe. Beatrice wird ihn durch die himmlischen Sphären geleiten, bis in die neunte und höchste Sphäre, um wieder in die »Himmelsrose« zurückzukehren, »wo ihrer Liebe ewig Stätte ist«, der Thron, »den ihr Verdienst ihr zugewiesen hat«. Hier lebt sie ihr vollendetes Leben. Das Ich des Dichters ist zugleich ein exemplarisches Ich der menschlichen Seele in ihrer Unmittelbarkeit zu Gott. Es hat einen fiktiven Zeitpunkt, denn der Begleiter Vergils fordert den Zu-Führenden auf, den Weg »in der Mitte des Lebens«, d.h. im 35. Lebensjahr, anzutreten. Der Weg beginnt am Abend des Karfreitags, am 8. April des kirchlichen Jubeljahres 1300 und endet am 7. Tag danach.

Der Ich-Erzähler hat sich in einem dunklen Sündenwald verirrt, bedrängt von drei wilden Tieren, Allegorien seiner sinnlichen Leidenschaften. Vom Himmel her sendet Beatrice, Symbol göttlicher Gnade, ihm Vergil, den »poeta« schlechthin, zur Rettung. In diesem theologisch-kosmologischen Terzinenepos in 100 Gesängen erfährt der durch die drei Jenseitsbereiche wandernde Dichter zugleich seine eigene sittliche Läuterung und intellektuelle Pädagogik, diese aber auch zum Nutzen seines muttersprachlichen Lesepublikums in einer zwiespältigen Welt. Erlebnisse und Lebensgeschichten der Menschen finden ihre dramatische Darbietung und eingestufte Bedeutung nach Wert und Unwert, Tugend und Laster. Es ist der jenseitige Per-

---

[46] A. Rüegg, Die Jenseitsvorstellungen bei Dante, 2 Bde. 1945; E. Gilson, Dante und die Philosophie, 1953; R. Guardini, Dante, Landschaft und Ewigkeit, 1958; G. Fallani, Dante poeta teologo, 1965.

X Sensorisches und Imaginatives – Weisen der Vergeistigung der Liebe

sonenkreis berühmter mythologischer und historischer Gestalten, Dichter, Maler, Päpste, Kaiser, aber auch anderer menschlicher Gestalten mit ihren Schicksalen, näherungsweise 600 an der Zahl. Sie alle werden moralisch auf die christliche »Seelenwaage« gelegt. Wie Vergil, – Dante redet ihn immer wieder verehrend mit »maestro« an, – im 6. Buch seiner »Aeneis« den Helden Aeneas in die Hadeswelt der Toten steigen lässt, um mit den Seelen bekannter Verstorbener zu sprechen, so unternimmt auch Dante diese seine Jenseitsreise, und tritt mit Vergil an der Seite zaudernd durch das Höllentor, über dem die bekannt-berühmte Inschrift steht: »Lasciate ogni speranza, voi ch'entrate« – »Lasst alle Hoffnung fahren, die ihr eintretet« (III,9). Vor der Reise musste der im dunklen Wald der Sünde Verirrte durch Beatrices Fürbitte mystisch begnadet werden für die Wanderung, die mit dem Abstieg in die Hölle zu den Verdammten und ihren Qualen in der »Stadt der Schmerzen« beginnt. An diesem untersten Bereich sieht Dante den Satan selbst, den »dreiköpfigen« Luzifer als fratzenhaftes Gegenstück zur göttlichen Trinität, dann die beiden Cäsarmörder Brutus und Cassius sowie den Verräter Christi, Judas Iskariot.

Der Weg zum Läuterungsberg als Zwischenreich zwischen Verdammnis und Seligkeit führt durch das geschehene reinigende Werden der Vollendung. Der Bereich ist durchdrungen von ethischen und religiösen Aspekten. Die büßenden Seelen tilgen unter frei gewählten Bußen den Erdenrest ihrer Verfehlungen und Unreinheiten. Dante vollzieht auch an sich seinen läuternden Aufstieg. Die Liebe (amore) wird zu der ihn immer wieder neu bestimmenden Triebfeder, wenn er im »Purgatorium« von sich sagt:

»Fühl ich die Liebe mich durchrinnen,
Lausch ich der Melodie, zu deren Noten
Den Text ich schreib, den sie vorspricht innen (che ditta dentro).« (XXIV, 52–54)

In dieser Seelenwanderung von den Irrungen des Menschen zum himmlischen Heil ist Liebe eine den Menschen wandelnde Anagogie, ein Hinaufführen, ein geistiger Aufstieg zu der von der Liebe geleiteten Selbstverwandlung. Enthalten sind ferner Lehren über die Natur, über die Willensfreiheit, über die Liebe und die Zeugung des Menschen.[47] Auf dem »Berg der Läuterung« werden Verfehlungen abgebüßt und abgegolten, so auch die sieben schweren Sünden wie, Hochmut, Neid, Zorn, Trägheit, Habsucht, Schlemmerei und Wollust. Der Weg durch das Fegefeuer erweist sich dabei als Weg zur Freiheit, die sich durch Üben der Buße, begleitet von Lehrgesprächen

---

[47] Vgl. M. Corti, La felicità mentale 1983; I. Pietrobono, Dal centro al cerchio: la struttura morale della »Divina Commedia«: sintesi del simbolismo della Croce e dell'Aquila, 1926; R. Guardini, Dante-Studien, 2 Bde. 1951–1959; F. Fergusson, Dante's Drama of the Mind. A Modern Reading of the Purgatorio, 1953.

über die rechte Ordnung und über die Liebe (XVII–XVIII), vollzieht. Vor dem Aufstieg zum Läuterungsberg wurde Dante siebenmal mit dem Buchstaben P (= peccatum/Sünde) signiert, der unterwegs nach und nach von einem Engel gelöscht wurde. Es wurde ihm in einer Lektion über die Liebe gesagt:

»*... Weil du auf Erdendinge*
Den Sinn festheftest, bleibt dir unerkennbar
Das Licht und wähnst, dass Dunkel dich umfinge.
Das Gut, das unerschöpflich und unnennbar
Dort oben, eilt der Liebe so entgegen (così corre ad amore)
Wie Licht von hellen Körpern ist untrennbar.
Soviel gibt's Glut als Glut die andern hegen,
Sodass, jemehr die Liebe sich verbreitet
Sie auch der ewigen Kraft pflegt zuzulegen.
Jemehr sich droben das Verständnis weitet,
Jemehr muß Gut und Liebe sich entfalten,
Wie Licht von Spiegel hin zu Spiegel gleitet.« (XV,64–75)

Im 24. Gesang zitiert Dante sein Jugendwerk »Vita nuova« (XXIV,52ff.) und stimmt einen Lobpreis auf den »dolce stil nuovo« an, um im 26. Gesang sein Dichterlob auf den Troubadour Arnaut Daniel, den Dichter der Liebe, fortzusetzen (XXV,142 ff.). In einem Zwiegespräch ehrt er ihn auf die Weise, dass er ihn sogar in seiner provenzalischen Muttersprache antworten lässt (XXVI,140–147).

Mit dem 27. Gesang ist das irdische Paradies erreicht, der Garten Eden. Vergil bekränzt Dante und verlässt ihn auf der Höhe des Berges. Inmitten einer allegorischen Prozession der Kirche wird ihm die verklärte Beatrice zugeführt, die ihn zur Reue mahnt. Im reinigenden Bad im Fluss der Lethe, des Vergessen, vergisst Dante seine Sünden und ist nun rein für den Himmelsweg, hinein in das Lichtmeer des Paradieses mit dem darüberliegenden »Empyreum«, dann zu dem Thron Gottes und der höchsten Heiligen, Kirchenväter und Propheten, die zum Bilde einer mystischen Rose (rosa mystica) gruppiert sind. Der Aufstieg führt über verschiedene Stufen der Liebe, der Liebe zum Guten, dann über die Tugenden der »vita activa« bis hin zur höchsten Stufe, der »vita contemplativa«, der reinen Gottesliebe.

Im ersten Teil des »Paradieses«, dem Mondhimmel, belehrt Beatrice Dante über die Willensfreiheit (4. Gesang) und auf dem langen Triumphweg erschaut er im Fixsternhimmel Christi Himmelfahrt, den Hinaufgang des Herabgekommenen, und die Krönung der Jungfrau Maria. In den Gesängen XXIV–XXVI muss er eine »apostolische« Prüfung bestehen über die theologische Trias Glaube, Hoffnung und Liebe. Von Petrus, Jakobus und Johannes geprüft, kann nun der Aufstieg in den Kristallhimmel und zu der Schau Gottes und der Engel erfolgen, zu den in Beatrices Augen sich spiegelnden

Engelwesen mit der »Hierarchie der Seraphim und Cherubim« (XXIX). Nach all dem wird dem Jenseitswanderer der Anblick der »Himmelsrose«, des sog. Empyreums, zuteil, die neunte und höchste Sphäre, wo Beatrice ihn verlässt, um selbst wieder in die »Himmelsrose« zurückzukehren, »wo ihrer Liebe ewige Stätte ist« und wo sie ihr vollendetes Leben lebt, der himmlische Thronbereich, »den ihr Verdienst ihr zugewiesen hat« (XXX–XXXI). Sie wird nun vom hl. Bernhard von Clairvaux vertreten, der nun Dante zum Thron Mariae führt und ihm das Mysterium der »Himmelsrose« deutet (XXXI, 100 ff.). Bernhard spricht ein Gebet zur Jungfrau Maria:

»*Vergine Madre, figlia del tuo Figlio*«:
»*Jungfrau und Mutter, Tochter deines Sohnes,*
Demütigstes und hehrstes aller Wesen,
Vorauserkorenes Ziel des ewigen Thrones,
Du bists, durch deren Adel einst genesen
Die Menschheit, weil ihr Schöpfer nicht verschmähte,
Sich selbst zum Geschöpfe zu erlesen.
Es war dein Schoß zum flammenden Geräte
Der Liebe, deren Glut im ewigen Frieden
Die Blume hier entfaltete und säte.
...
In dir lebt Mitgefühl, in dir lebt Güte,
In dir Großmut, in dir vereint sich milde,
Was je an Adel ein Geschöpf durchglühte«.

Dann bittet Bernhard für seinen Schützling am Schluss des Lobpreises:

»*Noch bitte ich, Königin, dich, der dir geschehen*
Dein Wille muß, gesund ihm zu erhalten
Die Neigungen fortan nach solchem Sehen.
Dein Schutz besiegt in ihm all-irdisches Walten!
Sieh Beatricen samt den seligen Scharen
Für mein Gebet zu dir die Hände falten.« (XXXIII, 1–9.19–21.34–39)

Am Ziel der Wanderung beginnt der Wanderer in der strahlenden Lichtfülle etwas vom Mysterium des trinitarischen Gottes zu erahnen, und bricht in den staunenden Ausruf aus:

»*O luce eterna, che sola in te sidi,*
sola t'intendi, e da te intelletta
ed intendente te ami e arridi!«

»*O ewiges Licht! Ruhvoll in dir bestehend;*
Nur dir verständlich und, von dir verstanden
Verstehend, lächelst du dir, Liebe wehend!« (XXXIII, 124–126)

Gottes Wesen aber wird am Ende des Paradiso mit den Worten umschrieben: »L'amor che muove il sole e l'altre stelle« – »die Liebe, die die Sonne und alle anderen Sterne bewegt« (XXX,145). Damit endet die »Divina Commedia«.[48]

Dieses zeitlose epische Gedicht mit all seiner Ausdruckskraft und Schönheit, mit dem Panoptikum der Schicksale der conditio humana, der Breite der Gefühle und der Tiefe der Gedanken, steht nicht nur am Beginn der italienischen Literatur, sondern mit all seiner metapoetischen Reflexionskraft auch an der Schwelle zur Neuzeit.

7. Die schmerzvoll-beseligende Liebe: Francesco (Pietro) Petrarca

Petrarca (1304–1374), die zweite große Dichterstimme der Frührenaissance in Italien, und Meister italienischer Sprachkunst in Sonett, Madrigal, Canzone, wächst in der Atmosphäre der Päpstlichen Residenzstadt Avignon während der Zeit der »Babylonischen Gefangenschaft« der Kirche auf. Dort war sein aus Florenz verbannter Vater Petrasso als Jurist tätig. Es ist die Provence, das Land der Troubadour-Dichtung, die er auf seine Weise zu ihrer Vollendung führt.[49] In Avignon empfängt er die niederen Weihen, Papst Clemens VI. verleiht ihm ein Kanonikat, und im Haus des ihm in Freundschaft verbundenen Kardinals Giovanni Colonna, eröffnet sich ihm die Welt der klassischen lateinischen Antike. Ganz im Sinne Quintilians – optime iudicant aures – das Ohr ist der beste Richter – zelebriert er die Sprachmelodie der Wörter und lässt z. B. die Tränen regnen und die Seufzerwinde wehen (Sonett Nr. 17). Sein »Canzoniere«, das »Buch der Lieder«, ist das lyrische Tagebuch und Bekenntnisbuch seiner schmerzhaften Liebe zu Laura de Sade, um die sich sein ganzes seelisches und dichterisches Leben bewegt. Er besingt sie in seinem Werk »Rerum vulgarium fragmenta«, »Bruchstücke muttersprachlicher Dinge«, seinen Gesängen der Liebe. In einem Lebensrückblick spricht er sich über seine Leiden schaffende Leidenschaft aus: »In meiner Jugend ertrug ich die Qualen einer höchst unbezähmbaren, aber edlen und einzigen Liebe; und ich würde sie noch länger ertragen haben, wenn nicht ein bitterer, aber heilsamer Tod das Feuer endlich gelöscht hätte, das schon sanfter zu werden begann … Lauras Tugend war es,

---

[48] Vgl. M. Bambeck, Studien zu Dantes Paradiso, 1979; P. Boyde, Dante. Philomythes and Philosopher. Man in the Cosmos, 1981; Zu allen Einzelheiten der Bibliographie und der Problemstellungen vgl. den Kommentar zur »Göttlichen Komödie« v. H. Gmelin, 3 Bde., 1954–57.
[49] Vgl. L. Russo, Il »Canzoniere« del Petrarca, 1949; F. Montanari, Studi sul »Canzoniere« del Petrarca, 1958; P. Hainsworth, Petrarca the Poet: An Introduction to the »Rerum vulgarium fragmenta«, 1988.

X Sensorisches und Imaginatives – Weisen der Vergeistigung der Liebe

die ich liebte, die nicht erloschen ist; daher war mein Sinn nicht auf Sterbliches gerichtet, sondern auf ihre unsterbliche Seele, auf ihren Anstand; deren Beispiel mich lehrte, wie die Bewohner des Himmels zu leben. In meiner Liebe war nichts gemein, nichts unanständig, nichts sträflich, es sei denn ihr Übermaß ...«. Ihr war er, nach seinen eigenen Angabe, zum ersten Mal am 6. April 1327, einem Karfreitag, in der Clarakirche zu Avignon begegnet. Sie hatte in ihm das Feuer individueller Passion entfacht, eine Passion zwischen irdischer Leidenschaft und himmlischer Vergeistigung. Er wird sie zum Idol seines Lebens – wie Dante seine Beatrice – erheben und im Rückblick von den »Qualen einer höchst unbezähmbaren, aber edlen und einzigen Liebe« sprechen, auf deren Antlitz er den Widerschein »göttlicher Schönheit aufleuchten« sieht, um seinen Blick zu den »himmlischen Dingen« zu wenden. Laura wird zur Chiffre seiner Dichtung, die sich über einen 35jährigen Zeitraum erstreckt[50] und sich zweiteilt in die Lebenszeit Lauras (In vita di Madonna Laura), und als sie 21jährig am 6. April 1348 stirbt, ihren Entzug durch den Tod (In morte di Madonna Laura). Das einleitende Sonett bildet Auftakt und Geleit des »Canzoniere«:

»*Ihr, die ihr hört der flüchtgen Reime Klingen,*
Mit denen ich der Jugend Seufzer nährte,
Die ich gehegt, seit Minne mich versehrte,
Als wilder war mein kühnes Vorwärtsdringen:

Wer je empfand der Liebe süße Schlingen,
Den Schmerz, die Hoffnung, die so lange währte,
Wofern er nicht von allzu bitterer Härte –
Wird mir verzeihn mein armes, schwaches Singen ...«

Die Geschichte dieser Liebe zu Laura als unglücklich beseligende Liebe wird mit dem Namen »Laura« als Lorbeer (lauro, griech. daphne = Lorbeer), dem Gott Apollon heilig, umspielt. Erinnert wird an die Apollon-Daphne-Sage und die Liebe Apollons zur schönen, jungfräulichen Nymphe Daphne, die er begehrt, ihr nachstellt und die auf ihr flehentliches Bitten von ihrem Vater und Flussgott Peneios in einen immergrünen Lorbeerbaum verwandelt wird.[51] Die antike Ehrung durch den Kranz aus Lorbeer wird 1341 an Petrarca erneuert, der ihn am Kapitol in Rom als »lorbeergekrönter Dichter« (poeta laureatus) erhielt. Petrarca umspielt Lauras Namen aber auch mit dem Wort »Gold« (l'auro, l'oro, aureo), dem mit dem Göttlichen und der Sonne verbundenen Metall, als dem wertvollsten Geheimnis der Erde. Fer-

---

[50] Vgl. W. Handschin, Petrarca als Gestalt der Historiographie, 1964; E. Kessler, Petrarca und die Geschichte, 1978.
[51] Ovid, Met. 1, 452 ff.; Hyginus, Fab. 203; vgl. Pausanias 8, 20, 2 ff.; W. Stechow, Apollo und Daphne, 1926, 64 f. Der immergrüne Lorbeer war auch den Vestalischen Jungfrauen geweiht und stand ferner für Unsterblichkeit und Ewigkeit.

ner zieht er auch die Verbindung hin zur »Morgenröte« (l'aurora), die sich jeden Morgen von ihrem Lager erhebt, um den Menschen das Tageslicht zu bringen und deren Tränen als Tau auf die Erde herabfallen. Petrarcas Liebe zu Laura durchmisst alle Stationen eines Innenlebens und ist die Niederschrift der Seelenregungen eines Liebenden: begegnendes Finden, Liebeswerbung, Sehnsucht des Liebenden und Verzweiflung ob der Unerfüllbarkeit, dann Zerreißung der Bande durch den Tod der Geliebten und unsäglicher Schmerz. Sein Buch der Lieder, die »Canzoniere«, besingen in der die italienischen Volkssprache, im Stil der Troubadours und des »Dolce stil novo« diese Liebe zu Laura in 317 Sonetten, 29 Canzonen, 9 Sestinen, 4 Balladen und 4 Madrigalen. Petrarca wird so zum Vorbild der abendländischen Liebesdichtung für die folgenden Jahrhunderte und all ihre introspektiven Sichtweisen. Er war siebzehn Jahre alt, als man Dante in Ravenna zu Grabe getragen hatte. Im Sinne des »Dolce stil nuovo« wählte er sich Laura zur Herrin seiner Seele, um diese Liebe in halb somnambuler Verehrung und in halb vergeistigt platonischer Neigung zu besingen:

»Ich brenne und schmachte, was sich auch begebe;
In Lauras Macht steht, was ich war und ward.«

Die Sonette, die er kunstvoll in vier streng gegliederte Teile zu vierzehn Zeilen formt, schwingen in einem Aufgesang auf und klingen in einem Abgesang ab, um darin all die großen Gefühle einzufangen. Das lyrische Ich, das sich darin aussagt mit all den Spannungen, die es durchmisst, im Streit und Frieden, in Feuer und Eis (Sonett Nr. 134), schreit ohne Zunge und sieht ohne Augen, ist in Tränen und im Lachen und nennt den Grund, der das vielverwirrte Herz durchtobt: »In questo stato son, Donna, per vui« (»In diesem Zustand bin, Herrin, ich durch Euch«). Die real empfundene Liebesqual und der Liebesschmerz löst ihm die Zunge zum Lied, wie es im Sonett Nr. 23 heißt: »Cantando il duol si disacerba« (»Durch Singen entbittert sich das Leid«). Bilder und Metaphern aus der Natur, aus dem bloß Naturhaften gelöst, dienen dazu, der Seelenlandschaft die Farben zu leihen. Der Metapher des Wegs und der Wanderschaft ist das Thema der Sehnsucht eingezeichnet, die das mühevolle Unterwegs zur fernen Geliebten zum Ausdruck bringen will. So Sonett Nr. 35: Immer wieder entzieht sich das ferne, unerreichbare, engelgleiche Wesen (donna angelicata) dem Liebeswerben – wie in der provenzalischen Troubadour-Dichtung.

Die Form des »Canzoniere« fand dann im 16. Jahrhundert ein enormes literarisches Echo und wurde zu einer festgefügten Stilform in der Liebesdichtung. Zu dieser Wirkungsgeschichte gehört ein normierter Formel- und Formenkanon, der sog. »Petrarkismus«.[52] Petrarca rückte das menschliche

---

[52] Zur schematischen Aufzählung ihrer zahlreichen Vertretet gehören z. B. in Italien

Subjekt in die Mitte, und zwar handelnd und leidend im Experiment des Lebens und suchte es subtil zu ergründen. Sein poetisches Ich analysierte die Liebeskrankheit und erlebte dabei seine Individualität in ihrer Einmaligkeit und Fraglichkeit.

In seiner allegorisch-didaktischen Dichtung »Trionfi«,[53] in der formalen Gestalt der Terzinen, erzählt Petrarca seine eigene Seelengeschichte und damit auch die der Menschen. Die bildende Kunst des 15. und 16. Jh.s hat daraus viel Inspiration geschöpft. Am 6. April, dem Jahrestag der in Petrarca entzündeten Liebe zu Laura, lässt er, wie in den Triumphzügen des antiken Rom, sechs allegorische Sieger vor dem geistigen Auge des Dichters vorbeiziehen. Angeführt wird der Triumphzug durch die Liebe: Triumphus Cupidinis, er und Laura, aber auch ihre Opfer; dem folgt der Triumphus Pudicitiae, der Triumph der Keuschheit, Repräsentantin und triumphierende Siegerin der Haltung; dann der Triumphus Mortis, der Triumph des Todes, der ihm Laura entrissen hatte. Der Dichter singt dabei seine vollendetsten Verse und verwandelt darin seine Todesfurcht, seine »zögernden Schritte« in ein Annehmen, in ein »süßes Entschlafen«. Im Triumph des Ruhmes (Triumphus Famae) führt er in drei Kapiteln berühmte Persönlichkeiten aus der Geschichte vor, die durch ihre Ruhmestaten den Tod besiegt haben. Der Triumph der Zeit (Triumphus Temporis) aber zeigt, wie ihr erbarmungsloses Verrinnen den Ruhm zerstört. Am Ende steht der Triumph der Ewigkeit (Triumphus Aeternitatis), die als Siegerin über alles Seiende triumphiert. An Hand einer Sequenz von Gestalten aus der Geschichte oder aus mythischen Erzählungen hatte Petrarca gezeigt, wie die Liebe Siegerin ist über die Menschen, und wie die Keuschheit über die Liebe triumphiert, der Tod über die Keuschheit, der Ruhm über den Tod, die Zeit über den Ruhm und die selige Ewigkeit über die schwindende Zeit. Hineingezeichnet aber ist die Apotheose der Liebe zu Laura.

T. Tasso, P. Bembo, G. Marino u.a., in Spanien L. de Góngora y Argotes, in Frankreich P. de Rosnard und die Pleiade, in England W. Shakespeare und in Deutschland M. Opitz.
[53] Vgl. A. S. Bernardo, Petrarca, Laura and the »Triumphs«; E. Müller-Bochat, Der allegorische Triumphzug. Ein Motiv Petrarcas bei Lope de Vega und Rubens, 1957; E. H. Wilkins, The First Two Triumphs of Petrarch. In: Italica 40 (1963) 7-17.

XI
Mythische Liebe:
Gott-Leiden und Gott-Lieben in der
»Rheinischen Mystik«
(Eckhart, Tauler, Seuse, Ruusbroec)

Die unter dem geographischen Namen gefasste sog. »Rheinische Mystik«, jener Wirkfaden des Rheins von Basel bis zu den Niederlanden, umfasst vor allem das Dreigestirn der deutschen Mystik, Meister Eckhart, als deren »Auge«, Johannes Tauler, als deren »Mund« und Heinrich Seuse (Suso) als deren »Herz«. Hinzu kommt der »doctor ecstaticus« genannte Niederländer Jan van Ruusbroec mit der Herzenshingabe als »Brautfahrt Christi«. Sie alle stehen im geistigen Nachklang Alberts des Großen (um 1200–1280), der im Jahre der Grundsteinlegung des Kölner Doms an der Ordenshochschule der Dominikaner in Köln lehrte. Sein Schüler war dort Thomas von Aquin. Den Höhepunkt seiner mystischen Gottinnigkeit des Menschen bildete für ihn die Gottesliebe, durch die der Mensch die Gotteskindschaft erhält und Gott in ihm offenbar wird. Es handelt sich um die Unmittelbarkeit spiritueller Erfahrung, die sich dem »leicht gesagten Worte« (Ina Seidel) gegenüber versagt und den Menschen in der Tiefe seines Wesens ergreift als innerliche und einende Begegnung mit dem heiligen Geheimnis schlechthin, der Unendlichkeit Gottes als der begründende Grund von allem.

Die mystische Prämisse: In seiner Erkenntnislehre sah schon Plotin die Seele zweigeteilt in die »von unten« bestimmte Form der Wahrnehmung und die von dem »von oben« bestimmten Geist mit der in der Mitte stehenden Verstandeserkenntnis (diánoia). Im Erkenntnisprozess mit der Grundstruktur der Selbsterkenntnis reflektiert der Verstand in einer Rückwendung auf sich (epistrophê) seine eigene Natur und vollzieht einerseits eine aufsteigende Bewegung durch Entsinnlichung und Entkörperlichung (negativer Aspekt) und andererseits eine fortschreitende Einheit mit sich selbst, zur Selbsteinheit, als unmittelbares Selbstsehen und Beisichsein (positiver Aspekt). In solcher Selbsteinheit kann er so auf ekstatische Weise ans Ziel aller Erkenntnis gelangen, zur Wahrheit des Einen.[1] In solchem Einswerden mit »dem Einen« sah Plotin die höchste Stufe der Erkenntnis, und da für ihn Erkenntnis zur Prämisse die Gleichheit des Erkennenden mit dem Erkannten

---

[1] Plotin, Enn. V, 3, 4,8 f.; 9,3; 6.40; 1,4; 8,21 ff.; 8,4.5.6.9.

hat,² verzichtet die Seele, die das Eine erkennt, auf jede Diskursivität des Denkens, um mit dem gegenwärtigen Einen Eins zu werden wie Liebende.³ Dieser Zustand übersteigt die begriffliche Fassung und ist ein ent- und verzücktes Schauen, ein Einfachgewordensein in Selbstgabe und ein Zur-Ruhe-Kommen.⁴ Jamblichos, (um 280–330 n. Chr.), Schüler des Plotinschülers Porphyrios und Begründer einer synkretistischen neuplatonischen Schule, spricht von »einer göttlich machenden Einigung«⁵ (theourgikê henôsis), und Proklos (412–485 n. Chr.), der wichtigste Vertreter des Neuplatonismus, dass wir durch das Eine in uns mit dem Göttlichen vereint werden,⁶ so dass Ps.-Dionysius Areopagita den Gedanken dahin ausführt, es sei die Kraft, »durch die wir mit dem Unaussprechlichen und Unerkennbaren vereinigt werden (synaptómetha) gemäß der Einigung (henôsis), die unsere logische und geistige Kraft und Tätigkeit übersteigt«.⁷ Einigung bedeutet ganz aus sich Heraustreten in das Göttliche hinein, vermittelt durch Unkenntnis, in der die göttlichste Erkenntnis Gottes⁸ sich ereignet.

1. Liebe als Einssein in dem ›geminnten‹ Einen: Meister Eckharts Erkenntnismystik und intellektuelle Seligkeit

Meister Eckharts (um 1260–1328) Leben und Wirken fällt in eine Zeit der großen Krisen, aber auch der religiösen Aufbrüche und geistigen Auseinandersetzungen seiner Zeit. Er wird in die Zeit des kaiserlichen Interregnums (1256–1273) hineingeboren und erlebt noch die erste Zeit des Exils der Päpste in Avignon (1309–1377). Es ist die aufgewühlte Zeit der Auseinandersetzung zwischen dem städtischen Großbürgertum und den Handwerkern, die Zeit des machtpolitischen Ringens zwischen Kirche und Reich mit all den Interdikten und der Verhängung des Kirchenbanns. Zugleich aber ist es auch die Zeit der beiden großen Bettelorden, der Franziskaner und Dominikaner sowie anderer neuer religiöser Gemeinschaften, Erweckungs- und Frömmigkeitsbewegungen, z. B. der Katharer, Waldenser,

---

² Plotin, Enn. IV, 5, 8; I, 6, 9.
³ Ders., Enn. VI, 7, 34 f.
⁴ Ders., Enn. VI, 9, 10 f.
⁵ Jamblichos, De myst. 2,11.
⁶ Proklus, In Alcib. III, 103 f.
⁷ Ps.–Dionysius Areop., De div. nom. I,1; MPG 3, 585b – 586a; ähnlich VII, 1 und 3. MPG 3, 865c. 872a.
⁸ Ders., VII,1. MPG 3, 865d. Dionysius Cartusianus deutet den Areopagiten dahin, dieser rede von einer »cognitio seu contemplatio dei ... per unionem mentis cum eo supermentalem, secretissima, sommuni generi hominum prorsus ignotam« (In De div. nom. VII, art. 77, Opera 16, 1902, 260a–b.

der Brüder des Geistes der Freiheit, der Adamiter, Pikarden und Luciferianer, der Lollarden und Brüder des Heiligen Geistes sowie der »Armen Christi«.

Inmitten all dieser weitverzweigten Bewegungen macht Meister Eckhart das »innere Reich« des Menschen zum Lebensthema und weiß sich selbst als »Lebemeister«, der zu einem Leben in Gott und aus Gott anleiten und führen will, gegenüber den bloßen »Lesemeistern«, die mit ihren Gedanken und Ideen nur einen »gedachten Gott« den Menschen ein-bilden. »Ein Lebemeister ist mehr denn tausend Lesemeister«. Mit seinem poetischen und manchmal ans Nihilistische rührenden Sprach-Denken, den Wortfindungen und dem Wortüberschwang, steht er inmitten des intellektuellen Streitfeldes zwischen Thomismus und Skotismus.[9] In seinem spekulativen Denken stützt Eckhart sich auf den spätantiken und mittelalterlichen Neuplatonismus, auf Proklus, auf Ps.-Hermes Trismegistos und dessen »Buch der 24 Weisen«, auf Ps. Dionysius Areopagita[10] sowie auf den Neuplatonismus der »Schule von Chartres«.[11] Sie suchen die Differenz der beiden im Neuplatonismus geschiedenen Prinzipien, den Geist und das transzendente Eine ineins zu denken. In der philosophischen Fakultät der Pariser »Artisten« aber hatte der »linke« pantheistische Aristotelismus und Averroismus seine Heimstatt. Im Intellektualismus seines Denkens unterscheidet Eckhart zwischen einer »Abenderkenntnis«, der cognitio vespertina, die sich den natürlichen Dingen zuwendet, und einer »Morgenerkenntnis«, der cognitio matutina, jener höchsten Erkenntnisweise, die die kreatürlichen Dinge in Gott sieht, wo alles »ein« und alles »Eins« ist. Ihr gilt die ganze Liebe. Dominikanermönch wie Albert der Große und dessen Schüler Thomas von Aquin, suchte Eck-

---

[9] Vgl. B. Welte, Meister Eckhart, 1979; A. Dempf, Meister Eckhart, ²1960; B. Mojsisch, Meister Eckhart: Analogie, Univozität und Einheit, 1983; K. Ruh, Meister Eckhart, 1985; L. Sturlese, Meister Eckhart, 1993; K. Ruh, Meister Eckhart. Theologe-Prediger-Mystiker, 1985.

[10] Ps.-Dionysius Areopagita stand ganz in dern neuplatonischen Tradition eines Plotin und Proklos, bei denen Gott als »das Eine« (hen) schlechthin vor aller Vielheit gedacht wurde, das auch vor der Zweiheit von Betrachtendem und Betrachtetem steht, ganz in Sinne der späteren Schule Alberts des Großen, der diese Gedanken belebt hatte. Dahinter stand die platonische Gleichsetzung von »sein« = = das, was seinem Begriff volladäquat ist, = wahres Sein, = bleibendes Sein, ein Gedanke, den Meister Eckhart »Deus est esse« dahin aufgreift, dass unter »esse« das Erkennen als Grundlage des Seins zu verstehen sei. Vgl. Meister Eckhart, Quaest. Paris., Utrum in deo ..., n. 4. Lat. Werke (Hg.) J. Koch, 5,40; R. Manstetten, Esse est Deus, 1993; K. Albert, Meister Eckharts These zum Sein, 1976; R. Imbach, Deus est intelligere, 1976.

[11] Kennzeichnend für die Kathedralschule von Chartres, die das geistige Leben des 12. Jh.s bestimmte, war der Bezug und die Fruchtbarmachung antiker Autoren für die Theologie. So ist z.B. die Trinitätslehre des Thierry von Chartres, der zwischen 1130 und 1140 dort Lehrer war, durch die neuplatonische Frage nach dem Verhältnis von Einem und Vielem bestimmt. Vgl. E. Jeauneau, Lectio philosophorum. Recherches sur l'École de Chartres, 1973.

hart das lateinische Denken der theologischen Intelligenz seiner Zeit einzudeutschen. Sein sprachschöpferisches Ingenium greift zu den Mitteln der Paradoxie, der Hyperbel, der Antithese, der Verbindung und dem Zusammenklang der Gegensätze von Ja und Nein, Position und Negation. Damit stilisiert er sich so zu einem kirchenpolitischen »Fall« innerhalb der intellektuellen Hochmystik seiner Zeit, und wird zu einer tragischen Gestalt, der der Prozess gemacht wird.

Hatte Gottfried von Straßburg in seinem Epos »Tristan und Isolde« zwei Liebende in ihr inneres Reich der Herzensliebe und zum Einswerden geführt, so sucht der große Denker, Prediger und Ordensmann Meister Eckhart seine Mitmenschen, die »ebenchristen«, in das »Innere Reich« der liebenden Verbindung der Seele mit Gott führen. »Gnade ist ein Einwohnen und ein Mitwohnen der Seele mit Gott«, schreibt er und »jedermann kann durch sie Freund und Sohn Gottes werden, denn ›Sohn ist, wer liebt‹«. In einem freien Wortspiel leitet er das Sohnsein, lateinisch »filius«, von dem griechischen Wort für »Liebe«, »philia« ab. Eckharts Predigten (ungefähr 150)[12] und Traktate zielen darauf, das geistliche Leben als Erfahrung und Verwirklichung der Einheit mit Gott zu begründen und zwar unter dem Aspekt der »Abgeschiedenheit« (abgescheidenheit). In einer programmatischen Predigt entfaltet er diese als Leersein von allen Dingen nach Möglichkeit, um offen zu werden für alles. Der Mensch soll sich von seiner »Eigenschaft« (Ich-Bindung) lösen, ein »armer Mensch« werden, der »nichts weiß, nichts will, nichts hat«, um in solchem »Abscheiden« frei zu werden von seiner inneren Bindung an sich selbst und an alle Dinge, selbst von seinem Wissen, seinem Bild von Gott und seinem Verlagen nach ewiger Seligkeit. In seiner Predigt »Von der Abgeschiedenheit und vom Gott-Haben« legt Eckhart dies dar, dass die mystische Einsamkeit, die »Abgeschiedenheit«, nicht nur die höchste Möglichkeit des Menschen sei, sondern auch zum Wesen Gottes gehört. Ein solcher Mensch innerer Einsamkeit hat »Gott in Wahrheit bei sich; wer aber Gott recht so in Wahrheit hat, der hat ihn an allen Orten«, ... »einen solchen Menschen kann nichts beirren«. Und auf die selbstgestellte Frage »Warum?«, führt Eckhart aus:

»Da hat er Gott allein und meint allein Gott, und alle Dinge werden ihm lauter Gott. Dieser Mensch trägt Gott in alle seine Werke und an alle Orte, und eines solchen Menschen ganzes Tun wirkt schlechthin Gott; denn wer das Werk verursacht, dessen ist das Werk eigentlicher und wahrhafter denn dessen, der es vollbringt. ... So mag auch jener Mensch von nichts beirrt werden, denn er meint und sucht und lässt sich nichts genügen als nur Gott, der ja mit diesem Menschen durch seine Meinung sich einigt. Und wie Gott von keiner Mannigfaltigkeit zerstreut werden kann, so kann

---

[12] Meister Eckhart, Deutsche Predigten und Traktate, Auswahl und Übersetzung: J. Quint, 1963.

auch diesen Menschen nichts zerstreuen noch vermannigfaltigen, denn er ist eins in dem Einen, wo alle Mannigfaltigkeit Einheit ist und Unmannigfaltigkeit.«

Und weiter: »Der Mensch soll Gott erleben in allen Dingen und soll sein Gemüt gewöhnen, dass er allzeit Gott gegenwärtig habe in seinem Sinne, in Meinung und Minne.« Und auf die Frage, wie man Gott wirklich haben kann, antwortet Eckhart:

»Dieses wahre Gott-Haben ist am Gemüte gelegen und an einer innigen und bewussten Hinwendung und Streben zu Gott ... Man soll einen wesenhaften Gott haben, der hoch über den Gedanken der Menschen ist und aller Kreatur ... Wer Gott so im Wesen innehat, der erfasst ihn göttlich, und dem leuchtet er in allen Dingen; denn alle Dinge kommen ihm dann göttlich vor, und aus allen erbildet sich ihm Gott. In ihm hat allezeit Gott die Augen offen, in ihm begibt sich eine stille Abkehr vom Äußeren und ein Eindringen des geminneten gegenwärtigen Gottes.«

Der so Einsame und Liebende findet das Bild des Einen in sich selbst und »es ist ihm umso lebhafter zugegen, je mehr die Liebe tief und tiefer wird«. Dazu bedarf es des Lernens »eines innerlichen Einsamseins«, d. h. »er muss lernen die Dinge zu durchbrechen und seinen Gott darinnen erfassen und ihn kräftiglich können in sich gestalten zu einem innebleibenden Bilde«. Und Eckhart lässt seine Predigt appellativ ausklingen mit den Worten:

»Also soll der Mensch von Gottes Gegenwart durchdringen, soll mit der Form seines geliebten Gottes durchformt und in ihr eingewest sein, dass ihm seine Gegenwärtigkeit leuchtet ohne alle Bemühung, und dass er die Dinge in ihrer wahren Gestalt erkennt und ihrer gänzlich ledig bleibe. Dahin aber muss er gelangen zuvörderst durch ein Drandenken und ein bewusstes Einprägen, wie der Schüler zu seiner Kunst«.[13]

Bei all dem geht es um eine Überwindung der Ichbefangenheit, um eine Entselbstung, um so dem Göttlichen konform zu werden. In dieser Entwerdung des eigenen Denkens und Fühlens, ein Kampf gegen den Zirkel der Subjektivität, sagt Eckhart: »Diese Eigene sollen wir damit erwerben, dass wir hier (in dieser Welt) ohne jede »eigenschaft« in Bezug auf uns selbst leben«.[14] So ist »Abgeschiedenheit« bei Eckhart der mystische Weg der Liebe zu Gott und zugleich dessen Ziel, als höchste Form der Liebe, denn sie sistiert jeden Bezug auf die kreatürlichen Dinge und repräsentiert einen aus Gott eigenen Zustand.[15] Der so von allem Geschöpflichen frei gewordene Mensch transzen-

---

[13] Meister Eckhart, Deutsche Werke, (Hg.) J. Quint 5, 1963, 412f.
[14] Meister Eckhart, Predigten, Hg. J. Quint, 1, 298; Vgl. J. Quint, Mystik und Sprache, Dt. Vjschr. Lit. Wiss. 27 (1953) 48–76; A. M. Haas, Nim dîn selbst war. Studien zur Lehre von der Selbsterkenntnis bei Meister Eckhart, Johannes Tauler und Heinrich Seuse, in: Dokimion, Zs. Philos. u. Theol. 3 (1971).
[15] Vgl. »Von abgeschiedenheit«, in: Meister Eckehart, Deutsche Werke, Hg. J. Quint, 5, 1963, 377–468. Vgl. J. Quint, Anmerkungen und Übersetzungen, in: Meister Eckhart, Deutsche Werke 5, 1963.

XI Gott-Leiden und Gott-Lieben in der »Rheinischen Mystik«

diert alles Habenwollen für sich, aber auch von Gott, und ist so auch seiner Zeitlichkeit entnommen. Widmet sich der äußere Mensch den Angelegenheiten seiner Alltagswelt, so der innere Mensch seiner Abgeschiedenheit als Leersein und »Armut im Geist« (Mt 5,3). Es ist ein Einförmigwerden mit dem Einförmigen. Die »eigenschaft« (Ich-Bindung) des Menschen aber verdeckt diesen transpersonalen Grund der Seele, so dass er durch »Abgeschiedenheit« und im »Durchbrechen« auf einem Weg der Reinigung erlangt wird. Wie das Brot im Sakrament des Abendmahles in Christi Leib verwandelt wird, so auch der Mensch am Ende seines Weges in Gott zur »Gottessohnschaft«, so dass für den so Verwandelten Gott kein »Herr« mehr ist als das Gegenüber, dem man den Dienst zollt, sondern die Trennung von Gott und Menschengeschöpf ist irrelevant geworden. Eckhart sagt: »Darum bitte ich Gott, dass er mich Gottes ledig mache, denn mein wesentliches Sein ist oberhalb von Gott, sofern wir Gott als den Ursprung der Kreaturen fassen«.

In seinen zwischen 1294 und 1327 entstandenen »Deutschen Predigten und Traktaten« spricht Eckhart als »Lebemeister«[16] über ein auf Gott gerichtetes Leben mit der Erfahrung und Verwirklichung der Einheit mit ihm. Diese lebenslange Grundabsicht seines Predigens drückt er selbst in den Worten aus: »Wenn ich predige, so pflege ich zu predigen von Abgeschiedenheit (abgescheidenheit) und dass der Mensch ledig werden soll seiner selbst und aller Dinge. Zum zweiten, dass man wieder eingebildet werden soll in das einfaltige Gut, das Gott ist. Zum dritten, dass man des großen Adels gedenken soll, den Gott in die Seele gelegt hat, auf dass der Mensch damit auf wunderbare Weise zu Gott komme. Zum vierten von der Lauterkeit göttlicher Natur – welcher Glanz in göttlicher Natur sei, das ist unaussprechlich«.[17] In diesen seinen Predigt-Spekulationen wird das Eine in Allem und Alles in Einem bedacht und die Vereinigung mit dem Einen, der »wesenlosen Gottheit«, die den »Gottes«-Begriff selbst transzendiert. In einer Art Erkenntnismystik und intellektueller Seligkeit sucht Eckhart den spirituellen Weg zum »Ursprung«, zum innersten Wesen der Gottheit zu bahnen: »Davon bin ich allein selig, dass Gott vernünftig ist und ich das erkenne«, eine Seligkeit, die im Erkennen und Verstehen die Gottförmigkeit des Menschen sieht. Zum Grundbestand der Eckhartschen Mystik gehört die Predigt über den Besuch Jesu im Haus der Martha, (Lk 10,38–40) von der Empfängnis Gottes in der Seele, in der das Höchste und Letzte über die Einigung des schlechthin einfaltigen Seelengrundes mit dem schlechthin einfaltigen Grunde der Gottheit als Sohnesgeburt in der Seele sich vollzieht. Er lässt seine Predigt mit den Worten ausklingen:

---

[16] Meister Eckhart der Prediger. Festschrift zum Eckhart-Gedenkjahr. Hg. im Auftrag der Dominikaner-Provinz Teutonia von U. M. Nix u. R. Öchslin, 1960.
[17] Meister Eckhart, Die deutschen Werke, (Hg.) J. Quint, 1968, Bd. 2, 528,5 ff.

> *»Seht: sofern er nun eins ist und einfach, so kommt er in das Eine, welches ich heiße eine Burg in der Seele, und anders kommt er auf keine Weise da hin. So indessen kommt er hinein und ist hierinnen. Mit diesem Teile ist die Seele Gott gleich und anders nicht. ... Dass wir in diesem Sinne eine ›Burg‹ Jesus ›aufgehe‹ und empfangen werde und ewig in uns bleibe in der Weise, wie ich es gesagt habe, dazu helfe uns Gott! Amen.«*[18]

Martha setzt ihre innere Erfahrung in tätige Liebe um. Abgeschiedenheit aber hat zur Seite das tätige Leben Martas (Lk 10,38–40) inmitten der Welt und ihrem Alltag. »Dass der Mensch ein ruhiges Leben hat, das ist gut; dass der Mensch ein mühevolles Leben mit Geduld ertrage, das ist besser; aber dass man Ruhe habe im mühevollen Leben, das ist das Beste«. Und in der Predigt zu Mt 2 mit der Frage der Weisen aus dem Morgenlande: »Wo ist nun der König der Juden?«, gibt Eckhart auf die Frage eine Antwort über das mystische Erkennen:

> *»So also ist dein Unwissen kein Mangel, sondern deine oberste Vollkommenheit, und dein Erleiden ist so dein höchstes Wirken. Und so, in dieser Weise, musst du dich aller deiner Betätigungen entschlagen und alle deine Kräfte zum Schweigen bringen, wenn du wirklich diese Geburt (Gottes) in dir erfahren willst. Willst du den neugeborenen König finden, so musst du alles, was du sonst finden magst, überlaufen und hinter dich werfen.«*[19]

In einer lateinischen Predigt entfaltet er diesen Gedanken:

> *»Der Intellekt ist ja im eigentlichen Sinne Gottes. Gott aber ist einer. Wie viel also an Intellekt oder Denkvermögen ein jedes hat, so viel hat es von Gott, soviel vom Einen und so viel vom Einssein mit Gott. Denn der eine Gott ist Intellekt, und der Intellekt ist der eine Gott. Daher ist Gott niemals und nirgends Gott außer im Intellekt.«*[20]

Dieser Intellektualismus ist wie eine Ouvertüre zum deutschen Idealismus und allen Systemen der »reinen Vernunft« und der »Aufklärung«. Die erkenntnisfähige Seele des Menschen sucht Gott zu denken, in Gott einzugehen, um aus ihm heraus Welt und Mensch zu erfassen.[21] Im Erfassen der Vielheit der Dinge durch die vernünftige Seele bringt diese alles wieder in die Einheit Gottes als ihren Ursprung zurück, denn »Gott ist Einer, das ist der Seele Seligkeit, ihre Zier und ihre Ruhe«. Durch den gott-begreifenden und gott-greifenden Intellekt vollzieht sich eine »Verinnigung« Gottes, in welcher dessen Distanz und Transzendenz überwunden wird. Es geschieht ein mystisches Hereinbergen Gottes in die liebende Seele, die in dieser Eins-

---

[18] Quint, a.a.O. 320.
[19] Quint, a.a.O. 431.
[20] Meister Eckhart, Werke IV, 263 ff., bes. 269 f.
[21] Vgl. W. Beierwaltes, Platonismus und Idealismus, 1972; O. Langer, Mystische Erfahrung und spirituelle Theologie, 1987; A. Haas, Meister Eckhart, in: Geistliches Mittelalter, 1984, 317–337.

werdung ihre gottinnige Erhöhung erfährt. So vollzieht sich die Gottesgeburt in der menschlichen Seele. In der Auslegung des Gottesnamens »Ich bin, der ich bin« im Buch Exodus 3,14 (Lat. Werke II,21 ff.) will Eckhart aufzeigen, wie der große Eine sich aus sich selbst heraus gebiert und überfließt und in »einer Rückwendung des Seins zu sich und auf sich selbst« ganz in sich selbst zurückfließt. Auch den Prologsatz Joh 1,4 (»in ihm war das Leben«) legt Eckhart dahin aus: »Leben bedeutet eine Art Überquellen, wodurch etwas in sich selbst anschwillt und sich zuerst ganz und gar in sich selbst ergießt, jedes Teilchen mit sich selbst durchdringend, bevor es sich ausgießt und überwallt.«

In seinem für Agnes, Tochter Albrechts I. von Österreich und Elisabeths, Königin von Ungarn, verfassten »Buch der göttlichen Tröstung« (mhd.: Daz buoch der goetlîchen troestunge«, auch »Liber benedictus« genannt), entwirft Eckhart eine spekulative Theodizee des leidenden Menschen, des homo patiens. Es liest sich wie eine Antwort auf die Anfechtung Hiobs, des »Angefochtenen«. Vom christlichen Neuplatonismus her gedacht, sieht Eckhart alles Leid aus der Nicht-Einheit mit dem Göttlichen entstehen. Wenn der Mensch sich im Leiden als von Gott getrennt erfährt, ist dies Hinweis auf seine Defizienz, sein Hangen an dem irdisch-raumzeitlichen Begehren und Begrenzt-Sein, also an dem noch nicht »Sohn-Gottes«-Sein. So ist aufs Letzte besehen Leiden ein zu Gott führender Weg, das in solcher Durchschautheit aufhört und sich selbst aufhebt. Alles Leid, ob Krankheit oder Verlust eines Menschen, hat ein notwendiges Moment des Guten bei sich. Es lässt in der Liebe zu Gott das Leidstiftende der Welt in Gott hinein bergen. In solchem Überschritt wird das Leid in einer gottgewollten Positivität gesehen, wobei die »göttliche Tröstung« nicht in der Sistierung des Leidens liegt, sondern in der Erfahrung der Einheit mit dem Ursprung des Leidens. Dazu bedarf es eines Leerwerdens von all den irritierenden Gedanken, Vorstellungen, Ängsten und Begierden, mit einem Wort vom Verhaftetsein an die eigene Subjektivität und Befindlichkeit. Nur in einer solchen Haltung wird die Seele des Menschen offen für Gott und beginnt so, bildlich gesprochen, einem Holzscheit zu gleichen, das im verzehrenden Feuer aller Belange, die Liebe zu Gott nährt und füllt, bis es selbst nur noch lodernde Flamme ist. In solch freiwilliger Annahme wird Leid überwunden und veruneigentlicht. Es vollzieht sich ein Mitwirken des Wirkens Gottes am »inneren Werk« der Seele mit all den Tugenden und guten Werken. Das Leiden erhält eine christologische Tiefe, denn in der freien Annahme des Leidens, nimmt der Leidende Gottes Leiden an, der in seinem Sohn Jesus Christus selbst litt. Er schreibt: »Weil Gottes Sohn ... in der Ewigkeit nicht leiden konnte, darum sandte ihn der himmlische Vater in die Zeit, auf dass er Mensch würde und leiden könnte«. Sein Empfinden für die Unsagbarkeit Gottes, die alles menschliche Begreifen übersteigt, führt zu seinen paradoxen Aussagen, die das logisch Begriffliche sistieren, um im wissenden Unwissen sich gänzlich Gott anheimzugeben.

»*Willst du Gott auf göttliche Weise wissen, so muss dein Wissen zu einem reinen Unwissen und einem Vergessen deiner selbst und aller Kreaturen werden ... Du kannst niemals besser dastehen, als wenn du dich völlig in Finsternis und in Unwissenheit versetztest.*«[22]
»*Darum bitte ich Gott, dass er mich Gottes ledig macht, denn mein wesentliches Sein ist oberhalb von Gott, sofern wir Gott als den Ursprung der Kreaturen fassen.*«[23]

Es ist dies die »Gottesgeburt in der Seele« oder die Epiphanie des Seelengrundes, die sich ereignet, wenn diese ledig wird von allem und sich in das Schweigen ihres eigenen Seins fallen lässt, in das Nichts, in dem sie von ihrem Schöpfer ausgegangen ist.

a. Liebe als »Gelassenheit«

Ausdruck dieser Haltung des »Durchbruchs« oder Rückzug in sich selbst nennt Eckhart »Gelassenheit« (gelâzenheit) oder »Abgeschiedenheit« (abgescheidenheit). Um diesen transpersonalen Grund der Seele »durchbrechen« zu lassen, bedarf es des Weges der Reinigung, um »Abgeschiedenheit«, eine quasisakramentale Wandlung und Verwandlung in Gott zu erlangen, zur Sohnesgeburt, wie Gottes Sohn nach dem nizänischen Credo »eines Wesens mit dem Vater« ist. Gelassenheit, ein zentraler Begriff der Deutschen Mystik,[24] geht auf Meister Eckhart zurück (gelâzen sîn gelâzenheit) und wird in den Reden der Unterweisungen 3 und 21 sowie in seiner 6. Predigt zum Thema. »Deutsche Mystik« bezeichnet jenen relativ einheitlichen mittelhoch-deutschen und mittelniederländischen Sprachraum entlang des Rheins mit den mystischen Tiefenerfahrungen und philosophisch-theologischen Spekulationen. Johannes Tauler wendet sich der »Gelassenheit« in der 26. Predigt zu und Heinrich Seuse in seinem »Büchlein der Wahrheit«. Als Begriff der »Verinnerlichung« ist sie die Frucht des »Lassens« und bildet als eine Hochform der Liebe die Voraussetzung der Mensch-Gott-Beziehung und des rechten Umgangs mit den Dingen der Welt. Zu lassen ist alles, was dem Menschen so gegenübertritt, dass es ihn bindet und fesselt: die Dinge

---

[22] Meister Eckhart: Deutsche Predigten und Traktate, (Hg.) J. Quint, 1969, 433.
[23] Ders., a.a.O. 308.
[24] Vgl. K. Ruh (Hg.), Altdeutsche und Altniederländische Mystik, 1964; D. Mieth, Die Einheit von vita activa und vita contemplativa in den deutschen Predigten und Traktaten Meister Eckharts und bei Johannes Tauler. Untersuchungen zur Struktur des christlichen Lebens, 1969; A. M. Hass, Sermo Mysticus. Studien zu Theologie und Sprache der Deutschen Mystik, 1979; A. M. Haas-H. Stirnimann (Hg.), Das »Einig ein«. Studien zu Theologie und Sprache der Deutschen Mystik, 1980.

der »Welt«, die mitmenschlichen Bande im An-sich-Binden, das Festhalten seiner selbst, ja sogar die Vorstellung Gottes, alles, was den Menschen in eine Unfreiheit hinein bindet gegenüber dem ganz Anderen, dem Urgrund und Ursprung, Gott, in den hinein sich der Mensch ver-lässt.[25] »Hie ist gotes grunt mîn und mîn grunt gotes grunt«[26], der Seelen-Grund, der »grunt« als Abbild des Urbildes Gottes-Grund, das »göttliche Fünklein«, erhaben, rein und lauter als das »aliquid in anima«. Und »Nichts ist so lauter, dass es in der Seele Grund hätte gelangen können als Gott allein«.[27] Der »Ab-Grund der Seele« gleicht Gottes »ewigem Ab-Grund«: »Die sêle nimet ir wesen âne mitel von gote; dar umbe ist got der sêle naeher dan si ir selber sî; dar umbe ist got in dem grunde der sêle mit aller sîner gotheit«.[28] Es ist der Abgrund der Grundlosigkeit Gottes, sein »ohne Warum«.[29] Im Gnadenzustand mystischer Einung sind Seelen-Grund und Gottes-Grund zum augustinischen »Deus interior intimo meo« untrennbar verbunden, »dem Gott ist mir innerlicher als mein Innerstes«. Es geht um »Abgeschiedenheit«, und darin schaut die Seele, sich in ihr eigenes Ich versenkend, in ihrem »grunt« das Bild Gottes wie in einem Spiegel. Im Zustand der »Einung« (einunge) durch göttliche Gnade vollzieht sich eine Wesenseinung. Dieser mystische Zustand der »leid- und freudlosen Gleichmut« ist in der personalen Gottesmystik Voraussetzung höchster mystischer Erleuchtung und Einung.

Das Wort »Gelassenheit« selbst birgt eine Ambivalenz in sich und bedeutet auf der einen Seite den »gelassenen« Menschen, der »sich selbst und alle diese Welt gelassen hat«,[30] und auf der anderen Seite »sich Gott gelassen hat«. Dieses »Sich Gott lassen« fällt dann mit der Gotteinigung zusammen und ist Ausdruck einer großen Liebe. Bei J. Tauler ist der »gelassene« Mensch der gehorsame und leidensbereite, edle und gerechte Mensch, und Christus »vor allen Menschen der Allergelassenste«.[31] Bei H. Seuse ist »Gelassenheit« das »Aufgeben seines freien Willens«, ein »Sich Gott lassen«; und ein »gelassener Mensch muss entbildet werden von der Kreatur, gebildet mit Christo und überbildet mit der Gottheit«.[32] Auch in der »Deutschen

---

[25] Vgl. J. Völker, Gelassenheit. Zur Entstehung des Wortes in der Sprache Meister Eckharts, in: FS W. Mohr, 1972; A. Bundschuh, Die Bedeutung von »gelassen« und die Bedeutung der Gelassenheit in den deutschen Werken Meister Eckharts, 1990.
[26] F. Pfeiffer (Hg.), Deutsche Mystiker des 14. Jh. 2: Meister Eckhart, 1857, 66,2.
[27] Meister Eckhart, Deutsche Predigten und Traktate, hg. u. übers., J. Quint, 1955, 414,8.
[28] a.a.O. 162.
[29] »grunt« oder »abgrunt« bedeutet die Tiefe Gottes, die nur im Seelengrund erfahrbar ist. Vgl. M. Eckhart, Deutsche Werke (Hg. J. Quint) 1, 1958, Predigt 12, 194; Pr. 13, 219; Pr. 15, 253.
[30] Meister Eckhart, Die Rede der Unterscheidung 21, in: Deutsche Werke 5, 1963, 282f.; vgl. Predigt 6. Deutsche Werke 1, 1958, 100.
[31] J. Tauler, Predigt 26. Predigten (Hg.) Vetter, 1910.108, 12–22; Predigt 64, 30f.
[32] H. Seuse, Deutsche Schriften, (Hg.) Bihlmeyer, 1907, ND 1961, 160–170; vgl. Büchlein der Wahrheit Kap. 4, 333 ff.

Theologie«, einer mystischen Schrift vom Ende des 14. Jh.s, dessen Verfasser unbekannt ist,[33] wird der Gedanke der deutschen Mystik mit dem Thema der Gelassenheit zusammengefasst als »Verleugnen seiner selbst« und als Einigung mit Gott in leidendem Gehorsam. In Kap. 46 heißt es: »Wer sich Gott gänzlich lassen will und gehorsam will sein, der muss allen Dingen gelassen und gehorsam sein in leidender Weise«.

Martin Heidegger bestimmt »Gelassenheit« in seiner gleichnamigen Schrift von 1956 als das für den Menschen des technischen Zeitalters Notwendige: »Die Gelassenheit zu den Dingen und die Offenheit für das Geheimnis gehören zusammen ... Sie versprechen uns einen neuen Grund und Boden, auf dem wir innerhalb der technischen Welt, und ungefährdet durch sie, stehen und bestehen können« (a.a.O. 26). Auch ergibt sich die Gelassenheit aus dem Wesen des Denkens, insofern das Denken »die Gelassenheit zur Gegnet, die Entschlossenheit (d.h. das Offensein) zur wesenden Wahrheit« ist (a.a.O. 61). Gelassenheit, die Warten, Ruhe, Weg und Bewegung zugleich ist, ist »das gemäße Verhältnis zur Gegnet«, zum »Öffnenden des Offenen«. Sie besteht darin, dass der Mensch dieser Gegnet zugehört und eingelassen ist und so ein Wartender auf »das verborgene Wesen der Wahrheit« (a.a.O. 61).

Mit dem Begriff »Indifferenz« entfaltet auch Ignatius von Loyola den Begriff der Gelassenheit in seinem Exerzitienbuch als Haltung des grundsätzlichen Offenseins auf die Willenskundgebung Gottes hin. Im Fundament der Exerzitien erstreckt sie sich auf alles Geschaffene als das Gegenüber des Menschen:

»Darum ist es notwendig, uns allen geschaffenen Dingen gegenüber gleichmütig (indifferentes) zu machen ... dergestalt, dass wir von unserer Seite Gesundheit nicht mehr begehren als Krankheit, Reichtum nicht mehr als Armut ..., einzig das ersehnend und erwählend, was uns jeweils mehr zu dem Ziele hin fördert, zu dem wir geschaffen sind.« (Exerzitien Nr. 23)

Solche Indifferenz ist von einer Liebeshaltung getragen, die Paulus in 1 Kor 13 beschreibt und ohne die alles »nichts« wäre (1 Kor 13,3).[34] Johannes von Kreuz aber spricht bei seinem spirituellen Aufstieg zum Berg Karmel von der »aktiven Nacht der Sinne und des Geistes« und von der »Dunklen Nacht«.

---

[33] Vgl. C. Vasaroli, La »Teologia Tedesca«, in: Rivista Critica della Filosofia 8 (1953) 63–80; K. Westendorff, Ist der Verfasser der Theologia Deutsch gefunden?, in: EvTh 16 (1956) 188–192.
[34] Vgl. M. Schneider, Unterscheidung der Geister, ²1987.

b. Liebe und das »ohne Warum«

Bei Meister Eckhart ist das »ohne Warum« das Ziel des mystischen Weges im Sinne der Losgelöstheit alles menschlichen Tuns und Denkens von jeder Ichheit und jedem Eigenwillen als Ausdruck der Selbstbefangenheit des Menschen unter dem Sündenfall. So fordert auch die niederländische Begine Beatrix von Nazareth (gest. 1268) mit dem »ohne Warum« die grundlose, d.h. reine und uneigennützige Gottesliebe: »umsonst, nur mit Liebe, ohne irgendein Warum und ohne irgendeinen Lohn« (»sunder enich waeromme ende sunder eneghen loen«).[35] Meister Eckhart behandelt das »ohne Warum«-Thema in seiner Predigt über 1 Joh 4,9:

»Darin hat sich erwiesen und ist erschienen Gottes Liebe zu uns«. Wer das Leben befragen würde, warum lebst du?, würde dieses antworten: ich lebe darum, dass ich lebe, denn »das Leben lebt aus seinem eigenen Grund heraus und quillt aus seinem Eigenen heraus; darum lebt es ohne Warum in dem, dass es sich selber lebt.«

»Da wo die Kreatur endet, da beginnt Gott zu sein ... dass du lässest Gott Gott in dir sein ... Nun denn, lieber Mensch, ... gehe aus dir selber ganz und gar heraus um Gottes willen, so geht Gott ganz und gar aus sich selber heraus um deinetwillen. Da nun diese zwei (herausgehen): was immer das bleibt, das ist ein einfaches Eines.«

Der Gerechte wirkt daher ohne Warum und ahmt damit Gott nach, der auch kein Warum in sich hat[36] und kein Warum (quare) kennt, sondern selbst das Warum aller und für alles ist.[37] Gottes »ohne Warum« bedeutet darum »um-seiner-selbst-willen-und-frei«-sein (»propter se ipsum, sui gratia, liberum«).[38]

Die Warum-Frage begleitet die Philosophie und Theologie seit eh und je wie Schlehmichls Schatten, der nicht von ihnen weicht, und H. Blumenberg meint, erst die Philosophie habe das »rastlose Nachfragen in die Welt gebracht«, das den Mythos, seiner Auffassung nach, »auflaufen« lässt: »Wer Warum? fragt, ist selber schuld, wenn er durch die Antwort geärgert wird«.[39]

Das »ohne Warum« begegnet immer wieder in der mystischen Literatur und der »Theologia Deutsch« sowie bei Angelus Silesius (1624–1677) in der Spruchform epigrammatischer Alexandriner im berühmten »Cherubinischen Wandersmann«:

---

[35] Beatijs van Nazareth, Seven manieren van minne II, 4–6 (Hg.) L. Reypens u. J. van Mierlo, 1926, 7.
[36] Meister Eckhart, Predigt 41, Deutsche Werke 2, 289, 2-6; vgl. Traktat I,1: Das Buch der göttlichen Tröstungen, Deutsche Werke 5, 1963, 43,20,25.
[37] Meister Eckhart, Expos. s. Evang. sec. Johannem, Lat. Werke 3, 1994 (Hg. J. Quint), 41,11f.
[38] Meister Eckhart, Sermo VI, 2, Lat. Werke 4, 1956, 58,8.
[39] H. Blumenberg, Arbeit am Mythos, 1979, 286,f.

»Die Ros' ist ohne Warum,
sie blüht weil sie blühet.«[40]

M. Heidegger wird diese Verse aufgreifen, aber ohne die darin enthaltene Allegorie der für Christus stehenden Rose, und ihr »ohne Warum« der abendländischen Zweck-Mittel-Rationalität gegenüberstellen und ihrem Grundprinzip vom zureichenden Grund, wonach nichts ohne Grund sei, ein auf Leibnitz zurückgehender Satz »Nihil est sine ratione«. Heidegger travestiert die Frage in das »Nichts ist ohne Warum«. Die übliche Lesart des Satzes bedeutet, dass ein Seiendes ohne Grund sei. Heidegger aber sucht das »Nichts« anders zu lesen und zwar als »nicht Etwas«, »kein Seiendes«, das hier gleichbedeutend mit »Sein« ist. Dann aber bringt der Satz die Grundlosigkeit oder Abgründigkeit des Seins zur Sprache, zu welcher Erfahrung des Seins man nur gelangt im Sicheinlassen auf das Seiende, das nicht nach einem »Warum« fragt. Es ist ein Sicheinlassen auf das »Spiel« des Seins, »in das der Mensch und seine Lebenszeit gebracht, auf das sein Wesen gesetzt wird«. Nur das neuzeitliche »vorstellende Denken« in seiner Rationalität fordert und gibt Gründe. Der Mensch jedoch sei »im verborgensten Grunde seines Wesens erst dann wahrhaft ..., wenn er auf seine Weise so ist wie die Rose – ohne Warum.«[41]

Der jenseits der Individualität des Menschen liegende und unaussprechliche Grund der Seele ist nicht vom Grund Gottes unterschieden. Er ist nur in Bildern und Metaphern ansprechbar als »scintilla animae« (Seelenfünklein), »Licht des Geistes«, »Bürgelein der Seele«, »Burgstädtchen«. Das »Seelenfünklein«, das das Mit-sein und So-sein hinter sich gelassen hat, erlangt als höchstes Ziel die unmittelbare Gottesschau und nimmt an der göttlichen Natur teil. In dieser unio mystica wird die letzte und höchste Stufe des mystischen Weges zu Gott erreicht und zwar nach dem Sistieren aller Bezüge zu personalen oder impersonalen Werten auf der ersten Stufe, der Stufe der Reinigung (Purificatio), dann nach dem objektlosen Werterleben die reine Innerlichkeit (Illuminatio) im Erleuchtetsein, in der zweiten Stufe zu entdecken, um schließlich in ekstatischer Verzückung und existentiell sich mit dem Höchsten Gut zu identifizieren, Gott, dem Ziel aller Dinge. Es ist ein

---

[40] Angelus Silesius, Der cherubinische Wandersmann, in: Sämtliche poetische Werke (Hg.) G. Ellinger, o. J., 1,61.

[41] M. Heidegger, Der Satz vom Grund, 1957, 57; Ges. Ausgabe I/10, 1997, 73. M. Heidegger sieht das in der Transzendenz verwurzelte Gründen auf eine dreifache Weise: »Das Wesen des Grundes ist die transzendental entspringende dreifache Streuung des Gründens in Weltentwurf, Eingenommenheit im Seienden und ontologische Begründung des Seienden« (a.a.O. 107). Die Freiheit als »gründende Einheit der transzendentalen Streuung des Gründens« (a.a.O. 109) erweist sich als der »Ab-grund des Daseins«. Damit greift Heidegger Vorstellungen der Mystik auf, wenn in der unio mystica Gott und Seelen-Grund – bei Heidegger in Sein und Daseinsentwurf – zusammengeschaut werden.

Vergottungserlebnis mit dem personalen Gegenüber.[42] Im Finden der Tiefe ihres eigenen Grundes wird die Seele des Ortes inne, an dem sie als Nichts dem Ungrund entströmt, der verborgenen Tiefe der Gottheit und der schweigenden Einöde. In solchem Begegnungsgeschehen erfährt die Seele eine neue Freiheit, die im Grunde Gottes Freiheit ist. Es ist die Freiheit, die in die Einsamkeit stellt. Dieser für die Mystik so bedeutende Begriff der inneren Einsamkeit als Voraussetzung für das Einfließen Gottes in die Seele zur mystischen Vereinigung, ist ein Loslassen von Begierden, Neigungen, Wünschen bis hin zum Vergessen seiner selbst und aller Dinge. Bei Eckhart heißt es, der »Mensch müsse eine innere Einöde lernen«, und wenn Gott die Seele »in die Wüsten und in die Einsamkeit führt«, so will er sie von den vergänglichen Dingen lösen, ganz im Sinne des Propheten Hosea, der Jahwe sprechen lässt: »Siehe, ich will sie locken und in die Wüste führen und ihr zu Herzen reden« (Hos 2,16).

Schon in Platons Todesdialog »Phaidon« wird gesagt, die Seele müsse sich von den Fesseln der Sinnlichkeit lösen und sich auf sich selbst und das Eigentliche besinnen, d. h. auf das Wahre, Schöne, Gute. Dieses bei sich Einkehren greift Augustinus auf als Akt der Selbstüberschreitung: »Kehre dich nicht nach außen, kehre in dich selbst zurück, denn in deinem Inneren wohnt die Wahrheit« (»noli foras ire, in te ipsum redi; in interiore homine habitat veritas«: De vera religione, Nr. 72), und wird von der Mystik aufgegriffen. Im Abwenden vom Äußeren geht es um das Sich-Beziehen auf das Innere der Seele, wobei die Einkehr in sich selbst eine Hinkehr zu Gott ist. Und: »Wenn aber die Seele erkennt, dass Gott sie erkennt, so gewinnt sie zugleich Erkenntnis von Gott und von sich selbst«[43], sagt Meister Eckhart.

2. Mystik gelebter Liebe: Johannes Tauler

Johannes Tauler (um 1300–1361),[44] der »Mund« in der deutschsprachigen Dominikanermystik des 14. Jh.s, hat teil an der Renaissance des Neuplatonismus im Dominikanerorden und steht in enger Verbindung mit der

---

[42] Vgl. L. Cognet, Gottesgeburt in der Seele. Einführung in die Deutsche Mystik, 1980; O. Langer, Mystische Erfahrung und spirituelle Theologie. Zu Meister Eckharts Auseinandersetzung mit der Frauenfrömmigkeit seiner Zeit, 1987; D. R. Bauer, Grundfragen der Mystik, 1987; K. Ruh, Geschichte der Abendländischen Mystik, Bd. 1, 1990; Bd. 2, 1993; W. Haug –D. Mieth, Religiöse Erfahrung, historische Modelle in christlicher Tradition, 1992; B. McGinn, Die Geschichte der abendländischen Mystik, 4 Bde., 1994 ff.
[43] Meister Eckhart, Werke (Hg.) Quint, »Vom edlen Menschen«, a. a. O., 148.
[44] Vgl. E. M. Filthaut (Hg.), Johannes Tauler. Ein deutscher Mystiker. Gedenkschrift zum 600. Todestag, 1961; A. de Libera, Eckhart, Suso, Tauler et la divinisation de l'homme, 1996; K. Ruh, Geschichte der abendländischen Mystik, III, 1996, 476–525; St. Zekorn,

Frömmigkeitsbewegung der sog. »Gottesfreunde«,⁴⁵ die eine spirituelle Lebensform pflegten und lockere Gemeinschaften bildeten, um sich mit geistigen Leitfiguren über Briefe und geistige Literatur auszutauschen und spirituelle Verbindung miteinander zu halten. So erfolgte in ihren Kreisen 1343/45 in Basel die Umschrift des »Fließenden Lichts der Gottheit« Mechtilds von Magdeburg in die alemannische Sprache, oder in Strassbug die Umsetzung der »Zierrede der geistlichen Hochzeit« nach 1350 ins Oberrheinische. In seinen Predigten mit ihrer großen Wirkungsgeschichte sucht Tauler zu einer Frömmigkeit der inneren Gotteserfahrung anzuleiten. Als Prediger und Seelsorger bringt er seine Theologie dialogisch, auf seine Hörer bezogen, zum Ausdruck. Ein Kennzeichen seiner Theologie aber ist die Erfahrung des »Rückzugs Gottes«, der Gottesferne, die in die »Nacht« führt. Er sieht darin einen Reinigungsprozess in der Liebe zu Gott und im Fortschreiten der Seele, die daran leidet, sich »quälender Entblößung« überlassen zu fühlen. Schon Gregor der Große sprach in seinen Predigten davon, dass »das heilige Verlangen (nach) durch Hinhalten wächst« (sancta enim desideria … dilatione crescunt«.⁴⁶ Dieser Gedanke findet seine volle Ausprägung in dem Gedanken der »dunklen Nacht der Seele« bei Johannes vom Kreuz als Reinigung der Sinne und des Geistes im Sistieren der Begierden. Als Gott-Verlassenheit ist sie zugleich auf paradoxe Weise das äußerste, überhelle Licht, das er in seiner Dichtung preist:

»*Stieg ich auf von Höhen zu Höhen,*
Es wird doch nie erreichbar sein,
Die dunkle Wolke zu verstehen,
Die in der Nacht gibt hellen Schein.«⁴⁷

Taulers Anthropologie hat zwei Beziehungspole, und zwar den der Gottebenbildlichkeit des Menschen auf der einen Seite, die ihn dem Göttlich-Ewigen zugehören lässt, und den der Weltbezogenheit und Anhänglichkeit an die Welt sowie dem Stehen in der Zeit, auf der anderen Seite. Er bedarf des »Ledig«-Werdens, der Loslösung von der Weltbindung durch Buße (contritio), um in solchem Wendepunkt der »Gelassenheit« leer zu werden, und dem Wirken des Geistes Gottes Raum zu geben, oder christologisch zur »Gottesgeburt« in der Seele zu gelangen. Gelassenheit hat einen religiösen Aspekt des Ablassens von den Verstrickungen und Bindungen an die Dinge der Welt und ist ein Sich-Gott-Überlassen mit dem Ziel der Annäherung an

---

Gelassenheit und Einkehr. Zur Grundlage und Gestalt geistlichen Lebens bei Johannes Tauler, 1993.
⁴⁵ Vgl. H. S. Denifle, Der Gottesfreund im Oberlande und Nikolaus von Basel (HPBI 75), 1875.
⁴⁶ Gregor, Hom. in Evang. II, 25.
⁴⁷ Johannes vom Kreuz, Werke, V, 195.

Gott in der unio mystica. Einerseits wohnt Gott allem Seienden inne: »Alles das ist und das Wesen ist Wesen, hat und guot ist, da inne ist Got« (»guot« ist gleichbedeutend mit göttlicher ›minne‹); und andererseits aber übersteigt das göttliche Sein in seiner Unfassbarkeit und Unbeschreibbarkeit alles Seiende. Vor Gott ist der Mensch ein Nichts und nur als Nichts könne er sich Gott nähern, um ihn im Seelengrund zu erfahren und ihn augenblickhaft sich-ereignen lassen. Als Schöpfer ist Gott verborgen gegenwärtig im Seelengrund, im »grunt«, den es freizulegen gilt für die »Gottesgeburt« in der menschlichen Seele. Tauler benennt die Gottesbegegnung mit den beiden Begriffen »gemüete« und »grunt«, wobei Gott in den oberen Seelenteil des Menschen, dem »Gemüt«, einen »Grund« gelegt hat, in dem er verborgen gegenwärtig ist: »Wenn das Gemüt geordnet und gut (auf Gott) ausgerichtet ist, so geht auch alles andere gut; und ist das Gemüt (von Gott) abgewandt, so ist alles abgewandt, ob man sich dessen bewusst ist oder nicht«. Der Seelen-Grund aber ist bei Tauler jener Ort der Tiefe, »an dem Gott und Seele sich treffen, wo Gott der Seele Seligkeit wird«.[48] Das Wesen der Seele in ihrer Reinheit ist Träger des göttlichen Bildes und eins mit dem Grunde Gottes. Um zur Unio mystica zu gelangen müsse der Mensch – ganz im Sinne Plotins – in den eigenen Grund einkehren. Dies geschieht auf dem Weg der Erkenntnis der eigenen Nichtigkeit und des Freiwerdens von Eigenliebe, Eigensucht, Eigenwille. Durch die wachsende Selbstergründung in der Weise der Demut und Bescheidenheit übersteigt der Mensch sich auf den einen Grund hin und vergegenwärtigt das Bild Gottes im Seelen-Grund, sodass sich Gottes- und Selbsterkenntnis in der mystischen Einung vollzieht. In einer Paraphrase des Psalmwortes »der Abgrund ruft den Abgrund« (abyssus abyssum invocat« Ps 41,8) beschreibt Tauler die »Vereinigung« (vereinunge) als das Ineinanderfließen des Ab-Grundes Gottes und der Seele: »da fließt der eine Abgrund in den anderen Ab-Grund und wird so ein einig Eines, ein Nichts in das andere Nichts«.[49] Im Vorgang der Introspektion auf den Seelengrund geht es um die Aufnahme des Göttlichen. Der Selbstverlust ist mystisch der Selbstgewinn im Absoluten.

Einige Illustrationen: In der 37. Predigt über die Frau, die zehn Drachmen besaß (»Quae mulier habens dragmas decem«), spricht Tauler von dem doppelten Suchen des Menschen nach Gott, einem äußerlichen und einem innerlichen. Das äußere besteht in einer Übung guter Werke und in der Übung der Tugenden wie »Demut, Sanftmut, Stille, Gelassenheit und anderer Tugenden«. Das innere aber und bedeutsamere Suchen besteht darin, »dass der Mensch in seinen Grund gehe, in das Innerste und da den Herrn suche, wie

---

[48] H. Kunisch, Das Wort »Grund« in der Sprache der deutschen Mystik des 14. und 15. Jh., 1929, 98.
[49] Die Predigten Taulers, Hg. Vetter, 1910, 201, 5.

er es uns selbst angewiesen hat, als er sprach: ›Das Reich Gottes ist in euch!‹ Wer dieses Reich finden will – und das ist Gott mit all seinem Reichtum und in seiner ihm eigenen Wesenheit und Natur –, der muss es da suchen, wo es sich befindet: nämlich im innersten Grunde (der Seele), wo Gott der Seele näher und inwendiger ist, weit mehr als sie sich selbst. Dieser Grund muss gesucht und gefunden werden.«[50] Und in der 6. Predigt über »Mein Joch ist sanft« (»Iugum enim meum suave est«) geht es ihm um die innere Freiheit der Seele:

»*Die Seele, in der sich die Sonne spiegeln soll, die muß frei sein und ledig aller Bilder; denn wo irgend ein Bild sich in dem Spiegel zeigt, da vermag sie Gottes Bild nicht aufzunehmen ... wärest du der Bilder und deines Eigenwillens ledig, so könntest du ein Königreich besitzen.*«[51]

Und im Sturm der Liebe in der 44. Predigt (»Er kam, um Zeugnis abzulegen für das Licht«)

»*soll man sich der Liebe überlassen, ihr ganze Treue bewahren und sich frei und ledig halten alles dessen, was nicht Liebe ist; begehre nach dieser Liebe stets eifrig, habe ein ganz festes Vertrauen zu ihr, halte dich an ihr fest, und du wirst ebenso stark und ebenso viel empfinden, als je ein Mensch in dieser Zeitlichkeit empfand.*«

Den Abgrund der Grundlosigkeit Gottes kann menschliche Vernunft nicht denken und ist ihr unerreichbar.[52] Der geschaffene Abgrund aber, der der Mensch ist, kann nach Tauler in den ungeschaffenen Abgrund, der Gott ist, einfließen und wird einiges Eins mit ihm, ein Nichts im anderen Nichts.[53] M. Heidegger wird diesen Gedanken aufgreifen und ihm in der ontologischen Differenz Ausdruck geben: Das Sein kann »Ab-grund« heißen, weil es im Gegensatz zum Seienden keinen Grund, kein »Warum« hat.[54]

Tauler entwickelt seine Gedanken immer wieder in Variationen in der rhetorica sacra seiner Predigten. Seiner Predigt 49, die er im Kloster von St. Gertrude in Köln im Jahr 1346 am Kirchweihtag gehalten hatte, legt er die Zachäusperikope zugrunde mit dem Jesuswort: »In domo tuo oportet me manere«, »Denn ich muss zu deinem Hause einkehren« (Lk 19,5). Ein König aus dem Heidenland taucht auf, der seine mystische Schau in die Worte kleidet: »Gott ist eine Dunkelheit in der Seele, jenseits allen Lichtes, und er ist nur dem Geist bekannt, der sich selbst nicht kennt«.[55] Der mystische Ver-

---

[50] Johannes Tauler, Predigten (Hg.) G. Hofmann, 1979, 273 f.
[51] Ders., Predigten, a. a. O. 41 f.
[52] Johannes Tauler, Predigten (Hg.) Vetter, 1910 Pr. 67: 368,14: Pr. 52: 239,4
[53] Tauler, a. a. O. Pr. 45, 201; B. Schmoldt, Die deutsche Begriffssprache Meister Eckharts, 1954.
[54] M. Heidegger, Der Satz vom Grund, 1957, 57; C. Kirmsse, Die Terminologie des Mystikers Johannes Tauler, 1930.
[55] Die Predigten Taulers: aus den Engelberger und der Freiburger Handschrift sowie aus

einigungsgedanke wird mit dem neuplatonischen Aufstiegsweg verbunden. Mit der liebenden Hinwendung zur göttlichen »Dunkelheit« in der menschlichen Seele beginnt der Schritt der »Gelassenheit« (gelâzenheit; dem »Loslassen« (lâzen)[56], der Schritt zur spirituellen Metamorphose und Wandlung. Um sich in ihrem spirituellen Höhenflug zu erneuern, bedarf die Seele der Kontemplation der heiligen Schriften als Vorbereitung wie der »Erinnerung« in Gebet und Fasten, um in die »Dunkelheit« des göttlichen »Seelengrundes« zurückkehren zu können. Diese »Dunkelheit« im »Abgrund« der Seele – ganz im Sinne der negativen und mystischen Theologie des Areopagiten – ist eine paradoxe Dunkelheit des Lichtes im Licht, das jedwedes andere Licht ins Dunkel taucht. In solcher Begegnung wird die Seele »göttlich« (gotfoermig). Dazu bedarf es im allegorischen Bild des Zachäus, der auf einen kahlen Feigenbaum steigt, um Jesus zu sehen, einer »Narrheit«, um den »Ruf« (ruof) zu vernehmen. Dieser närrische Schritt führt zur wahren Gelassenheit und spiegelt das Verlangen nach dem Einswerden. Die Seele erreicht einen Zustand, »in dem dieser noch nicht geschaffen war«.[57]

In der Predigt 41 nach Lk 5,1 geht es Tauler um das kontemplative Sich-Versenken in die Worte der hl. Schrift. Dieses Aufnehmen der Botschaft, die sich in die Seele des Menschen mit Worten und Bildern einschreibt und einzeichnet, bewirkt ein leidenschaftliches liebendes Nacherleben des Vorgestellten. Die Seele erfährt eine enthusiastische Wandlung hin zu ihrer Vergöttlichung. Im zweiten Teil seiner Predigt greift Tauler Vers 3 des 104. Psalms auf: Er lautet:

»Du nimmst dir die Wolken zum Wagen,
du fährst einher auf den Flügeln des Sturmes«,

um allegorisch die drei Seelenkräfte im Menschen auszudeuten: zunächst gilt es, die »Flügel der Taube« bereit zu machen, um im Gutestun Christus nachzufolgen; mit den »Flügeln des Adlers« gilt es die Kräfte des Verstandes und der Liebe bereit zu machen, um schließlich auf den »Flügeln des Windes«, »zum Ursprung zurückzukehren«, d. h. in die göttliche Dunkelheit als den alles übersteigenden Abgrund. In ihm mündet die Einheit stiftende und alles Begreifen und Bedeuten übersteigende Liebe ein. Es ist die Einheit mit Gott als Vergöttlichung (theôsis). Tauler inspirierte sich, wie viele seiner Zeitgenossen, an bestimmten Gedanken des Proklos Diadochus (412–485), um seine kontemplativen Vorstellungen im Horizont einer negativen Theologie zu bestätigen. Für Proklos, der zwischen einer affirmativen und einer apophatischen Theologie strikt unterscheidet, war Leiter der platonischen

---

Schmidts Abschriften der ehemaligen Straßburger Handschriften, hg. von F. Vetter, DTMA 11 (1910, 1968) 377–380.378.
[56] Dies sind die eckhartschen Schlüsselworte.
[57] Vetter, a.a.O., 378.

Akademie, ein Diadochus, ein sog. »Nachfolger« Platons und Kommentator der platonischen Dialoge, im Geiste der sog. Athenischen Schule, d. h. im neuplatonischen Gewande. Die gesamte Wirklichkeit verdanke sich (nach Plotin) dem Hervorgehen (próodos) aus dem Einen, um sich über den Geist (nous) zur Seele zu entfalten und durch Rückwendung (epistrophê) zum Einen wieder zurückzukehren. Der Rhythmus der Wirklichkeit ist ein triadischer. Das Eine, das jenseits aller Wirklichkeit steht ist durch Verharren (monê) gekennzeichnet. Es ist Ausfluss von Sein (ón), Leben (zoê), Intellekt (nous), wobei die Seele als die komplexeste aller Entitäten alle Abstufungen der Gesamtwirklichkeit enthält. Dem neuplatonischen Begriff des unbegreiflichen Einen setzt Tauler die biblische Botschaft entgegen, das »Reich Gottes ist schon mitten unter euch« (Lk 17,21)[58], und die Einheit von Mensch und Gott ist für ihn eine »stille, leise, schlafende, göttliche, unbegreifliche Dunkelheit«.[59]

3. Liebe als erfülltes »minnekosen«: Heinrich Seuse

Heinrich Seuse (latinisiert: Suso, 1295–1366), der Mystiker des Herzens, stammt aus einem adeligen Geschlecht in Konstanz und ist neben Johannes Tauler der bedeutendste Schüler Meister Eckharts, der am Kölner Studium generale der Dominikanerhochschule sein Lehrer war und durch den er auf seinem Weg mystischer Gotteserkenntnis bestärkt wurde. Mit achtzehn Jahren wurde er selbst durch ein Gotterleben erweckt und in ekstatischen Visionen in den Dienst der »Ewigen Wahrheit« berufen. In drei Monographien legt er sein literarisches theologisch-mystisches Vermächtnis dar, in seinem sog. »Exemplar« sowie dem »Briefbüchlein«. Sein Erstlingswerk »Das Büchlein der Wahrheit«[60] steht in der Tradition Meister Eckharts und will zum rechten Verständnis seines Lehrers beitragen. In dialogischer Form aufgebaut, zwischen der »Wahrheit« und einem Adepten, wird die Rechtgläubigkeit des mystischen Weges Meister Eckharts zur unio mystica dargelegt. Das Zwiegespräch mit der Ewigen Weisheit, einer zwischen männlich und weiblich

---

[58] Predigt 60d; Vetter, a. a. O. 301.
[59] Predigt 60d; Vetter, a. a. O., 300. Vgl. L. Gnädinger, Der Abgrund ruft den Abgrund, Taulers Predigt ›Beati oculi‹, in: A. M. Haas / H. Stirnimann, Das »einig Ein«. Studien zur Theorie und Sprache der deutschen Mystik, 1980, 167–207.
[60] H. Seuse, Deutsche Schriften, hg. Bihlmeyer, 1907, ND 1961, 160–170; Büchlein der Wahrheit, Kap. 4, 333 ff.; J.-A. Bizet, Suso et le Minnesang, ²1975; U. Joeressen. Die Terminologie der Innerlichkeit in den deutschen Werken Heinrich Seuses, 1983; E. Colledge – J. Marler, »Mystical« Pictures in the Suso »Exemplar«, in: AFP 54 (1984) 293–354; M. Enders, Das mystische Wissen bei Heinrich Seuse, 1992; P. Dinzenbacher, Christliche Mystik im Abendland, 1994, 295–312.

schillernden Hypostase Christi, versteht sich über die Wahrheitsvermittlung hinaus als ein von Liebe erfülltes »minnekosen« in Verehrung zum Namen und Herzen Jesu, zur Eucharistiefrömmigkeit und als Marienminne. Im Jesus-Logos hat Gott sich als tätiger Gott geoffenbart und mitgeteilt. Um die Voraussetzungen der mystischen Erfahrung der unmittelbaren Anwesenheit bei Gott aufzuzeigen, geht Seuse von der doppelten Bestimmung des Wesens Gottes nach Meister Eckhart aus. Aus der Absolutheit des Wesens Gottes resultiert zunächst eine apophatische Theologie, die alle positiven Aussagen über Gott verneint, da Gott alles Sein transzendiert. Die Gott, der absoluten Transzendenz und Andersheit zugesprochenen Attribute, werden verneint, weil er nicht weniger sein kann, als das von ihm Verursachte. Daher stellt sich Gott als »ein ewiges nicht«, als nicht wirkende »Gottheit« dar. Auch in den irdischen Wesen wirkt Gott einerseits auf urbildhafte Weise, andererseits aber sind sie in ihrer Konkretheit voneinander geschieden. Dieser Doppeltheit des Seins entsprechen nach Seuse auch zwei Weisen des Erkennens, eine sog. »Morgenerkenntnis«, die die Dinge in ihrer Urbildlichkeit wahrnimmt, und eine »Abenderkenntnis«, die sie in ihrer kreatürlichen Konkretheit schaut. Für die unio mystica als Ziel aber ist für Seuse das christologische Moment von besonderer Bedeutung: »Vnd darumb, war einen rehten wider ingang welle haben und sun werden in Christo, der kere sich mit rehter gelassenheit ze im von im selb, so kumet er, dar er sol«. In diesem, seinem christologischen Aspekt, weist Seuse auf, dass der Weg zu Gott und zu seiner Liebe allein durch Leiden und die Mitleidenskraft des Herzens führt. Er will zur Nachfolge Christi durch die Betrachtung seiner Leiden und seines Kreuzes hinführen und lässt im »Horologium Sapientiae« Christus sagen: »Meine Menschheit ist der Weg, den man gehen, meine Leiden das Tor, das man durchschreiten muss, willst du zu dem kommen, was du suchst.«

Im Anschluss an sein »Büchlein der Wahrheit« verfasst Seuse um 1328 das »Büchlein der ewigen Weisheit«, das in Dialogform und auf den Grundton einer Lyrik des Herzens, die Passion Christi in seinen mystischen Weg einzeichnet. So macht die »Ewige Weisheit« ihren »Diener« zum Schüler, denn sie führt die irrende Seele zurück in die Herrlichkeit Gottes. Bei Seuse erreicht die Christus-Begegnung eine besondere emotionale Tiefe: »Mein liebe Kind, ich bin es doch, die liebevolle, die barmherzige Weisheit. Ich habe den Abgrund der grundlosen Barmherzigkeit, die allen Heiligen in ihrer Abgründigkeit verborgen ist, weit aufgeschlossen, um dich und alle reuigen Herzen mildiglich zu empfangen.« In solcher Versenkung der Seele in die Passionsmystik der Leiden Christi vermag diese das Übermaß der Liebe Christi zu erahnen:

»… sieh ihn an, lieber Vater, wie er ausgespannt und ausgedehnt ist, dass man all sein Gebein und seine Rippen zählen könnte! Schau, wie gerötet, ergrünt und ergilbt er ist

Liebe als erfülltes »Minnekosen«: Heinrich Seuse

vor Minne! Nun durchschaue, himmlischer Vater, deines zarten, eingeborenen, minniglichen Kindes Hände und Arme und Füße, so jämmerlich ausgespannt; sieh an seinen schönen Leib, so rosenfarb durchmartert, und vergiss deines Zornes gegen mich!«

»Bis an das Ende der Welt wird die Agonie Jesu dauern: nicht schlafen darf man bis dahin« – diese Worte Blaise Pascals (1623–1662), des großen französischen Mathematikers und religiösen Denkers, machen schlaglichtartig deutlich, worum es in der Passionsmystik eigentlich gehe, um die Sensibilität des Bezuges zum leidenden Christus, der die Liebe des Gläubigen wach hält in den Leiden der Menschen in der Welt, die Passion Jesu und seine Hingabe für die Welt wiederzuentdecken. Es ist die Haltung des Nachfolgewortes (Mk 8,34), die vom Jünger eine Angleichung an die Lebensform des Meisters verlangt.[61] Und weiter schreibt Seuse:

»Wer in dieser Welt ein Lieb haben will, muss Freud und Leid ertragen. Es genügt nicht, dass man mir eine Tageszeit (der ewigen Weisheit) einräumt. Wer Gott innerlich empfinden, seine vertrauten Worte hören, seine himmlischen Gedanken wahrnehmen will, muss in steter Sammlung verharren. Ja, wie lässt du Auge und Herz ohne Bedenken umherschweifen und hast doch das köstliche, ewige Bild vor dir stehen, das keinen Augenblick sich von dir abwendet. Wie lässt du deine Ohren herumgehen, wo ich doch zu dir so manch liebevolles Wort spreche. Wie vergisst du dich so offensichtlich und bist mit des ewigen Gutes Gegenwart so ganz umgeben! Was sucht die Seele in irgendeiner Äußerlichkeit, die das Himmelreich so geheimnisvoll in sich trägt? ... Das ist Gerechtigkeit und Friede und Freude im Heiligen Geist.«[62]

Für Seuse wie für Eckhart ist die »rehte gelassenheit« die conditio sine qua non für die mystische Einigung der menschlichen Seele mit Gott, die sich in der Weise der Intuition und Entsubjektivierung vollzieht. Es ist eine Reziprozität der Verbindung der Seele mit dem göttlichen Wesen und umgekehrt. Will der Mensch zur geheimnisvollen Verborgenheit seiner Seligkeit gelangen, muss er das Eigenwerk seiner Vernunft hinter sich lassen, um so zu der »einfachen Einheit« zu gelangen. Seuse sagt:

»In die sollst du, deiner nicht bewusst, eintreten, in das Schweigen, das über allem Sein ist und über aller Lehrmeister Wissen, mit einer lauteren Entrückung des unergründlichen, einfachen lauteren Geistes, hinein in den überwesenhaften Abglanz der göttlichen Finsternis.«[63]

Der für die deutsche Mystik so zentrale Begriff der »Gelassenheit« als Heraustreten aus dem Seinen und Kreatürlichen sowie als Aufgeben des Eigenwillens und der Eigenliebe, um ganz leer zu werden, um sich mit Gott zu füllen und verbinden, ist auch für Heinrich Seuse von zentraler Bedeutung.

---

[61] Vgl. Johannes Paul II., Salvifici Doloris, 1984.
[62] Heinrich Seuse, Büchlein der ewigen Weisheit, 9. Kap. Hofmann, 243.
[63] Heinrich Seuse, Vita, Kap. 52, Hofmann, 195.

Für ihn ist der gelassene Mensch der sich selbst entfremdende, von sich und allen Dingen abwendende Mensch, um sich mit Gott zu einen und in ihm die Seligkeit zu finden.⁶⁴ »Gelassenheit« hat einen eminent religiösen Sinn des Ablassens von den Verstrickungen und Bindungen an die Dinge der Welt und Ein-sich-Gott-Überlassen. Auf dem Weg der »Gelassenheit« findet das christusförmig gewordene Ich seine Vollendung. Die richtige Weise zu »lassen« beginnt mit dem Blick der Versenkung in sich selbst hinein als ein »Nichts, weggeströmt und ausgeschlossen von dem Sein, das die einzig wirkende Kraft ist«. Dann aber soll sich der Mensch entäußern und auf

*»sein Ich in allem verzichten, worin er sich je betätigte im Hinblick auf seine eigene Geschöpflichkeit, in unfreier Vielfalt entgegen der göttlichen Wahrheit, in Lieb und Leid, im Tun oder Lassen, so dass er, ohne nach etwas anderem zu schauen, mit aller Kraft sich in Gott verliere, sich in unwiderruflicher Weise seines Selbst entäußere, auf solche Weise mit Christus eins werde, nach dessen Einsprechen aus ihm heraus allezeit wirke, alles entgegennehme und alle Dinge in solcher Einfachheit betrachte. Ein auf solche Art gelassenes Ich wird ein christförmiges Ich, von dem die Schrift bei Paulus sagt: ›Ich lebe, aber nicht ich, sondern Christus lebt in mir‹. Und das nenne ich ein wohlabgewogenes Ich.«*⁶⁵

In der Predigt zu Joh 16,28 »Ich bin vom Vater ausgegangen und in die Welt gekommen. Nun verlasse ich die Welt wieder und gehe zum Vater«, heißt es:

*»Das ist der tiefste Grund für unsere Seligkeit, zunichte zu werden, unseres Selbst uns zu entledigen. Wer das werden will, was er nicht ist, gebe das preis, was er ist; so muss es notgedrungen sein. Das lautere, köstliche Gut, das da Gott heißt und ist, in sich selber, bleibt in seinem Sein, ein wesenhaftes, unbewegliches Wesen, in sich selber wesend und seiend. Ihm soll alles zu eigen sein, nicht sich selbst, sondern ihm und durch ihn. Er ist Wesen, Wirken und Leben, alles, und wir sind nur in ihm.«*⁶⁶

Neben dem Weg der mystischen Annäherung an Gott spricht Seuse immer wieder vom Reichtum der Gottesliebe: »Wie trügerisch der Welt Minne und wie minniglich dagegen Gott ist«, dann »von des Himmelreichs unermesslicher Freude«, dann von Maria, der Himmelskönigin sowie von der Passion Christi. Die durch die Schweizer Mystikerin Elsbeth Stagel aufgezeichnete Lebensbeschreibung »Der Seuse«⁶⁷ aus dem Kloster zu Töß, zeichnet in exemplarischer Absicht die mystische Lebensform Heinrich Seuses nach und seine »compassio cum Christo« sowie Orientierung an der Leidenshaltung Jesu Christi. In seiner Herzensdemut ist Seuse ein Minnesänger der

---

⁶⁴ H. Seuse, Deutsche Schriften, hg. Bihlmeyer, 1907, ND 1961, 160–170; vgl. Büchlein der Wahrheit, Kap. 4, 333 ff.
⁶⁵ Heinrich Seuse, Büchlein von der Wahrheit, Hg. Hofmann, 339 f.
⁶⁶ Heinrich Seuse, a. a. O. 416.
⁶⁷ »Vita« ist die um 1326 zusammengestellte Sammlung seiner Schriften, von ihm als »Exemplar« bezeichnet, und beginnt mit der autobiographischen Vita »Der Seuse«, ein Buch, »daz da haisset der Súse«.

Gottesliebe und mystische Stimme, die aus dem Urleiden des Christus der Passion und des Kreuzes spricht.[68] In seiner »Vita«, dieser geistlichen Autobiographie, einer in der Er-Form stilisierten Lebensbeschreibung, wird von Seuses Bekehrung und Lebenswende sowie seiner Vermählung mit der göttlichen Weisheit erzählt, der er geistliche Liebesdienste erbringt in asketischer Abtötung seines Leibes. Die »Vita« aber klingt aus mit einer Einführung in die Weisen mystischer Erfahrung sowie einer Unterweisung seiner geistlichen Tochter und eifrigen Jüngerin Elsbeth Stagel (gest. um 1360). Es handelt sich dabei um Antworten auf höchste Fragen – was, wo und wie Gott sei –, die die Klosterschwester zu dem verzückten Ausruf führt: »wafen, ich schwimm in der gotheit als ein adler in dem lufte«. In seinen lobpreisenden Liebestexten auf Gott, den Schöpfer, in dessen Schöpfung Seuse das Walten der Liebe Gottes spürt und dessen Epiphanie wie in einem Spiegel schaut, lässt er Gott zur menschlichen Seele sprechen:

»Ich bin in mir selbst das unbegriffene Gut, das von je war und immer ist, das nie ausgesprochen ward und nimmer ausgesprochen wird. Ich kann mich wohl dem Herzen innerlich zu empfinden geben, aber keine Zunge kann mich in Worten recht eigentlich aussprechen. Und doch, wenn ich mich, das übernatürliche, unwandelbare Gut, einer jeglichen Kreatur nach ihrem Vermögen gebe in der Weise, als sie mein empfänglich ist: so verhülle ich der Sonne Glast in einem Tuch und gebe dir geistlichen Sinn in leiblichen Worten von mir und meiner süßen Minne, also: ich stelle mich zärtlich vor deines Herzens Augen, nun ziere und kleide mich in geistlichem Sinne, mache mich feinlich auf in herrlichster Weise und gib mir alles, was dein Herz zu sonderlicher Minne und Liebe und zu ganzer Herzenslust bewegen: siehe, all dies und alles, was du und alle Menschen erdenken könnten an Gestalt, Gezierde und Gnade, es ist in mir noch wonniglicher als es jemand aussprechen könnte. Und dieserlei sind die Worte, in denen ich mich zu erkennen geben kann.
... Ich bin das minnigliche Wort des väterlichen Herzens, an dem seine Augen dem minnereichen Abgrunde meiner natürlichen Sohnschaft wonniglich Gefallen haben in der süß aufflammenden Minne des Heiligen Geistes.
... Ich spiele in der Gottheit der Freuden Spiel ... Ich bin zart und zutunlich und der lauteren Seele gegenwärtig alle Zeit. Heimlich bin ich bei ihr zu Tische, beim Gebete, auf Weg und Steg; ich kehre mit ihr hin und her.
... Siehe, ich also gar ein lauteres Gut. Wem schon jetzt in der Zeit meiner nur ein einziges Tröpflein wird, dem wird alle Freude und Wollust dieser Welt zu Bitterkeit, alles Gut und Ehre Auswurf und Unwert. Sie werden, die Lieben, von meiner süßen Minne umringt und versenkt in die eine göttliche Einheit, ohne bildliche Minne und gesprochenes Wort, und sie werden befreit und zurückgeflossen in das Gut, von dannen sie geflossen sind. Meine Minne kann auch anfangende Herzen entladen von der schweren Last der Sünden, ihnen ein freies, wohlgemutes, lauteres Herz geben und

---

[68] Vgl. M. Enders, Das mystische Wissen bei Heinrich Seuse, 1993; R. Blumrich / P. Kaiser (Hg.), Heinrich Seuses Philosophia spiritualis 1995; A. Haas, Kunst rechter Gelassenheit, 1995; P. Ulrich, Imitatio et configuratio, 1995; J. Kaffanke (Hg.), Heinrich Seuse. Diener der ewigen Weisheit, 1998; F. Tobin, Coming to Terms with Meister Eckhart. Seuses »Büchlein der Wahrheit«, in: Semper idem et novus. FS. für F. Banta, (Hg.) F. G. Gentry, 1.

ein reines, unsträfliches Gewissen. Sage mir, was ist in all dieser Welt, das dies allein aufwiegen könnte! Alle diese Welt könnte ein solches Herz nicht aufwiegen; denn der Mensch, der mir allein sein Herz gibt, der lebt in Wonne und stirbt in Sicherheit und hat das Himmelreich hier und dort ewiglich.« [69]

Der Weg zur mystischen Vereinigung mit Gott als Weg innigster Liebe führte bei Seuse über die innere Umkehr des Menschen (»wesentliche ker«), weg von dem »wilden weg« der Sinnlichkeit, über Selbsterkenntnis, Demut und Erkennen der eigenen Nichtigkeit. Vorbedingung aller mystischen Bestrebungen aber war der schlichte, tiefe und einfache Glaube, der auch und gerade Christi Leiden miteinbezieht: »nein, über das bilde (Vorbild) unsers herren Jesu Christi enmag nieman kummen«. Das Christusbild der Zeit hatte sich gewandelt, wobei nicht mehr der Dominus Rex der Romanik, sondern der Leidensmann der Gotik[70] vor das innere Auge der kontemplierenden Seele gerückt ist. So vor allem bei dem Poverello von Assisi; aber auch Heinrich Seuse hörte den Herrn zu sich sprechen: »Du musst durch meine leidende Menschheit hindurch, sollst du wirklich zu meiner lauteren Gottheit gelangen«. Und Johannes vom Kreuz wir die Phasen seines mystischen Weges in der Schilderung der »Dunklen Nacht« als Etappen der Leidenserfahrung beschreiben.

Seuses Lehre stand im gemilderten Nachklang der spekulativen Mystik seines Lehrers Meister Eckhart mit den Themen der Gelassenheit, der mystischen Einheit und Andersheit. Charakteristisch für sein Wesen aber ist seine zarte und innige Frömmigkeit, seine zärtlichen Zwiegespräche mit Christus voll inniger Hinwendung und Liebe zu den Leidenmysterien Christi, zur Gottesmutter und zum eucharistischen Sakrament. So vereinigt Heinrich Seuse in sich die beiden großen Themen der christlichen Mystik, die negative Theologie des Dionysios Areopagita, der Gott als absolutes, transzendent bleibendes Sein und das endliche Sein als »Teilnahme« am göttlichen Sein denkt, sowie die mittelalterliche Christusnachfolge in ihrer poetisch-mystischen Innigkeit. Es ist die glaubende Bereitschaft, sich bis zur Selbstverleugnung in Beschlag nehmen zu lassen. Im virtuosen Umgang mit der Sprache erschließt Seuse mit seiner lyrischen Empfindsamkeit eine gottliebende Gefühlswelt.[71]

---

[69] H. Seuse, Auswahl, hg. von W. Oehl, 1961, 160ff.; Vgl. A. M. Diethelm, »Durch sinselbs unerstorben vichlichkeit hin zuo grosser loblicher heilikeit«. Körperlichkeit in der Vita Heinrich Seuses, 1988.
[70] Vgl. M. Zingel, Die Passion Christi in der Mystik des Mittelalters, 1956; S. Breton, De verbe et la croix, 1981.
[71] Vgl. L. Heieck, Das Verhältnis des Ästhetischen zum Mystischen, dargestellt an Heinrich Seuse, 1936.

4. Affektion und Liebesberührung im Herzen: Jan van Ruusbroec und seine Mystik als Bewusstseinsprozess und als Gemeinschaft der Liebe

Jan van Ruusbroec (1294–1381), der flämische Mystiker, als »Doctor admirabilis« und »ecstaticus« gepriesen, schreibt seit 1350 seine zwölf mystischen Traktate,[72] von denen gleich der erste, »Zierde der geistlichen Hochzeit« (»Chierheit der gheestliker brulocht«), größten Nachhall und Einfluss fand. In der Osterwoche 1343 zog er sich mit zwei anderen Priestern in die Einsamkeit des Sonienwaldes bei Brüssel zurück, wo sich ihm weitere Gefährten anschlossen, um nach der Regel der Augustinerchorherren zu leben. »Die Zierde der geistliche Hochzeit« ist eine meditative Entfaltung eines einzigen Verses aus dem Matthäusevangelium (25,6), jener Hochzeit um Mitternacht, mit dem aus vier Satzgliedern bestehenden Ruf: »Siehe, der Bräutigam kommt; geht aus, ihm entgegen«. An diesem Vers wird der Gesamtverlauf des geistlichen Lebens in seinen drei Stadien dargestellt als Weg der geistlichen Brautschaft, die von der Gottesliebe her bestimmt ist. Das nicht exakt datierbare Werk baut Ruusbroecs Vorstudien mit dem Titel »Das Reich der Liebenden« aus. Gedankliche Tiefe und sprachliche Ausdruckskunst machen diese mystische Schrift zu den herausragenden Dokumenten ihrer Zeit. Der Verfasser gliedert das Werk architektonisch in drei Hauptstücke, und zwar in das tätige, gottsuchende und gottschauende Leben als die drei Stadien der seelischen Heimkehr zu Gott als »Gottesknecht«, »Gottesfreund« und »Gottessohn«. Im Sinne des augustinischen Traktats »Über die Dreieinigkeit« (De trinitate) besitzt die Seele, geschaffen nach dem Bilde Gottes, drei seiner Wesenheiten, und zwar den Willen als Bild der Liebe, die Erkenntnis, das Bild des Sohnes, und das Gedächtnis, als Bild des Vaters. Im tätigen Leben soll »der freie Wille König in der Seele« werden, »gekrönt mit einer Krone namens Karitate«, kraft der aus der Demut stammenden Reinheit von Geist, Herz und Leib. Darauf strebt der Liebende »zu sehen, wissen, erkennen, begehren, wer dieser Bräutigam, Christus sei«, um so in die zweite Phase seines liebenden Strebens zu treten. Dieser Zustand wird mit der Metapher der Sonnennähe, die Christus bedeutet, illustriert, die im »Hochland« wirkungsvoller und stärker scheint als im »Tiefland« des tätigen Lebens. Hier erreicht der Liebende den Zustand der zweiten göttlichen Wesenheit seiner Seele, die reine Erkenntnis Gottes. Dazu bedarf es der vollen »Entblößung« von allem Irdisch-Diesseitigen. Hier entbrennt das immer glühendere Verlangen, in Gott aufzugehen, die »übernatürliche Einheit« zu erlangen in einem schauenden Leben, in welchem

---

[72] Jan van Ruusbroec, Schriften, hg. und übers. von F. M. Huebner, 1980. Vgl. G. della Croce, Ruusbroec, in: Mistica 1 (1984) 461–494.

Gott durch sich selbst geschaut wird. Die »entblößte« Seele findet ihre mystische Urbildlichkeit.[73] Die persönliche Gottesbegegnung des liebend Glaubenden vollzieht sich triadisch, und zwar in dem tätigen Leben (»werkende leven«), in dem innerlichen Leben (»begheerlijke leven«) und in dem Gottschauenden Leben (»godschouwende leven«), das seinen Ausgangspunkt im höchsten Erleben des »innichste leven«, in dem die (»weselijcke eenicheit«) bereits vollzogen ist. Im ersten Stadium muss der Mensch durch ein Leben der sittlichen und göttlichen Tugenden den Ackerboden seines Herzens bereiten und pflegen. Es ist die Ebene der Empfindungen, die ihre Einheit im Herzen finden. Die zweite Stufe spiegelt das vernünftige und geistliche Vermögen des Menschen. Es ist die Phase der innerlichen und Gott-begehrenden Liebe. Diese »innerliche« und »inwendige« Liebe muss eine Liebe sein, die »im Grunde des Herzens vereinfältigt und gebündelt«[74] ist, aber so, dass sie der göttlichen und gnadenhaften Wegweisung auf Gott hin bedarf. Es ist dies zugleich eine Übergabe der Seele an den göttlichen Lenker und Leiter. Es ist ein liebend-trauendes Anvertrauen. Die dritte Stufe ist das Gott-schauende Leben dessen, der das Geheimnis Gottes immer wieder und auf dynamische Weise meditiert und kontempliert als Liebesbegegnung der Seele mit Gott. Es ist die Stufe, die wir in Gott finden und die unsere Einheit als Person ausmacht. Ruusbroec versteht sich selbst als »geistlicher Ritter« im Dienste der Himmlischen Weisheit. Im Geiste seines Lehrers Eckhart greift er auf Elemente der Wesensmystik und negativen Theologie zurück, rückt aber im »Büchlein der Wahrheit«[75] seine Passions- und Liebesmystik in den Vordergrund, eine mystische Glaubenserfahrung, die sich in einer von Liebe und Mitleiden getragenen Kontemplation auf den leidenden Christus hin bezieht und im Leiden dieser Welt eine Spiegelung der Passion Jesu selbst sieht. Sie nimmt bei Ruusbroec die Gestalt des Mit-Leidens (compassio) und der Nachahmung (imitatio) an, wozu er sich auch von Bernhard von Clairvaux und Franz von Assisi inspiriert weiß.[76] In seiner Vorrede zur

---

[73] Vgl. J. Boeckmans, Mystik als Bewusstseinsprozess und als Gemeinschaft der Liebe. Zum Problem der natürlichen Mystik bei Ruusbroec, in: Das »einig Ein«. Sudien zu Theologie und Sprache der deutschen Mystiker, (Hg.) A. M. Haas u. H. Stirnimann, 1980, 417–443; A. Bancroft, Jan van Ruusbroec, in: Ders., The Luminous Vision. Six Mediaeval Mystics and Their Teachings, 1982, 20–45.
[74] Ruusbroec / Huebner, a. a. O. I, 19.
[75] Vgl. A. Haas, Gottleiden-Gottlieben, 1989; P. Ulrich, Imitatio et configuratio, 1995; B. Fraling, Mystik und Geschichte. Das »ghemeyne leven« in der Lehre des Jan van Ruusbroec, 1974; G. F. Wappelart, L'union de l'âme avec Dieu d'après la doctrine de Jan van Ruysbroek, 1916; A. Wautier d'Aygalliers, Ruysbroek l'admirable, 1924; P. Verdeyen, Ruusbroec en zijn mystiek, 1981.
[76] 1327 schreibt er das dialogische »Büchlein der Wahrheit«, nach Denifle und Bihlmeyer die dunkelste Schrift der Deutschen Mytik, in welcher er u. a. über das Wesen Gottes als Ur-Grund und die rechte »Gelassenheit« handelt sowie über das theologische Wissen. Und in den Jahren 1327–34 verfasst Heinrich Seuse im höfischen Stil das »Büchlein der ewigen

»Zierde der geistlichen Hochzeit« beschreibt R. die conditio humana: »Also hat Christus, der getreue Bräutigam, unsere Natur mit sich vereinigt und hat uns aufgesucht im fremden Lande ... Er hat das Gefängnis zerbrochen und hat den Streit gewonnen und unseren Tod getötet mit seinem Tode ...« Es ist der Gedanke des augustinischen »commercium admirabile«, des wunderbaren Austausches. Das Wort »Ecce sponsus venit«, »Siehe, der Bräutigam kommt« führt er folgendermaßen aus: »Das Wort umschließt in sich zwei Zeiten: die Zeit, die vorbei ist, und die Zeit, die im Augenblick gegenwärtig ist. Doch meint es hier die Zeit, die erst kommt. Somit haben wir bei unserm Bräutigam Jesus Christus dreierlei Ankünfte zu unterscheiden. In der ersten Ankunft ist er Mensch geworden, um des Menschen willen, aus Liebe. Die zweite Ankunft geschieht täglich und stündlich und immerzu in jedem liebenden Herzen ... Der dritten Ankunft wird man gewahr werden beim Gericht oder in der Stunde des Todes.«[77] Von der mystischen Erfahrung heißt es: »Gott schenkt sie, wann er will, wo er will und wem er will«[78] und sie bleibt ein Geheimnis, wie jedwede große Liebe. Er spricht vom innerlichen Leben als »Einkehr« und »Anrührung«, die den Menschen von seinem dem Äußerlichen zugekehrten Tun und Handeln nach innen führt, zum »einfältigen« Herzen. Die menschlichen Kräfte – Gedächtnis, Verstand, Wille – werden durch die innerliche Gottesbegegnung »in der Tiefe des Geistes« »angerührt« zur »umformenden Vereinigung« (»overvorminghe« = Überformung). Es ist dies die »mystische Hochzeit« der Liebe, in der der Mensch seine Mitte in Gott findet und Gott im Menschen Wohnung nimmt. Es geschieht eine »wesentliche Einheit«, von der er sagt: »Also sollen wir mit Gott in Einigkeit bleiben und mit Gott und mit allen Heiligen ewiglich in gemeinsamer Liebe ausströmen.[79] Das Selbst des Menschen ist der Ort, wo die unverfügbare Gnade Gottes den Menschen »anrührt«. Ruusbroec schreibt:

»Die Einheit unsers Geistes ist die Wohnung im göttlichen Frieden und in der Überfülle fürsorgender Liebe; die ganze Mannigfaltigkeit der Tugenden schließt sich hier zum Ring und lebt in des Geistes Einheitlichkeit. Die Gnade nun, die aus Gott ausflutet, die ist ein innerliches Austreiben oder Jagen des Heiligen Geistes; der bringt das Innere unseres Geistes in Aufruhr und stachelt an zu allen Tugenden. Diese Gnade flutet von innen, nicht von außen, denn Gott ist uns innerlicher, als wir selbst es uns sind. Und sein innerliches Antreiben oder Wirken geht in uns, natürlich oder übernatürlich, näher und tiefer vor sich als unser eigenes Wirken. Gott nämlich wirkt in uns von innen nach außen, die Welt der Erscheinungen aber von außen nach innen.

Weisheit« bzw. »Horologium Sapientiae«, mit Meditationen und Wegleitungen für ein Leben der Innerlichkeit.
[77] Ruusbroec / Huebner, a. a. O. 220 f.
[78] a. a. O. I, 180.
[79] a. a. O. I, 220.

XI Gott-Leiden und Gott-Lieben in der »Rheinischen Mystik«

Darum kommen auch die Gnaden und alle göttlichen Gaben und das Einsprechen Gottes von innen, aus der Einheitlichkeit unseres Geistes, und nicht von außen, aus den sinnenmäßigen Bildern der Vorstellung.«[80]

Die aus der rechten Innerlichkeit erwachsene Inbrunst ist »zärtliches Gottverlangen« nach mystischer Vereinigung mit Gott als dem Grund und Ursprung der Liebe. Es geht um Liebe als inneres Entbrennen in der Glut der Gotteshingabe des geeinten Herzens. Es sind Texte wunderbarer Gottesliebe, die Ruusbroec im 3. Buch seiner »Brulocht« in die Feder fließen:

»Der innige Liebhaber Gottes, welcher Gott im Genusse der Ruhe, sich selber in hingebender, wirkender Liebe und sein ganzes Leben in gerechter Tugendübung besitzt, ein solcher verinnerlichter Mensch gelangt kraft dieser drei Eigenschaften und Gottes heimlicher Offenbarung in das gottschauende Leben: Ja, der Liebende, der gerecht und innerlich ist, den will Gott aus freien Stücken erwählen und erhöhen zu einem überwesentlichen Schauen im göttlichen Lichte, nach seiner eigenen göttlichen Beschaffenheit. Dieses Schauen versetzt uns in eine Reinheit und in eine Lauterkeit weit über all unser Verstehen, denn es ist ein besonderer Schmuck und eine himmlische Krone und ein ewiger Lohn aller Tugenden und alles Lebens. Mit Kenntnis und Scharfsinn oder mit irgendwelchen Andachtsübungen kann dazu aber niemand gelangen; sondern wen Gott in seinem Geiste vereinigen und durch sich selbst erleuchten will, der kann Gott schauen und sonst keiner.«[81]

Den Weg zur Gottesbegegnung fasst Ruusbroec dann in seiner kleinen Schrift »Die sieben Stufen der geistlichen Liebestreppe« zusammen. Ziel des Weges ist ein »entleertes, bilderloses Denken und ein klares Schauen im göttlichen Lichte«, das menschliches Erkennen und Wissen auf ein »grundloses Nichtwissen« hin übersteigt. Er schreibt: »Entleertes, bilderloses Denken, ein klares Schauen im göttlichen Lichte und eine reine Entrückung des Geistes vor das Antlitz Gottes; – diese drei zusammen bilden und erzielen das wahrhaft schauende Erleben, darin niemand sich irren kann.« Und von der siebenten Stufe heißt es: sie ist

»das Erlauchteste und Höchste, was man in Zeit und Ewigkeit erleben kann: Es ereignet sich, wenn wir über alles Erkennen und Wissen hinaus in uns zu einem grundlosen Nichtwissen gelangen; und wenn wir über alle Namen, die wir Gott und den Lebewesen beilegen, uns selber absterben und hinübergleiten in eine ewige Unbenennbarkeit, wo wir uns verlieren ...«[82]

Ziel aber ist Begegnung und Vereinigung mit Gott,

»wo wir allerwege ausruhen sollen jenseits unserer selbst und jenseits aller Dinge. Aus dieser Vereinigung fließen alle Gaben, natürliche und übernatürliche; doch ruht

---

[80] Ruusbroec/Huebner, a.a.O. I, 266f.
[81] Ruusbroec/Huebner, a.a.O. 381.
[82] Ruusbroec/Huebner, a.a.O. I, 14; Vgl. A. M. Haas, Nim din selbes war. Studien zur Lehre von der Selbsterkenntnis bei Meister Eckhart, Johannes Tauler und Heinrich Seuse, 1971.

der liebende Geist in dieser Vereinigung jenseits aller Gaben: hier ist nichts als Gott und der mit Gott unmittelbar vereinte Geist ... da wird er in jener wesentlichen Einheit seines Selbstes, die der oberste Teil seines Geistes ist, von Gott empfangen, auf dass er in Gott ausruhe, nun und immerdar.« [83]

Diesen Schritt vom »Schauen in erkennbaren Bildern« hin zum »anderen Schauen jenseits der Bilder« beschreibt Ruusbroec mit den Worten:

»Ein guter und inbrünstiger Mensch, der Einkehr hält bei sich selbst und los und ledig ist von allen irdischen Dingen, und der sein Herze ehrerbietend hinauf zu Gottes ewiger Güte öffnet, vor diesem schließen sich die verborgenen Himmel auf, und aus dem Antlitz der göttlichen Liebe fällt ein jähes Licht, als wie ein Blitzstrahl in das offen stehende Menschenherz; und in dem Lichte spricht der Geist unseres Herrn zu dem liebegeöffneten Herzen: Siehe, ich bin dein, und du bist mein. Ich wohne in dir und du lebst in mir.« [84]

Eine zeitgenössische Nonne, Suster Hadewijch, ergriffen und überwältigt von der Gottesliebe, fasst diese Liebesergriffenheit in eines ihrer Lieder:

*»Wer der Liebe alles schenkt,
erlebt Wunderbares.
In Einheit mit ihm hängt die Seele
am klaren Gegenstand, den sie schaut
und schöpft durch die geheime Ader
aus dem Brunnen, wo die Liebe
die Herzen berauscht, die sich verwundern
über ihre göttliche Gewaltsamkeit.
Dies ist dem Weisen wohlvertraut
doch kein Fremder entdeckt dies.«* [85]

Die Gott liebende Seele, die sich »in lauterem Hinscheiden« dem Unendlichen auftut, weiß zugleich, dass das Geheimnis unsagbar ist und alles übersteigt. Die Nonne schreibt:

»Alles von Gott, was ins Denken des Menschen eingeht und was dieser verstehen und sich bildlich vorstellen kann, ist nicht Gott. Wenn der Mensch mit seinen Sinnen und seinem Denken ihn begreifen und verstehen könnte, dann wäre Gott geringer als der Mensch, und die Liebe zu ihm hätte ein Ende gefunden.« [86]

Ruusbroec spricht nicht von der Wesensvergottung der menschlichen Kreatur, sondern von seinem Überflutetsein der »Lichtherrlichkeit Gottes« [87] und sagt: »Merkt ernstlich und mit Fleiß: wer nicht selber im Gefühl erfuhr, für

---

[83] Ruusbroec/Huebner, a.a.O. II, 59.
[84] Ruusbroec/Huebner, I, 40.
[85] L. Cognet, Gottes Geburt in der Seele, 1980, 202.
[86] Suster Hadewijch, zit. bei P. Mommaers, Der Mystiker und das Wort, in: Geist und Leben 57 (1984) 55. Vgl. W. Breuer, Philosophische Zugänge zur Mystik Hadewijchs, in: Grundfragen christlicher Mystik, (Hg.) M. Schmidt, 1987, 103 ff.
[87] Vgl. H. U. v. Balthasar, Herrlichkeit, 1965, Bd. II, 1, Teil 2, 424 f.

den ist es so leicht nicht zu verstehen«.[88] Es geht um die große Intimität einer Innenerfahrung.

Diese Beispiele einer von Liebe getragenen mystischen Bewegung der religiösen Innerlichkeit in der gotischen Zeit, mit ihren Vorläufern und Ausläufern, waren der Art nach affektiv oder spekulativ oder vereinigten beides. Ein besonderes Gewicht lag auf der Betonung der göttlichen Immanenz und der korrespondierenden »Einkehr in sich selbst« des Menschen, als »in Gott bleibend, doch auszugehen zu allen Geschöpfen in umfassender Liebe« (Ruusbroec) und »Gott in allem zu finden« (Eckhart). Im Blick steht der »innere Mensch« (»homo interior«) mit seinem Wesenskern, der Personmitte oder dem Seelengrund. Eckhart nennt ihn in der Predigt »Vom edlen Menschen« den neuen, den himmlischen Menschen und ›Sohn Gottes‹. Dem »inneren Menschen« als dynamischer Ort mystische Erfahrung und der Quelle der Liebe gilt all die Aufmerksamkeit. »Seelenburg« wird zur grundlegenden Allegorie des Wesens nach innen, in sich selbst als Personkern und als Grund der Existenz des Menschen und was ihn transzendiert. Das Wort der Schrift Lk 10,38: »intravit Jesus in quoddam castellum«, Jesus betrat einen Weiler, wird allegorisch mit der Seele identifiziert. Bei Theresia von Ávila wird es die »innere Burg« (Castillio interior o Las Moradas, die Wohnungen) zu einem neuen Begriff mystischer Erfahrung und mit dem Menschen identifiziert, in dessen Mitte Gott wohnt. Bei Meister Eckhart ist es das »Seelenfünklein« (vünkelin der sêle), »scintilla animae«, der »bürgeliîn« und »grunt«. Es ist Gottes Analogon im Menschen, ein »îngedrücket bilde götlicher natur«,[89] von dem Eckhart in der 37. Predigt spricht, als seinsmäßiger Bezug der Seele zu Gott. Tauler sieht im Seelengrund so etwas wie eine vor-gängige Einheit aller seelischen Wirklichkeit im Menschen und als abgründiges Geheimnis, die Wohnstatt der Gegenwart des Geheimnisses Gottes. Im Schritt der Liebe, im einkehrenden Sich-einlassen auf diesen Ab-grund findet der Mensch zur Einheit mit Gott, einbezogen in die Gotteinigung des dreieinigen Gottes, um diese Verbindung als »Gottesgeburt des Logos« in der menschlichen Seele zu umschreiben und zu sagen: »Kehrt euch zum wahren Grunde, wo die wahre göttliche Geburt stattfindet, von der der ganzen Christenheit so viel Freude kommt«.[90]

---

[88] Ruusbroec/Huebner, a.a.O. 270.
[89] Meister Eckhart, Werke 2, Predigt 37, 211,3. Vgl. E. v. Ivánka, Apex mentis, in: ZkTh 72 (1950) 129–172; H. Hof, Scintilla Animae, 1952.
[90] Vgl. A. M. Haas, Sermo mysticus, 1979.

5. »Feuriger Liebewille« und finsterer »Zornwille«: Jakob Böhmes voluntaristische Mystik

Auch die Mystik des Jakob Böhmes (1575–1624)[91] steht in der Tradition der großen mittelalterlichen Mystiker mit dem Gedanken, dass die Gottheit das ewig Eine ist, ohne Ursprung in der Zeit und durch keine menschlichen Worte adäquat aussagbar. Der Schuster von Görlitz wird von inneren Visionen und ekstatischen Zuständen heimgesucht, in denen er die Enthüllung des innersten Wesens der Welt vernimmt. Den Inhalt der dritten Vision legt Böhme in seiner Schrift »Aurora, das ist: »Morgenröthe im Aufgang und Mutter der Philosophiae« (1612) nieder. Darin will er eine umfassende letzte Darstellung der Mysterien der Schöpfung geben, mit dem Versuch, das real und positiv gefasste Problem des Bösen auf der einen Seite und die Weise der Verbindung zwischen Gott und der Welt auf der anderen Seite darzulegen. Die Widersprüche und Gegensätze, die Böhme in der Welt und in den Geschöpfen wahrnimmt, lösen sich für ihn plötzlich durch das auf, was er den Durchbruch des Geistes bezeichnet, eine Erleuchtung, durch die er die innere Einheit erfasste. Sein Grundgedanke und der Schlüssel zum Verständnis allen Weltgeschehens, wie auch seines eigenen Schicksals, ist: »... ohne Widerwärtigkeit und Streit ... wäre keine Natur, sondern eine ewige Stille und kein Wille; denn der Widerwille macht die Beweglichkeit«, schreibt Böhme. Erst durch den Gegensatz, den »Wider-Willen«, können sich die Dinge entfalten, ein Dualismus, der bis in die Gottheit hinein reicht, denn Gott offenbart sich nach Böhme mit zwei Willen, dem »feurigen Liebewillen« und dem finsteren »Zornwillen«, so dass auf dieser Polarität alles Leben gründet. Das theogonische und kosmogonische Drama vollzieht sich so, dass der (drei-) einige Gott einerseits als Prinzip des grimmigen »herben« Feuers in Erscheinung tritt, auf der anderen Seite aber als das Prinzip des Lichtes und der Liebe. In seinem tiefsten Seins-»Urgrund« sind diese Urgegensätze dialektisch vereinigt als Urkampf zwischen dem »grimmigen« und dem »liebenden« Prinzip. Die geschaffene Welt ist die Spiegelung dieses Widerstreits von Gut und Böse und hat mit Christus, der in diesem Kampf um das Gute eine Schlüsselrolle innehat, das heilende Paradigma.

Böhme, philosophus teutonicus genannt, der am Beginn des deutschen Barock stehend, sich selbst als den »einfältigen« bezeichnet, der die Einfalt Gottes bezwingend erfahren hat mit der in ihr wirkenden »Schiedlichkeit« in Gut und Böse, aufgehoben im unterschiedslosen Einen, sieht in Gottes

---

[91] Vgl. W. Elert, Die voluntaristische Mystik Jakob Böhmes. Eine psychologische Studie, 1913; Neudr. 1973; H. Grunsky, Jakob Böhme; E. H. Lemper, Jakob Böhme, Leben und Werk, 1976; T. Schipflinger, Die Sophia bei Jakob Böhme, in: Una Sancta 41 (1986) 195–210; J. Garewicz / A. M. Hass (Hg.), Gott, Natur und Mensch in der Sicht Böhmes und seiner Rezeption, 1994.

All-Ruhe zugleich die Schöpferische, die Welt erschaffende Bewegung, die als das von Gott Geschiedene, Widergöttliche ebenso von ihm und aus ihm stammt. Die Welt in ihrer Doppeltheit von hell und dunkel, gut und böse, hat zwei Qualitäten an sich, die der Mensch in dieser Zweiheit überall als verzehrende »Hitze« und erwärmendes Licht auf der einen Seite und als die Hitze stillende Kälte und alle verderbende Grimmigkeit auf der anderen Seite erfährt. Aber im Geist lässt sich diese Scheidung aufheben, denn im Geist werden wir Gottes inne. In allem waltet dieses dreiaktige Geschehen nach dem Mysterium der Dreieinigkeit Gottes, und das ist die »Morgenröte«, dass »die Sonne des Herzens Gottes aufgeht« und in der Seele des Menschen wiedergeboren werde. Böhme prägt dafür das Wort von dem »großen Hunger« der Seele »nach dem höheren und besseren Leben«, nach dem höchsten Gut, denn »Das Licht aber ist das Herz Gottes«. Die Nachwirkung Böhmes reicht zu Angelus Silesius, und das geheimnisvolle Konzept des Dreitakts lebt in der Romantik fort, wirkt auf die Philosophie des deutschen Idealismus ein, von Jakobi und Fichte bis Schelling, Baader sowie auf das dialektische Denken G. W. F. Hegels.[92] Jakob Böhmes Begriff vom »großen Hunger der Seele« findet sein Echo in dem Roman von Wilhelm Raabe, »Der Hungerpastor«, mit den beiden kontrastierenden Helden als Ausdruck des aufbauenden und zerstörenden Hungers der Seele. Auch das »Urding Gott« in Rilkes »Stundenbuch«, mit dem Sturz in die Tiefe des Gefühls, um Gott, »das Ding der Dinge« in den Urdingen und in rauschhaften Gebeten zu suchen. Der Gottesbegriff Böhmes ist dynamisch als Zusammenspiel von »Wille« und »Widerwille«, von Liebe und Zorn, konzipiert, dem auf der anderen Ebene Gut und Böse als Wirkkräfte der Natur korrespondieren, die als geschaffene Welt die innere Dynamik Gottes widerspiegelt. Böhmes voluntaristische Mystik und naturmystische Kosmosdeutung geht letztlich auf seine Schöpfungstheologie zurück und ist eine Hermeneutik der Genesis, von der er die »ewige Geburt« Gottes deutet, die Trinität, den Seelenbegriff und die Himmel-Hölle-Vorstellung als auch den Menschen und den Ursprung des Bösen.

---

[92] Vgl. E. Ederheimer, Böhme und Romantiker, Tieck, Novalis. 1904; K. Leese, Von Böhme zu Schelling, 1927; E. Benz, Adam, der Mythus vom Urmenschen (Nachwirkungen des androgynen Adam bis Berdjajew, 1955; Ders., Schellings theologische Geistesahnen (AAWLM 3) 1955; G. Bonheim, Zeichendeutung und Natursprache. Ein Versuch über Böhme, 1992.

XII
Figurationen der Liebe auf den Brettern, die »die Welt bedeuten« (Wissen, Macht, Liebe, Tod)

1. Das Faustdrama Goethes und die Gretchen-Tragödie

a. Exposition

Die beiden großen zyklisch-dramatischen Mythenschöpfungen des 19. Jh.s, die auf bereits Erzähltes zurückgreifen und diesem eine neue Gestalt geben, sind die »Faust«-Dichtung Johann Wolfgang von Goethes und die in Szene gesetzte Götter- und Heldentragödie des »Rings des Nibelungen« Richard Wagners. In beiden werden mythische Bilder zu Chiffren und Blaupausen eines geschichtsphilosophischen Reflexes der Zeit und der Gesellschaft: im Alberich des »Rheingolds« ist der Weltgehalt chiffriert, der ob der Erringung von Macht der Liebe flucht; und Goethe entfaltet in seinem »Faust II«, für manche das »Hauptwerk« des 19. Jh.s, das herrscherliche Wesen eines Protagonisten, der dem Meer Siedlungsboden abgezwungen, Menschen ansiedelte, sich dem Welthandel im Großen öffnete und sich dadurch Herrschaft und Besitz angeeignet hatte. Über dem rastlos in seinem »faustischen« Tatendrang Dahinstürmenden mit dem mephistophelischen Pakt und unter dem Schatten einer gefühllos kalten Technik, nimmt Faust in seinem Herrscherwillen den Tod von drei Menschen in Kauf. Erst als Erblindeter, Sinnbild seiner äußeren Entmachtung und in der Erfahrung des inneren Lichtes (»Allein im Innern leuchtet helles Licht«), kommt es zur Suspension seines titanischen Selbstverwirklichungs-Dranges und zur Wandlung hin zur Obsorge für die Anderen und zum Ethos der Verantwortung. Im Vorgefühl tiefen Glückes kann er den erfüllten Augenblick genießen – dem Wortlaut nach die geschlossene Wettformel, – so dass Mephisto zum Verlierer wird. Dem Sterbenden, dessen Seele von Engeln in höhere Sphären getragen wird, neigt sich die Gnadenliebe des büßenden Gretchens zu.[1]

Es sind zwei Grundthemen einer »erzählten Welt«, deren Sinn auf die Bühne gestellt wird als Narrativ des Lebens, das die Geschichte vor-gibt

---

[1] Vgl. H. Schwerte, Faust und das Faustische, 1962; W. Emrich, Die Symbolik von Faust II; ³1964; R. Buchwald, Führer durch Goethes Faustdichtung, 1964.

XII Figurationen der Liebe auf den Brettern, die »die Welt bedeuten«

und selbst auch »schreibt«. Gelebtes Leben ist selbst von der Art der Erzählung, wird durchlebt, lässt Geschichten mit all ihrer Vor- und Nachgeschichte zurück und ist so ein sich auslegendes Verstehen in der Zeit und der Zeit.[2] Auch der Mythos ist eine Denkform und spiegelt Aspekte der Lebenswirklichkeit. Indem diese zu erzählten Namensgeschichten werden, erfahren sie eine primäre »Rationalisierung«, womit eine Welt abgestufter Bedeutsamkeiten geschaffen wird. Eine fremde und unberechenbare Wirklichkeit in ihrer Unheimlichkeit erhält »Namen«, die »erzählbar« werden – vor jeder experimentellen wissenschaftlichen Erschlossenheit. Die Wirklichkeit wird »besprochen« und in einen positiven oder negativen Sinnzusammenhang gerückt. Existentielle Grunderfahrungen des Menschen finden ihre Mythisierung oder Remythisierung und werden nach ihrer Relevanz geordnet und in »Geschichten« übergeführt[3] als deren temporale Anschauungsform. Sie haben auf der einen Seite einen erzählten Ablauf, aber auch eine paradigmatische Struktur und Diskursform.[4] Als Kurzformen der Nachdenklichkeit können sie sich in Mythen, Fabeln, Anekdoten, Metaphern, Gleichnissen u. a. m. niederschlagen, mit all ihren humanen Spiegelungen, Brechungen und Irritationen.[5] Beide, Goethe wie Wagner, greifen auf vorliegende Stoffe zurück, versinnbildlichen sie auf der soziokulturellen Ebene und monumentalisieren sie zu zeitlosen Paradigmen. Stellen Symbole Ideen durch einfache Bilder dar, so weiten Mythen die Idee durch eine Handlung aus, indem sie sie in einem symbolbildenden Prozess entfalten und transformieren. Numinoses wird dabei ästhetisch erfahrbar und der Mythos im profanen Kontext zu einem ontologischen Konstrukt der Kunst aus der Religion. In den beiden »großen Erzählungen« des »Faust« und des »Nibelungenringes« werden zwei ewige Menschheitsthemen exponiert, Liebe und Macht, Macht und Liebe. Schon bei Empedokles von Akragas (um 490–430 v. Chr.), wie gezeigt wurde, werden Streit und Liebe aneinander gebunden. In seinem kosmologisch-physikalischen Lehrgedicht »Über die Natur« (»Peri physeos«) spricht der frühe Philosoph über das Zusammenwirken dieser fundamen-

---

[2] Vgl. P. Ricœur, Zeit und Erzählung, Bd. I 1988, 13: »Die Zeit wird in dem Maße zur menschlichen, wie sie narrativ artikuliert wird; umgekehrt ist die Erzählung in dem Maße bedeutungsvoll, wie sie die Züge der Zeiterfahrung trägt«. Und in dem monströsesten Experiment der Weltliteratur, dem zwölfhundert Seiten umfassenden Roman »Ulysses« (1922) von James Joyce, wird der Handlungsablauf auf 16 Stunden (des 16. Juni 1904) zusammengedrängt, der ungefähren Lesezeit des Romans, dessen Protagonist (Leopold Bloom) über die Wogen der nihilistischen Zeit treibt.
[3] Vgl. W. Schapp, In Geschichten verstrickt. Zum Sein von Mensch und Ding (1953), hg. H. Lübbe, 1976.
[4] Vgl. J. Kirch-Hänert, Zeitgeist – die Vermittlung des Geistes mit der Zeit, 1989.
[5] Vgl. K.-M. Kodalle, Arbeit am Mythos als Strategie der Entängstigung, in: Ders., Die Eroberung des Nutzlosen. Kritik des Wunschdenkens und der Zweckrationalität im Anschluss an Kierkegaard, 1988, 29–36.

talen Konstituenten des Seins: durch die »Liebe« verbinden sich die Elemente zu Einem und trennen sich durch den Einfluss des Hasses zu Vielem, ein Vorgang der Veränderungen, der sich fortwähren vollzieht.[6] In den Mythen als einer erzählten Denkweise bespricht der Mensch seine Erfahrungen und die Fragen, die sich ihm in der Lebens-Wirklichkeit darbieten. Ein Blick auf die griechischen Mythen kann zeigen, dass eine Vielzahl von ihnen ihre sprechendste und prägnanteste Ausdrucksform in der Tragödie gefunden haben. Der metaphysische Ursprung der Tragödie lag im kultischen Chorgesang zu Ehren des Dionysos, des Gottes des Weines und der Fruchtbarkeit, aber auch der vielen Verwandlungen und des Erscheinens in der Maske des Anderen sowie der »zu den Einweihungen gehörigen Raserei« (manía) (Platon, Phaidr. 265 b 4). Seine ihm gewidmeten Feste fanden in Athen im Zeichen der dramatischen Bühne statt, wo auf dem Theaterrund das mythische Grundverhältnis von Göttern und Menschen, dem Mehr-als-Menschlichen und des Menschlichen, in der Abfolge von Vorgängen, Handlungen und Leiden im Horizont eines mythisch-religiösen Weltbildes zur Darstellung kam. Ein narrativ-mythisches Wissen dionysischer »Weisheit« als vitaler Lebensdrang wurde hineingestellt in das fraglos waltende Schicksal, in die disparate Hemisphäre dunkler tötender Mächtigkeit, aber auch der »gewaltsamen Gnade« (charis biaios). Dionysos war bei den Aufführungen als Maske oder Statue zugegen und verband den Mythos, die »große Erzählung«, mit dem Religiös-Kultischen samt den dionysischen Motiven der Verkennung, der Rache und des Fluches.

In mehreren seiner kulturgeschichtlichen Analysen[7], vor allem aber in seinem Werk »Arbeit am Mythos« (1979), wendet sich Hans Blumenberg (1920–1996) den unterschiedlichen Weisen, den Modi des »Unbegrifflichen«, zu. Indem der Mensch es zu einer erzählten Namensgeschichte macht, schafft er sich eine in »Geschichten verstrickte«[8] (W. Schapp) Form menschlicher Anschauung mit der von ihr angehenden Relevanz und so für sich eine Welt abgestufter Bedeutsamkeit. Die damit gewonnene Distanz zur

---

[6] Vgl. U. Hölscher, Weltzeiten und Lebenszyklus, in: Herm. 93 (1965) 7–33; F. Solmsen, Love and Strife in Empedocles' Cosmology, in: Phronesis 10 (1965) 109–148; D. O'Brien, Empedocles' Cosmic Cycle, 1969 (mit Bibliographie).
[7] Vgl. H. Blumenberg, Licht als Metapher der Wahrheit, Stud. gen. 10 (1957) 432–447); H. Blumenberg, Paradigmen zu einer Metaphorologie, in: Archiv. Begriffsgesch. 6 (1960). Für ihn ist die sprachliche Metaphorik ein genuines Denkmodell der Erkenntnis, vor allem die »absolute Metapher«, die er als ebenso eigentlich betrachtet wie die Begriffe. Vgl. ferner die Exemplifizierungen in Blumenbergs Werken: Beobachtungen an Metaphern (1971); Die Lesbarkeit der Welt (1979); Höhlenausgänge (1989). Vgl. K.-M. Kodalle, Arbeit am Mythos als Strategie der Enttängstigung, in: Ders., Die Eroberung des Nutzlosen. Kritik des Wunschdenkens und der Zweckrationalität im Anschluss an Kierkegaard, 1988, 29–36.
[8] Vgl. W. Schapp, In Geschichten verstrickt. Zum Sein von Mensch und Ding (1953), hg. H. Lübbe, 1976.

XII Figurationen der Liebe auf den Brettern, die »die Welt bedeuten«

Wirklichkeit wird in eine bedeutsame Erzählung »über-setzt«. Damit wird eine mythische Erzählung auf zweifache Weise lesbar, und zwar als eine Geschichte in ihrer zeitlichen Abfolge, die ihren Anfang und ihr Ende hat, und als Diskursthema, mit all ihren Voraussetzungen und der Erzählpragmatik. An agierenden trans-menschlichen Gestalten, wie Nornen, Nixen, Alben, Göttern ..., wird in Wagners »Ring« z. B. eine nordische »Ur-Geschichte« mit der Tragödie des Goldraubes und dessen Fluchgeschichte auf das Ende hin entfaltet.

Der Mythos lebt in seiner allgemeinen Erlebbarkeit und Erfahrung als transzendentales »Apriori« in der Dichtung und dem mythisch-dichterischen Verhalten zur Wirklichkeit in »Anteilnahme, Liebe, Einfühlung« fort. Für Ernst Cassirer (1874–1945), dem Begründer einer universalen Philosophie der Kultur, ist der Mythos »eine eigene typische Weise des Bildens«, eine »Anschauungsform«, eine Welterfahrung der Ergriffenheit, in der sich eine »Ur-Teilung« vollzieht in die zwei Welten des »Heiligen« und des »Profanen«.[9] Als besondere Form der Welterfahrung ist er »eine der wichtigsten Formen des Gemeinschaftsgefühls«.[10] Das mythische Bewusstsein orientiert sich primär nach Potenzen und Kräften, Dämonen und Göttergestalten. Während der Mythos in einer Welt der Bilder verharrt, strebt die Religion nach »immer reinerer Vergeistigung«. Sie setzt eine Differenz, in der die Bilder als inadäquate Zeichen der Idealität des Bedeuteten gesehen werden, ein Prozess, der sich auch in der Kunstästhetik und im »ästhetischen Bewusstsein« beobachten lässt: die Bilder als Artefakte sind »Schein«-Ideale und haben in dieser ihre eigene Wahrheit.[11] Als Ausdruck der Bild-, Symbol- und Sprachgebundenheit des Denkens liegt dem Mythos oft eine orientierende und sinnstiftende Funktion zugrunde. Als kohärentes Erfahrungssystem hat er seine ihm eigene Logik und Ontologie, wobei der ihm inhärente diskursive »Logos« konstitutiv an den erzählten Mythos rückgebunden bleibt. Für Cassirer ist er eine der »symbolischen Formen«[12] und gehört, wie Sprache, Kunst, Wissenschaft und Religion, irreduzibel zu ihnen, denen »eine ursprünglich bildende, nicht bloß eine nachbildende Kraft innewohnt«. Innerhalb der Symbolfunktion aber lassen sich drei Dimensionen unterscheiden, nämlich »Ausdruck«, »Darstellung« und »Bedeutung«, die das Koordinatensystem für den Gang der Entwicklung abgeben. Für Cassirer ist das Symbolische der »gemeinsame Mittelpunkt« aller kulturellen Formen. Diese sind universell und variabel, und schaffen eine Welt der Bedeu-

---

[9] E. Cassirer, Philosophie der symbolischen Formen, 1923–1929, II: Das mythische Denken, 1925, 1969, IXff. 20.37ff., 78.91ff.
[10] Ders., a.a.O. 183ff. 200. 209. 212. 229ff.
[11] Ders., a.a.O. 30ff. 279ff. 311.
[12] E. Cassirer, Philosophie der symbolischen Formen, Bd. I, 1923; Bd. 2 1925; Bd. 3, 1929.

tungen der menschlichen Wirklichkeit. So will Fausts forschender Geist durch Anschauung der in der Natur wirkenden »Wirkungskraft und Samen« an den naturalisierten »logoi spermatikoi«, naturalen Kräften teilhaben, gerät aber in die Aporien gelebten Lebens und der Liebe. In der »Gretchen-Tragödie« wird der Anspruch, der im Eingang der Dramen-Handlung an die Liebe gestellt wurde, eingeholt als Ereignis, was alle »höchsten Worte« versprachen (14; 152). Schon im »Urfaust« war die Konzeption des Zwei-Reiche-Gedankens als dialektische Notwendigkeit eines Lebens verstanden worden, das sich in Aporien verstrickt.

Auch Richard Wagner travestiert den altnordischen mythologischen Stoff in seiner Nibelungentetralogie um zu einer vieldeutigen symbolischen Abbreviatur der Dissonanz von »Macht« und »Liebe«. War der ursprüngliche Titel des Vorspiels »Der Raub des Rheingolds«, um damit den uranfänglichen »Fall« in seiner Doppelbedeutung als Ursünde thematisch zu machen, d. h. den zerstörenden Missbrauch des Numinosen, so zeichnet er in diesen mythischen Problemhorizont sein ideelles Drama mit den beiden Urkräften »Liebe« und »Macht« ein. Als reziproke und widerstrebende Potenzen[13] tragen sie das Ideendrama als mächtige Triebkräfte und sich exkludierende Prinzipien.

b. Das »Faustische« als Lebensform

Die beiden großen Kunstmythen des 19. Jh.s, Goethes »Faust«-Dichtung und Richard Wagners Tetralogie »Ring des Nibelungen«, sind Kunstgebilde von einer ungeheuren szenischen Anschaulichkeit und Ausdruckskraft. Beide kreisen ihrem inneren Aspekt nach um das Thema »Macht« und »Liebe«. Macht, ein »dunkler« Begriff in all seiner elementaren Bedeutung ist der sich darstellende Wille, der als solcher sein In-Erscheinung-Treten sucht. Dieser Wille zählt zu den eindringlichsten, aber auch widersprüchlichsten Erfahrungen menschlichen Gebrauchens und Verfügens, bis hin zur Perversion in der Willkürlichkeit der Gewalt, als Überwältigen und als Suspension von Freiheit, Verantwortung und Recht. Alberich wird im »Rheingold« die Liebe zugunsten des Raub-Goldes verfluchen und selbst als personifizierte Macht erscheinen. Er wird der Liebe abschwören, jenem umfassendsten menschlichen Akt personalen Seins im Zugleich und Ineins-Sein von Lieben und Geliebtwerden, jener geschehenden Beziehungswirklichkeit, in der der Liebende durch die Liebe sein Selbst kundtut. Liebe ist eine inanspruchnehmende Tat gegenseitiger Bejahung. Dieter Borchmeyer hat auf die »zweifache Gestalt« des Mythos »Faust« und des »Ring« als Paradigma des 19. Jh.s

---

[13] Vgl. P. Wapnewski. Der traurige Gott, 1978, 128–135.

hingewiesen und auf die Übertragung der Fragen und Konflikte des Saeculums in mythische Bilder.[14] Zwischen Goethes Vollendung des Faust II (1831) und der ersten, noch in der Erzählform konzipierten »Nibelungensage« Richard Wagners (1848), liegen nur siebzehn Jahre. Goethe, der sich über sechzig Jahre mit dem Faust-Stoff auseinandergesetzt hatte, beginnt mit einer »Gelehrtentragödie« und endet mit der »Liebestragödie« Faust-Gretchen. Der Bogen seines schriftstellerischen und geistigen Entwicklungsweges spannt sich von der Sturm- und Drang-Periode der Straßburger Zeit, zusammengefasst in seinem Wort: »Die charakteristische Kunst ist das einzig Wahre« – bis hin zum Idealismus der Weimarer Zeit und ihrer Wertewelt, die aus Ideen oder Urbildern ihre Dichtung gestaltet und sich in Symbolen das Sinngefüge der Welt epiphan werden lässt. Heinrich Faust, Protagonist und Repräsentant einer modernen Welt, durchleidet seine Passionsgeschichte des Geistes, die Grenzen der Erkenntnisfähigkeit, trotz des Durchgangs durch universitäre Disziplinen aller vier Fakultäten. Oswald Spengler (1880–1936) stellte in seiner Weltangstvision vom »Untergang des Abendlandes« (1919–1922) das »Faustische« als wesentliches Charakteristikum der abendländischen Kultur dar. Für Spengler liegt den Lebensäußerungen einer Hochkultur eine sie tragende Idee zugrunde, ein sog. »Ursymbol«, das sie prägt und für sie bestimmend ist.[15] Spengler sieht den Beginn der »faustischen« Kulturseele um 800 n. Chr. entstehen als »Gewächs der Landschaft« mit dem Drang zum Grenzenlosen. Es ist das »Ursymbol des unendlichen Raums«. »Gott – das ist für unser Gefühl Raum, Kraft, Wille, Tat.« Jede Kultur durchmisst für Spengler einen Weg des Erblühens, der vitalen, der geistigen Reife, und neigt sich dann einem Niedergang zu in einer Zivilisation, die seelisch erstirbt. So sind für ihn als charakteristische »Ursymbole« z. B. für das alte Ägypten der »Weg«, für die arabische Kultur die magische »Welthöhle«, für die griechische Antike der »Einzelkörper« und für das Abendland der »unendliche Raum«, das »Faustische«. Das »faustische« (abendländische) Wesen weiß um die Macht raum-zeitlicher Zusammenhänge und ist rastlos im tätigen Streben, will aktiv Änderungen in der Welt herbeiführen und vorgegebene Grenzen überschreiten. Aber auch diese Kultur schwächelt dem Untergang entgegen, sei zivilisatorisch dekadent und stehe unter der Diktatur des Geldes und der

---

[14] Vgl. D. Borchmeyer, ›Faust‹ und ›Der Ring des Nibelungen‹. Der Mythos des 19. Jahrhunderts in zweifacher Gestalt, in: Ders. (Hg.) Wege des Mythos in der Moderne. Richard Wagner ›Der Ring der Nibelungen‹. Eine Münchner Ringvorlesung, 1987, 133–158. 133.
[15] O. Spengler, Der Untergang des Abendlandes. Umrisse einer Morphologie der Weltgeschichte, 1919, 1922. Vgl. M. Schröter, Metaphysik des Untergangs. Eine kulturkritische Studie über O. Spengler, 1949; A. M. Koktanek, Oswald Spengler in seiner Zeit, 1968.

Presse, sei politisch instabil und intellektuell eklektisch und öd. In diesem seinem geschichtsphilosophischen Konzept geht es Spengler um den Kreislauf der Kulturen.

Auch in dem durch Raub versehrten Anfang des »Rings« ist bereits der zerstörende Keim des Endes angelegt. Das Raub- und Fluchgeschehen des Anfangs wird wie eine Eiterbeule ihre Versehrung ausstrahlen. In dieser Spektralanalyse des Ur-»Falles« werden zwei Objektivationen in den Blick gerückt: Gold statt Liebe und Macht um den Preis der Liebe.

R. Wagner hegte eine grenzenlose Bewunderung für Goethes »Faust«, jene inkommensurable Weltdichtung, für die er selbst »Eine Faust-Ouvertüre« schrieb und für die er in L. van Beethovens »Neunter Symphonie« das eigentliche musikalische Äquivalent dazu sah. An dem Menschentypus des Goetheschen »Faust« aber merkte er »die versäumte Gelegenheit« an, nämlich »des Heiles und der Erlösung« durch die Liebe, ein Thema, das Wagner sein ganzes Leben hindurch beschäftigen wird. Faust habe sich diese durch die Abwendung von Gretchen verscherzt und vertan. Dass Goethe das »Versäumte« im »Schlusstableau« des »Faust II« künstlich, »so außerhalb liegend, nach dem Tode« nachgeholt habe, fand er als nicht überzeugend. Allein das »Mitleiden« vermag die Subjekt-Objekt-Trennung aufzuheben und das äußere Geschehen dem Innen anzuverwandeln.[16]

In seiner Universitätsrede im Jahre 1937 in Zürich, anlässlich einer »Ring«-Inszenierung, vergleicht Thomas Mann den »Ring« mit Goethes »Faust II«, die Tetralogie des großen Mystikers Wagner mit Goethe und seinem Weltgedicht. Fasziniert von der Phantasmagorie der »Klassischen Walpurgisnacht«, die die nordisch-mythische Sphäre mit der mediterran-mythischen verbindet, sieht Mann darin die »höchsten Namen für zwei Seelen in unserer Brust« stehen, »die sich voneinander trennen wollen und deren Widerstreit wir doch als ewig fruchtbar, als Lebensquell inneren Reichtums immer aufs neue empfinden lernen müssen.«[17] In beiden, in »Faust II« wie im »Ring«, sind Erfahrungen einer neuen individuell-wirtschaftlichen und technischen Welt chiffriert, wo das Mythische archaischer Vorzeit in das 19. Jh. hinein ragt. Es geht in »Faust II« wie im »Ring« um die Gold-Geld-Thematik in Variationen und damit um das Thema Macht. Im Rheingold ist es in der Hand Alberichs eine verdinglichte Macht und ein »machtgebender« Besitz, dem die Gefahr und der Hang immanent sind, sich zu einem versklavenden Funktionssystem zu verselbständigen. Auch Faust und Mephisto kommen auf ihren Abenteuerwegen zu einem Kaiserhof, der höchsten irdischen Instanz, wo sie das Papiergeld erfinden, jene imaginäre,

---

[16] R. Wagner, Briefe. Die Sammlung Burrell. Hrsg. und komm. von J. N. Burk, 1953, 491.
[17] Th. Mann, Wagner und unsere Zeit. Aufsätze, Betrachtungen, Briefe, hrsg. von Erika Mann, 1983, 131.

quasi-alchemistische Verwandlung eines niedrigeren Stoffes, des Papiers, in die Werthaftigkeit des Goldes, ein Vorgang, den H. Ch. Biswanger dahin apostrophiert, dass die gesamte moderne Wirtschaft »eine Fortsetzung der Alchemie mit anderen Mitteln« sei.[18] Im unbändigen Drang seiner Werktätigkeit suchte Faust seine utopische Vision von der Menschheitsbeglückung, sein despotisches Siedlungsprojekt und sein Projekt der Landgewinnung zu verwirklichen. Aber »Menschenopfer mussten bluten«, berichten Philemon und Baucis (V. 11.127f.), die dann selbst tödliches Opfer Faustens Herrschaftswillen werden. Bei der Zwangsumsiedlung des alten Paares nimmt Faust den Tod der beiden Liebenden in Kauf und billigt ihn sogar.

c. Faust, die »Gelehrtentragödie« und die »Liebestragödie«

Faust, für Goethe ein Menschheitsparadigma für das gesamte Menschen-Mögliche, hat neben der Wissenschaftler-Handlung die Liebes-Handlung, die Gretchen-Tragödie. Das Geschehen auf der Goetheschen Faust-Bühne umfasst den großen spannungsreichen Innenraum des Menschen, das Singuläre des Individuums und seine Lebenspolaritäten, und den Außenraum der Welt in seinen geistesgeschichtlichen Epochen der Antike, des Mittelalters und der zeitgeistigen Gegenwart. Dramaturgisch ist das menschliche Geschehen von Faust I umfangen von einem Prolog und einer Wette um den Hauptprotagonisten »Faust«, den Menschen mit der »Unendlichkeit im Busen«, ob ihn die versucherische Kraft des Verneiners vom Urlicht und Urquell Gottes in Verblendung abzuziehen vermag. Der große Anonymus und Dichter des alttestamentlichen Buches »Hiob« (ijjob = der Angefochtene), mit der Gestalt des »leidenden Gerechten«, dem in all seinen Schmerzausbrüchen ein Gott gab, zu sagen, was er leidet, stand auch einer satanischen Wette zur Disposition: ob der fromme und untadelige Hiob sich auch im äußersten Leiden als Dulder und Gottliebender bewähre (Hiob 1,1.8; 2,3).[19] Wird der von Gott so reich Gesegnete Hiob ihm auch nach Verlust des Reichtums, all seiner Kinder und schließlich seiner Gesundheit »umsonst« (1,9) die Treue halten? Satan darf Hiob an den Rand der Vernichtung bringen, um dem homo religiosus vorzudemonstrieren, dass die Wirklichkeit des

---

[18] H. Ch. Biswanger, Geld und Magie. Deutung und Kritik der modernen Wirtschaft anhand von Geothes Faust, 1985, 50.
[19] Vgl. H. Möller, Sinn und Aufbau des »Buches Hiob«, 1955; S. L. Terrien, Job. Poet of Existence, 1957; H. Richter, Studien zu Hiob, 1959; G. Fohrer, Studien zum »Buche Hiob«, 1965; V. Maag, Hiob (FRLANT 128), 1982; C. G. Jung, Antwort auf Hiob, 1952, ³1961; P. Humbert, Le modernisme de Job, in: Wisdom in Israel and in the Ancient Near East, F.S. H. H. Rowley (Hg.) M. Noth / D. W. Thomas, 1955, 150–161; S. L. Terrien, Job. Poet of Existence, 1957; G. Fohrer, Studien zum »Buche Hiob«, 1965.

Überwirklichen, die Begegnung mit der Göttlichkeit des Göttlichen sich nicht in den Kategorien der Belohnung und Bestrafung vollziehe. Die Krise der alttestamentlichen Weisheit[20] findet hier ihre exemplarische Darstellung. Vor der Göttlichkeit Gottes relativieren sich menschliche Maßstäbe und Vorstellungen. Von dieser kosmischen Szene wird Goethe – durch Schiller darauf hingewiesen – die Wette für seinen Faust-Prolog entlehnen. Beide Wetten werfen ihr Licht auf den Abgrund Mensch: einmal vom Überweltlichen und Göttlichen her, und einmal vom Unterweltlichen und Menschlichen her (Satan – Gott im Buch »Hiob«), (Gott – Mepisto im Faust), um die Auseinandersetzung zwischen den beiden Sphären voranzutreiben bis hin zur menschlichen Grenzsituation in ihrer tragischen Tiefe, dem Schuldigwerden auf der einen Seite, und der Allmacht der Liebe auf der anderen Seite, jener unzerstörbaren Kraft, die im Göttlichen ruht. Gretchens Liebe wird – aus ihrem Liebesinstinkt heraus und ohne es zu wissen, – mit Mephisto um die Seele Faustens kämpfen. In ihren Gefühlsempfindungen folgt sie dem Antrieb ihres Herzens und der Stimme ihres Gewissens. Mephisto aber ist das negative Numen, die Einkörperung der dunklen Gegenstimme, eine dämonische Figuration, die die Werte zu verneinen und zu vermindern trachtet. Zu seiner Protologie und Eschatologie gehört das Nichts als Ursprung und Ziel der Welt. Seine Siege auf der Faust-Bühne sind nur temporär. Er unterliegt schlussendlich. Goethes Faust-Dichtung als zentrale Summe seiner dichterischen Existenz und seiner Symbolwelt schlechthin, lässt sich durch die Gretchengestalt als Schlüssel-Figur aufschließen. Es ist die Unschuldswelt der Liebe gegen das zerstörerisch Dämonische. Faust, das Rätsel, welches menschliches Leben heißt, durchlebt die conditio humana in proteischer Mannigfaltigkeit, samt den am Leben mitagierenden personae dramatis, die auf der Menschheitsbühne mitspielen. Alles ist von symbolischer Bedeutsamkeit, so die im »Prolog im Himmel« (V. 243–353) das Ganze übergreifende Idee der doppelten Wette: Gott-Mephisto und Faust-Mephisto. Faust aber versammelt in sich das ganze Thema »Mensch« in all seiner Weite, aber dunkel durchtönt in der polaren Wesensstruktur, die Goethe dramatisch ausformt.[21] Er greift auf die Volkssage vom Doktor Faustus zurück, um sein epochales Dichterwerk zu formen. Der gespenstische Magus wurde schon im Jahre 1587 in die Literatur eingeführt unter dem Titel:

---

[20] Vgl. J. van Oorschot, Gott als Grenze. Eine literar- und redaktionsgeschichtliche Studie zu den Gottesreden des Hiob (BZAW 170), 1987; L. G. Perdue, Wisdom in Revolt. Metaphorical Theology in the Book of Job (JSOT. S 112), 1991; H. Spieckermann, Die Satanisierung Gottes, in: »Wer ist wie du, HERR, unter den Göttern?«, in: FS O. Kaiser (hg. L. Kottsieper u.a.), 1994, 431–444; M. Köhlmoos, Das Auge Gottes. Textstrategie im Hiob (FAT 25), 1999 (Lit.).
[21] Vgl. H. Meyer, Goethe. Das Leben im Werk, 1949; H. Mayer, Goethe im XX. Jahrhundert, 1967; K. R. Mandelkow, Goethe in Deutschland. Rezeptionsgeschichte eines Klassikers, 2 Bde., 1980 u. 1989.

XII Figurationen der Liebe auf den Brettern, die »die Welt bedeuten«

»Historia von Doktor Johann Faustus, dem weitbeschreiten Zauberer und Schwarzkünstler«. Dieser Stoff des Volksdramas vom wissenschaftsmüden Professor aus Wittenberg, der sich dann der Magie zuwendet, findet sein vielstimmiges literarisches Echo mit all den Anreicherungen, Wandlungen und Modernisierungen bis hin zum Puppenspiel. Goethe kannte das Volksbuch und Volksschauspiel des Doktor Faust, der der Stimme der teuflischen Einflüsterung verfällt und macht daraus das Weltspiel des liebend-zerstörenden Magiers und zwiespältigen Suchers nach dem Mehr-als-Menschlichen.[22] Goethe wird das unruhige »faustische« Verlangen noch steigern. Faust will »alle Wirkenskraft und Samen« schauen, um in gefühlt-gewusster Identität in das All-Leben der Weltseele einzutauchen. Es ist dies eine Berufung zur Schau des enthüllten »Urphänomens«, ähnlich der platonischen Idee. Goethe beschreibt das von ihm oft gebrauchte Wort »Urphänomen«: »ideal als das letzte Erkennbare, real als erkannt, symbolisch, weil es alle Fälle begreift, identisch mit allen Fällen«. Und es steht als »ein Symbol für alles übrige, wofür wir keine Worte noch Namen suchen brauchen«. Im enthüllten Urphänomen erscheint jene innerlichste und zugleich epiphan werdende Entelechie, der man ahnungsvoll innewird. Solch »er-innertes« »Inne-Sein« und Dabei-Sein ist schauendes Fühlen, deutendes Darstellen der inneren Wirkkräfte des Daseins und so die erfahrene innerweltliche Transzendenz. In der Potentialität des Willens, dem unstillbaren und strebenden Bemühen nach Erkenntnis, findet Faust keine Erfüllung, so dass er den Erdgeist beschwört, die in der Natur wirkende Kraft, um durch sie die Erfahrung einer ganzheitlichen Wahrheit in ihrem lebendigen Wirkungszusammenhang zu machen. In solcher (Wieder-) Aneignung sucht Faust auch den Grund, seine wahre Autonomie zu finden, wird aber vom Erdgeist höhnisch in seine Grenzen verwiesen. Von all dem angehäuften Wissen enttäuscht und unbefriedigt, keine wahren und tragenden Erkenntnisse erlangt zu haben, greift er zum Giftbecher, um seinem Leben ein Ende zu setzen. Aber der Glockenklang und der österliche Chorgesang »Christ ist erstanden« (V. 737 ff.) aus der nahen Kirche wecken in ihm Erinnerungsmomente seiner Kindheit und halten ihn von jenem »letzten, ernsten Schritt« (V. 782) zurück. Sie haben noch die Macht, ihn jetzt zurück in das Leben zu rufen. Und der Chor der Engel singt zum Auferstandenen: »Euch ist der Meister nah, Euch ist er da!« (V. 806 f.).

---

[22] Vgl. G. Roethe, Die Entstehung des »Urfaust«, in: SPAW, phil.-hist. Kl. 1920, 642–679; W. Krogmann, Goethes »Urfaust«, 1933 (Germ. Studien 143). Vgl. H. O. Burger, Motiv, Konzeption, Idee – das Kräftespiel in der Entwicklung von Goethes »Faust«, in: Dasein heißt eine Rolle spielen. Studien zur deutschen Literaturgeschichte, 1963; R. Petsch, Faustsage und Faustdichtung, 1966; H. Birven, Der historische Doktor Faust. Maske und Antlitz, 1963; G. Müller, Geschichte der deutschen Seele. Vom Faust zu Goethes Faust, ²1963.

Faustens darauffolgender Osterspaziergang mit Famulus Wagner vor das Tor der Stadt, wo er Spaziergänger aller Art trifft, Bürger, Handwerker, Soldaten, Bauern, lässt in ihm ein tiefes Unbehagen aufkommen ob deren selbstzufriedener Beschränktheit. An der Banalität solchen Treibens spürt er das Ungenügen der bloß sinnlichen Seite eines solchen Lebens mit dem »einen Trieb« und wird sich dabei schmerzlich zugleich der Widersprüchlichkeit seines eigenen Wesens bewusst:

»Zwei Seelen wohnen, ach! in meiner Brust,
Die eine will sich von der andern trennen;
Die eine hält, in derber Liebeslust,
Sich an die Welt mit klammernden Organen;
Die andre hebt gewaltsam sich vom Dust
Zu den Gefilden hoher Ahnen.« (V. 1112–1117)

Das Faust auf seinem Osterspaziergang überfallende Entgrenzungserlebnis lässt ihn nun in seinem Seelenwesen zwischen Erkenntnisdrang und Lebensgenuss schwanken. Diese offenkundig gemachte Gespaltenheit seiner Seele kreuzt nun ein »stets verneinender Geist« (V. 1338), der sich aus dem Pudel entpuppende Mephistopheles, der Faust seine Dienste anbietet, mit ihm einen Pakt schließt, in welchen Faust eine bedeutsame Klausel einfügt, die das Bündnis in eine Wette verwandelt und damit den Ausgang offen lässt:

»Und Schlag auf Schlag!
Werd ich zum Augenblicke sagen:
Verweile doch, du bist so schön!
Dann magst du mich in Fesseln schlagen,
Dann will ich gern zugrunde gehen!
Dann mag die Totenglocke schallen,
Dann bist du deines Dienstes frei,
Die Uhr mag stehn, der Zeiger fallen,
Es sei die Zeit für mich vorbei!« (V. 1698–1706)

Der Drang als Form des faustischen »Allein ich will!«, verbindet sich in seinem Angetrieben- und Motiviertsein – im Gegensatz zum Wunsch – in keiner eindeutigen Befriedigungssituation stehenzubleiben, ist aber vom Unterstrom unwillentlichen Mit-Lebens und Mit-Leidens durchzogen. Die Wette macht die Faust-Dichtung zum Drama. Um Faust im Verweilen eines Augenblicks festzuhalten, führt ihn Mephisto in Auerbachs Keller in Leipzig, um ihn am fröhlichen und turbulenten Treiben der Studenten und ihrer Saufgelage teilnehmen zu lassen. Er soll sehen, »wie leicht sich's leben lässt« (V. 2160). Damit findet aber auch Mephistos Ansicht von der Intelligenz des Menschen ihre Veranschaulichung:

»Er nennt's Vernunft und braucht's allein,
Nur tierischer als jedes Tier zu sein.«

XII Figurationen der Liebe auf den Brettern, die »die Welt bedeuten«

Das exzessive studentische Treiben stößt Faust ab und Mephistopheles führt ihn in eine Hexenküche, wo er durch einen Zaubertrank verjüngt wird und in einem Zauberspiegel das Bildnis einer Frau erblickt, die ihm als Inbegriff aller weiblichen Schönheit erscheint. Er entbrennt in Leidenschaft zu ihr:

»*O Liebe, leihe mir den schnellsten deiner Flügel,*
Und führe mich in ihr Gefild!« (V. 2431 f.)

Mit dieser Szene ist aber schon die Liebestragödie der Margarete präludiert. In »Gretchen« wird das im Spiegel erschaute visionäre Bild Wirklichkeit werden und zugleich Vorschein sein der künftigen Erscheinung der schönen Helena.

d. Die Gretchen-Tragödie

In der äußeren Verjüngung wird Faustens selbstische Sinnlichkeit im Schauen des Schönen evident und auf das Urtümliche des Daseins selbst hin transparent gemacht. Er erlebt eine Wesensverwandlung durch den sinnlichen Schein und die Spiegelungen der Welt hin auf das Wesen des Anderen. Er wird sich seiner Gespaltenheit zwischen Auge und Herz, zwischen weltgieriger Augenlust und aufkeimender Liebe bewusst. Faust, der einem Mädchen auf der Straße begegnet, sie heißt Margarete, sein Geleit anbietet und sie sittsam und tugendreich findet, ist von der Begegnung mit diesem kindlich unschuldigen und selbstsicheren Geschöpf tief berührt. Mephisto will ihn mit diesem »süßen jungen Blut« (V. 2636) zusammenführen. Er führt ihn in Gretchens Zimmer, wo Faust ein Schmuckkästchen für sie hinterlässt, aber die Mutter schenkt den verdächtigen Schmuck der Kirche. Die Zielstrebigkeit und fordernde Unbedingtheit, mit der Faust mit Zuhilfenahme Mephistos Margarete an sich binden will, ohne Rücksicht auf ihr familiäres Umfeld und ihr traditionelles Geborgensein in ihrer Herkunft, wird zur Katastrophe führen. Das Gretchens Mutter gereichte Schlafmittel, um seinen nächtlichen Besuch bei Gretchen zu verheimlichen, hat eine tödliche Wirkung; Valentin, Gretchens Bruder, der die bösen Sticheleien über seine Schwester zu Ohren bekommt, will die Entehrte rächen und sinkt im Zweikampf mit Faust durch Mephistos Eingreifen tödlich verletzt nieder. Gretchen fühlt sich – an der Brunnenszene – schuldbeladen und doppelt schuldig geworden: am Tod ihrer Mutter und am eigenen Sündenfall, von Faust verführt und in Erwartung ihres Kindes, das sie dann, nach seiner Geburt, töten wird. Auch fühlt sie sich mitschuldig am Tod ihres Bruders. In Marthens Garten stellt sie Faust die Frage:

»Nun sag', wie hast du's mit der Religion?
Du bist ein herzlich guter Mann,
Allein ich glaub, du hältst nicht viel davon.« (V. 3415–17)

Und auf seine Ausflüchte hin insistiert sie mehr und mehr, fragt, ob er an Gott glaube, die heiligen Sakramente ehre, zur Messe und zur Beichte gehe (V. 3421–3430)? Nach seinen vagen Ausflüchten sagt sie ad hominem auf ihn zu: »So glaubst du nicht?«, worauf er mit dem berühmten Bekenntnis Goethes zu Gottnatur antwortet:
   Faust:

»Mißhör mich nicht, du holdes Angesicht!
Wer darf ihn nennen?
Und wer bekennen:
Ich glaub ihn?
Wer empfinden
Und sich überwinden
Zu sagen: ich glaub' ihn nicht?
Der Allumfasser,
Der Allerhalter,
Faßt und erhält er nicht
Dich, mich, sich selbst?
Wölbt sich der Himmel nicht dadroben?
Liegt die Erde nicht hierunten fest?
Und steigen freundlich blickend
Ewige Sterne nicht herauf?
Schau ich nicht Aug' in Auge dir,
Und drängt nicht alles
Nach Haupt und Herzen dir,
Und webt in ewigem Geheimnis
Unsichtbar sichtbar neben dir?
Erfüll' davon dein Herz, so groß es ist,
Und wenn du ganz in dem Gefühle selig bist,
Nenn es dann wie du willst,
Nenn's Glück! Herz! Liebe! Gott!
Ich habe keinen Namen
Dafür! Gefühl ist alles;
Name ist Schall und Rauch,
Umnebelnd Himmelsglut.« (V. 3431–3458)

Und Margarete setzt hinzu:

»Denn du hast kein Christentum.« (V. 3468)

Goethe dichtete zum »faustischen« Unendlichkeitsverlangen das tragische Liebesmotiv hinzu mit dem jungen Mädchen Margarete (Gretchen), das dem Fascinosum des Weltmannes erliegt und ihn mit voller Hingabe liebt. Sie wird sein erstes Opfer sein. Die berühmte Frage, die sie dem gelehrten

XII Figurationen der Liebe auf den Brettern, die »die Welt bedeuten«

Doktor Faustus stellte, »Wie hast du's mit der Religion?«, beantwortete er, alle Namen für Gott seien bloßer »Schall und Rauch«, um auf ein allumfassendes Gefühl (»Gefühl ist alles«) hinzuweisen.

Eine Sequenz vielfältiger Szenen mit dem faustischen »Allein ich will« endet in »Faust I« mit dem tragischen Leid der unschuldigen Liebe Gretchens, und dem von Gewissensbissen heimgesuchten Verführers, dem sich im Sinne des Vergil'schen »Sunt lacrimae rerum« nicht nur der Tränengrund der Wirklichkeit auftut, sondern auch der Mitleidens-Abgrund. »O wär ich nie geboren!« (V. 4595). Mit unzerstörbarer Liebeskraft, die im Göttlichen ruht, sagt Gretchen: »Wir werden uns wiedersehen!« (V. 4585). Das szenisch entfaltete Wesen Gretchens ist, trotz ihres tiefen Abfalls von ihrer Lebensordnung, wie ein Gegenmodell, kraft ihres Glaubens und ihrer Liebe. Tiefe Unruhe und Sehnsucht durchpulst Gretchen, wenn sie am Spinnrad das Lied vom König in Thule singt. Sie ist nicht nur eine durch Mephisto Faust zugeführte Versuchung der Geschlechtlichkeit, Mutter- und Kindesmörderin, mit der drückend empfundenen Schuld, die nur aus der Liebe zu Faust entsprang, sondern auch in ihrer hingebenden reinen Liebe Widerschein einer göttlichen, ewig-weiblichen und zum Himmel hinaufziehenden Liebe. Wird sie schuldig auf der sozialen Ebene der Mit-Welt, so ist der Kern ihres Wesens liebende Hingabe und Entselbstigung. So bildet sie den metatragischen Gegenpol zum selbstischen, die Welt durchstürmenden Faust. Am Ende kommt sie ihm als ewige rettende Liebe zu Hilfe. Sie ist das »jugenderste, längst entbehrte, höchste Gut« einer Herzenskultur und Seelenschönheit und so der große innere Kontrapost zu Mephisto (vgl. V. 10.555ff.). Damit wird die Gretchen-Tragödie für Faust nicht nur sinnliche Versuchung, sondern von dem unzerstörbaren Kern ihrer kindlich totalen Liebe her heilend-wandelnde und rettende Gnade, die Faustens »Zwienatur« (V. 11.962) eint. Sie gibt der irdischen Liebe ihre tiefere Evidenz, die in der Schlussszene vom Pater ecstaticus die Wortfassung erhält:

»*Dass ja das Nichtige*
Alles verflüchtige,
Glänze der Dauerstern,
Ewiger Liebe Kern.« (V. 11.862–865)

In der Gretchen-Tragödie, der Tragödie einer Liebe, an der Faust schuldig wird, erfährt er seine menschliche Grenze im subjektiven Schuldgefühl und im Selbstzweifel: »O wär' ich nie geboren«. Die Gretchen-Tragödie steht im Zwielicht zwischen Liebe und Eros. Als der 100jährige Faust über die Fragwürdigkeit seiner Bindung an magische Kräfte sinnierte, wurde er von der »Sorge« heimgesucht und mit Blindheit geschlagen, während er noch auf die Vollendung seiner Utopie drängte, ein freies Volk auf freiem Grund anzusiedeln (V. 11.580). Aber es ist die Ironie seines Lebensfinales, denn schon schaufeln die Lemuren sein Grab, zu dem er mit den Worten seines Schlussmonologs, die den Wortlaut der Wette aufnehmen (V. 11.581–586), tot zurücksinkt. In der im barocken pompe funèbre ausgestalteten Grablegungsszene entreißen himmlische Heerscharen »Faustens Unsterblichkeit« und tragen sie in verschiedenen Stufen – von den Anachoreten in den Bergschluchten, in immer höhere geistige Regionen der Läuterung, bis hin zur Mater gloriosa. Dann singen die Engel jene, Faustens Seelenheil begründenden Verse:

»Wer immer strebend sich bemüht,
Den können wir erlösen.«

Die Engel tragen also die »geeinte Zwienatur« (V. 11.962) und Faustens »Erdenrest« (V. 11.954), das Bedingte und Unbedingte, Erdhafte und Himmlische, zur mystischen Einigung in Gottes Ewigkeit, die den immer »strebenden« Menschen als verwandelte Entelechie aufnimmt.

Die Schlussszene des 5. Aktes in »Faust II« wurde damit in einer von Einsiedlern und himmlischen Gestalten bewohnten »christlichen« Landschaft angesiedelt. Es ist der religiöse Szenenhorizont für den gestorbenen Faust, dessen Unsterbliches in höhere himmlische Sphären emporgetragen wird. Symbolgestalten sind die Mitakteure in einer Topographie des Mehr-als-Menschlichen, jenseitigen und beseligenden Bereiches. Die schuldlos schuldhafte Liebe Gretchens wird zum Symbol der erlösenden Liebe als übertragische und rettende Kraft. Der Anachoret, der Pater ecstaticus (V. 11.854 ff.), spricht von der Verbindung von Mensch und Gott, während der Pater profundus (V. 11.866 ff.), noch mit der sinnenhaften Welt verbunden, die Natur symbolisiert, die wie in einem Spiegel Hinweis auf das Göttliche ist. Es ist ein Sphärenraum wechselseitiger Liebe und ihrer Reziprozität, einander zugewandt in Gebet und Lehre. So bittet der Doctor Marianus (V. 11.989 ff.) für die drei großen Büßerinnen der Bibel (V. 12.032 ff.), die Magna peccatrix, die Maria Magdalena (nach dem Lukasevangelium 7,36), dann für die Mulier Samaritana (des Johannesevangeliums Kap. 4 am Jakobsbrunnen), und schließlich für Maria Aegyptiaca (der Acta Sanctorum). Und diese drei wiederum legen Fürbitte ein für die Büßerin, sonst Gretchen genannt, die selbst wieder für den »früh Geliebten, nicht mehr Getrübten« Faust (V. 12.077 f.) bittet. Diesen übernehmen nun die Seligen Knaben in »treuer Pflege« (V. 12.078), die unmittelbar nach ihrer Geburt Verstorbenen, noch bar der irdischen Aneignung, um das der Seele noch Fehlende zu ergänzen, dessen sie bedarf, um so Faustens »Zwienatur« von ihrem letzten Erdenrest zu reinigen, »um zu orten« (V. 12.099), was nur die »ewige Liebe« vermag. Die Una Poenitentium und die Mater gloriosa, Verkörperung der höchsten Sphäre, sind Wegweisung »zu höheren Sphären« (V. 12.094). Der Chorus mysticus besingt die Verbindung des Menschen zu Gott hin, denn alles in der Welt ist verweisendes Gleichnis auf ein Höheres, Göttliches, Ewiges:

»*Alles Vergängliche*
Ist nur ein Gleichnis;
Das Unzulängliche,
Hier wird's Ereignis;
Das Unbeschreibliche,
Hier ist's getan;
Das Ewig-Weibliche
Zieht uns hinan.« (V. 12.104–112)

Das »Unzulängliche« auf Erden, so unvollkommen es auch sein mag, wird »Ereignis« im Göttlichen.

Es ist das unfassbare Geheimnis der Liebe, das hier in allen Variationen wirkt als »Heiliger Liebeshort« (11.853), als »Ewiger Liebe Kern« (11.865), als die »allmächtige Liebe« (11.872), als »Ewigen Liebens Offenbarung« (11.924), als »Liebesbote« (11.882), als »die ewige Liebe nur« (11.964) und als des »Ewigen Liebens Offenbarung, die zur Seligkeit entfaltet« (11.924 f.) sowie als Teilgabe und Teilnahme: »Und hat an ihm die Liebe gar von oben teilgenommen« (11.938 f.). Nach den Worten der Engel »Die ewige Liebe nur vermag's zu scheiden« (11.946 f.), manifestierte sich diese in der Gestalt der Mater gloriosa und wird (V. 12.094 f.) charakterisiert als die große, alles überwindende Kraft, die Gretchen und mit ihr, Faust hinanzieht. Die Liebe, die emporhebt, hatte einst ihr Symbol und Gleichnis in der irdisch erwiesenen Liebe. »Das Vergängliche« als Gleichnis und Verweis auf das Unvergängliche wird in der himmlischen Sphäre »Ereignis«[23] »Hier ist's getan« (V. 12.107). Ist Schöpfung der männlich tätige Aspekt des Gottesgeheimnisses, so das Ewig-Weibliche Sinnbild göttlicher Liebe, die hinanführt. Der Bogen ist gespannt von der tragischen Liebe Gretchens hin zur Una Poenitentium, zu den drei heiligen Liebenden und heiligen Büßerinnen, dann zur Liebe der Mater gloriosa und zum Urlicht göttlicher Liebeskraft. Mit dem »Ewig-Weiblichen« (V. 12.110) der Schlussszene und seiner göttlichen Liebessphäre ist die Volte zur Anfangsszene gezogen, die im Himmel spielte als transzendente Ordnung des Spiels. Das Ewig-Weibliche ist Chiffre für die göttliche Liebe, wobei das Wort »ewig« für Gott steht und »weiblich« für Liebe. Von oben fällt Licht auf die Welt, die so verweisendes Gleichnis ist und in ihrem Sinn und Glanz bejaht und geheiligt wird. Die »Mater gloriosa« spricht es appellativ aus: »Komm, hebe dich zu höhern

---

[23] C. F. v. Weizäcker sagt zu dem Vers 12.106: das »Unzulängliche«: »Das Vergängliche ist nur ein Gleichnis, denn das Wesen, das in ihm gegenwärtig ist, ist unvergänglich. Aber nur in der Unzulänglichkeit des Vergänglichen ist uns das Wesen gegenwärtig; die Erfüllung unseres Seins ist, dass dieses Unzulängliche Ereignis wird.« C. F. v. Weizäcker, Einige Begriffe aus Goethes Naturwissenschaft, Abschnitt »Metamorphose«, Bd. 13.

Sphären« (V. 12.094). Diese rettende Bewegung nach oben spiegelt auch das Gedichtende »Höheres und Höchstes« im »Westöstlichen Divan«:

»Bis im Anschaun ewiger Liebe
Wir verschweben, wir verschwinden.« (Bd. 2, S. 117)

Was Faust nicht durch sich selbst zu vollenden vermochte, erhoffte er im Hiesigen als Glück einer sich ihm schenkenden Liebe. Seine »Himmelfahrt« spiegelte die Vorstellung Goethes, wenn Geist und Welt einen Grund haben, treten sie aus ihm heraus und werden wieder in ihn zurückgeholt – wie Gretchen dies in der letzten Faust-Szene versinnbildet. Durch den »Prolog im Himmel« erhielt das irdische Geschehen einen transzendenten Rahmen, die Wette lieferte das mythologische Symbolbild des zeitlosen Kampfes zwischen Gott und dem Satan (Mephistopheles) und Faust ist Repräsentant der Menschheit als ihr unstillbares »Streben«. Aber es stand unter dem übertragischen Bild:

» Wenn im Unendlichen dasselbe
Sich wiederholend ewig fließt,
Das tausendfältige Gewölbe
Sich kräftig ineinander schließt,
Strömt Lebenslust aus allen Dingen,
Dem kleinsten wie dem größten Stern,
Und alles Drängen, alles Ringen
Ist ewige Ruh in Gott, dem Herrn.« (Goethe, Xenien)

Die Gretchen-Handlung aber stand unter dem übermächtigen Anspruch, es solle sich in einer Liebe ereignen, was in allen »höchsten Worten« nur ein Versprechen war. Dieser vieldeutige und komplexe 2. Teil der Faust-Dichtung verweist auf Calderóns großes Welttheater. Goethe nannte sein literarisches Lebenswerk »Bruchstücke einer großen Konfession«. Schuf er in »Wilhelm Meister« den glücklichen Finder, so in »Faust« den ewigen Sucher.

2. Richard Wagner: »Der Ring des Nibelungen« – das tödliche Spiel um Macht und Liebe

Goethes »Faust« und Wagners »Ring« bilden zwei in einen mythischen Raum gesetzte Neo-Mythen, die sich mit menschlichen Grunderfahrungen auseinandersetzen, der Frage Macht und Liebe, Geist und Herz, Faustisches und dämonischer Geist sowie Herzenssehnsucht nach Liebe. Beide spiegeln unterschiedliche Lebenssphären und Formen der Ausformung und Gestaltung und mischen lyrische und epische Elemente mit dramatischen. Ist die Thematik des »Rings« von Wagner bereits in der revolutionären Umbruchszeit von 1848/49 als Kritik am status corruptionis der Welt des Geldes konzipiert worden, so versteht Wagner seinen musikalisch gestalteten Ring-Mythos als utopische Vollendung der Intentionen der »Neunten Symphonie« Beethovens, die im Chorfinale des »Seid umschlungen Millionen, diesen Kuss der ganzen Welt« seine szenische Umsetzung findet. Bernhard Shaw reflektierte in seinem »The Perfect Wagnerite« von 1898 den »Ring« als Chiffre und Kritik an dem modernen Industriezeitalter und der damit verbundenen Plutokratie des Kapitals.[24] Bei diesen Neomythen Goethes und Wagners geht es um eine Ästhetik des Säkularen als »erzählte Welt« mit ihren Handlungsträgern und ihrem Zeitrahmen. Erzählen ist immer auch ein Versuch, die Zeit zu verstehen, menschliche Erfahrungen zu besprechen, zu deuten und zu ordnen sowie Sinn zu stiften. Mythen habe eine lange mündliche Erzähltradition hinter sich und schöpfen aus dem unermesslichen »Brunnen der Vergangenheit«.[25]

a. Phänomenologie und Analyse des Mythischen

Im mythischen Bewusstsein geht es um Schicksale, Fragen, Handlungen (plots), Konflikte des Lebens, wobei das Leben selbst von Art einer Erzählung ist, denn jedes durchlebte Leben liest sich wie ein sich selbst deutendes Verstehen, denn es legt sich auf seine Weise aus und lässt eine »Geschichte« zurück. Jeder Mensch ist so in seine Geschichte verstrickt, ein Teil der »erzählten Welt« mit ihrem Sinn und Unsinn, Gelingen und Scheitern. So gewinnt die erzählte Zeit für den Menschen die Qualität der menschlichen Zeit und ihre Bedeutung von den gemachten Erfahrungen her. Auch Mythen sind erzählte Erfahrungen und so auf ihre Weise ein Stück Protophilosophie, indem sie implizit ideelle Vorstellungen und Gedanken, Philosopheme und Theologumena des Lebens versinnbildlichen und durch Handlungen und Geschehnisse darstellen. In seinem »Ring« travestiert Wagner nordische Mythen und orientiert sich formal an der griechischen Tragödie, vor allem an »Prometheus« und der »Orestie« des Aischylos. Der griechische Tragödiendichter schaffte damit eine neue Denk- und Kunstform und gab den darin gestalteten Mythen die sprechendste und prägnanteste Ausdrucksform. So hat die »Orestie«[26] selbst eine trilogische Struktur, den Dreischritt von Tat, Gegentat und Versöhnung. In dieser Grundkonstellation von Göt-

---

[24] Vgl. D. Borchmeyer, Das Theater Richard Wagners. Idee-Dichtung-Wirkung, 1982; M. Gregor-Dellin, Richard Wagner. Sein Leben, sein Werk, sein Jahrhundert, 1980.
[25] Th. Mann, Joseph und seine Brüder. Romantetralogie, entstanden 1926–1943; »Vorspiel« »Erster Satz«.
[26] Vgl. K. Reinhardt, Aischylos als Regisseur und Theologe, 1949, 79–162; D. Kaufmann-Bühler, Begriff und Funktion der Dike in den Tragödien des Aischylos, 1951;

ter, Menschen und Schicksal, geht es um eine mythische Anthropodizee, eine Rechtfertigung des Menschen. Der schuldbeladene Orest wird am institutionellen Ort der Versöhnung durch einen göttlichen Gnadenakt freigesprochen, und aus den Erinnyen, den Mächten der Rache und Vergeltung, sind Eumeniden, Kräfte des Segens geworden.

Wagners Ring-Tetralogie sucht das Erbe der attischen Tragödie anzutreten und ist nach dem Gestaltungsprinzip der griechischen Tragödie, vor allem der Aischyleischen »Orestie«, gestaltet, der einzig vollständig erhaltenen Trilogie der Antike mit den zusammengehörigen Stücken »Agamemnon«, »Choephoren« (Die Opfernden am Grab) und den »Eumeniden« (Die Schutzflehenden). Die drei Einzelstücke eines Spieltages fügen sich in eine übergreifende dramaturgische Einheit ein. Orestes, Agamemnons Sohn, nimmt an den Mördern seines Vaters Rache, was seine Verfolgung durch die Fluch- und Rachegöttinnen, zur Folge hat. Der Handlungsablauf ist nach dem Prinzip a-a-b komponiert, der Sequenz von Handeln, Leiden und Erkennen.[27] Bereits das erste Chorlied im Agamemnon nennt die das Drama bestimmenden Leitmotive: der von außen verhängte Schicksalszwang auf der einen Seite und die von menschlicher Verblendung kreierte innere Schuld des Menschen, der göttliche Rechtsnormen bricht. Das unerbittliche zeusgarantierte Gesetz, das den Menschen unter dieses Recht (dikê) zwingt, lautet: »Durch Leiden lernen« (pathei máthos, V. 250f.). Goethe nannte die Orestie das »Gewebe eines Urteppichs«, in welchem »Vergangenheit, Gegenwart und Zukunft ... so glücklich in eins verschlungen sind, dass man selbst zum Seher, d.h. gottähnlich wird«.[28]

In seiner analytischen Tragödie, dem »Ring«, als Spiel um Macht und Liebe, orientiert sich Wagner strukturell an der »Orestie« des Aischylos, die der englische Neuromantiker A. Ch. Swinburne (1837–1909) zu den »größten Schöpfungen des menschlichen Geistes« zählt. Die »Orestie« als aischyleische »Theodizee« mit der Institution des Areopags, spannt den Bogen von Verbrechen, Schuld bis hin zum versöhnenden Ausgleich im Horizont einer neuanbrechenden Ordnung. Der Chor, mehr als in der Rolle des »idealen Zuschauers«, verkörpert die außerzeitliche, dionysische Welt, eine kollektive Hauptperson.

W. Jens, Strukturgesetz der frühen griechischen Tragödie, in: Stud. Generale 8 (1955) 246–253.
[27] Vgl. W. Jens, Strukturgesetz der frühen griechischen Tragödie, in: Stud. Gener. 9 (1955) 246–253; W. H. Friedrich, Schuld, Reue und Sühne der Klytämnestra, in: Ders., Vorbild und Neugestaltung. Sechs Kapitel zur Geschichte der Tragödie, 1967, 140–187; K. Reinhardt, Aischylos als Regisseur und Theologe, 1949, 79–162.
[28] J. W. v. Goethe, Brief an Humboldt, 1. Sept. 1816.

b. Das musikdramatische Philosophicum

Richard Wagner, Mythologe und musikalischer Mythopoet, schuf mit seinem »Ring des Nibelungen« die Monumentaltragödie des 19. Jahrhunderts und das umfangreichste Werk des Musiktheaters mit einer Dauer von fast sechzehn Stunden. Was Friedrich Nietzsche als »hinreißenden Trauermarsch, pompöse Leichenfeier am Grabe des 19. Jahrhunderts, ja, der ganzen Neuzeit« charakterisierte, fasste ein halbes Jahrhundert später Thomas Mann in den lapidaren Satz: »Leidend und groß, wie das Jahrhundert, dessen vollkommenster Ausdruck sie ist, steht die geistige Gestalt Richard Wagners mir vor Augen«. Wagner, dieser »dithyrambische Dramatiker«, wie Friedrich Nietzsche ihn nennt, dichtender Komponist und komponierender Dichter, ist selbst ein »zerrissenes« Genie. Er schuf mit seinem »Ring« eine tragische Parabel von den beiden Grundbegriffen »Macht« und »Liebe«, die beiden großen Variablen der conditio humana.

Im Dresdener Revolutionsjahr 1848/49 fasste Wagner den Plan zu einem Siegfried-Drama, dem deutschen Volkshelden, dem Vorbild des »gewünschten, gewollten Menschen der Zukunft«, der ein Neues heraufführen soll. Er ist Kämpfer gegen die sozialen Missstände und Befreier der versklavenden Macht des Geldkapitals sowie Vollbringer der »erlösenden Welttat«. Dieses utopische Programm findet dann seine Ausweitung in eine Vor- und eine Nachgeschichte.

So zeichnet Wagner im »Ring« in seine Musikdramaturgie ein philosophisches Gedankensystem ein und intellektualisiert somit den alten germanischen Mythos mit einem hermeneutischen Schritt vom Mythos zum Logos. Dabei schöpft er aus verschiedenen Quellen und schafft sich so seine eigene Mythologie als utopische raum- und zeitlose Idee und als politisch-ästhetische Parabel. Das monumentale Gebäude des musikalischen »Ring«-Dramas nannte Carlo Schmid eine »Summa artium seaculi«. Konzipiert wurde so ein deutscher Neo-Mythos im antik tragischen Geist der Grundhybris, die alles auf den Niedergang zutreiben lässt mit Machtgier, Gewalt, Liebesverneinung und Lieblosigkeit. Dieses in ein überdimensionales in Worte und Musik travestiertes Gedankengebilde um den Fluch auf die Liebe, erreicht dann in der »Götterdämmerung« sein tragisches Finale. Es ist die Darstellung eines agonalen Geschehens, wie im frühen Vorschein der Dramatik des heraklitischen Aions, des Gottes der Zeit, des »spielenden Kindes« (Frg. 52 DK), das aufbaut und zerstört. Wolfgang Schadewaldt nannte Wagners Musikdrama ein »mythisches Palimpsest«, wo unter den germanischen Mythen und Sagenstoffen mythische Urmotive und Konstellationen der attischen Tragödie hindurchscheinen:[29] So z. B. im »Fliegenden Holländer« und auch im »Tannhäuser« die Odysseusgestalt, des Wanderers der Meere, der sich aus den Armen der Kalypso und Kirke löst, wie Tannhäuser aus den Umarmungen des Venusberges; im Lohengrin-Mythos sieht er eine Spiegelung des Zeus-Semele-Mythos mit der neugierig in das begegnende Geheimnis eindringenden Frage, die auch wie in der Mythe der Psyche das Liebesglück zerstört. Wagner schafft mit seinem »Ring« einen Totalmythos der Götter und Menschen, eine Mythologie der Menschheit, die um zwei elliptische Pole kreist, »Liebe« und »Macht«, um sie als raum- und zeitlose Idee des Mythos, der nie war und immer ist, zur sozialen Utopie zu gestalten. Zwei Grundverfehlungen werden die tödliche Abstiegslinie auf das Ende hin bestimmen, die Gier nach Gold, Gewalt, Macht, Besitz, Unrecht, sowie die Lieblosigkeit und der Liebesverrat. Wie Alberich verrät auch Wotan die Liebe an die Macht, die ihm zum Liebesersatz gerät. Gegenüber der Walküre Brünnhilde gesteht er:

»Als junger Liebe
Lust mir verblich,
verlangte nach Macht mein Mut.«

Frevelnd hatte er aus dem Stamm der Weltesche sich seinen Speer geschnitten, eine schärende Wunde geschlagen, die ringsum die Natur verdorren lässt und zur sinnfälligen Chiffre wird für die Versehrung und Zerreißung des Zueinander der menschlichen wie der außermenschlichen Natur:

»Von jäher Wünsche
Wüten gejagt,
gewann ich mir die Welt.
Unwissend trugvoll,
übt ich Untreue,
band durch Verträge,
was Unheil barg.« (VI, 37)

Und:

»In langer Zeiten Lauf
zehrt die Wunde den Wald;
falb fielen die Blätter,
dürr darbte der Baum;
traurig versiegte
des Quelles Trank.« (VI, 177 f.)

Wotans Machtgier wird auf ein Ende zutreiben und hat die tragische Erkenntnis bei sich, den Untergang nicht mehr verhindern und aufhalten zu

---

[29] Vgl. W. Schadewaldt, »Richard Wagner und die Griechen«, in: Wieland Wagner (Hg.), Richard Wagner und das neue Bayreuth, 1962.

können. Beide, der Schwarzalbe, und spiegelbildlich zu ihm, der lichte Gott Wotan, gieren nach der Macht des Ringes, entsagen der Minne, der eine, weil sie ihm versagt bleibt, der andere, weil er sie durch Macht ersetzt. Zwei Akteure sind spiegelbildlich konzipiert und für den Nieder- und Untergang verantwortlich.

c. »Das Rheingold«: Alberichs Schicksalsfluch auf die Liebe

Das »Rheingold«, das ursprünglich im Titel das »Raub«-Thema enthielt (»Der Raub des Rheingoldes«) ist Vorspiel, »Vorabend« und Auftakt zu den drei folgenden »Tagen«, der »Walküre«, dem »Siegfried« und der »Götterdämmerung«. Es exponiert gleich in seiner ersten Raub-Szene des Rhein-Goldes die Frevel-Ursache des folgenden Endzeit-Dramas.[30] Alles beginnt in der Dämmerung grauer Urzeit, bei einem Anfangszustand der Natur als Epiphanie elementarer göttlicher Mächte, der Zwerge, Riesen und Götter, und mit dem an die Gestalt des Nacht-Alben Alberich gebundenen Ur-Falls. Mit erzählten Namensgeschichten wir Alberich, Wotan, Loge, Erda u. a. entsteht eine Welt abgestufter Bedeutsamkeit und ein Spektrum von Akteuren, die als sich darstellender Wille in Erscheinung treten.[31]

Im Klangbild des Es-Dur-Dreiklangs von 136 Takten wird der Rhein in seinem langsamen Dahinziehen zum Symbol des zeitlos Ur-Anfänglichen, der Natur in ihrem Urzustand und ihrer ungestörten Harmonie. Aus dem Wasser als dem primordialen Element wird sich das Drama der Welt entfalten. Diese »Weltanfangsmusik« ist wie ein Reflektieren über Natur und Welt in einem tönenden Es-Dur Abbild. Drei Nixen, die drei Rheintöchter, hüten in den Tiefen des Rheins in sorglos freudigem Spiel »des Goldes Schlaf«. Das Orchester besingt im Vorspiel jenen paradiesischen Urzustand der aetas aurea, diese in ihrer göttlich beseelten Natur und der ungebrochenen Macht des Eros.

Thomas Mann schreibt in seinem Roman »Der Zauberberg, Vorsatz«: »Geschichten müssen vergangen sein, und je vergangener, könnte man sagen, desto besser für sie in ihrer Eigenschaft als Geschichten und für den Erzähler, den raunenden Beschwörer des Imperfekts ...«. Und in »Richard Wagner und der ›Ring des Nibelungen‹« führt er das dahin aus: »Zurück zum Anfang, zum Anfang aller Dinge und ihrer Musik! Denn die Tiefe des

---

[30] Th. Mann, Wagner und unsere Zeit, Hg. v. E. Mann, 1963.
[31] Vgl. D. Ingenschay-Goch, Richard Wagners neu erfundener Mythos. Zur Rezeption und Reproduktion des germanischen Mythos in seinen Operntexten, 1983; C. Dahlhaus, Richard Wagners Musikdramen, 1971; D. Borchmeyer, Das Theater Richard Wagners, 1982; U. Bermbach, Der Wahn des Gesamtkunstwerks. Richard Wagners politisch-ästhetische Utopie, 1994.

Rheines mit dem schimmernden Goldhort, an dem seine Töchter sich tändelnd ergötzen, das war der unschuldvolle, von Gier und Fluch noch unberührte Anfangszustand der Welt, und in Einem damit war es der Anfang der Musik. Nicht nur mythische Musik: den Mythus der Musik selbst würde er, der dichtende Musiker, geben, eine mythische Philosophie und ein Schöpfungsprogramm der Musik, ihren Aufbau zu einer reichgefügten Symbolwelt aus dem Es-Dur-Dreiklang der strömenden Rheinestiefe.«[32]

Der »Ring« beginnt also mit einem ätiologischen Mythos, einer Vorgeschichte des Anfänglichen, mit dem dahinströmenden Wasser, Rhein genannt. Schon im alten Ägypten war es »Nun«, ein Urwasser, das alle weiteren Elemente des Weltwerdens in sich trug. Als unversieglicher Abfluss des Urwassers war der Nil konzipiert, der große Fluss »Jotru« mit seinem Genius, dem »Hapi«, der absoluten Achse des alten Ägypten, Orientirung und Meridian, der ihre Welt in »Osten« und »Westen« einteilte. Es ist der Urzustand eines »Goldenen Zeitalters«, eines göttlich beseelten Zustands der Harmonie. So auch im »Rheingold« der Rhein. Diese mythisch numinose Urgestalt setzt Wagner im berühmten Vorspiel in eine akustische Tonwelt um. Nach einer Gesprächsnotiz Cosimas mit Richard (vom 17. Juli 1869) ist es »gleichsam das Wiegenlied der Welt«, und nach einer Briefnotiz vom 11. Februar 1853 an Franz Liszt, enthält das »Rheingold« »der Welt Anfang und Untergang«.

In diese unvordenkliche und heile Welt bricht der Schwarz-Albe Alberich ein im Geiste des Bösen, der sexuellen Begierde und der Gier nach Besitz. Wie in griechischen Mythen kann schon ein »Anfang« der Welt nur erzählt, mit Namen benannt (»Rhein«) und Symbolen (»Gold«) angedeutet werden, nicht aber begründet. Das geniale Vorspiel Wagners ist als symphonische Musik angewandte Gedankenwelt, angewandte Philosophie. Der Schwarz-Albe mit seiner Libido ist die nordische Genesis-Schlange und sein Goldraub, wie der Feuerraub des Prometheus (Sonne = Gold), ein Tabubruch. Das Rheingold, Zeichen primordialer Kraft der unverletzten Natur, glänzt in den Strahlen der aufgehenden Sonne auf und der Grundfrevel geschieht durch Begierde. In dieser ersten Rheingold-Szene vollzieht sich die schicksalhafte Sublimierung des Eros in Macht.[33]

Zur szenischen Konstellation der ersten Szene:[34] der Nibelunge Alberich (Anwari) steigt »aus einer finstern Schlucht« empor und ist das Movens der dramatischen Geschichte vom Anfang und vom Ende. In das lieblich-sorglose und freudige Spiel der Rheintöchter bricht dissonant der hässliche

---

[32] Th. Mann, Leiden und Größe Richard Wagners, in: Ges. Werke IX, 1974.
[33] Vgl. Th. W. Adorno, Versuch über Wagner, 1964; U. Bermbach (Hg.), In den Trümmern der eigenen Welt, Richard Wagner ›Der Ring des Nibelungen‹, 1989.
[34] K. Pahlen, Opern der Welt: Richard Wagner, Das Rheingold, ³1994.

XII Figurationen der Liebe auf den Brettern, die »die Welt bedeuten«

Zwerg und Schwarz-Albe ein. In »brünstiger Glut« und lüsterner Begier trachtet er eine der Rheintöchter zu erhaschen und zu freien. Diese treiben ein neckisches Spiel mit ihm und weisen sein Liebeswerben höhnisch ab. Als von den Strahlen der aufgehenden Sonne getroffen, aus den Wassern ein »glühender Glanz« geheimnisvoll aufleuchtet, fragt er voller Neugier danach. Wellgunde enthüllt ihm, gegen den Willen ihrer beiden Schwestern, das Geheimnis des Goldes:

»*Der Welt Erbe*
gewänne zu eigen,
wer aus dem Rheingold
schüfe den Ring,
der maßlose Macht ihm verlieh'.« (1. Szene, K. Pahlen, 33)

Und als diese, ob der Preisgabe des Geheimnisses von Floßhilde gescholtene Schwester dieser entgegnet, dass laut einer Weissagung nur der den Ring schmieden könne, der für immer der Macht der Liebe entsage, einer unmöglichen Möglichkeit:

»*Nur wer der Minne*
Macht entsagt,
nur wer der Liebe
Lust verjagt,
nur der erzielt sich den Zauber,
zum Reif zu zwingen das Gold.«

Und Wellgunde sekundiert:

»*Wohl sicher sind wir*
und sorgenfrei:
denn was nur lebt, will lieben;
meiden will keiner die Minne.« (1. Szene, K. Pahlen, 35)

Ein Wählen zwischen Macht und Liebe wird hier exponiert, das Wählen zwischen der personalen Macht der Liebe als dem Geheimnis erfüllender Innerlichkeit auf der einen Seite, und der Griff nach dem gefährlichen Kleinod der Macht auf der anderen Seite. Alberich entreißt dem Riff das Gold, um den »rächenden Ring« zu schmieden und mit Hilfe des Rings die Herrschaft über alles, über die Welt, zu erringen. Das nun zur Macht, zum »machtgebenden Besitz« verdinglichte Gold, steht nun der sich frei schenkenden Liebe in tragischer Dissonanz gegenüber.

Alberich:

»*Das Licht lösch ich euch aus;*
entreiße dem Riff das Gold,
schmiede den rächenden Ring;
denn hör es die Flut:
so verfluch' ich die Liebe!«

Er bricht in furioser Dämonie in ein triumphales Hohngelächter aus, während über dem gellenden Schrei der Rheintöchter sich tiefe Nacht ausbreitet. (1. Szene, K. Pahlen, 37). Der Mythos führte zunächst in einen Urzustand hinein, in eine suggerierte Ursprungs-Harmonie, und in einen anfänglichen Konflikt im Werden, einem Verbrechen des Gold-Raubes. Auch Prometheus der griechischen Sage hatte den Willen zum Verbrechen, wie Schwarz-Alberich, der »im Anfang« liegende Schatten der Genesis-Schlange. Beide sind Grenzbegriffe. Beide tragen in sich die virulente Frage nach dem »unde malum«, »Woher das Böse«. Der »Ring« wird so zugleich zu einem tiefen Gleichnis des Wählens, das eine personale Geschichte in Gang setzt und damit die Frage nach Verbrechen und Schuld. Der Ring, der durch seine Rundform an der Symbolik des Kreises teilnimmt, der ohne Anfang und ohne Ende ist, verleiht dem, der ihn besitzt, magische Kräfte. Er kann sich Wünsche erfüllen, Macht und Herrschaft aneignen, Schätze vermehren; der Ring kann aber auch den Neid und die Begehrlichkeit anderer wecken. Zur archaischen Substanz des Rheingold-Mythos gehört so der Fluch auf die Liebe, um durch das geraubte Rhein-Gold und den daraus geschmiedeten Ring, Macht zu gewinnen. Der Fluch realisiert ein Unheilsszenarium mit all seiner negativen und zerstörerischen Valenz. Es wohnt dem Fluchwort eine selbsttätige Macht inne, weil im Wort selbst das Ausgesprochene mitwirksam ist. Der einmal ausgesprochene Fluch wirkt – wie dies beispielhaft die griechische Tragödie zeigt – immer weiter, bis seine Unheil bringende Macht erschöpft ist. In diesem mystisch-geschichtlichen Horizont eines Ur-Falls wird sich das ideelle Drama zwischen Liebe und Macht, zwischen dem Fluch des »Liebelosen« auf die Liebe und der todbringenden Besitz- und Machtgier entfalten. Aus diesem primordialen »Fall«, dem »Sündenfall« begangenen Unrechts im Raub des Rheingoldes, wird sich das Böse unter der Macht des Fluches fortsetzen. Liebesverzicht und Machtgewinn werden zu einem Dilemma mit der Stringenz des »tertium non datur«. Das Weltenschicksal wird nun seinen Lauf nehmen. Der nächste Akteur, der in der zweiten Szene des »Rheingold« die noch vormenschliche Bühne betritt, ist Wotan (Odin), der Gott, der die noch nicht geordnete Welt durch Verträge, die er in seinen Wanderspeer geritzt hatte, seinem ordnenden Willen untertan macht. Die Riesen Fasolt und Fafner hatten ihm eine Götterburg erbaut, Walhall, und haben sich als Lohn Freia ausbedungen, die Göttin der Schönheit und der Jugend, deren goldene Äpfel den Göttern ewige Jugend verleihen.[35] Loge, der verschlagene Feuergott, will Abhilfe und Ersatz schaffen. Er bringt den prahlenden Alberich dazu, die Zauberkraft der inzwischen von Mime ge-

---

[35] Im griechischen Mythos sind es die Hesperiden, die im fernen Westen die goldenen Äpfel hüten, die einst die Erdgöttin Gaia dem Zeus und seiner Gattin Hera zum Hochzeitsgeschenk gemacht hatte (Hesiod, Theog. 215 f.; Euripides, Herakles, 394 ff.).

schmiedeten Tarnkappe unter Beweis zu stellen. Als er sich in eine Kröte verwandelt, wird ihm die Tarnkappe entrissen, er gefesselt und vor die Götter geschleppt, wo er das Nibelungengold als Lösegeld preisgeben muss und Wotan ihm den Ring entreißt (3. und 4. Szene). Alberich stößt nun seinen zweiten Fluch aus: er solle dem, der ihn besitzt, außer der Macht nur Unglück und Tod bringen.

»*Wie durch Fluch er mir geriet,*
verflucht sei dieser Ring!
Gab sein Gold
mir Macht ohne Maß,
nun zeug' sein Zauber
Tod dem, der ihn trägt.«

Den Besitzer solle Sorge sehren und der Neid der anderen, und des »Ringes Herr« sei des »Ringes Knecht« (4. Szene, K. Pahlen, 121).

Die beiden Riesen erhalten nun als Lohn für den Bau von Walhall den verfluchten Ring. Bereits bei der Teilung der Beute zeitigt der Ring seine Wirkung: einer der Riesen erschlägt den anderen. Die Götter ziehen in die Burg ein, die Walhall genannt wird, mit dem selbst vertragsbrüchig gewordenen Herrn der Verträge, Wotan. Der prächtige aber zweideutige Einzug in Walhall steht – wie Loge es ahnt – schon im Vorschein der »Götterdämmerung«, dem Ende der Wotanwelt.

d. Die Liebestragödie der »Heiligen Hochzeit« (»Die Walküre«)

Der erste Tag des »Ring« ist von besonderer Gefühlsintensität gestaltet, ein »Superlativ von Leid, Schmerz und Verzweiflung«, wie R. Wagner selbst den Sturm der Herzen nannte, der den paarweisen Akteuren inhärent ist. Waffenlos sucht Siegmund vor dem Gewittersturm Schutz in Hundings Hütte und begegnet dort schicksalhaft seiner Zwillingsschwester Sieglinde, Hundings Frau, die ihn labt, ohne dass sich die beiden Geschwister erkennen. Der heimgekehrte Hunding erkennt in dem Fremdling seinen Erzfeind und fordert ihn für den kommenden Tag zum Zweikampf. Sieglinde hat ihrem Gatten den Nachttrunk bereitet, der ihn in einen tiefen Schlaf versetzt. Siegmund erinnert sich des Schwertes, das ihm einst der Wälse (= Wotan) für die Stunde seiner höchsten Not und Gefahr verheißen hatte. Er stieß es in den Stamm einer Esche und es war für den bestimmt, der es herauszuziehen vermag. (»Wälse, Wälse! Wo ist dein Schwert?«). Nach einem glühenden Bekenntnis ihrer Liebe und dem innerlich glühenden Liebeslied »Winterstürme wichen dem Wonnemond«, das wie ein Frühlingszauber wirkt, zieht Siegmund das Schwert Nothung aus dem Stamm – woran Sieglinde den

Bruder erkennt. Mit diesem Siegel geschwisterlich-bräutlicher Liebe feiern sie die Lenznacht der Vereinigung, aus der Siegfried hervorgehen wird. Siegmund löste das gebundene Leben Sieglindes (Befreiungsmotiv), zog aus dem Weltenbaum das für den stärksten Helden bestimmte Schwert – gleichsam die Bräutigam-Tat – und aus deren geschwisterlicher Verbindung wir dein Kind geboren, der säkulare Befreier. Die Inzestmythologie des Geschwisterpaares spiegelt den Urmythos der »Magna mater«, der »Großen Mutter« mit dem Motiv des degenerativen und regenerativen Inzestes, der den sich ständig wiederholenden Kreislauf des »Stirb und Werde«, von Tod und neuem, verjüngtem Leben zum Ausdruck bringt. Es ist das Motiv der sog. »Heiligen Hochzeit«, des »hieros gamos«, der die Fruchtbarkeit stimuliert und den symbolischen Vollzug der Erneuerung des Lebens als eines überindividuellen, naturhaften Geschehens im Bild von Tod und neuer Lebendigkeit firmiert.[36] Wie im alten Ägypten Osiris mit seiner Zwillingsschwester die heilige Hochzeit als Garantie neuen Lebens vollzieht, so muss sie der Pharao rituell nachvollziehen. In der Alchemie wird später König Sol, König Sonne, seine Schwester Luna, den Mond ehelichen.

Am folgenden Tag kommt es zum Zweikampf der beiden verfeindeten Kontrahenten. Siegmund fällt im Kampf gegen Hundig, weil Fricka, die Hüterin der Ehe, es so bestimmt hatte. Die Walküre Brünnhilde wollte ihn schützen, rettet Sieglinde und überreicht der Schwangeren das im Kampf mit Hunding von Wotan zerbrochene Schwert Siegmunds für den Sohn. Zur Strafe für ihren Ungehorsam entreißt Wotan ihr den Götterstatus, versetzt sie auf einem Felsen in einen Schlaf und umgibt die Schlafende mit einem Flammenwall, den nur der kühnste und »hehrste« aller Helden durchschreiten können wird. Auf ihm wird die Hoffnung der Rückgewinnung des »Rings« ruhen.

e. Im »Vor-schein« des Rettenden (»Siegfried«)

Der zweite Tag in der Tetralogie ist »Siegfried«, die »reinste menschliche Erscheinung« (R. Wagner), das »schwarze Scherzo«, das dem Adagio appassionato der »Walküre« folgt mit seinen märchenhaften und idyllischen Zügen: »Spielend wie Kinder durch ein Märchen, soll das Publikum in meinem jungen Siegfried den Mythos kennenlernen«, sagte R. Wagner. Mit Siegfried[37] tritt auf die Bühne des Dramas ein unbeschwertes Wesen, einer,

---

[36] Vgl. A. Avagianou, Sacred Marriage in the Rituals of Greek Religion, 1991.
[37] Zu den beliebtesten Helden des nordischen Mythos zählt Sigur, der Siegfried des Nibelungenliedes. Er ist die Hauptfigur der Völsunga-Saga (Geschichte der Völsungen) und der Edda-Lieder sowie von deren Umdichtung im Nibelungenlied, gestaltet aus den Urmotiven des nordischen Heldenliedes.

der »aus dem Wald fort in die Welt« zieht. Carl Dahlhaus schreibt: »Die Welt des Siegfried ist eine Gegenwelt zu dem tragischen Mythos, der die Handlung der Götterdämmerung bestimmt und auf ihr lastet: Siegfried ist ein Märchen.«[38]

Vergebens sucht Mime, bei dem Siegfried aufwächst, die zerbrochenen Trümmer des Schwertes Nothung zusammenzuschmieden. Siegfried schmiedet es und tötet mit ihm den Lindwurm Fafner und eignet sich Tarnkappe und Ring an. Als er seinen mit Drachenblut besprtzten Finger zu Munde führt, versteht er die Sprache des Waldvögleins, und erhält Kunde von der auf dem Felsen schlafenden Brünnhilde. Er bricht zu ihr auf und als sich ihm Wotan in den Weg stellt, zerschlägt er dessen Speer und damit die Macht des Gottes. Er durchschreitet das Brünnhilde umgebende Feuer, küsst scheu sie wach und lernt im Erwecken der Frau das Fürchten. Beide entbrennen in Liebe zueinander und preisen hymnisch die Liebe in seliger Umarmung. Carl Dahlhaus schreibt: »Die Erweckung Brünnhildes stellt, nicht anders als die des Dornröschens, ein Ende dar, das keine Fortsetzung zulässt, weil es Vollendung bedeutet. Was dennoch folgt, liegt jenseits der Märchenwelt, die es zerstört. Das Märchen vom jungen Siegfried gleicht einer glücklichen Insel, die vom Mythos verschlungen wird.«

f. Finale tragicum (»Götterdämmerung«)

Im Vorspiel zum großen Finale des »Ring«, der »Götterdämmerung«, spinnen drei Nornen das Schicksalsseil und erzählen »Endgeschichte«, dass Siegfried Wotans Speer zersplittert hatte, dass Wotan die Weltesche fällen ließ, um aus ihren Scheiten das Brandholz für Walhall aufzuschichten. Siegfried aber soll die Welt vom Fluch Alberichs erlösen und den Rheintöchtern das geraubte Gold und den Ring wieder zurückgeben. Walhall aber werde in einem Feuerbrand zu Asche und den Göttern werde das Ende dämmern. Plötzlich zerreißt das Seil und die Nornen, deren Wissen zu Ende ist, stürzen in die Tiefe. Siegfried, der zu neuen Taten aufbricht, überreicht Brünnhilde, die ihn mahnt, sie nicht zu vergessen, Alberichs Ring als Liebespfand. In der Halle der Gibichungen erzählt Hagen, Alberichs Sohn, und mit geheimem Wissen begabt, Gunther von der herrlichen Brünnhilde und der Gutrune von Siegfried. Als dieser auf seiner Rheinfahrt an ihren Hof gelangt, reicht Gutrune ihm einen Vergessens- und Liebestrank, der ihm jede Erinnerung an Brünnhilde nimmt und ihn gleichzeitig in Liebe zu Gutrune entbrennen lässt. Seine Vergangenheit ist gelöscht und er an Gutrune gebunden. Um sie zu erhalten, will er zum Dank für Gunther Brünnhilde freien und nimmt mit

---

[38] C. Dahlhaus, Richard Wagners Musikdrama, 1985.

Hilfe des Tarnhelms Gunthers Gestalt an, entreißt Brünnhilde den Ring zum Zeichen ihrer Vermählung mit Gunther und führt sie mit sich fort, um sie Gunther zu übergeben. In der Halle der Gibichungen mahnt Alberich seinen Sohn Hagen, für ihn den Ring zu gewinnen. Als Brünnhilde Siegfried und Gutrune als Paar sieht und den Ring an Siegfrieds Finger erkennt, bezichtigt sie ihn des Treuebruchs – Siegfried leugnet seine Schuld. Sie aber verbündet sich mit Hagen und den Gibichungen zum Mord an Siegfried. Hagens Speer, elementare Triebkraft des Dramas und Instrument rächender Sühne, trifft Siegfried tödlich. Vorher hatte Hagen Siegfried bei der Rast einen Trunk gereicht, der in ihm all die alten Erinnerungen wieder weckte. In völliger Entrücktheit wurde er wieder seiner innigen Liebe zu Brünnhilde gewärtig, bevor er von Hagens Speer rücklings ermordet wurde. Im Streit um den Ring erschlägt Hagen dann auch seinen Halbbruder Gunther, und als er nach dem Ring an Siegfrieds Hand langt, ergreift ihn tiefer Schauer, als sich der Arm des Ermordeten in die Höhe hebt. Brünnhilde erkennt den Trug, nimmt den Ring an sich, legt den toten Siegfried auf den Scheiterhafen und entzündet ihn. Sie selbst wirft sich in die Flammen des Scheiterhaufens, der Siegfrieds Leichnam verbrennen wird, um sich in den Flammen mit ihn zu vereinen. Zugleich wirft sie den Ring den Rheintöchtern zu. Die Flammen ergreifen Walhall – zur Götterdämmerung und zum Finale eines Aschenhaufens. Thomas Mann schreibt: »So endet das Riesenwerk, ein Werk sui generis, ein mit Musik und weissagender Natur verwachsenes Weltgedicht, worin die Ur-Elemente des Daseins agieren« – die Gier nach Macht und das Mysterium der Liebe. Das Alte ist mit der Macht der Götter vergangen, während der Ring wieder dem Rhein zurückgegeben wurde.

Richard Wagners Nibelungentetralogie suchte das Erbe der attischen Tragödie anzutreten. Der Mythos von Macht und Liebe erhielt in der Camouflierung eines altnordisch-germanischen Mythos und der Siegfried-Sage der Edda eine elementar-kosmische Dimension. Die dem Mythos inhärente Anfangs- und Endzeit-Dramaturgie wurde vom Dichterkomponisten zu einer symbolischen Abbreviatur und als sozialgeschichtliches Thema der Welterneuerung gestaltet. Er stellte ein musikdramatisches Philosophicum auf die Bühne, und die Mythologie wurde zum Medium gesellschaftskritischer Reflexe. Der Grundkonflikt der Tetralogie von Liebe gegen Macht fand seine finale Lösung und Erlösung im Untergang. Am Ende kommt der heile Anfang wieder zur Investitur und der geraubte Ring findet seine Apotheose. Zugleich aber vollzog sich auch eine Travestie: Die Handlung der mythischen Götterwelt hatte sich als mythische Utopie auf die menschliche Ebene und ihre elementaren Kräfte verlagert. Am Ende dieses Weltgedichts soll nach Wagners Regieanweisung der Himmel sich mehr und mehr erhellen, ein dem Nordlicht ähnelnder Lichtschein solle sich ausbreiten und als ersehnter Vor-Schein auf eine neue Welt und neue Menschheit fallen. Über seinen »Ring« aber, der in einem Zeitraum von 26 Jahren – vom Entwurf bis zur letzten Note – als Darstellung eines großen Gedankens entstand, setzte Wagner am 13. August 1876 die Worte: »Vollendet das ewige Werk«.

Der Ring selbst als unterjochender Macht-Besitz hatte die tragische Dialektik bei sich, dass das, was seinen Erhalt und seine Festigung bewirken sollte, seinen Verlust herbeigeführt hat. Er wurde zur trüben Quelle sämtlicher Frevel: Alberich versklavte und verknechtete damit seinen Bruder Mime; Wotan wollte Freia zugunsten des »Ringes« an die Riesen »veräußern«; Fafner ermordete im Streit um den Ring seinen Bruder Fasolt, und Hagen Siegfried und seinen eigenen Halbbruder Gunther. Erst durch die Rückgabe des Ringes durch Brünnhilde, das »wissende Kind« Erdas, an die Rheintöchter, löste sich der Fluch. Für Brünnhildes »freieste Tat« war der Ring nicht Machtbesitz, sondern ein »Liebespfand«, von dem sie sagt:

»Denn selig aus ihm
leuchtet mir Siegfrieds Liebe.«

Das Geraubte wurde von ihr rückerstattet, Geschichte und Natur miteinander versöhnt, das Fluchgeschehen aufgehoben. In seiner Fluchrede auf den Ring in der 4. Szene des »Rheingoldes« hatte Alberich den Besitzer des Ringes als einen im doppelten Sinne »Besessenen« bezeichnet, »des Ringe Herr als des Ringes Knecht«, als einen vom Besitz Enteigneten und von der Macht Entmächtigten. Macht und Liebe waren die Abbreviatur eines Grundkonfliktes, der in den vielstoffigen Inhalt des szenischen Epos eingezeichnet war als Variante des Liebesmysteriums und des Erlösungsmythos der Liebe. Brünnhilde hatte den Ring, das einstige Liebespfand Siegfrieds für ihre Hand, und sein Testament vollstreckend, wieder an die Naturelemente rückerstattet und so die durch den Raub versehrte Natur in ihren integren Urzustand rückgeführt. In solch einer »restitutio in integrum«, einer Apokatastasis panton, der »Wiederbringung aller Dinge«, findet die Welt-kraft der Liebe – ihre zyklische Wiederherstellung und Erneuerung ihres vollkommenen Urzustands. Wie im Ring, mit der »wiederbringenden« Macht der Liebe Brünnhildes, ist in Faust II die Seelentiefe der Liebe Gretchens die Macht der Heilung und (säkularen) Erlösung. Der Ring, das fluchbeladene Besitzsymbol des Drachen, dem er entrissen wurde, ist zum Liebespfand Siegfrieds, des neuen Menschen, an der Hand Brünnhildes geworden – durch all die Intrigen und die menschliche Gier hindurch. Gegenüber der Macht des Goldes ist die Liebe, jene individualisierte Erlösungspotenz, zum Medium des Rettenden geworden.[39]

---

[39] Vgl. F. Piontek, Plädoyer für einen Zauberer. Richard Wagner: Quellen, Folgen und Figuren. 2006; S. Friedrich, Richard Wagner. Deutung und Wirkung, 2004; M. Dellin, Richard Wagner. Sein Leben – sein Werk – sein Jahrhundert, 1980.

g. Mythendämmerung: Das im Urelement Gold verankerte metaphysische Geheimnis und die Philosophie der Mythologie

In der Mythologisierung seiner Vorstellungen (»... denn im Kunstwerk werden eins sein«)[40] inspirierte sich Wagner an F. W. J. Schellings Programm der »Naturphilosophie«, die den Anspruch erhebt, in den Lebenserscheinungen eine lebendige Struktur und einen Systemcharakter erkennen zu können, um darüber Seins-Aussagen zu machen, und zwar vom Standpunkt der absoluten Identität von Ich und Welt, Geist und Natur, Idealität und Realität.[41] Schelling interpretiert den Reichtum der Erscheinungen in der Natur, um sie nach dem Prinzip der polaren Gegensätze zu begreifen und gedanklich zu systematisieren. Damit will er sie in ihren unter- und übergeordneten Abstufungen zur Geltung bringen. Im Bereich des Geistigen nimmt die Polarität die Form von Liebe und Hass, Macht und Ohnmacht, Gut und Böse, Individuum und Masse, Freiheit und Notwendigkeit an. »Im Drama«, schreibt R. Wagner in »Oper und Drama« (1851), »müssen wir Wissende werden durch das Gefühl«. Es geht um die »Gefühlswerdung des Verstandes« in der sinnfälligen Handlung, so dass Dichtung, Musik und szenische Handlung ineinandergreifen und zu einem Gesamtkunstwerk werden. Diese »poetische Ontologie« Schellings[42], wonach die Fesselung der Natur durch den Verstand das freie Prinzip des Lebens nicht in den Blick nimmt, hat sein Echo auch in Goethes Naturforschung gefunden, der z. B. das Phänomen Licht nicht nach dem Modell der Zusammensetzung aus elementaren Farben begreift, sondern diesem die Gelegenheit einräumt, sich in Freiheit dem Blick des Naturforschers zu zeigen, der die »Taten und Leiden des Lichtes« zu begreifen suche,[43] und zwar als Teil der Epiphanie der Natur.[44] Damit kommt im Deutschen Idealismus die verlorene Einheit in den Blick, die es neu zu begreifen und zu gewinnen gilt. F. W. J. Schelling (1775–1854) sieht sein Zeitalter als das »Zeitalter des literarischen Bauernkriegs gegen alles Hohe, Große, auf Ideen Gegründete«[45] und als Verlust eines »allgemein herrschenden Geistes« der Übereinstimmung und der schöpferischen Kraft, wo mit dem Auftreten der Reflexion und der mit ihr einhergehenden allgemeinen Entzweiung, der lebendige Geist nur noch zur Überlieferung wird. Durch die aufgeklärte Vernunft vollzieht sich eine Formalisierung und Ent-

---

[40] R. Wagner, Kunstwerk der Zukunft, 184?
[41] F. W. J. Schelling, Werke hg. M. Schroeter 1, 1927, 169–204; 413–419; 205–265.
[42] Vgl. G. Böhme (Hg.), Klassiker der Naturphilosophie, 1989; M. Stöckler, Was kann man heute unter Naturphilosophie verstehen? in: Philosophia naturalis 26 (1989) 1–18.
[43] J. W. v. Goethe, Werke, Hamburger Ausgabe 13, 315.
[44] Vgl. E. M. Engels, Die Teleologie des Lebendigen, 1982; M. Frank, Mythendämmerung. Richard Wagner im frühromantischen Kontext, 2008.
[45] und 2) F. W. J. Schelling, Philosophie der Kunst, Werke 1, 5, 360f. Vgl. B. Barth, Philosophie der Kunst. Göttliche Imagination und ästhetische Einbildungskraft, 1992.

theologisierung des Wissensbegriffs: Das »im Menschen sich selbst Bewusste und zu sich Gekommene« ist das »durch die ganze Natur Hindurchgegangene ..., das aus der Selbst-Entfremdung wieder in s i c h, in sein Wesen Zurückgebrachte«; es ist das wiederhergestellte Anfängliche.[46] Im Rückgriff auf F. v. Baader, J. Böhme und andere mystisch-gnostische und neuplatonische Traditionen ist für Schelling der Gedanke der Entfremdung grundsätzlich der der Entfremdung des Göttlichen. Sie ist einerseits »Gottentfremdung« und bedarf der Versöhnung der versöhnungsbedürftigen Welt, andererseits aber ist sie Selbstentfremdung Gottes in die Schöpfung, in das ganz Andere hinein, die durch Bewusstwerdung des selbstentfremdeten Gottes im menschlichen Bewusstsein zur göttlichen All-Einheit zurückgebracht und versöhnt wird.[47]

In seiner »Philosophie der Mythologie« sind für Schelling mythologische Vorstellungen »etwas wirklich Erlebtes und Erfahrenes, keineswegs Dichtung oder Träumerei«[48], denn sie machen im Bewusstsein der Völker selbst den Inhalt des »mythologischen Prozesses« aus. Die vielen Götter in den antiken Mythen hatten eine objektive Bedeutung und bedeuten das, was sie sind.[49] Für Schelling ist »die wahre Philosophie der Mythologie die sich selbst erklärende Mythologie«[50], denn der mythologische Prozess ist für ihn jener notwendige Weg der Menschheit vom anfänglich »relativen« Monotheismus über den Polytheismus, um zu einem wahrhaften Monotheismus zu gelangen: »Zu diesem, als eines frei erkannten, hat das Christentum den Zugang eröffnet«.[51] Diesen Weg beschreibt er in seiner »Philosophie der Offenbarung«: »Der Inhalt der Offenbarung ist nichts anderes als eine höhere Geschichte, die bis zum Anfang der Dinge zurück und bis zu deren Ende hinausgeht«[52], und den Schlüssel zu dieser »höheren Geschichte« sieht Schelling in der Offenbarung Gottes in Christus, dessen Person zu begreifen, die ja der Inhalt des Christentums ist[53], wäre das Ziel der »Philosophie der Offenbarung«. Anhand seiner spekulativen Exegese des Johannesprologs

---

[46] F. W. J. Schelling, Vorlesungen zur Geschichte der neueren Philosophie (1827) Werke X, 185 ff.
[47] Ders., Philosophie der Offenbarung, a. a. O. II / III, 367 f. 370 f. 372. 373 f.; Philosophie der Mythologie, a. a. O. II / VI, 249; W. Schulz, Die Vollendung des Deutschen Idealismus in der Spätphilosophie Schellings, ²1975; W. Schöpsdau, Die Evidenz Gottes im Mythos. Schellings Spätphilosophie und die Theologie, 1972; W. Teichner, Mensch und Gott in der Entfremdung oder die Krise der Subjektivität, 1984; J. E. Wilson, Schellings Mythologie. Zur Auslegung der Philosophie, der Mythologie und der Offenbarung, 1993.
[48] F. W. J. Schelling, Sämtliche Werke, (Hg.) K. F. A. Schelling, Bd. I-XIV, 1856-61; Bd. XI, 124.
[49] Schelling, a. a. O. XI, 193–198.
[50] Schelling, a. a. O. XIV, 137.
[51] Schelling, a. a. O. XII, 108.
[52] Schelling, a. a. O. XIV, 30.
[53] Schelling, a. a. O. XIV, 35.

wird dies im Einzelnen entfaltet. So ist die Menschwerdung Christi nicht das Verbergende seiner Göttlichkeit, sondern das, was sie allerst offenbart und im Wirken des irdischen Jesus als Weisheit Gottes in der Schöpfung und als deren letzte Absicht transparent werden lässt. Die Volute von der Schöpfung zur Offenbarung hat ihren Urgrund und ihr Ziel und zwar als Urgrund in jener Einheit, Gott genannt, die alles in sich schließt, und dem Endziel, in dem Gott in allem offenbar und »Alles in Allem« ist.[54] In seiner Reflexion über die menschliche Freiheit und das Böse sieht Schelling letzteres nicht bloß als Mangel, sondern als höchst wirksamen Gegensatz zum Guten. In dem Eingehen des menschlichen Eigenwillens in den Universalwillen sieht Schelling die absolute Einigung mit Gott als ewiges Sein und Leben. In der »Liebe« vollzieht sich die Verbindung solcher, die nicht notwendig verbunden sein müssen, weil »jedes für sich sein könnte und doch nicht ist, und nicht sein kann ohne das andere«.[55] Der Geist als der Wille zur Liebe – »die Liebe aber ist das Höchste« – findet darin das Ziel der Zeiten, wo Gott »Alles in Allem ist«[56] und wo er ganz verwirklicht sein wird als die letzte Einheit über allen Gegensätzen. Versteht Schelling Erlösung ganz im Sinne der christlichen Lehre, »... dass Christus für die Menschen zur Erlösung derselben und an ihrer Statt gestorben«[57], so deutet A. Schopenhauer sie im buddhistischen Sinne um: »Wahres Heil, Erlösung vom Leben und Leiden, ist ohne gänzliche Verneinung des Willens nicht zu denken«.[58] Denn was der »natürliche Mensch« genannt wird, »das ist eben der Wille zum Leben, der verneint werden muss, wenn Erlösung aus einem Dasein, wie das unsrige ist, erlangt werden soll«.[59] Für R. Wagner wird es – wie für Ludwig Feuerbach[60], die Liebe sein als Kraft der Reintegration. Auch T. W. Adorno wird in seinen »Minima Moralia« den Erlösungsbegriff in sein Philosophieverständnis einbeziehen und sagen: »Erkenntnis hat kein Licht, als das von der Erlösung her auf die Welt scheint«.[61] Später wird Max Scheler (1874–1928)

---

[54] Schelling, a. a. O. XIV, 73. Vgl. H. M. Baumgartner, (Hg.), Schelling. Einführung in seine Philosophie, 1975; H. J. Sandkühler (Hg.), Natur und geschichtlicher Prozess. Studien zur Naturphilosophie F. W. J. Schelling, 1984.
[55] Schelling, a. a. O. VII, 408.
[56] Schelling, a. a. O. VII, 408; Vgl. K. Hemmerle, Gott und das Denken in Schellings Spätphilosophie, 1966; W. Kasper, Das Absolute in der Geschichte. Philosophie und Theologie der Geschichte in der Spätphilosophie Schellings, 1965; W. Schneider, Ästhetische Ontologie: Schellings Weg des Denkens zur Identitätsphilosophie, 1983; B. Barth, Schellings Philosophie der Kunst. Göttliche Imagination und ästhetische Einbildungskraft, 1991; P. L. Oesterreich, Philosophie, Mythos, Lebenswelt. Schellings universalhistorischer Weltalteridealismus und die Idee eines neuen Mythos, 1984.
[57] F. W. J. Schelling, Philosophie der Offenbarung, Werk XIV, 204.
[58] A. Schopenhauer, Die Welt als Wille und Vorstellung. Werke 1 (1938) 470.
[59] A. Schopenhauer, a. a. O. 479; vgl. 442. 464. 469. 480. 487. u. ö.
[60] L. Feuerbach, Das Wesen des Christentums I (1956) 109. 253.
[61] T. W. Adorno, Minima Moralia, ²1962, 333.

das Heils- oder Erlösungswissen als höchstes Wissensideal bezeichnen. Den drei obersten menschlichen Wertmodalitäten, den Vitalwerten, mit denen der Mensch ein Leben sichert, den Geisteswerten, die ihn seine menschlich-kulturelle und soziale Identität geben und den Heiligkeitswerten, mit denen er sich in einer geglaubten Wirklichkeit einwurzelt, entspricht auch die Wissenstrias von Leistungs-, Bildungs- und Heiligkeitswissen.[62] Zusammengenommen ergeben sie erst die volle Idee d e s Wissens und sind einander gleichursprünglich und dem Menschen essentiell gegeben. Für Scheler bilden die Sehnsucht nach Heil und die Liebe zum Heil aller Dinge, die beiden Urkategorien der Religion, ihr »summum bonum« und das obiectum primum des religiösen Aktes. Auf die kürzeste Formel gebracht heißt für ihn Erlösung: »Wissen um der Gottheit willen«.[63]

C. Fragmente einer Sprache der Liebe

1. »Tristan und Isolde« (Richard Wagner): Leidens- und Todesmetaphysik der Minne

a. Exposition: Gottfried von Straßburg und Eilhart von Oberg

Der mittelhochdeutsche Versroman »Tristan und Isolde« (Tristan und Isolt), die berühmteste tragische Liebesgeschichte des Mittelalters von Gottfried von Straßburg (um 1200)[64] mit seinen knapp 20.000 Versen, bildet neben Wolfram von Eschenbachs »Parzival« den literarischen Höhepunkt der erzählenden Dichtung. Es ist das Epos von der Allgewalt der Minne. »Meister

---

[62] Vgl. M. Schelers Abhandlung: Probleme der Religion, in: Vom Ewigen im Menschen (1921), in Ges. Werke 5 (1954); E. Przywara, Religionsbegründung – Max Scheler, J. H. Newman, 1923; M. Dupy, La philosophie de la religion chez Max Scheler, 1959.
[63] M. Scheler, Ges. Werke 8 (1960) 205. Vgl. M. Scheler, Die Stellung des Menschen im Kosmos, 1962, 91, wonach der Mensch durch liebende Ratifizierung sich im Akt des Einsatzes mit dem Seienden identifiziert und aufgerufen ist zur Mitverwirklichung »des aus dem Urgrunde werdenden Gottes«.
[64] G. Weber u. W. Hoffmann, Gottfried von Straßburg, 1981; A. Wolf (Hg.), Gottfried von Straßburg, 1973; H.-H. Steinhoff, Bibliographie zu Gottfried von Straßburg, 2 Bde. 1971, 1986. R. Krohn, (Hg.), Gottfried von Straßburg, Tristan (Mhd./Nhd.). Bd. 1–3; 1991; Ch. Huber, Gottfried von Straßburg, ²2001; A companion to Gottfried von Straßburg's Tristan, (Hg.) W. Hasty, 2003; T. Tomasek, Gottfried von Straßburg, 2007; Der Tristan Gottfrieds von Straßburg. Symposon Santiago de Compostela 2000, Hg. C. Huber u. V. Millet, 2002.

»TRISTAN UND ISOLDE« (RICHARD WAGNER)

Gotfrit«, ein der lateinischen Schriftkultur verpflichteter literatus, und möglicherweise im Dienst des Straßburger bischöflichen Hofes, ist ein glühender Verehrer des Schönen im Leben, wie dies auch in seinem Stil mit den Alliterationen im Text seiner Dichtung, den Antithesen, Wortwiederholungen und Wortspielen, den klanglichen Bindungen bis hin zur Verschmelzung des Widersprüchlichen deutlich wird. So erscheinen die Namen der beiden Liebenden in doppelter Verschränkung der Buchstabenfolge als »T I I T«. In seinem Wesen spiegelt sich eine mystische Ergriffenheit vom biblischen Gott der Liebe, die über alle sündhaften Irrungen und Wirrungen den Mantel der Barmherzigkeit breitet. Die Minne und das Recht der »Herzen« gegenüber der Gesellschaft, findet eine quasimystische und religiöse Verklärung. Das Herz des Menschen wird auf eine neue Weise »entdeckt« in all seiner Dialektik von Freude und Leid, von Tod und Leben. Gottfrieds episches Kunstgedicht von weltliterarischem Rang greift das Thema der Liebe Tristans zu Isolde auf, das aus der keltischen Mythen- und Sagensphäre stammt und viele Umgestaltungen und Erweiterungen durchlaufen hatte. In empfindsamer Vergeistigung gestaltet der Dichter in seinem unvollendeten Romanepos sein Ideal, eine nach innen gewandte Menschlichkeit und von innen heraus gestaltete traumhafte Liebe, Reflex der höchsten Verfeinerung höfischer Kultur. Psychologisch motiviert, wendet er sich dem tiefsten Irrationale des menschlichen Lebens zu, dem Mysterium der Liebe und schafft damit auch ein ästhetisches Humanitätsideal. Er folgt damit dem um 1170 entstandenen französischen »Roman de Tristan et Iseut« des anglo-normannischen Klerikers Thomas von Bretagne (d'Angleterre) und steigert diesen in die Innerlichkeit einer tragischen Liebesmystik. Der ursprüngliche keltische Name »Tristan« des Protagonisten erfährt eine Travestie in das lateinische Wort »tristis«, »traurig«. Tristan[65] tritt schicksalhaft als »Trauriger« ins Leben, beschattet vom traurigen Schicksal seiner Eltern: Von ihrem tödlich verwundeten Geliebten Riwalin empfängt Blancheflur das Kind, und als der wiedergenesene Vater des Kindes in einer Schlacht tödlich getroffen wird, stirbt Blancheflur auf diese Nachricht hin während ihrer Geburtswehen. Tristan ist ein von einem Sterbenden Gezeugter und von einer Sterbenden Geborener (Verse 245–1750). So steht sein Leben schon unter dem Vorzeichen eines tragischen Anfangs, welcher ihn bis in den Tod begleiten wird. Auch am späteren fatalen Trank,[66] der die elementare Liebe der beiden Lie-

---

[65] Keltische Erzählungen vom Kaiser Arthur. Aus dem Mittelkymrischen übertragen, mit Einführungen, Erläuterungen und Anmerkungen versehen von H. Birkhan, Erzählungen des Mittelalters I, 1989, in: Teil 2: »Eine Historia von Tristan«. T. P. Cross – C. H. Slover, Ancient Irish Tales, 1936: enthält eine Übersetzung von ›Diarmuid und Gráinne‹ nach einer Handschrift des 8. Jh.; G. Schoepperle, Tristan and Isolt, 1913, ²1959.
[66] Vgl. G. Schweikle, Zum Minnetrank in Gottfrieds »Tristan«. In: ôf der mâze pfat. FS f. W. Hoffmann, 1991, 135–148.

benden sichtbar zum Ausdruck bringt, vollzieht sich die Suspendierung geltender Moralität: der vermeintliche Gifttrank wird zum Elixier neuen Lebens, an das sich das Thema von »Liebe und Leid«, »Tod und Leben« ankristallisieren wird. All diese Universalien des Lebens werden als realisiert und anschaulich wahrgenommen: so die natürliche Macht und Allgewalt der Liebe in ihrer immanenten Gesetzlichkeit und in ihrer tragischen Unerfüllbarkeit. Solche Heroisierung der an die Liebe Verfallenen wird zu einem literarischen Ur- und Hauptthema der folgenden Jahrhunderte werden.

Im Prolog des Epos, einem stilistischen Glanzstück, rückt Gottfried die in der Dichtung bewahrte Geschichte der Liebenden unter den Aspekt des »Andenkens« an das darin sich ereignende Gute in den Blick, das es zu bewahren und weiterzugeben gilt, um es die Leser in der Innerlichkeit des Herzens nacherleben zu lassen. Dies vermögen nur die Wenigen »edelen herzen« (vgl. die »edele sele« in der Mystik). Diese Menschen des »edlen Herzens« verstehen das Mysterium der Liebe, wie die Troubadours und Minnesänger, wie später die Dichter der sizilianischen Schule am Hofe des Stauferkönigs Friedrichs II., des stupor mundi, aber auch im Nachklang des »dolce stil nuovo«, des »süßen neuen Stils«, wie Dante Alighieri ihn in »La vita nuova« zum Ausdruck brachte in einer Idealisierung der Liebe, die aus der Vergeistigung individueller Erfahrungen aufblühte und das liebende Ich des Dichters zu läutern vermochte. Ihre vielfältige symbolische Widerspiegelung löste sich mehr und mehr vom sinnlich Erfahrbaren hin zum himmlisch Transzendenten, um in solcher Entrückung auf Beatrice ein Lob anzustimmen und »etwas zu verkünden, was noch von keiner verkündet worden war«. Es ist jenes »edle Herz«, das Dante mit dem Wort »L'amor e gentil cor son' una cosa« (»Lieb und ein edles Herz sind Eines nur«) huldigend anruft. Und es sind auch Francesco Petrarcas »Canzoniere«, in denen er die Stimmungen des Heimwehs, der Hoffnung, der Niedergeschlagenheit des Liebenden zum Ausdruck bringt, und die schmerzliche Erinnerung und Wehmut an die Verstorbene – eine Psychoanalyse des liebeskranken poetischen Ichs – die dieses Ich zu frommer Himmelsliebe führt.

In wissender Melancholie wendet sich Gottfried von Straßburg an die »edlen Herzen« als seine Adressaten mit den Worten:

»*Den Herzen, die ich im Herzen habe,*
Der Welt, zu der mein Herze hält.
Nicht meine ich ihrer aller Welt,
Nicht die, von der ich höre sagen,
Sie könne nicht Not noch Schwere tragen
Und wolle nur in Freuden schweben;
Die laß auch Gott mit Freuden leben!
Doch dieser Welt und ihrer Art
Bleibt meine Rede gern erspart.

»Tristan und Isolde« (Richard Wagner)

Ihr Leben und meines scheiden sich.
Eine andre Welt, die meine ich,
Die trägt im Herzen unentzweit
Die süße Herbe, das liebe Leid,
Die Herzliebe, die sehnende Not,
Das liebe Leben, den leiden Tod,
Den lieben Tod, das leide Leben.
Dem Leben sei mein Leben ergeben,
Der Welt will ich mich weltlich zeihn,
Mit ihr verderben, mit ihr gedeihn ...
Darum, wer sehnende Mären will,
Der fahr nicht weiter und steht hier still!
Ich sing ihm Sehnensschmerzen
Von zweien edlen Herzen,
Die reine Liebe zugesagt:
Der Minne Knecht, der Minne Magd,
Ein Mann ein Weib, ein Weib ein Mann,
Tristan Isolde, Isolde Tristan.«

Damit ist als der wahre Adressat des Epos das »edle Herz« benannt, das mitfühlt, mitbangt, sym-pathisiert. Das »Andenken« hat die Funktion, das paradigmatisch Erzählte gleichsam als Geschick des Lebens einzuholen. Diese »edlen Herzen« als Adressaten sollen in der Form einer »Übertragung« den Konflikt von Freud und Leid, leidvoller Minne und Wissen um die Todesgrenze in sich selbst nachvollziehen und existentiell ratifizieren. Und die Akteure des Romans sollen in einer quasi-rituellen Mimesis mit ihrem Leben und Sterben im Leser neu entdeckt werden. Gottfrieds Verständnis eines Literaricums als »geistliches Brot« gibt dem Erzählten eine parareligiöse kultische Note, so dass das Minnegeschick von Tristan und Isolde die Weihe eines Mysteriums erhält und die Verbindlichkeit des Absoluten, samt der liturgisch-aktualen Gegenwärtigsetzung. Es heißt:

»Ir leben, ir tot sint unser brot.
Sus (so) lebet ihr leben, sus lebet ihr tot.
Sus lebent si noch und sint doch tot
und ist ihr tot der lebenden brot.«

Gottfried orientiert sich ganz am Erzählduktus des ersten deutschsprachigen Tristanromans des Eilhart von Oberg: »Tristrant«, um 1170, der einer verlorenen altfranzösischen Quelle folgt. Als Präfiguration der Haupthandlung wird eine Vorgeschichte erzählt, die Liebe zwischen Rivalin und Blancheflur, der Schwester des Königs Marke von Kornevâl, die bei den Wehen ihres Sohnes Tristan stirbt. Die dem Stoff zugrunde liegende Geschehensfolge lässt Tristan zu König Marke gelangen, dem er gegen den Tribut fordernden Môrolt aus Irland beisteht, aber eine Verwundung erleidet, die nur von Isolde, einer Verwandten Môrolts in Irland geheilt werden kann. Als Tristrant

XII Figurationen der Liebe auf den Brettern, die »die Welt bedeuten«

macht er sich zur Heilung nach Irland auf, unerkannt, um als Geheilter später ein zweits Mal zu kommen, diesmal als Brautwerber für König Marke. Nur bei Eilhart allein ist das Märchenmotiv bewahrt, wonach das von einer Schwalbe gebrachte Goldhaar Isoldes den Anlass zur Brautwerbung bildete. Eine höhere Macht führt hier Regie, um Tristan als Brautwerber Isolde zuzuführen, in welchem sie den Mörder ihres Bruders erkennt. Auf der folgenden Überfahrt nach Cornwall kommt es durch die Schuld ihrer Dienerin Brangäne zum verhängnisvollen Liebeszaubertrank, der bewirkt, dass sie schicksalhaft in Liebe zueinander entbrennen. Sie verfallen in der gegenseitigen Liebe so einander, dass der Eine ohne den Anderen nicht mehr leben kann. Die intensive Wirkung des Minnetrankes wird extensiv entfaltet.[67] Die Ehe Isoldes mit Marke wird geschlossen, aber die beiden Liebenden Tristan und Isolde stehen unter dem unstillbaren Zwang, immer wieder auf neue Weise und in grotesk wechselnden Listen und Abenteuern ihre Liebe zu leben, über alle Hemmungen der Sitte und deren Normen und Wertmaßstäbe hinweggehoben. Beide leben das unauflösbare Dilemma, dessen Stringenz die Gültigkeit des »Tertium non datur« voraussetzt. Bei Eilhart verliert der Minnetrank nach vier Jahren seine Wirkung. Tristan gibt Isolde an Marke zurück und wird aus dem Königreich verbannt. Er heiratet eine zweite Isolde (Weißhand), aber ohne die erste vergessen zu können. Erst in der trennenden Ferne finden die Liebenden wieder zusammen – im Tod. Todwund im Kampf, ruft er die blonde Isolde, die ihm die Wunde als einzige heilen kann. Aber Isolde Weißhand lügt das weiße Segel der Ankunft in ein schwarzes um. Tristan stirbt in gramvoller Verzweiflung und die zu spät kommende erste Geliebte stirbt dem Toten nach.[68] Erst jetzt erfährt König Marke vom schicksalhaften Minnetrank, vergibt ihnen und lässt sie gemeinsam in ein Grab legen, auf dem sich ein aufblühender Rosenstock und eine Weinrebe ineins verschlingen.[69] Bei Eilhart[70] ist der Stoff erst ansatzweise psychologisch erfasst und ausgedeutet, wobei das Meer als Zwischenraum

---

[67] Vgl. J.-D. Müller, Die Destruktion des Heros oder wie erzählt Eilhart von passionierter Liebe?, in: Beiträge der Triester Tagung: Der »Tristan« in der Literatur des Mittelalters, (Hg.) P. Schulze-Belli u. M. Dallapiazza, 1990, 19–37.
[68] Vgl. Jan van Dam, Zur Vorgeschichte des höfischen Epos, 1923; J. Gobert, Eilhart von Oberg und Gottfried von Straßburg 1927; D. Buchinger Le ›Tristrant‹ d'Eilhart von Oberg, 2 Bde. 1974; A. Brandstetter, Über den Stellenwert des neu gefundenen St. Pauler Fragmets in der Überlieferung von Einharts »Tristrant«, in: FS Ingo Reiffenstein, 1988, 339–352.
[69] Vgl. F. Maurer, »Leid«. Polarität, ›Minne-Ehre‹, 1951.
[70] Vgl. D. Mikasch-Köthner, Zur Konzeption der Tristanminne bei Eilhart und Gottfried von Straßburg, 1991; P. Strohschneider, Herrschaft und Liebe. Strukturprobleme des Tristanromans bei Eilhart, in: ZfdA 122 (1993) 36–61; A. Keck, Liebeskonzeption der mittelalterlichen Tristanromane. Zur Erzähllogik der Werke Bérouls, Eilharts, Thomas' und Gottfrieds, 1998.

trennt als auch verbindet. Die bei Eilhart kompositorisch nebeneinandergestellte Dualität von Leben und Tod wird bei Gottfried in eine Dialektik travestiert und ins Geistige gehoben. Der Minnetrank wirkt bei ihm unbegrenzt und veranlasst ihn, das hohe Lied der Minne zu singen und in einer differenzierten Seelenmalerei deren alles besiegende Macht. Liebe wird zu einem den Menschen verwandelnden Mysterium erhöht. Konfliktreich ist bei Gottfried auch die Minnepassion, die in ihrer subversiven Macht und Ambivalenz die gesellschaftliche Ordnung durchkreuzt. Sie findet ihre profilhafte Schärfung im Spannungsfeld des Persönlichen und der religiös-gesellschaftlichen Normen. Der Minnetrank, der den Konflikt initiiert und die Liebenden in die Individuation der Verwirklichung ihrer Liebe trägt, bewirkt die nicht auflösbare Irritation der gesellschaftlichen Normen und führt unweigerlich in den Tod. Eilhart rechtfertigte die Liebe der Liebenden durch den Zaubertrank, der für die beiden zum lebensbedrohenden Schicksal und Zwang geworden ist. Der Konflikt fand aber durch das Nachlassen der Trankwirkung sein Ende. Durch Mithilfe eines Eremiten führte Tristan Isolde an den Hof Markes zurück und wurde selbst des Landes verwiesen.

b. Das Motiv des »Liebestranks«: Fatalität des Unausweichlichen

Auf der Fahrt nach Cornwall trinken Brautwerber und Braut den verhängnisvollen Minnetrank, den die zauberkundige Mutter für Isoldes Hochzeit mit Marke zubereitet hatte, die mariage à raison. Als die beiden Liebenden Tristan und Isolde bei Gottfried versehentlich statt des Todestranks den Liebestrank trinken, ruft Brangäne voller Entsetzen aus: »Dieser Trank ist euer Tod!« Diese Synonym-Setzung von Liebe und Tod will besagen, dass eine solche Liebe der beiden in diesem Leben unerfüllbar werde bleiben müssen. Gottfried konnte in seiner Torso-Dichtung den Liebestod nicht mehr gestalten, da er vermutlich selbst vor Beendigung seines Werkes gestorben ist. Der Trank mit dem unintegrierbaren Minnezwang wird in den Tod führen. Beide werden für alle Zeiten durch ein inneres Liebeserwachen in leidenschaftlicher Minne verbunden. Als Brangäne die wahre Natur des genossenen Zaubertranks offenbart, bekennt sich Tristan zu diesem todbringenden Trunk:

»ez waere tot oder leben:
ez hat mir sanfte vergeben (es hat mich süß vergiftet)
...
sollte diu wunnecliche Isot
iemer alsus sin min tot
so wollte ich gerne werben
umb ein ewecliches sterben«.

XII Figurationen der Liebe auf den Brettern, die »die Welt bedeuten«

»*Das walte Gott,*
ob es nun Tod sei oder Leben,
es hat mich süß vergiftet.
Ich weiß nicht, wie jener werden wird,
dieser Tod aber tut mir gut.
Sollte die beglückende Isolde immer so mein Tod sein,
so wollte ich gerne
um ein ewiges Sterben ringen.« (V. 12.494 ff.)

Die Leben-Tod-Thematik ist damit in einer Introversion der Gedanken zum Ausdruck gebracht. Mit diesem Bekenntnis Tristans wird die Trankminne entmagisiert und auf eine personale Ebene gehoben, mit dem Widerstreit von Treue und Untreue Marke gegenüber, Ehre und Unehre. In diesem zweiten Teil des Epos (Verse 12.183–18.466) mit dem Widerspruch von »minne« und »êre« und dem gefährdeten Dasein der Liebenden an Markes Hof, wendet sich das Problem ins Existenzphilosophische, mit der Frage, wie eine solche Ausnahme in der »Welt« (»werlde«) überhaupt möglich sei. Im Kraftfeld des Trankes, der zur Liebeseinheit führt, verkehren sich bisherige Maßstäbe. Er wird die Quelle inniger Lebenserfüllung, aber auch todbringender Leiden sein. Die Trankminne wird in äußere Illegitimität und Ehebruchsliebe gelegt und wie ein erotischer Code sich in der abendländischen Literatur weiterzeugen. Bei Gottfried führt ein Zufall zur Entdeckung der beiden Liebenden durch König Marke. Es folgt die Flucht des Paares in den Wald und ein entsagungsvolles Wanderleben, das die beiden körperlich und seelisch auszehrt. Als die Wirkung des Trankzaubers nachlässt, kehrt Reue ein und Isolde kehrt zurück.

In den Ablauf der Handlung mit ihren Wendepunkten webt Gottfried drei Reflexionen zum Mysterium der Minne ein: als sich das Paar auf dem Schiff vereinigt, übt er in einer Art »Bußpredigt« Kritik an seiner Zeit, die nicht um rechte Liebeserfüllung weiß (V. 12.183 ff.). Zur Minnehöhle im Gebirge, umschlossen von einer »amönen« Landschaft, zeichnet Gottfried ein überzeitliches idealisiertes Bild inniger Minne (16.923 ff.); und im sog. »huote«-Exkurs (17.858 ff.) entwirft er eine Quasi-Heilsgeschichte der Minne, die vom Verlust persönlicher Integrität über verschiedene Stufen zu einem versöhnten Heil und zu neuem Leben führt, in Verwirklichung eines Paradiesischen – »lebende(z) paradis« (V. 18.066). Als die beiden von König Marke bei einem Treffen im Baumgarten überrascht und in der Folge voneinander getrennt werden, spricht Isolde in selbstlosem Gestus von dem mit Tristan entschwindenden Schiff: »Ich will mich gerne zwingen in allem, was ich vermag, dass ich mich und ihn loslasse, auf dass ich ihm und er mir gerettet werde« (V. 18.597 ff.).

c. Richard Wagners »Tristan und Isolde«: »Eins-sein in der Zweiheit«

Richard Wagner (1813–1883) gibt dem »Tristan« Gottfrieds von Straßburg mit dessen Liebesphilosophie und Todesmystik eine letzte Steigerung. Zum Thema der Liebe schlechthin erhoben, ist es das berühmteste Liebespaar der Weltliteratur, Tristan und Isolde. In den gestrafften und auf die innere Dimension konzentrierten Handlungsablauf werden assoziativ Momente aus der Vorgeschichte musikdramatisch eingezeichnet. Dieses Schlüsselwerk der Musik mit seiner Chromatik, Modulation und der »unendlichen Melodie«, in der die Gefühle dahinströmen und das Unausgesprochene und Unaussprechliche ertönt, ist ein akustisches Psychogramm zweier Liebender. Das Stück rührt an die tiefgründigen und letzten Fragen des menschlichen Herzens wie Sehnsucht, Liebe, Tod sowie an das Grundmotiv der Liebe, die in den Tod mündet, aber nicht in ihm ihr Ende findet. In der vierten seiner »Unzeitgemäßen Betrachtungen«, im Jahre 1876 niedergeschrieben, nennt Friedrich Nietzsche »Tristan und Isolde« das »eigentliche opus metaphysicum aller Kunst, ein Werk, auf dem der gebrochene Blick eines Sterbenden liegt, mit seiner unersättlichen süßesten Sehnsucht nach dem Geheimnissen der Nacht und des Todes, fern weg von dem Leben, welches als das Böse, Trügerische, Trennende in einer grauenhaften, gespenstischen Morgenhelle und Schärfe leuchtet: dabei ein Drama von der herbsten Strenge der Form, überwältigend in seiner schlichten Größe und gerade nur so dem Geheimnis gemäß, von dem es redet, dem Todt-sein bei lebendigem Leibe, dem Eins-sein in der Zweiheit«. Und im Herbst 1888 notiert er: »Wer wagt das Wort, das eigentliche Wort für die ardeurs der Tristan-Musik? Ich ziehe die Handschuhe an, wenn ich die Partitur des Tristan lese ...«. Richard Wagner, der mit seiner Familie im Palazzo Vendramin-Calergi in Venedig weilte, schrieb am 13. Februar mittags noch an seinem Aufsatz »Über das Weibliche im Menschlichen« und verstarb kurze Zeit danach mit den letzten Worten »Liebe-Tragik« auf seinen Lippen. Vaterlos aufgewachsen war dieses Schicksal auch ein leitendes Motiv bei vielen Handlungsträgern seines Werkes, so für Tristan, für Siegmund und Sieglinde, Siegfried und für Parsifal. Im Rückgriff auf Mythen wollte Wagner »das rein Menschliche« in Wort und Musik »ersichtlich« machen, aber auch seine Sehnsucht nach Liebe. Wagners Liebe zu Mathilde Wesendonck inspirierte und beflügelte ihn zur inbrünstigen Panegyrik und Verklärung der Liebe im 2. Akt des »Tristan«, voller Inbrunst und Ekstase. Als Dichtermusiker gestaltete er das mittelalterliche Minneepos von seinem inneren Erleben her nach und neu und gab der dort eingezeichneten Todesmystik ihre letzte gesteigerte Gestalt. Ein von Giuseppe Verdi überliefertes Diktum, es sei viel besser, eine Wahrheit zu erfinden als sie bloß nachzuerzählen, dürfte auch für dieses Seelendrama gelten. Biografisch wird immer wieder Bezug genommen auf seine persönliche Erfahrung der Zunei-

XII Figurationen der Liebe auf den Brettern, die »die Welt bedeuten«

gung und Liebe zu Mathilde Wesendonck, die junge Gattin seines Förderers. In einem Brief an Eliza Wille sagte er von ihr: »Sie ist und bleibt meine erste und einzige Liebe!«, – und unterbricht nach dem 2. Akt »Siegfried« die Arbeit am »Ring«, um sich seine Tristanwelt und Tristanmusik als inneres Musikdrama um das Wörtchen »und«, das zwei Menschen verbindet, zu schaffen:

»Doch uns're Liebe,
heißt sie nicht Tristan
und – Isolde?
Dies süße Wörtlein: und,
was es bindet,
der Liebe Bund,
wenn Tristan stürb',
zerstört es nicht der Tod?«

Mit lyrischem Enthusiasmus und dem Motiv des Sehnens wird die persönlich erfahrene unmögliche Möglichkeit auf die Tonart E-Dur gestimmt und umkreist, als schicksalhafte Liebe entfaltet, die zwei liebenden »Ich«, die sie entgrenzt und eins werden lässt.

Heilskundig hatte Isolde einst die nicht heilenwollende Wunde des verwundeten »Tantris« geheilt und in namenloser Zuneigung ihr Racheschwert sinken lassen, sie, die Trägerin eines Urwissens der Natur. Im vermeintlichen Todestrank trinken sie auf dem Schiff den Trank der Liebe, von der Dienerin Brangäne vertauscht, der die Latenz einer seelischen Entzückung füreinander und die schon längst empfundene Liebe offenbar macht. Der gemeinsam geleerte Todestrank legt den ekstatischen Paroxysmus der Liebe frei in all ihrer Allgewalt und Unendlichkeit: »Mir erkoren, – mir verloren, – hehr und heil, kühn und feig –: Todgeweihtes Haupt! Todgeweihtes Herz!« (1. Aufzug, 2. Szene) hatte davor Isolde ahnungsvoll gesungen und reicht Tristan den Sühnetrank, den er ergreift:

»den Becher nehm ich nun,
dass ganz ich heut' genese« (1. Aufzug, 5. Szene),

dann trinkt auch sie den ersehnten und erlittenen Liebestod, der aber durch die Täuschung Brangänes nur aufgeschoben wird, denn der Weg zur unendlichen Liebe Tristans und Isoldes führt über die Schwelle des Todes, der zugleich ein Schritt in die Nacht der Liebe ist: Tristan und Isolde, Nacht, Vergessen, Erfüllung und Aufhebung der Zeit, sie ist gerahmt von zwei Akten, die im Zeichen der Tageshelle stehen.

Tristan singt:

»O Heil dem Tranke!
Heil seinem Saft!

»Tristan und Isolde« (Richard Wagner)

Heil seines Zaubers hehrer Kraft!
Durch des Todes Tor,
wo er mir floß,
weit und offen
er mir erschloß,
darin ich sonst nur träumend gewacht,
das Wunderreich der Nacht.« (2. Aufzug, 2. Szene)

Der im Palazzo Giustiniani am Canal Grande in Venedig zwischen August 1858 und März 1859 auskomponierte zweite Akt wird von einem Sehnsuchtsschmerz-Motiv eingeleitet. Die fallende Quinte mit der zur Mollterz hingewandten Melodie nimmt die »Schmerzensfigur« aus dem »Parsifal« vorweg. Weltentrückt und in der Hüllung der Nacht, mit dem Motiv des Überschwangs der Wonne, dem Hornmotiv, (Anton Bruckner zitiert es in seiner 4. Symphonie als Glückseligkeits-Motiv), wird die gemeinsame Liebe in einem Zwiegesang und in einer Art »Gefühlswerdung des Verstandes« besungen. Das Duett der Liebenden preist sie:

»O sink' hernieder
Nacht der Liebe,
gib Vergessen,
dass ich lebe;
nimm mich auf
in deinen Schoß,
löse von
der Welt mich los.« (2. Aufzug, 2. Szene)

Und in einem weltentrückten Liebestraum besingen sie die Liebe und singen sie sich zu:
   Tristan:

»Unsre Liebe?
Tristans Liebe?
Dein' und mein'
Isoldes Liebe?
Welches Todes Streichen
könnte je sie weichen?«

Und Isolde:

»Doch unsre Liebe,
heißt sie nicht Tristan
und – Isolde?
Dies süße Wörtlein: und,
was es bindet,
der Liebe Bund,
wenn Tristan stürb',
zerstört' es nicht der Tod?«

XII Figurationen der Liebe auf den Brettern, die »die Welt bedeuten«

Und dieses unzerstörbare Wörtlein »und« besingt Tristan:

»So stürben wir,
um ungetrennt,
ewig einig
ohne End',
ohn' Erwachen,
ohn' Erbangen,
namenlos
in Lieb' umfangen
ganz uns selbst gegeben,
der Liebe nur zu leben!« (2. Aufzug, 2. Szene)

R. Wagner hat sein musik-ästhetisches Programm in seinen Zürcher Reformschriften grundgelegt. Durch den onomatopoetischen Sprachgestus, durch die Alliteration seiner Verse, konzipiert er seinen Libretto-Text »musikalisch« und die Musik »poetisch«, um das Eine in das Andere zu verweben und sich gegenseitig durchdringen zu lassen. Die sich verschränkende Dichtung und Musik ist in Chromatik und farbige Harmonik getaucht, das »Chroma« der auf- und absteigenden Tonschritte, die dem Gewoge im Innern einen hörbaren Ton leihen. Das »Vorspiel« zum Liebesdrama, vielleicht das berühmteste aller Opernvorspiele, deutet Wagner selbst als »Anschwellen (des) unersättliche(n) Verlangen(s)«. Aber:

»Ohnmächtig sinkt das Herz zurück, um in Sehnsucht zu verschmachten, in Sehnsucht ohne Erreichen, da jedes Erreichen wieder neues Sehnen ist, bis im letzten Ermatten dem brechenden Blicke die Ahnung des Erreichens höchster Wonne aufdämmert. Es ist die Wonne des Sterbens, des Nichtmehrseins, der letzten Erlösung in jenem wundervollen Reich, von dem wir am fernsten abirren, wenn wir mit stürmischster Gewalt darin einzudringen uns mühen. Nennen wir es Tod? Oder ist es die mächtige Wunderwelt, aus der, wie die Sage uns meldet, ein Efeu und eine Rebe in inniger Umschlingung einst auf Tristans und Isoldes Grab emporwachsen?«

Die Bühnenhandlung in Wagners »Tristan«[71] setzt bei der Brautfahrt über das Meer ein, der Überfahrt nach Cornwall, die wie eine mythische Styxreise ist. Die todessüchtige Isolde, schon eine »Leiche« für König Marke, bietet dem »Toten«-Fährmann auf der Flucht über die Gewässer den Todestrank, um damit einen anderen Tod zu rächen. Zugleich aber erglüht in ihr der Funke, gemeinsam mit Tristan in das Reich des Todes zu gehen.

Brangänes Ruf aus der Ferne: »Schon weicht dem Tag die Nacht!« erinnert an die vergehende Zeit der schützenden und einenden Nacht der

---

[71] Vgl. C. Dahlhaus (Hg.), Das Drama Wagners als musikalisches Kunstwerk, 1970 (Studien zur Musikgeschichte des 19. Jh.s, Bd. 23); P. Wapnewski, Tristan, der Held Wagners, 1981; Ders., Der traurige Gott: Richard Wagner in seinen Helden, 1978; A. Prüfer, Tristan und Isolde, 1928; J. Chailley, Tristan et Isolde de R. Wagner, 1963.

»Tristan und Isolde« (Richard Wagner)

Liebe, um noch einmal in hymnischer Ekstase die Nacht mit liebestrunkener und todessehnsüchtiger Stimme zu preisen: »Ewig währ' uns die Nacht!«
Beide singen:

»*O ew'ge Nacht,*
süße Nacht!
Hehr erhabne
Liebesnacht!«
...
»*Sehnend verlangter Liebestod!*«
...
»*Ohne Scheiden,*
traut allein,
ewig heim,
in ungemessnen Räumen
übersel'ges Träumen.«

Und die beiden Namen der Liebenden werden auswechselbar:

»*Ohne Nennen,*
ohne Trennen,
neu Erkennen,
neu Entbrennen;

Tristan: *endlos ewig,*
ewig ein-bewusst;

Isolde: *endlos ewig, ein-bewusst:*

Beide: *heiß erglühter Brust*
höchste Liebeslust« (2. Aufzug, 2. Szene).

»Tristan«, ist eines der größten Ereignisse des Musiktheaters, in welchem sich zwei menschliche Welten kreuzen, die Tageswelt des ritterlichen Tugendsystems und die Welt der »heil'gen Nacht« der Liebe. Durch den Liebestrank »nachtsichtig« geworden (VII, 42), wird verdrängte und verschwiegene Liebe in einer Weise epiphan, dass sie jede Selbstbewahrung aufhebt. Die beiden Liebenden, die den Todestrank trinken wollten, werden zum Bekenntnis der Liebe gerufen und suchen in dem grandiosen 2. Akt die mystische Einheit von Nacht, Liebe und Tod. Der die Tageswirklichkeit übersteigende Erkenntnisprozess hat im Trank seine Chiffre und ist zugleich Abbreviatur einer affirmativen Liebesmetaphysik, die im Schluss des »Tristan« panegyrisch das entgrenzende Einswerden des Liebestodes als Liebesverklärung preist. Zugleich ist es die höchste und tiefste Steigerung der Nachtsehnsucht der Romantik. Das Handlungsgerüst, das Wagner dem unvollendeten Versepos Gottfrieds von Straßburg entlieh, zugrunde legte und umschrieb, sieht in der Verneinung des Lebenswillens als der Quelle aller Übel – ganz im Sinne Arthur Schopenhauers – die höchste Steigerung und

XII Figurationen der Liebe auf den Brettern, die »die Welt bedeuten«

Verewigung des Liebeswillens. In einer irdisch-materiellen Welt und ihrer Bedingtheiten kommt der Urimpuls der Liebe nie ganz zu seiner Erfüllung, denn Lieben heißt transzendieren, die Grenzen und Begrenzungen übersteigen, um das Unfassbare zu erfahren. In der hereinbrechenden Nacht feiern die beiden Liebenden das In-Eins ihrer Liebe und Erfüllung als Erlösung von der grellen Tageshelle der Welt.

d. Das Mysterium von Tod und Liebe, das tiefste Irrationale des menschlichen Lebens (»Tristan«, 3. Aufzug)

König Marke, von Melot in Kenntnis gesetzt, überrascht die Liebenden und ist tief erschüttert. Fassungslos bringt er das Vorgefallene in einem Klagemonolog zum Ausdruck (»Mir dies?/Dies, Tristan mir?«) und erhält keine Antwort auf die Frage nach dem Grund dieses Treuebruchs (...»was du frägst,/das wirst du nie erfahren«). Tristan sieht im Tod seinen einzigen Ausweg, in den ihm auch Isolde folgen will. Er stürzt sich, als Melot die Schmach König Markes mit den Schwert ahnden will, selbst in die Waffe des Freundes, der ihn verraten hatte.

Das Vorspiel zum 3. Akt intoniert den Todesschmerz (vgl. das Wesendoncklied »Im Treibhaus«), ein akustisches Psychogramm eines komplexen Seelenvorgangs im Erleiden der Liebe. Es ist der autobiografische Verzicht und die Entsagung des Dichterkomponisten zu Mathilde Wesendonck.

Kurwenal, der treue Diener, hat den todwunden Tristan auf seine Stammburg Kareol in der Bretagne gebracht. Das Orchester malt das Seelendrama in grandiosen Tonsetzungen. In wahrhafter Ekstatik erlebt Tristan in einem leidenschaftlichen Fiebermonolog alle Phasen seiner Liebesleidenschaft nach und durch und sehnt sich nach Isolde und nach dem Tod, weil in ihm eine Ahnung gereift ist, dass Liebe und Tod verschwistert sind. War ihre erste Liebe schon der »kleine« Tod, erkauft durch den gemeinsamen Augenblick der Todeserwartung durch den Trank auf dem Schiff, um sich untrennbar aneinander zu binden, so ist dem Sterbenden, der, ganz außer sich, sich die Wunde aufreißt, um Isolde entgegenzubluten, der bevorstehende Tod, den er sucht, der »große« Tod. Zum tiefen Weh Markes über die doppelte »Untreue« am Ende des zweiten Akts, als sie entdeckt wurde, weiß Tristan auf das Warum?, das der König ihm entgegenhält, keine Antwort als die Liebe selbst zu Isolde. Die unstillbare Liebe, mit der sie den König betrügen, ist durch die Todessehnsucht erkauft. Im ersten Akt will Isolde Tristans Tod, den sie unbewusst liebt, und er, ein Mann der Ehre, ist bereit, ihr zu folgen. Eine Hirtenweise im 3. Aufzug hat dem sterbenden Tristan angekündigt, dass das ersehnte Schiff mit Isolde in Sicht ist, der er mit seiner äußeren und inneren Wunde entgegenfiebert. Sie eilt herbei und beugt sich über den

»Tristan und Isolde« (Richard Wagner)

Sterbenden, um ihm im Liebestod, entrückt und selig, nachzusterben: »Unbewusst, höchste Lust«. Sie wird ihm in sein »dunkles Reich« nachfolgen. König Marke, der in einem zweiten Schiff Isolde nachgeeilt war und von der inneren Schicksalhaftigkeit dieser Liebe erfahren hatte, verzeiht »verstehend« und will die Liebenden nun im Tod vereint wissen. Ihm selbst aber bleibt die schwermütige Melancholie und die Trauer um eine Liebe, die ihm versagt blieb und an der er keinen Anteil fand. Der Sternennacht des Eins-Seins im 2. Aufzug, mit dem Jubelruf auf die Liebe, – vom weichen As-Dur umfangen, – folgt am Ende das liebende Eins-Werden im unbegrenzten All. Im Fieberwahn, gleichsam im Vorschein der Leiden des Amfortas im Parsifal, verlangt Tristan, Isolde wiederzusehen und haucht sterbend ein letztes »Isolde«. Der musikalische Bogen spannt sich so wieder zurück zum Vorspiel zum 1. Akt mit dem Sehnsuchts-Motiv, um dem Seelendrama die zweite und nun abschließende Klammer zu setzen. Isolde sinkt, um mit Tristan gemeinsam den Liebestod zu sterben (»nur eine Stunde / bleib mir wach«), auf den Toten hin und stimmt ihr letztes und erschütterndes Lied an, für viele eines der großartigsten Gesänge der gesamten abendländischen Musik. Während sie ihr Lied in den Tod Tristans hinein singt, fällt die Nacht, Sinnbild der letzten und unzerreißbaren Vereinigung der Liebenden, hernieder.

Isolde:

»Mild und leise
wie er lächelt,
wie das Auge
hold er öffnet, –
seht ihr's Freunde?
Säht ihr's nicht?
Immer lichter
wie er leuchtet,
sternumstrahlet
hoch sich hebt?
Seht ihr's nicht?
...
In dem wogenden Schwall,
in dem tönenden Schall,
in des Welt-Atems
wehendem All, –
ertrinken,
versinken, –
unbewusst, –
höchste Lust!« (3. Aufzug, 3. Szene)

In diesem Liebestod ist das gesamte Seelendrama zweier Liebender noch einmal zusammengefasst in all ihrer Todes-Sehnsucht und der im Tod einigenden und erfüllenden unendlichen Liebe.

Auf E-Dur gestimmt, schaut Isolde in ihrem verklärten Liebestod-Lied zurück in das Erlebte und nach Vorne in das Bergende, denn die immanente Minne ist zur transzendierenden Liebe geworden, ihre Macht eine Allgewalt, die das Leben und das Sterben bestimmt. In ihrer Verabsolutierung hat sie sich ihre eigene Normativität geschaffen, das »Fortis ut mors – dilectio« – »Stark wie der Tod ist die Liebe«. War für das Mittelalter allein das Göttliche transzendent, ein durch Pseudo-Dionysius Areopagita vermittelter neuplatonischer Gedanke der absoluten Transzendenz[72], sowie das augustinische Motiv des Selbstüberstiegs[73], so ist für R. Wagner die Liebe das einzige Transzendente. Er feiert ihren Absolutheitsanspruch und sakramentalisiert sie als »letzte Labung« – ein Anklang auf das Letzte Abendmahl. Forderte Ps.-Dionysius Areopagita nicht nur den Überstieg über das Ja und Nein, über die Affirmation und Negation[74], sondern auch über den Satz vom Widerspruch auf das unendliche Eine hin[75], so verlegt Wagner die Liebe als das einzige Transzendente in die Innerlichkeit des Subjekts hinein.

e. Der »Blick« als das Ganze der Seele

G. W. F. Hegel (1770–1831), neben Goethe der universalste Geist des deutschen Idealismus, schreibt: »Fragen wir ... in welchem besonderen Organe die ganze Seele als Seele erscheint, so werden wir sogleich das Auge angeben, denn in dem Auge konzentriert sich die Seele und sieht nicht nur dasselbe, sondern wird auch darin gesehen.«[76] Der »wunderliche« Augenblick des Blickes im Tristanroman, der in Ruhe auf etwas geheftet wird und von der Ruhe in Bewegung umschlägt, birgt in sich das Geheimnis des Übergangs. Gottfried Benn (1886–1956) schreibt in seinem Gedicht »Der Dunkle«:

»*Ach gäb er mir zurück die alte Trauer,*
die einst mein Herz so zauberschwer umfing,
da gab es Jahre, wo von jeder Mauer
ein Tränenflor aus Tristanblicken hing.«

---

[72] Vgl. Hugo von St. Victor, Benjamin minor. MPL 175, 1116 B. 1048 B. 1124 C; De arca Noe morali. MPL 176, 624; A. Richard von St. Victor, Benjamin minor. MPL 196, 163 B-C.
[73] Vgl. Aelred Rievallensis, Sermones de oneribus. MPL 195, 370, C; Philippus de Harveng, Moralitates in Cant. cant. MPL 203, 578 C.
[74] Ps.-Dionysius Areop., Div. nom. II, 604. Corpus Diony. I, hg. B. R. Suchla, 1990. 127; vgl. W. Beierwaltes, Platonismus im Christentum, 1998, 53–63, 137–165.
[75] Dazu: J. Halfwasser, Sur la limitatin du pricipe de contradiction chez Dionys, in: Diotima 23 (1995) 46–50.
[76] G. W. F. Hegel, Werke XIII, 203.

»Tristan und Isolde« (Richard Wagner)

Isolde heftete zu Beginn der dramatischen Handlung ihren Blick auf Tristan – »starr und auf ihn geheftet« – und deutet Tristans abgewandten Blick, indem sie zu Brangäne spricht:

»Sieh' dort den Held, der meinem Blick
den seinen birgt
in Scham und Reue abwärts schaut ...
dass der zage Blick ihn nur nicht erreiche.«

Sie weiß, dass der vermeintliche »Tantris«, dessen Wunde sie geheilt hatte, ihren Verlobten im Kampf getötet hatte und sie wollte sich rächen, tat es aber nicht. Sie sagt: »er sah mir in die Augen«, und sie heilte ihm die Wunde, dass er heimkehre und »mit dem Blick mich nicht mehr beschwere«. Zwei Blicke treffen sich und bewirken eine schicksalhafte Verstrickung, die ihnen den dunklen Sinn dieses Augenblicks erkennen lässt, er liege im Nachtreich der Liebe, das die Folie des Todesreiches bildet. So hatte einst der Todesgott Hades das Kornmädchen »Kore«, die Tochter der Getreidegöttin Demeter mit dem Blick geraubt und sie in die Unterwelt entführt. »Kore« heißt auch die Pupille des Auges, jener Teil, mit dem man sieht und von dem anderen selbst gesehen wird. Kore sah sich im Auge des Hades gespiegelt und entdeckte dabei einerseits, »indem sie sich im Auge ihres Entführers erblickt, das Spiegelbild, die Verdoppelung, den Augenblick, in welchem das Bewusstsein sich selbst sieht – und dieser doppelte Blick ist paradoxerweise die endgültige, nicht weiter aufspaltbare Anschauung, denn jede weitere Spaltung würde lediglich die erste verdoppeln; andererseits nimmt die leere Höhlung der Anschauung zum ersten Mal ihr Verlangen in sich auf und zieht es, indem die Pupille sich verengt, an sich: das Bild. Auf diese Weise sind die Extreme des Geistes für den passenden Moment im Auge eines Entführers gleichzeitig präsent.«[77] Es war der erste Schicksalsblick Tristans vor der ihm heilenden Isolde, als er ihr in die Augen schaute und sich ihr Bild angeeignet hatte:

Isolde:

»Da einst ich's schwang,
als mir die Rache
im Busen rang
als dein messender Blick
mein Bild sich stahl
...
das Schwert – da ließ ich's sinken.«

Tristans Blick, der den Gegenblick weckt, entzündet die verborgene Glut, die unter der Asche leuchtet.

---

[77] R. Calasso, Die Hochzeit von Kadmos und Harmonia, 225 f.

XII Figurationen der Liebe auf den Brettern, die »die Welt bedeuten«

Tristan:

»Was dort in keuscher Nacht
dunkel verschlossen wacht,
was ohne Wiss' und Wahn
ich dämmernd dort empfahn:
ein Bild, das meine Augen
zu sehn sich nicht getrauten.«

Indem Tristans Liebe in Isoldes Liebesblick sich spiegelt – (der ihm von Isolde zugeworfene »Blick der Liebe«) –, vollzieht sich ein Doppeltes: die Rettung vor dem rächenden Schwert Isoldes, aber auch das Versehrtwerden durch den Todesblick, der im Nachtreich angesiedelt ist: »dem Licht des Tages / wollt ich entfliehn, / dorthin die Nacht / dich mit mir ziehn«. Die Lebensdramaturgie des ersten Blickgeschehens ist ein rettendes und ein todgeweihtes Geschehen. August Platen (1796–1835) schreibt in seinem Gedicht »Tristan« (1825), das Wagner kannte:

»Wer die Schönheit angeschaut mit Augen
ist dem Tode schon anheimgegeben,
wird für keinen Dienst der Erde taugen,
und doch wird er vor dem Tode beben,
wer die Schönheit angeschaut mit Augen.«

Der zweite Blick im Seelendrama ist der von Brangäne gereichte und sehend machende Todes-Liebestrank und die ersten Ahnungen des ersten Blickes nun wahrmachende und erfüllende Blick. Der Trank erschloss beiden die Ahnung ihrer Liebe und den Blick der Nacht: »Wo des Trugs geahnter Wahn zerrinne …« und damit das Todesmotiv. Mit ihrem liebenden und erkennenden Blick erschauen sie das Reich der Nacht, so dass Tristan singt:

»… wem die Nacht
den Blick geweiht:
…
(des Tages) …
flackernden Lichtes
flüchtige Blitze
blenden uns nicht mehr.
Wer des Todes Nacht
liebend erschaut,
wem sie ihr tief
Geheimnis vertraut:
…
In des Tages eitlem Wähnen
bleibt ihm ein einzig Sehnen –
das Sehnen hin
zur heil'gen Nacht,
wo urewig,

einzig wahr
Liebeswonne ihm lacht!« (2. Aufzug, 2. Szene)

Der dritte und letzte Blick führt in den gebrochenen Blick. Isolde ist zum sterbenden Tristan herbeigeeilt und beschwört das gemeinsame Brechen des Blicks als letzte Erfüllung. Sie singt:

»*dass wonnig und hehr*
die Nacht wir teilen;
nicht an der Wunde stirb mir nicht:
uns beiden vereint
erlösche das Lebenslicht!
Gebrochen der Blick!
Still das Herz!« (3. Aufzug, 2. Szene)

Der gebrochene Blick der beiden Liebenden, denen sich im gegenseitigen An-blick das Innere der Seele erschlossen hatte, übersteigt das bloß Sichtbare und blickt hinein in das wahre Geheimnis der Liebe.

2. »Parsifal« (Richard Wagner): Die Sehnsucht nach Erlösung aus »schuldbefleckten Händen«

a. Parzival und die erlösende Mitleidsfrage (Wolfram von Eschenbach)

Wolfram von Eschenbach, der hochmittelalterliche Epiker, Lyriker und ritterliche Ministeriale (»schildes ambet ist mîn art« 115,11), steht in einem verzweigten Netz literarischer Beziehungen und entwirft in seinem »Parzival« einen narrativen Makrokosmos.[78] Wolfram, um 1170 geboren, trägt in dem sagenhaften Sängerkrieg auf der Wartburg den Sieg davon. Er weiß sich von der unvollendeten Vorlage Chrétiens de Troyes inspiriert, vom unvollendeten »Perceval« oder »Le conte du graal« (1180–90), die er variiert, ergänzt, kommentiert und in 24.810 paarweise gereimten Vierhebern ausgestaltet, die Karl Lachmann, der erste Herausgeber in 16 Bücher eingeteilt hat. Parzivals Vater Gahmuret von Anschouwe, der in ritterlicher Unstete in den Orient zieht und an einem vergifteten heidnischen Speer stirbt, hinterlässt seiner Frau Herzeloyde zwei Kinder, den älteren, elsterfarben gefleckten und im Mohrenland gezeugten Heiden Feirefiz (bunter Sohn) und den

---

[78] Wolfram von Eschenbach, Parzival. Nach der Ausgabe von K. Lachmann, (Hg.) B. Schirok, 1998 (mit Übersetzung von P. Knecht). A. Stein, ›wort‹ und ›werc‹. Studien zum narrativen Diskurs in Wolframs »Parzival«, 1993; A. Groos, Romancing the Grail, 1995.

jüngeren Parzival, den Protagonisten der zu erzählenden Geschichte (»des maeres sachewalte«). Er ist der schöne Sohn (beals fiz). Mit dieser Vorgeschichte und ihrem genealogischen Substrat wird zugleich eine Frage eingezeichnet nach Wesen und Sinn des ritterlichen Dienstes, dessen Ambivalenz von Licht und Schatten auf Parzivals Weg liegen wird (Kap. 3–4).

Um von ihm das Schicksal seines Vaters abzuwenden, zieht ihn seine Mutter in der Waldeinsamkeit von Soltane auf, in einer »tumpheit«, die viele Probleme heraufbeschwören, aber auch einen unschuldig-reinen, edlen Kern in sich birgt, der erst allmählich zu seiner Entfaltung kommen wird. Wolfram wird den Gedanken eines ethischen und religiösen Wachstums des ritterlichen Menschen entfalten und so dessen innere Entwicklung von innen heraus in all seiner Vielschichtigkeit darstellen. Das Dichtwerk ist in einen »metaphysischen« Horizont hineingeschrieben, weil es Wolfram bei all der Darstellung der Aventiure um die religiöse Erfahrung des Gralsgeheimnisses geht, um den Ernst der Erkenntnis und um Wahrheit, in der sich symbolhaft Überzeitliches ereignet. So spiegelt Wolframs Parzival auch ein sublimes, geistig theologisches Programm eines großen Planes, in welchem sich geschichtstheologische und typologische Elemente verbinden. Schon im Römerbrief des Apostels Paulus kommen, heilsgeschichtlich gesehen, die drei Stadien der Menschheit in den Blick: als Zeit vor dem Gesetz (ante legem), als Zeit der heidnischen Völkerwelt (vgl. das Aufwachsen Parzivals in der Waldeinsamkeit von Soltane und seiner rein säkularen Belehrung, dunkle Furten zu meiden ...); dann die Zeit unter dem Gesetz (sub lege), als Zeit Israels und als Zeit der genormten Lebens- und Gottesbeziehung (Parzival wird von Gurnemanz in der Sitte belehrt, keine vorwitzigen Fragen zu stellen ...); und die Zeit unter »der Gnade« (sub gratia), Gralswelt: der Eremit Trevrizent, der Mensch in der Distanz zur Welt, belehrt Parzival in der »wahren buoche maere«, in der heiligen Schrift, einer Lehre, die ihn zur rettenden Mitleidsfrage führt.

Schon im Römerbrief suchte Paulus die Antwort auf die Frage zu geben, warum die Welt (Griechen und Juden) das »Evangelium« brauche als »Kraft Gottes zur Rettung für jeden, der glaubt« (Röm 1,16). Paulus deckt den Griechen zunächst ihr heidnisches Wesen auf (Röm 1,18–32), das er in der Preisgabe des geschöpflichen Daseins und im Verlust einer ursprünglichen Gotteserkenntnis sieht (Röm 1,18–32); wohl aber wissen sie unwissend von Gott in ihren Göttern (ante legem). Dann fasst Paulus im 2. Kapitel die Juden unter dem Gesichtspunkt der Erfüllung des Gesetzes ins Auge, ihrem Verhalten und ihrem Fehl, denn das Gesetz fordert in allen seinen Geboten die Gerechtigkeit, die Ausweis der Liebe ist, und die Liebe, die sich als Gerechtigkeit ausweist (sub lege). Als Kulminationspunkt entfaltet Paulus die Erscheinung der Gerechtigkeit Gottes in Jesus Christus (Röm 3,21 ff.), als die willkommene Zeit und als den Tag des Heils (vgl. 2 Kor 6,2), ja als die

»Fülle der Zeit« (Gal 4,4) und als das so von Gott gesetzte Maß (sub gratia). Durch das Evangelium wurde eine neue Erfahrung den Menschen zuteil, wie Paulus dies im 2. Korintherbrief 4,6 ausdrückt: »Denn Gott, der gesagt hat: Aus der Finsternis strahlt das Licht, er ist es, der es in unseren Herzen hat aufstrahlen lassen, so dass die Erkenntnis der Herrlichkeit Gottes auf dem Angesicht Christi aufleuchtet«. Dies ist eine neue Schöpfung, die dem Aufgehenlassen des Lichtes entspricht, das in der Schöpfung durch das Schöpferwort in Erscheinung trat. In drei Anläufen entfaltet Paulus sein Anliegen und brachte den Nachweis, wieso die Welt des heilbringenden »euangelions« bedarf. Es gibt nicht nur eine Verbundenheit der Welt in der Erkenntnis ihrer radikalen Bedürftigkeit, sondern auch die große Verheißung der Solidarität unter der heilschaffenden Gnade. Hinter allem steht für ihn die Frage nach den »unausdenkbaren Wegen« Gottes selbst (Röm 11,33) und die der »Abarbeitung« der Frage nach einem gelingenden Leben vor Gott.[79] So wird die Geschichte der Menschen in ihrem Gesamtzusammenhang als sinnvoll und zielgerichtet erfasst.[80] Im 7. Jahrhundert hat Isidor von Sevilla (um 560–636) mit seiner umfangreichen literarischen Tätigkeit, den entscheidenden Einfluss auf die mittelalterliche Kultur ausgeübt. In seiner Schrift »Sententiae« folgt er einer Theologie, die sich auf Augustinus und Gregor den Großen stützt, und entwickelt darin die theologische Weltsicht in den drei Phasen von »ante legem«, »sub lege« und »sub gratia«, die subkutan auch den Parzival-Stoff grundieren wird.[81] Die drei Stadien bringen eine Steigerung hin auf das neutestamentliche »Mehr« vor den beiden vorangegangenen, im Bild des vom Körper her Schatten vorauswerfenden Phasen. Sie bleiben durch die Erfüllung in der dritten Phase bewahrt als vollendete Vergangenheit im höheren Heute.

Mit dieser seiner Mitgift der »tumpheit« bricht Parzival, der ritterlich unerfahrene, im Narrenkleid und mit einem Bauernspieß an den Artushof auf, mit den mütterlichen Ratschlägen als Begleiter, – und scheitert. Bei dem weisen Gurnemanz erfährt er die erste ritterliche Erziehung und Minneerfahrung. Es ist die Lehre in der höfischen Gesittung, die ihm »von der tumpheit geschieht«, aber zwiespältig ist, denn beim Anblick des leidenden Amfortas unterdrückt er die spontane Frage des Mitleids. Es trifft ihn im Artuskreis (Kap. 6) der Fluch der hässlich-weisen Gralsbotin Cundrie. Geschlagen mit dem Schandmal der versäumten Mitleidsfrage entzieht Parzival sich der Ar-

---

[79] Vgl. H. Schlier, Grundzüge einer paulinischen Theologie, 1978. 77 ff.; K. Kertelge, Grundthemen paulinischer Theologie, 1991; M. Theobald, Der Römerbrief (EdF 294), 2000.
[80] Vgl. K. Rahner, Profangeschichte und Heilsgeschichte, in: Schriften zur Theologie 15, 1982, 11–23; H. Stadelmann (Hg.), Glaube und Geschichte. Heilsgeschichte als Thema der Theologie, 1986.
[81] Vgl. J. Fontaine, Tradition et actualité chez Isidore de Séville, 1988.

tusrunde, hadert mit Gott und begibt sich auf eigene Faust auf die Suche nach dem »Neu-Verlorenen«, dem Gral.[82] In einer fünf Jahre dauernden Gottvergessenheit erfährt Parzival sich als Sünder, aber die Vorsehung führt ihn seinem adligen Einsiedleroheim Trevrizent zu, der ihm am Karfreitag, dem Tag des erlösenden Todes Christi, Aufschluss gibt über seine unterlassene Frage: »Die Sünde schnitt dir das Wort auf der Zunge ab«. Bußfertig kann er die Vergebung entgegennehmen, so dass der Gral für ihn zur realen Möglichkeit wird. Dieser Karfreitag ist eine Schlüsselszene der Erzählung (Kap. 9). Er begegnet dem Einsiedler Trevrizent, dem er beichtet und von dem er erfährt, dass Amfortas sein Oheim ist und warum er an der Wunde dahinsieche. Er habe aus »hochvart« gesündigt. In diesem exercitium spirituale begreift Parzival nun das Wort von der »diemuet ie hochvart überstreit« (473,4) als Einblick in sich selbst und in seinen Fehl: »Ich bin ein man, der sünden hat« (456,30). Bei einem weiteren Kampf gegen seinen erst später identifizierten Halbbruder Feirefiz (Kap. 15) zerspringt ihm das Schwert seiner »tumpheit«. Er bewährt sich zugleich in seiner innersten Gottestreue, in der sich seine Erwählung zum Gralskönig manifestiert. Mit Feirefiz als Begleiter zieht er nach Munsalvaesche und kann nun aus tiefstem Herzen die rettende und jetzt erst reif gewordene Mitleidsfrage: »Oeheim, waz wirret dir?« (795,29), stellen. Seine Suche und sein Weg sind ja sein eigenes Suchen und seine eigene Wirrnis gewesen, die durch ein göttliches Wunder, wie Trevrizent es ausspricht, ein glorreiches Ende gefunden hat, denn Parzival habe es Gott »abgezürnet« und Gottes Gnade sei ihm »gewährend geworden«. Weil er unter dem Zeichen der »tumpheit« erwählt worden sei, einer »tumpheit«, in der Demut und Stolz sich verbinden und eine Einheit bilden, kommentiert Trevrizent mit einem abschließenden Wort: »nu kert an diemout iwern ein« (798,30). In diesem Denkmal der Treue zu Gott, Test und Ziel, ist Parzival der um der Reinheit und der Treue willen Erwählte, auch der Gottbegnadete: »Wahre Liebe ist immerwährende Treue«: (532.10 Reht minne ist wâriu triuwe).

Feirefiz minnt um die Gralsträgerin Repanse de Schoy und lässt sich taufen, wobei der Gral dem Getauften erglänzt und sichtbar wird. Feirefiz und Repanse kehren in den Orient zurück und ihr gemeinsamer Sohn wird der sagenumwobene Priesterkönig Johannes sein.

Der Gral, das sakrale Symbol der mittelalterlichen versifizierten Epik, hat bei Chrétien de Troyes († vor 1190) seinen Platz in der Erlösungsgeschichte. Chrétien, der bedeutendste Dichter seiner Zeit, der sechs Epen verfasste, die teils durch Hartmann von Aue und Wolfram von Eschenbach ihre Nach-

---

[82] Vgl. H. Brall, Gralsuche und Adelsheil, 1983; K. Pratelides, Tafelrunde und Gral, 1994; W. Haug, Brechungen auf dem Weg zur Individualität, 1997; K. Mertens Fleury, Leiden lesen, 2006.

dichtungen erfahren haben, stellt in seinem »Le Roman de Perceval ou le conte du Graal«, um oder nach 1180 verfasst, den Gral als Ciborium dar, von dem eine lebensspendende und lebenserneuernde Kraft ausgeht. Robert de Boron[83] setzt ihn mit der Schale des letzten Abendmahles Jesu mit seinen Jüngern gleich. Diese wird zusammen mit der blutenden Lanze, dem Speer des Longinus, der dem gekreuzigten Christus in die Seite stach, an einem geheimen Ort aufbewahrt und von einer Ritterschar gehütet, die sich dazu auserwählt und berufen weiß. In den mittelalterlichen Gralsromanen wird diese Suche nach dem Gral zum zentralen Motiv und zu einer ritterlichen, nur dem Reinen erreichbaren Lebensform, stilisiert. Die Suche als Berufung zur sakral gesteigerten Liebe, wird mit dem christlichen Ethos verbunden. Bei Wolfram von Eschenbach ist der Gral ein Wunderstein (lapsit exillis).[84] Jedes Jahr bringt zu Karfreitag eine Taube vom Himmel her eine weiße Hostie, die dem Stein unsägliche Kraft verleiht, Heilskräfte auszustrahlen, zu speisen und zu tränken.

b. Wagners »Bühnenweihefestspiel« als drama sacrum

Diese einflussreichste der großen mittelalterlichen Erzählungen greift Richard Wagner auf, um ihr eine erzählte und vertonte Hermeneutik zu geben. Dieses sein opus ultimum, »Parsifal«; am 26. Juli 1882 in Bayreuth uraufgeführt, ist ein Erlösungsdrama, in welchem der Dichterkomponist den Versuch unternimmt, in den Sinn und den Ausdruck von Religion einzudringen. Er stellt sein Werk in die Tradition des Mysterienspiels. Unterschiedliche und kontroverse Deutungen des komplexen Themas überlagern und kreuzen sich: die psychologische, in der Parsifal als Parabel von der seelischen und körperlichen Selbstfindung interpretiert wird; die soziologische, als Heilung einer krankenden Gesellschaft; die ideologische als Mysterium der Selbstreinigung im gnostischen Sinne; die philosophische als Erlösungswerk im Kampf zwischen Licht und Schatten. Die Achse des Dramas aber ist, dass alle »wahre und reine Liebe« (agape) Mitleid sein müsse, als erlösende christliche Liebe, in die Glaube und Hoffnung eingeschlossen sind. Die in Musik umgesetzte Dramaturgie des »Parsifal« führt einen Grundgedanken aus, den alle großen Romantiker in die mystische Mitte ihrer Œuvres stellten, die Erlösung durch Liebe, als dem Urmysterium des Absoluten, das sich allem Zugriff entzieht.

---

[83] Robert de Boron, Le Roman de L'Estoire dou Graal, um 1180. Vgl. K. Ruh, Höfische Epik des deutschen Mittelalters, 2 Bde., ²1977–1980; Vgl. dazu J. Marx, La lègende arthurienne et le Graal, 1952; D. D. R. Owen, The Evolution of the Grail Legend, 1968; W. Golther, Parzival und der Gral in der Dichtung des Mittelalters und der Neuzeit, 1925.
[84] H. P. Schäfer, Kelch und Stein, 1982.

XII Figurationen der Liebe auf den Brettern, die »die Welt bedeuten«

Wagners »Parsifal« ist der in Wort und Musik travestierte Gralsmythos des Wolfram von Eschenbach,[85] ein »Bühnenweihfestspiel«, das im Sakral-Sakramentalen gipfelt, dem Gral und dem Abendmahlsmysterium. Es ist ein musikalisches »Endspiel« mit der Thematik der Erlösung von einer Todeswunde. Der Gral ist das christliche Palladium und das christlich-ideelle Gegenstück zum Nibelungenhort des Rheingoldes, wobei das Erosthema um Liebe und Macht in das christliche Mysterium der Liebe »aufgehoben« und transponiert erscheint. Wagners mystisches »Weltabschiedswerk«, dessen Vorspiel er mit den Worten »Liebe, Glaube, Hoffnung« charakterisiert, ist die christliche Fortsetzung und »Aufhebung« des »Rings«. Er schreibt: »... und von dem Karfreitagsgedanken konzentrierte ich schnell ein ganzes Drama«. Es ist die Botschaft von der mitleidvollen Liebe und dem Liebesopfer Gottes, das der Menschheit das erlösende Heil schenkt und die seufzende Kreatur (vgl. Paulus Röm 8) im sog. musikalischen »Karfreitagszauber« miteinbezieht. Der blinde Wille zum Leben wird durch den erlösenden Willen, der in seinem tiefsten Grunde Mit-Leiden ist, ersetzt und überhöht. Die leidvolle Not des Anderen (Amfortas) wird über ein bloßes Wahrnehmen hinaus bewusst und solidarisch in den eigenen Nahhorizont gerückt und in ein Tätigsein überführt (Parsifal). Es ist ein rettendes Wirksamwerden angesichts der bedrohten Negierung der Existenz. Liebe findet ihre aktive Selbstbezeugung im Mitleid und ist durch und durch relational – als Beziehungsbegriff – verstanden, als Füreinandersein. Verdichtet aber ist auch Jesu Leiden als Mit-leiden im Symbol des Grals, der Abendmahlsschale als Ausdruck sich hingebender Liebe: »nehmt hin und trinket, das ist mein für euch vergossenes Blut« im Erlöserblutkelch.

Das Gerüst der Handlung um Wagners »Parsifal«:[86]
Im ersten Akt wird das Thema durch Gurnemanz exponiert: Heilung der Wunde kann nur geschehen durch einen reinen, durch »Mitleid wissenden« Toren; im 2. Akt kommt es zu einer Konfliktdarstellung und im 3. Akt wird die Lösung erbracht.

Der Gralskönig Amfortas leidet qualvoll an einer Wunde seiner Hüfte. Keine Salbe vermag sie zu heilen, und auch das Bad kann nur temporär Linderung bringen. Sein Vater Titurel, einst Hüter der heiligen Abendmahlsschale, mit der Nikodemus das Blut Jesu am Kreuz aufgefangen hatte, war

---

[85] Wolframs von Eschenbach »Parzival«-Epos schöpft den Stoff aus dem bretonischen Sagenkreis um Artus. Die Blumenmädchenszene ist dem »Alexanderlied« des Pfaffen Lamprecht (1130) entlehnt. D. Holland, »Die paradoxe Welt des ›Parsifal‹«, in: A. Csampai / D. Holland (Hg.), Parsifal. Texte, Materialien, Kommentare, 1984; H. Küng, »Was kommt nach der Götterdämmerung? Über Untergang und Erlösung im Spätwerk Richard Wagners«, in: Programmhefte der Bayreuther Festspiele I (Parsifal), 1989.
[86] R. Wagner, Parsifal. Kurt Pahlen: Textbuch, Einführung und Kommentag, 1990.

auch Hüter der heiligen Lanze, die einst dem Gekreuzigten in die Seite gestoßen wurde. Amfortas, der »roi pêcheur«, steht in der Spannung zwischen der Aspiration auf das sacrum, das Heilige einerseits, empfindet aber andererseits sich innerlich versehrt, leidet am Schatten sexueller Abhängigkeit, eingespannt in den Körper-Geist-Antagonismus. In seinem Blutmonolog erklingt dreimal der »Erbarmen«-Ruf. Seine Wunde schließt sich nicht – im Gegensatz zur äußeren Wunde, solange der »anima«-Abgrund seiner Versehrtheit nicht geheilt ist. Er steht im tragischen Konflikt des sündigen Priesters zwischen Eros und seinem geistig-geistlichen Amt. Der sündige Gralshüter muss entsühnt werden. Er ist dem Zauber von Klingsors Garten zum Opfer gefallen, ein Zerrissener zwischen Fleisch und Geist.

Auch der abendländische Mythos vom »Gral« birgt in seinem Kern ein archetypisches Traumbild von der Suche nach einem Letzten, Übernatürlichen. Es handelt sich um das Geheimnis: der Mensch und das Mehr-als-Menschliche. Ob als Mythos oder später als christliche Legende, die – wie jede Legende nicht einen biographischen Ablauf schildert, sondern den geglückten, wichtigen Augenblick, das momentum, herausgreift, – begegnet diese uns in ihrer schriftlichen Form erst im ausgehenden Mittelalter und zwar im literarischen Versroman »Perceval« des Chretien de Troyes. Mit dem Gral tritt stofflich etwas gänzlich Neues in den »Artus-Sagenkreis« und seine Tafelrunde. Es spiegelt sich darin der Übergang von einer ethisch-sozialen zu einer universal-eschatologischen Sinngebung des Stoffes. Der Mythos als eine Form der Identitätsstiftung gehörte ursprünglich in den britannischen Sagenkreis (»Matière de Bretagne«) und dessen keltische Barden-Tradition. Das Geheimnis des Grals hat einen Grundbezug zum Leben und spiegelt Vorstellungen, die bis in das Zeitalter der megalithischen Kulturen hinaufreichen. Zugrunde liegt der antike Fruchtbarkeitskult, der im Bild des keltischen Kessels, des Kessels der Fülle, der Weisheit, der Wiedergeburt, kurz des Lebens, seine Wurzeln hat. Diese Grund- und Ursehnsucht fand ihre christliche Travestie.

Zur Gralsgemeinschaft zählte vor Zeiten auch Klingsor, der ob seiner Sünde ausgeschlossen, und nun sich mit einem verführerischen Zaubergarten schöner Frauen rächen will. Als der Gralskönig Amfortas ihn bekriegen wollte, erlag er dabei selbst der Versuchung und verlor im Kampf seine heilige Lanze. Mit dieser fügte ihm Klingsor eine Wunde zu, die sich nicht schließen lässt. Zu den personae dramatis zählt auch die dämonisch-wilde Kundry, die im Dienste Klingsors steht, eine rätselvolle Gralsbotin. Sie hatte einst den kreuztragenden Christus verlacht und büßt als weiblicher Ahasver dafür durch ein ruhelos-qualvolles und leidend-liebendes Leben. Ihre Gestalt ist eine genuine Schöpfung Wagners.

In dieser heiligen Gralswelt wird von einem Fremdling ein Schwan durch einen Pfeilschuss zu Tode getroffen. Von den Rittern mit großen Vorwürfen

XII Figurationen der Liebe auf den Brettern, die »die Welt bedeuten«

als Täter gestellt und befragt, wer er sei, weiß dieser weder von sich noch von Vater und Mutter etwas zu sagen. Auch weiß er nicht, Gut und Böse zu unterscheiden. Ein unwissender Tor. Bestürzt zerbricht er seinen Pfeilbogen und erfährt später von Kundry seinen Namen, und dass seine Mutter Herzeleide an Schmerz ob seines Davonlaufens gestorben sei. Gurnemanz hegt im Stillen die ahnende Hoffnung, ob dieser unwissende Tor der verheißene Retter sein könnte, um Amfortas' Siechtum und unsägliche Qualen zu beenden. Er nimmt ihn mit auf die Gralsburg, und als der todessehnsüchtige Gralskönig nur widerwillig den Gral enthüllt und die große Schmerzensklage erhebt, begreift der Fremdling nichts von der Szene und den Leidensschreien. Er wird aus der Gralswelt verstoßen.

Parsifals nicht gestellte Frage muss sich erst in die Erfahrung des nicht Bewussten verwandeln: »Durch Mitleid wissend ...«. Er muss das dem Drama des leidenden Amfortas zugrunde Liegende in einer affektiven Identifikation selbst nachvollziehen und damit die an sich »neugierige« Frage als Zeichen äußerer Kommunikation verwandeln, indem er sich »mit-leidend« der Form eines anderen Lebens verbindet. Die Frage setzt das Gefühl des Mitleids voraus, am Unglück des anderen teilzuhaben. Damit nimmt die Frage selbst eine religiös-ethische Form an und tritt als drittes Grundvermögen der menschlichen Seele, neben das Begehrungsvermögen und den Verstand. Die Frage teilt sich als erlebte Betroffenheit und als Regung des Mitleids mit.

Als Gurnemanz dem »tumben« Parsifal den Bereich der Gralswelt deuten will, den sie betreten werden, sagt er dies mit dem dunklen Bild der zum Raum gewordenen Zeit.

Parsifal: »*Ich schreite kaum,*
          doch wähn' ich mich schon weit.«
Gurnemanz: »*Du siehst, mein Sohn,*
          zum Raum wird hier die Zeit.« (1. Aufzug)

Die Zeit, wo eine Stunde die andere vergangen macht, um sein zu können, wird in all ihrer Flüchtigkeit im Raum stillgestellt. In diesem Übergang von der Zeit in den Raum wird die Erfahrung der Gleichzeitigkeit von Geschichte und Gegenwart wahrgenommen. Die verzeitlichende Wahrnehmung erreicht im Noch-nicht und Nicht-mehr des Zeitbewusstseins die Grenze des Begriffs. Etwas wird begriffen, dass es ist und dass es dauert, ein lebensweltlicher und normierter Anschauungsraum.

Auf seiner Wanderung gelangt Parsifal im 2. Akt des Wagner-Dramas in das verführerische Zauberreich Klingsors, das Gegenreich zur Gralswelt, wo er von den Blumenmädchen umgarnt wird. Kundry sucht ihn zu verführen und drückt ihm – »als Muttersegens letzten Gruß / der Liebe ersten Kuss« – auf seinen Mund und in sein Herz. Sie will, dass er sie umarme:

»Parsifal« (Richard Wagner)

»die Liebe lerne kennen / die Gamuret (Parsifals Vater) umschloss / als Herzeleides Entbrennen / ihn sengend überfloss«. Aber Parsifal entreißt sich dieser Welt der Ausschweifung der Sinneslust und Üppigkeit, nun als »hellsichtig« Gewordener. Durch den Kuss Kundrys vollzieht sich an Parsifal eine »Übertragung«: er fühlt den Schmerz des Amfortas. In Wagners Regieanweisung heißt es: »er stemmt seine Hände gewaltsam gegen das Herz, wie um einen zerreißenden Schmerz zu bewältigen« und singt:

»Amfortas! –
Die Wunde! – Die Wunde! –
Sie brennt in meinem Herzen. –
Oh, Klage! Klage!
Furchtbare Klage!
Aus tiefstem Herzen schreit sie mir auf.« (2. Aufzug)

In ergriffenem Mitleid wird ihm die Qual Amfortas' bewusst und der ihm nun zugewiesene und anvertraute Weg. In seiner Gegenwart verbleibt ja die von Klingsor gegen ihn geschleuderte Lanze über seinem Haupte schweben, er ergreift sie und stürzt das Klingsor-Reich mit einem Zeichen des Kreuzes in den Abgrund.

Nach Jahren wandernden Umherschweifens nähert Parsifal sich nun im 3. Aufzug in schwerer Rüstung dem Gralsbereich. Er wird von Gurnemanz erkannt und ermahnt, es ist ja Karfreitag, der »heiligste Tag«, die Waffen abzulegen. Zugleich erahnt Gurnemanz in ihm den ersehnten Retter und Erlöser des leidenden Amfortas. Parsifal kommt nach dem Weg der Irrnis in den Gralsbezirk und deutet seine Schritte:

»Zu ihm, des tiefe Klagen
ich törig staunend einst vernahm,
dem nun ich Heil zu bringen
mich auserlesen wähnen darf.« (3. Aufzug, Vorspiel)

Gurnemanz aber weiht nun Parsifal, nachdem ihm Kudry Füße gewaschen hatte, mit dem aus dem Quell geschöpften Wasser und dem Salböl zum Gralskönig und spricht:

»So ward es uns verhießen,
so segne ich dein Haupt,
als König dich zu grüßen.
Du – Reiner! –
Mitleidvoll Duldender,
heiltatvoll Wissender!
Wie des Erlösten Leiden du gelitten,
die letzte Last entnimm nun seinem Haupt.« (3. Aufzug)

Dann verrichtet Parsifal seine erste Handlung und tauft die vor ihm kniende Kundry: »die Taufe nimm / und glaub an den Erlöser!«

XII Figurationen der Liebe auf den Brettern, die »die Welt bedeuten«

Dann ertönt eine ins Innigste gesteigerte Musik der Verklärung der Natur, die im mittäglichen Lichte leuchtet, der sog. »Karfreitagszauber«, an welchem sich Mensch und Natur Gott weihen. Gurnemanz wird zum Deuter des Geschehens, das die Natur mit betrifft:

»Ihn selbst am Kreuz kann sie nicht erschauen:
da blickt sie zum erlösten Menschen auf;
der fühlt sich frei von Sündenlast und Grauen,
durch Gottes Liebesopfer rein und heil.
Das merkt nun Halm und Blume auf den Auen,
dass heut' des Menschen Fuß sie nicht zertritt,
doch wohl, wie Gott mit himmlischer Geduld
sich sein' erbarmt und für ihn litt,
der Mensch auch heut in frommer Huld
sie schont mit sanftem Schritt.
Das dankt dann alle Kreatur,
was all da blüht und bald erstirbt,
da die entsündigte Natur
heut ihren Unschuldstag erwirbt.« (3. Aufzug)

Diese Deutung des »Karfreitagszaubers« durch Gurnemanz ist Ausdruck der Wagner'schen Grundintention des »Mitleidens« als Heilslehre und Kerngedankens der Religion als erlösende Grundsolidarität von Mensch und Kreatur. Es ist wie ein säkularer Reflex auf die Theologie des Paulus im 8. Kapitel seines »Römerbriefes«, wo dieser das große Verlangen der bedrängten und leidenden Kreatur auf Erden im Blick auf die heilende Transzendenz zum Thema macht. Es geht um die unbegreifliche Versöhnung und das Licht, auf das alles hin ausschaut und strebt, um aus dem Bann des Unwirklichen und Vergänglichen, aber auch aus dem großen Seufzen, befreit zu werden. Paulus schreibt: »Denn ich bin überzeugt, dass die Leiden dieser Zeit nichts bedeuten im Vergleich mit der Herrlichkeit, die an uns offenbar werden soll. Denn das sehnsüchtige Verlangen der Kreatur wartet auf die Offenbarung der Söhne Gottes. Denn die Kreatur ist der Nichtigkeit unterworfen worden ... – auf Hoffnung« und »... zur Freiheit der Herrlichkeit der Kinder Gottes. Wir wissen ja, dass die gesamte Schöpfung bis jetzt einmütig seufzt und in Wehen liegt« (Röm 8,8–22).[87] Alles, die belebte und unbelebte Natur wartet auf diese überschwängliche Erfüllung, Abgeltung ihrer Zeitlichkeit und Endlichkeit, denn das Dasein ist auf seine inhärente Tiefe hin gesehen ein intentionales, auf den »verklärten Menschen«, die »Offenbarung der Söhne Gottes« hin konzipiert. Auch die selbstentfremde-

---

[87] Vgl. H. Schlier, Der Römerbrief, HThKNT, Bd. VI, 1977, 256–281; H. A. Balz, Heilsvertrauen und Welterfahrung. Strukturen der paulinischen Eschatologie nach Römer 8, 18–39, 1971; P. von der Osten-Sacken, Römer 8 als Beispiel paulinischer Soteriologie, 1975.

te und dem Bann des Verfalls anheimgegebene Natur sehnt sich nach einer Erlösung, die nicht ihr selbst entspringt. Auch sie trägt eine verschwiegene Klage in sich, ein wortloses Wort, ein Stöhnen einer Gebärenden, ein Warten und Verlangen nach der sie miteinbeziehenden Herrlichkeit der »Kinder Gottes«. Es ist ein Seufzen nach dem alles Verfallende Überwältigenden. Paulus wird dann seine Gedankengänge mit der alles überwindenden Liebe Gottes in Jesus Christus abschließen (Röm 8,31–39). Alle kosmischen Mächtigkeiten, die den Menschen als Widerfahrnisse mit Ohnmacht schlagen, vermögen eines nicht, ihn von der in Jesus Christus erwiesenen Liebe Gottes zu trennen (Röm 8,39).

Wagners Mitleids-Text liest sich aber auch wie ein Reflex des Sanskritwortes »ahimsâ«, des »Nicht-Verletzens« lebender Wesen durch Gedanken, Worte und Taten, eine der fünf Tugenden des »Großen Gelübdes«, des Mahâvrata, der ersten Stufe des Râja-Yoga in Patanjalis Yoga-Sutra (II,31)[88]: Zur ersten Stufe, dem Yama (wörtlich »Selbstbeherrschung«), gehört u.a. die ethische Übung des Nicht-Verletzens (ahimsâ) und gipfelt in der achten Stufe des überbewussten Zustands (samâdhi), in dem die Dualität und die Erscheinungswelt nicht mehr existieren. Mahatma Gandhi hatte »ahimsâ« als »Gewaltlosigkeit« zu einem weltweiten Begriff des passiven Widerstands gemacht.

Amfortas reißt sich in einer überwältigenden Ecce-Homo-Szene seine Wunde auf und will in einem Akt tiefster Verzweiflung sterben. Parsifal erscheint in diesem Augenblick mit dem heiligen Speer und berührt Amfortas' Seite mit den Worten:

»Nur eine Waffe taugt: –
die Wunde schließt
der Speer nur, der sie schlug.
Sei heil, entsündigt und entsühnt,
denn ich verwalte nun dein Amt.
Gesegnet sei dein Leiden,
das Mitleids höchste Kraft
und reinsten Wissens Macht
dem zagen Toren gab.
Den heil'gen Speer –
ich bring' ihn euch zurück.«

Der Gral wird enthüllt und im Orchester erklingen suggestiv die drei Grundthemen des Werkes, die im Vorspiel hintereinander gefügt waren, das Liebesthema, das Gralsmotiv und das Glaubensmotiv, ineinander verwoben im Augenblick höchster auratischer Weihe, während von der Höhe die Stimmen mit den Schlussworten verklingen:

---

[88] Vgl. R. S. Mishra, Vollendung durch Yoga, 1985; Vivekananda, Râya Yoga, 1983.

XII Figurationen der Liebe auf den Brettern, die »die Welt bedeuten«

»Höchsten Heiles Wunder!
Erlösung dem Erlöser!«

R. Wagners »Parsifal«, für Franz Liszt »das Erhabendste vom Erhabenen«, bringt ein christliches Mysterium auf die Bühne. Und als Gustav Mahler einer Aufführung des Parsifal im Festspielhaus in Bayreuth beiwohnte, trat er, wie er sagte, »keines Wortes fähig aus dem Festspielhaus und wusste, dass ihm das Größte, Schmerzlichste aufgegangen war, und dass er es unentweiht mit sich durch sein Leben tragen werde.« Fesselt der Eros den Menschen an die Leidensgeschichte des »Willens«, so eröffnet die Mitleidsbereitschaft der Liebe den Weg zur Erlösung. Wagner dankt Arthur Schopenhauer dafür, dass er ihm »das Christentum erschlossen« habe (CT II,307). Für Schopenhauer ist das Mitleiden das Grundprinzip des Ethos und ist ein motivierender und orientierender Leitgedanke, den er mit dem Leiden der Person insgesamt identifiziert.[89]

c. »... des Mitleids höchste Kraft«:
Die Selbstbezeugung der Liebe im Mitleid

In Richard Wagners »letztem Werk«, seinem kultischen »Bühneweihfestspiel«, begegnet uns noch einmal das Janusgesicht des Eros, dramatisch-dialektisch als erlösende Macht und als zerstörende Kraft. Es ist der Zwiespalt der erotischen Begierde der Venus Cypria, der irdischen Liebe, und der Venus Urania, der himmlischen Liebe. Wie Tristan ist auch Amfortas »liebeszerstört«, durch den selbstsüchtigen Eros, während der durch »Mitleid wissende« Parsifal, der Anteros, antithetisch und kontrafaktisch die Mitleids-Liebe verkörpert. Eine ganze Reihe von näheren oder ferneren Motivparallelen der conditio humana spiegelt das komplexe und sich gegenseitig erhellende Beziehungsgeflecht. Amfortas leidet an der nicht heilenden Wunde an seiner Seite, deren Qual sich durch den Anblick des heiligen Gral immer wieder erneuert. Nur die Lanze des Longinus, die einst Christus in die Seite stach, vermag sie zu schließen. Auch in der mythischen Szene Achills, in der »Ilias« Homers, der den verwundeten Telephos mit dem Speer heilt und so das Orakel erfüllt: »Wer die Wunde schlug, wird sie heilen«. Die Passion des Amfortas und sein Pathos-Schrei nach Erlösung: »Erlöser, rette mich aus schuldbefleckten Händen« (2. Aufzug), wird im Urschrei der versehrten Menschennatur laut. In der »wilden Glut« des Amfortas wiederholt sich Adams Ursünde und sein »Fall«. Kundry, eine Eva rediviva, wiederholt mit ihrem Kuss die Verführung Evas und macht Parsifal »welthellsichtig«

---

[89] Vgl. J. Koffler, Mit-Leid. Geschichte und Problematik eines ethischen Grundwortes, 2001.

(2. Aufzug), durch welchen Kuss er die Erkenntnis des Schmerzes erlangt, gleichsam wissend geworden um das »Gute und Böse«. Die dunklen Schatten des mystischen Erbzwangs des Bösen, verdichtet im Brennpunkt des Weltwillens (so A. Schopenhauer),[90] fallen auf die Menschen. Kundry, die neue Venus und leidende Dienerin in ihren unruhigen Wegen, wird zur weiblichen Variante des Irrenden der Meere, des fliegenden Holländers, aber auch der Unruhe Wotans. Das Reich Klingsors ähnelt dem Venusberg im Tannhäuser und wird beim Zeichen des Kreuzes vernichtet. Der menschliche Wille, Fähigkeit und psychisches Antriebspotential, sich überlegtermaßen Ziele zu setzen und diese zu verfolgen, ist auch Kraft von Begierde und Wunsch, Rationalität und Irrationalität, Absichtlichkeit und Zurechnung. Seine Begriffsgeschichte in der philosophischen Reflexion ist von großer Komplexität.

Arthur Schopenhauer (1788–1860), der Totengräber der Klassik, der die Enttäuschung am Leben in seine grandiose Begriffsdichtung »Welt als Wille und Vorstellung« umgesetzt hatte mit der pessimistischen Verneinung des Willens zum Leben, hat auf seine Weise Wagner beeinflusst mit dem Gedanken des Mit-Leidens als Form »reiner« Liebe.

Biographisch interessant mag die Tatsache sein, dass Schopenhauers Mutter als Witwe mit ihrer Tochter Adele in Weimar einen Salon unterhielt, in dem auch J. W. v. Goethe oft Gast war. Dem jungen Arthur schrieb Goethe im Jahre 1814 in dessen Poesiealbum den Zweizeiler:

»Willst du dich deines Wertes freuen,
So musst der Welt du Wert verleihn.«

Schopenhauer setzte seinem Werk, mit dem er die Zeit aus den Angeln heben wollte, das Goethe-Motto voran: »Ob nicht die Natur zuletzt sich doch ergründe?« Diese Frage wird sein Leben begleiten.

In seiner negativen Weltsicht, in der »schlechtesten aller möglichen Welten« zu leben, muss der Wille stets unbefriedigt und das Glück unerreichbar bleiben. Ist der Mensch sein eigenes Werk (moralische Aseität) und die egoistische Ichbezogenheit eine seiner Grundtriebfedern, so muss diese im tätigen Mitleiden überwunden werden. Dieses ist die Grundlage aller echten Menschenliebe. Das Wohl und Wehe des Anderen wird so innerer Beweggrund für den Mitleidenden, der intuitiv fremdes Leid als sein eigenes auf-

---

[90] Erlösung bedeutet im Sinne A. Schopenhauers »Mortifikation des Willen«, die Verneinung des Willens zum Leben als Überwindung der Individuation. Nach Schopenhauer ist der zentrale Gedanke des Christentums: »Wirklich ist die Lehre von der Erbsünde (Bejahung des Willen) und von der Erlösung (Verneinung des Willens) die große Wahrheit, welche den Kern des Christentums ausmacht.« Im Geschlechtstrieb sieht er die stärkste Bejahung des Willens zum Leben und zugleich den Urquell allen Elends. In der freiwilligen Keuschheit als dem ersten Schritt der Askese vollziehe sich die Verneinung des Willens zum Leben.

nimmt.⁹¹ Schopenhauer erhebt das Mitleid zum Prinzip und Fundament der Ethik, als eine »allein echt moralische Triebfeder«⁹², auf die sich alle moralischen Handlungen zurückführen lassen. Es ist uneigennützig und ist in der Tugend der Gerechtigkeit und Menschenliebe zusammengefasst. Es schließt auch die Liebe zu der untermenschlichen Welt der Tiere ein, verstanden »als ganz unmittelbare ... Teilnahme ... am Leiden eines Anderen«,⁹³ der Kreatur, wo »das Leiden eines Anderen unmittelbar mein Motiv« wird.⁹⁴ Die Identifikation mit dem Anderen, dem »tat-twan-asi«⁹⁵ – »dies bist du« der hinduistisch-buddhistischen Mystik,⁹⁶ ist für A. Schopenhauer die Bestätigung seines ethischen Konzeptes. Er erklärt das selbstlose Handeln im Mitleid damit, dass das wahre innere Wesen eines Einzelnen in jedem Lebenden existiert. Der ursprünglich aus einem Abschnitt der »Châdogya-Upanishad«⁹⁷ stammende Satz« tat-tvam-asi« lehrt, dass das »Seiende« (sat) ein vor allem als Lebenskraft bestimmter Urstoff das einheitliche Wesen (âtman) von allem sei und somit auch mit dem Wesen oder Selbst des Menschen (âtman) identifiziert werden könne.⁹⁸ Schopenhauer sieht darin die Wesensidentität aller Individuen. »Das Wollen« sei, so schreibt er, »die einzige Gelegenheit, die wir haben, irgendeinen sich äußerlich vorstellenden Vorgang (wie den der Lebensäußerungen) zugleich aus seinem Inneren zu

---

[91] Vgl. U. Kienzle, Das Weltüberwindungswerk. Wagners »Parsifal« – ein szenisch-musikalisches Gleichnis der Philosophie Schopenhauers, 1992; H. Reinhard, Parsifal. Studie zur Erfassung des Problemhorizontes von Richard Wagners letztem Drama. 1979; Vgl. I. F. Görres, Des Anderen Last. Ein Gespräch über Barmherzigkeit, 1940; R. E. Peters, Reason and compassion, 1971; L. Schmithausen, Ich und die Erlösung im Buddhismus, in: Missions- und Religionsw. 53 (1969) 157 ff. Mitleid, ein Übersetzungslehnwort für das griechische Wort sympátheia, »Sympathie«, ist ein Mitleid mit der Not und dem Schmerz des Anderen, denn unmittelbar vom Schmerzgefühl des Anderen bestimmt, äußert es sich in tätiger Liebe. Schon in der griechischen Tragödie erscheint Leiden und Mitleiden als ein wesentliches Moment menschlichen Daseins. Sie soll die Zuhörer im Theaterrund in eine Verfassung bringen, durch »Mitleid und Furcht« seine Affekte zu reinigen (Aristoteles, Poet. 1449 n 27 f.) Aristoteles sieht im Mitleid einen Schmerz »über ein offensichtliches Übel, das mit Vernichtung und Leid jemanden bedroht, der es nicht verdient, von dem man erwarten muß, dass es einen selbst oder einen der Seinen treffen kann, und das alles, wenn es nah erscheint« (Aristoteles, Rhet. 1385 b 13 ff.).
[92] A. Schopenhauer, Preisschrift über die Grundlegung der Moral (1841). Werke (hg. A. Hübscher 4, ³1972, 231.
[93] A. Schopenhauer, a.a.O. 208.
[94] a.a.O. 212.
[95] a.a.O. 271.
[96] a.a.O. 273.
[97] Chândogya-Upanishad VI, 8–16.
[98] a.a.O. 270. Vgl. P. Hacker, Schopenhauer und die Ethik des Hinduismus, in: Saeculum 12/4 (1961) 366–399, hier: 368 f.; Röthlingk / Roth, Sanskrit-Wörterbuch, 1855, siehe vor allem Atman 3; vgl. E. Frauwallner, Geschichte der indischen Philosophie 1, 1953 72 ff.; J. Gonda. Die Religion Indiens I, 1960, 202 f.; P. Hacker, Untersuchungen über Texte des frühen Advaitâvâda 1, 1950, 35.47 f. 137.

verstehen«.⁹⁹ Dies sei so der Schlüssel, der das Verstehen der Natur aufschließt. In einer Art Analogieschluss, von der menschlichen Selbsterfahrung des drängenden Getriebenseins und des endlosen Strebens, wird der metaphysische Grundwille anvisiert, der als objektivierte Individualisierung der Ideen in allem Seienden am Werk ist. Dieses Wollen in seiner Unerfülltheit kennt kein Genug. Schopenhauer illustriert es an den Hades-Mythen der griechischen Antike anhand der Gestalt des Ixion, des Königs der Lapithen, der sich Hera ungebührlich genähert hatte und den dann Zeus in den Tartaros hinabstößt, wo er auf ein immer sich drehendes feuriges Rad gebunden, zur ewigen Qual verdammt ist.¹⁰⁰ Eine weitere Illustration bilden die Danaiden,¹⁰¹ die fünfzig Töchter des Danaos, die ihre Freier in der Hochzeitsnacht ermordet hatten und zur Sühne für ihre Untat im Hades Wasser in ein durchlöchertes Fass schöpfen müssen als ein ewiges Umsonst. Das dritte Beispiel ist der Frevler Tantalos,¹⁰² der berühmteste Büßer der Unterwelt, der um die Allwissenheit der Götter auf die Probe zu stellen, ihnen seinen von ihm geschlachteten Sohn Pelops zum Mahle vorsetzt. Seine Qualen des unsäglichen Hungers und Durstes sind sprichwörtlich als Tantalos-Qualen in die Sprache eingegangen, samt ihrer traurigen Berühmtheit. Als die Goethesche Iphigenie sich mit dem Satz »Ich bin aus Tantalus' Geschlecht« (I,3) charakterisiert, erwidert ihr Thoas: »Du sprichst ein großes Wort gelassen aus«. Im Rückgriff auf die griechischen Unterwelt-Mythen und ihre Versinnbildlichung schreibt Schopenhauer: »So liegt das Subjekt des Wollens beständig auf dem drehenden Rad des Ixion, schöpft immer im Siebe der Danaiden, ist der ewig schmachtende Tantalos«.¹⁰³ Für Schopenhauer ist das Wollen im Menschen als solches »die Quelle aller unserer Betrübnisse und Leiden«¹⁰⁴, das zeitweilig nur durch eine ästhetische »Kontemplation« gelindert werden kann, die von der Qual des Wollens befreit. In solcher distanzierender Abhebung wird das durch das Wollen bestimmte Subjekt zum selbstvergessenen »Weltauge«¹⁰⁵, das die Wirklichkeit ausblendet. Letztlich ist die Befreiung des leidschaffenden Wollens nur dessen Sistierung, nur die

---

[99] Aphorismen und Fragmente. Aus A. Schopenhauer's handschriftlichem Nachlass, hg. J. Frauenstädt, 1864, 338; ferner WWV 2, 2. Kap. 18, SW 3,219.
[100] Vgl. Pindar, Pyth. 2, 21–48 mit. Schol.; Diodorus 4, 69, 4 f.; Hyginus, Fab. 62; G. Méautis, Ixion ou l'ingratitude humaine, in: Mythes inconnus de la Grèce antique, 1949, 13–32.
[101] Vgl. Aischylos, Hik. 318 ff.; Diodorus, 5,58,1; Ps.-Platon, Axioch. 371E; G. A. Megas, Die Sage von Danaos und den Danaiden, in: Hermes 68 (1933) 415–428; A. B. Cook, Wartercarrying in the myth of the Danaides, in: Zeus III (1940) 355–426.
[102] Vgl. Homer, Od. 11, 582 ff.; Ovid, Met. 4, 458 f.; Sophokles, Frg. 518 N.
[103] Schopenhauer, SW 3, § 38, a.a.O. 231.
[104] Schopenhauer, Parerga und Paralipomena, Kap. 19: Zur Metaphysik des Schönen und Ästhetik (1851), SW 6, 442 f.
[105] Schopenhauer, WWV 1, 3. § 38, SW 2, 233.

»Verneinung des Willens zum Leben« als das »summum bonum«[106] des Menschen. Schopenhauer erläutert diese »Verneinung des Willens« mit Hilfe der Begriffe »Selbstverleugnung« (vgl. Mt 16,24f.), der »abnegatio sui ipsius«.[107] Dabei greift er Motive der indischen Philosophie und buddhistischen Lehre auf, sowie Aspekte der Mystik und Asketik der christlichen Tradition, die er zum Teil umprägt, wie die Begriffe »Sünde«, »Gnade«, »Erlösung«. Galt seit der Logos-Philosophie der griechischen Antike die Rationalität als Grundprinzip des Kosmos und der Welt der Ideen, und in der Folge der absolute Geist, das transzendentale Subjekt, so sieht Schopenhauer dagegen als Wesen der Welt und des Weltgrundes im Drang, dem Trieb, dem Lebenswillen. Sein Pessimismus findet breite Resonanz nicht nur in den Strömungen des Voluntarismus und der Lebensphilosophie, sondern vor allem in der Literatur und Kunsttheorie sowie der Bildungswelt des ausgehenden 19. Jh.s, bei E. v. Hartmann, bei Leo Graf Tolstoi (1828–1910), dem Inbegriff des Wesens der russischen Seele mit dem ungelösten Widerstreit zwischen Welt und Gott, dann bei Richard Wagner, der seine Fabeln aus den alten Volksmythen schöpft und zu einem Gesamtkunstwerk gestaltet: »Volk ist Inbegriff aller, welche eine gemeinschaftliche Not empfinden«. So ist z.B. Wotans Wille zum Untergang und Tristans Liebestod als reine rauschhafte Auflösung in die Nacht in solcher Perspektive gesehen und gestaltet.[108]

d. Mitleid in der frühchristlichen Reflexion (Laktanz)

Das Mitleid in der biblisch-christlichen Tradition wird in der Gottebenbildlichkeit des Menschen begründet und findet seine integrative Einzeichnung in das tragende Fundament christlicher Existenz, die Gottes- und Nächstenliebe. Ein frühes Beispiel bietet der römische Rhetor und zum Christentum konvertierte Kirchenschriftsteller Laktanz[109] (250–325) über den zentralen Affekt des Mitleids. Er sucht in seinen zwischen 305–310 entstandenen »Göttlichen Unterweisungen« (»Divinae institutiones«) die christliche Wahrheit gebildeten römisch-heidnischen Adressaten aufzuzeigen. Er tut es in gehobener sprachlicher Stilistik, so dass die Humanisten ihn den »christ-

---

[106] Schopenhauer, WWV 1, 4 § 65, SW 2, 428, vgl. 3, §§ 53ff., a.a.O. 319ff.
[107] Vgl. G. F. Wagner, Schopenhauer-Register, neu hg. A. Hübscher, ²1960.
[108] Vgl. Th. W. Adorno, Versuch über Wagner, 1952.
[109] Vgl. A. Wlosok, Handbuch der lateinischen Literatur, 5, 1989, 375–404; Ders., Laktanz und die philosophische Gnosis, 1960; S. Casey, Lactanz's Reaction to Pagan Philosophy, in: Clavis Mideavalis 32 (1980) 203–219; A. Wlosok, Zur lateinischen Apologetik der constantinischen Zeit, in: Gymnasium 96 (1989) 133–148.

lichen Cicero« nannten. Es geht ihm um die Selbstpräsentation der göttlichen Wahrheit in Jesus Christus, greifbar geworden in der alles überbietenden Offenbarung, auf die in latenter Weise die pagane Weisheit und Anthropologie immer schon ausgerichtet war, um in Jesus Christus ihre Kulmination zu erreichen. In Buch IV, in welchem er »über die wahre Weisheit und wahre Religion« handelt, ist Jesus Christus Inbegriff und schlechthinniges und gottgemäßes Paradigma sowie Erfüllung der römischen Grundtugend der Gerechtigkeit (iustitia) und Gottverehrung (pietas). Dem in tödliche Kämpfe verstrickten Aeneas stellt er den in den Tod gehenden und für uns gekreuzigten Christus gegenüber (Buch V: »Über die Gerechtigkeit«) und folgert daraus den Vollzug der wahren Pietät und Gottesverehrung (Buch VI), die sich nach dem Vorbild Christi in der tätigen Selbstrücknahme und barmherziger Nächstenliebe vollzieht. Dabei gibt er dem Affekt des Mitleids eine christlich-positive Wertung und zeichnet sie in das Christusgeschehen ein. Nach der Religion sei Mitleid (misericordia vel humanitas) die zweite Pflicht[110], wozu der Mensch allein durch den »affectus misericordiae« angeregt werde.[111] Laktanz, Prinzenerzieher am Hof Konstantins in Trier, gibt eine andere etymologische Ableitung von »religio« als Cicero, wenn er schreibt:

»Unter dieser Bedingung nämlich werden wir geboren, dass wir dem Gott, der uns erschaffen hat, gerechten und schuldigen Gehorsam erweisen, ihn allein anerkennen und ihm folgen. Durch diese Fessel der Frömmigkeit sind wir Gott verpflichtet und verbunden (religati). Von daher hat die Religion selbst den Namen empfangen – nicht wie Cicero interpretierte von relegere«.[112]

Augustinus wird diese Deutung später übernehmen und sagen: »Streben wir zu dem einen Gott und bemühen uns, ihm allein ... unsere Seelen zu verbinden (religantes animas nostras), woher, wie man annimmt, das Wort religio stammt.«[113] Religion ist Gottesverbundenheit. Mitleid aber ist für Laktanz der Effekt, »worin die Vernunft des menschlichen Lebens fast ganz enthalten ist«: quo ratio humnae vitae paene omnis continetur.[114] Mitleid »ist allein dem Menschen gegeben, um unsere Armseligkeit durch wechselseitige Unterstützung aufzuhelfen; wer es aufhebt, macht unser Leben zu dem der Tiere«.[115] Beide, Laktanz wie Augustinus, setzen der stoischen Ataraxie, der Unerschütterlichkeit des Gemüts und Seelenruhe (tranquillitas animi), die christliche Barmherzigkeit gegenüber, die sie vom Mitleid her

---

[110] Lactantius, Div. inst. CSEL XIX, 514.
[111] Lactantius, Epitome div. inst. a.a.O. 709.
[112] Lactantius, Div. inst. IV, 28,2.
[113] Augustinus, Retract. I, 12,9. Vgl. P. Stockmeier, Christlicher Glaube und antike Religiosität, 1980; E. Feil, Religio, 1980.
[114] Lactantius, Epitome, a.a.O., 253.
[115] Ders., a.a.O., 709.

deuten: »Was aber ist Mitleid anderes als das Mitempfinden fremden Elends in unserem Herzen, durch das wir jedenfalls angetrieben werden zu helfen, so weit wir können«?[116] Der der Übung in der Tugend dienende Antrieb (motus) ist vernünftig, wenn die helfende Tat die Gerechtigkeit wahrt. Im Nachklang von Augustinus wird Thomas von Aquin (um 1225–1274) das barmherzige Mitleid aus dem mitleidigen Herzen ableiten, aus dem »miserum cor super miseria aliena«[117] und als »compassio super miseria alterius«[118] bestimmen. Dass der Mitleidende »miseriam alienam apprehendit ut suam«, ist für ihn Ausdruck der Liebe zum Anderen, als Schmerz über das Leid eines Anderen. Mitleid ist ein leidenschaftliches Bewegtsein (ein »motus appetitus sensitivi«) gegenüber dem nach der Vernunft geregelten Schmerz, dem »motus appetitus intellectivi«.[119] Das Mitleid ist nach der Gottesliebe die größte Tugend (maxima).[120]

In der christlichen Ethik ist das Mitleid in Christus verankert, wenn es im Hebräerbrief (4,15 f.) heißt:

»Denn wir haben nicht einen Hohenpriester, der nicht mitfühlen könnte mit unserer Schwachheit, vielmehr einen, der in jeder Beziehung gleichermaßen versucht worden ist, die Sünde ausgenommen. Lasst uns also mit Zuversicht hintreten zum Thron der Gnade, damit wir Barmherzigkeit erlangen und Gnade finden zu rechtzeitiger Hilfe.«

Dies spiegelt sich auch in der Jesusmystik Bernhards von Clairvaux, der »leidenden und mitleidenden Liebe« des Erlösers als Grund seiner Passion. Die spätere Ikonographie stellt es oft so dar, dass der Gekreuzigte sich Bernhard zuneigt und der Mensch Schuldner solcher Liebe wird, um durch die mystische Begegnung mit dem liebenden Jesus zu überströmender Liebe befähigt zu werden, auch die anderen zu lieben.[121]

---

[116] Augustinus, De civ. Dei IX, 5: Quid est autem misericordia nisi alienae miseriae quaedam in nostro corde compassio, qua utique si possumus subvenire compellimur?«
[117] Thomas von Aquin, S. theol. II/II. q. 30, a. 1 c.
[118] a.a.O. 2c.
[119] Thomas von Aquin, a.a.O. 3c.
[120] a.a.O. 4.
[121] Vgl. E. Benz, Der christliche Übermensch, in: Konkrete Versuche. FS für E. Rothacker, 1958, 179–195; Ders., Der dreifache Aspekt des Übermenschen, in: Eranos-Jahrbuch 28 (1960) 109–192; W. Zeller, Zum Christusverständnis im Mittelalter, in: Ders., Theologie und Frömmigkeit, 1971, 9–21.

3. »Der fliegende Holländer« (Richard Wagner): Die Traumwelt-Ballade der Sehnsucht und Treue bis zum Tod

a. Treue bis zum Tod[122]

Richard Wagners romantische Opernballade in drei Akten, »Der fliegende Holländer«, 1843 uraufgeführt, greift inspirativ auf Heinrich Heines Romanfragment »Aus den Aufzeichnungen des Herren von Schnabelewopski« zurück.[123] Darin werden mit den wechselnden Aufenthalten der Hauptpersonen die beherrschenden Themen – Liebe, Glück, Gott – kontrastreich entfaltet, wie sie der polnische Graf bei einem Theaterbesuch in Amsterdam, bei der Sage vom »Fliegenden Holländer« kennengelernt hatte. Es handelt sich um die Suche des gottesfrevlerischen Kapitäns nach der Frau, deren ewige Herzensliebe und Herzenstreue ihn vom Fluch des Umherirrens auf den Weltmeeren erlösen könnte. Er, ein »Ahasver des Ozeans«, der in seiner Unrast mit seinem Geisterschiff »zwischen Tod und Leben hin und her geschleudert« wird, ist zur ewigen Suche verdammt. Er, ein vom Leben von sich Gestoßener und auch vom Tod Abgewiesener, bedarf des Unbedingten: eines liebenden Wesens, das von sich aus ihm die ewige Liebestreue schwört und so seiner von den Stürmen des Schicksals und des Lebens hochgepeitschten Unrast, die erlösende Ruhe zu schenken vermag.

Die Erzählung geriert sich wie eine säkulare Variante zum »Unruhigen Herzen« (cor inquietum) des Aurelius Augustinus in seinen »Bekenntnissen« (Confessiones) mit seinem dialogischen Bezug auf ein transzendentes Gegenüber. Es macht die Unruhe der menschlichen Existenz fassbar und lässt mit dem Eingangssatz: »Du hast uns zu dir hin erschaffen, und ruhelos ist unser Herz, bis dass es ruht in dir« (»Fecisti nos ad te, et inquietum est cor nostrum, donec requiescat in te«) (Conf. I,1), nicht mehr die Antike zu uns sprechen, sondern einen neuzeitlichen Subjektivismus.[124]

Der »Fliegende Holländer«, eine Gestalt des Geisterhaften, steht in der Tradition des romantischen Welt-Schmerz-Außenseiters, der eine unbedingte Hingabe, ein Herzensopfer verlangt, das allein ihm Erlösung bringen könne, aber diese Liebe ist zugleich der Tod. Es ist eine dramatische Traumwelt-Ballade der Sehnsucht nach Erlösung.[125] Senta, schuldig geworden an ihrem

---

[122] R. Wagner, Der fliegende Holländer. Oper der Welt, (Hg.) K. Pahlen, 1994.
[123] Vgl. L. Prox, Wagner und Heine, in: DVLG 46 (1972) 684–698.
[124] Vgl. A. Maxsein, Philosophia cordis. Das Wesen der Personalität bei Augustinus, 1966, 7; D. von Hildbrand, Über das Herz. Zur menschlichen und gottmenschlichen Affektivität, 1967.
[125] Vgl. W. Breig, »Das verdichtete Bild des ganzen Dramas« – Die Ursprünge von Wagners »Holländer« – Musik und die Senta-Ballade, in: FS Heinz Becker (Hg.) J. Schläder u. R. Quandt, 1982, 162–178; A. Csampai / D. Holland, R. Wagner. Der fliegende Holländer. Texte, Materialien, Kommentare, 1982.

XII Figurationen der Liebe auf den Brettern, die »die Welt bedeuten«

Verlobten Erik, folgt dem Holländer indem sie sich der »Geisterwelt« anheim gibt. Sie ahnt sein Erscheinen visionär voraus und ist bereit, sich an die geahnte Sehnsucht in Liebe und Treue zu binden. Senta, wie Goethes Gretchen im Faust mit ihrem »Meine Ruh' ist hin, / Mein Herz ist schwer ...«, erträumt am Spinnrad das Bild von dem »bleichen Seemann«. Der ruhelos Umherirrende ist seinem Gespensterschiff entstiegen und bietet Daland eine Truhe Edelsteine an »für das Obdach einer einz'gen Nacht« (1. Aufzug, Pahlen, a.a.O. 27). Er steht unter dem Fluch des ruhelosen Umherirrens, bis ihn die ewige Treue einer Liebe erlöst. In seinen »Les fleurs du mal« dichtet Charles Baudelaire:

»Tod, alter Fährmann, komm die Anker lichten!
Segel gehisst! – Wir sind der Erde satt.
Wenn schwarz auch Meer und Himmel sich verdichten,
Du weißt, dass unsre Seele Strahlen hat.
Reich uns dein Gift, dass Tröstung wir erfahren!
Noch brennt das Feuer – laß zu tiefsten Schlund,
Laß uns zu Himmel oder Hölle fahren!
Nur Neues zeig uns, Tod, im fremden Grund!« [126]

Als der Holländer in Dalands Haus eintritt, wissen sich er und Senta in einem traumhaften Zwiegesang verbunden: »Wie aus der Ferne längstvergangener Zeiten«. Es ist die Erfüllung des Motivs der Erlösungsbitte der Ballade: »... fänd er ein Weib, das bis in den Tod getreu ihm auf Erden! Ach! Wann wirst du, bleicher Seemann es finden?« (Pahlen, a.a.O. 41), die das Werk, schon von der Ouvertüre an, durchzieht und Senta sie den Mädchen am Spinnrad zuruft: »Ich sei's, die dich durch ihre Treue erlöse« (2. Aufzug, Pahlen, a.a.O. 43).

Als Erik noch einmal Senta beschwört, sie habe ihm die Treue gelobt, und der Holländer das Gespräch belauscht, ruft er: »Verloren! Ach! Verloren! Ewig verlor'nes Heil!« (3. Aufzug, Pahlen, a.a.O. 79) und singt sein Schicksalslied, um wieder mit seinem Geisterschiff aufzubrechen. Er will nicht den Schwur vor Gott von einem Mädchen, das schon einem anderen den Treueschwur des Herzens gab. Senta eilte herbei und ihres Schwurs zum Holländer eingedenk, ruft sie von einem Felsenriff dem Holländer nach:

»Preis' deinen Engel und sein Gebot!
Hier steh ich – treu dir bis zum Tod!« (3. Aufzug, Pahlen, a.a.O. 83)

und stürzt sich in das Meer. Im gleichen Augenblick versinkt das fluchbeladene Schiff des Holländers. Der Holländer und Senta, beide entsteigen in verklärter Gestalt dem Meer: der Ruhelose hält Senta umschlungen und ist durch ihren Tod erlöst. Zwei Heimatlose auf ihrer Lebensbahn finden erst

---

[126] Vgl. C. Baudelaire, Richard Wagner et Tannhaeuser à Paris, 1861.

im Tod ganz zueinander. Gehört es zum Wesen und zum gemeinsamen Anliegen einer Religion, von »allerlei« Übel zu befreien und zu erretten (»sed libera nos a malo«), so stellt Wagners »Holländer« die Liebe eines treuen Herzens als Thema auf die Bühne. Ein Mensch, der in seinem frevelhaften Hochmut sich der numinosen Hintergründigkeit des »Abgrunds« Mensch hingegeben hatte, erfährt sein Schuldiggewordensein als Einbruchsstelle der numinosen Negativität und sucht nach einer Liebe, die sich selbst auf den Anderen hin transzendiert und Heilung schafft.[127] Der »Fliegende Holländer« versinnbildet die Geschichte einer fehlgeleiteten Existenz des Herumirrens und Suchens, eine Mischung des Ahasver und des Odysseus, mit der Sehnsucht aus dieser ewigen Getriebenheit auf den formlosen, unsteten und sturmgepeitschten Wassern der Meere, einen festen Grund an Land zu finden, eine Heimat gewährende Liebe, die sich als treue Liebe für immer schenkt. »Erlösung« steht für jene interpersonale und liebende Beziehung zweier Menschen. Es ist eine Erlösung durch die existentielle Beziehung gegenseitiger Liebe. Damit wird bei Wagner ein Thema auf die Bühne gebracht, das im »Holländer« die Unbedingtheit einer Liebe sucht, die sich bedingungslos mit dem »Fahrenden« und seinem Schicksal identifiziert, eine Hoffnung und Sehnsucht nach der rettenden »Erlösung«, die auch Wagners nachfolgende Werke grundierte, vom »Tannhäuser« über »Lohengrin«, »Tristan«, den »Ring« und »Parsifal« als das eine große tema con variazioni.[128] Der Holländer, Sünder des Frevels und Träger eines Fluchs, zum ewigen Irren auf den Meeren verdammt, hat in Senta die zum Liebestod bereite Erlöserin voller Hingabe und in grenzenlosem Mitleid als Gegenpart.

b. Exkurs

Mitleid, in Sanskrit und Pali mit karunâ bezeichnet, ist eine zentrale Kategorie der buddhistischen Tradition, vor allem im Theravâda-Buddhismus, wo es neben »Güte« (Pali: mettâ), »Mitfreude« (Pali: muditâ) und »Gleichmut« (Pali: upekhâ) steht. Mitleid zählt zu den sog. »vier Göttlichen Verweilungszuständen« und im Mahâyâna-Buddhismus in der Budhisattva-Lehre noch dahin gesteigert, dass die Bodhisattvas so lange auf die eigene Erlösung verzichten, bis auch alle anderen Wesen zur rettenden Erleuchtung finden, in der alle Ursachen der Wiedergeburt völlig erlöschen. Eine besonders verehrte und beliebte Bodhisattva-Gestalt ist Avalokite vara. Sein Name, nomen est omen, bedeutet: »Der auf die Welt hinunterschaut«, d. h. der

---

[127] Vgl. Ch. S. Barden, Man's Quest for Salvation, 1941; G. Mensching, Zur Metaphysik des Ich, 1934; D. Mack, Richard Wagner. Tannhäuser, 1979.
[128] Vgl. C. Westernhagen, Vom Holländer zum Parsifal. Neue Wagner-Studien, 1962.

das Treiben der Menschen in der Welt beobachtet, um durch sein Wissen sowie sein grenzenloses Mitleid den Lebewesen in ihren Nöten und Leiden zu helfen. In legendarischer Ausfaltung wird erzählt, sein Kopf habe sich beim Beschauen des Leidens in der Welt, von lauter Mitleid übermannt, in mehrere Köpfe zerspalten, (ikonographisch als elfköpfiger Avalokite vara oder mit tausend Augen und Armen), um alle Geschehnisse auf dem Erdenrund besser wahrnehmen zu können.[129] Das im Mahâyâna-Buddhismus erweiterte Pantheon der zahlreichen Buddhas und Bodhisattvas mit ihren Emanationen findet in der Auslegung des Heilsweges eine erweiterte Gestaltung. Es bildet sich ein bhakti-ähnlicher Heilsgedanke aus, der durch gläubige Hingabe, die zur Wiedergeburt in ein »Reines Land« führt, das ein Buddha oder Bodhisattva durch seine Verdienste erschaffen hat, kraft der Erfüllung seines Gelübdes zur Errettung aller Wesen.[130] In dieser neuen buddhologischen Theologie wird der unsterbliche kosmische Buddha mit dem Dharma identifiziert. Er kann sich in mehreren Buddhas manifestieren, die in das Erlösungsgeschehen helfend eingreifen können. Eine herausragende Bedeutung im ostasiatischen Buddhismus fand darin die Amitâbha-Gestalt Buddhas, des »unermesslichen Lichtes«, der gelobte, alle Wesen zu retten. In der Soteriologie der sog. Jôdô-Schule wurde der Nachdruck auf den 18. Eid des Sukhâvatî-vyûha-sûtra gelegt mit dem Verzicht Amitâbas auf die volle Buddhaschaft, bis jeder, der ihn anruft, die Wiedergeburt in sein »Reines Land« erlangt, um dort die Erlösung zu finden. Dies geschieht durch »vertrauensvolles« Anrufen oder Gedenken bestimmter Heilsnamen oder Formeln. Im »Sukhâvatî-vyûha-sûtra sind jene berühmten 48 Eide enthalten, mit denen der Mönch Dharmâkara das »glückreiche« Land Sukhâvatî bestätigt. Er sei dorthin als Amitâbha gelangt, eine Art Paradies, nach dem er von der Welt abgeschieden ist.[131]

Ist der Leib für Schopenhauer die gegenständliche Erscheinung des Willens, so hat der Wille gegenüber der Erkenntnis den Primat inne. Er ist »Fundament« und Prinzip seiner Philosophie.[132] In dieser seiner Korrektur der bisherigen Philosophie, die »das eigentliche Wesen des Menschen in das erkennende Bewusstsein« setzt, ist für ihn der Wille das Wesen der gesamten

---

[129] Vgl. M. Reis, Die Dhârani des großen Erbarmens des Bodhisattva Avalokite vara mit tausend Händen und Augen, 1993.
[130] Vgl. D. Chappel, Chinese Buddhist Interpretations of the Pure lands, in: Buddhist und Taoist Studies, Bd. 1, hg. von M. Saco, 1977, 23–53; H. Inagaki, The Three Pure Land Sutras, 1994; K. Fuijita, The Origins of the Oure Land, in: EBud. NS 29 (1996) 33–51.
[131] R. E. Buswell / R. M. Gimello (Hg.), Paths to Liberation, 1992; A. Wayman, Buddhist Soteriology, in: EncRel 13 (1993) 423–426.
[132] Vgl. A. Schopenhauer, Über den Willen in der Natur, Kap. 4: Physische Astronomie (1836, ²1854), Sämtl. Werke (hg. A. Hünscher, 1988, 4/I, 91–93; Ders., Die Welt als Wille und Vorstellung (WWV) 2, 4. Kap. 41, 1844, ³1859, SW 3, 567.

Wirklichkeit.[133] Er statuiert: »Der Wille ist metaphysisch, der Intellekt physisch; – der Intellekt ist, wie sein Objekt, bloße Erscheinung«[134]. Die Welt als Wille liegt der Welt als Vorstellung zugrunde und ist für ihn Ausdruck ihrer Objektivationsstufe. Als der »Wille zum Leben«[135] ist er das in allen Erscheinungen Erscheinende. Sein Willens-Begriff ist weit gefasst und umgreift jede, auch unbewusste innere Regung, bis hin zum leidenschaftlichen Wollen, dumpfen Drängen und endlosem Streben. Der Mensch ist primär ein wollendes Wesen, in welchem sich der Grundwille in Raum und Zeit individualisiert und partikularisiert. Für ihn hat jeder einzelne Willensakt einen Zweck, nicht aber »das gesamte Wollen«, wie dies in Hegels Geschichtsphilosophie zur Darstellung kommt.[136] Schopenhauer trifft die Unterscheidung zwischen dem Willen als einem psychologischen Prinzip und dem Willen als eine metaphysische Anschauung, also zwischen einem »individuellen« und einem »universellen« Wollen. Schon die Scholastik spricht von der Abhängigkeit des Verstandes vom Willen. Der christliche Neuplatonismus eines Marius Victorinus aus dem 4. Jh. mit dem Axiom: »Si ipsa voluntas non est a sese generans, nec voluntas est«[137], wirkt bei Duns Scotus, Ockham[138] fort, wenn im Gegensatz zum Aristotelismus der Willensbegriff als Attribut in den Gottesbegriff aufgenommen wird.[139] W. Dilthey schreibt dazu: »Sonach sind das Denken in Gott und der Wille in ihm zwei letzte Erklärungsgründe, deren keiner auf den anderen zurückgeführt zu werden vermag«.[140] Die alte theologische Formel unterscheidet zwei Seiten der »humilitas«, die »inspectio et despectio sui ipsius«.

4. »Tannhäuser« (Richard Wagner): Liebe im Widerstreit von Venus und Elisabeth

Der Minnesänger Herr von Tanhusen (zwischen 1228–1265) wird im Volkslied zum »Tannhäuser« ein faustisch Liebender im Venusberg. Die Volksballade (Druck 1515) setzt mit einer Wundersehnsucht ein, die den

---

[133] Schopenhauer, WWV 2,2, Kap. 18, a. a. O. 222 f.
[134] Schopenhauer, WWV 2,2, Kap. 19 a. a. O. 224 f.
[135] Schopenhauer, vgl. Kap. 28, a. a. O. 398 ff.
[136] A. Schopenhauer, Über die vierfache Wurzel des Satzes vom zureichenden Grunde § 42 (1813, ²1847), SW I/II, 143.
[137] Marius Victorinus, Adversus Arium I,32, MPL 8, 1064 C.
[138] B. Leftow. Art. »Voluntarismus«, in: E. Craig (Hg.). Routledge encycl. of philos. 9 (1998) 663 f.
[139] Vgl. D. Ruiz de Mintoya, Comm. ac disp. in I partem S. Thomae de voluntate Dei, et proprius actibus eius, 1630, 3a.
[140] W. Dilethey, Einleitung in die Geisteswissenschaften, 1883, Ges. Schr. 1 (1923) 322.

XII Figurationen der Liebe auf den Brettern, die »die Welt bedeuten«

Sänger zum Venusberg treibt als dem anderen Urbild der Liebe: »Danhauser war ein ritter gut, wan er wollt wunder schauen«. Nach einem Jahr sucht er in Rom beim Papst Erlösung, ohne sie zu finden. Der Balladenschluss begegnet in fünf verschiedenen Fassungen, wobei der Venusberg-Besucher dennoch begnadet wird, was als Rätsel über die Fassungskraft des damaligen Volksweltbildes hinausgeht.

Auch in Richard Wagners romantischer Oper in drei Akten, »Tannhäuser und der Sängerkrieg auf der Wartburg«, entstanden 1842–45, steht das Thema »Liebe« im Mittelpunkt als innere Dimension der Handlung.[141] Tannhäuser, ein Außenseiter, steht in der Zerreißung einer gegenläufigen Anziehungskraft der Liebe, zwischen der sinnlichen Liebe der Venuswelt und der geistigen Liebe Elisabeths. Dieser inhaltliche Doppelaspekt von Sängertragödie und Erlösungsspiel, spiegelt die für Wagners Schaffen typische Überlagerung von »Liebe« und angewandter Kunstpsychologie. Wagner versinnbildlicht diese Polarität der geistigen bzw. geistlichen Welt Elisabeths auf der einen Seite und der sinnlichen Welt der Venus durch klangliche Diatonik und Chromatik auf der anderen Seite. In seiner Tannhäuser-Oper sind zwei für sich stehende Sagenkreise verbunden, der Sängerstreit auf der Wartburg und die Tannhäuser-Venus-Legende mit dem eingezeichneten Erlösungsthema der Liebe.

Im Banne des sagenhaften Reiches der Liebesgöttin Venus,[142] dem »Venusberg«, ist Tannhäuser des trunkenen Sinnenrausches überdrüssig und sehnt sich wieder nach dem irdischen Menschsein. Ruhelos in seinem Wesen, will er sich einer an ihm vorbeiziehenden Pilgergruppe auf dem Weg nach Rom anschließen. Die Nennung des Namens Elisabeth durch Wolfram von Eschenbach aber hält ihn plötzlich zurück. Der Name der Nichte des Landgrafen von Thüringen, die er an seinem Hofe durch Minnelieder tief berührt und die in ihm die Liebe zu ihr wieder hatte erglühen lassen, weckte in ihm die Sehnsucht: »Führt mich zu ihr!« Mit der Wartburg tritt eine Gegenwelt zum Venusberg in den Blick, der Antagonismus zwischen Liebe und Leidenschaft, der beseligenden Herzensliebe mit dem Seelenfrieden auf der einen Seite und der Sinnenfreude, dem »Genuss in freudigem Triebe«, auf der anderen Seite. Ein Sängerwettstreit findet statt (ein »singerkriec uf Wartburc«), ein Kampf der Sänger um den Lobpreis der Liebe: es gilt »der Liebe

---

[141] Vgl. W. Golther, Tannhäuser in Sage und Dichtung, 1911. Vgl. H. Mayer, Nichtmehr und Nochnicht im »Fliegenden Holländer«. in: Ders., Anmerkungen zu Richard Wagner, 1966; L. E. Seelig, Wagners Sehnsucht nach Kongenialität. Sentas Emanzipation im »Fliegenden Holländer«, 1984.
[142] Vgl. F. G. Zeileis, Die Szene Tannhäuser-Venus. Ein Beitrag zur Quellenlage von Richard Wagners Tannhäuser in der sogenannten Pariser Fassung, in: FS Hans Schneider zum 60. Geburtstag, (Hg.) R. Elvers u. E. Vögel, 1981, 219–231.

Wesen zu ergründen«.[143] Wolfram besingt die ideale geistige Liebe in ihrem reinsten Wesen (Pahlen, a. a. O. 75). Ihm widerspricht in seinem Lied Tannhäuser, denn für ihn enthüllt sich ihr wahres Wesen im sinnlichen Genuss (Pahlen, a. a. O. 77). Ihm entgegnet Walter von der Vogelweide, indem er Wolframs Gedanken des »reinen Bronnens« der Liebe preist samt ihrer Wunderkraft. Das stachelt Tannhäuser wild auf und in einem ekstatischen Lobpreis besingt er Göttin Venus und ihre sinnliche Liebe samt deren Reich (Pahlen, a. a. O. 87). Empörung und großes Entsetzen ergreift die Wartburggesellschaft und Ritter stürmen auf Tannhäuser ein. Elisabeth, selbst zutiefst irritiert und verletzt, rettet ihn, indem sie schützend dazwischentritt. Sie erwirkt für ihn Schonung und er möge Sühne und Buße tun und in Rom Vergebung erflehen. Elisabeth aber will für ihn flehen (»mein Leben sei Gebet«) und bietet sich ihm zum Opfer dar:

»*Nimm hin, o nimm mein Leben:*
ich nenn es nicht mehr mein!« (Pahlen, a. a. O. 97)

Tannhäuser schließt sich einer Pilgergruppe an, deren Lied aus dem Tale heraustönt:

»*Am hohen Fest der Gnad und Huld*
in Demut sühn ich meine Schuld!
Gesegnet, wer im Glauben treu:
er wird erlöst durch Buß und Reu.« (Pahlen, a. a. O. 97)

Es ist Herbst geworden und Tag für Tag erwartet Elisabeth die Rückkehr der Pilger. Als sie vorüberziehen, merkt sie schmerzlich: »Er kehret nicht zurück!« In einem innigen Gebet an die Heilige Jungfrau bietet sie ihr eigenes Leben als Sühne für Tannhäusers Schuld: »Oh, nimm von dieser Erde mich! … Um deiner Gnade reichste Huld / nur anzuflehn für seine Schuld!« (Pahlen, a. a. O. 107). Ritter Wolfram von Eschenbach will Elisabeth trösten und sieht einen einsamen Stern am Himmel aufleuchten als Hoffnungsschimmer, sammelt seine Gedanken und stimmt das Lied an den »Abendstern« an, um ihr einen letzten Gruß zu entbieten:

»*O du, mein holder Abendstern,*
wohl grüßt ich immer dich so gern:
vom Herzen, das sie nie verriet,
grüße sie, wenn sie vorbei dir zieht,
wenn sie entschwebt dem Tal der Erden,
ein sel'ger Engel dort zu werden!« (Pahlen, a. a. O. 111)

---

[143] Vgl. R. Nelli, L'érotique des troubadours, 1963; L. Snook, Sensus numinis – Wagner's »Tannhäuser« – Myth, Folk-Tale and Legend, Bayreuth 1966 (Festspielprogramm); F. Oberkogler, Richard Wagner. »Tannhäuser und der Sängerkrieg auf der Wartburg«. Eine musikalisch-geistesgeschichtliche Werkbesprechung, 1984.

XII Figurationen der Liebe auf den Brettern, die »die Welt bedeuten«

Ein einsamer Pilger in zerrissener Kleidung naht, entstellt und wankend. Es ist Tannhäuser, gebrochen an Leib und Seele. Er eröffnet Wolfram, der Bußweg nach Rom sei vergeblich gewesen und ihm sei die Lossprechung verweigert worden. In der großartigen »Romerzählung« schildert er, wie er, »das Haupt gebeugt zur Erde«, sich anklagt und wie er das Verdammungsurteil vernimmt und sein Stab sich nie mehr »schmückt mit frischem Grün«. Im Trotz der Verzweiflung und Begeisterung für die sinnliche Liebe will er wieder in das Reich der Venus, das »Zauberreich der Minne« zurück. Schon fühlt er sich der Liebesgöttin nahe und ihrem Lockruf »Zu mir! Zu mir!«, spricht Wolfram den Namen Elisabeths aus und bannt damit den Venuszauber sündiger Liebe, der nun versinkt. Als ein Trauerzug im offenen Sarg die tote Elisabeth vorbeiträgt und der Chor singt: »Selig der Sünder, dem sie geweiht, / dem sie des Himmels Heil erfleht«, bricht Tannhäuser sterbend über ihrem Sarg zusammen mit dem Ruf »Heilige Elisabeth, bitte für mich!« (Pahlen, a. a. O. 127). Sein Pilgerstab war für ihn wieder ergrünt, denn er hat Versöhnung und seligen Frieden gefunden. Ein Mensch im exaltierten Widerstreit und der gegenläufigen Anziehungskraft zwischen irdischer Sinnlichkeit und vergeistigter, personaler Liebe hin- und hergerissen, findet an der Liebe der franziskanischen Heiligen Rettung. Das Stigma ihres Menschentums war die Kraft ihrer Selbsthingabe und Selbstverschwendung, getragen vom Glauben, aber auch der Leiderfahrung. Elisabeth steht als höchste Steigerung des Menschlichen und der selbstlosen und erlösenden Liebe vor uns.[144]

In dieser Kontrastierung von Venusberg-Welt und Wartburg-Welt kreuzten sich zwei Welten und bildeten eine szenische Metapher für die beiden Pole menschlichen Lebens, Sinnlichdkeit und Ethos, zwei Urkräfte in ihrem Widerstreit. Eine Synthese dieser beiden Extreme, Venus und Elisabeth, hat Wagner in der Kundry im »Parsifal« gegeben, seiner rätselhaftesten Bühnengestalt.

---

[144] Vgl. M. Werner, Mater Hassiae-Flos Ungariae-Gloria Teutoniae, in: Politik und Heiligenverehrung im Nachleben der h. Elisabeth von Thüringen: Politik und Heiligenverehrung im Hoch-Mittelalter (Hg.), J. Peterson, 1994, 449–540.

XIII
Amor fati – die Liebe zum Schicksal

1. Amor fati in der Antike

a. Hinführung

Der Begriff der »Liebe zum Schicksal« (amor fati) durchzieht die klassische, hellenistische und spätantike Philosophie und findet bei Friedrich Nietzsche in »Ecce homo« den Ausdruck für seine »innerste Natur«[1], deren Haltung er in einem Brief an Franz Overbeck im Sommer 1882 als »eine Art fatalistischer ›Gottergebenheit‹« bezeichnet.[2] Er sagt: »Fatum ist ein erhebender Gedanke für den, welcher begreift, dass er dazugehört. Dies war meine letzte Klugheit: Ich wollte, was ich muss.«

Menschen sehen sich in unvorhersehbare Ereignisse oder Lebensumstände verstrickt, die sie als Schickung personaler oder impersonaler Mächte zu verstehen suchen. Es kann die Rede sein von der unabwendbaren »Macht des Schicksals« oder vom zufallsorientierten »Rad der Fortuna«, in das sich der Mensch in glückliche oder tragische Geschehenszusammenhänge einbezogen erfährt. Das Reden darüber schlägt sich in verschiedenen Sprachspielen nieder. »Amor fati«, die Liebe zum Schicksal, zum gegebenen und schlechthin Unverfügbaren, gehört zum weiten Feld menschlicher Widerfahrnisse. Der alltagssprachliche Schicksalsbegriff und Schicksalsgedanke spiegelt die Erfahrung menschlicher Begrenztheit wider, seine Hinfälligkeit, Allfälligkeit und Zufälligkeit. Der Begriff wurde theoretisch epistemisch im Hellenismus vor allem von den Stoikern reflektiert, die eine umfassende Schicksalslehre zu formulieren versuchten. Schon für Heraklit stand alles Geschehen unter der Notwendigkeit des Schicksals[3], ein Gedanke, den die stoische Philosophie aufgreift und als Weltvernunft bestimmen wird. Es ist der göttliche Logos, der alles durchwirkt und gestaltet, durchdringt und bestimmt. Als Ursache aller Dinge generiert er als kausale Kette den Zusam-

---

[1] Fr. Nietzsche, Ges. Werke, Musraion-Ausg. 21, 1928, 275.
[2] Ders., Briefwechsel mit F. Overbeck, 1916, 173.
[3] Heraklit, DK 22 A 1,7. A 5.A8.

menhang des Verschiedenen und die unverbrüchliche Ordnung des Kosmos.[4] Die mythischen, unpersönlichen und als göttliche Gestalten personifizierten Schicksalsmächte (Platon, Symp. 195 c) wie »aisa« (aisimon), »Anteil«, der zugewiesene Schicksalsanteil (Homer, II, IX, 608), »ananke«, (Notwendigkeit),»moira«, das menschliche Geschick als Folge einer göttlichen Zuteilung, die jedem Lebewesen seine existentielle Grenze setzt[5], und »Tyche«, (lateinisch fortuna), das unberechenbar Zustoßende, sowie »heimarmene« (von meíromai = »seinen Teil bekommen«, »teilhaben«, lateinisch fatum), das im voraus Festgelegte, Unvorhersehbare, die außergewöhnliche und erklärungsbedürftige Bestimmung des Lebens: all diese »blinden« Mächte lenken nach antiker Vorstellung handgreiflich den Gang und die Lebensgeschichte des Menschen und die Abfolge der Ereignisse. Für den Fatalismus der Griechen war Moira ein äußerer Wirkfaktor, eine Schicksalsinstanz, die sich dem Menschen ereignishaft aufzwang, sich ihm zusprach (fatum), ungefragt und nicht voraus berechenbar, ein transzendenter »Ausspruch« (fatum, vom etymologischen fari = sprechen), dem sich Menschen und Götter in ihrem Tun und Lassen, Planen und Hoffen unterwerfen müssen. Der Begriff wird zentral im stoischen Denken und steht für die naturgesetzliche Notwendigkeit[6], wobei der Schicksalsbegriff mit der Weltvernunft, die allumfassend den Kosmos durchwaltet und zusammenhält, verbunden wird.[7] Alles geschieht unter der Anleitung des Pneuma-Logos, der die Natur (natura duce) durchwaltet.[8] Die stoische Welt- und Schicksalsordnung ist rational (»nous« oder »logos«) konzipiert und in der kosmischen Harmonie verankert. Diese wird dem Guten und dem Nutzen des Menschen zielhaft zugewandt gesehen und religiös vertieft als Bergung des Einzelnen im Kosmosganzen und des darin notwendig Verfügten. Der stoische Lebensentwurf will das Leben des Einzelnen in seiner Übereinstimmung mit der vernunftgeleitet verstandenen Natur praktisch werden lassen. Das philosophische Denken gliedert sich aspektivisch und befasst sich in der Logik mit dem rationalen Diskurs, wie der Mensch darin durch naturgemäßes Leben und

---

[4] SVF II 913–923.
[5] Vgl. U. Bianchi, Dios aisa. Destino, uomini e divinità nell'epos, nelle tragodie e nel culto dei Greci, 1953. »Für jedwedes Ding haben die Unsterblichen jedem Sterblichen seinen Anteil (moira) bestimmt«: Homer, Od. 19, 592 f. Vgl. B. C. Dietrich, Death, Fate, and the Gods, 1965. Die Moiren, Töchter der Ananke, spinnen die Schicksalsfäden. Vgl. Die Erzählung des »Er« von der Spindel der Ananke bei Platon, rep. 616c, 4 ff. Vgl. W. Gundel, Beiträge zur Entwicklungsgeschichte der Begriffe Ananke und Heimarmene; Kerschensteiner, Platon und der Orient, 1945; H. Schreckenberg, Ananke, 1964.
[6] SVF 2, 966.; 967.
[7] SVF 1,160; 2,913; 962.; 966.
[8] SVF 2,940; 941; W. C. Greene, Moira: Fate, Good and Evil in Greek Thought, 1948; S. Samburski, The Physics of the Stoics, 1957; S. Borzien, Dertorminism and Freedom in Stoic Philosophy, 1998.

durch vernunftgemäßes Handeln sein Glück und seine Erfüllung im gelungenen Leben (eudaimonia) finden könne. Vordringlich war der lebensweltliche Aspekt mit dem durch die Oikeiosis, dem affirmativen Verhältnis zu sich, als vorgezeichnetem Ziel. Gemäß dieser Vorstellung ist das Lebewesen mit der Entfaltung seiner Seele bei der Geburt[9] sich selbst zugeeignet und anempfohlen, um sich zu erhalten und um seinen Bestand sowie das, was diesen Bestand trägt, zu lieben, entfremdet aber seinem Tod und den Dingen, die den Tod herbeizuführen scheinen«.[10] Selbstwahrnehmung und Selbstliebe ermöglichen die Wahrnehmung eigener Bedürfnisse, des »ersten Eigenen« bzw. das »erste Naturgemäße«, was die Selbsterhaltung und -entfaltung fördert. Kleanthes von Assos (um 310–230/231 v. Chr.), das zweite Schuloberhaupt der stoischen Philosophie, von Diogenes Laertios als »Esel« charakterisiert, der die Last des Zenon trage. Unter der zielbestimmten Führung der göttlich gedachten Weltvernunft, der sich die zweckvolle Kosmosordnung verdankt, weiß sich der Einzelne in die Fragwürdigkeit der weltimmanent und vernünftig verstandenen »Vorsehung« eingebunden. So vertritt Kleanthes von Assos[11] die Bejahung des Schicksals, der Heimarmene[12] und betont zugleich die kosmologischen Grundlagen der Ethik, indem er Zenons Formel des »der Natur gemäßen Lebens« auf die kosmische Natur zurückführte.[13] Die ruinöse Konsequenz fatalistischer Passivität (argos logos, ignava ratio) des schicksalsergebenen Menschen sucht Chrysippos, das dritte Schuloberhaupt, mit der Lehre von den notwendigen menschlichen Mitwirkungen (die confatalia) zu korrigieren.[14] Seine Version der älteren Stoa wird für die Schule kanonisch und wird in dem Ausspruch des Karneades erfasst: »Wäre Chrysippos nicht gewesen, gäbe es keine Stoa!« (Diog. Laert. 7,183). Cicero weist darauf hin, dass Chrysippos als »arbiter honorarius« über die Frage der moralischen Verantwortung und Vorbestimmung Bescheid wusste (Cicero, fat. 39). Er verteidigte zwar den Determinismus in der Vorsehung, fügte ihn aber in die Ethik und die Verantwortung des Menschen ein.[15] Die verschiedenen Aspekte der Schicksalsthematik, die

---

[9] Vgl. G. Striker, The Role of Oikeiôsis in the Troic Ethics, in: OSAP 1 (1983) 145–167; T. Engberg-Petersen, The Stoic Theory of Oikeiôsis, 1990.
[10] Cicero, De finibus 3,16.
[11] Grg. SVF 1, 103–139.
[12] heimarmenê, lat. fatum, ist Part. Perf. Pass. zum medialen meiresthai = seinen Anteil erhalten. Unrichtig ist stoische Verbindung mit ›eirein‹ = reihen, davon ›heirmos‹ = Reihe, Folge und ›aitiôn‹, lat.: series causarum = Kausalkette (SVF II, 917–921). Neben der Vielzahl von philosophischen Themen (vgl. Diog. Laert. 7,174f.) verfasste Kleanthes auch »Heraklit-Interpretationen« (Tôn Herakleitou êxêgêseis, 4 B) die »Hymnen an Zeus« (SVF I, 527, 537).
[13] Vgl. Diog. Laert. 7,89.
[14] Vgl. Cicero, fat. 28–30. Vgl. J. Gould, The Philosophy of Chrysippus, 1970.
[15] Chrysippos unterscheidet zwischen causae perfectae et principales, die im menschlichen Ermessen und seiner Zustimmung (synkatathesis) liegen, und den antecedentes causae

nur schwer inhaltlich zu umgrenzen waren, wurden in der stoischen Philosophie entweder hinsichtlich des Faktischen, d.h. des Schicksals als Widerfahrnis, oder hinsichtlich eines personal oder impersonal gefassten Faktors, als Macht, die einem Geschehnis zugrunde liegt, in den Blick genommen. Es wird eine Beziehung gesehen zwischen einem menschlichen Subjekt, das sich durch ein inneres oder äußeres Geschehen im Ereignis betroffen erfährt, sich diesen Wirkfaktor bewusst aneignet und es als blind willkürliches Walten hinnimmt. So ist »Moira« (lat. sors), »Los«, »Anteil«,[16] jene Schicksalsinstanz und dritte Kraft in der griechischen Tragödie, die sowohl die menschlichen Akteure wie die im Drama mithandelnden Götter in ihr Tun zwingt. Das Lexem »Schicksal« hat in der Philosophiegeschichte auch seine eigene »fata« erfahren. In seiner dreiteiligen Abhandlung, der Habilitationsschrift (1801) mit dem Titel »Dissertatio philosophica de orbitis planetarum« (»Philosophische Erörterung über die Planetenbahnen«, EA Jena 1801), hat G. W. F. Hegel seine zehnte These mit »Principium scientiae moralis est reverentia fati« überschrieben, um darin die Vernünftigkeit der Natur zu erweisen.

b. »Fatum« (Schicksal): das »Herzwort« der Aeneis des Vergil

Publius Vergilius Maro, keltischen Blutes wie Catull und Livius, am 15. Oktober 70 v. Chr. zu Andes bei Mantua geboren, den der Kulturphilosoph Theodor Haecker den »Vater des Abendlandes« nennt, hat in den Jahren 30–19 v. Chr. das Versepos »Aeneis«, das berühmteste Werk der lateinischen Dichtung, geschaffen. Es ist das römische Nationalepos, das den Römern einen Mythos bietet, wie Homer es den Griechen tat. Er erzählt ihnen die Geschichte des »pius Aeneas«, der aus dem brennenden Troia vertrieben (Aeneas profugus), eine neue Heimat sucht. Die Handlung der Aeneis wird aus der Aineias-Prophetie der homerischen Ilias (20, 293–308) heraus entfaltet. Während des troischen Krieges wird Aeneas, der im Zweikampf mit Diomedes, dem versteckten Rivalen des Achilleus, von einem schweren Stein des Gegners getroffen, von Aphrodite aus dem Kampf getragen.[17] Als dann

---

adiuvantes et proximae, die als notwendige äußere Anstöße den Unrsachenzusammenhang der Schicksalsmacht wahren (vgl. Cicero, De fatu 40–45).

[16] Bei Platon sind die Moiren, die Töchter der Ananke, zugleich Garanten einer harmonischen Weltordnung sowie der eigenverantwortlichen Lebenswahl, die ein Individuum trifft. Das römische Gegenstück bilden die Parzen (Parcae) als Trias prophetischer Schicksalsgöttinnen (tres, sorores, tria Fata). Sie spinnen die Schicksalsfäden (fatalia stamina), zeichnen dann die Einzelschicksale auf ehernen Tafeln unauslöschbar auf, um auch den Todes- bzw. »Parzentag« eines jeden Menschen zu bestimmen (vgl. Vergil, ecl. 3,46f.; Aen. 12,150).

[17] Homer, Il. 5, 239ff.

das von den Griechen eroberte Troia in Flammen aufgeht, trägt Aeneas seinen greisen Vater auf den Schultern aus der Stadt, in seiner Rechten die Penaten, die Hausgötter, verliert auf der Flucht seine Gattin Kreusa, die in den Flammen umkommt, rettet aber seinen Sohn Ascanius (Iulus).[18] Das Thema des mythisch-historischen Epos ist eine Geschichtsdeutung des Ursprungs (origo) Roms und des Kaisers Augustus, der über die gens Iulia von Aeneas und Venus Genetrix (»Venus die Erzeugerin) abstammt.[19] Durch diese transmigratio des »pius Aeneas« werden zwei große Kulturen, die griechische und die römische, aufeinander bezogen und unter das gemeinsame, versöhnende Schicksal gerückt. Von Anfang bis zum Ende ist er der Protagonist des Epos der Aeneis, unter die Fügung des Schicksals gestellt, das er als sein Schicksal auch lebt. Gleich der zweite Vers des Aeneis nennt ihn »schicksalgesandt« (fato profugus, I,2). Sein vorbildlicher Charakter gegenüber dem greisen Vater und den Göttern machte Aeneas zum Träger und zur Verkörperung der römischen Grundtugenden, der religio und der pietas. Schon Homers Ilias spricht von der Frömmigkeit des Aineias (Il.20, 298 f.) als mythologische Legitimation seines Charakters und seiner Götterpietät. Auf Geheiß seiner Mutter Aphrodite flieht Aineas aus dem brennenden Troia, seinen Vater auf dem Rücken (Symbol der Vergangenheit), die »sacra«, die Hausgötter in der Hand (Ausdruck der Pietät) und seinen Sohn an der Seite (die Zukunftshoffnung). In seiner Flucht sind Gewesenes, Gegenwärtiges und Zukünftiges unlösbar miteinander verknüpft. »Pius« ist eines seiner stehenden Beiworte. So hebt er z.B. inmitten des tödlichen Seesturms »seine Hände zu den Sternen empor« zum Gebet (I,93 f.). Von Aeneas gilt: Das Fatum ist göttliche Leitung des Menschen und wird Aeneas schon bei seiner Flucht aus Troia als sein neuer Aufstieg in Italien verheißen und durch Himmelszeichen legitimiert. Dies ist seine unverrückbare Bestimmung und sein Weg unter der weisunggebenden Gottheit. Er ist Träger des römischen Schicksals und soll zusammen mit dem Stamm der Latiner Gründer des Römertums werden. »Keiner war gerechter, keiner frömmer, keiner gewaltiger im Kampfe«, so sagt Ilioneus von Aeneas zu Dido (I,544).[20] Das Ziel der Schicksalssprüche Juppiters (fata Iovis IV,614) ist das Imperium Romanum, das schon für alle Zeit der Plan seines Wollens war. Aeneas soll sein williger Diener sein, indem er sich dem Schicksal hingibt (praebere se fato), es im

---

[18] Vergil, Aen. 2, 699 ff.; Quintilian, Smyrn. 13, 315 ff. Vgl. J. Perret, Les origines de la légende troyenne de Rome, 1942, 90 ff.
[19] Vita Donati § 21. C. Iulius Caesar beanspruchte die Abstammung der Gens Iulia von Iulus/Askanios. Er suchte so den göttlichen Ursprung zu legitimieren und politisch zu funktionalisieren. Dieser wird zum Ahnherrn der Julier überhaupt und so auch des Kaisers Augustus. Vgl. G. Binder, Aeneas und Augustus, 1971.
[20] »quo iustior alter nec pietate fuit nec bello maior et armis« (I, 544) (wird VI, 403 wiederholt als pietate insignis et armis).

441

»sequi deum« folgsam erfüllt[21] und als Roms Weg zu einer sittlich-religiösen Ordnung vollstreckt. Es gilt:

»Tu regere imperio populos Romane memento –
hae tibi erunt artes – pacique imponere morem,
parcere subiectis et debellare superbos.« (VI, 851–853)

»Römer du sei gedenk der Völker durch Herrschaft zu walten –
Deine Künste sind diese – Gesittung des Friedens zu setzen,
Der Unterworfenen zu schonen und niederzuzwingen die Frevler.«

In dieser klassischen Formel vergeistigt Vergil die Macht und Sendung der römischen Herrschaft. Vergil, der Dichter als »vates«, als Seher und Deuter, weiß Aeneas vom Schicksal her zum Flüchtling aus Troia gemacht mit dem Ziel, sich vom Götterspruch einen ruhigen Platz zeigen zu lassen, wo das Reich Troias wiedererstehen soll: »sedes ubi fata quietas ostendunt, illic fas regna resurgere Trojae«. Juppiter, der Verwalter des unwandelbaren Götterspruches (fatum), hat dem römischen Volke eine Herrschaft ohne Grenzen zugedacht mit dem Dienst an der Gesittung, Gerechtigkeit und Pietät.

c. Dido, Tragödie der verlassenen Liebe

Auf seiner Flucht mit seinen Gefährten zu Schiff durchkreuzt Aeneas das agäische und ionische Meer. Die Schiffe der Troier aber werden durch einen heftigen Seesturm, der von Juno, der sie hassenden Erbfeindin verursacht wurde, durch das Eingreifen Juppiters an die libysche Küste verschlagen, wo ihnen die karthagische Königin Dido Gastrecht gewährt. In diesem mythischen Raum des Geschehens verkörpert sich Juppiters Wille in den »fata« (I,260: neque me sententia vertit), deren Träger der große Gläubige Aeneas (pius Aeneas) ist.[22] Dido will von den Schicksalsschlägen des Aeneas erfahren und saugt in tiefen Zügen die Liebe ein (bibebat amorem) mit der Bitte, er möge ihr von seinen Irrfahrten von Anfang an berichten. Mit seiner Schilderung erzählt sich Aeneas in die wachsende Liebe ihres Herzens hinein (Buch II und III), zugleich aber enthüllt sich nach und nach auch der Sinn des Fatums, seines Menschenloses, seines Bestimmtseins für eine historische Aufgabe.

---

[21] Vgl. G. Binder, Der brauchbare Held: Aineias. Stationen einer Funktionalisierung eines Ursprungsmythos, in: H.-J. Horn / H. Walter (Hg.), Die Allegorese des antiken Mythos in der Literatur, Wissenschaft und Kunst Europas (Wolfenbütteler Forschungen), 1996.
[22] Vgl. K. Büchner, Der Schicksalsgedanke bei Vergil, in: H. Oppermann (Hg.), Wege zu Vergil, 1981, 270–300. 298f.

Im IV. Buch, im Gespräch Didos mit ihrer Schwester Anna, schildert sie dieser, wie sie von Liebe erfasst ist ob der Wesenseigenschaften ihres geliebten Aeneas, dem Adel seiner Abstammung, der männlichen virtus und von seiner Erzählung, wie sehr er vom Schicksal gejagt (iactatus fatis) ist. (Aen. IV,4 f.) Es haftet im Herzen innig sein Antlitz und sein Wort (voltus verbaque). Betört (male sana) spricht sie von der Glut ihrer Liebe (IV,23) zu ihm und erkennt das Gefühl der Liebe neu wieder nach dem Tod ihres ersten Mannes (IV,20–23). Dann schildert der Dichter, wie Didos Liebe hell aufflammt und sie vor Liebe brennt (IV,54), dann von ihrem Zustand in Bezug auf die Götter sowie deren Gunst (IV,56–67), und dann Didos Verfallensein an die Macht der Liebe (IV,68–89). Sie weiß sich in Brand gesetzt und mit einer schwärenden Herzenswunde versehen, einer pfeilgetroffenen Hinde gleich (coniecta cerva sagitta: IV, 69), die durch Wälder und Schluchten irrt, als vom Amor Versehrte. Sie sucht die Gegenwart des Geliebten. Sie wiegt in Traumgedanken »im Schoß den Askanius, von seines Vaters Bilde gefangen, um so die unsägliche Liebe zu täuschen« (IV,84 f.).

Das entscheidende und todbringende Ereignis aber ist der Plan Junos, Dido und Aeneas in einem Ehebund zusammenzuführen (IV, 169), um so das regnum Italiae nach Karthago zu lenken. Juppiter aber schickt Merkur zu Aeneas mit dem Auftrag, die Flotte heimlich zur Ausfahrt zu rüsten. Aeneas sucht eine Aussprache mit Dido, denn er fühlt sich »niedergedonnert von solchem Befehl und Mahnruf der Götter« (IV,282) und sucht in seinem Entsetzen ihr dieses Fatum nahezubringen, die aber nicht denken kann, dass sich eine so große Liebe (tantos amores) auflösen lässt (IV, 283.294). Dido spürt die Täuschung und »tobt und rast voll Zorn überall durch die Stadt« (IV,300), wie eine Mänade. In einer Rede erinnert sie Aeneas an die gemeinsame Liebe, die »data dextera quondam«; er würde sie zum Tode zurücklassen (IV, 323) und weist ihn auf die um seinetwillen zerstörte Scham und den Ruf hin, der sie einst himmelan hob (IV,322). Er aber hält ihr eine Abschiedsrede (IV, 331–361) und sagt ihr, es sind die »Fata«, die ihm den Weg weisen über sein persönliches Wollen und Wünschen hinaus. Er müsse eine Aufgabe erfüllen, denn Gewesenes, der Wink von oben, und Künftiges bestimmen seinen Weg (certus iter, V,2) und seine götterverfügte Aufgabe. Non sponte, »Nicht freie Wahl entfernt mich, sondern Pflicht«. »Nicht von mir aus such' ich Italien« (Italiam non sponte sequor IV,361). Dido aber wirft ihm zornentbrannt und gekränkt die Verletzung des höchsten römischen Wertes vor, seine Treulosigkeit (perfide IV,366). Ihr persönliches Schicksal lässt sie verzweifeln (nusquam tuta fides und so stößt sie in ihrem verletzten Stolz und der in Hass gewandelten Liebe Verwünschungen aus: er solle »reichlich büßen, von Klippen umdroht« (IV,383), dann tragen Dienerinnen sie davon.

XIII AMOR FATI – DIE LIEBE ZUM SCHICKSAL

Wieder berichtet der Dichter von der tiefen Liebe des Aeneas, der aufseufzt, »schon wankend gemacht durch den Ansturm der Liebe« (multa gemens magnoque animum labefactus amore« (IV,395), schmerzhaft berührt, weil er ihr nach Göttergeheiß und als Träger des Fatums soviel Kummer und Gram bereitet hat. Aeneas wird zur Abfahrt durch das Fatum gedrängt und muss die Probe seiner pietas ihm gegenüber bestehen. Es ruft ihn die Stimme des Schicksals als seine Bestimmung. Für Aeneas gilt: »das Schicksal wehrt (fata obstant), taub macht ein Gott den Mann, der zu hören geneigt war« (IV,440). Zutiefst durch die Schicksalssprüche erschreckt und entsetzt (fatis exterrita) sucht nun die unglückliche Dido, tief verzweifelt, den Tod. Damit setzt das Finale des Dramas einer tragischen Liebe und zerstörten Existenz ein. Es ist ein heroisches Ende einer schicksalshaften Liebe und ihrer Pathologie (IV,450–473). Dido bewegt ihre Schwester dazu, einen Scheiterhaufen errichten zu lassen. Als Dido am Morgen Aeneas' Flotte auf hoher See sieht, schleudert sie ihm in rasendem Hass Verwünschungen und Flüche nach und spricht von der ewigen Feindschaft zwischen den beiden Völkern (IV,584–629):

»*Wachse doch, wer du auch seist, aus unsern Gebeinen, du Rächer,*
der du mit Feuer und Schwert heimsuchst dardanische Siedler
jetzt oder einst.« (IV, 625 f.)

Dann besteigt sie den Holzstoß (IV,685), um den Flammentod zu suchen. Damit ist die Peripetie einer Tragödie um die Liebe erreicht, die sich schicksalhaft vollzieht und an die tragische Größe griechischer Tragödien einer »Antigone« des Sophokles oder an die einer »Medea« des Euripides denken lässt.

Das unerbittliche Fatum legt dem, der es trägt, Leiden über Leiden auf, auch um den Preis persönlichen Glücks.

Aeneas ist in Latium angekommen. Der dortige König Latinus hat durch einen Orakelspruch den Willen des Schicksals erfahren, und bestimmt seine Tochter Lavinia für den Fremdling zur Gemahlin. Der göttliche Plan, im Einklang mit dem frommen Sinn des Aeneas, erfüllt in ihm seine gelebte Aufgabe. So ist Fatum der höchste Lebensbegriff Vergils mit der Norm: »dis quod minorem te geris, imperas«: »Weil du den Göttern huldigst, herrschest du«. Und so nahm Aeneas in unwissender Ahnung »den Ruhm und alle Schicksale der Enkel auf seine Schultern«, denn die ganze römische Geschichte vollzieht sich unter den himmlischen »Augen«. Vergil aber setzte das ewige Bild römischen Wesens und Schicksals in seinem Epos in unvergängliche Worte.

König Euander, der, aus Arkadien vertrieben, am Tiber Jahrzehnte vor dem Fall Troias auf dem palatinischen Hügel, wo einst Rom stehen sollte, die Stadt Pallantion gegründet hatte, führt der Ankömmling Aeneas in sein niederes Haus, um ihm ein Willkommen zu entbieten. Er spricht ihn als einen an, »fatis huc te poscentibus affers«, »Du kommst, weil das Fatum dich haben will und muss«. Du bist der von den Himmlischen Gewollte und Bestimmte (quem numina poscunt). Und Aeneas gibt die bejahende Antwort: »ego poscor Olympo«, mich will und muss haben der Olymp; ich werde gefordert. Dann richtet Euander an Aeneas die Verse, die jedes römische Kind gelernt und über die François de Fénelon (1651–1715), der weltberühmte Verfasser des »Telemach«, geweint hatte:

»*aude, hospes, contemnere opes et te quoque dignum*
finge deo rebusque veni non asper egenis.«
»*Wage es, Gast, zu verachten die Pracht, und mache auch du dich*
würdig des Gottes und nahe nicht schroff dem Reiche der Armut!« (Aen. VIII,364–366)

Und Ascanius, dem Sohn des Aenaes, gilt das urrömische Vermächtnis:

»*Disce, puer, virtutem ex me verumque laborem,*
fortunam ex aliis«
»*Lerne Mannheit, mein Sohn, von mir, und wahres Mühen,*
Glück lerne von anderen!« (XII,435 f.)

Die Arbeit zwingt den Menschen, seine Kräfte und Fähigkeiten zu nutzen. Solch ein Leben wird zu integrierenden Teil des großen »ordo« der Natur.

d. »Sunt lacrimae rerum«, »Tränen rinnen dem Leid« (Aen. I,462)

Zur Weltanschauung Vergils und seiner Fatum-Frömmigkeit gehört auch die Vorstellung, dass zur tiefsten Wirklichkeit der Welt ein »Tränengrund« gehört, die zu tragenden Lasten aber auch an einem selbst erfahren werden. In Aen. I,462 schreibt Vergil: »sunt lacrimae rerum et mentem mortalia tangunt«: (»Tränen rinnen dem Leid, ans Herz rührt sterbliches Dasein«). Der unsterbliche Halbvers »sunt lacrimae rerum«, ist, wie Theodor Haecker meint, »der unübersetzbarste der Aeneis, ja der römischen Literatur überhaupt«.[23] Die drei Worte wollen nicht nur zum Ausdruck bringen, dass es Dinge gibt, die dem Menschen die Tränen entlocken, die er beweint, denn »vergängliche« Dinge in ihrer Hinfälligkeit, Allfälligkeit, Zufälligkeit »rühren das Herz« (genitivus objectivus des »lacrimae rerum«), sondern das Herz der Dinge selbst ist auch ein Mitweinen (genitivus subiectivus) und Mitfühlen. Es geht um das Mitleid und Mitempfinden mit dem Leiden und Schicksal auch der anderen, ein tief-menschlicher Zug Vergils, der es in die Frage an die Muse ob des Zürnens der Juno kleidet:

---

[23] Th. Haecker, Vergil, Vater des Abendlandes, 1952, 139.

XIII Amor fati – die Liebe zum Schicksal

»Muse, sag mir die Gründe, ob welcher Verletzung des hohen
Willens, worüber voll Gram die Götterkönigin jenen
Mann, das Vorbild der Ehrfurcht, in so viel Jammer, in soviel
Mühsal gejagt. Kann so die Gottheit grollen und zürnen?« (Aen. I,8–11).

Und auf die Frage folgt sein berühmter und tief empfundener Seufzer:

»Tantae molis erat Romanam condere gentem«
»So vielen Leids und so vieler Mühe bedurfte es, das römische Volk zu gründen.«
(Aen. I,33)

Zum Schicksal, das über Aeneas waltet, gehören auch die Tränen. Als Aeneas im Palast der Dido plötzlich die Bilder des Untergangs seines heimatlichen Troia sieht, holt ihn das bittere Erleben wieder ein und er spricht vom Tränengrund der Dinge: lacrimae rerum. »Res«, Sache, Sachverhalt und sich darstellendes Sein, ist ein Herzwort der lateinischen Sprache. Es dient z. B. zur Bezeichnung des Gemeinwesens, des Staatswesens als »res publica«: Menschen stimmen überein in der Anerkennung des Rechtes und in der Gemeinsamkeit des Nutzens (iuris consensu et utilitatis communione)[24] und bilden so, in Anbindung an die zu den höchsten Gütern zählenden Werte, »ius«, »lex« und »libertas«, ein Gemeinwesen.[25] So bedeutet auch das Glück günstige Dinge (res secundae) und das Unglück widrige Dinge (res adversae). Will man die Ursache kennen, so gilt das »rerum cognoscere causas«, und auch die Geschichte der Menschen sind »res«, die der »rerum scriptor«, der Geschichtsschreiber festhält. »Res«, das ist der Umschluss der ganzen Welt, und ein Seufzer entgringt sich der Dichterseele Vergils, wenn er die Aeneis mit dem umflorten Auge »indigniert« ausklingen lässt: »vitaque cum gemitu fugit indignata sub umbras« (»das Leben fährt, aufstöhnend, voll Unmut hinab zu den Schatten«: Aen. XII, 952). Und die erste Ekloge endet mit: »maioresque cadunt altis de montibus umbrae«: »und größer fallen von den hohen Bergen die Schatten« (Ekl. 1,83). »Res«, ein sachgetreues Wort, das die Wirklichkeit und ihre sinnliche Bildhaftigkeit spiegelt, wird mit dem Tränengrund verbunden. Im Herzen der Wirklichkeit gibt es Tränen, die der Mensch weint. Der genitivus obiectivus, der auf die Hinfälligkeit der Dinge weist, denn sie rühren ans Herz, hat zugleich die Möglichkeit des genitivus subiectivus bei sich: das Herz der Wirklichkeit ist Mitweinen, ist Mitleid, ist Barmherzigkeit. Das Herz der Dinge birgt so eine tiefe Sehnsucht in sich. Der Tränengrund der Dinge hat neben dem Schicksal auch die Lebensmühen bei sich, als »per aspera ad astra«, durch Leiden zum Sieg. Es ist die Erfahrung der schweren Arbeit im Schweiße des Angesichts[26], aber die Erde ist gerecht; sie lässt als »iustissima tellus« keine

---

[24] Cicero, rep. 1,39.
[25] Cicero, Sest. 147: qua nihil sanctius est.
[26] Vgl. H. Altevogt, Labor improbus, 1952.

Mühe ohne Lohn. Und sein Loblied gilt Italien, der Saturnia Tellus: »ich grüße dich, du große Mutter der Fruchtbarkeit, große Mutter der Männer ...« »salve magna parens frugum, Saturnia tellus, magna virum« (Georg. II,173 f.), um dann in den »Georgica« sein Loblied, die laudes Italiae (Georg. II,136–176), auf Land und Arbeit anzustimmen. Es gilt: »Stete Arbeit besiegt alles« (Labor omnia vincit improbus). Zugleich ist es die Vergil bedrängende Frage des »labor improbus«, der schweren menschlichen Arbeit, die er sich in den »Georgica« stellt. Es ist die Lebenshärte und harte Arbeit des »durum genus« (Georg. I,63), die Juppiter so verfügt, aber, um sie zu bestehen und zu überwinden:

»O socii (neque ignari sumus ante malorum)
o passi graviora, dabit deus his quoque finem«
»Freunde, wir haben schon früher Unglück erlitten,
schwerer als dieses; auch jetzt wird die Gottheit Rettung schenken.«
(Aen. I, 198–199):

Und I, 203: »Fasst neuen Mut, lasst fahren eure traurige Furcht, vielleicht gedenkt ihr später auch dieser Dinge mit Freude« (»forsan et haec olim meminisse iuvabit«).

e. »Omnia vincit Amor«, »Alles besiegt die Liebe« (Ecl. X,69)

Im 10. seiner Hirtengedichte, den »Bucolica«, führt Vergil seine Leser in das idealisch-ferne Arkadien mit den Themen Gesang, Liebe, Schönheit der Natur und Hirtenleben. Es ist der Schauplatz für die Schicksale der Menschen und das liebende Mitleid, »die Tränen für die Dinge« (vgl. Ekl. I,45 f.64 ff.). Die Natur ist eingebettet in ein pastorales Seelengemälde, und der Leser soll, z. B. in der 2. Ekloge, den Kontrast spüren zwischen der Mittagsruhe der Natur und der ruhelosen Liebesleidenschaft des Hirten:

»Jetzt verbirgt sich die Eidechse auch, die grüne im Dornbusch ...
Aber von mir und dem heisren Lied der Grillen ertönt rings
Glühend im Mittag der Busch, wenn deinen Spuren ich folge.« (Ekl. II,3 ff.)

In der 4. Ekloge malt Vergil ein utopisches Hoffnungsbild, denn es soll eine neue Weltstunde durch die Geburt eines Knaben ihren Anfang nehmen. Das neugeborene göttliche Kind wird die befriedete Welt beherrschen und die Fülle des Segens mit sich bringen.[27] Die 10. Ekloge, die als Vergils letzte

---

[27] Vgl. H. Oppermann, Vergil und Oktavian. Zur Deutung der ersten und vierten Ekloge, in: Hermes 67 (1932) 197–219; W. Weber, Der Prophet und sein Gott. Eine Studie zur Vierten Ekloge Vergils, 1925; M. C. J. Putnam, Virgil's pastoral art. Studies in the Eclogues, 1970.

bezeichnet wird, ist seinem Dichterfreund C. Gallus gewidmet, der die alexandrinischen Liebeselegien als neue literarische Gattung in Rom heimisch gemacht hatte. Wie der liebeskranke Daphnis der alexandrinischen Dichter, so leidet sein Freund Gallus, der »göttliche Dichter« (divinus poeta, V,17), an unruhevoller und unerfüllter Liebe. Im arkadischen Land der Hirten erzählt der liebeskranke Gallus von seiner ungetreuen Geliebten Lycoris, die mit einem andern fortgezogen ist (X,23). Er leidet und will ihren Namen und seine Liebesworte in die Rinden der Bäume einschneiden, damit die Liebe mit den Bäumen wachse. Nie wird seine Liebesqual enden, auch wenn er in Bergwälder oder in froststarrende Klüfte oder in hitzeflimmernde Wüsteneien fliehen wollte. Und dann die Folgerung des Herzens:

»Omnia vincit Amor, et nos cedamus Amori«
»Alles besiegt die Liebe; wir auch weichen der Liebe.« (X,69)

Es ist die Welt des Eros, die in der 10. und vollendetsten Ekloge besungen wird, die Macht der heiligen Liebe, die alles besiegt, schöpferisch oder zerstörerisch.[28] Sie ist der Brunnquell aller Tragödien und alles Tragischen: »trahit sua quemque voluptas«, »einen jeden reißt seine Lust hin«, und:

»Nascere, praeque diem veniens age, Lucifer, almum, coniugis indigno Nysae deceptus amore dum queror et divos, quamquam nil testibus illis profeci, extrema moriens tamen adloquor hora« (Ekl. VIII,17–20). »Steige herauf, Lichtbringer, Herold der segnenden Sonne, Stern du des Morgens, während ich klage, dass meine Liebe treulos Nysa betrogen, und die himmlischen Zeugen – Ach, sie halfen mir nicht – in letzter Stunde noch rufe.«

In der dritten Ekloge[29] begegnet dem Leser Orpheus als Inbegriff der Musenkunst (III,46), von der die Hirtenlieder ein Echo sind, Orpheus, der die Natur verzaubert hatte und dessen Gesang nachgesagt wird, dass die Welt in seinem Bann zur Ruhe findet (VIII,1 ff.). Er, der urbildliche Sänger, ist der Gott, von dem Hirtenflöte und Hirtenmusik herkommen. Im Wettgesang der Hirten wird die göttlich erfüllte Welt und Musenkunst beschworen, um sich dann dem Spiel der Liebe zuzuwenden, dem Gelocktsein und Geliebtsein (III,64–67), der zweifelnden Sorge und den Gedanken an die Vergeblichkeit, den Liebesverheißungen und der ehrlichen Zuneigung (III,68–75), aber auch dem Leid und Lust der Liebe. Am Schluss werden all die zueinander gehörenden Gegensätze hervorgehoben (III,80–83), das Bittere (triste) und das Süße (dulce). Der Schluss der Ekloge kommt darauf zurück: »jeder,

---

[28] K. Witte, Der Bukoliker Vergil. Die Entstehungsgeschichte einer römischen Literaturgattung, 1922; R. Kettemann, Bukolik und Georgik. Studien zu ihrer Affinität bei Vergil und später, 1977.
[29] Vgl. L. Braun, Der Sängerwettstreit der Hirten in Vergils 3. und 7. Ekloge, in: Gymn. 78 (1971) 400–406; W. Schadewaldt, Vom Sinn und Werden vergilischer Dichtung, 1931; V. Pöschl, Die Hirtendichtung Virgils, 1964; F. Klingner, Vergil, 1967.

der das Lieben scheut, wenn es süß, oder erlebt, dass es bitter ist« (et quisquis amores aut metuet dulcis aut experietur amaros«), weiß um das Doppelgesicht der Liebe. Aber das Singen und Sagen des Schmerzlichen und Widrigen vermag es zu verwandeln. In dieser bukolischen Poesie der Hirtengedichte gibt sich der Mensch dem Segen der Natur und ihrer Schönheit hin. Mag ihm auch das Leben und das Schicksal Wunden schlagen, mag ihm die doppelgesichtige Liebe Leiden schaffen (vgl. die Liebeswerbung und Liebesklagen in Ekl. II,8.10), so erfährt er doch immer wieder eine neue Innigkeit und Empfindsamkeit im poetischen, subtil geistigen Spiel.

Der auf Vergil gedichtete Grabspruch »cecini pascua, rura, duces«, »Krieg sang ich, Fluren und Äcker«, charakterisiert sein literarisches Gesamtwerk der »Bucolica«, »Georgica« und spiegelt die drei Grundweisen menschlichen Verhaltens: die Erlebniswelt feiernd-besinnlicher Muße (Bucolica), die Arbeit des italischen Bauern an der nährenden Erde (Georgica), und der Geschichtsauftrag und die geschichtsstiftende Verwirklichung sittlicher Ideen und Festigung des Gemeinwesens für Gegenwart und Zukunft (Aeneis). Sigmund Freud wählte sich aus der Äeneis seinen Leibspruch: »Flectere si nequeo superos, Acheronta movebo«/»Kann ich die Himmlischen nicht beugen, werde ich die Hölle aufrühren«.

2. Amor fati – Liebe zum Schicksal (Friedrich Nietzsche)

a. Der Unzeitgemäße und sein Schicksalsbegriff

Friedrich Nietzsche (1844–1900), der untergründig mitwirkende Dämon der Krise an allen Wandlungen des 19. Jahrhunderts, sieht seinen Denkweg als »Versuchung« und »Versuch«, – in nuce – in seiner ersten, im eigentlichen Sinn philosophischen Entwurfsskizze, »Fatum und Geschichte«, präfiguriert, die er 1862 als Achtzehnjähriger verfasst hatte. Dort notierte er jenes erstaunliche Programm seines Denkweges, das bis in das Verdämmern im Wahnsinn die »Traum-Mitte« seines Lebens bilden wird:

»Sobald es aber möglich wäre, durch einen starken Willen die ganze Weltvergangenheit umzustürzen, sofort träten wir in die Reihe unabhängiger Götter, und Weltgeschichte hieße dann für uns nichts als träumerisches Selbstentrücksein: der Vorhang fällt, und der Mensch findet sich wieder, wie ein Kind mit Welten spielend, wie ein Kind, das beim Morgenglühen aufwacht und sich lachend die furchtbaren Träume von der Stirn streicht«.

Aber bereits in seinen ersten biographischen Aufzeichnungen, aus dem Jahre 1858, »Aus meinem Leben«, der Zeit, in der er Schüler in der Landesschule

Pforta ist, unternimmt er den frommen Versuch, sein geistiges Werden unter der Führung der göttlichen Vorsehung darzustellen und als sinnvolle und notwendige Fügung zu verstehen. Die noch ganz christlich inspirierte Form dieser Haltung wurde in der Folgezeit vor allem unter dem Einfluss des geschichtsphilosophischen Werkes von Ralph Waldo Emerson »Repräsentative Menschen« (Representative Men, London 1849) und seinem Fatalismus beeinflusst, der das Subjekt vor die Alternative des schicksalskonformen Handelns oder des Scheiterns stellt. Auch Nietzsche sieht seine Versuche in einem korrespondierenden Sachzusammenhang zu seinem schöpferischen Leben teloshaft vom Schicksal bestimmt. An seiner späteren ästhetischen Sinnerkenntnis des titanischen Narzissmus will er »die Welt als die Abfolge göttlicher Erlösungen und Visionen im Scheine« feiern. Aber um dies zu erreichen, schickt er sich an, alle »Grenzsteine« der ethischen und religiösen Systeme umzustürzen und den aufklärerischen Kampf gegen den christlichen »Gott« als den Hinderer genuin menschlicher Größe und Selbstbemächtigung zu führen, samt dem Streit gegen den »Gott der Philosophen« (Blaise Pascal) als dem transzendenten, ewig-seienden Wesen und der verbindlichen Instanz der Sinnstiftung sowie der abendländischen Gotteslehre von Platon bis Hegel. Und als »Leser Schopenhauers«[30] radikalisiert er im Blick auf diesen, seinen »Lehrer«, der ganz und gar Einsiedler war[31], den Eremiten-Begriff, denn »einsam die Strasse zu ziehn gehört zum Wesen des Philosophen«[32], so dass er selbst als Zarathustra-Nietzsche sein Buch einen »Dithyrambus auf die Einsamkeit«[33] nennt. Mit seinem Traditionsbruch wird er zu einer der Schlüsselfiguren der Philosophie des Übergangs und der Moderne.[34] Das Leben ist für ihn ein Geschehen, das er neu und anders »interpretieren« will.[35] Ausgehend von der antiken Unterscheidung von Sein und Werden, ergeben sich für ihn daraus zwei Grundhaltungen, sich entweder ganz dem Werden anheim zu geben und darin aufgehen oder in der Gegenwart, die ganz und gar Gegenwart sein will, um Werden und Vergehen auszublenden. Er nennt diese beiden Möglichkeiten des Lebens den appolinischen »Traum« und den dionysischen »Rausch«, die sich gegenseitig spannungsvoll vermitteln und Gestalt finden.[36] Die Kunst verbindet diese beiden Seiten des Lebens.

---

[30] F. Nietzsche, Musarion-Ausgabe 7, 47.
[31] Ders., a.a.O. 7, 55.
[32] a.a.O. 4, 186.
[33] a.a.O. 6, 35.
[34] Vgl. P. Kouba, Die Welt nach Nietzsche, 2000; G. Figal, Nietzsche, 1999.
[35] F. Nietzsche, Kritische Studienausgabe (KSA), (Hg.), G. Collin / M. Montinari, ²1988, 12, 139.
[36] Vgl. H. Cancik, Nietzsches Antike, 1995.

b. Nietzsches schicksalhaftes Muss

Mit exaltierter Geste stilisiert er sich selbst zum »Baum der Erkenntnis«[37] und als »Kunstwerk«.[38] Auch schafft er sich in einer »Zeit ohne Ziel« eine literarische Kunstfigur in der Gestalt des persischen Weisen und Religionsstifters Zarathustra. Seinen »Vorübergang« macht er zum Erlebnis einer Doppelung der Selbstbegegnung seines lyrischen Ich mit der Projektion in das doppelgängerische Zarthustra-Ich. In der von ihm gedichteten Gestalt, die im Prediger-Ton der Verkündigung spricht und darin parodistisch die Evangelien nachahmt, legt er seine hymnisch angelegten Reden im Buch »Also sprach Zarathustra. Ein Buch für Alle und Keinen« (1883–1885) nieder. Darin lehrt er das andere Leben im Sinne der Steigerung zum »Übermenschen« samt dem »Willen zur Macht« und seinem quasireligiösen Credo der »ewigen Wiederkehr des Gleichen«. All diese seine philosophischen Grundthemen bezieht er in die Formel von »amor fati«, der Liebe zum Schicksal, ein, indem er seinen Gedanken eine »geheime und unvertilgbare Trunkenheit einverleibt«.[39]

Im »Zarathustra« begegnet das Gleichnis als Bildungsrede »Von den drei Verwandlungen« des Geistes – »wie der Geist zum Kamele ward, und zum Löwen das Kamel, und der Löwe zuletzt zum Kinde«.[40] Das Programm der drei Verwandlungen will von der Heteronomie (Kamel) zur Autonomie (Löwe) und hin zum reinen Innesein (Kind) führen. Das Kamel, Bild für den »tragsamen Geist«, der »entsagt und ehrfürchtig ist«, wandelt sich inmitten der einsamsten Wüste zum Löwen, der mit seinem »Ich will«, das Untier »Du sollst«, besiegt, und sich dadurch eine neue Freiheit erkämpft, die Freiheit »zu neuem Schaffen«. Aber noch vermag er selbst nicht neue Werte und Tafeln zu setzen. Dazu bedürfte es noch einer dritten Verwandlung zum »Ich bin«, zum »Kind«-Werden, zur »Unschuld des Werdens«. »Unschuld ist das Kind und Vergessen, ein Neubeginn, ein Spiel, ein aus sich rollendes Rad, eine erste Bewegung, ein heiliges Ja-sagen«.[41] Dieses »Ja-Sagen« ist eng mit der »Lehre« der »ewigen Wiederkunft«, jener »höchsten Formel der Bejahung, die überhaupt erreicht werden kann«,[42] verbunden. Zugleich handelt sein »Zarathustra« von der Überwindung des »Geistes der Schwere«, als

---

[37] GM, Vorr. 2; 5,249.
[38] GT 3 und 7; 36f. und 56.
[39] Fw 57, 3,421. Vgl. G. Abel, Die Dynamik der Wille zur Macht und die ewige Wiederkehr, 1984; A. Pieper, »Ein Seil geknüpft zwischen Tier und Übermensch«. Philosophische Erläuterungen zu Nietzsches erstem »Zarathustra«, 1990; V. Gerhardt, Vom Willen zur Macht, 1996.
[40] KSA 4, 31.
[41] ZA I, KSA 4,31.
[42] EH, KSA 6,335.

Teufel personifiziert, dem er »todfeind, erzfeind, urfeind« ist (KSA 4,241), jener »Mitgift« von »gut« und »böse«. »Dem Kamel gleich« »schleppt« der Mensch »zu vieles Fremde auf seinen Schultern« (ebd. 4,243). Die Dialektik der Erschwernis des Geistes liegt nach »Zarathustra« aber in der erschwerenden Wirkung des Gedankens der »ewigen Wiederkunft« selbst, dem »größten Schwergewicht«. Dabei sind »Ewige Wiederkunft« und Geist der Schwere zweigesichtige Janusgedanken falschen und richtigen Denkens. Die nach dem »Tode Gottes« zu tragende Konsequenzen sind für Nietzsche von einer elementaren Zwiespältigkeit bestimmt, der Entlastung einerseits und der Belastung andererseits: der Entlastung vom religiösen Horizont der Verbote, der Strafangst und der quälenden Schulderfahrung, und der Belastung aber durch die neue säkulare Eschatologie der »Ewigen Wiederkehr« oder »Ewigen Wiederkunft«, deren Lehre Nietzsche seinem Zarathustra in den Mund legt (Nr. 342). Diese mythische Aussage mit ihrem innerseelischen Ursprung und Wahrheitsgrund geht auf Nietzsches pathisches Erlebnis des Jahres 1881 am Seeufer von Silvaplana im schweizerischen Oberengadin zurück und wird zu seinem »Damaskus«-Erlebnis stilisiert. In die Lehre ist indirekt der Appell zum »amor fati« eingezeichnet (Aph. 276). Dieser Gedanke der »Ewigen Wiederkehr« ist für Nietzsche eine mystische Ekstase jenseits von Raum und Zeit, der »ungeheure Augenblick« und zugleich der »große Mittag«[43], Ausdruck des In-eins von mystischer Intensität und Versöhnung von Erkennen und Sein, Welt und Selbst, Zeit und Ewigkeit. Das Geheimnis des Daseins wird in der höchsten Bewusstheit manifest, die dem Nicht-Wissen benachbart ist. Der Gedanke des »großen Mittags« findet seinen expressiven Niederschlag in den Gedichten »Nach neuen Meeren« und »Sils Maria« und ist im Zarathustra-Kapitel »Mittags« ausformuliert, das dem Hyperion-Schluss Hölderlins nachempfunden ist. Zarathustras Liebe gilt den Menschen in ihrem Übergang und Untergang, d. i. im »großen Mittag«, jener Mitte im »Zwischen«, auf den Übermenschen hin, seinem Über-sich-hinaus-Gehen, das Sich-überwinden heißt:

---

[43] Vgl. K. Schlechta, Nietzsches großer Mittag, 1954; K. Löwith, Nietzsches Philosophie der ewigen Wiederkehr des Gleichen, 1956; E. Biser, Die Waage des Geistes. Nietzsches Kampf mit dem Geist der Schwere, in: Concilium 10 (1974) 326–334. Ans Ziel gekommen sind die drei programmatischen Verwandlungen der Heteronomie (Kamel) zur Autonomie (Löwe) und diese zum reinen Innesein (Kind). Auch in der »Götzen-Dämmerung« aus dem Jahre 1888 mit der Erzählung, »Wie die ›wahre Welt‹ endlich zur Fabel wurde«, in der Nietzsche den Aufstieg und Untergang der Zweiweltentheorie aufzuweisen sucht, rückt er die Position seines »großen Mittags« in einen geistesgeschichtlichen Rahmen. Er bedeutet das höchste Seinsglück und höchste Weltinnigkeit, die im die sich durch das Verdämmern der Reflexion einstellt. KSA VI/1 25 ff.; VI/3, 74 f., vgl. E. Biser, Die Reise und die Ruhe. Nietzsches Verhältnis zu Kleist und Hölderlin, in: Nietzsche-Studien 7 (1968) 97–114.

Amor fati – Liebe zum Schicksal (Friedrich Nietzsche)

»Eure Liebe zum Leben sei Liebe zu eurer höchsten Hoffnung: und eure höchste Hoffnung sei der höchste Gedanke des Lebens! Euren höchsten Gedanken aber sollt ihr euch von mir befehlen lassen – und er lautet: der Mensch ist Etwas, das überwunden werden soll.« (Za I, KSA 4, 59 f.)

Es ist ein »Ja« zu dem, was ist und sein wird und dazu noch ein »Ja« zu diesem ersten »Ja« selbst – ein Wollen, dass es sein soll, wie es wird. Nietzsche gibt seiner Autobiographie »Ecce homo« den programmatischen Untertitel: »Wie man wird, was man ist«.[44] Den Gedanken der »Ewigen Wiederkunft« als »Gedanke der Gedanken«[45] und von »größtem Schwergewicht«[46], bezieht Nietzsche auf die eigene Existenz: »ego – Fatum«[47] und spricht von einer kosmischen Gestimmtheit, der Liebe zum Schicksal, die alles Tun und Lassen begleitet: »›Liebe das, was notwendig ist‹ – amor fati diese wäre meine Moral, thue ihm alles Gute an und hebe es über seine schreckliche Herkunft hinauf zu dir«[48]. Präskriptiv und deskriptiv formuliert Nietzsche seine Lehre: »Meine Lehre sagt: so leben, dass du wünschen musst, wieder zu leben ist die Aufgabe – du wirst es jedenfalls!«[49] Immer wiederholt Nietzsche sein Bekenntnis der »Ewigen Wiederkehr«, das »amor fati« heißt. Er spricht von ihm als seiner »innersten Natur«[50] und nennt seine Haltung »eine Art fatalistischer ›Gottergebenheit‹«[51], die »Religion der freiesten heitersten und erhabensten Seelen«. Er schreibt:

»Höchster Zustand, den ein Philosoph erreichen kann: dionysisch zum Dasein stehn –: meine Formel dafür ist Amor fati. Hierzu gehört, die bisher verneinten Seiten des Daseins nicht nur als notwendig zu begreifen, sondern als wünschenswert: und nicht nur als wünschenswert in Hinsicht auf die bisher bejahten Seiten (etwa als deren Komplemente oder Vorbedingungen), sondern um ihrer selbst willen, als der mächtigeren, furchtbareren, wahreren Seiten des Daseins, in denen sich sein Wille deutlicher ausspricht«.[52]

Die mit dem griechischen Gott Dionysos chiffrierte Tiefe des Seins in seiner Geheimnishaftigkeit, Unbegreiflichkeit und Furchtbarkeit macht deutlich, dass amor fati mit dem Gedanken der »ewigen Wiederkehr«, seinem »Gedanken der Gedanken«[53] oder seinem »abgründlichsten Gedanken«[54] zusammengedacht werden. Und Hegel wandte sich in seiner zehnten Habilita-

---

[44] Klage der Ariadne DD, KSA 6, 308–401; Ecce homo, KSA 6, 345.
[45] KSA 3, 9, 496.
[46] KSA 3, 570.
[47] KSA 11, 291.
[48] KSA 9, 643.
[49] KSA 9, 505.
[50] Fr. Nietzsche, Ges. Werke, Musarion-Ausgabe 21, 1928, 275.
[51] Briefwechsel mit Overbeck (1916), 173: Brief an Overbeck, Sommer 1882.
[52] F. Nietzsche, Ges. Werke. Musarion-Ausg. 21, 1928, 357.
[53] Ders., Die fröhliche Wissenschaft KGA 5/2 394.
[54] Ders., Ecce homo 6/3, 333.

tionsthese von 1801 dem Thema zu: »Principium scientiae moralis est reverentia fati«.[55] Nietzsches dichterisch-denkerisches aphoristisches Schaffen kreist letztlich um die philosophische Frage, welchen Sinn das menschliche Dasein im Ganzen des Seins innehabe. Der Gedanke der »ewigen Wiederkehr« und »ewigen Wiederkunft« bringt »das Geheimnis, dass alles wiederkehrt«[56] zum Ausdruck, und zwar in einer »Kreis-Wiederholung«[57], die gleichnishaft illustriert wird: »der Fluss fließt immer wieder in sich zurück«[58] oder »das ganze Spielwerk wiederholt ewig seine Weise, die nie eine Melodie heißen darf«[59]. Es ist die Lehre Zarathustras,[60] und Nietzsche betont nicht nur deren Nähe zur Philosophie Anaximanders und Heraklits mit deren Glauben an einen periodisch sich wiederholenden Weltuntergang und erneuten Aufgang einer anderen Neuen Welt[61], sondern auch an die Nähe zu den Dionysos-Mysterien mit der ewigen Wiederkehr des Lebens, »das triumphierende Ja zum Leben über Tod und Wandel hinaus«.[62] Der Ewige-Wiederkunfts-Gedanke ist so für Nietzsche die höchste Formel der Bejahung, und Amor fati wird zum Ausdruck einer philosophischen Religiosität, die mehr ist als eine bloße Schicksalsergebenheit.[63] »Man muss vergehen wollen, um wieder entstehen zu können – von einem Tag zum anderen. Verwandlung durch hundert Seelen – das sei dein Leben, dein Schicksal: Und dann zuletzt: Diese Reihe noch einmal wollen!« (KSA 10,213). In dieser kosmischen Gestimmtheit mit dem amor fati zu allem menschlichen Tun geht es um radikale Liebe: »Liebe das, was notwendig ist – amor fati dies wäre meine Moral, tue ihm alles Gute an und hebe es über seine schreckliche Herkunft hinauf zu dir« (KSA 9,643). Und in einer Selbstcharakterisierung versteht sich Nietzsche als ein solcher, der »mit dem Hammer philosophiert« (KSA 6,55). In der Weise eines Prägehammers und unter der Gebärde eines eifernden Predigers will er der Welt seine neue Prägung aufdrücken. Die Zeit ist ihm essentiell ein fortwährender Wechsel von Werden und Vergehen des Augenblickhaften als erschütterndes Signum alles Lebendigen. Diese Doppelung äußert sich in der jeweiligen Aneignung und Umwandlung des vorangehenden Moments zur flüchtigen Gegenwart, um mit diesem das Schicksal des Vergehens auf ein Neues hin zu teilen. In seiner philosophi-

---

[55] Vgl. K. Rosenkranz, G. W. F. Hegel's Leben, 1844, Neudruck 1962, 159.
[56] Fr. Nietzsche, Nachgelassene Fragmente, Juli 1882 – Winter 1883/84, 20.
[57] a. a. O. passim.
[58] a. a. O. 209.
[59] Ders., Die fröhliche Wissenschaft IV, III, 109. Krit. Ges.ausg. G. Colli / M. Montinari (1967 ff.).
[60] Also sprach Zarathustra.
[61] Ders., Ecce homo, Die Geburt der Tragödie 3, 311.
[62] Ders., Götzen-Dämmerung. Was ich den Alten verdanke 4; Nachgel. Frg., Anfang 1888 bis Januar 1889, 24,9.
[63] Vgl. P. Klossowski, Nietzsche und der Circulus vitiosus deus, 1986.

schen Autobiographie mit dem Pilatuswort der biblischen Passionsgeschichte Jesu, »Ecce homo«, die er am 15. Oktober 1888, seinem 44. Geburtstag begann, beschreibt er im Abschnitt: »Warum ich ein Schicksal bin« sein »Los« (Loos) und sagt, warum er »der Mensch des Verhängnisses« sein müsse und warum er »froher Botschafter« sei zum Wollen der ewigen Wiederkehr in der dionysischen Bejahung der »Fatalität alles dessen, was war und was sein wird«. Es ist eine große Selbststilisierung:

»Ich kenne mein Los. Es wird sich einmal an meinem Namen die Erinnerung an etwas Ungeheures anknüpfen, – an eine Krise, wie es keine auf der Erde gab, an die tiefste Gewissens-Collision, an eine Entscheidung, heraufbeschworen gegen Alles, was bis dahin geglaubt, gefordert, geheiligt worden war ... Umwertung aller Werte: das ist meine Formel für einen Akt höchster Selbstbesinnung der Menschheit, der in mir Fleisch und Genie geworden ist«.[64]

Und seinen Zeitgenossen ruft er zu: »Ich komme zu früh, ich bin noch nicht an der Zeit!« Diese philosophische Autobiographie und atheistischen »Confessiones«, sein »Ecce homo« trägt den Untertitel: »Wie man wird, was man ist«. Es ist Nietzsches letztes Werk (1888) vor seiner ausbrechenden geistigen Umnachtung (Januar 1889). Mit dem Untertitel will Nietzsche im Rückblick die innere Notwendigkeit seines Denk- und Lebensweges aufzeigen und modifiziert damit den Satz des griechischen Dichters der Preisgesänge, Pindaros (um 522 bis nach 446 v. Chr.) aus dessen 2. Pythischen Ode: »werde derjenige, wie du einst gelernt hast zu sein«. Es ist die Haltung des sich ständig neugestaltenden, sich überwindenden und verwirklichenden Selbst auf den Übermenschen hin. »Meine Formel für die Größe am Menschen ist *amor fati*: dass man nichts anders haben will, vorwärts nicht, rückwärts nicht, in alle Ewigkeit nicht«, schreibt er. Und: »Das Notwendige bloß nicht ertragen, noch weniger verhehlen – aller Idealismus ist Verlogenheit vor dem Notwendigen –, sondern lieben ...«.[65] Fatum ist für Nietzsche keine fremde determinierende Macht, sondern »seine innerste Natur«.[66] Das aggressive Pathos seiner Tiraden gegen den »verfluchten« Idealismus als Verhängnis und Grund-Unvernunft seines Lebens, will er in der Annihilierung der bislang genannten Wahrheit vollziehen: »Sich selbst wie ein Fatum nehmen,

---

[64] Fr. Nietzsche, Ecce homo: Warum ich ein Schicksal bin, § 1. Vgl. C. P. Janz, Friedrich Nietzsche, Biographie. Drei Bände, 1978; G. Vattimo, Nietzsche, 1992; E. Biser, Nietzsche. Zerstörer oder Erneuerer des Christentums?, 2002.
[65] Musarion-A. 21 (1928) 211. Vgl. J. Derrida, Nietzsches Ontobiographie oder Politik des Eigennamens, in: Fugen. Dt.-Frz. Jb. für Textanalytik, 1980, 64–98; W. Groddeck, »Die Geburt der Tragödie« in: »Ecce homo«, in: Nietzsche-Studien 13 (1984) 325–331.
[66] Fr. Nietzsche, Ges.Werke. Musarion-A. 21, 1928, 275. Vgl. N. Kiyoshi, Nietzsches Amor fati: der Versuch einer Überwindung des europäischen Nihilismus, 1993; R. Okôchi, Nietzsches amor fati im Lichte von Karma des Buddhismus, in: Nietzsche-Studien, Bd. 1 (1972).

nicht sich ›anders‹ wollen – das ist in solchen Zuständen die große Vernunft selbst«. Es ist für ihn ein Kampf »gegen die Verlogenheit von Jahrtausenden«. Dagegen will er die »Umwertung aller Werte« setzen, die er als »meine Formel« für sich in Anspruch nimmt[67] und greift dabei auf eine Leitvorstellung der un- bzw. antikonventionellen Lebensweise der Kyniker und ihre philosophische Infragestellung der Konventionen zurück. Diogenes Laertius (3. Jh. n. Chr.), der in seiner Sammlung »Leben und Lehren der Philosophen« viel Biographisches mit Anekdotischem mischt, schreibt über den Kyniker Diogenes von Sinope, das Delphische Orakel habe ihn angewiesen, »die Münze umzuprägen«[68] und schreibt: »Solches lehrte er und handelte auch danach, indem er wirklich die Münze/die Konvention umprägte dadurch, dass er weniger Gewicht legte auf die Vorschriften des Gesetzes als auf die Natur«.[69] Auch Julian Apostata, der Apologet der paganen Traditionen, weist in seinen Reden darauf hin, den Kynikern gehe es um die Korrektur »dessen, was die Masse für richtig hält«[70], und im Hinblick auf die moralischen Werte des Guten oder Bösen, pflegen sie »über alle Bräuche/Konventionen und über alle menschlichen Meinungen hinwegzusehen«.[71] Auch Fr. Nietzsche steht mit seiner Devise der »Umwertung aller Werte« in dieser Sequenz und charakterisiert in einem Brief an G. Brandes seine programmatische Formel als »einen Cynismus, der welthistorisch werden wird«.[72] An die Stelle der lebensfeindlichen moralischen Werte samt der ihnen entsprechenden »Verkleinerungs-Form des Menschen«[73] soll die Heraufkunft des »Übermenschen«[74] sich ereignen. Seinem geistigen Zusammenbruch nahe setzt Nietzschen proklamativ ein Datum fest: den 30. September 1888 als den »letzten« »Tag des Christentums«.

In seiner Aphorismensammlung von 1882: »Die fröhliche Wissenschaft« oder »La gaya scienza«, fasst er seine zentralen Denkfiguren und Sinnbilder mit der aus dem Provencalischen stammenden Formel, und stellt sie so in die

---

[67] F. Nietzsche, Krit.Ges.Ausg., hg. G. Colli / M. Montinari, 1967 ff. 6/3, 363.
[68] Diogenes Laertius, De vitis philosophorum VI, 20. Werke: H. S. Long (Hg.), Diogenes Laertii Vitae philosophorum, 1964, übers. von O. Apelt, ³1990. Vgl. Diogenes Laerzio, storico del pensiero antico, in: Elenchos 7 (1986).
[69] Ders., a. a. O. VI, 71.
[70] Julian, Orat. 7,211 B/C; vgl. auch: Orat. 6,188 A-C.
[71] Julian, Orat. 7,225 D / 226 A; 208 D; vgl. H. Rahn, Die Frömmigkeit der Kyniker, in: M. Billerbeck (Hg.), Die Kyniker in der modernen Forschung. Aufsätze mit Einführung und Bibliographie, 1991, 47 f.
[72] F. Nietzsche, Krit.Ges.Ausg. des Briefwechsels, hg. G. Colli / M. Montinari, 1975 ff., 12, 3/5, 482.
[73] F. Nietzsche, Jenseits von Gut und Böse, 1986, KSA 5, 203.
[74] F. Nietzsche, Der Antichrist (1888), KSA 6/3, 251 f. Vgl. R. Bracht Branham, Defacing the currency: Diogenes' rhetoric and the invention of Cynismus, in: The Cynics, 1996, 222–239, bes. 231 f.

Tradition der Troubadour-Dichtung, der »gaya scienza« bzw. »gay saber«, eine Dichtung, die J. G. Herder unter dem Namen der »fröhlichen Wissenschaft« enthusiastisch preist.[75] Bei Nietzsche will diese die »Genesung«[76] der von ihm »Romantik«[77] genannten Krankheit preisen, die ihn zu einem neuen Verstehen geführt hatte:

»Erst der große Schmerz, jener lange langsame Schmerz, der sich Zeit nimmt, ... zwingt uns Philosophen, in unsre letzte Tiefe zu steigen und alles Vertrauen, alles Gutmüthige, ... wohinein wir vielleicht vordem unsre Menschlichkeit gesetzt hatten, von uns zu thun. Ich zweifle, ob ein solcher Schmerz ›verbessert‹ –: aber ich weiss, dass er uns vertieft«[78],

denn das ins Leben gesetzte Vertrauen wurde brüchig und zum Problem.[79] Für ihn kreist alles um die »grosse Gesundheit«[80], deren die Menschen bedürfen, aber unter der offenen Frage, »ob wir der Erkrankung entbehren können« und »ob nicht der alleinige Wille zur Gesundheit ein Vorurteil, eine Feigheit und vielleicht ein Stück feinster Barbarei und Rückständigkeit sei«.[81] Dann fragt Nietzsche, wie sich diese durch den »Tod Gottes« entstandene Leere und der entstandene Verlust kompensieren lassen? In dem Aphorismus 285, mit »Excelsior« aus dem 4. Buch betitelt, wird die Situation des Menschen in einer artifiziellen Allegorese des Bildes eines höhersteigenden Sees gefasst: Bild der Wertsteigerung des Menschen, der sich verbietet und versagt, in einen Gott »auszufließen«. Der in seinem Wert maiorisierte Mensch ist offen für den in eine hypothetische Form anvisierte neue Möglichkeit des »Übermenschen«. Seine Erscheinungsweise und seine Überart ist egoistisch, heroisch und faustisch. Als geistige Leitfigur der Selbstvervollkommnung und Paradigma eines dynamischen Lebensaspekts bildet er den Gipfel von Nietzsches Vitalismus-Ideologie, der »am Leitfaden des Leibes« (KSA 11,249) denkt. Er subsumiert unter diese seine Lebensontologie seine Moralvorstellung, die für ihn nicht vom metaphysischen Denken, sondern vom existentiellen Grundbedürfnis her verstanden wird. Auch »Sanctus Januarius«, so der Titel des vierten Buches, ist durch den Versuch bestimmt, die Konsequenzen aus dem Tode Gottes zu ziehen in der Ambivalenz der Entlastung und Belastung. Das Buch setzt ein mit dem Gedanken der uneingeschränkten Liebe zum Schicksal, dem »amor fati«. Kon-

---

[75] J. G. Herder, Briefe zur Beförderung der Humanität, 85. Brief (1976), in: Sämtl. Werke (Hg. B. Suphan: 1877–1913), Neudr. 1967–68, 18, 37.
[76] F. Nietzsche, Die fröhliche Wissenschaft, Vorwort zur zweiten Ausgabe 1 (1886), in: Krit.Ges.Ausg., hg. G. Colli / M. Montinari, 1967ff. 5/2, 13.
[77] Nietzsche, a.a.O. 14.
[78] a.a.O. 18.
[79] a.a.O. 18.
[80] V. 382, a.a.O. 155.
[81] III, 120, a.a.O. 155.

trapunktisch fasst Th. W. Adorno seine Reflexionen aus dem beschädigten Leben, die »Minima Moralia« (1951), in dem Gedanken zusammen, wonach die Wahrheit des Lebens sich nicht mehr unmittelbar zeige, sondern nur noch in »entfremdeter Gestalt«. Diesen Beschädigungen des Lebens auf der Spur zu bleiben, vermag wenigsten die Ahnung des unbeschädigten Lebens wachzuhalten. »Der Blick aufs Leben«, so Adornos Diagnose seiner »traurigen Wissenschaft«, sei übergegangen in die Ideologie, die darüber betrügt, »dass es keines mehr gibt«.[82] Der für die »fröhliche Wissenschaft« zentrale Begriff der »Heiterkeit« ist eine Heiterkeit angesichts »der langen Fülle und Folge von Abbruch, Zerstörung, Untergang, Umsturz«[83] und findet ihre Zuspitzung in der Konstatierung vom »Tod Gottes«, Frg 108: »Gott ist todt«. In der Bestimmung seiner Philosophie als Philosophie des Fröhlich-Heiteren versteht Nietzsche diese als »Kunst der Transfiguration«, in der es nicht mehr um »Wahrheit« geht, sondern um »Gesundheit«, Zukunft, Wachstum, Macht, Leben«.[84] In seiner radikalen Negation des christlichen Gottes-Begriffs sieht Nietzsche mit dem Tod Gottes die »freien Geister« befreit, zur Selbstbejahung und zur Ermöglichung des »Übermenschen«. Gleich mit dem 1. Aphorismus des 3. Buches der »Fröhlichen Wissenschaft«, dem Satz »Gott ist todt« (Frg. 108), entreißt er der Weltwirklichkeit und der Geschichte ihr tragisches Subjekt mit der Kompensation der Selbstverantwortung und Selbstrechtfertigung. In einer geschichtsphilosophischen Parabel vom »tollen Menschen« (Frg. 125) wird dieses ungeheure Ereignis in einem dialogischen Spiel zwischen Verkünder und den Adressaten entfaltet: Im »Nachtwandler-Lied« spricht Nietzsche von der Liebe als dem tiefsten Sinn des Sein: »Alles von neuem, Alles ewig, Alles verkettet, verfädelt, verliebt, oh so liebtet ihr die Welt, – ihr Ewigen, liebt sie ewig und allezeit: und auch zum Weh sprecht ihr: vergeh, aber komm zurück: Denn alle Lust will – Ewigkeit«. Es ist ein »Ja und Amen« zur Selbstbejahung des Seins als des Ringes der ewigen Wiederkehr alles Seienden. Nietzsches »Übermensch«-Begriff[85] ist im Horizont seiner Lehre von der »Umwertung aller Werte«, des Gedankens der »ewigen Wiederkehr des Gleichen« sowie seiner These vom »Tod Gottes«, die er als das »ungeheure Ereignis« in der Parabel vom »tollen Menschen« proklamiert, zu sehen. Er fügt hinzu: »Gott bleibt todt«[86] und bekennt: »Wir haben ihn getötet, – ihr und ich! Wir alle sind

---

[82] Th. W. Adorno, Minima moralia. Zueignung, 1962, in: Ges. Schr. 4 (1980) 13. Angesichts dieser die Traurigkeit zum Totalprogramm erhebenden Philosophie plädiert O. Marquard für »Exile der Heiterkeit«: Ders., Exile der Heiterkeit (1976) in: Aestetica und Anaesthetica (1989), 47–63.47.
[83] F. Nietzsche, Werke, hg. K. Schlechta 2, 205.
[84] F. Nietzsche, Werke (hg.) K. Schlechta 2, 12.
[85] F. Nietzsche, Die fröhliche Wissenschaft 3, 125 (1882), KGA 5/2, 158f.
[86] Ders. a.a.O.

seine Mörder«.⁸⁷ Damit verbindet Nietzsche die Ahnung, er sei »an seinem Mitleiden mit den Menschen ... gestorben«⁸⁸, dass »er sich selber getötet« hat⁸⁹; und: »Gott starb: nun wollen wir – dass der Übermensch lebe«.⁹⁰ Aber die erschreckende Freveltat des Gottesmordes ist ein Ereignis »viel zu groß, zu fern, zu abseits vom Fassungsvermögen Vieler«, bedeutet aber den Anbruch »einer neuen Morgenröte«, das Erreichen des »offenen Meers« und eines freien »Horizonts«.⁹¹ Die Tat muss ausgehalten werden: »Wenn wir nicht aus dem Tode Gottes eine großartige Entsagung und einen fortwährenden Sieg über uns machen, so haben wir den Verlust zu tragen«.⁹² Der »tolle Mensch« wird so zum Vorschein der weltlichen Heilslehre Zarathustras und seines neuen Seins- und Selbstverständnisses.⁹³ Seine messianische Botschaft lautet Selbstüberwindung des Menschen, der in seiner sich steigernden Selbsttranszendenz und Umwertung der Werte einstimmt in die ewige Wiederkehr und so zum »Sinn der Erde« wird⁹⁴ mit der Liebe zum Schicksal als Bejahung. Nietzsches euphorische und apodiktische Sprache, die auf unbegründeten Schritten daher kommt, spricht von der Größe seiner auf »eigenen Kredit« hin sich selbst gestellten Aufgabe als »Jünger des Philosophen Dionysos«. So versteht er seine philosophische Prosaik als »das Aufsuchen alles Fremden und Fragwürdigen im Dasein«, das für ihn durch Moralisierung und Idealisierung (»Nitimur in vetitum«) entstanden ist. Die dionysische Lebensbejahung aber hat für ihn auch eine dunkle Folie: »Ich kenne die Lust am Vernichten in einem Grade, die meiner Kraft zum Vernichten gemäß ist, – in Beidem gehorche ich meiner dionysischen Natur, welche das Neinthun nicht vom Jasagen zu trennen weiß«.

Blickt man tiefer auf die Proklamationen seiner Werte zertrümmernden und Werte umwertenden Reden, dessen Wüten mit einem Totaleinsatz geführt wird bis zum tragischen Selbstopfer, so spiegeln sich darin immer mehr die forcierten Kompensationen einer empfindlichen und empfindsamen

---

[87] Ders., a.a.O. Vgl. Also sprach Zarathustra IV. Der hässlichste Mensch (1883–85), KGA 6/1, 324 f.
[88] Ders., Zarathustra II. Von den Mitleidigen, a.a.O. 111; vgl. IV, Außer Dienst, a.a.O. 319.
[89] Ders., Nachgelassene Fragmente, Herbst 1881, KGA 5/2, 501.
[90] Ders., Zarathustra, IV, Vom höheren Menschen, 2, KGA 6/1, 353.
[91] Ders., Die fröhliche Wissenschaft 5, 343. KGA 5/2, 255 f.; vgl. 3,108. a.a.O. 145; Zarathustra, Vorrede 2. KGA 6/1,8.
[92] Ders., Nachgelassene Fragmente, Herbst 1881, 12. KGA 5/2, 475.
[93] Vgl. E. Biser, ›Gott ist tot‹. Nietzsches Destruktion des christlichen Bewußtseins, 1962; Ders., Gottsucher oder Antichrist? Nietzsches provokative Kritik des Christentums, 1982, 52–71; H. Fries / R. Stählin, Gott ist tot? 1968; S. M. Daecke, Der Mythos vom Tode Gottes, 1969; Ch. Türcke, Der tolle Mensch. Nietzsche und der Wahnsinn der Vernunft, 1989.
[94] Nietzsche, Also sprach Zarathustra, a.a.O. 6/1, 8; G. J. Stack, Emerson and Nietzsche's ›beyond man‹, in: Dialogos 25 (1990) 87–101; C. Zittel, Selbstaufhebungsfiguren bei Nietzsche, 1995.

XIII Amor fati – Die Liebe zum Schicksal

Reiznatur. Er ist Rollenträger des Antichrist und des »Gekreuzigten«, wie er in seinen geistigen Nächten unterschreiben wird. Die letzten leserlichen Briefe Nietzsches vor dem Versinken in die Nacht unheilbaren Wahnsinns sind mit »Dionysos« und »Der Gekreuzigte« unterzeichnet. Als er für kurze Zeit die Wachheit des Bewusstseins wiedererlangte, schickte er einem seiner Freunde einen Brief, der nur einen einzigen Satz enthielt: »Singe mir ein neues Lied: die Welt ist verklärt und alle Himmel freuen sich.« Es ist wie eine verzückte Sehnsucht und ein Aufschrei nach dem Absoluten.

Eugen Biser lässt daher sein großartiges Nietzsche-Buch mit den nachstehenden Gedanken ausklingen. Indem Nietzsche mit seiner Vorstellung die Welt ewig um »sich« kreisen ließ – im Doppelsinn des Wortes, geriet er damit

»selbst, und mit ihm alles, was er unternahm, in diese Kreisbewegung hinein. Deshalb war für ihn mit der Toderklärung Gottes nicht das letzte Wort gesprochen; vielmehr musste er mit dessen Wiederkehr rechnen, wie es dann auch in wiederholten Äußerungen zum Ausdruck kam. Und deshalb kam auch sein Kampf gegen das Christentum mit seinem vernichtenden End-Urteil nicht an sein wirkliches Ziel und Ende. Vielmehr nötigte ihn die – letztlich als sein Identitätsprinzip zu verstehen – Idee von der ewigen Wiederkehr dazu, ihm eine Wiederkunft, wenngleich in dogmen- und ritenloser Gestalt, in Aussicht zu stellen. Er wäre nicht der »Wahrsagevogel-Geist« gewesen, der zurückblicken musste, um sagen zu können, was kommen wird, wenn er das in Abrede gestellt hätte. Er hätte es nicht gekonnt, weil die Liebe, die er im Blick auf den Gekreuzigten entdeckte, mächtiger war als die Furie des Hasses, die sich in ihm austobte. Zwar ging es dieser um die Vernichtung des Christentums; doch die in ihm nie erloschene Liebe wollte sein Überleben.«[95]

Friedrich Nietzsche, der sich als der »letzte Jünger der Philosophen« und als »posthum« Geborener verstand, sah sich mit seinem »Umsturz der Wertungen« als einen »Stern-Zertrümmerer«, aber auch als einen »Frohen Botschafter«, der den »schrecklichen Grundtext homo natura«, den Menschen wieder in die Natur zurückübersetzen wollte[96]. Mit seiner Theomachie, der Todeserklärung Gottes, wollte er die göttlichen Attribute wieder in die Verfügungsgewalt des Menschen zurücklegen. Im Schlüsseltext seiner »Fröhlichen Wissenschaft« legte er dem »tollen Menschen« drei Fragen in den Mund: »Wie vermochten wir das Meer auszutrinken? Wer gab uns den Schwamm, um den ganzen Horizont wegzuwischen? Was taten wir, als wir diese Erde von ihrer Sonne losketteten?«[97] Und noch als Gottloser meinte er, sein Feuer immer noch von dem Brande zu nehmen, den ein jahrtausendealter Glaube einst entfacht hatte, »jener Christenglaube, der auch der Glaube

---

[95] E. Biser, Nietzsche, a.a.O. 159.
[96] Fr. Nietzsche, Jenseits von Gut und Böse, § 230.
[97] Ders., Die fröhliche Wissenschaft III, § 125.

Platons war, dass Gott die Wahrheit ist, dass die Wahrheit göttlich ist«.[98] Replizierend stellt Franz Rosenzweig in seinem »Stern der Erlösung« (von 1921) die Gegenfrage:

> *Was aber hat neben dem einen All der vollendeten Wirklichkeit noch Platz außer der Wahrheit? Denn die Wahrheit ist das Einzige, was mit der Wirklichkeit ganz eins ist und in ihr nicht mehr scheidend, sich gleichwohl noch von ihr als Ganzem scheidet. Die Wahrheit thront über der Wirklichkeit. Und so wäre denn die Wahrheit – Gott? Nein. Die Wahrheit ist nicht Gott. Gott ist die Wahrheit.*«[99]

Nietzsche, der sein Leben in seiner Radikalkritik an der Religion und am Christentum als seine »große Konfession« sah, wollte auf das weite Meer seiner Erkundungen hinausfahren und verwendete hiefür das suggestive Bild von Jasons Argonautenfahrt, die den »ganzen Umfang der bisherigen Werte und Wünschbarkeiten« erkunden will und alle Künste des »idealischen Mittelmeers« umschiffen auf die unentdeckten Küsten jenseits aller bisherigen Länder hin und »Winkel des Ideals«, dem »Ideal eines Geistes, der naiv, das heißt ungewollt und aus überströmender Fülle und Möglichkeit mit allem spielt, was bisher heilig, gut, unberührbar, göttlich hieß; und mit dem, trotz alledem, vielleicht der große Ernst erst anheben, das eigentliche Fragezeichen erst gesetzt wird, das Schicksal der Seele sich wendet, der Zeiger rückt, die Tragödie beginnt ...«[100] Diese Tragödie wird ihre Peripetie finden in den Januartagen des Jahres 1889, als er mit einer seiner Wahnsinnbotschaften unterwegs zur Post in eine fast zwölf Jahre dauernde Umnachtung fällt. Als Hörer einer Aufführung von Bachs Matthäuspassion im alten Münster von Basel notierte er in seiner Schrift »Menschliches, Allzumenschliches« den Satz, der alle seine konstitutiven »Ärgernisse« religiös beschattet: »So tief sind wir dem religiösen Leben verschuldet«.[101] Nietzsche proklamierte den Tod Gottes und verbildlichte diese Theomachie im weggewischten Horizont. Zur Eliminierung des Gottesbegriffs aber setzte er die Behauptung im »Zarathustra«: »Gott ist ein Gedanke, das macht alles Gerade krumm, und alles, was steht, drehend«.[102] Als »Mörder Gottes« begründete er seine Untat mit dem Geständnis: »Aber er – *musste* sterben: Er sah mit Augen, welche alles sahn, er sah des Menschen Tiefen und Gründe, alle seine verhehlte Schmach und Hässlichkeit. Der Mensch *erträgt* es nicht, dass solch ein Zeuge lebt«.[103] Alternativ zu diesem Ausgeliefertsein an den allsehenden »Gottes«-Blick, leitete er in seinem »Fluch auf das Christentum«, Untertitel zu dem 1888 entstandenen »Der Antichrist«, den Text mit der Bemerkung ein:

---
[98] Fr. Nietzsche, Die fröhliche Wissenschaft V, § 344.
[99] F. Rosenzweig, Der Stern der Erlösung«, 1988, 428 f.
[100] Fr. Nietzsche, Die fröhliche Wissenschaft, V, § 382.
[101] Fr. Nietsche, Menschliches Allzumenschliches.
[102] Ders., Also sprach Zarathustra II: Auf den glückseligen Inseln.
[103] Ders., a. a. O. IV: Der hässlichste Mensch.

XIII Amor fati – Die Liebe zum Schicksal

»Wenn ich irgendetwas von diesem großen Symbolisten verstehe«, – und dann befragt er in seiner Hass-Liebe das Christentum mit seinem Gott, in welchem »das Nichts vergöttlicht, der Wille zum Nichts heilig gesprochen«, wird, nach seiner eigentlichen Mitte, nach dem »Symbolisten« Jesus, der nur in einer inneren Religion gelebt hatte und sagt in einer kaum überbietbaren Empathie: »Und er bittet, er leidet, er liebt mit denen, in denen, die ihm Böses tun«.[104] Und in »Jenseits von Gut und Böse« klingt der Gedanke in leitmotivischer Variation an: »Es ist möglich, dass unter der heiligen Fabel und Verkleidung von Jesu Leben einer der schmerzlichsten Fälle von Martyrium des Wissens um die Liebe verborgen liegt«.[105] Diese Ahnung über Christus, den »ersten« und letzten Christen, fasst er in die Worte, es sei das Martyrium sowohl des »unschuldigsten« als auch des »begehrendsten« Herzens, eines ebenso »Ungesättigten« wie »Unersättlichen«, der »an keiner Menschenliebe je genug hatte« und deshalb »Geliebt-Werden und nichts außerdem verlangte«, ja einen Gott postuliert, »der ganz Liebe, ganz Lieben-Können ist; – der sich der Menschen-Liebe erbarmt, weil sie gar so armselig, so unwissend ist!«[106] Diese menschlich unerwiderte Liebe der Liebeshingabe des Martyriums Jesu sei für Nietzsche auch der letzte Anlass des Todes Jesu gewesen: »Wer so fühlt, wer dergestalt um Liebe weiß, – sucht den Tod«.[107] Und die Lebensweisung, die der Gekreuzigte der Menschheit hinterlassen hatte ist nach Nietzsche der »neue Wandel«: »Nicht sich wehren, nicht zürnen, nicht verantwortlich-machen ... Sondern auch nicht dem Bösen widerstehen – ihn lieben.«[108]

---

[104] Ders., Der Antichrist, § 35.
[105] Fr. Nietzsche, Jenseits von Gut und Böse, § 269.
[106] Ders., ebd.
[107] Ders., ebd.
[108] Ders. Der Antichrist, § 35. Vgl. dazu E. Biser, Nietzsche. Zerstörer oder Erneuerer des Christentums? 2002, 21. 144–146.

XIV
Die Liebe auf der Bühne des theatrum mundi

Darstellungen auf der Theater- oder Opernbühne inszenieren menschliche Fragen, Handlungen, Freuden und Leiden, Hass und Liebe, und theatralisieren sie in ihrer bunten Vielfalt. Das »living theatre« des Alltags mit seinen Rollenträgern findet seine inszenierte Lebenstheatralik auf der Bühne.[1] Es ist eine mimische Veranstaltung des Lebens mit seinem Wohl und Wehe, seinen Höhen und Abgründen, Verlorenheiten und Beheimatungen. Die Bühne als Spielplatz wird zum Ort, der die »Welt bedeutet«, mit den Seelenvorgängen und Nöten, Sehnsüchten und Enttäuschungen, Versagen und grotesken Schicksalen, Sinnlosigkeiten und Ausweglosigkeiten. Es ist ein Stück Welt im Gleichnis auf einem eingegrenzten Handlungsraum des »Theaters«, des »Anschauens«, auf der sich die ganze Weite menschlichen Fühlens und Denkens aufschließt. Das Libretto als Textbuch und die Musik sind in der Oper zueinander verbunden und suchen den heißen Atem des Lebens »theatralisch« zum Ausdruck zu bringen. »So gewiss sichtbare Darstellung mächtiger wirkt als toter Buchstabe und kalte Erzählung«, sagt Friedrich Schiller, »so gewiss wirkt die Schaubühne tiefer und dauernder als Moral und Gesetz«. Aus dem schier unerschöpflichen Repertoire seien einige Beispiele herausgegriffen, deren Aussagen zum menschlich-allzumenschlichen Thema »Liebe« über die zeitbedingte Aktualität hinausreichen. Es sind Variationen über die Gefühle des »nil novi sub sole«, einer Sonne, die in Goethes »Faust« »nach alter Weise« töne. Auf der Bühne wiederholt sich jene Frage in all ihren Variationen, die Aischylos Orest in seinem gleichnamigen Dramenzyklus stellen lässt: »ti draso?« »Was soll ich tun?«. Sie kommt aus der Ganzheit des Lebens eines Menschen, das Charakter, Sehnsucht, Leidenschaft wie Schicksal umschließt.

---

[1] Vgl. W. Kaiser, Das sprachliche Kunstwerk, ²1951; A. Pfeiffer, Ursprung und Gestalt des Dramas, 1943; M. Dietrich, Europäische Dramaturgie. Wandel des Menschenbildes, 1950.

XIV Die Liebe auf der Bühne des theatrum mundi

1. »Rusalka« (Antonín Dvořák): Die elementare Sehnsucht nach Liebe

Das Libretto zu Antonín Dvořáks (1841–1904) lyrischem Märchendrama »Rusalka« stammt aus der Feder des tschechischen Dichters und Dramatikers Jaroslav Kvapil (1868–1950). Es geht um das Teilhaftwerden an einer menschlichen Liebe. Der Operntext schildert die Sehnsucht der Wassernixe Rusalka, halb Undine, halb Melusine, nach einer Menschenseele und einer Menschenliebe. Dvořák, der »böhmische Erzmusikant«[2], greift in »Rusalka« die Sagenwelt seiner Heimat auf.

Rusalka, die Wassernymphe, will ihrem elementaren Lebensbereich entfliehen, um eine Seele zu besitzen und um die Liebe eines Menschen zu erfahren. Die Wehe-Rufe (»beda«) des Wassermanns, ihres Vaters, können sie nicht umstimmen, wie ein Mensch zu werden und wie ein Mensch zu lieben. Sie fleht die Zauberhexe Jezibaba an, ihr eine Menschengestalt zu geben. Diese legt die Bedingungen der Menschwerdung fest, indem sie sagt:

»Dafür musst du mir dann geben
dein durchscheinend' Wasserkleid –
und wenn du die Liebe nicht kostest
in der Welt,
verdammt musst du dann weiterleben
auf dem Grund, erneut verdammt.
Verlierst du diese Liebe,
nach der du dich so sehnest,
der Fluch der Wassermächte
holt dich heim in die Tiefen,
und bevor du sie erlangst,
trifft dich auch das Leid,
für aller Welt Gehör
bleibst du sprachlos, stumm.
Willst du stumm sein, ja,
für den, dem dein Herz gehört?«

Und Rusalka willigt ein und beteuert:

»Dürfte ich seine Liebe erfahren,
gerne, glaube mir, werd' ich für ihn stumm.«

Rusalka begegnet einem Prinzen, der auf der Spur nach einem »weißen Reh« sich im Wald verirrt hatte. Von ihrer Schönheit berückt, führt der Prinz sie, die schöne Stumme, das »seltsame Wesen«, heim zu sich. Aber ihre wortlose Kühle befremdet die Hochzeitsgesellschaft und ihn. Die geplante hochzeit-

---

[2] O. Sourek, Antonín Dvořák, 1947; G. Huges, Dvořák, His Life and Music, 1967; K. Honolka, Antonín Dvořák in Selbstzeugnissen und Bilddokumenten, 1977; K. Doege, Dvořák Leben-Werk-Dokumente, 1991.

liche Verbindung der beiden Liebenden erhält dann durch das unerwartete Kommen einer mysteriösen, fremden Fürstin eine innere Verwerfung. Diese reizt den Prinzen verführerisch zur Sinnlichkeit, der er erliegt. Er verschenkt sein Herz an sie und bricht Rusalka die Treue, die ihn zurückgewinnen möchte. Von ihm aber abgewiesen, bleibt Rusalka allein zurück. Der Wassermann sucht seine Tochter auf und beklagt ihr trauriges Schicksal. Dann lädt er auf den Prinzen seinen todbringenden Fluch, er werde Rusalkas Umarmung nicht entkommen und reißt Rusalka in die Tiefe der Wasser zurück. In seiner Anwesenheit erhält sie ihre Stimme wieder zurück. Ihrem alten Wasserreich entfremdet, sieht sie sich nun zwischen Leben und Tod gefangen und erhebt bittere Klage. Jezibaba reicht der Verzweifelten einen Dolch, denn nur durch die blutige Ermordung des Prinzen, durch das Blut des treulosen Geliebten könne sie gerettet und wieder in die alte Wasserwelt zurück. Sie aber wirft den Dolch von sich, weil sie an die Macht der Liebe glaubt. Von Reue geplagt, kommt der Prinz wieder an den See, wo ihm seine verstoßene Geliebte Rusalka als Irrlicht erscheint. Trotz ihrer Warnung vor der todbringenden Umarmung gibt sie ihm den Kuss, der ihn von der Schuld befreit. Der Prinz stirbt in ihren Armen. Ihr letztes Wort an den Sterbenden ist Gottes Erbarmen über ihn:

»*Für deine Liebe, deiner Schönheit Glanz,*
für deine menschliche, unstete Leidenschaft,
für den Fluch, der auf meinem Schicksal liegt,
Menschenseele, Gott sei dir gnädig!«

Nach diesen Worten taucht sie wieder in ihr altes Nixenreich ein.

a. Imaginationen

Der Bereich des Wassers, eines der vier Elemente der Welterfahrung des Menschen, hat ein breites Bedeutungsspektrum und ist die erste Form der Materie als flüssiges Gegenstück zum Licht. Die Wasser werden in den Mythen von Nixen, halb Frau, halb Fisch, bewohnt und die das Wasser bewohnenden Nymphen sind ein Moment der Ganzheit des Lebendigen. Mythische Symbole dienen der Annäherung und Errichtung eines Aspektes der Wirklichkeitserfassung und Fingerzeig, an denen die Wahrheit der Dinge epiphan wird. Über sie öffnet sich die transzendente Wirklichkeit dem Menschen, ohne aber das ganz Andere preiszugeben. Die Sehnsucht der Rusalka, ein Elementarwesen, geht aus jener wurzelhaften Tiefe des Lebens hervor, aus der das Leben selbst hervorgeht, der Liebe. Sie sehnt sich nach einer menschlichen Seele, eine Sehnsucht, die aus bestimmten Wahrnehmungen und Erfahrungen erwachsen, aber nur sekundär ein philosophisch determinierter Begriff ist. Seele ist für sie das, was den Menschen in seiner Totalität ausmacht und vertritt, mit der Möglichkeit und Kraft zur Liebe, einem Urelement des Lebens. Ergriffen von der Liebe zum Prinzen sucht sie die personale, gegenseitige Beziehung. In possesiver Form will sie den Anderen besitzen, beraubt ihn aber gerade dadurch paradoxerweise der personalen und so einmaligen Merkmale seiner Andersheit. Die einheitsstiftende Macht der Liebe hat zwischen beseelten Wesen eine besondere Qualität empfundener Bindung und Vereinigung und weckt so das begehrende Verlangen. Es geht um die seelische Befähigung zur Liebe. Das mythische Kunstmärchen führt uns hinein in eine aquatische und lunare Welt, den Bereich der als Wassernixen imaginierten Elementargeister. Es ist das die der Kühle und dem Mondschein zugeordnete Wasserwelt, wobei die Sehnsucht nach seelischer Liebe die Brücke schlägt zur personalen Menschenwelt. Diese aber hält eine paradoxe Wirklichkeitserfahrung bereit, dass Liebe und Hass, Leben und Tod gleichzeitige Möglichkeiten des Rätsels Mensch sind. Rusalka, mit ihrer Sehnsucht nach Menschenseele und Menschenliebe (»Weh meinem Erdenverlangen!«), geht als mondweißes Blümlein in die tötende Welt der Tagessonne und opfert ihre Sprache. Ihre Wandlung vollzieht sich in Identität und Differenz. Sie wird sprachlos im Sinne der Begriffssprache, aber nicht der der Gefühle. Sie erfährt die Liebe sowohl in der Beglückung wie im Scheitern.

b. Die Konstellation der Protagonisten

Die auratische Sphäre dieses »lyrischen Märchens« ist die irreale Feenwelt mit den drei Elfen, dem Wassermann und der geheimnisvollen Kraft der Jezibaba. Rusalka versinnbildet archetypisch das Prinzip der Liebe bis hin zu ihrer extremen Selbstaufgabe: »Ich will ewig in Ängsten leiden (…), doch er muss glücklich sein«. Sie hält ihre Zuneigung durch all ihre Enttäuschungen, die sie erlebt, aufrecht. Die Liebe ist etwas Bleibendes, Ewiges und eine wundervolle Blüte. Rusalka durchleidet ihr inneres Drama. Durch ihre Sehnsucht nach einer Menschenseele sucht sie die Liebe als geistsinnlichen Totalakt, der sich im Lieben vollzieht, als Erkenntnis und Anerkenntnis. Die Geschichte der Liebe ist Geschehen, ist Leben, und Leben ist ein sich immer neu transzendierender Prozess. Die Liebe des Prinzen ist leidenschaftliches Entbrennen, aber oberflächlich und ohne Verwurzelung in der Tiefe. Er lässt sich von der fremden Fürstin verführen und zerstört die erste Liebe. Jezibaba, die dämonische Zauberin, mit ihrem unheimlichen Charakter ist die ambivalente Dunkle Kraft, die die Verwandlung Rusalkas schafft. Sie hat Teil an der alchemistischen Macht elementarer Metamorphosen und deren Axiomatik: »Obscurum per obscurius, ignotum per ignotius«: »Dunkles durch Dunkleres, Unbekanntes durch Unbekannteres«. Die Hexe und die fremde Fürstin haben etwas Dekonstruktivistisches an sich, denn sie bringen in das Spiel die dominante, egomanisch-herrische Note rein. Der »Wassermann«, Ausdruck der treusorglichen Vaterliebe zu Rusalka, steht für die Normativität seines Reiches und sucht deren Balance zu wahren und Gerechtigkeit zu vertreten. Wie der griechische Chor der antiken Tragödie, als Deuter und Theologe des Geschehens, warnt er, begleitet seine Tochter und schleudert auch den Fluch gegen den untreuen Prinzen. Die Situation der Opernhandlung mit ihren Akteuren ist musikalisch charakterisiert.

Rusalka, ein Stück des geheimnisvoll-Unbegreiflichen steht in der Linie jener wundersamen, mit allen Reizen ausgestatteten Natur-Wesen wie Nymphen, Sirenen, Undinen, Nixen, Seejungfrauen. Die vom Christentum entseelten heidnischen Göttergestalten und ihre dämonische Entleiblichung stigmatisiert sie negativ und rückt sie in den Bereich des Allegorischen. Paracelsus, Arzt, Alchemist und Philosoph verfasste eine Untersuchung über die Elementargeister Mitte des 16. Jh.s unter dem Titel: »Liber de nymphis, sylphis, pygmaeis et salamandris et de ceteris spiritibus«. Er schreibt über die »Wasserfrauen«: »Zu gleicher Weise, als ein Heide, der um die Taufe bittet und buhlt, auf dass er seine Seele erlange, und lebendig werde in Christo: also stellen sie nach solcher Liebe gegen den Menschen«, denn »auch solche Frauen empfangen Seelen, indem sie vermählt werden, also dass sie wie andre Frauen vor Gott und durch Gott erlöst sind. Denn das probiert sich in mancherlei Wege, dass sie nicht ewig sind, aber bei den Menschen, so sie verbunden werden, ewig werden, das ist geseelet wie ein Mensch«. Diese Gedanken wirkten auf die Seel-süchtigen Undinen der romantischen Dichtung ein mit der Frage nach der Seele und der Fähigkeit zur Liebe. Rusalka als Variante der Undinen-Geschichten hatte ihren eigenen Fatalismus, den Wunsch, den Schritt aus dem Bereich des Elementaren in den personal-seelischen Traum der menschlichen Liebe zu tun. »Es wird ein Ruf laut aus dem Fluss«, heißt es bei Franz Kafka in seinen »Fragmenten aus Heften und losen Blättern«, eine auf den Tod gerichtete Liebessehnsucht, denn der Wunsch zum Individuum wird mit Blut bezahlt. »Bist du ein Geist, so töte mich! Bist du ein Weib, so rette mich!« Der Prinz, der seine erste Liebe, die Jugendliebe zum »weißen Reh« Rusalka verrät und der fremden Fürstin seine Liebe gesteht, erbittet am Schluss als Schuldiggewordener von Rusalka den Todeskuss. Sie vollzieht ihn nach dem Schicksalsspruch der numinosen Macht und küsst den Prinzen zum Vollzug ihrer beiden Schicksale zu Tode. Zugleich aber empfiehlt sie ihn der Gnade Gottes – ganz nach dem Modell eines Erlösungsdramas der Gnade. Das musikdramatische Werk endet nicht mit einem Liebestod, sondern in der Hingabe einer liebenden, duldenden und verzeihenden Frau für einen Menschen. Die nach einer Menschenseele Strebende trägt durch ihr Opfer deren Keim bereits in sich und erfüllt sich mit dem letzten Kuss den Sehnsuchtswunsch der Liebesbindung mit dem Prinzen. Zugleich blitzt die tragische Dimension dieser Sehnsucht auf: Statt des versöhnlichen Liebestodes wird sie, wie vom Schicksal bestimmt, ins apersonale Elementargeheimnis wortlos zurückgenommen. Magische und imaginierte Wirklichkeit fallen ineins.

2. »Turandot« (Giacomo Puccini): Der tödliche Wettbewerb um die Liebe und die Metamorphose zur Liebe

a. Exposition und Inversion der Handlung: Dialektik von Leben und Tod, von Liebe und Tod.

Der Stoff aus der anonymen, im 16. Jahrhundert entstandenen indisch-persischen Märchensammlung »Tausendundein Tag«[3] (Hezâr-o-yök rûz), das literarische Gegenstück zu der arabischen Märchensammlung »Tausendundeine Nacht«, spielt in der großen »violetten Kaiserstadt« Peking. Die Geschichte der Überlieferung nimmt ihren Weg über indische und osmanische Handschriften bis an den persischen Hof, wo sie der Derwisch Mochlés einer Bearbeitung unterzieht und sie 1675 dem französischen Orientalisten Pétis de La Croix übergibt. Dieser übersetzt Teile davon ins Französische und A. Lesage ediert das Werk 1710–12 auszugsweise unter dem Titel »Les mille et un Jours« und redigiert es sehr freihändig. Von den Märchen selbst wurde vor allem die Turandot-Geschichte literarisch bekannt, weil sie dem Erneuerer der Commedia dell'arte in Venedig, C. Gozzi,[4] F. Schiller[5] und W. Hildesheimer[6] als Vorlage für eine Dramatisierung diente. Es ist das Märchen von der chinesischen Prinzessin Turandot, die jedem ihrer Freier drei Rätsel zur Lösung aufgibt und diese erbarmungslos köpfen lässt, wenn sie scheitern. Das lyrische Musikdrama und unvollendete Alterswerk Giacomo Puccinis[7] (1858–1924) »Turandot« kreist um die von »Eis umgürtete« und

---

[3] C. Gozzi, Prinzessin von China, 1762.
[4] C. Gozzi, Prinzessin von China, 1762.
[5] F. Schiller setzt den Turandot-Stoff in Jamben um, vertieft ihn charakterlich und hebt ihn in die Weltliteratur (1802). In Weimar fügte Schiller bei jeder Aufführung neue Rätsel ein, um den Reiz zu erhöhen. Viele dieser Rätsel finden sich in seinen Gedichten.
[6] Wolfgang Hildesheimer hat in seiner Komödie »Der Drachenthron« das Turandot-Motiv ins Absurde travestiert und zeichnet einen Bewerber, der das Rätsel zwar löst, aber aus intellektueller Beschränktheit darauf verzichtet, den Staat zu führen.
[7] M. Greenfield, Puccini, 1958 (dt. 1982); E. Siciliano, Puccini, 1976; W. Weaver, Puccini – The Man and His Music, 1978; W. Marggraf, Giacomo Puccini, 1979: D. Schickling, Giacomo Puccini, 1992; W. Wilson, Giacomo Puccini, 1997.

männermordende Rätselprinzessin und ihre Verwandlung in eine Liebende. Das Libretto von Giuseppe Adami und Renato Simoni orientiert sich am gleichnamigen fünftaktigen Märchendrama von Carlo Gozzi, 1762 in Venedig uraufgeführt. Der Stoff selbst aber ist der anonymen indisch-persischen Märchensammlung »Tausendundein Tag«[8] entnommen, dem weniger bekannten Gegenstück zu dem arabischen Erzählkranz »Tausendundeine Nacht« (Alf Laila wa Laila), jener allumfassenden Phantasieschöpfung des Orients.

Giacomo Puccine greift in »Turandot« den Stoff von der tödlich enden könnenden Liebe auf und gibt ihm eine musikdramatische Gestalt mit Hilfe von pentatonischen, polyrhythmischen und instrumentierten Mischklängen, um so die fernöstliche Welt suggestiv zu beschwören. Das durch Puccinis Tod noch unvollendete Werk wird von Franco Alfano zu Puccinis Skizzen ergänzt und vollendet. In Puccinis impressionistischer Klangpoesie vernehmen wir die Klangwelt eines der letzten Komponisten der romantischen Opernwelt. Im Turandot-Thema mit dem mythologischen Kern des Geschlechterkampfes, wandelt sich eine eiskalte Rachegöttin zu einer liebenden Frau. Sie selbst ist das Pfand einer Rätsellösung. Die proklamierte Satzung des chinesischen Kaisers lautet:

»Turandot, die Reine,
ehelicht den Mann von königlichem Blute,
der die drei Rätsel löst, die sie aufgibt.
Aber wer diese Probe sucht und nicht besteht,
der soll fallen von der Hand des Henkers.«

»La legge è questa:
Turandot, la pura sposa
sarà di chi, di sangue regio,
spieghi i tre enigmi ch'ella proporrà.
Ma chi affronta il cimento e vinto resta,
porga alla scure la superba testa.«

Die Handlung steht unter dem unerbittlichen Gesetz, nur der könne Turandot freien, der die drei auf Leben und Tod gestellten Rätsel zu lösen vermag. Der ausgelobte »Preis« ist Turandot selbst mit der Alternative Heirat oder Tod des Freiers. All die in diesem Bewerb Scheiternden trifft, wenn die Lösung »versungen und vertan« (vgl. »Meistersinger«) wird, das Beil des Scharfrichters, so auch den persischen Prinzen. In dieses asiatische Drama mit der Dramaturgie der Grausamkeit als Tod- und Lebensspiel, tritt auch Kalaf ein, der Sohn des gestürzten Königs der Tartaren, Timur, der inmitten der sensationslüsternen Volksmenge, die der Exekution beiwohnen will, als ein Unerkannter und in Begleitung seiner treuen Sklavin Liù im Gedränge

---
[8] Dt: von F. P. Greve, (Einleitung P. Ernst), Insel 1925, 2 Bde.

der Menge zu Boden geworfen wird. Ein hilfsbereiter fremder Jüngling hilft ihm auf, und er erkennt in ihm seinen Sohn Kalaf, von dem er seit seiner Entmachtung und Vertreibung getrennt war. Als die unbarmherzige Turandot zum Spektakel der Hinrichtung auf der Loggia des Palastes erscheint, erblickt Kalaf die Prinzessin in ihrer bezaubernden Schönheit. Überwältigt und geblendet von ihrer Aura beschließt er, trotz der Schatten der bereits ermordeten Gescheiterten, auch um sie zu werben und sich der Rätselprobe auf Leben und Tod zu stellen. Vergeblich flehen ihn sein Vater und die ihn heimlich liebende Liù an, davon abzulassen, aber ohne Erfolg. Die Szene: Der Mond, Turandots Bote, geht dem Erscheinen der eiskalten Prinzessin voraus, für das Volk, »ein Kopf ohne Glieder«. Sie hatte das Todesurteil für den persischen Prinzen bestätigt. Nun tritt Kalaf, der unbekannte Fremdling an, um mit den drei Rätseln konfrontiert zu werden. Davor aber wird in einem Hinweis die grausame Handlungsweise der Turandot als Sühnung einer in grauer Vorzeit geschehenen Vergewaltigung gerechtfertigt. Eine ihrer Ahnfrauen, Prinzessin Lo-u-Ling, wurde während eines der unzähligen Kriege mit den Tartaren, geschändet und habe sich das Leben genommen. Diesen Tod gelte es zu rächen. Das Spiel auf Leben und Tod um die Liebe erreicht nun seine tragische Stunde.

Turandot stellt nun das erste Rätsel:

»Durch die Nacht schwebt ein färbig schillerndes Phantom, schwebt auf und nieder über der Menschen endlosem Gewühl. Fassen möcht' es ein jeder und durch die Welt mit ihm fliegen. Das Phantom ist am Morgen verschwunden, doch es wird auf's Neue geboren: wird jede Nacht geboren, um jeden Tag zu sterben.«

Und die richtige Antwort: die Hoffnung (la speranza).

Es folgt die zweite Frage:

»Lodernd gleich einer Flamme, doch keine Flamme!
Manchmal rasend im Fieber und ungestüm verlangend!
In Ruhe sich verzehrend wie die Sehnsucht!
Wenn zugrunde du gehst, wird es kalt!
Wenn Sieg du erträumst, glüht es auf!
Eine Stimme hat es, der du bebend lauschst,
und gleich der Sonne ist sein Glanz!«

Die Antwort: das Blut (il sangue).

Es folgt die Schlussfrage:

»Eis, das dich entzündet und durch dein Feuer noch mehr erstarrt!
Klar ist es und doch dunkel!
Wenn's frei dich will, so mehrt es deine Knechtschaft!
Wenn zum Knecht es dich nimmt, so wirst du König!«

»Turandot« (Giacomo Puccini)

»Gelo che ti dà foco e dal tuo foco più gelo prende!
Candida ed oscura! Se libero ti vuol, ti fa più servo!
Se per servo t'accetta, ti fa Re!«

Die Antwort: Turandot.

Zum größten Erstaunen aller vermochte Kalaf sie zu lösen und Turandot, den ausgelobten »Preis«, zu gewinnen. Diese aber, über den Sieg des Fremdlings zutiefst erschrocken und gedemütigt, beschwört ihren Vater, sie nicht dem unbekannten Fremdling preiszugeben. Der Vater jedoch verweist auf den Eid, den er einst geschworen und der ihn bindet (un giuramento atroce mi constringe). Kalaf aber, im Wissen, zwar die Wette, aber nicht das Herz und die Liebe Turandots gewonnen zu haben, will als Liebender sie nicht zur Liebe zwingen. Er will auf sein Recht verzichten und will, Turandot solle frei sein. Gleichsam in einem inversiven Schritt zum Ausgangspunkt will er nun in seiner »einseitigen« Wette noch einmal um sein Leben wetten, indem er dieses Turandot anheimgibt.

Um die echt liebende Zuneigung zu erheischen, stellt nun auch Kalaf der Turandot eine Gegenfrage, ein Rätsel: Sie möge seinen bisher ungenannten Namen erraten und zwar innerhalb einer Nacht bis zum Tagesanbruch. Gelänge ihr das nicht, so wolle er das Fragespiel selbst verloren haben, samt seinem Kopf, wie alle Anwärter vor ihm.

Auf Geheiß der Prinzessin sollen nun die Bewohner der Stadt mithelfen, den Namen des fremden Prinzen auszuforschen. Dieser ist sich seiner Sache so sicher, dass er sich der Prinzessin bei Sonnenaufgang mit Namen und Stand selbst offenbaren will, indem er ihr einen Kuss auf die Lippen drückt. Alles wird unternommen für die Findung des Namens. Liù, die den gebrechlichen Timur schützen will, bekennt, als einzige den Namen zu kennen. Turandot unterzieht sie einem peinigenden Verhör, und als sie ohne Erfolg bleibt, will sie von Liù wissen, woher sie die Kraft hat, trotz der Folter zu schweigen und das Geheimnis des Namens nicht preiszugeben, Liù ruft: »Durch die Liebe!« Dann prophezeit sie ihr, der »von Eis umgürteten« Prinzessin (Arie: Tu che di gel sei cinta / Du vom Eis umgürtet), dass auch sie von der Liebe ergriffen, dieser erliegen werde. Dann greift Liù nach einem Dolch und gibt sich den Tod, um nicht ungewollt, unter den Martern der Folter, den Namen Kalafs preiszugeben. Liùs Freitod rührt das Herz aller. Turandot aber kämpft noch gegen die in ihr geweckten Gefühle der Liebe, die durch den liebestrunkenen Kuss Kalafs das Eis in ihr schmelzen lassen, da sie erkennen muss, dass sie den fremden Prinzen ja von Beginn an liebte. Mit der Nennung seines Namens gibt Kalaf nun sein Schicksal in ihre Hände, die Prinzessin aber verkündet dem jubelnden Volke: Der Name des Fremdlings lautet »Liebe!« (il suo nome è AMOR!). Der Tod der liebenden Liù generierte das Mysterium der Liebe.

b. Schicksalswandlung der Liebe

Die einst so rasende und wie eine rachsüchtige Furie handelnde Turandot sah ihre Autonomie bedroht und wehrte sich gegen den Ichverlust in der liebenden Hingabe. Anima und Animus stehen im Widerstreit des Individuationsprozesses wie ein geschürzter Knoten. Als Kalaf die Rätsel löste und seine Frage an Turandot richtete, vollzog er in dieser Inversion eine Kreuzung und Verdoppeldung des Fragespiels, in welchem Turandot selbst zum Rätsel bzw. zur Hieroglyphe wurde. Die Frage nach seinem Namen legt einen Subtext zugrunde, der Liebe meint und damit die Logik des Märchens als Spiegelung des Unbewussten in die Logik des Bewussten verwandelt. Kalaf, der nicht den Lohn für seinen Rätselsieg erzwingen will, eröffnet mit seiner Frageparallele und der Inversion der Frage eine Vergeistigung, die eine Verwandlung an Turandot bewirkt und zugleich illustriert, was Liebe bedeute und wozu sie fähig sei. Das Sinistre-Dunkle wird in das Licht der Liebe verwandelt. Wie Zeit und Raum sind die Archetypen mit jedem »Etwas« verbunden und entsprechen den begrenzten Grundmöglichkeiten menschlichen Erlebens im Dienste des Individuationsprozesses wie Animus, Anima, Persona, Selbst oder Magna Mater, Alter Weiser, Göttliches Kind. Turandot verweigert sich obsessiv ihrer Naturbestimmung zum Leben und verdrängt den ihr inhärenten gegengeschlechtlichen Anima-Animus-Typus, die männliche Geschlechterstereotype (animus) aus ihrem Selbstbild. Solche Unterdrückung auf dem Weg der Individuation als einem Prozess menschlicher Reifung und Differenzierung der Person, stürzt in der unbewussten Ausklammerung des animus-Teiles im eigenen Seelenbild die zwischengeschlechtliche Beziehung Mann-Frau in eine Grundkrise und verweigert damit auch die Auseinandersetzung mit dem eigentlichen Wesen des Anderen. In ihrer Ich-»Anachorese« koppelt sie ihr Ich ab von den Liebeswerbungen der Freier, um diese nicht ihrem Bewusstsein assimilieren zu müssen.

Auch der Kalaf stellte sich dem tödlichen Wagnis und gewann die Rätselwette, nicht aber das Herz der Turandot.[9] In seiner Gegenfrage setzte er noch einmal sein Leben ein, denn noch »ehe der Tag graut«, solle sie seinen Namen erraten. Turandot soll die Animus-Seite in ihrer Psyche selbst bejahen und die Projektion des gewalttätigen Animus sistieren. Es beginnt ein Prozess der Wandlung in ihr, wie die anfängliche Abneigung sich wandelt und zur Liebe hin reift. In dieser Dialektik der Gefühle von Abscheu und Anziehung, Hass und Liebe, stehen sich zwei emotionale Welten gegenüber: »Darum hab' ich dich gehasst ... Darum hab' ich dich geliebt«. Beides gehört zu den Ich-verhafteten Antriebserlebnissen und ist durch das Gegenrätsel

---

[9] Vgl. W. Arnold, Person, Charakter, Persönlichkeit, 1975; M Balint, Die Urformen der Liebe und die Technik der Psychoanalyse, 1966.

mit dem Lebenseinsatz in ihrer schenkenden Qualität Du-bezogen, opferbereit, herz-getragen und -bestimmt, geist-getragen und geistbestimmt.[10] Mit seinem Kuss – einer stilisierten Eroberung und Aneignung – und stilisierten Vergewaltigung verbindet Kalaf das Geschick der Turandot mit dem Geschick der Urahnin, deren tragische Geschichte er konterkariert und aufhebt. Animus und Anima sind wieder vereint.

3. »Die Zauberflöte« (Wolfgang Amadeus Mozart): Erkenntnis und Liebe. Der Ineinsfall zweier Seelenbilder

W. A. Mozarts »Zauberflöte« (KV 620) nach dem Libretto von Emanuel Schikaneder, ist als deutsches Singspiel für das »Theater auf der Wieden« in Wien konzipiert worden, märchenhaft, exotisch, ein compositum mixtum aus Märchenvorlagen, maurerischer Allegorik, österreichischem Bild-Barock, Mysterienmotiven und archetypischer Symbolik. Figuren stehen sich als Gegensatzpaare spiegelbildlich und archetypisch gegenüber, um Aspekte der conditio humana als Menschheitsmärchen auf der Volksbühne aufblühen zu lassen. Alle stehen miteinander in einem Beziehungsgeflecht.[11] Dieses in Musik gefasste Zaubermärchen »Die Zauberflöte« ist eine in eine andere Wirklichkeit transponierte Geschichte über das Thema »Liebe«. Zwei Paare werden einander gegenübergestellt, das »hohe« Paar der Mysteriensphäre und Mysterienweihe, Tamino und Pamina, und das »niedere« Paar der lebensfrohen und unbekümmerten Heiterkeit, Papageno und Papagena. Sören Kierkegaard nennt Papagenos Leben »ein unaufhörliches Gezwitscher«, … »ohne Unterlass in aller Müßigkeit sorglos fortzwitschernd, … fröhlich in seiner Arbeit und fröhlich in seinem Gesang«.[12] Schon die Antike unterschied in der sog. »religio duplex«, der »doppelten Religion«, zwischen einer hohen Mysterienreligion mit dem Weg einweihender Läuterung und dem homo religiosus der Volksreligion, dessen Symbolik sich vor allem um die Seinspole des Werdens und Vergehens, des Lichts und der Finsternis, des

---

[10] Vgl. auch die drei an Ödipus gestellten Fragen der Sphinx, dem weiblichen Todessymbol der Griechen, die er zu lösen vermag: der »Mensch« als ewiges Rätsel. Die geflügelte Löwenjungfrau stürzt sich in den Abgrund und Theben ist befreit (Oid. Tyr. 391 ff.). Vgl. Euripides, Phoin. 45 ff. und Schol. Die Volksetymologie machte aus dem Namen Phix, dem in Phikeiongebirge bei Theben hausenden Ungeheuer die »Würgerin« (griech. = Sphinx). Die Rätselfrage der Sphinx weist auf den Einfluss der Rätselpoesie hin. Vgl. C. Robert, Die griechische Heldensage, 1926, 877; F. Dirlmeier; Der Mythos von Koenig Oedipus, 1948, 25.
[11] Vgl. H. Pongs, Bild in der Dichtung, II, ³1967.
[12] S. Kierkegaard, Entweder-Oder, 1843.

Guten und des Bösen kristallisiert.[13] E. Schikaneders Libretto lässt in dem symbolträchtigen Märchenspiel das Initiationsritual der antiken Mysterien wieder aufleben und schafft ein freimaurerisches Mysterienspiel in der Kamouflierung einer Oper. Das in eine Ritualstruktur der Initiation eingezeichnete zentrale Thema ist die Liebe mit dem biographischen Übergangsritual zwischen zwei Lebensstufen und Lebenszyklen. Dieser Schwellen- bzw. Umwandlungsritus ist mit Prüfungen verbunden. In einer Liminalität der Trennung und Ablösung vom Bisherigen, weisen drei Knaben auf den Weg der Initiationsprüfungen hin (»Zum Ziele führt dich diese Bahn«). Die erste steht im Zeichen des Schweigens und der Selbstüberwindung. Die zweite Prüfung besteht im angstlosen Durchschreiten der reinigenden Elemente Wasser und Feuer. Unreinheit bedeutete Schwächung der Lebenskraft und Hinderung, sich dem Heiligen zu nahen. Das Bild der Befleckung war durch das Sündhafte und Negative besetzt und bedurfte der Reinigung. So spiegelt beispielsweise die hebräische Sprache die Reinheits-Symbolik, wenn für »rein« »tahor« steht, das ursprünglich »zum Licht hervorbrechend, lichtglänzend« meint, und »unrein«, »thame« »schlammig, schmutzig«. Wie für die kultische Handlung ist auch für die Initiation die Reinheit eine Vorbedingung, so z. B. bei den Römern das Reinigungsopfer, das »lustrum«. Wasser als wichtigstes Mittel der kultischen Reinigung greift auf die bildhafte Vorstellung der Waschung zurück, so auch das Feuer mit seiner ausschmelzenden reinigenden Kraft.[14] So kannten schon Heraklit und später die Stoa die Vorstellung, dass der ganze Kosmos am Ende eines Weltenjahres durch Feuer gereinigt wird. Von der reinigenden Kraft des Feuers spricht Ovid: »Alles reinigt das fressende Feuer«, und in der nordischen Sonnwendfeier hatte der Sprung über das Feuer die symbolische Bedeutung der Reinigung.

Schon die Ouvertüre in Es-Dur führt in die beiden kontrastierenden Welten und ihre Aura ein, in die volkstümliche Märchenwelt der Zauberposse, und in die esoterisch feierliche Tempelwelt der »Eingeweihten« mit ihrem Streben nach »Weisheit« und Menschenliebe. Es ist die durch drei Akkordfolgen charakterisierte Welt Sarastros und der Priester. Der von einem Schlangenungeheuer verfolgte Prinz Tamino (»Zu Hilfe! Zu Hilfe«) wird

---

[13] Vgl. M. Eliade, Die Religionen und das Heilige, 1954 (Neuauflage 1986); J. Heumann, Symbol-Sprache der Religion, 1983; M. Lurker, Die Botschaft der Symbole in Mythen, Kulturen und Religionen, 1990.
[14] Vgl. L. Moulinier, Le pur et l'impur dans la pensée des Grecs, 1952; W. Paschen, Rein und unrein. Untersuchung zur biblischen Wortgeschichte, 1970; A. A. King, Holy water. The use of water for purificatory purpose in pagan, Jewish and Christian times, 1926; F. Heiler, Erscheinungsformen und Wesen der Religion, 1961, 185–203; R. Parker, Miasma. Pollution and Purification in Early Greek Religion, 1983; A. Chaniotis, Reinheit des Körpers – Reinheit des Sinnes in den griechischen Kultgesetzen, in: J. Assmann / Th. Sundermeier (Hg.), Schuld, Gewissen und Person, 1997, 142–179.

»Die Zauberflöte« (Wolfgang Amadeus Mozart)

von »drei« Damen, den Abgesandten der Königin der Nacht, gerettet. Sie überreichen ihm im Namen der »sternflammenden« Königin das Bildnis ihrer entführten und in der Gewalt Sarastros gefangengehaltenen Tochter Pamina. Beim Anblick des Bildnisses ist Tamino schicksalhaft von der Liebe zu ihr entflammt. Innige Gefühle ergreifen von ihm Besitz und werden zum treibenden Movens des Wegs der Liebe, den er beschreiten wird. Die sogenannte »Bildnisarie« (»Dies Bildnis ist bezaubernd schön ...«) bringt es zum Ausdruck. Die Königin der Nacht erscheint und klagt ihm ihr bitteres Leid über den Tochterraub. Sie bittet ihn, ihre Tochter aus den Händen Sarastros zu entreißen und verspricht sie ihm zur Ehe.

Schon im griechischen Mythos, der den Mysterien von Eleusis zugrunde liegt, klagt die göttliche Mutter Demeter, Göttin der Fruchtbarkeit und des Wachstums, über die ihr von Hades geraubte Tochter Persephone. In diesem Mythos des Hervorgangs allen Lebens aus der Erde und der Aufnahme alles Todgeweihten in die Erde, verband sich die Vorstellung von dem periodischen Wechsel des Blühens und Absterbens in der Natur. Die »Großen Mysterien« von Eleusis feierten die Wiederkehr der Tochter zur Mutter und die Vereinigung der »beiden Göttinnen« (tô theô), wobei die Eingeweihten in der Kulthandlung zu »Schauenden« (Epopten) dieses Gottesmysteriums wurden.

Die »Königin der Nacht«, die Tamino um Hilfe bat, gibt ihm zum Schutz vor den drohenden Gefahren eine »goldene Flöte«, die als magisches Reliquie zum Schutz in der Not und gegen die Not ihm dienen soll. Der Vogelmensch Papageno an seiner Seite, der ihn begleiten soll, erhält ein Glockenspiel, die »Silberglöckchen«. In dem facettenreichen Gang der Handlung weisen drei sphärische Knaben den beiden den Weg. Papageno kündet der entführten Pamina, die von dem Mohren Monostatos unsittlich bedrängt wird, Taminos Ankunft an. Tamino wird zum Weihetempel der Illuminaten geführt und erfährt, dass Sarastro, der »göttliche Weise« und Künder der Wahrheit sei, »Offiziant« der Licht- und Weisheitswelt. Pamina, die aus Sarastros Reich fliehen wollte, wird von ihm zu Tamino geführt, um gemeinsam in den Prüfungstempel einzugehen. In der Versammlung des Priesterkreises erklärt Sarastro seinen Beschluss, Tamino zusammen mit Pamina einer höheren Bestimmung zuzuführen, wenn sie die vorgesehenen Prüfungen bestehen. Als Anwärter auf die Einweihung muss Tamino »tugendhaft, verschwiegen und wohltätig« sein. Auf die Frage an Tamino, was er suche, gibt er zur Antwort: »Freundschaft und Liebe« und erhält als erste Prüfungsaufgabe völlige Verschwiegenheit. Tamino und Pamina müssen voneinander sich verabschieden. Tamino stellt seine aufgetragene Verschwiegenheit unter Beweis, während Pamina dem Rache- und Mordauftrag ihrer Mutter an Sarastro widersteht. Als Pamina freudig auf Tamino zugeht, weist dieser sie mit seinem Schweigen ab. Schmerzerfüllt singt sie die Arie »Ach, ich fühl's, es ist verschwunden« und glaubt, Tamino liebe sie nicht mehr. Während sie zum Selbstmord entschlossen ist, verkünden die drei Knaben ihr die ungebrochene Liebe Taminos.

Mit der magischen Macht der Zauberflöte und deren Hilfe können die beiden gemeinsam die zwei letzten Prüfungen bestehen, die Feuer- und die Wasserprobe. Zwei Sätze bringen das gemeinsame Glück zum Ausdruck: »Tamino – mein!« und »Pamina – mein!«, samt der in Musik gelegte Innigkeit des Rufens. Die beiden Liebenden gelangen an ihr Ziel, Sarastros Sonnenstaat, geblendet von der Lichtfülle und von der versammelten Priesterschaft, die das »siegreiche« Paar begrüßt. Sie werden aufgenommen in den Kreis der Eingeweihten kraft ihrer Erkenntnis und Liebe. Die Tamino durch Leid und Erfahrung ebenbürtig gewordene Pamina wird von ihm heimgeführt. Unter dem gemeinsamen Ideal des Liebespaares ist die Zukunft unter das Zeichen der Humanität des Sonnenkreises sowie der Liebe und Versöhnung gestellt. Der Chor feiert »die Stärke«, die »krönet zum Lohn die Schönheit und Weisheit mit ewiger Kron'«, denn das »höhere« Paar hat den Sieg errungen. Erkennen und Liebe von Tamino und Pamina finden ihre Travestie und Überhöhung zu Weisheit und innerer Schönheit. Mögen die beiden Naturgeschöpfe Papageno und Papagena beglückt ihre Freuden und Gefühle und Triebe ausleben, so reicht der ideale und geprüfte Lebensbund von Tamino und Pamina als Bund der Vernunft und Natur, zu Weisheit und innerer Schönheit erhöht, an das Gottesmysterium heran: »Mann und Weib und Weib und Mann reichen an die Gottheit an«. In dem rituell-performativen Vollzug der Mysterienhandlung erhielt das Liebesthema seine personale und seelische Tiefe. Tamino und Pamina stehen in der langen Sequenz der hohen, liebenden Paare mit ihrer Trennung, Prüfung und der Bewährung in der Liebe, um füreinander sich »würdig« zu erweisen. Die »sternenflammende Königin der Nacht«, später Nachklang des Matriarchalischen und des fruchtbaren Aspekts der »Großen Mutter«, hat ihr Gegenstück in Sarastro, dem Hohepriester des »siebenfachen Sonnenkreises«. In den beiden Antagonisten ist das Nacht-Licht-Thema der Urmutter des Nächtlichen und des Oberpriesters der Sonne, konflikthaft personalisiert. Diese männliche Priesterfigur mit ihrem Humanitäts- und Aufklärungsideal der Menschheitsliebe (Hallen-Arie Nr. 15: »In diesen heilgen Hallen, kennt man die Rache nicht ...«), weiß sich in seiner Zuneigung zu Pamina von ihr abgewiesen. Als der »göttliche Weise« ist Sarastro Abbild des Aufgeklärten, mit den Axiomen »Weisheit«, »Vernunft«, »Natur«. Er verkörpert den platonischen Politeia-Gedanken der »Herrschaft der Besten« und vertritt als Illuminatus maior der freimaurerischen Welt die regulative Idee der »Menschenliebe« in einer säkularen Sakral-Welt. Wahrheitsliebe und Standhaftigkeit sollen zur Veredelung führen und haben in der Vernunft den »Probierstein der Wahrheit« (I. Kant). Aber die Einseitigkeit findet ihre Abschottung in der Ent-

»Die Zauberflöte« (Wolfgang Amadeus Mozart)

gegensetzung der dunklen Mohrengestalt des Monostatos, der triebhaften Seite der menschlichen Seele. Monostatos ist die Liebe in ihrer triebhaften Begierde.

Sarastro, eine Umformung des Zarathustra oder Zoroastros bei den Griechen des Altertums, spiegelt die Religion eines dualistischen Systems mit der Vision einer zwiegespaltenen Welt. Der Zoroastrismus der Gathas entwirft ein asymetrisches Gut-Böse-System zweier Prinzipien mit einem zutiefst prokosmischen Dualismus. Die Zarathustra-Lehre, im mittelpersischen Idiom der Parther, dem Pahlewi, machte das Awesta, das Wissen, mit der Ergründung der Herkunft des Bösen zur großen Frage und zum entscheidenden Problem, dem Gegensatz zwischen Ahuramazda und Angromainju, samt der Frage nach der Hoffnung auf eine Allein- oder Endherrschaft des lichthaft Guten. Fr. Nietzsche postulierte in seinem Aphorismenwerk »Also sprach Zarathustra« (1883–1885) den »Übermenschen«, der Gericht hält am »letzten Menschen«. Sein Ziel ist der, der sich selber überwindet und übersteigt mit der Kraft zur »schenkenden Tugend«, »Pfeil und Sehnsucht nach dem Übermenschen«, Schöpfer im Guten wie im Bösen, Zerbrecher aller Tafeln, und der nur eine Sehnsucht kennt, sich in Gottes »Licht-Abgrund« zu stürzen: »Denn ich liebe dich, o Ewigkeit« (»Die sieben Siegel«). Die persische Zarathustra-Religion mit ihrem rational-ethischen Programm kannte auch eine ganze Hierarchie von sehr abstrakten Verkörperungen sittlicher Werte, die den höchsten Gott des Guten umgab. Allem lag der Impuls zugrunde, inmitten der zwiegespaltenen Welt nach besten Kräften für das Ethos der Wahrheit und Reinheit zu kämpfen.

Papageno, der Vogelfänger, die Paraderolle, die Emanuel Schikaneder sich selbst auf den Leib geschrieben und bei der Uraufführung auch selbst gespielt hatte, ist der Naturmensch mit der Sehnsucht nach einem irdisch guten Leben: mit einem »Mädchen oder Weibchen« und einem Herzentäubchen, und »vielen kleinen Papagenos und Papagenas«. Er erscheint wie eine altwienerische Variante des »lieben Augustin« oder auch des literarischen Volkstypus eines Till Eulenspiegels, eines Sancho Pansa, des Begleiters des spanischen Liebes-Narren Don Quijote und seiner Narrheiten, dessen Mit- und Gegenspieler er ist, oder eines Leporello, des Dieners Don Juans. Für Sören Kierkegaard ist letzterer die »sinnliche Genialität« schlechthin als Dämonie unreflektierter erotischer Verführung. Leporello ist sein urteilsloser Verehrer. Kierkegaard setzt Papageno als Ausdruck des »Musikalisch-Erotischen« zwischen die beiden Mozartschen Opernfiguren des Unordnung stiftenden Cherubino in »Figaros Hochzeit« und des Don Giovanni, die erotische Allgegenwart und für Ernst Bloch die »Figur der Grenzüberschreitung« schlechthin. Papageno ist der mythische Prototyp des Sinnlich-Unmittelbaren und Unaufgeklärten. Er sucht die sinnlichen Freuden, ist pfiffig und lebenslustig, und findet darin sein Glück, seine »Unmittelbarkeit der Sinnlichkeit« (S. Kierkegaard).

In der »Zauberflöte« hat das Ideal edlen Menschentums auf dem Weg der Läuterung und Wandlung Gestalt gewonnen samt der Humanitätsidee. Die Ouvertüre zur Zauberflöte mit dem Motiv der drei »mystischen« Posaunen-Akkorde sollte die Hämmerarbeit am rauen Stein der Selbstvervollkommnung symbolisieren.[15] Die beiden Liebenden sind auf dem durch Sinnbilder und Prüfungen erleuchteten Weg in Sarastros Tempelbereich gelangt, dem Symbol der Vollendung geistigen Strebens. Die Zahl Drei symbolisierte die Ideale Weisheit, Stärke, Schönheit sowie die drei großen »Lichter«, Bibel, Winkelmaß und Zirkel. Das Suchen nach Licht und Glauben sollte zu einer humanitären Erneuerung führen im Sinne des Goetheschen »Stirb und Werde«. Goethe schätzte den Symbolwert der »Zauberflöte« Mozarts sehr und hatte sie in seinem Weimarer Hoftheater selbst in Szene gesetzt und die Bühnenbilder dazu entworfen. Er wollte seine dichterische Fortsetzung in einem »zweiten Teil« schaffen, die jedoch unvollendet blieb. Die Paraphrase in Wort und Musik des Themas »Erkenntnis der Liebe« in der »Zauberflöte«, bildet schon in den Anfängen der abendländischen Philosophie, in Platons »Phaidros« einen zentralen Gedanken. Dieser an einem attischen Sommertag »vor der Stadt« stattfindende sublime, ernst-heitere Dialog beschwört die mittägliche Gegenwart des Weidegottes Pan, des nach philosophisch-mystischer Auffassung als Allgott (griech. pan = all[es]) galt.[16] Sokrates wird am Ende des Gesprächs über das Wesen und Ziel der Liebe ein Gebet an ihn richten, er möge ihn schön werden lassen im Innern »und dass, was ich Äußeres habe, dem Inneren befreundet sei«. Am Beginn des Dialogs liest Phaidros als Mitunterredner des Sokrates diesem eine theoretisch ausgefeilte und phraseologisch in der Modekunst des schönen Scheins verfasste Rede des Lysias über die Liebe vor, als Affekt gegenseitigen Nutzens. Sokrates aber sieht in der nur scheinbaren »Unvernünftigkeit« der Liebe die Macht göttlicher Begeisterung, wie sie das Innere der Seele des Dichters ergreift. Aber was ist die Seele in ihrem tiefsten Wesen? Für Sokrates ist sie Prinzip der Selbstbewegung und nicht das Prinzipiierte. Ihrem Wesen nach ist sie – nach dem mythologisch-gleichnishaften Schicksal ihrer »Gefallenheit« in die körperliche Welt, dreigeteilt mit einem vernünftigen, einem begehrenden und einem leitenden Teil. Der Mythos erzählt von ihrem vorgeburtlichen

---

[15] Vgl. A. Rosenberg, Die Zauberflöte. Geschichte und Deutung von Mozarts Oper, 1964; J. Chailly, The Magic Flute. Masonic Opera, 1972; H. Biedermann, Das verlorene Meisterwort. Bausteine zu einer Kultur-und Geistesgeschichte des Freimaurertums, 1986; Fr. C. Endres, Die Symbolik des Freimaurers, 1930; J. Tourniac, Symbolisme maçonnique, 1969.
[16] Homerischer Hymnus auf Pan 47; Orphischer Hymnus auf Pan, 11; vgl. P. Maas, Epidaurischer Hymnus, in: Schriften der Königsberger Gesellschaft 1933/5, 154. Vgl. R. Herbig, Pan, der griechische Bocksgott. Versuch einer Monographie, 1949.

Sein in der himmlischen Heimat, wo sie das wahrhaft Seiende schauen konnte, das jenseits der irdischen Erscheinungen und »außerhalb des Kosmos« sich Befindende. Ihr Bemühen um Erkenntnis im irdischen Sein ist ein Erinnerungsgeschehen des vorgeburtlich Geschauten. Erinnerung entzündet sich am noetisch sinnenfälligem Schönen und ist in der Erinnerung eine göttliche Begeisterung[17], eine Begeisterung, die die Höchstform der Liebe bildet. Auf dem Weg philosophischer Dialektik mit dem Blick auf das jeweils Erscheinende wird die Vielheit und Vielgestaltigkeit sinnlicher Erscheinungen in den Bezug zum Einen gesetzt, indem das plural Zerstreute in die eine Wesensgestalt übergeführt wird und umgekehrt, die eine Idee des Erfassten wieder begrifflich in den Plural seiner Gestalten sich auffächert. So ist die philosophisch-methodische Erinnerung des wahrhaft Seienden hinter den Erscheinungen von der »Liebe« motiviert, in Bewegung gesetzt. Die abendländische Dichtung und ihre Kunsttheorien werden sich auf diese Seelenvorstellung und den Erosbegriff besinnen.

4. »Salome« (Richard Strauss): Die »blutige« Liebe

Salome, das Musik-Drama in einem Aufzug von Richard Strauss (1864–1949),[18] setzt die gleichnamige Dichtung von Oscar Wilde in Musik, in eine »wirklich exotische Harmonik«, wie der Komponist sich ausdrückt. Die Handlung dieser »Literaturoper« spielt an einem epochalen Schnittpunkt, dem der heidnischen Antike und dem einer neu in die Geschichte eintretenden Religion, dem Christentum. In diesem gleichsam doppelstrophigen Geschehen stehen zwei Gestalten zu- und gegeneinander, eine Prinzessin aus Galiläa in ihrem leidenschaftlichen Begehren des Wüstenasketen und der Täufer Johannes, der homo religiosus und Prediger der Umkehr, der in seinem Selbstbekenntnis auf den kommenden Erlöser weist.

a. Eros und Thanatos

Im Hintergrund steht der biblische Text des Markusevangeliums Kap. 6,14–29 (vgl. Mt 14,1–12), der seine dichterische Travestie durch den irischen Dichter Oscar Wilde erfahren hatte. Aubrey Beardsley hatte den raffiniert-

---

[17] Vgl. J. Pieper, Begeisterung und Göttlicher Wahnsinn, 1962; H. Sinaiko, Love, Knowledge and Discourse in Plato, 1965.
[18] Vgl. R. Specht, Richard Strauss und sein Werk, 2 Bde., 1921; E. Krause, Richard Strauss, Gestalt und Werk, 1955; R. Gerlach, Richard Strauss und seine Zeit, 1985; N. Del Mar, Richard Strauss, 3 Bde., ²1978.

stilisierten Text Oscar Wildes mit aller exquisiten Schmuck- und Tiermetaphorik illustriert.[19]

Der Evangelientext ist ein kleines Erzählstück mit der inhaltlichen Aussage darüber, was »man« über Jesus redet (Mk 6,14–16), und mit dem Stichwort »Johannes der Täufer« ist der Anlass gegeben, über dessen Tod (Mk 6,17–29) zu berichten. Es ist vom »Hören« des mit dem Titel »König« apostrophierten Herodes die Rede, dessen genaue Bezeichnung die eines »Vierfürsten« oder »Viertelfürsten« lauten müsste. Er trägt den Beinamen »Antipas« und war vom Jahre 4 v. Chr. bis zum Jahre 39 n. Chr. »Tetrarch« von Galiläa und Peräa[20], bis er vom römischen Kaiser Caligula abgesetzt wurde. Der Abschnitt Mk 6,17–29 berichtet von der Enthauptung des Johannes in einer Reihe von Szenen mit ihren Akteuren und Motiven. Es ist, als würde in der Erzählung eine Erinnerung an vorgeformte Bilder mitschwingen, der Vergleich des Herodes mit Ahasveros (Est 5,3) und Herodias mit Isebel (1 Kön 19,2).[21]

Der Markus-Bericht spricht von der Verhaftung und Gefangennahme des Täufers, der die Heirat des Königs mit Herodias als Ehebruch an seiner ersten Frau geißelt (Mk 6,17f.).[22] Dies entfacht den leidenschaftlichen Hass der Herodias, die den Mahner aus der Welt schaffen will. Für ihre List bietet ihr der Geburtstag des Königs einen willkommenen Anlass, den Tanz ihrer Tochter als Mittel zum Zweck zu missbrauchen.[23] Der König gibt dem Mäd-

---

[19] Vgl. Th. Fischer/O. W. Seidel, Aesthetizismus und Popularität, in: GRM 38 (1988) 429–443.
[20] Vgl. E. Schürer, The History of the Jewish People in the Age of Jesus Christ, 1973, 267–483; M. Stern, The Reign of Herold and the Herodian Dynasty, in: S. Safrai / M. Stern (Hg.), The Jewish People in the Firs Century (CRI 1,1) 1974, 216–307; S. Perowne, Herodier, Römer und Juden, 1958.
[21] Zum biografischen Hintergrund: Herodias ist nicht die Frau des Herodes-Antipas Bruders Philippus (so Markus), sondern die Frau seines Stiefbruders, der ebenfalls den Namen Herodes trug (vgl. Josephus Flav., ant. XVIII, 5,4), die aus ihrer ersten Ehe, etwa um 10 n. Chr., eine Tochter namens Salome geboren hatte. Diese wurde die Frau des Philippus, des Bruders des Herodes Antipas, der mit einer Tochter des Königs Aretas IV. von Damaskus verheiratet war. Er verstieß seine Frau und heiratete Herodias. Als Motiv der Ermordung des Täufers gibt Josephus Flavius politische Gründe an, wonach Herodes eine Rebellion befürchtete (ant. XVIII 5,2), wogegen Markus als Triebfeder die persönliche Rachsucht der Herodias nennt.
[22] Vgl. W. Marxsen, Der Evangelist Markus. Studien zur Redaktionsgeschichte des Evangeliums, ²1959; E. Lupieri, Giovanni Battista fra Storia e Legenda, 1988; Ders., Giovanni Battista nelle Tradizioni Sinottiche, 1988; R. Webb, John the Baptizer and Prophet, 1991; G. Häfner, Der verheißene Vorläufer, 1994; M. Tilly, Johannes der Täufer und die Biographie des Propheten, 1994; J. E. Taylor, The Immerser, 1997; C. G. Müller, Mehr als ein Prophet, 2001.
[23] Zur Familiengeschichte Salomes gehören ihre Ahnenväter, so ihr Großvater und zugleich auch ihr Urgroßvater Herodes »der Große«, der Idumaer, mit dem griechischen Namen »Heriodes« (= »Heldenspross«). Salomes Mutter Herodias heiratete zweimal, und zwar einen Stiefbruder ihres von ihrem Großvater, Herodes dem Großen, ermordeten Va-

chen, wie die Mutter gehofft hatte, eine Bitte frei und bestätigt noch ein zweites Mal seine unbedingte Erfüllungsbereitschaft des Wunsches, die an eine sprichwörtliche Formulierung (1 Kön 13,8; Est 5,3) erinnert (V. 23). Sie berät sich mit ihrer Mutter, und in abgründiger List wird als Preis das Haupt Johannes des Täufers gefordert (V. 24). Der zunächst zögernde und von Trauer erfasste König weiß sich, wie der König im Märchen, an seinen Schwur gebunden und beauftragt den Henker. Als die Tochter auf einer Silberschüssel das abgeschlagene Haupt des Johannes des Täufers der Mutter überreicht, hat sich ihr Hass- und Rachplan erfüllt (V. 28). Diesen Stoff setzt Oscar Wilde (1854–1900) in bilderreicher Sprache in eine ursprünglich französisch geschriebene Bühnendichtung um, als Drama in einem Akt, aber mit zeitgenössischer Auffassung und Wiedergabe. Er gestaltet ein inneres Seelendrama mit all der sinnlichen Fülle, der Leidenschaft und Dramatik der Gefühle zwischen der menschlichen Triebhaftigkeit und Perversität sowie der Geistigkeit des Jochanaan, des homo religiosus und Bußpredigers. Vom Messiasgedanken überwältigt, spricht dieser von moralischer Einkehr und Umkehr und prangert das sündhafte und blutschänderische Verhältnis der Herodias an, was ihren tödlichen Hass erweckt. Jochanaan, sein Name bedeutet »Gott ist gnädig«, ist bereits durch seine besondere Geburt alter Eltern ausgezeichnet, – wie Isaak, der Sohn Abrahams und Sarahs – »O Abraham, die Uhren aller Zeiten hast du auf Ewigkeit gestellt« (Nelly Sachs), wie Simson, der »großen Richter« und Sieger über die Philister (vgl. Simsonzyklus Ri 13–16), und wie Samuel, das Kind Hanas und Elkanas (1 Sam 1). Richard Strauss sah das Theaterstück Oscar Wilds in Dresden und entschloss sich, es auszukomponieren, denn es »schrie nach Musik«. Damit schaffte er eine Literaturoper und verwandelte Oscar Wildes Dichtung in Musik und zugleich Salome in eine existentielle ästhetische Gestalt, die auch einen Liebestod sterben wird.

b. Der »Abgrund Mensch« (Gedanken zu Oscar Wilde)

Oscar Wilde, Hauptvertreter der englischen L'art-pour-l'art-Bewegung, der »Kunst für die Kunst« (ein 1836 von Victor Cousins geprägter Begriff), plädiert damit für eine Kunst, die nur in ihrer Eigengesetzlichkeit als »Offenbarung Gottes in der Idee des Schönen« zu begreifen sei und nicht von fremden Zweckanlässen einer bürgerlichen oder kirchlichen Moral her. In seiner Schrift »Von Verfall des Lügens« notiert er programmatisch: »Kein Ding

---

ters. Mütterlicherseits war er für Salome Urgroßvater, väterlicherseits aber Großvater, denn sein Sohn Herodes Antipas wird in der synoptischen Tradition als Stiefvater dargestellt, war aber höchstwahrscheinlich ihr leiblicher inzestuöser Vater.

sieht man, eh man seine Schönheit sieht. Da und da allein erlangt es Sein«.
Als Prototyp eines Ästheten betrachtet Wilde die menschliche Existenz unter dem Blickwinkel der daseinsbejahenden Lust und die Moral mit den Augen des Artisten.

Im Mai 1897 hatte O. Wilde seine zweijährige Strafe wegen homosexuellen Vergehens im Zuchthaus von Reading Goal verbüßt. Er zieht als ein durch Leiderfahrung und innere Wandlung gereifter Mann nach Paris, gequält und zerstört. Die Nummer C 3,3 war seine Sträflingsnummer und im Gefängnis musste er alte Schiffstaue zu Werg aufdröseln. In »Salome« greift er zu einem lasterhaften Sujet, um den Eros in seiner destruktiven Macht und tödlichen Caprice zu thematisieren. Es ist der Eros in seiner perversen Verstörung und ruchlosen Lasterhaftigkeit. Oscar Wilde dürfte von der magisch-visionären Bildumsetzung durch Gustav Moreau (1826–1898), dem »literarischen« Maler der Salome (1870), und vor allem durch die Novelle »Herodias« (1877) von Gustave Flaubert (1821–1880)[24], dem großen Wegbereiter des »l'art pour l'art« und »Kunstmönch« und Erzieher, zur »Kunst-Prosa« angeregt worden sei. Agiert Flauberts Salome noch als instrumentalisierte Tochter einer hassenden Mutter, so travestiert Wilde den Lauf der Handlung stärker auf die Ebene des Unbewussten und Irrationalen und drängt so die Wollust der grausamen Hassliebe in einem einaktigen Drama zusammen. In der aus 109 sechszeiligen Strophen bestehenden Dichtung von Oscar Wilde, »Die Ballade vom Zuchthaus zu Reading Goal«[25] (The Ballad of Reading Goal), 1897 nach seiner Entlassung aus dem Gefängnis geschrieben, schildert er die Hinrichtung des ehemaligen Kavalleristen und Gardereiters der »Royal Horse Guards«, Charles Thomas Woodrige, der seine Geliebte im Bett erschlagen und dafür im Zuchthaus die Hinrichtung erwartet. Wilde schildert die Begegnung mit dem zum Tode Verurteilten beim täglichen Rundgang auf dem Gefängnishof angesichts der Urteilvollstreckung:

»*I only knew what haunted thought*
Quickened his step, and why
He looked upon the garish day
With such a wistful eye.«

---

[24] Vgl. J. Bruneau, Le ›conte oriental‹ de Gustave Flaubert, 1973; M. Issacheroff, »Herodias« et la symbolique combinatoire des »Trois contes«, in: Langages de Flaubert, Paris 1976, 53–71.
[25] Übersetzung: A. Schaeffer, Die Ballade von Zuchthaus zu Reading, 1917; ²1950; Literatur zur Ballade: V. Thompson, The Two Deaths of Oscar Wilde, 1930; W. E. Buckler, Oscar Wilde's »chant de cygne«: »The Ballad of Reading o.a.«, in: Victorian Poetry 28 (1990), Nr. 3/4, 33–41; R. Italiander, Der Fall Oscar Wilde: Triumph und Tragödie eines Dichterlebens, 1982; V. Holland, Erbe eines Urteils, 1955.

»Salome« (Richard Strauss)

»Ich wußte nur, welches Gedankengejag
Seinen Schritten zu eilen gebot
Und weshalb er sah in den strahlenden Tag
Mit Augen so sehnsuchtsumloht.« (Übertragen von Albrecht Schaeffer)

Mit pessimistisch-realistischem und romantischem Mitempfinden in pathetischer Steigerung, schildert Wilde die sich dahinziehenden schmachvollen letzten Lebensstunden des Todgeweihten bis zum Morgengrauen des Hinrichtungstages. In ohnmächtiger Entrüstung macht er die mit den tiefen dunklen Schatten behaftete sündige Natur des Menschen dafür verantwortlich mit der wiederkehrenden Wendung:

»Doch jeder tötet was er liebt, (»Yet each man kills the thing he loves«)
damit ihr es nur hört;
der tut es mit dem bösen Blick,
durch Schmeichelwort betört;
der Feige tötet mit dem Kuss,
der Tapfre mit dem Schwert.«

Diesen seinen Schwanengesang als Symbol der Verbundenheit mit dem »Abgrund« Mensch in all seiner Verfemtheit und Verworfenheit, zeichnet Wilde die 1898 erschienene Ballade mit seiner Zuchthausnummer C,3,3, um erst in der siebenten Auflage der »Verfassernummer« seinen Namen beizufügen. Auf die Erfahrung tiefster Erniedrigung fällt schon ein Strahl der Erlösung auf die Landschaft des Leidens, die die Tragik des Menschen und seine alle moralischen Unterschiede aufhebende Leidenswelt auf die Gottesnähe hin transparent zu machen vermag. Es ist ein »durch Leiden lernen« der aischyleischen Tragödie, ein Lernen an der von den Göttern gesetzten Grenze der conditio humana. J. Ibert hat die Ballade für das Orchester 1920 vertont unter dem Titel: »La ballade de la geôle de Reading«. Oscar Wilde, ein Zeitgenosse Vincent van Goghs und Friedrich Nietzsches, kontrastierte, die schöne, verführerische orientalische Prinzessin Salome, das Sujet des Eros in seiner destruktiv-perversen Macht, und den homo religiosus, den Künder des Neuen und der Basileia Christi, eine Welt im Untergang und eine im Aufgang.

c. Das Eros-Spiel und seine tödliche Caprice

Zwei männliche und zwei weibliche Hauptrollen sowie 13 männliche Nebenrollen sind auf die Bühne gestellt, deren Akteure in einer Mondnacht ihr Spiel treiben. Der Mond, Symbol für den Rhythmus zyklischer Zeit, aber auch der unsichtbare Aspekt der dunklen Seite der Natur, gibt die Folie für das Schicksal des Täufers ab. Das Spiel beginnt außen, auf der großen Terrasse des Palastes des Herodes, die zum Festsaal führt und im Visavis der Zisterne, in der Johannes der Täufer gefangen gehalten wird. Mit einer ungeheuren Fülle von tönenden Orchesterfarben werden die Gestalten als interessante Fallbeispiele einer psychologischen Analyse charakterisiert. Das Spiel aber kreist um Eros und Thanatos. Richard Strauss verwandelt die Dichtung in Musik, und der Klang und Rhythmus der ersten Worte des Textes von Oscar Wilde »Wie schön ist die Prinzessin Salome heute Nacht!«, eröffnet eine Atmosphäre knisternder Spannung.[26] Diese regte den Komponisten zu den schwebenden Harmonien seiner Musik an, von denen er selber sagt: »Das Bedürfnis gab mir wirklich exotische Harmonik ein, die besonders in fremdartigen Kadenzen schillerte, wie Changeant-Seide. Der Wunsch nach schärfster Personencharakteristik brachte mich auf die Bitonalität, da mir für die Gegensätze Herodes – Nazarener eine bloß rhythmische Charakterisierung, wie sie Mozart in genialster Weise anwendet, nicht stark genug erschien«. In der Bi- oder Polytonalität brandet gleichzeitig der Klang von zwei oder mehrerer Tonarten ans Ohr. Zur Welt des Eros mit der hemmungslosen Sinnenlust wird eine andere Welt kontrastiert, die vergeistigte und hoheitsvolle des Vorläufers Jesu und Propheten, mit seiner an die »Tochter Babylon« gerichteten Bußpredigt. Während die Soldaten der Leibwache des Königs die Schönheit der Prinzessin preisen, erscheint diese plötzlich mitten unter ihnen und begehrt den Propheten Jochanaan zu sehen und zu sprechen. Der in einer Zisterne gefangen gehaltene Täufer erweckt ihre Neugier. Der von Salomes Schönheit schwärmende syrische Hauptmann Narraboth öffnet die Zisterne. Jochanaan steigt herauf und richtet seine Bußworte an die sündige Welt. In leidenschaftlichem Begehren preist Salome seine männliche Schönheit, umbuhlt ihn und ruft in sinnlichem Begehren: »Lass mich deinen Mund küssen, Jochanaan.« Der in Liebe verfallene aber verschmähte Hauptmann Narraboth tötet sich aus Eifersucht vor ihren Augen. Entrüstet und voller Abscheu weicht der Gottesmann von ihr zurück, sie aber, auf ihrem Begehren beharrend, ruft ihm in brünstigem Verlangen zu: »Ich werde deinen Mund küssen, Jochanaan«. Herodes, der liebestrunken und voller Gier nach Salome, eilt auf die Terrasse und will, dass sie für ihn tanze. Eidlich verspricht er ihr, ihr jeden Wunsch zu erfüllen. In berauschender und lasziver Vollendung tanzt sie darauf den Tanz der sieben Schleier[27], um dann erschöpft zu Füßen des Königs niederzusinken. Zärtlich von ihm nach ihrem Wunsch befragt, verlangt sie voll Leidenschaft das Haupt des Jochanaan. Herodes, der den gefangenen Pro-

---

[26] Vgl. J. S. White, The Salome Motive, 1947; K. J. Worth, »Salome« and »A Full Moon in March«, in: Ders., The Irish Drama of Europe from Yeats to Beckett, 1978, 99–119.
[27] Vgl. P. Oster, Der Schleier zwischen religiöser und ästhetischer Erfahrung, in: Schleier und Schwelle, in: A. Assmann u. J. Assmann, Einführung: Der Schleier im Text. Funktionsgeschichte eines Bildes für die neuzeitliche Erfahrung des Imaginären, 2002.

pheten achtet, erschrickt: »Es ist ein Mann, der Gott gesehen hat«, und verspricht ihr die größten Schätze, doch sie beharrt auf dem Wort und wiederholt unabänderlich: »Gib mir den Kopf des Jochanaan!« Sie beharrt auf ihrem ihr eidlich verbürgten Wunsch. Gespannt lehnt sie an der Brüstung der Zisterne, in die der Scharfrichter hinabsteigt, um in raubtierhafter Gier den Todesstreich zu hören, unter dem das Haupt des Propheten zu Boden fällt. In der Zisterne ertönt in die unheimliche Stille hinein der Schlag. Salome erbebt vor Lust und aus der Zisterne streckt der Henker seinen Arm empor und auf der silbernen Schüssel das abgeschlagene blutige Haupt des Propheten. In wildem Rausch presst sie ihre Lippen zum Kuss auf die Lippen des Ermordeten. In perverser Raserei und Verzückung reißt sie nun an sich, was ihr der Lebende versagt hatte. Es triumphieren Lust und Grausamkeit. In ihrem Abgesang spricht sie von ihrer großen Liebe, die sich für sie in diesem schrecklichen Augenblick erfüllt. Wie eine Paraphrase auf »Isoldes Liebestod« stirbt Salome ihren »Liebestod«, indem sie die bittersüßen Lippen des Propheten küsst, für sie Erfüllung und Tod zugleich. In den Anblick von Jochanaans Haupt versunken singt sie:

»Ah! Warum hast du mich nicht angesehn, Jochanaan? Du legtest über die Augen die Binde eines, der seinen Gott schauen wollte. Wohl! Du hast deinen Gott gesehn, Jochanaan, aber mich, mich, mich hast du nie gesehn. Hättest du mich gesehn, du hättest mich geliebt! Ich dürste nach deiner Schönheit!« (4. Szene, 125)

Dann fügt sie hinzu: »Und das Geheimnis der Liebe ist größer als das Geheimnis des Todes«, damit endet ihr furchtbarer Monolog, der zu den eindrucksstärksten Monologen der Opernliteratur zählt.« (4. Szene, a.a.O. 123–127)

Dann klingt ihr letzter Abgesang mit den Worten aus:

»Ah! Ich habe deinen Mund geküsst, Jochanaan. Ah! Ich habe ihn geküsst, deinen Mund, es war ein bitterer Geschmack auf deinen Lippen. Hat es nach Blut geschmeckt? Nein! Doch es schmeckte vielleicht nach Liebe ... Sie sagen, dass die Liebe bitter schmecke ... Allein, was tut's? Ich habe deinen Mund geküsst, Jochanaan. Ich habe ihn geküsst, deinen Mund.«

Der Mond bricht hervor und wirft sein Licht auf Salome, während Herodes von Abscheu überwältigt, befiehlt: »Man töte dieses Weib!« Bei Richard Strauss wurde gleich zu Beginn schon diese Szene in das irreale, sonnengeborgte Licht des Mondes getaucht. In Vorahnung sah man schon zu Beginn das drohende Unwetter heraufziehen und einer der ersten Sätze des Dramas lautete: »Es wird etwas Schreckliches geschehen«.

d. Das Liebesdrama einer »femme fatale«

In dem zeremoniellen Rahmen eines Festmahls und sinnlichen Tanzes[28] der Salome gestaltet Richard Strauss das Drama der femme fatale und des Bußpredigers Johanan in »einem Aufzug«. In dem Geschehen ist die aristotelische Einheit von Ort und Zeit verdichtet und nach Strauss mit »Haut und Haaren« in ein Musik-Drama verwandelt. Salome verliebt sich narzisstisch in ihr Traumbild und will von ihm geliebt werden. Voller Begier will sie sich seiner bemächtigen, in orgiastischer Lust und erotischer Dämonie eines tragischen Flirts, um seinen abgeschnittenen Kopf in Händen zu halten und zu liebkosen, – in einer Art des »grande crime«. Im Markusdom zu Venedig stellt eine Mosaikszene dar, wie sie korybantisch mit ihrer Beute tanzt. »Warum hast du mich nicht angesehen, Jochanaan?« singt Salome. »Hättest du mich angesehen, du hättest mich geliebt. Und das Geheimnis der Liebe ist größer als das Geheimnis des Todes«. Nicht das isolierte Hinblicken, sondern das Sich-Treffen der Blicke bewirkt Verstrickung und will und kann die Augen füreinander öffnen. Ein Blick lässt Liebe aufscheinen. Salome ist von der Schönheit Jochanaans angezogen, aber er verweigert ihr den Blick, so dass sie in sich befangen bleibt, sich nur selbst spiegelnd und sehend. In der Blick-Nahme will Salome Jochanaan an sich reißen. Sie will sein Bild, die Schönheit schauen, er aber verweigert sich ihrem Blick. Sie sucht die Einheit des unterschiedenen Gegensatzes von Objekt an dem erobernden Subjekt, ihrem Ich, das für sie zum Objekt ihres erotischen Begehrens wird.

In dem Salome-Stück Oscar Wildes ist auch die anthropologische Anschauungsform eines Konfliktes eingezeichnet, der Eros und Religion einander konfrontiert. Matthäus (14,1–12) und Markus (6,17–29) berichten vom betörenden Tanz der Tochter der Herodias vor ihrem Stiefvater König Herodes Antipas, dass er ihr auf deren Wusch das Haupt Johannes des Täufers verspricht. Oscar Wilde inszeniert in seiner Tragödie »Salome« (1891) im Tanz der sieben Schleier Salomes ein erotisches Entblößen des Verborgenen. Ein Schleier verhüllt, setzt auf Distanz und ist Inbild und Verheißung einer erotischen Verlockung, ein zeigendes Sich-Entziehen, wie in der japanischen Ästhetik, wo ein Bild zum Anschauen enthüllt, entrollt wird und wieder ins zeigende Sich-Entziehen zusammengerollt wird. In Richard Strauss musikalischer Travestie ist die Faszination des Schleiertanzes als Potenzierung verlockender Nähe religiös motiviert: Salome will den homo religiosus erbeuten und kraft der erotischen Sphäre der religiösen Sphäre hab-

---

[28] Vgl. H. Dassner, Salome, 1912; T. Hausamann, Die tanzende Salome in der Kunst von der christlichen Frühzeit bis 1500, 1980; K. Merkel, Salome, 1990; H. Steger, Der unheilige Tanz der Salome, in: K. Kröll/H. Steger (Hg.), Mein ganzer Körper ist Gesicht, 1994, 131–169.

haft werden. Der Eros will das Heilige, das ganz Andere. In das Gastmahl zur Feier eines Geburtstages tritt mit der erotischen Energie der Tänzerin mit all ihrer Sinnlichkeit das Drama der Enthauptung des homo religiosus ein. Der Schleiertanz wird so zum Thema und Inbild der dramatischen Konfrontation von Eros und Religion.

5. Morphologie und Sublimation von Seelenregungen (Salome, Judith, Delila)

Der spanische Kulturphilosoph José Ortega y Gasset (1883–1955)[29], mit seinem auf »historische und vitale Vernunft« gestützten Journalisten-Temperament, behandelt das Salome-Judith-Thema als eine Variante des weiblichen Wesens und zwar unter dem Aspekt der Entartung. In seinem »Retrovitalismus« verbindet er Rationalität und biologischen Vitalismus und sucht den Relativismus seiner Zeit durch das Ordnungsschema des »Perspektivismus« zu überwinden, als Mittel zum Gleichgewicht zwischen Kultur und Leben. »Falsch ist nur die Perspektive, die sich für die einzige hält« (vgl. »Die Aufgabe unserer Zeit«,1923). An die Stelle der defizienten »physikalischen Vernunft« setzt er die »historische Vernunft« (»Geschichte als System«, 1943), wonach der Mensch nicht als Natur, sondern als Geschichte zu bestimmen sei. Er prägt den für sein Denken zentralen Begriff der »vitalen Vernunft« (razón vital), die er an die Stelle der »reinen Vernunft« setzt und sich die Aufgabe stellt, »eine Ordnung der Welt vom Standpunkt des Lebens zu versuchen«, von wo aus sich eine neue Rangordnung der Werte erschließen ließe. »Nicht anders als Gerechtigkeit, Schönheit und die ewige Seligkeit ist das Leben an und für sich ein Wert«. Er wollte den philosophischen »Kontinent des Idealismus« für immer hinter sich lassen. Sein vielzitierter Satz: »Yo soy yo y mi circumstancia« (Ich bin ich und meine Umwelt), spiegelt die existentialistische Auffassung von Leben als Auftrag an das Ich, sich selbst in der Gestaltung der Umwelt zu gestalten. Sie ist von der Überzeugung getragen, dass die verschiedenen individuellen Blickrichtungen auf die Wahrheit alle komplementär zueinander stehen. Ausgehend von Dilthey, Simmel und dem Neukantianismus – er studierte ein Semester in Berlin bei Georg Simmel und ein Jahr in Marburg, der »Zitadelle des Neukantianis-

---

[29] José Ortega y Gasset, Obras completas, 12 Bde., 1952–1983; Gesammelte Werke (deutsch), 6 Bde., 1996; Vgl. F. Alvarez-Gonzalez, El pensamiento de Ortega y Gasset, 1980; R. Gray, The Imperative of Modernity, 1989; S. Rabade, Ortega y Gasset, filósofo, 1983; P. Garagorri, Introducción a Ortega, 1970; F. Niedremayer, José Ortega y Gasset, 1959.

mus« bei Hermann Cohen[30] – sucht Ortega den bloßen Rationalismus mit seiner Trennung von Geist und Leben vom lebensphilosophischen Individualismus her mit dem Begriff der »reinen Vitalität« zu überwinden. Kultur ist das sich aus der Vitalität zum Logos hin transzendierende Leben, aus dem Leben hervorgewachsen und auf das Leben hin »perspektivisch« bezogen und an das Leben gebunden.[31] »Das Leben, alles Leben, zumindest alles menschliche, ist unmöglich ohne Ideal, oder, anders gesagt, das Ideal ist ein organischer Bestandteil des Lebens«. Ein solches Ideal kann für ihn das Phänomen Liebe sein als eine Erscheinung und Schöpfung edelster Art, quer durch den Gang der Menschheitsgeschichte. In der Essaysammlung »Über die Liebe«, 1938 in deutscher Sprache erschienen, greift Ortega auch das »Schema Salome« auf.[32] Er wendet sich in einer Morphologie des weiblichen Wesens, den beiden in der Bibel begegnenden Frauengestalten zu, Judith und Salome als zwei Varianten eines wider-sinnigsten Frauentypus, »der Frau als Raubtier«[33], mit zwei abgeschnittenen, abgeschlagenen Männerköpfen in ihren Händen, das Raubtier, das sich auf seine Beute wirft.

a. Phänomen Salome

Das Salome-Schema sieht Ortega als verwöhnt-müßige Prinzessin, milieumäßig als Blume auf den gesellschaftlichen Gipfeln gedeihend, auf denen das Alles-Wünschbare und Alles-Mögliche, Verlangen und Erfüllung, zusammenfallen. Er schreibt: »Sie war in Palästina eine verwöhnte und müßige Prinzessin, und heute könnte sie die Tochter eines Bankiers oder Petroleumkönigs sein. Das Entscheidende ist, dass sie in einem Milieu unbeschränkter Macht aufgewachsen ist, so dass sich in ihrem Geist die dynamische Linie verwischt hat, die Wirklichkeit und Einbildung scheidet.« Für sie verwischen sich Traum und Wirklichkeit, Phantasie und Realität, Einbildung und Klarblick. Ihr Leben ist ein Traum und sie schafft sich selbst ihr Phantombild, dem sie sich imaginär hingeben will, als der Verkörperung einer imaginierten Idealität. Salomes Gegenbild aber ist ein Kontrastmann, der Mann in Differenz zu den anderen Männern, der homo religiosus Johannes der Täufer, der Rufer in der Wüste und Umkehr-Prophet, ein »homme de lettres«, und so der Gegenpol des Don Juan, des »homme à femmes«. Die Liebe zu diesem, ihrem Traumbild ist »das Verlangen, von ihm geliebt zu werden«[34], Ortega schreibt: »Salome, die Johannes den Täufer nicht liebt,

---

[30] Vgl. N. Orringer, Ortega y Gasset y su fuentes germánicas, 1979.
[31] Vgl. J. Bayón, Razón vital y Dialectica en Ortega y Gasset, 1972.
[32] J. Ortega y Gasset, Über die Liebe, 1978, 53–57.
[33] Ortega, a.a.O. 54.
[34] Ders., a.a.O. 57.

bedarf seiner Liebe, muss sich seiner Person bemächtigen«,[35] ihn zur Beute haben, »und über den erstarrten Kopf mit den gläsernen Augen krümmt sich ihre Seele, raubgierig wie ein Falke oder Geier ...«.[36]

b. Phänomen Judith

Die zweite Frau, die mit zwei Köpfen geht, mit ihrem eigenen und dem abgeschnittenen eines Mannes, ist Judith (= die Jüdin), Protagonistin des gleichnamigen alttestamentlichen Buches. Diese didaktische Trostschrift im Gewande einer Geschichtserzählung, zieht im Bilde eines imaginierten geschichtlichen Ereignisses die Summe aus all den Auseinandersetzungen zwischen Israel und seinen heidnischen Widersachern. Es ist eine Blaupause der gottfeindlichen Mächte aller Zeiten, die den Glaubensweg des Gottesvolkes mit all seinen Anfechtungen und Krisen säumen und in denen dieses beispielhaft Gottes rettende Hilfe erfahren hat. Als Auseinandersetzung in Anfechtung und Bewährung mit den entarteten feindlichen Widersachern spiegelt es eine geschichtliche und übergeschichtliche Wirklichkeit. So steht Judith, der Repräsentantin des wahren Israel, Nebukadnezzar mit seinem Weltherrschaftsanspruch, der sich durch den Oberbefehlshabern seines Heeres, Holofernes, manifestiert, im König eine metahistorische Anti-Jahwe-Gestalt gegenüber, der seinen universalen Geltungsanspruch religiös wie politisch erhebt. Das Buch[37] bietet nach seinem Inhalt eine Geschichtslegende und ist so ein Dokument des leidenschaftlichen Glaubens an die Freiheit des jüdischen Volkes. Es handelt von der Rettungs- und Heldentat einer Frau, der schönen jungen Witwe Judith aus Bethulia, die ihre durch die Streitkräfte des Königs Nebukadnezars belagerte Heimatstadt befreit.

Der Duktus der Erzählung: Ohne den Rat der Alten in ihren listigen Plan einzuweihen, hält sie vor diesen eine dialektisch ausgeklügelte Rede (Jud 8,11–36). Kurz vor der Frist der Übergabe der Stadt an den assyrischen Heerführer Holofernes entschließt sich Judith, nach einem Glaubensappell in der Ältestenrunde zum Schein in das Feindeslager überzulaufen. Sie hat sich verführerisch gekleidet und geschmückt und lässt sich im Lager zum Feldherrn Holofernes führen. Diesen beschwatzt sie, er sei als Gottes strafende Hand dazu ausersehen, das sündige jüdische Volk zu züchtigen. Auch

---

[35] Ders., a.a.O. 57.
[36] Ders., a.a.O. 57.
[37] Vgl. L. Alonso-Schöckel, Ruth, Tobias, Judith, Ester, 1973 (Los Lbros Sagrados, 8); E. C. Bissel, The Book of Judith. The Apocrypha of the OT, 1986; E. Zenger, Das Buch Judith (JSHRZ I/6), 1981; J. F. Craghan, Esther, Judith and Ruth. Paradigms of Human Liberation: BTB XII/1, 1982, 11–19; E. Zenger, Der Judithroman als Traditionsmodell des Jahweglaubens, in: TThZ 83 (1974) 65–80.

werde er die belagerte Stadt ohne eigene Verluste erobern (Kap. 10–11). Von ihrer außerordentlichen Schönheit bestrickt, lädt Holofernes sie zu einem Festmahl. In verfrühtem Siegestaumel betrinkt er sich und verfällt in seinem Zelt, wohin er Judith mitnahm, in einen tiefen Rauschschlaf. Diesen Augenblick nutzte Judith und schlägt ihm mit zwei Hieben seines Schwertes den Kopf ab (13,9), steckt ihn in einen Linnensack und eilt mit ihrer Magd, die vor dem Zelt gewacht hatte, aus dem Lager zurück in die Stadt. Auf dem Platz der Stadt präsentiert sie das abgeschlagene Haupt des Feldherrn der Feinde und rät, in die Stunde des Entsetzens und der Verwirrung der Assyrer einen kriegerischen Ausfall zu wagen. Sie tun das und schlagen die Feinde in die Flucht (15,1–7). Judith wird als Retterin gefeiert und Gottes Hilfe gepriesen. Von den Befreiten der belagerten Stadt hoch geehrt, stimmt Judith ein Preislied auf Gott an (16,1–17), der den Sieg gewährt hatte und stirbt in hohem Alter als Vorbild der Gesetzestreue, der Frömmigkeit und der Jungfräulichkeit (16,21–25).

Der Verfasser des Judithbuches aus der Zeit der Makkabäerkämpfe im letzten Drittel des 2. Jh.s v. Chr., geht in seinem romanhaften Lehrdokument ziemlich frei mit den historischen und geographischen Notizen um. Er schafft sich eine literarische Fiktion, in der er z. B. die Figur Nebukadnezzars, aus drei historischen Gestalten kompiliert ist, der Gestalt Nebukadnezzars, des Sanherib von Assur, sowie der Gestalt Antiochus IV. Epiphanes (gest. 164 v. Chr.). Letzterer erließ Verbots-Dekrete gegen die Ausübung der jüdischen Religion, die zu einem Aufruhr und zum Martyrium Vieler führten, ein Geschehen, das in 2 Makk 5 nachklingt.[38] Auch die samarische Stadt Betulia ist geographisch nicht zu lokalisieren und dürfte, wie E. Zenger es formuliert, ein »theologisches Kryptogramm« für Jerusalem darstellen.[39]

Die geschickt aufgebaute und psychologisch durchdachte Erzählung dürfte sich möglicherweise am Debora-Lied (Ri 5,24–27) inspiriert haben, das die Frau des Wanderhirten Heber, Jael, verherrlicht. Diese hatte einst den flüchtenden kanaanitischen Kriegsführer Sisera in ihre Hütte aufgenommen

---

[38] Vgl. E. Will, Histoire politique du monde hellénistique, ²1982; O. Morkholm, Antiochus IV of Syria, 1966; U. Mittmann-Richert, Historische und legendarische Erzählungen, 2000, 82–96; H. Engel, Der Herr ist ein Gott, der Kriege zerschlägt, in: K.-D. Schunck u. a. (Hg.), Goldene Äpfel in silbernen Schalen (BEAT 20, 1992), 155–168. A. Lenhardt, Bibliographie zu den jüdischen Schriften aus hellenistisch-römischer Zeit, 1999, 143–152; R. Hanhart, Text und Textgeschichte des Buches Judit, 1979.

[39] E. Zenger, Das Buch Judit, 1981, 468. Die vielfältigen Bezüge zum Exodusgeschehen lassen das Judithbuch, so Zenger, als »Exodusroman« begreifen, in welchem als dramatis persona Judith die Mosesrolle übernimmt, um durch Niederlage des Pharao »Nebukadnezzar dem Volk eine Perspektive der Hoffnung zu eröffnen, »die in Ewigkeit nicht schwinden soll aus den Herzen der Menschen, die der Kraft Gottes gedenken« (13,19); vgl. Zenger, a. a. O. 445 f.

und dann dem Schlafenden einen Nagel durch die Schläfe geschlagen, »dass er in die Erde drang« (Ri 5,26).

Zur Absicht des Buches Judith gehört der Aufruf zum Widerstand und die Ermunterung zum Ausharren mit all den zur Verfügung stehenden Mitteln, sei es List und Trug, sofern sie in der Perspektive des gotterwählten Volkes, zu dessen Rettung aus der Bedrängnis dienen. In der theologischen Perspektive stehen sich zwei Mächte gegenüber, der König der Könige und Herr der Welt, Nebukadnezzar auf der einen Seite, und der Gott Israels, der wahre Herr der Welt, auf der anderen Seite. Es gilt: »Wenn keine Gesetzesübertretung (anomia) am Volk haftet, ist ihr Gott wie ein Schutzschild über ihnen ...« (5,21). Die doppelsinnige Rede Judiths vor Holofernes in Kap. 11 lässt das durchscheinen und lässt Judiths heldenhaftes Handeln als Wirken des Armes Gottes erscheinen. Unentschieden bleibt, ob hinter der Erzählung ein volkstümliches Sagenmotiv steht oder eine geschichtliche Erinnerung an ein heroisches Ereignis.

6. Liebe und Charisma (Simson und Delila: Verratene Liebe)

Das deuteronomistische Geschichtswerk, das die Bücher Josua, Richter, 1 und 2 Samuel sowie die beiden Königsbücher enthält, ist nach der 1943 von Martin Noth aufgestellten Hypothese eine Verknüpfung und durchgehende Redaktion einzelner Quellentexte, die die erzählte Geschichte Israels unter eine theologische Gesamtperspektive stellen.[40] Dabei ist die sog. Zeit der Richter narrativ unter die theologischen Schemata »Berufung« von Rettergestalten und sogenannte »Jahwekriege« oder »Heilige Kriege« gestellt. Den Horizont gibt der stete Wechsel von der Bedrückung Israels durch äußere Feinde und die Errettung durch sog. Richter ab. Das deuteronomistische Geschichtswerk schematisiert damit den Gang der Geschichte unter paränetisch-theologischen Gesichtspunkten.

In der Reihe der charismatischen Führer bietet der im Richterbuch, Kap. 13–16 tradierte Simsonzyklus durch seine Dialektik besonderen An-

---

[40] Vgl. M. Noth, Überlieferungsgeschichtliche Studien, ²1957; H. W. Wolff, Das Kerygma des Deuteronomistischen Geschichtswerks, in: ZAW 73 (1961) 171–186; R. D. Nelson, The Double Redaction of the Deuteronomistic History (JSOT. S 18) ²1983; N. Lohfink, Studien zum Deuteronomium und zum Deuteronomistischen Geschichtswerk, 2 Bde. (SBAB 8.12) 1990/91; S. L. Mc Kenzie / M. P. Graham (Hg.), The History of Israel's Traditions. The Heritage of Martin Noth (JSOT S 182) 1995; R. Albertz, Wer waren die Deuteronomisten?, in: EvTh 57 (1997) 319–338. Ders., Niedergang und Neuanfang. Die Haltung der Schlüsselredaktion des Duteronomistischen Geschichtswerks zu den wichtigsten Fragen ihrer Zeit, in: B. Becking / M. C. A. Korpel (Hg.), The Crisis of Israelite Religion, in: OTS 42 (1999) 45–70.

reiz zu einer Ausgestaltung. Die Gestalt Simsons (= Sonnenkind) bietet ein lebendiges Beispiel für den in Sünde verstrickten und durch weibliche Reize verführten Mann, der einer Frau erliegt. Als Sieger über die Philister, die gefährlichen Nachbarn und Feinde der Israeliten,[41] wird Simson den »großen Richter« beigesellt und diesen redaktionell angeglichen (vgl. Ri 13,1; 15,20; 16,31).

Simson (simšon = kleine Sonne, »Sonnenmann« (Vulgata Samson)), steht im Mittelpunkt der Heldensage in Ri 13–16[42] und den andauernden Kämpfen mit den Philistern, die den Hintergrund bilden für die Sage vom starken und gewitzten Helden, der die Getreidefelder durch brennende Füchse entzündet (Ri 15,4f.), ein Motiv, das auch in Ovids Fasti (IV,679ff.) begegnet. Der Kompilator des Simson-Erzählkranzes verfolgt eine paradigmatische Absicht seines Helden, um ihn als Modell zu präsentieren. Er erzählt eine kultlegendarische Berufungsgeschichte zum Nasiräer (Ri 13) als »Geweihten Gottes« (Ri 13,5.7; 16,17) und seiner kompromisslosen Jahwezugehörigkeit. Das Nasiräat mit seinem Enthaltungsgelübde, kein Weingenuss und die strenge Wahrung ritueller Integrität, sondert den Träger von der gewohnten Lebenshaltung ab und macht ihn zum Typus einer zeichenhaften Kraft.[43] Zugleich hat sein Leben eine besondere theologische Dimension als lebendiger Widerpart gegen die Kanaanisierung der Jahwereligion in der Zeit der Richter und der theokratischen Ordnung des »Jahwe ist unser König«. Martin Buber nannte das Richterbuch die »Biblische Politeia« des sakralen Gottesvolkes. Unter ihren Führergestalten ist die des Simson ein eigenartiger Solitär mit dem Lebenskonflikt von Eros und Charisma, Macht und Ohnmacht, Stärke und Schwäche, Berufung und Scheitern, Heroentum und Sklaventum. Drei Aspekte des Lebens Simsons werden inszeniert und in eine spannungsreiche Beziehung gesetzt. Als Ausbund und Inbegriff von physischer Kraft ist er in den Auseinandersetzungen Israels mit den philis-

---

[41] Vgl. P. Machinist, Biblical Traditions: The Philistines and Israelite History, in: E. D. Oren (Hg.), The Sea Peoples and Their World: A. Reassessment (UMM 108) = UMSS 11 (2000) 53–83; H. M. Niemann, Nachbar und Gegner, Konkurrenten und Verwandte Judas: Die Philister zwischen Geographie und Ökonomie, Geschichte und Theologie, in: U. Hübler / E. A. Knauf (Hg.), Kein Land für sich allein, FS M. Weippert, (OBO 2002) 70–91.
[42] Vgl. R. Bartelmus, Heroentum in Israel und seiner Umwelt, 1979 (AthANT 65); H. Gese, Die ältere Simsonüberlieferung (Richter c. 14–15), in: ZThK 82 (1985) 261–280; H. Gunkel, Simson, in: Ders., Reden und Aufsätze, 1913, 38–64; J. Kim, The Structure of the Samson Cycle, 1993.
[43] Simsons Nasiräat ist eine Berufung zum Charisma, die sein ganzen Leben in Beschlag nimmt. Der »Engel Jahwes« nennt Simsons eigentliche Aufgabe als »Beginn« des Rettens aus den Philistern (Ri 13,5). Grund seiner physischen Kraft ist nur vordergründig sein langes Haar (Ri 16, 17ff. 22), sondern der Geist Jahwes« (Ri13,25; 14,6. 19; 15,14. Mehrere Liebesaffären mit den Frauen der Philister, den traditionellen Erzfeinden Israels, säumen sein Leben.

täischen Küstenbewohnern und deren kriegerischen Händeln Befreier und »Retter in Not«. Neben dieser politisch instrumentalisierten Dimension verankert der Mythos diese prototypische Mannesgestalt in den Netzen einer philistäischen Frau, Delila mit Namen, deren Verlockungen er erliegt. Damit wird die grundlegende Frage der Schwächung oder Stärkung durch sinnliche Leidenschaft verhandelt, samt ihren Gefahren und Grenzen. In der Poetizität der Erzählung wird die Grandiosität des Helden ironisiert und dekonstruiert.[44] Der selbstzentrierte Autismus des Helden in seiner ungehemmten Leidenschaft und Gewalt wird ins Komisch-Burleske gewendet. Seine individuellen Grenzen spiegeln sich in Ri 13, seiner Metamorphose von einem vitalen Helden des Stammes Dan hin zu einem ambivalenten Heros, der das Nasiräergelübde bricht und so sich sein negatives Geschick auflädt. Viele Anekdoten konturieren sein Bild als Löwenbändiger (14,5–9), als Ratespieler (14,10–20), als streitbarer Kämpfer (15,1–8), als Entfesselungskünstler (15,9–12) u. v. a., die seine Gestalt in die Nähe des mediterranen Herakles-Sagenkreises zu rücken scheinen. Die im Helden inhärenten Kontraste, Stärke und Schwäche, werden zusammengedacht. Er ist Nasiräer, Mensch göttlicher Erwählung und Vollbringer von Parerga, von wirkmächtigen Taten, Richter und Retter auf der einen Seite, und Mensch mit Leidenschaften und Gewalt, Sinnlichkeit und Versagen auf der anderen Seite. Die Sage erzählt, wie er sich mit Leidenschaft in den Eros verstrickt, daran scheitert und am Ende, gefangen und von seinen Feinden geblendet, wie ein Sklave Mühlsteine dreht. Diese legendenhaft und anekdotisch angereicherte Erzählung endet mit dem hintergründigen Schluss, wie er in dem von ihm angerichteten Chaos selbst seinen Untergang findet und eine Unzahl von Opfern mit in den Tod reißt: »Der Toten«, sagt der Erzähler, »die bei seinem Tode starben, waren mehr, denn die er im Leben getötet hatte« (Ri 16,30).

Simson, exemplarisches Residuum der heroischen Richterzeit, wird zum Diskurs über das Ineinander von erotischer Leidenschaft, seiner verliebten Verfallenheit an die Frau, und der Ambivalenz des Heroischen sowie dessen konstitutiver Aporie. Als dramatis persona einer gescheiterten Liebe osziliert sein Leben zwischen Heroentum und Liebesverstricktheit, dem Auf und Ab des Lebens, zwischen Kampf, Sieg, Niederlage, intensiver Passion und Tod. Seine charakteristischen Attribute sind Aktivität, Kraft, Begehren, Imagination, Aufbegehren, Gewalt. In der Art eines »Selbst-Exempels« verkörpert er den tragischen Aspekt des Kraftmenschen und dessen tödliches Scheitern. Er wird so exemplarisch für das literarische Potential der Spannung von Eros und Charisma sowie für seine psychisch-physische Desinte-

---

[44] Vgl. K. F. D. Römheld, Von den Quellen der Kraft (Jdc 13), in: ZAW 104 (1992) 28–52; H.-J. Stipp, Simson, der Nasiräer, in: VT 45 (1995) 337–369; R. Wenning / E. Zenger, Der siebenlockige Held Simson, in: BN 17 (1982) 43–55.

gration. Die Erzählung schildert den Verrat durch seine philstäische Frau Delila, die in zwei tradierten Varianten (Ri 14 und 16,4 ff.) begegnet. Bei seiner Hochzeit (14,1–19) stellt Simon zwei inhaltlich verwandte Rätsel (14,14a: Bräutigam und 14,18a: Liebe) in den Raum, wobei die im Rätselspruch liegenden Vergleiche gerade von der gefragten Wirklichkeit eine umgekehrte Travestie erfahren. Die Rätselfunktion ist eine hochzeitliche Wissensprüfung, wobei seine Braut sein unlösbares Rätsel verrät und die Sequenz weiteren Geschehens in Gang setzt: Simsons Zorn, den Bruch des Verlöbnisses, Zerstörung der Felder, Feuertod der Brautfamilie, Simsons Blutrache an den Philistern und deren Strafexpedition nach Juda und seine Auslieferung. In 16,4–30 wird geschildert, wie der Nasiräer seiner Frau sein Lebensgeheimnis preisgibt. Seine Geliebte, Delila, aus dem feindlichen Lager der Philister, entlockt dem »siebenlockigen« Gottgeweihten und Helden das Nasiräer-Geheimnis seiner Kraft auf raffinierte Weise. Nie sollte seine Lockenpracht ein Schermesser berühren (16,17). Er decodiert sich selbst mit den Worten: »Würden mir die Haare geschoren, dann würde meine Kraft mich verlassen; ich würde schwach und wäre wie jeder andere Mensch«. Delila lässt ihn – wie es heißt – »auf ihren Knien einschlafen«, schneidet ihm die sieben Locken ab und ruft die Philister herbei, die ihm die Augen ausstechen und nach Gaza bringen, wo er im Kerker Mühlsteine drehen muss. Das Abschneiden der Locken machte ihn so bezwingbar, in der Symbolik der Kunst ein beliebtes Exemplum für die alle Stärke und Weisheit besiegende Macht der Frau. Aber sein Haar begann nachzuwachsen. Seine Feinde holten ihn aus dem Gefängnis, um mit ihm Spaß und Spott zu treiben, er aber stemmte sich gegen die Säule, so dass das Haus über allen und über ihn zusammenstürzte und alle in den Tod riss.

In der Simson-Geschichte, einer Heldenballade in Prosaform, stand seine odysseusähnliche listige Gestalt in der Mitte, mit seiner Rachsucht, übermenschlichen Stärke und seinem Konflikt zwischen Eros und Charisma, der ihn in den Abgrund reißt.[45] Unmittelbar vor seinem Tod bringt er die Mittelsäule eines mit Philistern gefüllten Hauses zum Einsturz und reißt mehr Feinde in den Abgrund als »bei seinem Leben starben« (Ri 16,30).

Die Simsongeschichte fand im Mittelalter eine breite typologische Ausdeutung, so z. B. im Verduner-Altar der Stiftskirche Klosterneuburg bei Wien. Im Programm der heilsgeschichtlichen »Summe« von der Ankündigung der Geburt und Beschneidung Simsons werden die entsprechenden Bilder aus der Heilsgeschichte Christi typologisch gegenübergestellt, Simsons

---

[45] Vgl. O. Grether, Die Bezeichnung ›Richter‹ für die charismatischen Helden der vorstaatlichen Zeit, in: ZAW 57 (1939) 110–121; E. Jenni, Vom Zeugnis des Richterbuches, in: TZ 12 (1956) 257–274; W. Richter, Die Bearbeitung des ›Retterbuches‹ in der deuteronomischen Epoche, 1964; Ders., Traditionsgeschichtliche Untersuchungen zum »Richterbuch«, ²1966; Ders., Zu den »Richtern Israels«, in: ZAW 77 (1965) 40–72.

Kampf mit dem Löwen als Vorbild des Abstiegs Jesu in die Hadeswelt, und Simson mit den Toren von Gaza als Vorbild der Auferstehung Christi, wobei die Stadt Gaza das Grab bedeutet, dessen Pforten der auferstandene Christus sprengt.

7. Liebe in den Märchen als Erlösungsmotiv

Märchen, eine Diminutivform zum mittelhochdeutschen Wort »maere«, das »Kunde«, »Nachricht«, »Erzählung« besagt, ist ein erzählerischer Grundtypus mündlicher Überlieferungen. Zum wandlungsreichen Grundzug der Volksmärchen gehört die Darstellung eines Konflikts, einer existentiellen Not oder extremen Situation sowie deren Lösung.[46] Es geht um die Themen Leben, Liebe, Tod. Oft ist die Strukturierung dualistisch: die Not und Negativität auf der einen Seite und der liebende Retter auf der anderen Seite. Real-Sichtbares in seiner Bedrohlichkeit, der Tod und der Überwinder, werden auf das Bipolare reduziert und damit eine gegensätzliche Polarität von Leben und Tod aufgelöst. Eine existentielle Grundnot findet ihre metaphorische Figuration und ihre utopische Harmonisierung. Die Werteskala der Märchen ist dichotomisch strukturiert und spiegelt und vermittelt religiöse Vorstellungen über die Immanenz der handelnden Akteure des Märchens mit ihren Erfahrungen. Die vielschichtige Gattung der Märchen gehört zum Gemeinbesitz der Menschheit, denn in den phantastischen, fabulierenden Erzählungen werden oft die Bedingungen der Wirklichkeit suspendiert und überstiegen. Auch spiegeln sich darin die facettenreichen Fragen und Probleme der Menschen, die Fragen von Leben und Tod, Diesseits und Jenseits, die Bedrohungen und Ängste, Freuden und Leiden, aber auch die der mitspielende Welt des Unfassbaren, der Dämonen, Hexen, Geister. Die Märchen kennen die magische Teilnahme an dem Mehr-als-Menschlichen, oder die altjägerische Glaubensvorstellung wie Tötung und Wiederbelebung aus den Knochen, das Thema der Verwandlung und Befreiung, der Not und der Erlösung.

Die Sammlung der »Brüder Grimm« (Jacob 1785–1863 und Wilhelm 1786–1859) der Kinder- und Hausmärchen, (1812–1815), bieten uns die Typenbreite des europäischen Märchenschatzes. Sie sind zu einem Weltbegriff geworden und bilden den Grundbestand aller Märchenforschung des 19. Jh.s und ein unvergängliches Elixier für die Kinderseele der Welt. Diese Urform als »einfache Form« schöpft aus der wunderhaften Ordnung

---

[46] Vgl. V. J. Propp, Morphologie des Märchens, 1975; H. Röllecke, Die Märchen der Brüder Grimm, ³1992; H. Bausinger, Enzyklopädie des Märchens 9 (1999) 250–274.

des Richtigen, hellsichtig für Werte und Abgründe, ein welthaltiger Schatz, der aus dem Unbewussten heraufdringt.[47] »Die Märchen gleichen den Blumen, die Volkssagen frischen Kräutern und Sträuchen«, schreibt Jacob 1815, Wilhelm spricht von deren Kindereinfalt: »Innerlich geht durch diese Dichtungen dieselbe Reinheit, um deretwillen uns Kinder so wunderbar und selig erscheinen.«

Schon Johann Gottfried Herder (1744–1803) erkannte den Wert der Märchen als symbolische, dichterische Ahnung der Tiefen des Unmittelbaren und Ursprünglichen der Dimensionen des Lebens, in denen der Mensch seiner Fragen innewird. In Gefühl und Ahnung vollzieht sich ein Urakt des menschlichen Geistes. Einzelne Elemente finden sich in allen Religionen und behandeln inhaltlich alle wesentlichen Fragen der conditio humana wie Natur und Herkunft des Menschen, Tod und Leben, Liebe und Hass. Sie konfrontieren mit Angst und Gewalt, Leid und Tod, Befürchtungen, Sehnsüchten und Wünschen, sowie der Sehnsucht über »alles« hinaus. Es sind die existentielle Erfahrungen. Unsagbares wird genannt und Ungefügtes in eine Form gebracht. Mit dem Märchen und seiner semantischen Symbolstruktur verbinden sich die mehrdeutigen Erkenntniswege für Welt und Leben.[48] Eines der zentralen Motive ist das Erlösungsmotiv durch Liebe.

8. Das antike Märchen »Amor und Psyche«: Das reine Schöne und das Göttliche im Menschen

Lucius Apuleius (um 125–180), der Nordafrikaner aus Madaura, überliefert mit »Amor und Psyche« der Nachwelt das berühmteste Märchen der Antike.[49] Es ist in seinem Prosaroman »Metamopheseon sive de asino aureo Libri XI« (»Verwandlungen«, auch als »Aureus asinus«/»Der goldene Esel«) enthalten. Er handelt von der bestraften Lebensneugier des im Zauberland Thessalien in einen Esel verwandelten Lucius und von seinen abenteuerlichen Irrfahrten. Über die gehäuften Gräuel des Menschlichen mit Untreue, Eifersucht, Zauberei, Verbrechen und Mord, ist als reines Gegenbild

---

[47] Ausgabe: Fr. von der Leyen, »Märchen der Weltliteratur«, 1912, 2 Bde., Ders., Das deutsche Märchen und die Brüder Grimm, 1964; Qu. Gerstl, Pädagogische Analyse des Märchens, 1964; H. Rölleke, Die Märchen der Brüder Grimm. Eine Einführung, ²1986; B. Lauer (Hg.), Die Brüder Grimm und die Geisteswissenschaften heute, 1999.
[48] Vgl. M. Lüthi, Das europäische Volksmärchen, 1947; 1974; L. Röhrich, Märchen und Wirklichkeit, 1956; ³1974; B. Bettelheim, Kinder brauchen Märchen, 1977.
[49] Vgl. R. Reitzenstein, Das Märchen von Amor und Psyche bei Apuleius, 1912; B. Mosca, La favola e il problema di Psiche, 1935; A. Dyroff, Das Märchen von Amor und Psyche, 1941; Zur Diskussion über den Seelenglauben und die griechischen Vorstellungen von der Seele, vgl. B. Nilsson, Geschichte der griechischen Religion, Bd. I, 50 ff. 178 ff.

das zauberhafte Märchen von »Amor und Psyche« eingefügt. Eine alte Küchenmagd will die verzweifelte Charite damit trösten.

Apuleius[50], der Philosophus Platonicus, wie ihn die mittelalterlichen Autoren nannten[51], stellt platonisches Gedankengut in den Kontext einer Erlösungsreligion. Sein in Ich-Form erzählter Abenteuerroman mit all den erotica et curiosa, mit der episodischen Struktur der einzelne Szenen verbindenden Leitmotive wie curiositas / Neugierde, fortuna/Schicksal und dem Erlösungsmotiv, gipfelt im religiösen Schluss des 11. Buches seiner Metamorphosen. Lucius, das Opfer seiner verhängnisvollen Neugier, wird schließlich aus seiner Tiergestalt in seine ursprüngliche Menschengestalt rückverwandelt und in den Isis-Osiris-Kult initiiert. Die Mitte des Romans mit den Formelelementen des Liebesromans bildet das »Amor-und-Psyche«-Märchen, in welchem das Schicksal des Helden allegorisch travestiert und überhöht wird. Im 11. Buch der »Metamorphoses«, dem sog. Isisbuch, identifiziert sich Apuleius mit seiner Romanperson Lucius und drückt dadurch dem Mysterienteil den Stempel einer persönlichen religiösen Confessio auf. Auch sieht er in seiner Rückverwandlung ein erlösendes Geschehen der Göttin Isis.[52] Das in seine »Metamorphoses« eingelegte Märchen von »Amor und Psyche« (Met. 4,28 – 6,24) spielt mit dem Namen »psyche« der Hauptfigur, der einerseits als Eigenname der weiblichen Hauptfigur fungiert, andererseits aber für die menschliche Seele steht. Eine alte Frau erzählt einem von Räubern entführten Mädchen die romanhaft geschilderten Erlebnisse eines Jünglings namens Lucius, der durch den ahnungslosen Gebrauch eines Zaubermittels in einen Esel verwandelt wird. Nach vielfältigen Abenteuern, Schicksalsschlägen und Zaubergeschichten sowie überstandenen Gefahren erwacht er – wie dies im Buch XI geschildert wird, – zur mitternächtlichen Stunde an einem Meeresstrand, fleht innig Isis, die Himmelskönigin an, die ihm aus der Hand eines ihrer Priester die rettenden Rosen reicht, die er verzehrt und wieder in einen Menschen rückverwandelt wird, um dann in den Dienst der Göttin zu treten. Apuleius greift dabei auf die pseudo-lukanische Satire »Lúkios è ónos« (»Lukios oder der Esel«) zurück, in der der in einen Esel verwandelten Ich-Erzähler mehrfach seinen Herrn wechselt und dabei die Welt in ihren Abgründen, sozusagen von Innen her, kennenlernt.[53] Diese mühselige Wanderschaft ist ein Parcours durch eine

---

[50] Ed. Metamorphoseon libri XI, R. Helm 1978 (dt. Übersetzung von K. Krenkel). C. C. Schlam, The Metamorphoses of Apuleius, 1992; P. Steinmetz, Untersuchungen zur römischen Literatur des 2. Jh.s n. Chr., 1982.
[51] S. Gersh, Middle Platonism and Neoplatonism I: The Latin Tradition, 1956, 215 f.
[52] Vgl. W. Wittmann, Das Isisbuch des Apuleius, 1938; P. Grimal, Apulei Metamorphoseis IV, 28-VI, 24 (Le conte d'Amour et Psyché, 1963; R. Merkelbach, Isis regina – Zeus Serapis. Die griechisch-ägyptische Religion nach den Quellen dargestellt, 1995; N. Shumate, Crisis and Convension in Apuleius' Metamorphoses, 1996.
[53] Vgl. dazu A Lesky, Apuleius von Madaura und Lukios von Patrai. in: Hermes 76 (1941)

XIV Die Liebe auf der Bühne des theatrum mundi

Welt mit ihren Gefahren, eigenem und fremdem Leid, und ihrer Schlechtigkeit und Ungerechtigkeit.

Psyche, die jüngste von drei Königstöchtern, wird ob ihrer ausnehmenden Schönheit als irdisches Abbild der bestrickenden Liebesgöttin Venus angesehen, so dass deren kultische Verehrung ins Hintertreffen gerät. Eifersüchtig und auf Rache bedacht, beauftragt Venus ihren Sohn Amor, Psyche solle dem hässlichsten Menschen in Liebe verfallen sein. Aber von ihrer göttlichen Schönheit bezaubert, verliebt sich Amor Hals über Kopf in sie und lässt sie vom Windgott Zephyr zu seinem Palast bringen. Dort genießt sie ein Leben in Glück und Wonne, unter der einen Bedingung, nie ihren Geliebten bei Licht betrachten zu dürfen, dies würde sein Verschwinden zur Folge haben. Aber von der Neugier übermannt, will sie nach Verstreichen der Zeit doch dessen Identität schauen und geht in der Nacht mit einer brennenden Lampe und einem Messer an das Bett ihres Gatten. Dabei vergießt sie einen Tropfen heißen Öls aus ihrer Lampe und entdeckt erstaunt den Gott der Liebe in ihm. Der so wach Gewordenen entzieht sich der Liebenden. Ihre notvolle Suche wird von Venus durch viele Prüfungen behindert und erprobt. Als sie für Venus in der Hadeswelt eine Büchse voller wunderbarer Essenzen erlangt und das Gefäß neugierig öffnet, verfällt sie in einen tiefen Schlaf, aus dem sie dann Amor mit Hilfe Juppiters zu erretten vermag, um sich erneut mit ihr zu verbinden.

In dieser Märchenerzählung von »Amor und Psyche« spiegelt sich das Schicksal des Lucius selbst mit all seinen selbstreflexiven Momenten von Irrtum – Leiden – und Erlösung. In der narrativen Darstellung des Liebespaares muss sich Psyche durch all die Prüfungen hindurchläutern zur reinen Liebe, die ihr in Amor verkörpert erscheint. Polar sind die beiden Existenzweisen angelegt, die magische Verwandlung in die Eselsgestalt als das Untermenschliche auf der einen Seite, und das Wunder der religiösen Erlösung auf der anderen Seite. Das den Roman durchziehende Motiv der Selbsterlösung misslingt. Erst der Einbruch der Transzendenz, das Einwirken des Göttlichen im Rahmen der Isis-Religion, bewirkt das rettende Geschehen. In Preisliedern wird die ägyptische Göttin Isis gefeiert[54] und wirkt stärker als andere fremde Götter auf die spätantike Religiosität der Griechen ein. In Isis-Aretalogien wurden die Wundertaten der Göttin aufgezählt, die den Menschen die Kultur brachte, die Ehe, das Recht, die Sprache und die

---

43–74; H. von Thiel, Der Eselsroman. 2 Bde., 1971/72. Außerdem verwendet Apuleius die »Milesiaká« des Aristeides aus Milet, eine Novellensammlung mit erotisch frivolen Erzählungen um 100 v. Chr. Vgl. dazu H. Münstermann, Apuleius, Metamorphosen literarischer Vorlagen. Untersuchung dreier Episoden des Romans unter Berücksichtigung der Philosophie und Theologie des Apuleius. Beiträge zur Altertumskund 69 (1995).

[54] W. Peek, Der Isishymnus von Andros und verwandte Texte, 1930; M. P. Nilsson, Geschichte der griechischen Religion, Bd. II, ²1961, 600–603.

Schrift. Sie ordnete den Kosmos und herrscht über das Schicksal. Die überirdische Schönheit der Königstochter Psyche figuriert für die menschliche Seele, die an der unangemessenen Neugier scheitern muss, denn ihre »curiositas« verstrickt sie in Schuld.[55]

Die früh-christliche Allegorese greift das Amor-Psyche-Märchen auf, um den Fall und den Aufschwung der Seele darzustellen. Fabius Claudius Fulgentius (467–533)[56], der führende Theologe in Nordafrika Anfang des 6. Jh., der durch Augustins Schriften begeistert, sich für das Mönchsleben entschied und später zum Bischof von Ruspe gewählt wurde, steht ganz in der Tradition der augustinischen Gnadenlehre, die den ganzen Weg zum Heil als einen Heilungsprozess zu begreifen sucht. Das Wirken der göttlichen Gnade wird ganz im Horizont der neuplatonischen Gleichsetzung von jeglichem Guten mit dem höchsten Gut gesehen. In seinen »Mitologiae«, die 50 Sagen aus der klassischen Mythologie enthalten, deutet er diese »secundum philosophiam moraliter«. So werden z. B. die drei Göttinnen, zwischen denen der troianische Priamossohn Paris zu wählen hatte, zu Symbolen des aktiven, kontemplativen und amurösen Lebens (2,1).

In der reduktionistischen Allegorisierung der Amor-Psyche-Fabel erscheint »Gott« und die »Materie« als Eltern der »Seele«, wobei ihre beiden Schwestern als »Fleisch« und »Willensfreiheit« figurieren. Das Reich der Königsfamilie ist durch die Welt imaginiert. Die »edle« und »schöne« Seele steht über der durch Venus verkörperten »Lust« (voluptas), was diese zur Eifersucht reizt und sie ihren Sohn Amor, hier Sinnbild der »Begierde«, beauftragt, die Seele zu verderben. Da aber das Begehren ambivalent ist, sich sowohl auf das Gute wie auch auf das Schlechte richten könne, unterliegt Amor der Schönheit der Seele und verliebt sich in sie. Mit dem Paradoxon des Verbots, ihn mit ihren Augen zu schauen, will er Psyche vor sich selber schützen. Diese missachtet das Verbot und netzt den Schlafenden mit einem Tropfen heißen Öls. Die zur Begierde pervertierte Liebe verletzt das Objekt ihrer Sehnsucht, das ihr als personifiziertes Ziel ihres Begehrens gegenübersteht.

---

[55] Vgl. A. L. Birberick, Rewriting Curiosity: The Psyche Myth in Apuleius, La Fontaine, ans d'Aulnoy, in: D. L. Rubin (Hrsg.), Strategic Rewriting, 2002, 134–148; D. Fehling, Amor und Psyche. Die Schöpfung der Apuleius und ihre Einwirkung auf das Märchen, 1977; V. Gély, L'invention d'un mythe: Psyché. Allégorie et fiction, du siècle de Platon au temps de La Fontaine, 2006.

[56] Vgl. R. Helm. Der Bischof Fulgetius und der Mythograph, in: RMP 54 (1899) 111–134; A. v. Harnack, Der Eros in der alten christlichen Literatur, SbB 1894; E. Krahmer, Eros und Psyche, 1861; R. Merkelbach, Roman und Mysterium, 1962.

XIV Die Liebe auf der Bühne des theatrum mundi

a. Giovanni Boccaccio

Auch Giovanni Boccaccio (1313–1375), der Schöpfer der europäischen Novelle, allegorisiert die mythische Amor-Psyche-Erzählung gemäß der drei in der Seele hierarchisch geordneten Seelenvermögen, der anima vegetativa, der anima sensitiva und der anima rationalis. Boccaccio macht aus der Liebesgeschichte von Amor und Psyche einen Liebesdiskurs und deutet Psyches Suche nach dem entschwundenen Amor als Prüfungs- und Bewährungsgeschichte. Nach den Wegen durch die Welt der Sinnlichkeit kann Psyche erst durch die Wiedererweckung ihres rationalen Seelenvermögen den Weg nach Oben finden und sich mit der reinen Liebe verbinden. In seiner Sammlung von Lebensbeschreibungen berühmter Frauengestalten (»De claris mulieribus«) aus der Literatur der Antike und seiner Gegenwart lässt der Dichter trotz des moralisch-didaktischen Anspruchs seinem novellistischen Talent freien Lauf.[57]

b. Pedro Calderón de la Barca

Pedro Calderón de la Barca (1600–1681), Schöpfer und Vollender der spanischen Barockdichtung, aus altadliger asturischer Familie, rückt die Amor-Psyche-Geschichte in einen theologisch-sakramentalen Kontext. In »Psiquis y Cupido« wird die Liebesgeschichte von Amor und Psyche in barockem Symbolismus, zum Kampf in der Seele um die Seele,[58] umgestaltet. Dabei wird der Mythos als eucharistisches Mysterium in Szene gesetzt und in eine Liebesgeschichte zwischen Gott und der menschlichen Seele transformiert. Zugleich findet eine Ausweitung in die welt- und heilsgeschichtliche Dimension statt, wenn die drei Königskinder und Schwestern die drei weltgeschichtlichen Epochen des Heidentums, des Judentums und des Christentums symbolisieren. Die hochzeitliche Verbindung von Amor und Psyche realisiert sich im Empfang der hl. Eucharistie, wobei die Heilsgeschichte als Liebesgeschichte von Gott und Mensch zu ihrem Ziel- und Höhepunkt kommt.

---

[57] Übers. H. Stainhöwel, Hg. S. Hoepfl, 1924. Vgl. A. Cerbo, Il »De claris mulieribus« di Giovanni Boccaccio, in: Arcadia. Atti e memorie, 3a.4 (1974) 51–75; C. C. Schlam, Apuleius in the Middle Ages, in: A. Bernaro / S. Levin (Hrsg.), The Classics in the Middle Ages. 1990, 363–369; J. B. Holloway (Hrsg.), Tales within Tales. Apuleius through Time, 2000.
[58] Vgl. J. Küpper, Repräsentation und Real-Präsenz. Bemerkungen zum auto sacramental (alderón, Psiquis y Cupidon), in: E. Fischer-Lichte (Hg.), Theatralität und die Krisen der Repräsentation, 2001, 83–100.

c. Der Amor-Psyche-Mythos

Der Amor-Psyche-Mythos fand sowohl in der Bildenden Kunst als auch in der Musik seine Repräsentationen und seine musikalischen Umsetzungen. Die singuläre Transformation des Mythos in eine Seelenallegorie verklärt z. B. Antonio Canova in seiner Marmorskulptur mit dem Titel: »Psyché reanimée par le baiser de l'Amour.« Die Annäherung Amors an Psyche, die durch den bevorstehenden Kuss ihr Erwachen verklärt, umspielt den Augenblick von Nähe und Distanz. Die noch vorhandene Differenz zwischen dem göttlichen Liebenden und der leibgebundenen Psyche, wird so in Szene gesetzt, dass ihre Erweckung durch den himmlischen Liebeskuss ihre bevorstehende Vergöttlichung initiiert.[59]

9. Die Unbedingtheit der Liebe: Romeo und Julia – ein Theatermärchen

a. William Shakespeare

William Shakespeare (1554–1616), der »Schwan von Avon«, Dichter und Dramatiker[60], hatte in seiner Liebestragödie in fünf Akten »Romeo and Juliet« (»Romeo und Julia), der tragischen Liebe zwischen zwei liebenden Jugendlichen aus tief verfeindeten Häusern in Verona eine poetische Vollendung gegeben (um 1595/96). Der Vorspruch zu diesem Inbild einer Liebe in dramatischer Poesie: »dieser todgeweihten (death-mark'd) Liebe Lauf« lässt bereits ihren tödlichen Ausgang erahnen, denn sie ist, »unsternbedroht« (»star-cross'd). Das 1593 in London aufgeführte Trauerspiel in fünf Akten von Shakespeare zählt zu den vollkommensten und zeitlosesten Liebesdramen der Weltliteratur und ist nach G. E. Lessing, dem Vollender und ersten Überwinder der deutschen Aufklärung, »die einzige Tragödie, an der die Liebe selbst hat Arbeiten helfen«. Shakespeare, der große Weltdichter der Briten, den W. v. Goethe als den »Stern der schönsten Höhe« nennt, bildet mit seinen Dramen den Gipfelpunkt des abendländischen Dramas und ist selbst ein poetisches Ereignis der englischen Literatur in der elisabethanischen Zeit. Seine Sprachkraft und ihre imaginative Gewalt – nach philologischer Zählung der Wörter, die er gebrauchte, verfügt er über den um-

---

[59] Vgl. C. Steinmetz, Amor und Psyche. Studien zur Auffassung des Mythos in der Bildenden Kunst um 1800, 1989.
[60] Vgl. E. K. Chambers, William Shakespeare, A Study of Facts and Problems, 2 Bde., 1930; S. Schoenbaum, William Shakespeare: Eine Dokumentation seines Lebens, 1981; J. Bate, The Genius of Shakespeare, 1997.

fassendsten Ausdrucksschatz der abendländischen Dichtung –, wird das Pandämonion elementarer Wesenheiten seiner »inneren Bühne« mit den Dramen der attischen Tragödie verglichen, so vor allem seine Königsdramen als mythisches England und als »die Ilias des englischen Volkes«.

In seiner Straßburger Rede »Zum Shakespearetag« hat der junge W. v. Goethe das Tragische bei Shakespeare dahin charakterisiert; »... seine Stücke drehen sich alle um den geheimen Punkt – den noch kein Philosoph gesehen und bestimmt hat –, in dem das Eigentümliche des Ichs, die prätendierte Freiheit unsres Wollens mit dem notwendigen Gang des Ganzen zusammenstößt«. Eine Liebe von solcher Ausschließlichkeit scheint in der Welt keinen Platz zu finden und so verwirklicht sich an dem liebenden Paar die Überschattung durch den »notwendigen Gang des Ganzen«. In »Romeo und Julia« sucht er die tragische Liebe zweier Liebender in ihrer reinsten und vollkommensten Form als tragisches Lebensspiel und als Lebensleidenschaft zu fassen. Der Gedanke »Die ganze Welt ist eine Bühne, / und alle Menschen nichts als Spieler«, den Jacques in »As You Like it« (»Wie es euch gefällt«) zum Ausdruck bringt, ist dem Gesamtwerk Shakespeares eingezeichnet. So endet auch »Romeo and Juliet« mit einer Tragödie der Irrungen.

Der Stoff entstammt der Novellenliteratur Italiens[61] und ist ein in Worten gefasstes Renaissancegemälde, dem der Dichter in seiner Liebesdichtung den dramatischen polaren Konflikt der Liebesleidenschaft einwebt. Das Tragische wird in das Dramatische travestiert als mysterienhafte Lösung durch den Tod, durch welchen die trennenden Grenzen aufgehoben und die Liebe der Liebenden ihre Verklärung findet. »Füg unsere Hände nur durch deinen Segensspruch in eins, dann tue sein Äußerstes der Liebeswürger Tod« (II, 6, 46).

In seiner Versnovelle von über 3000 Versen hatte Arthur Brooke seine Version des Romeo-Julia-Stoffes in ein episches Gedicht gefasst (»The Tragicall Historye of Romeus and Juliet«)[62], das Shakespeare als Vorlage dien-

---

[61] Der Stoff begegnet in drei Novellen dreier italienischer Dichter und zwar im »Novellino« des Masuccio von Salerno (1476); dann bei Luigi da Porta (1524), der zeigt, wie zwischen dem Familiehass der Montecci und Cappoletti die Liebe Romeos und Giulias aufblüht und durch einen geheimen Ehebund, assistiert vom Beichtvater Lorenzo, besiegelt wird. In einem Zweikampf tötet Romeo den Tebaldo Cappoletti und muss in die Verbannung. Um ihrer neuen, erzwungenen Ehe zu entgehen, stellt sich Giuletta scheintot. Da Romeo der Bote des Beichtvaters Lorenzo nicht erreicht, sondern nur die irrige Nachricht von Guilettas Tod, trinkt er in der Gruft der vermeintlich Toten den Giftbecher und sinkt in den Tod, als diese erwacht. Tief erschrocken will sie ihm folgen und scheidet durch Anhalten des Atems aus dem Leben. Denselben Stoff greift auch Bandello (1554) auf, um den Einzelzügen der Handlung neuen Glanz zu schenken und in Renaissancemanier die Redeszenen auszugestalten, vor allem das Todesgespräch der Sterbenden und Julias Liebestod, die »mit ganzer Willenskraft den Atem anhaltende stirbt«. G. Bullough (Hg.), Narrative and Dramatic Sources of Shakespeare, 8 Bde. 1957–1975.

[62] Der Bandello-Text wurde 1559 durch Boiaistuau ins Französische übersetzt und 1567

te, um die an ihrer Umwelt und durch eigenes Ungestüm zugrunde gehende junge Liebe zu dramatisieren. Shakespeare tut dies, indem er das Tiefsubjektive der beiden Protagonisten zur Weltwerdung hin objektiviert und zwar mit einer reichen Metaphorik dramatischer Rede, gefühlten Anschauungen der »inneren« Bühne der liebenden Herzen und der äußeren Bühne mit ihren Intrigen und Kämpfen, der Liebe und dem Hass, dem Adel und der Verworfenheit, um einer Gefühls- und Bewusstseins-Krise das Wort zu geben. Dabei sind Hass und Liebe die Handlungsimpulse. Die intensive Liebe zweier Liebender wird an ihre schicksalshafte tragische Grenze herangeführt. Thematische Bezüge lassen sich in dem in zeitlicher Nähe stehenden »Ein Sommernachtstraum« (»Midsummer Night's Dream« 1595) erkennen, einem Hochzeitsfestspiel, dem Pyramus-und-Thisbe-Spiel der Handwerker als eine Travestie des Motivs vom Liebestod. Der Elfenkönig Oberon und der Troll träufeln Liebesverwirrung in alle Augen und treiben die Liebeswirrnisse zu einem Höhepunkt.[63]

In der Romeo-Julia-Konstellation der auf der Bühne agierenden Figuren wird das Liebesthema unter seinen verschiedenen Perspektiven ansichtig. Das junge Liebespaar wird mit dem Widerstand ihrer verfeindeten Familien konfrontiert. Romeos spottbeflissener Freund Mercurio und Julias geschwätzige Amme mit ihren Reminiszenzen an die Liebesfreuden, sprechen im Umschluss der Sinnlichkeit der Liebe. Die Ansichten der verfeindeten Familien vertreten die konventionsverhaftete Ansicht einer Standesheirat, wobei Graf Paris als der erwünschte Ehewerber der Capulet-Familie erscheint. Damit erhält Julias Liebe einen schicksalshaften Ablauf mit den Szenen der Despotie der Eltern, den Rat Lorenzos und Julias Scheintod-Entschluss. Um dem Heiratsbeschluss der Eltern mit dem Grafen Paris zu entgehen, nimmt sie am Vorabend der aufgenötigten Hochzeit den vom Mönchsfrater Lorenzo verschafften Betäubungstrank, der sie in einen vierzigstündigen todesähnlichen Schlaf versetzt. Sie soll dann in Romeos Gegenwart wieder erwachen und von ihm aus der Gruft entführt werden. Doch der Bote, der Romeo in diesen Geheimplan einweihen sollte, wird auf seinem Weg als pestverdächtig festgehalten. In diesem tragischen Ritardando erhält Romeo die Kunde von Julias Tod, eilt zur Gruft und erlebt dort die sehende Blendung von der jugendlichen Schönheit seiner Geliebten und folgt ihr mit einem Gifttrank in die Liebesinitiation der Vereinigung im Tod. Er küsst sie in Erinnerung an ihren ersten Kuss. Julia erwacht und begreift die

---

von William Painter und Arthur Brooke (1582) rezipiert, wobei Romeo jetzt ein Montague und in der verkürzten Todesszene bereits tot ist, als Julia erwacht. Diese folgt ihm über die Todesschwelle, indem sie sich erdolcht.
[63] Vgl. Th. Mc Alindon, Shakespeare's Tragic Cosmos, 1991; D. Mehl, Die Tragödie Shakespeares. Eine Einführung, 1983; G. Müller-Schwefe, William Shakespeare. Welt-Werk-Wirkung, 1978.

Nacht des Irrtums und die unglücklichen Zufälle, um sich mit Romeos Dolch selbst zu töten und sich mit ihm im Liebestod zu verbinden.

Von großer Schönheit ist die Nacht-Szene in Capulets Garten, in der sich die beiden Liebenden einander ihre Liebe gestehen und beschließen, sich heimlich trauen zu lassen (2. Aufzug, 2. Auftritt). Romeo antwortet Julia, die ihn fragt, wie er die Gartenmauer erklimmen konnte:

»*Der Liebe leichte Schwingen trugen mich;*
Kein steinern Bollwerk kann der Liebe wehren!
Und Liebe wagt, was irgend Liebe kann.«

Julia möchte mehr von seiner Liebe wissen und als er ihr bei dem »heil'gen Mond schwören will, hindert sie ihn:

»*O schwöre nicht beim Mond, dem wandelbaren,*
Der immerfort in seiner Scheibe wechselt,
Damit nicht wandelbar dein Lieben sei!«

Als Romeo sie um ihren treuen Liebesschwur bittet, antwortet sie:

»*Ich gab ihn dir, eh du darum gefleht;*
und doch, ich wollt', er stünde noch zu geben.«

Romeo:

»*Wolltest du ihn mir entziehn? Wozu das, Liebe?*«

Julia:

»*Um ihn von Herzen dir zurückzugeben.*
Allein ich wünsche, was ich habe, nur.
So grenzenlos ist meine Huld, die Liebe.
So tief wie das Meer. Je mehr ich gebe,
Je mehr auch hab' ich: beides ist unendlich.«

Und als ihm Julia tausendmal gut' Nacht wünscht, entgegnet Romeo:

»*Nein, tausendmal*
Ungute Nacht, ohne deines Lichtes Strahl.
Lieb' eilt zu Lieb', wie Schüler weg vom Buch;
Lieb' schleicht zu Lieb', wie Schüler hin zum Buch.«

Und am Sarg der vermeintlich toten Julia spricht Romeo die Worte:

»*... Augen,*
Blickt euer Letztes! Arme, nehmt die letzte
Umarmung! o Lippen, ihr, die Tore
Des Odems, siegelt mit rechtmäß'gem Kusse
Den ewigen Vertrag dem Wucherer Tod.«

Dann greift er zum Gifttrunk und spricht trinkend:

Die Unbedingtheit der Liebe: Romeo und Julia – ein Theatermärchen

»*Dies meiner Lieben! – O wackrer Apotheker!*
Dein Trank wirkt schnell. – Und so im Kusse sterb' ich.«

Als Julia erwacht und ihren toten Romeo an ihrem Sarg sieht, ersticht sie sich mit Romeos Dolch und fällt auf ihren toten Geliebten. Das herbe bittere Los zweier Liebender wird für alle späteren literarischen Nachklänge unerreichtes und richtungsweisendes Vorbild bleiben. Eine Ahnung vom tödlichen Ende als Folge dieser unerbittlichen Liebe war der Tragödie eingezeichnet: in Bruder Lorenzos Zelle sprach Romeo zum Mönch:

»*... Füg unsre Hände nur*
Durch deinen Segensspruch in eins, dann tue
Sein Äußerstes der Liebeswürger Tod:
Genug, dass ich nur mein sie nennen darf.« (II, 6, 46)

Der Tod aber erscheint auch als letzte Möglichkeit des Einswerdens mit dem Geliebten:

»*Ein Sarg empfange Romeo und mich!*« (III, 2, 54)

Und in Julias Kammer lässt sie ihren Monolog ausklingen mit dem Ruf:

»*Ich komme, Romeo! Dies trink' ich dir*«

und wirft sich auf das Bett, nimmt das Gift, das sie, lebendig-tot, in die Grabesgruft bringen soll.

In ihrer kompromisslosen Liebe und Treue zueinander vollendet sich diese im Tod und triumphiert über all die irdischen Widrigkeiten und Feindschaftsfehden. In diesem »religiös« entwickelten Inneren als immanentes Transzendieren erleben zwei Menschen auf mystische Weise die Herzensinnerlichkeit des Lebens, und zwar als Überwindung des Verhaftetseins an den dämonischen Abgrund des Schicksals.

Goethe spricht in seinen Reflexionen »Shakespeare und kein Ende«, von der »Unzulänglichkeit« aller Andeutungen und ist von der Überzeugung getragen, »dass Shakespeare, wie das Universum, immer neue Seiten bietet und am Ende doch unerforschlich bleibt«. Alfred de Musset notiert: »Mit jenem Vorrecht des Genies, das Charakter und Sitten aus einem Wort, einem flüchtigen Wesenszug errät, hat Shakespeare, ohne Italien gesehen zu haben, seinen Gestalten die Gedanken und die Farben des Landes verliehn«. Die späte Versöhnung der beiden Familie über den Leichnamen ihrer Kinder ist ein unbezahlbarer Preis.[64]

---

[64] In seinen »Reisebildern« bemerkt Heinrich Heine skeptisch, nachdem er das Grab der beiden Liebenden besucht hatte: »Ein Dichter sucht solche Stätten immer gern auf, wenn er auch als Erster über seine Herzengläubigkeit lacht.« Das Elternhaus der Julia wird nahe der Piazza delle Erbe gezeigt und damit ein Ort der beiden hadernden Familien, Julias Familie der Capuletti und die Romeos, der Montecchi.

b. Metamorphosen und Variationen des Romeo-Julia-Stoffes
(Lope de Vega; Gottfried Keller)

Auch der fruchtbarste Barockdichter Spaniens, Lope de Vega (= Lope Felix de Vega Carpio, 1562–1635),[65] greift auf Bandello zurück (um 1618), um dieses Welt-Motiv Romeo und Julia in seinem Werk »Castelvines und Monteses« zu gestalten. Lope de Vega mit seinem »stilo de vulgo« und seiner »admiración« und Poetik der »variedad«, sucht eine möglichst breite Vielfalt des Lebens auf die Bühne zu bringen. Er nimmt die Wucht der tragischen Fabel auf, um zu zeigen, wie die Liebe der beiden Liebenden den Familienhass zu besiegen vermag. Es ist ein Liebes-Schauspiel nach dem spanischen Vorbild des untragischen Cid und der Dona Ximena, die den Tod ihres Vaters nicht rächt, sondern verzeiht, indem sie den Mörder ehelicht.

In einer einzigen großen Szene wird gezeigt, wie die Liebe Roselos und Julias zur Versöhnung des Familienhasses führt. Roselo (= Romeo) und Julia treffen sich auf einem Faschingsfest, auf dem sie sich ineinander verlieben. Julia enthüllt in doppeldeutiger Verhüllung ihre Gefühle, indem sie im Gespräch gleichzeitig sich nach links und rechts wendet, zu ihrem Vetter Otavio und ihrem Geliebten Roselo – ganz im Bewusstsein der Schicksalsheiligkeit. Um ihrer Liebe und Ehre willen trinkt sie den vom Priester gereichten Giftbecher, weil sie der Vater dem Grafen zur Heirat versprochen. Sie weiß sich an Roselo gebunden. Dieser Schritt über die Schwelle des Todes führt zum Wiedererwachen in der Totengruft, in welchem sie sich neu mit Roselo zusammengeführt erfährt, ein Triumph der Liebe, den Lope in Beseitigung des bösen tragischen Zufalls zum großen Triumph stilisiert. In Lopes Typenfiguren spiegelt sich das bunte Leben, so dass sein Ruhm in der Größe und Ahnung der Gotteswelt ihren Widerschein findet,[66] wie es die Verse ausdrücken:

»*Eine Redensart der Leute*
auf dem Lande sagt, dass alles
Lopes Werk sei. Welche Beute!«

Der meisterliche Dichter der deutsch-schweizerischen Bürgerlichkeit und des bürgerlichen Gemeinsinns, Gottfried Keller (1819–1890),[67] transponiert in seiner Novelle »Romeo und Julia auf dem Dorfe« (1856) den tragischen Stoff in die ländliche Welt der Schweiz. Im Vorwort begründet Keller die Adaption des shakespeareschen Themas von Liebe und Tod:

---

[65] Lope de Vega, Obras. Nueva edición, 13 Bde., hg. v. E. Cotarelo y Mori, 1916–30.
[66] K. Vossler, Lope de Vega und sein Zeitalter, 1932. Vgl. J. Küpper, Diskursrenovation bei Lope de Vega und Calderón, 1990.
[67] H. Singer, »Romeo und Julia«. Person und Figur, in: FS F.-R. Alewyn, Hg. Ders. u. B. v. Wiese, 1967, 63–83; B. v. Wiese, Novelle, 1969 (Slg. Metzler).

Die Unbedingtheit der Liebe: Romeo und Julia – ein Theatermärchen

»Diese Geschichte zu erzählen würde eine mäßige Nachahmung sein, wenn sie nicht auf einem wirklichen Vorfall beruhte, zum Beweise, wie tief im Menschenleben jede jener Fabeln wurzelt, auf welche die großen alten Werke gebaut sind. Die Zahl solcher Fabeln ist mäßig; aber stets treten sie in neuem Gewande wieder in Erscheinung und zwingen alsdann die Hand, sie festzuhalten.«

Von einem tatsächlichen Ereignis erfährt Keller aus der »Züricher-Freitagszeitung« vom 3.9.1847 und führt erzählend bewusst das Dramatische ins Epische zurück, wie bei Brandello. Saki und Vreneli, die sich von Kind auf lieben, wachsen in den entstehenden dörflichen Elternzwist zweier Bauernfamilien hinein. Schon das Eingangsbild der Novelle Kellers exponiert die Typik bäuerlicher Ordnung in ihrer Unumstößlichkeit und Archaik. Die beiden bäuerlichen Nachbarn Manz und Matti pflügen an einem Morgen »ruhevoll« ihre Äcker:

»Es war schön anzusehen in der stillen goldenen Septembergegend, wenn sie so auf der Höhe aneinander vorbeizogen, still und langsam, und sich mälig voneinander entfernten, immer weiter auseinander, bis beide wie zwei untergehende Gestirne hinter die Wölbung des Hügels hinabgingen und verschwanden, um eine gute Weile darauf wieder zu erscheinen.«

Zwischen den beiden Äckern der Bauern aber liegt eine dem »schwarzen Geiger«[68] gehörende Brache, in die sie eine Furche reißen; er könne die nötigen Papiere für sein Feld ja nicht beibringen und sie als seinen Besitz belegen. Manz erwirbt das Feld bei einer öffentlichen Versteigerung, aber Marti hatte sich bereits ein Stück davon angeeignet. In diesen ruinösen Rechtsstreit und den wachsenden Hass werden Sali und Vreneli (Vrenchen) hineingezogen, die Kinder der beiden Bauern, »welche weder eine gute Hoffnung für ihre Zukunft kannten noch sich auch nur einer lieblich frohen Jugend erfreuten, da überall nichts als Zank und Sorge war«. In dieser Sphäre des »verwilderten« Lebens ihrer Väter gestehen die beiden sich einander ihre Liebe, und als Marti das junge Paar überrascht und Vrenchen, seine Tochter, zu misshandeln beginnt, schlägt ihn Sali, »halb in Angst um Vrenchen und halb im Jähzorn«, mit einem Stein nieder, der dabei um seinen Verstand gebracht wird. Martis Anwesen wird versteigert. Beide werden ausgestoßen und sind heimatlos, aber in ihnen brennt die Reinheit ihrer Liebe, die in der feindlichen und spießbürgerlichen Welt keinen Platz mehr zu finden vermag. Der eine Wander- und Freudentag, den sie sich vom Schicksal nehmen, macht ihnen den Ungeist der Umwelt und den Abgrund des eigenen Daseins bewusst. Der schwarze Geiger simuliert in einer »spaßhaften Zeremonie« ihre Trauung und sie wandern über die Felder zu den drei Äckern. »Die

---

[68] H. W. Fife, Kellers Dark Fiddler in 19th Century Symbolism of Evil, in: GLL 16 (1962/63) 117–127; G. Kaiser, Sündenfall, paradies und himmlisches Jerusalem in Kellers »Romeo und Julia ...« in: Euph. 65 (1971) 21–48.

letzte Flamme der Ehre, die in früheren Zeiten in ihren Häusern geglüht hatte«, lässt sie beides in eins erfahren: Liebe und Tod. »Es gibt nur eines für uns, Vrenchen, wir halten Hochzeit zu dieser Stunde und gehen dann aus der Welt«. Ein Boot, das am Flussufer festgebunden ist, wird ihnen zum »Brautbett« und Todesbett. Im Dunkel der Nacht treibt es die Flussströmung hinab, und als es sich der Stadt näherte, glitten im Froste des Herbstmorgens zwei bleiche Gestalten, die sich fest umwanden, von der dunklen Masse herunter in die kalten Fluten«. Zwei liebende Menschen zogen hinaus, um einen Tag lang glücklich zu sein und wählten am Abend, ganz im mythischen Sinne das Totenschiff als Brautlager, um in die einigende Umarmung des Todes einzutauchen.

In Gottfried Kellers »unvergänglicher Novelle«, wie Walter Benjamin sie nennt,[69] geht es um einen bürgerlichen Ehrbegriff, der an die Vermehrung von Besitz und Eigentum gebunden erscheint. Es sind das Normen des Feudalismus, wie Hegel sie in seiner »Ästhetik« analysiert. Persönliche Ehre und Anerkennung der Normen des bürgerlichen Selbst sind der dramaturgische Angelpunkt, der die beiden Liebenden daran scheitern lässt.[70]

---

[69] W. Menninghaus, »Romeo und Julia ...«. Eine Interpretation im Abschluss an Walter Benjamin, in: Ders., Artistische Schrift. Studien zur Kompositionskunst Gottfried Kellers, 1982, 91–158; R. C. Holub, Realism, Repetition, Repression. The Nature of Desire in »Romeo und Julia ...«, in: MLN (100) 1985, 461–497.
[70] Vgl. E. Feise, Kellers »Romeo und Julia« und Stifters »Brigitta«, in: Ders., Xenon Themes, Forms, and Ideas in German Literature, 1950, 153–179.

XV
Reflexionen und Mythopoetik der Liebe: philosophisch, theologisch, poetisch

1. Liebe in der universalpoetischen Reflexion der Romantik

a. Exposition

Poesie ist für Novalis »Idealismus«, der die Menschen auf ihrem ganzen Weg durch die Zeit umgreift, ein Weg, den der Dichter beginnt und abschließt.[1] Die teilweise zur Klassik parallel laufende Epoche der Romantik gibt den seelischen Ausdruckskräften des Menschen eine neue Ausformung. Gegenüber der aufklärerischen, alleswissenden und alles belehrenden »tintenklecksenden« Bildungswelt, wie Herder die Klassik apostrophiert hatte, geht es der Romantik vordringlich um eine neue und sich weitende Reflexions- und Erkenntnisweise über eine verrätselt empfundene Wirklichkeit. Chronologisch bezieht sich der Begriff des Romantischen auf eine europäische Geistesepoche, typologisch aber auf eine eigene Denk- und Empfindungsweise.[2] Auf dem Hintergrund eines alles umfangenden Idealismus gewinnt die Liebe zur Natur als etwas Organischem und Lebendigem eine quasi-religiöse Komponente. Alles steht mit jedem in einem inneren Zusammenhang und das Gefühl als emotionale Sichtweise vermag dem menschlichen Ich, das dem Verstand nicht Erreichbare und ihm Zugängliche, aufzuschließen. Als geistes- kultur- und stilgeschichtliche Bewegung sucht die Romantik eine Synthese zu schaffen zwischen religiösen, theologischen, philosophischen und poetisch-künstlerischen Denkformen mit all ihren Schattierungen und Wandlungen. Mit dem Begriff der Romantik wird eine geistige Strömung gekennzeichnet, in der sich die Subjektivität des Geistes mit der menschlichen Sehnsucht und der Phantasie nach dem Unendlichen in besonderer Weise verbindet. Der Epochenbegriff in all seiner Komplexität steht

---

[1] Novalis. Werke, 2, 533.
[2] Vgl. V. Bohn, (Hg.), Romantik. Literatur und Philosophie, 1987; H. A. Glaser, (Hg.), Deutsche Literatur. Eine Sozialgeschichte, Bd. 5: Zwischen Revolution und Restauration: Klassik, Romantik 1786–1815, 1980; G. Uerlings (Hg.), Theorie der Romantik, 2000; D. Kremer, Romantik, ²2003; E. Behler, Kritische Gedanken zum Begriff der europäischen Romantik, in: Studien zur Romantik und idealistischen Philosophie, 1988, 86–115.

für die Zeit zwischen 1760/80 und 1830/40 und ist zugleich eine zeitlos gültige Grundhaltung des Menschen, wenn er sich den dunklen Bereichen seiner Seele zuwendet, dem Irrationalen, seiner subjektiven Freiheit, den Kräften seiner Gefühlswelt und seinen Träumen. Als gemeineuropäische Bewegung zeigt die Romantik die verschiedensten Ausprägungen und erweist sich zugleich als eine der einflussreichsten geistigen Mächte mit einer unübersehbaren Fülle von Anregungen. Neben der Wende zum Religiösen wächst die Wende zur »neuen Mythologie« der nationalen Identität mit der ästhetischen Veranschaulichung des kollektiven und kulturellen Gedächtnisses, zugleich eingebettet in die Natur und auf das Göttliche hin bezogen.[3]

b. Aesthetica in nuce (Johann Georg Hamann)

Johann Georg Hamann (1730–1788), der »Magus des Nordens«, der inmitten einer persönlichen Krise 1758 in London durch intensive Lektüre biblischer Schriften eine geistige Wende erfuhr, greift in seiner aphoristischen Schrift »Sokratische Denkwürdigkeiten«,[4] 1759 entstanden, in ironischen und vieldeutigen Anspielungen den Kritizismus und Rationalismus der Aufklärung und die Vernunftgläubigkeit seiner Zeit an. Die Schrift richtet sich vor allem an seine »zween« Freunde Berens und Kant und ihren aufklärerischen Erkenntnisoptimismus. Seinen entscheidenden Einwand, den er selbst »eine herrliche Maxime!« nennt, fasst er in die Frage: »Entspringen Sinnlichkeit und Verstand als zwei Stämme der menschlichen Erkenntnis aus einer gemeinschaftlichen Wurzel, zu welchem Behuf eine so gewaltige, unbefugte, eigensinnige Scheidung desjenigen, was die Natur zusammengefügt hat?«, oder positiv formuliert: »Alles was der Mensch zu leisten unternimmt, es werde nun durch Tat oder Wort oder sonst hervorgebracht, muss aus sämtlichen vereinigten Kräften entspringen; alles Vereinzelte ist verwerflich«.[5] Als »Sokrates redivivus« sucht Hamann die sokratische Unwissenheit als lebendige »Empfindung« an sich selbst sichtbar und

---

[3] Vgl. H. Gockel, Mythos und Poesie. Zum Mythosbegriff in Aufklärung und Frühromantik, 1981; W. Jaeschke / H. Holzey (Hg.), Früher Idealismus und Frühromantik, Streit um die Grundlagen der Ästhetik (1795–1 (05), 1990; L. Pikulik, Frühromantik. Epoche-Werk-Wirkung, 1992.
[4] J. G. Hamann, Sokratische Denkwürdigkeiten für die lange Weile des Publicums zusammengetragen von einem Liebhaber der langen Weile. Mit einer doppelten Zuschrift an Niemand und an Zween, 1759.
[5] Goethe bemerkt dazu: »Von Leben und Kunst mag sie freilich gelten; bei jeder Überlieferung durchs Wort hingegen, die nicht gerade poetisch ist, findet sich eine große Schwierigkeit: denn das Wort muss sich ablösen, es muss sich vereizeln, um etwas zu sagen, zu bedeuten. Der Mensch, indem er spricht, muss für den Augenblick einseitig werden, es gibt keine Mitteilung, keine Lehre, ohne Sonderung«.

evident zu machen und setzt dafür »Genie«, den Gott in sich, und »das Wort in seinem Herzen« ein, um seine Zeitgenossen aus ihrer Einbildung und sophistischen Eitelkeit »zu einer Wahrheit, die im Verborgenen liegt«, zu führen und sie zu bezeugen. Die sokratische »Unwissenheit« deutet Hamann als »Glaube«, der »kein Werk der Vernunft« darstellt, sondern sich positiv der Liebe Gottes zuwendet und seiner Heilsbotschaft. In kritischer Travestie der Situation sokratischen Philosophierens vereinnahmt Hamann die Leitfigur der Aufklärung und der vernunftorientierten Lebensführung die »Neosophisten« J. C. Berens und I. Kant und sieht in dem sokratischen »Ich weiß, dass ich nichts weiß«, die limitische Grenze gezogen zu einer sich absolut setzenden Vernunft.[6] Hamanns Relektüre sokratischen Wesens sieht Sokrates wie eine Vorabbildung Jesu Christi.

Drei Jahre später, 1762, erscheinen die »Kreuzzüge des Philosophen«, eine Sammlung verschiedener Aufsätze, mit dem darin veröffentlichten Hauptwerk »Aestetica in nuce«. Diese theologische Fundamentalästhetik wendet sich gegen rein puristische Erkenntnistendenzen und die zeitgeschichtliche Intellektualisierung der Wahrnehmung. Wo eine »mordlügnerische Philosophie ... die Natur aus dem Wege geräumt« und »die große und kleine Masore der Weltweisheit ..., den Text der Natur, gleich einer Sündfluth, überschwemmt« hat, weist J. G. Hamann auf die Poesie hin. Sie nimmt die Schöpfung beim Wort, die ja eine »Rede an die Kreatur durch die Kreatur ... über jedes Klima bis an der Welt Ende« ist. Die Poesie sucht, »den natürlichen Gebrauch der Sinne von dem unnatürlichen Gebrauch der Abstractionen zu läutern«, und in Bildern zu sprechen, in denen »der ganze Schatz menschlicher Erkenntnis und Glückseligkeit« für Sinne und Leidenschaften besteht, die »nichts als Bilder reden und verstehen«. Sie sind Anrede an die Sinne, die als »alte Pflegeeltern der schönen Natur« in der Abstraktion der Aufklärung beiseite gerückt wurden.[7] Das Werk der Offenbarung Gottes habe primär zu den Sinnen gesprochen und eine adäquate Auslegung der heiligen Schriften und des Buches der Natur geschehe durch das ursprünglichere Vermögen der bild- und gleichnishaften Auffassung, durch die »Poesie« als die »Muttersprache des menschlichen Geschlechts«. Diese rückte so in den Rang der »Nachahmung« des Schöpfers, geschaffen durch sein »Ebenbild«, den Menschen, den »Poeten«, der dichtend die versehrte Ursprache der Schöpfung, die »Turbatverse« der Natur, in ihrem Ursprung wieder »ins Geschick zu bringen« weiß.[8] In seinem physiogno-

---

[6] Vgl. O. Bayer, Zeitgenosse im Widerspruch, 1988; S.-A. Jörgensen, Johann Georg Hamann, 1976; H. R. Schweizer, Ästhetik als Philosophie der sinnlichen Erkenntnis. Eine Interpretation der »Aestetica« A. G. Baumgartens, 1973.
[7] J. G. Hamann, Aestetica in nuce, Werke, hg. J. Nadler, 1950,2 197ff., 201, 206f.
[8] Vgl. H.-M. Lumpp, Philologia crucis, 1970; S.-A. Jörgensen, Johann Georg Hamann, 1976.

mischen Sprachdenken[9] sieht Hamann in der Lesbarkeit der Natur die Bilderschrift Gottes, die den Menschen als Adressaten nicht nur als Geistwesen, sondern auch als Naturwesen in seiner ganzen Sinnlichkeit und Leiblichkeit anspricht. Dem Denken der Vernunft liegt ur-vordenklich ein Bildbewusstsein zugrunde, sodass Hamann seine Einsicht in das Programmwort fasst, in »Bildern bestehe der ganze Schatz menschlicher Erkenntnis und Glückseligkeit«. Der Mensch als körperbildliches »Ebenbild« des Schöpfers ist nicht nur »Krönung der sinnlichen Offenbarung«, sondern auch Adressat des in Bildern und Gleichnissen redenden menschgewordenen Wortes Gottes. Dessen sprachmorphologische Vermittlung nimmt so das theologische Denken in Pflicht, eine theologische Ästhetik in Angriff zu nehmen und die Ursprache der Schöpfung nachzubuchstabieren. Unterschwellig lebt diese Grundintention des »Physiognomikers des Stils«, wie er sich selbst nannte, im bildtheoretischen Denken eines Nietzsche, Simmel, Benjamin u. a. fort. In seinen »Sokratischen Denkwürdigkeiten« stilisiert Hamann Sokrates, den Gegner der Sophisten, typologisch zu einem Adventpropheten des Christentums um. Das »Wissen seines Nichtwissens« ist für ihn »Glaube«, der »kein Werk der Vernunft« darstelle und sich von solcher Grenzerfahrung her der Liebe Gottes und seiner Botschaft vom Heil zuwende. Sein »Ich weiß, dass ich nichts weiß«, ist göttlich inspirierte »Empfindung« im Vorschein menschlicher Unvollkommenheit und Erlösungsbedürftigkeit und ziehe die Grenze zu einer sich absolut setzenden Vernunft. Der Mensch in seiner Konkretheit und Individualität samt seinen »Sinnen und Leidenschaften« wird den Abstraktionen und dem Systemdenken des aufgeklärten Rationalismus kontrastiert, denn echtes Wissen ist im Sinne des »Sokrates redivivus« immer individuell-existentiell und perspektivisch, wie später Kierkegaard und Nietzsche es repetieren werden. In seiner »Metakritik« des Jahres 1784 an Kants »Kritik der reinen Vernunft« versteht Hamann die Natur als das große Voraus, Schöpfung und Anrede Gottes an die menschliche Vernunft mit ihrem vernehmenden und antwortenden Vermögen. In einem Brief an Jacobi schreibt er: »Nicht cogito, ergo sum, sondern umgekehrt, oder noch hebräischer Est; ergo cogito«. So in die geschaffene Natur eingebettet, ist die menschliche Sprache ein poetisches Vermögen, sich die Welt und die Wirklichkeit zu erschließen und so der Vernunft voraus. Hamanns »Sokratische Denkwürdigkeiten« blieben nicht ohne Widerhall z. B. bei Lavater, Herder, Goethe, Schelling, Kierkegaard, Nietzsche, Jünger u. a.

---

[9] Vgl. K. Huizing, Hamanns Physiognomik des Stils, in: J. G. Hamann, Acta des fünften internationalen Hamann-Kolloquiums im Herder-Institut zu Marburg, (Hg.) B. Gajek, 1992, 107–121.

Als Pendelschlag gegenüber einem übersteigerten Rationalismus der Aufklärung, die im Namen des autonomen Verstandes sich zu einer radikalatheistischen Religionskritik gesteigert hatte, sucht die Romantik in einer gefühlsbetonten Religiosität das Mehr-als-Menschliche, Übernatürliche, Geheimnisvolle, Unsichtbare, Göttliche. Dieses wird in all seinen Erscheinungen immanent erfühlt. Auch die Rückwendung zur Kunst der mittelalterlichen Meister im Sinne einer neuen Kunstfrömmigkeit lässt sie, partizipativ an diesem Geist, »fromm« werden. Auch das Märchen als eines der vorzüglichsten Mittel einer Bewusstseinserweiterung lässt den Blick nach rückwärts und nach vorwärts richten und so die Zeit vor und nach der »Welt« in den Blick nehmen.[10] Die schrankenlose Freiheit der dichterischen Phantasie legitimiert zugleich das Ausgreifen der Poesie in unendliche Horizonte. Wegen der leidvollen Erfahrung des Ungenügens jeder Aussage in ihrer Begrenztheit und Endlichkeit weiß sich die romantische Poesie in ihrem Werden als »progressive Universalpoesie«. Sie liebt offene Formen, sprachliche Vieldeutigkeiten und Verschlüsselungen und mischt synästhetische Gattungen mit der Gestaltungsquelle von Intuition und Inspiration. Mit dem Hang zum Übersinnlichen, Irrealen, Zauber- und Spukhaften wird die Ästhetik zum Ausdruck eines neuen Fühlens, Erlebens und Strömens. Das Leben soll »poetisch« werden und die Poesie eine »Lebenskunstlehre«. Auch die Symbolik der »Blauen Blume« verweist auf eine intuitive Natur- und Weltschau und wird zu einem Motiv liebenden Suchens, zu Aufbruch und Wanderung und so zugleich zur Weitung des Bewusstseins und des emotionalen Raumes in der Ahnung des »Liedes«, das in »allen Dingen schläft«. Solche Sehnsucht findet ihre Ausprägungen in einer Liebe zum Idealen, zur unschuldigen Natur, zum verlorenen Paradies, zum Mysterium der Nacht. Die romantische Formwelt ist potenzierte, freie poetische Imagination, die sich in einer endlosen Reihe von Spiegelungen vervielfacht und ihr Nachleben in den »neuromantischen« Richtungen hat, die nicht nur im ganzen 19. Jahrhundert weiterleben, sondern sich in Variationen bis zur Gegenwart hin erstrecken.[11] In einem Schritt nach Innen sucht Novalis die Grenzen zwischen Wirklichkeit und Überwirklichkeit zu sistieren und in einer Art »magischen Idealismus« Diesseits und Jenseits, Traum und Wirklichkeit, Natur und Geist, Gott und Welt, Leben und Tod zu einer Einheit zu bringen. Sein »Romantisieren der Welt« ist nichts »als qualitative Potenzierung«, ist Eindringen in den tieferen Sinn der Dinge. Er schreibt: »Indem ich dem Gemeinen einen hohen Sinn, dem Gewöhnlichen ein geheimnisvolles Ansehen,

---

[10] Vgl. J. Bolte / G. Polivka, Anmerkungen zu den Kinder- und Hausmärchen der Gebrüder Grimm, 5 Bde., 1913–1932.
[11] Vgl. G. Hoffmeister, Deutsche und europäische Romantik, ²1990; H. Prang (Hg.), Begriffsbestimmung der Romantik, ²1972.

dem Bekannten die Würde des Unbekannten, dem Endlichen einen unendlichen Sinn gebe, so romantisiere ich es«.

Der institutionelle Kristallisationspunkt der frühromantischen Bewegung in Jena ist die Zeitschrift »Athenaeum«, die mit ihren antiklassizistischen Tendenzen ganz im Sinne J. G. Fichtes Lehre von der freien Tätigkeit des Ich, die halbbewusst-vorrationalen Medien der Wirklichkeitsvermittlung wie Traum, Gefühl, Empfindsamkeit und die emotionale Welt gegenüber der Vernunft, ins Licht rückt. Das subjektive Gefühl, die Welt des Fantastischen, das Irrationale sowie eine zum Mystizismus neigende Innerlichkeit finden ihre diskursive Neubewertung.

Die drei philosophischen Quellen, aus denen die romantische Dichtung schöpft und sich geistig beeinflusst weiß, sind Johann Gottlieb Fichte (1762–1814) durch seine Wissenschaftslehre mit dem Ich als Mittelpunkt, das die Dinge der Außenwelt (= Nicht-Ich) nicht nur erfasst, sondern sie schafft und seinem Willen botmäßig macht. Diese Schrift ist eine der schwierigsten und kühnsten Texte der Philosophie überhaupt. Für Fichte vollzieht sich die Durchführung der Wissenschaftslehre und damit der eigentlichen Philosophie im Aufstieg zum absoluten Prinzip menschlichen Wissens und in der darauffolgenden Rückwendung zur Ableitung der Erscheinung des Absoluten aus der Erkenntnis des absoluten Prinzips heraus. Es geht Fichte um die Rückführung der Mannigfaltigkeit der Dinge auf eine letzte, alles begründenden und einzige wirkliche Einheit.[12]

Neben ihm steht Friedrich Wilhelm Schelling (1775–1854), der Naturphilosoph der Romantik[13], für den Natur und Geist eine Einheit bilden und alles im Universum beseelt ist. Unter dieser Prämisse ist die Kunst die Höchstform der Gestaltung alles Irdischen, und die Philosophie der Kunst vollendete Philosophie.[14]

Gegenüber der Religionsphilosophie der Aufklärung mit ihrer rationalen Natur- und Vernunftreligion plädiert als dritter Friedrich D. E. Schleiermacher (1768–1834) in seinen »Reden über die Religion an die Gebildeten unter ihren Verächtern« (1799) für eine Religion, die im »Gefühl« angesie-

---

[12] Vgl. J. Widmann, Die Grundstruktur des Transzendentalen Wissens. Nach J. G. Fichtes Wissenschaftslehre: Das System in den seit 1801/02 entstandenen Fassungen, 1979.
[13] F. W. J. Schelling, Ideen zu einer Philosophie der Natur, 1797. In seiner Einleitung entwickelt Schelling seine Naturphilosophie, in der die Entzweiung von Geist und Natur, Subjekt und Objekt sistiert und das »System der Natur zugleich das System des Geistes« sein soll. Vgl. M. Frank/G. Kurz (Hg.), Materialien zu Schellings philosophischen Anfängen, 1975.
[14] Ders., Philosophie der Kunst, 1859. In der Kunst kommen Handeln und Erkennen zur Identität und wird so das »wahre« Gegenstück zur Natur, die höchstes Produkt des unbewussten Geistes ist, wobei im Kunstwerk der bewusste Geist zu sich selbst und zur Anschauung kommt. Vgl. D. Jähning, Schelling. Die Kunst in der Philosophie, 2 Bde., 1966.1969.

delt ist samt dem »Sinn und Geschmack für das Unendliche«. In seiner 1806 verfassten Schrift »Weihnachtsfeyer« sucht Schleiermacher zu entfalten, dass nur das durch Jesus selbst angeregte Gefühl der Liebe ihn selbst aufnehmen könne. Dies entwickelt er in seinem dogmatischen Hauptwerk »Der christliche Glaube« am Begriff der Frömmigkeit als Wesensbestimmung von Religion: »Die Frömmigkeit, welche die Basis aller kirchlichen Gemeinschaften ausmacht, ist rein für sich betrachtet weder ein Wissen noch ein Tun, sondern eine Bestimmtheit des Gefühls oder des unmittelbaren Selbstbewusstseins. Das Gemeinsame aller noch so verschiedenen Äußerungen der Frömmigkeit, wodurch diese sich zugleich von anderen Gefühlen unterscheiden, also das sich selbst gleiche Wesen der Frömmigkeit ist dieses, dass wir uns unser als unsrer selbst als schlechthin abhängig, oder was dasselbe sagen will, als in Beziehung mit Gott bewusst sind«.[15] Dieses »Gefühl der schlechthinnigen Abhängigkeit« von Gott ist ein Lebensverhältnis, das die menschliche Existenz radikal von Gott her bestimmt weiß. Eine solche Qualifikation gelebten (kirchlichen) Glaubens ist das schlechthinnige Voraus zu allen dogmatischen Lehrsystemen und hat in Jesus Christus sein unüberbietbares und absolut vollkommenes »Urbild« und die schlechthinnige Quelle der Gnade. So ist die Erlösung die »vollendete Schöpfung der menschlichen Natur« durch Jesus Christus.[16] In solch theologischem Konzept sind Schöpfung und Erlösung zusammengeschaut. In seiner Schrift »Christliche Sitte« (hg. v. L. Jonas, 1843), reflektiert Schleiermacher die Prinzipien christlichen Handelns und ersetzt dabei die dogmatische Frage »Was muss sein?« durch eine andere, nämlich »Was muss werden?«, um den in der Liebe tätigen Glauben als das eigentliche Agens christlichen Handelns zu bestimmen.[17]

c. Die welterschließende Kraft der Poesie: archaische Verborgenheit

Die beiden Protagonisten der Jenaer Frühromantik, Novalis und Friedrich Schlegel, integrieren den entgrenzten ästhetischen Raum der Erfahrung in

---

[15] F. E. D. Schleiermacher, Der christliche Glaube, nach den Grundsätzen der ev. Kirche im Zusammenhang dargestellt, 2 Bde., 1821–22, Leitsätze §§ 3.4.
[16] Ders., a.a.O. § 41. Vgl. E. Huber, Die Entwicklung des Religionsbegriffs bei Schleiermacher, 1901. F. Hertel, Das theologische Denken Schleiermachers, untersucht an der ersten Auflage seiner Reden »Über die Religion«, 1965; P. Seifert, Die Theologie des jungen Schleiermacher. 1960.
[17] F. D. E. Schleiermacher, Grundlinien einer Kritik der bisherigen Sittenlehre, EA 1803. Vgl. L. Vietor, Schleiermachers Auffassung von Freundschaft, Liebe und Ehe in der Auseinandersetzung mit Kant und Fichte. Eine Untersuchung zur Ethik Schleiermachers, 1910; E. Herms, Herkunft, Entfaltung und erste Gestalt des Systems der Wissenschaften bei Schleiermacher, 1974.

das Prinzip der produktiven Einbildungskraft als das Konzept der »progressiven Universalpoesie«.

Die Gegenstellung zur theoretischen Philosophie zeigt eine gewisse Affinität zum vorsokratischen Philosophen Parmenides von Elea (um 511 v. Chr. – bis nach 450 v. Chr.) und die von ihm ausgehende Tradition der »Negativen Theologie«, die mystagogisch und zum göttlichen Geheimnis weisend, durch Verneinung aller denkbaren Gottesprädikate die Undenkbarkeit des Absoluten gegenwärtig hält.[18] Das göttliche Eine ist jenseits des Seins und jenseits von allem »ist«. Als solches ist es inkommensurabel »über« allem Seienden und Sein, und damit auch jenseits aller menschlichen Denk- und Sprachkategorien. Und der Neuplatoniker Proklos verband als erster die beiden Wörter »negativ« bzw. »Negation« (apóphasis) und »Theologie« (theología). In seiner Kommentierung des platonischen Dialogs »Parmenides« sah er in Platon den Begründer einer »negativen Theologie«, wenn er schreibt: »Es ist besser, wie dies Platon getan hat, bei den Negationen zu bleiben und durch diese das erhabene Übermaß des Einen zu zeigen«.[19] So könne »ein theologischer Hymnus auf das Eine durch die Negation emporgesandt« werden[20], und in Platons Rede von der Unsagbarkeit des Höchsten[21] sah er das Vorbild für die negative Theologie. Der Gedanke wird uns dann in der Mystik eines Angelus Silesius wie in der Theosophie Jakob Böhmes begegnen, sowie in der kritischen Transzendentalphilosophie des Deutschen Idealismus bei F. W. J. Schelling und in der Moderne in der mystischen Philosophie Simone Weils oder der kritischen Theorie Th. W. Adornos und M. Horkheimers mit den Grundbegriffen des Bildverbots sowie im Denken der Transzendenz »des ganz Anderen« oder »des Anderen« bei E. Levinas[22] und im Denken der Differenz und der Spur bei J. Derrida.[23]

In Friedrich Schlegel (1772–1829), dem geistigen Führer und fruchtbaren Anreger findet die romantische Bewegung einen ihrer wichtigsten philosophischen Interpreten und Literaturtheoretikern. Zusammen mit seinem älte-

---

[18] Vgl. W. Oelmüller, Negative Theologie heute. Die Lage des Menschen vor Gott, 1999; R. Stolina, Niemand hat Gott je gesehen. Traktat über negative Theologie, 2000; H. Theil-Wunder, Die archaische Verborgenheit. Die philosophischen Wurzeln der negativen Theologie, 1970; G. Galitis, Apophatismus als Prinzip der Schriftauslegung bei den griechischen Kirchenvätern, in: EvTh 40 (1980) 25–40.
[19] Proclus, In Parmenidem commentarius 1108, 1925, übers. W. Beierwaltes; vgl. W. Beierwaltes, Proklos. Grundzüge seiner Metaphysik, 1965, bes. 341ff.
[20] a.a.O. 1191, 32–35.
[21] Platon, Ep. 7,341cff.; Tim.28c; Krat.400d.
[22] Vgl. E. Levinas, Autrement qu'être ou audelà de l'essence, 1974; dtsch.: Jenseits des Seins oder anders als Sein geschieht, 1992; De Dieu qui vient à l'idée, 1982; dtsch.: Wenn Gott ins Denken einfällt, 1985.
[23] J. Derrida, Comment ne pas parler, in: Psyché. Inventions de l'autre, 1987, 535–595; dtsch.: Wie nicht sprechen, in: Verneinungen, 1989; vgl. dazu H. Coward/T. Fosnay (Hg.), Derrida and the negativ theology, 1992.

ren Bruder August Wilhelm (1767–1845), dem Meisterübersetzer der Dramen Shakespeares, gibt er die Aufsehen erregende Zeitschrift »Athenaeum« (1798–1800) heraus und entfaltet in den »Fragmenten« seine Vorstellungen. Der Freundeskreis um die beiden Brüder, zu denen Novalis, Tieck, Schleiermacher u.a. gehörten, stand in enger Beziehung zu den an der Universität von Jena wirkenden Philosophen der neuen Transzendentalphilosophie (Fichte, Schelling, Niethammer). Friedrich Schlegel, Mittelpunkt der Jenaer Romantik[24] und Begründer der romantischen Literaturtheorie, postuliert für das dichterische Schaffen eine »progressive Universalpoesie« samt ihrem metaphysischen Horizont der Verbindung von Ich und Kosmos, d.h. der »transzendenten Ansicht der Dinge«. In seinem »Gespräch über die Poesie« heißt es, »dass das Romantische nicht sowohl eine Gattung ist als ein Element der Poesie, das mehr oder minder herrschen oder zurücktreten, aber nie ganz fehlen darf«, woraus er dann in seinem Athenaeum-Fragment 116[25] postuliert, »alle Poesie solle romantisch sein«[26], eine »Poesie« als »im Werden«: »ja das ist ihr eigentliches Wesen, dass sie ewig nur werden, nie vollendet sein kann«.[27] Und weiter: »Der Idealismus ist der Mittelpunkt und die Grundlage der deutschen Literatur; ... und die höhere Poesie als ein anderer Ausdruck derselben transzendentalen Ansicht der Dinge ist nur durch die Form von ihm verschieden.« Für die romantische Poesie postuliert Schlegel: »Ihre Bestimmung ist nicht bloß, alle getrennte Gattungen der Poesie wieder zu vereinigen und die Poesie mit der Philosophie und Rhetorik in Berührung zu setzen. Sie will und soll auch Poesie und Prosa, Genialität und Kritik, Kunstpoesie und Naturpoesie bald mischen, bald verschmelzen, die Poesie lebendig und gesellig und das Leben und die Gesellschaft poetisch machen, den Witz poetisieren und die Formen der Kunst mit gediegenem Bildungsstoff jeder Art ausfüllen und sättigen und durch Schwingungen des Humors beseelen ... Die romantische Dichtart ist noch im Werden; ja, das ist ihr eigentliches Wesen, dass sie ewig nur werden, nie vollendet sein kann. Sie kann durch keine Theorie erschöpft werden, und nur eine divinatorische Kritik dürfte es wagen, ihr Ideal charakterisieren zu wollen. Sie allein ist unendlich, wie sie allein frei ist und das als ihr erstes Gesetz anerkennt, dass die Willkür des Dichters kein Gesetz über sich leide«.[28] Im Rückgriff auf Friedrich Schillers Begriff der sentimentalischen Kunst und des für sie wesentlichen Moments der Reflexion, sieht Schlegel die welterschließende

---

[24] Zur Frühromantik von Jena mit ihrem universalen naturmagischen Gedankengebäude in Bezug auf die Philosophie Kants, zählen Fichte, Schelling, die Brüder Schlegel, Novalis, Tieck.
[25] F. Schlegel, Krit. F.-Sch. Ausgabe, hg. von E. Behler u.a., 1958 ff. 2,183.
[26] Schlegel, a.a.O. 2, 335.
[27] Schlegel, a.a.O. 2, 183. Vgl. F. N. Mennemeier, Friedrich Schlegels Poesiebegriff, 1971.
[28] F. Schlegel, Kritische Ausgabe, hg. E. Behler u.a., 1958 ff. 2, 183.

XV Reflexionen und Mythopoetik der Liebe

Kraft der Dichtung[29] in der »absoluten Identität« des Idealen und Realen, als »die Allheit, die Ganzheit, das Absolute und Systematische« der Transzendentalpoesie.[30] Im Athenäum-Fragment 247 bezeichnet er »Dantes prophetische Gedichte« als »das einzige System der transzendentalen Poesie«[31] und plädiert für eine »Poesie der Poesie« als »Verbindung von Kritik und Poesie«.[32]

In seinen Jenaer Vorlesungen sucht Fr. Schlegel im Rückgriff auf Fichtes »Sittenlehre« und Schellings »System des transzendentalen Idealismus« dem Transzendentalismus eine philosophische Gestalt zu geben. Er sieht darin die eigentliche Arbeit der Philosophie und sie vollendende, »wenn alle Begriffe transzendent, und alle Sätze identisch sind«.[33] »Transzendent« bedeutet für ihn, herausgegangen »aus aller Erfahrung« und zum Begriff des Unendlichen gelangt zu sein, zum Transzendenten; vor dieser Erfahrung oder jenseits von ihr verrennt sich der Verstand im Labyrinth der Irrungen und Wirrungen; deswegen ist eine »transzendentale Ansicht die Fähigkeit, vom Schein zu abstrahieren«.[34] Er schreibt: »Der Idealismus ist der Mittelpunkt und die Grundlage der deutschen Literatur; ohne ihn ist eine das Ganze der Natur umfassende Physik nicht möglich, und die höhere Poesie als ein anderer Ausdruck derselben transzendentalen Ansicht der Dinge ist nur durch die Form von ihm verschieden«. In der Poesie bricht sich das Spektrum des »unendlich Schönen«, wie Jean Paul das Romantische zu fassen suchte, mit all den Facetten des Zaubers, des Verführerischen und auch des morbiden Glanzes.[35] In dieses Abenteuer des Geistes und des Herzens wird auch die romantische Liebe eingestaltet.

Ein Blick auf die Entwicklung des Begriffs »transzendental« führt uns zu Schlegel und Novalis und bezeichnet dort einen »Stand-« bzw. »Gesichtspunkt«, der auf Totalität hin ausgerichtet ist. Es wird der Begriff »Transzendentalpoesie« geprägt und meint, »alle echte Dichter« hätten »bisher, ohne ihr Wissen, organisch (d.i. transzendental) poetisiert«[36]; auch die Naturlehre der Vorsokratiker sei »transzendentale Physik«[37], da für sie alles in

---

[29] Über die geistige Nähe zu Schellings Identitätsphilosophie vgl. R. Heine, Transzendentalpoesie. –Studie zu Fr. Schlegel, Novalis und E. T. A. Hoffmann, 1974, ²1985, 45 f.
[30] Fragmente der Literatur und Poesie, Nr. 900. KSA 16, 161.
[31] Ath.-Frg. 247, Krit. Ausg. (KSA), hg. E. Behler, 1958 ff., 2,206.
[32] Frg. zur Lit. und Poesie, Nr. 797. KSA 16,153.
[33] F. Schlegel, Transzendentalphilosophie, a.a.O. 28 f.
[34] Ders. a.a.O. 100.
[35] Jean Paul (eigtl. Johann Paul Friedrich Richter), Vorschule der Aesthetik, EA 1804 (3 Bde.); vgl. W. Rasch, Die Poetik Jean Pauls, in: H. Steffen (Hg.), Die deutsche Romantik, ²1978; G. Müller, Jean Paul Ästhetik und Naturphilosophie, 1983.
[36] Novalis, Vorarbeiten zu verschiedenen Fragmentsammlungen, Poesie (1798), 40 ff. (Hg.) P. Kluckhohn / R. Samuel 2 (³1981), 534–536.
[37] F. Schlegel, Transcendentalphilosophie (1800–01). Kritische Ausgabe, hg. E. Behler u.a. (1958 ff.) 12.91.

einem steten Fluss ist. Das Athenaueum-Fragment Nr. 388 (1798) drückt es so aus: »Transzendental ist, was in der Höhe ist, sein soll und kann«.[38] Fr. Schlegel bezeichnet »nach der Analogie der philosophischen Kunstsprache« eine Poesie, deren »eins und alles das Verhältnis des Idealen und des Realen«, »Transzendentalpoesie«[39] und gibt so der frühromantischen Literatur ihren programmatischen Leitbegriff.

2. Novalis: Liebe als rückwärtsgewandte Utopie und als Todestrunkenheit

a. Poetische Hermeneutik von Natur und Menschenwelt

Die Dichtung des am 25. März 1801 von seiner tödlichen Lungenkrankheit dahingerafften Friedrich von Hardenberg (1772–1801), der sich den Dichternamen Novalis[40] gab (von novale = Neuordnung), wird vergleichsweise als Travestie der Dichtung Hölderlins angesehen. Sein Programm lautet: »Romantisieren heißt dem Gewöhnlichen ein geheimnisvolles Ansehen, dem Bekannten die Würde des Unbekannten, dem Endlichen einen unendlichen Schein geben.« In seinem symbolträchtigen Romanfragment über den legendären Minnesänger »Heinrich von Ofterdingen«, entstanden zwischen Herbst 1799 und Frühjahr 1800, geht es Novalis um eine Spiegelung: um den Werdegang romantischen Denkens als Poetisierung der Welt, um ihre Entgrenzung über Raum und Zeit hinweg auf ein Unendliches hin und als Ausdruck der Verwandlung eines liebenden Ich, sowie als Ausdruck der entgrenzenden Liebe. Mit seinem »Heinrich von Ofterdingen« will Novalis dem Romantischen zur Neuinvestitur verhelfen und schreibt in einem seiner Fragmente: »Ferne Philosophie klingt wie Poesie. So wird alles in der Erfahrung Poesie – Poem. Actio in distans. Ferne Berge, ferne Menschen, ferne Begebenheiten etc. alles wird romantisch, quod idem est – daher ergibt sich unsere urpoetische Natur. Poesie der Nacht und Dämmerung«. Das Ganze ist eine Spiegelung der Fichte'schen Idee des »unendlichen Progresses«, des Überschritts des menschlichen Ich zu einer höheren, einheitsstiftenden Synthese von Geist und Natur. In seiner Spätphilosophie fasst Fichte die Philosophie als Ich-Geschichte und verbindet sie mit der Gotteslehre, um die

---

[38] Athenaueum-Frg. Nr. 388 (1798), a.a.O. 2,237.
[39] F. Schlegel, Athenaeum, Frg. 238 (1798), Krit. Ausg. (KSA), hg. E. Behler (1958ff.) 2,204.
[40] Vgl. O. S. Ehrensberger, Die epische Struktur in Novalis' »Heinrich von Ofterdingen«, 1965; H. Timm, Die heilige Revolution. Das religiöse Totalitätskonzept der Frühromantik. Schleiermachern – Novalis – F. Schlegel, 1978.

Welt so philosophisch zu erfassen, »wie Gott sie denken müsste«.[41] Dann charakterisiert er als »das innerste Wesen des Organs zur Philosophie ..., Sinn zu haben für den Sinn«.[42] Ihr Ziel sei die intellektuelle Anschauung der vom »gemeinen Bewusstsein« vergessenen transzendentalen Geschichte des Ich. Sie leiste so esoterisch das, was die »schöne Kunst« exoterisch tut: »sie macht den transzendentalen Gesichtspunkt zu dem gemeinen«.[43] In Anlehnung an Fichte wendet Novalis den Philosophiebegriff ins Ästhetische und sagt: »Die Poesie ist der Held der Philosophie. Die Philosophie erhebt die Poesie zum Grundsatz«, denn »die Philosophie ist eigentlich Heimweh – Trieb, überall zu Hause zu sein«.[44] Der mit »Erwartung« überschriebene erste Teil des romantischen Romans beginnt mit einem Ur-Erinnern im Traum, dem Traum von einer wunderbaren, fernen Welt und einer die Sehnsuchtswelt benennenden »Blauen Blume«, Chiffre und tiefsinniges Symbol des liebenden Erkennens und des Liebe erweckenden Zaubers für das Schöne, für die Phantasie und Poesie, das Staunen und Lieben. »Blau« aber steht für das geheimnisvolle Dahinter, das Transzendente, Himmlische, die Welt hinter der Welt. In diesem seinem Traum erfährt Heinrich, dass er »in seine Seele wie ein weites Rad hineingreift und sie in mächtigem Schwung forttreibt«, hinein in das große Panorama der Welt und ihre Erlebniswelt mit den Menschen, wobei sich »die Blume seines Herzens« ... »zuweilen wie ein Wetterleuchten in ihm sehen« ließ. Im Freundeskreis seines Großvaters lernt er den Dichter Klingsohr und dessen liebreizende Tochter Mathilde kennen. Der Dichter weiht ihn in die Welt der Poesie ein, in jenes »romantische Morgenland« und wichtigste Landschaft der Liebe, die sich ihm in Mathilde, dem geträumten Mädchengesicht, erschließt, zu dem der Kelch der »Blauen Blume« sich zusammenschloss. Heinrich, die Modellfigur des romantischen Dichters mit der transzendentalen Aufgabe der Poesie, überwindet die diesseitige Welt und wird von der »Blauen Blume« in einen mystischen geschichtslosen Daseinsraum geführt: »Die Welt wird Traum, der Traum wird Welt.« Mathilde als das im Traum erlebte Urbild seiner Liebe, wird er verlieren und bleibend wieder gewinnen. Klingsohr allegorisches Märchen von Eros und Fabel wird den ersten Teil beschließen, ein Text, in dem sich alle Antinomien und Grenzen zu einer Synthese aufheben, ein Gedanke, den Novalis in seinem »Brouillon« Nr. 990 mit den Worten kommentiert: »Son-

---

[41] J. G. Fichte, Über das Wesen edes Gelehrten, 1805, in: Sämtliche Werke, hg. I. H. Fichte, 1845/46, 6,365.
[42] Ders., Über das Verhältnis der Logik zur Philosophie oder transzendentalen Logik (1812), in: Nachgelassene Werke, hg. I. H. Fichte (1834/35) 1, 137.
[43] Fichte, System der Sittenlehre (1798), in: Akad. Ausgabe I/5, 307.
[44] Novalis, Vorarbeiten zu verschiedenen Fragmentsammlungen (1798), in: Schriften, hg. P. Kuckhohn/R. Samuel, ³1977ff. 2,590. Das allgemeine Brouillon (1798/99), a.a.O. 3,434.

derbar, dass eine absolute, wunderbare Synthesis oft die Achse des Märchens – oder das Ziel desselben ist«.[45]

Der zweite Teil ist mit »Die Erfüllung« übertitelt: Mathilde ist – wie im Traum bereits angedeutet – ihm durch den Tod entrissen worden. Auf seiner Pilgerschaft trifft Heinrich den alten Einsiedler Sylvester, der ihm die »unmittelbare Sprache« der Natur aufschließt und sie in Blumen und Pflanzen deutet. Es ist dies das in allen Dingen »schlafende« Lied, wie sich der Romantiker ausdrückt, ein ahnendes »Innewerden« eines goldenen Zeitalters, das heraufkommt, »wenn die Natur züchtig und sittlich geworden« sei und wenn als »Geist des Weltgedichts« das Gewissen herrsche, jener »eingeborene Mittler des Menschen« hin zu der jenseitigen Welt.[46] Wie ein zweiter Orpheus sucht er seine ihm entrissene Geliebte, die auf wunderbare Weise ihm als überwirkliche Erfüllung neu gegenwärtig wird. Auch »das ganze Menschengeschlecht wird am Ende poetisch. Neue goldene Zeit«. Liebe hat welterneuernde Kraft, und der »geheimnisvolle Vorhang« fällt »mit tausend Falten in unser Inneres« hinein. Im Blütenstaub-Frg. Nr. 18 heißt es: »Nach Innen geht der geheimnisvolle Weg. In uns, oder nirgends ist die Ewigkeit mit ihren Welten, die Vergangenheit und Zukunft«. Der Traum von der »Blauen Blume«,[47] Inbegriff und Kennwort romantischen Strebens, ist für Novalis der Blütenstern, der die Züge seiner geliebten Braut annimmt und den Mythos des weltschaffenden Eros spiegelt. Der Roman ist gleichsam die freie Geschichte, »die Mythologie der Geschichte«, und die Philosophie der Liebe wird zum Mark der Liebe und umgekehrt. Die alte romanpoetisch dargestellte Handlung als Reise spielt in der Sphäre einer mythologisierten Geschichte (II,828 ff.; Nr. 391) und hebt diese auf eine Symbolebene der Poesie als dem »wahrhaftigen Idealismus«, der sich schöpferisch und schöpfergleich ein Abbild und Simulacrum der Welt schafft, um sich zur Anschauung des sich ihm zukehrenden Absoluten zu erheben. So gewinnt die poetische Hermeneutik von Natur und Menschenwelt einen »divinatorischen Sinn« (II,829,23).[48] Die Mythologie der Geschichte von »Heinrich von Ofterdingen« (II,830,8 ff.) spielt im idealen Zeitraum des mittelalterlichen Minnesangs (vgl. zu I,313,2 f.), in welchem sich nach

---

[45] F. A. Kittler, Die Irrwege des Eros und die »absolute Familie«. Psychoanalytischer und diskursanalytischer Kommentar zu Klingsohrs Märchen in Novalis' »Heinrich von Ofterdingen«, in: Psychoanalytische und psychopathologische Literaturinterpretation, (Hg.) B. Urban und W. Kudszur, 1981, 421–470.
[46] Novalis, Schriften, hg. P. Kluckhohn / R. Samuel (1960–88), Das allgemeine Brouillon. Materialien zur Enzyklopädistik (1798/99) 3,302.
[47] Vgl. J. Hecker, Das Symbol der blauen Blume im Zusammenhang mit der Blumensymbolik der Romantik, 1931.
[48] Vgl. »Heinrich von Oferdingen«, (Hg.), U. Ritzenhoff, 1988; O. S. Ehrensperger, Die epische Struktur in Novalis' »Heinrich von Ofterdingen«. Eine Interpretation des Romans, ²1971.

der fiktiven Idealisierung der Jenaer frühromantischen Kreise atmosphärisch wie auratisch eine romantische Poesie in nuce ankündigte. Der erste Teil des Romans endete in einem Aufweis der Bedeutung von Poesie und Liebe und ihrer gegenseitigen Verbindung. Stellte sich in der Poesie das Leben selbst dar, so schaffte die Liebe den Übergang vom Endlichen zum Unendlichen sowie die geschichtsphilosophische Synthese aller Gegensätze, so dass der Schleier des Endlichen dieser Erde um das Unendliche zerrissen wird.[49] Der Dualismus von Innen- und Außenwelt fand seine poetische »Aufhebung« in der Weise, dass alle irdischen Schattenbilder mit dem himmlischen Urbild sich so verbinden, wie die (scheinbar) lineare Erzählung historischer Wirklichkeit in das Märchen von Eros und Fabel mündet.

b. Mystische Naturanschauung

In seinem philosophisch angelegten Naturroman »Die Lehrlinge zu Sais«, entstanden zwischen 1798–1799, will Novalis seine mythisch-religiöse und mythisch-romantische Naturanschauung gegenüber der rational-aufklärerischen und mechanisch-materialistischen darstellen.[50] Geht es im ersten Teil (Der Lehrling) um ein Selbstgespräch des Lehrlings zu Sais mit seinem Lehrer um absolute Erkenntnis, die den Schleier über der Inschrift zu lüften vermag, so im zweiten Teil (Die Natur) um die grundlegende Beziehung zwischen Mensch und Natur. Alles Denken und Erkennen findet seine eigentliche Tiefe in der liebenden »Ahndung« des »göttlichen Wunderbildes« der Natur, symbolisiert im Bild der »verschleierten Jungfrau« von Sais. Inspiriert von Friedrich Schillers Ballade »Das verschleierte Bild zu Sais«, wo der Wissbegierige nach Wahrheit und Selbsterkenntnis Strebende für seinen hybriden Frevel gestraft wird, geht es Novalis um das »tiefer sehende Auge« der »Ahndung«, die den Lehrling der Mysterien durch all die »sich kreuzenden Stimmen« verwirrender Zeitmeinungen hindurchführt zu der »reineren Welt in uns« und zum Genius der Liebe, dem liebenden Herzen, dem allein sich das Geheimnis der Natur, die »Chiffrenschrift alles Lebens« offenbart. Im darin erzählten Märchen von Hyazinth und Rosenblütchen, der poetischen Mitte des Ganzen, hebt der Jüngling den Schleier der Göttin, um den Urgrund aller Dinge zu finden und erblickt seine Geliebte, das Rosenblütchen. Damit wird ihm offenbar, dass am Ende seines Erkenntnisdrangs allein das Mysterium der Liebe ihm das Geheimnis der Natur zu offenbaren

---

[49] Vgl. F. Hiebel, Novalis. Deutscher Dichter, Europäischer Denker, Christlicher Seher, ²1972.
[50] Vgl. H. Bollinger, »Die Lehrlinge zu Sais«. Versuch einer Erläuterung, 1954; I. Kreuzer, Novalis: »Die Lehrlinge zu Sais«. Fragen zur Struktur, Gattung und immanenten Ästhetik, in: Jb. der Dt. Schiller-Ges. 23 (1979) 276–308.

vermag. Er sagt: »Das Denken ist nur ein Traum des Fühlens, ein erstorbenes Fühlen, ein blassgraues, schwaches Leben.« Für das analytische Denken ist die Natur nur die »Mühe des Todes«, die »Fallgrube des Verstandes«, der »Abdruck des Ichs«. »Das Denken ist nur ein Traum des Fühlens ... die Außenwelt wird durchsichtig, die Innenwelt wird mannigfaltig und bedeutungsvoll« – und in dem durch die Liebe erweckten Gemüt vernimmt der liebende Lehrling die »innere Musik der Natur« und in der Geliebten das Göttliche. Ziel der Einweihung des Lehrlings ist, hinter dem Schleier der Isis die Harmonie von Natur und Ich zu fühlen und die Dialektik von Selbst- und Naturerkenntnis zu entdecken: »Mich führt alles in mich selbst zurück« (I, 203.35). Natur wird zum Sinnbild menschlichen Gemüts, des Gefühls, das hinter die Aporie der Subjekt-Objekt-Trennung reicht und als Selbstgefühl die innere Anschauung trägt. Dabei bildet die Liebe den entscheidenden Impuls dieser romantischen »Selbstversetzung«. Novalis weiß sich in der Wirkungsgeschichte des am Beginn des deutschen Barock stehenden Görlitzer Schusters und »philosophus teutonicus« Jakob Böhme (1575–1624) stehen, sowie seines Werkes »Aurora oder Morgenröthe im Aufgang« aus dem Jahre 1612, das die deutsche Romantik und die Philosophie des deutschen Idealismus nachhaltig beeinflusst hatte. Es ist die Sehnsucht, dass »die Sonne des Herzens Gottes« wie eine Morgenröte in der Seele des Menschen aufgehe und den »großen Hunger« in ihr stille »nach einem höheren und besseren Leben, nach dem höchsten Gut.«[51]

Tief von Friedrich Schiller beeindruckt, sucht Novalis in seinen Dichtungen dessen Ideal der »moralischen Schönheit« als poetische Läuterung der Welt umzusetzen. Jakob Böhmes mystisch-alchemistische Literatur führt Novalis zum »magischen Idealismus«, der die »Dinge zu Gedanken und die Gedanken zu Dingen« machen will.[52] Böhme prägt das Wort von dem »großen Hunger« der Seele nach dem höchsten Gut, dem Licht, das das Herz Gottes ist (»Morgenröte«). Vor allem wirkte Jakob Böhmes »Mysterium Magnum« (1622/23), die geistliche Schriftdeutung der Genesis auf die romantischen Kreise ein, so auf F. Schlegel, auf F. von Baader, ferner auf Hegel, der Böhme als trinitarischen Denker versteht, und auf Schelling, der in Böhme den Gipfel der mystischen Theologie der neueren Zeit sieht. Böhmes Blick richtet sich auf den urständlich-unvollkommenen Adam, der durch den neuen Adam, Christus, wieder hergestellt wird als das Vollendungsbild des Menschseins. Wer in der »Bildnis« d.h. in der Gottebene

---

[51] Vgl. H. W. Eckhardt, »Wünsche und Begehrungen sind Flügel«. Die Genesis der Utopie bei Novalis, 1987.
[52] Vgl. E. Ederheimer, Böhme und Romantiker: Tieck, Novalis, 1904; K. Leese, Von Böhme zu Schelling. 1927; L. C. Richter, »Mystische Schau« – Nachwirkungen, 1934; E. Benz, Adam, der Mythos vom Urmenschen. Nachwirkungen des androgynen Adam bis Berdjajew, 1955.

bildlichkeit steht, kann verstehen; ihm reden die Chiffren.[53] Wie weit ein Mensch wirklich zu verstehen in der Lage ist, hängt davon ab, ob er aus der »Selbheit« heraus oder aus der im »Wort« beschlossenen Ganzheit lebt. Indem der Mensch sich dem ewig sprechenden Wort öffnet und in es eingeht, wird sein Sprechen wieder Abdruck des Seins. Für ihn spricht die Sprache nicht mehr nur die »Eigenschaft« aus, sondern die Totalität des Seins. Der Mensch muss sich in das Wort integrieren und so »Ort« des göttlichen Sprechens werden.[54]

c. Todestrunkene Liebe: Unio amoris (Novalis: »Hymnen an die Nacht«)

Das Denken und Schreiben von Novalis kreist um die Themen Liebe und Tod, Selbst- und Allerkenntnis, sowie um die Wiedergeburt der Poesie und des einfältigen Lebens. In den im Jahre 1800 veröffentlichten »Hymnen an die Nacht«,[55] der wichtigsten lyrischen Dichtung der Frühromantik, geht es um das Symbol der Liebe und des Todes sowie um die mystische Erkenntnis der Nacht, die Novalis das Bild der geliebten toten Braut enthüllt. Denn diese ist ihm die »liebliche Sonne der Nacht«. Gegenüber den Wundererscheinungen des allbelebenden Lichts ist die Nacht Keimzelle der Liebe und der »Offenbarungen mächtiger Schoß«; auch Koinzidenz von Licht und Dunkel, Leben und Tod, und so Symbol der mystischen Innenwelt, der Ahndung und Sehnsucht, aber auch die »heilige Nacht« als transzendentaler

---

[53] Vgl. A. Koyré, La philosophie de Jacob Böhme, ²1971; J. J. Stoudt, Sunrise to Eternity. A Study in Jakob Böhmes Life and Thought, 1957, 243 ff.; E. Benz, Schellings theologische Geistesahnen (AAWLM 3), 1955.

[54] S. A. Konopacki, The Descent into Words. Böhmes Transcendental Linguistics (Linguistica Extranea 7), 1979; J. Gabrewicz / A. M. Haas (Hg.), Gott, Natur und Mensch in der Sicht Böhmes und seiner Rezeption, 1994; G. Bohnheim, Zeichendeutung und Natursprache. Ein Versuch über Böhme, 1972.

[55] Der Gedichtzyklus im »genre mêlé« der Idyllen ist in zwei Fassungen überliefert, einer vorwiegend in Versen geschriebenen und in freien Rhythmen gehaltenen Handschriften und einer gedruckten Fassung aus dem »Athenaeum«, die die meisten Verse in rhythmische Prosa umschreibt, aber einige Choräle und Stanzen belässt. Vgl. H. Ritter, Die Datierung der »Hymnen an die Nacht«. Ihre Deutung nach Inhalt und Aufbau auf textkritischer Grundlage. Ihre Entstehung. Ritter sieht die dritte Hymne als »Urhymnus« und verbindet sie mit Novalis' Erlebnis am Grab seiner toten Geliebten entstanden (Tagebuch, 13. Mai 1797). Die Hymen 1,2,4a und 5b entstanden zwischen Herbst 1797 und Weihnachten 1798. Die Athenäumsfassung entstand an der Wende 1799 Januar 1800. M. Weitz, Allegorien des Lebens. Literarisierte Anthropologie bei Friedrich Schlegel, Novalis, Tieck und E. T. A. Hoffmann, 2008; M. Zanucchi, Novalis, Poesie und Geschichtlichkeit. Die Poetik Friedrich von Hardenbergs, 2006; H. Kurzke, Romantik und Konservativismus. Das »politische« Werk F. von Hardenbergs (Novalis) im Horizont seiner Wirkungsgeschichte, 1983.

Bereich, um »in jener Dämmerung der wahrhaften Nacht« eine magische Kommunion zu vollziehen.

Auf der Folie der lebenspendenden Kraft des Lichtes (1. Hymne), mit der alles Naturhafte, Beseeltes und Unbeseeltes »atmet«, »vor allem aber der herrliche Fremdling ... (und) König der irdischen Natur«, der Mensch, wird der Lobpreis auf die Nacht angestimmt. Sie öffnet dem hymnischen Sänger »die unendlichen Augen« (Z. 103) und ist der eigentliche transzendente Bereich der Erkenntnis eines »höheren Raumes« (Z. 112), ja »Weltkönigin« (Z. 114), Metapher für die »mütterliche Umhüllung der Liebe«.

Aber mit dem angehenden Tag in der 2. Hymne bricht in die »zeitlose« und »raumlose« Herrschaft der Nacht das blendende Licht ein, die Sehnsucht der Kreatur nach dem Licht. Die Nacht bedeutet in ihrer Symbolik ein Doppeltes: Objekt des Begreifens der Welt in ihrer Tiefe, aber auch Modus des Begreifens: »Himmlischer, als jene blitzenden Sterne, dünken uns die unendlichen Augen, die die Nacht uns geöffnet«. In diesem Zirkel und Kreisumschwung erschließt die mystische Erkenntnis der Nacht ein Sehen, das »unbedürftig des Lichts ... die Tiefen eines liebenden Gemüts« vor das innere Auge rückt. Es weckt die Frage: »Wird nie der Liebe geheimes Opfer ewig brennen?« Alles dem Zeitrhythmus Unterworfene hat ein Entweihendes bei sich und ist die enttäuschende Bedrohung der Nacht. Diese aber weckt die Sehnsucht nach einem »heiligen« Schlaf (Z. 143), jener zeit- und raumlosen Seligkeit im Urgrund des Lebens. Es ist die Ekstase höheren Wachbewusstseins der Erkenntnis der »wahren Nacht« als der »unendlichen Geheimnisse schweigender Bote« (Z. 166 f.), die dem Nacht-Geweihten »den Schlüssel ... zu den Wohnungen der Seligen« reicht.[56]

In der auf einen tiefempfundenen persönlichen Ton gestimmten 3. Hymne richtet sich die Erinnerung zunächst an die einst vergossenen bitteren Tränen (Z. 170) und die erfahrene Einsamkeit, um dann die Befreiung aus »des Lichtes Fessel« zu schildern. Dies geschieht in der Einweihung in das Mysterium der Nacht. Aus »blauen Fernen« trifft Novalis ein »Dämmerungsschauer«, eine »Nachtbegeisterung« (Z. 183 f.) ergreift ihn, biografisch als Vision am Grab der geliebten Sofie: »Einst, das war der erste Traum in dir« (Z. 193 f.). In diesem Ursprungserlebnis des inneren Geschehens sieht der Dichter die »verklärten Züge der Geliebten« und fühlt »ewigen, unwandelbaren Glauben an den Himmel der Nacht und sein Licht, die Geliebte«. In dieser seiner zentralen Erfahrung »einer neue(n), unergründlichen Welt«, weiß er sich neugeboren und zu einem »neuen Leben« (Z. 193) geweiht. Diese mystisch-idealistische »Initiation« ist Akt der Einweihung zur wei-

---

[56] Vgl. H.-J. Mähl, Die Idee des goldenen Zeitalters im Werk des Novalis. Studien zur Wesensbestimmung der frühromantischen Utopie und zu ihren ideengeschichtlichen Voraussetzungen, 1965.

teren Geburt und Erfüllung seiner Sehnsucht (vgl. 1. Hymne) nach dem Einssein mit der Geliebten, zur unio amoris.[57]

Die vierte Hymne ist ein geistliches »Seelenlied« voller Sehnsucht nach dem verjüngenden Tod. Dieser endgültige Schritt über die Schwelle des Tages in das neue Land der Nacht (vgl. 197f. u. 269) ist ein absoluter. Der Überschreitende »kehrt nicht in das Treiben der Welt zurück, in das Land, wo das Licht in ewiger Unruh hauset«. Dieser Schritt führt in einen letzten »Morgen«, der nicht mehr »die Nacht und Liebe« scheucht. Es ist ein erlösender letzter Morgen, ein Morgen des Heiles, den der Dichter mit religiösen Bildern der »Wallfahrt zum heiligen Grab« Christi, zum Mysterium des »Kreuzes« Christi oder mit der »Hülle des Friedens« (I,155,20ff.) kennzeichnet. Der Mythos der Nacht mit dem Grab Sophiens, findet nun eine heilsgeschichtliche Travestie zum »heiligen Grab« Christi hin. Das Grab der Geliebten und die todestrunkene Liebe der beiden gibt eine Ahnung von der erlösenden Liebe Christi und der Macht der Liebe, die die Welt geheimnisvoll umschließt. Der Tag als Horizont der sterblichen Existenz des »Fremdlings« (Z. 24) findet in der Sphäre der himmlischen Nacht seine erlösende Vollendung. In diesem »neuen Lande«, wo das Unsterbliche im Menschen »wie Düfte, sich mit entschlummerten Lieben mischt« (I,157,4f.), ist die geschäftige Tages-Welt mit ihrer auf ein Ende hin ablaufenden Zeit Vorschein auf die Nacht als der Ort der »Rückkehr« in die »himmlische Freiheit« (I,159,10) und zu dem, »was heilig durch der Liebe Berührung ward ...«. Die Frömmigkeit des Herzens erweist sich als Treue zur Nacht, denn »was uns begeistert, trägt die Farbe der Nacht«.[58]

Diese christlich-gläubige Wendung der vierten Hymne mit den »des Todes Entzückungen« und dem »Hinüber wall ich ...«, der seligen Rückkehr in ein paradiesisches ewiges Leben, bereitet den Weg zur fünften Hymne und zur sechsten Schlusshymne. Dabei vollzieht sich ein Wechsel der Perspektive, die Zeugung einer »neuen Welt«. Das Auferstehungslied »Gehoben ist der Stein ...«, feiert die Wiederherstellung des Reichs der Liebe aus der Nacht der Zeit. Die Morgenfrühe der Antike in ihrer orphischen Heiterkeit, die aetas aurea, »ein ewig buntes Fest der Himmelskinder und der Erdenbewohner rauschte das Leben, wie ein Frühling, durch die Jahrtausende hin«, ist ein harmonisch seliger Urzustand. Aber es bricht in diese harmonische Einheit des Bewusstseins das unbegriffene Rätsel des Todes, das sie nicht lösen können, sondern nur mit dem »tröstlichen Zeichen« (Z. 553) des die Fackel senkenden Genius notdürftig verdecken und ästhetisch beschönigen:

---

[57] Vgl. G. Gäde, Eros und Identität bei Novalis, 1974; R. Franhauser, Des Dichters Sophia. Weiblichkeitsentwürfe im Werk des Novalis, 1997.
[58] Vgl. M. Kommerell, Novalis »Hymnen an die Nacht«, in: ZfdPh 70 (1947–1049) 396–417; 71 (1951/52) 256–276.

*»Doch unenträtselt blieb die ewige Nacht.
Das erste Zeichen einer fernen Macht.«*

Die nun anbrechende Zwischenzeit und Epoche der »unkindlichen, wachsenden Menschen« (I 165,3) mit den Insignien des Rationalismus, mit dem »mathematischen Gehorsam« des Spätrationalismus, der »eisernen Kette«, die »die dürre Zahl und das strenge Maß« (I,165,5 f.: vgl. II,742,1 ff.) ist, lässt ratlos vor dem Lebensrätsel des Todes stehen. Auf dem Fluchtweg nehmen die Liebenden die beiden Mächte ihrer Kindheit mit, den Glauben und die Phantasie, »die allverwandelnde, als verschwisternde Himmelsgenossen«, doch die Götter werden den »Schleier der Nacht« über sie (Z. 463 ff.) breiten, »der Offenbarungen mächtiger Schoß« (Z. 463 ff.), den »fruchtbaren« (Hs Z. 491) und »mächtigen« (I,165,17), als Zeichen der Götterferne wie in Hölderlins Elegie »Brot und Wein« (1800/01). Ein anderer, erst Christus, nimmt diese »schwere Binde« (Z. 316) von den Augen der Welt und bringt »mit nie gesehenem Angesicht die neue Welt« (I,165,21 f.). Dies macht der nach Inostan fahrende Sänger, Chiffre für Novalis, kund als »neue Zeit« der Botschaft Gottes, die die antike Welt mit der christlichen versöhnt. Die Nacht wurde zum Schoß der Offenbarung: »... ins tiefre Heiligtum, in des Gemüts höhern Raum zog mit ihren Mächten die Seele der Welt«. Mit der Geburt des menschgewordenen Logos brach eine neue Zeit an und seine Auferstehung ist zugleich das Mysterium der Todesüberwindung und Schaffung des neuen Reiches im »Tempel des himmlischen Todes«. In diesem neugeborenen goldenen Zeitalter weiß der Glaubende die Schrecken des Todes von der göttlichen Offenbarung her umgriffen und der Mensch so auf eine vollkommenere Stufe seines Werdens gehoben. Der Sänger aber, »von ferner Küste, unter Hellas heiterem Himmel geboren«, verbindet in seiner visionären Schau das Grab Sophiens und das Grab Christi als Symbolrepräsentation des Liebestodes. Ein Schlusschoral zieht die religiöse Summe der angedeuteten Heilsgeschichte, die subjektive Erfahrung des Dichters aber wird zum religiösen Bekenntnis eines »Wir« des Glaubens hin travestiert.

In der 6, Hymne wird erneut die ewige Nacht gepriesen und zur Wachheit auf sie hin gerufen, zu jenem inneren Zustand der Todessehnsucht als Heimkehr ins Vaterhaus und zu der Gotteinung. Ging es in den ersten vier Hymnen um die Nacht-Weihe des Sänger-Ichs mit der Geliebten in das Geheimnis der einigenden Nacht und Unendlichkeit, so in den Hymnen 5 und 6 um die Weihe der Menscheit durch Christus in die göttliche Nacht der höheren »Heimat« (Z. 749). Das geschichtsmythologische Modell diente Novalis als symbolisches Spiegelbild der innerseelischen Erneuerung. Sophie und Christus sind für Novalis Chiffren einer mystischen Versenkungserfahrung und eines Geschichtsmythos der neuen Welt und Menschheit, geboren aus dem abgründig tiefen Mysterium der Nacht, zur Wiederkehr des »Morgenglanzes der Ewigkeit«. Das todessehnsüchtige Symbol verbindet beide: »Hinunter zu der süßen Braut. Zu Jesus, dem Geliebten«. Der Hymnus besingt die »Seele der Welt«: »Ins tiefere Heiligtum, in des Gemüts höheren Raum zog mit ihren Mächten die Seele der Welt – zu walten dort bis zum Anbruch der tagenden Weltherrlichkeit«.[59]

In der feierlich erhabenen Sprechsituation der Gegenwart hat das Ich des Dichters das Nachtreich, das die (aufgeklärte) Licht- und Tageswelt trägt, visionär gepriesen und in einem die »zarte Geliebte«, »Sonne der Nacht«. Es ist ein Ich, das seine Existenz fristet »auf dem Grenzgebirge der Welt« in Erwartung des letzten Tages. In der fünften Hymne wurde dann in Er-Form Christi Geburt aus dem Untergang der griechischen Naturreligion geschildert, welche am Rätsel des Todes gescheitert ist. In einer gewagten Identifikation Christi mit dem fackeltragenden griechischen Epheben, ist durch seinen Schritt aus dem Grab des Todes, zugleich die manifeste Lösung des für die Antike unlösbaren Todesrätsels geschehen. Christus ist der befreiende Bote der Nacht und Mitstreiter der »Sonne der Nacht«.

3. Ich und Du, Ich und der Andere – als tema con variazioni der Liebe

Die Unterscheidung von Descartes zwischen denkender Substanz und der körperlichen Substanz, wirft für Philosophie und Psychologie die Frage auf, wie ein denkendes Ich in einem fremden, wahrgenommenen menschlichen Körper ein anderes denkendes Ich erkennen könne, d. h. die Wirklichkeit eines Anderen.

a. Friedrich Heinrich Jacobi

Friedrich Heinrich Jacobi (1743–1819) greift diese Fragestellung auf und reflektiert sie als erster im Sinne des dialogischen Denkens: »Quelle aller Gewissheit: *Du* bist, und *Ich* bin.«[60] Nicht nur die beiden Gewissheiten sind für Jacobi gleichursprünglich, sondern auch das Sein von Ich und Du: »Von Tag zu Tag geht es mir heller auf, dass ein Geist dem anderen notwendiges

---

[59] E. Biser, Abstieg und Auferstehung. Die geistige Welt in Novalis' »Hymnen der Nacht«, 1954.
[60] F. H. Jacobi, Fliegende Blätter, Werke 6, 1968, 292.

Organ sey; dass Gefühl des Anderen sey die Schöpfung des Nichts«.[61] Jacobis Kant-Kritik und sein existentieller Philosophiebegriff waren prägend.[62] Joseph von Eichendorff schreibt kritisch über Jacobi:

»*Das Wahre ist, dass der große Zwiespalt der Zeit, den er zu vermitteln unternahm, in ihm selber unvermittelt war, dass er sich einen Glauben eingebildet, den er nicht rechtfertigen wollte und konnte, und daher einen Glauben verfocht, den er im Grunde nicht hatte, und sonach eingestehen musste, ›wie Alles bei ihm auf die schwermüthige Trauer der Natur des Menschen hinauslaufe‹. – Er war nichts als ein bedeutsames feuriges Fragezeichen der Zeit, an die kommenden Geschlechter gerichtet, ein redlich Irrender, immerdar schwankend wie die Wünschelruthe nach dem verborgenen Schatze.*«

Jacobi suchte Glaube und Vernunft, Leidenschaft und Ethos miteinander zu vermitteln und auszugleichen.

In einem Brief Jacobis[63] an G. Hamann von 1783 heißt es:

»*Licht ist in meinem Herzen, aber so wie ich es in den Verstand bringen will, erlischt es. Welche von beyden Klarheiten ist die wahre? die des Verstandes, die zwar feste Gestalten, aber hinter ihnen nur einen bodenlosen Abgrund zeigt? oder die des Herzens, welche zwar verheißend aufwärts leuchtet, aber bestimmtes Erkennen vermissen lässt? – Kann der menschliche Geist Wahrheit ergreifen, wenn nicht in ihm jene beyden Klarheiten zu Einem Lichte sich vereinigen? Und ist diese Vereinigung anders als durch ein Wunder denkbar?*«

Der existentielle Philosophiebegriff Jacobis wird in seiner systematischen Entfaltung als Glaubens- oder Gefühlspsychologie bezeichnet, denn für ihn ist alle diskursive Erkenntnis auf ein unmittelbares intuitives Erfassen von Objekten angewiesen, seien diese empirisch oder metaempirisch. In seiner Schrift »David Hume über den Glauben oder Idealismus und Realismus«[64] aus dem Jahr 1787, gibt er eine geschlossene Darstellung seiner Positionen hinsichtlich der Erkenntnistheorie und Ontologie, wenn er den Glauben im Sinne der Hume'schen Theorie als »belief«, als das »Element aller Erkenntnis und Wirksamkeit« ansieht. Für ihn ist die Vernunft für sich betrachtet ein bloßes Erkenntnisvermögen von den Erkenntnissen der Dinge nach dem Axiom der Identität und hat als solche das Gegebensein der Dinge zur Voraussetzung, die in der Wahrnehmung unmittelbar, d.h. ohne Vermittlung von Vorstellungen zugänglich sind. Diese unmittelbare Einsicht kennzeichnet Jacobi als »Glaube« im Unterschied zu den als bloße Schatten oder Ko-

---

[61] Ders., a.a.O. 177.
[62] Vgl. G. Baum, Vernunft und Erkenntnis, 1969; B. Sandkauler, »… oder hat die Vernunft den Menschen?«, in: ZphF 49 (1995) 416–429.
[63] F. H. Jacobi, Auserlesener Briefwechsel (Hg. F. Roth. 2 Bde. 1970.
[64] F. H. Jacobi, David Hume über den Glauben oder Idealismus und Realismus. Ein Gespräch. EA 1787, ²1815, in: Werke Bd. 2; mit Vorrede zugleich Einleitung in des Verfassers sämtliche philosophische Schriften.

pien der Dinge charakterisierten Vorstellungen. Für Jacobis »Glaubensphilosophie« ist die Relation von Objekt und Bewusstsein gleichursprünglich. Er notiert: »Der Gegensatz trägt eben so viel zur Wahrnehmung des Bewußtseyns bey, als das Bewußtseyn zur Wahrnehmung des Gegenstandes«. In dieser »zweifachen Offenbarung« sieht er die gleichursprüngliche Verhältnisbestimmung von objektiver Realität und Bewusstsein. Mit der Unterscheidung von Grund und Ursache figuriert er den Sprung des »Salto mortale«, wonach die Erfahrung freien Handelns sich jeglicher Begründung entzieht.[65] Jacobi versteht das Ich oder Bewusstsein als lebendiges Einheitsprinzip, das sich als Teil eines Ganzen begreift. Damit wendet er sich gegen den transzendentalen Idealismus I. Kants, einer Philosophie des bloßen Ich, die in ihrer konsequenten Durchführung im »Nihilismus« ende. »Alles überhaupt Erkennendes und Erkanntes, löste sich vor dem Erkenntnisvermögen in ein gehaltloses Einbilden und Einbildungen, *objektiv* rein in Nichts auf«.[66]

b. Sören Kierkegaard: Lieben als unmittelbares Pathos und leidenschaftliche Interessiertheit

aa. Der »Einzelne«

Rücken im zentralen Europa seit den politisch-sozialen Revolutionen der Frühen Neuzeit mehr und mehr kollektivistische und materialistische Weltanschauungen samt ihrer sozialethischen Problematik in den Blick, so verfasst der dänische Philosoph, Theologe und Schriftsteller, Sören Kierkegaard (1813–1855) in rascher Folge Schriften, die sich ausschließlich dem Dasein des »Einzelnen« zuwenden, jener speziellen und für ihn »christlich entscheidenden Kategorie«.[67] Durch diesen »Engpass« müsse »in religiöser Hinsicht, die Zeit, die Geschichte, das Geschlecht hindurch«[68], denn damit »steht und fällt die Sache des Christentums«.[69] Der Mensch müsse wieder ein »Einzelner« werden, um wieder einen echten Zugang zum Christsein zu finden und um nicht der »pantheistischen Verwirrung« anheimzufallen.[70]

---

[65] Vgl. B. Sandkauler, Grund und Ursache. Die Vernunftkritik Jacobis, 2000; D. Henrich, Der Grund im Bewusstsein. Untersuchungen zu Hölderlins Denken (1794–1795), 1992.
[66] F. H. Jacobi, Sendschreiben an Fichte. Werke 3, 1968, 44. Vgl. W. Müller-Lauter, Nihilismus als Konsequenz des Idealismus, in: Denken im Schatten des Nihilismus, (Hg.), A. Schwan, 1975, 113–163.
[67] S. Kierkegaard, Werke, 33. Abt., 1964; vgl. krit.dän. Ausg. 13. Vgl. R. Kassner, Der einzelne und der Kollektivmensch, 1931; H. Freyer, Das soziale Ganze und die Freiheit der Einzelnen unter den Bedingungen des industriellen Zeitalters, 1957.
[68] Kierkegaard, a.a.O. 112.
[69] Ders., a.a.O. 117.
[70] Ders., a.a.O. 117.

»Als ›der Einzelne‹ ist er allein, allein in der ganzen Welt, allein Gott gegenüber«.[71] Damit rückt Kierkegaard die Existenz des Menschen als Typus wie als Individuum bewusst neu in die Mitte – wie es in der griechischen Antike schon in expliziter Weise und in Abhebung von der vorausgegangenen »Naturphilosophie« es Sokrates tat, aber auch seine Gegner, die Sophisten. Mit dieser Bestimmung des Daseins im Sein verbindet Kierkegaard auch die Leitdifferenz von »eigentlicher« und »uneigentlicher« Existenz.[72] Sokrates habe gewusst und es in seiner Ironie[73], der Rolle des Unwissenden und Wissbegierigen, der »Überlegenheit im Schein der Unterlegenheit« (K. Reinhardt),[74] dass die Existenzwahrheit nur indirekt mitgeteilt werden kann. Das absolute Paradox, der Gott-Mensch Jesus Christus, muss im Glauben angeeignet werden, durch welche Aneignung der Glaubende seinem »Objekt«, Jesus Christus, gleichzeitig wird, gleichzeitig als Liebender und als Zeuge. Der Einzelne existiert in einem Gottesverhältnis »erster Hand«, d.h. unmittelbar. In dieser emphatischen »Gleichzeitigkeit« und geschichtsentbundenen Aktualität begegnet der Glaubende dem Paradox Christi, dem Ewigen im Zeitlichen. Für Kierkegaard ist Philosophie existentielles Philosophieren und er wirft Hegel vor: »Über dem Denken wurde der Denker vergessen«. Sein ganzes Interesse gilt der »Existenz des subjektiven Denkers und der zentralen Frage nach der religiösen Existenz, zentriert um die Frage: »Wie werde ich ein Christ«. Dabei entwickelt er die Dialektik der Existenz aus dem Gegensatz von quantitativem und qualitativem Denken. Ersteres beschäftigt sich mit den naturwissenschaftlichen Fragen und messbaren Größen im Verhältnis von Ursache und Wirkung, das qualitative Denken aber setzt die freiheitliche Entscheidung zu sich selbst voraus; als wer und wie man in der Zeit als Einzelner existieren wolle, unter dem Appell zur »Innerlichkeit«. Liebe als existentielle Pathos will der fortschreitenden Einbuße an Innerlichkeit wehren, wie er dies seinem zeitgenössischen, etablierten Christentum und der subjektfeindlichen Nivellierung durch den Zeitgeist vorwirft. Liebe als »leidenschaftliche Interessiertheit« tut not, inmitten einer institutionell erstarrten Religiosität. Kierkegaards Bemühen gilt einer Religiosität in »pathetischer« Form, wobei der Einzelne in seiner ethisch-religiösen mit dem Reichtum seiner Innerlichkeit und dem leidenschaftlichen Ernst als Ausnahme, gleichsam die Regel bestätigt. Wesentlich für Kierkegaard ist auch der Begriff »Ernst« (alvor) als Gegenstand seiner Reflexionen, den er aus einem operativen Begriff zu einem thematischen Begriff seines Denkens gemacht hatte. Ernst ist »der Einzelne, die Persönlichkeit selbst. Sein Inte-

---

[71] Ders., ebd.
[72] Vgl. I. U. Dalferth, Jenseits von Mythos und Logos, 1993.
[73] S. Kierkegaard, Über den Begriff der Ironie, 1841 These 10; Vgl. Platon, Resp. I, 337a; Symp. 216 e; 218 d.
[74] K. Reinhardt, Vermächtnis der Antike, 1960, 225.

resse gilt dem »Existieren« und nicht der »Abstraktion« des Begriffs als einer »Abstraktion von Wirklichkeit«[75], die als ethische Wirklichkeit des Individuums einziger Gegenstand des Ernstes sinnvoll sein kann. Vorbild ist für ihn Sokrates, »der ernsteste Mann in Griechenland«[76] und ernsteste Mensch überhaupt, weil er sich auf sich selbst und das in ihm selbst vernehmbare Daimonion, den in ihm erfahrbaren Gott, besann.[77] In seinem Ernst verbindet sich Ernst und Scherz, Ironie und Ernst, das Komische und das Tragische. Die Ironie des Sokrates ist für Kierkegaard der wahre, mit dem Scherz verbundene Ernst, wobei der Ernst in seinem originären Wesen die conditio humana widerspiegelt, die Synthese von Endlichkeit und Unendlichkeit.[78] Der »Scherz«-Anteil am Ernst entspricht der Teilhabe des Menschen an Hinfälligkeit und Allfälligkeit: verhält sich der Mensch im Ernst wesentlich zu sich und zu Gott, so relativiert er im Scherz seine Gebundenheit an die äußeren Gegebenheiten und Bindungen an die Welt.

Für Sören Kierkegaard ist die Kategorie »der Einzelne sein« von epochaler Bedeutung. Dieses freie Verhältnis zu sich selbst ist für ihn das dynamische Element seines existentialphilosophischen Denkens, auch in Bezug auf die oberste Wechselbeziehung zu Gott. Er »will den Einzelnen, nur mit dem Einzelnen will er sich einlassen, gleichgültig ob der Einzelne hoch oder gering, ausgezeichnet oder erbärmlich ist«.[79] Wohl solle der Mensch in seiner Zwischenmenschlichkeit als Einzelner handeln, was aber sein wesentliches Einzelsein in der Mensch-Gott-Beziehung voraussetzt. Der epochalen Tendenz des Subjektzerfalls hält Kierkegaard den Appell entgegen, in »Innerlichkeit« zu »existieren«. Dieses Selbstsein ist zwar auf das Du bezogen, weiß sich aber nicht dialogisch begründet.[80]

bb. »Erinnerung« und »Wiederholung«

Das auf wenige Jahre zusammengedrängte umfangreiche philosophische Werk Sören Kierkegaards kreiste grundlegend um die Frage nach der Wahrheit des Christentums und das Verhältnis des Einzelnen zu dieser Wahrheit, d. h. wie er sich diese aneignet. Dabei ist Kierkegaards philosophische Dichtung nicht von seinem persönlichen Leben ablösbar – seine Einsichten sind durch innere Kämpfe und schwere Leiden erkauft – und sein Schreiben ist die nach außen verlautbarte Seele. Dabei ist einer seiner Vorläufer – wie auch Blaise Pascals – der Nordafrikaner Augustinus: »Deum et animam

---

[75] Ders, a.a.O. 7,332.
[76] Ders., a.a.O. 6,385 (Stadien auf dem Lebensweg).
[77] Ders., a.a.O. 9,363 (Die Taten der Liebe).
[78] Ders., a.a.O. 6,385 f. (Stadien auf dem Lebensweg)
[79] S. Kierkegaard, Der Einzelne, Werke (hg. Hirsch) 33, 1964,96.
[80] M. Buber, Zur Geschichte des dialogischen Prinzips, Werke 1, 1962,294.

scire volo, nisi aliud?« »Gott und die Seele will ich kennen, sonst nichts?«, ganz im Sinne des später von Jean Grenier formulierten Wortes: »Wir müssen bis in unsere letzten Stellungen gedrängt werden«, oder des Skeptizismus eines Bertrand Russel: »Die Wahrheiten, die wir finden, sind nicht von letzter Wichtigkeit; und die Wahrheiten, die von letzter Wichtigkeit sind, finden wir nicht.« Sören Kierkegaard, der sich selbst »Janus bifrons«, zweigesichtiger Janus nannte, nimmt »ironisch« die Widersprüchlichkeiten seiner Mitwelt in den Blick, ihren Sinn- und Telos/Ziel-Verlust. Seine Philosophie hat die Funktion eines Appels, d. h. sie hat eine existentielle Funktion. Schon das Christentum lehre uns das Subjektivwerden, die innerliche Aneignung der Wahrheit. Von da her formuliert er seine zentrale These: »Die Wahrheit ist die Subjektivität«, wobei nicht irgendein Subjektivismus absolut gesetzt wird, sondern das Ich des Menschen, das sich diese Wahrheit als Wahrheit für mich, also »subjektiv« aneignet. Die Wahrheit wird so authentische Existenzwahrheit. Seine Kritik gilt dabei einem sog. »objektiven« Wahrheitsverständnis, für das allein das »Was«, entscheidend ist, dabei aber wird die Subjektivität, für die es existentiell wahr sein soll, überspielt. Es geht ihm um »Aneignung« der Wahrheit als ein Zueignen der Wahrheit, als »Wahrheit für mich« in ihrer Maßgeblichkeit. Damit erhält die Existenz des Menschen im Prozess des Christ-Werdens innerhalb der bestehenden Christenheit erst ihren »Ernst«.

Zwei Begriffe sind dabei von zentraler Bedeutung, der Begriff der »Entscheidung« (Entweder-Oder) und der Begriff der »Wiederholung«. Beide begründen die Wirklichkeit und den Ernst des Daseins, denn das Individuum wiederholt sich selbst als existierendes, indem es sich seine Vergangenheit je neu aneignet. In seinem novellistischen Meisterstück narrativer Philosophie »Die Wiederholung, ein Versuch in der experimentierenden Psychologie von Constantin Constantius« (1843),[81] geht Sören Kierkegaard der Frage nach, ob es eine Wiederholung verlorenen Glücks geben könne. Anlass dieser seiner Reflexion ist seine aufgekündigte Verlobung mit Regine Olsen, seiner Braut. Zugleich geht es ihm um die Rechtfertigung seiner Aus-

---

[81] Vgl. A. Kraus, Kierkegards Begriff der Wiederholung auf Grund einer Interpretation seiner pseudonymen Schrift »Wiederholung« von Constantin Constantius, in: Nederlandsch Tijdschrift voon Psycholgie 7 (1939) 311–328; H. E. McLane, Kierkegaard's Use of the Category of Repetition: An Attempt to Discern the Structure and Unity of His Thought, 1961; G. Nusser, Der Begriff »Wiederholung« bei Kierkegaard, in: Theol-Zeitschr. 20 (1964) 423–439; L. Reimer, Die Wiederholung als Problem der Erlösung bei Kierkegaard, in: Kierkegaard; V. Guarda, Die Wiederholung, 1980; D. Glöckner, »Die glückliche Liebe«. S. Kierkegaards spezifisches Verständnis der Wiederholung als Zugang zu seinem Versöhnungsdenken, in: Kierkegaard Studies. (Yearbook 1996) 240–254; J. Ringleben, Kierkegaards Begriff der Wiederholung, in: Lierkegaard Studies (Yearbook 1998) 318–344; A. Strowick, Passagen der Wiederholung. Kierkegaard – Lacan – Freud, 1999; N. Nymann Eriksen, Kierkegaard's category of repetition, 2000.

nahmeexistenz mit der Frage, ob ein Grenzwächter auf äußerstem Vorposten verheiratet sein dürfe. Mit diesem »Bruch« trifft er zugleich die »Entscheidung«, sich nicht in die bürgerliche Welt von Familie und Amt integrieren zu lassen. Um seine Braut nicht zu verletzen, spielt er ihr als Flaneur und Spottvogel den unwürdigen Bräutigam vor.

Der Begriff der »Wiederholung« in Abhebung vom Begriff der »Erinnerung« zählt zu den tiefgründigsten aber auch vielschichtigsten Ausdrücken Kierkegaards. Es ist für ihn eine neu zu entdeckende religiöse Kategorie, in der es nicht um die Wiederholung belangloser oder gleichgültiger Dinge im menschlichen Leben geht, auch nicht um Wiederholung von Äußerem, sondern um die »eigene Wiederholung der Individualität in einer neuen Potenz«. Er umschreibt sie gleich zu Beginn seiner Schriften: »Denn was da erinnert wird, ist gewesen, wird nach rückwärts wiederholt, wohingegen die eigentliche Wiederholung nach vorwärts erinnert« (7). Damit bringt er zum Ausdruck, dass es zwar in den beiden Begriffen »Erinnerung und Wiederholung« um etwas Gewesenes handelt, aber mit dem Unterschied, dass die dem Vergangenen und Gewesenen sich zuwendende Erinnerung diese vergegenwärtigen will, während die Wiederholung über die erinnerte Vergangenheit hinaus das Gewesene sich für das Kommende neu erschließen will. Gegenüber dem platonischen Anamnesis-Begriff, wonach die Ideen in ewiger Präsenz und unabhängig vom Akt des Erinnertwerdens existieren, ist die Wiederholung »die Wirklichkeit und der Ernst des Daseins« in der je neuen Aneignung der Herkunft, insofern das Individuum sich selbst in seiner Existenz wiederholt. In solcher Konfrontation mit mir selbst stellt sie mich vor die Entscheidung eines künftigen neuen Lebensentwurfs. Dieser Prozess der Wiederholung durchläuft mehrere Stadien der Bewusstwerdung und Freiheit. »Im Verhältnis zu sich selbst« im Sinne des sich selbst Ergreifens und Einholens als Sich-Wiederfinden kann er sagen: »Ich bin wieder ich selbst«. Das Ganze eines Daseins in seiner zeitlichen Erstreckung eignet sich seine Vergangenheit an, um sich auf seinen zukünftigen Lebensweg hin zu entwerfen. Die eigentliche Wiederholung ist die Wiederholung im Glauben, illustriert an der Geschichte Hiobs. Vorausgehend rückt Kierkegaard noch ein Gefühl in den Blick, das den modernen Existentialismus als dunkle Nacht des Daseins spiegelt. Der junge Mensch des Experiments analysiert sich seine conditio humana mit den Worten:

»Mein Leben ist bis zum Äußersten gebracht; es ekelt mich des Daseins, welches unschmackhaft ist, ohne Salz und Sinn (...). Man steckt den Finger in die Erde, um zu riechen, in welch einem Land man ist, ich stecke den Finger ins Dasein – es riecht nach nichts. Wo bin ich? Was heißt denn das: die Welt? Was bedeutet dies Wort? Wer hat mich in das Ganze hineinbetrogen, und lässt mich nun dastehen? Wer bin ich? Wie bin ich in die Welt hineingekommen; warum hat man mich nicht vorher gefragt, warum hat man mich nicht erst bekannt gemacht mit Sitten und Gewohnheiten,

sondern mich hineingesteckt in Reih und Glied als wäre ich gekauft von einem Menschenhändler? Wie bin ich Teilhaber geworden in dem großen Unternehmen, das man Wirklichkeit nennt? (...) Gibt es einen verantwortlichen Leiter? An wen soll ich mich wenden mit meiner Klage? (...) Alles, was in meinem Wesen enthalten ist, schreit auf in Widerspruch zu sich selbst. Wie ist es zugegangen, dass ich schuldig ward? Oder bin ich etwa nicht schuldig?«[82]

Der auf Gott vertrauende Hiob hat alles Endlich-Irdische hintangesetzt, ohne den absoluten Sinnanspruch zu suspendieren und hat so das Ewige in die Zeit hineingehoben und so dem Endlichen eine unendliche Qualität verschafft, nicht im Ein-für-allemal eines Augenblicks, sondern in dem stets von neuem zu vollziehenden Prozess der Wieder-holung, im geschichtlichen Existieren, »wo man jeden Augenblick das Leben einsetzt, es jeden Augenblick verliert und wieder gewinnt«. Diese echte Wiederholung beginnt erst im Glauben als »die Bewegung kraft des Absurden« ..., durch die »eine neue Unmittelbarkeit« gewonnen wird – durch den Glauben. »Wiederholung ist Lebensmut auf der Grundlage des Glaubens«. Gehört zum Wesen der Erinnerung der Gedanke der Immanenz, gleichsam Ausdruck der »Ersten Philosophie« der griechischen Antike, so zur Wiederholung die Transzendenz. Im Unterschied zur Erinnerung, in der das Erinnerte im Modus der Vergangenheit verbleibt, geht das Wieder-holte als Wieder-geholtes in die Gegenwart der Wirklichkeit ein, um sich darin auf Künftiges zu beziehen und zur Zukunft eine neue Beziehung zu stiften. In der Aneignung seiner Vergangenheit entwirft sich das Subjekt in der Wiederholung auf Zukunft hin. Das aber setzt voraus, dass das Individuum sein Leben »umschifft«, eine Metapher der Seemannssprache, die ein Doppeltes zum Ausdruck bringen will: die bis zum Tod vorauseilende, aber existierend zu realisierende Vorwegnahme. Kierkegaards Kernaxiom, »das ganze Leben eine Wiederholung«, will sagen, dass es sich vermöge der verwirklichenden Vorwegnahme vollzieht. Die wahre Wiederholung wird in der Transzendenz begründet. Wenn der Mensch sagt: »Ich kann mich selbst umsegeln: aber ich kann nicht über mich hinauskommen«, heißt das, ich muss einen »archimedischen Punkt«, »das dos moi pou sto«, gib mir, wo ich stehen kann, d.h. außerhalb meiner selbst finden, um über mich selbst hinauszugelangen. Dazu bedarf es der Offenbarung, die das menschliche Leben aufschließt und über sich selbst hinaus verweist. Dieser Prozess vollzieht sich im religiösen Horizont »kraft des Absurden«, d.h. dass das Ewige in die Zeit eingegangen ist in Jesus Christus und mich nicht bloß in das Entweder-Oder der Wahl, sondern des Schicksals ruft. Damit wird der Begriff der »Wiederholung« zur Grundfigur kierkegaardschen Denkens als tema con variazioni unter variierenden Namen:

---

[82] Die Wiederholung, a.a.O. 70f.

z. B. im Glauben Abrahams, oder im Begriff der »Angst«.[83] Verharrt die Erinnerung im Vergangenen als Vergangenem, so nimmt die Wiederholung das Vergangene in die Gegenwart hinein, um es auf die Zukunft hin zu öffnen und so die Kontinuität der Existenz zu ermöglichen. Wiederholung bedeutet nicht »das Gleiche noch einmal«, sondern die Bindung des menschlichen Selbst an seine Geschichte, dass es diese nicht nur auf die Gegenwart, sondern den inhärenten Entwurf auf die Zukunft hin bezieht. Das Wiedergeholte gewinnt eine neue Qualität in Bezug auf die Existenz. »Wiederholung, das ist die Wirklichkeit und der Ernst des Daseins. Wer die Wiederholung will, der ist im Ernst gereift« (S. 8).

c. Hermann Cohen

Der Blick auf den Du-Horizont kommt zu Beginn des 20. Jahrhunderts in Hermann Cohens (1848–1918) Entwurf einer »Religion der Vernunft aus den Quellen des Judentums«, 1919 posthum erschienen, zum Ausdruck. Vorbereitet durch die Schrift »Der Begriff der Religion im System der Philosophie« (1915) zeigt Cohen die »Eigenart« des Phänomens des Religiösen auf als einen weiteren, neben der Philosophie existierenden Bereich der Vernunft, mit dem zentralen Anliegen, der sittlichen Forderung an den »Einzelnen« und das »Ich« eine Grundlage zu geben. Das Individuum findet seine »Konstitution« in der Korrelation Gott-Mensch, jenem Zusammenhang der Wechselwirkung im Bild der Ellipse mit zwei Brennpunkten. Der Einzelne in dieser Gottesbeziehung versteht sich unter dem Appell, seinen »Mitmenschen« zu lieben und ihn nicht nur als einen »Nebenmenschen« zu sehen. Dabei wird er sich selbst als ein Einzelner bewusst in all seiner Defizienz und Notwendigkeit einer Wandlung zur Umkehr (Teschuwa), sowie zur Versöhnung im Prozess der Neuwerdung »eines neuen Herzens und eines neuen Geistes« (vgl. Ez 18,31).[84] An der Kant'schen Ethik bemängelt Cohen das Fehlen einer konkreten Ursache für die Selbsterkenntnis des ethischen Individuums und seiner Subjektivität, zu deren Konstitution es der Erfahrung des Du bedürfe.[85]

In der Frühzeit des 20. Jahrhunderts entstehen unabhängig voneinander Schriften mit der Thematik des Dialogischen in all ihrer inneren Affinität und charakteristischen Unterschiedenheit, so die unter dem Titel »Das Wort und die geistigen Realitäten« (1921) herausgegebenen »pneumatologischen

---

[83] S. Kierkegaard, Der Begriff Angst (1844) GW 11/12.
[84] Vgl. H. Poma, The Critical Philosophy of Hermann Cohen, 1997; W. Kluback, The idea of humanity. Hermann Cohens Legacy to Philosophy and Theology, 1987.
[85] Vgl. M. Weinrich, Die Entdeckung der Wirklichkeit im personalistischen Denken; E. Mounier, Ecrits sur le personalisme, 2000.

Fragmente« Ferdinand Ebners (1882–1931), Franz Rosenzweigs »Der Stern der Erlösung« (1921) und Matin Bubers »Ich und Du« (1923).

d. Ferdinand Ebner

Ferdinand Ebner (1882–1931), als Volksschullehrer philosophischer und theologischer Autodidakt, gilt als Exponent und Mitbegründer des dialogischen Personalismus sowie eines dialogischen Denkens, der in der Ich-Du-Beziehung die Überwindung der Ich-Einsamkeit und des damit verbundenen Wirklichkeitsverlustes sieht.[86] Personsein ist ein relationaler Begriff und konstituiert sich durch Bezogensein zu anderen Personen, durch die Beziehung zum konkreten Du, ohne das es kein Ich gibt und umgekehrt. Ausgehend von der existentiellen Erfahrung der »Icheinsamkeit« vertieft sich Ebner mehr und mehr in das Mysterium der Sprache, jenem ewig neuen Vehikel der Brücke zwischen dem Ich und dem Du.[87] Diese Grundrelation im Wort beruht objektiv im vorbegrifflichen Sprechenkönnen und subjektiv in der liebenden Zuwendung. Die menschliche Ich-Du-Beziehung hat ihre Transparenz und Erfahrbarkeit auf das absolute Du Gottes hin, dem es sich verdankt und responsorisch zur Erwiderung gerufen ist. Das Wort als die schlechthinnige Wirklichkeit sieht Ebner von der biblischen Offenbarung und Logoslehre her christologisch, als inkarnierte Wirklichkeit. All die kulturellen Vollzüge des Menschen als Kunst, Wissenschaft, Philosophie, Theologie und Kunst sind nur »Traum vom Geist« und Symptome der Icheinsamkeit, die erst durch den inkarnierten Logos den Menschen in die wahre geistig-geistliche und erlösende Beziehung rufen.[88]

e. Franz Rosenzweig (1880–1929)

Der spekulativste unter den dialogischen Denkern, Franz Rosenzweig (1880–1929), wendet sich von der Bewusstseinsmetaphysik des deutschen Idealismus ab, um am Leitfaden der Sprache ein »Neues Denken«[89] zu initiieren. Im assimilierten Judentum einer großbürgerlichen Kasseler Familie aufgewachsen, meldet sich Rosenzweig 1916 als Kriegsfreiwilliger an die

---

[86] F. Ebner, Schriften, 3 Bde., hg. von F. Seyer, 1963–1965.
[87] J. Jagiello, Vom ethischen Idealismus zum kritischen Sprachdenken, 1997; A. K. Wucherer-Huldenfeld, Personales Sein und Wort, 1985; F. Scharl, Weg(ung) im Denken Ferdinand Ebners, 1997.
[88] Vgl. W. Mehtlagl u. a. (Hg.), Gegen den Traum vom Geist, 1981.
[89] Vgl. A. E. Bauer, Sprachdenken im »Stern der Erlösung«, 1992; A. Sh. Bruckstein, Die Maske des Moses, 2001; B. Casper, Religion der Erfahrung, 2004.

Balkanfront. Von dort aus adressiert er auf Feldpostkarten seine grundlegenden Gedanken an sich selbst nach Kassel, aus denen er dann sein Hauptwerk »Der Stern der Erlösung«, zwischen 1918 und 1919 niederschreibt, »unser Sparguthaben für Jahrhunderte«, wie er selbst sagt. Die drei Teile des Werkes sind übertitelt mit »Die Elemente oder die immerwährende Vorwelt«, dann »Die Bahn oder die allzeit erneuerte Welt« und »Die Gestalt oder die ewige Überwelt«, um darin die ewigen Grundthemen Gott, Welt und Mensch zu behandeln. Hatte die Philosophie auf ihrem Denkweg die beiden ersten Größen Gott und Welt jeweils auf ihre dritte zurückgeführt, den Menschen und von ihr in Beziehung gesetzt in ihrem Zueinander, so geht es Rosenzweig um dieses unhintergehbare »Und« als den eigentlichen Wirklichkeits- und Lebensbezug im zeitlichen Ereignen. Dieses gibt sich der Philosophie »zu denken«.

Rosenzweigs »Neues Denken« will in erster Linie die Wesensfrage nach dem Fragenden selbst stellen, nach dem »ganz gemeinen Privatsubjekt« mit Vor- und Zuname und dem Ernstnehmen der Zeit mit der dazugehörenden Todesthematik. Weil alles einen Zeitcharakter hat und sich in der Zeit ereignet, kann nicht ein zeitenthobenes Denken und eine zeitlose Logik die Zeitlichkeit und Zeitbedingtheit aller Dinge erfassen, sondern muss in die Sprache des Erzählens übergehen, in ein zeitliches Darstellen und Denken in ihrem zeitlichen Bezug des Beansprucht-seins durch die Zeit und durch die Wiedergabe des Zeitlichen mit den darin eingebetteten lebendigen Erfahrungen. Es geht Rosenzweig um die Gewärtigung dieses drei-fältigen »Und«: die wirkliche Erfahrung erweist sich grundlegend als Beziehungserfahrung und zwar: als Gott- und Welt-Erfahrung, als Gott- *und* Menscherfahrung, sowie als Mensch- *und* Welt-Erfahrung. Das erste »Und« zwischen Gott und Welt rückt die Schöpfung als immerwährenden elementaren Grund in den Blick, das zweite die Offenbarung Gottes als allzeit erneuerte Gegenwart der heilenden Erlösung, und das dritte – die zu-kommende Zukunft. Die Offenbarung hat nach Rosenzweig in der Geschichte der Menschheit verschiedene Gestalten angenommen, als Judentum und Christentum, als Bewährungen der einen göttlichen Wahrheit innerhalb der »Ökonomie des Seins« (E. Lévinas).[90]

Rosenzweigs Kritik richtete sich vor allem gegen den Erfahrungsbegriff des Idealismus, weil dieser das Denken auf das Subjekt-Objekt-Verhältnis reduziert. Sein »neues Denken« aber ist vor allem ein beim »Wort« des Anderen einsetzendes »Sprachdenken« mit den drei Beziehungsbegriffen Gott-Welt-Mensch als »Sprachhandlung«, denn in der Sprache erfährt der

---

[90] E. Lévinas, Ein modernes jüdisches Denken, in: Ders., Außer sich. Meditationen über Religion und Philosophie, 1991, 99–122.

Mensch ein personales Gegenüber.[91] Hinzu kommt das »Ernstnehmen der Zeit«[92] und der Offenbarung,[93] die die Sprache stiftet und ihren Grund in der Liebe Gottes hat, dem Schöpfer der Welt, dem Voraus des »immerwährende(n) Grund(es) der Dinge«. Hoffnung nimmt die zukünftige Erlösung der Welt vorweg. Rosenzweig versteht dieses sein Denken als ein »zeitgebundenes« und »zeitgenährtes« Denken, das von einem anderen Sprechen und einem Zuvor herkommt, und das zu einem anderen spricht und so auf Zeit und den Anderen angewiesen ist. Im Horizont der Sprache und als Zeit, ereignen sich Schöpfung, Offenbarung und Erlösung. Damit denkt Rosenzweig Zeitlichkeit und Sprachlichkeit zusammen, und Zeit vollzieht sich im Erzählen und lässt im Dialog den anderen in Frage und Antwort mitsprechen.

Von einer amyotrophen Lateralsklerose befallen und zunehmend gelähmt und des Sprechens nicht mehr fähig, konnte Rosenzweig schlussendlich nur noch einen einzigen Finger bewegen, mit dem er seiner Frau Buchstaben andeutete, die sie zu Worten und Sätzen fügte. In der Gewissheit, dass der Name den Menschen in die lebendige Gegenwart Gottes hineinruft und von bloß äußerlichen Ursächlichkeiten frei macht, wusste er, dass im Anrufen des Gottesnamens der Mensch zu einem »Wir« gehört und in der Zeit, die so »zur rechten Zeit« wird, seine Einwurzelung in die Humanität erfährt. Franz Rosenzweig starb am 10. Dezember 1929, nach jüdischer Zeitrechung am 8. Kislew 5690. Das ernste, wechselseitige Gespräch als interpersonales »Zwischen« wechselseitig sich eröffnender Individuen, führt diese in einen gemeinsamen Sinnbestand hinein.

f. Martin Buber

Martin Buber (1878–1965) suchte seine menschlichen Erfahrungen ins menschliche Denkgut einzuzeichnen und zwar auf dem Hintergrund eines jüdisch-christlichen »Personalismus«: »Ich habe keine Lehre, aber ich führe ein Gespräch«.[94] Als Erforscher und Deuter des Chassidismus,[95] jener volkstümlichsten Erweckungsbewegung und vorherrschenden Form des osteuropäischen Judentums, die die Gottesebenbildlichkeit des Menschen, als Tat,

---

[91] Vgl. E. Freund, Die Existenzphilosophie Franz Rosenzweigs. Ein Beitrag zur Analyse seines Werks »Der Stern der Erlösung«, ²1959.
[92] Vgl. H. M. Dober, Die Zeit ernst nehmen. Studien zu Franz Rosenzwergs »Der Stern der Erlösung«, 1990.
[93] St. Mosès, System und Offenbarung. Die Philosophie Franz Rosenbergs. Mit einem Vorwort von E. Lévinas, 1985.
[94] So in: P. A. Schilpp / M. Friedmann (Hg.), Martin Buber, 1963, 593.
[95] Vgl. M. Buber, Mein Weg zum Cassidismus (von 1917), in Werke, 1963 III, 967 ff.

als Werden, als Aufgabe fasst, will die chassidische Botschaft bekannt machen: »Gott in aller Konkretheit als Sprecher, die Schöpfung als Sprache: Anruf ins Nichts und Antwort als Sprecher, die Schöpfung als Sprache; Anruf ins Nichts und Antwort der Dinge durch ihr Entstehen, die Schöpfungssprache dauernd im Leben aller Kreaturen, das Leben jedes Geschöpfs als Zwiegespräch, die Welt als Wort, – das kundzugeben war Israel da. Es lehrte, es zeigte: der wirkliche Gott ist der anredbare, weil anredende Gott.« Von daher fragt M. Buber nach den Grundbefindlichkeiten des Menschen und sieht diese in der menschlichen Begegnung und im menschlichen Dialog. In seinem philosophischen Hauptwerk »Ich und Du« (1923) legte er sein »dialogisches Prinzip« als Ausdruck einer metaphysischen Anthropologie nieder.[96] Es ist wie eine Übertragung des religiösen Liedes, das er bei Rabbi Levi Jizchak von Berditschev kennengelernt hatte, in die säkulare zwischenmenschliche Beziehung.

Das Lied lautet:

»Wo ich gehe – du!
Wo ich stehe – du!
Nur du, wieder du, immer du!
...
Himmel – du, Erde – du
Oben – du, unten – du,
Wohin ich mich wende, an jedem Ende
Nur du, wieder du, immer du!«

Ein menschliches Ich wendet sich einem anderen Ich in Beziehung zu und so zu einem Du.[97] In seinem Werk »Ich und Du«, in welchem Buber seine dialogische Konzeption entwickelt, unterscheidet er zwischen zwei menschlichen Existenzweisen, der Apperzeption der Wirklichkeit im Modus des »Ich-Es« als Leistungs- und Interessensdenken: Ich als Ausgang des Wissens, und dann dem der Sprache, dem »Ich-Du« Modus, der Mensch als Gegenüber und die darin vermittelte geistige Dimension, die im »Zwischen« sich ereignet. Das »Du« wird als außerordentliche Präsenz erfahren, das angesprochen und »gegrüßt« werden kann und in dessen Begegnung sich das Ich des Menschen erst wesentlich konstituiert: »Der Mensch wird am Du zum Ich«. Die Ich-Du-Welt ist eine Welt der Beziehung als Leben mit der Natur, der menschlichen Mitwelt und mit dem Geheimnis des Mehr-als-

---

[96] M. Buber, Zur Geschichte des dialogischen Prinzips. in: Werke I, 293 ff. Vgl. H. Kohn, Marin Buber, 1961 (mit Bibliographie); G. Schröder, Martin Buber. Hebräischer Humanismus, 1966; P. Mendes-Flor, Von der Mystik zum Dialog, 1978; E. Levinas, Matin Buber und die Erkenntnistheorie, in: Martin Buber (Hg.), P. A. Schilpp/M. Friedmann, 1963.
[97] Vgl. B. Casper, Das dialogische Denken, 1967; J. Bloch, Die Aporie des Du, 1977; M. Levinas, Martin Buber, Gabriel Marcel und die Philosophie, in: Martin Buber, Bilanz seines Denkens. (Hg.) J. Bloch / H. Gordon, 1983.

Menschlichen, Gott. Seine Grundansicht fasst Buber in dem Satz zusammen: »Ohne Es kann der Mensch nicht selbständig leben, aber ohne Du-Beziehung ist er kein Mensch«. Im 3. Teil seines Grundlagenwerkes »Ich und Du« weitet Buber die Ich-Du-Beziehung in die religiöse Dimension aus und fasst es rekapitulierend in den Satz: »Jedes geeinzelte Du ist ein Durchblick zu ihm«, d. h. zu Gott als »ewigem Du«, das letztlich nur angesprochen, niemals jedoch ganz ausgesagt werden kann. Dieses ewige Du Gottes wird in jedem einzelnen Du mitgesprochen. In dieser Dialogik steht das menschliche Ich zum göttlichen Du und das göttliche Ich zum menschlichen. Von besonderer Bedeutung für das »dialogische Prinzip« ist für Buber die menschliche Sprache: »Ich werdend spreche ich DU«. Er ist der Überzeugung: »Der Mensch wird durch das, was ihm widerfährt, was ihm geschickt wird, durch sein Schicksal, angeredet: durch sein eigenes Tun und Lassen vermag er auf diese Anrede zu antworten, er vermag sein Schicksal zu verantworten.« Daher erwächst aus dem »dialogischen Prinzip« auch die Verantwortung, ein Gedanke, der für das Denken von Hans Jonas zentral werden wird.[98]

g. Gabriel Marcel: Mysterium »Liebe«

Der französische Philosoph und Dramatiker Gabriel Marcel (1889–1973) versteht sein Denken nicht als philosophischen Systementwurf, sondern als »christlichen Sokratismus« im ständigen Progress des Fragens und des Erweckens und Erwachens dazu. Es ist ein »Sokrates-vor-Augen-Haben«, wie schon I. Kant zweihundert Jahre davor in einer Notiz über das Sokratische schreibt: »Die Grenzen seiner Erkenntnis, den Umfang derselben einzusehen und dadurch erkennen, dass ich nichts weiß; das ist sehr tiefe Philosophie«.[99]
In seinen phänomenologischen Analysen wendet sich Marcel, 1929 vom Agnostizismus zum katholischen Glauben konvertiert, den außergewöhnlichen Erfahrungen des Menschen zu wie Liebe, Treue, Glaube, Zeugnis, Gegenwärtigkeit des Anderen. Diese realen Lebensvollzüge des Menschen sucht er zu reflektieren. Nach seinem Studium der Philosophie an der Sorbonne gerät er zunächst in den neoidealistischen Sog eines Samuel Taylor Coleridge (1772–1834), des führenden Vertreters der englischen Romantik, der sich dezidiert gegen den dominierenden Empirismus wendet. Er rückt das (religiöse) Gefühl in den Blick und setzt mit seinen »Aids to Reflection« eine Alternative zur rationalistischen Theologie seiner Zeit.

---

[98] Vgl. M. Theunissen, Der Andere, 1965; K. Huizing, Das Sein und der Andere, 1988.
[99] Vgl. D. Horster, Das sokratische Gespräch in Theorie und Praxis, 1994.

Ähnlich wie die lebensphilosophische Restriktion der objektiven logischen Form von Erkenntnis und theoretischer Durchdringung der wissenschaftlichen Welt, weitet Marcel die Erkenntnis als besondere Erlebnisform auf das Feld er menschlich-personalen Existenz hin aus, auf das Sein als Geheimnis. Er spricht vom »ontologischen Geheimnis« (mystère ontologique), in das die Reflexion eintaucht, wenn der Mensch mit der Frage »Was bin ich?«, sein eigenes Ich auf das ihn umgreifende Geheimnis hin bezieht. Dieses ist metaproblematisch, weil es nicht, wie die Welt der Probleme, im Bereich des »Habens« (»ich habe«) angesiedelt ist. In seinen intuitiven Tagebuchnotizen, die Marcel 1935 unter dem Titel »Être et avoir« (»Sein und Haben«) ediert hatte, einer phänomenologischen Analyse des Habens, trifft er die grundlegende Unterscheidung einer »Fundierung des Bewusstseins im Haben schlechthin« und dem »Gehabtsein« als dem »spezifischen Sein«.[100] Er spricht von einem »besitzenden« Haben (avoir-possession) und einem »inbegriffenen« Haben (avoir-implication). Schritt für Schritt geht er der Frage nach, wie dieses Sein, das seinem Wesen nach Geheimnis und nicht Problem sein kann, offenbar werden könne.[101]

Da das neuzeitliche Denken mit dem »Verschluss« des Subjektivismus im cartesianischen »Cogito«, im Horizont der Probleme und Resultate denkt, setzt Marcel das »ergriffene Denken« entgegen, das sich in das Mysterium des Seins einbezogen weiß. Es ist ein Andenken des Seins (pensée pensante). Damit übersteigt es die Enge einer bloßen Erfahrungserkenntnis des Spekulativen hin auf die dialogische Erfahrung des Mitseins, der Liebe, der Verfügbarkeit, des Bedenkens des eigenen Todes, des Überstiegs des Ichs zum Du und hin zum »absoluten Du« Gottes, zur Teilhabe, Mit-Sein und Gebet. Es ist ein für das Mitsein offenes gesammeltes An-Denken (penser à), das sich (inter-) personal einem Du, der Leibhaftigkeit des Geistes in der Welt, zuwendet in Liebe. So eine sich darbietende Liebe (amor oblatif) ruft mit seiner hingebenden Haltung zu einer personalen Reichweite und Treue. Es ist dies eine Treue, die der Trennung und Zerreißung des geliebten Menschen durch den Tod trotzt. Es gilt: »Jemanden lieben heißt sagen: du wirst nicht sterben«, ein Wort, das zum Lebensthema Marcels geworden ist, der schon als Vierjähriger seine Mutter verlor. Eine solche in der Treue verwurzelte Liebe sucht das eigene Leben vom Tod des geliebten Anderen her zu begreifen, zu erweitern, zu vertiefen und wesentlich zu machen.

Die Teilhabe des Einzelnen am Sein als dem umfassenden Ganzen, bindet

---

[100] G. Marcel, Être et avoir, 135, 167–179; dt. 1954, 165–187.
[101] Ders., a.a.O. 170ff. Vgl. V. Berning, Das Wagnis der Treue. Gabriel Marcels Weg zu einer konkreten Philosophie des Schöpferischen, 1973; P. Kampits, Gabriel Marcels Philosophie der zweiten Person, 1975. J. Chenu, Le Théatre de Gabriel Marcel et sa signification metaphysique, 1948; G. Marcel, Pour une Sagesse tragique et son au-delá, 1968, dt. 1974; P. A. Schilpp, (Hg.), The Philosophy of Gabriel Marcel, 1987.

den Akt-Vollzug der Liebe an das begrifflich nicht mehr fassbare Geheimnis. Da für Marcel im Menschen eine Sehnsucht eingewurzelt ist, sich auf das heilige Geheimnis, das Gott ist, hin zu übersteigen, wird dieses im personalen Akt der Liebe und der Treue epiphan. Er sagt: »Ein Wesen wirklich lieben heißt, es in Gott lieben«. In seinen 1949 und 1950 sog. »Gifford Lectures«, an der Universität von Aberdeen in Schottland gehaltenen philosophischen Vorlesungen – erschienen unter dem Titel »Le mystère de l'être« (»Geheimnis des Seins«), entfaltet und vertieft Marcel noch einmal den Grundimpuls seines Denkens. Er tut dies auf dem Hintergrund der Erfahrung der »zerbrochenen Welt« (le monde cassé).[102] Der Mensch in seiner Verstrickung in den »Habens«-Modus und mit der autonom-absoluten und bedingungslosen Subjektivität, droht die Dimension des Heiligen (sacré) zu verlieren. Marcel geht es um die Wiedergewinnung des wahren Bezugs des Menschen zum »Geheimnis des Seins«, ein Genesungsversuch, den er in seiner »konkreten Ontologie« zu entfalten sich anschickt. Analog zu der Differenz von »Haben und Sein«, ist »Sein« nicht ein Problem des wissenschaftlichen Denkens, sondern ein sich Gewährendes, das sich in einem das Bewusstsein transzendierenden »Akt der Sammlung« (»recueillement«) erschließt. Neben der gegenständlich-kategorischen und abstrakten Reflexion des Wissenschaftsbewusstseins gibt es für Marcel noch eine andere, »ontologische« Reflexion, die den Menschen zum konkreten Existenzvollzug, zur Teilhabe (»participation«) am Sein anleitet, das sich grundlegend als Mit-Sein darbietet, als Teilhabe am Leben der Welt und des Anderen, dem Du des Mitmenschen und seiner Geschichte. Der Bezug zum Sein als Mitsein aber erschließt sich in der die Treue bedingenden Liebe. In ihr, der liebenden Zuwendung und Bejahung des Anderen, rückt das Du in die Mitte und wird als Person erfahrbar. Marcel konstituiert damit seine »Philosophie der zweiten Person«.

Diese liebende Zuwendung zum Anderen als dem einmaligen und unverwechselbaren Du, ist ihrem Wesen nach »schöpferische Treue« (fidélité

---

[102] G. Marcel, De monde cassé (Die zerbrochene Welt), Drama in vier Akten, 1933. Das Drama kreist um die Frage, wie sich der Einzelne in eine Gemeinschaft integrieren lässt, die ihren Sinn von einem metaphysischen Lebensgrund her bezieht. Auf die Bühne werden die gespannten und komplizierten Beziehungen des menschlichen Mit- und Nebeneinanders gestellt samt der Mischung der sich anbietenden und wieder enttäuschenden Varianten. Das Kernstück des Dramas bildet die komplizierte Ehe Christianes mit Laurent Chesnay auf dem Hintergrund der gesellschaftlichen Welt der Dreißigerjahre des vorigen Jahrhunderts, die die Platitüden eines inneren Leerlaufs durch inszenierte Vergnügungen zu kaschieren sucht. Am Ende, nach all den inneren, verzweiflungsvollen Verwerfungen wandelt sich das Nebeneinander des Ehepaares zu einer Atmosphäre der Aufrichtigkeit und Bereitschaft (disponibilité) füreinander. Christiane erschließt sich ihrem Mann mit den Worten: »Deine Schuld ist meine, deine Schwachheit ist auch meine …; es gibt eine Gemeinschaft der Sünder … es gibt eine Gemeinschaft der Heiligen.«

créatrice). Sie kulminiert im Überstieg zum »absoluten Du« Gottes, dem Urgrund und der Fülle allen Seins. Marcel schreibt: »Diese Realität, welcher ich mich öffne, indem ich sie anrufe, gibt *mich* mir selbst, sofern ich mich ihr ergebe. Durch die Vermittlung des Tuns, durch welche ich mich auf sie zentriere, werde ich wirklich zum Subjekt«. Ein solcher Selbst-Besitz durch Selbst-Hingabe in seiner Offenheit auf Mit-Sein und das Du, vollzieht sich in freier Verfügbarkeit (disponibilité) auf das »Geheimnis des Seins« hin. Es ist ein gesammeltes Denken, ein An-Denken im personalen Akt des Glaubens, auf das offenbarte und mit dem ontologischen Geheimnis verbundene Mysterium des Heiles in seiner menschgewordenen Erschlossenheit des Logos. In Teilnahme und Teilhabe vollendet sich menschliche Existenz als christliche Existenz. Vom Jenseits unserer selbst wird ein Ruf Gottes vernehmbar aus geheimnisvoller Präsenz, der einen responsorischen Akt weckt. Im andenkenden Gebet vollzieht sich etwas, von dem Marcel sagt, dass »Beten die einzige Art ist, an Gott zu denken, bei ihm zu sein«.

Auch die Vertreter einer Lebensphilosophie wie H. Bergson, W. Dilthey, L. Klages u. a. ist theoretisches Erkennen nur eine defiziente Form ursprünglicher Lebenserfahrung. Erkenntnistheoretisch wird auf die Unmöglichkeit hingewiesen, »eine archimedischen Punkt außerhalb dieser Lebenserscheinungen zu finden, von dem her man die Erkenntnis als ein in sich begründetes und von allem vortheoretischen Lebensverhalten unabhängiges Gebäude errichten könnte.«[103]

h. Maurice Blondel

Maurice Blondel[104] (1861–1949), die Gründerfigur des neueren Denkens im katholischen Geiste, bringt Themen aus der Lebensphilosophie in einen transzendentalphilosophischen Horizont ein. Das Ganze gipfelt in einem »Begreifen« der (Offenbarungs-)Religion als Grund der Bedingung, sich in der christlichen Existenz als dem höchsten Ziel zu begreifen. In seinem Werk »L'Action« (1893) geht es ihm um die ethische Bedeutung des Tuns bzw. um den Sinn des Lebens. Da das »absolut Unmögliche und absolut Notwendige für den Menschen« zugleich »übernatürlich« ist, führt er seine »Phänomenologie des Tuns« zu einer paradoxen Anthropologie fort. Das Denken Blondels hatte eine tiefgreifende Wirkung auf die Schule der »nouvelle théologie« eines H. de Lubac u. a., auf Maréchal und den Löwener Neuthomis-

---

[103] O. F. Bollnow, Das Verstehen, 1949, 71.
[104] Vgl. A. Raffelt, Spiritualität und Philosophie, 1978; H. Verweyen, Die »Logik der Tat«, in: ZkTh 108 (1986) 311–320; R. Virgoulay, L'Action de Maurice Blondel, 1992.

mus sowie auf die frühe philosophische Arbeit Karl Rahners und auf manche Anliegen des II. Vatikanischen Konzils ausgeübt.

i. Josiah Royce und Henri Bergson

Auch der amerikanische Vertreter des absoluten Idealismus Josiah Royce (1855–1916) mit seiner Idee einer »great community«, deren Einheit in Gott, dem Alpha und Omega, begründet ist, sucht einen neuen Seinsbegriff zu entwerfen. In seinen in Aberdeen gehaltenen Gifford Lectures, ediert als »The World and the Individual« (1900/01), sucht er darin die idealistisch-metaphysische Weltdeutung mit den religiösen Denkmustern von Welt und Individualität zu versöhnen.[105]

Auch Henri Bergson (1859–1941), der Hauptvertreter der spiritualistischen Lebensphilosophie ist zu nennen, der dem Positivismus und Szientismus seiner Zeit eine neu formulierte Metaphysik entgegensetzt. Mit seiner irrationalen Lebenslehre, dem »Bergsonismus«, wirkt er nachhaltig auf die Dichtung eines Marcel Proust (1871–1922) und seinen Spätimpressionismus mit den Spiegelungen der Pariser Salons der Vorkriegszeit nach: »Altersmüd unter dem Alter der Welt« (Anatole France) oder auf den »Ulysses« von James Joyce (1882–1941). Bergson setzt dem Zeitbegriff der Naturwissenschaften mit der Verräumlichung und Verfälschung der Zeit, die eigentliche Zeit (durée réelle) als gelebte Zeit, entgegen[106] und will damit das Urerlebnis des Ästhetischen, das Ganze im Ursprung-Sein, zurückgewinnen, als Begriff der »Gleichzeitigkeit«, Gegenüber der mechanistisch arbeitenden Verstandeslogik. Intuition und Sympathie bilden die Gegenbalance.[107]

j. Hans Jonas: Verantwortete Liebe

In seinem Werk »Das Prinzip Verantwortung« (1979)[108] entwirft Hans Jonas (1903–1993), der Religionsphilosoph und Vertreter einer antizipieren-

---

[105] Vgl. K. T. Humbach, Das Verhältnis von Einzelperson und Gemeinschaft nach Josiah Royce, 1962.
[106] H, Bergson, Essais ur les données immédiates de la conscience, 1889; Matière et mémoire (Materie und Gedächtnis) 1896.
[107] Der »élan vital« ist für ihn die Urtatsache jeder schöpferischen Entwicklung (»L'evolution créatrice) 1907; L'énergie spirituelle, 1920; Durée et simultanéité, 1922.
[108] Hans Jonas, Das Prinzip Verantwortung. Versuch einer Ethik für die technologische Zivilisation; 1979. Ders., Macht oder Ohnmacht der Subjektivität? 1981; Ders., Philosophische Untersuchungen und metaphysische Vermutungen, 1992; Dazu: D. Birnbacher, Hans Jonas, Das Prinzip Verantwortung in: ZphF 37 (1983) 144–147; W. E. Müller, Der

den Zivilisationsethik, für die moderne Zivilisation des Technologiezeitalters eine zukunftsgerichtete Ethik der Verantwortung und eine Phänomenologie ethischen Handelns. Dabei formuliert er den Kant'schen kategorischen Imperativ als »Prinzip Verantwortung« neu und transformiert ihn in einen Begriff der Fürsorge für anderes Sein. Als ethische Schlüsselkategorie und Zentralbegriff neuerer philosophisch-ethischer Ansätze plädiert Hans Jonas für eine Erweiterung der allgemeinen Begriffsbestimmung, wenn er schreibt: »Verantwortung ist die als Pflicht anerkannte Sorge um ein anderes Sein, die bei Bedrohung seiner Verletzlichkeit zur ›Besorgnis‹ wird«. Zu ihr gehört wesenhaft die »Furcht um den Gegenstand der Verantwortung« in dem Maße hinzu, in dem der Gegenstand bzw. Adressat der Verantwortung grundsätzlich »verletzlich« ist.[109] Die erweiterte Sorge-Verantwortlichkeit ist eine Handlungs-Verantwortlichkeit für das »zu-Tuende«.[110] Dabei darf weder das Existenzrecht der lebenden menschlichen Wesen noch das der zukünftigen Generationen gefährdet werden. Im 3. Kapitel reflektiert H. Jonas die metaphysische Bedeutung von Zwecken im Gesamtkontext des »Stirb und Werde« in der Natur, denn alle Lebewesen verkörpern einen Zweck an sich. H. Jonas orientiert sich bei der Ableitung der Zweckbestimmtheit der Wirklichkeit an Martin Heideggers daseinsbezogenen »Worumwillen« und seiner existenzial-hermeneutischen Bedeutung, wenn er schreibt: »Im Worumwillen ist das existierende In-der-Welt-sein als solches erschlossen, welche Erschlossenheit Verstehen genannt wurde. Im Verstehen des Worumwillens ist die darin gründende Bedeutsamkeit mit-erschlossen ... Worumwillen und Bedeutsamkeit sind im Dasein erschlossen, besagt: Dasein ist Seiendes, dem es als In-der-Welt-Sein um es selbst geht«.[111] Der kategorische Imperativ von Jonas »Bescheide dich selbst!«, gilt einer Ethik des technischen Zeitalters und auch einschränkend, dem Erkennen: »Nicht mehr Lust des Erkennens, sondern Furcht vor dem Kommenden oder Furcht um den Menschen wird da zum Hauptmotiv des Denkens, und dieses selbst stellt sich dar als ein Akt eben der Verantwortung, deren Begriff in ihr erarbeitet und mittelbar wird.« Der Mensch erfasst die Zwecke der Natur intuitiv. Die Handlungs-Verantwortung wird durch die »Verantwortlichkeit durch das Sein« transzendiert, denn die einem anvertraute Macht und Funktion rufen in die Verantwortung.[112] Verantwortlichkeit ist die wesentliche Weise von Teilnahme von Personen am interaktiven Leben und

---

Begriff der Verantwortung bei Hans Jonas, 1988; G. Ropohl, Das Risiko im Prinzip Verantwortung, in: Ethik und Sozialwissenschaften 5 (1994) 109–120.
[109] H. Jonas, Das Prinzip Verantwortung, 1979, 391.
[110] a.a.O. 174.
[111] M. Heidegger, Sein und Zeit § 31, 1972, 143.
[112] H. Jonas, a.a.O. 231 f. Vgl. H. Lenk, Pragmatische Vernunft, Philosophie zwischen Wissenschaft und Praxis, 1979, 69 f.

zwar als Träger, dann als der Frage für wen und der inhaltlichen Frage für was. Sie ist schon im Personsein des Menschen eingeschlossen und wird vom »Antlitz des anderen« (E. Lévinas) als Verantwortung vor anderen in Anspruch genommen. Das Verantwortlichsein hat drei Foren, vor mir selbst, vor den anderen und vor Gott. Die retrospektive und prospektive Verantwortung erstreckt sich für Hans Jonas auf ein Jetzt, auf ein Erbe und auf spätere Generationen und ist tiefer Ausdruck einer indirekten Liebe.

k. Pierre Teilhard de Chardin: »Amorisation«:
   Liebe als energetische Kraft

Pierre Teilhard de Chardin (1881–1955) SJ, der seine Lebensaufgabe in einer Erneuerung des christlichen Welterlebens sah, stellt sein umfangreiches fachwissenschaftliches und theologisch-spirituelles Schrifttum in den Dienst einer Öffnung der Theologie auf den modernen wissenschaftlichen Horizont hin. Schon früh kreiste sein Denken um das Darwin'sche Thema der Evolution, das er zu erweitern und in den theologischen Diskurs einzubringen trachtete.[113] Sir Julian Huxler schreibt über ihn: »Teilhard war ein bemerkenswerter Pionier in dem großen Abenteuer des zeitgenössischen Denkens. Als moderner Mensch macht er den Versuch, Tatsachen und Ideen aus jedem Bereich menschlichen Wissens und menschlicher Aktivität zu integrieren, um eine neue und umfassende Ansicht der menschlichen Bestimmung zu geben«. Teilhards Devise lautete: »Wissenschaft und Religion sind in meinen Augen immer nur eine Sache gewesen, die eine wie die andere sind für mich die Verfolgung des gleichen Gegenstandes.«[114]

In seinem Hauptwerk »Le phénomène humain« (1955) (dt.: »Der Mensch im Kosmos«, »Das Phänomen des Menschen«) suchte Teilhard einen Aufriss der gesamten Evolution zu geben. Diese vollzieht sich nicht nur auf der biologisch-materiellen Achse, sondern vor allem in energetisch-geistiger Weise. Inspiriert von H. Bergsons »Evolution créatrice« (1907)[115] und unter

---

[113] Vgl. A. Gosztonyi, Der Mensch und die Evolution, 1968; A. Glässer, Konvergenz. Die Struktur der Weltsumme, 1970; A. Portmann, Der Pfeil des Humanen, 1960; Rabut; Gespräch mit Teilhard de Chardin, 1961; H. de Lubac, Teilhards religiöse Welt; K. Schmitz-Moormann, Pierere Teilhard de Chardin, 1996.
[114] Vgl. G. Schiwy, Teilhard de Chardin. Sein Leben und seine Zeit. 2 Bde., 981; C. Cuénot, Pierre Teilhard de Chardin. Leben und Werk, 1966 (frz. 1958).
[115] Bergson wendet sich gegen eine Deutung zeitlicher Prozesse wie Leben, Bewegung, Denken oder Handeln mit rein quantifizierenden Mitteln, denn diese sind Qualitätsbegriffe und würden durch Quantifizierung ihr Wesen verlieren. Die Zeit als »durée«, als virtuelle Vielheit und als Fluss unvertretbarer Augenblicke ist unverfügbar. Vgl. G. Bachelard, La dialectique de la durée – Henri Begson, 1972; G. Deleuze, Bergson zur Einführung, 1989; A. Philonenko, Bergson, 1994.

dem Eindruck der paläontologischen Tatsachen, setzte er an die Stelle der Materie-Geist-Dualität einen einzigen, allerdings bifazial-doppelgesichtigen Weltstoff, der sich materiell in seiner Komplexität manifestiert, geistig aber in seiner Kraft der »Zentrierung«, des Vermögens zur Einigung. Der Mensch als Mitte, Achse und Ziel einer zusammenhängenden Ordnung ist zugleich »die Antwort auf alle Fragen, die wir haben.« Die Entwicklung hat letztlich einen Konvexpunkt, auf den alles hinausläuft, das »Phänomen des Christentums«.

Drei Tage vor seinem Tode suchte er die Summe seines Denkens in die Worte zu fassen:

»Was ich glaube-Synthese: 1. St. Paulus ... die drei Verse (sc. 1 Kor 15,26–28): Gott alles in allem. 2. Kosmos = Kosmogenese – Biogenese-Noogenese-Christogenese ... 3. Die beiden Artikel meines Credo: Das Universum ist zentriert (evolutiv, aufwärts/ vorwärts). Christus ist sein Zentrum ... Christus ist das Zentrum des Kosmos (Noogenese = Christogenese) – Neo-Christentum (Neo-Nizänum) ...«[116]

Ausgehend von der kosmischen Christuslehre des Kolosserbriefes (Kol 1,15 ff.), stellt Teilhard den menschgewordenen Christus an den »Punkt Omega« als Punkt aller Konvergenzen und so dem Universum, Raum und Zeit »koextensiv« als Christus in seiner kosmischen »dritten Natur«.[117] Damit sucht Teilhard die Dualität von Transzendenz und Immanenz durch seine »universale« und »totale Synthese« zu überwinden. Im evolutiven Wachsen der Komplexität des Universums manifestiert sich immer stärker die geistige Innenseite als »Bewusstsein«. In der maximalen Zentrierung im Horizont der gegebenen Komplexität tritt die Evolution auf eine neue Ebene und zwar kosmogenetisch zur lebenden Zelle und biogenetisch zum denkenden Menschen hin, noogenetisch aber zur universellen Einigung der Menschheit zum »Punkt Omega«, der Einigung der Menschheit in Gott. Teilhard zeichnet die unterschiedlichen Sinndimensionen der evolutiven Bewegung der materiellen »Außenseite« wie der geistigen »Innenseite« nach, d. h. die materiellen wie die geistigen Energien in ihrem Aus-sich-heraus, ihren sich formenden Gestalten und ihrer Kristallisation. In der Biogenese vollzieht sich die »Revolution der Zellen« und damit die Entstehung und Entwicklung des Lebens als der »eigentlichen Schwelle«, die sich in »Lebensbäumen« ausbreitet und verzweigt. Das »Denken« aber überschreitet die »Schwelle der Reflexion« als Gang der Menschwerdung, so dass der Weg der Noogenese in das »höhere Leben« einmündet, wie dies in Abschnitt

---

[116] Teilhard de Chardin, Œuvres XIII, 119; dt. Werke V, 405; A. Gläßer, Konvergenz. Die Struktur der Weltsumme Pierre Teilhards de Chardin, 1970. Vgl. G. Crespy, Das theologische Denken Teilhard de Chardins, 1968; S. M. Daecke, Pierre Teilhard de Chardin: Tendenzen der Theologie im 20. Jahrhundert, (Hg.) J. Schultz, 1966, 175–180.
[117] Teilhard, Werke IX, 218 ff.; X, 106 ff.; vgl. Ders. Mein Weltbild, 1975, 62.

4 in einer Art »Mega«-Synthese der geistigen Zusammenschau anvisiert wird: Der »Geist der Erde« und das »Universum und Persönliche« laufen auf einen gemeinsamen Konvexpunkt hin und verbinden sich.[118]

In diesem evolutiven Prozess bildet »die Liebe« die entscheidende energetische Kraft der »Amorisation«, der Urkraft der Liebe.[119] Die gesamte Evolution gipfelt in dem »Punkt Omega« als dem Zielpunkt der Humanität, wie auch der Humanität des gesamten evolutiven Prozesses. Die Symbolbedeutung Omegas, dieses letzten Buchstabens im griechischen Alphabet, gewinnt innerhalb der zeitorientierten Weltschau Teilhards die Bedeutung eines letzten Zieles, das als Ende den Anfang als den reichen Grund einholt. Der klassische Verstehensansatz der Philosophie, die Wirklichkeit aus ihrem »Anfang« (archê) und den Prinzipien des Ursprungs als einheitsstiftender Kraft heraus zu begreifen, werden umgekehrt: Für Teilhard ist »die Einheit der Welt von dynamischer oder evolutiver Natur«,[120] die die kosmische Einheit als Einheit der Bewegung in der Zeit begreift, samt dem Menschen als einem gewordenen Teil davon, aber auch als der höchsterreichten Stufe im weiten Bogen von Komplexität-Bewusstsein-Zentreität. Das der Bewusstwerdung des Menschen vorgegebene Ziel des Menschen aber muss seiner bewussten Zustimmung (Freiheit) offen sein.

Im Omega als dem Zum-Zielkommen des evolutiven Prozesses zieht »Christus evolutor« das Universum in der Kraft seiner Liebe an sich. In seinen Omega-Spekulationen im Horizont der Liebe Christi, bringt Teilhard de Chardin seine mystische Metaphysik der »unio creatrix«, der schöpferischen Einung philosophisch zur Sprache als den »Omega-Christus«.[121] In seinen »Omega«-Reflexionen unterscheidet Teilhard zwischen einen immanenten und vorläufigen Zum-Ziel-Kommen, dem immanent sich verwirklichenden kleinen »o« (Omikron), und dem transzendenten, mit Christus zu identifizierenden Omega. Bedeutet »o« den natürlichen Zielpunkt (x) im Sinn des menschlichen und kosmischen Fortschritts, so Omega den übernatürlichen Zielpunkt der Pleroma-Fülle Christi und seiner Basileia. Zwischen diesen beiden Buchstabenformen sieht Teilhard »drei hauptsächliche Beziehungen«, wenn er schreibt:

---

[118] Vgl. M. Wrede, Die Einheit von Materie und Geist bei Teilhard de Chardin, 1964; U. King, The Spirit of One Earth. Reflections on Teihard de Chardin and Global Spirituality, 1989.
[119] Vgl. M. Trennert-Helwig, Die Urkraft des Kosmos. Dimensionen der Liebe im Werk Pierre Teilhard de Chardins, 1993 FThSt 153).
[120] Teilhard de Chardin, Comment je crois (1934), in: Œuvres X (1969) 124 f.
[121] J. A. Lyons, The Cosmic Christ in Origen and Teilhard de Chardin, 1982; K. Schmitz-Moormann, Das Weltbild Teihard de Chardins. I. Physik-Ultraphysik-Metaphysik, 1966; Ders., Pierre Teilhard de Chardin, Evolution – die Schöpfung Gottes, 1996.

XV Reflexionen und Mythopoetik der Liebe

»... *entweder sind o und Omega zwei disparate (unabhängige) Zielpunkte, die auf zwei verschiedenen Ebenen innerhalb desselben geschaffenen Wirkens erarbeitet werden (z. B. Omega ist das Produkt des menschlichen Wirkens, das als moralisch und ›um Gottes willen getan‹ angesehen wird; und o ist die für den Himmel nutzlose Frucht desselben Wirkens, sofern es zeitlich gelungen ist); 2. oder aber o und Omega sind zwei antagonistische Zielpunkte, von denen der eine den anderen zu eliminieren trachtet, derart, dass jeder Punkt geschaffener Aktivität ein Ort der Entscheidung und Trennung zwischen o und Omega ist (= Doktrin der klaren und einfachen Entsagung); 3. oder aber schließlich sind o und Omega zwei hierarchische Zielpunkte, wobei Omega eine Vergrößerung von o ist, das es ›auf einer ursprünglichen Achse‹ eingefangen und sublimiert hat. Man kann sich z. B. vorstellen, dass das natürliche menschliche Bemühen und die Gnade, jedes zu einem wesentlichen Teil, bei der Entwicklung des Kosmos zusammenwirken, der sich weiterhin in seiner natürlichen Substanz herausbildet, während Gott ihn gleichzeitig zur übernatürlichen Ordnung erhebt. Unter diesen Bedingungen wäre die Welt nicht nur ein Ort der Pflichterfüllung: sie ist ein zu verwirklichendes Werk.*«

In dieser dritten Form macht sich Christus kraft der Liebe die natürliche Welt zu eigen und »amorisiert« sie ins Übernatürliche, »wirklich, buchstäblich, quidquid patimur, Christus agit et quidquid agimus, Christus agitur«.[122] Dieser »kosmische Punkt Omega«[123] als »der universelle und übermenschliche Zielpunkt«, zu dem der evolutive Prozess hinführt, muss »sich uns gleichzeitig als unvergänglich und personal darstellen«.[124] Es ist der Ort der Vollendung der Inkarnation, der Ort, an dem das im personalen Bewusstsein vergeistigte Universum sich dem inkarnierten Logos Gottes verbindet. Durch ihn hindurch geht er in die ewige Teilhabe an dem unendlichen Prozess des Trinitätsmysteriums ein. In solch mystischer Perspektive ist Omega nicht nur das Ziel aller Dinge und Geschichte, sondern Eröffnung und Weihe des geschichtlichen Prozesses in der Fülle Gottes, seinem Pleroma. In seiner Aufsatzsammlung »L'Avenir de l'homme«/»Die Zukunft des Menschen« – (1959, dt.: 1963) (in Œuvres, Bd. V, dt. Werke, Bd. V) geht Teihard der Frage der geistigen Entwicklung des Menschen, der Hominisation nach. Der Mensch als Sinn und Zweck der Schöpfung Gottes, muss sich in einer totalen Weise als geistiges Wesen begreifen und in einem fundamentalen Sinn sich annehmen und sich in ein göttliches Gesamtgeschehen eingebettet erfahren. Im menschlichen Füreinander vollzieht sich eine neue geistige Symbiose und ein menschlicher Sozialorganismus. Die zentrierende Kraft aber ist die Liebe. Teilhard verbindet so seine philosophische Anthropologie

---

[122] Teilhard, Mon univers (1918). Oeuvers XII, 1965, 303.
[123] Ders., Vgl. L'énergie humaine. Teil V: L' entretien de l'énergie humaine et ›le point cosmique Omega‹, in: Oevres VI (1962) 172–180.
[124] a. a. O., 175.180. Vgl. C. Cuénot, Bibliographie des œuvres de Teilhard de Chardin, in: Pierre Teilhard de Chardin. Les grandes étapes de son évolution, 1958, 567–627; dt.: Pierre Teilhard de Chardin, Leben und Werk, 1966 mit überarbeiteter Bibliographie.

und naturwissenschaftliche Forschung mit einer heilsgeschichtlich konzipierten Christologie. Das »Ende der Welt« aber ist für Teilhard »ein Umsturz in der Gewichtsverteilung, der den endlich vollendeten Geist aus seiner materiellen Hülle löst, um ihn künftig mit seiner ganzen Schwere auf Gott-Omega ruhen zu lassen«.

l. Hans Urs von Balthasar: Liebe als »offene Weltformel«

Das immens vielschichtige, schriftstellerische und philosophisch-theologische Werk Hans Urs von Balthasars (1905–1988) ist eine theologische Phänomenologie und Ästhetik »im Doppelsinn einer subjektiven Wahrnehmungslehre und einer Lehre von der objektiven Selbstauslegung der göttlichen Herrlichkeit«.[125] Der methodische Konvexpunkt, auf den hin alles gebündelt erscheint, ist die »offene Weltformel«[126] der »Liebe«. In seiner Schrift »Glaubhaft ist nur Liebe« illustriert von Balthasar dieses reine »Sich-geben-Lassen« des Gegenstandes«[127], nämlich die freie Zuwendung der Liebe Gottes als das große Voraus, als »der gesuchte methodische Punkt« der Liebe, die »zugleich der eigentliche theologische Kairos unserer Zeit« ist: »Würde sie von dieser Sache nicht berührt, so bliebe ihr schwerlich eine Chance, dem Christlichen in seiner unabgeleiteten Reinheit zu begegnen«. In seinem weitläufigen theologischen Werk geht es von Balthasar immer wieder um die Frage des »unterscheidend Christlichen« und seinem unverwechselbaren Proprium im Gegenüber und im Ineinander zum Humanum schlechthin. Als der große interdisziplinäre Vermittler zwischen Literatur, Philosophie und Theologie und als Vermittler der großen Traditionen, entfaltet er diese am Leitfaden einer theologischen Ästhetik, dem Aufleuchten (und der Vergessenheit) der »Herrlichkeit«, der grundlosen, sich entäußernden und eben damit sich selbst beglaubigenden Liebe Gottes in Jesus Christus. Sie findet ihre darstellende Fortsetzung bei von Balthasar in der »Theodramatik« unter dem literarischen Paradigma des »Welttheaters«. Es ist das Drama zwischen Gott und Mensch, dem Menschen als einem zum Sein hin offenen Wesen von Geist-Natur und Personsein. Die Darstellung steht im Widerschein der großen »Gestalten« der Theologie-, der Metaphysik- und biblischen Geschichte. Das Ganze findet seinen krönenden und vollenden-

---

[125] H. U. v. Balthasar, Glaubhaft ist nur Liebe, 1963, 6.
[126] Siehe K. Hemmerle, Offene Weltformel. Perspektiven christlicher Bewusstseinsbildung, 1970.
[127] Glaubhaft, 7. Selbstkritisch schreibt v. Balthasar in seiner »Herrlichkeit« I, 12: »Natürlich bleibt der Gesamtentwurf allzu mediterran, die Einbeziehung vor allem Asiens wäre wichtig und befruchtend gewesen. Der Bildungsgang des Verfassers hat diese Ausweitung nicht erlaubt, und rein dilettantisch durfte nicht vorgelegt werden.«

den Abschluss in der dreibändigen »Theologik« (1985-87) und einem Epilog (1987).

Im ersten Band seiner »Herrlichkeit« mit dem Titel »Schau der Gestalt« entfaltet von Balthasar das Jesus-Geheimnis, das »reine Liebesantlitz des ewigen Vaters« anhand der Weihnachtspräfation, wo es heißt:

»*ut dum visibilter Deum cognoscimus,*
per hunc in invisibilium amorem rapiamur«

Gottes im menschgewordenen Wort epiphan gewordene Liebe hat sich »versichtbart«, ist schaubar, ansichtig, erblickbar geworden. Dieses subjektive Erkennen in der irdischen Hüllung des Logos hat sein Korrelat im »ekstatischen« Hingerissenwerden des menschlichen Geistes in den unsichtbaren Grund der Liebe hinein. Von diesem eidetischen Ansatz von Balthasars »theologischer Ästhetik« ist Theologie »Erblickungslehre« mit all dem erfassenden und erkennenden Schauen (cognoscimus) des »Zeigens« schaubarer Inhalte. Auf den Denkwegen zum Glauben (fides quaerens intellectum) aber ist sie als »Sichtung des Unfasslichen« »Entrückungslehre«.

Von Balthasar führt den Vergleich des »unterscheidend Christlichen« und seiner Lesbarkeit »von Innen« (ab intra) her, indem er das Außen sichtet und in den Zusammenhang des Menschlichen setzt. Er will den »Kern« des christlichen Glaubens, wie er sich ausdrückt, »ausfalten« und von der Lebenswirklichkeit her »einfalten«. Indem die in Jesus Christus sich verzeitlichende Liebe Gottes »entäußert« hatte, unterwirft sie sich den Bedingungen der Zeit und konkretisiert sich in der »Kirche als Fülle Christi und Raum der Sendung aus Christus; die Strahlung der Kirche in die Welt«.[128] In seinem Hauptwerk »Herrlichkeit« will Balthasar den Schleier von der »Erblindung der modernen Welt angesichts der Gottherrlichkeit«[129] wegziehen und neu durchdenken. Der Vorgang seines auslegenden Deutens (Ausfaltung) ist immer zugleich auch ein Vorgang der »Einfaltung«, weil dieser bestimmt ist vom »Erfahrenhaben der Einheit, aus der alle Vielfalt hervorging und in die sie sich, wenn sie wirklich Ausfaltung des Einen war, wieder muss einfalten lassen«.[130] Ausgangspunkt des kontemplativen Sehens, Erwägens und Anerkennens in aller Extensität ist die »Herrlichkeit« der sich in Christus entäußernden Liebe Gottes, das »ökonomische id quo maius cogitari nequit«, fassbar als das Ganze in all seinen Fragmentierungen. Gegenüber all den wissenschaftlichen Reduktionen der kritischen Vernunft geht es von Balthasar um die Wahr-nehmung der Gestalthaftigkeit der Offenbarung, um die »Schau der Gestalt« mit den kontemplativen »Augen des Innern«,[131]

---

[128] H. U. v. Balthasar, Rechenschaft, 1965, 1.
[129] Ders. Herrlichkeit III/1, 19.
[130] Ders., Einfaltungen. Auf Wegen christlicher Einigung, 1969, 10.
[131] H. U. v. Balthasar, Herrlichkeit I, 26.

und so um die Einholung der Weltzuwendung in die Gottzuwendung als einfaltende Integration. Von Balthasar greift den Entwurf des Pascal'schen Menschenbildes auf, gekennzeichnet als »die rational nicht deutbare monströse Chimäre, die des Spiegels des Gottmenschen bedarf, damit ihre unauflösbaren Disproportionen, die dialektische Verschlingung von grandeur und misère in eine Ordnung kommen: hier liegt der Anfang der existentiellen Apologetik oder ›Immanenzmethode‹«.[132] In dieser Frage nach der Wahrheit des Menschen, seiner Endlichkeit, die nach dem großen Fragment 72 Pascals zwischen zwei Unendlichkeiten, »ein Mittleres zwischen dem Nichts und dem Alles« ist, eine »disproportion«, ein erschreckendes schauererregendes Missverhältnis, ein zutiefst fragwürdiges, der Frage würdiges Wesen, und doch größer, als er sich selbst wahrzunehmen vermag: »l'homme passe infinement l'homme«,[133] der Mensch übersteigt sich um ein Unendliches, d. h. der Mensch »entgeht« dem Menschen unendlich. Von diesen zentralen Fragen nach der Vollendbarkeit und Vollendung des Menschen ist damit auch die Frage nach dem Sinn und dem Ganz-sein-Können des Menschen gestellt. In seinem Werk »Das Ganze im Fragment«, Aspekte der Geschichtstheologie« von 1963, die vom Titel her als Schlüsselwort in sein Werk führen, geht es um die Wege und Weisen menschlichen Strebens nach Vollendung. In der Polarität von Geist-Natur und Personsein, von Hinfälligkeit und Sich-Übersteigen, das, was über alles hinausweist, und das, was den Menschen an alles bindet, macht ihm das menschliche Ungenügen deutlich, wo eines am anderen ihm leidvoll bewusst wird und zugleich eines dem anderen zur Hilfe wird. Aber es ist die Gestalt der menschlichen Liebe, die »eindringlich auf die unlösbare Verknotung von Geist-Natur und Person« hinweist.[134] Gerade die Liebe zweier sich Liebenden in ihrer dichtesten Intimität und unüberbrückbaren Unterschiedlichkeit, wird gestalthafte Type der Nichtvollendbarkeit und Ahnung der Vollendbarkeit. Hinzu kommt die Grenze, die der Tod setzt: »Am Tod wird die Unvollendbarkeit des Menschen bis hin zum reinen Widerspruch offenbar, weil sein Absturz in die Ver-wesung zunächst auch jede vag offen bleibende Hoffnung auf ein Ganz-sein-Können mit sich hinunterreißt«.[135] Darum sind Ganzheit und Vollendung für Balthasar nur dann denkbare Möglichkeiten, »wenn die Innigkeit des naturhaft-geistigen Ich-Du und die überlegen abstrahierende Freiheit zur Erkenntnis und Gestaltung von Welt sich in einem umgreifenden dritten Verhältnis begegnen dürfen«.[136] Es ist die unbedingte Liebe, die sich zwei liebende Menschen

---

[132] Ders., Glaubhaft ist nur Liebe, 19.
[133] Pascal, Pensées 441.
[134] H. U. v. Balthasar, Das Ganze im Fragment, 1963, 65. Vgl. H. U. v. Balthasar, Der Christ und die Angst, 1951.
[135] Ders., a. a. O. 69.
[136] Das Ganze im Fragment, 74.

einander schenken, letztlich nur sinnvoll und vollends bergend, »wenn unendliche Liebe im Seinsgrund waltet«. Um dieses »höhere Dritte« geht es, wenn das Fragment Mensch sich runden soll. Von Balthasar unterscheidet zwei Wege der »Entknotung des Knotens Mensch«, einen »Weg des Scheins« und einen »Weg des Agon«. Ersterer sucht kraft eigener Setzung die Widersprüchlichkeit und Vielgestaltigkeit der Wirklichkeit in einer Aufstiegsbewegung in den göttlichen, außerweltlichen Bereich des Einen zu heben. »Der Erlösungsweg fordert den inneren Verzicht auf die weltlichen Differenzen, theoretisch im Akt des Durchschauens aller auf den identischen göttlichen Grund hin, praktisch im Akt der Absage auf die Befriedigung durch ein endliches, partikuläres Sein«. Bei dieser konturenlos ausgleichenden Verflüchtigung der Grunddifferenz in der unverwechselbaren Liebe zwischen Ich und Du ins Nichts – so in der Form des Buddhismus und »am radikalsten« und konsequentesten im Hinduismus – sieht Balthasar den »Weg des Scheins« beschritten. Aus der Dhammapada, der Spruchsammlung aus der Predigt Buddhas[137], wird die Forderung laut: »Banne aus dem Herzen alle Lust«, und »Des Daseins Strom mit Macht hemme«, ein schwerwiegender und verhängnisvoller Verzicht auf die Schmerzseite als Teil irdischen Lebens. Der tragische Aspekt der Wirklichkeit findet damit seine Leugnung. Hellas aber gehe den »Weg des tragischen Kampfes«, des »Agon«, und stilisiere so den Schmerz als Fühlung der geschichtlichen Wirklichkeit und als Ausgangspunkt der religiösen und tragischen Schau, die bleibende Voraussetzung im kultischen Spiel des Theaterrunds für die Reinigung des Herzens (Katharsis) der Zuschauer. Die tragische Wirklichkeit, der Schmerz, »der wesentliche, der im Schicksal, Mensch zu sein, liegt«, macht »das Dasein tief und groß«. Er gibt dem Menschen Würde und Ernst. Beide Wege mit ihren Entwürfen bergen in sich ontische Aspekte der Ganzheit menschlichen Daseins, finden aber eine neue Antwort im dritten und christlichen »Weg der Liebe«. Dieser vermag menschliches Wissen und Nichtwissen, Wollen und Nichtwollen, Können und Nichtkönnen, zu integrieren und zu vollenden. Der Ursprung des neuen Wegs ist, dass Gott sich in das Humanum eingelassen hat, konkret und geschichtlich fassbar geworden im »fleischgewordenen Wort«, als Erlösung und Ganzheit. So wird der Mensch innerhalb der Geschichte durch das Heilsereignis in die erlösende Beziehung zu Gott gesetzt. Diese hat in der Hingabegebärde der gekreuzigten Liebe des sterbenden Gottes »wieder ihr Maß an der Selbstpreisgabe Gottes aus Liebe zur Welt«.[138] Drei menschliche Schlüsselerfahrungen im Humanum, das schöpferische Ereignis der Liebe als das Einmalige innerhalb des Umgreifenden, können eine Verstehenshilfe bieten, und zwar das (große) Kunstwerk, das »wie eine Erzeugung« in Er-

---

[137] H. U. v. B., a. a. O. 77.
[138] Ders., a. a. O. 87.

scheinung tritt, dann die echte personale Liebe als Hingabe der ganzen Existenz an ein geliebtes Du, in welchem der Liebende »die Qualität des Absoluten und damit auch die Inklusion der ganzen Welt aufleuchten sieht«, mit dem Tod als radikale Einsamkeit des personalen Sterbens, sowie die Liebe als Schlüsselwort des dritten, des neuen Weges, als Liebe aus Freiheit und auf Freiheit hin, in der Liebe Gottes, grundlos und frei, »die sich selber vor dem Menschen und für ihn auslegt«.[139] Der der Offenbarung Gottes ansichtig gewordene Mensch weiß sich ob ihrer Herrlichkeit »entrückt«[140] (harpazein), ein Vorgang, den von Balthasar »als das Eingeholtwerden des Menschen durch Gottes Herrlichkeit – seine Liebe –, so dass er kein Zuschauer bleibt, sonder ein Mittäter der Herrlichkeit wird«[141], kennzeichnet. Das im Gottesmysterium Offenbare ist für von Balthasar die »trinitarische Liebe«, der Heilige Geist als das »Angeld Gottes« und Unterpfand der Liebe, die Pforte der Wahrheit und die Kraft des liebenden Verhältnisses vom Vater zum Sohn, und damit auch die Kraft der Liebe der Menschen zu Gott. Als der aus den dem Menschen unzugänglichen Tiefen der Gottheit kommende Geist begabt den Menschen damit, um so allen »letzten tragischen Widersprüchen«[142] voraus zu sein. Auf dieses Voraus des grundlosen Anfangens der Liebe Gottes ist der Mensch zu einer antwortenden Liebe gerufen, zur Gottes- und Nächstenliebe in ihrem Ineinander. Diese trägt als der christliche Differenzpunkt den Charakter des Ungeschuldetseins und der Selbsthingabe. »Die Ausdehnung der christlichen Bruderliebe ist durch die Ausdehnung der Liebe Christi bestimmt; der Brudername kann keinem Menschen vorenthalten werden« (1 Joh 4,20), schreibt von Balthasar.[143] Damit evoziert die Solidarisierung Gottes mit dem Menschen die christliche Solidarisierung des Menschen mit dem Menschen. Von Balthasar spricht vom »Sakrament des Bruders«[144] und sieht »die Weltstunde angebrochen, in der die Bruderliebe als Frage und als Wirklichkeit die Christen und Nichtchristen eint«, samt der Einsicht, dass christliche Liebe in ihrem tiefsten Wesen das Christentum in den Raum der Welt hinein übersteigt, ja dass »die Übersteigungsbewegung als Entsprechung der Übersteigungsbewegung Gottes in Jesus Christus durch den Heiligen Geist – das Wesen des Christentums ausmacht«.[145] Solch eine Liebe ist gekennzeichnet durch Tiefe, Glut und Entscheidung.

Die Epiphanie der Herrlichkeit Gottes in Liebe, Abstieg (Kenose) und

---

[139] H. U. v. B., Glaubhaft ist nur Liebe, 1963,5.
[140] Vgl. 2 Kor 12,3; Apg 8,39; 1 Thess 4,17; Apk 12,5.
[141] Herrlichkeit III/ 2.26, und Jak 1,22: »Seid aber Täter des Wortes«.
[142] Das Ganze im Fragment, a.a.O.
[143] Herrlichkeit III/ 2,2427.
[144] Die Gottesfrage des heutigen Menschen, 1956, 207–273.
[145] Ebd. 207.

Auferstehung, stellt vor die Frage unserer Einwurzelung in der Liebe, dem »Bleiben«, dem sich »Einbilden« Christi im Menschen, der Angleichung und seinem Gestaltwerden in uns und in der Kirche. »Dieses Bleiben ist sowohl der dauernde Ansporn wie das Regulativ rechten Tuns«.[146] Das Christliche muss sich »nach außen« rechtfertigen durch Liebe, die ihr Kriterium im freien Sichgeben Gottes hat, eine Ursprünglichkeit, die wie ein Reflex des Urwunders des Seins erscheint, des Guten, zu dessen Wesen es gehört, dass es sich mitteilt und verschenkt (vgl. Thomas von Aquin: bonum est diffusivum sui). Erscheinend nimmt sie Gestalt an und macht den Ursprung sichtbar in Gestalt und als Gestalt. Der Ursprung der Liebe wird in der Gestalt erblickbar, indem er aus dem Anfang und aus der Identität seines inneren »Selbst« nach Außen geht, sich veräußert. Von diesem ästhetischen Ansatz des Erblickens des Erscheinenden erhält das Gottesgeheimnis seine christologisch-trinitarische Vertiefung und Deutung. Gott wird epiphan im Sichgeben seiner durch nichts ableitbaren Herrlichkeit, der »aisthesis theou«. Das Ereignis seines Epiphanwerdens ereignet Gott auf dreifache Weise als Liebe: dass Gott die Liebe ist, seinem Zugänglichwerden dem »Außen« des Humanum und im Christusmysterium. In diesem Ausgang der göttlichen Liebe begreift sich das menschliche Selbst, in diese Liebe einbegriffen, eingeholt und erfüllt in der Anteilnahme und Anteilgabe an ihr. Das Humanum menschlichen Selbstseins bleibt so im Christianum gewahrt und in ihrem dialogischen Gegenüber zum Gott der Liebe hin nobilitiert, und hat so ihr Unterscheidungsmerkmal in der Liebe.

---

[146] Die Wahrheit ist symphonisch, 100.

XVI
Liebe in der Theologie des Alten Bundes

1. Das Offenbarungs-Mysterium

a. Exposition

Religion ist ganz allgemein gesprochen zunächst ein spirituelles Zeichensystem, um etwas Unsichtbares und Unsagbares zur Geltung zu bringen. Sie bedarf der Anschaulichkeit und der Vermittlung. Religiöse Kommunikation ist in besonderer Weise auf sinnliche Wahrnehmung angewiesen, um einen spirituellen Sinngehalt, eine transzendente Hinterwelt u. ä. sichtbar zu machen und diese symbolisch-zeichenhaft zu vergegenwärtigen. Keine Religion verhält sich zur Form ihrer Darstellung, ob in Wort oder bildhafter Repräsentation, indifferent (Vgl. die Extreme von Idolatrie und Ikonoklasmus; eidolon und eikon). So werden religiöse Sachverhalte und Sinngehalte in einer reichen Bildersprache symbolisch aufgeladen, ästhetisiert und mit einer ihnen eigenen Aura umgeben, »auratisiert«, so dass bildhafte Sprache auch etwas vom »Strukturwissen der Religion« zu erkennen gibt und die Selbstentfaltung religiöser Gedanken spiegelt.

Zentral und tragend ist der Begriff »Liebe« in der Sammlung der heiligen Schriften des Alten und Neuen Testaments, eine Sammlung von Texten in all ihrer Vielfalt, die gemeinsam genommen, als »Buch der Bücher« bezeichnet werden. Es ist ein Kanon von Werken, die in unterschiedlicher Art von zwei Grundbeziehungen erzählen, Gott und Gottesvolk (AT), und Gott in seiner entschiedenen Entscheidung in Jesus Christus zum Heil der Welt (NT). Liebe als Beziehungsbegriff ist in die Geschichtlichkeit der biblischen Religion eingezeichnet. Christliche Religion ist nach ihrem Selbstverständnis nicht Erlösung v o n der Religion, wie es der Buddhismus in seiner ursprünglichen Form versucht hat, sondern Erlösung d e r Religion: Es bekennt die im AT bezeugte Absolutheit Gottes »Ich bin, der Ich für euch da sein werde«: (Ex 3,14) als Grunddifferenz gegenüber aller Welthaftigkeit der Religion und bekennt gleichzeitig die Menschwerdung des Sohnes Gottes in die geschichtliche Welt und als geschichtliche Existenz, die ihren Inhalt in dem hat, was er selbst ist und als wer er sich geoffenbart hat.

b. Liebe im Bund des Glaubens

Das Deuteronomium in seiner vorliegenden Gestalt ist das Ergebnis eines literarischen Wachstumsprozesses. Es ist überwiegend als Abschiedsrede des Mose[1] vor dem Einzug ins gelobte Land gestaltet, gleichsam als Gottesauftrag aus zweiter Hand, der sich an das Gottesvolk mit dem normativen Anspruch richtet: »Ihr sollt nichts hinzufügen, nichts weglassen« (Dtn 4,2; 13,1). Im Kulturland Kanaan entstanden, wird Israel zurück in die Zeit vor der Landnahme versetzt, in einen Idealzustand, in welchem das Hauptgebot des »Jahwe solus« und der Liebe zu ihm sowie das Halten seiner Weisungen der Mittelpunkt war (Dtn 6,5). Das Buch versteht sich nach seiner Selbstbezeichnung als »Reden« (d^{e}barîm) und durchdringt paränetisch Gottes Weisungen samt dem zentralen Gedanken des Sinaibundes.[2]

Der große Kulturschock, der durch die assyrische und babylonische Oberhoheit über Israel entstand, sowie die Elemente der konkurrierenden religiösen und lebensweltlichen Kultur Kanaans mit ihrer Eigengesetzlichkeit und ihren Sachzwängen, die die Sinnwelt des Jahweglaubens bedrohte, fordert einen Neubeginn heraus. Der Anpassungsdruck der Kräfte, die die alten Traditionen aufzulösen suchten, rufen im Deuteronomium und deuteronomistischen Geschichtswerk einen reflektiven Vorgang auf den Plan, der sich den Problemen der neuen komplexen Wirklichkeit und den sich wandelnden Krisen stellt. »Es ist dir gesagt, Mensch, was gut ist«: das »Wort« ist nahe und vertraut »in deinem Mund« und »in deinem Herzen« (Dtn 30,14). Die Weisungen Gottes sind lebensdienlich und identitätsstiftend. Damit reagiert das Deuteronomium auf die neuen Fragen und Herausforderungen der mit der Einschärfung der Lebensnähe der Gebote Gottes mit ihrem Doppelgesicht, des Religiösen und Ethischen, und stellt sie in ihrer verpflichtenden und überführenden Dringlichkeit heraus. Es stehen Leben und Tod auf dem Spiel, wenn es heißt: »Hiermit lege ich dir heute das Leben und das Glück, den Tod und das Unglück vor. Wenn du auf die Gebote des Herrn, deines Gottes, auf die ich dich heute verpflichte, hörst, indem du den Herrn, deinen Gott, liebst, auf seinen Wegen gehst und auf seine Gebote, Gesetzte und Rechtsvorschriften achtest, dann wirst du leben und zahlreich werden, und der Herr, dein Gott, wird dich in dem Land, in das du hineinziehst, um es in Besitz zu nehmen, segnen« (Dtn 30,15 f.). Es ist das deuteronomische »Sic et Non«, Ja und Nein, das aus der Zeitlosigkeit im »Heute« der Entscheidung heraustritt. Neue Konfliktfelder werden sich auftun und Israels Wege säumen.

---

[1] Dtn 1–4; 5–28; 29–32; 33.
[2] Vgl. E. Otto, Die Ursprünge der Bundestheologie im Alten Testament und im Alten Orient, in: z.f. Altor. und Bibl Rechtsgeschichte 4 (1998) 1–84.

Die literarische »Gattung« des Deuteronomiums lässt sich, im Unterschied zur Gesetzesliteratur, am besten mit dem Begriff »Predigt« charakterisieren und hat einen zweifachen »Sitz im Leben«: einerseits wird die »geschichtliche« Situation des wandernden und sich lagernden Gottesvolkes vor dem Eintritt in das Land der Verheißung angeredet, mit der Proklamation und Begründung der Weisungen Gottes an das Volk als Konsequenz eines von Jahwe gestifteten Bundes zwischen dem Volk Israel und ihm. Der zweite »Sitz im Leben« aber ist ein kultischer: es sind von levitischen Priestern im Tempel-Gottesdienst gehaltenen Predigten, die das kultische »Heute« (Dtn 7,11), das die gesamte Predigtliteratur durchzieht, statuieren: »Heute, wenn ihr seine Stimme hört, verstockt eure Herzen nicht!«[3] Der Liebesgedanke in der Predigtsprache des Deuteronomiums und seiner paränetischen Pädagogik handelt von der wechelseitigen Beziehung zwischen Gott und Mensch. Der für das Deuteronomium zentrale Gedanken der Erwählung hat in der Liebe Jahwes seinen Grund und lässt Bund und Liebe als Synonym erscheinen: Jahwes liebende Zuwendung (chäsäd) und Treue, bewährt in der Einlösung seiner eidlichen Zusicherung, erheischt die Gegenliebe (»ihn lieben und seine Gebote halten«) des Volkes.[4]

c. Die dem »Hören« anvertraute Liebe Gottes

Das Sh‘ma' Jisrael, das »Höre Israel, der Herr, dein Gott, ist einer« (Dtn. 6,4), ist nach dem Eingangsworten von Dtn 6,4–9 benannt und bildet den Grundpfeiler der jüdischen Glaubensidentität. Es ist die Bekenntnisaussage über Gottes Einzigkeit für Israel schlechthin und ruft zur Gottesliebe und zur Bewahrung seiner Worte und Weisungen auf. Die Rezitation, die bei Sonnenaufgang und Sonnenuntergang geschehen soll, (»Du sollst sie deinen Söhnen wiederholen, du sollst von ihnen reden ... wenn du dich schlafen legst und wenn du aufstehst«), gibt ihr den Nachdruck eines biblischen Ge-

---

[3] Vgl. N. Lohfink, Das Hauptgebot (Analecta Biblica 20), 1963; R. P. Merendino, Das Deuteronomistische Gesetz, 1969; L. Perlitt, Bundestheologie im Alten Testament, 1969; G. Seitz, Rdaktionsgeschichtliche Studien zum Deuteronomium (BWANT 9), 1971; M. Weinfeld, Deuteronomy and the Deuteronomic School, 1972; K. Baltzer, Das Bundesformular, ²1964; N. Lohfink, Studien zum Dueronomium und zur deuteronomistischen Literatur, Bd. 1, 1990; Bd. 2, 1991; Bd. 3, 1995; G. Braulik, Das deuteronomistische Gesetz und der Dekalog, 1991; Ders., Studien zum Buch Deuteronomium, 1997; B. M. Levinson, Deuteronomy and the Hermeneutics of Legal Innovation, 1997.
[4] Diese Liebe findet – wie ein tema con variazioni – ihren Ausdruck in verschiedenen Formen, wie sie sich ausweisen kann: z. B. »Jahwe lieben und seine Weisungen (Gebote) halten«: Dtn.5,10; 7,9; 11,1; vgl. Ex 20,6; 1 Kön 3,3; Dan 9,4; Neh 1,5: oder: »ihn lieben und ihm dienen«: Dtn 10,12; 11,13; vgl. Jes 56,6; oder: »ihn lieben und auf seinen Wegen gehen«: Dtn 10,12; 11,22; 19,9; 30,16; Vgl. Jos 22,5; 23,11.

bots und dem Tagesablauf des Gläubigen einen liturgischen Rahmen. Der Text:

»Höre, Israel! Jahwe, unser Gott, Jahwe ist einzig. Darum sollst du den Herrn, deinen Gott, lieben mit ganzem Herzen, mit ganzer Seele und mit ganzer Kraft.
Diese Worte, auf die ich dich heute verpflichte, sollen auf deinem Herzen geschrieben stehen.
Du sollst sie deinen Söhnen wiederholen. Du sollst von ihnen reden, wenn zu Hause sitzt und wenn du auf der Straße gehst, wenn du dich schlafen legst und wenn du aufstehst.
Du sollst sie als Zeichen um das Handgelenk binden. Sie sollen zum Schmuck auf deiner Stirn werden.
Du sollst sie auf die Türpfosten deines Hauses und in deine Stadttore schreiben.«
(Dtn 6,4–9).

Die Weisung zur Gottesliebe ist an das vorausgehende Bekenntnis zu »Jahwe, unser Gott allein,«[5] gebunden und lässt in solchem »Sollen« die eigene Lebenswahrheit empfangen und finden.[6]

Das Deuteronomium als literarisches Werk trägt nach seinem Buchanfang die Selbstbezeichnung »Reden« oder Predigten, die die Abschiedsreden des Mose sowie stilisierte Gesetze mit ihrer intensiven paränetischen Appellfunktion zusammenfassen. Das Buch selbst ist literarisch vielschichtig und hat Revisionen und Aktualisierungen sowie Reformulierungen erfahren, wie z. B. die Einarbeitung des Bundesbuches in Dtn 12–26 und deren Ausrichtung an der Kultzentralisation des Jerusalemer Tempelkultes. Das deuteronomische Reformprogramm wird eingeleitet durch das Bekenntnis zu JHWH als dem einzigen Gott Israels mit seinem Zentralheiligtum in Jerusalem. Ihm gilt die ungeteilte Liebe und Loyalität durch ein Volk, das durch die Beobachtung seiner Weisungen die eigene Reinheit und die des Landes wahrt und sich zum geschwisterlichen Sozialethos bekennt.

Dem jüdischen Morgengottesdienst, in welchen das »Höre, Israel« rezitiert wird, gehen zwei Lobpreisungen Gottes voraus, die erste, Jozer Or, preist ihn als den »Schöpfer des Lichts«, der das Werk seiner Schöpfung täglich erneuert, und die zweite, Ahava Rabba, Gottes »große Liebe«, verweist auf sein Offenbarungsgeschehen am Sinai und die Gabe der Torah.[7] Die Praxis der Sh^{e}ma-Rezitation reicht nach mTan 5,1 in den Tempelkult zurück und ist durch den liturgischen Papyrus Nash aus dem 2. Jh. v.Chr.

---

[5] Übersetzungsvarianten: »JHWH ist unser Gott, JHWH allein«, oder: »JHWH unser Gott, JHWH ist einzig« (der Einzige).
[6] Der Aussagesatz wird mit dem sog. Waw.Imperfekt (oder perfectum consecutivum) fortgeführt: we-ahavta; »und du sollst lieben ...«. Damit erhält der Satz seinen verpflichtenden Charakter.
[7] Vgl. I. Elbogen, Jewish Liturgy, 1993; L. Trepp, Der jüdische Gottesdienst, 1992, 399–404.

sowie durch Qumran bezeugt. In einer Mezuza eingeschlossen[8] und am rechten Türpfosten eines jeden Hauseingangs befestigt, um beim Eintreten oder Verlassen berührt oder geküsst zu werden, bestimmt der paränetische Bekenntnistext die Frömmigkeit des gläubigen Juden im Alltag der Welt. Dieses Selbstverständnis, grundlegend auf die Wesens- und Willensoffenbarung Gottes bezogen zu sein als Lebens-unter-weisung, macht Israel zu einem »weisen« Volk gegenüber der polytheistischen Völkerwelt der Antike. Die im Deuteronomium mehrfach gebotene Liebe (ahav) zu Gott[9] macht diese zur Mitte der Existenzbestimmung des Menschen. Der Mensch wird unter eine Totalforderung gestellt (kôl = ganz) mit seinen drei anthropologischen Aspekten menschlichen Lebens und zwar das »Herz« (lev), das sich auf die Verstandestätigkeit bezieht und die Mitte des geistigen Lebens sowie den Ort der Empfindungen ausmacht, dann die »Seele« (nephesch), die Lebenskraft des Menschen, die ihn zu einem lebendigen Wesen macht (der Sterbende verhaucht sie: vgl. Jer 15,9), und die »Kraft« (me'od) als körperliches, physisches Vermögen, Kraft und Stärke.

Die im Deuteronomium theologisch und paränetisch durchkommentierten Erneuerungstexte älterer Traditionen wollen Israel zum Bleiben oder Werden dessen führen, was seine anfängliche Bestimmung war, ausgedrückt im Bundesgedanken mt den Appositionen zum Gottesnamen, wie »dein Gott«, »euer Gott«, »unser Gott«. Der vertragsrechtliche Begriff »Bund« als zentrales Deutungsmuster eines Grundverhältnisses zwischen Gott und Volk als Heilssetzung, erhebt in der deuteronomisch-deuteronomistischen Parallelstellung von Bund und Gesetzesweisung die Verpflichtung hervor und bildet die Garantie für ein heilvolles und sicheres Leben. Der aus dem Vertragsdenken entlehnte Begriff gewinnt im neuen Verstehenshorizont eine neue Akzentsetzung auf die gegenseitige Bindung in Liebe als Verpflichtung und Inpflichtnahme. Der Begriff dient auch dazu, das Gott-Volk-Verhältnis in personal-ethischen und die Heilsgeschichte bestimmenden Kategorien zu fassen.[10] Dieser konstruktive Bekenntnistext Dtn 6,4–9 ist mit seiner Liebesweisung die Summe der Grundüberzeugung jüdischen Glaubens, als Bekenntnis zu dem einen und einzigen Gott, der Anerkennung seiner Weisungen und der gelebten Treue zu ihm. Zur Einschärfung seiner Dringlichkeit gehört, man solle ihn auf die »Hand« binden (V. 8) als Merkzeichen und

---

[8] Vgl. M. Greenstein, The Hidden »Mezuzah«, in: JewBA 50 (1992) 22–40; B. Rosenbaum, Upon the Doorposts. The Law, Lore, the Love of Mezuzot, 1995.
[9] Vgl. Dtn 10,12f., 11,1.13.22; 13,4f.; 19,9; 30,6.16.20; Dtn 4,37; 7,8; 10,15, 23,6 (hb).
[10] Vgl. E. Zenger (Hg.), Der neue Bund im alten. QD 146, 1993; E. Otto, Der ursprung der Bundestheologie im AT, in: ZAR 4 (1998) 1–82; H. W. Wolff, Jahwe als Bundesvermittler, in: VT 6 (1956) 312–320; W. Zimmerli, Sinaibund und Abrahambund. Ein Beitrag zum Verständnis der Priesterschrift, in: ThZ 16 (1960) 268–280. Ders., Gottes Offenbarung. Ges.Aufs. 1963, 205–216.

zwischen die Augen (V. 8) sowie an die Türpfosten des Hauses schreiben. Dies fand seine Praxis in der Spätzeit in den Gebetsriemen (tefillîn)[11] und den zwei würfelförmigen Kapseln (hebr. bajît = »Haus«). Sie werden »dem Herzen gegenüber« auf den linken Arm gelegt und »zwischen die Augen«. Darin sind vier Bibelabschnitte enthalten und zwar die Passahfeier mit der Heiligung der Erstgeburt (Ex 13,1-10), dann der Auszug aus Ägypten (Ex 13,11-16), ferner das Bekenntnis zur Einzigkeit Gottes und die Weisung, ihn zu lieben und ihm zu gehorchen (Dtn 6,4-9), sowie die Anerkennung der Weisungen Gottes (Dtn 11,13-21). Viele jüdische Märtyrer sind mit diesem Bekenntnis auf den Lippen in den Tod gegangen.

Das mit dem Ruf zum »Hören« einsetzende Bekenntnis, das eine kommunikative Gottesbeziehung und damit ein personales Verhalten voraussetzt, will den Gläubige beheimaten und in einem festen religiösen Rahmen bergen. Es geht um den »Deus solus« und um den Menschen in seiner Ganzheit und Bezogenheit auf den einzigen und alleinigen Gott. In Dtn 6,4-5 wird spiegelverkehrt dieser Sachverhalt ausgesagt und zwar einmal von Gott her, der Hauptaussage, Jahwe allein, und das andere Mal vom Menschen her, als anbefohlene Liebe zu Gott. Letzteres ist eine kommentierende Summe des Deuteronomiums und Fortschreibung einer sich fortschreibenden Tradition und Niederschlag levitischer Predigtpraxis.[12] V. 5 sagt, wie JHWH beim liebenden Menschen »einzig« wird. Die folgenden Verse 6-9 konkretisieren den Vorgang und setzen ihn um. Eine ganze Sequenz von zentralen Verben umschreiben das Liebes-Echo des Glaubenden mit hören- lieben- zu Herzen nehmen (wörtlich: aufs Herz legen) – einschärfen – reden – binden – schreiben. Die gelebte Beziehung umfasst das Herz in seinem Denken, Bedenken und Wollen, womit der Mensch einen Richtungssinn erhält; die »Seele« aber meint den ganzen Menschen in seiner Seinsmöglichkeit mit dem im Tun sich manifestierenden Ich, und die »Kraft« meint den Menschen in seinem sich körperlich manifestierenden Vermögen, der Bestimmung und Leitung seines Denkens und Handelns. Von diesen ins Herz geschriebenen Worten soll »geredet« (dbr: V. 7) werden. Auch dieses »Reden« umfasst den gesamten Prozess von Denken, das dem Wort voran geht und Tun, das ihm folgt und sich so verkörpert hat. Die Liebe zu Gott setzt eine funktionale Abfolge in Gang und erneuert von Innen her das Denken des Menschen, um es zum Handeln zu führen.

Die Forderung der Liebe zu Gott durchzieht immer wieder die paränetischen Texte des Deuteronomiums. Es spiegelt sich darin ein »Liebes«-Begriff, der stark vom Vertragsdenken und der Loyalität zu den Verträgen bestimmt ist, wie in den altorientalischen Vertragstexten, vor allem der neu-

---

[11] Vgl. Y. Yadin, Tefillin from Qumran, 1969; I. Lau, Wie Juden leben, 1990.
[12] Vgl. P. v. d. Osten-Sacken, Katechismus und Siddur, 1984.

assyrischen Zeit. Damit rückt die Liebe zu Gott oft in Parallele zu »Gott fürchten«, »Gott dienen«. »Gottes Weisungen halten« bzw. »in Gottes Wegen wandeln«.[13]

Das Deuteronomium als lange und mehrfach ansetzende Predigt an der Schwelle in das verheißene Land Kanaan formuliert, hat einen zweischichtigen »Sitz im Leben«: den geschichtlichen Kontext im Übergang in die Sesshaftigkeit des wandernden Gottesvolkes und den kultischen. Levitische Priester mit ihrem seelsorgerlichen Impuls erinnern an das von Israel Geglaubte und ziehen daraus die Folgerungen, wie das Volk zu leben habe und unter welchen Bedingungen dieses Leben stehe: dass Gott der Eine ist und die ganze Liebe ihm gebührt. Alles steht pointiert im kultischen »Heute« (Dtn 7,11), das der gesamten deuteronomistischen Predigt ihr Gepräge verleiht: »Heute, wenn ihr seine Stimme hört, verstockt eure Herzen nicht!« (Ps 95,7). Im Textkorpus sind literarkritische Schichtungen und redigierende Nachinterpretationen feststellbar (singularische und pluralische Schichten).

Es geht um die Hörsamkeit des altbundlichen Gottesvolkes gegenüber den Weisungen Gottes, wie dies auch Psalm 95 zum Ausdruck bringt, der für das Laubhüttenfest mit seiner Gesetzesverlesung (Dtn 31,11) gedichtet wurde. Appelativ wird beim Einzug in den Tempel zum Lobpreis Jahwes, dem »Fels unseres Heils«, aufgerufen (V. 2; vgl. Dtn 32,15; Ps 89,27). Das plastische Bild vom »Felsen« evoziert Erinnerungen an den Wüstenzug mit dem wasserspendenden Felsen (Ex 17,1 ff.; Num 20,8). Dann wird Jahwes Herrlichkeit mit zwei miteinander verbundenen Aspekten hymnisch gepriesen, dem der Schöpfung und dem der Rettung: Jahwe umgreift die ganze Erdenwelt mit seiner Hand, und er erschuf sich »das Volk seiner Weide und die Herde seiner Hand« (V. 7) als Bundesgott (vgl. Dtn 32,6.15). Dann aber ist in das Preislied des Psalms ein Botenspruch eingezeichnet, die Herzen zu öffnen für die Weisungen Gottes: »O dass ihr heute seine Stimme hört! Verhärtet nicht euer Herz wie zu Meriba, wie am Tage von Massa in der Wüste!« (V. 7b.8). Das kritische Wort erinnert an Meriba = das Haderwasser (vgl. Ex 17,1 ff.) und an Massa = Versuchung (vgl. Ex 17,7), wo das Volk trotz der Rettung aus dem »Haus der Sklaverei« Ägyptens und der Gabe des heilsmächtigen Budeswortes am Sinai, gemurrt und rebelliert hatte, als hätten sie aus der »historia magistra« keine Lehre gezogen. Die Psalmbeter werden in die existentielle Aktualität ihres »Heute« gerufen.

Mit dem Einzug Israels in das »Gelobte Land« tritt es in eine bereits mit religiösen und kultischen Emblemen besetzte Welt ein mit all der Sogkraft der Verführung, von seinem Gott abzufallen.

Das Predigtwort Dtn 7,6–9 weckt die Erinnerung:

---

[13] Vgl. Dtn 10,12; 11,1.13.22; 13,4f.; 19,9; 30,6.16.20; Jos 22,5; 23,11; 1 Kön 3,3. Vgl. E. Otto, Das Deuteronomium. BZAW 284, 1999, 52–54. 362–364.

»Denn du bist ein Volk, das dem Herrn, deinem Gott heilig ist. Dich hat der Herr, dein Gott, ausgewählt, damit du unter allen Völkern, die auf der Erde leben, das Volk wirst, das ihm persönlich gehört. Nicht weil ihr zahlreicher als die anderen Völker wäret, hat euch der Herr ins Herz geschlossen und ausgewählt; ihr seid das kleinste unter den Völkern. Weil der Herr euch liebt und weil er auf den Schwur achtet, den er euren Vätern geleistet hat, deshalb hat der Herr euch mit starker Hand herausgeführt und euch aus dem Sklavenhaus freigekauft, aus der Hand des Pharao, des Königs von Ägypten.«

Israel wird an seinen Lebensgrund erinnert. Das ist seine Erwählung (bâchar) aus der gesamten Völkerwelt zum Volke Gottes. Ein Negativ-Superlativ beschreibt das Erscheinungsbild der Bedürftigkeit: »das kleinste (geringste) unter allen Völkern« (V. 7), eine ohnmächtige Minorität und quantitè negligeable. Motiv und Grund der Erwählung aber ist allein im Voraus der Liebe Gottes zu finden, einer Liebe, die sich jedem rationalen oder spekulativen Raisonnement entzieht. Diese Liebe Gottes ist der grundgebende Grund Israels (vgl. Hosea und Jeremia). Dann wird Existenzbegründendes und Existenzerhaltendes ins Feld geführt: der Exodus aus Ägypten (V. 8) als »Herausführung« und Befreiung aus dem »Sklavendienst«. Aufgrund seines Erwähltseins als bleibende Signatur des Gottesvolkes ist dieses gerufen, sich seines Grundes und seiner Geschichte je neu bewusst zu werden, um zu erkennen, »dass Jahwe, dein Gott – Gott ist ...« (V. 9). Solche Erkenntnis Gotte erweist sich in der Liebe zu ihm und im Halten seiner Weisungen als Entsprechung zu Gottes Verheißungstreue und zum Bestehen des Bundes als dem Erweis seiner Huld. Die Liebe als stärkste Lebenskraft wird in Dtn 30,6 als tief innerliches Erlebnis verstanden, durch die Beschneidung des Herzens seines Volkes, durch Gott gewirkt und zur »totalen« Liebe entgrenzt und in Beschlag genommen: »Jahwe, dein Gott, beschneidet dir und deiner Nachkommenschaft das Herz, dass du Jahwe, deinen Gott, aus ganzem Herzen und ganzer Seele um deines Lebens willen liebest«.

2. Liebe als Hochzeits-Existenz

Das ganze Dasein Israels war religiös bestimmt und durch Heiligkeit und Rechtswahrung charakterisiert. Ein solches Identitätsverständnis gehörte zur Semantik des biblischen Gottesverständnisses als Bewusstsein der Zugehörigkeit und Treue zu Jahwe. Die geschichtlich bedingte Botschaft der Propheten, in die jeweilige Situation hinein gesprochen, steht aber in einem metaphysischen Horizont, in welchem alles Geschehen, im Allgemeinen wie im Besonderen, an Gott gebunden ist. Es ist die durch Erwählung geschaffene und geistig, sittlich und religiös bestimmte und so immer neu zu bewährende Existenz Israels, die in den Blick »sub specie Dei« und dessen Einzigartigkeit sowie andringenden Ernst gestellt ist. Die lange und mannigfaltige Geschichte der Prophetie des ersten Bundes, neben der der Priester, der Weisen und der Sänger, ist eine dramatische Geschichte sui generis und eine radikale Form des »homo religiosus«. Die im prophetischen Leben erfahrene Gottheit, JHWH, schafft eine unmittelbare, persönlich individuelle Beziehung und bindet an den »dabar« Gottes, das »Wort Gottes«, mit all dem Gegen- und Ineinander von Heil und Unheil, Liebe Gottes und Gericht. Die Propheten rufen Israel immer wieder ihren distinktiven Ursprung der Erwählung durch Jahwe und deren Bindung an ihn in Erinnerung. Es ist ein Kampf um jede Generation, gegen die Erosion des Vergessens, gegen den Abfall von Jahwe zur Idolatrie und die Herstellung der Götterbilder als selbstgemachte und angebetete Fiktionen, als Versündigung gegen das 1. und 2. Gebot. Hinein in die Mythen der Göttergeschichten der Umwelt mit der Immanenz des Göttlichen in der Natur und der Dominanz zyklischer und regenerativer Zeitvorstellungen, rufen sie Israel sein symbiotisches Einbezogensein in die historia sacra Gottes mit ihrer Erwählung als neue Vergemeinschaftung sowie in den Ruf zur »Heiligung« und zur neuen Lebensordnung.

Waren die Priester mit ihrem Handlungsfeld, dem Tempeldienst, kultische Funktionsträger der Opfer- und Segensdienste, und so Mittler zwischen der Alltagssphäre des Volkes und der transzendenten Welt Gottes, so verstanden sich die Propheten als »Sprachrohr« oder »Mund Gottes«, Empfänger sukzessiver göttlicher Inspiration als Bild- oder Wortoffenbarung, und so in Visionen oder Auditionen unausweichlich an den göttlichen Auftrag gebunden. Als charismatische Mahner und Rufer zur religiösen und ethischen Lebensführung, findet ihr Ringen um Gott, um Jahwe in seiner Einzigkeit und seiner jedem bloßen Ritual und jeder theurgischen Magie überlegenen Hoheit, in ihnen eine existentielle und geistgetriebene Verdichtung.

Die Kultpolemik der Propheten (so besonders Jes 1,10–20; Jer 7,21–23; Am 5,21–25) erhebt immer neu die Forderung nach der Heiligkeit und Reinheit des Volkes als religiöse und ethische Lebensführung. Es ist ein Kampf um den absoluten Monotheismus Israels als einem Monotheismus der Treue. Retrospektiv wird an das Grund- und Rettungsnarrativ erinnert, Erwählung und Bund sowie an den Einzug in das Gelobte Land.

Das Phänomen der alttestamentlichen Prophetie ist in seiner Leidenschaft und Art einmalig und unverwechselbar. In andringender Verkündigung und in symbolischer Rede, in der sich komplexe Zusammenhänge und Prozesse in sprachlichen oder nicht-sprachlichen Zeichen verdichten, vollzieht sich existentielle Kommunikation. Ihre Kritik und ihr Streit ist ein Ringen um die wahre Religion und die Entlarvung ihrer Fehlformen mit der Anprangerung der Absurdität und Diskrepanz falscher Volksfrömmigkeit. Geschichte wird als Weg der Führung Gottes, aber auch als Ort der menschlichen Gottentfremdung, des Abfalls und des Ungehorsams und der Untreue begriffen als Geschichte des Unheils und des göttlichen Gerichtes. Die Bindung allen Geschehens an Gott bedeutet, dass er es ist, der die Tatsphäre auf den Verursacher zurückwendet und ihn strafend heimsucht; es kann kollektiv Israels »nachlaufende Erkenntnis« bedeuten, dass Heilsgeschichte in Unheilsgeschichte umschlägt, aber um Gottes Liebe und seiner Initiative willen kann ein Neuanfang wieder in Gang kommen. Gab es in der außerisraelitischen Welt Praktiken wie Omina, Leberschau, Inkubationstraum, Totenbefragung, Sterndeutung u. a. m., so richtet sich das Wirken der Prophetie immer wieder gegen eine magische Aushöhlung und den Abfall vom Jahwe-Glauben sowie gegen die gesellschaftlichen Missstände. Auch die Vorstellung vom richtenden und strafenden Gott, der Lohn und Strafe zuteilt (iustitia distributiva), gegen Unrecht und das Böse ahndet (iustitia connectiva), all das begegnet in vielfachen Ausdrücken für Gericht, Strafe und Vergeltung sowie in illustrativen Bildern, die sich dem visuellen Gedächtnis einprägen. Gerechtigkeit als Genetivverbindung der »Gerechtigkeit Gottes« hat in der Gebetssprache des Psalters den Doppel-Charakter des Richtens und Rettens. Die Propheten sprechen die Existenzerfahrungen der Menschen nach ihrem positiven wie negativen Seiten hin an. Die vielen Formen der Ungerechtigkeit mit ihrem strukturellen Gewalt- und Leidensprozessen und den Turbulenzen der religiösen Ordnung, werden in den Horizont der »Gerechtigkeit Gottes« hineingestellt, eine seiner zentralen Eigenschaften, wenn es in Jes 45,21 heißt: »Ein gerechter (wahrer, heilvoller) und hilfreicher ist nicht außer mir«; er ist »der treue Gott, der Verheißung und Huld bewahrt« (Dtn 7,9).[14] Eine mehrfach belegte Bekenntnisformel nennt ihn den Gott, der »barmherzig und gnädig, langmütig und reich an Huld« ist.[15] Gerechtigkeit als Grundwert, der in allen Lebensbereichen zur Aufgabe wird und Gestalt gewinnen soll, wird von den Propheten als Existenzfrage immer wieder eingefordert. Das prophetische Pathos und Engagement ist traditionsbildend geworden und sucht immer wieder kraft des kritischen Impulses den Glauben lebendig zu halten und neu auszurichten. Da sich die politischen und sozialen, aber auch die theologisch religiösen Prämissen im Wandel der Zeit änderten, fanden die prophetischen Texte auch ihre Fortschreibungen und Nachbearbeitungen.

---

[14] Vgl. 1 Kön 8,23; Dan 9,4.9.18 u. a.
[15] Ps 103,8; 145,8; Ex 34,6f. u.a.; mit Vorformen wie Jer 3,12; 15,15; auch für die Menschheit. Jon 4,2. Vgl. A. Jepsen, Gnade und Barmherzigkeit im AT: Der Herr ist Gott, 1978, 211–220; H. Spieckermann, »Barmherzig und gnädig ist der Herr ...«, in: ZAW 102 (1990) 1–18 (Lit.).

3. Hosea und die Passion der Gottesliebe: Heilige Brautschaft als Liebesgemeinschaft

a. Exposition

Hosea, Prophet in einer bewegten Zeit und der einzige der »klassischen« Propheten des 8. Jh.s v. Chr., der aus dem Nordreich stammt, ist der Schöpfer des Bildes der Ehe zwischen Jahwe und Israel. Ausgehend vom alttestamentlichen, mehr rechtlich orientierten Bundesgedanken, stellt er das Verhältnis Jahwes zu Israel unter dem Aspekt einer Liebesgemeinschaft, der Brautschaft dar. Diese existentielle Erkenntnis ist ihm an seiner eigenen, konfliktreichen Ehe aufgegangen, der Ehe mit der buhlerischen Gomer.[16]

Hosea (hebr. Hoša'ja = Jahwe hat geholfen), der jüngere Zeitgenosse des Amos, tritt kurz vor dem Tode des Königs Ussias († 746 v. Chr.) auf und wirkt bis in die Anfänge der 725 v. Chr. beginnenden Regierung Hiskias. Der prophetische »dabar« dieses genialen Einzelgängers und Menetekels Gottes, in Hos 9,7 als »Narr« bezeichnet, ergeht in der turbulenten Zeit der Aramäerkriege, der beginnenden Assyrerexpansion, der Thronwirren und Revolutionen (7,3 ff.) des Nordreiches Israel sowie seiner Todesagonie. Er steht im geistigen Ringen um seine Adressaten und Zeitgenossen. Ihnen exegetisiert er ihr Leben sub specie Dei polemisch und führt ihnen ihre religiöse Verblendung und ihr Verführtsein durch die anschauliche Diesseitigkeit der kanaanäischen Natur- und Fruchtbarkeitskulte vor. Es ist ein Kampf gegen die induktiv-instumentale Mantik der Naturreligiosität und Baal-Abgötterei. Seine Schrift lässt er ausklingen mit dem dringenden Appell an seine Leser, aus der Lektüre Folgerungen zu ziehen und sich auf den »Weg Jahwes« weisen zu lassen, jene Grundmetapher für ein authentisches Leben (Hos 14,10). An ihn ergeht der Auftrag Jahwes, der tief in seine persönliche Biographie eingreift: er solle eine anstößige Ehe eingehen[17] und zu einer Symbolhandlung machen sowie seinen Kindern symbolische Namen als wandelnde Namensträger einer Botschaft geben: »Geh, nimm dir ein Hurenweib und Hurenkinder! Denn das Land läuft der Hure gleich von Jahwe weg« (1,2).

---

[16] Vgl. S. Bitter, Die Ehe des Propheten Hosea (GTA 3) 175; H. W. Wolff, Die Hochzeit der Hure. Hosea heute, 1979.
[17] Vgl. A. Weider, Ehemetaphorik in prophetischer Verkündigung (fzb) 1993; D. Kiner, Ba'al und Jahwe (EHS.T 87), 1977; M. Th. Wacker, Figurationen des Weiblichen im Hosea (HBS 8), 1996; B. Seifert, Metaphorisches Reden von Gott im Hosea / FRLANT 166) 1996.

b. Das prophetische Totalzeugnis

Die paradoxe Existenz des Propheten wird zum Totalzeugnis und zum Inhalt der Botschaft selbst. Er stellt so in polemischer Travestie die kanaanäische Fruchtbarkeitsreligion mit der Ehe Baals und Astartes dar. Damit findet seine Polemik ihre Veranschaulichung, nämlich die frevelnde Verwechslung Jahwes, des Gottes der Geschichte, mit Baal, der Gottheit der Naturzyklen. In dieser perversen Identifizierung wird das dem Volk geschenkte Land entweiht und Jahwe desavouiert. Nicht die imitative Magie schafft die lebensspendende Fruchtbarkeit, sondern Jahwe, der »Regenspender« (10,12) selbst, der die Kräfte der Natur entbindet (2,27) und der geben und nehmen kann (2,10f.). Die in seine Verkündigung integrierte und zum Symbolträger umstilisierte persönliche Biographie des Propheten mit der »Dirne« Gomer stellt vor, dass Israel zur »Dirne« geworden ist und den Gott es Exodus, als Israels »erste Liebe«, verlassen hat und den kanaanäischen »Buhlen«, den Baalen, nachgelaufen ist. In ihrer Verblendung meinen sie, dass die Kulturgaben Brot, Wasser, Wolle, Flachs, Öl, Wein u.a. Baal und nicht Jahwe zu danken seien: »Aber sie (die Dirne Israels) hat nicht erkannt, dass ich es bin, der ihr das Korn und den Wein und das Öl gegeben ...« (2,8). Baal, im Mythos der »Wolkenfahrer« und Spender des lebensnotwendigen Regens, ist der Gegengott zu Jahwe sowie die verführerische Verlockung Israels, durch Analogiezauber die göttliche Befruchtung der Erde und damit Leben zu garantieren.[18] Die aufsehenerregenden Namen der Kinder Hoseas sind sprechende Namen: »Ohne-Erbarmen« (Lo-Ruhama:1,6) und »Nicht mein Volk« (Lo Ammi 1,9), die die enttäuschte Liebe Jahwes zum bundbrüchigen Israel versinnbildlichen sollen.

Im 2. Kapitel, eine lose Sammlung von Prophetensprüchen als Prozess gegen das treulose Israel, wird das Gericht angedroht. Jahwe ist Ankläger, Richter, Strafvollstrecker und Schlichter in einer Person. Kanaanäische Mythen und Fruchtbarkeitskulte beginnen in den Jahweglauben einzudringen und so Unvereinbares aus dem Baalglauben synkretistisch zu infiltrieren. Im Mythos wird das Land als fruchtbare »Magna mater« gesehen, die in der Verbindung mit Baal ihre Fruchtbarkeit empfängt, die durch die Magie der »heiligen Hochzeit« aktualisiert und garantiert wird. In Aufnahme des Ehe-

---

[18] In den Elia-Erzählungen (1 Kön 17–19; 21; 2 Kön 1,9–16) spiegeln den grundsätzlichen Konflikt zwischen der Jahwe-Religion und der Baalreligion. Vgl. O. H. Steck, Überlieferung und Zeitgeschichte in den Elia-Erzählungen (WMANT 26) 1968; G. Hentschel, Elija und der Kult des Baal, in: Gott, der einzige, hg. E. Haag (GD 104), 1985, 54–90; F. Crüsemann, Elia – die Entdeckung der Freiheit Gottes, 1997; K. Koch, Zur Entstehung der Baal-Verehrung (UF 11), 1979, 465–475; M. Smith, Interpreting the Baal Cycle (UF 18) 1986, 313–369; K. Koch, Baal Samen and the Critique of Israel's Prophets, in: A. H. Curtis / J. F. Healy (Hg.), Ugarit and the Bible, 1994, 159–174.

bildes und seiner Travestie durch den Jahweglauben wird der Hochzeitsmythos zerbrochen und der rechtliche Charakter, der dem Begriff des Bundes zwischen Jahwe und Volk eignet, in die Dimension des Personalen gehoben. V. 15 fasst die Schuld der »Hure« Israel zusammen: »Ich bestrafe sie für all die Feste, an denen sie den Baalen Rauchopfer dargebracht hat; sie hat ihre Ringe und ihren Schmuck angelegt und ist ihren Liebhabern gefolgt, mich aber hat sie vergessen – Spruch des Herrn«. Das »darum« (V. 16) führt dann die Wende ein als erneutes Liebeswerben: »Darum will ich selbst sie verlocken. Ich will sie in die Wüste hinausführen und sie umwerben. (17): Dann gebe ich ihr dort ihre Weinberge wieder, und das Achor-Tal mache ich für sie zum Tor der Hoffnung. Sie wird mir dorthin willig folgen wie in den Tagen ihrer Jugend, wie damals, als sie aus Ägypten heraufzog.« In dieser Separation als Zeichen der überwältigenden Liebe, wird das Mädchen verführerisch beschwatzt und umworben, Jahwe zu folgen wie in den Tagen »ihrer Jugend« und ersten Liebe. Gott besiegelt sein Liebeswerben durch eine Rückführung an die Anfänge, wo die Erwählung und Bindung stattfand als Stiftung der ethnisch-religiösen Identität, mit dem »Monotheismus der Treue«, jenem ureigensten Element des biblischen Eingottglaubens, mit all seinen späteren Ausformungen. Auf der Folie der Gerichts- und Unheilsbotschaft, mit den zur Umkehr rufenden Todesankündigungen als der tragische Grund und als Form der Dringlichmachung, steht das Erbarmen und die Liebe Gottes in ihrer Unerbittlichkeit und leidenschaftlichen Eifersucht. Diese Liebe Gottes zum Volk als affektive Beziehung kommt in den Metaphern der Brautschaft und Ehe, Sohnschaft und des neuen Erkennens zum Ausdruck. Am Ort der Sklaverei und Gottferne wird Gott es, wie damals, »als es jung war« (11,1), herausrufen, denn es ist die Zeit der ersten Liebe. Augustinus fasst es in die Worte: »Incipit exire qui incipit amare«.

c. Die »Ballade« von der großen Liebe Gottes (Hos 11,1–11)

Das 11. Kapitel setzt mit einem Rückblick in die Geschichte Israel-Ephraim ein und steht in Analogie zu einer Prozessklage des Vaters gegen seinen störrischen Sohn. Im Hintergrund der geschichtstheologischen Anklagerede steht der für Hosea zentrale Gedanke von der Erwählung Israels und des Gottesbundes mit dem Volk. Als Bild für die Bindung zwischen Jahwe und seinem Volk verwendet der Prophet das Bild der Sohnschaft. Gilt die Anklage dem schuldiggewordenen »Sohn«, so steht diese erwählte und bundgetragene Verwandtschaft im Vorschein kommender Rettung. Der Rückblick in die ersten Anfänge der Geschichte Israels als Erwählung und »Heraufzug« (2,17) aus Ägypten, gehört zum Urbekenntnis Israels. Es ist die Zeit der Kindheit Israels (»als es jung war: 11,1), und in der Jahwe es liebgewonnen. Die Erwählung des »Sohnes« Israels wird mit der Metapher der Liebe gedeutet. Es ist in der Exodus-Tradition verankert (»So spricht Jahwe: Mein erstgeborener Sohn ist Israel«: Ex 4,22). Jahwe will wieder einen neuen Anfang machen und sendet Israel zurück nach »Ägypten« (8,13; 9,3; 11,5), um in der Wüste, dem baalfreien Raum, als verschmähter Liebender, mit seinem neuen Liebeswerben zu beginnen.

Der Ich-Stil der Gottesrede als Redeform des gegen den legitimen »Sohn« Jahwes angestrengten Rechtsverfahrens spiegelt die unglückliche Liebesgeschichte des »Vaters«, denn sein Befreiungsruf aus Ägypten[19] wird mit Abfall beantwortet, dem Weglaufen zu den Baalen und der Darbringung von Rauchopfern für die Götterbilder (11,1-2). Jahwe spricht vom Einsatz seiner Liebe als Leitung und Lenkung auf ein Ziel hin: wie er Israel-Ephraim »laufen« lehrte, d.h. zu einem selbständigen Leben verhalf, es in seiner kindlichen Hilflosigkeit trug und schützte. Der Text ist wie ein in Worten gemaltes schweigendes Bild redender Liebespoesie:

V. 3: »*Ich war es, der Ephraim gehen lehrte,*
ich nahm ihn auf meine Arme.
Sie aber haben mich nicht erkannt,
dass ich sie heilen wollte.«

V. 4: »*Mit menschlichen Fesseln zog ich sie an mich,*
mit den Ketten der Liebe.
Ich war da für sie wie die (Eltern),
die den Säugling an ihre Wangen heben.
Ich neigte mich ihm zu und gab ihm zu essen.«

Dieses durch Erwählung, Fürsorge und Führung begründete Verhältnis, das persönliche Liebesverhältnis zum »Sohn«, findet hingegen eine verständnislose Abwendung und Desavouierung. V. 7 zieht das Resümee aus der Sequenz der Verhärtungs- und Abfallgeschichte, um auf seinen Liebeseifer hin seine Enttäuschung zum Ausdruck zu bringen:

»*Mein Volk verharrt in der Treulosigkeit;*
sie rufen zu Baal, doch er hilft ihnen nicht auf.«

Nun vollzieht sich in JHWH selbst ein Widerstreit zwischen Liebe und Zorn, Gericht und Erbarmen. Es ist ein Ringen des Anklägers mit sich selbst, ein Durchbruch der heiligen Liebe, wo sich der Ankläger selbst verwarnt:

»*Wie könnte ich dich preisgeben, Ephraim, wie dich aufgeben Israel?*« (V. 8a)
»*Mein Herz wendet sich gegen mich, mein Mitleid lodert auf.*« (V. 8b)

---

[19] »Aus Ägypten habe ich meinen Sohn gerufen« (Hosea 11,1). »Ich bin JHWH, dein Gott, von Ägypten her« (Hosea 12,10; 13,4). »JHWH aber behütete sein Volk durch einen Propheten //Mose/, durch ihn führte er Israel aus Ägypten herauf« (Hosea, 12,14).

In dieser Liebesszene des »deus contra deum«[20] richtet sich sein Wille gegen seinen »heißen« Zorn und erregten Gerichtswillen: »Ich will meinen glühenden Zorn nicht vollstrecken und Ephraim nicht noch einmal vernichten« (V. 9a). Es ist eine Verzichtserklärung der Strafe, die die Rechtsauseinandersetzung beschließt und von der Anklage in die Schlichtung mutiert. Dieser entscheidende Gottesbeschluss findet seine Begründung: »Denn ich bin Gott, nicht ein Mensch, der Heilige in deiner Mitte. Darum komme ich nicht in der Hitze des Zorns« (V. 9b). An die leere Stelle der fehlenden »Gerechten« wird Gott als der »Heilige« treten und ihre Mitte sein (V. 9b). Der Heilszuspruch des Hinterherziehens hinter Jahwe geht in eine Heilsansage der »Heimkehr in ihre Häuser« (11,11b vgl. 2,18–25) über als Verkündigung des kommenden Heilshandeln Jahwes. Israels Existenz, die ihren Grund im unvergleichlichen heiligen Wesen Gottes hat, ist von der Liebe Gottes als bleibender Grund der Erwählung und Führung (11,1.4) umschlossen (11,11). Erster und neuer Bund legitimieren sich einander in 1 Joh: »Gott ist Liebe« (1 Joh 4,16).

Seit Hosea ist im Alten Testament das Bild der Ehe Jahwes mit Israel geläufig. Es dient dazu, Gottes Bundesverhältnis zum Volk Israel, seine Liebe, seine vergebende Geduld und seine unverbrüchliche Treue darzustellen.[21] Der Prophet Jeremias spricht von der Zeit des Exodus als der Brautzeit dieser Ehe (Jer 2,2), und Tritojesaja von der Bräutigamsfreude, um die Heilszeit zu schildern: »Mit der Freude des Bräutigams an der Braut freut sich dein Gott an dir« (Jes 26,5; vgl. 61,10).

Der Kampf der Propheten gegen die Fruchtbarkeitskulte wird auch im hellenistischen Judentum fortgeführt, so z. B. im Buch der Weisheit (14,23–31) und wird als Frevel apostrophiert[22], während Philo von Alexandrien auf die Bilderwelt der hellenistischen Mysterien zurückgreift und sie mit der biblischen Sara- und Lea-Erzählung verbindet, um in einer facettenreichen Allegorie die Wahrheit zu veranschaulichen, dass der ewige Gott und Vater aller Dinge, in den Tugenden die Werke der Schönheit und Vollkommenheit wirke.[23]

In der rabbinischen Exegese wurde der Bundesschluss Jahwes am Sinai als Hochzeit mit Israel gepriesen und die Torah als Ehevertrag angesehen. Israel wird als Braut bezeichnet, Mose als Brautführer und Jahwe als Bräutigam, der seiner Braut Israel entgegengeht.[24] Rabbi Akiba deutete die Braut des

---

[20] Vgl. H. W. Wolff, »Wissen um Gott« bei Hosea als Urform von Theologie, in: EvTh 12 (1952/53) 533–554 = Ges. Studien, ²1973, 182–205; R. G. Kratz, Erkenntnis Gottes im Hosea, in: ZThK 94 (1997) 1–24.
[21] Hos 1–3, bes. 2,18.21; Ez 16,7ff.; 23,4; Jes 50,1; 54,4ff.
[22] Vgl. Das Skandalbeispiel bei Josephus Flavius, Ant. 18,66ff.
[23] Philo, Cherub. 13; Abr. 100f.; Somn. I, 200.
[24] Vgl. Dtn 3 (200d); Mekh Ex 19,17 (72b); »Rabbi Jose hat gesagt: ›Jahwe vom Sinai

Hohenliedes allegorisch auf Israel als die Gottesbraut und ließ sie in einem großen Dialog zwischen Israel und den Heidenvölkern, den er in einer Paraphrase zum Hohenlied gestaltet hatte, sagen: »Ich gehöre meinem Freunde an und mein Freund gehört mir. Ihr habt keinen Teil an ihm (Gott)«.[25] Die allegorische Deutung des »Hohen Liedes« auf die Gottesbraut Israel war auch der Grund, das »Hohe Lied« in den Kanon der heiligen Schriften aufzunehmen.[26] Der um 135 n. Chr. verstorbene Rabbi Akiba erklärte es nach dem Prinzip seiner »Eisegese« für »hochheilig« und jedes »Häkchen« der Torah sei inspiriert. Denjenigen aber, die das »Hohelied« »im Weinhaus trällern«, schleudert er seinen Fluch nach, ein Hinweis, dass einzelne Lieder der Dichtung auch weiterhin zu profanen Anlässen gesungen wurden und so einen ursprünglich profanen Charakter insinuieren. Seine Rettung fand das »Hohelied« durch die allegorische Deutung.

4. Jesaja, der Prophet der leidenschaftlichen Liebe Gottes

a. Exposition

Alle drei »großen Propheten«, Jesaja,[27] Jeremia, Ezechiel legitimieren ihr Auftreten, ihre »biographische« Indienstnahme durch Jahwe, durch eine Berufungserzählung.[28]

In seiner Berufungserzählung (Jes 6,1–13) greift der Prophet Jesaja das

---

kam, Dtn 33,2, um Israel zu empfangen wie ein Bräutigam, der der Braut entgegengeht'«. Vgl. Pirqu R El 41 (Str.-Bill. I.970). Gelegentlich werden auch die Tage des Messias unter dem hochzeitlichen Aspekt gesehen: diese Welt ist die Zeit der Verlobung, während die Messiaszeit als Hochzeit zwischen Jahwe und Israel bezeichnet wird (vgl. Str.-Bill. I, 517).

[25] MEx z 15,2; Str.-Bill. I, 516.898 vgl. IV, 482f. Vgl. J. Bonsirven, Exégèse allégorique chez les Rabbins Tanaites, in: Rech. de science religieuse 23 (1933) 513–541; 24 (1934) 35–46, bes. 35f.

[26] Str.-Bill. IV, 432f. Entweder zählt die Zeit vor der Bundesschließung am Sinai zur Brautzeit Israels (Str.Bill. I, 501f.; IV, 827.863.926): »Diese Welt ist die Verlobung ..., in den Messiastagen wird die Hochzeit sein« (Ex r 15,30 z 15,2). Die Stelle kann auch bei gleich bleibendem Sinn folgendermaßen übersetzt werden: »In dieser Welt waren sie (die Israeliten) Verlobte ..., in den Messiastagen werden sie Vermählte sein«.

[27] Vgl. G. Fohrer, Entstehung, Komposition und Überlieferung von Jes 1–39, in: Ders., Studien zur alttestamentlichen Prophetie (1949–1965) (BZAW 99) 1967, 113–147; H. Wildberger, Jesaja (BK 10/1) 1972, 10/2, 1978; 10/3, 1982; H. G. Williamson, The Book Called Isaiah, 1994; E. Blum, Jesaja prophetisches Testament, in: ZAW 108 (1996) 547–568; ZAW 109 (1997) 12–29; M. A. Sweeney, Reavaluating Isaiah 1–39 in Recent Critical Research, in: CR BS 4 (1996) 79–113; U. Becker, Jesaja – von der Botschaft zum Buch (FRLANT 178) 1997; Ders., Jesajaforschung, in: ThR 64 (1999) 1–37. 117–152.

[28] Vgl. 1 Kön 22 und die Travestie der Schau eines Sehers in eine Berufungsgeschichte.

Mythologem einer himmlischen Ratsversammlung auf mit einer gewaltigen Thronszene,[29] in der der Saum des göttlichen Gewandes den Tempel von Jerusalem erfüllt. Seraphim rufen dem alle irdischen Wirklichkeiten transzendierenden Gott das dreifache »Heilig«, das Trishagion zu als Lobpreis seiner alles umfassenden und alles überstrahlenden himmlischen Herrlichkeit. Diese seine Transzendenz aber bedeutet auch Weltzugewandtsein und ereignet sich gerade im Vollzug der Immanenz: »von seiner Herrlichkeit ist die ganze Erde erfüllt« (6,3b). Durch deren Kundgabe erbebt der Tempelbau in seinen Grundfesten als Spiegelung des theatrum magnum gloriae Dei (6,4). Im Glanz solcher Herrlichkeit wird sich der Prophet der Unreinheit seiner Lippen bewusst, aber auch des unreinen Volkes, unter dem er lebt. Mit der Bewusstheit seiner Unreinheit berührt der Prophet eine zentrale Ordnungskategorie im religiösen Leben Israels, denn Reinheit normiert den Kontakt mit der göttlichen Sphäre und ist der Ermöglichungsgrund, mit ihr in Kontakt zu treten.[30] Der Meridian, der die Welt in Reinheit und Unreinheit trennt, repräsentiert zugleich einen Teilbereich der Weltordnung Gottes. Als funktionale Vorstellung bedeutet sie Kult- und Gemeinschaftsfähigkeit, sowie in seiner Metaphorisierung eine moralisch-ethische Verfasstheit. Durch die Sünden haftet dem Menschen eine materiell verstandene Unreinheit an, von der er nach Lev 16 rituell befreit werden muss. Jesaja erfährt im Heiligtum Jahwe Zebaoths die Reinigung seiner Lippen durch einen der Seraphen mit einem glühenden Kohlenstück. Dieser deutet ihm sein Tun als kultische Handlung des Vergebens. »Deine Schuld ist getilgt, deine Sünde gesühnt« (6,7). Dann vernimmt er in das ratlose Schweigen der Himmlischen, die die ganze Szene bestimmende Frage Jahwes Zebaoth: »Wen soll ich senden, und wer wird für uns gehen?« Und der Prophet antwortet: »Hier bin ich, sende mich!« Die Frage an den Berufenen reicht in seine Freiheitsgeschichte hinein und konfrontiert ihn in den folgenden Worten der Verstockung auch mit dem Scheitern seiner Verkündigung.[31] Der im 8. Jahrhundert v. Chr. in Jerusalem wirkende Prophet datiert seine Berufung und damit den Beginn seiner Tätigkeit auf das Todesjahr des judäischen Königs Usia (Asarja) im Jahre 738 v. Chr. Es ist die Zeit der tödlich bedrohten nationalen Existenz durch das Assyrerreich, so dass der Prophet in seiner Berufungsvision bereits die politische Katastrophe schaut mit der Verödung der Städte und der Deportation ihrer Bewohner, denn wie bei einer gefällten Terebinthe werde nur ein Stumpf übrig bleiben (Jes 6,11–13). Sein prophe-

---

[29] Vgl. F. Hartenstein, Die Unzugänglichkeit Gottes im Heiligtum. Jes 6 und der Wohnort JHWHs in der Jerusalemer Kulttradition (WMANT 75) 1997.
[30] Vgl. D. P. Wright, The Disposal of Impurity, 1987.
[31] Die Tradition hat Jes 6 mit den Worten vom syrisch-ephraimiten Krieg verbunden und deutet damit das Wort vom Glauben Jes 7,9 als Indiz einer verweigerten Einsicht, die das folgende Gericht freisetzt. Spätere Erfahrungen fließen in den Berufungsbericht ein.

tischer »dabar«, seine Prophetie, richtet ihre scharfe Kritik gegen die gesellschaftlichen Missstände seiner Zeit (Jes 5,8–25), das soziale Unrecht und die ihre Identität verleugnende Anpassung seines Volkes an den altorientalischen Lebensstil und seine Lebensgewohnheiten (vgl. Jes 3,16–23). Die Frage »Wer sind wir?« impliziert die Frage nach der Ursprungsidentität »Woher kommen wir?«, ein »Wir-Gefühl«, das durch identitätsstiftende Akte wie religiöse Symbolik normierte und organisierte Lebensweise sowie rituelle Kommunikation getragen ist. Die durch eine tragende Sinn- und Wertsphäre umspannte Identität des Gottesvolkes sieht der Prophet bedroht. Die Jahwe-Volk-Beziehung als reflexive Relation steht in Gefahr, durch einen religiösen Synkretismus entfremdet und ausgehöhlt zu werden. Darum kämpft er für die Re-identifikation im Jahwe-Glauben und gegen den Identitätsverlust im »Gemeinsamkeitsglauben« der Jahwe-Religion und ihrer Kohärenz. Ihr Grund ist die Gottesbeziehung und die damit gestiftete »Subjekt«-Werdung des Volkes. Er will die Innerlichkeit des Jahwe-Glaubens wieder festigen und mit seiner äußeren Dimension der Sozialität und der Gerechtigkeit verbinden.

b. »Das Weinberglied« und die enttäuschte Liebe des Brautwerbers

Im sog. »Weinberglied« (Jes 5,1–7) singt er von der leidenschaftlichen, aber enttäuschte Liebe Jahwes zu seinem Volk. Diese Perle hebräischer Poesie, das sog. »Weinberglied« des prophetischen Sängers Jesaja (Jeschajahu), der in die Rolle eines Brautwerbers schlüpft, ist ein Gesang enttäuschter Liebe. In doppelter Kamouflierung spricht der Bänkelsänger anstatt direkt von Jahwe, von seinem »Freund«, und wählt, statt vom erwählten Gottesvolk Israel zu sprechen, die Metapher »Weinberg«.[32] Der archaische Troubadour, der singen will »für meinen Freund das Lied seiner Liebe zu seinem Weinberg« (5,1), erzählt bei einem Lese- oder Weinfest ein auratisches Liebesgleichnis[33], das in der Schlussdeutung durch den Propheten seine dramatischen Peripetie findet (V. 7). In einer Art Verfremdungseffekt wird Jahwe als »Freund« und Winzer imaginiert, der als Besitzer einen mühevollen Totaleinsatz für die Kultivierung des Weinbergs leistet: Graben, Entsteinen, Pflanzen, Ausheben einer Kelter. Statt der erwarteten guten Trauben bringt der Weinberg nur »Herlinge«, faule Stinktrauben (5,1b–2) hervor.

---

[32] Vgl. Jes 27, 2–5, wo vom Weinberg Jahwes die Rede ist, oder Ps 80, 9–12, wo in dem Gebet um die Wiederherstellung Israels Jahwes Heilswalten in der früheren Geschichte beschworen wird in einem Bild, das im Weinberglied Jes 5, 1–7 begegnet oder im Bild Israels als üppiger Weinstock bei Os 10,1 oder Israel als von Jahwe gepflanzte Edelrebe bei Jer 2,21.
[33] »Freund« und »Weinberg« als Brautmetapher (Hld 8,12).

Das Lied vom Weinberg[34] setzt mit dem Propheten als Subjekt des »ich will singen von meinem Geliebten« ein und gibt sich von seinem Aufgesang her als »Liebeslied« (5,1a). Er kennzeichnet es als Wiedergabe des Liedes seines Freundes, der sich gegen Ende des Liedes als Jahwe zu erkennen gibt, denn nur er kann Wolken und Winden gebieten und Regen senden oder verweigern.[35] Als kultischer Anlass und »Sitz im Leben« mag das Herbst- und Lesefest in Frage kommen[36] und als Adressaten die feiernde Jahwegemeinde, die mit dem Lied assoziativ in eine bäuerliche sinnlich-numinos gefüllte, religiöse Welt der Metaphern hineingenommen wird. In der Bildsprache des Liebesliedes steht der »Weinberg«[37] für das geliebte Mädchen, wobei der Freund erzählt, wie er sein Mädchen an sich zieht, – und unbildlich geredet, wie Jahwe sich sein Volk zu eigen gewinnt. Seine Liebe erwählt sich Menschen als Gegenüber, wendet sich ihnen personhaft zu. Dann schildert das Lied die Mühe und die liebevolle Obsorge des Weinbergbesitzers um seine Pflanzung: die intensive Pflege des Entsteinens, das Aufpfropfen edler Reben, des Baues eines schützenden Turms und einer Kelter. Die in weisheitlicher Manier geschilderte Arbeit am Weinberg (vgl. Jes 28,24–28)[38] ist mit der Ernteerwartung verbunden, die durch das Ergebnis der »sauren Beeren« die bitterste Enttäuschung erfährt. War die Arbeit des Pflanzers von der Liebe motiviert, so ist das Ausbleiben der entsprechenden Frucht das fassungslose Rätsel der enttäuschten Liebe (V. 4: »Was konnte ich noch tun ... ?« und das »Warum« der Enttäuschung V. 4b). Dieses unerklärliche »Warum« steht als nicht erklärtes und auch nicht erklärbares Rätsel in der Mitte des Liebesliedes, eine Achse, um die sich alles dreht. Die von der Liebe getragene Erwartung wurde zutiefst enttäuscht. Es folgt ein Wechsel in der Sprecheridentität. Statt des »Freundes« nimmt der Weinbergbesitzer selbst das Wort, das er an »Jerusalem« und »Juda« richtet. In einer Art Beteiligungseffekt werden die Adressaten direkt angesprochen und in einen Rechtsstreit verwickelt. Die Funktion des Rechts, das Handlungen, Situatio-

---

[34] Struktur: V. 1b–2 schildert den Fall in der 3. Person, beschreiben den Weinberg und die an ihn verschwendete Liebesmühe mit enttäuschendem Ergebnis. Dann folgt in V. 3–4 die Anrufung der Rechtsgemeinde (V. 3 in der 2. Person) mit der Doppelfrage (V. 4 in 1. Person) sowie der Gerichtsdrohung als Strafe in der 1. Person (V. 5–6). Den Abschluss bildet das Prophetenwort (V. 7, in der 3. Person), das das Gleichnis deutet und den bitteren Tatbestand konstatiert.
[35] Vgl. Gen 2,5; 1 Kön 17,14; Am 4,7; Hi 38,26.
[36] Vgl. Lev 23, 24–43; Dtn 16, 13–15.
[37] Vgl. Hld 1,6; 2,15; 8,11 f. Weinberg als Bild für Israel: Jes: 3,14; 27,2 ff.; Her 21; 12,10; Ps 80, 13 f.; Hl 8,11 f. Nach Jes 5,7 wird »Weinberg« in der Überlieferung von »Weinstock« als terminus technicus für Gottes heilvolle Handeln an Israel gebraucht: Vgl. Ps 80,9 ff.; Hos 10,1; Jer 2,21.
[38] Jes 28,24–28 ist eine Weisheitsrede und greift weisheitliche Themen auf wie wichtige Arbeitsvorgänge. Vgl. dazu J. Fichtner, Jesaja unter den Weisen, in: ThLZ 74 (1949) 75–80, Nachdruck in: J. Fichtner, Gottes Weisheit, 1965, 18–26.

nen und soziale Rollen typisiert, schafft kalkulierbare und stabile Verhaltenserwartungen. Die Adressaten werden als Richter in diesen Prozess zwischen Weinbergbesitzer und Weinberg einbezogen und sollen über das ihnen veranschaulichte Geschehen enttäuschter Liebe ein Urteil fällen, gleichsam in Benutzung der Regeln des Verstandes. Die Adressaten werden mit einem sprachlich den Wendepunkt markierenden »nun« (weattāh) aufgefordert, dazu Stellung zu beziehen, eine ad-populum-Frage der Dringlichmachung des Themas, ohne dass eine Antwort fällt.

Mit der formgeschichtlichen »Ankündigung des Eingreifens« ergreift der Freund als Sprecher selbst das Wort und verkündet das Strafurteil (5,5–6) im erbitterten Schmerz enttäuschter Liebe und vergeblicher Liebesmühen: der Weinberg wird niedergerissen samt der schützenden Hecke, wird allgemeine Weide, ja regenloses Ödland mit Dornen und Disteln, die darauf wuchern. Die leidenschaftliche Liebe Jahwes zum »Haus Israel« als »Pflanzung seiner Lust« (5,7), wird zur Passion enttäuschter Liebe, die in 5,5–6 in der Form einer Gerichtsparabel ihren Ausdruck fand. Die liebende Zuwendung des Winzers zu seinem Weinberg schlägt in ein Strafgericht und eine totale »Entsicherung« um. Im Horizont des Tun-Ergehens-Gesetzes wird aus dem Kläger der Richter und die Zerstörung des Weinbergs mit dem Niederreißen der schützenden Mauern und Hecken zur Preisgabe des Weinbergs an die wilden, destruktiven Kräfte der Dornen, Disteln und wilden Tiere. Er soll zur Wüstenei werden, denn auch den Wolken wird verboten, den lebensspendenden Regen zu geben. Am dramaturgischen Höhepunkt des Schlusses kommt es zu einem Überraschungseffekt, in welchem der Prophet selbst in die Gerichtsszene tritt und die Parabel deutet. Er zeichnet noch einmal das große Liebesmotiv des Herrn Zebaoth ein. Die Heils- und Lebensordnung des Bundes ward durch die Treulosigkeit des Volkes in ihr Gegenteil verkehrt. Die inmitten des Prozesses zu Zeugen Aufgerufenen, über den unfruchtbaren Weinberg ein Urteil zu fällen, werden nunmehr selbst zu Angeklagten, denn sie haben sich faktisch das Urteil selbst schon gesprochen. Als Objekte der gescheiterten Liebe Jahwes wird die enttäuschte Erwartung des Liebenden durch ein abschließendes Wortspiel mit reimenden Worten konkretisiert und begründet:

»*Er hoffte auf Rechtsspruch, und siehe da, Rechtsbruch;*
er hoffte auf Bundestreu, und siehe da, der Rechtlose schreit« (5,7b).

Die enttäuschten Erwartungen des Weinbergbesitzers Jahwe an sein erwähltes Volk werden in den folgenden Weherufen (Jes 5,8–24) ausgeführt. Das Liebeslied klingt dissonant aus, wenn in einem einprägsamen Wortspiel die unbeantwortete Liebe Jahwes ihren tödlichen Ernst zeigt. Martin Uber fasst seine Übersetzung in die Worte: »Er hoffte auf gut Gericht, und da: ein Blutgezücht. Auf treue Bewährnis, und da: ein Schrei der Beschwernis.« In dieser

Fabel der Streitdichtung geht am Schluss die Metaphorik in die Direktheit der Anklage über wie in der Nathan-Parabel in 2 Sam 12,1–7, in der der Prophet das Wort an David richtet: »Du bist der Mann« (2 Sam 12,7).[39] Die große Liebesemphase Jahwes für seinen Weinberg Israel-Juda, im Rückblick Ausdruck der heilvollen Gabe von Recht und Gerechtigkeit sowie treuer Bewahrung, fand nicht die entsprechende Aufnahme und Schätzung, sodass die enttäuschte Liebe in Zorn, Unheil und Strafgericht umschlägt. Alles Tun und Lassen steht in einem interaktionellen Zusammenhang der Verflochtenheit. Das Weinberggleichnis macht zu Beginn deutlich, dass Israel seine Existenz der unableitbaren Liebe (Dtn 7,7 f.) verdankt. Der vielschichtige Text in seiner Metaphorik, seinen Beziehungsmustern, lässt auf die erwählende Liebe die drohende Verwerfung und der Logik der Anklage die Logik der Strafe folgen. Die harte Anklage gegen Juda ist in wortspielhafter Knappheit angesagt: »Guttat-Bluttat – Rechtsspruch, Rechtsbruch«; oder »Gut Regiment, Blutregiment – Rechtssprechung, Rechtsbrechung« (Duhm); oder: »Rechtsspruch, Rechtsbruch – Gerechtigkeit, Schlechtigkeit« (Fohrer). Die Anfangsidylle mündet in eine Untergangsvision des Weinbergs. Das Wehgeschrei der Gequälten und Unterdrückten machte die sozialen Missstände evident und stellte sie mit der enttäuschten Erwartung Jahwes in Beziehung. Das soziale Handeln, das die säkulare Form eines gottesdienstlichen Handelns ist, hat seine neutestamentliche Entsprechung im Weltgerichts-Gleichnis Mt 25,31–46. Das Gericht fragt nach der in die Tat umgesetzten Befolgung des Liebesgebotes in der Alltagswirklichkeit als dem Feld der Bewährung, mit welcher die Entscheidung für die Zukunft vorweggenommen wird: »Amen, ich sage euch: Was ihr für einen meiner geringsten Brüder getan habt, das habt ihr mir getan« (Mt 25,40).

Die Form bildhafter Rede in Jes 1,2–4 präludierte bereits die Gleichnis- bzw. Parabelrede, die den Vergleich mit seinem Handlungsablauf erzählerisch ausgestaltete und das Vertraute und Gewohnte auf das Unerwartete und Ungewohnte hin zuspitzte. Das Weinberglied liest sich wie eine Ausformung des Bildwortes am Beginn des Jesajabuches: »Söhne habe ich aufgezogen und groß gemacht; sie aber sind mir untreu geworden. Das Rind kennt seinen Besitzer und der Esel die Krippe seines Herrn. Israel erkennt nicht, mein Volk hat keine Einsicht« (Jes 1,2). Es geht um Einsicht in Gottes liebendes Walten und des Volkes Untreue. Das Weinberglied ist eine Rechtsfall-Erzählung und wollte in seiner gleichnishaften Darbietung die Hörer aus ihrer distanzierten Zuschauerpose zu einer Stellungnahme, zu einem

---

[39] Vgl. W. Schottroff, Das Weinberglied Jesajas (Jes 5,1–7). Ein Beitrag zur Geschichte der Parabel, in: ZAW 82 1970 68 ff. Er verweist auf die Parabel 2 Sam 12,1 ff.,; 14,1 ff.; 1 Kön 20,35 ff. in denen »dieses auf die Überraschung der Hörer angelegte kunstvolle Spiel mit urteilsprovozierender Verhüllung und urteilsapplizierenden Enthüllungen« ebenfalls sich findet (a.a.O. 68).

Urteil provozieren. Der Sprecher plädierte auf ihre Fähigkeit und Kompetenz der Beurteilung, weil der dargelegte Fall seine Plausibilität und propositionale Fassbarkeit hat. Ein Urteils-Akt ist von ihnen gefordert, da ihnen der Sachverhalt kommuniziert wurde und sie zu Beteiligten des Verfahrens wurden. Tatbestand und Entscheidungsgründe liegen offen zutage und sind in eine religiös-ethische Frage einbezogen – billigend oder missbilligend.

Ein alltägliches Winzergeschehen mit großem Aufwand wird auf eine außergewöhnliche Beziehungsgeschichte hin verdichtet und zu einem »Fall« in seiner Doppelbedeutung. Eine Rechtsgemeinde sollte ein Urteil fällen: »Richtet zwischen mir und meinem Weinberg!« In der Ich-Rede wird die Gerichtsdrohung durch drei Strafmaßnahmen konkretisiert. V. 7 aber deutete das »Ich« Gottes auch als Leiden an dem Versagen seiner »Lieblingspflanzung« aus: paraphrasierend statt Rechtsspruch – Rechtsbruch, statt Guttat – Bluttat.

c. Die Utopie der Entfeindung

Die ertraglose »Lieblingspflanzung« und ihre Preisgabe als Folge enttäuschter Liebe steht im kontrastiven Widerschein zur Vision des Propheten von Jerusalem als Mittelpunkt der Heilszukunft (Jes 2,1–5). Die Vision steht im Vorschein der globalen Perspektive von Deuterojesaja, in der das Heilsangebot auf die Völkerwelt hin entgrenzt wird. Sie lässt mit seiner Zeitangabe »In der Folge der Tage« (2,2) aufhorchen und beschreibt eine konkrete Utopie von der Entfeindung und dem Umschmieden der Schwerter zu Pflugscharen (2,4b). Konkret verheerende Vernichtungsschläge und Schrecken durch feindliche Völker werden in ein Bild ewigen Friedens travestiert, zu dem die Völkerwelt als Weggemeinschaft pilgert. Aus allen Himmelsrichtungen setzt sich der Zug zum Zion in Bewegung als dem Ort der Weissagungen und Streitschlichtungen. Zion als fundamentum inconcussum ist höher als alle Hügel und ist festgegründet, Zeichen der Anwesenheit Gottes. Zielpunkt der Sehnsucht ist der von Gott gegründete Ort des Friedens und der Gerechtigkeit als heimatliche Geborgenheit. In seinem Opus »Das Prinzip Hoffnung« fasst Ernst Bloch diese Sehnsucht in die Worte: »(...) so entsteht in der Welt etwas, das allen in die Kindheit scheint und worin noch niemand war: Heimat«.[40]

In dem hymnisch durchstimmten Vertrauenslied von Ps 46 und seiner Zionsverheißung des Bundesgottes als bergende Burg ist es »Jahwe der Heerscharen«, der den Bogen zerbricht und die Lanze zerschlägt sowie die Wagen im Feuer verbrennt (Ps 46,10). In Jes 2 und Micha 4 sind es die

---

[40] E. Bloch, Das Prinzip Hoffnung, Bd. 3, 1959, 489.

Völker selbst mit ihrem Werk der Entfeindung und der Sehnsucht nach Streitschlichtung und Gerechtigkeit. Dies soll das »Haus Jakobs« motivieren, sich selbst auf den Weg der Weisungen Gottes zu machen, d. h. »im Lichte Jahwes zu wandeln« (Jes 2.5). Mit der die Gegenwart verwandelnden Kraft der Utopie soll jetzt schon getan werden, was einmal die Möglichkeit zur Wirklichkeit wird werden lassen, das Setzen zum Gesetztsein: Schwerter zu Pflugscharen schmieden, die Lanzen zu Winzermessern und das Üben des Krieges vergessen (2,4). Mit der Kraft der Bilder wird die Sehnsucht genährt, zu wandeln »im Lichte Jahwes«, jener Metapher für den durch Gott geschaffenen Heils- und Lebensraum. Wie einst die »Feuersäule« Israel den Exodus-Weg aus Ägypten markierte (Ex 13,21 f.), so sind es Gottes Weisungen (Torah), zu denen das »Haus Jakob« durch den Propheten gerufen wird (Jes 2,5). Die Vision des Jesaja trägt in sich die Logik einer beharrlichen Widerrede gegen das Negative und Destruktive, trägt einen nüchternen und impulsiven Möglichkeitssinn in sich zum Frieden in all seiner Weite. Die Möglichkeit im Jetzt und der Möglichkeitssinn übersteigen die Faktizität auf ein Noch-Nicht und halten beides in der Schwebe, machen es bedeutsam und denken das Mögliche weiter ...

5. Jeremia: Die Torheit der Liebe

a. Exposition

Der letzte Gerichtsprophet vor dem babylonischen Exil Israels ist Jeremia, dessen Wirken (Jer 1,1–3: 626–587/6 v. Chr.) durch die Namen von Königen und deren Geschichte (in 2 Kön 22–25) abgesteckt ist und in deuteronomistischer Sicht zur Darstellung kommt.[41] Das Prophetenbuch liegt nur in einer redigierten Form vor und hat einen langen Wachstumsprozess hinter sich.[42] Die von ihm und unter seinem Namen geführten Auseinandersetzungen und Diskurse handeln vom Abfall Israels von Jahwe, von falschen, oft religiös begründeten und kamouflierten Sicherheiten, und vom Versagen im sozialen und menschlichen Bereich. Die Geschichte Israels ist eine Geschichte des Untergangs Jerusalems, des Tempels und des Königtums.[43]

---

[41] Zur »volksmissionarischen Aufklärungsarbeit der Jeremia-Deuteronomisten« siehe R. Albertz, Religionsgeschichte Israels in alttestamentlicher Zeit, Bd. 2, 1992, 390–397. 508–516.
[42] Forschungsüberblick von S. Herrmann, Art. Jeremia/Jeremia-Buch, TRE 16, 1987/93, 568–586.
[43] Vgl. W. Thiel, Jeremia, in: G. Wallis (Hg.), Zwischen Gericht und Heil. Studien zur alttestamentlichen Prophetie im 7. und 6. Jahrhundert v. Chr., 1987, 35–57; Chr. Hardmeier,

Jer 2,1–3 ist ein programmatisches Stück, das sich in Kap. 3 fortsetzt und Bilder aus Liebe und Ehe verwendet, um den Gott Israels als den allen anderen Göttern Überlegenen und seinem Volk bleibend Verbundenen darzustellen. Dies nimmt Israel in die Pflicht der treuen Hinwendung zu Gott, wenn es bestehen will.[44] Der Reflexionstext von der Berufung Jeremias (1,4–10) spricht von einem Geschehen, das durch eine Anrede durch Jahwe in Gang gesetzt wurde: »Des Herrn Wort geschah zu mir« (1,4). Die theologisch gestaltete Szene wird von Zeitworten bestimmt: kennen- aussondern – heiligen (»weihen«) – anrühren – legen – setzen (V. 9 f.), die die Szene in der Mitte (V. 6–8) mit dem Einwand Jeremias, die Botenformel und die Beistandsversicherung, umspielen. Beidemale stehen zwei pointierte Subjekte sich gegenüber, das Ich Jahwes und das Ich des Propheten, die den Berufungsvorgang als ein dialogisches Geschehen und als Wortgeschehen[45] ausweisen. Auf einmalige Weise unterstreicht die Erwählung des Jeremias zum Propheten vor seiner Erschaffung (1,5) Jahwes Souveränität. Die Einrede Jeremias »Ich kann nicht reden. Ich bin ein Knabe« (na'ar), wird in einen Auftrag verwandelt: »... Denn zu allem, wohin ich dich sende, wirst du gehen, und alles, was ich dir gebiete, wirst du sagen« (V. 7). Das Ich des Propheten (mit Dich und Dir) ist bis an die äußerste Identitätsgrenze an das Ich Jahwes gebunden und von seiner Zusage des Beistandes getragen (»ich bin mit dir«; vgl. Ex 3,12: zu Mose). Die Berufungsszene des Jeremias wird mit einer körpersymbolischen Handlung als Übertragungsritus abgeschlossen: »Dann streckte der Herr seine Hand aus und rührte meinen Mund an und sagte zu mir: Hiermit lege ich meine Worte in deinen Mund« (1,9). Der Prophet wird zum Sprachrohr Gottes, Gottes zweiter Mund, seine Elongatur (vgl. Dtn 18,18) wie Mose.[46] Mit seinem Auftreten vor dem Volke, mit seinem Eintreten und seiner Fürbitte für das Volk vor Jahwe, wird er zum Schicksalsträger des Geschicks Israels, fasst es in sich und bringt dessen Passion zum Ausdruck. Die Komposition der Berufungserzählung schließt mit der Beschreibung des Eingesetztwerdens des Propheten über die Völker (V. 10), wobei die Reihenbildung »bauen und einreißen« – »pflanzen und

---

Die Redekomposition Jer 2–6. Eine ultimative Verwarnung Jerusalems im Kontext des Zidkijaaufstandes, in: WuD 21 (1991) 11–42; Chr. Schäfer-Lichtenberger, Überlegungen zum Hintergrund und zur Entstehung von neuen Einsichten in der Prophetie des Jeremias und Ezechiels, in: WuD 23 (1995) 23–42.

[44] Vgl. M. Weinfeld, Jeremiah and the Spiritual Metamorphosis of Israel, in: ZAW 88 (1976) 17–56.

[45] Im hebräischen »dabar«-Begriff sind Wort und Geschehen zu einer Einheit verbunden, wenn z.B. in Dtn 4,9 f. das »Sehen der debarim/Geschehnisse« und das »Hören meiner debarim/Worte« in einem Atemzug genannt werden.

[46] Vgl. Dtn 18,18: »Ich will ihnen einen Propheten, wie du bist, erwecken aus ihren Brüdern und meine Worte in seinem Mund legen; der soll zu ihnen reden alles, was ich ihm gebieten werde«.

ausreißen« die ganze Ambivalenz seines Wirkens zum Ausdruck bringen soll. Zwei Visionen (1,11–19) ergänzen den Berufungsbericht, in denen sein Auftrag gedeutet und illustriert wird: Jeremias sieht einen erblühenden Mandelzweig (1,11) und dann einen siedenden Kessel (1,13), der von Norden her überkocht (1,14–19). Jeremia wird zum tragischen Propheten in der »Endzeit« des davidischen Königtums.

b. Gestaltwerdung der Liebe: Intimität des Innewerdens der Gotteserkenntnis

Die in Jer 30–31 gesammelten Heilsverheißungen, ein »Trostbüchlein«, reden vom Bundesschluss Jahwes mit den Vätern, einer Bindung und Gebundenheit des »ich will für sie Gott sein, und sie sollen mein Volk sein« (Jer 31,33). in der Wendung »karat bᵉrit« = »eine verpflichtende Zusage geben«, ist einerseits die liebevolle Zuwendung und Bindung Gottes an das erwählte Volk sowie die des Anspruchs der Weisungen Gottes zur Gestaltwerdung der sakralen wie sozialen Lebensordnung des Volkes enthalten. Bund und Weisungen Gottes stehen in einer unverbrüchlichen Korrelation und beschreiben Israels Gottesverhältnis. Sie sind Deutungsmuster für die einheitsstiftende Beziehung mit Jahwes Selbstverpflichtung zur Treue gegenüber seinem Volk und der Gegenverpflichtung des Volkes. In der deuteronomisch-deuteronomistischen Theologie wird die Gewährung des Jahwebundes (Ex 19ff.) und die von seinem Geber erhobenen Forderungen immer wieder reflektiert sowie Bund und Gesetz parallelisiert.[47] Jahwes Bund konkretisiert sich in seinen Heilssetzungen Israel gegenüber (Dtn 5,2f.) und rückt diese in den Kontext der Verpflichtung, wie sie sich im Dekalog ausdrückt. Bund und Weisung konvergieren, wie es besonders Dtn 4,13 deutlich zum Ausdruck bringt in der Offenbarung am Horeb und ihren Forderungen: »Er verkündet euch seinen Bund, welchen er euch zu halten gebot, die zehn Worte; und er schrieb sie auf zwei steinernen Tafeln«.[48] Auf die Segensverheißung (31,23–30) folgt die Verheißung eines »neuen Bundes«, der (V. 32) »nicht wie der Bund war, den ich mit ihren Vätern geschlossen habe, als ich sie bei der Hand nahm, um sie aus Ägypten herauszuführen. Diesen meinen Bund haben sie gebrochen, obwohl ich ihr Gebieter war – Spruch des Herrn (33). Denn das wird der Bund sein, den ich nach diesen Tagen mit dem Haus Israel schließe – Spruch des Herrn: Ich lege mein Ge-

---

[47] Vgl. J. Schreiner, Jeremias 2–25,14, 1981; 25, 15–52,34, 1984; W. Thiel, Die deuteronomistische Redaktion von Jer 1–25 (WMANT 41).
[48] Vgl. auch Dtn 4,5; 2 Kön 17,35–38. Die Torah wird Israel im Zusammenhang des Bundes übermittelt.

setz in sie hinein und schreibe es auf ihr Herz. Ich werde ihr Gott sein, und sie werden mein Volk sein (34). Keiner wird mehr den anderen belehren, man wird nicht zueinander sagen: Erkennt den Herrn!, sondern sie alle, klein und groß, werden mich erkennen – Spruch des Herrn. denn ich verzeihe ihnen die Schuld, an ihre Sünden denke ich nicht mehr« (31-31-34). Die Befolgungen der Weisungen Jahwes nimmt Israel in die Pflicht und garantiert so ein heilvolles Leben. In dieser Tradition steht auch die späte Verheißung des neuen Bundes in Jer 31,31-34, wobei die Korrelation zu Dtn 5 zum Ausdruck bringt, dass Jahwe im Bund die »Rahmenbedingungen« schafft für den von der Grundweisung der Torah her ermöglichten und getragenen Lebensvollzug. Der Gottesbund wird als Torahbund gesehen. Jer 31,31-34 stellt sich in der Gestalt antithetischer Aussagen dar mit der Ankündigung der durch Gottes Wirken geprägten neuen Heilszeit (V. 31). V. 32 blickt mit einer negativen inhaltlichen Bestimmung auf den mit den Vätern geschlossenen, aber gebrochenen Bundes zurück, um auf dieser Negativfolie den neuen Bund inhaltlich zu bestimmen, und zwar »nach jenen Tagen« – einem in der Geschichte und als Geschichte sich verwirklichenden Heiles.[49] Das bundbrüchige Volk (V. 32) wird in zwei Antithesen zum Subjekt und dennoch als Gottesvolk Adressat des Bundes (V. 33). In der abschließenden Antithetik von V. 34 ist Jahwe – wie die vierfach wiederkehrende Gottesspruchformel es zeigt –, der allein handelnde Akteur, Ziel der Erkenntnis sowie der die Schuld Vergebende. Das Konstitutiv des ersten Bundes, Jahwes befreiende und führende Liebe zu den Vätern, wird nicht abgelöst und ad acta gelegt, sondern mit dem neuen Bund verbunden: die ins »Innere« und ins Herz eingeschriebene Torah ist in jene Mitte eingeschrieben, die das Leben steuert, in das Organ der Erkenntnis und in den Ort der Willensentschlüsse. Mit der Vergebung der Sünden und Schuld setzt Gott die Prämisse für den Neubeginn.[50] Dieser deuteronomisch geprägte Text der Jeremia-Tradition mit seinem Gegensatz zweier Zeiten, erinnert an das konstitutive »Bei-der-Hand-Genommensein« Jahwes, an seine für-

---

[49] Das NT deutet Jer 31,31-34 christologisch im Kelchwort des Letzten Abendmahls (1 Kor 11,25; Lk 22,20) und sieht den neuen Bund als sündenvergebenden Heilsbund durch Christi Blut. Für den Verfasser des Hebräerbriefes ist Jesus Christus der himmlische Hohepriester (Hebr 8,1-5), der Bürge bzw. Mittler »eines besseren Bundes, der auf bessere Verheißungen gegründet ist« (Hebr 8,6). Hebr zitiert Jer 31,31-34 und folgert daraus, dass wenn Gott von einem neuen Bund spricht, erklärt er damit den ersten für veraltet und was veraltet ist, ist überlebt und somit hinfällig.
[50] Vgl. W. Thiel, Ein Vierteljahrhundert Jeremia-Forschung, in: Verkündigung und Forschung, 31, 1986, 32-52; Ders., Die deuteronomistische Redaktion von Jeremias 26-45 (WMANT 52), 1981; E. Zenger, Israel und die Kirche in einem Gottesbund?, in: Kirche und Israel, 2, 1991, 99-115; Ders. Hg., Der neue Bund im alten (QD 146), 1993; E. Otto, Der Ursprung der Bundestheologie im AT, in: ZAR 4 (1998), 1-87.

sorgliche Liebe im Exodus-Geschehen[51] mit dem Zeitereignis »am Tage« (= »in der Zeit«) des Bundesschlusses am Sinai, zugleich aber auch an den parallel gesetzten Bundesbruch Israels (»sie brachen meinen Bund, und ich ...«) (V. 32).[52] Dann folgt die Ansage: »... nach jenen Tagen« (V. 33) eines »neuen Bundes«, mit der ins Herz, dem Zentrum des Wollens, Fühlens, Denkens und Entscheidens[53], geschriebenen Torah mit der Bundesformel: »und ich werde ihr Gott sein, und sie werden mein Volk sein« (V. 33b). Die Bundesformel ist für die neue Existenzweise des Volkes der Grund für die Voraussetzung und die Folgen;[54] für die Voraussetzung geriert sie das nicht mehr »Gedenken« der Sündenschuld, das Geschehen der Vergebung, mit welchem auch deren Negativfolgen sistiert sind, und als gewährte Folge die Verheißung eines neuen Bundes. Und dann die anthropologische Neuerung: alle werden »Gott erkennen« (= lieben). An die Stelle der vermittelnden Lehre, die prophetische Verkündigung und Mahnung, tritt eine personale Intimität des Innewerdens der Gotteserkenntnis. In ihr bündeln sich verschiedenen Sinndimensionen, und zwar die Erkenntnis des heilsgeschichtlichen Wirkens des Deus solus in seinen Taten; dies inkludiert ferner die Kenntnis seines »Weges«, d. h. die Erkenntnis seiner Weisungen und deren Befolgung (vgl. Jer 2,8; 4,22); dann noch der grundlegende existentielle Vorgang der Wandlung, von der Heteronomie der Außenbestimmung durch die Weisung zur Autonomie des Herzens, das seine bösen Neigungen und die Gefahr des bundesbrüchigen Rückfalls abwehrt. Mit der Erkenntnis Jahwes werden alle zu Kennern seiner Weisungen und seiner Willenskundgabe. Der Text steht ganz in der Aura des Deuteronomiums und der Gesetzespsalmen wie Ps 1; 19; 119. Der schlechthin konstitutive Tatbestand der Grundbeziehung Jahwe-Volk im Bund – ausgedrückt in der Zugehörigkeitsformel: Ich – ihr Gott, sie- mein Volk (Jer 31,33b) – immer wieder gefährdet und gebrochen, wird neu interiorisiert und selbstverständlicher Teil der Herzensinnerlichkeit.[55] Der Prophet, der mit der Stimme deuteronomisch-deuteronomistischen Theologie spricht, weiß um das zum Bösen geneigte Herz des Menschen und um die Taubheit seiner Ohren. Er kennt die Perseveranz im Negativen und in der Negation, um die Verirrung und Abkehr von Gott (vgl. Jer 8,4–

---

[51] Vgl. Hos 11,3; Jer 2,2–13; Ps 78, 106; Ez 20.
[52] Die deuteronomistische Bundespredigt Jer 11,4–14 reflektiert die katastrophalen Folgen des gebrochenen Bundes.
[53] Vgl. Jer 17,1: »Die Sünde Judas ist aufgeschrieben mit eisernem Griffel, mit diamantener Spitze eingegraben in die Tafel ihres Herzens und in die Hörner ihrer Altäre.«; vgl. 13,23; 17,9 f.
[54] Vgl. S. Herrmann, Die prophetischen Heilserwartungen im Alten Testament (BWANT 85) 1965, 179 ff. 195 ff.; S. Böhmer, Heimkehr und neuer Bund, 1975.
[55] Vgl. die Variationen Dtn 6,6–9; 30,11–14; Ps 1; Ps 119; und zur Neuheit: Jer 31,22; Ez 11,19; 18,31; 36,26; Jes 42,9; 32,19; 48,6; auch 42,10; 65,17; 66,22; auch 62,2. Vgl. Chr. Levin, Die Verheißung des neuen Bundes, 1985 (Lit.).

7). Wie Hiob, der »Angefochtene«, wird Jeremias zum schärfsten Ankläger und Paradigma einer Leidensgeschichte und verlorenen Kindheit, und ehelos wegen seines Auftrags (Jer 16). Innerhalb der geistesgeschichtlichen Wende seiner Zeit mit dem Trend zur Individualisierung und zur Selbstreflexion, gilt er als der »persönlichste aller Propheten«.[56]

Franz Werfel (1890–1945) hat in seinem 1937 veröffentlichten Jeremia-Roman die Angelegenheiten des Propheten so dargestellt, dass »seine« Gegenwart darin lesbar wird. Der Eingangsvers seines Gedichts »An den Leser«: »Mein einziger Wunsch ist, Dir, o Mensch, verwandt zu sein«, wirkt wie ein Signal. Im Jeremia-Roman mit dem ursprünglichen Titel »Höret die Stimme«, erhalten die Befürchtungen des Kommenden reale Bildgestalt und konfrontieren die Prophetenstimme mit dem schreienden Stimmgetöse der ideologischen Vereinnahmungen in der Zeit Werfels. Im bewegenden Schlussbild irrt Jeremias durch die Brandruinen Jerusalems und kommt zur offenklaffenden Wunde des Allerheiligsten im zerstörten Tempel, wo er im Schutt eine Tonscherbe findet und darauf die Schriftzeichen auf einen Bruchstück von der Tafel der Zehn Gebote entziffert: »… damit du lebest …«.[57]

6. Das Hohelied:
Seliges Liebesspiel im Zeichen von Braut und Bräutigam

a. Feuer der Liebe (»Lied der Lieder«)

Das Hohelied Salomons, das »Šir ha Širim le Salomo«, als »Lied der Lieder« überschrieben, ist eine locker angefügte Sammlung von Liebeslyrik, die in ihrem Bilderreichtum nicht nur das alttestamentliche Schrifttum, sondern auch die Liebeslyrik der umgebenden Völker übertrifft. In einer arkadisch-heiteren Szenerie preisen einander zwei Liebende, weiden im offenen Hügelland ihre Schaf- und Ziegenherden, wo Zedern und Zypressen auf ihr »grünes Bett« den kühlenden Schatten werfen. Kontrastiv zu dieser ländlichen Idylle und dem ekstatischen Rausch der gegenseitigen Preisungen sucht Sulamith in einer nächtlichen Stadtszene vergebens den Geliebten in den dunkle Gassen von Jerusalem. Die Wächter der Nacht ergreifen sie und schlagen sie. In dieser Sequenz von Episoden bilden refrainartige Verse die Verbindung: »Mein Geliebter ist mein, und ich bin sein, der unter den Lilien weidet«.

Diese Sammlung von 25–30 Liedern der hebräischen Volkspoesie hat ein gemeinsames motivisches und bildsprachliches Thema, die Liebe. Es geriert

---

[56] S. Herrmann, Der Prophet und sein Buch, 1990,200.
[57] F. Werfel, Jeremias. Höret die Stimme, 1981, 551.

sich als von Salomon verfasst, oder die Präposition »l« in der bezüglichen Deutung genommen, »für« Salomon, dessen Glanz und Weisheit im Gedächtnis Israels ein so starkes Fortleben fand, dass es ihn zum pseudepigraphen Autor einer ganzen Reihe von Literatur machte.[58] Das »Hohelied« mit seiner lange umstrittenen Kanonizität, gehört zu den fünf Megillot und wurde als Festrolle der Liturgie der Passahfeier zugeordnet. Es ist das Fest, das an das Befreiungsgeschehen des Volkes Israels aus der Knechtschaft Ägyptens erinnert und so das Geschehen der Liebe Gottes feiert. Unterschiedlich sind in der Forschungsgeschichte die Modelle der Auslegung, so die Frage nach der Gattung und dem Gesamtverständnis, die Frage der allegorisch-typologischen Deutung, die in dem Verhältnis von Bräutigam und Braut das Gottesverhältnis zu Israel, bzw. in der christlichen Tradition, vor allem das Verhältnis von Christus und seiner Kirche vorgezeichnet sieht. F. Delitzsch[59] (1813–90), der gelehrte Kenner des rabbinischen Schrifttums und vielgelesener Exeget des Hohenliedes (1851), der eine biblisch-theologische Auslegung mit philosophischer Akribie verbindet, sieht im Hohenlied ein dramaturgisch gestaltetes Liebesthema mit dem gegenseitige Entflammtsein der Liebenden, ihrem Suchen und Finden, der verschmähten und wiedergewonnenen Liebe sowie ihrer Befestigung im Liebesbund. In der Reihe der kultmythologischen Deutung des Liedes steht H. Schmökel,[60] der im Hohelied eine Travestie und Umgestaltung der Feier der Heiligen Hochzeit sieht. Das im Kontext des Dumuzi-Kultes stehende Mythologem von Tod und Leben, findet seine symbolische Erneuerung im sog. »Hieros Gamos«, der »Heiligen Hochzeit«.[61] Mehrheitlich wird in der neueren Hoheliedforschung darin eine Sammlung von Liebesliedern gesehen, die der feiernden Lebenswelt der Menschen entstammen[62] und bei Festtagen und Hochzeitsfeiern angestimmt wurden, oder wie W. Würthwein meint, ihren »Sitz im Leben« in einer siebentägigen Hochzeitsfeier haben.[63] Das vielbunte Spektrum der Gattungen, der poetischen Formen und Bilder, ist für die Liebesdichtung charakteristisch und umfasst die Aspekte der Bewunderung (1,9–

---

[58] Vgl. M. Noth, Die Bewährung von Salomons »göttlicher Weisheit«, in: VT Suppl. 3 (1955) 225–237.
[59] F. Delitzsche, Das Hohelied, 1851.
[60] H. Schmökel, Heilige Hochzeit und Hohelied, 1956.
[61] Vgl. J. S. Cooper Sacred Marriage, in: E Matsushima (Hg.), Official Cult and Popular Religion in the
Ancient Near Easr, 1993, 81–96. M. R. Zimmermann, »Heilige Hochzeit« der Göttersöhne und Menschentöchter? Spuren des Mythos in Gen 6,1–4, in: ZAW 111 (1999) 327–352.
[62] So E. Keel, Art. Hoheslied, in: NBL 2 (1991) 183–191; H.-P. Müller, Die lyrische Reproduktion des Mythischen im Hohenlied, in: ZThK 73 (1976) 23–41.
[63] E. Würthwein, Zum Verständnis des Hohenliedes, in: ThR 32 (1967) 177–212. Vgl. auch das Themenheft WuB 21 (2001).

11; 1,15–17 u. a.) mit Anrede, Vergleich (Wechselgespräch) und Coda, ferner Vergleiche und Allegorien zur Verbildlichung (1,13 f., 1,12, 2,15 u. a.), die beschreibenden Schilderungen der körperlichen Schönheit der Geliebten und des Geliebten (4,1–7; 5,10–16 u. a.); auch begegnet das Motiv der Selbstschilderung (1,5; 8,8–10) des Aussehens oder die Erlebnisschilderung (2,8–9; 2,10–13 u. a.). Ferner begegnet das Prahllied (6,8 f.; 8,11 f.) über das »Haben«, aber auch das Sehnsuchtslied (1,2–4; 2,4 f. u. a.), das Scherzgespräch 1,7 f.), das Wechselgespräch (4,16 – 5,1d) und der beschwörende »Refrain« (2,7–3, 5–8, 4,5.8). Charakteristisch sind ferner der Parallelismus membrorum des Versmaßes und der Lautung wie auch die aus der Natur und Menschenwelt herangezogenen Vergleiche wie Blumen, Bäume, Früchte, der Garten, der Weingarten, die Gewürze, um die die Liebe in ihrer Sinnlichkeit des Sehens, Hörens, Tastens, Riechens und Schmeckens sinnenfällig zu machen. Für die Entstehungszeit des Hohenliedes wird die Epoche der Mittleren Königszeit (8.–6. Jh. v. Chr., so O. Keel) oder die hellenistische Zeit (3. Jh. v. Chr., so u. a. M. V. Fox, H.-J. Heinevetter, H. P. Müller, Y. Zakovitch) angesetzt.[64]

Kompositorisch setzt die Liedersammlung mit einer Art Exposition ein, einem Auftakt (1,2 – 2,7), in welchem die Liebenden in ihrer Sehnsucht und ihrem Entbrennen füreinander – krank vor Liebe – eingeführt werden, mit all den Tönen gegenseitiger Bewunderung, der Selbstbeschreibung und der Schlussmahnung: »Ich beschwöre euch, Töchter Jerusalems, bei den Gazellen und Hunden der Steppe: Weckt nicht, stört nicht die Liebe, bis es ihr selbst gefällt« (2,7). Im Abschnitt 2,8 – 3,5 geht es um das gegenseitige Suchen, Finden und Zusammensein der Liebenden. In 3,6 – 5,1 um die Einholung der Braut und die Hochzeit: »Esst, Freunde, trinkt, berauscht euch an der Liebe!« (5,1). 5,2 – 8,4 geht es um Variationen der Liebeserfahrung, Verschmähtsein und Wiedergewinnen, gegenseitige Bewunderung und Lobpreis der entzückenden Schönheit, sowie Glück im Zusammensein, in 8,5–14 um das Bleiben der gegenseitigen Liebe mit der Befestigung des Bundes im Zuhause Sulamiths und das Bleiben der Sehnsucht: »Stark wie der Tod ist die Liebe« (8,6).

---

[64] Dies wird mit zahlreichen lexikalischen und grammatischen Aramaismen begründet, ferner durch die durchgängige Verwendung der Relativpartikel šae, die für die nachexilische Zeit charakteristisch ist, dann die syntaktische Konstruktion in 3,9 sowie das griechische Fremdwort appiryon (phoreion) für »Tragsessel« – aber mit dem Sanskritwort paryanka in Verbindung gebracht, bereits auf die Perserzeit verweist, ebenso wie das iranische pardes = Park (4,13). Selbst wenn sich im Hohenlied nachexilische Sprachelemente spiegeln, ist über das Alter der einzelnen Lieder schwer eine exakte Aussage zu machen, da sie einen längeren mündlichen wie schriftlichen Überlieferungsprozess hinter sich haben und ihre Kürzungen wie erweiterten Auffüllungen erfahren haben. Will sich damit der sammelnde und redigierende Autor an die Seite der »alexandrinischen Dichterschule« eines Kallimachos, Apollinos von Rhodos und Theokrit stellen und ihre »Idyllik«?

b. Der Garten der Liebe

Die Kodierungsebene der Erzählung mit ihren Bildern bildet der Garten implizit und explizit den locus amoenus der Liebe ab, jene alternative Welt des Landes der Seele, räumlich und zeitlich. Diese individuelle Gegenwelt ist spiegelbildlich konzipiert als Wonne und selige Muße. Garten und Stadt bilden den Handlungsraum des Hohenliedes mit der beiden Liebenden. Mit der Sprachfigur und Bildfügung des Gartens wird ein ausgesparter und kultivierter Raum zum Szenario des Eros und zum Eros selbst. Die Liebespoesie ist erfüllt von Gartenbildern, denn der Garten steht in einer morphologischen Beziehung zum Menschen, denn in seinem »Hag« kann sich der Mensch be-haglich fühlen und sein.

Gärten sind für den liebenden Menschen stets auch Motivbilder, Ausschnitte eines Naturraums, die eine Handlung einrahmen oder Stimmungen und Gefühle des Menschen spiegeln können. Die Liebeslyrik des alten Orients ist voll von Gartenbildern und stellt auch eine Verbindung zum Bereich der geliebten Frau her. Die Lieder des Hohenliedes bringen die Liebe zweier Menschen mimetisch »zum Anschauen«. Dieser menschlich bedeutende Gehalt, zunächst panoramisch-horizontal entfaltet, versinnbildlicht die Tiefenschichten menschlicher Erfahrung und wird zur Gegenwart des Lebens selbst stilisiert, um einen zentralen Aspekt des menschlichen Wesens zu erhellen und zu klären. Stellte die griechische Tragödie »persönlich beschränktes Leiden vor« und den Menschen im Leiden und im tremendum, in der Darstellung seiner Schicksalsfabel, so der Dichter des Hohenliedes die Liebe. Zur Deutung aber dieses Geschehens der Liebe sind die Liebeslieder auf den vorfindlichen Jahweglauben und das religiöse Wissen und seine religiösen Bezüge angewiesen. Das in den Liedern Anschaubare scheint mit seiner religiösen Glaubenswelt aber nicht in eins zu fallen.

Der Garten als Sprachfigur und Bildfügung dient den Hohelied-Liedern als der ausgesparte Raum, um das Wachsen der Liebe zweier Liebender auszudrücken. Er ist im Bildvorrat der Völker schon ein kleiner »Mythos« mit der hochentwickelten Form der Naturschilderung, aber auch mit den Bildern für Wunschvorstellungen und einen harmonischen und glückseligen Zustand. Im Schlusswort aus Platons geheimnisvoller »Politeia« (621 c) sagt er: »Also bleibt der Mythos unverletzt, er vergeht nicht, er hat für uns heilende Kraft«. Als locus amoenus spiegelt der Garten Stimmung und Gefühle der Liebenden, dient der szenischen Gestaltung und rahmt die Handlung ein. Es entsteht ein sinnbildliches Tableau, so dass das Garten-Motiv nicht nur an der Handlung teil hat, sondern sie atmosphärisch belebt und beleuchtet. Er wird zum Geschehenshintergrund für das reif Werden des Eros durch all die Wandlungen hindurch. Die Liebe wird als sinnliche Freude erfahren, in der sich die Gefühle und Sehnsüchte konkretisieren in konturierten Figurenkonzeptionen der Suchenden, der Sich-Liebenden, der Sich-Sehnenden, der sich Gefunden-Habenden. All dies sind Teilaspekte am sprachlichen Miniaturbild der Liebe in ihrer Reinheit, aber auch ihrem Missverstehen, ihren Schmerzen und in dem Tod.

In einer Selbstreflexion sagt die Braut zu Beginn von sich: »Braun bin ich, doch schön« (1,5), von der Sonne gebräunt, Hüterin von Weinbergen, und voller Sehnsucht nach dem, den ihre »Seele liebt« und fragt, wo er denn seine Herde weide.

»Mein Geliebter ruht wie ein Beutel mit Myrrhe an meiner Brust.
Eine Hennablüte ist mein Geliebter mir
aus den Weinbergen von En-Gedi.« (1,13 f.)

Und er über sie:

»Schön bist du, meine Freundin,
ja du bist schön.
Zwei Tauben sind deine Augen.« (1,15)

Die dual-personale Welt der Beiden findet ihre Bewunderung und ihre Preisung, bewundertes Subjekt und bewundertes Objekt in gegenseitiger Attraktion im Duett gegenseitiger Preisungen, im Solo der Selbstreflexion und im chorischen Kommentar. Das Grundthema des Hohenliedes, das berühmteste Liebesgedicht Altisraels, fasst der Anonymus in die Worte von beschatteter Eindringlichkeit: »Denn stark wie der Tod ist die Liebe, hart wie die Unterwelt die Leidenschaft. Ihre Gluten sind Feuergluten, gewaltige Flammen Jas« (8,6). Metaphernreich und im Stil der Antithese, des parallelen Versbaus, der synonymischen Verwendung der Verben sowie der affekthaften Inversion begegnet uns der Impetus einer Lyrik von einzigartigem Charakter.

c. Das Liebes-Spiel

In seinen »Noten und Abhandlungen zum Westöstlichen Divan« spricht W. v. Goethe von diesem weitschichtigen Liebesgedicht, das er selbst aus dem lateinischen Vulgatatext übertrug, »als dem Zartesten und Unnachahmlichsten, was uns von Ausdruck leidenschaftlicher, anmutiger Liebe zugekommen. Wir beklagen freilich, dass uns die fragmentarisch durcheinandergeworfenen, übereinandergeschobenen Gedichte keinen vollen, reinen Genuss gewähren, und doch sind wir entzückt, uns in jene Zustände hineinzuahnen, in welchen die Dichtenden gelebt. Durch und durch weht eine milde Luft des lieblichen Bezirks von Kanaan; ländlich trauliche Verhältnisse, Wein-, Garten- und Gewürzbau, etwas von städtischer Beschränkung, sodann aber ein königlicher Hof mit seinen Herrlichkeiten im Hintergrunde. Das Hauptthema jedoch bleibt glühende Neigung jugendlicher Herzen, die sich suchen, finden, abstoßen, anziehen, unter mancherlei höchst einfachen Zuständen«. Auch G. Herder bewunderte am dichterischen Anonymus »seinen trunkenen Flug und wiederum seine Kindeseinfalt« und hat das Hohelied als Sammlung weltlicher Liebesgedichte in die »Lieder der Liebe« aufgenommen. Die von J. G. Wetzstein untersuchten ländlichen Hochzeitsbräuche[65] im syrischen Raum dienten als Anregung für K. Budde, das Hohelied als Liedersammlung zu einer palästinensischen Hochzeitsfeier zu sehen – mit Paradetanz der Braut, mit Liedern, in denen das Brautpaar die Vorzüge des anderen rühmt und preist sowie der sog. Königswoche, während deren Braut und Bräutigam als Königin und König gefeiert werden.

Wurde die Liedersammlung des »Liedes der Lieder« im religiösen Kontext der biblischen Schriften und des Hauptgebots von Dtn 6,5, der Totalliebe zu Jahwe und der Braut-Ehe-Symbolik Jahwe-Israel gelesen, so wurde all die Natürlichkeit und Sinnlichkeit der Liebe allegorisch transparent auf eine vergeistigte Braut- und Liebesmystik im Religiösen. Im Spätjudentum fand eine Alegorisierung der weisheitlichen Triade, dem Buch der Sprüche, dem Kohelet und dem Hohenlied statt, hin zu den drei Fächern der antiken Philosophie, der Ethik, Physik und Theologie als spiritueller Bildungsweg des Menschen zu Gott hin. Das Buch der Sprichwörter, die Version Israels der altorientalischen Weisheitslehre und die zum Spruch verdichtete Erfahrungsweisheit, will eine Wegleitung sein für die Menschen im Alltag der Welt nach Maßgabe der zu übenden Tugenden (Ethik). Kohelet, der »Prediger« weist auf die Beschaffenheit und Hinfälligkeit der Welt hin (Physik), um das Ich von dem Geschehen zu distanzieren, mit dem es verbunden ist. Es wendet seine Grundthese von der Nichtigkeit (vanitas vanitatis, omia vanitas) systematisch auf das Tun und die Weisheit des Menschen an (1,12 – 2,26). Das Hohelied aber führt den innerlich frei gewordenen Menschen als Liebenden zur »hochzeitlichen Begegnung« mit Gott (Theologie).

Flavius Josephus nennt das »Lied der Lieder« einen Hymnus auf Gott und Rabbi Akiba ben Joseph (50/55 – 135 n.Chr.) selber sagt: »Nichts auf der Welt gleicht dem Tag, an dem das ›Lied der Lieder‹ Israel gegeben wurde; denn alle Schriften sind heilig, aber ›Das Lied der Lieder‹ ist die allerheiligste«. Dieser einflussreichste Lehrer seiner Zeit, der jedes »Häkchen« der Torah für inspiriert erklärte und einen »Haufen von Halachoth«, aus der Schrift abgeleiteten Anweisungen für das Leben anhängte, erhob damit die Eisegese zum Prinzip.[66] Er wirkte an den Lehrhäusern von Bnej B'rak und

---

[65] J. G. Wetzstein, Die syrische Dreschtafel, in: Zs. f. Ethnologie 5 (1873) 270–302).
[66] Vgl. L. Finkelstein, Akiba, Scholar, Saint and Martyr, 1936; G. Schrenk, Rabbinische Charakterköpfe im urchristlichen Zeitalter, in: Judaica 1 (1945) 117–156 AThANT 26

Jawneh (Jamniah) und verankerte die Halachah in der Torah. Die Debatte der Deutung kreiste um die Frage, ob das Lied in seinem reinen, spontanen, ursprünglichen Wortsinn als Liebeslied zu verstehen sei oder als allegorisch und sakrosankt.

(1954) 9–45; P. Benoit, Rabbi Akiba ben Joseph, sage et héros du Judaisme, in: RB 54 (1947) 54–89.

XVII
Liebe in der Theologie des Neuen Bundes

A. Paulus und seine Theologie der Liebe (Aussage, Typus, Zeugnis)

1. Die ars epistolandi des Apostels

Das Corpus der paulinischen Briefkorrespondenz zählt zu den einflussreichsten Zeugnisse der Epistolographie der Weltliteratur. Sie sind ad hoc geschriebene theologische Partituren der neuen, sich an Christus orientierenden Sinnbildung. Sie sollen von den Adressaten im Vollzug des Lesens oder Hörens prozedierend eingelöst werden. Der Apostel, selbst zweier kultureller Welten Kind, ist ein origineller Stilist, der Elemente aus der griechisch-hellenischen Umgangssprache der gehobenen Koiné, dann dem Literarikum der Septuaginta sowie dem Griechisch der Diasporasynagogen zu verschmelzen vermag.[1] In dem 13. Kapitel des ersten Korintherbriefs, dem sog. »Hohen Lied der Liebe«, das in der vorliegenden Studie entfaltet werden soll, erreicht er poetisches Niveau, vergegenwärtigt szenisch sein »literarisches« Ich und macht mit seiner ersten Person auf die Dringlichkeit des darin Entfalteten aufmerksam und sich selbst »existentiell« zum Testfall in der von ihm gegründeten Gemeinde (vgl. Apg 18,1–18). Die Briefe sind Ausdrucksformen seiner Theologie und Mittel, seine Gedanken den namentlich genannten Adressaten in direkter Rede mitzuteilen. Cicero definiert den Brief als »amicorum colloquia absentium« (vgl. IgnEph 9,2), als Ersatz für das Anwesendsein. Paulus, einer der bedeutendsten Briefschreiber der Antike und dialogischer Denker hat die Gattung des christlichen Briefes wesentlich geprägt und ihr theologisches Gewicht verliehen.[2] Seine Briefe sind in die »pluralistische« Globalkultur der nachhaltig hellenisierten Mittelmeer-

---

[1] Vgl. M. Reiser, Sprache und literarische Formen des Neuen Testaments, 2001 (Lit); Ders., Paulus als Stilist (SEÅ 66), 2001.
[2] Vgl. H. J. Klauck, Die antike Briefliteratur und das Neue Testament, 1998. D. E. Aune, The New Testament in its Lietrary Environment, 1987 (Lit.); E. Käsemann, Paulinische Perspektiven, 1969, ³1999; N. Elliot, Liberating Paul, 1994; O. Hofius, Paulusstudien,

welt hineingeschrieben und an die von ihm betreuten urbanen Gemeinden adressiert. Darin stellt er der anthropologischen Größe des »Sich Rühmens« als einem Geltendmachen von ethnischer Identität und sozialem Status alternativ sein »Sich Gottes« bzw. »Sich Christi Rühmen« (1 Kor 1,31; Röm 5,11) entgegen mit der radikalen Neuheit des Gotteswirkens in Jesus Christus.

Der Brief an die Gemeinde in Korinth mit seiner differenzierten Diagnostik (vgl. »über die ...«) ist in eine vielverwirrte Situation hinein geschrieben mit Konflikten, Gruppenbildungen, Streit und Spaltungen. Eine bunt gewürfelte Gemeinde gewährt uns Einblicke in das sich inmitten der Heidenwelt formierende Christsein und ihr soziales Gefüge.[3] Korinth selbst, an der großen Ost-West-Verbindung des Mittelmeeres gelegen und Knotenpunkt kultureller Kontakte, war nicht nur die Stadt der Aphrodite und Venus Genetrix des Kaiserhauses, sondern auch die Stadt blühender Mysterienkulte, der Mysterien des Dionysos und des Kults der Demeter und Kore, in dessen Mittelpunkt das Weizenkorn stand als Zeichen der Metamorphosen des Todes in das Leben. Vielfältig sind die von Paulus aufgegriffenen Fragen und Themen. Der griechischen Rationalität und den »would be«-Intellektuellen von Korinth mit ihrer Weisheit stellt er die scheinbare Torheit[4] der Liebe Gottes gegenüber (Kap. 1), die Gottesweisheit, die alles menschliche Kalkül übersteigt. Ferner greift er die auf Freizügigkeit hin fixierte Subjektivität kritisch auf, das Thema Ethos, die soziale Rücksichtslosigkeit, den sexuellen Libertinismus, die emanzipativen Tendenzen, das Thema vom Grund und den Grenzen der Freiheit, die Differenz der »Starken« und »Schwachen«, die Zungenreden des ekstatischen Christentums (Kap. 14), das Thema der Geistesgaben im Leib Christi (Kap. 12), die rechte Feier des Herrenmahls (Kap. 11), die Frage der Auferstehung der Toten und das Heil (Kap. 15). Der erste Korintherbrief ist in eine brisante und den Briefschreiber elementar herausfordernde Situation hinein geschrieben. Es haben sich religiöse Fraktionen gebildet, die gegeneinader stehen und eine desolate und absurde Situation veranschaulichen (1 Kor 2,11–17). Paulus wendet sich gegen ihre Losungen und Parolen und reißt mit der Antithese »Weisheit des Wortes« und »Kreuz Christi«, auf griechischem Boden einen Abgrund auf, der bisherige Werttafeln hinterfragt und auf den Kopf stellt. Er schreibt: »Denn das

---

[2] Bde. (WUNT 51) 1989; (143) 2002; J. Murphy-O'Connor, Paul, 1996; E. Biser, Paulus. Zeugnis-Begegnung-Wirkung, 2003; U. Schnelle, Paulus, 2003.

[3] Vgl. 1 Kor 7, 1.25; 8,1; 12,1; 16,1.12. Vgl. G. Theissen, Studien zur Soziologie des Urchristentums, 1979, ³1989; J. Murphy-O'Connor, St. Paul's Corinth, Texts and Archaeology, 1984; W. Ellinger, Paulus in Griechenland, ²1990; H. Schlier, Über das Hauptanliegen des 1. Kor, in: Die Zeit der Kirche, 1956, 147–159.

[4] Vgl. U. Wilckens, Weisheit und Torheit (BHTh 26), 1959; H.-J. Klauck, 1. Korintherbrief, 1984; F. Lang, Die Briefe an die Korinther, 1986; H. Conzelmann, Der erste Brief an die Korinther.

Wort vom Kreuz ist denen, die verlorengehen, Torheit, uns aber, die gerettet werden, ist es Gottes Kraft. ... Wo ist ein Weiser? ... Wo ein Wortführer dieser Welt? Hat Gott nicht die Weisheit dieser Welt als Torheit entlarvt?« (1 Kor 1,18–20). Die Weisheit als menschliche Möglichkeit wird durch »göttliche Torheit« durchkreuzt und ersetzt. Paulus spricht von zwei inkommensurablen Größen, wo die Perversion der einen durch die »Torheit« (= »Kraft Gottes«) suspendiert wird, wobei Torheit nicht auf der Ebene eines durch Aufklärung zu behebenden Defizits an Erkenntnis zu verstehen ist. Ihr Walten hat eine neue, kategoriale Tiefe der Liebe.

2. Die paulinische Variante der »Liebe zum Schicksal« (amor fati)

Es ist für Paulus das »Wort zum Kreuz« als »Machterweis« (dynamis), ein auswechselbarer Begriff für den »Hörbegriff« »Evangelium«, die frohmachende Kunde. In der machtvollen (dynamischen) Verkündigung des Evangeliums bekundet sich für den Apostel die Epiphanie des Göttlichen. Mit seinem Verlangen nach Zeichen und der Vergötzung des Weisheitsstrebens will sich der Mensch selbst behaupten und selbst verwirklichen. Paulus entzaubert diese Atrappe persönlicher Selbstinvestitur und Pseudoanthropologie und rückt den Menschen unter das göttliche Wort und Urteil. Damit nahm der Apostel die anthropologische Trias in den Blick, die (jüdische) Sucht nach Zeichen, den griechischen Drang nach Weisheit und das allgemein menschliche und sich selbst inszenierende Wollen nach Starksein. »Die Juden fordern Zeichen, die Griechen suchen Weisheit. Wir dagegen verkündigen Christus als den Gekreuzigten: für Juden ein empörendes Ärgernis, für Heiden eine Torheit, für die Berufenen aber, Juden wie Griechen, Christus, Gottes Kraft und Gottes Weisheit« (1 Kor 1,22–24). Paulus, der angewandte Theologie treibt, sieht die drohende Gefahr in der Vergötzung des Weisheitsstrebens und der Weisheitssucht sowie in der jüdischen Wundergier, die den Gehorsam gegen die vom Apostel verkündigte Kreuzesbotschaft desavouieren und verwerfen will.

In den Kapiteln 7–10 geht Paulus auf Fragen ein, die die Gemeinde bewegen wie Ehe und Ehelosigkeit (Kap. 7), die Frage des Götzenopferfleisches (Kap. 8) sowie auf die Frage der Freiheit und die Rücksichtnahme auf den schwachen Mitchristen – denn der Erkenntnisstand des Einzelnen kann sehr verschieden sein(8,7). Den Freiheitsbegriff illustriert er in dem großen 9. Kapitel paradigmatisch an sich selbst und zeigt, dass er als Freier sich für alle zum Sklaven gemacht hat.

Paulus begründet in 1 Kor 9,13–18, wie er auf seinen Rechtsanspruch auf den ihm zustehenden Unterhalt verzichtet und sein »Ruhm« der unentgeltliche Dienst am Glauben, dem Evangelium ist. Er schreibt: »Wenn ich nämlich das Evangelium verkünde, kann ich mich deswegen nicht rühmen; denn ein Schicksal (anankê) liegt auf mir. Wehe mir, wenn ich das Evangelium nicht verkünde!« »Wäre es mein freier Entschluss, so erhielte ich Lohn. Wenn es mir aber nicht freisteht, so ist es ein Auftrag, der mir anvertraut wurde. (V. 17). Was ist nun mein Lohn? Dass ich das Evangelium unentgeltlich verkünde und so auf mein Recht verzichte.« (V. 18) Im griechischen Text von Vers 16 verwendet der Apostel den Begriff anankê, der Notwendigkeit (lat. necessitas). Dieser ursprünglich »Zwang« bedeutende Begriff (vgl. Homer, Il 4,300; 5,633) hat bei Heraklit die Bedeutung einer schicksalhaften Notwendigkeit, die allem Geschehen zugrunde liegt (DK 31 B 115; Platon, Phaid. 108c. 109a). Für die Stoiker und Dialektiker aber meint der Begriff die Notwendigkeit dessen, was wahr ist und nicht das Falsch-Sein annehmen kann (LS 38D). In dieser biographischen Notiz des Apostels hier sind Person und Sache zutiefst miteinander verbunden, denn sein Anrecht auf Unterhalt im Dienst am Evangelium wird durch seinen Verzicht darauf sistiert, denn das Evangelium ist ihm »zum Schicksal« geworden.[5] Für die Griechen der Antike waren das Schicksal und die Götter Instanzen der Lenkung, Kontrolle und Ordnung. »Ananke«, die schicksalhafte Notwendigkeit, das necessrium, bindet den Menschen an ein Geschehen, das sich der Einsicht verschließt und so vom gängigen Bereich des Normalen, Normativen und Sozialen abgeschieden ist. Paulus hebt den Begriff »Schicksal« im vorliegenden Text auf eine theologische Ebene und spricht von einem Dienst, der ihm zu einem unentrinnbaren Geschick geworden ist: die Verkündigung des Evangeliums. Die schicksalhafte Notwendigkeit ist für ihn jene Gottesmacht, die ihn schicksalhaft in eine neue Existenz gerufen hat. Paradox nennt er seinen Lohn, unentgeltlich seinen Dienst an der Verkündigung verrichten zu dürfen – als bezahlbare Unbezahltheit und Unbezahlbarkeit. Personifiziert spricht er sowohl von dieser – ihn an sein Damaskus erinnernden In-Beschlagnahme, der Ergreifung durch das göttliche Schicksal (»anankê liegt auf mir«), der Epiphanie göttlicher Macht der Berufung und setzt antithetisch die Macht des göttlichen Fluches hinzu, der ihn in seiner Verweigerung treffen könnte (»Wehe ruht auf mir«), um zeigen, in welche Doppelwirklichkeit er sich hineingestellt weiß, zwischen Gnade und Fluch, wobei der Wille des Evangeliums seine höchste Auszeichnung, Ehre und Seligkeit ist, selig in seinem Tun, befreiend und beglückend zugleich. Nicht ein blindes Verhängnis waltet über ihm, sondern jene Gottesmacht, die ihn sowohl in den Gehorsam als auch in die Liebe rufen wird, jene Liebe,

---

[5] Vgl. E. Käsemann, Eine paulinische Variation des »amor fati«, in: Exegetische Versuche und Besinnungen II, 1964, 223–239.

deren Objekt zugleich das Schicksal ist, die Verkündigung des Evangeliums. Ein solcher Dienst rückt jede mit dem Dienst verbundenen Frage der Entlohnung in eine »Fußnote« (vgl. 9,17) und macht den Lohnverzicht zu einem persönlichen Muss, zu einem beglückenden Nicht-anders-Können mit dem Gefühl absoluter Freiheit und einem »Seligsein in seiner Tat« (Jak 1,25). Die Bindung in solchem »Umfangensein« hebt die persönliche Freiheit (»frei von jedermann«) auf die christologische Ebene von »jedermanns Knecht«, was jede logisch rationale Deduktion transzendiert. Ihre Vereinbarkeit und Lebbarkeit liegt im existentiellen Betroffensein durch den Glauben an den lebendigen Christus.[6] Der an Christus Gebundene ist für die anderen Menschen risikohaft Offene, Kommunizierende. Die Schicksalsbindung des Apostels erinnert an die Inbeschlagnahme des zur Verkündigung berufenen und zum Handlanger der Botschaft gemachten Propheten. Er ist »Sklave Jesu Christi« (1 Kor 7,22 u.ä.), und seine elementare Bindung an das Evangelium befähigt ihn, diese zu »etwas Kostenlosem« (adápanon) zu machen (V. 18), für die Vielen zum Nutzen, Entgrenzung eines begrenzten Lebens und Ergänzung des Eigenen. Das beherrschende Stichwort ist Evangelium (euangelion) und das Evangelium verkünden (euangelizenthai), in V. 12.14 präludiert. Als Anteilhaber ist er Anteilgeber unter dem Voraus der schicksalhaften Initiative Gottes und seiner den Menschen betreffenden Zuwendung und Selbsterschließung in Jesus Christus. »Allen ist er alles geworden«, den »Schwachen ein Schwacher«, ein christologisch qualifizierter Begriff, der sein Angewiesensein und seine Bindung an das Voraus Gottes zum Ausdruck bringt. So qualifiziert, stellt er sich dem Widerspruch und Widerstand bestimmter Kreise in der korinthischen Gemeinde. Sein Plädoyer ist durch zwei Stichworte geprägt, das Stichwort Evangelium (9,14.16.18.23) und die im Christusglauben wurzelnde Freiheit (9,1.4.5.6.12.19). Paulus würde dem »Wehe«, dem Fluch Gottes verfallen, würde er sich diesem gottverhängten Schicksal, dem Evangelium zu dienen, entziehen. Der in solchen Glauben Berufene kann sich das nicht zum Eigenruhm anrechnen, sondern es gilt: »Glauben wir, so reden wir auch« (2 Kor 4,13). Seine Freiheit findet ihre Gestalt in der endgültigen Bindung an das Evangelium im Dienst am Glauben für die Anderen: »Alles aber tue ich um des Evangeliums willen, um an ihm teilzuhaben« (1 Kor 9,23).

Paulus will nicht wie die ambulanten Philosophie-Lehrer und Wanderpädagogen seiner Zeit dafür den Lebensunterhalt einfordern. Sein Lebensprofil ist ein total anderes, denn er will seiner Gemeinde eine frohmachende Kunde zu Gehör bringen, als einer, der sich »selber zum Knecht aller ge-

---

[6] Vgl. Die Konkretion im Summarium 2 Kor 6,4–10; J. Gnilka, Paulus aus Tarsus. Zeuge und Apostel, 1999; J. Becker, Paulus, Apostel der Völker, 1989; Ch. Dietzfelbinger, Die Berufung des Paulus als Ursprung seiner Theologie, 1989.

macht hat, damit ich möglichst viele gewinne« (V. 19) »und wenigstens einige rette« (vgl. V. 22). Letzteres ist das Ziel seiner Missionsarbeit als ein Rettungsgeschehen. Alles ist auf seine neue Erfahrung konzentriert und kommt in einem persönlich engagierten und empathischen Ich-Stil zum Ausdruck. Sein Innerstes ist aufgewühlt und der Text atmet Entschiedenheit, denn ihm, dem von Gott schicksalhaft Verfügten, ist als Lebensinhalt das Evangelium anvertraut. Es ist dies sein höchster Ruhm in der Dienstbarkeit in der Freiheit.

3. Die rettende Macht des Evangeliums

Auch im Proömium des Römerbriefes 1,15–18 spricht Paulus vom Evangelium, als der Macht Gottes und als einem Rettungsgeschehen für den Glaubenden. Damit leitet er zum Briefthema über, denn im Evangelium begegnet die Gerechtigkeit Gottes dem Glaubenden.[7] Damit charakterisiert der Apostel auch das Wesen und Wirken des Evangeliums, das er in Rom zu verkünden gewillt ist. Er weiß sich schicksalhaft durch Gott in Pflicht genommen, allen Menschen die Heilsbotschaft zu bringen. Es ist für ihn nicht ein privates Hobby, das er auch lassen könnte, sondern eine »Macht« (dynamis) Gottes zur Rettung aller, die es annehmen. Es ist heilswirksam die frohe Botschaft (eu-angelion) schlechthin, neben der es für Paulus nichts Gleichwertiges gibt (vgl. Gal 1,6). Er schämt sich des Evangeliums nicht, merkt er an. Gründe des »Schämens« könnte jemand in der Sache selbst finden, denn »das Wort vom Kreuz« (ho lógos tou staurou: vgl. 1 Kor 1,18.21.23), ist in den Augen der Griechen ein törichtes Gerede und in den Augen der Juden ein Skandal und anstößiges Ärgernis. Für Paulus aber ist das Evangelium der Machterweis Gottes, der Heil schafft dem Glaubenden, der die Botschaft hört und sich dem Gehörten anheimgibt (vgl. Röm 2,8; 6,17; Phil 2,12; 2 Thess 1,8; 3,14 u. a.) Es ist ein Heilsweg, denn im Evangelium wird die Erfahrung und Wirklichkeit der Rettung offenbar.

Das Evangelium Gottes als Heilsbotschaft hat Gott zum Urheber (gen. subj., auctoris) und ist dadurch ihm zueigen, so dass sich Paulus »ausgesondert zum Evangelium Gottes« (Röm 1,1) weiß. Aber es ist auch »das Evangelium von seinem Sohn Jesus Christus (Röm 1,3) als der Inhalt des Evangeliums, den Paulus verkündet. Als ein zum Evangeliumsdienst Aus-

---

[7] Vgl. O. Glombitza, Von der Scham des Gläubigen. Erwägungen zu Röm 1,14–17, in: NT 4 (1960) 74–80; W. Grundmann, Der Begriff der Kraft in der neutestamentlichen Gedankenwelt, in: ZNW 32 (1933) 53 ff.; J. Cambier, Justice de Dieu, salut de tous les hommes et foi, in: RB (1964) 537–583.

gesonderter versteht sich der Apostel dazu berufen, bevollmächtigt und gesandt. Die »Gerechtigkeit Gottes« ist das Gnadengeschehen in dem Für-uns Jesu Christi, das für alle Zeiten wirksam geworden ist und das uns Paulus im Dienst am Evangelium begegnen lässt. Das Evangelium als »Evangelium Christi«, das ihn zum Inhalt hat, ja das er selbst ist und das er durch den Apostel laut werden lässt, lässt seinen Segen wirksam werden. Als Darbietung der Gerechtigkeit Gottes und seiner Gnade ist es die als Treue und Wahrheit Gottes offenbar gewordene »frohe Botschaft« schlechthin (Röm 1,16; 10,16; 11,28). Sie ruft in den Gehorsam des Glaubens, in das zum Hören gegebene Gehörte, aus dem der Glaube kommt (Röm 10,17). Man kann nicht glauben, wenn man das verkündete Wort nicht hört, und man hört es nicht, wo nicht verkündet wird (Röm 10,16). Dieses sich aus den vielen Stimmen auf die eine hin sammelnde Hören führt zum Glauben und dieser zur gehorchenden und zur gehörenden Übereignung. Durch das Evangelium geschieht, was Paulus am Schluss des Römerbriefes von der ihm von Gott gesendeten Gnade sagt, »damit ich als Diener Christi Jesu für die Heiden wirke und das Evangelium Gottes wie ein Priester verwalte; denn die Heiden sollen eine Opfergabe werden, die Gott gefällt, geheiligt im Heiligen Geist« (Röm 15,16). Paulus stellt seinen Evangeliumsdienst als eine Aufgabe des priesterlich waltenden »Liturgen« Christi Jesu hin. Die gläubig gewordene Heidenwelt sieht er als eine Gott dargebrachte und ihm wohlgefällige Opfergabe. Mit der Verkündigung des Evangeliums vollzieht sich für Paulus eine Darbringung des Kosmos als Gabe an Gott. So ist mitten in der Welt und für die Welt im Evangelium ein heilbringendes, endgültiges und heilschaffendes Geschehen in Gang, und das ist das »Schicksal« des Apostels, das zu tragen seine höchste Auszeichnung ist.

4. Ereignishafte Liebe: Die paulinische Charismenlehre

Innerhalb der Erörterung über die Geistesgaben entfaltet der Apostel im 12. Kapitel des 1. Korintherbriefes das Thema der vielen Gaben und des einen Geistes (V. 4–11), der vielen Glieder und des einen Leibes (V. 12–26) sowie die Vielfalt der Gaben und Dienste in der Kirche (V. 27–31). Er spricht von der Wirkung der Geistesgaben (pneumátika), die sich in den verschiedenen Gnadengaben (charísmata) ausformen und als Christi Leib (sôma Christou) Gestalt gewinnen (12,1.4.12). Das Bild vom Leib (auch Röm 12,4 ff.) und der Verschiedenheit der Glieder, war in der antiken Popularphilosophie geläufig und wurde von stoischen Philosophen auf die Pflicht des Menschen zum Dienst an der Gemeinschaft angewandt. Menenius Agrippa erzählt eine Fabel, die bei Livius (II, 32) erhalten ist. Titus Livius

(59 v. Chr. – 17 n. Chr.) bringt in seinem monumentalen Geschichtswerk »ab urbe condita libri« (»Vom Ursprung der Stadt an«), das Werden des römischen Imperiums in verklärender Entfaltung die Römergröße und ihre humanitas als Erfüllung einer in ihr angelegten Art und der ihr anvertrauten Verpflichtungen zum Ausdruck.[8] Darin erzählt er auch die Leib-Parabel als Organismus und als systemische Struktur mit ihren verschiedenen Merkmalen und Leistungen. Es handelt sich um gegliederte Funktionen der humanen Gestalt. Livius schreibt: »Da sahen sie ein, dass auch die Aufgabe des Magens nicht die Faulheit war. Ebenso, wie er ernährt wurde, stärkte er auch wieder. Das durch die Verarbeitung der Nahrung erzeugte Blut, wodurch wir leben und gedeihen, verteilte sich in alle Adern bis in alle Glieder des Körpers.«

Das am Anfang des 1 Kor 12 eingeführte Bild vom Christusleib gipfelt in V. 27 in der Identifikationsaussage: »Ihr aber seid Christi Leib, und jeder Einzelne ist ein Glied an ihm«. Die Verse 12–26 sprechen vom Zusammenwirken der vielen Glieder in dem einen Leib, der unter der Leitung des Geistes Gottes, Christus gleichgestaltet wird. Jedes der Glieder wirkt auf seine Weise zum Ganzen des Leibes, so Hand und Fuß, Auge und Ohr. In den Versen 22–26 geht es Paulus um eine Interferenz, um den Ausgleich zwischen den stärkeren und schwächeren Gliedern, die in höherer Achtung und geringerer Achtung stehen. In den Versen 27–31 findet sich dann eine Applikation des Bildes vom Leib und den Gliedern auf die Gemeinde statt in Bezug auf die reiche Vielfalt der gottgeschenkten Gaben und Dienste.

Der Organismusgedanke hat auch in den modernen holistischen Systemen neue Bedeutung erlangt, wo alle Daseinsformen als ein Ganzes angesehen werden, die nicht aus unabhängig vom Ganzen existierenden Teilen zusammengesetzt sind. So sieht der sog. soziale Holismus den Menschen als denkendes, rationales Wesen in Abhängigkeit von einer Gemeinschaft,[9] während der ontologische Holismus die Welt als ein Ganzes sieht, das aus Teilen besteht, die eine eigene Existenz haben, ähnlich wie die antike All-Einheit-Konzeption des »hen kai pan«,[10] des »Einen und Alles« es sieht. Auch im systemischen Denken und seiner Theoriebildung wird die individuumzentrierte Denkweise auf ganzheitliche, integrative Sinnzusammenhänge hin geöffnet. So stellt der strukturell-funktionalistische Theorieansatz T. Parsons (1902–1979) die Frage an die Soziologie, welche Struktur-Muster der Verknüpfung von Handlungen vorliegen. Parsons Denken kreiste um die ordnende Erfassung der sozialen Mannigfaltigkeit und die systematische

---

[8] Vgl. H. Hoch, Die Darstellung der politischen Sendung Roms bei Livius, 1951; P. G. Walsh, Livius. His Historical Aims and Methods, 1961.
[9] Vgl. P. Pettit, The Common Mind, 1993.
[10] K. M. Meyer-Abich, Wissenschaft für die Zukunft, 1988; C. Smuts, Holism and Evolution, 1926.

Erfassung der Strukturen von Handlungen in ihrer vielfältigen Verzweigung. Er sieht das gemeinschaftliche Handeln einer Religionsgemeinschaft in der Tradition des Social Gospel, sich am normativen Ideal eines »institutionalisierten Individualismus« orientieren.[11]

Der Bild-Vergleich des Paulus der Christen mit dem »Leib« ist auf drei Ebenen aufgebaut: auf der organischen Ebene des aus vielen Gliedern bestehenden Körpers, dann auf der Ebene des sozialen Organismus, des auf Gemeinschaft angelegten menschlichen Lebewesens, und schließlich auf der christologischen-ekklesiologischen Ebene der Gläubigen. Der Apostel will klären, in welchem Verhältnis die Gnadengaben zur Liebe / Agape stehen, denn sie sind ja gottgeschenkte Gaben (12,6) zur Auferbauung der Gemeinde und jeweilige Erscheinungsform (phanérôsis) des einen Geistes (vgl. 12,4 und 11). In den vielerlei Begabungen und Diensten und deren Zusammenwirken geschieht der »Nutzen« (symphéron) für das Ganze, das Paulus mit dem allegorisch verwendeten Bildwort vom »Leib« Christi benennt. Als »Leib-Chrisit« (sôma Christou) und »jeder Einzelne als Glied an ihm« (mélê ek mérous: 12,27), sind sie als die Teile und ihr Ganzes in eine komplementäre Beziehung zueinander gesetzt. Erst in ihrem sich verbindenden Zusammen (symphérein) sind sie nützlich und auferbauend, denn keines der Glieder kann für sich allein sein, und ohne die Glieder wäre der Leib verstümmelt und ein Torso.

In der Kapiteltrias 1 Kor 12–14 behandelt Paulus weit und breit die charismatische Dimension der Ekklesia und ihre Charismenvielfalt, in ihren Rollenträgern und ihrer Valenz für das Leben und die Lebendigkeit der Kirche. In ihrer unterschiedlichen Vielfalt, Ausprägung und Verleiblichung sind sie von dem einen Geist bewirkt[12] und haben ihren einheitlichen göttlichen Grund und Ursprung, der triadisch vom Geist, von Christus und Gott dem Vater bewirkt ist (12,4–6). In dieser Begabung des Menschen zu je eigener schöpferischer Möglichkeit durch den Geist Gottes, geht es um einen Prozess des Gnadenwirkens, das sich sowohl in der Individuation als auch Sozialisation Ausdruck verschafft. In diesen drei Kapiteln (1 Kor 12–14) reflektiert der Apostel, wie die Gabe des Geistes in den Charismen energetisch wirkt und wie von ihnen Gebrauch gemacht werden soll.[13] Die Begabungen, die er in 12,8–10 nennt, finden ihre direkte oder indirekte Spiege-

---

[11] Vgl. J. C. Alexander, The Modern Reconstruction of Classical Thought: Talcott Parsons, 1983; St. Jensen, Talcott Parsons. Eine Einführung, 1980.
[12] Vgl. F. W. Horn, Das Angeld des Geistes. Studien zur paulinischen Pneumatologie, 1992; G. Theissen, Psychologische Aspekte paulinischer Theologie, 1983, 269 ff.
[13] Vgl. B. Holmberg, Paul and Power, 1978, 136–195; K. Kertelge, Gemeinde und Amt im Neuen Testament, 1972, 103–112; F. Jahn, Charisma und Amt, in: ZThK 76 (1979) 419–449; H. Schürmann, Die geistlichen Gnadengaben in den paulinischen Gemeinden, in: Ders.Ursprung und Gestalt, 1970, 236–267; S. Schulz, Die Charismenlehre des Paulus, in: Rechtfertigung; FS. E. Käsemann, 1976, 443–460.

lung und ihren Test in 1 Kor 13, an der Liebe, gleichsam der paulinischen »Maat« der Herzenswägung Altägyptens. Die Agape ist das Entscheidende und Wesentliche auf dem »unübertrefflichen Weg« (1 Kor 12,31b) des Christenlebens. Mag das charismatische und zum Teil enthusiastische Schwärmertum in der Korinthergemeinde reich an ekstatischen Erscheinungen gewesen sein, so stellt sich die Grundfrage nach der Unterscheidung der Geister und nach der Grunddifferenz der christlichen Ekstase von der dionysischen und mantischen. Die Gemeinde ist ja durch Gottes Gnade in Christus Jesus »an allen Stücken reich gemacht, an aller Rede und in aller Erkenntnis«: »en panti logô kai pasê gnôsei« (1 Kor 1,5). Die Charismen als Geistesgaben, mit denen der begnadende Gott die Träger mit Kräften und Diensten in und an der Gemeinde ausstattet, sind geschenkte Gaben und Aufgaben in einem. Sie sind Manifestationen und Durchbrüche von Kräften des neuen Äon, wie Mitteilung von Weisheit, Erkenntnis und Glaubenskraft (12,8f.), Heilungen, Wundertaten, Unterscheidung der Geister, Zungenreden und deren Ausdeutung (12,9). Menschliche Begabungen werden im Charisma in Dienst genommen und wirksam. Das Denken und Wollen des Menschen wird zum Eigenen erweckt und der Geist Gottes in ihnen erfahrbar gemacht. Genannt wird auch die Gnadengabe der Krankenheilung, denn das Wirken des Geistes hat auch eine therapeutische Funktion, die bis hinein in den körperlichen Bereich der konkreten Existenz reicht.[14] Diese Vielfalt und Unterschiedlichkeit der Charismen ist nicht ein dissoziierender Pluralismus, sondern er dient dem Aufbau der geeinten Ekklesia als dem Raum der Bezogenheit und Entfaltung der Geistesgaben. Sie umfassen die ganze Bandbreite der menschlichen Lebenswelt. Im Modus des Heilens wird Künftiges für den homo salvandus vorweggenommen. In den Charismen, in denen die Geist-Offenbarung manifest wird,[15] vollzieht sich die phanérôsis tou pneumatos (im gen. obietcivus und gen. subietivus) »Jedem aber wird die Offenbarung des Geistes geschenkt, damit sie anderen nützt« (12,7).Auf thetische Weise folgt in V. 12 der Vergleich des menschlichen Leibes mit dem der Ekklesia, die alle durch den Geist in der Taufe zu »einem Leib« (finales oder konsekutives Verständnis der Worte: eis hen sôma) verbunden sind, trotz unterschiedlicher Sozialisation und Herkunft (12,12f.). Und in Entfaltung von 12,12a wird gesagt, dass jedes Glied seine ihm von Gott zugedachte Funktion hat, und dass die verschiedenen Glieder des Leibes aufeinander angewiesen sind (12,14ff.). Nach all den Vergleichen und Erörterungen wird in V. 27 schlussfolgernd gesagt, dass wie die Glieder des Leibes eine

---

[14] Vgl. dazu E. Biser, in: »Das Christentum ist eine therapeutische Religion«. Fragen zur Situation von Glaube und Christentum an Eugen Biser, Herder Kommentare 9 (1991) 453.
[15] Vgl. M. Welker, Gottes Geist. Theologie des Heiligen Geistes, 1992, 230ff.; N. Baumert, (Hg.), Jesus ist der Herr. Kirchliche Texte zur katholischen charismatischen Erneuerung, 1987.

(organisatorische) Einheit bilden, so auch die Christen; »Ihr aber seid Leib Christi (sôma Christou)[16] und jeder einzelne ist ein Glied an ihm« (12,27). Auch der vorhergehende Vers hatte den Leib im Blick: »Und wenn ein Glied leidet, so leiden alle Glieder mit; wenn ein Glied geehrt wird, so freuen sich alle Glieder mit« (12,26).

Auf all die Erörterungen folgt dann der Liebeshymnus des Paulus (1 Kor 13), groß und schön in seinem rhythmischen Aufbau, seinen rhetorischen Figuren und seiner tief empfundenen Diktion des Herzens. Es werden die ins helle Licht gerückten und die im Dunkel der Nacht gelöschten Zeichen der Liebe besungen.

5. Das Hohelied der Liebe (1 Kor 13): Eine Großinventur

a. Exposition

In dieser Großinventur der Liebe, die Paulus hier unternimmt, sucht er verbal und per longum et latum zu zeigen, was Liebe ist und was sie nicht ist. Der Text liest sich wie ein Statuierungs- und Entleerungsdiskurs, als Diagnose des Gelingens und der Erschöpfung der Liebe. Mit seinem Programm »allen alles« zu werden, (1 Kor 9,22), ist für Paulus die Liebe eine radikale personalgeschichtliche Integration des Menschen und das Bleibende schlechthin, denn Sein gewinnt, was geliebt wird. Ein Mensch, Paulus, bestimmt Liebe im Vollzug seines Lebens, im Glauben ihre Vorgängigkeit bejahend, dass einer anfangend den Anfang der Liebe gesetzt hat. Er rückt so die menschliche Liebe in den Bezug eines Antwortens. Sie ist das Grundcharisma schlechthin.

Aristoteles bestimmte einst den »Unbewegten Beweger« als Sich-selbst-Denken und als letzten Wirklichkeit sowie Leben seiende Instanz, die nur sich selbst lieben könne, denn das Geringere von sich lieben, würde Unvollkommenheit bedeuten. Auch für Platon ist die Evidenz der Philosophie durch den Ideen-Kosmos gegeben, jenem von allem unabhängigen Inbegriff des Denkbaren, demgegenüber die Götter autark sind, und gegenüber den äußeren Lebensbedingungen der Menschen selbstgenügsame Zuschauer des Weltspektakels. Mit ihrer Autarkie wäre Liebe als Attribut inkompatibel. In dem »Hohelied der Liebe« aber spricht der Apostel Paulus von ihrem unvergleichlichen Stellenwert, dann von ihrem Vollzug im Alltag der Welt und von ihrem paradoxen Charakter, dem Selbstgewinn in der Selbstpreisgabe,

---

[16] Der Genitiv »Christou« korrespondiert der Sache nach dem »in Christus« von Röm 12,5: »wir, die vielen, sind ein Leib in Christus«.

sowie von ihrer temporalen Differenz des »Jetzt« und »Dann« als dem Bleibenden in aller Vergänglichkeit. Der Text ist mehr als eine distanzierte Liebeslyrik oder ein theologischer »Minnegesang«. Er ist ein pragmatischer Weg, der über alles andere hinausführt und das Ich des Menschen beansprucht (V. 1–3), indem er zeigt, wie der Weg der Liebe zu beschreiben ist (V. 4–7), und in welchen Brechungen der Mensch lebt und wie er sein Unvollendet-Fragmentarisches wahrnehmen muss, aber auch, wie in V. 13 mit dem »Jetzt und Hier« die Liebe der Kairos, das Kairotische christlicher Existenz ist, als eine gefüllte Zeitbestimmung, die ein Endzeitliches, ein für immer Bleibendes enthält. Das Kapitel von der Liebe, gleichsam das Herzstück zwischen Kapitel 12–14, ist auch auf das Kapitel 15, das von »den letzten Dingen«, der Auferstehung der Toten spricht, hingeordnet. Die Liebe als das Bleibende ist ein eschatologisches Geschehen und steht in Parallele zur Totenauferstehung: sie ist die allerletzte Lebensgabe.[17]

b. Die Frage nach dem besten Ding

Zu den großen volkskundlichen Motiven gehört die Frage, »welches gute Ding das beste« sei. Eine ganze Reihe von Sprüchen kreist um dieses Lebensthema und findet seine Antwort. So wird in den antiken »Scolia anonyma« (E. Diehl) als Sequenz der vier besten Dinge die Reihung gemacht: Gesundheit, Schönheit, rechtlich erworbener Wohlstand und gute Gesellschaft. Der elegische Dichter Theognis von Megara[18], aus dem 6. Jh. v. Chr., der einem (fiktiven) Jungen Kyrnos Ratschläge erteilt und durch seine Lieder Unsterblichkeit verheißt, zählt zu den edelsten bzw. besten und erfreulichsten Dingen Gerechtigkeit, Gesundheit, Erfüllung der Wünsche.

Der Elegiker Tyrtaios aus Sparta (um die Mitte des 7. Jh.s v. Chr.) hingegen erhebt in einem seiner Gedichte den moralischen Appell, der höchsten aller Tugenden Folge zu leisten, und zwar der Tapferkeit. So sei auch Ehre durch Sieg und Tod der Niederlage und Scham vorzuziehen. Die zur Zeit des zweiten, für die Spartaner existenzbedrohenden Messenischen Krieges verfassten Gedichte, sind bis ins letzte Wort hinein von der Angst diktiert. Von da her rührt, wie J. Latacz es zeigt, die Radikalität seiner Appelle zum

---

[17] Mitzureflektieren sei auch 1 Kor 8,1–3, wo die Liebe zum Nächsten ganz auf dem Aufbau der Gemeinde bezogen ist als Gottesliebe (V. 3), die apriorisch entworfen, den Menschen in eine Relation der Antwort rückt. Ihr Voraus ist das Von-Gott-Erkannt sein. Vgl. Sigmund Freud, »Unbehagen in der Kultur« (1930) mit dem resignativen Satz: »Das Leben, wie es uns auferlegt ist, ist zu schwer für uns« (Ges. Werke XIV, 433).
[18] Vgl. E. L. Bowie, The Theognidea, in: G. W. Most (Hg.), Collecting Fragments: Fragmente sammeln, 1997; D. E. Gerber, Theognis, in: Ders. (Hg.), A. Companion to the Greek Lyric Poets, 1997, 117–128.

Kampf.[19] Das erste Distichon des Fragments 6–7 (G.-P.),[20] mit dem der Teil seines Anrufs zum Kampf anhebt, wurde vom augusteischen Dichter Horaz (Carmina 3,2) aus dem Kontext gerissen und, den Sinn ideologisierend, umgedeutet: »Dulce et decorum est pro patria mori« (»Süß und ehrenvoll ist es, für das Vaterland zu sterben«). In Horazens »Carmina« stehen politisch-mahnende, ratgebende Gedichte neben Liebesgedichten und Trinkliedern. Er rühmt sich, »als erster das äolische Lied zu italischer Weise geleitet zu haben (princeps Aeolium carmen ad Italos deduxisse modos«, 3,30,13).[21] Mit dem »dulce et decorum ...« lieferte er das »Geflügelte Wort« vom Tod für das Vaterland, dem Bert Brecht in seinem Schulaufsatz widersprochen hat und gemaßregelt wurde.

Auch das Urteil des Paris des griechischen Mythos gilt der ihm verheißenen Liebe und Schönheit. Die Gestalt des Paris, des Sohnes des troianischen Herrscherpaares Priamos und Hekabe, spielt in der Vorgeschichte des Troianischen Krieges eine zentrale Rolle. Als seine Mutter während ihrer Schwangerschaft träumt, sie bringe eine feuertragende Fackel zur Welt, die ganz Troia in Brand setzen werde, wird das Kind auf dem Ida-Gebirge ausgesetzt, aber von Hirten gerettet und großgezogen. In dieser Zeit seines Weilens auf dem Ida-Gebirge fällt er sein schicksalhaftes Urteil. Der Mythos erzählt: Als die Olympier an der Hochzeitstafel des Peleus und der Thetis, der Liebe eines Sterblichen mit einer Meerfrau (eine Melusinensage), versammelt sind, wirft Eris, die Göttin der Zwietracht, einen goldenen Apfel unter die Hochzeitsgäste, mit der Aufschrift »Der Schönsten!«. Der Streit zwischen den Göttinnen Hera, Athene und Aphrodite entbrennt. Unter dem Geleit des Hermes erscheinen sie auf dem Ida und Paris soll mit seinem Urteil entscheiden. Jede der drei Göttinnen verspricht ihm eine »beste Gabe«. Hera, die Gottkönigin und Gemahlin des Zeus, bietet ihm das Königtum an, die absolute Macht[22]; Athena, die Stadtgöttin, die den Kampf zum Schutze der Heimat mit Überlegung und in geordneten Formen führt, ver-

---

[19] J.-Latacz, Kampfparänese, Kampfdarstellung und Kampfwirklichkeit in der Ilias, bei Kallinos und Tyrtaios, 1977, 162. Vgl. auch W. Jaeger, Tyrtaios über die wahre areté, 1932, KNLL 16, 880–882.
[20] B. Gentili / C. Prato, Poetae elegiaci 1, ²1988, 6–39; H. Munding, Ein nachhomerischer Streit un die wahre areté. Fachwissenschaftliche und didaktische Überlegungen zu Tyrtaios 9 Diehl und Hesiod, Erga 286–292, in: AU 27,5 (1984), 5–19; B. Snell, Tyrtaios und die Sprache des Epos, 1969; R. Harder, Die geschichtliche Stellung des Tyrtaios, in: Kleine Schriften, 1960, 180–202. D. E. Gerber, Greek Elegiac Poetry, 1999; C. Prato, Tirteo, 1968 (mit Komm.); E. L. Bowie, Miles Ludens, in: O. Murray (Hg.), Sympotica, 1990, 221–229; D. E. Gerber, Tyrtaeus, in: Ders. (Hg.), A. Companion to the Greek Lyric Poets, 1997, 102–107.
[21] M. v. Albrecht, Horazens Römeroden, in: Acta Antiqua Academiae Scientiarum Hungaricae 30 (1988) 229–241; Ders., Geschichte der römischen Literatur, ²1994, 565–587; C. Wirke, Horace's Roman Odes. A. Critical Examination, 1983.
[22] Vgl. Solon, Frg. 23,5.

heißt ihm den kundigen Sieg²³; und Aphrodite, die Göttin der sinnlichen Liebe, die die Liebenden schützt und die Verächter der Liebe straft (Hippolytos, Narkissos)²⁴, verheißt ihm Liebe oder Schönheit. Paris entscheidet sich für Aphrodite, die ihm die Ehe mit Helena verspricht. Er entführt Helena im Missbrauch der Gastfreundschaft ihrem rechtmäßigen Gatten Menelaos und bricht damit den Troianischen Krieg vom Zaun.²⁵

c. Das »Beste« bei Paulus: »Der andere Weg weit darüber hinaus ...« (1 Kor 12,31b) als der »Überweg« der Liebe

Mit dem Urwort aus dem menschlichen Sprachgebrauch, dem Wort »Weg«, der sowohl als Begriff als auch als Bild Verwendung findet, fasst der Apostel sein Anliegen in Zeit-Wörtern, die eine Bewegung zum Ausdruck bringen, um die Handlungsweise der Liebe zu beschreiben. Der Weg will begangen werden und zu einem letzten Ziel führen. Das Bild des Weges steht für das Feste und Fassbare, Offene und Dynamische, Zielführende, aber auch für die Vorstellung einer Vielzahl von Wegen. Paulus will einen Weg aufweisen (»zeigen«/deiknymi), der über die normale Mitte (sesotês) als Übermaß (hyperbolê) hinaus geht und die zur Darstellung kommende Lebensrichtung auf ein »Mehr« hin übersteigt.²⁶ Der Ausdruck »Übermaß« (hyperbolê, ursprünglich in der Bedeutung von »darüberhinaus werfen« oder Jemanden »im Werfen übertreffen« (Hommer, Il 23,843.637), gewinnt den Sinn von »übertreffen«, hervorragen«. Paulus verwendet den Ausdruck in 1 Kor 12,31b adjektivisch, um die im Folgenden dargelegte Lebensweise als Liebesweise, als von den Charismen nach 12,28–30 geprägte und sie »weit überbietende«, ja als »Überweg«, darzustellen. Der Begriff dient ihm zur Steigerung des Gesagten als das alles Maß Überschreitende.²⁷ Die attributive Bestimmung des Weges (kath' hyperbolên« (= ein »Wurf, der über den an-

---

²³ Euripides, Bacch. 877, 897.
²⁴ Mimneris Frg. 1,1 (Diehl). Vgl. K. Reinhardt, Das Parisurteil, 1938. Vgl. Die Halsamphora mit dem farbenprächtigen Parisurteil zählt zu den herausragendsten Werken der etruskischen (pontischen) Vasenmalerei (München SA 837). Vgl. L. Hannestad, The Paris Painter, 1974.
²⁵ Vgl. W. Bergold, Der Zweikampf des Paris mit Menelaos, 1977; M. Becker, Helena. Ihr Wesen und ihre Wandlung im klassischen Altertum, 1939.
²⁶ Bei Aristoteles kann die »Mitte« (mesotês) als das rechte Maß menschlichen Handelns zur Definition der ethischen Tugend (aretê) (EthNik II 6, 1106 b 36 – 1107 a 2; 1227 b 8f.) dienen. Das Maß für diese Mitte zwischen Maß und Übermaß gibt die vernünftige Überlegung (logos orthos) vor, inwieweit etwas für das gute Leben förderlich ist (EthNik. II, 2, 1104 a 11–27; II 5, 1106 b 9–24). Vgl. R. Bosley u.a. (Hg.), Aristotle, Virtue and the Mean, 1995.
²⁷ Der Gegensatz wäre das Zuwenig, durch das das richtige Maß verfehlt wird, die »elleipsis«. Der tugendhafte Charakter sei »die Mitte zwischen zwei Übeln, das eine im Sinne des

deren hinausfliegt«), d.h. der mit einem Schwung und einer Kraft getan wird, die anderes übertrifft, rückt den Weg der Liebe als Mittel, Möglichkeit, Lebenswandel und Handlung in der Weise in den Blick, dass der so Liebende, das Ziel trifft und an sein Ziel gelangt.[28]

Auch in der Bergpredigt Jesu bei Mt 5–7 ist von den zwei Wegen die Rede, wobei der eine durch das enge Tor führt (Mt 7,13 f.), wobei der, der es durchschritten hat, damit »eingegangen« und am Ziel angelangt ist. Sein Beschreiten ist für die Nachfolge Jesu unerlässlich.

Schon die alte griechische Fabel vom Herakles am Scheideweg[29] des Sophisten Prodikus, die Xenophon in seinen Memorabilien (2,1,21–34) wiedergibt, spricht von der Notwendigkeit und Dringlichkeit der Entscheidung zwischen dem Weg der Tugend (aretê) und dem der Schlechtigkeit (kakía). In der Personifikation zweier Frauen, die in einem erbitterten Rede-Agon für sich den Sieg zu erringen trachten, steht der homo ethicus zur Debatte. Der Weg der Tugend ist für den, der ihn beschreiten will, mit Mühe und Anstrengung verbunden, denn nach den Versen Epicharms »verkaufen uns die Götter das Gute nur um den Preis der Mühen«.[30] In dieser mythischen Urszene geht es um einen inneren Konflikt der Seele mit dem Abstraktum der Macht des Bequemen und Subversiven sowie des Beschwerlichen.[31]

d. Die höheren Gnadengaben – das Hohelied der Liebe: Analyse und Synthese

Es beginnt:

13,1 *Wenn ich in den Sprachen der Menschen und Engel redete,*
hätte aber die Liebe nicht,
wäre ich dröhnendes Erz oder eine lärmende Pauke.
2 Und wenn ich prophetisch reden könnte
und all Geheimnisse wüsste
und alle Erkenntnis hätte;
wenn ich alle Glaubenskraft besäße
und Berge damit versetzen könnte,

Übermaßes, das andere im Sinne der elleipsis/des Mangels/ Zurückbleibens«: Aristoteles, EthNik. II, 6, 1107 a 2 f.; vgl.EthE 1220 b 22; 1222 a 9; 13,20,24.

[28] Schon Prov 12,28 spricht von einem Weg des Lebens und einem Weg des Todes.
[29] Vgl. J. Alpers, Hercules in bivio, 1912.
[30] Vgl. auch Hesiod, Erga 287–292.
[31] In der Tradition personifizierter Streitgespräche steht auch in Platons »Kriton« das Auftreten der »Gesetze«, die sich in dern Kunst der Rhetorik so vernehmbar machen, dass »das Echo dieser Rede übermächtig in mir tönt und macht, dass ich andere nicht hören kann« (Krit. 54a; vgl. 50a–54d). Sie gewinnen über ihn die Macht.

hätte aber die Liebe nicht,
wäre ich nichts.
3 Und wenn ich meine ganze Habe verschenkte,
und wenn ich meinen Leib dem Feuer übergäbe,
hätte aber die Liebe nicht, nützte es mir nichts.

aa. Die Exponiertheit der »Ich«-Form

Paulus wählt parteilich die »Ich«-Form, um mit der eigenen Existenz ins Gericht zu gehen und die »Höllenfahrten« einer sog. perfekten Hoch-Existenz an sich selbst, dem eigenen und vertretbaren Ich, zu exemplifizieren. Damit gibt er der Preisrede ein existentielles Profil und zeigt, dass er der »Fall« in der Doppeltheit der Bedeutung dann selber wäre. In einer Art spiritueller Dialektik macht er sich so selbst zum Testfall, indem er sich selbst aller möglichen Kritik aussetzt und bezieht so alle Wahrheit auf sich – wie auch in Röm 7 alle Negationen von seinem Ich getragen sind. Damit will er mit diesem seinem »Ich« auch Gemeinschaft stiften in gegenseitiger Überzeugung mit seinen Adressaten, aber nicht manipulativ, um über andere Herrschaft auszuüben (vgl. Platon, Gorg. 452d–453a), sondern sie in einer Art »Seelenführung durch Reden« (Phaidr. 261a psychagôgia tis dià logôn) die Kenntnis der Wahrheit in Gang zu bringen (vgl. Phaidr. 270a–274a). Mit seinem »Ich« deckt er seine freie, unabschiebbare Selbstverantwortung auf und tritt gleichsam »agonal« in Wettstreit mit allen anderen möglichen Ansichten, um auf radikale Weise an sich selbst sein christliches Menschenmodell zu verdeutlichen.[32] Mit dieser »Ich«-Rede spricht einer auch zu sich selbst, um als Anwalt und Wegweiser der Liebe seinen Adressaten in ihren verwickelten Streitsachen, »Visitator«, Kritiker, aber auch Helfer zu sein. Den rhetorischen und dialektisch geformten Text gilt es subtil und in einer theologischen Grammatik zu erschließen, ein Monitum, das unter dem kritischen Zuruf des Straßburger Theologen Johann Conrad Danhauer aus der Mitte des 17. Jahrhuderts in seinem Werk »Hermeneutica sacra«[33] laut wird: »Ne asinus ad lyram! Ne Midae hic auricula censuram sibi sumat!« (»Kein Esel an die Leier! damit nicht des Midas Ohr sich hier die Kritik herausnehme!«). Midas wurde im apollinischen Wettstreit wegen seines mangelnden Geschmacks und wegen Urteilsschelte in puncto Ästhetik mit Eselsohren bestraft, die er unter seiner Krone zu verbergen suchte.

---

[32] Vgl. G. Bornkamm, Der köstlichere Weg, in: Das Ende des Gesetzes, 1952, 93 ff.; G. Harbsmeier, Das Hohe Lied der Liebe, Biblische Studien 3, 1952; W. Schmithals, Die Gnosis in Korinth, 1956; H. Schlier, Über die Liebe, in: Die Zeit der Kirche, 1956, 186 ff. C. Spicq, Agapè II, 53 ff.
[33] Johann Conrad Dannhauer, Hermeneutica sacra. Sive Methodus exponendarum S. Literarum proposita et vindicta, Argentorati 1654, § 2 p. 4.

bb. Der formale Duktus

Formal setzt 1 Kor 13,1–3 in den drei ersten Versen mit einer rhetorischen »amplificatio«, einer Erweiterung ein, die mit fünf »Wenn«-Sätzen (ean) als paradoxe Satzantithesen gebaut ist. Die Vordersätze zeichnen den homo religiosus in seinen höchsten Möglichkeiten: alle Erkenntnis (pasa gnôsis), aller Glaube (pasa pístis) und die Extremform des Von-sich-Weg, Hingabe allen Besitzes an die Armen und Selbstverbrennung, sie alle werden unter das in das Konditionale changierende Adversativ gestellt: »Liebe aber hätte ich nicht« (agapên dè mê echò), um dann das Fazit folgen zu lassen: im Echo-Effekt: (Kymbalon alalázon) »klingende Schelle« (= dröhnendes Erz) zu sein, womit das hyperbe Charismatikertum gnostischer Kreise parodiert und lächerlich gemacht wird. Es wird ein »Nichts« (oudén) gesetzt, so dass die fehlende Liebe alles fallen und zu Fall bringen lässt. Vier Wenn-Sätze ergeben drei »Fälle«, die die Sinnlosigkeit und Leere einer religiösen Existenz ohne Liebe spiegeln. Diese an-fängliche captatio ist ein an dem »Ich« festgemachter Rede-Einfall, der deutlich macht, dass es doch nicht an dem fehlen kann und darf, was man für das Größte hält, wenn die Liebe fehlt. Mögliche Vergleichsebenen der conditio humana finden ihren Test und werden als »nichtig« (ouden) befunden. Es gibt nichts Authentisches ohne die Liebe. Damit werden in drei gleichförmig gebauten Sätzen in der 1. Person Singular hoch geschätzte und im Gemeindeleben von Korinth praktizierte Charismen aufgezählt, aber ohne deren Bezug zur Liebe, total disqualifiziert und als nichtig hingestellt. Sie werden ohne Liebe als »quantités negligeables« und Belanglosigkeiten ohne Wert apostrophiert. Gleich zu Beginn blicken die Adressaten per nefas in eine bodenlose Grube, in einem Mangelbottich, der durch alle genannten Fallbeispiele erst zu füllen ist.

cc. Sprache der Menschen und Engel und die Liebe

Die Wenn-Sätze benennen auch das Charisma des Geistes in der Doppelung der Gabe der Rede und der Gabe der Erkenntnis. Logos und Gnosis, Rede und Erkenntnis sind die beiden Zentralworte, die die »would-be«-Intellektuellen von Korinth beschäftigen. Die Geist-Rhetorik von Korinth wird in der Bandbreite von »Menschen- und Engelszungen« benannt, wobei mit letzterer die ekstatische, gottbegeisterte, entrückte Rede mit Gott (1 Kor 14,2), die Rede in Zungen, das Lallen meint. Das Phänomen wird in 12,10 erwähnt und in 1 Kor 14 reflektiert, aber mit dem kritischen Einspruch, Paulus wolle in der Gemeindeversammlung lieber fünf vernünftige Worte als tausend in Zungen stammelnde (1 Kor 14,18 f.) sagen. Der Apostel setzt mit der allgegenwärtigen Sprachmetapher ein und bringt dieses Grundphänomen menschlichen Lebens in einen für ihn alles tragenden Lebenszusammenhang, zur Liebe. Der gesamte Bereich menschlicher Äußerungen wie Mitteilung, Appell, Ausdruck, artikuliertes Denken, Worte und Wörter, Verstehen und Sagen, aber auch Sätze und Texte, Zweck und Gebrauch der Worte sind indirekt präsent und als irgendwie wahrnehmbare Äußerungen in die Sphäre einer nicht wahrnehmbaren Dimension des Inneren gerückt, die Liebe, als die Grundweise der offenen und vielgestaltigen Art von Absicht zur Äußerung. Neben der Gattung Mensch ist auch vom Sprechen der Engel die Rede, den reich geistigen Wesen, deren Sprechen später der doctor angelicus, Thomas von Aquin, dahin modifizieren wird:

»Reden zu einem anderen ist nichts anderes als einen Gedanken des (eigenen) Geistes einem anderen zu offenbaren mitzuteilen«
(Nihil enim est aliud loqui ad alterum, quam conceptum mentis alteri manifestare).[34]

Engel sind Boten Gottes, Wesen übermenschlicher Art, die der göttlichen Sphäre angehören, seine Worte überbringen oder in Gottes Auftrag handeln. Als solche verkörpern sie das die Erde berührende Handeln und Reden Gottes.[35] Mit ihrer Erwähnung sind sie zwischen Kosmologie und Theologie platziert.

Mit »Menschen- und Engelzungen« umreißt der Apostel die ganze Bandbreite und Klimax einer Geistrhetorik, die ekstatische, begeisterte, gottbegeisterte, entrückte Rede mit Gott ausdrückt (1 Kor 14,2). Ekstatisch tritt der Begeisterte aus seinem normalen Gefüge des Denkens und Handelns heraus, in einer Art Enthusiasmus und Mania, einer unmittelbaren Besitzergreifung des Menschen durch das Göttliche. Platon hat die beiden Begriffe in der Philosophie prominent gemacht als die verschiedenen, von den Göttern verursachten Weisen von Ekstase (theia mania). Die »mania« der Philosophen entspringt als erhebendes Gefühl dem Denken des Göttlichen (Phaidr. 249d–e; Symp. 218b). Zu den Weisen der Ekstase zählte Platon auch die Begeisterung der Dichter, der Wahrsager und des Gefolges der dionysischen Festfeiern (vgl. Euripides, Bacch. 298–305).

Mythisch-ekstatische Phänomene begegneten im enthusiastischen Kult der thrakischen Dionysosreligion mit »bakchischer Zungenrede« (glôtês bakcheia), von der Aristophanes in seinen »Fröschen« spricht (Ran. 357), aber auch in der divinatorischen Mantik der Pythia des delphischen Apol-

---

[34] Thomas von Aquin, Summa Theolgoiae I, qu. 107, art. 1, resp.
[35] Vgl. Gen 48,16; Ex 3,2.4; Gen 24,7.40; Ps 34,8; 91,11; Ex 14,19; 23,20; Weit ist das Feld, das Feld der hochausgebildeten jüdisch apokryphen Engellehre der essenischen Kreise mit ihren Spekulationen. Vgl. F. Stier, Jahwe und sein Engel im AT, 1934; V. Hirth, Gottes Boten im AT, 1975; H. Röttger, Mal'ak Jahwe – Bote von Gott, 1978; F. Guggisberg, Die Gestalt des Mal'ak Jahwe im AT, 1979; A. Rofé, The Belief in Angels in Ancient Israel, 1979; H. Bietenhard, Die himmlische Welt im Urchristentum und Spätjudentum (WUNT 2) 1951; L. T. Stuckenbruck, Angel Veneration and Christology (WUNT II, 70), 1995; U. Wolff, Das große Buch der Engel, 1994.

lon-Orakels, die Plutarch mit enthusiasmós und »Inspiration« zu erklären versucht.[36] Auch berichtet er von einer mantischen Prozedur, bei der die Pythia mit rauer Stimme unzusammenhängende Worte herausschrie.[37] Die Orakelstätte von Delphi hatte überregionale Bedeutung und strahlte über die ganze griechische Welt hinaus.[38] Es handelt sich dabei um verbale Aussagen über die Zukunft oder um die Lösung von Problemen, deren Offenbarungsempfang durch männliche prophêtês ausformuliert wurde. Auch die Prophezeiungen der Sibylle vollzogen sich in Trance und Ekstase (vgl. Heraklit B 92). Der ekstatische Zustand, der »enthusiasmós« (= »Gott in sich haben«), die »manía«, der »Wahnsinn«, oder die ékstasis, das »Außer-sich-sein«, fand bei den Griechen Ausdruck in verschiedenen Erscheinungsformen wie in der prophetisch-mantischen des Apollon, des Gottes der Divination, oder des Dionysos und seiner telestischen Ekstase. Er war neben Demeter eine der wichtigsten Mysteriengottheiten, so dass Platon in Phaidros (265 b 4) die »manía«, die ein charakterisierendes Kennzeichen des Wein- und Theatergottes ist, als »zu den Einweihungen gehörig« (telestikê) identifiziert hatte. Mit dem aus der Kultsprache stammendem Verbum »bakcheuein« wird dann das gesamte Spektrum ekstatischer dionysischer Riten und Mysterienhandlungen bezeichnet. Dionysische Einweihungskulte fanden ihre Ausübung bis weit in die Spätantike hinein[39] und suchten nicht nur die Hoffnung auf ein seliges Los im Jenseits zu vermitteln, sondern stellten Wiedergeburt und sogar Gottwerdung in Aussicht. Zur dionysischen Mysterienerfahrung zählten offensichtlich all jene Spezifika, mit denen Aristoteles die attische Tragödie zu kennzeichnen trachtete, aber ohne einen Mysterienbezug: »páthos«, das Emotionale, Affekthafte,[40] »eleos kai phobos«, Mitleid und Furcht, oder Jammer und Schauder, sowie »katharsis«, Reinigung und Befreiung.

Der erste große Rhetor in Athen, Georgias von Leontinoi (um 480–380 v. Chr.),[41] Zeitgenosse des Sokrates, verherrlicht die Macht des Wortes. »Die Rede (lógos) ist ein großer Herr/Bewirker (dynástês); mit dem kleinsten und

---

[36] Plutarch, De Pyth. or 7.
[37] Ders. De def. or 51. Vgl. S. Schröder, Plutarchs Schrift De Pythiae Oraculis, 1990.
[38] S. R. F. Prince, Delphi and Divination, in: P. E. Easterling / J. V. Muir (Hg.), Greek Religion and Society, 1985, 128–154; V. Rosenberger, Griechische Orakel, 2000.
[39] Vgl. R. Merkelbach, Die Hirten des Dionysos. Die Dionysos-Mysterien der römischen Kaiserzeit und der bukolische Roman des Longus, 1988.
[40] Vgl. J. Annas, Hellenistic Philosophy of the Mind, 1992, 103–120. 189–199; J. Holzhauser, Paideia oder Paidia, 2000; W. Schadewaldt, Furcht und Mitleid?, in: Herm 83 (1955), 129–171, ern. in: Ders., Hellas und Hesperien, 160, 346–388; C. W. van Boekel, Katharsis, 1967; R. Schlesier, Lust und Leid: Aristoteles' Tragödientheorie und die Mysterien. Eine interpreatationsgeschichtliche Studie, in: Eder, Demokratie, 1936, 389–415.
[41] Vgl. Th. Buchheim, Georgias von Leontinoi: Reden, Fragmente und Testimonien, hrsg. mit Übers. und Komm. 1989; H. Gomperz, Sophistik und Rhetorik, 1912 (Nachdruck 1965), 1–35.

unscheinbarsten Körper (dem Zungenlaut) vollbringt sie göttliche Taten: vermag sie doch Schrecken zu stillen, Schmerz zu beheben, Freude einzugeben und Rührung zu mehren«.[42] Ihr Herrschaftsbereich ist das große Feld der Meinungen, die Lebenswelt der Menschen, solange und insofern über wahres oder auch nur zureichendes Wissen sie nicht verfügen.[43] Mit Hilfe des kunstvollen Einsatzes von Rhetorik könne menschliches Denken und Handeln in neue Bahnen gelenkt werden. Sie ist der Liebe ähnlich, weil sie den Menschen durch »Täuschung« (apátê) zu »bekehren« (peithein) vermag. Solche »Kunst des Bekehrens« macht – nach einem Wort Platons – den Menschen »folgsam aus freien Stücken und nicht durch Gewalt«[44], so dass man trotz Kenntnis ihrer Macht, sich ihr nicht entziehen könne.[45] Im Sprachkleid der Medizin ausgedrückt wirke sie wie eine »Arznei« (Droge: phármakon), denn »die Macht der Rede (tou lógou dynamis) verhält sich zur Ordnung der Seele wie die (An-)Ordnung Drogen zur Beschaffenheit (physis) der Körper«.[46] Die »Wirkkraft« (dynamis) der Rede übt einen bedeutenden herrscherlichen Einfluss aus (vgl. dynastês), kann Dinge benennen (Vgl. Platons »Kratylos«), andere belehren und das Wesen der Dinge unterscheiden.[47] Im Sprechen ergreift eine Bedeutung das Wort, um sich darzustellen. Worte teilen Inhalte mit. Aber auch die belebte Natur will sich mitteilen, so dass Augustinus die Frage aufwirft, was es ist, das er liebt, wenn er Gott liebt, und reicht diese Frage an die durch Gottes Wort in die Welt gerufenen Dinge, die ihm eine Antwort geben sollen. Er schreibt in seinen Confessiones:

> »Ich fragte die Erde, und sie sprach: Ich bin's nicht (...). Ich fragte das Meer und seine Abgründe (...) und sie antworteten (...): Ich bin's nicht ... Und ich sprach zu allen Dingen um mich her (...). Sie aber riefen mit gewaltiger Stimme: Er hat uns geschaffen (Psalm 99,3). Meine Frage war mein Gedanke, ihre Antwort war ihre Schönheit« (»Interrogatio mea intentio mea et responsio eorum species eorum«).[48]

Solch sprachlicher Horizont der Übertragung der äußeren wie der inneren Formen der Dinge im menschlichen Denken ist von sprachlicher Art, ein Denken, das zu fragen und zu hören mächtig und willig ist. Augustinus denkt das Sprechen als Zeichen und Sagen vom Hörenden her. Mit der »Stimme« der Natur, dem Wort in ihr und durch sie, begegnet dem Vernehmenden etwas *als* etwas, so dass wir erst im inneren Wort die Sache als sie

---

[42] Georgias von Leontinoi: VS 82 B 11 (8), in: Buchheim, a.a.O., 8–9.
[43] a.a.O. B 11 (11), in: a.a.O. 8–9.
[44] Platon, Phileb. 58a–b; zur Übersetzung von peithein durch »bekehren«, vgl. Th. Buchheim, Einleitung, a.a.O. XIII, Anm. 23.
[45] B 11 (12), a.a.O. 10–11.
[46] B 11 (14), a.a.O. 10–11.
[47] Platon, KRAT: 388 b.
[48] Augustinus, Confessiones, X, 6, 8–10.

selbst erfassen. Auf einem anderen Feld agieren die Engel als metaphorische Sprecher mit ihrer Sprache.

Der Apostel vergleicht die ekstatische Rede, die Glossolalie, der die Liebe fehlt, mit dem Lärmen eines ehernen Beckens und einer dröhnenden Pauke. Unter »chalkós êchôn« dürfte ein Becken, ein Gong, gemeint sein, wie er im Tempel oder an heiligen Bäumen aufgehängt war, um in orgiastischen Kulten mit seinen lang-dröhnenden Tönen ekstatische Zustände vorzubereiten. Aber dieses schallende Getöse ohne Klarheit, Sinn und tiefere Bedeutung ist inhaltlos. Es mag wohl Aufmerksamkeit erregen und die Hörer berauschen und entzücken, aber es ist wie die Rede in der Verzückung, bar jedes geistlich-religiösen und sittlichen Wertes – ohne die Liebe. Es ist ein leer hallendes Geklimper.

Dann ist die Rede vom »kýmbalon alalázon«, der lärmenden Pauke,[49] mit der das ohne Liebe »prozedierende« Ich verglichen wird. Hier wird ein Vollzug ekstatischen Lärmens, wie er vor allem in orgiastischen Kulten Gang und Gäbe war, aufgegriffen und ins Bild übertragen. Vor allem war die phrygische Muttergottheit Kybele (römisch Magna Mater) in ein komplexes Feld von Kulten eingebunden. Im Aufnahmeritus als »rite de passage« wurde durch kathartische Riten eine Trennung vom bisherigen Status vollzogen und so die grundlegende Änderung der Selbstdefinition des Einzelnen in der Beziehung zur Mysteriengottheit vollzogen.[50] In einem Umkehrschluss dieser spiegelverkehrten Selbstbetrachtung und Ich-Analyse wäre alles Reden und Handeln ohne Liebe ein kindischer Narzissmus mit verwehendem Echo-Lärm und Brimborium sowie kriegschreierischem Getöse (Grundbedeutung von alalazô im Profangriechischen).

dd. Prophetie und Liebe: »Und wenn ich prophetisch reden könnte ...« (1 Kor 13,2a)

Auch das Vermögen, den Willen Gottes kundzutun, wird unter den Test der Liebe gerückt. Schon der Name »Pro-phet«, ein Nomen agentis, zusammengesetzt aus der Vorsilbe »pro-«, und einem Präverb mit dem Verbalstamm »phê« = sagen, sprechen, hat einen emphatischen Ton. Der Prophet hatte,

---

[49] alalazein wird bei der dionysischen Weinpresse als Ausdruck verwendet: bei Nonnos, Dionys, XII, 354; F. Schwenn, Gebet und Opfer, 1927, 38 ff.
[50] Die ältesten literarischen Zeugnisse sind Hipponax, Frg. 121 B (um 40 v.Chr.), und Pindar, Frg. 80; Euripides spricht in den Bacchen 78 f. von den ekstatischen Riten der »Großen Mutter Kybele«. Vgl. G. Thomas, Magna Mater and Attis, in: ANRW II, 17,3, 1984, 1500–1535; T. Köves, Zum Empfang der Magna Mater, in: Historia 12 (1963). 321–347; G. Sfameni Gasparo, Soteriologie and Mystic Aspects in the Cult of Cybele and Attis, 1985; Ph. Borgeaud, La mere des dieux, 1996; F. J. Dölger, Antike und Christentum, 1, 1929, 184 ff.

allgemein gesprochen, die Aufgabe, göttliche Zeichen zu deuten, d. h. in menschliche Sprache und menschliches Verstehen umzudeuten; Fragende und Rätselsuchende sollten eine göttliche Antwort vernehmen. So war z. B. die im Orakel (manteion) die in enthusiastischer Erregung »mantisch« sprechende Pythia[51], Stimme und Sprachrohr des sie inspirierenden Apollon.[52] Ihre im Enthusiasmus hervorgestoßenen Worte mussten durch die Orakelpropheten in menschliches »Verstehen« überführt werden.[53] Die Orakelgebung erfolgte »durch das Wort«, dià lógon (Strabo 17, 1, 43), um im »Angezeigten« das eigentlich Gemeinte durch Deutung zu finden. So galt die Inspirationsmantik bei den Griechen als Teil der Orakelprophetie, in der der Wille und Rat der Götter vernehmbar wurde. Dem Menschen wird erkennendes Verstehen (gnônai: Herodot III,58) zugetraut, zugleich aber wird er in die Schranken seiner Wirklichkeitsdeutung verwiesen.

Auch die urchristliche Prophetie ist eine aus der göttlichen Inspiration herausgeborene charismatische Rede. Sie ist Verkündigung des Heilsplanes Gottes mit der Welt und den Adressatengemeinden, sowie auch seines Willens in ihr und im Leben des Einzelnen. Die Prophetengabe ist ein von Gott durch den Geist geschenktes Charisma (vgl. 1 Kor 12,10), herausragend unter den anderen Gnadengaben, aber letztlich doch begrenzt und vergänglich (1 Kor 13,8 f.12), denn im Endzustand bedürfen die Glaubenden und Liebenden ihrer nicht, wie auch der bruchstückhaften Offenbarung, der Tröstung und des Zuspruchs.

ee. Mysterien, Gnosis, Glaube, Liebe: »... und wenn ich alle Geheimnisse (Mysterien) wüsste und alle Erkenntnis (Gnosis) hätte« ... »und allen Glauben« (13,2bc)

Wieder spricht Paulus im »Ich«, das für personale Beziehungen steht. Der pluralisch gebrauchte Begriff der »Mysterien«, der Geheimnisse, umfasst ein weites Bedeutungsspektrum und umgreift die kultischen Feiern der Antike, die ihren Mysten Heil (sôteria) verhießen in der weihenden Verbindung zwischen der Gottheit und ihren Mysten, die an der göttlichen Lebenskraft Anteil empfangen, um im Jenseits ein »gnadenvolles Heil« (precaria salus: Apuleius, Met. XI,21) zu erlangen. Für Paulus aber ist die im Christus-Mysterium bislang verborgene Weisheit Gottes heilbringend offenbar geworden (1 Kor 2,6–8). Auch das Eindringen in die Geheimnisse Gottes und seine verborgenen Ratschlüsse als besondere (prophetische) Geistesgaben (V. 2), wird an dem Haben der Liebe gemessen und durch sie qualifiziert. Auch im

---

[51] Vgl. Euripides, Ion, 42; 321; 1322.
[52] Euripides, Ion 92 f.; Plutarch, Def. Orac. 8 (II 414b).
[53] Platon, Tim 71e–72b; Charm. 173 c; Vgl. Herodot, I 67; III,57; V,92.

Phaidros (249a – 250c) Platons wird der Aufstieg der philosophischen Erkenntnis zur Schau »des wirklich Seienden« (249c), der »leuchtenden Schönheit« (250b), d.h. der Weg zum Göttlichen (249c) in Anlehnung an die Dionysosmysterien (249c.d) als Mysterienweihe beschrieben. So bedeutet der stufenweise Erkenntnis-Aufstieg zur vollendenden Schau die wahre Weihehandlung (Phaidr. 249c) und Philosophie wird zur Mystagogie hin zum göttlichen Seinsgrund der Welt.

Schon Platon integrierte Vorstellungen der Mysterien und deren Terminologie in seine Zielbestimmung des philosophischen Weges in der Schau des Göttlichen. So weist im Symposion 210a – 212c die Hierophantin Diotima Sokrates den Weg zur Erkenntnis dessen, was das Schöne sei (211c). Die Schönheit schöner Dinge lassen sich ohne die von ihnen unabhängig existierende Idee des Schönen nicht begreifen. Es ist ein Weg hinauf von den schönen Einzeldingen zur Idee des Schönen (»hôsper epanabasmois chrômenon« Symp. 211e), der vom Eros angespornt (vgl. Phaidr. 249d – 257b), vom einzelnen schönen Körper über schöne Körper schlechthin, über schöne Seelen, schöne Handlungen und Gesetze und schöne Erkenntnisse bis zur Erkenntnis des absoluten Schönen selbst führt, das »an sich und für sich stets eingestaltig ist, während alles andere Schöne etwa derart an ihm teilhat, dass dies andere zwar entsteht und vergeht, es selbst aber in nichts sich vergrößert oder verringert noch irgendeine Einwirkung erfährt« (211b). Dieses absolut Schöne, Grundsatz von Platons Ideenlehre,[54] wird mit der Idee des Guten und mit der wahren Tugend (aretê) (212a) häufig in Beziehung gesetzt. Den »pathê«, dem Leiden und Erleiden der Mysteriengottheit, entspricht das nacherlebende Leiden (pathein) der Mysten mit ihrem Sichfreuen und Sichbetrüben, der Klage und dem Jauchzen, dem Suchen und Finden, dem Streben und Leben als Form einer kultischen »Übertragung« des Götterschicksals auf den Mysten, um so eine erlösende Einigung zu stiften. Verschiedene göttliche Symbole dienen dazu, um Tod und Leben zu versinnbilden. In diesen Lebens- und Todesweihen mit dem Wechsel von Angst und Hoffnung, Trauer und Freude, Finsternis und Licht[55], erhält der Myste Anteil am Geschick der Mysteriengottheit. Er wird ihr Eigentum und Träger einer beseligenden Jenseitshoffnung. Ein Fragment (Pindar, 137: ed.

---

[54] Vgl. Krat. 439 c – 440 c; Euthyd. 300 e – 301 a; Phaid. 100 b–e; Gorg. 474d – 477a; Phaidr. 249 d – 252 b; Resp. V, 476 b–d; 479 a – 480 a; VI, 507 b; 508 e – 509 a; VII, 517 b–c; Phileb. 51 c; 64 d – 65 a; 66 a–b. Vgl. E Grassi, Die Theorie des Schönen in der Antike, ²1980.

[55] Aristophanes, Ran. 341 ff.; G. Anrich, Das antike Mysterienwesen in seinem Einfluss auf das Christentum, 1894; E. Mylonas, Eleusis and the Eleusinian Mysteries, 1961; D. H. Wiens, Mystery Concepts in Primitive Christianity and its Environment, in: ANR W II,23.2, 1980, 1248–1284; J. Alvar u.a., Cristianesimo primitivo y religiones mistéricas, 1994.

O. Schroeder) bringt es mit den Worten zum Ausdruck: »Selig, wer dies geschaut und dann eingeht unter die Erde. Er kennt des Lebens Ende, kennt auch den von Gott gegebenen Anfang«. Oder Sophokles, (Frg. 753 ed. Nauck): »dreimal selig sind die, die nach der Schau dieser Weihen hinab in den Hades steigen. Ihnen allein ist da unten Leben gegeben; alle andern erfahren dort nur Übles«. In den als heilig angesehenen Mysterienhandlungen (vgl. Homer, Hymn. Cer. 479) wird eine neue Teilhabe (metousia) mit der Mysteriengottheit gestiftet.[56]

Auch das Wort »Mysterien«, das in der altgriechischen Religion und seinem Mysterienkulten seinen Platz hat, weckte ein weites Assoziationsfeld wie Weihehandlungen, Neugeburt, Vergottung und Arkandisziplin. So sind die Mysteriengottheiten Demeter und Kore, Dionysos, die »großen Götter« von Samothrake, Kybele und Attis, Adonis, Isis und Osiris, sowie die kosmische Gottheit Mithras, erdbezogene chthonische Götter des »Stirb und Werde«. Ihre Mythen und Festzeiten haben einen deutlichen Bezug zum Wechsel der Vegetation, zugleich aber auch zum menschlichen Leben und Sterben. Damit sind die beiden Grundgeheimnisse der Wirklichkeit benannt, so dass diese nicht nur in der Verfügbarkeit und dem Machtbereich der Götter liegen, sondern selbst ihr eigenes Schicksal spiegeln. Als solche haben sie selbst ein Leidensschicksal, eine pathê, die im kultischen Drama seine Vergegenwärtigung findet.[57] In ihrem mythisch-personhaften Geschick waltet des »Stirb und Werde« der Natur, der Wandel des Entstehens und Vergehens. Als Protagonisten dieses Geschehens verwalten sie aufgrund ihres Schicksals das hinfällige und menschliche Leben und die notwendigen Lebenskräfte für ein seliges Los im Jenseits.[58] Spielt in der mythischen Kulterzählung gleichsam die Gottheit die Rolle der Mysten, so spielen in einer Inversion im Kultdrama die Hierophanten, Priester und Mysten die Rolle der Gottheit. So bot auch die Gnosis einen vergottenden Erkenntnisweg an. Wie die mystische Philosophie vollzog die Gnosis eine synkretistische Travestie der antiken Mysterienkulte und setzte den Umdeutungsprozess dahin fort, dass das verborgene himmlische Mysterium auf den Ursprung und auf die Erlösung des Menschen bezogen wurde. Im Vollzug der Erkenntnis in das im Irdischen gefangene Göttliche geschieht Erlösung, indem der Erkennende zu sich selbst in seinem eigentlichen Wesen zurückfindet.[59] Das Mysteriengeschehen vollzieht sich im Erkenntnis-Geben und –Empfangen, in der

---

[56] Proklos, in Alc. (ed. V. Cousin, 1964, p. 293, Z. 19 ff.).
[57] Vgl. Herodot, 2,171. Clemens Alex., Protr. 2,12,2 (I 11, 20 ff. St.); Apileius, Met. 11, 9 ff.; Plutarch, Is et Os 27 (II 361 d f).
[58] G. van der Leeuw, Phänonenologie der Religion, 1933, 459 f.
[59] Vgl. H. Jonas, Der Begriff der Gnosis, 1930; Ders., Gnosis und spätantiker Geist, ³1964; K. Rudolph, Gnosis und Gnostizismus. Ein Forschungsbericht, in: Theol. Rundschau NF 34 (1969) 121–231.

vernehmenden Kunde des je eigenen jenseitigen Ursprungs. Der pneumatische Mensch wird durch die Gnosis zur Vollendung gebracht, die, nach Tertullian (De praescr. heareticorum) wie die Philosophie um dieselben Fragen kreist: »Unde malum, unde homo, unde deus?«, »Woher das Böse, woher der Mensch, woher Gott?«

Auch der Glaube rückt nun in den Blick des Apostels und wird in seiner dynamisch-energetischen Kraft benannt (vgl. 1 Kor 2,4), mit dem bildkräftigen Bild vom »Berge versetzenden Glauben« (Vgl. Mt 17,20; 21,21 = Mk 11,23), einer sprichwörtlich gebrauchten Redeweise. Der Glaube hat Teil an der Allmacht und Kraft Gottes, denn dem Glaubenden ist alles möglich (Mk 9,23), hat aber sein Maß an der Liebe. Der hinsichtlich seines Bestandes als Gläubigsein ins Auge gefasste Glaube wird in Beziehung zur Liebe gesetzt als der von der Liebe bestimmten Bewegtheit und Lebendigkeit. Sie wird zum Maß des Glaubens und steht – wie die folgenden Ausführungen des Apostels es darlegen werden – im Zeichen des télos, der Zielbestimmung. Die Sprachengabe, die prophetische Rede und die Erkenntnis finden ihre Neuqualifizierung bis hin zur Radikalität der Gnosisbestimmung, dass alle Erkenntniswege, alles Mysterienwissen, in das sich der Myste einzuweihen sucht, ja alles kultische Tun und alles geheime Wissen ohne Liebe eine die Leere des »Wissenden« manifest machende Aufblähung ist.

ff. »Liebe« ohne Liebe (13,3)

Der dritte Satz behandelt eine »Liebe« ohne Liebe. Sie wird in ihren beiden Extremformen: Selbstverbrennung, oder Brandmarkung durch ein Sklavenmahl, oder das Martyrium als Selbstaufopferung und das Almosen in seiner Totalform: Hingabe allen Besitzes an die Armen, in den Blick genommen (13,3). Es ist der Mensch in seiner Körperlichkeit, in seinem leiblichen Leben, das sich dem Feuer anheim gibt in der Hingabe des Leibes als äußerster Möglichkeit des Opferdienstes. Gerade dieser Leib wird ins Äußerste gestellt. Der Mensch, der nicht abseits vom Leib lebt und Leib ist, sofern er sich auf sich bezieht und ein Verhältnis zu sich hat, als Instrument zum Tätigsein, ist Leib-Person und Ausdruck dessen, was mit ihr geschieht und was sie tut. In einem gedanklichen Dreischritt der Entfaltung wurde das Thema der Liebe als »Überweg« ex negativo entfaltet, wobei der Apostel eine Relativierung aller persönlichen Begabungen, heroischer Handlungen und menschlicher Selbstbespiegelungen vollzog: ohne Liebe sind sie »nichts«, nicht der Rede wert. Jetzt rückt er das »Haben« der Liebe in den Text am unverwechselbaren »Ich« ein. Kontextuell platzierte er sein »Zeigen« des »Überweges« in die Mitte zwischen Kap. 12 und Kap. 14, in denen von den Charismen, den Gnadengaben und persönlichen Begabungen die Rede ist, mit denen sich die Gemeinde aufbaut. Der »homo religiosus Christianus« kam in seinen höchsten Möglichkeiten und seiner Höchstform in den Blick und bei all solch vollkommener Verwirklichung der Charismen sind diese beim Fehl der Liebe nicht der Rede wert. Das dreimalige »monotone« »Liebe aber nicht hätte« ist wie ein Menetekel, das die menschlichen Begabungen, Eigenschaften und Leistungen wie ein eschatologischer Blitz (vgl. Mt 24,22) in Brand und Asche setzt. In solcher Fulguration ist die Liebe der kritische Begriff kat exochen für all das scheinbar außerordentlich sich Darstellende und den Menschen zur Extremform Nobilitierende. Es ist vom Nichtsein und vom Nichts-Nutzen die Rede. Eine Existenz ohne Liebe gerät ins Irreale und ihr Ich wird zu einer Fiktion. Dieses um sich selbst kreisende Ich – es betritt in den ersten drei Versen sechsmal die Lebensbühne – und stellt sich dar in verzückter Rede, in globaler Erkenntnis, in totalem Glauben und in rigorosem Absehen von sich selbst, dem radikalen sozialen Gestus der Weggabe all seiner Habe an die Armen, und der Radikalität der sogar zur Selbstverbrennung bereiten Überzeugung. All das verliert an Gewicht und zählt nicht, weil die Liebe fehlt. Der so, wie in der griechischen Tragödie in die Höhe gehobene Mensch, erfährt dabei seine Fall-Höhe. Es ist ein Sturz ins Nichts, weil das fehlt, was allem Reden, Wissen, Glauben und Tun allerst Sein gibt, die Liebe. Der »homo incurvatus in se«, der »in-sich-selbst-Verkrümmte« wird zu einem Scheingebilde, ohne echten Wert, weil er im Loslassen von sich selbst sich nicht auf die Liebe einlässt.

Sören Kierkegaard (1813–1855), der Anreger der »Theologie der Krise«, beschreibt in »etlichen christlichen Erwägungen in Form von Reden« – immer wieder in Rückgriff auf 1 Kor 13 – um mit dem Begriff Christ-Sein Ernst zu machen – der »Liebe Tun«[60] und führt es so aus: »Die Liebe setzt voraus, dass die Liebe in des anderen Menschen Herz zugegen ist, und unter dieser Voraussetzung eben erbaut er in ihm die Liebe – von Grund auf, sofern er sie ja liebend im Grunde voraussetzt«. Dieses »Voraussetzen« macht ja den Unterschied des Liebenden aus von all den anderen, die von einem Mangel ausgehen und zu etwas kommen wollen. »Setzt der Lehrer beim Schüler Unwissenheit voraus, so setzt der Liebende im Andern schon voraus, dass die Liebe in ihm sei und gerade dadurch locke er das Gute hervor. Mag sich das als so leicht anhören und als Bewegung das Leichteste sein, das dem Menschen wohltue und ihn verändere, ohne dass man eigentlich wisse wie, so ist es zugleich das Schwierigste. Der Mensch müsse dabei gegen seinen eigenen Drang, über den anderen Menschen zu herrschen, ankämpfen.« Und: »Es kann deshalb den Menschen reizen, Baumeister zu sein, weil es anscheinend heißt, über andere zu herrschen; aber erbauen, wie die Liebe es tut, kann nicht reizen, denn es heißt eben, der Dienende sein; deshalb hat

---

[60] S. Kierkegaard, Liebe erbaut, in: Der Liebe Tun. Etliche christliche Erwägungen in Form von Reden, in: Ges. Werke 19, 1966, 233–249.

nur die Liebe Lust zu erbauen, weil sie bereit ist zu dienen.« Und Kierkegaard fährt fort: »Schau, hier zeigt sich eben, wie schwierig die Baukunst ist, welche die Liebe übt und die sich beschrieben findet an jener berühmten Stelle bei Apostel Paulus (1. Kor 13); denn was dort von der Liebe gesagt ist, ist eben die nähere Bestimmung dessen, wie sie sich beim Erbauen verhält. ›Die Liebe ist langmütig‹, dadurch erbaut sie; denn Langmut heißt ja eben, beharrlich voraussetzen, dass die Liebe doch im Grunde gegenwärtig ist. Deshalb trägt sie nicht Neid, auch nicht Groll; denn Neid und Groll leugnen die Liebe in dem anderen Menschen und verzehren deshalb, falls es möglich wäre, die Grundfeste. Die Liebe, welche erbaut, trägt dagegen des anderen Menschen Missverständnis, seine Undankbarkeit, seinen Zorn – daran hat sie schon genug zu tragen, wie sollte die Liebe dann zugleich Neid und Zorn tragen können! ... Die Liebe suchet nicht das Ihre, deshalb erbaut sie. Denn wer das Seine sucht, muss ja alles andere beiseite schaffen, er muss niederreißen, um Platz zu bekommen für das Seine, das er erbauen will. Aber Liebe setzt voraus, dass Liebe im Grunde zugegen ist, deshalb erbaut sie. Sie freut sich nicht der Ungerechtigkeit ... Liebe hingegen freut sich an der Voraussetzung, dass die Liebe im Grunde zugegen ist, deshalb erbaut sie ... ; sie bläht sich nicht auf in der Meinung, dass sie die Liebe in dem anderen Menschen schaffen sollte, sie ist nicht erbittert und mutwillig, ungeduldig, fast hoffnungslos geschäftig, erst niederreißen zu müssen, um dann wieder aufzubauen; nein, sie setzt stets voraus, dass die Liebe im Grunde zugegen ist. Deshalb ist es unbedingt der erbaulichste Anblick, die Liebe erbauen zu sehen, ein Anblick, durch den selbst Engel erbaut werden.«

e. Das Tun und Walten der Liebe (13,4–7) – ihre Existentialisierung

Der Apostel setzt in 13,4–7 mit der Beschreibung des Wesens der Liebe ein, der descriptio rei.[61] Die Wesensart der Liebe will im Wandeln in der Liebe des homo amans gezeigt werden und zwar mit Hilfe einer Sequenz von Zeit-Wörtern als den Handlungs- und Verhaltensweisen des Menschen in der Zeit. Die Liebe als existentieller Begriff entfaltet sich in ihrem Walten. Wird in der politischen und gerichtlichen Rede der Fall, das Thema narrativ dargelegt, so hier durch Ja- und Neinaussagen ihr Wesen bestimmt, was sie ist und nicht ist, was sie tut und nicht tut. Subjekt ist die Liebe. Den zwei affirmativen Aussagen werden acht negierende Prädikationen gegenübergestellt, wobei die letzte Negation wieder in eine Bejahung übergeht: »sie (die Liebe)

---

[61] Lausberg § 83.2; 369; Vgl. K. Berger, Exegese des Neuen Testaments (UTB 658), 1977,77. Ders., Hellenistische Gattungen im Neuen Testament, in: ANRW 2.25.2 (1984) 1219–1220.

freut sich aber der Wahrheit« (V. 7). Dem vermeintlichen Alleskönnen des homo religiosus in seiner viermaligen Höchstleistung und Hochstilisierung wird in V. 7 das Vierfache All-Vermögen (pánta) der Liebe entgegengesetzt. Die ganze Sequenz der Urteile im Abschnitt ist nach ihrer logischen Qualität als Affirmation, Negation und Universalität angeordnet. Die »feinen« Laster der begabten Überlegenheit und »falschen« Vollkommenheit in Korinth finden vor dem Forum der Liebe ihre Charakterisierung und Systematisierung. Die verbalen Aussagen sind asyndetisch und antithetisch nebeneinander gereiht, um die neue Möglichkeit christlicher Existenz als »Überweg« (12,31b), als einen Weg über alles Maß und Ziel hinaus (vgl. 2 Kor 4,17), aufzuweisen und seine »Überschwänglichkeit« am Verhalten zu demonstrieren. Der Text ist kompromisslos, so dass an der Liebe gezeigt wird, wie alles durch sie erst wirk-lich wird. Reflexiv lässt sich sagen, dass es nicht nur eine »List der Vernunft« (G. F. Hegel) gibt, sondern auch eine »List der Liebe« (Paulus). Er bedient sich dabei des Stils der Tugendkataloge oder Aretalogien[62], die das Außergewöhnliche einer Person preisen und ehren. Die Sequenz der Urteile in V. 4–7 in ihrer kunstvoll gestalteten logischen Qualität ist affirmativ, negativ, universal. Das vierfache »Alles« (panta) der Liebe am Schluss in V. 7 gibt kontrastiv eine Antwort auf das viermalige vermeintliche Alleskönnen des homo religiosus christianus in V. 1–3. In V. 7 begegnet ein neuer, Vers 4a aufnehmender Chiasmus, der ihn zugleich abschließt mit Glaube und Hoffnung in der Mitte, die in die Liebe integriert worden sind: »sie erträgt alles, sie glaubt alles, sie hofft alles, sie duldet alles«. Die einzelnen Glieder der kurzen Verbalaussagen mit der Agape als Subjekt, sind asyndetisch aneinander gereiht und spiegeln, wie G. von Rad gezeigt hat[63], die jüdisch-hellenistische Lehrtradition. Die eindrücklichsten gattungsmäßigen Parallelen finden sich im sog. »Testament der Zwölf Patriarchen«, vor allem Test.Issachar 4 und Test.Benjamin 6.

f. Die »Langmütigkeit« und »Freundlichkeit« der Liebe (13,4)

Das abstrakte Substantiv »die Liebe« wird gleich zu Beginn von ihrer Grundvollkommenheit her bestimmt, als langmütig – und als freundlich

---

[62] So waren die Aretalogien an den griechischen Heiligtümern Erzähler, die die großen Taten (aretai) der lokalen Gottheiten kundtaten, vor allem in Heil- und Isiskulten. Vgl. S. Versnel, Ter unus, 1990, 191 f.; E. Norden, Agnostos Theos, 1913, 143–277.
[63] G. v. Rad, Die Vorgeschichte der Gattung von 1. Kor 13,4–7, in: Geschichte und Altes Testament, 1953, 153 ff. = Gesammelte Studien zum Alten Testament, 1958, 281 ff.; W. Tebbe, Neuere Arbeiten zum »Hohenlied der Liebe«, in: MPTh 43 (1954) 471 ff. G. Bornkamm, Der köstlichere Weg. 1 Kor 13, in: Das Ende des Gesetzes. Paulusstudien, Ges. Aufs. Bd. 1, München 1952, 93–112.

(V. 4). »Die Liebe ist langmütig« (»großmütig«), d. h. sie kennt das geduldige und selbstlose Ertragen des Nächsten. Als Charisma wird sie so in den Horizont der Liebe Gottes und Christi zu den Menschen gerückt. So ist die Selbstbestimmung der Liebe Gottes in ihrer Langmut und Freundlichkeit eine Begrenzung des Gerichtszornes, um durch das Ansichhalten (anochê) und die Freundlichkeit den Irrenden zur Einsicht zu führen (Röm 2,4).[64] Langmut/Großmut und Freundlichkeit/Sanftmut sind die beiden auch in 2 Kor 6,6, und Gal 5,22b nebeneinander stehenden Grundvollkommenheiten der Liebe. Es geht um den langen Mut, den langen »Atem« der Liebe, die selbstlos auf ihr eigenes Recht verzichtet und sich selbst geduldig zurückstellt, um mit dem anderen nie »fertig« zu sein. Mitgemeint ist ein ausharrender und nobler Sinn des Gewährens mit der Gebärde eines weiten Herzens. Die affirmative Anfangscharakterisierung schließt die beiden Prädikate durch das Subjekt »Liebe« in der Mitte zusammen, so dass die untereinander geschriebenen Zeilen einen Chiasmus ergeben:

»Die Liebe ist langmütig,
freundlich ist die Liebe.«

Das Langmütigsein ist ein Prädikat der Liebe und wird der Lebensäußerung des »Freundlichseins« (chresteuesthai) zugeordnet. Die Liebe ist in jeder Beziehung (pânta) langmütig, wo es in Ps 19,11 von Gott absolut gebraucht wird. Es ist die Langmut gegen andere, jener lange Atem der Geduld in der verändernden Kraft der Liebe, die einen offen auf Neues macht, die im Urteil großzügig ist und die negative Tendenz im Griff hat. Die Lang- und Großmut und die Freundlichkeit/Sanftmut sind Primärcharakteristika der Liebe. Die erste Aussage des Langmütig-Seins bildet einen Wortzusammenhang mit thymos, dem Mut (auch Zorn) als einer Form bewussten seelischen Lebens oder des Herzens, dem Sitz von Gefühlen, Affekten, Emotionen. Die Begierde (epithymia) bezeichnet die von Lust oder Unlust begleitete seelische Tätigkeit des Begehrens nach äußeren oder inneren Gütern[65] und wird in der griechischen Philosophie ethisch, nicht religiös abgewertet als affekthaftes Vergehen des Menschen gegen seine eigene Vernünftigkeit. Als eine exzessive motivierende Ursache des Handelns (hormê) bewegt sie sich im Kreis irrationalen Meinens[66] und bedarf der Überwindung.[67] Makrothymein, langmütig sein, die geduldige Ausdauer haben, wird durch die Liebe be-

---

[64] Vgl. die Charakterisierung Gottes in den Psalmen: Der Beter dankt und preist die Freundlichkeit und Güte Gottes (chrestos LXX Ps 106,1; 107,1; 135,3; 136,1; 34,9; agathos z. B. Ps 118,1.
[65] Vgl. Platon, Rep. IV, 430ff.; Phileb. 34ff.; 65ff.
[66] Vgl. Stobaios ecl. 2,88,8 – 2,90,6; SVF III, 378.389.
[67] Vgl. Lactantius, div. inst. 6m14 = SVF III, 444. J. Annas, Hellinistic Philosophy of the Mind, 1992, 103–120. 189–199.

stimmt und erhält von ihr her ihr Kolorit und ihre Tiefe. Sie lässt menschliches Verhalten in einem neuen Licht sehen. Gegenüber der Begierde (epithymia) als verkrampfter Selbstsüchtigkeit des Menschen ist das Langmütig-Sein Spiegelung der Langmut Christi.[68]

»Chresteuetai«, wird mit »freundlich« oder »gütig« übersetzt. Es bedeutet, sich gegenüber jemanden als gütig oder liebreich zu erzeigen, d.i. als freundlich. Der pragmatische Grundton bei chrêstos« (= brauchbar, geeignet, tüchtig, aber auch angenehm und mild), lässt die Liebe, die Subjekt ist, von »praktischem Nutzen«, »brauchbar«, ehrbar, sittlich gut und konstruktiv sein. Der Begriff korrespondiert zu 13,3, dem ôpheloumai = zu Nutzen sein. Ohne die Liebe ist alles nutzlos, unförderlich, bietet keine Unterstützung, verfängt nicht (vgl. Mt 27,24). Das Wort, das das Handeln der Liebe charakterisiert, umfasst den Bereich der Güte, Freundlichkeit und Milde und gehörte im Profangriechischen der Antike zum Stil ehrender Anrede und öffentlicher Ehrenproklamationen.[69] Bei Paulus steht die den Begriff bestimmende Heilserfahrung der offenbaren Liebe Gottes in Christus im Hintergrund, die durch den Geist in die Herzen der Glaubenden ausgegossen wurde (Röm 5.5). Insofern transzendiert sie die aus stoisch-kynischer Tradition stammende Vorstellung allgemein humanitären Inhalts.[70] Damit rückt der Apostel die Wortgruppe in seine Heilstheologie ein.[71] In Kol 3,12 wird sie mit dem Verhalten des Kyrios selbst verglichen und von ihm her begründet, während sie Gal 5,22 als »Frucht des Geistes« erscheint. Auf die zwei Grundvollkommenheiten der Liebe, der Langmut und Güte, folgen acht einzelne, in den Blick genommene spezifische Laster, die indirekt die begabte, scheinbare Überlegenheit korinthischer Kreise parodiert. In der phänomenologisch aufzählenden Charakterisierung und Systematisierung der acht Glieder[72] kommen zunächst drei sittlich verwerfliche Haltungen in den Blick, die das individuelle Handeln negativ bestimmen, und zwar das falsche Eifern, als aufgebrachtes Sich-Ereifern, Prahlen und Aufgeblähtsein.

---

[68] 2 Kor 6,6; Kol 3.12.
[69] Vgl. Dio Cassius 73,5,2; Herodian, Hist. II, 9,9.
[70] Siehe hierzu L. R. Stachowiak, Chrestotes. Ihre biblisch-theologische Entwicklung, in: Studia Friburgensia NF 17 (1957) 93–98.
[71] Vgl. Röm 11,22; Tit 3,4 ff.; Eph 2,7; Lk 6,37 f. leitet das »gütige, freundliche Verhalten zum Nächsten« von der Güte und Milde Gottes ab.
[72] Vgl. die Lasterkataloge Gal 5,19–21; Röm 1,29–31. In Gal 5 kommen auf 9 Früchte des Geistes (V. 22) 17 des Fleisches (V. 19–21). In freiem Anschluss an die frühjüdische Zwei-Wege-Lehre wie an die hellenistische Diatribe werden Begriffe ethisch-moralischer Art zusammengestellt, die allgemeine oder spezielle Weisen des Verhaltens oder der Gesinnung benennen. Vgl. A. Vögtle, Die Tugend- und Lasterkataloge im NT, 1959. Unter den zehn Tugenden in Gal 5,22 f. eröffnet die Liebe (agape) als die wichtigste die Reihe und am Ende steht enkráteia, die Selbstbeherrschung. Vgl. E. Kamlah, Die Form der katholischen Paränese im NT, 1964.

Kritisch kommen nun die 2³ = 8 Laster falscher Vollkommenheit in den Blick und zerfallen in zwei Gruppen: einerseits das »Eifern« und andererseits »das Seine Suchen«. Das Eifern wird als falsches »Streben«, denn es gibt auch ein gutes (1 Kor 12,31; 14,1; 2 Kor 11,2), charakterisiert, als Sich-Ereifern. Es wird dreifach konkretisiert mit sich brüsten, sich aufblähen, die Form des Schicklichen verlieren. In der zweiten Gruppe unter dem Aspekt »das Seine suchen« wird dreifach das Verhalten zum Nächsten beschrieben: sich reizen lassen, das Böse zurechnen, sich an Ungerechtigkeit freuen (sc. die der andere getan hat). Ist hier von der Liebe die Rede, so indirekt auch von ihrer sie subkutan bedrohenden Gegnerin, der Gnosis. Es ist eine Art Paraphrase und Sequenz abgrenzender Kennzeichnungen der Liebe, die sich in ihren eifernden Anliegen nicht von einem falschen Eifer, einer zum Fanatismus neigenden Haltung bestimmen lässt.

g. Die Liebe ereifert sich nicht (13,4b)

Es ist das in Leidenschaft geratene Sich-ereifern, das in der Nähe zum Erbostsein und zum Streit steht und meint, die eigene Sache und Meinung egoistisch und eifer-süchtig verteidigen zu müssen. Dabei kann das eifrige Ausführen des Handelns (1 Kor 12,31): »Strebt nach den besten Gaben« (Zêloute dè tà charismáta tà meízona) auch verwerfliche und die Gemeinschaft vergiftende Formen annehmen. Das Eifern als falsches »zêloun« = »Eifern«[73], als Sich-Ereifern charakterisiert, wird durch ein Gefüge von drei Lastern beschrieben: dem Sich-brüsten, dem Sich-aufblähen, und dem die Form-verlieren (aschêmonein) in Bezug auf das, was schicklich ist. Der Apostel spricht vom »Eifern« in dessen negativer Abart und Bewertung. Ist das Eifern als eifriges Ausgerichtetsein des Handelns auf ein Gut, ein Ideal und als strebendes Bemühen Bestandteil der Ethik, so kann es auch die unbeherrschte Aufwallung, das in Leidenschaft geratene Eifern als Sichereifern meinen. In solch verwerflicher Form kann es die menschliche Gemeinschaft vergiften und wird in seiner Lieblosigkeit als verderbliches Sichereifern zur Eifersucht und destruktiv (vgl. Hesiod, Erga, 193 ff.).

»Sie prahlt nicht«: Im naiven prahlenden Sich-in-Szene-Setzen und zur Geltung-Bringen wird der andere indirekt desavouiert und durch eitles Übertreiben verachtet. Die Liebe in ihrer Gewichtigkeit zum Sachlichen und Wirklichen lässt dieses so erscheinen, wie es ist, ohne eitle Schaustellung

---

[73] Vgl. G. Bertram, Hochmut und verwandte Begriffe im griechischen und hebräischen AT (WO 3), 1964, 29–38; K. Latte, Schuld und Sühne in der griechischen Religion, in: Ders., Kleine Schriften, 1968, 3–35; M. W. Dickie, Hesychia and Hybris in Pindar, in: Greek Poetry and Philosophy, FS L. Woodbury (Hg.), D. E. Gerber, 1984, 83–109.

und Übertreibung. Sie liebt das Authentische, ist gesammelt und klar. Sie führt sich nicht als Prahlhans auf.

Das Stück »Alazón«, der »Angeber«, von einem unbekannten griechischen Autor, diente der lateinischen Intrigenkomödie »Miles gloriosus« (»Der eitle Soldat«) des Titus M. Plautus (um 250–184 v. Chr.) als Vorlage. Inmitten der verschiedenen Typen wie der Drahtzieher und durchtriebene Intrigant im Geschehen, bildet der Typ des jugendlichen Liebhabers, ein Pseudo-Epikureer, die zentrale Gestalt eines prahlerischen Großmauls, Pyrgopolinices mit Namen. Er ist die Spiegelung eines der vielen Söldneroffiziere, die in der Diadochenzeit allem und jedem dienten, wenn die Bezahlung stimmte.[74]

Das hochmütige sich Aufblähen (physioun) ist an die Adresse der Gnostiker (1 Kor 8,1) gesagt und an all die, die göttliche Geheimnisse zu wissen meinen (4,1.6). Eine solch vermessene Hybris verleitet dazu, in den dem Menschen gesetzten Grenzen »zu weit zu gehen«. Im Blick kann der vermeintlich wissensstarke und im Wissen über das Heil verfügende Gnostiker apostrophiert sein, der sich in seiner Selbsterbauung über andere erhebt. In dieser seiner Selbstanmaßung macht er seine Existenz zu einem leeren, illusionären Gebilde. So war Hybris, »Hochmut«, bei den Griechen der Gegenbegriff zu »Recht und Ordnung« und schon seit Hesiod in die Systematik des Rechtsdenkens eingezeichnet. Es fand eine grausame Ahndung in der frevelhaften Haltung den Göttern gegenüber: So Tantalos (Pindar, Olympien, 1,54–64), so Ixion: (Pindar, Pythien, 2, 21–89, bes. 26–29), so Xerxes (Aischylos, Perser, 807–814.821 f. 827 f. u. a.). Hochmut/Hybris – Unglück wird zum moralischen Deutungsmuster der Geschichte. (Vgl. Thukydides III,45, 4–6; vgl. III,39,4).

Das Wort »sich aufblähen« steht in der Nähe der unbegründeten Anmaßung, die Anstoß erregt, wie dies auf die »Starken« in der gnosisaffinen Korinthergemeinde zutrifft (vgl. 1 Kor 8,9). Die rednerische Form des Prahlens kann Unruhe und Streit stiften und verletzend sein.

Dieses frevlerische Hinausdrängen über das dem Menschen gesetzte Maß in der konkreten Form der Lästerung der Götter, oder der Tyrannis den Menschen gegenüber, oder das kein Maß und keine Grenzen kennende Vertrauen des Menschen auf seine eigenen Kräfte, findet vor allem in der griechischen Tragödie ihren Platz und gelangt von dort in die ethischen Abhandlungen der klassischen und hellenistischen Philosophie. Positive Gegen-

---

[74] Vgl. K. Gaiser, Zum ›Miles gloriosus‹ des Plautus: Eine neuerschlossene Menander-Komödie und ihre literaturgeschichtliche Stellung (1967), in: E. Lefèvre (Hg.), Die römische Komödie: Plautus und Terenz, 1973, 205–248. E. Lefèvre, Plautus-Studien 4. Die Umformung des »Alazón« zur Doppelkomödie des »Miles gloriosus«, in: Hermes 112 (1984) 30–53. L. Schaaf, Der miles gloriosus des Plautus und sein griechisches Original. Ein Beitrag zur Kontaminationsfrage, 1977.

begriffe sind aidôs,⁷⁵ das Schamgefühl, die Beschämung über geschehenes und negativ bewertetes Verhalten. Der Begriff wird in der Moderne zur Unterscheidung zwischen den sog. »Schamkulturen« und sog. »Schuldkulturen« herangezogen. Geht es bei den ersteren um eine Anleitung zu gutem Verhalten durch externe Sanktionen, so bei den sog. »Schuldkulturen« um die internalisierte Überzeugung von Schuldhaftigkeit.⁷⁶ Ein Gegenbegriff zu Hybris ist sôphrosynê, Besonnenheit, lat. temperantia. Das Wort »sôphrôn« ist zusammengesetzt aus dem Adjektiv »sôs« und bedeutet heil, gesund, unversehrt, sicher, gewiss, und dem Substantiv phrên = Verstand, Einsicht, Gemüt, Wille. Das Wort sôphrosynê bedeutet demnach von heilem, gesundem, unversehrtem Verstand und Gemüt sein, unversehrte Einsicht und unversehrten Willen haben.⁷⁷ Die daraus folgenden Eigenschaften stehen im Umschluss dieses Begriffes und bedeuten: Kontrolle besitzen über die sinnlichen Begierden, mäßig, besonnen, enthaltsam und frei von überwältigender Leidenschaft sein,⁷⁸ dann selbstbeherrscht und Maß haltend in allen Lebensvollzügen.⁷⁹ Die Besonnenheit gibt dem Menschen die innere Freiheit von Irritationen durch ungehinderte, irrationale Leidenschaften und Begierden. Die Tugend der Besonnenheit hat in den hellenistischen philosophischen Schulen ihren bleibenden Platz im Kanon der Tugenden und wird als »temperantia« Bestandteil der sieben christlichen Kardinaltugenden wie auch der »platonischen« Tugenden seiner »Politeia«, neben sophia, dikaiosyne, andreia (Tapferkeit, Mannhaftigkeit), die Disziplin und Rationalität im Handeln umgreift,⁸⁰ egoistische Motivation ausschließt und sich mit seiner Wohlgesinntheit dem Gemeinwohl verpflichtet weiß.

Zwei weitere Gegenbegriffe zur Hybris sind dikê, und métron, das Recht und das Maß.

Dikê, das Recht,⁸¹ und auch als Göttin personifiziert, Tochter des Zeus und der Themis, und so Garantin der Satzungen (Hesiod, Theog. 902), stammt von der indogermanischen Wurzel »dik« (vgl. das lat. dicere; das griech. deiknymi = ich zeige an) her und bedeutet als Verbalabstraktum

---

[75] D. L. Cairns, Aidôs, 1993;
[76] B. Williams, Shame and Necessity, 1993; E. R. Dodds, The Greek and the Irrational, 1951.
[77] Xenophon, Mem. 4,3,2; Platon, Ep. VII, 336 c 3.
[78] Platon, Gorg. 491 d; Leg. 665 e. 728e. 733e; Isokrates, 7,13.
[79] Platon, Phaid. 68c; vgl. 82b; Rep. IV, 430 e ff.; Phaidr. 237 e und Symp. 196c mit der Definition: sôphrosynê stelle »das Herrschen über Lüste und Begierden« dar; Aristoteles, Pol. 1263 b 9; EN III, 13, 1117 b 23.
[80] Platon, Phaid. 82 a f; 69b; Pol 306 a ff.; Rep. IV, 442c: Die Vernunft rückt ins Zentrum des Tugendverständnisses, wenn ein solcher als tapfer gilt, der »sein Mutartiges durch Lust und Unlust hindurch immer treu bewahrt, was von der Vernunft als furchtbar angekündigt worden ist, und was als nicht«.
[81] Vgl. E. Gschnitzer, Zur Terminologie von ›Gesetz‹ und ›Recht‹ im frühen Griechisch, in: G. Thür u. J. Vellisaropoulos-Karakostas (Hg.), Symposion 1995, 1997, 3–10.

»Zeige, Weisung«, und dann im Bedeutungsfeld der »rechtlichen Gesinnung« die personifizierte »Gerechtigkeit«. Die philosophische Valenz des Begriffes zeigt sich bereits in der Personifikation der Göttin Dike bei Hesiod und wechselt oft hin zur abstrakten Begrifflichkeit. In seinen »Erga« (202 ff.) erzählt Hesiod die Fabel vom Falken und der Nachtigall als Auseinandersetzung um das »Recht des Stärkeren« und »Schwächeren«. Die Gefährdung des Stärkeren ist die Hybris, der er nicht verfallen dürfe, sondern er solle auf Dike, das Recht hören, ein Weg, der gerechte Verhältnisse (ta dikaia) schafft und vor Übeln bewahrt. Bei Heraklit sind die Erinyen, die Rachegeister, Begleiterinnen und Helferinnen der Dike und verhindern, dass die Sonne aus der ihr zugewiesenen Bahn trete (Dk B 94). Der Rechtsgedanke steht mit der Ordnung des Kosmos in einer Korrelation. Und nach Anaximander (DK 12 B 1) zahlen die Dinge einander Strafe (tisin kai dikên didonai), indem sie den jeweiligen Seinsanspruch an das Folgende aufgeben. Anaximander beschreibt in seinem Logion den Kosmos als ein Prozessgeschehen: seine konstitutiven Bestandteile stehen in einem Wechselspiel von Unrecht und korrespondierender Buße. Jedes Entstehen reißt von dem, aus dem es entsteht, etwas an sich. Es muss Buße zahlen durch Zugrundegehen, damit der Ausgleich wieder geschaffen wird. Das vorsätzliche Unrechttun als Ausdruck menschlicher Bosheit und Schlechtigkeit ist für den Platonischen Sokrates für den Täter ein größeres Übel als für das Opfer, das es erleidet. Es ist Verdüsterung der Seele des Übeltäters und ein Überhandnehmen des Tierischen über das menschliche Vermögen (Rep. IX, 588b–590a), ein Aufstand (stasis) unter dem funktional geordneten Seelenvermögen (Rep. IV 444a–e). Auch die Freude am Unrecht missbraucht das als Gruß in der persönlichen Begegnung und im griechischen Briefformular verwendete »chairein«, »sich freuen« zu einem negativ bewerteten und widervernünftigen Affekt. »Metron«, das einer Sache inhärente Maß, zentraler Begriff der Tugendlehre und schon in der alten Spruchweisheit (z. B. Kleobulos, DK 10,3a,1) fassbar, ist Tugend des Maßhaltens mit der gelungenen Mitte zwischen den Extremen, zwischen dem Übermaß und dem Mangel. Es ist der Oberbegriff zum Maßvollen (metrion), Angemessenen (prepon), zum richtigen Augenblick (kairós) und dem dem Menschen Aufgetragenen (to déon).[82]

---

[82] Vgl. Platon, Pol. 283c–284e.

h. »Die Liebe handelt nicht ungehörig« (13,5a)

Das »ouk aschêmonein« bedeutet nicht aus dem Schema fallen, angemessen, schicklich (prepon) sein und ist ein Begriff des ethisch wie ästhetisch Ansehnlichen. In dem Verb ist ein visuelles Moment enthalten, das schêma, die Gestalt, Form, Figur. »Prepon«, der Angemessene, Schickliche in Bezug auf die menschliche Tätigkeit und seine Rolle, weist auf die kunstgerechte (Gorg. 503 e) und wohlgeordnete Fügung der einzelnen Teile zueinander wie zum Ganzen hin (Phaidr. 268 d). Der Begriff ist als das Passende im täglichen Miteinander wichtig und spielt bei Aristoteles, vor allem bei der Selbstdarstellung des Einzelnen in der Öffentlichkeit, eine Rolle[83] (EN IV, 12,1127 a 2). Es kommt darauf an, wer und wie eine Person handelt, in welcher Situation und mit welchen Mitteln[84] (EN IV, 4, 1122 a 25 f.). Alles muss zueinander passen, wenn einer handelt[85] (EN IV, 5,1122 b 24). Der Hochherzige (megaloprepês) wahrt die Mitte zwischen einem Zuviel und einem Zuwenig. Cicero übersetzt das »prepon« mit »decorum«, das für ihn aber untrennbar mit dem honestum, dem moralisch Richtigen, verbunden ist (De officiis) als absoluter Maßstab des Sittlichen (off. 1,11–14). Es ist aus der Vernunftnatur des Menschen ableitbar. Nach stoischer Lehre bezeichnet es das spezifisch Menschengemäße, Sittliche (De off. 1,96), dem die Lebensführung entsprechen soll.[86] Die Begriffe aschêmosynê und euschêmosyne umgreifen mit ihren Ableitungen das ganze Feld der inneren und äußeren Schönheit, Ordnung, Zucht und Schamhaftigkeit. Als Widerschein der Selbstlosigkeit, des Absehens von sich selbst und dem Weggehen von sich selbst, strahlt die Liebe Anmut und Wohlgefälligkeit aus, lässt sich aber nicht »gehen«. Es geht um den ehrbaren, anständigen Lebenswandel (vgl. 1 Kor 7,35; 14,10), um jene gewinnende Außenansicht christlicher Existenz, die gute äußere Haltung (schêma), die die innere spiegelt. Mitgemeint sind die Merkmale von Sitte, Konvention, Zucht und Maß sowie das Geziemende.[87] Es ist die Haltung und Erscheinungsweise des inneren Wesens der Liebe, die sich im äußeren Anstand menschlichen Verhaltens zeigt.

---

[83] Aristoteles, EN
[84] Ders.,
[85] Ders.,
[86] Vgl. M. Pohlenz, To Prepon, in: Ders., Kleine Schriften I, 1965; H. De Witt, Quo Virtus, 1987.
[87] Vgl. Epiktet, Diss. IV 1, 183; IV, 12,6; Spr. 11,25 (LXX).

XVII Liebe in der Theologie des Neuen Bundes

i. Die Liebe »sucht nicht das Ihre« (13,5b)

Die Liebe ist Subjektivität und Transzendierung der Subjektivität auf Gott und den Nächsten hin. Sie ist Freiheit von sich selbst, von jeder Selbstbespiegelung und Selbstkonsumation, denn sie kennt weder den »Hochmut« der zelebrierten Bescheidenheit noch die Modi moderner sich selbst inszenierender »Tiefstapelei«. Ihr Orientierungspunkt ist die Gesinnung Jesu Christi, der nach dem Philipperbrief-Hymnus (Phil 2,5–11) die Lebensweisung enthält: »jeder achte nicht nur auf das eigene Wohl, sondern auch auf das des anderen« (Phil 2,4). Es ist eine Gesinnung gefordert, die der Gesinnung Jesu Christi entspricht, der nicht das Seine gesucht und sich selbst zu Gefallen gelebt hat, sondern sich entäußert hat in der Annahme der conditio humana (Vgl. Phil 2,6f.). Dieses Nichtsuchen des »Ihrigen« der Liebe wird analytisch an mehreren Einzelzügen Verdeutlicht: »sie lässt sich nicht zum Zorn reizen« (paroxynein) (V. 5), denn die Liebe als Überwindung des selbstsüchtigen Ich sistiert auch das Wütend- und Zornigsein, die Bitterkeit und Gereiztheit.

In der attischen Tragödie ist solch eine Zorneshaltung zu einem Element des Tragischen geworden, die den Menschen zu manchen Handlungen treibt, zu jenem dämonischen Übermaß des Wollens, das mit der schicksalhaften Notwendigkeit (ananke) Hand in Hand geht. Als stärkste Weise innerer Wallung des thymos, die intentional als Zorn, Wut oder als Rache[88] nach außen drängt und sich auswirkt, macht dieser vernunftwidrige Affekt vor nichts halt.[89] Der Zorn des Menschen scheint oft selbstisch durch die Eigeninteressen des Menschen begründet, die ihm verletzt erscheinen und ihn zum Unrechttun verführen (Spr 14,17). Das »Buch der Sprüche« kennt den Gegensatz von Zornigem und Weisem und orientiert sich dabei an der ägyptischen Weisheitstradition, wo der Tor geradezu der »Hitzige« heißen kann.[90] Das Zürnen als leidenschaftliche Gemütsbewegung fällt in Kol 3,8 und Eph 4,31 unter das Verdikt der »kakía« und hat das Negativ-Gewicht des sündigen Bösen.

---

[88] Vgl. Aischylos, Agam. 214–218; vgl. 68–71; Sophokles, Elektra 221 f.; vgl. 1011; Aristoteles, Rhet. II 2 p 1378 a 31. Seneca, De Ira 4: vgl. Kol 3,8 und Eph 4,31. Seneca: »irae ... in verborum maledictorumque amaritudinem effusae« (a.a.O.). Es spiegelt sich darin die landläufige Synonymik und Systematik der ira-Formen der Stoa.

[89] Sophokles, Ant. 280.766; Oed. Tyr. 337.404 f. 523 f. Für Euripides ist der Zorn ein amêchanon kakón Med. 446 f. Plutarch, De ira cohibenda 5 (II 455d); Menander Frg. 574 (CAF III, 175). Chrysippus, Frg. 444 (von Arnim III, 108,34 ff.): Stoici ... voluerunt eam (sc. iram) penitus excidere.

[90] Vgl. J. Fichtner, Die altorientalische Weisheit in ihrer israelisch-jüdischen Ausprägung, 1933, 20 f. Bei Amenemope heißt es: »Geselle dich nicht zu den Hitzigen«, in: AOT 41 Kap. 9; vgl. J. Hempel, Althebräische Literatur, 1930, 51.

j. Die Liebe »rechnet das Böse nicht an« (13,5d)

Das getane Unrecht wird von der Liebe nicht für immer verbucht und verewigt, sondern wie ein Konto gelöscht und vergessen. Dieser Begriff kaufmännischen Rechnens aus der Handelssprache begegnet auch häufig in den Prozessreden des Demosthenes und Lysanders als Anrecht einer Schuld (Demosthenes, Or. 27,46). Der emotionale Klang, der mit diesem Begriff tendenziell in den Vordergrund tritt, meint das Tätigsein einer Gesinnung und ihre Bestätigung. Sie lebt die heilvolle Gesinnung Jesu Christi nach (Phil 2,5 ff.). Wie die Adressaten der Gemeinde sich von dem heilhaften Geschehen Christi begründet wissen, findet diese Gesinnung in ihrer Erbauung Ziel und Vollendung (vgl. 1 Kor 12 und 14). Eine solche Haltung ist Spiegelung des Nicht-Anrechnens der Sünde durch den Einbruch der Gnade, weil Christus für uns zur Sünde geworden ist (2 Kor 5,19).

Die Frage nach dem »Bösen« (kakón), die auf allen Gebieten der Wirklichkeit des Menschen aufbricht, durchzieht sein Leben in all seinen Facetten und Bereichen. Im religiösen Horizont stellt sich die Frage nach dem Woher und Wozu des Bösen, als dem die conditio humana bedrängendem Übel, und die damit verbundene Frage nach der Theodizee Gottes und nach dem Sinn der Welt. An ihr entzündet sich die Frage, wie damit umzugehen ist und wie das Böse überwunden werden kann. Auf der altgriechischen Auffassung der Frage nach dem Bösen und dem Unheil mit der Unterscheidung zwischen selbstverschuldetem und gottgewirktem Unheil, baut sich die griechische Tragödie auf mit den großen Themen Schuld und Verhängnis. Für die durch den Glaubenden mit Christus Verbundenen ist die neue Lebenswirklichkeit der Christen vom Wunsch des Apostel Paulus bestimmt, »verständig zu bleiben, offen für das Gute, unzugänglich für das Böse« (Röm 16,19). Die Abwendung vom Bösen vollzieht sich in der Liebe, wenn er in Röm 12,21 schreibt: »Lass dich nicht vom Bösen besiegen, sondern besiege das Böse durch das Gute!« Und im Aufruf, niemand etwas schuldig zu bleiben außer der Liebe, die einander immer zu schulden ist (Röm 13,8), findet Paulus sein Summarium in 13,10: »Die Liebe tut dem Nächsten nichts Böses« und ist so die Erfüllung des Gesetzes. Weil sie die Kraft der Gesinnung Christi in sich trägt, rechnet sie das ihr angetane Unrecht nicht an. Und weil das Böse eine die menschliche Gemeinschaft störende (vgl. Röm 1,30), Spaltungen und Ärgernisse anstiftende und zerstörende Macht ist – ein für die Korinthergemeinde besonders virulenter Gesichtspunkt – ist von der Gesinnung der Christusliebe her erst wahre Gemeinschaft möglich. Das Böse ist eine gemeinschaftszerstörende Macht.[91]

---

[91] Vgl. G. A. Keller, Génies, anges et démons (SOR 8) 1971; J. Ries (Hg.), Anges et démons, 1989; G. Stephenson (Hg.), Leben und Tod in den Religionen, 1994.

k. Die Liebe »freut sich nicht am Unrecht, sie freut sich an der Wahrheit« (13,6)

Die Liebe kann das Unrecht nie bejahen oder an ihm Gefallen finden. Es ist damit der weite Bereich des Unrechttuns und der Ungerechtigkeit im allgemeinen umgriffen, der sich konkret in ungerechten Handlungen, Betrügereien, aber auch in der unrechten Art des Handelns ausdrückt.[92] Im biblischen Bereich wird das Verhalten der Ungerechtigkeit zudem religiös beurteilt, von der Gottesbeziehung und von der Verletzung göttlicher Forderungen her. Der Begriff findet im AT seine Prägung vom Gottesgedanken her[93] und bei Paulus in Röm 1,29 meint er die Verletzung des göttlichen Rechtes und seiner Normen. In 2 Thess 2,9–12 wird die christliche Offenbarung als Wahrheit (aletheia) bezeichnet und der des Antichristen, die Lüge (pseudos) und adikia (falsche Lehre) heißt, kontrastiert.

Paulus setzt den Begriff »Unrecht« in Gegensatz zur Wahrheit (aletheia): »Der Gesetzwidrige aber wird, wenn er (der Antichrist) kommt, die Kraft des Satans haben. Er wird mit großer Macht auftreten und trügerische Zeichen und Wunder tun. Er wird alle, die verloren gehen, betrügen und zur Ungerechtigkeit verführen; sie gehen verloren, weil sie sich der Liebe zur Wahrheit verschlossen haben, durch die sie gerettet werden sollten« (2 Thess 2,9f.). Nach 2 Thess 2,12 wird dem Gefallenfinden an der »adikia«, am Tun des Unrechts, die Wahrheit, d.h. das Evangelium (als Hörbegriff), die Verkündigung der frohen Botschaft entgegengesetzt, und die Annahme des Evangeliums (aletheia) bedeutet Bruch mit der »adikia«, dem Unrecht. Die Liebe zur Wahrheit steht der »adikia« entgegen.

Die Liebe hat Gefallen an der Wahrheit, die sie sucht, findet, und im Gefundenhaben weitersucht. Sie hat gefunden, was Bestand hat und gilt, und worauf man sich verlassen kann. Der Begriff ist zentral im johanneischen Sprachgebrauch. So kann Paulus sagen, »dem Evangelium gehorsam werden« (Röm 10,16) ist »der Wahrheit folgen« (Gal 5.7) und die Predigt des Evangeliums heißt »Wort der Wahrheit«[94], sowie das Christ-Werden »zur Erkenntnis der Wahrheit gelangen«[95].

---

[92] Konkretisierungen sind z.B. der Geiz (Sir 14,9); der Diebstahl (Joespus Flav., Antiqu. 16,1); Betrug (Antiqu. 1,301); Unrecht gegen die Eltern (Ap 2,217); Blutschande (Antiqu. 3,274). Bei Epiktet sind Ungerechtigkeiten und Ungesetzlichkeiten (anomía) vielfach synonym (Diss. II, 16,44; vgl. III, 26,32; aber auch bei Jes 33,15 (LXX); Sir 41,18; vgl. Ps 6,9 mit Ps 13,4.

[93] Jer 2,22; 3,13; 11,10; 13,22.

[94] Kor 6,7; Kol 1,5; Eph 1,13 u.ö.

[95] 1 Tim 2,4; 2 Tim 3,7; vgl. Tim 4,3; Hebr 10,26; 2 Joh 1.

l. Die Unerschrockenheit der Liebe (13,7)

In vier kurzen Wendungen in der Zeitform der Verben wird die Unerschrockenheit der Liebe erwähnt, die aufs Ganze (pánta) geht: »sie erträgt alles, sie glaubt alles, sie hofft alles, sie duldet alles« (pánta stégei, panta pisteúei, panta elpízei, pánta hypoménei). Der Vers greift V. 4a auf (»die Liebe ist langmütig«). Mit vier einander näher bestimmenden Gliedern wird ihre Totalität und ihr Einander-Angehören zum Ausdruck gebracht.[96] Die vier Verben sind durch »alles« bestimmt, d. h. die Liebe kennt keine Grenzfälle, weil sie das Begrenzende – Einengende transzendiert hat. Das Universum der vita nova christiana, wie sie sich darlebt und erfährt, ist durch die Liebe vermittelt.[97] Die Totalität ist ein eschatologisches Geschehen. Diese vier »panta«-»alles«-Sätze beschreiben die Liebe in ihrer aufs Ganze gehenden Macht, wie sie alles schweigsam bewahrt, in allem fest, beständig und treu ist; wie sie allem Kommenden gegenüber von der Zuversicht getragen ist und wie sie bereit ist, alles auszuhalten. Summierend begreift sie alles ein, um so die allumfassende Höhe und Breite zu erreichen, amplifikativ und elativ. Die Liebe ist mit einer alles umgreifenden Vollmacht bekleidet und ist eine universale Kraft.

»Alles bewahrt sie schweigsam«: Das Wort »stegein« meint »mit Schweigen bedecken«, »bei sich behalten«, beschirmen, bewahren, aber auch »aushalten«, »ertragen«.[98] Die Liebe bedeckt alles ihr Anvertraute mit ihrem Mantel. Sie nimmt es schweigend in ihre Obhut auf und bewahrt es in der ehrenden Stille der Verschwiegenheit, der Diskretion. Ihr weites Herz ist ein bergendes Dach. Die Liebe ist diskret.[99]

m. »Sie glaubt alles« (13,7b)

Durch ihr Vertrauen und kindliches Zutrauen zu Gott und Christus weiß sie sich im alles tragenden Grund eingewurzelt. Der Glaube wird im religiösen Sprachgebrauch zur grundlegenden Bezeichnung des Verhältnisses des Menschen zu Gott und zu Jesus Christus. Es ist die Liebe, die auf die Bewegtheit und Lebendigkeit des Gläubigseins bezogen wird.[100] Die Liebe macht sich im Glauben das anfängliche Geschehen der Heilsgeschichte Gottes in Jesus

---

[96] Vgl. 1 Thess 1,3; Röm 5,3–5; 8,25; 15,4; vgl. Hebr 10,23.36.
[97] Vgl. Gal 5,22 die neuen Gaben als Frucht des Geistes.
[98] Vgl. Euripides, Elektr. 273; Thukydides, VI, 72,5; Polybios, 8,14,5: ton logon: Sir 8,17.
[99] Vgl. G. H. Whitaker, »Love springs no leak«, in: Exp. 8. S. XXI, 21, 126 ff.
[100] Zur Verbindung von pistis und agapê vgl. 1 Kor 13,13; 1 Thess 1,3; 3,6; 5,8; Philem.; Gal 5,6; Kol 1,4 f.; Eph 1,15; und Glaube an Gott: 1 Thess 1,8; Röm 4,3.12.24 u. ö., Glaube an Christus: Gal 2,16.20; 3,26.

Christus zu eigen, vermittelt durch die Verkündigung der Heilsbotschaft und in der Erschließung des neuen Verstehens im Glauben. Das »Werk des Glaubens« (1 Thess 1,3) als Bereich, in dem sich der Glaube im individuellen Lebensbereich verleiblicht, wird durch die Formulierung »Glaube, der in der Liebe wirksam ist« (Gal 5,6) zum Ausdruck gebracht.

n. Die Liebe, »die alles hofft« (13,7c)

In seinem nach 360 v. Chr. entstandenen philosophischen Dialog »Philebos« geht Platon, der die griechische Geistesgeschichte immer wieder bewegende Fragen nach, ob das Gute (agathon) für alle Lebewesen in der Lust (hedonê) oder in der Erkenntnis (phronesis), also im Geist beschlossen liege. In dieser dialektischen Wahrheitssuche des Sokrates – »Nicht um den Sieg deiner oder meiner These kämpfen wir, sondern dem Wahrsten müssen wir beide uns verbünden« (Phileb. 14 b 5) – soll aufgezeigt werden, dass ein Leben der Lust ohne Erkenntnis gar nichts von seiner Lust wüsste, und ein Leben der reinen Erkenntnis ohne Lust und Leid, völlig apathisch wäre. In solcher Vermenschlichung philosophischer Analysen geht es darum, die zahllosen Mischungen von Lust und Unlust zu beachten, wie Zorn-Furcht, Sehnsucht-Wehmut, Liebe-Eifersucht, Lachen-Weinen, Fürchten-Hoffen. In einer Analyse menschlichen Daseins zeigt dann Platon, wie dieses nicht nur durch die Aisthesis (Wahrnehmung) bestimmt ist, die sich die Gegenwart aneignet, sondern zugleich auch durch Erinnerung (mnêmê) des Vergangenen und durch die Erwartung des Künftigen (Phileb. 39d).Dieses Für-sich-erwarten im Fürchten und Hoffen ist vom Wie und Was seiner eigenen Möglichkeiten bestimmt. Es sind Bilder, die sich der Mensch von seiner Zukunft entwirft im Guten wie im Negativen.[101]

Die Liebe, »die alles hofft«, hat im biblischen Horizont neben der Erwartung, die sich auf das Künftige richtet, auch das Vertrauen bei sich, das sich auf die von Gott eröffnete Zukunft richtet, und sie hat den Atem der Geduld bei sich. In Röm 4,18 ist das Rechnen mit dem menschlich Verfügbaren durch das Vertrauen auf die von Gott geöffnete Zukunft »aufgehoben«: »gegen alle Hoffnung hat er voll Hoffnung geglaubt«. Sofern sich der vertrauende Glaube in der Liebe (Gal 5,5) auswirkt, wird das Christsein durch Glaube, Liebe und Hoffnung bestimmt (1 Thess 1,3; 1 Kor 13,13).

---

[101] Vgl. H.-G. Gadamer, Platos dialektische Ethik, 1931, 126–139.

o. Die Liebe, »sie duldet alles« (13,7a)

Die Liebe, »sie duldet alles« (panta hypomonei). Das Werktagskleid der Liebe ist die Geduld, das geduldige Tragen und Ertragen aller Schwachheit und allen Versagens, aller Widrigkeiten und Negativa, aller Bosheit und allen Hasses, alles Enttäuschenden und Widersprechenden. Indem sie dies alles trägt und erträgt, »in vieler Geduld«, kann sie es überwinden, freilich unter Hintansetzung des Eigenen, in der Hingabe und zuletzt im Sterben. Die Liebe kennt das beharrliche und geduldige Aushalten der Widrigkeiten, der Übel, der Ungerechtigkeiten, die andringen. Es ist eine verinnerlichte Grundhaltung des Aushaltens und Standhaltens gegenüber den Widerständen und Schwierigkeiten der Gegenwart. Strebt der Stoiker nach der seelischen Gleichmut, die er durch Willensschulung zu gewinnen sucht,[102] so ist es im Hymnus die Kraft der Liebe. Geduld, schon bei den Griechen der Antike den Tugenden beigezählt, enthielt ein aktives Moment des tapferen Standhaltens, des tätigen und angespannten Widerstehens gegenüber schädigendem Unbill.[103]

p. Die Liebe als das bleibend Unvergängliche (13,8a)

In seinem dritten Abschnitt des Hohenliedes 1 Kor 13,8–13, zeigt der Apostel, dass dieser »Weg darüber hinaus« das Vollkommene und Vollendete ist und wie ein unvergänglicher Äon währt. »Die Liebe fällt nie dahin« (he agapê oudépote piptei). Sie bleibt und hört nicht auf. Das Verb in seiner Grundbedeutung von »fallen, stürzen«, wird übertragen gebraucht, als »nicht untergehen«, »nicht zugrundegehen«, »ein Ende nehmen«, »aufhören« und wird in 13,13 mit dem »Bleiben« wieder aufgenommen. Formal und inhaltlich gleicht der präsentische Satz den Aussagen von 13,4–7 mit der Liebe als Subjekt und könnte auch als Abschluss des Abschnittes angesehen werden. In solcher Deutung würde das »oudépote (= bei keiner einzigen Gelegenheit) dem vierfachen pánta (= bei allen Gelegenheiten) von 13,7 kontrastieren. Der dritte Teil der Lobrede auf die Liebe enthält die rhetorischen Mittel[104] des schmückenden Vergleichs (ornatus), die des

---

[102] Vgl. Seneca, Ep. Moral. 67, 10; Epiktet. Diss. II,2,13; I,2,25; Vgl. A. Bonhöffer, Die Ethik des Stoikers Epictet, 1894, 20 ff.: »Die Übel des Lebens«.
[103] Platon, Theait. 177 b; Polybios 2,43,6. Platon Gorg. 505 c; Apol. 28c.
[104] Zu comparatio et ratiocinatio vgl. Lausberg § 76. In der auf die narratio folgenden argumentatio kommt in der Rede vor Gericht der Streitfall zum Austrag (Lausberg § 43.2b). Der Vergleich enthält entsprechende illustrierende Ausmalung (ornatus): hier das Gleichnis (similitudo) von Kind/Mann (§ 401); dann Alegorie/Metapher, insbesondere als Rätsel (aenigma: § 423.2 / S. 140 fin).

Gleichnisses (similitudo: Kind/Mann), der Allegorie/Metapher, und des »Rätsels« (aenigma), um sich im Vergleich zwischen Liebe und Erkenntnis (Gnosis) aufzuheben.

q. Die sich wandelnde Welt und der sich wandelnde Mensch (13,8–11)

In V. 8–13 kommt die Unvergänglichkeit der Liebe in den Blick und wird an Gegensätzen und Unvollkommenheiten illustriert: Stückwerk und Vollkommenes in ihrem Jetzt und Dann, Kind und Mann, sowie flüchtige Erkenntnis im Spiegel und die Unmittelbarkeit des Blicks von Angesicht zu Angesicht. Auf dreifache Weise erfolgt nun die Bestreitung der Unvergänglichkeit der drei in Korinth von den Opponenten des Apostels so hochgeschätzten Charismen, nämlich der Prophetie, der Zungenrede (Glossolalie) und der Gnosis (V. 8). Aufgrund ihres geistgewirkten Status spiritualis meinen die Enthusiasten schon jetzt als Vollkommene im Äon zu stehen. Die Spannung zwischen Jetzt und Dann aber muss ausgehalten werden und die Charismen in der Gegenwart finden ihre vollendende Sistierung in der Zukunft.

13,8: »Die Liebe hört niemals auf.
Prophetisches Reden hat ein Ende,
Zungenrede verstummt,
Erkenntnis vergeht.«

Die pneumatischen Gaben Prophetie und Gnosis sind im Hier noch fragmentarisch und geben nicht die volle Erkenntnis, die erst in der Unmittelbarkeit des Von-Angesicht-zu-Angesicht zuteil wird Vgl. (V. 12). Als Akt der Erkenntnis und als Erkenntnis war die »Gnosis« Ziel einer neu aufbrechenden Frömmigkeit. Ihre neuen Inhalte sind Kosmologie mit der Frage nach dem »unde malum«, »woher das Übel«, und die Anthropologie, mit der Frage »unde homo«, »woher der Mensch« – unter dem Gesichtspunkt der Erlösung, der Soteriologie.

Die Erkenntnis, die immer etwas Individualistisches an sich trägt, ist eine geistgewirkte Fähigkeit, die sich auf die Geheimnisse der Offenbarung bezieht. H. Ringren zählt die Gnosis zu den »vernünftigen Geistesgaben«, mit deren Hilfe man auf spekulative Weise den Weg der Erkenntnis beschreitet in der Welt des Glaubens und seiner Geheimnisse. Es ist ein reflektierendes Innewerden, das der Erbauung der Gemeinde dienlich sein soll. Die höchsten Gaben, die der Erbauung des Leibes Christi dienlich waren, werden abgetan, denn das Stückwerk, das Kindliche, das Rätselhafte muss dem Ganzen, dem Vollkommenen weichen, wenn dieses hereinbricht.

»Denn Stückwerk ist unser Erkennen,
Stückwerk unser prophetisches Reden;

*wenn aber das Vollendete kommt,
vergeht alles Stückwerk.«* (V. 9–10)

In diesen zwei Versen wird das dialektische Verhältnis zwischen dem »Jetzt« – dem »Stückwerk« (ek mérous = dem aus Teilen Zusammengesetzten) und dem »Einst«, dem Vollkommenen und ganz Anderen zum Ausdruck gebracht. Diese adverbiale Verbindung zum »Erkennen« und zur »prophetischen Rede« zeigt, wie das Fragmentarische und Partielle abgetan und sistiert wird durch das Reife und Ganze. In diesem Äon steht sowohl die »Erkenntnis« wie die »prophetische« Gabe unter dem Vorbehalt des Stückwerks, unter dem Vorzeichen des Hinfälligen, das erst im Danach, dem zukünftigen Äon, durch das Vollkommene (tó téleion) abgelöst und erfüllt wird. Denn die Erkenntnis unter den Bedingungen der Zeit, ist Erkenntnis des Bruchs und der Bruchstückhaftigkeit. Die eschatologische Differenz macht nicht nur das Defizit an der Erkenntnis evident, sondern auch den dem Erkennen inhärenten Mangel. Der Prophetie, der Lalie und der Gnosis (V. 8) wird der Spiegel des »memento mori« vorgehalten. Auch die »Zungenrede« wird verstummen, wie dies bereits in V. 8 gesagt wurde. Die Merkmale dieses mystisch-ekstatischen Phänomens schildert Paulus in 1 Kor 14,2 ff. und weist darauf hin, dass die Glossolalie im Interesse der Erbauung der Gemeinde der Bändigung bedarf, denn der Glossolale erscheint dem Außenstehenden unverständlich und wie ein Verrückter (1 Kor 14,23). Seine ekstatischen Äußerungen sind dunkel, als wäre er nicht »bei Sinnen«.[105] Paulus will von dieser glossolalischen Virtuosität lieber fünf verständliche Worte als zehntausend in Zungen stammeln (14,18 f.).

Dann bedient sich Paulus eines doppelten Vergleichs von »Kind und Mann« und der Vermittlung durch den Spiegel als bloß mittelbare und defiziente Vermittlung im Jetzt, gegenüber der Schau »von Angesicht zu Angesicht«. Die Brechung in der Entwicklung vom Kind zum Mannsein wird in zwei ablösenden Entwicklungsstufen – bzw. -phasen konstatiert. Es ist der Unterschied zwischen Unmündigkeit und Erwachsensein (V. 11). In dem Bild, dass der herangewachsene Mann kindhaftes Verhalten hinter sich gelassen hat, trifft die Gegner, denn ihre geistlichen Qualitäten gehören noch in den Status des Unmündigseins und nicht der Vollkommenheit. Die fehlende Liebe ist das Negativzeichen vor der Lebensklammer, die all ihre geistlichen Ansprüche unter den Schatten des Nichtvollkommenseins rückt. Paulus schreibt:

*»Als ich ein Kind war,
redete ich wie ein Kind,
dachte wie ein Kind
und urteilte wie ein Kind.*

---

[105] Vgl. R. Shallis, Zungenreden aus biblischer Sicht, 1986.

Als ich ein Mann wurde,
legte ich ab, was Kind an mir war.« (V. 11)

Damit bestreitet er den Gegnern die von ihnen angemaßte Qualität des Vollkommenseins. Ganz persönlich versichert er ihnen in der »Ich«-Form, welche Differenz sich auftut zwischen dem Unmündig-Sein eines Kindes und der Reife des Mannes. Ihr eingebildeter Qualitätsstatus ist bei fehlender Liebe (vgl. 1 Kor 13,3) das unverständige und urteilsunfähige, unreife Denken und Sichvorstellen, während nach antikem Empfinden der Erwachsene das Ziel menschlicher Entwicklung bildete. Die gleichnishafte Entgegensetzung von Kind und Mann war ein beliebter Topos der hellenistischen Rhetorik[106] und diente der Kontrastierung. Paulus meint damit eine Gegensätzlichkeit zu illustrieren, denn so wie der Erwachsene das Wesen des Kindes hinter sich lässt, so wird auch der Christ, wenn das Vollkommene eintritt, die ihm jetzt in seinem »Kindsein« wesentliche Gnosis hinter sich lassen.[107] Paulus exemplifiziert diesen Schritt über das Infantile hinweg an sich selbst:

»Jetzt schauen wir in einen Spiegel
und sehen nur rätselhafte Umrisse,
dann aber schauen wir von Angesicht zu Angesicht.
Jetzt erkenne ich unvollkommen,
dann aber werde ich durch und durch erkennen,
so wie ich auch durch und durch erkannt worden bin.« (V. 12)

Der gnostischen Identitätsmystik als direktem Einssein mit dem Geschauten setzt Paulus die Schau im Spiegel als rätselhafte Hüllung (en ainigmatí, vgl. Num 12,8) entgegen. Das vollkommene Schauen von »Angesicht zu Angesicht« folgt erst im Danach und wird als vollkommene Erkenntnis/Gnosis gekennzeichnet.[108] Das jetzige Erkennen findet seine Überbietung und seinen Maßstab an einem Erkanntsein, in dem – wie im hebräischen Wort für Erkennen (jada') – Erkennen und Lieben zusammenfallen. Suchte das Erkennen im griechischen Sinne sich immer eines Objektes zu bemächtigen, so ist das Erkanntsein in seinem ersten und letzten Sinn ein Geliebtsein: »Dann erst werde ich erkennen, weil ich erkannt worden bin« (V. 12b). Es ist das Voraus der Liebe Gottes, die anfangend den Anfang der Liebe setzt

---

[106] Vgl. E. Lehmann- A. Fridrichsen, 1 Kor 13 eine christlich-stoische Diatribe, in: ThStKr (1922) 80ff. Vgl. auch Euripides, Frg. 606; Xenophon, Kyrop. VIII, 7,6.
[107] Vgl. 1 Kor 14,20, wonach es kindisch wäre, einer äußerlich so eindrucksstarken, sachlich aber so wenig erbauenden Gabe wie der Glossolalie, übermäßige Beachtung zu schenken.
[108] Vgl. als Gegensatz zu der direkten Schau die Anschauung im Spiegel. Die Stelle Ex 33,13, »… Laß mich deine Pläne wissen, damit ich dich erkenne …«, deutet Philo von Alexandrien (Leg. Alleg. III, § 99–101) mit den Worten: »Erscheine mir nicht in dem, was im Himmel oder auf Erden ist … lass mich auch nicht im Spiegel schauen in irgend einem anderen Ding dein Bild, sondern in dir selbst, o Gott«.

und dem Menschen in ein antwortendes Verhalten ruft, im Geliebtsein zu lieben. Subjekt und Objekt des Erkennens werden eins. Die »Erkenntnis«/ Gnosis im Hier und Jetzt ist noch nicht die letzte und bleibende Erkenntnis. Sie wird als eine Schau im Spiegel bezeichnet, wobei der gegossene Metallspiegel der Antike nur ein ungenaues, indirektes und verzerrtes Bild wiedergeben konnte. Die letzte und bleibende Erkenntnis ist dem jetzigen Dasein verwehrt. Das Vollendete wird zwar im Anbruch gewahr, ist es aber noch nicht. Dem jetzigen (árti) und unvollkommenen Schauen wird das eschatologische (tóte), vollkommene Schauen im Endgültigen gegenübergestellt. Was hier noch unverständlich und unverstanden erscheint,[109] rätselhaft und dunkel, verhangen und im Vorschein als »Schauen im Spiegel«, wird von einer Erkenntnis abgelöst, in der ich – vor dem offenbaren Angesicht Gottes – erkannt bin. Das Rätsel findet eine Lösung, im Unterschied zu den Problemen, die oft in suspenso gehalten werden. Hier aber bei Paulus vermittelt sich das Positive dem Negativen. Will die Erkenntnis sich im Erkennen des Gegenstandes vollenden und zur Ruhe kommen, muss sich eine grundlegende Inversion des Subjekt-Objekt-Verhältnisses in der Erkenntnis vollziehen. Der »Gegenstand« erkennt mich und hebt meine »Gegenständlichkeit« im anderen Erkenntnissubjekt auf. Es ist das Geheimnis der Liebe, sich im Anderen bei sich zu wissen. Die passive Verbform kann sich ins Mediale oder Reflexive verwandeln, denn wer vom Anderen erkannt worden ist, erkennt sich zugleich in ihm. Es ist eine vom Erkanntsein Gottes her erfüllte Erkenntnis aus der epiphan gewordenen Liebe Gottes. Das Erkennen hebt sich in Liebe auf, die »bleibt«, und als solche alle anderen Charismen transzendiert.

V. 13 greift auf V. 8 zurück und setzt mit Nachdruck die Liebe, das große Thema, als das Bleibende an den Schluss. Die in den Glaubenden wirksam gewordenen Gnadengaben finden ihr Ende:

»Nun aber bleiben Glaube, Hoffnung, Liebe, diese drei;
doch am größten unter ihnen ist die Liebe.«

Mit dem »Nun aber« wird emphatisch von der Liebe gesagt, sie ist kein Intermittierendes und Dahinfallendes, sonder sie »bleibt«, wie auch Glaube und Liebe, weil sie nicht auf einem vergänglichen Grund stehen. In einer Art conclusio wird Liebe mit Glaube und Hoffnung zusammengefasst als mit ihnen zusammengehörig, aber sie ist auch deren Maß und Ziel. Sie wird als die Größte unter den drei hervorgehoben und übertrifft durch ihr »Bleiben« alle anderen geistgewirkten Gaben. Wird der Glaube im Schauen und die Hoffnung durch das Erreichen des Erhofften abgelöst, so ist die Liebe als

---

[109] Vgl. das Rätsel der Sphinx: Sophokles, Oid.Tyr. 1525; Euripides, Phoin. 1688; bei der Pythia: Plutarch, Pyth.Or. 25 (II 407 b), Or. 30 (II 409 c); bei der Sibylle: Sib. 3,811.

eine göttliche Qualität das Bleibende und kann nur von sich selbst vertreten und erfüllt werden, denn Gott selbst ist die Liebe.[110] Die Liebe wurde vom Apostel Paulus als die Kraft besungen, kraft derer die anderen Charismen ihre Bedeutung und ihren Sinn erhalten. Sind die anderen Charismen begrenzt und grundsätzlich nur vorläufig und ein zu nichts werdendes Stückwerk, ist die Liebe die »logische« End-Größe.

Nachklang

Der 1. Korintherbrief gewährt Einblick in die Fragen eines christlichen Lebens im Alltag der Welt und in die Fragen gottesdienstlicher Praxis. In der Liebe aber soll sich die lebendige Wirklichkeit der Geistesgaben erweisen und vollenden.[111] Dabei verwendet Paulus in seinem »Hohen Lied« formal Elemente der popularphilosophischen Aretologie, wo es um den Lobpreis der höchsten Tugend ging wie z. B. um die wahrhafte Tapferkeit, die Gerechtigkeit, die Besonnenheit, die Weisheit u. a. Paulus aber krönte seinen Tugendkatalog mit der Liebe. Auch Maximus von Tyrus (um 125 – um 182), ein Rhetor mit philosophischem Anspruch und vom späten Platonismus und der Stoa geprägt, machte auch die Liebe zum Thema und schrieb: »Die Liebe hasst nichts so wie Zwang und Furcht. Und sie ist stolz und vollkommen frei und freier sogar als Sparta. Denn von allem unter den Menschen ist es allein die Liebe, wenn sie rein bei jemandem wohnt, die keinen Reichtum bestaunen, keinen Tyrannen fürchten, vor keinem Thron erschrickt, kein Gericht scheut, nicht flieht vor dem Tod ... Überall wagt sie, alles überblickt sie, alles beherrscht sie.«[112]

Für Paulus aber begegneten das Thema Liebe in ihrer großen Wechselbezüglichkeit. In seinem Preislied schildert er an sechzehn Zeitwörtern die Liebe in ihrem Walten in der Zeit und in Relation zu dem Anderen, wie sie sich in ihrer wahrnehmbaren Greifbarkeit ausweist.

---

[110] Die Trias »Glaube, Liebe, Hoffnung« findet sich bei Paulus auch in 1 Thess 1,4f.; 5,8, wobei sie in 1. Thess mit den hintergründigen Appositionen »Werk des Glaubens«, »Mühe der Liebe« und »Geduld der Hoffnung«, versehen sind und den Brief eröffnen. Die Trias zeigt ihre Nachwirkung in Kol 1,4f.; Hebr 10,22–24; Barn 1,4; Polyc. Phil. 3,2f. Vgl. H. Schlier, Über die Liebe, in: Die Zeit der Kirche, 1956, 186ff.; G. Bornkamm, Der köstlichere Weg, in: Das Ende des Gesetzes, 1952,93 ff.; G. Harbsmeier, Das Hohelied der Liebe; BST 3, 1952; C. Spic, Agapè II, 1959, 53 ff.; H. Conzelmann, Der erste Brief an die Korinther, KKNT 5, 1969; Vgl. W. Marxsen, Das »Bleiben« in: 1. Kor 13,13, in: Neues Testament und Geschichte, FS. O. Cullmann, 1972, 223–229.
[111] Vgl. H. Schlier, Über das Hauptanliegen des 1 Kor, in: Die Zeit der Kirche, 1956, 147–156.
[112] Maximus von Tyrus, Philosophumena: Dialexeis, Hg. G. L. Koniaris, (TK 17), 1995; M. B. Trapp, The Philosophical Orations, 1997 (Übers.).

Erich Fromm sieht in seinem 1972 erschienenen Buch »Die Kunst des Liebens« ihr Phänomen in sämtlichen Manifestationen als Agape, Eros, Aphrodisia, als Nächsten-, Mutter- oder Gottesliebe, »im Letzten von der Struktur der Gesellschaft bestimmt, in der ein Mensch lebt«.[113] In ihr meldet sich ein menschliches Grundbedürfnis, Getrenntheit, Einsamkeit, Entfremdung zu überwinden, ein Graben, der sich in der Gesellschaft immer wieder für jede Generation auftut durch die systemische Entfremdung des Menschen, wenn menschliche Werte zur Ware und zum Objekt der Vermarktung verkommen, zu Objekten des Tausches und des bloßen Konsums. Auch die Liebe zu Gott unterliegt für ihn dieser Erosion, aber sie kann »von der Liebe zu den Eltern nicht getrennt werden. Wenn ein Mensch nicht über die inzestuöse Bindung ... hinauskommt, ... kann er auch keine reifere Liebe zu Gott entwickeln.«[114] Und dann greift Fromm, trotz seines säkularen Ausgangspunktes, auf die paulinische Trias im Korintherbrief zurück, wenn er schreibt: »Einen Menschen zu lieben heißt, sich selbst zu geben, ohne eine ›Sicherheit‹ der Gegenliebe zu haben ... Liebe ist ein Akt des Glaubens«.[115] Fromm bezieht auch die »Hoffnung« in die Analyse der »Objekte« der Liebe ein, die nicht nur in der Präsenz ihres So-Seins beschrieben werden, sondern auch in dem ihnen inhärenten Möglich-Sein. Liebe hat einen dynamischen Impuls in sich.[116]

Auch Robert Edler von Musil (1880–1942), der im »Mann ohne Eigenschaften« ein imposantes analytisches Verfallsbild des Wien vor 1914 auf 1670 Seiten gezeichnet hatte, bringt einen ähnlichen Gedanken zum Ausdruck: »In der Liebe wie im Geschäft, in der Wissenschaft wie beim Weitsprung muss man glauben, ehe man gewinnen und erreichen kann.«[117] Die ambivalenten Charaktere im Roman und die Relativierung aller Werte, spiegelt sich im Sprachduktus und der Möglichkeit der Verkehrung der Sätze und der Zersetzung der Bildlichkeit.

»Glaube, Liebe, Hoffnung« heißt »Ein kleiner Totentanz in fünf Bildern« von Ödön von Horváth (1901–1938), dem deutsch schreibenden ungarischen Schriftsteller. Das Stück wurde 1936 in Wien uraufgeführt und basiert auf einer realen Begebenheit, die ihm ein Journalistenfreund hinterbracht hatte: Eine fahrende Korsettenverkäuferin gerät aufgrund eines Bagatelldelikts auf die schiefe Bahn und setzt ihrem Leben ein Ende. Horváth macht daraus eine Handlung. Es ist der Leidensweg der Elisabeth, einer jungen

---

[113] E. Fromm, Die Kunst des Liebens, 1972, 110.
[114] Ders., a.a.O. 110.
[115] Ders., a.a.O. 164.
[116] Vgl. E. Bloch, Das Prinzip Hoffnung, 3 Bde., 1954–1959: »Ohne Parteiung in der Liebe ... gibt es keine echte Liebe; ohne Parteilichkeit ... gibt es nur noch Idealismus nach rückwärts statt Praxis nach vorwärts«, S. 318.
[117] R. Musil, Der Mann ohne Eigenschaften, 1970, 528.

Frau, die ein »redliches« Leben beginnen will, der aber das nötige Geld für einen Gewerbeschein fehlt. Zu Geld aber kann sie »redlich« nur kommen, wenn sie den Wandergewerbeschein schon hätte. So ist das Scheitern vorprogrammiert. Nach den Worten Horváths habe er den »gigantischen Kampf zwischen Individuum und Gesellschaft zeigen ... können, dieses ewige Schlachten, bei dem es zu keinem Frieden kommen soll«.

In dieser Parabel, in der ein auf sich gestelltes Mädchen in den erbarmungslosen Kreis des Lebenskampfes gerät, und darin einmal die Bitte ausspricht, »es könnte doch auch ein bisschen weniger ungerecht zugehen«, wird diesen Kampf, diesen »kleinen Totentanz«, nicht bestehen. Darin gibt es einen kurzen Dialog zwischen der Protagonistin und ihrer Zufallsbekanntschaft, einem Polizisten, der zu ihr sagt: »Ohne Glaube, Liebe, Hoffnung gibt es logischerweise kein Leben. Das resultiert alles voneinander«. Darauf antwortet sie: »Hörens mir auf mit der Liebe.« (Stille). Als sie das Wort »Liebe« aufgreift, schwingt all die Sehnsucht nach Verständnis und Geborgenheit mit, aber auch deren Fehl. Am Schluss nimmt sie sich das Leben, »logischerweise«. »Nur nicht die Hoffnung sinken lassen«, sagt einer zu ihr, »jeder Mensch hat seinen Sinn im Leben ...«. Und Elisabeth antwortet: »Ich nicht«. Es ist wie ein Schrei nach Liebe. In einer Randbemerkung notiert Horváth, wie er auf diesen seinen Titel gekommen ist: »Glaube, Liebe, Hoffnung könnte jedes meiner Stücke heißen ...«[118]

6. Das hymnische Bekenntnis von der unzerstörbaren Macht der Liebe Gottes (Röm 8,31–39)

Der einstige, bei der Steinigung des Stephanus mitagierende, »Komparse« Paulus, machte nach seinem Damaskuserlebnis eine immer tiefere mystische Erfahrung, dass ihm das Mysterium der Liebe Gottes im Geheimnis Jesu Christi, dem Inbegriff der Liebe, in sein Herz »eingesprochen« wurde (Gal 2,20) als sein neuer Lebensinhalt (Phil 1,21) und als neu gestiftete und neu erlangte Identität (Gal 2,20).[119] Im Gewinn der neuen Identität will er als von Jesus Christus Ergriffener (Phil 13,12) mehr und mehr ihn zu begreifen suchen. Im Galaterbrief spricht Paulus seinen Lobpreis und Dank an den Sohn Gottes aus, »der mich liebgewonnen und sich selbst hingegeben hat für mich« (Gal 2,20b). Es gilt: »Ich lebe, aber nicht mehr ich, sondern Chris-

---

[118] Vgl. »Glaube, Liebe, Hoffnung«. Materialien, (Hg.) T. Krischke, 1973.
[119] Vgl. E. Biser, Paulus. Zeugnis-Begegnung-Wirkung, 2003; H. Schlier, Der Römerbrief, 1977; E. Käsemann, An die Römer (HNT 8a), 31974; M. Welker, Gottes Geist. Theologie des Heiligen Geistes, 1992; P. von der Osten-Sacken, Römer 8 als Beispiel paulinischer Soteriologie, 1975; H. Paulsen, Überlieferung und Auslegung in Römer 8, 1974.

tus lebt in mir« (Gal 2,20). Der Christus, der für mich ist, ist in mir, so dass ich sein bin. Und all das, was das Leben des Paulus in seinem Leben vor der Damaskusstunde ausfüllte, wertvoll machte, ihm Inhalt, Sinn und Ruhm war, ja als »Gewinn« galt, erachtet er nun nur noch als Verlust (Phil 3,5 ff.) »gegen den überwältigenden Wert der Erkenntnis Christi Jesu«, »um Christus zu gewinnen und in ihm gefunden zu werden« (Phil 3,8 f.): »Ihn will ich erkennen und die Macht seiner Auferstehung und die Teilnahme an seinem Leiden ...« (Phil 3,10), weil es gilt, dass »auch ich von Christus Jesus ergriffen worden bin« (Phil 3,12).

Auf diese Liebe Gottes in Jesus Christus wird er einen Hymnus auf die Macht der Liebe Gottes anstimmen, von der ihn keine Macht der Welt zu trennen vermag (Röm 8,31–39). In einer performativen Intensität des von der Liebe-Gottes-Ergriffenseins weiß er sich selbst als leibhaftiges Interpretament des ihm Zugesprochenen. In der »Erkenntnis Christi« und der darin gewonnenen Gottesgerechtigkeit (Gal 3,8 f.), gelangt er zu einer neuen Selbstbegegnung und Selbstfindung. Paradigmatisch sieht er seine Heteronomie des Daseins im Glauben an Christus in ein neues Kindesverhältnis zu Gott, dem Vater, aufgenommen (vgl. Röm 8,15–17). Für ihn gewinnt die Liebe als alles integrierender Grundakt die Valenz einer Lebensexegese in ihren pluralen geistigen Vollzügen wie Glaube, Hoffnung, Reue, Gerechtigkeit.

Dabei konzipiert Paulus die Liebe vom »Voraus« der Liebe Gottes am Menschen her, die eine göttliche Macht ist, in der Hingabe seines Sohnes unter Beweis gestellt, »als wir noch Sünder waren (Röm 5,8 ff.). Gottes Liebestat an uns ist zugleich seine wirkende Kraft in uns. Damit erhält der Begriff der Liebe eine voraus erschlossene und eröffnete Dimension von Gott her. Band Platon in den »Nomoi« das Gesetz an die Zeus-Instanz, so Paulus die Liebe des Glaubenden an das Voraus der Liebe Gottes. Dieses Apriori der Liebe Gottes in Christus stiftet die neue Priorität: »Die Liebe Christi treibt uns« (2 Kor 5,14). Diese göttliche Dynamik ist der vorausgehende und das menschliche Handeln umgreifende Horizont. In Röm 13,10 spricht Paulus von der Innovationskraft der Liebe, die das Böse wehrt und zum Bösen unfähig macht. »Die Liebe fügt dem Nächsten nichts Böses zu; die Liebe ist die Erfüllung des Gesetzes«. Liebe ist auch das Grundprinzip seiner Mystik, die in ihrer Personifikation in Christus unter einem zweifachen Aspekt entfaltet wird: »Christus in mir«: als Identitätsfindung: »Ich lebe, doch nicht ich – Christus lebt in mir« (Gal 2,20). Diese Liebe hat ihre Mitte im Motiv der »Einwohnung Christi« und in der Formel »In-Christus-Sein«, die dann ihre ekklesiologische Konkretisierung und Ausweitung in der Vorstellung vom mystischen Leib Christi finden wird. Menschliche Liebe ist antwortende Liebe auf des Voraus der Liebe Gottes, Widerschein und Weitergabe eines Beschenktseins und gründet im Geliebtwerden, in Gottes in Jesus Christus erwiesener Liebestat (Röm 12,39) bzw. in der Selbsthingabe Jesu, der uns geliebt hat (Gal 1,4; 2,20).

Dies wird im 8. Kapitel des Römerbriefs, einem Höhepunkt im Briefkorpus des Paulus, entfaltet. Es antwortet auf die Frage im vorhergehenden Kapitel Röm 7,24: »Ich elender Mensch, wer wird mich erretten aus dem Leib dieses Todes?« Paulus antwortet aspektiv in drei inhaltsreichen Schritten: es ist Gottes Geist, der in unserer inneren und äußeren Verfallenheit neues Leben schafft (8,1–12); die neue Freiheit ist durch den Geist der Kindschaft ins Herz gegeben (8,9 ff.). Sie ist noch eine anfängliche, ist der reiche Grund, der sich noch entfalten muss auf die eigentliche Erfüllung hin, aber noch inmitten des alten Äons der Bindungen: in seiner Verfallenheit ist der Glaubende dem Stöhnen und Seufzen und den Leiden noch ausgesetzt, und der Bedrängnis, aber Leiden und Herrlichkeit sind nicht gleichgewichtig. V. 18:

»Denn ich bin überzeugt, dass die Leiden dieser Zeit nichts bedeuten im Vergleich mit der Herrlichkeit, die an uns offenbar werden soll. Denn das sehnsüchtige Verlangen der Kreatur wartet auf die Offenbarung der Söhne Gottes.«

Die Herrlichkeit, die wir keimhaft, im Geiste Gottes schon besitzen, als Selbsteröffnung Gottes in Jesus Christus, stellt uns in eine überwältigende Aussicht und Hoffnung hinein, und nimmt allem Negativ-Irdischen sein Gewicht und löst aus seinem Bann.

Paulus spricht in V. 19 ff. vom heilsgeschichtlichen Zusammenhang von Mensch, Geschichte, Kosmos, Kreatur und Gotteskindschaft. Die Gesamtschöpfung wird mit dem Geschick des Menschen verbunden gesehen und steht mit ihm unter einem großen Seufzen, weil einem Verderbenszusammenhang unterworfen, aber so, dass zugleich Hoffnung eröffnet ist.[120] Hoffen und Seufzen, Gegenwart und Offenbarung der Herrlichkeit, stehen in einer Korrelation und verschränken die Vergangenheit (Schuldverfallenheit; V. 20), Gegenwart (vgl. V. 18 und 22) und rettend Erwartung (vgl. V. 20 f.23 f.) miteinander. Alles Kreatürliche, alle irdische Nichtigkeit und Hinfälligkeit, Knechtschaft und Verderben, Endlichkeit, Sterblichkeit und Tod sind umfasst von der größeren und alles überwältigenden Macht Gottes. Alles seufzt nach diesem Überwältigenden – und auch der Geist selbst seufzt für sie mit. So ist die Hoffnung und Verheißung in das menschliche Daseinsgefühl, samt der Natur, hinein in die Geburtswehen eingesenkt, auf das Neue und Vollkommene und Letzte hin. Dann kommt der Apostel zum rhetorisch-hymnischen Lobpreis auf die alles überwindende Liebe Gottes in Jesus Christus.

Das große 8. Kapitel des Römerbriefes begann mit dem ergangenen Frei-

---

[120] Vgl. N. Walter, Gottes Zorn und das »Harren der Kreatur«. Zur Korrespondenz zwischen Römer 1,18–32 und 8,19–22 in: FS W. Trilling, 1989, 218–226.

spruch derer, die in Jesus Christus sind (8,1 f.) und der neuen Lebensorientierung als das Leben im Geist, das ein Leben in Christus ist und neue Freiheitsräume erschließt (8,3–9). Paulus schließt das Kapitel 8 mit einem hymnisch geprägten Stück, das er mit einer resümierenden Eingangs-Frage (8,31a) eröffnet, auf die er dann eine zweite folgen lässt: »Ist Gott für uns, wer ist dann gegen uns?« (8,31b). Diese Frage ist das organisierende Prinzip für alles Folgende und bringt die Verhältnisbestimmung des Menschen zum Voraus der Liebe Gottes in Jesus Christus als die entscheidende Bestimmung seines Status in der Welt. Aus einem Bedingungssatz wird die logische Folgerung aus der Bedingung gezogen und den Adressaten in Rom die Summe des bisher Dargelegten formuliert. Dieses Für-uns-Sein Gottes ist christologisch, was er in Christus Jesus uns zugute hat Ereignis werden lassen, begründet. »Ist Gott für uns, wer ist dann gegen uns?« – mit dieser ungeheuren Frage zeigt Paulus, dass Gott sich selbst ausgelegt hat in der Geschichte seiner Liebe, einem für menschliche Denkkategorien völlig unbegreiflichen Geschehen: »Er hat seinen eigenen Sohn nicht verschont, sondern ihn für uns alle hingegeben – wie sollte er uns mit ihm nicht alles schenken?« (8,32). Mit dieser schenkenden Liebe »uns allen zugute«, gewährt er uns »alles« (panta), alles Heil (vgl. 1 Kor 2,12f.), d.h. das »mit ihm« Gerufensein. Und die weitere Frage, wer die »Auserwählten Gottes« anklagen und verurteilen könne (8,33f.) in einem Prozessgeschehen, ist bereits entschieden und findet in letzter Instanz keine Stimme und kein Gehör mehr, so dass diese Anklagen unbetreffend, gewichtlos und stumm bleiben. Gott, der uns »gerechtfertigt« hat, wird gewiss nicht die Anklage erheben, eine Frage, die schon die Antwort in sich austrägt: Er klagt uns nicht an, weil er uns gerechtfertigt hat, und Christus, der für uns eintritt, verurteilt uns nicht. Dieses doppelte ungeschuldete »Für uns« Gottes übersteigt jedes menschliche Kalkül als bleibend gegenwärtige Liebe, wie es in einem mittelalterlichen Mystischen Gedicht aus dem frühen 14. Jh., dem »granum sinapis«, zum Ausdruck kommt in der Frage nach dem göttlichen Geheimnis: »weys tu was? neyn« (Z. 19).[121] Damit ist die Frage: »Wer sollte uns trennen von der Liebe Christi?«, diese »Wer«-Frage wird in sieben Widerfahrnissen entfaltet, die Paulus an sich erfahren hat und die exemplarisch für die Erfahrungen der Christen in ihren Zeitläufen stehen, im Voraus beantwortet: Drangsale, Ausweglosigkeit des Lebens, Verfolgung der Christen, Hunger und Blöße, Gefahren aller Art und das »Schwert«, wohl als Hinrichtung gemeint.[122] All das ist in einem Zitat aus Ps 44,23 zusammengefasst (8,36) und lässt die Wehen der Endzeit scheinbar auf die Nachfolger Christi übergreifen (vgl.

---

[121] M. Wehrli (Hg.), Deutsche Lyrik des Mittelalters, 1955, 486.
[122] L. Schottroff, Der Glaubende und die feindliche Welt, 1970; J. Tibbe, Geist und Leben. Eine Auslegung von Römer 8, 1965.

Mt 6; Hebr; 1 Petr). Die Frage, was uns von all den Drangsalen in siebenfachem Andrang und damit als Desavouierung des Glaubens bedeuten könnte, stellt Paulus unter die Gewissheit der Beziehung zu Gott, die er jetzt »Liebe« nennt. Wie der Psalmbeter in Ps 44,23 sieht auch Paulus, den Psalmisten zitierend, den Sinn über den Sinnlosigkeiten der Bedrängnisse im Festhalten an Gott und darin die Siegeszuversicht, die er mit einem triumphalen Siegesspruch beantwortet: »Doch in alldem triumphieren wir durch den, der uns geliebt hat« (8,37). Kraft der die Glaubenden umfangenden Liebe Christi überwinden sie siegreich Leiden und Not. Dann wird Paulus ganz persönlich (»Denn ich bin überzeugt«: pépeismai – mit der inhärenten passiv-Bedeutung) und drückt seine tiefe persönliche Überzeugung und die der Christen überhaupt aus.[123] Die eingangs gestellten Fragen finden noch einmal ihre Antwort in kosmischer Dimension, so dass keine Macht, nichts und niemand, diese Zerreißung der Liebe Gottes zu uns zustande bringt. In einer Art Peristasenkatalog wurden die gefährdenden und trennenden Momente aufgezählt, als würde sich der ganze Kosmos gegen diesen Liebeserweis verschwören wollen (8,38f.).

So mächtig die Imponderabilien des Kosmos und die Mächtigkeiten des Daseins in ihren Bedrohlichkeiten, Verlockungen und Versuchungen sein mögen, auch tiefste Schrecknisse und Unglück, anonyme Mächtigkeiten und Kräfte, »Engel und Herrschaften«, Höhe und Tiefe des Weltenraums als die übermächtige Fremde, all diese Mächtigkeiten, in denen der Mensch seine Ohnmacht spüren könnte, können eines freilich nicht: das Liebesband Gottes zu uns zu zerschneiden. So gipfelt Kap. 8 des Römerbriefes in dem hymnischen Bekenntnis, dass der im Geist in Jesus Christus Bleibende und der Führung des Geistes sich Anvertrauende nicht »der Liebe Gottes in Christus Jesus« entrissen werden könne (8,39). Mag die Existenz des Glaubenden eine vielfache Anfechtung, eine ganze »Rebellion« von Mächten gegen sich erfahren, Kräfte der Entfremdung, kosmisch-weltliche Engel-Mächte, mit ihrem Kräftespiel, aber nichts kann Gottes Für-uns-Sein, das in Christus als Liebe in Erscheinung getreten ist, zerstören. Das große Welterbe der Kinder Gottes ist die Freiheit von der Knechtschaft und den versklavenden Mächten. Die innerweltlichen wie die außerirdischen Potenzen, das gegenwärtig oder künftig Drohende, die Gewalten der Höhe und der Tiefe und das Unheimliche der Unheilssphäre, vermag die Trennung und Zerreißung von der Liebe Gottes nicht herbeizuführen. Auch der von Sternen- und Geistesmächten bevölkerte Kosmos, der für die Vorstellung des Schicksals, der Heimarmene steht, die den Menschen in ihren Bann schlägt, vermag es nicht. Der angefochtene Mensch in der chaotischen Sphäre der

---

[123] Vgl. Röm 14,14; 15,14; 2 Tim 1,5; E. Fuchs, Freiheit des Glaubens. Römer 5–8, 1949.

Kräfte und feindlichen Mächte, weiß von der Liebe Gottes her das Schicksal und seine Helfershelfer entmächtigt.

7. Das urvordenkliche und erwählende Voraus der Liebe im Epheserbrief

a. Exposition: Entfaltung der anamnetischen Differenz

Der Epheserbrief ist eine theologische Abhandlung über das Geheimnis der Kirche als dem weltumspannenden Christusleib, mit Christus, dem »Haupt«. In dieser homilie- und traktathaften Brief-»Rede« mit ihren appellativen (»Ihr«) und konfessorisch-lehrhaften »Wir«-»Er«-Partien, spricht die »Stimme« des impliziten Autors (»Ich, Paulus« 3,1)[124] in seiner apostolischen Mittlerfunktion (3,1–13) als »Symbuleut«, als »zuratender« Sprecher, der sich den heidenchristlichen Adressaten als »Gefangener Christi *für euch*« vorstellt, dringlich gemacht durch die »Grenzsituation« des Kerkers, in dem er sich befindet. Der Briefautor will seinen Adressaten, »den Heiligen, die in Ephesus sind und an Christus glauben« (1,1), sagen, was christliche Identität ist. In einer Art theologischer Phänomenologie benennt er ihnen ihr Woher aus dem Ratschluss der ewigen Liebe Gottes, entfaltet ihren neuen Status mit der Vergewisserung der neu gestifteten Beziehung als »geliebte Kinder« des Vaters (5,1), und rückt in das Zentrum seines theologischen Interesses die Una sancta aus Juden- und Heidenchristen, die Einheit der Kirche (2,11–22) unter der Neuschöpfung durch Glaube und Taufe (2,1–10). Sie hat ihren Grund in Gottes reicher Barmherzigkeit (2,4), seiner großen Liebe (2,4) und Güte (2,7) – und diese Liebe hat einen Namen: Jesus Christus. Die gläubige Verbundenheit »mit ihm« ist das alles bestimmende Charakteristikum der christlichen Existenz: mit ihm lebendig gemacht (2,5), mit ihm auferweckt, mit ihm in die Himmelswelt versetzt (2,6). In der Aoristform des Verbs »lebendig gemacht« spiegelt sich das Taufgeschehen als Wechsel aus der Todessphäre des Alten Äons in die Lebenssphäre des Neuen (vgl. Röm 6,4 u. a.). Die Gegenwärtigkeit des Heils als Rettungsgeschehen im Glauben an Jesus Christus, stimmt auf Freude über die in Christus Jesus epiphan gewordene Liebe Gottes. Diese Neuheit der Existenz muss sich in einer adäquaten Lebensführung bewähren und hat darin ihren Test. Die

---

[124] Vgl. H. Merklein, Paulinische Theologie in der Rezeption des Kolosser- und Epheserbriefes: Paulus in den neutestamentlichen Spätschriften, (QD 89) 1981; 25–69; I. de la Potterie, Le Christ, Plérôme de l'Eglise (Eph 1, 22–23), in: Bib 58 (1977) 500–524.

Liebe aber wird zum innersten Geheimnis des Seins und zum eigentlichen Sinn allen Geschehens vertieft.

Ein Zirkularschreiben wird indirekt zu einem testamentarischen Vermächtnis gemacht. Paulus oder ein anonymer Paulusschüler[125] bedient sich in seiner Paulus-Anamnese des fingierten Pseudonyms »Paulus«, um den Adressaten das ihm durch Offenbarung mitgeteilte unfassbare »Mysterium« (3,3.5) darzulegen, damit sie Einsicht in das Geheimnis erlangen. Es handelt sich um einen existentiellen Mitteilungsvorgang, denn das Geheimnis wird erst durch das zu ihm hinzutretende Andere einsichtig, das Betroffenheit schafft und darin Veränderung und Verwandlung. Das Christus-Geheimnis enthüllt sich als Begegnung der einst »Fernen« (2,13) und vom Bund der Verheißung Ausgeschlossenen mit der Liebe, die konkret und manifest geworden ist in der Kreuzeshingabe Jesu (2,16) »für euch« (3,1), die sie zum neuen »Wir« zusammengeführt hat. Es war ein tragisches »Einst« unter der Versklavung durch den personal gefassten »Zeitgott (aiôn) dieser Welt« (2,1 f.), der in der »Luft herrscht«, eine »klimatische« Atmosphäre der Gottlosigkeit und Lieblosigkeit, in »Übertretungen und Sünden«, »ohne Gott (a-theoi) in der Welt« (2,12), »in den Lüsten des Fleisches« (2,3) und ohne Hoffnung.

Ein Fundamentalunterschied wird konstatiert, um auf dieser dunklen Folie, das in Erscheinung getretene Neue für die beiden anvisierten Menschheitsgruppen, Juden und Griechen, und die Wirkung der sich am Kreuz hingebenden Liebe darzulegen. Nun sind die »Fernen«, kraft eines Ereignisses der Liebe Gottes (2,5) »Nahe« geworden (2,14), gleichberechtigte Mitbürger (2,19), nicht geschichtslos, sondern erbaut auf dem Grund der Apostel und Propheten, zusammen-geführt und mit-eingebaut.[126] Es heißt: »Er kam und verkündete den Frieden: euch, den Fernen, und uns, den Nahen. Durch ihn haben wir beide in dem einen Geist Zugang zum Vater« (2,17 f.).

Mit dem durch Gottes Tathandlung geschaffenen »Jetzt« als pax christiana wird auf die scharfe Zäsur zurückgeblickt, die Vergangenheit und Gegenwart trennt und wird hyperbolisch mit den beiden menschlichen Grundweisen, mit Tod und Leben, verglichen. In solcher Diskontinuität wird, nota bene, der Tod in die Vergangenheit verwiesen, mag er auch chronologisch-biographisch am Ende eines menschlichen Lebens noch stehen, so ist das, was den Namen Tod im eigentlichen Sinn verdient, von Christus her (»christologisch«) überwunden.

---

[125] Ein theologischer und dem Apostel Paulus gleichwertiger Anonymus, wenn die abgesteckten Vermutungen der neueren neutestamentlichen Forschergilde recht hat, greift zur Feder und spricht im Namen des Apostels, als spräche dieser selbst. Mit seinen Gedanken vertraut, stilistisch aber »ut alterius videri possit«, wie Melanchthon anmerkt, ein anderer.
[126] J. Gnilka, Christus unser Friede. Ein Friedens-Erlöserlied in Eph 2,14–17, in: Die Zeit Jesu. FS Heinrich Schlier, 1970, 190–207.

b. Der Heilsplan der erwählenden Liebe: Das urvordenkliche »Voraus«
(Eph 1,3–14)

Auf den brieflichen Gruß an die Adressaten, das sog. Proskript (1,1–2), folgt eine »Eulogie«, eine »gute Rede«, im Sachzusammenhang von Segen und Segnen, in die der Autor sein Thema einzeichnet, nämlich »die Durchführung der Fülle der Zeit« (1,10). Dies wird näher bestimmt als Zueignung des Mysteriums Jesu Christi in seinem »Leib« als der Kirche aus Juden und Heiden (vgl. 3,6f.). Die in solchen Heilsraum Hineingerufenen stehen im Segen Gottes in Christus (1,3–14). Diese Segens-Wirklichkeit wird näherhin spezifiziert als Erwählung zur »Sohnschaft durch Jesus Christus zu ihm hin« (1,5a). Dieser erwählende Liebeserweis aber geschah schon vor Grundlegung der Welt (1,4), also vor Raum und Zeit, im urvordenklichen Geheimnis der Liebe Gottes.

In hymnisch-liturgischer Sprache nimmt der Verfasser sein Staunen in einen Lobpreis auf und umschreibt mit einer etymologischen Figur von Verb und Objekt (eulogein/eulogia) die Fülle der Segnungen Gottes »an uns« als Ausfluss und Überfluss einer sich ergießenden Fülle.[127] Die Satzperiode in beteuernder Sprache konnte das monströseste Satzkonglomerat in griechischer Sprache (E. Norden) genannt werden. Das Gefälle des Textes ist poetisch, hymnisch-liedhaft und narrativ-lobpreisend. Die theologische Perspektive ist universalistisch und eröffnet einen Beziehungsraum, der durch zwei Schlüsselbegriffe konstituiert ist: »Erwählung« und »Sohnschaft«. Diese Gnadenwahl gründet im Voraus (prae) der Liebe Gottes: Das Essential der Erwählung geschah schon in der kategorial anderen Gotteszeit, nämlich »ehe der Welt grundgelegt war« (V. 4):

»Er hat uns aus Liebe im Voraus dazu bestimmt,
seine Söhne zu werden durch Jesus Christus
und nach seinem gnädigen Willen zu ihm zu gelangen,
zum Lobe seiner herrlichen Gnade.«

In solcher Regression zum Davor vor aller Zeit, fragt einer sich zum Ur-Grund vor. Diese theologische »archê« ist nicht als kosmogonische Frage im Horizont einer mythischen Kosmogonie formuliert mit der impliziten Woher-Frage[128], sondern heilsgeschichtlich als Mysterium des göttlichen

---

[127] R. Schnackenburg, Die große Eulogie Eph 1,3–14. Eine Analyse unter textlinguistischen Aspekten, in: BZ NF 21 (1977) 67–87; J. Coutts, Ephesians 1,3–4 and 1 Peter 1,3–12, in: NTS 3 (1956/57) 115–127.

[128] Darin ist das platonische Motiv der Weltschöpfung aus der »Güte« Gottes (Timaios 29e–30c) travestiert. Der sinnlich wahrnehmbare Kosmos ist nach einem immer seienden Vorbild (paradeigma) geschaffen und sein göttlicher Verfertiger (demiourgos) ist gut. Damit stellt Platon sich gegen die These, der Kosmos verdanke sich einem Zufall (Tim 28 a ff. – vgl. Soph. 265 c).

Ratschlusses (V. 9). Dieser erschließt sich erst in der Erkenntnis der Erlösung »in Christus«, als der Mitte und Fülle der Zeit und als »Zusammenfassung« des Alls (V. 10). In diesem Erwähltsein präexistieren sie schon in Christus, in der Liebeszuweisung zu ihm, so dass ihr Dasein in seiner Intentionalität schon auf ihn hin »in Liebe« (en agapê) eingeholt ist. Für den Briefautor ist das Christsein als Enthüllung eines nur dem Apostel offenbarten unfassbaren Geheimnisses zu begreifen. Sein zu Beginn des Schreibens im Proömium angestimmter Lobpreis bezieht sich auf das Segenswerk Gottes schlechthin als Liebeshandeln. Dieses fand seine allumfassende Erfüllung in Christus Jesus, in welchem alles »beschlossen« ist. Die Gottesgeschichte als Weltgeschichte liegt einem unvordenklichen Plan Gottes eingezeichnet, der von Ewigkeit her gilt, ein Heilsplan der Erwählung der Völkerwelt zur »Sohnschaft«, als höchste Adelung des Menschseins, und zur Gliedschaft an der einen Familie, apostrophiert als »Leib Christi«. Alles ist von diesem einen Liebeswillen Gottes umfangen, der für den Verfasser das nun in Umlauf gesetzte Geheimnis (mysterion) bedeutet. In die exklusiv erscheinende Israel-Verheißung hinein vollzieht sich die Inklusion der Völkerwelt als Vollzug des Heilsratschlusses Gottes, der seine »Veranstaltung« (oikonomia: 1,10; 3,9) zu der einen, universalen Kirche aus Juden und Heiden in dem einen »Leib« des Christus Wirklichkeit werden lässt (1,22; 3,10.21; 5,23–25.27.29.32). In der Zusammenschau von Christologie und Ekklesiologie, geschrieben in einem Zirkularmanifest in feierlich-liturgischem, zuweilen hymnischen Stil und in der geistigen Höhenlage der Meditation über das Mysterium Christi, ragen zwei Gedanken besonders heraus, die vielfältig umkreist und lesbar gemacht werden: der durch Christus geschaffene eschatologische Friede (2,15.17) und die alles tragende Liebe (2,5 ff.).Die beiden großen Themen mit ihrer kosmischen »Totalanschauung« (tà pánta) und Erhöhungschristologie werden entfaltet, wonach Gott Christus zu seiner Rechten erhöht, ihm alles zu Füßen gelegt und ihn über die Kirche, seinen Leib, als das alles überragende Haupt gesetzt (1,20–23) hat.[129]

Der Ausdruck dieser Liebe Gottes ist: Die Heiden stehen im Horizont des »Zugangs aller zum Vater« (2,18), und im neuen »weltbildlichen« Rahmen der All-Einheit als dem Herrschaftsbereich Jesu Christi (1,10.20,23; 4,9f.), der das alles überragende Haupt der Una sancta ist (1,23b; 4,4–6; 5,23) und das All (vgl. das Syntagma tà pánta: 1,11; 3,9; 4,10.15) mit seiner Lebensmacht erfüllt (1,23; 4,10b). Die Heiden sind Miterben geworden (3,6), d.h.

---

[129] H. Schlier, Der Brief an die Epheser, 1968; F. Mußner, Der Epheserbrief (ÖTK) 1982; P. Benoit, Leib, Haupt und Pleroma in den Gefangenschaftsbriefen, in: Ders., Exegese und Theologie, 1965, 246–279; W. Bieder, Das Geheimnis des Christus nach dem Epheserbrief, in: ThZ 11 (1955) 329–343; J. Cambier, Le grande mystère concernant le Christ et son Église. Eph 5,22–33, Bib 47 (1966) 43–90.233–242.

»mit eingeleibt« und Mitgenossen der biblischen Verheißung. Die christliche Sozialität und ihre kosmische Universalität (Katholizität) werden in einen metahistorisch-historischen Zusammenhang gerückt des Mit-Erbe-Seins, des Mit-Leib-Seins und des Mit-Teilhaber-Seins. Anthropologisch bedeutet dies, der »eine neue Mensch« (2,15) tritt unter der pax Christi auf den Plan.[130]

In diesem hymnisch breit ausladenden Prolog mit seiner gewaltigen, die Sätze in atemberaubender Aneinanderfügung zur Spracharchitektur gestaltend, geht es um das große Geheimnis der Erwählung in der Liebe Gottes: die an Christus Glaubenden sind schon vor aller Zeit von der Liebe Gottes definiert (1,5); »er hat uns aus Liebe im voraus dazu bestimmt, seine Söhne zu werden durch Jesus Christus und nach seinem gnädigen Willen zu ihm zu gelangen, zum Lobe seiner herrlichen Gnade« (1,5.6a).In diesem souveränen Akt der Erwählung Gottes als Akt seiner Liebe ist ein Heilswille am Werk, der uns zur »Sohnschaft« (hyiothesia) auf Christus und sein Heilshandeln hin bezieht. Der juristische Begriff der Sohnschaft meint »Annahme an Kindes statt«, den Vorgang der Adoption als Ausdruck eines neuen Status.[131] In dieser »titanischen« Plerophorie und Gebärde der Erkenntnisvermittlung geht es um ein Segenshandeln, das im Gnadenwillen Gottes als offenbares Geheimnis waltet und das wiederum als Offenbarung seines Gnadenwillens in die unvordenkliche Zeit seiner Liebe zurückreicht.[132] Es ist ein wirksames Segenshandeln Gottes »in Christus« (en Christô), das eine unvergängliche Wirklichkeit bewirkt und die Adressaten zum »Rühmen« (eis epainon: 1,6.12.14) ruft, dem altbekannten rhetorischen Lebenselement von Hellas für Götter und Menschen, Philosophen und Imperatoren. So auch hier: »wir sind zum Lob seiner Herrlichkeit bestimmt« (1,12). Im Erwähltsein findet die erwählende Gnade ihren Ausdruck im Lobpreis derer, die sie rühmen und so ihr Schuldigsein abgelten. Durch die Lebenshingabe des Christus, »durch sein Blut« (1,7) als vollkommener Liebesbeweis, wird Erlösung gestiftet und vermittelt. Damit ist die »Fülle der Zeit« heraufgeführt als ein allumfassendes Geschehen (»was im Himmel und auf Erden), »in Christus« (1,10).Die erlösende Begnadung der Liebe Gottes ist uns »in dem Geliebten« (êgapêmenô) so gewährt worden, dass wir »in ihm die Erlösung haben durch sein Blut, d. h. den Erlass der Übertretungen« (V. 7). Die Gnade Gottes erreicht uns in einer Liebe, die uns in die Liebe Gottes zu seinem geliebten Sohn einschließt und Befreiung oder Erlösung heißt. Diese Kundgabe der Gnade wird uns in der Weise gewährt, dass er uns im Wissen

---

[130] Vgl. K. M. Fischer, Tendenz und Absicht des Epheserbriefes (FRLANT 111) 1973.
[131] Röm 8, 14f.; Gal 4,4f.; als Söhne Gottes durch Christi Heilstat und im Empfang des Heiligen Geistes.
[132] Vgl. Ch. Maurer, Der Hymnus von Eph 1 als Schlüssel zum ganzen Brief, in: EvTh 11 (1951/52) 151–172.

um das Geheimnis seines Ratschlusses, »uns mit aller Weisheit und Einsicht reich beschenkt hat« (1,8). Es ist ein Erleuchtet-Sein, eine Mysterienweihe, in welcher sich das von Gott zum Menschenheile gewirkte Geheimnis erschließt in der Liebe als Motiv des ewigen Ratschlusses Gottes (1,9f.). Es handelt sich um das »Urmysterium« schlechthin, die Liebe Gottes als der Grundimpuls und das gestaltende Urprinzip des ganzen Erwählungsgeschehens und des gesamten Wertgeschehens, alles, »was in den Himmeln und was auf Erden ist«, in Christus »unter ein Haupt zu fassen« (1,10).

In diesem vor-zeitigen Erwählt- und Gemeintsein waltet der Ratschluss der Liebe Gottes und weist ihn als eine Zeit – und Raum transzendierende Bestimmung aus, von der her der Mensch seine Definition erhält, nämlich »zur Sohnschaft (hyiothesia) durch Jesus Christus zu ihm hin« (1.5). Dieser im profan-hellenistischen Griechisch die Annahme an Kindes statt bedeutende juristische Begriff wird zum theologischen Zielbegriff. Nach Gal 4.4f. sind die Empfänger der »Sohnschaft«, die zu einem »Wir« zusammengeschlossenen Christen durch Christus. Statt des Geistes der Knechtschaft, sind sie Empfänger des Geistes der Sohnschaft und Herzensträger dieses Geistes. Die vor aller Zeit waltende Liebe Gottes definiert sie als neues Geschlecht, als tertium genus, in, durch und zu Christus hin. Dies alles ist getragen von der Heilsökonomie der Liebe Gottes (3,2–13). In 3,14–21 macht der Verfasser in der Form eines Gebetes seine Herzensanliegen kund, eine flehentliche und »kniefällige« Bitte. Er richtet sie an den »Vater, von dem her jede Vaterschaft im Himmel und auf Erden den Namen hat« (3,14f.), ein Wortspiel der betonten »Vaterschaft« Gottes, und beschwört die Einheit der Kirche. Mit dem Namen kommt das »geistige Wesen« zur Sprache als Ausdruck der Einheit und Ganzheit, die begriffliche Bestimmung, auf die hin sich etwas sammelt. Die Fürbitte des Apostels erscheint wie ein Urbild des Kirchengebetes, der Oration, in der die Regel des Betens die Regel des Glaubens zum Ausdruck bringt (lex orandi als lex credendi). Drei Finalsätze (hina = damit) sprechen »drei« Wünsche aus (wie im Märchen):[133] Das Gestärktwerden »durch seinen Geist im inwendigen Menschen« (3,16); dann die »Einwohnung Christi durch den Glauben in euren Herzen« (3,17); und dann das Begreifen und Erkennen der alles Begreifen übersteigenden Liebe Christi, um in die ganze Gottesfülle (plérôma) hineinzugelangen (3,18f.). Mit der letzten Bitte, die von der Evidenz der Liebe getragen ist, kommt das Gebet an sein Ziel: »damit ihr imstande seid, mit allen Heiligen zu begreifen, welches da sei die Länge und Breite und Höhe und Tiefe, und zu erkennen die Liebe Christi, die die Erkenntnis übersteigt, auf dass ihr erfüllt werdet in die ganze Fülle Gottes hinein.« Das Gebet, ein Text, der an die

---

[133] Vgl. W. Benjamin, Ursprung des deutschen Trauerspiels. Erkenntniskritische Vorrede, 1928, in: Ge.Schr. Bd. 1, 1974, 207–237.

Grenzen menschlichen Begreifens führt, will die Adressaten erleuchtet sehen und in der Gebärde des Kniefalls (3,14 f.). In der äußeren Gebärde des Knieens als einer ganzheitlichen und sprechenden Gebärde vollzieht sich eine Bewegung nach innen zu dem von Christus »bewohnten« Menschen (3,17). Die Wirksamkeit der liebenden Kraft Gottes (dynamis theou) hat in der Liebe Christi Gestalt gewonnen und übersteigt menschliche Fassbarkeit und menschliches Begreifen. Dann kommt die paradoxe Wendung, die der geläufigen Meinung und Erwartungen alogisch entgegensteht, dass der Kniende stark wird an dem »inwendigen Menschen« und Christus Wohnung darin nimmt in ihm. Im Innewerden der unbegreiflichen Liebe Christi und des »Erfülltseins« mit ihr, erschließt sich die Fülle der Liebe Gottes. Diese zentrale Identifikation findet ihre Konkretisierung in der Glaubhaftigkeit der Liebe. Ihre Radikalität: »durch die Liebe eingewurzelt und gegründet« (3,17: die Vulgata übersetzt mit »in caritate radicati«) wird an der Erkenntnis der Liebe Christi (3,19) orientiert, an der in alle Dimensionen der Wirklichkeit hinein-reichenden gekreuzigten Liebe Christi. Eine solche Christologie findet bei Teihard de Chardin ihre Entfaltung, die die Weltwirklichkeit als ein großes Beziehungsfeld (vgl. auch System-Theorie) zu begreifen sucht.

»Vor wem sollen wir noch knien? ... Der Alte hat uns auch im Stich gelassen, die Lage ist bitter ... wovor könnten wir noch knien?«, so lässt Gottfried Benn in »Stimmen hinter dem Vorhang« den Chorführer fragen und damit eine der wesentlichen Grundfragen menschlicher Existenz stellen, eine Frage von zeitloser Aktualität, denn der Mensch in seiner Suche und Unerfülltheit ist immer auf der Suche nach etwas, nach einem Oben und Voraus. Wir knien immer – fragt sich nur wovor. Auf diese Frage antwortet der Text des 3. Kapitels des Epheserbriefes. Er spricht von der absoluten und universalen Vaterschaft (pasa patria) Gottes (3,15) und rückt alle menschlichen und übermenschlichen Bezüge (»im Himmel und auf Erden«) in diese Perspektive, denn alles verdankt ihm seinen Ursprung.

c. Liebe als Gottes-Mimesis und ihre humane Gegenseitigkeit und Bewahrung

Der als Indikativ entfaltete und durch Liebe konstituierte neue Heilsstand wird in einem vermahnenden zweiten Teil des Schreibens (Eph 4–6) in einen Imperativ übergeführt, wie sich christliches Leben in einer unchristlichen Umwelt gestalten lasse (4,17 – 6,14). Die neue Lebensform, die Absage an den heidnischen Wandel und das neue Selbstverständnis kristallisiert sich um duale Formen »alter und neuer Mensch« (4,17–24), und um das »Einst und Jetzt« im Blick auf die »Finsternis-Licht«-Thematik (5,8–14). Die in die neue Lebenswirklichkeit durch Gott Hineingestellten werden zur imitatio Dei gerufen: »Ahmt Gott nach als seine geliebten Kinder« (5,1). Die Gottes-Mimesis des Menschen, der als geschöpfliches Wesen in der Genesis in seiner Geschlechtlichkeit (Gen 1,27), seiner Weltaneignung (Gen 1,28) und in seiner Sprachfähigkeit (Gen 2 Namensgebung) gekennzeichnet wird, wird vor dem Zerrbild seiner Laster vermahnt, dem Pejorativum eines trügerischen Lebens. Es sind Vermeidungsimperative einer radikalen Abkehr vom Nichtigen. Die Erneuerung der Gottebenbildlichkeit (4,24; vgl. Kol 3,10) in Christus soll sich in alle Dimensionen seines Menschseins hinein entfalten: »Wandelt in gegenseitiger Liebe«. Dieses Verhalten ist ein Verhalten aus Dank und ein Befreitsein zur Liebe. Es findet seine Begründung in der Christusliebe »für uns«, soteriologisch gedeutet als Hingabe und als gottgefälliges Opfer (5,2). Diese Liebesethik mit ihrer heilshaften Begründung im Voraus der Liebe Christi ruft die Adressaten in ein antwortendes Verhalten. 5,1–2 heißt es: »Seid also Nachahmer Gottes als geliebte Kinder, und führt ein Leben in Liebe, da auch Christus euch geliebt hat, und hat sich für uns dahingegeben, Gabe und Opfer, Gott zum Wohlgeruch«. Die sich für die Menschen opfernde Liebe Christi (5,2) hat in ihm ihr Modell und der »Wandel in der Liebe« ist ihr existentiell-sittlicher Mitvollzug, der so immer mehr »Gestalt« (Gal 4,19) in uns gewinnt, in welcher die Gestaltwerdung der Glaubenden in Christus zur Gottebenbildlichkeit hinreift, zu der im Tod offenbar werdenden verborgenen Herrlichkeit der Gotteskindschaft (Röm 8,19–23).

In mehreren Abschnitten wird in Eph 4–6 das Ethos der Liebe entfaltet, und zwar in engem Bezug auf den Gedanken der Einheit der Kirche hin, dann der Brüderlichkeit, dann der Trennung von heidnischen Haltungen und dann im Blick auf die Bewährung im Alltag der Welt, wie dies in der sog. »Haustafel« (5,21 – 6,9) entfaltet wird.

Aus der Entdeckung des Voraus der Liebe Gottes in Jesus Christus, mit der Begründung christlicher Identität und der bleibenden Erinnerung daran, ergeben sich Grenzziehungen, Absagen an identitätszerstörendes Verhalten. Ethische Vermahnungen werden in einem Ineinander von Wegweisung und Motivation laut und gipfeln in der Ermutigung zur »Nachahmung Gottes« (imitatio Dei), eine existentielle Mimesis zu einem Leben der Liebe aus dem Voraus der Liebe Gottes und am Vorbild Christi konkretisiert (5,1f.). Sie stehen hauptsächlich unter Aspekt der Liebe als dem Feld ihrer Bewährung und haben das individuelle und soziale Leben im Blick. Der Aufruf, Gott »nachzuahmen«, wird als Leben in der Liebe verstanden und für deren Vollzug, wie dies schon Eph 4,2.15.16 (vgl. 3,17.19) zeigt, werden die Adressaten »als geliebte Kinder« be-ansprucht.[134] Es ist ein Nachahmen im existen-

---

[134] Paulus betont in 1 Kor 4,14.16 den Konnex von Kind-sein und Nachahmung. Nach Mt 5,44f. orientiert sich das Handeln des Sohnes an dem des Vaters.

tiellen Sinn, im Abbildhaften des »Ur-bildes« und in der Anweisung der gegenseitigen Vergebung (4,32), orientiert an der Vergebung Gottes in Christus. Die zweite inhaltliche Füllung der imitatio Dei ist der Wandel in der Liebe, die christliche »Peripatetik«, die als »Nachahmung Gottes« ihren Grund und ihre Wegleitung aus der uns erwiesenen Liebe der Selbsthingabe Christi »uns zugute« und als Gott dargebrachtes Opfer hat. Ein soteriologischer Indikativ und ein ethischer Imperativ sind ineinander gewoben. Das Zeit-Wort »wandeln« eröffnet einen Bewegungsraum, in welchem Liebe »ambulant«, je neu zum Ereignis wird. Der liturgische Klang der Sprache »Gabe«, »Opfer«, »Wohlgeruch«, klingt alttestamentlich kultisch, verweist aber mit dem Hingabe-Gedanken auch an die frühe Abendmahlsüberlieferung, indirekt zu einer Tischgemeinschaft, die unter dem Appell steht, in der Liebe zu leben. Die ethischen Ermahnungen mit ihren Vermeidungsappellen sind vom Voraus der erfahrenen Gottesliebe in Christus her getragen. So steht 5,2 nicht nur im Echo alttestamentlicher Reminiszenzen, sondern auch der frühchristlich geprägter Bekenntnisformulierungen, um die Dringlichkeit des Gesagten zu verstärken und das schlechthinnige Ereignis zu benennen: Christi Kreuzestod als Liebestat für »euch«, als sein »Opfer« und dessen Annahme durch Gott (»Gottes wohlgefälliger Duft«). Dieses Bekenntnis-Fundament eines Liebeshandelns muss sich konsequent und ständig in gelebter Liebe verlebendigen und ist in der Kreuzestheologie verankert. In 4,32 hatte es geheißen: »Werdet gegeneinander gütig, barmherzig, vergebend, so wie auch Gott in Christus euch vergeben hat!«. Der Appell »Lebt in der Liebe, wie auch Christus uns geliebt hat«, ist eine elementare und fundamentale Lebensweisung, die ihr anschauliches Maß und ihren Grund in der Kreuzeshingabe Jesu hat. Damit zieht der zweite ethische Teil des Epheserbriefes (4,1–6,20) aus der Berufung in den »Leib Christi« all die Konsequenzen für eine adäquate christliche Lebensführung. Die Liebe, zu der die Adressaten gerufen sind, zieht eine Grenze zu den Negativitäten des Lebens. Ihre appellative Vielfalt konkretisiert sich im Ablegen der Lüge (4,25), wendet sich gegen den Diebstahl und ruft zur Arbeit und zum Erarbeiten des Nötigen (4,28), warnt vor »faulem Geschwätz« (4,29), vor Unzucht und jeder Art von Unreinheit oder Habsucht, vor schandbaren Worten und losen Reden (4,31). Hinzu kommen die Haustafeln mit den aufgelisteten Pflichten und Verantwortlichkeiten, die zeigen, wie sich im Rahmen der bestehenden Gesellschaftsordnungen das neue Leben in Christus gestalten soll (Eph 5,21 – 6,9; vgl. Kol 3,18 – 4,1; 1 Petr 2,13 – 3,12).[135] Mit dieser theologisch-christologischen Grundlegung des Selbstvollzugs sind alle ethischen Appelle von der Liebe her begründet und motiviert. »Jagt der Liebe

---

[135] Vgl. M. Gielen, Tradition und Theologie neutestamentlicher Haustafelethik (BBB 75) 1990.

nach« (1 Kor 14,1), fand bereits im Hohenlied der Liebe (1 Kor 13) seine Konkretheit für das menschliche Verhalten, Fühlen, Denken, Reden, Schweigen, Tun und Lassen. In Eph 5,2 bilden Jesu Heilstat, das Opfer seiner Hingabe als Heilswert, die Normativität, die den Christen damit radikal in Anspruch nimmt, das Ereignis der heilschaffenden Liebe des Christus manifest zu machen. Im Lukasevangelium wird dies das Beispiel vom barmherzigen Samariter tun (Lk 10,25–37), aber auch das Jesuswort von der Feindesliebe (Lk 6,35) mit dem Schlussappell: »Seid barmherzig, wie es auch euer Vater ist« (Lk 6,36).

d. Exkurs: Die Leiblichkeit der Liebe

Mit dem Motiv von der Kirche als »Leib« in ihrer Zuordnung zu Christus als dem »Haupt«, propagiert der Verfasser eine ökumenische Menschheit, der der Christusfriede erschlossen ist: die trennende Mauer ist niedergerissen (2,14). Die »Una Sancta« aus Juden- und Heidenchristen verweist exemplarisch auf den kosmischen Frieden, die christliche, wahre »pax Romana«. Dieser Einheits-Gedanke mit der Leib- und Haupt-Metaphorik und der Friedenssehnsucht ist ein theologischer Gegenentwurf zur hellenistisch-stoischen Metaphysik und ihrem platonischen Nachklang, sowie zur Reichideologie des Imperium Romanum mit Rom als caput mundi und dem Kaiser als Princeps und Haupt des Reichleibes. Auch greift der Verfasser in seiner peroratio (6,10–20), martialische Bilder eines ultimativen Kampfes auf: er spricht von der »Rüstung Gottes«, die es anzuziehen gilt, vom »Gürtel der Wahrheit«, dem »Panzer der Gerechtigkeit« und von den »Schuhen der Bereitschaft, für das Evangelium vom Frieden zu kämpfen« (6,14 f.); dann ist vom »Schild des Glaubens«, vom »Helm des Heiles« und vom »Schwert des Geistes, das ist das Wort Gottes« (6,17) die Rede. In diese »militia Christi«[136] zeichnet sich der Apostel bewusst als gefangener Kämpfer »in Fesseln« ein, der gegen die »Weltherrscher dieser Finsternis« streitet. Gegen Schluss seines Schreibens bittet er um die »Freimütigkeit«, »das Geheimnis des Evangeliums zu verkünden« (6,19). Die christliche Existenz als geistiger Kampf in der Welt wird in militärischen Bildern und Metaphern beschrieben, wie dies in der Sprache der Apokalyptik, aber auch in der stoischen Philosophie bei Seneca, Epiktet, Marc Aurel begegnet und zwar in der Metaphorik vom Leben als militia (spiritualis). Das bereits im Brief Enthaltene wird am Ende unter diesen Appell gestellt, wie dies besonders im

---

[136] Vgl. A. von Harnack, Militia Christi, 1905 (Neudr. 1963); H. Edmonds, Geistlicher Kriegsdienst, in: Heilige Überlieferung, FS I. Herwegen (Hg.), O. Casel, 1938, 21–50 (Neudr. 1963.

zweiten Teil geschieht, wo es darum geht, aufzuweisen, wie das Mysterium der »Una Sancta« und der Zusammenfassung der ganzen Schöpfung in Christus in ihrer elementaren Leiblichkeit und Geistigkeit einig bleiben kann. Gleich zu Beginn des 4. Kapitels wird eine Liste von Einheitsfaktoren zusammengestellt als Wiedergabe des Lebensraumes der Kirche in ihrem eigentlichen Wesen (4,1–6). Im Aufgreifen der Realitätsfrage sind es zwei Grundfaktoren, die die Einigkeit stiften und wahren, der Geist des Friedens und der Geist der Liebe. Dies geschieht assertorisch oder katechetisch mit Distanzierung, Nonkonformismus und der Abgrenzung durch Lasterkataloge und Kontrastfolien (5,3–5), sowie mit der Lichtmetapher als einer aufdeckenden und überführenden Kraft, die »fruchtlose Werke« durchschauen lässt (5,10) und den christlichen Wandel als »Frucht des Lichtes« ausweist, von Christus in der Taufe ins Licht gestellt und zur Neuschöpfung des Lebens erweckt (vgl. 5,13b.14b.).In der leibhaftigen Lebenspraxis findet die Liebe ihre soziologische Konkretion. Die in Christus erneuerte Gottebenbildlichkeit (4,24), »für uns« in der Liebe gegeben (5,2) und als Wesensoffenbarung Gottes erinnert (kathôs 5,2), entfaltet sich für die Gläubigen in der Dimension der Liebe. Immer ist Christus selbst, das Haupt, die Gestalt des Maßes und der Orientierung sowie Motiv einer Gesinnung, um »Christus zu lernen« (4,20); denn von der Liebe geleitet, gilt es, sich an die Wahrheit zu halten (4,15), denn in der Liebe wird auch der Leib aufgebaut zum »vollkommenen« Menschen (4,13), der vollendeten, verantwortungsfähigen und urteilsfähigen Gestalt gegenüber der Unmündigkeit (4,14). Solche Erkenntnis wehrt der Orientierungslosigkeit, wie beim kindlichen Würfel-Spiel oder auf der wellenumtosten Seefahrt. Die als Existenz im Licht konkret veranschaulichte Lebensführung als Frucht des Lichtes, hat in dem Ausdruck »alle« (pasê) ihre Variationsfähigkeit und Unabgeschlossenheit und warnt die Lichtträger vor einer Verfinsterung (5,6) ihres Lebens durch Hereinfall auf Leeres und Nichtiges, denn nur eine an der Liebe (agapê) orientierte Erkenntnis (epignôsis) findet heraus, worauf es in all den Anforderungen jeweils ankommt (vgl. Phil 1,9f.). Im Unschluss der Liebe geht es um Einheit, Geschwisterlichkeit und die Trennung vom heidnischen Wesen sowie um die Bewährung im Alltag des Lebens, veranschaulicht an den ethischen »Haustafeln« (5,21ff.).Da die Liebe Christi allem zugrunde liegt, ist auch die Verkündigung der Wahrheit (4,15) an die Liebe gebunden, sowie das ganze Leben. Die durch die Taufe »in den Himmel« versetzten Christen (2,7) werden in den irdischen Alltag und das irdische Tun eingewiesen, jener »Täter« Mensch, der wortwörtlich Gottes Tat ist (autou gàr esmen poiêma), wobei der Vorgang des Wachstums der Kirche als des »Leibes Christi«[137] sich im Vor-gang der Liebe vollzieht. »Haupt« und »Leib« in ihrem Zusam-

---

[137] Vgl. den paulinischen Leibgedanken 1 Kor 12,12–27; Röm 12,3–7.

men bilden den »vollständigen Mann«. Im Epheserbrief wird gesagt, dass »Christus das Haupt der Kirche ist ..., denn sie ist sein Leib« (5,23) und dieser enthält das ganze Universum in sich (1,23; vgl. Kol 1,18; 2,17). In der Wortverbindung »Leib des Fleisches« (2,15 f.), sind die beiden Begriffe Fleisch und Leib mit Bezug auf das Kreuzesgeschehen Christi als Tat der Erlösung zusammengefasst, um die neue Zusammengehörigkeit zwischen Heiden und Juden in dem einen Leib Christi auszudrücken. Es ist die Rede von »zu demselben Leib gehörend« (sýssôma: 3,6).

Leiblichkeit ist ein spezifischer Grundzug menschlich-personalen Seins, in welchem der Leib als das eigene, natürliche Andere ist, mit dem der Mensch selbst in eigenartiger Dialektik zugleich mit sich identisch ist in leibhafter Gegenwart. Im Leib ist der Mensch immer schon mehr als nur »Leib«, z. B. in seinem Lachen und Weinen, seiner Handreichung und seiner geballten Faust ... In seinem Leib ist der Mensch im Äußeren eines Inneren.[138]

Irenäus von Lyon (um 135 – um 200) behandelt er in seinem Hauptwerk »Adversus haereses« im 5. Buch die Errettung des Menschen in seiner geschöpflichen Leiblichkeit. Das Zentrum seiner Gesamtsicht ist die Rekapitulation aller Dinge in Christus (vgl. Eph 1,10), die zum Ausdruck bringt, dass das durch Adams Fall Versehrte durch den inkarnierten Logos wieder hergestellt wurde. In Buch V, 17, 4 heißt es:

»*Hoc ergo Verbum absconditum a nobis manifestavit ... ligni dispositio (he tou xylou oikonomía). Quoniam per lignum amisimus illud, per lignum iterum manifestum omnibus factum est, ostendens altitudinem et longitudinem et latitudinem (tò hypsos kai mêkos kai platos kai báthos) in se: et (quemadmodum dixit quidam de senioribus) per extensionem manuum, duos populos ad unum deum congregans ...*«[139]

Das Kreuz Christi mit dem Gekreuzigten ist die Offenbarung des »verborgenen Wortes Gottes« und vereinigt Juden und Heiden miteinander und mit Gott. Und in Epid. 34 ist Christus derjenige, »welcher die Höhen, d. h. den Himmel erhellt und hinabreicht in die Tiefen, an die Grundfesten der Erde, der die Flächen ausbreitet von Morgen bis Abend und von Norden bis Süden die Weiten leitet und alles Zerstreute von überallher zusammenruft zur Erkenntnis des Vaters«.[140] Ziel des Erkennens ist der Leib Christi am Kreuz, der den Kosmos umspannt, das All, und Juden und Heiden eint. Zu begreifen gilt es die »Liebe Christi« (3,19), die nach 5,2 die Liebe seiner Hingabe ist »für uns«, und in einem Genitiv der Vergleichung wird gesagt, dass sie das

---

[138] Vgl. J. Seifert, Das Leib-Seele-Problem in der gegenwärtigen philosophischen Diskussion, 1979; A. Beckermann, Analytische Einführung in die Philosophie des Geistes, 2001; R. Breuninger – A. Stephan (Hg.), Geist und Welt 2002.
[139] Vgl. R. Noormann, Irenäus als Paulusinterpret, BSHST 61, 1995; N. Brox, RAC 18, 1998, 820–854. Werke: CGP 1, 1306–1317.
[140] Der in seinem Namen alle Welt umfassende Adam, äthHen 30,8 ff.; dazu Or.Sib. III, 24 ff.; Vgl. auch Hippolyt, Antichr. 61, 1, 2; 42,14–17.

Erkennen, die Gnosis, übertrifft. Die erkennende Liebe entzieht sich in das Unsagbare. Die Liebe Christi findet ihren radikalste Ausdruck in diesem einenden Kreuzesleib, der alle Welt umfasst, und alles vollendet sich in der erfüllten und erfüllenden »Fülle« Gottes schlechthin.

e. Das Phänomen »Leib« ist sinnkonstituierendes Mittel bei Maurice Merleau-Ponty

In seinem 1945 in Paris erschienenen Werk »Phénoménologie de la perception« (»Phänomenologie der Wahrnehmung«) sucht Maurice Merleau-Ponty (1908–1961) die Bewusstseinsphilosophie in Richtung auf eine Theorie der leiblichen Existenz hin zu überwinden. Dabei geht er von der Wahrnehmung als deren »Grundphänomen« aus und zeigt, wie sich der Sinn in der Darbietung des Sinnlichen dem Leib darbietet, der als »eigener Leib« (corps propre) in seinem lebendigen Vollzug Erfahrungen zustande bringt und dabei in der Erfahrung mitgegenwärtig ist. Das dreiteilig gegliederte Werk setzt mit einer Bestimmung des Leibes (le corps) als »véhicule de l'être au monde« ein, als »Vehikel des Zur-Welt-Seins«, der selbst Ausgangspunkt und Gesichtspunkt (point de vue) aller Wahrnehmung ist. Als ein allgemeines Medium zur Welt hin ist er zugleich ein Situiertsein in der Welt. Mit dem Körperschema der ihm eignenden und eigenen Räumlichkeit ist ein sensomotorisches Erfahrungsfeld verbunden in der Verschränkung von Gesichtsfeld und Handlungsfeld. Auch die Sprache gründet nach Merleau-Ponty in der Ausdrucksmöglichkeit des Leibes, denn in solcher Bestimmung lasse sich der »Leib« weder auf ein »Körperding« noch auf ein reines Medium reduzieren, um im zweiten Teil seines Werkes (»Le monde perdu«) daraus die Konsequenzen zu ziehen: der Leib stehe der Welt nicht als ein bloßes Objekt gegenüber, sondern ist ihr als Bezugspunkt präsent. Die Wahrnehmungen sind Konkretionen menschlicher »Kommunikation oder Kommunion, Aufnahme und Vollendung einer fremden Intention in uns« und werden durch die Vermittlung des Leibes konstruiert, um dann für den Verstand zu Trägern von Bedeutung werden zu können. Damit will Merleau-Ponty zeigen, dass das Wahrnehmungsbewusstsein nicht als bloße Selbstgegenwart, als reine Innerlichkeit begriffen werden soll, sondern als ein leibhaftes Bewusstsein. Von dieser Perspektive her wird auch die Existenz des Anderen bestimmt, der für das Bewusstsein existieren kann, ohne zugleich zu einem Objekt depotenziert zu werden. Beide bewegen sich in gleicher Intentionalität »in voller Gegenseitigkeit« und sind »füreinander Mitwirkende«. Diese Dimension der Leiblichkeit illustriert Merleau-Ponty anhand der Berührung der einen Hand meines Leibes durch die andere: darin zeigt sich die Verschränkung von Subjekt des Empfindens (d. i. die berührende Hand) und

Objekt der Empfindung (d. i. die berührte Hand). Damit soll zum Ausdruck gebracht werden, dass der Leib mit der Empfindung der Sache gleichzeitig sich selbst in der Sache empfindet. Die Sache erscheint so in dieselbe intentionale Struktur eingezeichnet wie der Leib und der Sinn des Berührten nicht von den Empfindungen trennbar ist. Diese neue Konzeption der Subjektivität wird im 3. Teil (L'être-pour-soi et l'être-au-monde) entfaltet. In diesem »leiblichen« und »präreflexiven« Horizont, wonach die Objekte einen Sinn haben, der nicht von den Empfindungen, in denen er »inkarniert« ist, trennbar ist, zeigt Merleau-Ponty, dass der Sinn der Dinge nicht durch eine intellektuelle Sinngebung generiert wird, sondern der Vertrautheit des menschlichen Leibes mit ihnen entspringt. Von diesem Ansatz her lässt sich auch die Frage der Intersubjektivität neu denken als Verwobensein des Ich mit seiner personalen Existenz in das leiblich sich vollziehende Geschehen. Die Leiblichkeit meines Ich als Modus meiner Anwesenheit in der Welt, verbindet mich mit der Leiblichkeit des Anderen, so dass in dieser gemeinsamen »intercorporéité« beide Teil eines Ganzen sind.[141]

In dieser Neubewertung des Leibes als einem Leitfaden der Weltorientierung und zugleich der Art und Weise menschlichen »Seins zur Welt« vollzieht sich Sprache, Wahrnehmung, Weltorientierung und Handlung. Dabei knüpfte Merleau-Ponty bei E. Husserl[142] an, der den Leib als intentionalen Gegenstand sah, der durch das transzendentale Ich begründet wird.[143]

---

[141] Vgl. T. F. Geraets, Vers une nouvelle philosophie transcendentale, 1971; F. Heidsieck, L'ontologie de Merleau-Ponty, 1971; G. B. Madison, La phénoménologie de Merleau-Ponty, 1973; B. Sichere, Merleau-Ponty ou Le corps de la philosophie, 1983; H.-E. Hengstenberg, Der Leib und die letzten Dinge, ³1996.

[142] Vgl. E. Husserl, Ideen zu einer reinen Phänomenologie und phänomenologischen Philosophie, in: 2. Husseliana 4 (1952) 120–161.

[143] Fr. Nietzsche wendet sich gegen die idealistische Tradition der »Verächter des Leibes«, die den Leib zur Knechtschaft der Seele herabwürdigen und dabei nicht wissen, dass sie letztlich selbst Werkzeug und Diener ihres eigenen »Selbst« sind, des Leibes als dem Prinzip des Hervorbringens und Schaffens: »Untergehen will euer Selbst, und darum wurdet ihr zu Verächtern des Leibes« Denn nicht mehr vermögt ihr über euch hinaus zu schaffen«. Fr. Nietzsche, Also sprach Zarathustra. Von den Verächtern des Leibes. Werke, hg. K. Schlechta, 1966, 2, 301. Auch in der Reflexion und Beurteilung des Leibes durch die reine Vernunft spricht ihre leibliche Existenz mit und orientiert sich am »Leitfaden des Leibes«. Nach seiner Leib-Theorie ist das menschliche Bewusstsein nur ein begrenztes Instrument im Hinblick auf die großen Leistungen des Leibes. Alles Bewusste sei nur das »Zweit-Wichtige«: »Dass wir das Nächste für das Wichtigste nehmen, ist eben das alte Vorurteil. Also umlernen! in der Hauptschätzung! Das Geistige ist als Zeichensprache des Leibes festzuhalten!« (Fr. Nietzsche, Die Unschuld des Werdens, 2,729 (hg. Bäumler, 2 (1931) 235. Der Leib sei die »große Vernunft«, das Bewusstsein dagegen die »kleine Vernunft«. Der Leib sei ein »erstaunlicherer Gedanke als die alte Seele« (Fr. Nietzsche, Aus dem Nachlaß der Achtzigerjahre, Werke hg. K: Schlechta; (1966) 3, 453. Vgl. A. Podlech, Der Leib als Weise des In-der-Welt-Seins. Eine systematische Arbeit innerhalb der phänomenologischen Existenzphilosophie, 1955; V. Poucel, Gegen die Widersacher des Leibes (Plaidoyer pour le corps), 1955; F. Hammer, Leib und Geschlecht. Philosophische Perspek-

B. Die Liebe als Leben aus dem Glauben

1. Synoptische Evangelien

a. Exposition

Die Evangelien, die die Jesusüberlieferung gesammelt und zusammengefügt haben, sind eine urchristliche Schriftgattung, die in vierfacher abgewandelter literarischer Gestalt die Heilsbotschaft von Jesu Christi Tod und Auferstehung zu einem Leitbegriff macht und die erzählte Geschichte der irdischen Wirksamkeit Jesu darbietet. Darin wird die Liebe Gottes als Erweis seiner Zuwendung zu den Menschen in Jesus Christus als das schlechthinnige Ereignis göttlichen Liebens dargestellt. (Joh 3,16).Gottes Liebe zur Welt, als die Liebe des Vaters zum Sohn (Joh 3,35; 15,9; 17,26), drückt eine Wahrheitsgewissheit aus, die die Lebensform der Liebe beschreibt und im Voraus der Liebe Gottes begründet ist, zugleich aber auch die Liebe des Menschen zu Gott in die Pflicht nimmt. Dabei wird die Liebe zu Gott im Doppelgebot der Liebe an die Nächstenliebe gebunden (Mt 5,43-46; Mk 12,30-33; Lk 10,27), die nicht nur ein Gebot unter anderen ist, sondern der kompromisslose Test der Liebe zu Gott schlechthin, wie dies die Liebestheologie des johanneischen Kreises zeigt (1 Joh 4,7-21) und die Forderung Jesu in der Ausweitung auf die Feindesliebe hin dringlich gemacht wird (Lk 6,27.32-35 par.).Bewegte sich im »Symposion« Platons Liebesdialektik auf der aufsteigenden Linie der Liebesobjekte progressiv und in der Steigerung des Liebeswerten von Stufe zu Stufe nach oben, so bewegt sich die christliche Liebe zu den Hilfsbedürftigen, Niedrigen, Geringen, den am wenigsten würdig oder wertvoll Erscheinenden (Mt 25,31-46) nach unten. Es gibt ein besonderes, an die Liebe gebundenes Erkennen (Eph 3,19), das ein Wissen »in Christus« um den Nächsten ist.[144] Die Liebe zum Nächsten schließt eine Unbedingtheit in sich, nicht nur bereit zu sein, zu geben und zu vergeben, sondern auch Unrecht willig zu erleiden (Mt 5,21 ff.38 ff.).Die christliche Liebe transzendiert auch die durch die Feindschaft gezogene Grenze, ein menschlicher Normalgrund der Abwendung vom feindlichen Anderen. Aber auch er kann zum Bezugspunkt der Liebe werden, und jeder, der Hilfe braucht, kann als »Nächster« gegeben sein und so Objekt der Liebe. Sie ist

---

tiven von Nietzsche bis Merleau-Ponty und phänomenologisch-systematischer Aufriss, 1974.
[144] Vgl. A. Nissen, The Distinctive Character of the NT Love Command in Relation to Hellenistic Judaism, in: P. Borgen / S. Giversen (Hg.), The New Testament and Hellenistic Judaism, 1995, 123-150.

mehr als ein augenblickliches Reagieren auf das »liebenswürdig« Begegnende. Sie hat auch eine eigene, unbedingte Sinnhaftigkeit immer in der Nichterwiderung, Ablehnung und Feindschaft oder der durch Versagen und Schuld des Anderen gezogenen Grenze. So gesehen trägt Liebe ihre Sinnhaftigkeit in sich, wenn man ihr eine Beziehung zu einer absoluten, transzendenten Wirklichkeit, nämlich zu Gott, mitrealisiert sieht als personaler Bezug, der die Grenzen von Endlichkeit, Vergänglichkeit und Schuld transzendiert. »Wer den Nächsten liebt, hat das Gesetz erfüllt« (1 Joh 4,20), und macht deutlich, dass die Nächsten-Liebe nicht alternativ zur Gottes-Liebe steht, sondern deren Symbol und Vermittlung bildet. Als ein ganzheitlicher Vollzug der menschlichen Person erfüllt sich die Liebe – im Gegensatz zum bloßen Trieb – nicht bloß in der Erfüllung eigener Bedürfnisse, sondern in der Bejahung auch des vom eigenen Ich Verschiedenen, insbesondere des Du des Anderen. In ihrer Vieldeutigkeit verweist sie auf die Vielschichtigkeit der phänomenalen Wirklichkeit der Körperlichkeit, Leiblichkeit und Geistigkeit.[145]

b. Der Diskurs um die wichtigste Lebensweisung
   (Mk 12,28–34; Mt 22,34–40; Lk 10,25–28)

Ein Schriftgelehrter, der Zeuge eines vorangegangenen Streitgesprächs Jesu mit den Sadduzäern über die Totenauferstehung war und dessen Antwort er »vortrefflich« (kalôs) fand (Mk 12,28), stellt nun seinerseits Jesus die Frage nach dem »ersten Gebot von allem«. Jesus antwortet mit dem grundlegenden Liebesgebot von Dt. 6,4 f. und Lev 19,18 aus dem Heiligkeitsgesetz, um in einem zwiefältigen Sinn Gottesliebe und Nächstenliebe miteinander zu verbinden. Zwei Grundweisen, das bedingungslose und uneingeschränkte Hingeordnetsein auf Gott durch die Liebe und der Liebe zum Nächsten (Lev 19,18), auch in der Gestalt des Fremden (Lev 19,34), schreiben sich in die Lebensgeschichte der Menschen ein. Dieses Schul- und Lehrgespräch um die Mitte der Schrift und der Gebote, ist als Frage- und Antwortspiel konzipiert (Mk 12,28.29–31) mit einer Erwiderung und einem Schlusswort (V. 32 f.34a.b.), um dann mit einer abschließenden Notiz den Schlusspunkt zu setzen (V. 34c). Ein Sympathie bekundender Anonymus aus der Riege der Schriftgelehrten, die sonst in der Tradition sich als gegnerische Phalanx Jesus gegenüber gerieren[146], stellt die Frage. Das Zitat Jesu des »Sh'ma Israel« (Dtn 6,4ff.) mit dem Bekenntnis zu dem einen Gott und der Weisung der Gottesliebe entfaltet letztere auf eine vierfache Weise: der Liebesbezug

---

[145] Vgl. R. Mehl, La rencontre d'autrui, 1955.
[146] Siehe Mk 1,22; 2,6ff.; 3,22ff.; 7,1ff.; 9,14; 11,18.27.

zu Gott nimmt das menschliche Vermögen total in Beschlag mit all seinen Fasern und bringt mit dem Begriff der »dianoia«, der »Erkenntnis«, ein rationales Element ein, jene Tätigkeit in der Mitte zwischen Vernunft und Wahrnehmung. Bei Platon ist es jene Form des Denkens, die sich auf die bleibende und formgebende Welt der Ideen in all ihrer Unsichtbarkeit bezieht, aber veranschaulicht ist durch Bilder des sinnlich Wahrnehmbaren. Markus will die synthetisierende und differenzierende Tätigkeit des Verstandes andeuten, der responsorisch auf das Davor der Liebe Gottes reagiert. Die zweite Hälfte der Antwort zitiert die universal zu verstehende Weisung der Nächstenliebe (Lev 19,18) und gibt im Zirkelschluss des »wie dich selbst« das Leitmaß der Nächstenliebe an. Der Mensch weiß am eigenen Leib und in der eigenen Betroffenheit und Bedürftigkeit, was er dem Anderen schuldet. In dieser Wesensbestimmung des »homo humanus« als eines »homo religiosus« durch das Doppelgebot der Liebe findet dieser in der liebenden Ausrichtung auf Gott zugleich den Grund für sein Menschsein in der Mitmenschlichkeit. In der Liebe zu Gott nimmt der Liebende Anteil an dem »Prae«, dem Voraus der Liebe Gottes, und so gewinnt seine Liebe als Weltverhältnis des Glaubens ihren religiösen Sinn. In diesem Neben- und Ineinander von Gottes- und Nächstenliebe ist die Quintessenz der beiden Dekalog-Tafeln gefasst.[147] Der Mitunterredner in diesem Schulgespräch mit Jesus antwortet: »Schön, Lehrer, aus der Wahrheit hast du gesprochen« (Mk 12,32a). Die Antwort »aus der Wahrheit« wird auf die Schönheit bezogen, so dass sich in Jesu Antwort Wahrheit und Schönheit, Inhalt und Gestalt, in der Weise von Wahrheit und Liebe begegnen. Der Lehrer der Wahrheit ist der Lehrer der Liebe. Der namenlose Fragende und die Wahrheit suchende »Schriftgelehrte«, wiederholt Jesu Antwort und verwendet im Zitat der Weisung der Gottesliebe als neuen Begriff das »Verstandesmäßige« (synesis). In seiner Rückantwort verweist er auf die Liebe als Wahrheit und statt der zweiten Person Singular, verwendet er feststellend den Infinitiv, um Jesu Antwort mit eigenen Akzenten weiterzuführen. Da zur erfragten ersten Lebensweisung ungefragt eine zweite hinzugefügt wird und beide allen anderen vorgeordnet werden, attestiert der Fragende diese »Doppelliebe«, dass sie »etwas Größeres als alle Brandopfer und Schlachtopfer« ist (Mk 12,33). Diese eine von Jesus als umfassend genannte Lebensweisung enthält mehr Lebensfülle als Ganzopfer und Gemeinschaftsopfer. Damit greift der Schriftgelehrte die Kult- und Opferkritik mancher alttestamentlicher Propheten auf wie z. B. des Hosea, wo es heißt: »Ich habe Lust an der Liebe und nicht am Opfer« (Hos 6,6), oder: »Was soll mit der Menge eurer Opfer?« (Jes

---

[147] Vgl. Ch. Burchardt, Das doppelte Liebesgebot in der frühen christlichen Überlieferung, in: FS J. Jeremias, 1970, 57 ff.; Th. Söding, Das Wortfeld der Liebe im paganen und biblischen Griechisch, in: EThL 68 (1992) 284–330.

1,11). Jesus selbst wird die Frage der Opfer in seinem Hinweis auf das Opfer der Witwe (Mk 12,41–44) beantworten, mit der alle Opfer übersteigenden Selbsthingabe als der tiefsten Wahrheit der Liebe. Das Kleinopfer der Witwe, die hat aus ihrem Wenigen alles gegeben, zählt mehr als das Viele des Vielmal-Vielen, wenn das Wenige alles ist. Das Kreuz Jesu ist die Wahrheit über die Liebe schlechthin. Und in Hebr 10,5–10 reflektiert der Verfasser in einem breiten Diskurs und mit Zuhilfenahme von Ps 40 über das Opfer der Liebe als sich selbst übersteigende und alle überbietende Opfer der gehorsamen Selbsthingabe, die der Liebe eine letzte Geltung verschafft. Sie findet ihre letzte Überhöhung im Selbstopfer der Liebe Christi. Jesus kennzeichnet die Antwort des Fragenden als »denkend-einsichtig« oder »sinnfällig« (nounechôs V. 34), Liebe als Wahrheit und die Wahrheit als Liebe, als würde der Anonymus für alle Geschichte der Welt auf die Pilatusfrage »Was ist Wahrheit?« (Joh 18,38), die synoptische Antwort offenhalten. Jesus weist dem so Antwortenden einen neuen Platz an und sagt, wo er steht: »Nicht weit bist du vom Reich Gottes« (V. 34). Eine Nähe wird konstatiert, die über das Alte hinausreicht und ihn im Vorschein eines Neuen beheimatet.

In diesem Schulgespräch wurden zwei intellektuelle Fähigkeiten des Menschen eigens angesprochen, die »diánoia«, ein Begriff, der in der Weisheitsliteratur des öfteren begegnet als das »Zusammendenken«, also jene Einsicht als Fähigkeit, sich im Zusammenhang sehen zu können, die Dinge zu »durch-sinnen« und zu »durchdenken«, und damit die »synesis«, das Verstandesmäßige, »Sinnhaltige« (V. 34) zu finden. Es geht um die Liebe zu dieser Mitte als Liebe – mit Ein-Sicht, denn aus dieser zentralen Lebensweise und Lebensleistung strömen alle Lebenskräfte.

Bei Matthäus ist die Frage nach dem wichtigsten Gebot (22,34–40) zu einem Streitgespräch stilisiert, um Jesus »auf die Probe zu stellen« und ihn zu Fall zu bringen, wobei es zentral um das Doppelgebot der Liebe als Grundkerygma geht.[148] Liebe wird zur Grundform existentiellen Verhaltens, das jede mögliche Neutralität sistiert. Der Mensch wird vom ersten Dekaloggebot her total beansprucht (vgl. die drei Glieder kardia, psychä, dianoia: Herz, Seele, Gedanken) und mit dem zweiten Wort aus Lev 19,18b untrennbar (vgl. homoia) verbunden, »wie dich selbst«. Nach dem Matthäus Evangelium brachte Jesus die Erfüllung, indem er das Gesetz in Vollmacht auslegte (Mt 5,17 ff.); auch forderte er eine Gerechtigkeit, die besser ist als die

---

[148] Vgl. C. Spicq, Agapè dans le Nouveau Testament, 3 Bde., 1958/59; V. P. Furnish, The Love Command in the NT, 1972; G. Trecker, Gottes- und Menschenliebe im NT, in: Tradition und Interpretation in the New Testament, FS. E. E. Ellis (Hg.), G. F. Hawthorne / O. Betz, 1987, 53–67; M. Mühling-Schlapkohl, Gott ist Liebe, in: MThSt 58 (2000); K. Stock, Gottes wahre Liebe. Theologische Phänomenologie der Liebe, 2000; M. Roth, Christliche Frömmigkeit als ästhetische Frömmigkeit, in Ders., / K. Horstmann (Hg.), Glauben-Lieben-Hoffen, Festgabe K. Stock, 2001, 194–224.

Die Beispielerzählung (Lk 10,25–37) erteilt eine Lehre und übt die Lehre ins christliche Paradigma ein. Das Ganze findet eine dramatische Inszenierung und versammelt die drei Akteure der Erzählung, Priester, Levit und Samariter zu einem dreiaktigen Dramulett. Priester und Levit des jüdischen Tempels, Kultbeamter und Angehöriger der Oberschicht, werden kritisch ins Blickfeld gerückt und in einem Moment der Überraschung mit dem dritten Mann im Spiel, dem volksfremden Samariter, konfrontiert. Die Zeit Jesu als Heilszeit und »Mitte der Zeit« (H. Conzelmann)[152] ist eine Zeit, die den christlichen Glauben begründet und das christliche Leben bestimmt. Die vorliegende Szene ist durch zwei Fragen gerahmt, die quasi-akademische Eingangsfrage »Wer ist mein Nächster?«, d.h. wie weit muss ich in meiner Pflicht gehen?, und der existentiellen Endfrage Jesu: Wer hat als Nächster gehandelt? und: »wer ward zum Nächsten?« (V. 36). Damit wird entscheidend und aspektiv die Frage vom Objekt der Nächstenliebe zum Subjekt der Nächstenliebe travestiert und verschoben. Die Ausgangsfrage war aber nicht mehr die nach dem vorrangigen Gebot, sondern die nach den Bedingungen eines geglückten, des ewigen Lebens. Ein Gesetzeskundiger und Wissender, ein »nomikós«, will mit seiner provokativ-inquisitorischen Frage nach dem Erbe ewigen Lebens, Jesus verlegen machen und beantwortet Jesu Gegenfrage mit der Rezitation des Sh'ma Israel (Dtn 6,5 und Lev 19,18). Mit seiner erneuten Frage nach dem Nächsten, d.h. aber implizit nach Freund und Feind, rechtfertigt er sein Ansinnen und fragt, wie weit müsse er in seiner Liebe gehen und wann sei er davon dispensiert. Die Frage erscheint aus einer Distanz heraus gestellt und fragt nach einem Theorem. Jesus soll sagen, wo er die Grenze der Liebespflicht zieht. Indem der Hörer sich mit dem wundgeschlagenen Elenden identifizieren kann, erlebt er existentiell das Herankommen und Vorübergehen der ersten beiden, mag dieses gerechtfertigt oder entschuldigt sein. Ein Priester und ein Levit, zwei sakrale und an den Tempeldienst gebundene Berufe, gehen an dem »von Räubern Überfallenen« (V. 30) und schwer Verwundeten vorbei, ohne dass ein Grund genannt wird. Welcher Grund könnte hier überhaupt stichhaltig sein? Der dritte aber, der landfremde Samaritaner, bleibt beim Halbtoten und Hilfsbedürftigen stehen: Er weiß sich in seinem Herzen tief von Mitleid angerührt (esplangnichsthê: V. 33) und reagiert mit helfender Fürsorge und weitsichtiger Vorsorge (»und brachte ihn zu einer Herberge und sorgte für ihn« V. 35). Zwischen dem landfremden, verhassten Samaritaner und dem hilfesuchenden Juden ereignet sich das den Hass sistierende Wunder der »Nächstenschaft«. Die Beispielserzählung hat ihr existentielles Gefälle vom Theo-

---

[152] Vgl. H. Conzelmann, Die Mitte der Zeit. Studien zur Theologie des Lukas (BHTh 17), 1954; G. Schneider, Lukas, Theologie der Heilsgeschichte (BBB 59) 1985.

rem zur Praxis.¹⁵³ Von der stummen Frage des tiefste Not leidenden »Halbtoten« (V. 30) getroffen, wird der dritte Vorbeikommende zum rettenden Helfer und lässt ihn zum Nächsten »werden«. Jesu polt die Anfangsfrage des Gesetzeslehrers nach dem Nächsten (Freund) aus der Sicht des Bedürftigen zur Frage um: »Welcher von den Dreien ist dem Überfallenen zum Nächsten geworden?«, und bricht sie damit in ihrem Partikularismus auf, indem er sie in eine andere, universale Richtung und weg vom Theoretischen zum Praktischen hinwendet. Das Ganze kulminiert in dem Appell, dass man Nächster – in all den Fällen angehender und angegangener Not – *wird*, auch dem »Feind« (Mt 5,44 ff.) gegenüber. Eine erfragte Definition des Nächsten wird aus der Perspektive konkreter Bedürftigkeit narrativ beantwortet mit der hinter Mt 5,43–48 stehenden Travestie der Frage nach dem definierbarundefinierbaren »Nächsten«, der Liebe zu den Feinden. In dem Abschnitt der Bergpredigt Jesu über die Feindesliebe (Mt 5,43–48) wird dem Traditionsstoff die Form der Antithese aufgeprägt, um so den Worten Jesu durch den Gegensatz zur alttestamentlichen Tradition ein besonderes Profil zu geben. Ist für den Israeliten der Begriff des Nächsten auf den Volksgenossen beschränkt, mit dem man in Gemeinschaft lebt, und hassen hieße, ihm dieses Miteinander verweigern, so ist bei Jesus der Nächste ein existentieller und religiöser Begriff, der das bloße Humanum übersteigt. Die Beispielerzählung ist Antwort genug und lässt aus der Schluss-Frage die existentielle Konsequenz ziehen, so dass der Gesetzeslehrer nun richtig antwortet: »Der, der barmherzig an ihm gehandelt hat« (V. 37). Der scheinbar nicht in Frage kommende Landes- und Bundesfremde ist hier zum Nächsten geworden, während zwei exemplarisch Bundesgläubige der Torah es nicht getan haben. Die ursprüngliche Ortsbestimmung des Nächsten wird zu einem aktuellen Begegnungsgeschehen entgrenzt und der Nächste nicht zu einem Definitionsbegriff, sondern zu einem Lebensbegriff, wonach man nur Nächster werden und sein kann.

Die Erzählung selbst war nichts als Handlung – versäumtes Handeln in zwei Fällen, überraschendes und vollzogenes Handeln an einem beispielhaften Fall, so dass damit die anfängliche Fragestellung nach dem Nächsten eine grundlegende Korrektur und Uminterpretation auf richtiges Sehen, auf Erweiterung der Perspektive der Nächstenliebe und die Werke der Barmherzigkeit erfahren hat. Aus einem verkappten Juristengespräch mit der Frage nach dem Objekt der Liebe: wen soll ich lieben?, führt Jesus dem Fragenden das Subjekt der Liebe vor: Sei du der Liebende. Das Liebesgebot wird durch die Situation eindeutig und unüberhörbar mit dem Anspruch, zu dem der einzelne selber, selbständig Stellung nehmen muss. Einer ist durch den Geist

---

¹⁵³ Vgl. B. Heininger, Metaphorik, Erzählstuktur und szenisch-dramatische Gestalten in den Sondergutgleichnissen bei Lukas (NTA 24) 1991.

des Herzens vom Erbarmen gepackt, weiß sich am Vorübergehen gehindert und festgehalten und zum Tun bewegt: er geht hin, gießt Öl in die Wunde, verbindet, hebt auf ...

In der Barmherzigkeit des Samariters kommt das Affektive, das tief Solidarische und Deszendierende zum Ausdruck; er ist einer, der seinen Willen nach unten richtet, um in leiden-schaftlicher Liebe beim Darniederliegenden zu sein. Sein Innerstes, sein Herz, hat sich nach außen gekehrt, weil er vor der Not des Anderen außer sich geraten ist. Es ist die Leidenschaft der sorgenden Nähe um seinen Nächsten in einem Mitleid, das über ein bloß »gerechtes« Verhalten hinaus sich zu dem am Boden Liegenden hinunterbeugt. Damit übersteigt er den Rahmen des von der »Gerechtigkeit« gezogenen Kreises und manifestiert sich in der Gestalt der helfenden Tat.[154] Jesu Appell »dann geh und handle ebenso«, ruft den Fragenden in das Tun. Die Gottesliebe findet ihren Test in der Nächstenliebe, weiß sich aber in der Gottesliebe begründet und von ihr lebend.

In dem Jesu öffentliche Wirksamkeit abschließende Gleichnis vom Weltgericht (Mt 25,31–46), das ganz der Apokalyptik angehört, geht es um das Gesetz des Weltenrichters, das zur gelebten Liebe und zum Leben in der Nähe Gottes ruft. Die Zukunft ist bereits Gegenwart und die irdische Wirklichkeit ist das Feld, in dem Entscheidungen für das Kommende fallen. Es ist vom Hungernden, Durstigen, Fremden, Nackten, Kranken, Gefangenen die Rede, wobei sich der Blick auf die Not der Welt richtet. Und das Kriterium des Gerichts ist ident mit der Frage nach der Befolgung des Liebesgebotes, der selbstlosen, sich selbst nicht bewussten radikalen Liebe.[155]

Nach diesem Weltgerichtsgleichnis wird in jeder Liebesbezeugung und Liebestat zu einem Menschen Christus, der Gottmensch »mitgeliefert«, so dass sich an einem solchen Akt der Liebe schicksalhaft menschliches Geschick mitentscheidet, ob man sich dessen bewusst oder nicht bewusst ist. In solcher dialogisch responsorischen Liebe wird die Liebe Christi als grundgebender Grund und als bestätigende Garantie mitbejaht. Echte Liebe zu einem Menschen hat aufschließende Kraft zu einem Mehr an mitmenschlicher Liebe und diese erweist sich als eine den Menschen beanspruchende und ihn zugleich beschenkende Kraft. Die Gottesliebe als das zeigend-sichverbergende und höhere Geheimnis der menschlichen Existenz bildet mit der Nächstenliebe eine unzertrennbare Einheit und hat zugleich einen unverzichtbaren Öffentlichkeitscharakter.

---

[154] Vgl. D. J. Zizioulas, Being as Communion, 1985.
[155] Vgl. G. Baumann, Jesu Erbarmen nach Matthäus, in: ThZ 19 (1963) 305–317; O. Bayer, Freiheit als Antwort, 1985, 20–25.

d. Horizont und Radikalität der Liebe in der »Bergpredigt«

aa. Exposition: Seligpreisungen und das Salz- und Lichtwort

Die aus verschiedenen Sprucheinheiten gestaltete »Bergrede« Jesu im Matthäusevangelium (Mt 5,1–7) erinnert an die Szenerie der Sinai-Erzählung mit Berg, Mose, den Ältesten und dem Volk (vgl. Ex 19 und 24, insbesondere 24,1 f.). Auch die zu einem geschlossenen Komplex arrangierte Bergpredigt ist mit programmatischer Absicht an den Beginn des öffentlichen Wirken Jesu gesetzt, mit dem lehrenden Meister, die Jünger nahe bei ihm und das viele Volk drum herum.[156] Die Rede (Mt 5,3 – 7,27) ist szenisch gerahmt (Mt 4,25–5,2 und 7,28 f.) und endet mit der finalen Asymmetrie eines Doppelgleichnisses vom »Haus im Sturm«, bzw. deren Bauherren. Mit dem weisheitlichen Gegensatz »der Weise« und »der Narr« benennt Jesus die Krisis-Situation des Hörens und danach »Handelns« »meiner Worte«: der eine gründet sein Haus auf dem Felsen, der andere setzt es in seiner Torheit in den »Sand«, sodass »sein Sturz groß war« (Mt 7,27). Als Ruf in die Nachfolge Jesu mit der »Unbedingtheit« konkreter Forderungen wie Eidverbot, Gewaltverzicht, Feindesliebe fand der biblische Text eine der bewegendsten und aufregendsten Auslegungs- und Wirkungsgeschichten mit all dem Pro und Contra und seinen Milderungs- und Entschärfungsversuchen bis hin zur Vereinnahmung durch politische Ideologien.

Für Milan Machovec und seinen »Jesus für Atheisten« ist es »unermessliches Verdienst«, dass Matthäus mit der Bergpredigt »der Zukunft eines der kostbarsten Zeugnisse in der Geschichte der menschlichen Kultur erhalten hat, eine der großen Errungenschaften des menschlichen Geistes«.[157] Die Sätze sind getragen von dem Willen, sie zu aktivieren und ins gelebte Leben umzusetzen, wobei im Er-leiden der Welt und ihrer erlittenen Heillosigkeit (vgl. die »Seligpreisungen«) die kommende Welt vorgebildet und in den Vorschein tritt als das Andere der Basileia. Die Grenzerfahrungen in und an der Welt wie Leid, Schmerz, Trauer, Unbescholtenheit, Verfolgung, Ungerechtigkeit – ein matthäisches »sunt lacrimae rerum« – wird im »Selig …« verheißend aufgehoben. Obwohl indikativisch zur Sprache gebracht, enthalten die Seligpreisungen implizit eine Wegleitung zur Liebe, die sich in Sanftmütigkeit, Barmherzigkeit, Friedfertigkeit, Gerechtigkeit konkretisiert. In den Seligpreisungen (Mt 5,3–12) mit dem signalhaft vorangestellten »selig« wird den Adressaten emphatisch Segen und Heil zugesprochen, und zwar in der Weise einer paradoxen Umkehrung der Werte und Neuqualifizierung

---

[156] Vgl. M. Stiewe / F. Vouga, Die Bergpredigt und ihre Rezeption als kurze Darstellung des Christentums, NET, 2001; W. Zager, Bergpredigt und Reich Gottes, 2002; F. Alt, Friede ist möglich. Die Politik der Bergpredigt, 1983.
[157] M. Mahovec, Jesus für Atheisten, ²1973, 230.

der Existenzbedingungen der Jüngernachfolge im Horizont des Eschatons. Als performative Rede wird den Angesprochenen in den »Seligpreisungen«[158] die gottgeschaffene Heilssphäre des Gottesreiches zugesagt. Das Ungenügen an der dunkel beschatteten Gegenwart und negativen Befindlichkeit der Angeredeten wird mit wechselnden Bilder in das Licht einer Umwertung und Hereinnahme verheißenen Heils in die Gegenwart gerückt. Dabei sind die Verheißungen vom Schema gegensätzlicher Entsprechung her gebildet und greifen auf Endgültiges vor. In ihrem Leiden an dem gegenwärtigen Äon wissen sich die Seliggepriesenen bereits von diesem geschieden und übersteigen seine gegenwärtige notvolle Gestalt auf ein verheißenes Neues. Das endzeitliche Sein kommt als »Schauen Gottes«: (Mt 5,9b)[159] in den Blick. In diesem Lebensmodell erfüllter Ganzheit spiegelt sich die Aufhebung weisheitlicher Welterfahrung in ihrer fundamentalen und notvollen Bedürftigkeit. Den Adressaten gilt der Zuspruch der Gottesherrschaft mit den Bedingungen des Zugangs zu ihr.[160]

Auf die Seligpreisungen folgen dann das Salz- und das Lichtwort an die Jünger als Zusage ihres neuen Wesens (»ihr seid ...«: Mt 5,13–16) und als Auftrag zur (prophetischen) Verkündigung. Darin ist eine Absurdität eingezeichnet vom Salz, das nicht salzt und dem Licht, das abgedeckt wird, sowie der auf dem Berg verborgenen Stadt. Mit den in den Seligpreisungen bezeugten Indikativ der Gabe wird die missionarische Aufgabe der Jünger begründet. Darauf folgt die große Darlegung der Bergrede als corpus permixtum von Redeteilen, die in konzentrischen Kreisen um das Vater-Unser-Gebet (Mt 6,5–15) als zentripetale Mitte gebaut sind. In den sechs Antithesen (Mt 5,21–48), mit dem existentiellen Leiden der Menschen aneinander, an deren Abgründen und Schatten, sowie an sich selbst, geht es um die Lebensordnung des neuen Menschen im Lichte der Gottesherrschaft.[161] In einer tief beschatteten und sinnlos erscheinenden Wirklichkeit werden sinnerfüllte

---

[158] Vgl. H. Frankemölle, Die Makarismen (Mt 5,1–12; Lk 6,20–23). Motive und Umfang der redaktionellen Komposition, in: BZ 15 (1971) 52–75; J. Dupont, Les Béatitudes, 3 Bde., 1958–1973; I. Broer, Die Seligpreisungen der Bergpredigt, 1986; H. D. Betz, The Sermon on the Mountain (Hermeneia 50/1) 1995 (Bibliographie). M. Hengel, Kleine Schriften, Bd. 2, 1999, 219–292.
[159] Vgl. 4 Esra 7,98, wo der auf Gottes Wegen Wandelnden als höchste Freude verheißen wird, dass sie nach ihrem Tode »herzueilen, das Antlitz dessen zu schauen, dem sie im Leben gedient« und dass sie als Vollendete »Söhne Gottes« sein werden (Jub. 1,24 f.; PsSal 17,22; Weish 5,5).
[160] Eine prägnante Analogie zu Mt 5,3–12 begegnet in 4 Q 525, wie dies E. Puech aufzeigt: Une hymne essenien en partie retrouvé et les Béatitudes, in: RdQ 13 (1980). Ders., 4 Q 525 et les péricopes des béatitudes en Ben Sira et Matthieu, in: RB 98 (1991) 80–106; Ders., The Collection of Beatitudes in Hebrew and in Greek (4Q525 1–4 and Mt 5,3–12) in: F. Manns-E. Alliata (Hg.), Early Christianity in Context, 1993, 353–368.
[161] Vgl. Chr. Burchard, Versuch, das Thema der Bergpredigt zu finden, in: FS H. Conzelmann, 1975, 409–432; Chr. Diezfelbinger, Die Antithesen der Bergpredigt, 1984, 92–103.

Handlungen benannt und aktiviert. In solcher Benennung in einer verkommenen Welt helfen die Texte dem Adressaten, sich selbst zu erschließen, indem sie ihm negative Situationen auftun und in deren Unheimlichkeiten den Sehnsuchtsblick auf deren Überwindung hin öffnen. Die Sehnsucht nach Menschlichkeit erweist sich als Sehnsucht nach Heil.

Die sechs Antithesen beginnen jeweils mit der charakteristischen Wendung – »Ihr habt gehört, dass zu den Alten gesagt worden ist ... ich aber sage euch ...«[162], und nehmen thematisch das Töten und die Versöhnung, den Ehebruch und die Ehescheidung, das Schwören und die Vergeltung sowie die Liebe zu den Feinden in den Blick. Im Verzicht auf jede Legitimation werden Jesu vollmächtige Worte ohne Begründung und Kommentar neben und über das »zu den Alten Gesagte« gesetzt und gipfeln in der fünften und sechsten Antithese, der Aufhebung des sog. ius talionis, des »Auge für Auge« und »Zahn für Zahn« (5,38), sowie der Radikalisierung der Nächstenliebe zur Feindesliebe (Mt 5,44).

bb. Die sechste Antithese oder von der Liebe zu den Feinden (Mt 5,43–48)

Die Feindesliebe kennt die harten Grenzen, die sich in der Mitwelt der Menschen durch Ablehnung, Missgunst, Neid, Hass ... aufbauen und will sie schöpferisch überschreiten. Das Liebesgebot wird zur Feindesliebe radikalisiert und bildet den Konvexpunkt der vorangehenden Antithese, die auf diese, selbst den Feind umfassende schrankenlose Liebe, hinführen. Die Liebe ist total und will das scheinbar Unannehmbare annehmbar machen. Ihre Ausweitung ins Maß-lose, Radikale, Grenzen-lose ist das »Besondere« (perissón 5,47) und damit die manifest gewordene »bessere Gerechtigkeit« (5,20). Die Feindesliebe als radikalste Form der Nächstenliebe ist durch einen Glauben getragen, der die Normen des Gewöhnlichen und Gewohnten (»Die Heiden tun das auch«: 5,47a.46a) durch eine bedingungslose Liebe sistieren und Schranken überwinden will. Die Macht der Liebe soll die Macht der depersonalisierenden Feindseligkeit aufheben und im Akt des Rechtsverzichts auf Vergeltung (5. Antithese: Mt 5,38–42), dem Akteur des Feindseins und seiner Feindseligkeit jede Grundlage entziehen, sich mit seiner Haltung ins Recht zu setzen. Sein menschenfeindliches Verhalten soll zum Absurdum werden.[163] Die Feindesliebe findet ihr Urbild im Erlösungs-

---

[162] Mt 5,21.27.31.33.38.43.
[163] Vgl. L. Schottroff, Gewaltverzicht und Feindesliebe in der urchristlichen Jesustradition, in: Jesus Christus in Historie und Theologie; in: FS H. Conzelmann, 1975, 197–221; H. Merklein, Die Gottesherrschaft als Handlungsprinzip. Untersuchungen zur Ethik Jesu, 1978; J. Becker, Feindesliebe-Nächstenliebe-Bruderliebe, in: ZEE 25 (1981) 5–18; W. Klassen, Love of Enemies, 1984; H. W. Kuhn, Das Liebesgebot Jesu als Tora und als Evangelium, in: Vom Urchristentum zu Jesus. FS J. Gnilka, 2989, 194–230.

werk Christi (vgl. Lk 23,34: »Vater vergib ihnen, denn sie wissen nicht, was sie tun«). Auch Paulus rückt den Kreuzestod Christi in den Horizont der zu »Feinden« Gottes gewordenen Menschen (Röm 5,10; Kol 1,21) und sieht die letzte Beseitigung aller Feindschaften in der Vernichtung des Todes als des letzten Feindes (1 Kor 15,24–26). Der Ruf zur Feindesliebe will nicht am Handeln des Feindes das Maß nehmen, nicht Gleiches mit Gleichem vergelten, sondern will aus der Negativität des Feindseins zu einer »besseren Gerechtigkeit« (Mt 5,20) führen, gegen den Strich und gegen die Ponderation der menschlichen Natur »bürsten«. Sie will aus der Sackgasse bloßer Vergeltungsmoral herausführen und so das Negativverhalten feindseliger Gesinnung, Einstellung und Handlung überwinden.

e. Die »Goldene Regel« und ihr normativer Anspruch.
   Das Selbst und seine Eigenerwartung

Als Schlusssatz der Weisungen über rechtes Verhalten (Mt 6,1–7,11) wird in der Bergrede des Matthäusevangeliums das sittliche Grundprinzip der sog. »Goldenen Regel« gesetzt: »Alles, was ihr also von anderen erwartet, das tut auch ihnen!« (7,12), und fügt den Zusatz hinzu »Darin besteht das Gesetz und die Propheten«, um damit das Moment des bloß Vernünftigen und Einsichtigen zu übersteigen. Die »Goldene Regel« als sittliche Elementarreflexion holt so die Hochforderung des »Liebesgebotes« in der vorbehaltlosen Annahme des Anderen ein, weil dieser so ist wie wir selbst.[164] Damit ist sie ein Stück Selbstauslegung und zugleich Form des Umgangs mit sich selbst im Bejahen der eigenen Bedürfnisse, Interessen und Möglichkeiten sowie des Ausgleichs widerstreitender Strebungen in einem selbst. Solche Balance des Ich-Interesses wird zur Prämisse sozialer Perichorese, d.h. eines vernunftmäßigen sozialen Handelns. Als formales Handlungsprinzip verkörpert sie das regulative Prinzip der Wechselseitigkeit und Logik der Zuordnung zueinander. Als Weise des Selbstverhaltens und Gelingens des Selbstseins, wahrt sie zugleich den Identitätsanspruch des Anderen, den dieser in gleicher Weise und mit gleichem Recht geltend machen kann.[165] Diese kulturübergreifende Selbstbeanspruchung des Menschen setzt den Maßstab für ein Handeln im sozialen Miteinander, wahrt ihn, entfaltet ihn und sichert ihn ab. Als ethische Grenzmarke ist die »Goldene Regel« Grund der Ermöglichung gleichzeitiger Freiheit im Kräftespiel des Miteinanders und dessen

---

[164] Vgl. G. Schneider, Die Neuheit der christlichen Nächstenliebe, in: TThZ 82 (1973) 257–275; A. Sand, Das Gesetz und die Propheten, 1974, 183–193.
[165] H. Reiner, Die »Goldene Regel«. Die Bedeutung einer sittlichen Grundformel der Menschheit, in: Zs.phil. Forsch. 3 (1984) 74–105; A. Dihle, Die Goldene Regel, 1962.

konstruktiver Entfaltung. Sie ist ein allgemein gültiges Handlungsprinzip und sittliches Grundaxiom, sich dem Nächsten gegenüber ebenso zu verhalten, wie wir es von ihm uns gegenüber erwarten. Als ein Exhortativ zum guten Handeln ist sie die Urform menschlicher Sozialbilität, die auf Gegenseitigkeit des Verhaltens beruht.[166]

Die »Goldene Regel« erscheint im Buch Tobit (4,5) auch in der negativen Fassung: »Was du nicht willst, dass man dir tu, das füg auch keinem andern zu«. Vater Tobias ermahnt seinen Sohn vor dessen Aufbruch nach Medien: »Was dir selbst verhasst ist, das mute auch einem andern nicht zu!« Als sittliche Grundformel der Menschheit begegnet sie im weiten Kulturkreis und religionsgeschichtlichen Umfeld, wenn Herodot Maiandrios nach dem Sturz des Polykrates in dessen Rede beteuern lässt, er wolle das, was er bei einem anderen tadle, nach Möglichkeit selbst nicht tun.[167] Als Maxime einer natürlichen Ethik und gleichsam als naturrechtliches Axiom zählt der stoische Philosoph Seneca sie zu den Grundsätzen (»praecepta bona«), »deren Wahrheitsgehalt ohne Begründung unmittelbar evident ist und die deshalb in ein Stadium sittlicher Unterweisung zu setzen sind, das der philosophischen, d.h. grundsätzlichen Belehrung vorangehen muss«.[168] Als gutes Gebot ist es Weisung, Gutes zu tun.[169] Als Exhortativ zum guten Handeln findet sich die Regel in dem Satz, den Aurelius Lampridius in seiner Biographie des Kaisers Alexander Severus bringt: Er rief öfter, was er von gewissen Juden oder Christen gehört hatte und sich zu eigen machte: »Was du nicht willst, dass man dir tu, das füg auch keinem andern zu«.[170] Auch die fiktiven Berichte von der Entstehung der »Septuaginta«, im sog. »Aristeasbrief«, wird die Frage nach dem Kern der Weisheit mit dem Satz beantwortet: »Wie du nicht das Schlechte erleiden, sondern an allem Guten teilhaben willst – wenn du dies den Untergebenen und Sündern tust, wenn du die ehrenwerten Menschen milde zurechtweisest.« (207)[171]

---

[166] Die lukanische Fassung 6,31 ist ursprünglich: »Und gleich wie ihr wollt, dass euch die Menschen tun, tut ihnen ebenso«. Sie steht im Kontext der Weisung über die unbegrenzte Liebe und Barmherzigkeit (Lk 6,27–38).
[167] Herodot, Hist. III, 142; vgl. VII, 136.
[168] Seneca, Ep. 94,26,34; 47,11; De benef. II, 1,1; Frg. 119 bei Lactantius, Div. inst. I, 16,10.
[169] Vgl. A. Bastiaensen, Le »praeceptum aureum« dans la tradition épigraphique et litterature, in: Rev. bénédictine 98 (1988) 251–257.
[170] Vgl. R. Egger, Von Römern, Juden, Christen und Barbaren, in: Sber. Österr.Akad.Wiss. Phil.-hist. Kl. 3 (1965) 247.
[171] Vgl. Sir 31,15: »Sorge für deinen Nächsten und denke an all das, was auch dir zuwider ist«. Und die positive Fassung im »sklavischen Henoch«: »Was ein Mensch vom Herrn erfleht für sich selbst, das soll er auch jedem Lebewesen tun« (61,1).

f. Irritationen und Befragungen (Bert Brecht)

Der politische und gesellschaftskritische »Stückeschreiber« Bert Brecht (1898–1956), wie er sich selbst nennt, will mit seinem Spieltypus des »Lehrstückes«, wie die Wirklichkeit selber sprechen. Als poète maudite verabschiedete er sich vom »Werk«-Begriff der bürgerlichen Ästhetik und wurde zum Dramatiker aus Revolte gegen das Spieß-Bürgertum. Thema seines »epischen Theaters« und reflektierenden Beobachters ist der Mensch als dramatische Figur, Archetyp des Leidens und der Ausweglosigkeit. Im Gedicht vom armen B. B. schreibt er:

»*Ich, Bertold Brecht, bin aus schwarzen Wäldern.*
Meine Mutter trug mich in die Städte hinein,
als ich in ihrem Leibe lag. Und die Kälte der Wälder
wird in mir bis zu meinem Absterben sein.«

Sein gemüt- und umweltgebundenes soziales Ich will in eindringlicher Schlichtheit und betroffener Sorge sprechen, »An die Nachgeborenen« (1938):

»*Wirklich, ich lebe in finsteren Zeiten! ...*
Was sind das für Zeiten; wo
ein Gespräch über Bäume fast ein Verbrechen ist.
Weil es ein Schweigen über so viel Untaten einschließt!
Der dort ruhig über die Straße geht,
Ist wohl nicht mehr erreichbar für seine Freunde,
die in Not sind? ...«

Die von Repressionen und unmenschlichen Zwängen bedrohte Freiheit leidet in die Zeit hinein und denkt an die »Nachgeborenen«, aber im Wissen um die eigenen Abgründe des Protestes dagegen, so dass das Zeitgedicht ausklingt:

»*Dabei wissen wir doch:*
Auch der Hass gegen die Niedrigkeit verzerrt die Züge.
Auch der Zorn über das Unrecht
macht die Stimme heiser. Ach wir,
die wir den Boden bereiten wollten für Freundlichkeit,
konnten selber nicht freundlich sein ...
Gedenkt unser mit Nachsicht.«

Sein Freund Günter Anders zeichnet Brechts Wesen mit wenigen Strichen: »Wärme war es, was ihn drängte, sich kalt zu stellen, Menschenliebe, was ihn dazu veranlasste, den Lieblosen zu spielen. Er versuchte, sein Gemüt auf die Höhe seines Geistes zu bringen.«[172]

---

[172] G. Anders, in: Merkur 115, 846.

In seinem Parabelstück »Der gute Mensch von Sezuan« (1939–1941 unter Mitarbeit von Ruth Berlau und Margarete Stiffin entstanden und 1943 in Zürich uraufgeführt), zeichnet Bert Brecht die Frau Shen Te in ihrer Ich-Spaltung und hebt sie über sich hinaus. Er arbeitet darin mit dem Begriff der »Verfremdung«, auch »V-Effekt« genannt, indem er »dem Vorgang oder Charakter das Selbstverständliche, Bekannte, Einleuchtende zu nehmen und über ihn Staunen und Neugierde zu erzeugen« sucht.[173] Damit will er »Vorgänge hinter den Vorgängen« veranschaulichen und so das gesellschaftlich Unsichtbare künstlerisch sichtbar machen. Die Zuschauer sollen irritiert und zum Nachdenken gebracht werden, um eine aktive Veränderung anzustreben. Im Epilog zu »Der gute Mensch von Sezuan« heißt es:

»Verehrtes Publikum jetzt kein Verdruß:
Wir wissen wohl, das ist kein rechter Schluß.
...
Der einzige Ausweg wäre aus dem Ungemach:
Sie selber dächten auf der Stelle nach
auf welche Weis' dem guten Menschen man
zu einem guten Ende helfen kann.«

Dieses Parabelstück in zehn Bildern basiert auf einem zehn Jahre davor zu datierenden Entwurf Bert Brechts »Die wahre Liebe«, in der dieser die Prostitution als Vermarktung geschlechtlicher Liebe darzustellen suchte. Auch Shen Te, der gute Mensch von Sezuan, gibt sich der Prostitution hin. Als in dem im fernen China angesiedelten Stück drei Götter auf die Erde kommen, um zu sehen, dass ihre Welt gut ist und so der Sinn ihrer Schöpfung gerechtfertigt sei, wenn auf ihr ein »guter Mensch« lebt, ist es Shen Te als einzige unter den Bewohnern der Hauptstadt der Provinz Sezuan, die sie zu Nacht beherbergen will. Sie wollen den »guten Menschen« finden, denn »seit zweitausend Jahren geht dieses Geschrei, es gehe nicht weiter mit der Welt, so wie sie ist. Niemand auf ihr könne gut bleiben.« Damit ist der Zwiespalt der menschlichen Existenz und ihr Eingezeichnetsein in eine dunkle Welt benannt, in der Leben, stets auf Kosten anderer Leben bedeutet, und Güte als Unvernunft sich selbst gegenüber erscheint und der Egoismus als ein Gebot der Selbsterhaltung gilt.

Als die drei Gäste ihr am Morgen als einem »guten Menschen« danken, schildert sie ihre Situation:

»Ich bin gar nicht sicher, dass ich gut bin. Ich möchte es wohl sein, nur, wie soll ich meine Miete bezahlen? So will ich es euch gestehen: ich verkaufe mich, um leben zu können, aber selbst damit kann ich mich nicht durchbringen, da es so viele gibt, die dies tun müssen. Ich bin zu allem bereit, aber wer ist das nicht? Freilich würde ich glücklich sein, die Gebote halten zu können der Kindesliebe und der Wahrhaftigkeit.

---

[173] B. Brecht, Über experimentelles Theater, 1939, 33.

Nicht begehren meines Nächsten Haus, wäre mir eine Freude, und einem Mann anhängen in Treue, wäre mir angenehm. Auch ich möchte aus keinem meinen Nutzen ziehen und den Hilflosen nicht berauben. Aber wie soll ich das alles? Selbst wenn ich einige Gebote nicht halte, kann ich kaum durchkommen.«

Der erste der drei Götter erklärte Shen Tes Klage als »die Zweifel eines guten Menschen« und ermahnt sie: »Vor allem sei gut Shen Te«, die dann angstvoll aus sich herausschreit: »Wie soll ich gut sein, wo alles so teuer ist?« Nach der Ermahnung gütig zu bleiben, erhält Shen Te von den Göttern ein großzügig bemessenes Geld für das Nachtquartier und kauft sich damit einen kleinen Tabakkiosk. Sie lässt die Prostitution hinter sich, verliebt sich aber in den stellungslosen Flieger Sun, den sie heiratet. Auf dem Weg zur Hochzeit empfindet sie ihre Liebe von neuem als Basis ihres Gutseins und als Freude und Freundlichkeit stiftende Macht, wenn sie sinniert:

»Keinen verderben lassen, auch nicht sich selber. Jeden mit Glück zu erfüllen, auch sich, das ist gut.«

Und weiter:

»Es gibt noch freundliche Menschen, trotz des großen Elends. Als ich klein war, fiel ich einmal mit einer Last Reisig hin. Ein alter Mann hob mich auf und gab mir sogar einen Käsch. Daran habe ich mich oft erinnert. Besonders die wenig zu essen haben, geben gern ab. Wahrscheinlich zeigen die Menschen einfach gern, was sie können, und womit können sie es besser zeigen, als indem sie freundlich sind? Bosheit ist bloß eine Art Ungeschicklichkeit. Wenn jemand ein Lied singt oder eine Maschine baut oder Reis pflanzt, das ist eigentlich Freundlichkeit.«

So ist die hilfreiche Zuwendung zum anderen für Shen Te etwas Graziöses und Beflügelndes, ja eine prospektive Ethik. Aber ihr Gutsein scheitert an der realen Wirklichkeit, und wehrlos in ihrer Hilfsbereitschaft und ihrem Mitleid, ist Shen Te bald der brutalen Habgier ihrer Umwelt ausgeliefert – den Verwandten, den Gläubigern, dem arbeitslosen arbeitsscheuen Yang Sun, in den sie sich verliebt hatte, der sie aber finanziell beinahe in den Bankrott stürzte. Als einst umschmeichelter »Engel der Vorstädte« schlüpft sie nun in die Rolle des skrupellosen und hartherzigen Vetters Shui Ta, in dessen Maske sie die einst bei ihr schmarotzend Hilfe Suchenden in ihrer Tabakfabrik als Arbeitssklaven mit Hungerlöhnen abspeist. Weil Shen Te verschwunden und das Gerücht umgeht, sie sei von Shui Ta ermordet worden, erscheinen die drei Götter als Richter. Shen Te legt die Kleider ihres Vetters Shui Ta ab und macht ihre Not und ihr Scheitern offenbar. Die Götter ziehen sich wieder in ihren Himmel zurück und überlassen Shen Te sich selbst und ihrer gesellschaftlichen Ächtung. Verzweifelt streckt sie ihre Arme nach den sich Entziehenden aus, wobei der Epilog den (nur scheinbar) »offenen Schluss« den Zuschauern überantwortet, die in ihrer eigenen sozialen Wirklichkeit das gute Ende finden sollen:

»*Wir stehen selbst enttäuscht und sehn betroffen*
den Vorhang zu und alle Fragen offen.
Verehrtes Publikum, jetzt kein Verdruß:
Wir wissen wohl, das ist kein rechter Schluß.
...
Dabei sind wir doch auf Sie angewiesen
Dass Sie bei uns zu Haus sind und genießen.
...
Was könnt die Lösung sein?
Wir konnten keine finden, nicht einmal für Geld.
Soll es ein andrer Mensch sein? Oder eine andre Welt?
Vielleicht nur andre Götter?
Oder keine?
Wir sind zerschmettert und nicht nur zum Scheine!
Der einzige Ausweg wäre aus diesem Ungemach:
Sie selber dächten auf der Stelle nach
Auf welche Weis dem guten Menschen man
Zu einem guten Ende helfen kann.
Verehrtes Publikum, los, such Dir selbst den Schluß:
Es muß ein guter da sein, muß, muß, muß!«

Mit dieser direkten Anrede wird die gesuchte Lösung dem Publikum anheim gestellt, den Schritt selbst in das Tun zu wagen.

Alles kreist um die Antwort auf die Frage, ob ein »guter Mensch« in einer Welt, wie sie sich darbietet, leben könne oder ob sich die Verhältnisse der Welt ändern müssen Das Experiment, das die Überirdischen initiiert haben scheitert. Bert Brecht parodiert Pedro Calderón de la Barca (1600–1681) »Das große Welttheater« (1655), das als metaphysisches Gleichnis vor dem Schöpfer spielt und unter das Motto gestellt ist: »Liebe den Nächsten wie dich selbst und tue recht, denn Gott ist Gott«. Der »Autor« – Gott – beruft die »Welt« zum Regisseur des Stückes mit den jeweils den Spielern zugeteilten Rollen. Am Schluss werden den Spielern die Insignien wieder abgenommen und sie zur Selbsterkenntnis geführt, ob sie ihre Rolle erfüllt oder verfehlt haben und nach dem Maßstab des »obrar bien«, des Recht-Tuns.

Auch in Gen 19,1–29, dem Gericht über Sodom und die Rettung Lots, verhandelte Lot im Zwiegespräch mit Gott um die Zahl der Gerechten, die Sodom und Gomorrha vor dem Untergang bewahren sollen. Er kann die Zahl von fünfzig auf zehn verringern, während den drei Göttern in der Brechtschen Parabel schließlich eine genügt, die sittlichen Vorschriften einzuhalten. Und als diese sich außerstande sieht, es zu tun und den Geboten zu folgen, entziehen sie sich, verfolgt von dem Wort Shen Tes:

»*Euer einstiger Befehl*
Gut zu sein und doch zu leben
Zerriß mich wie ein Blitz in zwei Hälften ...«

Die sittlichen Forderungen auf der einen Seite und der harte Lebenskampf des Überlebens treten auf der kleinen Sezuan-Bühne in zwei Akteure auseinander, in das Doppel-Ich Shen Te und Shui Ta, den bösen Vetter, in den sich Shen Te verwandelt und dessen Rolle sie übernimmt, um die Hilfeheischenden abzuwehren:

Der Rettung kleiner Nachen
Wird sofort in die Tiefe gezogen:
Zu viele Versinkende
Greifen gierig nach ihm.«

2. Eine Theologie der Liebe im 1. Johannesbrief und im Johannesevangelium

a. Die Hermeneutik des »Anderen«

aa. Exposition

Der 1. Johannesbrief erscheint wie ein traktatähnliches theologisch lehrhaftes Schreiben, in welchem die beiden grundlegenden Inhalte des christlichen Glaubens, die Zusammengehörigkeit von Glaube und Liebe, entfaltet und abgesichert werden. Es fehlen die Angaben des Verfassers wie der Adressaten, es fehlen Gruß und Segen. Der Verfasser setzt mit einem deutlichen Prolog (1 Joh 1,1–4) ein und hat ein doppeltes Ende (1. Joh 5,13.14–21). Vielfältig sind die Charakterisierungen des Schreibens und reichen von »religiöser Traktat«, »Homilie«, »Mahn- und Erbauungsschreiben«, »Rundschreiben«, »Lehrschrift«, »Manifest«, ja »pastorale Enzyklika«.[174] Wie im Johannesevangelium führt sich der Verfasser anonym ein, aber mit der Bezeichnung seiner Funktion: er schreibt als Zeuge des fleischgewordenen Logos unter dem Anspruch der Augenzeugenschaft und verantwortet so in einer theologischen »Gleichzeitigkeit« das Gesagte seiner assoziativ meditativen Gedankengänge. Als Zeuge will er bezeugen, d.h. erinnern, wiederholen, durchdenken, sinnen, sorglich sein, aussinnen, Kenntnis geben. Sein Zeugnis (5,11a) bringt das Zeugnis Gottes (5,11b) und das Zeugnis des Sohnes (5,11c) zur Sprache. Es ist eine begrifflich gewordene Martyria, die begriffen und ergriffen werden will, wobei die Sohnschaft des Vaters und die

---

[174] Vgl. W. Nauck, Die Tradition und der Charaktet des ersten Johannesbriefes (WUNT 3), 1957; E. Haenchen, Neuere Literatur zu den Johannesbriefen, in: TR 26 (1960) 1–43; G. Klein, »Das wahre Licht scheint schon«. Beobachtungen zur Zeit- und Geschichtserfahrung einer urchristlichen Schule, in: ZThK 68 (1974) 261–326.

Vaterschaft des Sohnes in Korrespondenz stehen und in dem Begriff »ewiges Leben« konvergieren. Dann wird paränetisch gesagt (5,12), dass sich im Haben des Sohnes (echein) das Haben des Lebens erschließt. Hatte Aristoteles zehn »Kategorien des Habens« aufgezählt und kann deren Gebrauch »in, an, um, bei, über sich« auch personale Gemeinschaft zum Ausdruck bringen, so zeigt der Verfasser von 1 Joh, dass das Zeugnis, das er aufrichtet, von Gott ausgeht. Dieser ist das handelnde Subjekt, der in seinem Sohn das »gegebene Leben« bezeugt »für uns« (hêmin) (1,1–2). Der Sprachduktus des Schreibens ist erklärend, begründend und engagiert argumentierend, wobei sich grammatikalisch Konjunktionen und Partikel häufen (z. B. hoti, hina, alla, de, ean, gar, ...), die in definierender, kausaler, finaler und konditionaler Funktion eingesetzt werden, um das vom Verfasser Verstandene und Zu-eigen-Gewonnene, seinen Adressaten eindringlich ans Herz zu legen. In dem immer wieder begegnenden »Wir« spricht sich das tradierte und Geltende aus.

Die Situation, in die der Brieftraktat hineingeschrieben ist, ist der Streit um das Christusbekenntnis und dessen Konsequenzen. Ein Teil der Mitglieder der Adressatengemeinde hat die Gemeinschaft im Glauben gebrochen und aufgekündigt. Sie ignorieren die theologische Bedeutung des Kommens Jesu Christi »ins Fleisch« und damit seinen Tod am Kreuz, sowie die soziale Relevanz des Bekenntnisses zu Jesus Christus. Eine solche Entwertung der geschichtlichen Person Jesu und seiner Erniedrigungen hat eine Desavouierung der Bruderliebe zur Folge (4,20). Der Aktionskreis der Dissidenten mit ihrem gnostisch-enthusiastischen Lebens- und Überlegenheitsgefühl zeigt geistliche Arroganz und ethische Gleichgültigkeit. Diese christologische und ethische Häresie bedroht sowohl das Bekenntnis des Glaubens zum Gott der Offenbarung in seinem Sohn sowie das geschwisterliche Miteinander in der Glaubensgemeinschaft. Rechte Lehre und rechtes Leben, Orthodoxie und Orthopraxie, Gotteserkenntnis und Bruderliebe gehören zusammen und tragen untrennbar den Lebensentwurf des Christseins (2,3–11).

Der erste Johannesbrief entwirft eine förmliche Theologie der Liebe. Wie das Johannesevangelium beginnt er mit einem Prolog (1 Joh 1,1–4), auf den er explizit verweist (vgl. Joh 1,18), und endet, wie der Evangelist, mit einem Anhang (1 Joh 5,13–21; vgl. Joh 21). Der Verfasser setzt die Liebe in Korrespondenz zu dem endgültigen Charakter der Heilsgabe, dem neuen Stand der Gotteskindschaft (3,1–10). Das »agere seguitur esse« will sagen, dass der neue Status zur Nachfolge verpflichtet (opheilô) und damit zur Liebe untereinander (2,6; 4,11). Die Befolgung des Liebesgebots ist Ausweis der Gemeinschaft mit Gott (1,6f.).

bb. Begegnung von Zeit und Ewigkeit

Im Prolog des 1 Joh (V. 1–4) wird anfänglich der paradoxe Schnittpunkt benannt, die Begegnung von Ewigkeit und Geschichte. Der anfanglose Anfang (»was von Anfang war: 1,1)[175], setzt einen Anfang in der Geschichte: der Ursprung des Lebens ist unter uns erschienen (1,2), so dass diese Geschichte eine neue Qualifikation erhalten hat: »und das Leben ist erschienen und wir haben es gesehen« (V. 2). Es ist ein personal gesetzter Anfang in der Geschichte, menschgeworden, sehbar, hörbar, betastbar, mit einem Namen (1,2–3). Damit spricht der Briefanfang seine Adressaten unvermittelt an und kommt gleich zur »Sache«, zum wesenhaften Kern des christlichen Zeugnisses: »das Leben«, »das ewig ist, das beim Vater war«, ist in der Zeit »erschienen«. Es, das »Wort des Lebens« schlechthin, das nun verkündet wird. Es wird gesagt, wie es mit allen Sinnen ergriffen worden ist, mit Ohren, Augen und Händen, authentisch erfahrbar in der Erscheinung Jesu Christi und wie es weiterhin erfahrbar werden kann. Die Betonung der sinnlichen Wahrnehmung des erschienenen Lebens hat eine erkennbare Frontstellung gegen ein gnostisches Selbsterfahrungsdenken des unvermittelten Zugangs zum Leben, der mit »Ihr« angesprochenen gnostischen Kreis. In diesen gnostisch-doketischen Tendenzen der »falschen Propheten« (1 Joh 2,22 f.; 4,1–6) bricht das altgriechische Urproblem der Kompatibilität von Geist und Fleisch hier in einer christologischen Variante neu auf, die tragische Fesselung des Geistes an die materielle Welt als äußerste Entfremdung und spirituelle Not.

In einer »Umkehr der Einbildungskraft« (P. Ricœur), die durch die Anschaulichkeit des Wortes als Teilgabe und Teilhabe, als Partizipation und Kommunikation, als Anteilgewinnen an den Jüngern erster Hand, ihrem Hören, Sehen und Betasten, vermittelt wird, ist das, »was von Anfang an war«, re-präsentiert.[176] Es ist eine je und je sich wiederholende »relecture« der Confessio: »Das Leben – ist erschienen«. Diese Begegnung von Ewigkeit und Geschichte stimmt auf Freude (1,4). Die den Anfang setzende Epiphanie des Lebens (V. 2) begründet eine Lebensgemeinschaft (V. 3). Der Bogen

---

[175] F. W. J. Schelling sucht in seiner Philosophie der Mythologie der Unvordenklichkeit des Ursprungs Rechnung zu tragen, denn wenn dieser die Ordnung des Ganzen stiftet, ist er demselben vorausgesetzt und kann als Vorausgesetztes nicht Teil von diesem sein oder dem Ganzen zugehören. Insoweit markiert er eine Differenz zum Seienden. Martin Heidegger denkt den Gedanken weiter als Unvordenklichkeit des Ursprungs, dem sich nur ein anderes Denken zum »anfänglicheren Anfang« vor dem philosophischen Denken, aus dem die historische Philosophie ihren Ausgang nimmt und auf den hin sie überschritten werden muss. Vgl. M. Heidegger, Nietzsche, in: Ders. Ges. Ausg., Abt. 1, Bd. 6.2, 1997, 471. H. R. Jauss, Mythen des Anfangs, in: P. Kemper (Hg.), Macht des Mythos-Ohnmacht der Vernunft?, 1989, 53–77.

[176] Vgl. M. Barth, Der Augenzeuge. Eine Untersuchung über die Wahrnehmung des Gottessohnes durch die Apostel, 1946, 59 ff.

spannt sich vom unbestimmten »Was«, über das »ewige Leben« hin, zum höchst bestimmten Namen Jesu Christi. Die Bekenntnisaussage »Jesus ist Christus« wird im Sinn der johanneischen Theologie argumentativ reformuliert, indem gesagt wird, dass das, »was von Anfang an war« (1,1) und zu Gottes Ewigkeit gehört (1,2b) »das Leben« ist (V. 2): d. h. in unserem hinfälligen Lebenshorizont epiphan wurde und in ihm sinnenfällig erschienen ist (2b). Ein »Wir ecclesiasticum« will es bezeugen und weiter verkünden mit dem Ziel, eine neue Lebensgemeinschaft zwischen Gott und dem Menschen zu ermöglichen (1,3) sowie die Freude, ein anderes Wort für Glücklichsein zu wecken. Es geht um ein »Leben im Licht« (1,7): es ist ein Leben in der »Gemeinschaft«, »und das Blut seines Sohnes reinigt uns von aller Sünde«. Die grundlegenden antagonistischen Prinzipien von Licht und Finsternis spielen in der johanneischen Literatur eine besondere Rolle.[177] Christus als Lebensbringer ist die Orientierung für die Welt (Joh 1,4.9; 8,12), aber auch ihre Krisis. Wer ihm, dem »Licht der Welt« folgt und in seiner Weisung der Liebe wandelt, ist Kind des Lichtes (Joh 12,36), wer sich aber dem Offenbarer verweigert, bleibt in der Sphäre der Finsternis und regrediert in sie zurück (1 Joh 1,6f.,; vgl. Joh 12,35). Die Gemeinschaft mit Gott als Wandel im Licht, bildet die Basis des gemeinschaftlichen Miteinanders. Sie ist die Grundlage der johanneischen Sozietät des Wandels im Lichte und in der Wahrheit und ist getragen von der Voraussetzung, dass das Blut Jesu sündentilgende Macht hat. Die Versöhnungstat Jesu Christi steht für sein Heilswerk, das Reinigung schafft (1,5). Dieses Liebeswerk des Blutes Christi muss sich im Erweis der Liebe widerspiegeln. Der 1. Joh. gibt dem Begriff des Miteinanderlebens eine theologische Bedeutung in der Gemeinschaft mit dem Vater und dem Sohn und untereinander. Damit wird der Begriff neu profiliert in seiner rein personalen Bedeutung, die dem Begriff eine höchst empathische Steigerung gibt im Sinne eines letzten Wertes. Der Begriff »Gemeinschaft« (koinônia) wird in seiner grundlegenden Bezogenheit in die vertikale und horizontale Sphäre entbunden, den der Liebesgemeinschaft. Das Individuum wird von sich selbst »entfernt« auf eine persönliche Bindung zu Gott und zu den Mitmenschen hin. In der Gemeinschaft mit Gott wird das Motiv der gelebten Liebe geltend gemacht; und »die Wahrheit tun«, heißt, sie ständig enthüllen im Guten. Auf diesem Gedanken der Gottesgemeinschaft baut sich der 1. Joh im Ganzen auf. War die Sozietät des Menschen in der griechischen Antike auf die gemeinsame »Natur« gestellt, in die er hineingeboren wird und in Entsprechung zu ihr er »arete«, Tugend, Vortrefflichkeit, üben solle, so ist nach dem 1. Joh der Entstehungs- und Einheitsgrund der Adressatengemeinde in dem Glaubensbekenntnis zu Jesus als

---

[177] Vgl. O. Schwankl, Licht und Finsernis. Ein metaphorisches Paradigma in den johanneischen Schriften, 1995; H. H. Malmede, Die Lichtsymbolik im Neuen Testamen, 1986.

Sohn Gottes und in dem Voraus der Liebe, über welchem Grund sich die natürliche Sozietät aufbaut, begründet. Als gemeinschaftliche Sozietät gründet sie grundlegend in der Gemeinschaft mit Gott als der Gemeinschaft mit dem Vater *und* dem Sohn (1,3). In der durch Jesus Christus und sein Werk begründenden Gemeinschaft mit Gott (1,7b; 2,b.2) manifestiert sich die christliche Existenz als brüderlich-schwesterliches Miteinander. Die johanneische Liebes-Ethik ist um die theologischen und christologisch-soteriologischen Aussagen (1,5b; 1,9b bzw. 1,7b; 2,1b.2) zentriert, auf Jesus Christus, den Versöhner und gegenwärtigen Fürsprecher (1,7b; 2,1b.2) als das Paradigma ethischen Verhaltens schlechthin.[178] Der Begriff Liebe, der grundlegend zur Sozialität des Menschen und seiner conditio humana gehört und einen integralen Bestandteil seiner »Lebensqualität« bildet, wird in der johanneischen Theologie der Liebe sozial-kulturell an seinen religiösen Quellengrund rückgebunden und in ihm verankert. Die Frage, ob der Mensch heute noch Religion brauche, um mit seinen Problemen fertig zu werden, sieht der Religionssoziologe Niklas Luhmann (1927–1998) in der Notwendigkeit, »die an sich kontingente Selektivität gesellschaftlicher Strukturen und Entwürfe tragbar zu machen, d.h. ihre Kontingenz zu chiffrieren und motivfähig zu machen«.[179]

cc. Liebe als Wirklichkeit und Gestalt des Glaubens

Der Verfasser des Schreibens sieht im Bekenntnis zu dem »im Fleisch« gekommenen Gottessohn das Kriterium der geschwisterlichen Liebe und ihre Weisungen als Kriterium der Gemeinschaft mit Gott dem Vater und dem Sohn Jesus Christus. Diese wird in 1 Joh 2,3–6 unter dem Leitwort »Gotteserkenntnis« entfaltet,[180] aber nicht in einem erkenntnistheoretisch-intellektuellen Sinn, sondern in der Konkretion eines Lebensvollzugs, im Halten seiner Weisungen und seines Wortes. »Wer sich aber an sein Wort hält, in dem ist die Gottesliebe wahrhaft vollendet« (2,4). In 2,7–11 wird sie als »einander lieben« bestimmt, ein Lieben, das in die Gotteserkenntnis einweist. Am Halten der Weisungen Gottes zur Liebe wird manifest, dass wir »ihn erkannt haben« (2,3) und »in ihm sind« (2,5b). Im Abschnitt 1 Joh 3,1–6 begegnen drei Grundmotive, und zwar das der Gotteskindschaft,

---

[178] Blaise Pascal schreibt in seinen »Pensées« (548: Brunshvicg = 570 Rüttenauer): »Nicht nur Gott kennen wir allein durch Jesus Christus, auch uns selbst kennen wir nur durch Jesus Christus, Leben und Tod kennen wir allein durch Jesus Christus. Ohne Jesus Christus wissen wir weder, was unser Leben, noch was unser Tod, noch was Gott ist, noch was wir selbst sind.«
[179] Vgl. N. Luhmann, Soziologische Aufklärung, 1970–1995, 6 Bände; vgl. F. Scholz, Freiheit als Indifferenz, 1982.
[180] Thomas von Aquin behandelt in der berühmten Quaestio 12 des ersten Teils seiner Summa die Frage: »Wie erkennen wir Gott?«

dann das Motiv des eschatologischen Vorbehalts, d. h. der Vorläufigkeit des Christenstandes, und das Motiv der Gottesschau. Das erste Motiv spricht über den Stand der Geschöpflichkeit des Menschseins von einem Status, der in einer besonderen Tat Gottes gründet. Es wird eine Analogie hergestellt zum Sein und Akt Jesu Christi. Mit der Aufforderung »seht« die vom Vater uns geschenkte Liebe (3,1), rückt der Verfasser den Adressaten ihre neue Würde und veränderte Identität in den Blick, die Gotteskindschaft: sie dürfen »Kinder Gottes« (tékna theou) heißen – formal und essentiell –: sie sind es. Ihre Gegenwart hat eine theologische Signatur und steht zugleich in Differenz zur Welt, die sie nicht erkennt, »weil sie ihn nicht erkannt hat« (3,1b). In einer Zwei-Stufen-Eschatologie wird gesagt, dass ihre geistliche Realität eine künftige Vollendung finden wird: »Wir wissen, dass wir ihm ähnlich sein werden, wenn er offenbar wird; denn wir werden ihn sehen, wie er ist« (3,2b). Diese, ihre Gotteskindschaft ist eine gegenwärtige und zukünftige Realität.[181] Da nach hebräischen Denken dem Namen auch das Sein entspricht, wird den griechischen Adressaten des 1. Johannesbriefes gesagt, dass für sie »Gotteskinder« mehr ist als ein bloß schmückender Name. Es ist ihr neuer Stand, der sie radikal beansprucht. Die »Welt« nimmt die spirituelle Dimension ihrer Verwandlung, ihr »Anderssein«, ihre Metamorphose, nicht wahr, aber die geistliche Zugehörigkeit zu Gott wird voll offenkundig in dem »Ihm-gleich-Sein«, wenn sie seine Herrlichkeit schauen werden. Das Schauen verwandelt in das Geschaute – ein mystischer Gedanke – denn das Sehen wird sie in der künftigen Vollendung in das Geschaute hineinnehmen. Ihr Leben steht noch in einem verschränkten Ineins von Gegenwart und Zukunft. Die Adressatengemeinde lebt ihr Sein im Licht, was seinen

---

[181] Augustinus schreibt zu 3,2: »Was ›ist‹ genannt wird und nicht nur genannt wird, sondern wahrhaft ist, ist unveränderlich; immer bleibt es, kann sich nicht ändern und erleidet in keinem Teil Einbuße: es nimmt nicht zu, weil es vollkommen ist, und nimmt nicht ab, weil es ewig ist« in: Augustinus, Tractatus in epistolam Joannis. Tract. 4,5; übers. von F. Hofmann, Gott ist die Liebe, Predigten des hl. Augustinus über den 1. Johannesbrief, in: Zeugen des Wortes, 1938, Tract. 4,5, S 56. »… Wir werden etwas schauen, das alle Erdenschönheit, alle Schönheit des Meeres und der Luft, die Schönheit der Sonne und des Mondes, die Schönheit der Sterne, die Schönheit der Engel, mit einem Wort, das alles überragt, von daher seine Schönheit gewinnt« (Augustinus, a.a.O. 57). Die Hoffnung ist auf das Eine hin gebündelt: ihm gleich werden; ihn schauen wie er ist. Hier scheint die Vorstellung der platonischen Ideenlehre ins Christliche travestiert zu sein. Der platonische Gedanke von der Partizipation durch Erkenntnis benutzt Augustinus für die Darstellung der »selig machenden Schau« (visio beatifica oder Visio Dei), die zum ewigen »Gottesgenuss« (frui Deo) als der Seligkeit der Erlösten führt. Darauf wird auch die Lehre vom desiderium naturale gegründet: Thomas v. A., S. Theol. I qu 12, Art. 1: »Sobald nämlich der Mensch eine Wirkung sieht, regt sich sein natürliches Verlangen, auch deren Ursache zu erkennen; daher kommt es ja, dass der Mensch sich über etwas wundert. Könnte nun der geschaffene Verstand nicht zur ersten Ursache der Dinge aufsteigen, so würde das Verlangen der Natur unerfüllt bleiben. Man muss also daran festhalten, dass die Seligen das Wesen Gottes schauen«.

sozialen Ausdruck in der gegenseitigen Liebe finden soll (3,11). Dieser essentielle Imperativ als Ruf zum Sein in der Liebe heißt sie danach zu streben, um so der Liebe Gottes zu entsprechen. Diesem Leben aus der Erkenntnis des Glaubens heraus (2,9–11) wohnt noch die Dialektik von »Sein« und »Haben« inne (2,7–17), wenn von der Haltung des Gebrauchs der Dinge und ihrem Wert (2,15–17) die Rede ist. Dieser alternative Umgang mit der »Welt« gehört zur »Erkenntnis« des Glaubens und erinnert sie an den begründenden Anfang. »Wie die Liebe zählt auch die Tradition zum Sein der Kirche.«[182] Für den Verfasser ist Leben Liebe, denn in der Liebe vollzieht sich ein absoluter Schritt aus der Todessphäre der Welt in die Lebenssphäre: »Wir wissen, dass wir aus dem Tod in das Leben hinüber gegangen sind, weil wir die Brüder lieben. Wer nicht liebt, bleibt im Tode« (3,14). Hass führt in den Tod, die Liebe dagegen in ein bleibendes Leben, die zoê aiônios, die das Leben selbst ist. Die eigentliche und tiefste Begründung findet der Liebesappell in einer Lebenshingabe, im Opfertod Christi (3,16) als einem Ereignis in der Geschichte, in Raum und Zeit, das als Gegenstand der Erkenntnis (Perfekt: egnôkamen), zugleich von einer das Historische transzendierenden Bedeutung ist. Die erkannte Liebe Gottes ist die »gläubig angenommene« (4,16a). Die Übergeschichtlichkeit des Kreuzestodes Jesu, ruft die Adressaten in die Pflicht (opheilômen), besser in die Schuldigkeit der Hingabe des eigenen Lebens für die »Brüder« (adelphoi) (3,16b). Eindringlich werden in 3,23 Glaube und Liebe zusammengeschaut, der Glaube an »den Namen seines Sohnes Jesus Christus« und die Übung gegenseitiger Liebe. A. Bengel weist in seinem Gnomon zu Hebr 6,10 auf die Johannesbriefstelle 3,23 hin und schreibt: »Nomen Dei movet amorem«; »Der Name Gottes bewegt zur wahren Liebe«. Wer sich an diese Doppelweisung hält, an den Sohn Gottes zu glauben und einander zu lieben (3,23), erhält einen neuen Status intimer Liebe: er wohnt in Gott ein und Gott in ihm, was an der Erfahrung des Geistes deutlich wird (3,24: Er bleibt in Gott und Gott in ihm. Und dass er in uns bleibt, erkennen wir an dem Geist, den er uns gegeben hat).[183] Es ist der Geist Gottes, der dem Glauben als das Charisma des Glaubens innewohnt als dem Bekenntnis, dass Jesus der »im Fleisch« gekommene Christus ist (4,2), während der Geist des Antichrist die Seinen zur Verleugnung Jesu inspiriert (4,3). Dem Verfasser geht es um die Unterscheidung der Geister im Test des Bekennens.[184]

---

[182] Vgl. J. Assmann, Religion und kulturelles Gedächtnis, 2000, 35 ff.
[183] Vgl. E. Malatesta Interiority and Covenant (AnBib 69) 1978.
[184] Vgl. P. S. Minear, The Idea of Incarnation in First John, in: Interpr. 30 (1976) 125–139; Ders., Diversity and Unity. A Johannine Case-Study, in: Die Mitte des NT. FS E. Schweizer, 1983, 162–175.

dd. Vollendung des Glaubens in der Liebe (1 Joh 4,7 – 5,8)

Nach 1 Joh 4,7 vollendet sich der Glaube in der Liebe, einer Liebe, die man nach 3,1 in ihrer Anschaulichkeit (1,1) sehen kann und die sehend macht. Auf die Anrede »Geliebte« (agapetoi 4,1), folgt appellativ das »lasst uns einander lieben«, was wiederum knapp begründet wird mit »Denn die Liebe ist aus Gott« (4,7a.b).Daran folgt eine positive und eine negative Konsequenz: der Liebende erkennt Gott, der Nicht-Liebende hat Gott nicht erkannt. Sehen und Erkennen konvergieren. Schon seit Heraklit gelten die Augen als »schärfere Zeugen« (akribesteroi mártyres) und das griechische Denken verbindet mit dem Augensinn eminente Aufschlusskraft, erhöhte Präsenz, Authentizität sowie gesteigerte Eindrücklichkeit, so auch 1. Joh. Es ist die Bekundung der Inblicknahme des Zuspruchs und Sichtbarmachung der Evidenz. Wie in einem caniticum amoris wird die Liebe aspekthaft umkreist und gipfelt in dem Satz: »Gott ist Liebe« (ho theos agapê estin« 4,8).Die Sentenz »Gott ist Liebe«, Gipfelpunkt johanneischer Spiritualität und Mystagogie, der große cantus firmus, bettet den Satz ein in das Sprachspiel des Glaubenszuspruchs und der apologetischen Abgrenzung. Sie findet im Folgenden (4,9–10) ihre ausführliche theologische Entfaltung und in 4,16bff. ihre weitere Begründung, Abgrenzung gegen Missverständnisse und den Hinweis auf ihre Folgen.[185] Nun wird das bekennend Gesagte im Resümee dreier Worte, »Gott ist Liebe« (4,14b), entfaltet und zwar in dem, was er in Jesus Christus, in seinen Worten und Taten und in dessen Tod und Auferstehung erfahrbar gemacht hat. Dieses glaubende Vertrauen auf diese in Jesus sich erweisende Gottesliebe bewährt sich im »Bleiben« in ihr (4,15.16). Der Bekenntnischarakter der Aussagen »Gott ist Liebe« wird homologisch durch das »wir haben gesehen und bezeugen« (4,14) und das »wer nun bekennt« (4,15) als responsorischer Glaube derer, die sich von Gott geliebt »sehen« (vgl. das »wir sahen seine Herrlichkeit« im Johannesprolog Joh 1,14), zum Ausdruck gebracht. Das »Bleiben in der Liebe Gottes« (4,16b) erhält von seinem göttlichen Ursprung her seine Dynamik und sein Ziel. Die Liebe Gottes (Gen subj.: vgl. 2,5 und 4,12) zielt auf die Liebe untereinander als Vollendung (4,17). Die neue, durch Liebe, Licht und Leben charakterisierte Seinsweise bei Gott, die in der widerfahrenen Gottesliebe gründet, treibt sowohl die Furcht (4,17b.18a) als auch den Bruderhass aus. Wer den Bruder hasst, hat Gott (in seiner Liebe) gar nicht »gesehen«. Die »Furcht« wird mit der »Zuversicht« aufgehoben. Die Gottesliebe, die auf den Menschen aus ist, vertreibt die Strafangst und befreit zur Freimütig-

---

[185] »Der Positivismus findet keine die Menschen transzendierende Instanz, die zwischen Hilfsbereitschaft und Profitgier, Güte und Grausamkeit, Habgier und Selbsthingabe unterschiede«. Nur im Bewusstsein eines transzendenten Horizonts kann Liebe unverwechselbar Liebe bleiben. Vgl. M. Mahovec. Jesus für Atheisten, 1972.

keit (parrhesia), zum freien und offenen Stehen vor Gott und den Menschen. Diese neue Haltung in Bezug auf Gott, verwandelt den alten Begriff »Freimut« im Gegenüber zur Polis, in öffentlicher Versammlung alles sagen zu können, in das neue Gegenüber des Gottesverhältnisses mit all seiner »Publizität« und »Öffentlichkeit«. Mit dieser kühnen Selbstaussage erhebt der urchristliche Enthusiasmus begeistert sein Haupt, sodass an die Stelle der ängstlichen Scheu die »vollkommene Freude« (1 Joh 1,4) tritt. Die Liebe Gottes schafft in ihrer Lebensäußerung die Freimütigkeit und stimmt auf ein frohes Dasein. Das urchristliche Liebesgebot ist in 4,19 unauflöslich mit dem Voraus der Liebe verbunden und in einem A-minori-ad-maius Schluss, der Beweisführung vom Leichteren zum Schweren, dringlich gemacht: Wer nicht einmal zur Liebe der sichtbaren menschlichen Mitwelt fähig ist, vermag erst recht nicht den unsichtbaren Gott zu lieben. 1 Joh 4,17–18 führt die Adressaten in die Tiefe ihrer Existenzbewältigung im neu eröffneten christlichen Horizont, sowie zur Haltung des freien Menschen, dessen Vollzug der Liebe Bestand hat, das Böse in seiner Depravation zu überwinden. Das Junktim der uns erwiesenen Gottesliebe erschließt uns die Bruderliebe und macht sie dringlich. Sie hat darin ihren Test, oder straft uns Lügen. Gegen Ende seines Schreibens kommt der Glaube, näher bestimmt mit dem Inhalt, »dass Jesus der Christus ist« (5,1), in den Blick. Dieser ist auf ein glaubendes Subjekt bezogen und nimmt die Leser als »implizite« Adressaten in die Oikumene der Glaubenden und ihre kommunikative Gemeinschaft mit hinein (»Jeder, der glaubt …« 5,1). Dieser christologisch bestimmte Glaube wird substantialisiert als »unser Glaube« (he pistis hemôn 5,5) und verbindet im persönlichen Fürwort die »impliziten« Adressaten mit dem Briefschreiber in der Gemeinschaft der Glaubenden. Dieser »unser Glaube« (5,4) findet seine objektivierende Näherbestimmung, Konkretion und seinen Test im geschwisterlichen Miteinander. War die halachische Lebensweise des frommen Jahwegläubigen in die gottgegebene Lebenswelt der Torah eingezeichnet – wie Psalm 1 als biblischer Grundtext sie preist –, so ist der christologisch bestimmte Glaube auf die Person Jesu und sein »neues Gebot« der rückhaltlosen Liebe bezogen (Joh 13,34; 15,12). Die Liebe der Glaubenden verdankt sich einem dreifachen Ursprung, der sie für neue Existenzweisen qualifiziert: der Glaubende als neue Geburt und Schöpfung »stammt von Gott«, ist Gotteskind, gottgezeugt und so Gestalt der neuen Schöpfung (5,1). Ferner sind sie dem »neune Gebot« der Liebe begegnet, begründet in der Hingabe Jesu und der Begegnung mit ihm; sie wissen sich so in der Liebesgemeinschaft der Glaubenden beheimatet. Ihre Neuschöpfung aus der Neugeburt ist auf Weltüberwindung ausgerichtet: Es gilt: »Denn alles, was von Gott stammt, besiegt (nika: Präsens 5,4a) die Welt. Und das ist der Sieg, der die Welt besiegt hat, unser Glaube«. Der Glaube bezieht sich auf die einmalige Weltüberwindung Jesu Christi und hat einen kosmologischen Horizont. Der Gottgezeugte überwindet die sündhafte Fesselung und Verstrickung an die dem Glauben (und der Liebe) feindliche »Welt« selbst. Es ist ein Sieg, der sich im Halten der Glaube und Liebe umgreifenden Weisungen Gottes vollzieht (5,3), die »nicht schwer sind«, weil sie entlasten und die Weltüberwindung zum Ereignis werden lassen. Christliche Existenz findet eine neue theologisch-hermeneutische Auslegung, die die Volte spannt vom »Aus-Gott-Gezeugt-Sein« bis hin zum »in Gott bleiben« sowie dem »Halten der Gebote / Weisungen« und dann zum triumphierenden Finale des »Sieges über die Welt«. In der Welt des Nike-Kults des Imperium Romanum ist der Glaube der Sieg, der die Welt überwindet (5,4f.).Die aus der neuen Geburt begründete neue Schöpfung erhält durch die Ausrichtung auf die Weltüberwindung der Liebe einen sich ins Kosmische weitenden Horizont. Der Glaube ist ein Geburtsvorgang für die Liebe. Und die Chaosforschung der Gegenwart hat gezeigt, dass in der Dynamik lebendiger Prozesse kleine Veränderungen gewaltige Folgen nach sich ziehen können – ein modernes Gleichnis für die alte jüdische Weisheit, dass die Rettung eines Menschenlebens soviel zählt, wie die Errettung der ganzen Welt.

Der große liebende Anonymus rückte das mit Händen greifbare Wort des Lebens und somit den sinnlich erfahrbare Grund des Glaubens als »Thema Liebe« in die Mitte, und zwar als unüberbietbare Liebes-Beziehung zu Gott und als Kern einer liebenden Glaubensgemeinschaft. Schon die Anrede »Geliebte« (agapêtoi: 2,7) und ihre Steigerung zu »Kinderchen« (téknia: 2,12) rückte die Adressaten in den Zusammenhang eines Beziehungsgeschehens der gegenseitigen Liebeskultur und des Besorgtseins füreinander. In dieser Hermeneutik des »Anderen« und der Affirmation der Liebe als Handlungsmaxime der Gemeinde begegnete uns die Figur der »analogia fidei« in der ekklesiologisch implementierten Liebe als Grund aller Zusagen und als Grund der Sündenvergebung. Ihre Wirklichkeit und Bewegtheit hat ihr Voraus, ihr Prae, in der Liebe Gottes, der sich in der Sendung seines Sohnes (als Sühnung für unsere Sünden) zur Liebe für die Welt deklariert hat.

b. Eingefasst in das Unfassbare: Johanneische Theologie der Liebe

Das Johannesevangelium und die Theologie der Johannesbriefe als Zeugnisse für die Macht des menschgewordenen ewigen »Logos«, bilden den grandiosen Versuch, diesen Vorgang theologisch zu begreifen. Erst Jesus, der Offenbarer, kann jene Wirklichkeit bringen, die die Sehnsüchte der Menschen erfüllt, das wahre Leben, das wahre Licht, die Wahrheit und die Freiheit. Diese seine Inhalte transzendieren die Vorspiegelungen der Welt. Es sind die hoheitlichen »Ich-bin«-Worte Jesu[186], mit denen er auf die Fragen nach dem Erwarteten, Erfragten und Besprochenen selbst die Antwort ist: »Ich und kein anderer.«[187] So stellt sich Jesus in der »Weinstockrede« (Joh 15,1–17) als der wahre, d. h. der echte und wirkliche Weinstock vor. Im Verbindungsglied von Stock und Rebe, Bild für die lebendige Jüngerschaft, die ihre Lebenskraft aus dieser inneren, organischen Verbindung mit Christus bezieht, geht es um die Lebensfrucht als dem eigentlichen Ziel der Rede, die sich in der Liebe verwirklicht. Liebe ist auch das Grundwort der »Abschiedsreden« Jesu. Sie wird in 15,9–17 thematisch als Halten der Weisungen Jesu, die er ihnen mitgeteilt und die Zeichen der göttlichen Liebe sind. »Das ist mein Gebot: Liebt einander, wie ich euch geliebt habe« (15,12). Jesus aber ist auch der Weg zur Wahrheit und zum Leben (14,6), und indem er das ist, ist er die Wahrheit und das Leben in Person. Die Begegnung mit ihm stellt den Menschen in das Entweder – Oder nicht des Schicksals, sondern der Wahl und macht die Zeit zum Jetzt der Entscheidung (5,24). Im Glauben an Jesus Christus, den Offenbarer, vollzieht der Glaubende einen absoluten Schritt aus der Todessphäre in die Lebenssphäre: »Amen, amen, ich sage euch: wer mein Wort hört und dem glaubt, der mich gesandt hat, hat das ewige Leben: er kommt nicht ins Gericht, sondern ist aus dem Tod ins Leben hinübergegangen. Amen, amen, ich sage euch: die Stunde kommt, und sie ist schon da, in der die Toten die Stimme des Sohnes Gottes hören werden; und alle, die sie hören, werden leben« (5,24 f.).Der Mensch in seiner Verlorenheit an die gottfeindliche und sich der Offenbarung verweigernden »Welt«, muss sich in ihr »entweltlichen«, ohne aber aus ihr herausgenommen zu sein, denn in ihr gilt es, die Treue im Glauben zu leben (Joh 14,21) und die »neue«, in der Liebe Jesu neu begründete Weisung der Bruderliebe (und Schwesterliebe) zu erfüllen (13,34 f.; 15,12), um so »in ihm« zu »bleiben«.

aa. Die Welt als Ziel (Objekt) der Liebe Gottes (Joh 3,16)

In Joh 3,16 begegnet die zentrale Aussage von der unbegreiflichen Tat der Liebe Gottes: »Denn Gott hat die Welt so sehr geliebt, dass er seinen einzigen Sohn hingab, damit jeder, der an ihn glaubt, nicht zugrunde geht, sondern das ewige Leben hat«.

An einer der wichtigsten Nebenfiguren im Johannesevangelium, an Nikodemus, wird das vorausgegangene, in Joh 2,25 über den Menschen schlechthin Gesagte, konkretisiert: Jesus »wusste, was im Menschen ist«, nämlich

---

[186] Vgl. Joh 6,20; 8,12.24.28.58; 13,19; 18,5.6.8.
[187] Vgl. E. Schweitzer, Ego eimi. Die religionsgeschichtliche Herkunft der theologischen Bedeutung der johanneischen Bildreden, ²1965.

dessen Blindheit und Verschlossenheit für die persongewordene rettende Wahrheit und Liebe. In Joh 3, ein Kapitel, das mit dem Thema des Christwerdens anhebt,[188] kommt Nikodemus, der als Suchender und Verstehenwollender gezeichnet wird, »bei Nacht« (3,2) zu Jesus. Er dient als Illustration der den Prolog beherrschenden Metapher von Licht und Finsternis, dem Licht, das in die Finsternis hinein leuchtet, aber von dieser nicht begriffen wird (1,5.9.10). Erst in der Aufnahme des Logos Jesus (1,12) mit und in dem durch das wahre Licht erleuchteten Glaubens, vollzieht sich der Existenzwandel, die Geburt aus Gott zur Gotteskindschaft (1,12).Aber die »Nacht« begreift das in ihr leuchtende Licht nicht. Dieses »Zu-Jesus-Kommen« des Pharisäers Nikodemus in der »Nacht« ist ein existentielles Geschehen und endet mit einem Zeugnis über das tagende Licht, dem die Nacht weichen muss (3,19–21): »Wer die Wahrheit tut, kommt zum Licht«. Dazwischen aber bewegt sich ein hin- und herwogendes Gespräch zwischen dem »führenden Mann unter den Juden« (3,1) und Jesus, dem Offenbarer. Es ist ein Gespräch zwischen dem irdisch-empirisch denkenden Nikodemus und seiner geläufigen Gemein- und Umgangssprache, und einer »christologischen« Sprache des Offenbarers Jesus, der den gemeinsprachlichen Sinn transzendiert und verrätselt. Die Begriffe, die der außenstehende »Nikodemus« mit sich bringt, spiegeln sein Befangensein im Irdischen, und er bleibt gegenüber dem Heilswissen der Sondersprache und ihrer Evidenz der »Außenstehende«. Der missverstehende Nikodemus wird mit einer Empirie »höherer Ordnung« (vgl. 4,15; 6,25) konfrontiert und seiner Unwissenheit überführt, während der Evangelist und der mit-hörende Adressat als Glaubender eine neue Evidenz hat über die »Neugeburt aus Wasser und Geist« (3,3.5). Der im Unverständnis verharrende Nikodemus steht für die tragische Trennung von Synagoge und Ekklesia, den in seinem »wir wissen« (3,2) und dem »wir wissen« des Offenbarers Jesus (3,11) stehen sich prototypisch oder archetypisch zwei Glaubenshaltungen gegenüber und deren Protagonisten, Synagoge und Kirche. Im Plural-»Wir« bilden Jesus und die Glaubensgemeinde ein gemeinsames Subjekt und kontrastieren gegenüber dem »Ihr« und dem auf ihnen liegenden Schatten das Nein: »Wir reden, was w i r wissen ..., und i h r nehmt unser Zeugnis nicht an« (3,11) und das Neue. Die »neue Geburt« (3,3) »aus Wasser und Geist« (3,5) als Gegenwärtigwerden der neuen Wirklichkeit, die nach uns greift und unser Leben umgreift, ist ein »himmlisches« Handeln (epourania; V. 12). Dem Irdischen (epigeia) erschließt sich das göttliche Mysterium der himmlischen Welt, der

---

[188] Der Abschnitt Joh 2,23 – 3,21 bildet einen großen Erzählzusammenhang und zeigt Jesus auf dem Passahfest und wird mit dem Nikodemus-Dialog abgeschlossen. Vgl. O. Hofius, Das Wunder der Wiedergeburt. Jesu Gespräch mit Nikodemus, in: Ders., Johannesstudien (WUNT 88).1996, 33–80, vor allem 78, wo er auf die »trinitarische« Struktur des Textes hinweist.

»geöffnete« Himmel. Die göttliche Gabe aber beinhaltet den Abstieg des »Menschensohnes« in das Irdische (des Fleisches) – als Mysterium des Hinaufgangs des Herabgekommenen (3,13). Den Anstoß, den Nikodemus an der »neuen Geburt« nimmt (3,4), deckt sein schlechthinniges Nichtverstehen des Neuen auf, das einen zweiten, eigentlichen Sinn in sich birgt. In dieser sprachlichen Integration in ein neues Sinnverständnis meint »Geburt« mehr als ein bloß irdisches Geborenwerden. Indem Nikodemus in seinem Alltagsverstehen und der Gemeinsprache verharrt, bleibt er ein Unwissender. Das ganze Gespräch kreist um zwei Themen, die rechte Erkenntnis und die Frage nach dem rettenden Heil. In diesem Frage-Gespräch nach dem Woher und Wohin des Menschen mit der Frage nach der Anteilgabe an der »himmlischen« Welt, haben die Glaubenden, die Wiedergeborenen, teil an dem überlegenen Wissen Jesu, des Offenbarers. Als »esoterisch« Wissende repetieren sie im »Wir« des Glaubens das Gesagte als Selbstvergewisserung ihres neuen Standes. Das Wort Jesu von der »neuen Geburt« (3,3) eröffnet eine zweite, eigentliche Bedeutungsebene, wie schon bei Platon die sichtbare Realität ein vollkommener Widersein der ideellen, eigentlichen Wirklichkeit ist. Der Begriff »Geburt« wird – bildlich gesprochen – durchgestrichen und neu verwendet für den Glaubenden, der mehr sieht als man eigentlich sieht. Aus dem Himmel, »aus dem Geist«, »aus Gott« seinen Ursprung haben, bedeutet, »von oben« her sein und damit eine neue Schöpfung sein. 3,5 wiederholt und verdeutlicht das Wort von der Wiedergeburt als Bedingung für die Teilhabe am Heil. Es ist die »Geburt aus Wasser und Geist« (ek hydatos kai pneumatos) als die neue Existenzweise, die die Möglichkeiten des Menschen von sich her übersteigen. In »sakramentaler« Sondersprache wird der Geburtsvorgang als »von oben« mit dem Taufmysterium identifiziert. Das neue Geschehen wird an einer Entgegensetzung der irdischen Fleischesgeburt und der göttlichen Geistesgeburt erläutert. Das neue Wesen des Menschen verdankt sich dem göttlichen Handeln (V. 7), das unfassbar und unverfügbar ist. Und auch der Geist (pneuma) meint hier nicht den Wind, sondern die Macht des Auferstandenen. Dann fragt Nikodemus, wie das außerhalb der menschlichen Möglichkeit Liegende der Neugeburt Ereignis und Wirklichkeit werden könne (V. 9), um damit von der Fragebühne abzutreten.[189] Damit ist ein Übergang zur Konfession gegeben: In einer Zeugnisrede wird gesagt, »was wir gesehen haben« (V. 11). Diese richtet sich nun an das Forum der Welt und spricht von den »himmlischen Dingen« als dem Begegnungsgeschehen von Oben mit dem Unten und von dem Unten nach Oben. In V. 13 spricht Jesus vom »Menschensohn« (vgl. Joh 1,51) in der

---

[189] Damt sind zwei in den synoptischen Evangelien greifbare Traditionen miteinander verbunden, die Frage, wer Christus ist (Mt 11,1-6; 16,13 ff.), und die Frage des »reichen Jünglings« nach dem Ererben des »ewigen Lebens« (Mk 10,17par; Mt 19,16 ff.).

3. Person als von dem, der das scheinbar Unzugängliche und Unerreichbare im Hinaufgang realisiert hat: dieser sein »Aufstieg« wird im Folgenden als »Erhöhung« (hypsothênai) ans Kreuz und in die Doxaherrlichkeit gedeutet (vgl. 12,32). Die Illustrierung der Erhöhung Jesu geschieht durch einen überbietenden Analogie-Vergleich Jesu mit der von Mose in der Wüstenwanderung Israels an einem Holzpfahl gehefteten ehernen Schlange (Num 21,5–9). Die tödliche Schlangenplage des Exodus-Volkes in der Wüste als göttliche Strafe wird durch den Aufblick zur ehernen Schlange für die Versehrten und Todgeweihten zum lebensrettenden und heilbringenden Schutz. Der erhöhte Menschensohn wird für den Blick des Glaubens zum Leben bringenden Blick (3,15). Das perfektisch betonte »er ist aufgestiegen« (anabébêken V. 13) nennt den Realgrund für unsere neue Geburt »von oben«.[190] Jesu Sendung in die Welt als »Gottes eingeborener Sohn« sistiert alles kosmische Verhängnis der Antike und ist Ausdruck der Liebe Gottes. Als »sein eingeborener Sohn« – Objekt und Subjekt der göttlichen Liebe in einem – offenbart er für die Welt das Heil. Gott hat in der Sendung seines Sohnes seine Liebe der Welt gegenüber erwiesen. Gott liebt die Welt und schenkt sich ihr in der Hingabe des Sohnes, ein Fundamentalsatz über die Welt als die von Gott geliebte Menschenwelt, die als voraussetzungslose, aber nicht folgenlose Prämisse den Glauben trägt. Das bisher Entfaltete findet in V. 16 seine zusammenfassende Vertiefung und führt die Christologie über in eine Theologie der Liebe Gottes. Die christologisch verankerte Geburt »von oben«, begründet durch den ans Kreuz erhöhten Christus, wird in den weiteren theologischen Horizont gerückt als Ereignis der Liebe Gottes zur Menschenwelt insgesamt. Wiederum zeigt der Evangelist, wie am Prolog-Schluss (1,18), dass Jesus Christus der hermeneutische Schlüssel ist zu dem rechten Gottesverständnis. Es gibt keine Symmetrie zwischen Licht und Finsternis, Glaube und Unglaube, sondern nur die Asymmetrie, das unfassbare Mysterium der rettenden Liebe Gottes für die Welt. Im Glauben erfüllt sich, was jeder mit seinem Lebenswillen insgeheim auf seinem Lebensweg sucht, »das ewige Leben«. Ab 3,19 ff. wird dann die Liebe Gottes in der Hingabe seines Sohnes mit der Erleuchtungs-Terminologie des Lichtes gedeutet: »Das Licht« kam in die Welt und die Menschen liebten die Finsternis mehr als das Licht (3,19). Mit dem immerwährenden Topos des Lichtes in seiner elementaren Naturerfahrung, wird das einmalige Heilsgeschehen in Jesus Christus christologisch als »Licht« definiert, das zugleich eine Verschattung aller fremden Licht-Götter und Heilsansprüche der Antike bewirkt. Seine

---

[190] Vgl. O. Hofius, Das Wunder der Wiedergeburt, in: Ders., / H. Ch. Kammler, Johannesstudien, 1996.

spezifische Heilsqualität rückt alle anderen Licht-Ereignisse in den Schatten.[191] Gott liebt die Welt und schenkt sich ihr in der Sendung seines Sohnes. All die Ponderation der Substantiva wie Gott – Welt – Sohn – Leben – Licht – Finsternis – Wahrheit – wurde durch die Zeit-Wörter in Beziehung zueinander gebracht und dem Christwerden dienstbar gemacht. Mit der trennenden Unterscheidung von »irdisch« und »himmlisch« aber wurde das Scheitern des Gesprächs mit Nikodemus konstatiert (3,12), denn das aus »Fleisch« Geborene beharrte in seiner Verschlossenheit, seiner incurvatio in se, nur bei sich selbst (3,6).

Das Thema des Nachtkolloquiums war von der Frage bewegt, wie erhält man Anteil an der Welt Gottes: »das Reich Gottes sehen« (V. 3), »in das Reich Gottes eingehen« (V. 5), das »ewige Leben haben« (V. 15). Die Anteilgabe und Zuneigung Gottes zur Menschenwelt wurde als dynamisches, im Vollzug befindliches Geschehen dargestellt: pneumatologisch als Tat des Geistes (V. 5 f. 8), und christologisch, diese grundlegend, als Tat des Menschensohnes unter seinem »Muss« (»dei«) der Erhöhung am Kreuz (V. 14) und als Vollstreckung des göttlichen Heilswillen für die Menschen. Die Realität des Reiches Gottes ist idente Präsenz des Liebeswillens Gottes im Sohn und Geist. Die verständnislose Frage des »Lehrers Israels«, wie »das« geschehen könne (V. 9), deckte sein Unverständnis auf und scheiterte am Verständnis der »Geburt von oben«/»von neuem«, die er als Rückkehr in den Mutterschoß, als Repetition eines alten Lebenslaufes verstand. Die Vermittlung eines genuin neuen Verstehens aber muss von jenseits seiner selbst kommen und als das strikt Undenkbare, aber als »unmögliche« Möglichkeit und geistgewirkte Wirklichkeit (V. 8). Realgrund ist die durch den Hinaufgang des herabgekommenen Offenbarers neu eröffnete Wirklichkeit (vgl. V. 13), dessen Herabstieg – Ausdruck des göttlichen »Muss« –, sich in der »Erhöhung« vollendete und so zur Lebensgabe wurde für die Todverfallenen, vorausbedeutet im Bild der ehernen Schlange des Moses und aufgerichtet an der Signalstange, wo der Aufblick der todbedrohten Exulanten zu ihr, der rettenden Lebensgabe wurde (V. 14 f.). So ist der am Kreuz erhöhte, fleischgewordene Logos und Menschensohn das rettende Heil für die Menschen als Gottes Liebeserweis an die Welt.

bb. Neubegründung der Liebe: Jesu ultima vox (Joh 13)

Die literarisch eindrucksvoll konzipierten Abschiedsreden Jesu (Joh 14–17) antizipieren in Bildern und Begriffen, was der scheidende Jesus für die Jünger bedeutet. Zugleich knüpfen sie an der Frage an, wie die Beziehung trotz

---

[191] Vgl. dazu A. Zajonc, Die gemeinsame Geschichte von Licht und Bewußtsein, 1994, 299 ff.

des Weggangs des Herabgekommenen mit ihnen erhalten bleibt. Sie besteht darin, dass der Offenbarer im Geist, im Parakleten, der ihn wiederholt, ihn wieder »holen« wird, als ewiger Christus gegenwärtig bleibt (14,26). Sein Hingang zum Vater lässt ihn neu in die Zeit kommen und das in und mit ihm Erfahrene ist die letzte Wirklichkeit, in der die Glaubenden »bleiben« und leben können. Eine Wohnung (Haus, Heimat) wird als Horizont des Trostes und des Friedens verheißen (Joh 14,1 ff.). Das eindimensionale, logisch und final programmierte Denken wird durch die kosmische Christus-Konzeption, die in 14,23–27 zur Sprache kommt, überboten: »Wenn jemand mich liebt, wird er an meinem Wort festhalten; und mein Vater wird ihn lieben, und wir werden zu ihm kommen und bei ihm wohnen« (14,23)

Die zentrale Botschaft des Abschied nehmenden Jesus aber ist im elementaren und »neuen« Gebot, weil neu begründeten, in 13,34 f. zusammengefasst. »Ein neues Gebot gebe ich euch, dass ihr euch untereinander liebt, wie ich euch geliebt habe.«

Eine den Abschiedsreden[192] vorgeschaltete Szene ist die Erzählung von der Fußwaschung Jesu (Joh 13,1–20), die ihr theologisches Gewicht als erzählte Realisierung des neuen Gebotes (13,31–35; vgl. 15,9–17; 17,1–5) hat. Die Erinnerung an ein Mahl (Joh 13,2 ff.) gibt den Raum für das Tun Jesu (13,4 f.) ab und ist ganz und gar Zeichenhandlung der Liebe Jesu zu den Seinen. Der Liebesdienst der Fußwaschung ist Ausdeutung des Lebens Jesu in geraffter Form und zugleich der Schlüssel zum Verständnis seines Sterbens. Es spiegelt sich in ihr rückblickend Jesu Wirken in der Welt und vorausblickend sein Gang in den Tod. In der Ausdeutung des Geschehens 13,12–15 fordert Jesus die Seinen auf, das Zeichen untereinander zu wiederholen und ruft sie damit auf den Weg in die Nachfolge dienender Liebe. Er hat ihnen ein grundlegendes Beispiel (hypodeigma 13,15) gegeben. Schon 13,1 mit dem Hinweis der Liebe bis ans Ende als Erweis seiner unendlichen Liebe, die mit dem »es ist vollendet« Jesu am Kreuz (19,28.30) zusammenklingt, wird Grundlegendes intoniert, die Wahrheit, die die Liebe ist. In Freiheit und in Einheit mit dem Vater macht Jesus seine »gekommene« »Stunde« (13,1) zur Stunde der Liebe. Mit der Petrusperikope (13,6–11) wird der Gedanke der Teilhabe an Jesus verdeutlicht, wo die durch die Fußwaschung als pars pro toto bewirkte Reinheit den Menschen in seiner Ganzheit meint. Zwei Personen flankieren in dieser Szene Jesus, Petrus und Judas, als zwei

---

[192] Analysen zu Joh 13 vgl. H. Thyen, Johannes 13 und die »kirchliche Redaktion« des vierten Evangeliums in: Tradition und Glaube (FS K. G. Kuhn),1971, 343–356; K. T. Kleinknecht, Johannes 13, die Synoptiker und die »Methode« der johanneischen Evangeliumüberlieferung, in: ZTh 82 (1985) 361–388; H. Kohler, Kreuz und Menschwerdung im Johannesevangelium (AThANT 72) 1987, 199–205; J. Becker, Das Evangelium nach Johannes. Kapitel 11–21 (ÖTBK 4/2), ³1991, 495–512; K. Wengst, Bedrängte Gemeinde und verherrlichter Christus. Ein Versuch über das Johannesevangelium, 1992, 199–230.

Möglichkeiten, sich der Gabe Jesu gegenüber zu verhalten: als Liebesscheu des Petrus und als Liebesverrat des Judas. Will Petrus den Herrn nicht in der Knechtsgestalt erkennen, dann verkennt er den Sinn der Handlung. Dieser muss ihm erst erschlossen werden. Der ahnungslose Petrus wird erst nach all dem (vgl. 13,7), nach Kreuz und Auferstehung (vgl. 18,4), das Geheimnis der Stunde erfassen. Jesu Stunde ist die Stunde der Wahrheit für alle und sie ist die Stunde der Liebe bis ans Ende, d. h. bis zur Vollendung. In 3,16 hieß es: »Denn so hat Gott die Welt geliebt, dass er seinen eingeborenen Sohn dahingab, damit alle, die an ihn glauben, nicht verloren werden, sondern das ewige Leben haben.« Die Passionsgeschichte nach Johannes als das Hohelied der Liebe im Angesicht der Passion, gipfelte in der Fürbitte Jesu für die Seinen: »Und ich habe ihnen die Herrlichkeit gegeben, die du mir gegeben hast, damit sie eins seien, wie wir eins sind, ich in ihnen und du in mir, damit sie vollkommen eins seien und die Welt erkenne, dass du mich gesandt hast und sie liebst, wie du mich liebst« (17,22 f.; vgl. 17,24–26). Die Seinen sollen »vollendet sein in der Einheit« (17,23), weil die Stunde der Liebe ihre Mitte in der Todeshingabe Jesu am Kreuz hat (19,30), die Tiefe und Höhe, Erniedrigung und Erhöhung in dieser Mitte vereinigt.

In direkter Anrede an die Jünger werden die Abschiedsreden in 13,31 f. nun durch einen Menschensohn-Hymnus eröffnet: Er beginnt mit der Aufdeckung ihrer Situation in einer vom Weggang Jesu gezeichneten Welt. Ein Temporalsatz (V. 31) dient als Rahmenbemerkung und verbindet den gesamten Komplex der Abschiedsreden mit der vorgestellten Situation: Judas tritt aus dem Raum des letzten Mahles, der Fußwaschung sowie des Abschiedsgebetes (bei Vorziehung von Joh 17) hinaus in die »Nacht«. Es ist die Nacht, die Jesu Wirken ein Ende setzt, aber auch die Jünger mit der Not der Ungeborgenheit konfrontiert, auf welchem Hintergrund sie zugleich die bergende Kraft der Verheißung werden ermessen können.

Die Abschiedsrede Jesu setzt V. 31b zunächst mit dem Motiv der »Doxa«, der »Herrlichkeit« ein. Gerade in der Stunde des »nächtlichen« Ausgangs Jesu in den Tod, gerade in solcher Paradoxie ist von der Verherrlichung, der Herrlichkeit Jesu im Sinne der Epiphanie des Göttlichen die Rede, die dem zudringenden Blick auf den Tod hin, letztlich unter ihrem Gegenteil verborgen bleibt. Die komplexiv-aoristische Fassung des Verbs zeigt an, dass sie bereits »jetzt« Wirklichkeit ist. Dieses »Jetzt« liegt nicht auf der Oberfläche der verrinnenden Zeit und ist kein flüchtiges chronologisches Präsens, denn es würde von der Zeit selbst vergangen gemacht, sondern es stiftet sich der Zeit ein. Indem es sich ereignet, sprengt es die chronologische Dimension, lässt Vergangenheit und Zukunft versammelt sein, und löst den Menschen aus seiner Verstrickung an die messbare und vergängliche Zeit.

V. 32 zeigt, dass mit diesem »Jetzt« (V. 31) die dahinfließende Zeit an ihr Ende gekommen ist, und was zeitlich noch als Zukunft gilt, ist letztendlich

Enthüllung des Jetzt. Mit den futurischen Sätzen in V. 32 werden nicht andere Vorgänge zum Ausdruck gebracht als in V. 31, sondern sind Ausdruck des Gleichen unter Wiederholung seines zeitlichen Aspekts.

In V. 31 und 32 wird mittels des Subjekttausches das »Verherrlichtwerden« bzw. »Verherrlichen« als ein Wechselgeschehen zwischen Gott und Christus dargestellt: Gott als Ursprung der Verherrlichung Jesu (V. 31a – implicite; 32b) und Jesus als Ursprung der Verherrlichung Gottes (V. 31b.32ac).Dieser Zirkel gegenseitiger Verherrlichung von Gott und Christus zielt ganz auf den von dieser Bewegung ergriffenen Glauben ab. Das »er wird ihn sogleich verherrlichen«, ist im Sinne des Evangelisten auf die bevorstehende Passion bezogen. Unter dem Kreuz, wo die neue Familie der Glaubenden sich einstellt, geht es um das Innewerden der Grundparadoxie, dass Gottes Herrlichkeit allein in der paradoxen Herrlichkeit dieses Sterbens gefunden werden kann. Dann erfolgt die »neue« Liebesweisung (V. 34 f.): Die Liebe, zu der die Glaubenden ermächtigt werden durch Jesus, ist durch ihn selbst neu begründet. Sie gebietet und ermöglicht zugleich das Mitsein und gründet in der »jetzt« am Kreuz offenbar werdenden Liebe. Christliche Existenz hat hier ihren archimedischen Standpunkt (»dos moi pou sto«) außerhalb ihrer Eigenmächtigkeit und lebt so grundlegend aus dem Jenseits ihrer selbst. Jüngerschaft wird radikal unter das Gebot der Liebe gerückt, die geradezu zum Signum und zur nota ecclesiae erhoben wird: »Daran (3,35) werden alle erkennen, dass ihr meine Jünger seid: wenn ihr euch liebt«.

In 13,12–17 wurde die Fußwaschung Jesu zum Vorbild für die Jünger hingestellt, – ähnlich wie bei Lk 22,27, wo Jesus im Abendmahlsaal inmitten der Jünger »wie der Dienende« ist und die Jünger zum gleichen Dienen aufgefordert werden. Das Beispielhafte der Tat Jesu (V. 15) ordnet den Abschnitt durch das charakteristische »wie/weil« (kathôs egô … kai hymeis) – ich und auch ihr – dem »neuen Gebot« der Liebe in 13,34 zu. Jesu Leben und Sterben werden zum Maßstab der Liebe der Jünger untereinander (vgl. Joh 15,12; 1 Joh 2,6; 3.37; 4,17b). In der Form des Makarismus (13,17) werden sie zum Tun der Liebe gerufen, worin sie ihr Jüngerverhältnis verwirklichen.

Verhallendes Echo:
»Im Anschaun ewiger Liebe«
(Veronese, Goethe, Dostojevsky, Mahler)

Immer wieder hatte sich der Mensch im Laufe seiner Geschichte in Bildern und Malereien geäußert, die über die augenblickliche sprachliche Kommunikation hinaus etwas »Bleibendes« an sich haben. Er machte darin entweder seine religiösen Vorstellungen magisch oder kultisch »lesbar«, oder er suchte ein Stück seiner Lebens- und Alltagswelt bildhaft zu repräsentieren. Bilder haben oft eine unmittelbare »Appell-Qualität«, die, wie Personen, zu beeindrucken, zu begeistern, zu verstören und zu erschrecken vermögen. Sie können Interpretamente einer profanen oder religiösen Lebenswelt des Menschen sein und bilden so eine Art gestalthafter Kommunikation. Auch die menschliche Sprache selbst ist voller »Bildlichkeit«, so dass J. G. Hamann darin ihren Ursprung vermutet: »Poesie sei die Muttersprache des menschlichen Geschlechts und demnach bestehe der ganze Schatz menschlicher Erkenntnis und Glückseligkeit« letztlich in Bildern.[1] Der Mensch als »Geist in Welt« sucht sich seine vielfältigen inneren und äußeren Erfahrungen immer wieder sinnbildlich zu veranschaulichen. Ein spätes bedeutungsgeschichtliches Echo begegnet uns im Autonomieverständnis des »sehenden Sehens«, das als Realisation immer auch etwas sehen lässt, wie paradigmatisch es Paul Klee in seiner »Schöpferischen Konfession« zum Ausdruck bringt, die Malerei gebe »nicht das Sichtbare wieder, sondern mache sichtbar«.[2] Gemalte Bilder sind schweigende Mitteilung, die über das Augenblickliche eines verhallenden Tons im musikalischen Ausdruck, für das betrachtende Auge etwas »Bleibendes« an sich haben. Sie machen einen Ausschnitt aus der menschlichen Lebenswelt »anschaubar«, kontemplierbar. Als gestalthafte Mitteilungen können sie ansprechen, beeindrucken, begeistern oder verstören, beglücken oder erschrecken. Auch die menschliche Redeweise selbst kann voller Bilder sein, um sich auszudrücken, so dass das zweieinhalbtausend Jahre alte Diktum des griechischen Dichters Simonides von Amorgos seine Gültigkeit hat, die Bilder seien schweigende Poesie und

---

[1] J. G. Hamann, Aesthetica in nuce. Sämtliche Werke, hg. J. Nadler, Bd. 2, 197.
[2] P. Klee, Schöpferische Konfession (1918), Schriften, Rezensionen und Aufsätze. (Hg.) Ch. Geelhaar, 1976, 118.

der Schriftgelehrten und Pharisäer (5,20), zusammengefasst im Liebesgebot (Mt 22,34–40). Auch Gestalt und Gericht des Menschensohnes sind vom Motiv der erbarmenden Liebe bestimmt (Mt 25,31 ff.).

In der Nächstenliebe wird der Nächste meiner Sorge anvertraut und rückt dabei an den Platz, den das eigene Ich in seiner Selbstsorge innehat. Die Selbstliebe wird auf den meiner Liebe bedürftigen Nächsten ausgeweitet, dem nicht nur unsere Sympathie und Barmherzigkeit, sondern unser Dienst gilt. Dieser Gedanke wird im Lukasevangelium am »Barmherzigen Samariter« illustriert.

Lukas, der erzählfreudige und menschenfreundliche Evangelist hat eine Vorliebe für Zöllnergeschichten, aber auch für das Gleichnis der Sünderin, der um ihrer Liebe willen viel vergeben wird (»wem aber wenig vergeben wird, der liebt wenig«). Er zeichnet Jesu Züge als Güte[149], Mitleid[150] und Barmherzigkeit[151], und dem vom Kreuz her die Vergebung stiftenden Bitte: »Vater vergib ihnen, denn sie wissen nicht, was sie tun« (Lk 23,34).

c. Das Erleiden der Liebe: Die Inversion der Frage vom Objekt der Liebe zum Subjekt der Liebe

Die berühmte und eindringlich gefasste Beispielerzählung vom »Barmherzigen Samariter« (Lk 10,25–37) reduziert das Doppelgebot der Liebe durch die Frage des Toralehrers auf die Frage nach dem Nächsten (V. 29). Auch der Gesetzeslehrer stellt seine Frage – die gleiche auch der »reiche Jüngling« (Lk 18,18) an Jesus –, die Grundfrage des Menschseins nach dem künftigen, »ewigen Leben«. Wie lässt es sich gewinnen? Jesus stellt ihm die Gegenfrage, was er im Gesetz vorfindet. Darauf antwortet der Gesetzeslehrer mit dem Zitat aus dem Sh'ma Israel (Dtn 6,5). Er zitiert das Sh'ma Israel Dtn 6,5 in der vierteiligen Form und der von der Jesustradition beeinflussten Verbindung mit Lev 19,18 mit der Weisung der Nächstenliebe. Diese aber wird ihm zum Problem und er fügt noch als weitere Frage die nach »dem Nächsten« hinzu. Indirekt fragt er zugleich nach der Begrenzung dieses Begriffes. Auf die einleitende als eine auf-die-Probe-stellende Frage und das Gespräch (V. 25–29), folgt Jesu Beispielserzählung vom »Barmherzigen Samariter« (V. 30–35) und dann ein Schlussgespräch (V. 36 f.) mit dem entscheidenden Rückbezug auf den Problemanfang (V. 29a).

---

[149] Lk 7,48.50; 8,48; 18,16.
[150] Lk 7,13. Vgl. C. Spicq, Agapè dans le Nouveau Testament, 3 Bde., 1958/59; V. P. Furnish, The Love Command in the NT, 1972; G. Trecker, Gottes- und Menschenliebe im NT, in: Tradition and Interpretation in the New Testament, FA. E. E. Ellis (Hg.) G. F. Hawthorne/O. Betz, 1987, 53–67.
[151] Lk 17,13 f.; 18,38–40; vgl. 6,36.

die Poesie sei redende Malerei. Immer wieder haben Menschen das Phänomen Liebe ins »Bild«, ins »Wort« oder in die »Musik« gehoben und so in tausendfachen Gestalten zu vermitteln gesucht. Einige Beispiele sollen das illustrieren.

1. Das Spiel der Liebe (Veronese)

Paolo Verenese, eigentlich Paolo Caliari (1528–1588)[3], gehört neben Tizian und Tintoretto zu den bedeutendsten venezianischen Malern, der Elemente der Hochrenaissance und des Manierismus zu einem ihm eigenen typischen Stil verbindet. Auch malte er einen geschlossenen allegorischen Liebeszyklus in vier Sequenzen, die die Schmerzen der Liebe, ihre Eintracht, ihre Freuden und ihre Vollendung zur Darstellung bringen. Es findet sich heute in der »National Gallery« in London (Nr. 1324; 1326; 1325; 1318). Im ersten Bild hat Amor den Mann, der nackt am Boden liegt, siegreich niedergestreckt und lässt ihn die Qualen der Liebe erleiden. Er ist ein Opfer seines eigenen, leidenschaftlich sinnlichen Begehrens (voluptas) und wird von Amor mit dem Bogen gezüchtigt, ohne die Pfeile zu berühren. Weil die Kraft des Bogens auf seiner Spannung beruht und ohne Pfeil offensichtlich zu nichts nutze ist, ist dieser hier ein Symbol der Zurückhaltung der Leidenschaft und deren Läuterung. Der Satyr mit der Panflöte vor dem architektonischen Ruinen-Hintergrund sowie die Frau, die von der den symbolischen Hermelin tragenden Keuschheit begleitet wird, steht im inneren Widerstreit der leidenschaftlichen Passion.

Das zweite Bild stellt das »piacere honneste« dar, das Glück einträchtiger Vereinigung, gekrönt von der Fortuna amoris. Affektiert hält der Mann einen Olivenzweig empor, die Frau ist festlich gekleidet und juwelengeschmückt und erbittet himmlischen Segen für die durch Liebe zur Schönheit erhöhte Reinheit. Amor und der Hund bringen die Liebe und die Treue der beiden Liebenden zum Ausdruck.

Im dritten Bild werden Freuden der Liebe, in Prüfung und Schmerzen geläutert, dargestellt. Amor macht von seinem Pfeil Gebrauch. Mit der Geste der Zurückhaltung und ehrfürchtiger Scheu steht der Mann der ruhenden Frau, gleichsam in Umkehrung der Züchtigungsszene des ersten Bildes, gegenüber.

Im letzten Gemälde des Zyklus stellt der Maler im Sinne des Humanisten Marsilio Ficino (1433–1499) die Idee des dreigeteilten Lebens (De triplici

---

[3] Vgl. W. R. Rearick (Hg.), The Art of Paolo Veronese: 1528–1588, 1988; F. Pedrocco/ T. Pignatti, Veronese: Catalogo complete, 2 Bde., 1991.

vita et fine triplici) dar. Es ist der Widerstreit zwischen dem kontemplativen, dem aktiven und dem sinnlichen Streben des Menschen, wobei Veronese das letztere vorherrschen lässt. Nach Ficino sind Meditation als auch Aktion von der vita voluptaria getragen, aber der »Voluptas Urania«, dem himmlischen Begehren, das, wie im Bilde gemalt, der nur rein sinnlichen Welt den Rücken kehrt. Von der himmlischen Welt her empfangen Dichter, Maler, Musiker göttliche Inspiration und höchste Wonne. Auch der mit einem Küraß gewappnete Held heroischer Tat, wendet sich ihr zu und ergreift ihre Hand, ganz im Sinne der neuplatonischen Vorstellung vom Kreislauf der Liebe mit dem »Geben«, »Empfangen« und »Erwidern«. Kontemplation und sinnliche Lust finden hier ihre Notierung. Die inspirierende Muse erfüllt den Dichter, der nach oben zum Himmel blickt, während der Blick des Heros nach außen gerichtet ist und damit zum Ursprung lustvoller Freuden. Die beiden »amoretti« am unteren Bildrand links wiederholen die ambivalente Gespaltenheit. Der geflügelte Putto stimmt mit seinem Instrument in die meditative Sphäre ein, während der flügellose auf den Mann der Tat und seine wohlbeschuhten Füße schaut. In diesem Sinnbild des dreigeteilten Lebens mit Kontemplation, Aktion und Wonne in ihrem Mit- In- und Gegeneinander eines Liebeskampfes sieht Ficino in der himmlischen Lust das dominierende Prinzip und des »summum bonum«. Und der geflügelte Cupido spielt auf dem Spinett: musicam docet amor. Der Zyklus beginnt und endet mit einem »Liebeskampf«, einer »Erotomachia«, dem ewigen Spiel der Liebe.

Zur Umsetzung und Herkunft dieser Gemälde lassen sich nur Vermutungen anstellen. Sie dürfte Kaiser Rudolph II in Auftrag gegeben haben. Nach der Plünderung Prags kamen sie nach Schweden und später nach London.

2. Die Bajadere (Johann Wolfgang von Goethe)

In dem klassischen Balladenjahr 1797 dichtete Wolfgang von Goethe neben der Ballade »Die Braut von Korinth«, einem chthonischen Nachtstück, das Seelendrama »Der Gott und die Bajadere«[4], eine Erlösungsballade, in der eine Gottheit eine Sünderin erlöst, die sich ein Herz voller Liebe bewahrt hatte. Goethe greift dabei auf die Balladenform zurück, in der sich Episches, Lyrisches und Dramatisches wie in einem »Ur-Ei«[5] zusammenfügt und das

---

[4] E. Richter, Eine neue Quelle zu Goethes »Der Gott und die Bajadere«, in: Archiv f.d. Studium der neueren Sprache, 87: jgg, 161. Bd. 1932, 166–172; J. Boyd, Notes to Goethe's Poems, Bd. 2, 1949, 91–98; Th. C. van Stockum, Goethes indische Legenden, in: Neophilologus 28 (1943) 268–281.

[5] W. v. Goethe, in: Kunst und Altertum III, Heft 1, 1821.

»Mysteriose« des Lebens mit all den Schauern und Unbegreiflichkeiten in den spannungserzeugenden Genre der Ballade Ausdruck findet. In dieser seiner numinosen Kunstballade greift Goethe auf einen indischen Stoff zurück, den er in Sonnertas »Reise nach Ostindien und China« (1783) gefunden hatte und formt daraus sein Hohelied der Mitmenschlichkeit. Die mystisch-elementare und numinose Gewalt der Liebe wird in einem gleichnishaften und zugleich dramatisch-schicksalhaften Geschehen gestaltet. Schon zu seinen Lebzeiten war Goethe für Novalis der »wahre Statthalter des poetischen Geistes auf Erden«.

Der Strophenbau der Ballade gehört zu den genialsten Schöpfungen des Dichters und besteht aus einem viertaktigen rhythmischen Duktus aus achtzeiligen Trochäen, die den Ernst des Göttlichen zum Ausdruck bringen, und dreizeilige Daktylen, die die menschlich beglückte Liebe und Lebensfreude spiegeln. Jede Strophe macht schon die das Ganze durchwaltende Spannung präsent zwischen dem höchsten Gott und der Bajadere, dem Freudenmädchen.

»Mahadöh«, d.h. Maha Deva, der Herr der Götter und der Erde, ein Sanskritwort, das »der große Gott« bedeutet und häufig für Shiva, im Sanskrit wörtlich »der Gütige, der Freundliche«, gebraucht wurde, besucht in Gestalt eines schönen Jünglings die Tochter der Freude, indisch »Devadassi«, portugiesisch »Bailadeira«, »Tänzerin« genannt, wovon der Name »Bajadere« abgeleitet ist. Der Gott will »Freud' und Qual« mitfühlen und die »Menschen menschlich sehn« (1. Str.). »Wo die letzten Häuser sind«, trifft er »ein verlorenes schönes Kind«, das ihn zu bezaubern beginnt und in dem er ein »menschliches Herz« entdeckt. Er küsst sie. Das Mädchen fühlt der »Liebe Qual« »zum ersten Mal« und weint und sinkt in den Schlaf. Als sie anderen Morgens erwacht,

»*findet sie an ihrem Herzen
Tot den vielgeliebten Gast.*« (5. Str.)

und als sie die Totengesänge der Priester hört, stürzt sie an der Bahre des Toten nieder und fühlt sich als dessen Gattin: »Mein! er war es, mein von allen!«. Sie will sich mitverbrennen lassen, obgleich »nur die Gattin folgt dem Gatten« (6. Str.), und die Sitte es nicht von ihr als Bajadere fordert. Als sie sich »mit ausgestreckten Armen« in die Flammen stürzt, hebt sie der Götterjüngling, die Geliebte Liebende, in den Himmel:

»*es freut sich die Gottheit der reuigen Sünder;
Unsterbliche heben verlorene Kinder
Mit freudigen Armen zum Himmel empor.*« (7. Str.)

In vollendeter Sprachkunst durchseelt Goethe das Göttlich-Erhabene und Kreatürlich-Sinnliche der Bajadere in den Strophen und führt die beiden

Seelen Schritt für Schritt in wachsender Liebe zueinander. Mit dem betont epischen Element der göttlichen Einsicht:

»... *er siehet mit Freuden/Durch tiefes Verderben ein menschliches Herz*«,

und der des Mädchens in ihrer Liebesekstase an der Bahre des »vermeintlich Toten« erreicht das Liebesdrama der Seele seinen Gipfelpunkt:

»*Bei der Bahre stürzt sie nieder,*
Ihr Geschrei durchdringt die Luft:
Meinen Gatten will ich wieder!
Und ich such ihn in der Gruft.
Soll zu Asche mir zerfallen
Dieser Glieder Götterpracht?
Mein! er war es, mein vor allen!
Ach, nur eine süße Nacht!«

Die Priester aber singen:

»*Wir tragen die Alten,*
Nach langem Ermatten und spätem Erkalten,
Wir tragen die Jugend, noch eh' sie's gedacht.«

In dieser Emporläuterung der Liebe der Bajadere zum Ernst des hohen Geliebten spricht die Geliebte in Trochäen und leiht dem Priesterchor ihre Stimme, um das Irdisch-Menschliche auszudrücken. Der Trauerreigen wird nun in dreizeiligem Daktylengesang gesungen und bereitet den Schlussgesang zur »Himmelfahrt« der Liebe vor. Die Ballade, von dem provenzalischen »balada«, Tanzlied, der Gattung der Troubadour-Lyrik zum Reihen- oder Kettentanz[6], feiert freudig das erfahrene Seelenwunder der gewandelten kreatürlichen Liebe.

Goethe hatte diese indische Romanze schon längere Zeit beschäftigt, bis er sie zu der Liebesvereinigung von Gott und Geschöpf gestaltet und zum Paradigma der verwandelnden Macht der Liebe gemacht hatte. Die Begegnung und die Vereinigung der Gottheit mit der geschändeten Frau und Bajadere, eine Vereinigung von Mensch und dem Mehr-als-Menschlichen, von Immanenz und Transzendenz, Ich und All, weckt das Göttliche, die Liebesglut unter der Asche, und läutert diese Liebe zur himmlischen Liebe. Diese Liebe ist so stark wie der Tod. Wie Seele und Körper eine Einheit bilden, so auch die Liebe der Herzen, so dass die Bajadere ihrem toten Bräutigam freiwillig nachzusterben bereit ist. Die Ballade berührt ahnungsvoll das Ge-

---

[6] A. Lietzmann, Quellen zu Schillers und Goethes Balladen. Kleine Texte, ³1923; M. Kommerell, Gedanken über Gedichte, 1943, 364–373; W. Müller-Seidel, Die deutsche Ballade (Wege zum Gedicht, Bd. 2 1964, Ders., Balladenforschung, 1980; G. Bauer, Die unsterbliche Ballade, in: DD 15 (1984).

heimnis und den Kern der Erlösungsreligion, erfahrbar gemacht im Erlebnis der Liebe durch das Göttliche als heilende und verwandelnde Kraft. Vishnu, einer der Hauptgötter des Hinduismus, ist im Rigveda als der »Wirkende« (vish = wirken) und sich in zehn Avatâras (Sanskrit: Herabkunft) verleiblichende, um den Menschen auf Erden göttliches Bewusstsein zu vermitteln. Th. W. Adorno wird den Erlösungsbegriff in sein Philosophieverständnis einzeichnen und sagen: »Erkenntnis hat kein Licht, als das von der Erlösung her auf die Welt scheint«[7]; und für Max Scheler ist das Erlösungswissen die höchste Form von Wissen.

3. »Der West-östliche Divan« (Johann Wolfgang von Goethe)

J. W. von Goethe, Inbegriff des Gesamtlebens, wie Dichter des »Erlebens« und des »Mitlebens« und der vielseitigen Anverwandlung von Natur und Geist, bringt in seinem zyklischen Werk des »West-östlichen-Divans« seine dichterische Begegnung mit der morgenländischen, vor allem persischen Literatur des Dichters Hafez (1317/25 – 1389/90), zum Ausdruck. Neben dem »Faustischen« mit der »Unendlichkeit im Busen«, der Dichtung, die Goethe ein Leben lang beschäftigt und begleitet hatte und ihrem Innen- und Außenraum, der Altertum, Mittelalter und Gegenwart umgreift, greift er im »West-östlichen Divan« nach dem Stoffkreis des Orients in seiner Weite und Ferne und entrückten Zeitlichkeit.[8] In seinem »Buch des Sängers« (Moganni Nameh) will er »Patriarchenluft« kosten, die für ihn die Naturformen des Lebens symbolisieren und des »Ursprungs Tiefe«:

»*Unter Lieben, Trinken, Singen*
Soll sich Chisers Quell verjüngen«

Chiser, der Hüter des Lebensquells, hatte einst Hafis nach dessen langer Zeit asketischer Entbehrung mit einem gefüllten Becher den Trunk zur Dichterweihe und zum unvergänglichen Ruhme gereicht.

In einem Brief an Schlosser vom 23. Januar 1815 schreibt Goethe:
»Ich habe mich ... mit aller Gewalt und allem Vermögen nach dem Orient geworfen, dem Lande des Glaubens, der Offenbarung, Weissagungen und Verheißungen ...«.

---

[7] Th. W. Adorno, Minima moralia, ²1962, 333.
[8] Vgl. E. Ilers, Goethes »West-östlicher Divan« als imaginäre Orient-Reise, 1982; M. Lemmel, Poetologie in Goethes »West-östlichen Divan«, 1987; H. A. Korff, Der Geist des »West-östlichen-Divans«.Goethe und der Sinn seines Lebens, 1922; W. Schultz, Goethes Deutung des Unendlichen im »West-östlichen Divan«, in: Goethe 10 (1947) 268–288.

Dieses antipodische Oszillieren zwischen Sinnlichem und Übersinnlichem, Irdisch-Profanem und himmlisch Heiligem, ist Ausdruck einer Weite und Freiheit des Herzens sowie seiner Beweglichkeit. Im »Buch Hafis« preist ihn Goethe mit den Worten:

»*Sei das Wort dir Braut genannt,*
Bräutigam der Geist,
diese Hochzeit hat gekannt,
Wer Hafis preist.«

Hafis (oder Hafez),[9] der Hofdichter des Herrschers von Schiras, besingt in seinen Gedichten immer wieder zwei zentrale Motive, die »Liebe« und den »Wein«. Die Liebe in der Weite der mystischen Liebe zu Gott, zum Dasein, zur Schönheit und Freude des Lebens, im Ausmaß des Seelisch-Geistigen und auch des Sinnlichen. Letzteres wird in glühenden Bildern und in Metaphern vergeistigter Bilder gepriesen. Dabei verwendet der Dichter immer wieder die Bilder von Kerze und Schmetterling, von hochmütiger Rose und sich in Liebe verzehrender Nachtigall. Aber das Sinnenhafte ist auf das Spirituelle hin transparent, denn in der liebenden Hingabe an das geliebte Wesen wird zugleich die Ahnung des göttlichen Urgrunds im Menschen lebendig. Auch der Wein, der als »Licht der Sonne aus dem Orient des Bechers« strömt, vermag neben dem sinnlichen Genuss einen durchgeistigten Rausch schenken und so Symbol mystischer Ekstase sein. Der ihn Ausschenkende Schenk wird zum Spender göttlicher Weisheit und zugleich Geliebter einer quasi-gottesdienstlichen Feier, die alles dämonisch Dunkle, Schmerzen des Gestern und Vorgestern, die Qualen der Trennung und der verschmähten Liebe zu bannen vermag.

»*O Herz, sei keinen Augenblick*
von Trunkenheit und Liebe leer!
Dann geh, du fühlst die Sorgenlast
von Sein und Nichtsein nimmermehr.«

---

[9] Goethe lernte den Diwân-e Hâfez, die Sammlung der Gedichte des Hwage Sams O'd-Din Mohammed Hafez Juni 1813 in der Übersetzung von J. v. Hammer-Purgstall kennen und errichtet ihm mit seinem »Divan«, das persische Wort für »Versammlung«, insbesondere »Liedersammlung«, ein poetisches Denkmal. Der persische Dichter trägt den Titel Hwage, »Lehrer, Meister« und den Beinamen Hafez, »der im Gedächtnis Bewahrende« und Goethe meint, in ihm, einem ihm innerlich Geistesverwandten zu begegnen, und in dessen Selbstbejahung und Sehnsucht sich selbst wieder zu finden. W. Frühwald, »Deklinierend Mohn und Rosen ...« Esoterik und Mystik im »West-östlichen Divan«, in: »Im Anschaun ewiger Liebe«. Von Goethe lernen, (Hg.) W. Böhme, 1982, 29–43; A. Fuchs, Der »West-östliche Divan« als Buch der Liebe, in: Ders., Goethe-Studien, 19968, 82–96.

»Der West-östliche Divan« (Johann Wolfgang von Goethe)

Indem sich Goethe Vieles aus der Gedankenwelt der Dichtung Hafis'[10] anverwandelt, gibt er ihm eine neue Gegenwärtigkeit und seiner Poesie Konturen einer Weltdichtung:

»*Dass du nicht enden kannst,*
das macht dich groß,
und dass du nie beginnst,
das ist dein Los ...«

Auch für Goethe war die Welt ein »heilig öffentlich Geheimnis«[11], Abglanz des Unendlichen, »Gleichnis« Gottes[12]; und in seiner Witterungslehre schreibt er: »Das Wahre, mit dem Göttlichen identisch, lässt sich niemals von uns direkt erkennen, wir schauen es nur im Abglanz, im Beispiel, Symbol ...«.[13]

Das berühmteste der Divan-Lieder Goethes, am 31. Juli 1814 entstanden, trägt den Titel »Selige Sehnsucht«.[14] Die erste Niederschrift war ohne Titel und bezog sich auf »Buch Sod, Gasele 1«, um anzudeuten, auf welches Gedicht er anknüpft. Später setzte Goethe drei Überschriften wie »Selbstopfer«, »Vollendung«, und zuletzt »Selige Sehnsucht«, um damit die komplexe Tiefe des Gedichts anzudeuten, jenes Weltgeheimnis als Schlüssel zur »Divan«-Dichtung, die das Urrätsel seelischen Seins aufzuschließen sucht. Das Wort »selig« im Sprachgebrauch der Goethezeit, rückt mit der Überschrift das Gedicht in eine religiöse Dimension und verbindet die Vorstellung von irdischer Liebe und himmlischer Liebe in zwei konvergierende innere Bereiche. Das Gedicht krönt die Aussagen des ersten Buches, des »Buches des Sängers« (Moganni Nameh) und fasst auch die Grundmotive des »Divan« zusammen, um sie auf die folgenden Bücher ausstrahlen zu lassen: die Liebe weist zum »Buch der Liebe« und zum »Buch Suleika«; das Motiv religiöser Sehnsucht nach dem Mehr-als-Menschlichen weist zum »Buch des Parsen« und zum »Buch des Paradieses«, aber immer in der Perichorese von irdischer und himmlischer Liebe. Das Lied »Selige Sehnsucht« zieht einen Bannkreis um die liebend Verstehenden, die zum Verstehen Berufenen und so zum Kreis der Weisen Gehörenden. Es beginnt: »Sag es niemandem, nur den Weisen«, und begründet es mit der notvollen Erfahrung: »weil die Menge gleich verhöhnet« –, sie verhöhnt besonders das Heilige,

---

[10] Vgl. H. H. Schader, Goethes Erlebnis des Ostens, 1938.
[11] Goethe, Werke, Bd. 1, 358.
[12] Ders., Werke, Bd. 1, 357; Bd. 2, 122.
[13] Ders., Werke, Bd. 13, 305.
[14] Vgl. H. H. Schaeder, Die persische Vorlage von Goethes »Seliger Sehnsucht«, in: FS – E. Spranger, 1942, 93–102; F. O. Schrader, »Selige Sehnsucht«, in: Euphorion 46 (1952) 48–58; E. Rösch, Goethes »Selige Sehnsucht«, in: German.-Roman. Monatsschrift, N.F. 20 (1970) 241–256.

von dem letztlich alle leben, dass Menschen noch etwas »heilig« ist. Dann rückt der Dichter mit dem Zweizeiler der ersten Strophe eine Grundpolarität der Wirklichkeit in den Blick:

»*Das Lebend'ge will ich preisen,
das nach Flammentod sich sehnet.*«

Das Unerklärbare ist als Geheimnis geborgen, während mit der zweiten Strophe ein »Du« angesprochen wird in der Doppeltheit des Hinweises auf den Schmetterling, der sich in die Lichtflamme der Kerze stürzt, und die Fühlung der Menschenseele, die sich liebend und leidend im Du des Anderen weiten muss, im kreatürlich-Sinnlichen und im geistig-Seelischen:

»*Überfällt dich fremde Fühlung,
Wenn die stille Kerze leuchtet.*«

Die Fühlung als eine an den inwendigen Sinn gebundene Empfänglichkeit ist beides: das im eigenen Ich aufbrechende Fühlen, und das Fühlen eines anderen Fühlens. Dieses Spannungsmoment findet in der dritten Strophe seine Vertiefung durch die Polarität von Licht und Dunkel. Die »Erde« ist »dunkel« (V. 20) und von der Finsternis »beschattet«:

»*Nicht mehr bleibest du umfangen
In der Finsternis Beschattung,
Und dich reißet neu Verlangen
Auf zu höherer Begattung.*«

Das »Licht«, nach welchem der Mensch »begierig« (V. 15) ist, und die Kerzenflamme, in der der »Schmetterling« verbrennt, sind sinnbildhafter Verweis dieses höheren Lichtes[15] und eines höheren Todes in der göttlichen Flamme. Das Kreatürliche und das Seelische mit dem »Verlangen ... zu höherer Begattung« werden in ein tödliches Geheimnis hineingezwungen. An diesem Geheimnis des spirituellen Flammentodes kann der Mensch teilhaben oder sich ihm verweigern:

»*Und so lang du das nicht hast,
Dieses: Stirb und Werde!
Bist du nur ein trüber Gast
Auf der dunklen Erde.*«

Das Sterben wie der Schmetterling, ist ein Werden im Sterben. »So lang« ist »ein Haben«, ein Akt der Gnade in der Zeit und nicht als Bedingung zu sehen. Solange der Mensch sich nicht nach diesem höheren Flammentod

---

[15] Vgl. W. Kraft, »Selige Sehnsucht«, in: Ders., Goethe. Wiederholte Spiegelungen aus fünf Jahrzehnten, 1986, 244–252.

sehnt (»Selige Sehnsucht«) als Werden im Sterben, als »Selbstopfer«, als »Vollendung«, als »ewige Sehnsucht«, verharrt er – die Lichtmetaphorik wird fortgeführt – ein »trüber Gast«. »Trüb« meint die halbe Durchlässigkeit des Lichtes, das Verharren im dunklen »Scheinen«, das Verhaftetsein im Irdisch-Materiellen. Das weite Herz öffnet sich dem Licht und wird von ihm durchlichtet, zugleich aber wird auch das Urteil über die verschlossenen Herzen gefällt, die zwar sterben, aber nie werden.

4. »Suleika« (Johann Wolfgang von Goethe)

Das umfangreichste Buch des Liederzyklus ist das »Buch Suleika« (Suleika Nameh), das die Liebe an einem einzigen liebenden Paar illustriert, an Hatem und Suleika, die in den Spiegel des Hafis blicken und sich darin reflektieren. Sie wissen um das Für-einander-bestimmt-Sein (»du, die so lange mir erharrt war«) und erlangen in der Liebe ihre höchste innere Möglichkeit, in vielfältigen Motiven, Bildern und Symbolen das persönlich Erlebte zum Ausdruck bringen. Das Motiv der Liebe wird thematisch ausgeweitet und entfaltet im Schmerz der Trennung und im Glück des Wiederfindens, in der Tragik ferner Unerreichbarkeit, (mit dem Iris-Sinnbild) oder in der Erfahrung des Religiösen in der Liebe und ihrer Übermacht. Für die Ausstrahlung göttlichen Seins in der Liebe dient das Sinnbild der Sonne.

Im duodramatischen Wechselgesang der beiden liebenden Stimmen durchzieht das Motiv der Reziprozität (»Leid' und Liebe ...«) leitmotivisch die Gedichte: Liebe ist »freie Wahl«, »freudiges Geben«, ist »Heilig öffentlich Geheimnis« (Bd. 1, 358), wirklich greifbar wie eine Rose und doch »unmöglich, unbegreiflich«, denn das vollendet Schöne ist das staunend erlebte Göttliche, Unendliche, das in der Rose, der Nachtigall, der Geliebten glückhaft epiphan und berührt wird: »Wir heißen's fromm sein« (Bd. 1,384). Goethe schreibt: »Der Schleier irdischer Liebe scheint höhere Verhältnisse zu verhüllen« (Bd. 2, 269, 32 f.)

Im Gedicht »Wiederfinden« ist die Welt ihrem Wesen nach polar: bei der Schöpfung erklang »ein schmerzliches Ach!« weil sie in Licht und Finsternis getrennt ist. Dann aber erschafft Gott die Liebe als Macht der Vereinigung des Getrennten. Sehen sich die beiden Liebenden wieder, so vereinigt sich alles im Kosmos polar Getrennte. Wie in der Gingo-Symbolik und dem Motiv »Denke nun, wie von so langem prophezeit Suleika war«, kehrt das Motiv des von Natur her Für-einander-bestimmt-Seins wieder. Das Gedicht spiegelt das Phänomen der verbindenden Liebe mit der Naturschau und den religiösen Bildern. Das Blatt des Gingo-Baumes, mit dem tiefen Einschnitt in der Blattmitte, als seien zwei Blätter zusammengewachsen, wird zum anschaulichen Symbol des Einander-Zugehörens, des »Eins und Doppelt«.

5. »Reinheit des Herzens« (Fjodor M. Dostojewski)

Der Gestalter menschlicher Abgründe, der große russische Erzähler Fjodor Michailowitsch Dostojewski (1821–1881), gibt in seinem letzten und berühmtesten Roman »Die Brüder Karamasow«[16] (Brat'ja Karamazovy), an vier Bruderschicksalen einen Querschnitt durch die geistigen Mächte seiner Zeit: Dimitrij, Ivan, Aljoscha und der unehelich-geborene Smerdjakoff. Sie alle sind Söhne eines Vaterscheusals, das ihnen allen ihre Kinderseelen verwüstet und ihnen den Vaterkomplex unauslöschlich auf- und eingeprägt hatte. Der Erzählstrang der äußeren Handlung ist ein Vatermord, der Mord an Fedor Karamazov, die Verkörperung eines völlig enthemmten Geschlechtstriebes. Die ganze Vordergrundhandlung mit den Gründen und Hintergründen des Mordes läuft auf die kriminelle Frage hin: Wer ist der Vatermörder? Die Gerichtssitzung bildet den kompositorischen Höhepunkt, erweist sich aber als Satire auf die Unzulänglichkeit menschlicher Gerichte und menschlicher Psychologie in Fragen nach der Schuld. Schuldig gesprochen wird ein Unschuldiger, der grundehrliche Dimitrij, der zwar immer von Mord geredet und seinen Vater bezichtigt hatte, ihm seinen Erbteil vorzuenthalten, unentdeckt aber bleibt der wirkliche Mörder Smerdjakov, der Fedor Karamazov mit einem gusseisernen Briefbeschwerer getötet hatte. Durch einen epileptischen Anfall, den er simulierte, schafft er sich ein Alibi, gesteht aber seine Tat Ivan gegenüber. Im vollen Wissen um die Konsequenzen seines Tuns erhängt er sich. Als sich Ivan vor Gericht auf den toten Täter und Zeugen beruft, wird seinem verworrenen Bekenntnis kein Glaube geschenkt. Er ist der eigentliche geistige Anstifter des Mordes, denn in seiner Seele hat das Abgründige des Menschen seine dämonische Gestalt erhalten, er, der Gottesleugner mit seinem »Alles ist erlaubt!«, der in niederträchtiger Magie seinem Stiefbruder und Täter verbunden, den Alten am meisten gehasst hatte. Die helle Hauptgestalt und in der Starezwelt geborgen, ist der Karamasov-Sohn und Mönch Aljoscha, Protagonist der Macht des Mitleidens und der christlichen Liebe: »Wenn du jedes Ding lieben wirst, so wird sich dir das Geheimnis Gottes in den Dingen offenbaren.« Mit dieser kind-

---

[16] Vgl. Romano Guardini, Der Mensch und der Glaube, 1933; St. Sutherland, Atheism and the Rejection of God. Contemporary Philosophy and »The Brothers Karamasow«, 1977; R. E. Matlaw, The Brothers Karamazov, 1957; R. L. Belknap, The Structure of the Brothers Karamazov, 1967.

lichen Liebe ist Aljoscha in die biblische Welt der Kinder Gottes (»wenn ihr nicht werdet wie die Kinder«) gerückt, die ihm ihre ganze Zuneigung schenkten. Er hält am Grab des kleinen tapferen Iljuscha die Gedenkrede, mit welcher das Romanfragment schließt: »Wenn der Mensch viele gute Erinnerungen aus dem Elternhaus hat, so ist er fürs Leben gerettet.« In der Mitte des Romans und fernab von den Irrungen und Wirrungen des Lebens steht die Starezwelt Zosimas. Er ist die zentrale Klostergestalt, die stille gläubige Achse der Welt in ihrer altersgereiften echten »Reinheit des Herzens«. Seine Welt ist umfasst vom Wissen um Gott. Starez Zosima verkündet die Unsterblichkeit des Menschen und die Göttlichkeit der Welt von seiner mystisch ekstatischen Erfahrung her, dass das Sein eine Einheit bilde. Er ist von der Erkenntnis beflügelt: »Alle sind an allem schuld« und ruft zur Praxis der »werktätigen Liebe«. In ihr verwirklicht sich selbstlose Freiheit, für Dostojewski eine Offenbarung des göttlichen Prinzips im Menschen.

Drei Brüder sind in ihrem Vaterhass und ihrer Verachtung ihrem Erzeuger, miteinander verbunden, dessen Tod sie herbeiwünschen. Der bilogische zeugende Vater verkörpert den Pol des Lebens und des Todes: es ist das »Karamazovsche Element«[17] der Erdhaftigkeit und Sinnlichkeit. Ihrer Triade ist ein illegitimer Halbbruder zugesellt, Smerdjakov, der die Sünde und Versuchung personifiziert und den Vatermord ausführt. Die je eigene Lebenswelt der drei Brüder ob Rivale, ob Straßenschurke, ob Kloster und die Frauen, die jedem der drei Brüder zugeordnet sind, haben eine konkurrierende und charakterisierende Funktion in der Spannung von Stolz und Selbstvergewaltigung (Ivan-Katerina), im Spannungsverhältnis von Sinnlichkeit und Schönheit (Dimitrij-Grušenka) und im Wunder der Heilung (Aljoscha-Liza). Wie Trabanten der Haupthandlung leben sie ihre inneren Spannungen und tragischen Konflikte in einer Art seelischer Zerreißung (russ. nadryv) durch. Der schwer übersetzbare Terminus, von nadryvat' (= zerrissen) abgeleitet, umfasst die Daseinslüge, den willentlichen Selbstbetrug und die in Kauf genommene Selbstzerstörung. Im hypertrophen Eigenwillen bringt der Mensch sein Selbst zur Investitur, aber als »nadryv«, als »Vergewaltigung der eigenen Person und Vergewaltigung des Schicksals.

Vladimir Sergejevic Solovjov (1853–1900), der große russische Philosoph, Theologe, Dichter und Mystiker, übte mit seinem christlichen Platonismus vorbildhaften und starken Einfluss auf Dostojewskijs Aljoscha-Gestalt aus. Seine »Vorlesungen über das Gottmenschentum« aus dem Jahre 1878, sind der vollständigste Ausdruck seines philosophisch-theologischen Denkens und rufen zur Umgestaltung der Welt durch die Erfüllung des göttlichen Willens auf. Sein Ideal ist die »freie All-Einheit« und die gegenseitige

---

[17] Vgl. A. L. Wolynski (Flekser), Das Reich der Karamoszow, 1920.

Bejahung alles Seienden. Sein religiöses Weltbild, getragen von der unmittelbaren Erfahrung und Erkenntnis des göttlichen Seinsgrundes, nennt er das gottmenschliche seiende All-Eine. Die drei Teufelsversuchungen, die das Matthäusevangelium erzählt (Mt 4,1–11), sind für ihn die zur Macht, zur Ratio und zum Fleische: Zur Macht durch Entstellung des Heilsmysteriums durch juridisches Denken und Machtstreben; und durch den Überschwang der Rechtsnormierungen sei die Freiheit der menschlichen Persönlichkeit unterdrückt. Die zweite Versuchung sei die des Rationalismus, der die positiven religiösen Inhalte dem Kriterium der menschlichen Ratio unterwirft. Die dritte Versuchung ist die des Fleisches, die im Materialismus als dem letzten Grund allen Geschehens ihren Ausdruck findet und so sich als der Gegensatz zur Religion schlechthin statuiert.

6. »Was mir die Liebe erzählt« (Gustav Mahler)

Zum Erstaunen der Welt gehört eines der wunderlichsten Phänomene, das das Geheimnis in sich birgt, des Phänomen der Musik, ein exercitium metaphysice occultum der Seele, die dabei nicht wisse, dass sie philosophiere, wie A. Schopenhauer darüber in seinen tiefsinnigen Erörterungen über eine Metaphysik der Musik sinniert hatte. Was vernimmt der hörende Mensch eigentlich, wenn er ein großes Musikstück hört? Schopenhauer meinte, die Musik »redet nicht von Dingen, sondern von lauter Wohl und Wehe«; einem wird die eigene Wandelbarkeit bewusst mit dem Auf und Ab des Lebens, ja der Prozess des Werde-Vorgangs selbst in all den Modulationen des Lebens auf ein »Gut«-sein hin, wie Thomas von Aquin meint. Schon Augustinus sagte: »›Gut‹ – du hörst das Wort und atmest tief, du hörst es, und du seufzest.« Dieses innere Berührtsein, das in dem Wort »bonum«, dem Begriff »gut« steckt als tiefes Gelungensein, übersteigt die Kargheit menschlicher Ausdrucksfähigkeit. »Sagen lässt sich's nicht, und schweigen lässt sich auch nicht ... Was aber sollen wir, nicht reden und nicht schweigen? Jubeln! Jubilate! Erhebet die redelose Stimme eurer Herzensseligkeit!«, sagt Augustinus.

Eine Weise dieser »redelosen Stimme« der Seligkeit, aber auch der Unseligkeit, ist die Musik, die sich dem innersten Geschehen des Menschen in Freud und Leid, Trauer und Verzweiflung, Sehnsucht und Gefundenhaben annähert. Sie spricht »wortlos« von Wohl und Wehe der Menschen und macht es zugänglich, ohne das sprachliche »Gewand«, »das sich in allen Dornen verfing« (Paul Claudel). Es ist das wortlose Sich-Aussagen einer innersten Gestalt der menschlichen Seele, die man in ihrer Höchstform als Liebe verstehen könnte. »Daher kommt es denn«, sagt Sören Kierkegaard,

»dass die Musik im Verhältnis zur Sprache sowohl vorhergeht als auch nachfolgt, sich als Erstes und als Letztes zeigt«. Sie ist eine Epiphanie des Unmittelbaren in seiner Unmittelbarkeit, und in der Musik ertönt »die in Liebe verwandelte Natur«, so Friedrich Nietzsche.

Gustav Mahler (1860–1911),[18] der große Dirigent und Komponist, sowohl Vollender der großen Musiktradition des 19. Jahrhunderts als auch Wegbereiter der Moderne, der sog. »Zweiten Wiener Schule«, sah seine symphonischen Werke als erlebte Musik und seine musikalische Ästhetik als Ausdrucksästhetik. Seinen Symphonien legte er »innere Programme« zugrunde, so in den drei »Wunderhorn-Symphonien« (Nr. 2, 3 und 4), um damit zentrale Fragen menschlicher Existenz zu thematisieren. »Was man musiziert«, notiert er einmal, »ist doch nur der ganze fühlende, denkende, atmende, leidende Mensch«, so dass in diesem Sinn Symphonik als Musik persönlich Erlebtes, religiöses Empfinden, Literarisches und Philosophisches zum Ausdruck bringt. Er unterscheidet zwischen einem »äußeren« und einem »inneren« Programm, einer ins Ornamentale gesetzten musikalischen Bilderwelt und einer Welt der Empfindungen, die sich empirisch-psychologischen Kategorien entzieht. Schon zu Lebzeiten wurde er als ein »symphonierender Philosoph«, als »Gottsucher«, »Mystiker« und »Ringer nach Wahrheit« bezeichnet. Er selbst schreibt einmal: »Mein Bedürfnis, mich musikalisch-symphonisch auszusprechen, beginnt erst da, wo die ›dunklen‹ Empfindungen walten: an der Pforte, die in die ›andere Welt‹ hinführt: die Welt, in der die Dinge nicht mehr durch Zeit und Ort auseinanderfallen«. Als Fünfzehnjähriger kommt G. Mahler an das Wiener Konservatorium, wo Anton Bruckner sein Lehrer und Hugo Wolf sein Mitschüler sein wird. Sein musikalischer Weg führt ihn durch die Opernhäuser vieler Städte, bis zur Berufung an die Wiener Hofoper, deren Direktor er wird, »Gott der südlichen Zonen«, wie er selbst es einem Freund schreibt. Franz Schmidt, damals Cellist im Orchester der Wiener Hofoper, schreibt später: »Seine Direktion brach über das Opernhaus wie eine Elementarkatastrophe herein. Was da alt, überlebt oder nicht ganz lebensfähig war, musste abfallen und ging rettungslos unter«. In der Gedenkrede, zwei Jahre nach G. Mahlers Tod, sagte Arnold Schönberg (1874–1951), sein großer Bewunderer und Schuldner seines musikalischen »Gläubigers« über ihn: »Statt viele Worte zu machen, täte ich vielleicht am besten, einfach zu sagen: ich glaube fest und unerschütterlich daran, dass Gustav Mahler einer der größten Menschen und Künstler war«. Die Expressivität seiner Musik weitete die Grenzen des bisher Ge-

---

[18] K. Blaukopf, Gustav Mahler, 1969; D. Mitschell, Gustav Mahler, 3 Bde., 1958–85; C. Floros, Gustav Mahler, 1972; N. Lebrecht, Gustav Mahler, 1989; C. Floros, Gustav Mahler, 3 Bde., 1977–1985; H.-L. De La Grange, Gustav Mahler, Chronique d'une vie, 3 Bde., 1979–1984; C. Floros, Gustav Mahler, Visionär und Despot, 1998.

wohnten und Gültigen ins Ungeheuerliche. Zudem spiegeln sich in seiner Musik die menschliche Sinnfrage, die Aporien von Liebe und Tod, und die Frage nach dem Ziel aller Dinge. Mahler verbindet seinen Glauben mit persönlichen Erfahrungen von Leid und Tod und Erfahrungen der Natur sowie neuzeitlichen Reflexionen, so dass sein gesamtes Œuvre einen bekenntnishaften Charakter in sich trägt. Mit seinen Klangphantasien hat er die symphonische Tradition des 19. Jh.s vollendet und Wege der neuen Musik des 20. Jh.s gebahnt.

In seiner zweiten Symphonie in c-Moll, der sog. »Auferstehungssymphonie«, geht es um ein Letztes, das Eschaton. Ihren Titel erhielt sie von der Klopstock-Ode im 5. Satz. In bekenntnishaftem Worten schreibt G. Mahler:

> »*Ich habe den ersten Satz ›Totenfeier‹ genannt, und wenn Sie es wissen wollen, so ist der Held meiner D-Dur-Sinfonie (der Ersten), den ich da zu Grabe trage, und dessen Leben ich, von einer höheren Warte aus, in einem reinen Spiegel auffange. Zugleich ist es die große Frage: Warum hast du gelebt? Warum hast du gelitten? ist das alles nur ein großer, furchtbarer Spaß? Wir müssen diese Fragen auf irgendeine Weise lösen, wenn wir weiterleben sollen – ja, sogar, wenn wir nur weitersterben sollen! In wessen Leben dieser Ruf einmal ertönt ist – der muss Antwort geben, und diese Antwort gebe ich im letzten Satz.*«

Zu seinem musikalischen Gemälden zieht Mahler immer wieder das Wort als Gedankenträger seiner musikalischen Idee heran und verwendet die Lieder als Brücke zu seiner Gedankenwelt. Zum leidenschaftlichen Ringen mit dem Schicksal und den Daseinsnegativa singt im vierten Satz die Altstimme voller Sehnsucht zu dem Gedicht »Urlicht« aus »Des Knaben Wunderhorn«: »O Röschen rot! Der Mensch liegt in größter Not!«, und die wunderbare Melodie »Ich bin von Gott und will wieder zu Gott«. In den gewaltigen Klangrausch des Orchesters tönt aus der Ferne ein Ruf der Hörner (»Der Rufer in der Wüste«), der eine Wende ansagt; dann setzt ein Choral ein und zieht die Spur hin zum »große Appell«, zur kosmischen, alles Leben umfassenden Herzenswägung vor Gottes Thron. Die Gräber öffnen sich und werfen ihre Toten zum schauerlichen Klagegesang aus vor dem »Tag des Zorns«. Aber der Chor singt den hoffnungsvollen Oden-Text von Friedrich Gottlieb Klopstock (1724–1803),[19] der großen Mittelgestalt zwischen Barock und Klassik: »Aufersteh'n, ja aufersteh'n wirst du, mein Staub, nach kurzer Ruh«. Ganz im Sinne des von Mahler verehrten Dichters, der die Oden im »Anstaunen« des Göttlichen verfasst hatte, fügt er dem Text noch eigene Gedanken, gleichsam als sein Glaubensbekenntnis, hinzu: »Sterben

---

[19] Vgl. A. Halm, Klopstocks Oden und die Bibel, 1923; H. H. Krummacher, Bibelwort und hymnisches Sprechen bei Klopstock, in: Jb. der Dt. Schiller-Ges. 13 (1969) 155–179; G. Kaiser, Religion und Dichtung, 1963.

»Was mir die Liebe erzählt« (Gustav Mahler)

werd ich, um zu leben!«. Er macht es im Sinne Klopstocks, der das Grundmaß der menschlichen Seele in einem Komparativ sieht, dem gefühlten Über-sich-hinaus, wenn er die Welt im lyrischen Anruf durchseelt weiß: »Schön ist, Mutter Natur, deiner Erfindung Pracht, auf die Fluren verstreut. Schöner ist ein froh Gesicht, das den großen Gedanken deiner Schöpfung noch einmal denkt.« Klopstocks Odendichtung (235 Gedichte) übte auch einen nachhaltigen Einfluss auf Hölderlin, Rilke und den George-Kreis aus.

In seiner Natursymphonie Nr. 3 in d-Moll, 1896 in Hamburg uraufgeführt, ist das lyrische Finale mit dem Motto: »Was mir die Liebe erzählt« überschrieben. Zu seinem eineinhalb Stunden dauernden Opus magnum schreibt Mahler:

»Meine Sinfonie wird etwas sein, was die Welt noch nicht gehört hat! Die ganze Natur bekommt darin eine Stimme und erzählt so tief Geheimes, das man vielleicht im Träume ahnt ... Mir ist manchmal selbst unheimlich zumute bei manchen Stellen, und es kommt mir vor, als ob ich das gar nicht gemacht hätte.«

Die »Dritte«, als symphonische Kantate mit Orchester, Altsolo, Knaben- und Frauenchor angelegt, ist wie die »Achte« aus dem Boden der Liebesphilosophie erwachsen, der »ewigen Liebe«, die das Ziel aller Dinge ist (3. Symphonie) sowie der erlösenden Liebe, die alles umfasst, die christliche Caritas und den zeugend-bildenden Eros im humanistischen Sinn. Die in sechs Sätzen entfaltete Programm-Musik hat zwei hierarchisch strukturierte Teile mit den Bereichen Natur, Mensch und Transzendenz und sprengt die bisher üblichen Maße ins Gigantische. Der erste, 40 Minuten dauernde Satz, wird von Mahler selbst dahin kommentiert: »Pan erwacht, der Sommer marschiert ein, da klingt es, da singt es. von allen Seiten sprießt es auf. Und dazwischen wieder so unendlich geheimnisvoll und schmerzvoll wie die leblose Natur, die in dumpfer Regungslosigkeit kommendem Leben entgegenharrt«. Der erste Satz ist wie eine Exposition des kosmogonischen Eros, um hörbar zu machen, wie sich »Aus der unbeseelten starren Materie heraus allmählich das Leben losringt«. Der Epiphanie des Sommers in seiner Vielfältigkeit wird dann im Naturbild des 2. Satzes: »Was mir die Blumen auf der Wiese erzählen« (2. Satz), und »was die Tiere im Wald« (3. Satz), um mit einer Posthornweise dem »erzählenden Menschen« (4. Satz) die Stimme gegeben. Die drei letzten Sätze verschränken sich und ein Altsolo singt aus Nietzsches »Zarathustra« die bedeutungsvollen kryptischen Worte:

»O Mensch« Gib acht!
Was spricht die tiefe Mitternacht?
Die Welt ist tief,
und tiefer, als der Tag gedacht!
...
Tief ist ihr Weh!«

Die Melodie klingt und rauscht geheimnisvoll auf und erlöscht wieder. Damit ist der Mensch in seiner Problematik in die Mitte gerückt. Das Ganze gibt sich als »misterioso«.

Der fünfte Satz: »Was mir die Engel erzählen«, zielt hierarchisch auf das Mehr-als-Menschliche. Wer kann Schuld wegnehmen, wer kann reinigen? Jesus spricht den gefallenen Petrus frei und löst ihn von seinem »Fall«. Der Frauenchor singt ein Lied zu den Versen aus »Des Knaben Wunderhorn«: »Es sungen drei Engel ein Süßen Gesang«, während ein Knabenchor den Bim-Bam-Klang der Glocke nachahmt. Der himmlische Gesang verhallt in die transzendente Sphäre hinein.

Der sechste Satz mit seinem Finale wendet sich der Liebe zu: »Was mir die Liebe erzählt«. Innige Empfindungen durchziehen den Satz und greifen in einer variierten »Wiederholung« das Hauptthema des ersten Satzes auf, steigern sich zur Ekstase, um dann weihevoll und in einem hymnischen Choral auszuklingen.

Auch Mahlers Symphonie Nr. 8 in Es-Dur, die »Symphonie der Tausend« genannt, bezeichnet Mahler selbst als »Botschaft der Liebe in liebloser Zeit«. Als orchestrales Chorwerk gigantischen Ausmaßes überbot sie alles Dagewesene und umschloss in ihrer musikalisch und geistigen Konzeption die conditio humana in ihren Höhen und Tiefen, Licht- und Schattenseiten, in ihrem Denken und Empfinden. Zugleich sprengt sie den Rahmen des Symphonischen hinsichtlich des Außen- wie des Innen-Aspektes auf eine Art Oratorium hin. Mahler selbst schreibt dazu: »Es ist das Größte, was ich bis jetzt gemacht habe, und so eigenartig in Inhalt und Form, dass sich gar nichts darüber schreiben lässt. Denken Sie sich, dass das Universum zu tönen und zu klingen beginnt. Es sind nicht mehr menschliche Stimmen, sondern Planeten und Sonnen, welche kreisen«. Als Thomas Mann der Uraufführung am 12. September 1910 in München beiwohnte, sagte er tief bewegt, in Gustav Mahler verkörpere sich »der ernsteste und heiligste künstlerische Wille unserer Zeit«. In diesem zweiteiligen Opus magnum sind zwei Textteile miteinander verbunden, der alte lateinische Pringsthymnus »Veni, creator spiritus« (»Komm, Schöpfer Geist«), der Gott als den Quell der Liebe preist, und die Worte aus der geheimnisvollen Schlussszene von Goethes »Faust II«: »Alles Vergängliche ist nur ein Gleichnis«, wobei der großartige Pfingsthymnus des Einleitungschores beide Teile bestimmt und trägt. Die Chöre setzen mit dem mächtigen, vom Orgelklang gestützten, »Veni creator spiritus« ein, ein stürmischer »Komm« (Veni)-Ruf, von den Sopranen gesungen und vom Chor mit der Bitte um die Gnade von Oben (»imple superna gratia) fortgeführt, wissend um die menschlich-fleischlichen Schwächen in ihrer Hin- und Allfälligkeit (infirma nostri corporis), um sie durch Tugenden zu stärken (virtute firmans). Die Zeilen gipfeln in dem Bittruf:

»Was mir die Liebe erzählt« (Gustav Mahler)

»Accende lumen sensibus,
infunde amorem cordibus«:
»Entzünde den Sinnen die Leuchte,
erfülle die Herzen mit Liebe.«

Der erneute »Veni« – »Komm«-Ruf streckt sich in jubelnder Begeisterung nach Gott, dem Born der Liebe, aus. Diesem ersten, von hymnisch-ekstatischen Chor- und Solopartien getragenen Teil lag der Pfingsthymnus »Veni creator spiritus« (»Komm Schöpfer Geist«) des großen Lehrmeisters Europas und praeceptor Germaniae, des Mönchs und späteren Erzbischofs von Mainz, Hrabanus Maurus (um 780–856), zugrunde.[20] Das Thema des gregorianischen Pfingsthymnus ist so für das ganze Werk von fundamentaler Bedeutung, denn es geht um den Sturmbraus des Pfingstgeistes (»Accende lumen sensibus«: »Entzünde deine Leuchte unseren Sinnen«) sowie um den Lobpreis der Dreifaltigkeit.

Der zweite Teil greift die mystische Schlussszene aus Goethes »Faust II« auf und gestaltet sie in beziehungsreicher Aufnahme zu den Themen des ersten Teils aus. In der Schlussszene wird das »Unsterbliche« des toten Faust, bei dem Mephisto die Wache hält und meint, die Wette gewonnen zu haben, ihm entrissen. Faustens Entelechie steigt in hierarchisch gestufte Bereiche auf, von den irdischen Bergschluchten, die von Eremiten bewohnt werden, bis hin zum »blauen, ausgespannten Himmelszelt«, dem Mantel der Gottesmutter. Ein Engelchor singt das Lied, das den Schlüssel zu Faustens Rettung enthält:

»Wer immer strebend sich bemüht,
Den können wir erlösen.
Und hat an ihm die Liebe gar
Von oben teilgenommen,
Begegnet ihm die selige Schar
Mit herzlichem Willkommen.«

Dem immer höher und tiefer sich ausstreckenden Streben und Tun Faustens reicht die helfende »Liebe« »von oben« die Hand. Sein »faustisches« Streben mit all den Dämonien und der auf sich geladenen Schuld wird am Ende im Doppelsinn des Wortes »aufgehoben«, im immer neuen Transzendieren der eigenen Grenzen auf ein größeres Ganzes hin, welches Streben aber immer wieder äußerlich wie innerlich bedroht war und zu scheitern schien.[21]

---

[20] Vgl. R. Kottje / H. Zimmermann (Hg.), Hrabanus Maurus: Lehrer, Abt und Bischof, 1982.
[21] Vgl. Th. W. Adorno, Zur Schlussszene des »Faust«, in: Akzente 6 (1959), auch in Th. W. A., Noten zur Literatur, Bd. 2, 1961, 7–18; D. Lohmeyer, Faust und die Welt. Der zweite Teil der Dichtung. Eine Anleitung zum Lesen des Textes, 1975; M. Neumann, Das Ewig-Weibliche in Goethes »Faust«, 1985; W. Streicher, Die dramatische Einheit von Goethes Faust, 1966.

Verhallendes Echo: »Im Anschaun ewiger Liebe«

Es gesellt sich ihm aber unfassbar etwas zu, was die Anachoreten und Engel als »ewige Liebe« preisen. Durch Gretchens Liebe empfängt Faust das Mysterium der göttlichen Gnade und den Ruf:

*»Komm! hebe dich zu höhern Sphären,
wenn er dich ahnet, folgt er nach.«*